知识产权法
前沿问题研究

主编简介

冯晓青

中国政法大学教授、博士生导师，北京大学法学博士、中国人民大学法学博士后，中国政法大学无形资产管理研究中心主任，中国法学会知识产权法学研究会副会长、中国知识产权研究会副理事长，最高人民法院知识产权司法保护研究中心研究员。

知识产权法
前沿问题研究

冯晓青

| 主编 |

中国政法大学出版社

2023 · 北京

冯晓青 法学博士、博士后，中国政法大学教授（二级）、博士生导师，知识产权法国家重点学科学术带头人，中国政法大学无形资产管理研究中心主任，中国政法大学国际知识产权研究中心执行主任。兼任中国知识产权法学研究会副会长、中国知识产权研究会副理事长暨高校知识产权专业委员会副主任委员、最高人民法院案例指导工作专家委员会委员、最高人民法院知识产权司法保护研究中心研究员、北京恒都律师事务所高级法律顾问暨兼职律师、北京环世知识产权诉讼研究院院长，以及南京、长沙、淄博、焦作仲裁委员会仲裁员等。出版《知识产权法利益平衡理论》《知识产权法哲学》《企业知识产权战略》等个人专著十余部，在《法学研究》《中国法学》等 CSSCI 刊物发表论文百余篇，在国外发表英文论文二十篇。主持国家社科基金重大项目二项、一般项目一项。先后获得第二届全国十大杰出中青年法学家提名奖、教育部新世纪优秀人才支持计划学者、首批国家知识产权专家库专家、首批全国知识产权领军人才、国家百千万人才工程有突出贡献中青年专家、享受国务院政府特殊津贴专家、文化名家暨"四个一批"人才以及国家高层次人才特殊支持计划("万人计划")哲学社会科学领军人才等荣誉。

来小鹏 法学博士，中国政法大学教授、博士生导师，中国政法大学知识产权维权援助研究与服务中心主任，中国政法大学"全国专利保护重点联系基地"负责人，中国政法大学民商经济法学院学位委员会、学术委员会委员，中国政法大学数据法治研究院学术委员会委员。兼任中国知识产权法学研究会理事，中国科技法学会常务理事，国家标准委知识产权标准委员会专家委员，北京市东泽律师事务所律师，北京、西安仲裁委员会仲裁员等。独著与主编著作、教材八部，公开发表学术论文六十六篇，主持省部级以上研究课题多项。

张 今 法学博士，中国政法大学教授、博士生导师，中国知识产权法学研究会常务理事、副秘书长。在《政法论坛》《法商研究》《法学杂志》等学术期刊上发表论文五十多篇，出版专著《版权法中私人复制问题研究》《电子商务中的商标使用与侵权责任研究》等，出版教材《著作权法》，参编教育部《知识产权法》统编教材、司法部规划教材《知识产权法》多部，主持国家社科基金重点项目和教育部人文社科规划项目各一项。

韦 之 法学博士（德国），广西师范大学教授，最高人民法院知识产权司法保护研究中心研究员、最高人民法院知识产权案例指导研究（北京）基地专家咨询委员会委员、北京高勤律师事务所律师。曾任教于中国人民大学、北京大学、华中科技大学、中国政法大学，担任博士生导师。独著《中德著作权法比较研究》（德文）、《著作权法原理》、《知识产权论》（二卷）等。在《法学》《法律科学》《中外法学》《现代法学》等发表论文多篇。主持国家社科基金项目一项。

刘银良 法学博士、博士后，北京大学教授、博士生导师，北京大学科技法研究中心主任。曾在中国政法大学知识产权法研究所工作多年。在《中国社会科学》《法学研究》《法学》《中外法学》《环球法律评论》以及 *IIC*、*EIPR* 等国外刊物发表中英文论文五十余篇。出版《知识产权法》《信息网络传播权问题研究》《国际知识产权政治问题研究》等专著和教材。主持国家社科基金项目等重要项目。

李玉香 法学博士，中国政法大学教授。兼任中国科学技术法学会知识产权司法鉴定中心主任、商务部海外维权专家、中国知识产权法学研究会理事。发表专业论文五十余篇；单独撰写或与他人合作出版著作五部；主编或参编知识产权相关教材、司法考试教材等法学教材及其辅导书籍七部；独自承担或者与他人合作完成国家级、省部级科研项目十余项。

刘 瑛 法学博士、中国政法大学教授，中国政法大学品牌与社会信用研究中心主任，中国科学技术法学会执行秘书长，北京知识产权研究会副会长，北京知识产权法研究会副会长，北京信用学会副会长，广州、天津、南京、合肥、西安等仲裁委员会仲裁员。2005 年创立中国高校首个知识产权法律诊所并担任负责人。主持、参与中宣部、司法部、科技部、国家知识产权局等课题三十余项，出版专著《企业信用法律规制研究》《知识产权法律诊所之运行研究》以及《知识产权信用体系与科研诚信》（获 2022 年中国科学技术法学会年会主题"科技法治促进经济高质量发展"优秀论著一等奖）等。

陈丽苹 法学博士，中国政法大学教授、硕士生导师，中国政法大学知识产权研究中心副主任，中国知识产权法学研究会理事，美国密执安大学访问学者。独著《专利法律制度研究》，主编、参编《知识产权法》《知识产权法教程》等十余部著作与教材。在《中国法学》《政法论坛》《中国人民大学学报》等专业期刊上发表论文多篇。

周长玲 法学博士，中国政法大学教授、硕士生导师，中国政法大学企业知识产权保护与管理研究中心主任，北京网络法学研究会秘书长，美国佛蒙特法学院访问学者，韩国首尔大学访问学者，中国国际经济与贸易仲裁委员会、合肥仲裁委员会仲裁员，三亚崖州湾海外知识产权保护联盟专家委员会特聘专家，三亚市依法治市委员会重大决策咨询论证特聘专家。独著《专利法生态化法律问题研究》《知识产权国际条约研究》《知识产权法》，主编《美国版权法经典案例评析》，参编《知识产权法教程》《知识产权案例教学》《知识产权法学》等。在《政法论坛》《法制与社会发展》等重要专业刊物发表论文多篇。

杨利华 法学博士，中国政法大学教授、博士生导师，中国知识产权法学研究会理事、中国知识产权研究会理事。独著《美国专利法史研究》《中国知识产权思想史研究》等。在《中外法学》《现代法学》《法学评论》《比较法研究》《法学论坛》《社会科学战线》，以及 *Journal of the Copyright Society of the USA*（SSCI）等中英文刊物发表论文五十余篇。主持国家社科基金项目、司法部国家法治与法学理论研究项目、北京市社科基金项目各一项，参与国家社科基金重大项目、重点项目、国家重点研发计划等国家级课题四项。

刘友华 法学博士、博士后，湘潭大学教授、博士生导师，湘潭大学技术转移中心主任、国家知识产权专家库专家，全国宝钢优秀教师，全国专利信息师资人才，湖南省知识产权法学研究会副会长兼秘书长、国家高校知识产权信息服务中心（湘潭大学）主任，湖南省专利分析与评估中心副主任；出版《人工智能时代专利法》《云计算专利法律问题研究》等四部著作，在《法学》《法学杂志》《新闻与传播研究》及国外SSCI等刊物发表论文七十余篇，主持国家社科基金项目三项，湖南省社科基金重大项目二项、重点项目等十余项。曾获全国知识产权人才工作先进个人、湖湘智库"十大金策"等荣誉,以及湖南省高等学校教学成果一等奖、湖南省优秀社科成果二等奖等奖励。

陈　健　法学博士,中国政法大学副教授、硕士生导师,知识产权法研究所副所长。出版《商业方法专利研究》《知识产权权利制度研究》《网络环境下的知识产权制度变迁》等五部著作,在核心期刊上发表论文数十篇,担任二项教育部重大课题攻关项目子项目负责人,主持、参与国家知识产权局、司法部等部级课题十余项。兼任中国科技法学会常务理事。

郑璇玉　法学博士,中国政法大学副教授、硕士生导师,知识产权法研究所副所长,九三学社法律工作委员会委员,中国科技法学会理事,中国知识产权法学研究会理事。著有《商业秘密的法律保护》(独著)以及《知识产权法概论》《知识产权法》(均为副主编)等。在《法学家》《江西社会科学》《新亚洲论坛(韩)》等刊物发表论文多篇。

付继存　法学博士、管理学博士后,中国政法大学副教授、硕士生导师,知识产权法研究所所长。中国知识产权法学研究会理事、中国科技法学会理事。独著《商标法的价值构造——以商标权的价值与形式为中心》《著作权法的价值构造》,参与九部著作,在《法学研究》《法学家》《光明日报(理论版)》等核心刊物发表论文十余篇。主持国家社科基金青年项目一项,获得中国博士后科学基金特别资助一项、面上资助一项;参与国家社科基金重大项目二项、重点项目一项。

佘力焓　法学博士、管理学博士后,中国政法大学副教授、硕士生导师。发表CSSCI论文十余篇,主持国家自然科学基金项目、司法部国家法治与法学理论研究项目、北京市社会科学基金项目、北京市自然科学基金项目、中国博士后科学基金第九批特别资助项目及中央高校基本科研业务基金等科研项目,参与国家自然科学基金项目一项、国家社科基金重大项目二项。2016年入选国家留学基金委（CSC）国际区域问题研究及外语高层次人才。

邹　琳　法学博士，湘潭大学法学学部知识产权学院副教授、院党委委员、硕士生导师，美国俄亥俄州立大学访问学者。曾赴乌干达麦克雷雷大学、香港城市大学以及香港知识产权署等机构访问交流。出版专著《英国专利制度的产生和发展研究》，公开发表学术论文二十余篇。主持国家社科基金、湖南省教育厅重点、湖南省科技厅软科学等省部级以上科研项目十余项；参与国家社科基金重大项目三项。兼任湘潭大学校工会副主席、湖南省法学会知识产权法学研究会副秘书长、湘潭仲裁委仲裁员等。

陶　乾　法学博士（意大利），中国政法大学法律硕士学院副教授、硕士生导师，私法教研部主任，中国政法大学知识产权创新与竞争研究中心主任。兼任中国知识产权法研究会理事、商业秘密专业委员会副秘书长，最高人民法院知识产权案例指导（北京）研究基地专家咨询委员会委员。主持国家社科基金项目、北京市社科基金项目、教育部留学归国人员科研启动基金项目等。在《法律科学》《法学》《东方法学》等CSSCI期刊上发表论文近二十篇，出版专著《商业秘密保护法的规范构造研究》，著有《图书出版行业知识产权法实务研究》等五部文化娱乐法制研究系列丛书。2018年入选"首都百名法学英才"。

孙　阳　法学博士（美国），中国政法大学副教授、硕士生导师。中国政法大学首批全英文授课教师，讲授《美国知识产权与网络法律前沿》国际课程。在《知识产权》《科技与法律》以及 *Innovation Law & Policy Journal* 等国内外专业刊物发表论文多篇。受邀担任中央广播电视总台 CGTN 英文频道特约评论专家及英文撰稿人。

王晓艳　法学博士、博士后（均为英国），中国政法大学讲师、硕士生导师。国家公派出国留学基金获得者。在《知识产权》以及 *Queen Mary Journal of Intellectual Property*, *Journal of World Trade* 等

SSCI 收录期刊发表论文多篇，在牛津大学主持英国经济与社会研究委员会基金项目一项，主持国家社科基金青年项目一项，参与斯坦福大学法学院与维也纳大学法学院联合项目，以及国内科研项目、咨询项目多项。

郝明英 法学博士、博士后，中国政法大学讲师。兼任北京知识产权法研究会著作权法专业委员会委员、北京市文化娱乐法学会立法咨询与政府规制研究会委员。参编《网络知识产权法研究》等著作；在《学海》《中国出版》《编辑之友》《澳门法政杂志》《台湾专利师》等期刊发表多篇论文。参与并负责多项省部级知识产权研究课题，曾获 2016 年度电子行业优秀工程咨询成果三等奖。

刁佳星 法学博士，宾夕法尼亚州立大学硕士，北京科技大学讲师。发表核心期刊论文多篇，参编著作多部，先后参与三项国家社科基金重大项目研究，主持中央高校基本科研业务费资助项目、博士后科学基金面上项目等。获得中国政法大学优秀博士学位论文、中华全国律师协会知识产权专业委员会十佳论文、中国政法大学"学术新人"优秀论文、博士研究生国家奖学金等荣誉与奖项。

总 序

2017年5月3日，习近平总书记考察中国政法大学并发表重要讲话。他指出，全面推进依法治国是一项长期而重大的历史任务，也必然是一场深刻的社会变迁和历史变迁。全面推进依法治国，法治理论是重要引领。办好法学教育，必须坚持中国特色社会主义法治道路，坚持以马克思主义法学思想和中国特色社会主义法治理论为指导。我们要坚持从我国国情出发，正确解读中国现实、回答中国问题，提炼标识学术概念，打造具有中国特色和国际视野的学术话语体系，尽快把我国法学学科体系和教材体系建立起来。加强法学学科建设，要以我为主、兼收并蓄、突出特色。要努力以中国智慧、中国实践为世界法治文明建设做出贡献。希望法学专业广大学生德法兼修、明法笃行，打牢法学知识功底，加强道德养成，培养法治精神。

习近平总书记的重要论述深刻阐释了法治人才培养的重要意义以及法学学科体系建设的突出地位和特殊使命。法治人才培养是法学教育的核心使命，法学教材体系是法学学科体系建设的重要内容。没有科学合理的法治人才培养机制，没有适合我国国情的法学教材体系，没有符合法治规律的法学教育模式，就不可能完成全面推进依法治国的历史重任。大力加强法学教材体系建设是培养高素质法治人才的基础性工作，对于加强法学学科建设，培育社会主义法治文化，坚持和发展中国特色社会主义法治理论，推进国家治理体系和治理能力现代化都具有重要意义。

为了深入贯彻习近平总书记考察中国政法大学时重要讲话精神，创新法学人才培养机制，加强法学教材体系建设，发展中国特色社会主义法治理论，充分利用中国政法大学作为国家法学教育和法治人才培养主力军的地位，发挥中国政法大学法学学科专业齐全、法学师资力量雄厚、法学理论研究创新方面的优势，我们组织专家学者编写了这套中国特色社会主义法治理论系列研究生教材，期待着为建立健全法学学科体系和教材体系尽绵薄之力。

整体而言，这套教材有以下几个鲜明特色：

第一，坚持以中国特色社会主义法治理论为指导。中国特色社会主义法治理论是新时代法治建设的指导思想，也是该套教材编写的理论指导。在教材编写中，我们坚持以中国特色社会主义法治理论为指导，把立德树人、德法兼修作为法学人才培养的目标，努力探索构建立足中国、借鉴国外、挖掘历史、把握当代、关怀人类、面向未来的中国特色社会主义法学学术和话语体系。教材既立足中国，坚持从我国国情实际出发，又注意吸收世界法治文明成果，体现继承性、民族性、原创性、时代性、系统性和专业性，努力打造具有中国特色和国际视野的学术话语体系。努力为培养高素质法治人才提供基本依据，为完善中国特色社会主义法治体系、建设社会主义法治国家提供理论支撑。

第二，坚持反映我国法治实践和法学研究的最新成果。与传统的法学教材相比，这套教材作为"中国特色社会主义法治理论系列研究生教材"，其特色在于"研究生教材"的地位。不同于传统的以本科生为阅读对象、以基本概念和基础法律制度为主要内容的法学教材，这套教材意在提升法学研究生的问题意识和学术创新能力，培养法学研究生的自我学习意识和自我学习能力，反映我国法治实践和法学研究的最新研究成果。可以说，党的十八大以来在科学立法、严格执法、公正司法、全民守法等各方面的理论和实践创新都在这套教材中有所体现。

第三，坚持理论与实践相结合。习近平总书记强调"法学学科是一门实践性很强的学科，法学教育要处理好知识教学和实践教学的关系。"法治是治国理政的基本方式，法律是社会运行的基本依据，法学是社会科学的基本内容。这三个层面都决定了法学是面向社会、面向生活、面向实践的学科。长期以来，法学教育内容与法治实践需求相脱节始终是我国法学教育面临的突出问题。这套教材坚持理论与实践相结合，着力凸显法学学科的实践性，坚持法学教育内容与法治实践需求相结合，在教材中大量反映中国特色社会主义法治实践、社会实践、制度实践的内容，注重引导学生更加关注鲜活的法治实践、社会现实和制度变革。

由于能力有限，时间较紧，这套教材肯定还存在不少问题，期待各位专家和读者批评指正。

是为序。

马怀德

中国政法大学校长

2020 年 6 月

当前，我国正深入实施国家知识产权战略和创新驱动发展战略，大力推进知识产权强国建设。在新时代建设社会主义法治国家的伟大进程中，知识产权法律制度具有十分独特的地位和重要作用。知识产权法律制度是一种激励创新、促进创造的激励机制，是充分、有效保护知识产权人和相关利益主体利益的法律保护和保障机制，也是有效协调和平衡知识产权人的利益与社会公共利益的平衡机制。随着知识产权制度的国际化，其在我国经济社会发展和国际经济贸易中的地位也愈发重要。中共十八届三中全会审议通过的《中共中央关于全面深化改革若干重大问题的决定》强调要"加强知识产权运用和保护，健全技术创新激励机制"。党的十九大报告指出，要"倡导创新文化，强化知识产权创造、保护、运用"。在总结实施国家知识产权战略经验基础上，2021 年 9 月，中共中央、国务院发布《知识产权强国建设纲要（2021—2035 年）》，明确了今后相当长时期内我国知识产权事业发展的思路、目标和战略举措，对未来我国整体的知识产权事业做出了战略部署和安排。2021

年 10 月，国务院又印发《"十四五"国家知识产权保护和运用规划》。2022 年 10 月，党的二十大报告则指出，要"加强知识产权法治保障，形成支持全面创新的基础制度"。可以预见，未来我国将更加充分地运用知识产权法律制度，以促进经济社会发展和科技创新，知识产权法律制度也将在新形势下不断健全与完善。

基于知识产权法律制度在当代我国经济社会生活中极端重要的地位，党和国家领导人也多次明确强调知识产权保护的重要性。例如，2018 年 4 月 10 日，习近平同志出席博鳌亚洲论坛并以"开放共创繁荣 创新引领未来"为题发表主旨演讲，强调"加强知识产权保护。这是完善产权保护制度最重要的内容，也是提高中国经济竞争力最大的激励"。2020 年 11 月，习近平同志在中央政治局第二十五次集体学习时，就如何"全面加强知识产权保护工作，激发创新活力推动构建新发展格局"发表了重要讲话，对于知识产权保护工作的重要性给予了高度评价。[1]

我国蓬勃发展的知识产权事业呼唤知识产权高级人才的培养。正如《国家知识产权战略纲要》指出，要"大规模培养各级各类知识产权专业人才"；《知识产权强国建设纲要（2021—2035 年）》则指出，要"依托相关高校布局一批国家知识产权人才培养基地"。研究生作为我国高校学历教育中的高级专门人才，尤其需要大力培养。高校是高级人才培养的阵地，需要通过出版高质量的研究生教材，提升研究生培养质量。在上述背景下，我们以中国政法大学民商经济法学院知识产权法研究所专职教师为主体，邀请少部分校外专家，撰写了这本《知识产权法前沿问题研究》研究生教材。希望通过本书的出版，为提升我国知识产权法领域研究生培养质量贡献绵薄之力。

本教材力图吸收作者们在相关研究领域积累的成果之精华，紧

---

〔1〕 习近平：《全面加强知识产权保护工作 激发创新活力推动构建新发展格局》，载《求是》2021 年第 3 期。

跟技术和社会发展产生的知识产权法若干前沿问题，选取知识产权法基础理论、著作权法、专利法、商标法与地理标志保护、竞争法语境下的知识产权保护与限制、新技术发展背景下知识产权法律制度的变革与发展，以及创新驱动发展战略和知识产权强国建设下知识产权法律制度实施等七个主题进行研究，力图使本教材既具有很强的理论性和学术品位，也具有很强的前瞻性和实践品格。

需要说明的是，为拓展研究内容和信息，本研究生教材除了在正常阐述内容时标注所引用的文献外，还精选了一批专业论文和案例供读者做延伸性阅读与研究。读者在阅读本书的同时，如能结合书中补充的相关成果和案例，定能对书中阐述的观点和内容有更加全面而深入的认识与理解。这些论文基本上来自重要核心期刊发表的成果，案例则大多来自近年公布的十大案例、五十大重点案例等典型案件。为便于读者区别教材中正常引用的文献，分别以"相关研究，参见""相关案例，参见"的形式体现。当然，基于研究时间及研究水平有限，虽然尽可能选择有代表性的现有研究成果帮助读者针对书中相应内容作拓展性阅读，但仍难以达到理想境界，请读者和没有被选入相应拓展性文献的作者理解为感。

本研究生教材的出版，得到了作者们的通力合作以及中国政法大学出版社的大力支持。从选题到出版，中国政法大学研究生院给予了多方面的帮助和指导。没有中国政法大学出版社和研究生院的大力支持和全体作者的努力，本书的出版是不可想象的。在此一并表示衷心感谢！

本教材各章节的作者如下（作者按章节顺序排列）：

冯晓青：专题一之一、三、四；专题二之一，之二（一）、（二）；专题八之三；专题十之三（一）1至3；专题十一之三；专题十二之三（二）；专题十三之二（二）；专题十五之二；专题十六之二；专题二十六；专题二十八；专题三十之一（二）、（四）；专题三十三。

冯晓青、刘友华：专题十三之一（二）。

冯晓青、刁佳星：专题二之二（五）。

陈健：专题一之二、六；专题三之一、二、四（一）；专题十二之三（一）；专题十三之一（二）外其他内容；专题十四；专题十五之一、三；专题十六之一。

来小鹏：专题一之五；专题十一之一；专题二十三之二（三）、（四）。

刁佳星：专题二之二（三）、（四）。

陈丽苹：专题十二之一、二；专题十七。

陶乾：专题三之三（一）、（二）、（四）；专题十二之三（三）；专题二十七。

李玉香：专题三之三（三）；专题三十四之一。

刘友华：专题三之四（二）；专题三十一之二（四）以外的内容。

韦之：专题四。

周长玲：专题五之一。

刘银良：专题五之二（一）、（二）及之三。

郝明英：专题五之二（三）。

佘力焓：专题五之四。

杨利华：专题六；专题七；专题十之三（一）；专题十之四（四）；专题三十一之二（四）。

孙阳：专题八之一、二；专题十一之二。

付继存：专题九；专题十除之三（一）1至3外其他内容；专题二十九；专题三十之一（一）、（三）及之二。

张今：专题十八；专题十九；专题二十；专题二十一；专题二十二；专题二十三之一，之二（一）、（二），之三；专题二十四。

王晓艳：专题二十五。

邹琳：专题三十二。

郑璇玉：专题三十四之二。

刘瑛：专题三十四之三。

由于作者水平有限，加之时间紧迫，本教材中难免存在错漏之处。欢迎广大读者批评指正。

本书主编

2023 年 5 月 25 日

目录

CONTENTS

第二编　著作权法

第三编 专利法

专题十二 专利权客体制度/ 477

第四编　商标法与地理标志保护

第五编　竞争法语境下的知识产权保护与限制

专题二十六　知识产权与反不正当竞争法、反垄断法之间的关系/ 755

第六编　新技术发展背景下知识产权法律制度的变革与发展

第一编　知识产权法基础理论

知识产权法基本理论范畴

知识产权法是围绕智力创造性成果和工商业标记保护的激励创新、促进创新成果传播和应用的法律。知识产权法既具有很强的理论性，也具有很强的实践性。在理论层面，需要着重探讨和研究一些基本理论范畴。其中，知识产权客体制度、知识产权与公共领域和公共利益的关系、知识产权法的调整对象以及知识产权法在部门法中的地位、知识产权法典化等问题尤其值得关注。

一、以无体物、无形财产为对象的知识产权客体

（一）物与财产概念辨析

物是民法上的概念，主要作为民事法律关系的客体而存在。[1]一般认为，物具有客观实在性和主体对象性。物是当事人之间民事权利义务赖以产生的基础，没有某种客观事物作为客体，民事法律关系就无从发生，也无法存在。[2]

物同时也是一个历史的概念，其内涵和法律意义随着历史的发展而不断发展，总体上呈现不断扩张的趋势。从民法上的物的

---

〔1〕 相关研究，参见袁野：《物权支配性之教义重述》，载《法制与社会发展》2021年第4期。

〔2〕 参见章戈：《小议客体与标的》，载《西北政法学院学报》1985年第1期。

概念发展历史考察，一开始只有动产才可以成为民法意义上的物，后来随着私有制的发展，不动产也逐渐被承认为民法意义上的物而获得民事权利义务客体的资格。有体物与无体物的划分，早在古罗马时期就已经提出。盖尤斯（Gaius）认为，有体物是实体存在，并且可以凭人们感官而触觉的物，如土地、房屋、牛马等；无体物则是指没有实体存在，而仅由法律所拟制的物，如债权、用益权等。[1]

与大陆法系不同，英美法系很少使用客体物的概念，而是采用财产的表述。[2]并且，"财产"这一术语经常被人们在转换意义上使用，有时指财产所有权本身，有时指所有权的客体，即所有物。[3]在权利客体的意义上，财产又被分为有形财产和无形财产。英国法理论中，根据诉讼请求的结果，财产分为"实产"（real property）与"属人财产"（personal property），前者是可请求返还特定物的财产，后者则是可请求给予损害赔偿的财产。属人财产可以被进一步划分为诉讼上的财产（即只能通过诉讼请求或予以强制执行的财产）与占有上的财产（即可以通过占有而取得的财产）。知识产权就属于诉讼上的财产。[4]

当代西方法学者通常将财产分为"由可移动物所构成的财产"（动产）、"不可移动的财产"（不动产）与"知识财产"，认为智力劳动的创造物之所以被称为"知识"财产，在于该项财产与各种信息有关。人们将这些信息与有形载体相结合，并同时在不同地方进行大量复制。知识财产并不包含在上述复制品中，而

[1] 参见周枏：《罗马法原论》（上册），商务印书馆1994年版，第28页。

[2] 相关研究，参见孟勤国、张淞纶：《英美法物上负担制度及其借鉴价值》，载《环球法律评论》2009年第5期。

[3] 参见［英］戴维·M.沃克：《牛津法律大辞典》，北京社会与科技发展研究所组织翻译，光明日报出版社1988年版，第729页。

[4] 吴汉东：《无形财产权的若干理论问题》，载《法学研究》1997年第4期。

是体现在复制品所反映出的信息之中。[1] 在"知识产权"这一法律概念还未广泛传播使用之前，人们一般把基于创造性智力成果获得的民事权利称为"无形财产权"，而把这些无形权利的客体视为无形财产。

（二）产权、产权制度的概念和内涵

产权制度属于制度经济学的范畴，并且是制度安排的核心问题。制度经济学认为，制度可以充分调动人们的积极性，充分利用社会的各种资源并达到优化资源配置的目的。根据制度经济学代表人物诺斯（Douglass C. North）的观点，有效率的经济组织是经济增长的关键，它需要在制度上做出安排和确立所有权以便造成一种刺激，将个人的经济努力变成私人收益率接近社会收益率的活动。如果社会上个人没有去从事引起经济增长的那些活动，便会导致停顿状态。如果一个社会没有经济增长，那么是因为没有活力为经济创新提供刺激。

产权制度的核心是产权的设立和界定，其被认为是实现正义的工具而不是正义的基础。根据被西方广泛引用的登姆塞茨（Harold Demsetz）对产权的定义，产权是一种社会工具，其重要性在于事实上它能够帮助一个人形成与其他人进行交易的合理预期。产权的主要功能是引导人们实现将外部性较大地内在化的激励。科斯（Ronald Coase）则认为，产权是一个社会所强制实施的选择一种商品使用的权利，是行动团体对资源的使用权、转让权和收入的享用权；产权揭示了人们对物的使用所引起的相互认可的行为关系。交易费用理论是产权经济学的基础。美国新制度经济学家巴泽尔（Yoram Barzel）指出：产权概念与交易成本概念密切相关。我们把交易成本定义为转让、获取和保护产权有关

---

[1] 参见世界知识产权组织编著：《知识产权纵横谈》，张寅虎等译，世界知识出版社1992年版，第4页。

的成本。其出发点是最合理地利用有限的资源并最大化地实现产出，实现效用的最大化。他主张确立私人产权可以在最大的程度上提升生产整体的价值，以使商品的生产达到理想水平。

产权和我国法律概念中的财产所有权的概念是一种交叉关系。财产所有权是产权的核心，但产权除了财产所有权外，还包括与财产所有权相关的财产权。就知识产权来说，它是一种重要的产权形式，但其核心仍然是财产所有权。知识产权制度具有重要的市场功能，并且是一种十分重要的产权制度。在知识经济时代，知识产权将成为最重要的财产权之一。

从产权特别是财产权的角度看，知识产权也具有充分的正当性。关于财产特点的分析表明，财产权的核心内容是排除他人使用的权利。这和通过合同实施的法律权利不同。根据兰德斯（William M. Landes）和波斯纳（Richard A. Posner）的分析，财产权赋予了两种不同类型的经济利益：静态利益和动态利益。前者可以通过自然的（即没有开化的）牧场来说明。如果所有人不能排除他人来使用他的牧场，在这种情况下会出现过度垦荒的现象，因为牧场的用户为了使自己的牛吃得更多，将不顾及减少他人的牛的牧草用量的危险。[1] 这就是通常所说的"公地悲剧"的例子。公地悲剧是一个古典的经济学模式，每一个人都趋向于从资源的使用中获得最大限度的经济利益，而最低限度地承担成本。如向公众开放的湖可能会被过度地捕捞，未来对公众的不良后果则并不在使用者的考虑范围内；公有的土地则会被过度垦荒，出现类似的不良后果。在设立私人财产权的情况下，土地过度垦荒的现象将不会出现，因为人们知道这样做的后果。并且如果他人能够更好地利用资源，就可以通过交易行为使资源实现最佳的利用。

---

〔1〕 William M. Landes, Richard A. Posner, "Trademark Law: An Economic Perspective", 30 *Journal of Law and Economics* 265（1987）.

财产权的动态的效果则是，对在一定的时间（时间一，如种植玉米）资源的创造与改进中的投资的激励，在时间二（如收获时间）其他人不会占有。这种公地悲剧也可以用于分析知识产权问题。例如，当将知识财产置于公有环境时，任何人的接近都没有限制，个人可能会浪费性地使用，因为不用为其使用偿付成本。此外，由于接近是免费的，不会存在让知识资源进入最佳效用性质使用的市场机制。

（三）知识类无形财产权利意义上的知识产权

精确地界定财产权，在知识产权法中亦具有关键性意义。从有形财产制度看，动产和不动产法律制度重视为所有权人的利益提供有效的公示，以确保财产的安全性和易于流转。从知识产权法看，也有类似的目的，即知识产权法需要确保公众在涉及知识产权时清楚地意识到所有权人的利益。

在权利形态上，知识产权是知识类无形财产权利。对发明创造、作品等知识产权保护的知识产品与财产权本身之间的关系似乎是难以确定的。特别是随着社会的进步和技术的急速发展，作品、发明等新的种类的知识产权客体不断出现，进而产生了不同环境下的知识产品市场。在不同市场出现的问题是知识产品创造者和追求实现公共政策目标的立法者所始料不及的。这进一步使得发明、革新、创作等知识产品创造的形式变得更加复杂，但知识产权与财产权的关系仍然是知识产权法理论和实践中的一个重要问题。近代德国法哲学家黑格尔曾明确地说，精神技能、科学知识、艺术以及发明等，都可以成为契约的对象。他认为，这些固然是精神所特有的内在的东西，但是主体可以通过"表达"而给它们以外部的"定在"，这样就能把它们归在物的范畴之内了。[1]

───────────────

〔1〕 参见［德］黑格尔：《法哲学原理》，范扬、张企泰译，商务印书馆1961年版，第43节附释。

以知识产权中的著作权为例，作为著作权的财产与一般的财产是存在区别的。较早的一种理论即主张著作权是财产中的权利的一种形式。从英美法系的著作权政策和著作权法哲学思想看，原创作品在本质上也属于个人财产的范畴。从财产的角度解释著作权，在以前的一些著作权立法中也可以见到。如根据1842年《英国著作权法》的规定，著作权是作者的财产。后来1911年、1956年的《英国著作权法》提到了"著作权的所有人"和"著作权的所有权"这样的概念，其中后者被解释为财产权。不过，无论是英国最早的著作权法还是后来的著作权立法，尽管有时在规定著作权问题时牵涉财产问题，但都没有特别地将著作权视为财产的一种形式。而且，即使将著作权看成财产的一种形式，它与土地等有形财产仍然具有很不相同的一些特征。[1] 在财产的限制属性方面更是如此，著作权必须考虑更多的经济、社会后果。

有趣的是，在将作者的著作权看成财产的一种形式时，著作权人公开其作品之前后的法律地位不大相同：在公开前，如公开发表或出版前，著作权人对作品有权主张所有的权利，而公开后则会因为著作权法所要实现的公共利益而丧失一些权利。在作者作品中的私人利益和公共利益之间的区分是存在的，只是现代的著作权法并没有很详细的规定。另外，在将著作权作为财产的一种形式时，将其视为无形财产的一种形式，有利于准确地理解著作权的性质。[2]

---

〔1〕 由于著作权依附于特定的作品，在作品上存在着著作权以及附载著作权的有形载体。相关案例，参见沈某诉上海某出版社签订出版合同后丢失部分书稿致不能出版作品赔偿损失案，上海市第一中级人民法院（1997）沪一中民终（知）字第1469号民事判决书。

〔2〕 商标权、专利权的财产权属性也值得充分肯定，这在我国有关司法判例中也有所体现。参见最高人民法院（1998）知终字第8号民事判决书，（1995）黑经初字第35号民事判决书。

再以知识产权中的专利权为例，考察美国法律和司法判例的发展可以看出，通常都确认了专利权的财产性。如在 1896 年，联邦法院裁决专利权"明确属于宪法条款内的私人财产的范围"。1908 年，美国联邦最高法院在一个案件中强烈坚持专利权是一种财产权的观点，并且在 1913 年的另一案件中重申了该观点。将专利权纳入财产权保护，能够获得联邦法律的有效保护。[1]

吴汉东教授等主张把知识产权的客体概括为"知识产品"，认为知识产品的用语描述了知识形态产品的外延范围，强调这类客体产生于科学、技术、文化等精神领域，是人类知识的创造物，明显地表现了客体的非物质性；同时，知识产品的本质内涵，突出了它是创造性劳动的产物，且在商品经济条件下具有商品属性和财产性质，从而反映了知识产权所包含的财产权利内容。[2] 知识产品作为无形财产所包含的内容，是一种创造性思想及其表达方式以及识别性标记的精神产物，是社会财富的组成部分，包括"已经取得权利和尚未取得或不能取得权利的智慧性成果"[3]。

（四）知识产权客体的无形性

知识产权的客体是一种知识形态的劳动产品。[4]无论是智力创造性成果还是附载于工商标志的工商业信誉都是"无形"的。这里所说的"无形"，是相对于动产、不动产的"有形"而言的，即它不占据空间，无论以何种形式表现出来，其本身都是无形

---

〔1〕　参见金海军：《知识产权私权论》，中国人民大学出版社 2004 年版，第 102 页。

〔2〕　吴汉东：《无形财产权的若干理论问题》，载《法学研究》1997 年第 4 期。

〔3〕　刘茂林：《知识产权法的经济分析》，法律出版社 1996 年版，第 2 页。

〔4〕　相关研究，参见何敏：《知识产权客体新论》，载《中国法学》2014 年第 6 期；刘华：《论知识产权客体制度：结构、扩张与重构》，载《江汉论坛》2004 年第 4 期；吴汉东：《关于知识产权本体、主体与客体的重新认识——以财产所有权为比较研究对象》，载《法学评论》2000 年第 5 期。

的。并且，作为知识产权客体的智力创造性成果与工商业信誉在事实上不能被人直接占有或控制，人们对它的占有表现为对某种经验、知识的认识与感受。

可以说，"无形"使得知识产权与一切有形财产及对有形财产享有的权利区别开来。"无形"这一属性也使知识产品的使用不发生有形损耗。另外，知识产品一旦公开，就可以同时为许多人所利用，这使得知识产权比有形财产权更容易被他人侵害，故而知识产权的核心在于对权利人控制他人利用其成果的保护。知识产权的权利人也往往只是在主张自己权利的诉讼中才"发现"自己是权利人。正因如此，有些国家将知识产权称为"诉讼中的准物权"，这确实是耐人寻味的。不过，重视知识产权的无形性并不意味着有关知识产权的讨论不涉及有形物。实际上，尽管知识产品是无形的，但其需要通过一定的客观形式表现出来，即体现为一定的物化载体。如果它没有赖以固定或向人们展示其存在的客观形式，就不会获得法律的承认和保护。知识产权作为一种财产，正是通过人们对其客观形态（表现形式）的利用而表现出来的。也就是说，这种无体财产价值是通过有体财产折射出来的。[1] 应当注意的是，物化载体本身是有形财产，而不是知识产权，物化载体的转让不被视为知识产权的转让，反之亦然。[2]

知识产权的无形性，使其成为无形财产权。大体说来，这种知识形态的特殊财产权利与一般财产权利具有以下区别：[3]

（1）权利客体不同。知识产权客体没有形体，不占据空间，难于实际控制，使用也不带来自然损耗，可以在无限制的范围内

---

〔1〕 刘春田：《知识产权法》，中国人民大学出版社 1995 年版，第 5 页。

〔2〕《民法典》第 600 条即规定：出卖具有知识产权的标的物的，除法律另有规定或者当事人另有约定外，该标的物的知识产权不属于买受人。

〔3〕 相关研究，参见郑成思：《知识产权、财产权与物权》，载《中国软科学》1998 年第 6 期。

利用。

（2）权利取得方式不同。一般财产所有权依一定的法律事实而取得，是基于对财产的占有而产生的，知识产权的取得则具有法定性。

（3）权利行使方式不同。一般财产所有权的行使表现在对有形物的占有、使用、收益和处分上。知识产权的行使则表现为转让、使用、许可使用以及禁止他人擅自利用其专有权等。如郑成思教授所指出的那样，在知识产权的行使上，权利人"一女二嫁""货许三家"都是有可能的。

（4）权利侵害内容不同。对一般财产所有权的侵害通常表现为非法占有或者毁损某项财物，而对知识产权的侵害往往表现为剽窃、假冒、复制、仿冒等。[1]

二、以排他性界定的知识产权的权属属性

（一）知识产权相对论

知识产权学界通常将知识产权排他权作为一个重要的权利加以研究。在民法中，排他权并不是民事权利分类中的一项权利，其仅作为物权尤其是所有权的一种权利属性而存在，人们通常称所有权为一种排他权。在有形财产中，为了保障所有权人的权利实现而设计了排他权，因此，排他权处于第二位，是次位性权利。在知识产权中，排他权则上升为第一位的权利。[2] 其原因就在于知识产权的保护极为依赖排他权。在有形财产中，权利人可以通过自己对物的占有、管控而保护其所有权，但在知识产权中，任何智力成果一旦被创造并且公开之后，知识产权人都无法

---

〔1〕　相关研究，参见吴汉东：《知识产权的多元属性及研究范式》，载《中国社会科学》2011 年第 5 期。

〔2〕　Adam Mossoff, "Exclusion and Exclusive Use in Patent Law", Spring *Harvard Journal of Law & Technology* (2009).

实际占有并且管控。因此，为了保护知识产权，只能为其设置较为周密的排他权。如果说有形财产权制度设置权利的目的是保障权利人对物的使用和获益，知识产权制度设置权利的目的则除了保障权利人使用知识产品而获益之外，还要附带一个重要的功能，即排斥他人对知识产品的擅自使用。正是在这个意义上，有学者认为，知识产权是一种"客体共享，客体利益排他"的民事权利。[1] "知识产权比物权更明确彻底地表现出权利不是配置客体，而是配置客体上利益的法律工具。"[2]

1. 超出原权范围的扩张性

排他权的权利范围应以原权为基础，排他权应以保护原权为目的，但知识产权的排他性在许多情况下超出了保护原权的范围。

许多知识产权的专有效力和排他效力，在范围上并不具有严格的对应性。例如，商标的排他权（禁止权）效力范围远远大于其专有使用权的效力范围，专利权也可以排斥与专利权相等同的技术方案。排他权原本应当仅在保护原权利的范围内进行排他，但知识产权排他性具有扩张的效应，可以扩及相类似的智力成果和相近似的产品领域。因此，知识产权绝对排他性所具有的这种扩张特点，会导致知识产权人不仅能够在其受到侵害的范围内行使排他权，而且即使在仅仅产生相似性的情况下，也可能会行使排他权，以提起侵权诉讼形式获得法律救济。

有些知识产权本身没有实施权，但具有排他权，其表现为一种纯粹的排他权而不具有正向的实施权，因此在这种情况下知识产权是一种完全超越原权利的纯粹排他权。以专利权为例，从属

---

〔1〕 于玉：《知识产权及其权利构造——以动产物权与知识产权的区别为视角》，载《法律适用》2006年第12期。

〔2〕 方明：《论知识产权的权利构造——与物权比较的视角》，载《学海》2009年第5期。

专利的专利权人没有实施权，而仅仅只有排他权，这也正是《专利法》第 11 条并不使用肯定句式表述专利权均为实施权，而使用否定句式禁止他人擅自实施的主要原因。又如，在演绎作品情况下，尽管演绎作者享有相应的著作权，但由于其受制于原作品的著作权而不能单独对该智力成果进行使用，因此演绎作品的著作权实质上也是一种只有排他权而无支配权的权利。[1]

2. 能动的排他性

由于知识产权具有超出原权范围的扩张性，只要出现注册或使用近似商标、生产或销售等同替代的产品，即使他人未真正构成侵权行为并且未造成损害，知识产权排他性也可以发挥其作用。

有学者对比了英国专利制度与美国专利制度，在英国专利制度中，专利排他权的产生前提应当是实施专利的义务。早期英国专利法赋予专利权人制造的权利和实施其专利的义务，而现代美国专利权人在什么都不做的情况下却可以起诉别人侵权。[2] 可见，发展到美国现代专利制度之时，专利法自身产生了异化。专利权人不必实施，就可以利用其专利权禁止他人使用，从而使专利权成为一种诉讼工具。甚至在他人的产品并不真正构成侵权时，也可以利用其专利权进行诉讼而阻碍他人的生产、制造。

知识产权排他性的这一能动性特点，导致其有时可能出现问题。排他权原本应当是一种救济权，只有在发生侵权行为时才能够发挥其作用，不应当恃知识产权而无故排除他人权利。这在实践中出现了一些负面的影响和作用。

专利的绝对排他性，也鼓励了一些专利权人采用"专利流

〔1〕 王宏军：《论作为排他权与支配权的知识产权——从与物权比较的视角》，载《知识产权》2007 年第 5 期。

〔2〕 Adam Mossoff, "Exclusion and Exclusive Use in Patent Law", Spring *Harvard Journal of Law & Technology* (2009).

氓"（Patent Trolls）的策略手段，利用专利的高诉讼成本相威胁，实施专利要挟与专利讹诈行为。美国专利界认为，专利欺诈至少有两种形式：要么就一种创意而申请专利（并不打算生产或开发），希望以后有公司因使用同一创意而侵权；要么是获得现有的专利组合，打算以后卖高价或为将来的法律诉讼做准备。随着技术复杂性和互用性的增加，专利胁迫的危害性比以往更大，因为它现在更容易造成专利阻碍。更具体地说，在复杂的技术领域，一种专利技术为许多不同的专利持有人所共享，致使欺诈者用一个专利就可以同时阻碍行业内的多个竞争对手；技术的复杂性也使公司更难发现潜在的专利侵权，从而导致意外侵权的可能性增加。知识产权的绝对排他性，导致专利欺诈行为大量出现。专利怪物现象以及以专利要挟为目的的专利风险投机行为，正成为专利制度中令人警醒的制度顽疾。[1]

可见，知识产权对于社会关系的变动，具有更大的能动性。知识产权的赋权和权利行使，尤其是其排他权的不适当行使，会给知识产权人周边的社会关系带来严重的干扰。

3. 知识产权不适当扩张导致压制创新空间

当智力创造者产生了智力成果之后，通过知识产权制度的赋权，智力创造者获得了垄断权。这样就在创新领域中划分了一个个垄断区域。一旦他人的行为进入这一垄断区域，就会被认定为侵权。但是，人类的智力创造能力毕竟有限，创新活动不可能无限地持续发展，这就导致了知识产权人对于其他智力创造者具有天然的屏蔽与限制作用。知识产权的排他权设置，导致了其集中于某些权利人，影响了其他社会公众对智力成果的使用。

在专利领域，知识产权制度所带来的限制创新空间的效果非

––––––––––––––

〔1〕 相关研究，参见徐瑄：《视阈融合下的知识产权诠释》，载《中国社会科学》2011 年第 5 期；徐瑄：《专利权垄断性的法哲学分析》，载《中国法学》2002 年第 4 期。

常明显。在现代社会中，技术发明之间的边界，已不像从前那样清晰。为了制造某种工业品，其所使用的技术日益接近。这种紧密性，导致了在先专利权对在后发明的创新空间和在后发明行为具有越来越强烈的影响。

在软件和计算机工业中，这一现象表现得更为明显。由于技术积累和产品复杂性提高，复杂产品中的大量技术可能被很多不同的专利权人拥有。此外，该领域还存在技术高度密集的特点，因此应当高度重视软件和计算机领域的知识产权授权对技术创新的影响。

4. 无法"定分止争"

知识产权的排他权设置并未起到"定分止争"的作用，相反却导致了更大的争执。其主要原因在于知识产权垄断的不是特定财产，而是界线模糊、资源有限的各种智力成果。智力成果之间紧密关联，导致在知识产权之间常常产生众多的权利冲突与摩擦。例如，阻碍性专利（blocking patents）之间通常会发生冲突，在先专利权影响在后专利权的实施；在相同或者类似商品上，在后注册的相同或相近似商标可能会与在先商标权发生冲突。跨权利领域的知识产权之间，由于共同使用相同或相近似的标识，或者这些标识之间具有从属关系，也会产生千丝万缕的关联与冲突。例如，著作权与商标权、著作权与外观设计专利权或实用新型专利权、外观设计专利权与商标权、商标权与商号权等常常发生冲突，其中的一个重要原因就在于标识（特别是商标标识）在不同的知识产权中都是重要的因素，这就导致与标识相关的知识产权间常常产生权利冲突。

此外，智力成果具有逐渐膨胀、逐渐扩张其权利范围的特点，例如一项发明可能通过改进发明、组合发明，从而使其权利保护范围日益扩张。在这种情况下，知识产权的排他性也会日益扩张，从而对在后发明产生更大影响。

因此，在知识产权法中，即使确定了权利归属，也依然会产生使用权利、分配权利、获得收益方面的众多纷争。知识产权的绝对排他性，导致各种知识产权之间的权利冲突无法调和，从而使设置排他权所希望达到的"定分止争"作用无法实现。

5."技术堵车"与知识产权排他性

在现代社会，技术发展到高度复杂精密的时代，常常会出现"技术堵车"现象。所谓"技术堵车"，是指技术发展到一定程度之后，发明创造的空间会越来越狭窄，多个企业创新方向导向了相近似的产品。这形成了两种不同情况：一是众多发明掌握在不同企业手中，从而形成了专利丛林现象；二是多个企业的发明创造，都导向相近似的产品，例如三星和苹果公司都同步进行研发，由于发明创造的思路相近似，形成了相似的产品，从而引发专利诉讼。

在现代社会中，由于技术之间的差距越来越小，产品与产品之间的差距也越来越不明显，这必然导致"技术堵车"。在现代社会的创新机制下，知识产权人动辄利用知识产权的绝对排他性去干扰他人的创新活动，就会产生严重的问题。"强化专利所有权会给技术发展带来障碍。在技术单一经营的框架内，最终会导致整个高科技网络的崩溃。"[1]

6.知识产权绝对排他性的不同效能

首先，知识产权的绝对排他性，在不同的情况下具有不同的特点。不同的知识产权并不都具有一致的排他效果。例如，专利权和商标权的排他性与著作权的排他性不同，前者的排他性更强，需要对其专有权加以更充分完备的保护；而著作权法则出于促进社会文化艺术创作与传播的立法目的，通常排他性较弱。因此，为专利权与商标权设置较为严格的排他性，可以保护专利权

―――――――――

〔1〕欧洲专利局编著：《未来知识产权制度的愿景》，郭民生等译，知识产权出版社 2008 年版，第 145 页。

人和商标权人的市场利益，防止社会上其他人随意使用专利技术和商标，防止造成混淆、误解，促进人们进行专利技术的投资与研发。然而，如果对著作权设置较为严格的排他性，则有可能影响社会公众对作品的使用，抑制新的文学艺术创作的产生。著作权法的主要目的并不在于限制他人对作品的使用，而在于促进社会文化艺术的繁荣。因此，著作权法并不当然地排斥相近似的作品，除非该作品被证明是侵权而产生的。

其次，同一种知识产权，针对不同的使用行为，也具有不同的排他性。新的智力成果使用前一智力成果的程度，导致知识产权具有不同程度的排他性。例如，对著作权作品的使用，存在着不同的程度：有些作品仅仅包含已有著作权作品的少量因素；而有些作品则形成衍生作品或戏仿作品，与已有著作权作品非常近似。对于前者，通常不会发生争议；而对于后者，常常在认定是构成合理使用还是侵权之间存在着模糊性。因此，智力成果的不同使用情况，也将面临着不同状态的排他性。

最后，新的智力成果具有不同的社会价值，也可能导致知识产权具有不同的排他性。从属专利具有重大社会意义和技术进步，就可以强制许可基础专利，这体现出新的智力成果具有重大的社会价值时，就可以打破前一知识产权的排他性。相反，如果从属专利不具有重大社会意义和技术进步，则无法适用强制许可使用制度。如果知识产权人处于权利休眠状态，则可以对其排他性加以限制。针对专利怪物提起的专利诉讼，可以基于其未实施专利而限制其专利的排他性。例如，如果原告是一个未实施的专利权人，仅为了诈取许可费而起诉被告，对于这种专利怪物，则不能让原告的这种意图得逞，应当对其排他性加以限制。因此，为了限制专利滥用、专利垄断而授权强制许可使用，就是基于新智力成果的更大社会意义，对排他性加以限制。[1]

综上所述，知识产权作为一种排他权，其授权目的是希望发挥对创新的激励作用。知识产权的绝对排他性的作用，应当与该制度对社会创新活动的激励作用进行比较。人们有理由质疑创新空间是否被知识产权机制压缩。[2] 因此，应当充分了解和把握知识产权制度绝对排他性所带来的问题，规避绝对排他性，才能使知识产权制度成为一项更趋完善的法律制度。社会公众对于知识产权过于强烈的专有性多有诟病，需要对智力成果的使用进行立法回应，以解决这些社会问题。

"知识产权是一个鼓励创新的制度而不是用于分配的制度。"[3] 知识产权法在保护权利的同时，是否更应担负起鼓励创新的功能；在累积性创新越来越多的现代社会中，如何平衡基础智力创造者与其他智力创造者之间的关系；这些问题值得深思和探讨。

民事权利并不具有绝对的排他性；同理，知识产权的排他性也不是绝对的。由于知识产品是一种信息体，本身具有同时使用性，其占有也不具有排他性，知识产品经常会参与到其他知识产品的产生过程中。因此，知识产权相对于物权来说，排他性应当更薄弱，否则将导致再次创造知识产品的过程受到严重影响。正如有学者所指出的，"排他权与财产的类型有关，因财产的类型不同而有不同的效果。如果是有形财产，权利人可以很好地加以控制；如果是知识产权，权利人不能很好地控制边界，因此其排他

---

〔1〕 J. Scott Larson, "The Unsettled Aftereffects of eBay and Survey of Its Continued US Litigation Impact", March *Intellectual Property & Technology Law Journal* (2010).

〔2〕 Lawrence Lessig, *The Future of Ideas: The Fate of the Commons in a Connected World*, Lawrence Random House Inc., 2001, pp. 86-99; Neil Weinstock Netanel, "Copyright and a Democratic Civil Society", 106 *Yale L. J.* 83 (1996).

〔3〕 Henry E. Smith, "Intellectual Property as Property: Delineating Entitlements in Information", June *Yale Law Journal* (2007).

权与有形财产的排他权有所不同，知识产权排他权需要额外的法律规定的制度加以保障。"[1] 知识产权的排他性应当更加开放，才符合智力成果使用行为的基本特点，符合社会公共利益的需要。

知识产权的排他性，既可以保护创新，又可能会抑制创新，是一把双刃剑。现代社会中的知识产权制度应当既维护知识产权人的利益，又保护创新、保护竞争。政府在制定知识产权保护制度方面应该遵循如下原则：社会制度应该以鼓励知识创新而不是保护既有知识成果为根本目标，在知识产权保护问题上需要关注知识的创造和扩散及其与社会福利的关系、需要在确保科学研究和知识的适度开放与赋予新技术的创造者以利益激励之间达成平衡；保护的对象应该是思想的首发权和荣誉权，而不是那种以扼杀创新的方式牟取暴利的、无限膨胀的受保护特权。[2]

知识产权排他权的过度行使有损竞争的非效率性情形发生时，就有必要对知识产权的排他性进行限制。[3] 知识产权所保护的智力成果"具有公共物品属性"，其行使与运用又与"以尊重私有排他权为特征的知识产权保护"之间存在着对立现象。人们为鼓励创新、促进社会发展才建立知识产权保护制度，赋予发明人在一定期限内获得专利权保护，限制近似商标的注册和使用，打击盗版行为，使创新者获得合理收益而促进创新。但是，把知识产权描述成一种绝对的财产权是一种误导，从知识产权排他性的局限中可以看出，坚持知识产权绝对的排他性会导致严重的社

---

〔1〕 Shyamkrishna Balganesh, "Demystifying the Right to Exclude: Of Property, Inviolability, and Automatic Injunctions", Spring *Harvard Journal of Law and Public Policy* (2008).

〔2〕 张光南、陈广汉:《产权、信息与反公共地悲剧》, 载《南开经济研究》2006 年第 2 期。

〔3〕 于玉:《知识产权及其权利构造——以动产物权与知识产权的区别为视角》, 载《法律适用》2006 年第 12 期。

会问题，也是与知识产权制度设置的初衷相违背的。

当知识产权人在保护自己的知识产权时，社会公众使用知识产品受到知识产权人的强烈排斥，这种排斥会与知识产品这种无形财产本身的特有性质存在着内在的矛盾。当一味保护知识产权所导致的结果显失公平时，就应当考虑进行新的制度设计与创新。现代社会的知识产权制度需要重新思考和界定其排他权的设置，以使知识产权法律制度更为符合现代社会创新体制的需求。[1]

（二）知识产权负外部性

知识产权"外部性"，是从经济学层面探讨知识产权相关问题，在本书后面有关章节还将论及。

萨缪尔森（Robert A. Samuelson）将外部性定义为："成本或效益被加于其他人身上，然而施加这种影响的人没有为此而付出代价。"[2] 因此，外部性是某个经济主体对另一个经济主体产生的一种外部影响，而这种外部影响无法简单地被消除的一种经济学现象。

外部性可以分为外部经济（或称"正外部经济效应""正外部性"）和外部不经济（或称"负外部经济效应""负外部性"）。知识产权也存在着这种双向外部性问题，如专利发明人与改进人之间相互促进发明的深化发展，双方会形成良性循环的正外部性。但在这种模式下，前后相继的发明之间也存在相互阻碍关系，阻碍性专利彼此影响着对方专利的实施，因此也存在着相互之间的负外部性。

任何法律制度都可能存在外部性，只不过有些法律制度的外

---

〔1〕 相关研究，参见冯晓青：《论知识产权的专有性——以"垄断"为视角》，载《知识产权》2006 年第 5 期。

〔2〕 ［美］保罗·A. 萨缪尔森、威廉·D. 诺德豪斯：《经济学》（第 12 版·下），高鸿业等译，中国发展出版社 1992 年版，第 1193 页。

部性表现不明显，而有些法律制度的外部性表现比较强烈。即使是市场经济社会所公认的物权法律制度，在我国制定之初也受到了较大质疑，甚至有些学者上升到政治经济学的概念去理解物权法。但现在人们则认为，在有形财产上设置物权法制度可以解决"定分止争"的问题，从而给整个社会带来稳定，因此物权法的设置具有正外部性。

在没有知识产权制度的情况下，创新所带来的收益不仅为发明者享有，同时也为其他社会成员享有。此时，发明对社会具有正外部性。同时，由于社会成员都可以免费使用创新成果，对于创新者来说，则完全是一种负外部性。因此，为了扭转这种不平衡的关系，国家设置了知识产权制度。

问题在于，设置了知识产权制度之后，这种外部性不平衡的现象是否得到了解决；知识产权制度这种人为创制的制度，是否同样带来了负外部性。实际上，知识产权制度自其产生之初，其外部性就受到许多学者的质疑。知识产权制度外部性主要表现在如下六个方面：

1. 促使知识产权要挟行为产生

人类的智力创造能力毕竟有限，创新活动不可能无限地持续发展。这就导致了知识产权人对于其他智力创造者具有天然的限制作用。

在专利权领域，知识产权制度所带来的限制创新空间的效果非常明显。在现代社会中，技术发明之间的边界，已不像从前那样遥远，跨技术领域的发明之间也可能存在相互借鉴的现象。这种密切关系，导致了在先专利权对于创新空间和发明行为形成干扰。一方面，在先发明人的发明具有正外部性，可以为在后发明人指明方向，使之具有较好的技术研发方向，也可以为在后发明人的发明提供各种启示和教益，使在后发明人在在先发明人的发明基础上进行大量改进，从而研发出更好的产品。另一方面，在先发明人的在先发明也具有负外部性，在先发明的存在及其等同技术的范围划定，导致其垄断权对在后发明造成限制，限制了在后发明所能够选定的技术形式，将在后发明排挤到其他技术形式中，如果没有其他技术形式，则这一在先发明的垄断权就具有超级垄断效果，从而给研发和社会利益带来严重的影响。

如前所述，专利强烈的垄断效应，相反却鼓励了许多专利权人采用专利流氓的策略手段，利用专利的高诉讼成本相威胁，使自己的专利要挟与专利讹诈行为得逞。这种专利流氓的行为，恰恰是专利垄断权所带来的负外部性所引起的。

2. 知识产权规则深刻影响着社会关系

对于有形财产的垄断，并不会给社会带来严重的负外部性。对其赋权，是为了消除不赋权的负外部性，如果没有物权法，社会财产关系就陷入混乱之中，就不可能"定分止争"。赋权所带来的恰恰是正外部性。知识产品的赋权，本意也在于消除知识产品创新的负外部性。从静态的角度看，似乎如果没有知识产权制度，社会公众都可以更充分地使用、传播这种知识产品，对社会所带来的正外部性最大。但从动态角度来说，没有知识产权制度，会导致创新激励的减损，最终导致社会进步减缓。不过，在构建知识产权制度时如果不能很好地协调知识产权人利益与社会公众利益之间的关系，就会限制其正外部性，而产生负外部性。

有形财产的赋权，是对某一特定物的赋权，赋权的结果并不产生额外的负外部性。只要明确了有形财产的归属，所有权人或使用权人就可以对该物加以正当使用，使用的形式也仅限于依本身的用途。有形财产的法律制度，除了具有政治经济学上所有制关系上的外部性之外，并没有其他负外部性。知识产权的赋权，是对一种技术思想或作品的外在表达方式的赋权，这种赋权客体是不同的。

对以智力成果为核心的知识产品的赋权，导致知识产品是一种可能逐渐膨胀的客体，其需要进行保护的权利范围也会日益扩张。进言之，对知识产权的赋权，表现出一种对社会关系的能动力。社会关系和技术发展无时无刻不受到表现活跃的知识产品创造行为的影响，而这种影响在以前的知识产权法律制度中是未被充分考虑的。知识产权赋权所带来的影响，直接作用于社会关系，这就要求知识产权法律制度更加谨慎，以免给社会关系和技术发展、社会利益带来不良的反面作用。在设置知识产权这项私权时，应当充分了解和把握知识产权制度设置之后所带来的负外部性，只有规避这种负外部性，才能使之成为一项更趋完善的法律制度。

有形财产的赋权，在发达国家和发展中国家以及不发达国家，都是一样的，但知识产权的赋权对于不同发展程度国家的影响完全不同。其原因就在于，知识产权的赋权本身是一种社会关系的变革，是对社会关系的人为创制，因此设置知识产权制度应当更加谨慎而周密。

3. 知识产权的权利保护期限设置具有僵化性

严格意义上说，不同创新程度的知识产品，应当考虑到创造者在其中付出的智力劳动、创造者收回研发成本的时间，同时考虑到保护私权与保护公共利益之间的平衡，而设置不同时间长度的保护期限。但由于法律规定只能划定统一的标准，而不得不在法律上僵化地设置统一的时间期限，故知识产权制度权利保护期限具有僵化性。

首先，知识产权现有的时间设置与研发成本回报时间无关。有些知识产品很快就会收回其研发成本，而有些可能需要较长的时间，甚至有些智力成果可能在其专利生命期限内都无法收回其研发成本。因此，专利时间设置并不一定与其研发成本回收相对应，也不一定与其是否获得足够多的创新利润相对应。这种知识产权保护时间设置，更多的是立法者基于"期限平等"的考虑。

在著作权法上的保护期限设置则与不同作品的实际情况不相吻合。许多作品根本并不需要长时间的著作权保护,其生命期可能非常短,仅在其创作之初有一定的市场,数年之后就会被人遗忘。有些作品由于具有很高的商业价值,权利人希望享有比 50 年更长时间的保护期限。对于从一件动画作品或文学作品中形成的形象来说,其价值与作者的创新研发成本已无任何关系,其具有自身的生命力和吸引力,这种形象的保护期限与其创新性无关,而与其他商业利益有关。但这种商业形象的保护,又依赖于著作权保护期限的设置。

其次,知识产权保护期限设置,导致大量消极知识产权占据着较长的保护期限,阻碍着社会公众利益的实现,产生了创新阻碍作用。我们可以看到大量处于静止状态的假死性专利、作品,这些专利和作品虽然仍处于法律保护的期限内,但是已不再使用,而一旦他人的创新行为落入这些专利和作品的保护范围之内,仍会受到这些智力成果权利人的攻击。在这种情况下,这些智力成果的社会价值并不突出,而其负外部性表现则更为明显。原因在于,知识产权保护期限设置过于僵化,不能灵活地针对智力成果的不同情况设置灵活的保护期限。由于知识产权保护期限设置与其研发成本回收和创新利润实现并无直接的关联性,这种期限的设置也并不是促进知识产权创新的直接手段,反而会对在后创新活动产生干扰,带来创新风险。因此,良好的知识产权法律和政策应考虑每种产品所特有的市场要素,包括预期的需求、需求的成长、潜在的知识溢出、研发的成本、市场竞争程度等因素,设置较为灵活的保护规则。

4. 知识产权侵权救济程序昂贵且烦琐,影响权利人的权利实现

知识产权制度,具有救济程序烦琐、救济成本高昂的问题。专利、商标案件诉讼时间长、费用成本高,专利和商标权人利用诉讼程序去保护自己的权利,必将面临着救济措施不力的困境,

这也是目前困扰许多知识产权人的问题。立法上设置了知识产权侵权损害赔偿制度，但真正通过这一途径去保护自己的权利时又面临着许多困难，从而影响了权利人的权利实现。在这种情况下，知识产权制度的负外部性就表现在，并不能够有效且高效地保护知识产权人的权利，相反却造成了高昂的社会成本。因此，学者认为，从全球范围来看，专利体系的复杂性及一致性的缺乏、成本、适时性、诉讼及实施等都是需要改革的问题。诉讼的高昂费用正逼走更小或更穷的参与者。[1]

由于知识产权制度无法为知识产权人提供及时、高效的保护，因此许多知识产权人转而寻求其他制度的保护。例如，在无法通过专利权制度得到有效保护的情况下，专利权人通常会将发明创造与商业秘密相结合，通过商业秘密来防止自己的发明创造被他人仿制，从而维护自己在一定时期内的市场优势。

5. 国外正外部性与国内负外部性的不平衡

知识产权制度的设置，并不能解决一国的知识产品在其他国家被仿制的问题。知识产权具有天然的滞后性、对知识产品无法实际占有和控制，导致在知识产权可能被侵害之后，知识产权人才发现。知识产品在其他国家被侵权，知识产权人可能根本并不知情，只有在仿制的产品出现之后，知识产权人才会知晓自己的知识产品被他人仿冒。即使知识产权人知晓被侵权后，赴世界各国去主张自己的权利，通过不同国家的知识产权制度维护自己的知识产权时，恰恰又会面临诸多的困难。因此，这形成了一个悖论：一国的知识产权，对于其他国家来说，形成了越来越大的正外部性；对于知识产权来源国来说，知识产权制度却产生着负外部性，知识产权对国外的正外部性与对本国的负外部性逐渐不平衡起来。这就使得知识产权制度可能对本国产生负外部性，而无

[1] 欧洲专利局编著：《未来知识产权制度的愿景》，郭民生等译，知识产权出版社 2008 年版，第 76 页。

法限制其他国家的侵权行为以及利用自己所创造的知识产品进行创新活动。

6. 知识产权人获得过度回报

对知识产权人的创新回报，可能远远超出其在研发过程中花费的成本，尤其是许多发明获得了全世界范围的市场价值与回报。这种市场回报，足以弥补其研发成本，但超出的部分不能被视为对社会利益的剥夺。知识产权使创造者弥补其较高的创新成本，但在创新成本与发明的全部社会价值之间存在着巨大的中间地带，发明的社会价值是否一定全部归知识产权人享有？"经济理论并没有给我们提供授予智力成果创造者超过其平均成本的必要性。"[1]

如果说建立知识产权制度是为了激励发明人进行发明创造，但专利法则让发明人将世界范围内的市场价值予以垄断，导致发明人独占了世界范围内的全部市场价值。此外，还额外设置相关机构（包括法院、专利局、律所等机构），花费额外的成本去保护这种权利，这种对于权利的过度保护与知识产权制度本身对社会公共利益所具有的负外部性，就产生了明显的不平衡性。

让足以弥补自己的研发成本的发明更早地进入公共领域，这原本应当是知识产权制度设置时一种应当采取的做法，"智力成果并不一定获得其全部市场价值，而只需要覆盖其创造成本，并对其创造成本有合理的回报。并不需要将知识产权的全部利益都加以立法保护；获得知识产权的全部利益的努力，可能导致其他人受到损害。"[2] 但是，由于法律制度不可能灵活应对现实中的具体情况，因此在知识产权法中设置了僵化的时间期限，不论权利

---

〔1〕 Mark A. Lemley, "Property, Intellectual Property, and Free Riding", March *Texas Law Review* (2005).

〔2〕 Mark A. Lemley, "Property, Intellectual Property, and Free Riding", March *Texas Law Review* (2005).

人是否收回研发成本，也不论是否占有了世界范围内的全部市场价值，都统一设置了保护期限。这显然与知识产权制度设置的初衷存在着矛盾。知识产权制度应当灵活地将获得过高市场回报的发明及时转移到公共领域，但知识产权制度中并没有这种机制，这导致了许多发明从社会索取的利益远远大于其给社会带来的利益，也远远大于其给创新带来的负外部性，从而对社会构成双重伤害。

综上所述，知识产权制度自产生以来，始终在调整自己内在具有的僵化与负外部性。知识产权法一直通过附加的制度设计解决负外部性。例如，在专利法中设置了强制许可使用制度；在著作权法中设置了合理使用制度、法定许可使用制度、强制许可使用制度；在商标法中设置了若干商标合理使用的制度等。此外，包括衍生作品的放开、专利永久禁令的弱化、使用专利交叉许可方式等，也可以解决知识产权之间的冲突，这些都使得知识产权的负外部性得到进一步的调整。

因此，可以看到，知识产权制度自其产生以来，一直处于正外部性与负外部性的平衡之中，并且一直在努力调整自己的制度设计。需要注意的是，不能因知识产权制度具有信息公开、智力成果共享等正外部性而否认其负外部性的存在。知识产权保护的社会利益应与其负面的外部性进行比较。知识产权作为一种排他权，其授权是希望发挥对创新的激励作用，但应当与该制度对他人创新活动的抑制作用进行比较。

知识产权制度既有正外部性，也有负外部性，但是不等于可以用正外部性抵消其负外部性，相反，应当在发挥其正外部性的基础上，通过制度创新，减少其负外部性给社会带来的消极影响。负外部性研究不是否定知识产权制度，而是尽可能减小和降低知识产权负外部性的危害。因此，应当充分了解和把握知识产权制度设置之后所带来的负外部性，只有规避这种负外部性，才能使知识产权制度成为一项更趋完备的法律制度。

为了解决外部性问题，英国经济学家庇古（Arthur Cecil Pigou）在其 1920 年出版的《福利经济学》一书中提出，在判断社会整体资源配置的效率时，不能仅仅以私人的成本—收益核算为依据，更要以社会成本—收益核算为依据，通过合理地分配资源来实现社会福利最大化。科斯则通过其产权理论对庇古的理论提出了修正。科斯提出，只要交易成本为零，初始的合法的权利配置对于资源配置的有效性就无关。但在交易成本不为零的情况下，如何界定产权就成为非常重要的问题。应当看到，科斯的理论存在着固有的缺陷。萨缪尔森即尖锐地指出了科斯理论发挥作用的基本条件，即必须在明确的财产权和少数当事人能够达成协议的情况下，科斯的私人谈判理论才能够发挥自动配置资源的作用。

美国产权经济学家登姆塞茨认为，如果产权的主要配置性功能是将受益和受损效应内在化，产权的形成就可以通过它们与新的或不同的受益与受损效应形成的联系而得到最好的理解。[1]产权之所以创制或改变，是因为可以通过询问社会是否从外部性的内在化超过这样做的成本中受益而加以解释。[2]

从产权变更的角度来说，能够改变知识产权负外部性的根本做法是，既认定知识产权具有专有性，又让社会公众能够在自由谈判或自由购买的情况下自由使用知识产权。但这种产权安排在目前的知识产权体制下是难以完全做到的，如果这样做，就可能会降低人们的创新激励。

---

〔1〕 ［美］H. 登姆塞茨：《关于产权的理论》，载 ［美］R. 科斯等：《财产权利与制度变迁——产权学派与新制度学派译文集》，刘守英等译，上海三联书店、上海人民出版社 1994 年版。

〔2〕 Gideon Parchomovsky & Peter Siegelman, "Selling Mayberry: Communities and Individuals in Law and Economics", 92 *Cal. L. Rev.* 75, 79–80 (2004).

按照产权经济学的理论来说，需要采取第二种方法：尽可能使外部性内部化。这种方法就是加强人们的自由谈判的可能性。许多知识产权冲突不能够通过私人谈判方式加以解决。知识产权人不予谈判或知识产权交易成本高昂，都会导致无法做到交易成本为零。在这种情况下，知识产权的负外部性长期存在，而无法被内部化。

罗伯特·考特（Robert D. Cooter）、托马斯·尤伦（Thomas S. Ulen）在《法和经济学》一书中提出了两种定理，可以用于指导解决知识产权制度的负外部性。一是规范的科斯定理：构建法律以消除私人协商的阻碍。在法律规则能够减少私人谈判的阻碍这一意义上，一些交易成本内生于法律体制，因此法律能够通过降低交易成本从而有助于谈判的进行。二是规范的霍布斯定理：建构法律以使私人之间的协调失败所导致的损害最小。[1] 当私人谈判无法达成或者交易具有非常高昂的社会成本时，应当完善产权制度以避免私人谈判失败所带来的损害过高。

知识产权制度的负外部性，根本不可能通过双方当事人的协商加以解决，交易成本不可能为零，这是知识产权作为一种垄断权设置的基本结果。因此，从法经济学理论出发，为解决知识产权制度的负外部性，只能在交易成本不为零的环境下解决这一问题，变革的目的是在保护知识产权人权利的基础上，使社会利益受到更小的损害，使社会公众对知识产权的使用权益得到尊重和保障，故知识产权制度变革应当向社会公共利益倾斜。

登姆塞茨在《关于产权的理论》中还认为，考虑著作权和专利问题，如果一种新的思想可以为所有的人随意占用，或者存在对新思想的共有权，人们就缺乏发展这类新思想的激励，这些新思想所产生的收益也不能集中到发明者手中。如果我们将某些程

---

　　〔1〕 〔美〕罗伯特·D. 考特、托马斯·S. 尤伦：《法和经济学》，施少华、姜建强等译，张军审校，上海财经大学出版社 2002 年版，第 81~82 页。

度的私有权扩展到发明者，这些思想将会以更快的速度涌现出来。产权交易有两个相互关联的效率目标，即最大化与均衡。最大化被看作每个经济个体的目标，即使效用达到最大，使利润达到最大；均衡是指每一方都同时达到最大目标而趋于持久存在的相互作用形式。均衡的具体表现是：每个人都想通过交易获得能提供最大满足欲望能力的物品组合，他们彼此之间就欲望的满足形成一定的价格，互相制约，逐步达到需求与供给的均衡，从而出现价格不再变动而持久不变的情形。实现均衡的效益目标，关键在于采取产权交易的合作博弈。实证分析证明，如果谈判费用太高，双方不能缔结合同关系，就易发生侵权行为。因此，解决知识产权纠纷的最佳途径是双方通过谈判达成协议来解决补偿问题。为此，国家应为相关产权交易的运作提供有效的"游戏规则"，健全产权交易市场，以减少交易成本。这是防范和减少侵权行为发生、减少知识产权的负外部性效应的重要基础。

为了维护公众的利益，应当促进知识产品的使用，保障其持续、充分供给，同时也应调动知识生产者的积极性。"知识产权制度从一开始就背负了双重目标，对知识产权权利类型的创设就需要受到更多的限制和更强的理由。"[1]

现代社会知识产权制度的最大困扰，就是知识产权相互阻碍性越来越强烈，对创新的阻碍作用越来越大。知识产权是鼓励人们从知识产品中获益，还是鼓励人们排斥他人对知识产品的使用？"许多学者、立法者、司法者等都倾向认为，知识产权是一种弥补性的权利，去恢复发明的风险校正成本，而不必须是一种将其他人排斥出创新的权利。知识产权越来越从修建篱笆防范他人进入的传

---

〔1〕 ［美］H. 登姆塞茨：《关于产权的理论》，载 ［美］R. 科斯等：《财产权利与制度变迁——产权学派与新制度学派译文集》，刘守英等译，上海三联书店、上海人民出版社 1994 年版。

统性权利转向一种从建设性许可而收集许可费的权利。"[1]

总的来说，知识产权与有形财产不同，有形财产的授权，并不会带来较大的社会负外部性，但知识产权的授权可能带来较大的社会负外部性。为了解决知识产权制度所带来的负外部性，同样需要进行制度创新。只有通过富有能动性的制度建设，才能够促使知识产权制度逐渐克服其自创建以来的各种负面效果，使知识产权制度能够更加符合社会公共利益的需求。

(三) 知识产权使用规则

在知识产权制度被制定出来后，知识产权制度天然的排他性，就会使得社会公众利用智力成果的行为受到干扰，这体现出知识产权这一制度内在的矛盾与冲突。知识产权权利体系，需要在重视知识产权所有规则的同时，强化知识产权利用制度，以弥补目前知识产权权利规则与社会现实脱节的缺陷，促进知识产权权利体系的完整。

单纯地将知识产权看作智力成果创造者对于智力成果的占有、使用、收益、处分的完整权利，并不适宜，也是不够的。这并不足以概括知识产权人所享有的丰富而多样的权利内涵，也会忽略对以智力成果为核心的知识产品丰富多样的使用行为与使用规则进行充分认识和立法。

知识产权所保护的知识产品"具有公共物品属性"，其行使与运用又与"以尊重私有排他权为特征的知识产权保护"之间存在着对立现象。人们为鼓励创新、促进社会发展才建立知识产权制度，赋予发明人在一定期限内的专利权保护，限制近似商标的注册和使用，打击盗版行为，使创新者获得合理收益而促进创新。但是，坚持知识产权的绝对排他性会导致严重的社会问题，也是与知识产权制度设置的初衷相违背的。

---

[1]　Daniel A. Crane, "Intellectual Liability", December *Texas Law Review* (2009).

当知识产权人在保护自己的知识产权时，社会公众使用知识产品受到知识产权人的强烈排斥，这种排斥会与知识产品这种无形财产本身的特有性质存在内在的矛盾。当一味保护知识产权所导致的结果显失公平时，就应当考虑进行新的制度设计与创新。现代社会的知识产权制度需要重新思考和界定其排他权的设置，以使知识产权法律制度更符合现代社会创新体制的需求。

在知识产权产生之后，这一追问始终萦绕在知识产权法律制度之上。人们常常质疑，知识产权法保护权利人对知识产品的专有权，是否绝对禁止非权利人对知识产品的支配和使用。社会公众对于知识产权过于强烈的专有性多有诟病。基于此，需要对知识产品的使用进行立法回应，以解决这些社会问题。

1. 累积创新与知识产权制度

以智力成果为核心的知识产品的取得、使用，具有比较明显的权利从属关系，通常表现为在前人创新的基础上进行累积性创新活动。知识产品的创造，通常并不是凭空而来的，而是在前人大量智力劳动的基础上才能够形成，因而在其知识产品中常常包含着他人的智力创造因素。例如，人们进行创作时必然要借用前人的作品，就会形成衍生作品。目前美国著作权法通常认为，"变形程度已成为一个判断著作权合理使用的显著要件，应当将有价值的变形从侵权的变形中区分开来。"[1] 因此，衍生作品作为在已有作品基础上形成的新作品，其变形程度是其是否构成侵权的主要边界。

片面强调知识产权的专有性和排他性，忽略知识产权的利用，并不符合实际生活的基本情况。例如，在著作权人与使用人使用作品的行为之间常常发生的冲突中，片面强调维护著作权人的专有权，不完全符合著作权法促进文学艺术创作繁荣的基本精

---

[1] Thomas F. Cotter, "Transformative Use and Cognizable Harm", Summer *Vanderbilt Journal of Entertainment and Technology Law* (2010).

神。在现实生活中，也经常会发现，知识产权人未必能够绝对禁止这些使用，即使提起诉讼也经常得不偿失，不足以制止侵权行为和弥补自身的损失。在有些情况下，知识产权人也未必希望绝对禁止这些使用，而是希望能够从使用人处获得充分的许可使用费补偿。

在知识产权法中，即使确定了各种权利归属，也会产生使用权利、分配权利、获得收益方面的众多纷争。知识产权的排他权设置并未起到"定分止争"的作用，相反却导致了更大的争执。其主要原因在于，知识产权垄断的不是特定财产，而是界线模糊、资源有限的各种智力成果。由于智力成果之间关联紧密，在知识产权之间常常产生众多的权利冲突与摩擦。

如果在后权利人无法获得在先权利人的许可，知识产权法上建立了特定条件下的强制许可使用制度、法定许可使用制度、合理使用制度等，以规范当事人的权利义务关系。但是，当多个知识产权因从属关系的存在而发生权利冲突时，并不能应用这些制度来解决权利冲突，同时在知识产权法中又不存在解决这些权利冲突的有效规则。

2. 权利状态模糊性影响知识产权的利用

知识产品上的权利状态和权利内容，通常并不明确。对于一件知识产品来说，社会公众明确其背后存在着知识产权人，为某人所有，但该知识产品上的权利状态和权利内容又是不清晰的。

首先，在权利状态上，社会公众不了解这些知识产权是否依然受到保护，如果要使用该知识产品，需要获得哪些权利人的许可，是否可能侵犯第三人的权利。

其次，在权利内容上，虽然知识产权法明确规定了各种知识产权的内容，但通常由当事人自行约定知识产权许可使用合同的内容，社会公众并不知晓知识产品上存在哪些权利。即使在社会公众知道该知识产品归属某人使用的情况下，也无法明确知晓被许可使用人的权利内容。在现实生活中，由于大量的商标许可使用合同、专利许可使用合同、著作权许可使用合同依然未进行备案，因此对社会公众来说，这无异形成众多的权利黑洞。

最后，由于累积创新的存在，知识产品上的知识产权通常是重叠性的。对于知识产品的利用，常常不仅会涉及商标权人和专利权人的利益，还要考虑到商标使用人和专利使用人的利益。作品的使用也是如此，当社会公众需要使用一件作品时，会涉及在作品上重叠的多种权利，如对出版杂志的复制或对录制 CD 歌曲的使用。当社会公众不了解智力成果上的重叠性权属关系时，就面临着侵权的风险。

知识产权法律制度对社会的促进作用应当体现在，强化使用和运用知识产权作为知识产权制度设计理念之一。建立完善的知识产权使用规则，可以促进知识产品的涌现。因此，在承认和保护知识产权这一专有权的同时，构建和完善知识产权使用规则，是知识产权自身权利发展的要求，也是社会的需求。知识产权制度应当灵活地服务于科学、技术、竞争、创新的发展。建立和强化知识产权使用规则，可以促进知识产权整个权利和制度体系更加完善。

现行知识产权法中过分强调了所有规则，虽然其中也涉及一些使用规则，但从促进知识产品再创新的角度来看，目前的知识产权使用规则显得非常薄弱。

完善与强化知识产权使用规则，需要着重考虑如下基本原则：

第一，合理性原则。知识产权使用规则的建立，应当符合知识产权和知识产品的特性，符合这一权利客体本身的使用特点。他人对知识产品的使用与权利人对知识产权的行使，都应当建立在合理性原则之上。知识产权使用规则应当注重规范知识产权人的使用，应当建立对知识产权人权利的限制，使之不得对下游使用人造成损害。知识产权人行使其知识产权不得造成对使用人和社会公众的损害。因此，建立完善的规制知识产权滥用的规范理论与立法非常必要。

第二，灵活性原则。当知识产权所有与使用之间的成本、社会价值、举证责任成本等发生变化时，不应当不合理地持守知识产权所有规则，而应当灵活地变动，以满足知识产权使用人的社会需求。eBay 一案正是在考虑到社会成本、禁止使用的损害等多种因素的情况下，采用了不授予永久禁令的弹性机制。在举证责任、举证成本、损害知识产权的权益之间的权重发生变化的情况下，应当更多地采取灵活性态度，在保障知识产权人的市场利益的前提下，允许知识产权使用人的权利实现。

第三，预见性和安全性原则。应当建立可预期的利用知识产权的机制，使知识产权和智力成果资源的使用更加有效和安全。只有在使用人可预见的情况下，才可以促使知识产权使用人进行最佳化设计。也只有在这种情况下，使用人的使用行为才是安全的，才能实现更加合理化的目的。

第四，实际社会成本原则。应当将使用知识产权和他人知识产品的社会成本转由使用者承担，谁使用谁付费，多使用多付费。只有将实际社会成本转由使用者承担，才能够切实保障知识产权人的合法利益。

第五，社会可接受性原则。知识产权的使用规则的建立应当符合社会需求，符合社会公共利益的需要，同时也可令社会公众接受。

第六，管理的可行性和可持续性原则。知识产权使用规则的建立与运行，应当处于司法和行政可管理的框架之内，从而能够为知识产权使用中发生的纠纷提供最终救济和裁决。因此，在建立符合知识产权权利特点的知识产权使用规则的同时，应使知识产权法律制度和司法制度更加灵活，贯彻利益衡平精神，并且处于司法与行政的可管理范畴，才能切实保障知识产权使用人的权益，促进知识产权的使用规则得到实现。

第七，交易的功效性原则。知识产权使用规则，必须以对社会公众和社会公共利益影响最小为原则，以对知识产品的再开发和创新贡献最大化为基本原则。知识产权使用规则，应当具有足够促进创新的功效性。

为建立知识产权使用规则，应当在坚持我国目前知识产权法已有的各种使用规则的前提下，注意弥补和完善如下制度：

一是弱化知识产权排他性。为确保知识产权使用效率的实现，应当适当弱化知识产权的排他性，从而减少知识产权负外部性所带来的对社会利益的不利影响。欧洲专利局在《未来知识产权制度的愿景》一书中提出了"软专利"的概念。当一项专利获得永久禁令的权利被减弱时，这项专利就是一项"软专利"。欧洲专利局主张提高专利审查质量，以减少没有任何创新的专利（减少专利欺诈者）；削弱专利权人的禁令权（使专利欺诈者不能再阻止发明和/或生产）；修订专利法，使专利权人只有在该领域发挥积极作用时才可要求许可费或禁令；计算出假定发明被侵权的有关费用，作为诉讼时的赔偿标准。

以美国为例，针对专利欺诈者的行为以及专利流氓的行为，美国法院通过 eBay 一案建立了在赋予专利权永久禁令保护上的灵活措施。该案开辟了一个先例，即通过法院设置许可的条件而形成一种强制许可。在 2006 年的终审判决中，美国联邦最高法院推翻了上诉法院的判决，认为：①专利权与其他财产权并无不同，是否准予禁止令，法院必须使用传统的衡平法则加以权衡；②虽然专利权是一种排他性的权利，但是权利的内容与权利受到侵害时的救济方式不能混为一谈。其最终将联邦巡回上诉法院判决撤销，本案发回下级法院重新考虑是否应当禁止 eBay 继续使用专利。[1] 在该案中，美国联邦最高法院没有僵化地授予永久禁令，而是采取了衡平法院发布永久禁令的四要件测试法，认为对专利权采用永久禁令措施予以保护，也受限于这一规则，从而从公共利益的角度作出这一具有弹性的判决。

我国可借鉴 eBay 一案的经验，建立专利侵权损害赔偿的灵活机制。实际上，我国在司法实践中已经提出了针对知识产权案件建立灵活弹性的侵权损害赔偿机制的思想，法院也曾经在审判中使用仅支付使用费而非责令停止侵害的审判方法。[2] 例如，在武汉晶源环境工程有限公司诉华阳电业有限公司和日本富士化水工业株式会社专利侵权纠纷一案中，最高人民法院认为："鉴于本案烟气脱硫系统已被安装在华阳公司的发电厂并已实际投入运行，若责令其停止行动，则会直接对当地的社会公众利益产生重大影响"，"在充分考虑权利人利益与社会公众利益的前提下"，一审判决支付使用费而非责令停止侵害并无不妥。[3] 因此，正如学者所指出的，"当侵权人将专利合并进更有价值的产品中，如果发出永久禁令，会导致公共利益受到影响，则法院也不会发出永久禁令。"[4]

进言之，"要根据案件具体情况，合理平衡当事人之间以及社会公共利益，如果停止侵权会造成当事人之间的利益的极大失衡，或者不符合社会公共利益，或者实际上难以执行，可以根据案件具体情况进行利益衡量，在采取充分切实的全面赔偿或者支

---

[1]　126 S. Ct. 1837；164 L. Ed. 2d 641；2006 U. S. LEXIS 3872；74 U. S. L. W. 4248.

[2]　2016 年颁行的《最高人民法院关于审理侵犯专利权纠纷案件应用法律若干问题的解释（二）》（该司法解释于 2020 年 12 月进行了修正，并于 2021 年 1 月 1 日起施行）第 26 条。这实际上也是对司法实践经验的总结。

[3]　最高人民法院（2008）民三终字第 8 号民事判决书。

[4]　Oskar Liivak，"Rethinking the Conceptof Exclusion in Patent Law"，August *Georgetown Law Journal*（2010）.

付经济补偿等替代性措施的前提下，可不判决停止侵权行为。"[1] 知识产权保护并不仅仅以绝对禁止为其终极目标，应当从社会公共利益的角度出发，更多地考虑促进智力成果的使用，发挥智力成果在社会发展中的重要作用。

二是知识产权市场化。欧洲专利局在其编著的《未来知识产权制度的愿景》一书中提出了"知识商品市场"的概念。[2] 促进知识产权市场化，将是解决知识产权制度负外部性的一种措施。知识产权制度的设置，只是从一种不交易（公众的免费使用）转变为另一种不交易（知识产权人的垄断），这并不符合社会的实际需要。知识产权制度应当在维护知识产权的基础上，促进权利人主动进入知识产权市场，促进知识产权的交易。只有促进知识产权进入交易之中，才能使社会公众更多地从智力成果的创造中获益。

目前在知识产权领域已经存在着知识产权交易机制，我国各地都有知识产权交易中心，应当强化这种知识产权交易机制，使更多的智力成果进入知识产权交易领域，促进知识产权使用效率的提高。

但仍应当看到，目前知识产权市场化还有很大的潜力需要挖掘，知识产权交易机制还不畅通，其根本原因在于知识产权人对于自身知识产权的应用意识并没有被开发出来。为了促进知识产权市场化的产生，应当激励知识产权交易动机的增长。如果知识产权人没有足够高的交易动机，知识产权市场也就不可能充分发展。激励知识产权交易动机的增长，是加快建设知识产权交易市

---

[1] 《最高人民法院副院长曹建明在第二次全国法院知识产权审判工作会议上的讲话——求真务实、锐意进取，努力建设公正高效权威的知识产权审判制度》，载北大法律信息网：http://vip.chinalawinfo.com/newlaw2002/slc/slc.asp?db=chl&gid=110312，最后访问日期：2023年5月28日。

[2] 欧洲专利局编著：《未来知识产权制度的愿景》，郭民生等译，知识产权出版社2008年版，第144页。

场的基础。知识产权市场的建立，离不开交易动机的激励。因此，促使知识产权人具有更高的交易动机，是知识产权制度未来的方向。

不同的知识产权，其市场化的需求也不同。著作权侵权的成本很低，因此著作权保护的成本相应更高。对于著作权来说，侵权复制与著作权保护显得十分不平衡。复制过于容易，而保护的成本过高，这导致著作权保护难度偏高。针对著作权保护的这种特点，应当更为偏重著作权的使用性，使著作权更多地走向市场化。

三是解决知识产权创新阻碍。知识产权所保护的技术思想或创新思想具有有限性时，知识产权的赋权将影响社会公众的创新行为。因此，如果"技术堵车"现象出现，就应当限制知识产权的这种垄断效力。如果放任知识产权绝对排他性效力的继续存在，无疑就会导致智力成果的创造者利用知识产权的这种垄断效力形成产业垄断和创新垄断。创新垄断是现代社会中产生的一种垄断形式，它同样是一种比较严重的垄断行为。创新活动被干扰，将对社会进步的未来造成严重影响。因此，在知识产权制度中的一项基本规则是，当创新思想有限时，就应当限制知识产权的排他性。

提高技术互用性，是完善知识产权制度的主要目标之一，对于解决知识产权创新阻碍也具有重要意义。除了已有的一些提高知识产权使用效率的制度（例如合作开发、交叉许可、专利池）之外，应当通过知识产权的制度创新，促进技术的互用性。只有建立更加符合现代社会技术特点的知识产权制度，增进发明人之间的技术互用性，才能够促进技术创新，否则发明人、科技人员将在创新之初就受到各种阻碍，不能投身于创新发明之中。

当知识产权人保护自己的知识产权时，社会公众使用知识产品将受到知识产权人的强烈排斥，这种排斥会与知识产品这种无形财产本身的特有性质存在内在矛盾。当一味保护知识产权所导致的结果并不公平时，就应当考虑建立前面已作一定探讨的良好的知识产权使用规则，进行新的制度设计与创新。强化知识产权使用规则的基本宗旨应当是使用知识产权，而不是仅拥有知识产权；利用知识产权，而不是仅占有知识产权。

（四）知识产权默示许可

英国是专利默示许可理论的发源地，其关于专利默示许可的含义是：专利产品首次合法售出后，如果专利权人或经其授权出售该产品的人没有提出限制性条件，购买人就获得了使用或者转售该专利产品的默示许可，专利权人不得对此合法售出的专利产品再主张专利权。[1] 德国在 20 世纪初创设了"专利权用尽原则"（exhaustion of a patent），即只要经专利权人许可，将他（或其被许可人）制造的专利产品投入了商品流通领域，则这些产品的"再销售"均不再受专利权人的控制，专利权人对它们的独占权已告"穷竭"。[2] 德国原帝国最高法院在 1902 年的一份判决中指出，专利权用尽原则是对专利权的一种本质性限制，其理论基础在于：其一，专利权人出售专利产品，已经获得了通过专利独占权获利的机会，从而使其独占权被用尽；其二，专利权用尽原则能够防止专利权人分割国内市场，阻碍商品的自由流通。

此后，默示许可理论在美国有了长足的发展，针对各种类型的默示许可，产生了不同的测试方法。以下将围绕美国知识产权默示许可理论，以专利权默示许可为主要考察对象，探讨默示许可理论在我国知识产权法律中的应用与完善。[3]

---

〔1〕 参见冯晓青主编：《专利侵权专题判解与学理研究》，中国大百科全书出版社 2010 年版，第 169~177 页。

〔2〕 袁真富：《专利默示许可制度研究》，载国家知识产权局条法司编：《专利法研究 2009》，知识产权出版社 2010 年版，第 463 页。

〔3〕 相关研究，参见陈健：《知识产权默示许可理论研究》，载《暨南学报（哲学社会科学版）》2016 年第 10 期。

默示许可是专利侵权的一种抗辩方法，本质上构成对于专利权的一种限制。[1] 在专利侵权诉讼中，侵权指控与默示许可构成相对立的诉讼手段。如果允许默示许可被过度使用，则专利权的竞争对手也可能会利用默示许可抗辩，逃避专利侵权责任。[2] 因此，就需要对默示许可建立明确的条件，以防止一方当事人动辄受到侵权指控，同时避免滥用默示许可抗辩。

1. 专利权穷竭与默示许可

一百多年前，在专利权穷竭理论下发展出了专利默示许可理论。1843 年，美国联邦最高法院在 McClurg v. Kingsland 一案中第一次明确了默示许可，这就是所谓的"商店权利"。[3]特定产品在授权销售之后，专利权人控制该产品进一步处置的权利丧失。此后，1893 年《美国专利法》第 3 条对此进行了确认。

美国联邦最高法院应用专利权穷竭理论的第一案是 Adams v. Burke 案。在该案中，法院认为，不论是否存在地理范围的限制，在产品被销售之后，买方 Burke 获得了使用该发明的默示许可。[4]

专利权穷竭理论不仅适用于被专利权人销售的产品，也适用于专利的被许可人销售的产品。[5] 总之，专利权穷竭仅适用于

---

〔1〕 相关案例，参见张某与衡水某建筑工程有限公司等侵害发明专利权纠纷案，最高人民法院（2012）民提字第 125 号民事判决书；佛山市某电力设备制造有限公司与广州某电缆集团有限公司侵害发明专利权纠纷案，广东省高级人民法院（2017）粤民终 1563 号民事判决书。

〔2〕 Michael J. Swope, "Recent Developments in Patent Law: Implied License—An Emerging Threat to Contributory Infringement Protection", Spring *Temple Law Review* (1995).

〔3〕 Daniel M. Lechleiter, "Dividing the (Statutory) Baby Under Anton/Bauer: Using the Doctrine of Implied License to Circumvent § 271 (C) Protection for Components of a Patented Combination", Spring *John Marshall Review of Intellectual Property Law* (2004).

〔4〕 Adams v. Burke, 84 U. S. 17 Wall. 453 (1873).

〔5〕 相关案例，参见某光电系统技术（广东）有限公司、广州某贸易有限公司侵害外观设计专利权纠纷案，广东省高级人民法院（2017）粤民终 2900 号民事判决书。

全面覆盖专利产品的销售为基础的专利侵权。[1] 也就是说，如果产品并非完全处于专利覆盖之下，则专利权穷竭理论并不适用。[2]

2. 禁反言与默示许可

如果特定产品并非由专利权所覆盖，在这种情况下，买方可以寻求另外的抗辩理由免于侵权指控。在这种情况下，美国法院开发出了一种衡平的默示许可分析方法。当专利权人的行为中包含着默示许可因素时，法院可以从专利权人的行为中推导出默示许可的存在。禁反言的默示许可是专利权人行为与侵权人对该行为的合理信赖相结合而产生的推论结果。

禁反言的默示许可理论与专利权穷竭理论的区别在于，它将注意力从"产品自身转向当事人之间交易的背景"分析上，从专利产品的购买是否导致专利权穷竭，转向了当事人行为包含的意图的分析上。[3] 权利穷竭理论集中关注的是产品销售，只要特定产品被进行了销售，就存在专利权穷竭问题；而禁反言的默示许可理论集中关注于专利权人的行为。[4]

禁反言下的默示许可可以分为两类，法律禁反言和公平禁反言。在专利权人许可一个权利，收到专利使用费却去寻求减弱专利被许可使用权时，会被认为存在法律禁反言。这一规则禁止专

---

〔1〕 Amber Hatfield Rovner, "Practical Guide to Application of (or Defense Against) Product-Based Infringement Immunities under the Doctrines of Patent Exhaustion and Implied License", Winter *Texas Intellectual Property Law Journal* (2004).

〔2〕 Amber L. Hatfield, "Patent Exhaustion, Implied Licenses, and Have - Made Rights: Gold Mines or Mine Fields?", Spring *Computer Law Review and Technology Journal* (2000).

〔3〕 Orit FischmanAfori, "Implied License: An Emerging New Standard in Copyright Law", January *Santa Clara Computer and High Technology Law Journal* (2009).

〔4〕 Amber L. Hatfield, "Patent Exhaustion, Implied Licenses, and Have - Made Rights: Gold Mines or Mine Fields?", Spring *Computer Law Review and Technology Journal* (2000).

利许可人在他已经收到专利许可使用费后反悔。[1] 法律的禁反言要求，专利权人许可权利、获得许可费用，并寻求收回权利。这一理论强调当事人发出许可并且事后又试图改变许可。[2]

公平的禁反言要求则有如下三个条件：①专利权人给予过许可，专利权人通过声明或合同，同意所谓的侵权人制造、使用或销售相关专利产品；②涉嫌侵权人依赖该同意；③如果专利权人继续从事被诉的行为，涉嫌侵权人将会受到实质的损害，并且将会相当反感。[3] 因此，公平的禁反言比法律的禁反言适用的范围更为广泛。

在认定禁反言的默示许可时，买方的单边期望不能导致默示许可，除非买方的行为是受到专利权人行为直接影响的结果。禁反言理论要求有明确的许可预先存在，它要求专利权人默许侵权行为，并且接受许可费用。因行为而构成默示许可，要求专利权人使用的语言和行为，使其他人可能适当地推测专利权人同意他使用专利制造、使用或销售，从而构成默示许可。[4]

3. 许可合同中的默示许可

许可协议中存在的默示许可，有三个基本条件：①当事人存在意图，但没有写入合同；②如果相关问题引起当事人的注意，当事人可能会加以明示表达的意思而未写入合同；③法院基于公平、合理和政策原因引入合同中的默示许可。[5]

---

〔1〕 Rachel Clark Hughey, "Implied Licenses by Legal Estoppel", *Albany Law Journal of Science and Technology* (2003).

〔2〕 Rachel Clark Hughey, "Implied Licenses by Legal Estoppel", *Albany Law Journal of Science and Technology* (2003).

〔3〕 Rachel Clark Hughey, "Implied Licenses by Legal Estoppel", *Albany Law Journal of Science and Technology* (2003).

〔4〕 Rachel Clark Hughey, "Implied Licenses by Legal Estoppel", *Albany Law Journal of Science and Technology* (2003).

〔5〕 Orit Fischman Afori, "Implied License: An Emerging New Standard in Copyright Law", January *Santa Clara Computer and High Technology Law Journal* (2009).

许可合同中的默示许可，可以通过合同默示条款理论加以处理。合同默示条款可以分为法律默示与事实默示两种方法。法律默示，是依法所添加的默示条款；事实默示，是假设双方在订约时的意图而添加的默示条款。法律默示是一般适用于某一个类别的合约。事实默示是随意填补个别合约中的漏洞，是在个别合约中基于不同情况而适用的。

法律默示不是根据双方的订约意图，也不要求"必须"令个别合约有"商业效力"，通常订约方如果不喜欢某一个法律默示的条文，可以明示条文否定。[1]

事实默示则要求"必须"增加这一事实，才能令合约有一完整的说法，因此强调默示必须给予合约以"商业效力"。[2] 事实默示首先必须是合理的。合理性可以分两个方面：一是先解释有关合约的明示条文，看是否有需要作出默示条文；二是被默示的条文本身，与增加默示条文后的结果必须合理。[3]

事实的默示条款主要有两种测试方法：一是商业效果测试，这一测试方法产生于 The Moorcock 一案；二是好事第三者测试，这一测试方法产生于 Shirlaw v. Southern Foundries（1926）Ltd. 34 一案。

商业效果测试是指，对于作为商人的双方当事人来说，在任何情况下必须意图去做以使交易产生商业效果的条款。商业效果测试方法的最著名判例是 1889 年的 The Moorcock 一案。这种默示条款是给予交易某种效力，以至于双方当事人必须在所有情况下都意识到存在这种条款和商业效果效力。[4] 在后来的 Hamlyn &

---

〔1〕 杨良宜:《合约的解释：规则与应用》，法律出版社 2015 年版，第 435 ~ 436 页。

〔2〕 杨良宜:《合约的解释：规则与应用》，法律出版社 2015 年版，第 433 页。

〔3〕 杨良宜:《合约的解释：规则与应用》，法律出版社 2015 年版，第 453 页。

〔4〕 (1889) 14 P. D. 64.

Co. v. Wood & Co. 一案中，伊舍（Esher）法官再次使用了商业效果测试方法。填补的目的并不是重建一个新合同，而是尝试实现合同协议的目的，继续填补合同中的缺失部分。好事第三者测试是指，如果一个条款非常明显，虽然没有明示，但在当事人进行交易之时，一个好事第三者（或者一个虚构的朋友）一定坚持要在其协议中出现这种未明确的表达。

4. 组件销售、未完成部件销售与默示许可

没有被专利覆盖的组件的销售和未完成部件的销售，不可能具有专利权。因此，专利权穷竭也不适用于仅销售专利系统中的组件部分和未完成部分，因为专利权并不覆盖这些被销售的产品部件本身。针对这些情况，美国开发出第三种默示许可的测试方法。

美国法院认为，专利权穷竭用于产品，禁反言用于行为，在第三种情况下，如果非专利产品的销售被用于实施专利，而该产品除实施专利之外没有其他用途，则这种组件和未完成产品的销售也可以构成默示许可。相反，在组件和未完成产品有其他用途时，并不意味着存在默示许可。

第一，组件销售与默示许可。组件销售与默示许可领域最有名的案例是 Bandag, Inc. v. Al Bolser's Tire Stores, Inc. 一案。在该案中，法院认为如果专利并不覆盖专利权人或其许可人销售的产品，则专利权穷竭理论并不适用。在该案中，专利权人 Bandag 有一个轮胎翻修的新方法专利，其向连锁加盟者销售特定用于实施该方法的设备。特许经营者向 Al Bolser's Tire Stores 销售了该产品。Al Bolser's Tire Stores 则使用该产品去实施了 Bandag 的方法专利。Bandag 起诉 Al Bolser's Tire Stores 构成侵犯方法专利。地方法院认为 Al Bolser's Tire Stores 没有侵权，因为整个事件给予 Al Bolser's Tire Stores 默示许可，在实施专利的各步骤中使用这一设备。

上诉时，联邦巡回上诉法院则认为，轮胎翻修设备的销售并没有导致对于 Bandag 的方法专利的默示许可。法院认为默示许可必须有两种方法加以认定：①设备必须没有非侵权使用；②销售的环境必须明确表明，许可的同意是能够被推测的。基于此，法院认为被告负有证明设备不用于侵犯方法就没有其他用途的责任。[1]

联邦巡回上诉法院认为，Al Bolser's Tire Stores 没有负担起两个举证责任：一是 Al Bolser's Tire Stores 购买的设备是否有其他非侵权的使用方式；二是向 Al Bolser's Tire Stores 销售设备的整体情况是否直接明确地表明，同意其默示许可应当能够被推测出来。在该案中，被告对上述两种情况负有证明责任，从而判断是否会适用默示许可理论。结果，联邦巡回上诉法院推翻了地方法院的判决，认为 Al Bolser's Tire Stores 没有获得默示许可来实施 Bandag 的方法专利。这两个条件，后来成为联邦巡回上诉法院认定默示许可的两个基本要求。[2]

在 Met-Coil Systems Corp. v. Korners Unlimited, Inc. 一案中，法院认为，当买方证明①该产品不能用于其他目的，除了侵犯专利权人的权利；②销售的环境明确表明可以推测默示许可存在，就会产生默示许可。在该案中，法院认为，专利权人销售只能用于实施其专利的产品，这明确地表明可以推测专利权人允许默示许可。Met-Coil 一案扩张了 Bandag 的测试方法，针对可更换可消耗的部件，即使该部件并不为专利所覆盖，也允许产生默示许可。[3]

---

〔1〕 Bandag, Inc. v. Al Bolser's Tire Stores, Inc., 750 F. 2d 903, 223 U. S. P. Q. 982.

〔2〕 Bandag, Inc. v. Al Bolser's Tire Stores, Inc., 750 F. 2d 903, 223 U. S. P. Q. 982.

〔3〕 Met-Coil Systems Corp. v. Korners Unlimited, Inc. et al., 803F. 2d684 (Fed. Cir. 1986).

在 Anton/Bauer, Inc. v. PAG, Ltd.[1]一案中，按照 35 U. S. C. § 271（b）&（c）规定，Anton/Bauer 向法院起诉 PAG 公司间接侵犯其第 4810204 号专利。联邦巡回法院认为，在两个条件下，专利权人可以构成同意默示许可：①专利权人销售了产品，该产品并不导致侵权性使用；②销售的情况明白地显示，许可的同意应当是能够被推测出来的。法院判决澄清了：当专利权人销售非专利部分，这一非专利部分是单独为组合性专利而设计的，但专利权人没有设置任何限制客户对非专利部分的使用，则默示许可是存在的。反之，如果为了确保不发生默示许可和专利权穷竭问题，专利权人应当连同组合专利一并销售组件，而不是单独销售组件。[2]

第二，未完成部件销售与默示许可。美国联邦最高法院在 1942 年审理了 United States v. Univis Lens Co. 一案，这一案例成为未完成部件销售导致默示许可的经典案例。

在该案中，Univis 公司生产的眼镜毛坯被 5 个专利所覆盖，最终的眼镜被 8 个专利所覆盖，这些专利构成了制造多焦点眼镜的方法。Univis 公司许可 Univis Lens 公司制造眼镜毛坯。眼镜毛坯是一种粗糙的、不透明的镜片，由两片或更多片不同折光量的镜片所组成。在眼镜毛坯制造好后，Univis Lens 公司将它们卖给 Univis 公司的许可使用人，由他们打磨为最终的多焦点眼镜；Univis 公司再许可并销售给批发商和零售商。在购买了 Univis Lens 公司的眼镜毛坯之后，批发商和零售商也可以实施 Univis Lens 公司的其他专利，完成透镜的其他制造步骤。Univis 公司给 Univis Lens 公司制作透镜毛坯的授权，每个透镜毛坯售价为 0. 50 美元，并且以 4 美元出售这些透镜毛坯给终端零售商，同时给批

---

〔1〕　329 F. 3d 1343, 66 U. S. P. Q. 2d 1675（Fed. Cir. 2003）.
〔2〕　329 F. 3d 1343, 66 U. S. P. Q. 2d 1675（Fed. Cir. 2003）.

发商的价格是 3. 25 美元。零售商则自行磨制透镜毛坯，制成最终眼镜，并且以 16 美元直接销售给消费者。有时，批发商也会自行磨制透镜毛坯，制成最终的眼镜后，以 7 美元卖给零售商，零售商再以 16 美元卖给终端消费者。所有这些价格都是 Univis 公司通过它的多层许可机制制定的。

上诉法院认为，任何毛坯眼镜的销售都使买方获得了基于专利权穷竭的默示许可去实施 Univis 的专利，并且完成最终的眼镜。[1] 上诉法院反复说明，每个透镜都体现了专利的基本特征，并且除了磨制和磨光，制作眼镜没有其他用途。法院认为，这构成了专利权穷竭。[2] 因此，法院认为，眼镜毛坯的销售包含了许可进行透镜磨制的其他步骤。按照合理和预期使用目的测试标准，使用透镜毛坯就是为了销售给最终使用者磨制和磨光以制作眼镜。未完成产品的销售给了买方默示许可去完成最终的产品，只要这一行为是为了完成最终产品所必需的。因此，当 Univis Lens 公司向批发商和零售商销售透镜毛坯时，构成使用其专利的默示许可。

在 Cyrix Corp. v. Intel Corp. 一案中，美国德克萨斯东区联邦地方法院改变了上述 Univis Lens 公司一案中的观点，认为默示许可需要此后制造的完整产品具有商业上的可用性。通过分析英特尔的专利说明书，法院认为，微处理器与外部存储器之间具有商业上的必需性，即其目的仅在于供外部存储器使用。因此，Texas Instruments 公司销售芯片给 Cyrix 公司，这构成专利权穷竭，Cyrix 公司是不侵权的。[3] 在 Univis Lens 公司一案中，法院将专利权穷竭扩大适用到未完成的产品。在 Cyrix 一案中，法院更宽泛地将"商业上的必需"界定为"在有利于并且给予持续性的商业活

---

[1] United States v. Univis Lens Co. , 316 U. S. 241 (1942).
[2] United States v. Univis Lens Co. , 316 U. S. 241 (1942).
[3] Cyrix Corp. v. Intel Corp. , 879 F. Supp. 672 (E. D. Tex. 1995).

动以发展和继续的可能性的目的上，销售产品"。[1]

因此，在组件销售和未完成部件销售的情况下，默示许可理论也可以适用。为了建立默示许可，产品的买方必须进行如下测试：

作为销售的产品，除了实施该专利方法或专利组合，是否没有合理的或实际的非侵权使用，即该产品必须用于实施该专利方法或专利组合，没有其他非侵权用途。如果"否"，即该产品还有其他用途，则许可是非默示的。如果"是"，即该产品没有其他用途，举证责任转移到专利权人，专利权人应当证明销售的情况并没有明确显示许可是默示的。组件性专利是否穷竭，取决于组件是否是必要组件，如果系必要组件的销售，则会使组合专利权穷竭。对于未完成产品的销售，在这种未完成产品除了作为专利组合的一部分之外没有其他用途时，即会产生专利权穷竭问题。[2] 对于证明欠缺非侵权使用，美国法院似乎给被告设置了较重的举证责任。

5. 方法专利与默示许可

专利权穷竭理论是以产品销售为基础的，如果涉案专利是方法专利而不是产品专利，则专利权穷竭理论在此并不适用。在美国以往的大多数判例中，对于方法专利是否可以适用专利权穷竭理论，一直存在不同看法。美国司法界主流观点认为，专利权穷竭理论只适用于产品专利，在方法专利上难以直接适用。但量子公司一案，则是这一领域的新发展。

原告 LGE 以我国台湾地区主要笔记本电脑的下游组装厂商为

---

〔1〕　Michael J. Swope, "Recent Developments in Patent Law: Implied License—An Emerging Threat to Contributory Infringement Protection", Spring *Temple Law Review* (1995).

〔2〕　Amber Hatfield Rovner, "Practical Guide to Application of (or Defense Against) Product-Based Infringement Immunities under the Doctrines of Patent Exhaustion and Implied License", Winter *Texas Intellectual Property Law Journal* (2004).

被告，向美国加州北区联邦地方法院起诉，主张这些厂商所制造的计算机系统侵害了 LGE 公司的 5 项美国专利。

英特尔按照该许可协议销售微处理器和芯片组给包括量子公司在内的计算机收购商和供应商。被告 Quanta 从英特尔购买了微处理器和芯片集，并将其与非英特尔公司制造的存储器和数据传输线组合成电脑，量子公司将这些计算机销售给原始设备制造商，然后再卖给计算机用户。LGE 公司认为，该组装过程落入了 LGE 专利包中的第 5077733 号方法专利，该专利解决数据在连接两个组件之间的线上传输时的优先权问题。LGE 公司起诉量子公司和其他计算机制造商侵犯其 6 个专利。其中 3 个专利是美国联邦最高法院着重审理的，因为这 3 个专利都包括了专利方法申请。

地方法院和联邦巡回法院都判决认为专利权穷竭原则不适用于方法专利，判决侵权成立。美国联邦最高法院则否定了联邦巡回法院判决，作出如下认定：专利权穷竭原则适用于方法专利。如果取消对方法专利的穷竭原则，将会严重地损害穷竭原则，因为专利权人可以把设备的专利权利要求撰写为方法专利权利要求，从而轻易地规避穷竭原则。将产品申请很容易地修改为方法申请，就可以回避专利权穷竭问题或者严重破坏专利权穷竭理论，这是不可以的。[1]

三、以公共领域勘定的知识产权

知识产权是一种专有权利，具有独占性。但是，这种专有权利是与公共领域相对而言的，并且专有权利最终有进入公共领域的趋向。因此，可以从公共领域视角去研究知识产权问题。以下在讨论公共领域的理念时，先从知识产权的专有性出发，进而分析专有权利与公共领域的对价关系等知识产权法中的公共领域

---

〔1〕　Quanta v. LGE, Inc., 128 S. Ct. 2109（2008）.

问题。

(一) 知识产权的专有性

知识产权是知识产权人对知识产品特别是智力成果享有的专有权利。知识产权是社会发展到一定的阶段后，在法律上作为一种财产权出现的，是人类文明和社会生产力发展的结果。知识产权作为一种私权，除了具有时间性、地域性特征外，还具有专有性的特征。知识产权的专有性是由知识产权的私权性质决定的。知识产品的商品属性和社会属性决定了它总是要进入市场流通的，而知识产品本身没有形体，对其占有不能实现绝对的控制，而是认识和利用，故而容易脱离所有人的占有而被不同的主体同时占有和利用；加之知识产品的传播又十分容易，知识产品所有人很难对其进行直接控制，因而不能用传统的有形财产保护制度对它进行保护，而必须采取特殊的法律制度。

这种特殊的法律制度表现为知识产权保护制度。知识产权的专有性具体表现为：其一，权利人依法可以独占其知识产权；其二，知识产权的使用必须置于知识产权人的控制之下，任何人未经其许可或者法律特别规定，不得行使其知识产权，否则将构成侵犯知识产权的行为；其三，每一项知识产品只能被授予一项所有权，对同一项知识产品不能允许同时存在两项以上的不相容的权利，以确保知识产权的权利主体具有唯一性。不过，知识产权的专有性并不排除知识产权共有的存在。

知识产权的专有性直接来自法律的规定或国家的授予，这是知识产权人利用知识产品的法律前提。专有性体现于对知识产品利用的控制。这种对知识产权的控制与有形财产完全不同。在有形财产制度中，财产所有人遵循的原则是"得物获权，物去权失"，其可以凭借对有形财产的占有而实际控制和利用，法律没有必要作出专门的授予。对有形财产的利用在很大程度上也遵循了意思自治原则。知识产权则不同，由于知识产权的无形性，对知识产权的客体知识产品的利用需要借助知识产权法律明确地界定知识产权人行使权利的特定范围。这种行使权利的特定范围就是知识产权的"专有领域"。通过界定和确保知识产权人的"势力范围",知识产权法律制度激励了知识产权人从事知识创造的积极性,丰富了人类的知识宝藏,促进了社会进步。

专有性也是专有领域的知识产权与公共领域的知识产品相区别的一个重要特征。从后面对知识产权中的公共领域的探讨可以看出,在公共领域,任何人都可以自由地使用知识产品。"一个人获得的知识产权是对另外一个人的限制。"[1] 法律应当赋予特定的知识产品财产权,并且也要对传统的自由政治理论所涉及的维持和鼓励信息的广泛生产、思想的接近以及在政策的公共领域有足够的信息流动做出适当的安排。在理论上,著作权和专利权的专有范围不包括思想、事实和基本的自然法则,授予的专有权仅限于这种思想的新颖的、非显而易见的和独创性的表达。授予知识产权客体知识产品的专有权在某种程度上与传统的洛克的财产权劳动理论关于有形财产的所有权的正当性,以及社会效用的结果主义理论是一致的。

知识产权的专有性在不同类型知识产权表现中各有特色。以下将逐一进行讨论。

1. 著作权的专有性

著作权有时被视为有限垄断的一种形式。根据美国联邦最高法院的观点,著作权是一种垄断。[2] 美国国会报告认为,著作权是垄断的形式。[3] 不过,著作权只保护思想的表达方式而不保护思想本身,在专利法中则不存在着这种限制。尽管著作权的保护

---

〔1〕 Cf. Hoffman, "Limitations on the Right of Publicity", 28 *Bull. Copyright Soc'Y* 111. 112 (1980).

〔2〕 Fox Film Corp. v. Doyal, 286 U. S. 123, 127 (1932).

〔3〕 H. R. Rep. No. 742, on H. J. Res. 676, 87th Cong. , 2d Sess. 6 (1962).

期限比专利权要长，专利保护的强度却比著作权要大。与专利权相比，著作权有"弱垄断"之称。而且，著作权的期限、合理使用等著作权的限制都没有完全解决著作权的垄断性问题，司法实践对此也没有更好的方案。

"著作权有必要涉及限制权以及垄断知识扩散的权利。"[1]在美国，从19世纪建立起来的著作权原则之一就是著作权的法定垄断原则，即著作权是有限的法定垄断，而不是（相对于竞争性理论）作者的自然法权利。法院在 Wheaton v. Peters 案件中作出了这一判断。该案件的重要性在于强调了法定垄断原则。[2] 这里所说"垄断"的含义仍然是"专有"意义上的。

在著作权司法实践中，垄断被认为是著作权政策的合法实施。法律有必要赋予作者一定时间的垄断利益，因为如果没有作者，就不可能产生作品。著作权制度不仅是为了奖酬作者，也是为了鼓励作品实现其公共效用。法院重复了这一哲学理念。[3]法院还认为，著作权法授予的垄断权积极地服务于其意图实现的刺激新材料创造的目标。[4]从著作权立法看，著作权法赋予作者等著作权人对作品专有权意义上的"垄断权"，在较早的时候即有体现，如1842年《英国著作权法》将复制视为从事某种行为的唯一的和专有的自由。后来著作权立法有相似的定义，如1956年《英国著作权法》将著作权定义为专有地从事或者授权某人从事某种行为的专有权。

从垄断的意义上考察著作权的性质，需要明确的问题是，作

---

[1] Hudon, "The Copyright Period: Weighing Personal Against Public Interest", 49 *A. B. A. J.* 759 (1963).

[2] *See* L. Ray Patterson, Stanley W. Lindberg, *The Nature of Copyright: A Law of Users' Right*, Sathens & London: The University of Georgia Press, 1991, p. 58.

[3] Micheal H. Davis, "The Enlargement of Copyright and the Constitution", 52 *Florida Law Review* 867 (2000).

[4] Harper & Row v. Nation Enterprises, 471 U. S. 539, 546 (1985).

为垄断权意义上的著作权，它在适用到作品新的使用形式中时，不能不适当地增加公共领域的负担，否则正在改变的作品流转市场在被作者的专有权重新定义之前，作为自由表达"引擎"的著作权将会因为缺乏足够的"燃料"而窒息。需要明确的另一个问题是，在什么程度上对作者赋予的专有权利构成了市场意义上的经济垄断，从而需要政府予以规制。值得注意的是，近年来对著作权法经济学上的批评经常建立在著作权人的经济垄断基础之上。这些批评将著作权专有意义上的垄断看成是经济垄断，认为著作权垄断会使一个特定的著作权作品形成更少的数量和更高的价格（产生了社会利益的损失）。其实，著作权中"垄断"一般仍然应当理解为著作权人对其作品在市场上的专有控制权。但这种专有控制权本身不等于经济性垄断，因为它是有限的——著作权人不能获得现实世界的真正垄断，除非作品这种著作权客体具有一个内在的垄断力。很多作品本身不能创造很大的垄断力，因为在很多情况下，要找到被著作权保护的替代性作品是可能的，特别是如果这种作品的保护期很长的话。并且，在著作权市场上存在与其他人的竞争。著作权的垄断性在客观上倾向于鼓励竞争性作品的创作，因为它阻止对原创性作品表达的复制。

2. 专利权的专有性

与著作权相比，专利权人专有地使用其发明的权利，更被看成是一种"垄断"权。一些教科书也主张专利是一种古典的垄断。"虽然专利是财产权，法院和评论家都倾向于将其视为垄断。专利法中包含了很多限制垄断利润的原则。"[1] 在"专有"的一般含义上看待专利的"垄断"特征，专利和其他形式的财产权没有本质区别——私人财产权因具有排他性而具有垄断因素，但为何专利不被认为是其他形式的专有财产权？实际上，专利被作为

---

〔1〕 Kenneth W. Dam, "The Economic Underpinning of Patent Law", 18 *The Journal of Legal Sdtudies* 250 (1994).

垄断权存在历史渊源。在历史上，专利被赋予类似于由国王授予的具有专有性的特权。在早期的英国，专有权的授予是国王的一种特权，这种特权的授予源于一种地区经济发展的手段。特权与研究或者革新活动具有很少的联系。例如，在 1326 年，爱德华三世制定了鼓励有用技术进口的政策。1440 年，制造盐的方法的专用权被授予发明者。只是在随后的一些年里，皇家许可带有政治意味，而不是旨在鼓励经济增长。这种不公平的垄断维持了一些年，逐渐导致了越来越多反对者对国王的抗议，最终导致了1623 年《垄断法》的诞生。该法被认为是世界上第一部现代意义的专利法。该法以"垄断法"命名，表明了专利是在"专有"的含义上被使用的。该法禁止皇家垄断，发明者对自己发明的垄断却被作为例外保留下来。这些垄断权游离于公共领域之外。在授予专有权前，任何人都有权制造、销售它们。授予专有权后，这些权利就离开了公众，而进入到个人手中。《垄断法》的颁布实施使得专利权跳出了封建社会"特权"的藩篱而被贴上了现代财产权的标签；正是基于此，它被认为是现代专利制度的开端。从专利制度的历史看，在专利制度的发展过程中，对专利制度的批评甚至否定的观点一直存在。荷兰在 19 世纪的专利论战中甚至一度废除了专利制度。对专利制度反对的原因很多，其中之一认为专利是一种垄断，而所有的垄断都是邪恶的。

专利"垄断"权的授予与形成经济上的垄断没有必然联系，只是在很有限的领域如此。在今天，在"专有权"的意义上，专利垄断权的效力与专利的市场力直接相关。专利的市场力则取决于特定产品的需求弹性，而这回过头来又依赖于可以获得的产品的替代品范围。在 18—19 世纪，专利权人控制市场和确定在先发明的价格的垄断权较强，因为那时在狭窄的市场领域中工业商品的范围较窄，非专利替代品难以生产。然而，现代工业发展的多样性使得很多专利产品都存在替代品。更具体地说，至少有三个显著的竞争性压力对专利权人发挥着作用：一是专利产品或者方法可能会面对很相似的替代品；二是在专利经济寿命的起始阶段，陈旧的技术继续存在于市场，与先进的专利技术展开竞争；三是在专利经济寿命的最后阶段，竞争性公司直接与专利权人展开竞争，迫使专利权人将价格确定在竞争性水平上，以获得在专利保护期限届满后的市场。[1]因此，专利权人不宜不适当地使其产品价格高于公众不能获得的更廉价的替代品。为展开市场竞争，专利产品因一定价格利用程度须与以较低价格出现的替代品利用程度相同或更高一些。另外，除了替代性产品外，其他不在专利保护范围之内的竞争性技术的进入，对专利产品的市场力也有重要影响。

从发明的社会效用看，发明是生产智力财富的重要途径，发明的产生是对公众需要的新的满足和人类知识宝库的累积。发明是从无到有的东西，发明者所从事的发明在以前从来没有出现过。在发明被授予专利之前，专利垄断权并不阻碍公众中的任何成员继续生产或者销售他们的产品。专利垄断保护的只是以前的产品市场所没有的发明。从这个意义上讲，有学者认为，对专利垄断权而言，即使它赋予发明者的是一个垄断权，但它反而增加了社会福利，而不是从社会福利中抽走了一部分。[2]

不过，专利作为一种垄断权被掌握在专利权人手中，并不一定能够得到最佳的利用，例如可能出现专利权人利用发明的条件比其他的竞争对手差的情况。更实质性的是，由于专利权人有一定程度的垄断权，他们可能不会在确保对社会有益的环境下使用发明，或者可能要求过度地补偿其成本，且通过垄断者生产的产

---

〔1〕 *See* Edmund Kitch, "Patent as Property rather than Monopoly", 18 *Research in Law and Economics* 31-49（1996）.

〔2〕 Peter Meinhardt, *Inventions Patent and Monopoly*, London: Steven & Sons Limited, 1950, 2nd ed., p. 32.

品价格可能较竞争者生产时的水平低而价格偏高。此外，垄断者可能采取有意不利用一些机会，较少利用其他一些生产性资源，或者用较差的技术的政策。也就是说，专利由专利权人完全垄断，并非意味着最佳社会效用。正是基于此，专利制度创设了一系列的制度特别是专利的许可与转让制度以促进发明的最佳利用。此外，专利法限制了其他人实施其发明，也可能产生经济上的垄断，导致超竞争价格、生产的限制和经济学家所称的负重损失。专利法需要使这种潜在的扭曲或者没有效率发生的可能性最小化。

关于作为专有权的专利"垄断"，还有一个相关概念需要明确，即所谓"经济租金"——垄断利润问题。很多专利，特别是那些在市场上成功的专利，确实会使专利权人获得经济租金。此外，假定其他厂商不能利用革新来减少生产成本，通过减少专利的制造成本也可能会使专利权人获得经济租金。这正是赋予专利"制造、使用、销售、许诺销售的专有权"而需要实现的目的。专利权人获得的经济租金是由专利权人的个体成本和竞争者的个体成本之间的差别来实现的。经济租金在经济学中很普遍，当经济行为人比竞争者具有成本优势时，无论是基于法律的原因还是其他原因，他们能够获得经济租金。法律上的原因可能是实施规则限制。在避免将专利垄断混同于经济垄断的层面上，经济租金的概念确实有其独特之处。一般而言，学界所提及的专利垄断不是经济垄断含义上的垄断，它相当于经济租金。

3. 商标权的专有性

商标权作为一种"专用权"，也具有垄断特色，但也不是经济性垄断意义上的垄断，将经济性垄断意义适用到商标制度中是有问题的。美国联邦最高法院曾指出，无论在什么适当的意义上看，商标法都没有赋予垄断，如果在某种层面上商标权是垄断权，那么这种垄断只是一定程度上的，即商标权人能够在混淆、误解或者是欺骗可能发生的场景下禁止在相同或者类似商品上对相同或近似商标的使用。这种垄断实际上是我们这里探讨的"专有"的同义词。

值得指出的是，涉及商标的"垄断"问题，在商标制度的发展中，有一种将商标定性为不合法的垄断形式的趋势。自 18 世纪的一个商标案件起，法院开始关注商标的垄断性问题后，即存在这种趋势。[1]到了 20 世纪，则有越来越多的学者主张商标是一种合法的垄断权。强化商标的垄断特色、将商标看成是垄断，并且这种垄断脱离了竞争，使社会价值最小化——这是商标强保护的反对者的一个重要理由。这与商标理论在传统上主张商标识别功能的重要性，而相应地主张对私人利益的保护形成了对照。

20 世纪以来，关于商标垄断问题的讨论则还涉及商标是不是财产的问题。垄断和财产基本上是不相关的。一种代表性的观点是，商标只是财产，而不是垄断。反对商标是垄断的人士是以类似于商标作为商品识别来源的观点作为立论基础的。对消费者而言，商标为消费者选择市场中的竞争性商品提供了实质性的区别手段。通过区别商品来源，商标提供了消费者所需要的信息，而相关信息在相反的情况下则难以获得。这样可以使消费者认购自己所需要的特定商品。即使商标保护将会使产品区别开来，从而排除完全竞争，商标保护仍然为"有效的""公正的"或者是"负责的"竞争提供了适当空间。[2]虽然竞争不是完全的，这种不完全的竞争仍然被认为比起在超市上消费者仅凭对商品的物理特征来进行选购的效用更佳。

在商标的专有、垄断、财产关系上，应当看到，在专有意义上，商标作为垄断不会必然产生损害作用。在商标作为财产和垄断的关系上，两者也不是冲突和对立的。有学者主张专利权和著

---

〔1〕 *See* Glynn S. Lunney, "Trademark Monopolies", 48 *Emory L. J.* 367 (1999).

〔2〕 *See* Glynn S. Lunney, "Trademark Monopolies", 48 *Emory L. J.* 367, 368 (1999).

作权不是合法的财产权，而是国家授予的垄断。[1]如果将其扩大到商标，会扭曲知识产权作为财产权与法定垄断权之间的联系。

（二）知识产权公共领域

"公共领域"是理解知识产权法的价值构造的一个十分有用的术语。从历史发展的角度看，罗马法中明确了公有物（res publicae）和共有物（res commons）为公共使用的财产，它们为社会中所有人共同享有。这被看作知识产权"公共领域"赖以建立的思想基础。[2]"公共领域"这一术语是从不动产领域中借用的概念。如在美国，早期使用"公共领域"这一术语描述的是由联邦政府享有并由其销售、出租或者授予公众中的成员的土地。在19世纪末，当《保护文学和艺术作品伯尔尼公约》（Berne Convention for the Protection of Literary and Artistic Works，以下简称《伯尔尼公约》）从法语中借用这一术语后，它在知识产权领域逐渐被广泛地使用。

"公共领域"或者说"公有领域"是在知识产权法理论中被广泛使用的概念。[3]知识产权法保护的知识产权是一种专有权，在这种专有权之外的知识产品则处于公有领域。通常是没有纳入到知识产权法中的知识创造成果、保护期限已经届满的知识创造成果以及权利人放弃知识产权的成果。专有权之外的处于公有领域的知识产品是人类共同的知识财富，也是典型的"知识共有物"。这种知识共有物是知识产权法律制度运行出现的必然结果，因为知识产权法律制度旨在推动人类科学、技术、文化发展和文

---

〔1〕 Tom Palmer, "Intellectual Property: A Non-Posnerian Law and Economics Approach", 12 *Hamline L. Rev.* 261, 263 (1989).

〔2〕 侯纯：《知识产权客体的扩张与利益平衡》，载《燕山大学学报（哲学社会科学版）》2004年第2期。

〔3〕 在本书中，"公共领域"与"公有领域"是同一个概念。"公共领域"获得承认和确立的最基本的哲学理由是，知识产权人无权占有知识产品中没有做出创造性贡献的部分。

明进步，为实现这一目的，离不开对知识共有物的充分获取、传播与利用。知识产权保护期限制度在本质上就是确立了知识产品最终成为社会公共财富的制度。随着社会发展，越来越多的原来具有专有性的知识产品进入了知识共有物的范围，人类社会也不断进步。当今"知识经济"的凸显就是这方面的一个缩影。

但是，在利益平衡的层面上，主要关注的并不是上述知识共有物，也即处于知识产权这一专有权之外的知识产品，而是知识产权这一专有权本身中存在的公共领域。当然，关于知识产权法中公共领域的概念，学者们仍存在不同的主张，而研究知识产权法中的公共领域问题，首先面对的是对公共领域的概念理解——它从不同角度可以得出不同的结论。较早研究公共领域理论的戴维·兰恩吉（David Lange）在 2003 年为公共领域提供了一个明确的、给人印象深刻的定义：公共领域是为创造性表达提供"避难所"的地方。[1]从直觉上看，公共领域似乎与公共政策或法律原则相联系，它是法律保护手段被穷尽后所留下的东西。公共领域的讨论是针对具体环境的，在不同环境下考虑的因素不同。当涉及需要鼓励某种保护的新形式或需要限制某种保护的形式时，对公共领域的讨论角度也可能不同。

公共领域与知识产权的保护范围存在敏感的关系。在探讨公共领域问题时，学者们关注知识产权法的保护范围是应更广泛一些还是应更狭窄一些这样的问题，[2]或集中于哪些不应当被保护而不是哪些应当被保护的问题。并且，他们认为一个有活力的公共领域是支持知识产权制度所必需的，没有公共领域，可能无法允许知识产权的存在。公共领域的内容可以被社会公众的任何成

---

〔1〕 *See* David Lange, "Reimagining the Public Domain", 66 *Law & Contemp. Probs.* 463, 470 (2003).

〔2〕 *See* Goldstein, "Preempted State Doctrines, Involuntary Transfers and Compulsory Licenses: Testing the Limits of Copyright", 24 *Ucla L. Rev.* 1107 (1977).

员所挖掘。

1. 国外公共领域理论研究

在英美法系国家，知识产权法中的公共领域理论是通过判例法发展的。实施整个知识产权制度是要增加公共领域的容量，这在美国的司法判例中很清楚地表现出来了。[1]正如有学者所指出的："'公共领域'这一术语一般使用在案件中，比起最后的法律结论来说，它还远远够不上经验性表达。"[2]

20 世纪 80 年代以来，学者们开始对知识产权法理论中的这一走向做出反应，这使得知识产权法中的公共领域问题在发达国家知识产权法理论研究中占有一席之地，戴维·兰恩吉、杰西卡·利特曼（Jessica D. Litman）、爱德华·萨缪尔（Edward Samuels）等学者是其中的突出代表。例如，兰恩吉早在 1982 年即发表了文章《重新认识公共领域》。他认为，近些年来对于公共领域的关注越来越少而对权利的扩张则持放任态度，以致到了不能容允的程度；他针对知识产权保护的膨胀增加了过多私人利益的问题，主张可以为知识产权法建立一种公共领域理论。他还主张知识产权利益的确认应当被公共领域中平等地确认个人权利所抵消。[3]根据他的见解，每一种权利应当回应公共领域而清晰地划出私有与公有的界限。

基斯青木（Keith Aoki）看到了知识产权领域中私权的扩张以及相应的公共领域空间的缩小。他提到，司法对于著作权中的合理使用原则的解释、人类基因信息的可专利性、反淡化商标法律

---

〔1〕 E. g. Mazer v. Stein, 347 U. S. 201（1954）; Feist Publications, Inc. v. Rural Tel. Serv. Co. , 499 U. S. 340（1991）; Sony Corp. , 464 U. S. 417（1984）; Fogerty v. Fantasy, Inc. , 510 U. S. 517（1994）.

〔2〕 Compare Krasilovsky, "Observations on Public Domain", 14 *Bull Copyright Society* 205（1967）.

〔3〕 David Lange, "Rethinking Public Domain", 44 *Law and Contemporary Problems* 147（1982）.

的适用、非竞争性使用以及保护公开权的法律的扩张，都是私权扩张的表现。他认为，虽然知识产权的公共领域还没有被消耗殆尽或者没有被完全地关闭，但一些危险的倾向在知识产权法中已经出现了。这些趋向越来越多地将原来属于共有文化、思想或者信息的东西列入知识产权的私有领域。这一趋向，连同所有权的经济、科学、政治和社会的重要性，以及在后工业社会对信息控制的重要性，要求我们仔细考虑将信息列入公共领域还是私人领域。[1]知识产权法的改革不断扩大侵权机会，实质上是以另外一种形式不断赋予新的知识产权。

国外学者对知识产权不同领域中在确认公共领域方面的困境也表示了担忧。例如，基斯青木认为，法院现在越来越倾向于以信息私有化形式来抽走公共领域中的资料；法院和政府以牺牲公共领域为代价，越来越倾向于对知识产权人的过度保护。杰西卡则指出，在知识产权领域增加财产权价值的趋向胜过对知识共有物的维持。其认为，以繁荣公共领域为目的而关注公共利益的人们对这种偏重保护信息的财产权的趋向应予警惕。温迪·戈登（Wendy J. Gordon）则以下述文字描述了这一现象：国家工业和制造业的因素逐渐下降，而高技术工业却急速地增长。随着经济自信的减弱，以服务为基础的经济越来越依赖于国家的无形资产。立法者和法院似乎愿意将对知识产权的保护扩张到那些具有争议性的财产。[2]

2. 公共领域理论的合理性

英国哲学家洛克的财产权劳动理论，可以用于解释知识产权

---

[1] Keith Aoki, "Authors, Inventors and Trademark Owners: Private Intellectual Property and the Public Domain (Part I)", 18 *Columbia - VLA Journal of Law & the Arts* 11 (1993).

[2] Kevin Janus, "Defending the Public Domain in Copyright Law: A Tactical Approach (Part I)", 14 *Intellectual Property Journal* 58 (1999).

制度的正当性问题，其中一个很重要的依据是通过保障丰富的公共领域而为知识产权制度提供正当性。因此，洛克理论也可以较好地用于解释知识产权制度中的公共领域原理。[1]但令人遗憾的是，就洛克理论在知识产权领域的应用而言，对赋予知识产权的正当性讨论较多，而对相关的公共领域问题关注较少。特别是，知识产权法过度地依赖于对洛克理论的误解，造成对公有物的保护缺乏应有的关注。当然，这方面的研究成果也并非没有。以下将进一步以该理论为基础探讨公共领域理论，同时也将简要分析国外学者有代表性的观点。

洛克的财产权劳动理论，在与获得财产权的先决条件——为他人在公有物中留下足够而良好的部分，联系起来后，可以透视知识产权法中公共领域存在的正当性。甚至，我们还可以进一步找到现代知识产权法的一些根源，寻找知识产权的正当性。洛克提出的关于劳动和先决条件与现行知识产权法的主要原则相契合，可以潜在地解释知识产权法中存在的言论自由利益和公共领域。戈登重视洛克理论背后公共领域的重要性，并发现知识产权的权利扩张的主张与知识产权正当性的洛克理论相一致，"在实质上，所有的知识产权可以通过洛克模式的检验，先决条件可以为知识产权的形成提供保障。"[2]在仔细考察洛克的理论后戈登进一步认为，除了增加说明了什么时候应当授予财产权，洛克的劳动理论也显示什么时候不应当授予无形物中的财产权。她对洛克理论中的"先决条件"，即至少为踏入社会之人在公有物中留下足够而良好的部分，给予了高度关注。她认为，在运用洛克的劳

---

〔1〕 公共领域的经济学方面讨论也是一个有用的认知方法。*See* Paul J. Heald, "Reviving the Rhetoric of the Public Interest: Choir Direction, Copy Machines, and New Arrangements of Public Domain Music", 46 *DUKE L. J.* 241 (1996).

〔2〕 Wendy J. Gordon, "A Property Right in Self-Expression: Equality and Individualism in the Natural Law of Intellectual Property Right", 7 *Yale Law Journal* 1566 (1993).

动理论阐述知识产权制度问题时，在重视授予私人财产权正当性的同时，也必须重视维护一个丰富的公有的重要性和对公有物保护的重要性。原因在于，没有丰富的公有的保障，私人财产权最终会失去合理性基础。先决条件这一知识产权获得前提是保障知识产权法领域中公有领域丰富的重要环境。

根据戈登的分析，在知识产权领域，拥有强大的公共领域的必要性在于：一是为了使新的创造者增多，他们必须具有从不被私人占有的、以前的创造物中获取营养的权利。二是强劲的公共领域是确保"代际"平等的需要。从文化科学的传承性看，作为创造者的后辈需要自由地利用先辈留存下来的东西。这种利用如果不是自由的，就会严重影响文化科学的继承和发展。[1]当知识产权制度中缺乏先辈留存的东西这类公有物时，知识产权制度的宗旨将很难实现。可见，在运用洛克理论透视知识产权制度时，公有物的概念必须牢固地印记在脑海中。就审理知识产权案件的法官来说，则需要重新评估他们的知识产权保护观念，将对权利的充分保护与留存丰富的公共领域作为一个整体考虑。[2]

（三）专有权利与公共领域的对价与平衡关系

在洛克理论适用于知识产权时，除考虑智力创造者的权利外，公众的权利也有必要加以考虑。公众使用公有物的自由甚至在很大意义上是财产的一种，因为作为一种自由的权利，它应当是稳定的受保障的权利。可以认为，用洛克意义上的"无形的公有"来置换公共领域，可以说明"公有的重要的财产权"。如果劳动者的主张与在公有领域中公众的主张相冲突，财产中的自然

---

〔1〕 *See* Wendy J. Gordon, "A Property Right in Self-Expression: Equality and Individualism in the Natural Law of Intellectual Property Right", 7 *Yale Law Journal* 1564-1565 (1993).

〔2〕 相关研究，参见冯晓青、周贺微：《公共领域视野下知识产权制度之正当性》，载《现代法学》2019 年第 2 期。

权利将不存在。

　　洛克理论中对公有领域中财产的描述虽然不直接涉及知识财产，而是将公有定位于有形的领域，如土地、河流，以及不需别人的帮助而持续不断出现的物（鱼、野鹿等），但他对公有财产性质的揭示也适用于无形的知识产权领域。就"公有"的内涵而言，这些源于无形的知识产权世界和有形的财产领域，在本质上具有相同的性质——人们基于平等和需要，都有公平地接近和使用公有物的权利。并且，人们为了发展和完善自我，也需要使用无形领域公有的材料。知识产权法本身的性质和功能则正好满足了在无形领域对公有的需求——知识产权法确立了不受法律保护的、不能为私人所占有的公共领域。有趣的是，在知识产权领域，任何智力劳动者在行使这种"公众的权利"时，本身又可以产生专有的知识产权，只是在这种专有的权利客体中，仍然保留了公有的因素。例如，与洛克的学理不同，用公有中的思想和语言通过混合自己的劳动和智慧产生的作品受著作权保护，只是该作品中的"材料"仍然属于不受著作权保护的公有领域的范畴。

　　在知识产权法中，知识产权被界定为私权，在这种私权中却很典型地涉及公众自由的权利以及公共利益。在知识产权法框架中，有些内容具有非常强的公共财产性质，不能将其列入私人财产权中。公众的权利的产生从根源上讲，来自知识产品的社会性。这里还可从知识产品社会性中的一方面——继承性上考虑。可以说，知识产权的客体——知识产品，是一个认知过程的产品。尽管知识产品的创造直观地表现为由思想的创造者凭借自己的大脑而产生，但知识产品的"输入"仍然是社会性的——它离不开创造者对先前知识和信息的吸收，特别是教育与培养。后辈利用前辈的知识共有物，这不仅是知识创造产生和发展的必由之路，而且也涉及所谓两代间平等的问题。对两代之间平等问题的考虑，可能会形成同样的结果。

在洛克的劳动理论中，劳动者值得拥有财产的主张是以两个主要的因素作为前提条件的：取走劳动者通过努力而获得的劳动产品是对劳动者的损害，以及任何人有义务阻止这种损害的自然法。同时，以不损害为基础的劳动理论也关注其他人对公有的主张。也就是说，劳动者也不能损害其他人对公有的主张。当两者发生冲突时，公有优先。进一步说，如果劳动者的主张损害了其他人的对公有的主张，则劳动者财产权主张的实现将构成对公有的损害。

以著作权制度而论，通常所说的公共领域包含了保护期已届满的创造物、作品著作权被放弃的创造物、本身不受保护的创造物、思想等。[1] 公众的权利产生于这些在公共领域中的权利，对公众权利的确保要求个人对于著作权的主张应该根据公共领域的需要加以限制，而不能以损害公有的方式实施自己的权利。再考虑一下作品的独创性：著作权法只保护具有独创性的作品，公共领域不会因为保护具有独创性的新作品而减少。独创性条件尚不足以满足下面分析的先决条件，因而需要关注拓展公有的问题。新类型的作品出现同样需要在著作权法中保留公众使用的权利。原因是，由于以前没有被创作出来的更好的作品改变了个人发展的条件，如果不能保障公众接近这些新作品，公有就会受到贬损。

虽然洛克没有很清楚地从公众主张权利的角度解决劳动者权利和公众权利的冲突，我们仍然能够从其关于先决条件的适用的观点中加以解决。在财产权劳动理论中，就先决条件而言，一个人对人类的资源施加了劳动（占有），不应该授予该人排除他人使用后续产品的权利，除非这种排除会使其他人有充足的机会去使用公有物，而其他人用其他的方式是不能够实现的。先决条件

---

〔1〕 参见杨利华：《公共领域视野下著作权法价值构造研究》，载《法学评论》2021 年第 4 期。

的满足正好解决了劳动者权利与公众的权利可能引发的冲突与矛盾，平衡了劳动者权利和社会公众权利。先决条件的满足在洛克关于财产权的正当性和解决劳动者财产的主张与公众权利的主张之间的冲突中起了关键作用。这在知识产权法上尤其合适：知识产品是对公有资源的利用和劳动者个人努力成分的混合物，知识产权法中劳动者的权利和公众的权利同时得到强调，协调劳动者（知识产品创造者）和公众的利益关系正是知识产权法的永恒主题。

仍以著作权法为例，作品获得著作权保护需要一定的条件，其中独创性要件被普遍认为是获得著作权保护的最低标准。独创性是著作权法中一个十分重要的概念和原则，著作权法中公有与私有、对作品的接近与对信息流动的限制，以及著作权法中的原创作者身份之间是相互作用的。不过应看到，在实践中，界定作品独创性却相当困难，特别是在一些涉及抄袭与合理使用的界限划分、作品相似性判断等方面，法官时常感到困惑。这不仅是因为不同性质的作品其独创性表现形式不同，而且是因为任何作品的独创性本身是一个相对的概念。原因在于，如前所述，人类文化的传承决定了原创作品创作在本质上离不开对他人作品的利用，被利用的他人作品的数量甚至可以数以千计，而这些他人作品在一定的意义上也是对以前存在的作品的组合与改造，即包含了先前作品的"养料"。严格地说，作者要确切地证明其作品的独创性是很困难的。在狭义上，从著作权保护的角度看，作者或其他著作权人能够主张的权利限于其在作品中的、作者所贡献的那些因素。在独创性作品中，一般而言，包含了作者直接或间接从公共领域吸收的素材，也或多或少地包含了作者本人充分发挥自己的灵感和聪明才智而产生的"真正"的原创成果。国外有学者即指出：著作权法赋予了作者某种基于公共领域资源（语言、文化、科学社区等）的财产权。如果人们的创作具备精神上的原创性，人们可以看到作者创造了全新的东西——而不仅仅是重新组合公共领域中的资源。这样一来，我们重新评估了我们自己，授予作者的专有权是正当的，而这不会减少未来作者在公有中的利用。[1]当然，即使是上述所谓"真正的"创作成果的取得，也离不开对以前的人类科学文化成果的学习与吸收，因为任何人都是通过后天的学习而增进知识和智慧的。可见，独创性实际上和公共领域问题是紧密联系在一起的。

独创性概念与公共领域的联系还在于独创性原则排除了对"非独创性"部分主张著作权保护。一部作品即使具有很高的独创性，也存在不受保护的非独创性部分。从确定公共领域的角度看，独创性原则的使用就是为了将作品中非独创性部分分离出来，避免将其纳入不适当的专有领域。

知识产权法中，既要实现对知识产权这一专有权利的充分、有效保护，又要保留公共领域，则必须实现两者的平衡。这无疑也是知识产权法中最重要的制度安排。具体而言，主要体现在以下五个方面：

第一，专有权的权利客体最终将进入公共领域。知识产权法对专有权的权利保护期限都作出了明确规定，目的就在于避免专有权永远为专有权人所享有。如果专有权被永久性地保护，就会造成知识成果的永久性垄断，最终会使得公共领域枯竭，影响到社会公众利益，进而影响到科技文化进步与创新以及经济社会发展。因此，在专有权的保护期限届满后，原作为其权利客体的知识成果就会进入公共领域，从而丰富人类共同的知识宝库，为后续的创新提供支持。随着社会发展与技术进步，专有权的保护期限有可能延长，但应当基于在新环境下的专有权与公共领域的利益平衡，防止不适当延长专有权保护期限而有损公共领域。例

---

〔1〕 *See* David Lange, "Rethinking Public Domain", 44 *Law and Contemporary Problems* 147（1982）.

如，当下部分国家为了保护其占优势的知识产权而不断延长特定知识产权的保护期限。对此，我国应保持警惕，不盲目照搬他国做法。同时，对于保护期限届满的知识产权，若权利人寻求其他形式的知识产权或者制止不正当竞争保护，也应当慎重对待，以防止原权利人利用不同形式知识产权挤占公共领域。

第二，专有权的行使方式必须考虑公共领域的需求。除了专有权客体的最终归属是公共领域外，在专有权的存续过程中，其行使也不是任意妄为的，必须受到公共领域的限制。知识产权法对专有权的行使方式有许多限制规定，如不得损害公共利益，应当为他人基于正当使用目的提供便利。此外，即使不是在知识产权法关于公共领域的例外规定情况下，专有权的行使仍然要考虑公共领域的需要，不得损害社会公众的利益。比如，依照著作权法规定，著作权人行使其专有权，不得阻碍他人为学术研究、教育等目的使用其享有专有权的权利客体；依照专利法规定，专利权人行使其专利权不得妨害正当的技术信息传播和交流；依照商标法规定，商标权人行使其商标专用权，不得破坏自由竞争和损害消费者利益。知识产权这一专有权的行使之所以需要考虑公共领域的需求，是因为公共领域保留是保障知识产权创造的基础和前提，没有丰富的公共领域，知识创造工作将变得寸步难行。不但如此，公共领域如果得不到保障，知识产权人的利益也最终不能实现，因为知识产权人在其他场合也是知识产品的使用人，也需要充分利用他人的知识产品从事知识创造和再创造。

第三，专有权的行使应当在其权利边界范围之内，不得跨越权利边界而侵蚀公共领域。知识产权人享有的专有权有其合法的权利边界范围。这个权利边界也是专有权合法行使与不正当行使的界限。在权利边界范围内，知识产权人可以充分与有效地行使自己的权利，并对侵害其专有权的行为提出侵权诉讼。我国相关知识产权法律都明确了相应知识产权的权利保护范围。当然，如前所述，知识产权是一种无形财产权，其权利边界远不如有形财产权那样容易确定。但是，不易确定并非没有客观的权利边界。从知识产权与公共领域平衡以及权利正当行使的角度看，知识产权人在专有权范围内行使其权利，不得跨越权利边界而侵害公共领域，这是对知识产权保护的原则性要求。进言之，专有权行使跨越权利边界，不但不能获得法律保护，反而会因损害他人利益、公共利益而应承担相应的法律责任。典型的如知识产权滥用和知识产权垄断行为即应受到竞争法规制。

第四，公共领域要为专有权保留空间。知识产权法中的公共领域的范围并不是无限宽广、毫无限制的。[1] 广义而言，历史上，知识产权法从公共领域中划定了一部分作为专有权的权利范围并给予专有权利保护。对于这部分专有权的权利范围，公共领域必须给予尊重，不得加以侵害。在现代条件下，公共领域与专有权是知识产权制度的两大支撑体系，知识产权制度要对专有权的享有和行使加以明确规定，公共领域也必须对知识产权制度关于专有权享有和行使的规定加以尊重，为专有权的享有和行使保留足够空间。此外，公共领域还要为专有权的持续产生提供土壤和养料，以使创新源源不断地继续。在知识产权法中，对于专有权的保护毕竟是第一位的，公共领域也只是在专有权保护范围之外得以确认和承认。公共领域保留也有原则性的界限，即不得不适当扩张以致损害专有权的行使。

第五，专有权与公共领域平衡必须保持动态性和连续性。前述知识产权法中的专有权和公共领域的平衡，实际上是一种动态平衡，而不是静态平衡。这主要是因为知识产权法是一部随着技术革新和经济社会发展而急剧变化的法律。技术和社会环境的变化，一方面导致利用知识产品的机会和空间增大，从而使得知识

---

[1] 相关研究，参见王太平、杨峰：《知识产权法中的公共领域》，载《法学研究》2008年第1期。

产权人的权利行使方式增多。不仅如此，技术发展还导致新的知识产权保护客体出现，需要充实到知识产权法律中。这也就是所谓知识产权扩张现象。另一方面，技术变革和社会发展也对社会公众利用知识产品带来了新的需求。社会公众在新环境和条件下也需要更加方便地使用知识产品。知识产权法中原有的专有权与公共领域平衡被打破，需要在新的环境和条件下重构利益平衡机制。否则，知识产权法就会在新的环境和条件下不再适应经济社会发展要求，其结果可能是对知识产权保护不够充分，从而挫伤权利人的积极性，同时也会使相关利益主体之间的利益失衡。这就不难理解，为何相较于其他民商事法律，各国知识产权法律修订更为频繁。可以认为，知识产权法的每一次修订，都是在新的环境和条件下，重构知识产权法中专有权与公共领域的平衡机制的举措。[1]

四、以维护公共利益为指针的知识产权私权保护制度

知识产权被公认为一种私权，但该制度也存在十分重要的维护公共利益的价值取向和目标。[2] 甚至可以认为，离开维护公共利益这一目标，私权意义上的知识产权保护将最终迷失方向，知识产权法律制度最终也无法实现其立法宗旨。因此，从维护公共利益的角度考察知识产权这一私权保护制度，既具有很强的理论意义，也具有很强的现实意义。[3] 以下将从考察知识产权的

---

〔1〕　参见冯晓青：《知识产权法中专有权与公共领域的平衡机制研究》，载《政法论丛》2019 年第 3 期。

〔2〕　相关研究，参见冯晓青、周贺微：《知识产权的公共利益价值取向研究》，载《学海》2019 年第 1 期。

〔3〕　关于知识产权保护维护公共利益价值取向，习近平同志针对"加强知识产权保护工作顶层设计"，提出了重要观点。习近平同志指出："要坚持以我为主、人民利益至上、公正合理保护，既严格保护知识产权，又防范个人和企业权利过度扩张，确保公共利益和激励创新兼得"。参见习近平：《全面加强知识产权保护工作 激发创新活力推动构建新发展格局》，载《求是》2021 年第 3 期。

私权属性出发，探讨知识产权这一私权保护中的公共利益。

（一）知识产权的私权属性

1. 知识产权私权属性的历史沿革

考察知识产权的私权属性或者说私权性，首先需要从知识产权的民事权利性质论起。与民事权利中的债权、物权制度经历了上千年的历程相比，知识产权法只有短短的几百年历史，而且它具有许多不同于物权、债权的自身特点，但知识产权反映了知识产品创造者的人格和财产利益等，仍然属于民事权利范畴。在我国，尽管关于知识产权法的地位和归类尚有不同认识，但知识产权是一种民事权利，这不仅已在学界达成共识，也为《民法典》等立法所确认。因此，在原则上，要用民法的基本原理、精神和理论、概念去认识知识产权，使其立足于民法制度，同时又考察其自身的特殊的质的规定和规律。

知识产权属于民事权利，即具有私权属性。尽管同属民事权利，知识产权与一般民事权利相比，其存在的一系列特殊之处，仍是不容忽视的。知识产权的客体是无形财产，无形财产的特性导致不同于民法中财产权的一系列法律后果，民法中财产关系的一般原则并不能解决知识产权领域的特殊问题。虽然知识产权的内容也包括人身权和财产权，但这些权利在行使、保护、利用上都有其特别之处。

私权与公权的重要区别是，前者强调权利者的意思自治，后者强调国家的管理。从私权的角度看待知识产权，可以认为它是对知识财产享有的私人权利。

从知识产权的历史演进看，知识产权首先是由封建社会的地方官吏、封建君主、封建国家授予的一种特权，在18世纪是作为垄断权出现的，并被确认为一种民事权利。到了19世纪，随着工业化的发展，过去的更多被特权支持的公法制度被改造成私法之下的知识产权保护；"工业革命、强制规则的废除以及贸易自由的引进，通讯和技术革命，要求对个人的私法保护较之以前具有极大的迫切性"。[1]进入资本主义社会后，特权终于被国家以法律形式制度化了，知识产权演变为依法产生的"法权"，仍是一种私权，国家对专利申请、商标注册申请的授权行为、审查行为、注册行为，实际上是对民事主体民事权利合法性、真实性的一种审查，或者是一种公示、公信。私权意义上的知识产权在资本主义国家的产生，当然还与西方国家很早被奉行的"私权神圣"法律观念有关。

到了现代市场经济社会，界定知识产权的私权性显得尤为重要，因为市场经济是具有高度市场化、商品化的经济形态，一刻也离不开市场交易，而这种交易有一个前提——从法律上看，这种交换的唯一前提是任何人对自己产品的所有权和自由支配权，只有确立知识产品所有人的主体产权，才能建立起有序的产品交易、分配市场。承认知识产权的私权属性，使其取得与其他有形财产同等的法律地位，有利于为知识产权提供可靠的法律保障。将知识产品界定为纯粹的公共产品，必将严重阻碍知识产品市场的形成，因为公共产品具有的非对抗性和非排他性，是排斥市场的。当然，将知识产权作为私权保护也会自然的与获得、使用知识产品的公众利益产生冲突。其解决必须借助于知识产权法律制度安排下的利益平衡机制。[2]

2. 知识产权私权属性在立法中的体现及其意义

知识产权的私权性可以在私法的范畴内认识。有学者还从创造性智力劳动对知识财产的本源意义讨论知识产权作为私权的本源性与合理性，认为知识产权的原始取得包括智力劳动者的创造

---

〔1〕 Michael Lehmann, "Property Rights as Restrictions on Competition in Furtherance of Competition", 20 *IIC* 2 (1989).

〔2〕 相关研究，参见冯晓青：《知识产权法的价值构造：知识产权法利益平衡机制研究》，载《中国法学》2007 年第 1 期。

性行为（事实行为）以及主管机关的确权行为（法律行为），并将这一观点称为"知识产权产生法律事实构成"。实际上，国外学者也有将知识创造行为称为"权利产生的源泉"，而将法律规定称为"权利的产生根据"。[1]确实，从权利本源考察，也可以看出知识产权的私权禀性。

知识产权的私权性质，在有关国际公约中也有明确规定。世界贸易组织《与贸易有关的知识产权协议》（Agreement on Trade-Related Aspects of Intellectual Property Rights，以下简称"TRIPs 协议"）在其"前序"部分肯定有效保护知识产权的必要性时，要求"全体成员承认知识产权为私权"，这一规定为整个协议的保护确定了基调。TRIPs 协议强调知识产权为私权，具有十分重要的意义。其本意在于强调知识产权主体的平等性。知识产权的私权保护要求对这种专有权以适当的、公正的保护，克服私权保护不足和私权保护过度两种极端。在私权保护不足和私权保护过度之间确定一个平衡点，这是知识产权法必须解决的问题，也是知识产权法上一个相当困难的问题。不过，知识财产的私权化延伸到国际法领域，并通过高标准、高水平的知识产权的国际保护予以强化甚至扩张，使发展中国家与发达国家在同一标准上履行国际义务，会造成发展中国家与发达国家之间利益的严重失衡，需要加以协调和解决。

自中华人民共和国成立以来，我国有相当长的一段时间不承认知识产权为私权，甚至批判"知识私有"，理由是技术发明创造成果或创作成果的获得离不开从全社会成员的知识宝库中吸收的营养，因而这种知识创造成果是一种具有社会性质的产品，应由每一个社会成员共同享有、无偿使用。这是当时受"公共产品"观点影响的体现。1978 年以来，我国知识产权制度逐渐建立

---

〔1〕 参见吴汉东：《知识产权的私权与人权属性——以〈知识产权协议〉和〈世界人权公约〉为对象》，载《法学研究》2003 年第 3 期。

与完善。我国一系列知识产权立法，为知识产权的私权保护提供了有力保障。

认识知识产权的私权本质，对于当今我国知识产权法的有效执行，特别是防止行政主管部门利用行政权干预公民知识产权的行使，具有重要意义。对此，我国著名知识产权法专家刘春田教授指出："在民事权利领域，权利百分之百属于权利主体，而没有什么机关可以干预。因此，我们在立法时，必须凸显知识产权的本质，并围绕这一点来调整利益关系。"[1]另外，我国是 TRIPs 协议的成员，因而 TRIPs 协议对我国具有约束力。我国也需要将知识产权作为私权对待，即知识产权是私权的法律原则应当得到尊重。在修改、完善我国知识产权法的过程中，重视知识产权的私权性，具有特别重要的意义。

3. 知识产权私权性的理论认识

（1）知识产权私权性的公平正义原理解释。赋予知识产权人对知识产品以私权，符合法律的公平正义要求。从法哲学层面解释知识产权的正当性时，公平正义原理也是需要考虑的重要方面。这里的公平正义在词源学上具有相近的含义。就法律与正义的关系来说，存在两个层次：一是法律目标的正义，在这一层次上，正义是法律的基本原则，表现为法律应当追求的某种完善的目标、道德价值或者理想秩序；二是法律具体规定的正义，在这一层次上，它意味着一套公正的法律规范，成为人们的行为规范与标准。[2]

授予知识产权应建立在一般公正观念的基础之上，即一个人创造某种东西，其劳动的果实却被另外一个人所占有，这是不公

[1] 周文斌：《凸现知识产权的私权本质——中国人民大学刘春田教授访谈》，载《光明日报》2000 年 7 月 17 日，第 A03 版。
[2] 乔克裕、黎晓平：《法律价值论》，中国政法大学出版社 1991 年版，第 155 页。

平的。知识产权的客体——知识产品作为一种信息，其生产是有代价的。但在信息被生产出来后，它的传播费用相对低廉。后来的竞争者可以自由地使用他人投入了成本、承担了风险创造的知识产品，并在支付了少量传播费用后即成为最初的知识产品创造者的竞争对手。由于后来的竞争者复制和生产最初的创造者创造的知识产品不用承担投资和研究成本，他们能够以比最初的知识产品创造者更低的价格在市场上展开竞争，并最终将最初创造者挤出市场。这显然对最初的知识产品生产者极不公平。用 18 世纪一位英国法官的话来说：如果一个陌生人收获了另外一个人生产产品的利益，这在自然正义上是不能被同意的。[1] 类似的结论在英国著作权委员会的报告中是这样被指出的：著作权保护在公正的使用中找到了它的正当性。[2]

主张知识产权保护的讨论，源于一般的公正观念。对那些开发了新的知识产品的人来说，他们收获其报酬是公正的。就知识产品在创造完成后的归属与分享而言，赋予知识产品的创造者以专有权，符合公平正义原则。对智力创造性劳动的保护可以看成是由私法的公平正义逻辑演绎的。

（2）知识产权私权性的自然权利理论解释。在自然法观念中，法律没有其他的目的而只是确认权利的存在，并赋予它们以更具体的表达。这些权利不是通过法律来创造的，因为它们已经在人们的法律意识中存在了。洛克的自然法理论，特别是他的劳动理论为财产权提供了正当性的基本观点，同样能够阐释知识产权的正当性。可以说，以洛克的劳动理论为核心的自然法原则已成为确认知识产权的最重要原则之一。知识产权作为来源于自然法的自然权利，在与知识产权有关的层面上，该自然法原则是建立在这样一个根本理念之上：一个人通过自己的努力所创造的东

---

〔1〕 Millar v. Taylor (1769) 4 Burr 2303.

〔2〕 Whiteford Committee, op cit, p. 3.

西属于他自己——这一理念又建立在一个人对于自己的智力劳动果实享有自然权利和一个人有权收获自己播种的成果基础之上。自然权利观点可以说是关于知识产权法性质的一个很重要的哲学层面的观点。

在从自然法的财产权劳动理论角度探讨知识产权这一私权的正当性时，认识自然法的罗马法根源具有重要意义。自然法可以从古老的罗马法中找到其渊源。在罗马人的观念中，他们并没有主张自然法在道德上优于法律的其他形式。罗马人将自然法看成是正当的，只是考虑到自然法的原则反映了自然的现实。这种现实的一个重要方面是通过占有等方式自然地获得物的所有权。在古罗马，人们发现获得物的所有权有多种方法，占有的自然法原则被看成是获得物的所有权之主要形式，原因在于：“自然的理由承认以前没有被任何人首先占有的所有权。”[1]通过占有而获得物的所有权的原则，确认了物首先属于占有了它的人。

洛克的财产权劳动学说，就可以从罗马自然法中找到其踪迹。在洛克的财产自然法框架中，他假定人们对他们的身体有一种财产的自然权利。由于人们占有他们自己的身体，洛克推理他们也占有他们身体的劳动，并且通过延伸，也占有他们劳动的果实。[2]这样，一个把自己的劳动和被占有的物混合起来的人有权对那个物主张财产权。

自然法原则在英国的改造是渐进的。在推动英国财产自然法的发展中，除了占有的罗马法原则外，洛克关于财产权的劳动学说和道德哲学也起了关键性作用。甚至可以说，是这两个因素的混合物。这样就可以从英国财产的自然法中推导出：劳动对于一个主张未被占有的物的财产的自然权利是必要的。英国确实视财

---

〔1〕 Institutes 2. 1. 12；Digest 41. 1. 3.

〔2〕 J. Locke, "The Second Treatise of Civil Government ξ27", in P. Laslett ed. , *Two Treatise of Government* (*1698*), 1970.

产法为在个人劳动果实中对个人财产的道德权利的确认。不过，罗马法发展的关于占有的限制原则仍然适用于通过劳动的占有。这就是限制个人的劳动对于那些固有的不能被占有的物的主张。

（二）私权保护中的公共利益

一切法律无疑都是在维护社会整体利益这个前提，同时使社会成员的个体利益也得到满足。[1]知识产权法当然也不例外，它与公共利益存在着十分密切的联系。这主要是因为，知识产权法在保护知识产权人利益的同时，肩负了维护公共利益的使命。[2]正如英国知识产权委员会发布的《整合知识产权与发展政策》（Integrating Intellectual Property Rights and Development Policy）所指出的：不管对知识产权采取什么措辞，我们更倾向于把知识产权当成一种公共政策的工具，它将特权授予个人或单位应当完全是为了产生更大的公共利益。[3]

所谓公共利益，可以界定为一个特定社会群体存在和发展所必需的、该社会群体中不确定的个人都可以享有的利益。公共利益面向的是社会上所有的人而不是个别或少数成员。因此，公共利益与个人利益不同，它是不特定的个人都可以同时享有的一种权利。公共利益总是与一个社会群体存在和发展所必须具有的社会价值有关。公共利益是与个人利益相对而言的。可将公共利益理解为全体公众的共同利益，是社会利益。公共利益代表了大多数人的利益，但不是个人利益的简单相加。

---

〔1〕 梅夏英：《当代财产权的公法与私法定位分析》，载《人大法律评论》2001年第1辑。

〔2〕 相关案例，参见吉林市某种植专业合作社、吉林市某农业发展有限责任公司侵害发明专利权纠纷案，最高人民法院（2019）最高法知民终724号民事判决书；贵州某药业有限公司与贵州某药业股份有限公司专利权纠纷案，贵州省高级人民法院（2010）黔高民三终字第23号民事判决书；胡某、朱某诉山东省某药业有限公司侵害发明专利权纠纷案，山东省高级人民法院（2018）鲁民终870号民事判决书。

〔3〕 参见唐安邦主编：《中国知识产权保护前沿问题与WTO知识产权协议》，法律出版社2004年版，第115页。

　　尽管知识产权是一种私权，但在私权保护中也存在十分重要的维护公共利益的价值取向和目标。知识产权法律制度如果偏离了公共利益目标，公共利益要么无从实现，要么会受到严重影响，并且知识产权人的个人利益目标最终也难以充分实现。知识产权法在传统上被认为是私法的一部分；但是，由于知识产权的保护客体——知识产品具有公共产品和私人商品的双重属性，它们不仅关系到知识产权人的个人利益，也关系到社会公共利益。调整有形财产保护的物权制度，其承担的社会功能和知识产品对公共利益的影响是不能相比的。这样一来，尽管知识产权法以法定形式确认和保障知识产权人的权利，但它也需要兼顾对公共利益的保障，寻求知识产权的私人利益与公共利益的平衡就成为知识产权法自建立以来一直追求的目标。为了实现这一点，国家公权的适当介入显得十分必要。这也是知识产权法中行政法律规范较多的原因。

　　知识产权法需要确保公共利益，甚至公共利益需要被优先保障，这在长期的知识产权立法和司法实践中被不断确认。在这个意义上，我们将知识产权法看成是一个积极的法律和社会政策。例如，美国宪法的知识产权条款很清楚地表明，其确认了知识产权保护基本的公共利益，即授权国会通过确保作者和发明者有限的专有权来促进科学和有用技术的进步。知识产权是为实现社会目标的有限权利，并且这一观点无论是在司法原则还是在立法上都被强化了。在 Harper & Row, Pub. v. Nation Enters. 案[1]中，法院指出：著作权和专利权一个重要的公共目标是促进创造性活动，通过特殊报酬的手段，并允许在专有权期限届满后对他们天才产品的公共接近。在探讨知识产权法涉及的公共利益问题时，定义公共领域将有必要，因为知识产权私权性的强化倾向于淡

---

　　〔1〕　471 U. S. 539, 546 (1985).

化、减弱公共领域中的公众权利；或者说，对受保护领域的过分强调将会导致对公共领域的忽视。

值得注意的是，鉴于确保公共利益在知识产权法中的重要性，近些年来，国际上的一些知识产权公约明确地对知识产权保护涉及的利益问题作了规定。例如，尽管 TRIPs 协议非常重视知识产权的私权属性，其也同时规定了确保公共利益的重要性："承认保护知识产权的诸国内制度中被强调的保护公众利益的目的，包括发展的目的与技术目的"；"知识产权的保护与权利行使，目的应在于促进技术的革新、技术的转让和技术的传播，以有利于社会经济福利的方式促进技术知识的生产者与使用者互利，并促进权利与义务的平衡"。[1]其第 8 条则规定，成员可以采取必要的措施保护公共利益，并防止权利人滥用知识产权。这意味着 TRIPs 协议确立了公共利益原则，体现了其对公共利益保护的重视程度。知识产权法中的一个重要原则，即知识产权的行使不得损害公共利益，也体现了确保公共利益在知识产权法中的重要地位。

（三）私权保护与公共利益平衡的知识产权制度

从知识产权法的整个制度看，授予的知识产权不仅应充分、有效，而且应适度、合理。一方面，解决知识产权保护的合理与充分，是发挥知识产权法激励机制的前提。另一方面，知识产权保护存在适度与合理的问题。根据法理学原理，权利作为利益的法律化，是法律设定的在一定范围内的自由。这种自由本身表明了任何权利都是有边界的，而边界就是权利行使的实际范围，是权利人与其他任何人利益的分界线或者说平衡点。在知识产权法中，同样存在着这一平衡点，具体体现在知识产权法的规范要求上则是对知识产权适当而合理的保护。从知识产权本身的权利配

---

〔1〕 分别参见 TRIPs 协议序言和第 7 条。

置看，适度和合理要求：知识产权人的权利设置既符合激励知识创造的需要，又使知识产权的授予不至于成为社会公众获得知识和信息的障碍。

私权保护是知识产权法中利益平衡的前提，而适度与合理保护的要求则使知识产权的私权保护受到利益平衡原则的制约，即知识产权人的私权保护不能超越知识产权法需要保障的利益平衡目标。

知识产权保护的适度与合理，始终是知识产权法的一个关键性问题。实际上，从整个知识产权制度看，知识产权法在形式上体现为对权利与义务设置的适度与合理。立法者在进行知识产权立法时，必须考虑两个问题：其一，能够在多大程度上激励创造者并在多大程度上使公众获得利益；其二，在多大程度上垄断权的授予会危及公众利益。[1]例如，权利的适当保护期限、权利行使的适当方式、权能的适当配置，就是需要着重考虑的。在实质上，知识产权法的制度建构深刻地体现为知识产权人的私人利益与社会公众的利益以及在此基础上更广泛的公共利益之间的平衡，这也是知识产权保护适度和合理原则的要求。根据这一要求，在保障对知识产权充分而有效的保护、随着形势的需要扩大知识产权保护范围的同时，需要协调知识产权法中不同利益主体之间的关系，特别是知识产权人的私人利益与社会公众之间的利益关系，防止知识产权的不正当行使，以实现知识产权人权利与义务的平衡。这一点也深刻体现在知识产权法的目的之中。

知识产权法中的利益平衡包括知识产权法上权利和义务的总体平衡、知识产权人的利益与社会公众利益的平衡、知识产权人

---

〔1〕　*See* H. R. Rep. No. 602222, 60th Cong., 2d Sess. 7 (1909).

之间的权利义务的平衡，以及效率与公正之间的平衡等。[1] 无论在知识产权中的利益天平存在着多少种利益、多少种利益主体，知识产权人的私人利益与社会公共利益始终是这种利益天平的重要砝码，也是知识产权制度中利益冲突和协调的主要方面。[2]

五、以智慧成果为调整对象的知识产权法律制度

（一）知识产权法的调整对象

人们普遍认为，法的调整对象是指法所调整的能够体现为意志关系的一定的具体社会关系。特定的调整对象、调整方法以及特定的划分原则，通常是作为一个法律制度成为独立法律部门的判定标准。[3] 在此意义上，知识产权法则是调整人们在创造、运用、保护和管理智慧成果过程中所产生的各种社会关系的法律规范的总称。多数国家对智慧成果保护采取分别立法方式，制定单行法律，一般由著作权法、专利法、商标法等法律规范构成。知识产权法作为一个独立的部门法学，通常调整以下社会关系：

1. 知识产权人因创造智慧成果所形成的社会关系

知识产权人创造智慧成果的行为不同于其他民事法律行为，其是一种事实行为，即知识产权人只要通过自己的智力劳动创造出一定的智慧成果，并经法律确认，便可取得知识产权。知识产

---

〔1〕 相关案例，参见瑞士某莱格公司诉某（天津）玩具有限公司、北京市某商业城侵犯著作权纠纷案，北京市高级人民法院（2002）高民终字第 279 号民事判决书；傅某诉某出版社著作权权属、侵权纠纷案，安徽省高级人民法院（2019）皖民终641 号民事判决书；南京某运动器具厂与四川某足球俱乐部、天津市某体育用品厂商标侵权案，江苏省高级人民法院（2000）苏知终字第 74 号民事判决书。

〔2〕 关于知识产权法理论平衡理论的系统研究，参见冯晓青：《知识产权法利益平衡理论》，中国政法大学出版社 2006 年版；冯晓青：《知识产权法的价值构造：知识产权法利益平衡机制研究》，载《中国法学》2007 年第 1 期。

〔3〕 葛洪义主编：《法理学》，中国人民大学出版社 2007 年版，第 146 页。

权的形成意味着在知识产权人与国家、法人、非法人组织或其他自然人之间产生了特定的社会关系，即知识产权法律关系。在这种法律关系中，首要的是知识产权人对其智慧成果依法享有专有权。就此，知识产权法一方面从程序方面对知识产权法律关系的形成作了具体规定；另一方面又从实体方面对知识产权法律关系的内容，即权利义务以及法律责任作了明确规定。

2. 知识产权人因使用其智慧成果所形成的社会关系

知识产权人依法对其智慧成果享有专用权和专有权。基于此，知识产权人在行使其权利的过程中，必然与其他相对人发生一定的社会关系。知识产权人在法律规定的范围和条件下，可以独立行使对其专有的智慧成果的占有、使用、收益和处分的权能。当无法律特别规定或当事人特别约定时，未经知识产权人的同意或许可，其他任何人均不得以任何形式使用该智慧成果并获取利益。否则，知识产权人有权提请有关机关加以处理或请求人民法院责令侵害人停止侵害、消除影响及赔偿损失。就此，知识产权法对知识产权人依法基于使用智慧成果而享有的权利、承担的义务，以及相对人的权利、义务和违反义务所应承受的法律后果，均作了明确规定。

3. 知识产权人因交易智慧成果而发生的社会关系

知识产权人创造完成的智慧成果通过自身行为往往难以实现其价值，一般需要通过交易行为才能够实现权利人权益的最大化。同时，知识产权立法目的不仅是为了保护知识产权人的正当权益，也为了保护广大社会公众获得知识、享受科学技术成果及其所带来的社会福利。协调知识产权人与使用者之间的关系，可保障智慧成果的正常使用，促进全民族科技文化素质的提高。因此，知识产权法在平衡知识产权人与使用者之间各种社会关系时起着重要的调整作用。这种调整功能主要通过知识产权不同的交易模式，如许可使用合同、转让合同、质押合同等加以实现。

4. 知识产权人因管理智慧成果而发生的社会关系

知识产权管理涉及为有效开发、运营、保护知识产权而进行有计划的组织、协调、谋划、利用等活动。其目的是有效运营知识产权，加强对知识产权的保护，防止知识产权流失，提高市场竞争力，获取最佳经济效益。[1] 我国为提升知识产权创造、运用、保护和管理能力，建设创新型国家，实现全面建设小康社会的目标，于 2008 年 6 月 5 日发布了《国家知识产权战略纲要》。为推动国家知识产权战略深入有效实施，2015 年国务院发布了《关于新形势下加快知识产权强国建设的若干意见》；2016 年国务院办公厅印发了《知识产权综合管理改革试点总体方案》；同年，国务院印发了《"十三五"国家知识产权保护和运用规划》。2018 年 3 月，根据国务院机构改革方案，重新组建了国家知识产权局，将国家知识产权局的全部职责、国家工商行政管理总局的商标管理职责、国家质量监督检验检疫总局的原产地地理标志管理职责进行了整合。2021 年 10 月，国务院印发《"十四五"国家知识产权保护和运用规划》，这些均从国家层面进一步加强了知识产权的管理。此外，知识产权人因管理智慧成果还可能会引起行业之间、企业之间、知识产权人相互之间不同的社会关系。

5. 知识产权人因救济智慧成果而发生的社会关系

知识产权作为一种独占权，具有对抗一切他人非法使用的效力，对知识产权侵权行为给予制裁，意味着对权利人依法予以救济。这种救济主要体现在知识产权法律制度中的法律责任制度。对侵犯知识产权的行为，一般采用追究民事责任手段，但也不排除在损害公共利益的情况下，追究侵权者的行政责任，甚至对那些构成犯罪的严重侵犯知识产权的行为，依法追究相应的刑事责任。应当注意的是，在追究侵权人的民事责任方面，知识产权侵

---

[1] 冯晓青：《企业知识产权管理》，中国政法大学出版社 2012 年版，第 2 页。

权责任与一般的民事侵权责任比较，在归责原则、侵权行为的构成、具体损害赔偿以及举证责任等方面，均存在较为独到之处。[1]

（二）知识产权法在法律体系中的地位

学界普遍肯认知识产权法学已成为一门独立的部门法学学科，且在立法、司法及学术研究领域不断发展与完善，但学理上就知识产权法律制度应有的体系以及其在整个法律体系中的地位，研究和探讨及相关成果尚显不足。

1. 探讨知识产权法地位的基本思路

如何从法的地位层面界定和认识作为一门独立法学学科的知识产权法学，是研究和探讨知识产权法地位的前提和基础。对此，应从知识产权法产生、发展及现状等不同角度，采用立体式、全方位的思路进行分析。只有这样，才能准确定位知识产权法学在整个法律体系中的地位。

（1）知识产权法学源于民法学。知识产权法其性质属于私法；权利范畴归属于私权。在我国学理上，从最初研究便将其界定为民法学的一个重要组成部分。"知识产权"一词作为法律用语，被我国立法正式确认于 1986 年的《民法通则》[2] 中。2017年 10 月 1 日起施行的《民法总则》[3] 第 123 条明确规定，民事主体依法享有知识产权，并指出知识产权是权利人依法就法定客体享有的专有的权利。可以看出，从权利的角度而言，知识产权是现代私法中一个十分重要的权利。从其性质和范畴来看，属于与物权、债权、人身权、继承权并列的民事权利。基于此，只有运用民法学的基本概念、基本知识、基本理论，方可解读知识产

---

〔1〕　相关研究，参见王国柱：《知识产权侵权责任承担方式的特殊法理》，载《法律科学（西北政法大学学报）》2022 年第 4 期。

〔2〕　现已被废止。

〔3〕　现已被废止，相关规定被并入《民法典》中。

权法学的内涵。然对于知识产权法与我国民法典的关系，学界仍有不同见解。[1]

（2）知识产权法学与相关法学学科关系密切。知识产权法学涉及面宽泛、内容复杂。其除与民法关联密切外，还涉及科技法律制度、行政法律制度、反不正当竞争法律制度以及相关国际公约和规则。[2]

（3）知识产权法律制度的演变与文化、科技、市场经济的发展相关联。知识产权从"特权"到"立法"，可以说是工业革命和科技发展的必然结果。知识产权法律制度总是当时的科技制度、文化制度、经济发展水平的体现。因此，在考察知识产权法律地位时，必须从知识产权法律制度动态、演变的动因进行分析、了解和掌握。

（4）知识产权法学的理论体系有待完善。知识产权法学的理论体系无论是从国际层面还是国内层面，都有待于进一步完善。从国际知识产权法体系来看，于1883年签订的世界上第一个关于知识产权的国际公约——《保护工业产权巴黎公约》（Paris Convention for the Protection of Industrial Property，即《巴黎公约》），无疑标志着知识产权的国际保护正式进入多边阶段。在当代，知识产权国际保护却存在诸多矛盾与冲突。从国内层面来看，虽然知识产权从立法上相对比较完善，但理论构建、法律体系方面的研究还是稍显不足，特别是有关适合我国文化、科技、经济发展的，以及具有我国特色的知识产权理论体系研究成果还比较欠缺。

（5）我国知识产权立法、司法、行政方面尚需进一步完善。

---

〔1〕 吴汉东：《民法法典化运动中的知识产权法》，载《中国法学》2016年第4期。

〔2〕 相关研究，参见余俊：《面向知识产权强国建设的知识产权学科治理现代化》，载《知识产权》2021年第12期。

经过近四十年的发展，我国形成了与TRIPs协议要求基本一致的知识产权法律体系，已经营造出了良好的知识产权环境，知识产权综合管理制度也更加规范，知识产权司法体制和审判模式改革也更加深入。但是，就整个知识产权法律体系对立法、司法及行政方面的要求来讲，还不尽如人意。如"立法结构上还不完备、法律规范和法律责任的不统一、知识产权法律体系内部各法律之间的相互协调和整合作用缺失等"〔1〕。司法方面，知识产权审判"程序配置、审判标准、诉讼管辖以及证据规则等都有待适时变革"〔2〕。同时，知识产权司法公正也始终是我国知识产权司法保护制度的灵魂。强化司法公正理念，采取有力措施实现司法公正，是提高我国知识产权司法保护水平的重中之重。〔3〕知识产权的行政管理和保护在我国具有重要地位并在知识产权保护过程中发挥着司法保护无法替代的作用。但行政保护中仍存在一些问题，如知识产权行政保护模式有待完善、知识产权行政保护与司法保护的衔接与协调有待加强，以及知识产权行政保护标准有待调整等。

（6）知识产权法律制度已受到各国政府及国际组织的高度关注。知识产权法律制度是人类的一大发明，它以荣誉、社会地位

---

〔1〕　傅运华：《知识产权立法现状及发展趋势》，载中国法院网：http：//www.chinacourt.org/html/article/200801/18/283717.shtml，最后访问日期：2023年5月30日。

〔2〕　吴汉东：《中国知识产权法制建设的评价与反思》，载《中国法学》2009年第1期。

〔3〕　党的二十大报告在"坚持全面依法治国，推进法治中国建设"部分，对于严格公正司法作了明确部署。具体内容为："严格公正司法。公正司法是维护社会公平正义的最后一道防线。深化司法体制综合配套改革，全面准确落实司法责任制，加快建设公正高效权威的社会主义司法制度，努力让人民群众在每一个司法案件中感受到公平正义。规范司法权力运行，健全公安机关、检察机关、审判机关、司法行政机关各司其职、相互配合、相互制约的体制机制。强化对司法活动的制约监督，促进司法公正。加强检察机关法律监督工作。完善公益诉讼制度。"这对于在我国知识产权审判领域实现司法公正，也具有重要指导意义。

和财富为杠杆，谋求知识产权人利益与社会公众利益的平衡，并将此作为原则贯穿于整个知识产权法的解释和适用过程。从知识产权法律制度的功能来看，知识产权制度是智力成果商品化的法律前提和保障，只有充分发挥知识产权在增强国家经济科技实力和国际竞争力、维护国家利益和经济安全方面的重要作用，才能为该国进入创新型国家行列提供强有力的支撑。因此，知识产权法律制度已作为现代经济的核心并成为各国未来竞争的一个战略制高点。

2. 知识产权法制度体系的构成

知识产权法律制度从学理、立法、司法以及国际公约等不同角度已形成相对独立的制度体系。

（1）学理方面。知识产权法律制度的建立是为了更好地构建知识产权权利体系和保护知识产权各项权能。知识产权是一个权利束，对其权利范围的不同认识会直接影响知识产权法律制度体系的构建。在知识产权法律制度的研究过程中，学者们基于自身不同理解，对知识产权制度及知识产权权利范围进行了各有侧重的解读。大多数学者认为知识产权具有广义和狭义之分，广义的知识产权可以涵盖一切人类的智慧成果，包括《建立世界知识产权组织公约》（The Convention Establishing the World Intellectual Property Organization，以下简称《WIPO 公约》）和 TRIPs 协议中所列知识产权的范围；狭义的知识产权则主要包括著作权和工业产权，具体指著作权与邻接权、商标权和专利权。因此，学界一般认为我国知识产权法律制度体系与世界上大多数国家一样，主要由著作权法律制度、专利法律制度、商标法律制度以及其他知识产权保护制度构成，在对传统知识产权提供合理保护的基础上，根据 TRIPs 协议等国际公约义务，对其他知识产权也提供相应保护。

（2）立法方面。自改革开放以来，我国知识产权立法工作得到了快速推进。经过四十多年的发展，我国在立法层面上已经建立起相对完善的知识产权法律制度，通过颁布法律、行政法规、规范性文件、司法解释、指导性案例等形式，对知识产权提供相对完善的法律制度保障。此外，我国在《民法典》《刑法》《反不正当竞争法》《反垄断法》以及《网络安全法》等法律规定中，为知识产权提供了较为全面的保护。

（3）司法方面。最高人民法院于 2011 年 2 月 18 日印发的修改后的《民事案件案由规定》将侵权责任纠纷案由提升为第一级案由，并按照《侵权责任法》[1]的相关规定，在其项下增补相关的侵权责任纠纷案由。为了保持整个案由体系的完整性和稳定性，尽可能避免重复交叉，此次修改仍将知识产权侵权纠纷案由保留在各第一级案由之中。根据《民事案件案由规定》（2011），知识产权纠纷的案由就被划分为"知识产权合同纠纷""知识产权权属、侵权纠纷""不正当竞争纠纷"和"垄断纠纷"四大类，包括"著作权合同纠纷""商标合同纠纷""专利合同纠纷""著作权权属、侵权纠纷""商标权权属、侵权纠纷"和"专利权权属、侵权纠纷"等在内的 39 小类，共计 134 种。[2] 对知识产权纠纷案由较为细致的划分，有利于法院在司法审判过程中更加方便地认定事实，也更加有效地适用法律。在司法审判机构改革方面，不仅设立了四个专门知识产权法院，而且在全国又分别设立了十余个知识产权法庭。此外，2017 年 5 月 23 日，为了更好地服务"大众创业、万众创新"，河南省首家知识产权巡回法庭在郑州国家知识产权创意产业试点园区挂牌成立。2018 年，最高人民法院还设立了专门负责技术类型案件二审的知识产权法庭。

---

〔1〕　现已被废止，相关规定被并入《民法典》。

〔2〕　2020 年 12 月，最高人民法院印发《关于修改〈民事案件案由规定〉的决定》（法〔2020〕346 号），对民事案件案由做了一定的调整。

（4）国际方面。知识产权保护国际公约作为知识产权法律制度体系的重要组成部分，对于构建完善的知识产权法律制度体系起到了非常重要的作用。根据缔约方数量的不同，知识产权国际公约可以划分为双边条约和多边条约；根据条约内容的不同，可以划分为专门性条约和综合性条约；根据条约缔结目的的不同，可以划分为实体性条约和程序性条约；根据条约的内容和规范的对象的不同，可以分为综合性国际公约、专利权国际公约、商标权国际公约、著作权及邻接权国际公约和其他知识产权国际公约等。

3. 提升知识产权法地位的建议

完善知识产权法律制度体系，不断提升知识产权法地位，除具备正确的构建思路外，还应当做好以下具体工作：

（1）学理方面，应重点研究中国特色知识产权理论体系，如何构建我国合理、科学的知识产权法律制度体系，我国现有知识产权法律体系存在的问题，考察国外知识产权法律制度体系构建的经验等。

（2）立法上，应结合我国现行立法状况，研究中国特色的知识产权法律制度体系立法上构建的要素，如法律、行政法规与地方性法规、部门规章等，内部是否协调，能否达到和谐一致。当前应重点研究我国知识产权法律制度与民法典的关系，以及是否应制定专门的知识产权法典等问题。

（3）司法上，应结合知识产权审判实践，总结归纳已有的实践经验，尤其是要强化知识产权方面的指导性案例研究，以此为进一步完善知识产权立法提供实践依据。同时，进一步深化知识产权审判体制改革，充分发挥司法保护在知识产权保护中的主导作用。[1]

---

〔1〕 相关研究，参见陈天昊、苏亦坡：《我国知识产权法院的治理实效与制度逻辑》，载《法学研究》2023 年第 1 期。

（4）知识产权行政管理方面，应当进一步研究和提升知识产权行政管理机构管理的主动性、专业性和高效性，充分发挥行政管理部门的综合协调能力，并进一步完善知识产权行政综合管理模式和手段。

（5）对外合作与交流方面，重新组建的国家知识产权局为我国推进知识产权强国建设，强化知识产权创造、运用、保护、管理与服务，加快建设世界一流知识产权审查机构奠定了体制机制基础。国家知识产权局应进一步加强与世界知识产权组织、机构及各国的交流与合作，增进了解和共识，共同推动知识产权事业发展。

六、以民法为依归的知识产权法典化

（一）现代社会的"物"与知识产权

知识产权作为民事权利的一种，是和物权、债权相并列的一大权利类型。现代社会"物"这一概念正在悄然变化，这一变化需要我们认真地对待和观察。通过深入地理解"物"的变化，可以看出知识产权法与物权法会发生紧密的联系，共同对现代社会中的"物"发挥其作用。现代社会中，"物"这一物权法的基本客体日益发生深刻的变化，这一变化导致知识产权法将对物权法产生深刻的影响。认识这一点，有助于理解物权法和知识产权法的关系，也有助于认识知识产权法对物权法的影响和作用。

1. 传统民法中"物"的概念

在传统民法理论中，关于"物"的概念，分为两种学说和立法模式：

一种是以德国法为代表，认为"物"仅应为狭义的有体物。在德国、瑞士、日本等国家，物权法中所指的"物"均采狭义说，排斥了无体物。有体物的一般解释是指符合既能为人所感知又能为人所控制这两个条件的"物"。在这一意义上，此种关于

"物"仅仅是有体物的学说,对确定物权法的调整范围具有特别重要的意义。因此,"根据《德国民法典》在此确定的原则,对精神产品,应依知识产权法规范,而不由物权法规范。"[1]由此得出的结论是,物权法和知识产权法是两种不同的法律体系,"无体物如专利、商标、著作、营业秘密、know-how、信息,均非民法上之物,只能依所涉及的问题类推适用民法诸规定。"[2]

另一种是以法国法为代表的,认为"物"应包括有形财产和无形财产两种形式。无形财产是指不具物质形态,只能通过思维的、抽象的方式认识其存在的财产,其中除了为《法国民法典》所明确规定的对抗他人的权利即债权,以及根据公司制度而产生的股东权之外,还包括普遍存在于现实生活并时常更新的知识产权。[3]无形财产具体包括权利人就营业资产、顾客、营业所、著作权、发明专利、工业设计、商标权、商业名称以及现代社会的商业信息等所享有的权利,其构成了现代法国社会财富中最重要的组成部分。[4]可见,以《法国民法典》的立法模式来看,"无形财产"中包括的智力成果属于"无形财产"的一种。由于无形财产内部诸形态之间存在着非常大的差别,因此,法国学者一般认为,在多数情况下,有形财产整体性地置于单一法律规则的体系内调整;而无形财产因具有不同性质,不能置于同一法律体系,而只能置于一系列独立的、不同体系,但无形财产的法律体系也正在向统一的法律体系发展。[5]

此外,《意大利民法典》第 810 条规定:"所有能够成为权利客体的物品都是财产",在这里也使用了"财产"概念,似与

---

[1] 孙宪忠:《德国当代物权法》,法律出版社 1997 年版,第 2~3 页。

[2] 梁慧星:《民法总论》,法律出版社 1996 年版,第 81 页。

[3] 吴汉东、胡开忠:《无形财产权制度研究》,法律出版社 2001 年版,第 11 页。

[4] 尹田:《法国物权法》,法律出版社 1998 年版,第 51~52 页。

[5] 尹田:《法国物权法》,法律出版社 1998 年版,第 65~66 页。

《法国民法典》相同。在《意大利民法典》中，同时又以一定的篇幅规定了知识产权的法律规则，该法将"商标、商号、智力作品权和工业发明权"置于其第五编"劳动"中，与劳动法、公司法、合作社法以及竞争法等法律规范合并在一起加以规范，将其作为脑力劳动或技术劳动的形式加以保护。

在我国《民法典》施行前实施的《物权法》中，可以看到，学者们对"物"的定义采取了"有体物"的概念，采用了德国法的立法模式。这一立法模式明确了物权法的调整范围仅限于有体物，同时还将物权法的调整范围适当地扩大到人力控制并具有价值的特定空间和电气。从《物权法》调整范围的自我限定来看，其显然比法国法和意大利法规定更合理，这是借鉴了德国法模式的结果，将有体物与无体物进行了截然分割，将两种分别规定不同性质的客体的法律制度区分开来。

从传统民法中"物"的内涵的分析中可以看到，在传统民法中，"物"的概念是从物理性状上加以划分的，从而有了有体物和无体物之分。只不过有些国家，如德国、瑞士的民法典中，物权法仅是关于有体物的规定，将知识产权法作为单行法规加以规定；而在法国法中，采用的是有形财产和无形财产的区分方法，在其物权法乃至《法国民法典》中涉及了知识产权。从物理性状上对物加以区分，固然会将物区分为有体物和无体物，但应当看到，有体物与无体物日益接近，对一个"物"既能看作是有体物，但也能看到无体物的作用。尤其对于知识产权来说，作为人的智力劳动的成果，智力成果作为一种无体物，越来越明显地与有体物结合起来。在现代社会的"物"这一基本客体上，日益表现出有体物与无体物的统一，这是现代社会中"物"的重要特点。正是基于这一特点，知识产权法与物权法产生了日益密切的关联。

2. 现代社会中"物"的特点

知识产权的客体是现代社会中客观存在并受到保护的"实

在"，这是一种完全不同于物权法上的"物"的另一种实在体，是一种权利客体。智力成果是一种抽象物，不论是使用知识产品、精神产品，或是智力成果，这些术语无一不在表明这一对象不同于物权的支配对象——有体物。智力成果是一种抽象之物，它的确实在，但无法用肉眼看到，正是在这个意义上，曾经有许多学者将之称为"信息产品"。

知识产权的客体是人们进行创造性脑力劳动而产生的智力成果、信息或知识形态的产品，它具有价值和使用价值，是社会成员从事生产和生活的基本要素之一。在大陆法系中，普遍将智力成果归入无形财产或无体物范畴。智力成果虽是无体物，它无法用肉眼看到，但能够被人们感知；同时，智力成果还需要通过有形物体表现出来，为人们所感知并加以利用，才可能实现其经济效益和社会效益。负载智力成果的有形载体本身就是作为物权法中的"物"而存在的，这些"物"都是物权法中的"物"。从"物"的角度来说，它们是有体物；从智力成果的角度来说，它们是智力成果的载体。因此，智力成果被体现在"物"之中，无形的智力成果和有形的载体相结合，无体物和有体物相结合，这成为现代社会中"物"的基本特点。

反观民法上的"物"，我们就会发现，在现代社会中纯粹之"物"越来越少了，例如土地、森林、水流、矿物等以原始形态存在的"物"构成了纯粹之"物"。这些"物"固然受到物权法的调整，但是大量的非纯粹之"物"普遍存在。

首先，随着科学技术对经济的作用日益明显，智力成果产生和发挥作用的领域越来越广泛。现在，无论是在生产领域还是生活领域，只要我们提到"物"，就会看到它们大多是以商品的形态出现的，这些商品中都包含着不同类别的智力成果，它们很多不是专利产品就是享有著作权的作品，而且绝大多数商品都附带着商标。即使在受知识产权影响较少的不动产方面，情况也在发生变化，建筑物的设计、建造已成为可获得著作权保护的作品，智力成果也附着在不动产之中。随着人们的智力活动的深化，即使在作为纯粹有生命的植物、动物身上，也越来越多地打上了人类智力的烙印。例如，我们经常看到的转基因生物已经大量涌现出来。

其次，现代社会中的"物"表现为多种智力成果的集合体，数个智力成果共同附着于一个"物"之上。多个智力成果共同合作去改造一个"物"，使"物"的使用效能大幅度提升，成为一个先进的工业产品。

最后，一个智力成果可以附着在多个"物"上，一项专利、一个作品又可以与无数个产品建立起联系，一个智力成果可以通过无数个"物"表现出来。智力成果并不单纯与一个"物"相对应，智力成果通常会化身在多个"物"之上，附着在各种不同形态的"物"之上，甚至与不同时代的"物"相结合而历久弥新。例如，特定专利技术思想，即使过了专利有效期限，但依然在新的产品上发挥着它的作用。

这些现象说明，在现代社会中"物"已越来越不纯粹，在"物"之上越来越明显地看出智力成果的附着。因此，"物"与作为知识产权客体的智力成果之间具有十分紧密的联系，无体物越来越紧密地与有体物结合起来，无体物上的法律规则也必将对有体物产生越来越明显的影响。由于现代社会中"物"的这一特征，纯粹的传统民法上的"物"已越来越少，有体物和无体物的结合使得物权和知识产权共存于一个载体，因而知识产权规则就会对民法上的"物"产生诸多影响。同一"物"上并存着两种法律关系，受到两种法律制度的调整和影响，这已成为现代社会中"物"的一个普遍形态。

3. 知识产权法对"物"上规则的影响

由于现代社会中"物"越来越表现为有体物与智力成果的结

合，因此，"物"上的基本规则必然受到知识产权规则的影响。以智力成果为核心的知识产品的附着，使得知识产品上的知识产权规则和"物"上规则之间产生了牵连性，这种影响必将随着知识产品在"物"上附着的深化与扩大化而表现得越来越明显。

首先，知识产权法对民法上"物"的归属会产生影响。以智力成果为客体的知识产权的任何瑕疵、任何变化，都会影响到"物"的法律命运。例如，制假者以假冒商标生产服装鞋帽，即使其产品本身并无质量问题，也会导致该批服装鞋帽被没收、销毁或作其他处理；侵犯他人著作权而制作的盗版图书、音像制品，尽管盗版者具有生产行为，侵权复制品仍可被依法没收、销毁，而使盗版者丧失盗版品所有权。在这些情况下，物品的生产制造者并不能够依据物权法规则而主张物上所有权。虽然物品的生产制造者享有对侵权物品的所有权，但此时的所有权并不受到任何保护。对侵犯知识产权物品的处置，固然是针对侵犯知识产权物品中包含的非法知识产品的处罚，但由于"物"和知识产品的不可分离性，容忍侵权物品存在则难以保障知识产权，故在有些情况下只能采取一并没收、销毁的办法。如果要保有侵犯知识产权的物品的所有权，必须将该物品中附着的智力成果标识或信息删除、销毁；如果无法删除、销毁其中附着的智力成果，则全部物品必须被没收、销毁。

其次，对民法上"物"的变动规则的影响。"物"的变动要以不动产的登记制度和动产的交付为其物权变动要件。此外，动产的善意取得制度也是在动产转让制度中十分重要的物权变动原因。

知识产权的相关规则也会在不动产和动产转让中发挥其功效。例如，对于动产的权利变动来说，须以交付为其生效要件，财产于交付之时，发生物权变动的效力，受让人即取得所有权。但从无体物与有体物结合角度来看，仅仅考虑动产的交付引起

"物"的转让是不够的，还必须考虑到动产上所附着的知识产权的问题。

又如，动产的善意取得制度，保护那些善意受让人取得的所有权。在传统民法中，"善意"仅指不知或不应知向自己出售产品的人不是该产品的真正所有人。如果从有体物上附着知识产权的角度来考虑，则"善意"概念应当增加知识产权的"善意"作为判断标准，即受让人是否知道其受让之"物"属于侵犯知识产权的产品。如果向其出售产品的人确系该产品的所有人，但受让人不知道该产品是侵犯知识产权而生产、制造的产品，则受让人可以获得该物的所有权。然而，如果受让人明知该产品为侵犯知识产权而制造的产品仍进行购买，则其主观上具有故意，如果该受让人是产品的进一步销售者，按照专利法、商标法的规定，销售侵犯注册商标专用权的商品，销售明知是未经专利权人许可而制造并售出的专利产品或明知是侵犯他人商标权的产品时，依然构成侵权行为。只有在作为进一步销售者的受让人是善意的情况下，才可以不承担侵权赔偿责任，即销售商能够证明该商品的合法来源，但此时仍然要停止产品的销售。因此，可以看出，善意取得制度必须结合于知识产权的善意规则，对受让人的主观意图给予必要的考虑。在此，知识产权的价值观念和制度规范补充了物权法中动产善意取得制度中"善意"的内涵，更加完善了善意取得的效力。[1]

在我国《计算机软件保护条例》中也明确规定，软件的复制品持有人不知道也没有合理理由应当知道该软件是侵权复制品的，不承担赔偿责任；但是，应当停止使用、销毁该侵权复制品。如果停止使用并销毁该侵权复制品将给复制品使用人造成重

---

[1] 相关研究，参见王国柱：《知识产权善意取得的合理性分析——兼论知识产权制度与物权制度的兼容性》，载《海南大学学报（人文社会科学版）》2012年第4期。

大损失的，复制品使用人可以在向软件著作权人支付合理费用后继续使用。从这一规定中也可以明显地看出，盗版软件的善意使用人，即使在受让人是"善意"的情况下，也应当停止使用、销毁该侵权复制品。并不是受让人作为善意的财产获得者，就对该财产具有全部的所有权，此时所有权受到了知识产权规则的影响。

最后，知识产权对所有权权能的影响。当"物"上附着有知识产品时，知识产权可以影响所有权人对物的占有、使用、收益和处分等各种权能。例如，原件所有权转让后的作品，尽管作为"物"的所有权已经转移给受让人，但作者所转让的仅是作品载体的原件，对于美术作品和摄影作品来说，作者仅丧失原件展览权，其他著作权依然属于著作权人。如果作者仅在特定范围内转让其作品载体的原件（如仅将记载其作品的日记赠与友人），他甚至并未丧失发表权。在上述情况下，作品有形载体所有权的转移并不意味着著作权的转移，作品有形载体所有权的受让人当然不得以财产所有权为依据对作品进行利用，不得擅自对作品进行复制、发行、播放、表演、翻译、改编等著作权意义上的利用。对于电影类作品、计算机软件而言，受让人合法购买了作品复制件，也不得将该复制件用于出租，否则著作权人可以要求受让人停止侵犯出租权的行为。

知识产权对物权行使的影响在商标"反向假冒"中体现得尤其充分。未经商标注册人同意，将其售出的商品撤换商标后又投放市场的，之所以构成侵犯注册商标专用权的行为，原因就在于：经销商只对合法购进的商品取得了所有权，可以商品为支配对象，行使其对"物"的占有、使用、收益、处分之权能，但不得进行撤换商标并重新销售的行为。如果将商品上的商标更换并且向市场再行销售，恰恰侵犯了注册商标权，在这种情况下，受让人并未侵犯物权的客体——商品，受让人权利的行使超出了物权所设定的效力范围，介入他人知识产权范围，侵犯了商标专用权。在专利法上，当专利产品销售之后，受让人对该产品的销售和使用行为并不构成侵权，但此时的专利权穷竭仅限于受让人的销售和使用行为，受让人依照他所销售的产品的进一步仿制行为受到限制，如果受让人进行仿制则构成专利侵权。由此，可以看到，在现代社会中在商品销售之后受让人所有权的行使，尤其是使用、收益和处分权能的行使，均有可能受到知识产权的影响。

4. 知识产权法与物权法的关系

物权法和知识产权法构成了不同但又有联系的两种法律制度。[1]基于现代社会中"物"的特点，在处理物权法和知识产权法之间的关系问题时，应遵循如下四个原则：

（1）应当联系知识产权法确定"物"的归属与转让关系。例如，在"物"的归属方面，知识产品的瑕疵会导致"物"的所有人失去对于"物"的所有权；在"物"的转让之时，知识产品的瑕疵也会影响"物"的移转效力。作为知识产品的载体的"物"发生转移之时，知识产权人也并未失去对于知识产品的权利，"权利用尽"并不影响知识产权人对于"物"的购买人具有相当程度的限制，如专利权人有禁止受让人为生产经营目的擅自制造、使用、许诺销售、销售、进口专利产品的权利，著作权人也有权禁止对原件所有权发生转移的作品进行擅自复制、发行、播放、信息网络传播等权利。

（2）在"物"之受让人系善意之时，应联系知识产权法律规范建立物权取得制度。此时对于作为个人的受让人来说，他可以保有对于该"物"的所有权，有权继续正当合理地使用该"物"；对于作为销售商的受让人来说，他只要能够证明其产品来源合法，就不再承担赔偿责任，他也有权保有对于该"物"的所有权，但不得继续销售该"物"。

---

〔1〕 相关研究，参见尹田：《论物权与知识产权的关系》，载《法商研究》2002年第5期。

（3）在知识产权法律规范受到限制的范围内，物权法律规范可以独立适用。例如，临时过境之运输工具的所有人或使用权人或专为科学研究和实验而使用有关专利之时，在不构成对专利权侵犯的前提下，享有对于"物"的所有权或使用权。在知识产权权利穷竭的情况下，由于知识产权法律规范的自我限制，受让人可以自由地使用其受让之"物"，此时物权法的规范自然可以独立发挥作用。然而，也应当看到，即使在上述情况下，"物"的所有权人或使用权人也并非享有绝对不受限制的所有权或使用权，对"物"的所有权或使用权也只能在知识产权受限制的范围内由所有权人或使用权人正当合理使用，超出该范围，物权法律规范不能构成对于知识产权法律规范的排斥。这也正是权利穷竭的相对性理论产生的原因。

（4）在对现代意义的"物"进行法律调整时，有必要将物权法和知识产权法共同考虑，从而得出解决"物"的归属和变动的法律规则。这是由现代社会的"物"的构成机制决定的。无体物以有体物为载体，无体物与有体物相结合，形成了一物之上存在的两种法律关系。对于现代社会中的"物"来说，应将其看作有体物和无体物的有机结合，针对有体物的法律规则——物权规则应与知识产权法一起，对现代社会中的"物"的法律关系加以调整。在调整的过程中，很难说物权法和知识产权法谁先适用，这是由现代社会中"物"的两面性决定的。

综上所述，知识产品对于物权法中的基本概念——"物"会产生诸多影响，这是现代社会财产的一个特征。在物权法对物进行调整的同时，也应当看到知识产权法的作用，将两种法律制度结合起来以确定"物"上的法律关系，这应当成为现代社会中物上民事法律规范的发展方向。

（二）知识产权与民法典

知识产权规则长期处于民法之外而独立发展，有必要深入研究知识产权与民法规则的差异之处。具体而言，两者差异体现于以下四方面：

1. 权利从属关系不同

权利人对有形财产使用的权利状态，通常是一种平行关系。所有权人与使用权人对物的占有、使用、收益、处分权能，由民法或当事人之间的合同加以明确界定，以防止相互之间发生交叉与干扰。在可能发生交叉与干扰的情况下，例如买卖与租赁、一物二卖等情况下，民法也通常设定比较明确的权利归属规则，强制性地规定物的归属和使用关系，从而防止权利交叉与相互干扰。在前后相继的权利变动中，例如在添附、善意取得、从物与孳息（混合、附合、加工）、行政征收与罚没等情况下，民法通常也会设定特别规则，在原有之物的所有人与新形成之物的所有人之间划定明确的界线，终止一方权利人权利的同时创建另一方权利人的权利。只有这样，才能够使物上前后相继发生的占有、使用、收益、处分的权能各自分开，防止产生权利关系上的交叉、混同与干扰。

知识产品的使用，则具有比较明显的权利从属状态。例如，智力创作者经常在他人的智力成果基础上进行创作，因而在其智力成果中常常包含着他人的智力创作因素，这就会形成衍生作品。又如，专利作为一种技术方案和技术思想，在后发明中通常融合了在先的技术思想。在基础发明之上形成从属发明，二者相互之间就可能构成阻碍性专利。在智力成果取得上存在的这种从属关系，深刻地影响着智力成果的使用，如知识产权之间因从属关系导致激烈的权利冲突。

2. 权利边界的清晰程度不同

有形财产的权利边界是明确的，对于动产来说，其权利边界仅限于该物本身。

知识产权的权利边界，通常是模糊的。对于发明和实用新型专利来说，我国采取主题内容限定原则确定一项专利权的权利范围。即使在这种有明确法律规定的情况下，其他人也可以对专利权的权利范围提出异议，通过专利权无效宣告程序，变动或限缩专利权的权利范围。从理论上说，任何专利权都有可能在今后的专利无效宣告程序中被他人宣告无效或部分无效，甚至有可能被专利权人主动修改，从而限缩专利权的保护范围。

与专利权的权利范围相比，著作权的权利范围则更加模糊。著作权的保护对象，是思想或感情的外在表达形式，但这种外在表达形式中，有许多是共有共用的因素，例如技法、构图、结构、用词、修辞等。著作权保护的是在这些已有因素基础上通过作者个人的经验、能力、技能和技巧所进行的综合组织的成果。作者的创造性智力劳动，体现在这一综合组织过程中。对于社会公众来说，作品并不是一个完整的整体，而是呈现碎片化状态，他们只会看到一件作品中所包含的各种因素。

不同国家对于专利权、著作权和商标权的权利边界的法律界定也并不相同，这导致同一智力成果在各国并不具有完全相同的权利边界。社会公众可能并不具备充分的知识产权法律知识，无法清晰准确地明了各种知识产权的权利边界。

3. 权利的明确性不同

人们从有形财产的客体通常能判断出这一客体是供私人使用，还是供商业经营使用。知识产品上的权利状态和权利内容，则通常并不明确。如前所述，对于一件知识产品来说，社会公众明确其上可能存在着知识产权人、为某人所有，但该知识产品上的权利状态和权利内容恰恰是不清晰的。在权利状态上，社会公众不知晓这些知识产权是否依然受到保护，如果要使用该知识产品，需要获得哪些权利人的许可，是否可能侵犯第三人的权利。

4. 民法典起草中知识产权的规范方法

最早的现代意义上的民法典是《法国民法典》，它是法国大革命的产物，于 1804 年公布施行。《德国民法典》于 1900 年 1 月 1 日施行。1791 年《法国专利法》、1793 年《法国作者权法》在《法国民法典》产生之前即以单行法名义存在；1837 年《德国著作权法》、1877 年《德国专利法》也早于《德国民法典》产生。这就产生了一个问题，即为什么知识产权单行法规早已有之，但在《法国民法典》和《德国民法典》中没有涉及知识产权规范。一个主要的观点认为，在 18 世纪和 19 世纪，知识产权还处于萌芽状态，法律规范还处于发展过程之中，虽然有一些单行立法早于民法典，但知识产权规范发展还不成熟，还处于剧烈变动之中，因此均没有被归纳入民法典。在徐国栋教授看来，以《德国民法典》为代表的潘得克吞立法体系没有把知识产权整合到民法典中，在于《德国民法典》采用有体物主义，无法容纳作为无体物的知识产权。此后，《德国民法典》修订超过了百次，却始终没有把知识产权法纳入其中。从世界各国知识产权与民法典的关系来看，知识产权制度总体上始终在民法典之外制订和发展。

民法典对于知识产权的这种剥离，导致一个非常严重的问题，即民法理论只在物权法和债权法的基础上发展，使民法理论具有一定的局限性。笔者认为，民法理论应当更多地吸收商法、知识产权法等的理论，使其更为丰富。

前文阐述了知识产权与民法规则的差异，上述这些差异说明，民法理论与知识产权法规则在基本客体、权利形态、排他权、侵权等众多方面，都存在着很大的差异。这种差异是知识产品与有形财产之间的差异，这也就导致了知识产权规则与民法规则的差异。上述差异说明，知识产权需要经过长期的理论发展，才能使民法理论与知识产权理论相融合，民法应当吸纳知识产权法的内容，使民法规则更加丰富和全面。

由于上述这些差异，知识产权制度长期以来在民法规则之外独立发展，这种发展是为了适应知识产权的特点，甚至由于知识产权的全球一体化倾向，在知识产权规则上越来越体现出大陆法系与英美法系的融合，从而使知识产权与大陆法系的民法规则日益产生矛盾。上述差异也导致了民法理论不能直接移植过来去适用于知识产权。许多民法规则不能直接移植适用于知识产权，必须结合知识产权特点加以改变，例如诉讼时效、侵权归责原则等，因此知识产权法理论的进一步发展，如果要避免出现偏差，就必须与民法理论相互整合，接受大陆法系民法理论的指导。

民法要在长期忽视知识产权的习惯上加以修改，主动整合知识产权，需要一定的时间。知识产权法也应当在长期游离于民法规则之外发展的习惯上加以修改，主动吸收和以民法理论作为立法依据，这也需要一定的时间。

目前有两个倾向，一是认为民法规则就可以全部解决知识产权问题，不必对民法规则进行任何变动，直接可以适用于知识产权。二是认为知识产权规则与民法规则完全不同，应当在民法规则之外大力发展知识产权规则，不必考虑民法规则。笔者认为两种做法均不可取，而应当在发展知识产权规则的同时，考虑民法规则，采取扩大民事理论和民法规则的态度，使民法规则吸纳知识产权规则，知识产权规则也不能抛弃民法规则而独立发展，否则就会日益失去民事规则这一基础和依据。

在知识产权日益重要的当代，不能再让它游离于民法典之外。民法典也不能仅仅规定知识产权作为一项民事权利。这是对长期发展的知识产权制度的无视，也反映了民法理论对知识产权的不适应，不符合 21 世纪民法的特点。

民法应当向知识产权制度开放，应当主动吸纳知识产权制度，将知识产权规则尽可能多地规范到民法中，将民法理论引入知识产权制度之中，不仅仅将知识产权作为一项民事权利加以规范，而应当从基本制度上对知识产权进行适当的规范。[1]

民法典吸纳知识产权的规范方法，应当是对于知识产权进行更为深入的分析，将知识产权与民法能够相互结合的理论进行整合，例如侵权制度、诉讼时效制度、排他权制度等。在制订这些制度的民法规范时，应当考虑到知识产权的特殊性，为知识产权留下足够的立法空间。[2]

（三）知识产权的法典化问题

1. 法典化的基础

总结法典化和单行立法的益处和弊端，可以看到，法典化进程的启动，需要自身的社会基础、思想基础、法律基础和理论基础。在法典化条件尚不成熟时，不能轻率地进行法典编纂。

（1）法典化需要具有社会基础。社会需要是进行法律改革的重要前提。透视近代以来大陆法系国家进行法典编纂的过程，就可以非常明显地看出，社会变革、法制变革或者旧有法制过于混乱、适用困难是促进法典化运动最重要的前提条件，而且这种变革的强度超出了旧有法制的藩篱，旧有法制内在矛盾无法继续存在下去，从而需要进行法律编纂，甚至以法典化形式出现，强调其重大意义。

（2）法典化需要有现实根据的理性主义作为其思想基础。大陆法系国家法典编纂具有自身的思想基础。具体到中国的立法思想理论，在立法工作方面，是走理性主义的道路还是经验主义的道路，目前还是一个问题。因此，在法典化这一问题上，在没有前人和国外丰富的实践经验和理论积累的前提下，轻率进行法典

---

〔1〕 相关研究，参见吴汉东：《〈民法典〉知识产权制度的学理阐释与规范适用》，载《法律科学（西北政法大学学报）》2022年第1期；何松威：《论〈民法典〉中知识产权专有的体系功能》，载《现代法学》2021年第3期。

〔2〕 相关研究，参见冯晓青：《知识产权的私权属性及其制度完善——民法典实施背景下我国知识产权制度的变革与发展》，载《甘肃政法大学学报》2021年第6期。

编纂，无疑带有过于崇尚理性主义的色彩。

（3）法典化需要丰富的单行立法作为法律基础。法典编纂是对于大量现存的成文法进行汇编、整理、归纳和提升的过程，如果没有足够丰富的单行立法，或者这些单行立法没有与社会生活紧密联系，扎根于社会实践当中，从中不能总结出单行立法的诸多问题，就不会使法典化具有坚实的法律基础。这样进行的法典编纂，只是对国外立法的单纯移植，而不是具有本国色彩和本国特点的有效实质的法典。

（4）法典化需要高度的、扎实的法学理论基础。萨维尼（Friedrich Carl von Savigny）曾经说过："适当的法典必须是建立在与时俱进的法律的真正基本原则之上的有机体系，对这些原则的透彻理解是进行法典编纂不可或缺的前提条件"[1]。法律在成为法典之前，总要经过学术法阶段，这时的法律具有两重性，正如萨维尼所说，它"既是民族生活的一部分，又是法学家手中的一门特殊科学"[2]。任何进行法典化的部门立法，都经过了制定法、学术法到法典法的过程。法学学术研究可以提升单行立法的理论性，抽取共同原则，统一法律概念和用语，建立逻辑严密的体系和结构。不经过学术法的阶段，很难进行成功的法典编纂。

2. 我国知识产权法典化的前景

知识产权法典化之全世界开先河者，为 1992 年 7 月 1 日颁布的《法国知识产权法典》。法国以 92—597 号法律将当时 23 个与知识产权有关的单行立法汇编整理成统一的《法国知识产权法典》（法律部分）。仿效法国的做法，菲律宾、越南和斯里兰卡等国，也分别制定了本国的知识产权法典。知识产权法典化，似乎正成为一种流行趋势，或者至少成为一种可选择的立法模式。结

---

〔1〕 徐国栋:《民法基本原则解释——成文法局限性之克服》，中国政法大学出版社 1992 年版，第 264 页。

〔2〕 王哲:《西方政治法律学说史》，北京大学出版社 1988 年版，第 410 页。

合我国目前的知识产权制度的发展状况，我国对于知识产权的法典编纂应当采取何种态度，民法学界和知识产权法学界的主流观点存在较大差异。其中前者多主张基于知识产权的特殊性，以现行的单行立法为宜，后者多倾向于知识产权法典化，其中又有主张将其纳入民法典以及制定专门的知识产权法典等观点。笔者认为，从目前我国知识产权立法的现状来看，不适宜进行知识产权的法典编纂。理由如下：

（1）从法典化的益处和弊端的分析看，法典化模式并不能解决一切问题。知识产权法是一门伴随着技术与时代发展而日益丰富和完善的部门法，不可能事无巨细地对不断变化的社会关系和法律关系进行规定。知识产权法典化，无法适应日益发展的知识产权社会关系和法律关系，这一点在《法国知识产权法典》的修改上表现得比较明显。在《法国知识产权法典》颁布之后的6年间，该法典先后进行了12次修改和增补，如此频繁的修订显然减弱了法典的稳定性。

（2）法典编纂常常需要有坚实的社会变革基础，是历史发展进程中社会广泛呼吁的结果。目前在知识产权法领域，还欠缺这种紧迫性。知识产权法目前的主要任务，应当是消化吸收 TRIPs 协议带来的立法变革，积累司法判例和实践经验，使知识产权法与社会生活更加紧密地结合起来，形成我国的知识产权法律秩序。因此，也没有以大规模的人造法干扰私法的自由发展进程的紧迫需要。我国知识产权法律体系变动较为频繁，以不到二十年的时间，走完了西方国家二百年的知识产权立法历程，知识产权立法速度不可谓不快。然而，每一次立法都带来了权利义务关系的结构性变革。社会生活还需要适应知识产权新近立法所带来的新型权利义务结构，从而形成稳定的法律环境，为进一步法典化立法创造必要的条件。

（3）目前，我国的知识产权法律制度并不繁杂，并未达到使群众发生混乱的程度。我国当前知识产权法律制度的情况与法国不同。在制定《法国知识产权法典》之前，法国存在着大量的知识产权相关法律、法令、增补。因法国知识产权制度发展既久，立法年代差别较大，法律标题复杂易混，因此增删修订而形成一部崭新的《法国知识产权法典》确有必要。此外，这种立法模式也与法国作为大陆法系的国家，同时该国法典化走在世界前列的传统有着密切的联系。然而，我国知识产权法的结构非常清晰，缺乏如法国制订法典那样的紧迫需要。

（4）目前我国知识产权法还有一些不完善之处，亟须完备立法。例如，我国有关数据库的规定相当欠缺，有关远程教育中的著作权保护问题也非常欠缺，关于个人使用作品的法律制度还不够成熟。对于地理标志的保护、商业秘密的保护、动植物新品种的可专利性、商业方法的可专利性等问题进行相关立法都是目前的紧迫任务。此外，知识产权诉讼过程中内在不协调的体制，也需要从诉讼程序方面进行改革。上述这些都说明，在如我国这样一个知识产权立法后进的国家，轻率进行法典编纂，会导致法典修订过于频繁，需要增补相当多的内容，这显然是不理性的做法。

（5）目前我国知识产权法的理论研究还不成熟，对知识产权法的深入研究不足。任何法典化进程之前，相关部门法学都会走过学术法的阶段。我国目前知识产权法学还处于上升阶段，法学理论积累有待加强，判例和经验积累不够，理论争鸣也没有充分发展起来，未能对知识产权产生更高层次的理论提升。

（6）目前我国还欠缺进行法典编纂的立法人才。这种人才必须具备高度的理论修养和丰富的实践经验，对于诸多知识产权法律制度融会贯通，显然我国还不具备这种人才储备。此外，我国也欠缺在法典编纂后有效进行法典修订的相关人才。因此，只有经过较长时期的理论积累，社会法律权利义务结构稳定下来，我国才具备进行知识产权法典化的基础。

（7）并不是所有的部门法都适宜法典化。如知识产权法这样，正在变化并且不易提取共同原则的部门立法，并不适宜进行法典编纂。法典编纂运动具有理性主义的思想基础，这并不能够适用于知识产权这一生动变化着的体制。知识产权是一个开放性体系，随着技术的发展，会出现与传统知识产权截然不同的新型知识产权客体，其法律制度也必将有较大的差异。抽取出共同的原则比较困难，不易从理论高度提取出知识产权法总则。我国著名知识产权法学者郑成思教授曾拟定了 22 条知识产权法总则，吴汉东教授拟定了 8 条知识产权法总则，目前来看，主要是对知识产权私权性的宣示，以及知识产权在诉前临时措施、侵权举证责任、诉讼时效、滥用禁止方面的特殊性制度的总结归纳，知识产权的理论提升仍有很大的发展空间，而且有些拟制的条文是否适当还有待深入研究。

（8）国际公约发生变化，国内法典化编撰处于不利地位。有学者认为，TRIPs 协议是一个包含了几乎全部知识产权内容的国际公约，可以仿照 TRIPs 协议进行国内知识产权立法。然而，应当看到，技术的发展使各种客体纳入知识产权法之中，知识产权的客体是多变的，国际公约也是变化着的，知识产权范围具有多样性和多变性。若依据国际公约而进行国内法典编纂，一旦国际公约发生变化，则国内法典编纂将处于不利地位。

3. 未来趋势与当前目标

保留目前的知识产权单行立法模式，也存在着一定的问题。与法典法相对比，几乎法典法的全部优点和不足，就是单行立法的不足和优势；两者形成鲜明的对应。笔者认为，知识产权法典化是今后各国知识产权立法的必然结果，但目前我国不宜进行知识产权法典编纂。目前我国知识产权立法的单行立法模式存在的最大问题，就在于欠缺相互协调、统筹兼顾。因此，在稳定目前的知识产权立法模式之前，不宜轻率开启知识产权法典化进程，现阶段在积累学识和司法经验的同时，还要加强单行立法、各种立法机关之间的联系，统筹协调立法工作机制。为实现这一目标，应当做到如下六点：

（1）确定统一的知识产权立法方针、政策目标和价值取向。对知识产权方面的立法方针、价值取向进行统一，建立符合我国目前发展阶段的合理的知识产权保护理念，既不过低保护，又不过高保护，甚至超水平保护。只有统一各部门的立法方针、政策目标和价值取向，才能保障知识产权的单行立法具有统一的精神理念，实现最大限度的和谐一致。

（2）加强立法机关在立法过程中的协调和组织，消除部门利益的影响，相互了解进行立法的背景和政策取向。我国知识产权的立法机关是多元的。因此，加强这些多元化立法部门工作上的组织和协调，减少直到消除法律制度上的冲突，是非常重要的。

（3）协调已发生的法律矛盾和冲突，将可能会扩大的矛盾通过立法和司法解释加以化解。目前，知识产权法律制度中，存在着一定的矛盾和冲突。解决现有的矛盾和冲突，有利于促进知识产权法制进程的发展，促进知识产权理论的深化，促进国家知识产权司法和执法体系的完善。[1]

（4）加强立法评估，总结已有立法与社会的匹配程度。立法的效果，必须及时为立法者所了解，因此应当及时进行立法评估，使相应信息及时得到反馈，从而保障立法者能够及时了解社会生活受到立法影响的程序，有无不符合社会实际的立法，有无法律规范的空白和漏洞，促进立法工作的完善。

（5）加强司法机关和行政机关的相互协调，有效利用立法资源和司法资源，及时总结相关判例，提高学术研究和立法工作的

---

〔1〕 相关研究，参见冯晓青：《知识产权法律制度反思与完善：法理·立法·司法》，知识产权出版社2021年版，第22~26页。

效率。

（6）对现有法律规范进行必要的汇编和整理，出版发行整套知识产权法律规范，便于群众了解和掌握知识产权法律规范，并且定期进行修订和完善。必要的知识产权法律汇编和整理工作，是今后进行知识产权法典编纂的重要辅助和必经之路。

2002年12月4日，日本颁布了《知识产权基本法》（法律第122号）。该法的主要目的，就是对有关知识财产的创造、保护和应用的基本理念及与该理念的实现相关的基本事项作出规定。该法的宗旨主要有两个层次，一是在政策上的宗旨，二是在措施上的宗旨。这一立法显然是为知识产权保护和应用奠定统一的思想基础，对基本理念做出全国性的统一工作。因此，日本的基本法制定具有其深刻的意义。

有一种理论认为，日本知识产权基本法更多的是宣示性、指导性、纲领性的，对法律问题不具有实用性。诚然，基本法并不符合传统意义上的法律概念，也没有实质意义上的制裁措施，更多的是宣示、指导和纲领性的规定。目前基本法被许多国家广泛采用，例如日本制定的《环境基本法》《中小企业基本法》。在政治领域，也经常使用基本法进行制度建设和制度规范，例如我国的香港、澳门特别行政区基本法，促进两德统一的德国基本法等。基本法与一个国家的经济和社会发展政策、方针和战略有着密切的联系。虽然它并不是一般意义上的法律规则，但其能起到一般法律文件所不能产生的作用。基本法可以将国家的政策、方针和战略更明确化，以法律条文的方式进行重新表述，成为国民共同遵守的准则，从而统一国民的行动和思想意志。基本法并不能单纯地等同于战略纲要，它和战略纲要所起的作用有明显的不同，在进行知识产权战略纲要的制定之时，有必要积极制定我国的知识产权基本法。

制定知识产权基本法，有利于统一今后我国知识产权单行法的立法活动，使立法机构遵循基本法行事，受到基本法的约束。我国有必要设置统一的专门机构，制定知识产权创造、应用和保护的基本方针，确立基本理念，具体制定相应措施和计划，分阶段、有步骤地推进具体工作的开展。从知识产权目前的单行立法模式来看，有必要制定我国的知识产权基本法，以便协调统一我国的知识产权单行立法活动，促进知识产权单行立法更有效率地开展，解决单行立法的冲突和矛盾，建立知识产权立法的基本方针和基本理念，为知识产权法律制度的完善和发展，创造有利的制度环境和立法保障。[1]

综上所述，我国目前不宜开展知识产权的法典化工作，[2] 较为适当的做法是补充和完善知识产权法律体系，建立相对和谐统一的单行立法体系，累积知识产权学术理论、司法判例和人才培养，为知识产权法典编纂做好充分的准备。为促使知识产权单行立法的协调一致，为强化知识产权发展战略成为全民意志并且增强其强制力，我们认为，我国目前应当积极制定知识产权基本法，借鉴日本知识产权基本法的模式，设置专门机构，为知识产权立法，智力成果的创造、应用和保护制定切实可行的具体目标和具体步骤，为逐步将我国建设成为创新型的社会主义强国提供法律和制度保障。[3]

---

〔1〕 实际上，国家知识产权局已经启动了《知识产权基本法》的制定工作。本书主编即参与了其基本原则和知识产权国家治理体系等部分的课题研究。

〔2〕 不过，这并不是否认当前我国制定的《民法典》中规定的知识产权内容。尽管《民法典》对于知识产权制度的规定较少，但这并不意味着将来在修改《民法典》时没有系统规定知识产权制度的必要。

〔3〕 相关研究，参见吴汉东：《民法法典化运动中的知识产权法》，载《中国法学》2016 年第 4 期；李雨峰：《知识产权法典化论证质评》，载《现代法学》2005 年第 6 期。

知识产权制度正当性的法哲学和经济学分析

知识产权制度是随着科学技术和商品经济发展而产生、发展的一种逐渐风行全球的法律制度和激励创新的制度。知识产权制度保护的知识产权是一种无形财产权。对这种制度正当性的考察，可以从财产权的角度进行。在研究范式上，又可以从法哲学和经济学层面加以论证。本部分即按照上述思路展开研究。

一、知识产权制度正当性的法哲学分析

自阶级社会以来，财产制度成为一个社会的核心。关于财产的思想，在形成一个国家的法律方面也起了重要作用。很长时间以来，人们一直在试图为财产制度提供正当性。人们也一直在探讨财产和财产权的属性。例如，在18世纪，埃德蒙·伯克（Edmund Burke）认为财产使社会稳定，阻止政治和社会的混乱，是来自纯粹的精英领导秩序的结果。[1]但是，在为财产和财产权提供正当性时，人们发现并不是很容易的。

财产地位和种类的变化是戏剧性的。随着社会的发展，新的财产形式不断出现。一个有趣的现象是，新的客体不断地被纳入

---

[1] E. Burke, *The Influence of Franch Revolution*, *Edmund Burke Works Part II*, George Bell and Sons Pub, 1905, pp. 277, 324.

财产范畴。同时，人们也看到了有些在历史上被承认过的非典型的财产形式——像知识产权——正变得越来越重要。知识产权最有趣的一点是，作为知识产权范畴中的创造物被放置在人们需要控制该创造物免受他人利用的地方。与有形财产权相比，知识产权可以被看成一种观念客体的权利；然而，知识产权又必须负载于有形客体中。知识产权的不同权利不可避免地要集中于客体的有形方面。专利权、著作权、商业秘密等知识产权与有形财产相比，其复杂性和特殊性使得对这种制度的正当性的探讨更为困难。所幸的是，几个世纪以来的社会理论为我们的法律和社会、经济制度提供了比较完善的分析工具，并且可以用于分析知识产权制度理性。[1]

（一）知识产权劳动理论

1. 财产权劳动理论

关于财产权的发生依据，法学家、经济学家一直在探讨。由彼特·达霍斯（Peter Darhos）撰著的《知识产权哲学》[2]一书也提及了一些相关观点。例如，早期的自然法理论家一直在探寻财产权利的来源和基础。他还提到了美国法学理论家霍菲尔德（Wesley Newcomb Hohfeld）关于财产和财产权的观点。

为财产提供正当性的一个重要学说就是自然法哲学。其中特别重要的是洛克的自然法学说中的财产权劳动学说。[3]劳动学说认为，一个人对于自己的身体具有在先的财产权。[4] 一个人拥

---

〔1〕 相关研究，参见魏森：《知识产权何以正当——几种主要的知识产权正当性理论评析》，载《自然辩证法研究》2008 年第 5 期；徐瑄：《知识产权的正当性——论知识产权法中的对价与衡平》，载《中国社会科学》2003 年第 4 期；李石：《"知识产权制度"的哲学反思》，载《哲学研究》2019 年第 8 期。

〔2〕 Peter Drahos, *A Philosophy of Intellectual Property*, Dartmouth Publishing, 1996.

〔3〕 相关研究，参见易继明：《评财产权劳动学说》，载《法学研究》2000 年第 3 期。

〔4〕 Locke, *Two Treaties of Government*, Ch. 5; Lawrence Becker, *Property Rights*, London: Routleedge and Kegan Paul, 1977, Ch. 4.

有他的身体，从而也拥有通过他身体所做的东西，即他的劳动。一个人的劳动和劳动的产品是不可分开的，因而只有在一个人拥有他的劳动产品的时候，他的所有权才能够被保障。如果一个人拥有他的身体以及他的身体的劳动，他也必须拥有他的劳动所添加的东西，即他的劳动产品。

洛克的劳动学说虽然关注的是财产概念，没有直接涉及知识产权问题，但由于该理论在渗入无形财产领域时与知识产权制度具有巨大的契合力，因此被运用到知识产权制度上能够揭开知识产权制度的神秘面纱。自然法中的劳动学说已成为确认知识产权的重要原则。例如，达霍斯即提到，洛克的财产权劳动学说已被视为一个理论图腾。现代学者热衷于将这一学说运用到知识产权领域，讨论知识产权的合理性与基本理论。可以说，以洛克的劳动学说为核心的自然法原则已成为确认知识产权最重要的原则之一。在与知识产权有关的层面上，该自然法原则是建立在这样一个根本的理念之上：一个人通过自己的努力创造的东西，属于他自己。这一理念又是建立在一个人对于自己的智力劳动的果实享有自然权利和一个人有权收获自己的播种的成果基础之上。这一理念具有罗马法的根源。

进言之，在罗马法学家看来，一个人对于他人的物质施加了自己的努力与劳动，并能够产生新的物质，该物质属于创造人。从当时的观念和罗马法的规定看，在对待占有的问题上，罗马人确认了"一个人通过自己的劳动和努力所创造的东西属于他自己"的观念。联合国教科文组织主编的《著作权基础知识》一书也指出，古代的罗马法为作者的保护提供了某种形式。[1] 在罗马社会，艺术家和艺人非常活跃。查士丁尼与盖尤斯认为，精神努力与技艺的产品属于艺术家的财产。查士丁尼认为，某人在他人

---

〔1〕 UNESCO, The ABC of Copyright, 12 (1981).

的羊皮或者纸上面写了短诗、故事或者演说词，虽然羊皮和纸仍属于他人，但如果他人拒绝支付书写的费用，某人可以提出"欺诈抗辩"之诉。[1]他们看到了艺术家财产这类智力产品，艺术家不仅在生产中投入了材料，而且投入了技艺与智慧。他们认为创造者对这种投入了技艺与智慧的劳动产品有权主张回报，这似乎是通向解释知识产权的最初的步骤。[2]

古罗马法时期以后涉及加工、添附、占有等法律概念的重要性的作品来自 17、18 世纪的法学家。由于罗马时代以来社会发生了巨大的变化，基于重新审视的需要，他们对这些法律概念的兴趣被提起来了。科克（Kolker）在 19 世纪晚期写的作品中认为，加工的基础能够在他所称的"劳动理论"中找到——任何人就通过自己的劳动创造的东西享有权利。在现代社会，劳动被认为是一个基本的价值，这就使得加工的内涵有了变化。

通过在物上添加劳动与努力而取得物的所有权的观念最终促成了自然法的形成。自然法原则不仅牢牢地站稳了脚跟，而且实际上成为确立加工、添附、占有的决定性因素。自然法原理关于这些法律概念的威力使其在那个时候对哲学也产生了影响。自然法原则在法律中的确认，连同其对 18 世纪的哲学的影响，进而形成了财产权与知识产权概念正当性的基础。

从对自然法的罗马法根源中可以发现，财产本身的概念可以通过劳动与努力加以理解。例如，亚当·斯密指出，每一个人在其劳动中拥有的财产，正如它是所有其他财产的最初根源一样，是神圣的不可侵犯的。[3]洛克可以说是系统地发展了自然法的财

---

〔1〕 ［罗马］查士丁尼：《法学总论——法学阶梯》，张企泰译，商务印书馆1989年版，第 55 页以下。

〔2〕 Keith, "Natural Law Principle Underlying Intellectual Property", 12 *The Southern Africa Law Journal* 500（1990）.

〔3〕 参见［英］亚当·斯密的《论国民财富的性质与成因》（1776 年）一书，1. 10. 2。

产权劳动学说，这集中体现于其著名的《政府论》一书中。他主张财产权是任何一个社会都必须保护的自然权利，政府合法存在的前提之一是为财产提供保护。

（1）财产权的最初获得。洛克首先假定在自然状态下，地球上所有的资源是人类所共有的并且任何人对于共有物都有使用的权利。洛克指出，在自然状态下所有的人都是平等的，平等在自然状态下意味着所有的权利和管辖权都是相互的。[1] 洛克从每一个人对于自己的身体具有所有权，其他任何人都对其不能主张权利开始，论述通过人施加的劳动以及相应的劳动的产品也属于他自己。他说："土地和一切低等动物为人类所共有，但是每一个人对他自己的人身享有一种所有权，除他之外任何人都没有这种权利。他的身体所从事的劳动和他的双手所进行的工作，我们可以说是正当地属于他的。所以只要他使任何东西脱离自然所提供的那个东西的所处的状态，他就已经渗进他的劳动，在这上面添加他自己的某些东西，因而使它成为他的财产。既然是由他来脱离自然所安排给他的一般状态，那么在这上面就他的劳动加上了一些东西，从而排斥了其他人的共同权利。因为既然劳动是劳动者无可争辩的所有物，那么对这一有所增益的东西，除了他之外就没有人能够享有权利，至少在还留有足够的、同样好的东西给其他人所共有的情况下，事情就是如此。"[2] 这表明，洛克相信个人有权使其赋予了劳动的东西成为他的财产。关于劳动是怎样在自然状态中获得占有，洛克还说：在占有土地之前，他占有了野果子，以及他能够获得的野兽；他通过付出而获得了自然中自然生成的产品，并以一定的方式去改造它们，通过在它们中施加

---

〔1〕 Locke, bk. II. § 6, 269.

〔2〕 ［英］洛克：《政府论》（下篇），叶启芳、瞿菊农译，商务印书馆1964年版，第53页。

劳动，从而在它们中获得了财产。[1]

这就是说，对洛克而言，是劳动把它们和公有与私有做了区分，也即，是劳动使对原来处于公有状况的东西变成了私人所有。对他来说，每一个人对其持有的财产享有自然权利，特别是对于他的劳动果实更是这样。个人只有通过对这些商品施加劳动，才能将其转化为私人财产权。允许这些劳动成果被人类享用，实际上体现了商品中的增加价值。

概括地说，洛克的劳动理论实际上包含了两个基本的论点。第一个论点是，一个人基于自己身体的劳动享有财产权。每一个人对于自己的身体享有财产权，除了他自己外，其他任何人都对其不能享有权利。每个人身体的劳动，连同他的手的工作，都是他自己的。第二个论点是，不是基于对物施加完全的劳动，而是对于一个未被他人占有的物体的占有可以产生所有权。主要观点是，对于未被他人拥有的物施加自己的劳动可以对整个物获得财产权。但是，这种财产权的获得是有条件的，下文将对之做专门的探讨。

（2）财产权获得中的限制。在洛克的财产权获得模式中，存在着先决条件的限制。洛克的《政府论》"财产"一章中至少三个地方涉及这一点。他说："对这种劳动作为劳动者无可置疑的财产，除了他自己，没有人对于其施加了劳动的东西享有权利，但至少应当在公有中为他人留下足够而良好的部分"[2]；"也不能对其他人通过改良对土地的任何一块的占有的否认，因为仍然留下了足够而良好的部分，并且比还没有被提供的能够使用的要多"[3]。根据他的阐述，任何人对一块土地的改良，都不是对任何一块土地的占有，因为仍然留下了充足而良好的部分，而且还

---

〔1〕 Locke, bk. II. § 37, 294-295.

〔2〕 Locke, bk. II. § 27, 39.

〔3〕 Locke, bk. II. § 33, 333.

有更多的没有开化的部分可以被使用。在他看来，通过将个人的劳动添加到土地及其产品上，占有和拥有财产的权利就出现了。这种权利受到"给他人留下足够而良好的部分"的限制。这一先决条件通常被称为"没有给其他人造成损失的前提条件"。[1]先决条件旨在保障某人占有后不被他人用作攻击的有效的工具。从效果上看，如果其他人有更充足的同样的东西，这种占有就不会损害其他人的任何地位。再上升到权利上，如果一个人在占有一个物后没有使他人处于更坏的状况，该人对其添加了劳动的东西就拥有权利。

（3）关于价值增加的理论。价值增加理论也是对洛克劳动学说正当性的一种解释。它假定劳动的果实是有价值的——"当劳动对其他人产生了某种有价值的东西时——超越道德要求劳动者生产之上的某种东西"——那么劳动者对于该物值得拥有某种利益。[2]洛克认为，适当的劳动涉及对公有物的改造，使其变得对人类有用或更有价值。[3]劳动不是生产对其他人有价值的物的必需的过程；反过来说，当其他人使被生产的物具有价值时，劳动才存在。劳动确实对所有东西施加了价值的区别。劳动的开化使价值增大。价值几乎99%建立在劳动的基础之上。[4]"劳动功过"理论因而主张劳动经常创造社会价值，是使有社会价值的产品值得报偿，而不仅仅是生产它的劳动。

此外，在对增加价值的讨论中，洛克主张的人们通过自己的劳动取得商品的所有权并"增加了人类的公共积累"的观点也值得注意。在有形商品制度下，当采用一定的社会措施来积累公共

---

〔1〕　See Nozick, Anarchy, *State and Utopia*, New York: Basic Books, 1974, pp. 175, 175-82.

〔2〕　Becker, Moral Basis of Property Rights, NOMOS XXII, 187, 193.

〔3〕　Locke, bk. II. § § 26-33, 286-29.

〔4〕　J. Narveson, The Libertarian Idea 77, 1988, p. 338.

财产时，劳动者可能不会存在这种生产财产和增加公共积累的动机。

2. 知识产权劳动理论

洛克的自然法理论，特别是他的劳动为财产权提供了正当性的基础观点，同样能够很好地阐释知识产权制度的正当性。运用洛克的财产权劳动理论及其相关的理论来佐证智力创造者的财产所有权的正当性，在国外已有一些学者对此进行过初步探讨，得出的结论是，与有形财产权的正当性相比，财产权劳动理论更适合于对知识产权制度的佐证。

实际上，从前面对自然法的罗马法根源的考察可以看出，在对待占有的问题上，罗马时期即确认了"一个人通过自己的劳动和努力所创造的东西属于他自己"的观念。从 18 世纪以来，财产的全部概念在某种程度上是建立在上述观念上。在一定的意义上，财产的概念因而根植于自然法中。在后来的几个世纪中，特别是 17、18 世纪以来，这种观念越来越与"智力财产"或者说"智力产品"挂钩。在知识产权制度产生至逐渐完善的过程中，人们也逐渐将劳动的自然权利的观念扩展到智力财产或者知识产权领域。人们发现，通过自己的劳动和努力所创造的东西属于他自己的观念和原则，把财产的概念和智力产品联系起来，可以为知识产权的正当性提供基础。这使得个人就其智力上的创造主张自己的财产权的全部观念在论证知识产权原理上具有重要地位。例如，约瑟夫·科勒（Joseph Kohler）指出，关于知识产权法的起源，财产与知识产权的哲学基础是建立在劳动基础上，或者更准确地说，是建立在对物的创造上。某人创造了一个新的物，他对于该物享有权利。[1]

这种具有深厚的自然法根源的关于智力财产的观念，也深刻

〔1〕 Keith, "Natural Law Principle Underlying Intellectual Property", 12 *The Southern Africa Law Journal* 506（1990）.

地影响到了知识产权立法。这一观念与当代知识产权制度也完全相契合，在早期可以说促成了世界上第一部著作权法——1709 年《安娜女王法》的诞生，以及后来的《法国文学艺术产权法》的诞生。同时，智力财产原理在早期的英美司法实践中也被清晰地体现出来。如作者对于其作品的权利不只是人为创造的特权的思想，也建立在自然法基础之上的智力财产原理之中。在 18 世纪的 Millar v. Taylor 一案[1]中，王座法庭认为，《安娜女王法》并没有移除普通法所确认的出版了的作品的文学产权。上议院在解释保护文学产权的正当性时指出：作者有权就其智力与劳动的成果获得收益，这是正当的；而未经其同意，其他人不应该使用他的名字，这也是正当的。反面论证的例子则是关于商标的案件。在 1879 年美国联邦最高法院一个案件中，[2]法院使用劳动理论模型主张商标不受保护。[3]又如在 19 世纪美国联邦最高法院的 Wheaton v. Peters 一案中，法院认定一个文学人有权像社会的其他成员一样拥有他的劳动产品。这些观点无不隐含了作者对其作品的权利是自然权利而不是通过立法人为地授予的这样一个深层次的观念。正如前面所述及的，自然法原则在法律中的确认，连同其对 18 世纪哲学的影响，进而形成了财产权与知识产权概念具有正当性的基础。自然法原则在确认知识产权上起了主要的作用。确认一个付出了智力上劳动和努力的个人创造者有权享有其劳动果实，确立了解释知识产权正当性的基础。

　　在当代，关于知识产权正当性的财产权劳动学说的自然权利观点，仍然是知识产权理论上一种重要的观点。例如，在对发明者授予专利垄断权的正当性上，来自自然权利方面的讨论就经常

---

〔1〕　(1769) 4 Burr 2308, 98 ER 201.

〔2〕　100 U. S. 82 (1879). 美国联邦最高法院认为，商标是建立在先占的基础之上。See Trademarks Cases, 100 U. S. at 94.

〔3〕　100 U. S. 82 (1879).

出现：发明者对于其思想劳动的创造物应享有权利。制定法不能授予或者否认在他们的智力创造物中的权利。相反，无论制定法是否规定垄断权，发明者对其发明具有所有权。

值得指出的是，在对劳动果实具有自然权利的观念之上，与知识产权正当性相关的另一个重要原则——收获/播种原则被发展了。正如每一个人对其种植的东西有权收获一样，每一个人对于其产生的思想和制作的艺术享有权利。该原则实际上包含了两个部分，一是没有播种的人就没有权利收获；二是播种的人有权收获自己播种的成果。收获/播种原则在作为正当持有的理论上，与不当得利原则也是相关联的。收获/播种原则是规制所有权或者所有物，而不当得利原则是从一套权利或者一组物中规制其去向。无论如何，与劳动果实的自然权利相关的收获/播种原则可以从洛克的劳动学说推导而来，且两者具有密切的联系。因为在劳动的层面上看待"播种"，在最低的程度上，人们是有权控制自己的劳动的。人们为了自己的优势，可以在自由裁量的范围内劳动，而且人们不能基于他人的意志被迫劳动。知识产权法的基础不是被迫劳动的问题，而是创造性劳动的问题。在创造性劳动的基础上产生了智力产品后，才谈得上与智力产品有关的产权、分配、流转等一系列问题。如果劳动不是必需的，人们就没有必要去从事它。收获/播种原则这样涉及分配正义的原则在确立知识产权的正当性方面有着重要作用。

根据前文阐述的增加价值理论，当劳动产生了增加的价值时，劳动者对物的增加的价值享有某种利益。对于增加价值理论论证知识产权方面的正当性可以从以下三点理解：

第一，智力创造性劳动是社会性劳动，这决定了智力产品或者说知识产品具有社会产品的性质。与有形物仅仅与劳动联系起来不同，前述知识产品的无形性特征决定了能够比较容易地区分共有领域的东西和劳动者本人创造了价值的东西。在确定知识产品的正当性及其相关问题时，考虑智力劳动者增加的价值能为知识产权的确定和保护提供合法的基础。从劳动者劳动的成分看，劳动的内容包括在知识产品中的社会性劳动和个人性劳动。社会性劳动涉及的是知识产品成本或者说智力创造具有社会性：个人从社会中学习了知识，这些知识是当代和以前数代人积累下来的人类共有的财富。个人运用这些知识创造了各种各样的智力创造物，这使得智力创造物建立在人类共享的社会知识的基础之上，成为社会性产品。

第二，在知识产品的流通上，市场的相互作用的利益也是社会性的产品。一个在技术上产生重大突破的发明的发明者不能对于该发明具有完全的市场价值，该发明的市场价值是社会中不同的人相互作用的产物。市场产生的价值和智力创造物的承载体都是社会的产品。如果仅仅将智力劳动者生产的产品的市场价值作为该创造者创造的完全的价值，就会否认其他人在其上的贡献，这种贡献甚至可能是巨大的。换句话说，智力产品来自很多人的劳动，在市场价值分享方面，除了最后的贡献者外，其他人有权分享。

第三，建立在创造性要求基础上的知识产权使劳动的增加价值变得更现实。尽管知识产品的生产是一种社会性的劳动，它仍然是立足于个人创造性劳动的基础之上。正是创造性劳动增加了有形物的价值、促进了社会的进步。没有谁能够否认技术进步在人类文明和发展中的巨大作用和影响。技术进步无疑是无数创造性劳动的结晶。也正是无数智力创造者的智力创造性劳动，使人类思想的宝库不断地推陈出新，使"公共商品"永不枯竭。如在Mazer v. Stein 一案[1]中法院所指出的一样：通过由值得报偿的知识产权创造者所进行的智力劳动的努力，公共商品增加了。[2]

---

〔1〕 347 U.S. 201（1954）.

〔2〕 347 U.S. 201（1954）.

与增加价值相联系的创造性要求在知识产权制度中在一般意义上最典型地体现为专利法对专利性发明的新颖性、创造性和实用性的"三性"要求。在专利司法实践中,对争议的专利增加价值的要求也经常可以看到。例如在美国,有法院主张专利法要求对现有技术的"修补"具有更大的价值。[1] 当然,专利法要求的"增加的价值"只是相对而言的。那些具有突破性意义的发明对现有技术的增加价值比一般性发明的增加价值可能要大得多。专利法要求的增加的价值只是一个适度的价值,理由是本领域的技术人员能够看出几乎是作为一种直觉的事情。就实用性来说,对实用性标准的测试也支持了对增加价值的理论解释。[2] 美国的很多法院主张"向前发展了一步"或者"比先前发展了"成为实用性要求的关键的一部分。[3] 另外,从新颖性的角度看,新颖性的要求保证了获得专利的发明的独一无二性,从而避开了对重复劳动授予权利。从增加价值的角度看,新颖性条件的满足促进了"公共商品"总量的增加,相应地增加了专利的社会效用。

在著作权法中,有对作品的创造性的要求,但没有新颖性要求。即使是在创造性的层面上,也比专利的要求低得多。严格地说,用"独创性"一词更准确。独创性要求排除了非独创性作品受著作权保护的地位,是促进社会文化进步的一个有力手段。独创性要求也保障了著作权法的积极社会效用的出现。当然,在实践中,独创性可能是一个比技术问题更富有争议性的问题。不过,独创性在实践判断中的困难并不能否认这一标准在确定作品性时的重要作用,以及在司法实践中具有的重要意义。[4]

---

[1] Graham v. Horn Deere, 383 U. S. , 1, 25, (1965).

[2] Brenner v. Manson, 383 U. S. 519, 533-36 (1965)(要求显示积极的社会利益以满足实用性的要求)。

[3] Connell v. Sears, Roebuck and Co. , 559 F. Supp. 229, 245 (N. D. Ala. 1983). Brown-Bridge Mills, Inc. v. Eastern Fine Paper, Inc. , 700 F. 2d 759, 763 (1st Cir. 1983).

[4] 参见冯晓青:《著作权法》(第2版),法律出版社2022年版,第50~54页。

著作权保护没有价值标准、创作高度的标准，这既是考虑到实践操作的可行性问题，更是考虑到著作权保护的功能。需要进一步理解的是，作品虽然没有价值标准、创作高度的标准，却与作品的独创性的要求并不矛盾。

我们需要看到的是著作权保护在增进人类文化产品总体价值方面的作用。虽然著作权保护只涉及思想的表达形式，而不是思想本身，思想表达形式的独创足以体现智力创作中创造性劳动的投入和在增进人类文化公有宝库中的作用——尽管每一部作品的这种作用都是有限的。一部受著作权保护的作品可能因为思想陈旧、内容平庸、表达方式单调而缺乏社会价值，但这不是否认就著作权保护的作品总体来说，作品这种精神创造的有形表达在人类文明与进步中的作用和价值。即使是对单个作品而言，"增加的价值"的衡量在实际的著作权保护中仍然是体现了的，理由是，越是有价值的作品，其被授予的著作权的行使就越充分。易言之，作品的价值与作品是否受到著作权保护没有必然的联系，著作权的实现程度却与作品的价值有很密切的联系。那些流芳百世的作品就是很好的例子。作品的价值最终是由社会来决定的。虽然在著作权法中可能具有增加价值的要求，分配及作品的价值认定却不能保留在著作权法中。例如，在 Sheldon v. Metro-Goldwyn Pictures 一案[1]中，一个适中的著作权分配原则建立了。分配制度在著作权模式中作为一个理想的模式出现，这体现了人们把增加的价值的理论作为一个规范的标准的深信：被贡献了的社会价值应获酬。[2]

增加价值理论在知识产权法上的适用表明，对智力劳动果实的自然权利，没有同时确立智力创造者对该产品获得的整个的价值。知识产权在一定意义上是社会创造的现象，在市场和与他人的相互作用中获得的市场价值与智力劳动者个人性地使用和占有其劳动产

---

〔1〕 106 F. 2d 45 (2d Cir. 1939), 309 U. S. 390 (1940).
〔2〕 Harper and Row v. Nation Enters., 471 U. S. 539, 547 (1985).

品是相当不同的两个方面。

（二）知识产权人格理论

解释财产权的另一个传统的法哲学思想是关于财产和财产权的人格理论。该理论建立在为发展人格而有必要确立财产权的基础之上。在该理论中，人格是作为自我表达而被赋予正当性的。由于知识产权包含了人格权和财产权两部分内容，智力产品特别是智力作品具有很强的人格性，人格理论在解释知识产权正当性方面就成为与洛克的财产权劳动理论最相匹配的学说。[1]

知识产权的人格上的正当性是通过为个人现实化、为个人的表达，以及作为一个人的主体的尊严和被承认提供唯一的或者独特的适当的机制界定财产的。在人格理论看来，人格在与世界的相互作用中发展了自己；而道德责任的发展依赖于有一定范围的我们能够实施控制的财产。从人格理论考虑财产权时，财产权的概念有其特定的含义。并且根据人格理论，以人格为基础的权利始于人的人格，我们称为财产权的一套权利能够实现个人人格。

当人格理论与知识产权相联时，"创造性"和"能力"的概念具有特定的含义，这就是通过我们的能力和创造性的开发，使人格充分地体现在自身的智力产品中。正如戴维·高塞尔（David Gauthier）所说："每一个人识别他们自己的能力，物质的和精神的，对这些他们能够接近并且我们可以看到这种识别提供了我们自身的标准的意义。"[2]个人与他的体力和脑力相伴随的人格身份引发了知识产权的身份识别。从智力产品的人格品质出发，如果个人在他的能力中有"自身的意义"，只要开发智力产品的那些能力的利用能够导致可被保护的人格利益，我们可以得出应该开发它的结论。

---

〔1〕相关研究，参见蔡晓东、张宇勋：《知识产权人格论》，载《广州大学学报（社会科学版）》2013年第1期。

〔2〕Justin Hughes, "The Personality Interest of Artists and Inventors in Intellectual Property", 81 *Cardozo Arts and Entertainment Law Journal* 248（1998）.

人格理论发端于欧洲的思想家、哲学家，特别是德国的哲学家康德和黑格尔，尤以黑格尔的财产权人格学说最为著名。有学者甚至认为，康德关于所有权性质的讨论，以及黑格尔的文化进化理论，建立在人格理论基础之上。以人格为基础的权利理论形成了德国和法国的著作权法的基础。[1] 通过研究康德、黑格尔等的财产权人格学说在欧洲的发展以及在知识产权中的适用，可以看到人格理论在适用到知识产权的正当性时，在有些方面比劳动学说的道德上的主张或者激励论主张更合适，特别是艺术家对其艺术作品不可转让的人格权就是如此。同时，人格理论在解释知识产权的正当性问题时，也存在着一些问题。

知识产权可以说是保护人格利益或者个人的人格方面的一种手段。就像将劳动理论适用到知识产权一样，将人格理论适用到知识产权似乎也有一个直觉的效果——知识产权是人的大脑的创造物，并且负载在人的智力创造物中的思想是智力创造者人格或者自身的体现。沿着这一思路，人格成分可以在作者的"精神权利"中被顺理成章地找到。特别是在艺术作品中，知识产权中的人格正当性是最合适的。下文将要阐述的欧洲的哲学家对智力作品权利正当性的阐述就主要考虑的是艺术作品。

发端于欧洲的人格理论的一个重要特点是把人格与财产联系起来。欧洲几位著名的思想家关于人格理论的阐述无不体现了这一点。从适用到知识产权正当性的目的出发，可以称之为"财产权人格理论"，以与"财产权劳动理论"相对照。财产权人格理论考虑知识产权的正当性时关注提供给社会中的个人利益，这可以引起知识产权的非经济上的利益的讨论。

1. 康德学说中的知识产权

德国哲学家康德提出的人格理论直接涉及知识产品进而是知识

---

〔1〕 Tom G. Palmer, "Are Patents and Copyrights Morally Justified — Philosophy of Property Rights and Ideal Objects", 13 *Harvard Journal of Law and Public Affairs* 817 (1990).

产权问题。康德主张对文学作品的保护，这突出地体现在他的论文《关于图书盗版的非正当性》中。他分析道：盗版的非正当性在于，图书是一个艺术的有形的产品，它能够被他人复制并且能够找到对这种生产的法律控制豁免的人，这使得在图书中有一个真正的权利；而且，图书也只是出版者将其向公众推出的东西，该出版者却没有从作者那里获得授权，它不是公开地重复个人权利。图书权利人的控制和未经授权的盗版性质的使用之间存在着冲突。

康德进一步分析了图书作品的双重性质：智力创造的有形载体与思想的传播体，在此基础上，他提出图书作者有权对自己的作品进行控制。他指出，"图书"既是供人阅读的有形物，也是一个人向另外一个人传递信息的媒体（作者的书）。康德认为图书或者其他的文学产品不只是商品的一种，也是在行使他的（作者的）权利，他可以把这种权利授予他人，但不能转让。一个复制者或侵权者把另外一个人（作者）的思想提供给公众，即他以作者的名义说话，而只有在获得容许的时候他才能这样做。作者虽然许可了，但只是对于那些其授权的出版者；当作品被盗版时，这就行不通了。

康德的阐述已经包含了艺术作品是作者人格的表达的观念。他区分了艺术作品物质成分的所有权和体现在其中的思想。[1] 即令所有人对作品的有形载体具有所有权，未经作者的同意也不能出版作品。通过把作品向公众公开，作者和公众对话，显示了他的人格的一方面。

康德还从文学作品的情况考虑，认为复制者或者假冒者不应对文学作品享有权利。在康德的著作权观念中，著作权建立在言论的基础之上。由于言论是思想的直接表达，著作权就间接地与反映作者思想的人格联系起来了。

---

〔1〕 Immanuel Kant, *The Philosophy of Law—An Exposition of the Fundamental Principles of Jurisprudence as the Science of Right*, Edinburgh: T. & T. Clark, 1887, pp. 129-131.

2. 黑格尔学说中的知识产权

黑格尔的人格理论应当说在论证知识产权正当性方面更有价值，这主要是因为他把人格理论发展到了一个更高的、更完备的层次。[1] 在黑格尔的观念中，哲学是探寻合理性的科学。他将财产权纳入其哲学体系，创立了意志和人格学说。在他的哲学体系中，核心概念是人格、意志、自由这样相当晦涩的概念。在其《权利哲学》[2] 一书中，充满了关于法律、财产、意志、人格的讨论，特别是"意志"是该书中一个关键性概念。在他的观念中，法律是意志的体现，"意志是自由的，所以就构成法的实体和固定性"。[3] 黑格尔学说中的意志，涉及思想与自由的结合。

黑格尔强调自由与意志、人格、财产的关系。在他的《权利哲学》一书中，意志被认为是在两种对立情形中一种情形下思想的表露，是自我意识在客观精神领域中的一个理念。对黑格尔来说，意志是个人存在的核心，它不断探询世界的有效性和现实性。在个人构成的精神性层次中，意志占据了最高的地位。

意志与自由不可分割，自由是意志的根本属性，也是意志的实体。在古典的自由观念中，真正的自由是消除了外部限制的自由。黑格尔主张，自由是不断地被意识到作为一个人的存在，并且是通过一个更客观的秩序来表达的，它相当于把个人置于一个更大的社会团体的感性中。他认为，实现自由是在丰富多彩且复杂多样的历史运动背后存在的一个伟大的理想，自由的实现是一个漫长而复杂

---

〔1〕 相关研究，参见刘鑫：《人工智能创造物知识产权保护的正当性释疑——黑格尔"财产权人格学说"下的理论证成与制度调适》，载《科技与法律》2020 年第 6 期。

〔2〕 *See* G. W. F. Hegel, *Philosophy of Right*, 1921, T. M. Knox tr., Oxford at the Clarendon Press, 1952, lst ed., 1967 reprint.

〔3〕 参见 [德] 黑格尔：《法哲学原理》，范扬、张企泰译，商务印书馆 1961 年版，第 10 页。

的过程。〔1〕并且，精神自由是人最独特的特征。〔2〕实现绝对自由是意志的任务，〔3〕这需要好几个阶段才能完成。而在第一阶段，意志以人格的形式出现，并将其本身施加于外部世界。〔4〕黑格尔主要是在这一阶段论述财产权的。

黑格尔提出自由意志主要是通过私人财产的所有权来表现的，并且财产是自由的第一体现，而其本身也是一个实质的终结。〔5〕他将财产看成是实现主观自由的东西。他提到，"人为了作为理念而存在，应当给他的自由以外部的领域。"〔6〕由于从自由的角度看，财产是自由的最初的定在，它本身是本质的目的，〔7〕这一外部领域指的就是财产。根据他的观点，意志与外部世界在不同的层面上发挥作用。像认知、分类和解释这样的精神过程可看成是通过人的头脑对外部世界的占有。认识和由此带来的结果是将其本身施加给头脑的世界。〔8〕黑格尔希望以一种不同的方式来占有外部世界，也就是将其本身施加给世界，他认为这是财产的真正的目的。黑格尔推断，人只有在与外部某件东西发生财产关系时才成为真正的自我。

---

〔1〕 ［美］E. 博登海默：《法理学：法律哲学与法律方法》，邓正来译，中国政法大学出版社 1999 年版，第 80~81 页。

〔2〕 Hegel, *Lectures on the Philosophy of History*, J. Sibreetr., London, 1890, Introduction.

〔3〕 *See* G. W. F. Hegel, *Philosophy of Right*, 1921, T. M. Knox tr., Oxford at the Clarendon Press, 1952, lst ed., 1967 reprint, p. 27.

〔4〕 G. W. F. Hegel, *Philosophy of Right*, 1921, T. M. Knox tr., Oxford at the Clarendon Press, 1952, lst ed., 1967 reprint, p. 39.

〔5〕 G. W. F. Hegel, *Philosophy of Right*, 1921, T. M. Knox tr., Oxford at the Clarendon Press, 1952, lst ed., 1967 reprint, p. 45.

〔6〕 ［德］黑格尔：《法哲学原理》，范扬、张企泰译，商务印书馆 1961 年版，第 50 页。

〔7〕 ［德］黑格尔：《法哲学原理》，范扬、张企泰译，商务印书馆 1961 年版，第 54 页。

〔8〕 G. W. F. Hegel, *Philosophy of Right*, 1921, T. M. Knox tr., Oxford at the Clarendon Press, 1952, lst ed., 1967 reprint, p. 45.

财产不仅是自由的最初的定在，而且成了人自身实践的终极目标。[1]由于"我的意志，作为人的意志，并且是作为一个单个的意志，成为在财产中我的目的，财产获得了私有财产的特性"[2]。

黑格尔将财产与人格联系起来。从他对财产、人格的阐述看，财产与人格的联系是开放的。一个人可以在任何物质实体中主张自己的财产权。雷丁（Radin）指出，这意味着人格正当性易受到过度的主张。这种过度的主张导致的一种后果是"不健康财产身份"的确立。研究黑格尔早期作品可以发现，有些财产的自我确认对个人来说是有害的。他主张财产的所有权可以在互相喜爱的人之间以完全和谐的方式出现。他们中的一个人对物的消耗等于是两个人的消耗，而在这方面的结合似乎是可能的，只要该物是在两人的控制之下。

黑格尔认为，为了作为一个思想的存在，一个人应当将其自由转换为外部的世界。[3]并且人格是第一的，是最抽象的、决定性的和最后的意志。[4]对黑格尔来说，意志以一种不同的方式占有外部世界，即将其本身施加给外部世界。他认为这是财产的真正的目的。人格是把自己置于唯一主观性之上并且赋予自己以现实性；换言之，主张外部世界是自己的。人的人格建立在思想自由的基础之上，而思想自由的前提是自我认识不受任何限制。人格具有具体的存在形式。他举例说，若存在"占有物"的绝对权，通过占有物的

---

〔1〕 参见易继明、李辉风：《财产权及其哲学基础》，载《政法论坛》2000年第3期。

〔2〕 [德] 黑格尔：《法哲学原理》，范扬、张企泰译，商务印书馆1961年版，第42页。

〔3〕 G. W. F. Hegel, *Philosophy of Right*, 1921, T. M. Knox tr., Oxford at the Clarendon Press, 1952, lst ed., 1967 reprint, p. 41.

〔4〕 G. W. F. Hegel, *Philosophy of Right*, 1921, T. M. Knox tr., Oxford at the Clarendon Press, 1952, lst ed., 1967 reprint, p. 41.

方式，可使人格存在的形式更具体化。[1]黑格尔也承认绝对权的存在，并且认为意志成为私人财产的客体。在黑格尔看来，是因为我的意志体现于其中，财产作为人格的组成部分，通过对其占有、支配、处分或与其发生联系，表明自己的人格。人通过劳动及财产权将自己的意志客观化，并表达了他对于他人即社会整体化的需要。

黑格尔提到，人格本质上涉及权利的能力并构成了抽象的制度，进而是正式的权利的概念和基础（本身是抽象的），因而权利的必要内涵是一个人且尊重他是一个人。[2] 在他看来，人格形成了任何财产制度的基础。但是，人格有必要从潜在性转化为现实性。这在黑格尔的学说中体现为从概念到思想。人格的现实性得力于财产被规范。由于人格的发展不只是需要外部的目标，人格的发展是通过意志外部化的目标化。在为个人人格现实化进行斗争的过程中，对物的行为是一个初步的步骤。社会强制的财产权没有引起个人现实化；它们只是一种保护个人最初的试图控制世界的方法。一旦我们接受了个人现实化在持久的客体以及初步的行为中，在阻止人们永久性地被牵涉到每个人试图保护他自己以领先于他人来实现自我现实化而产生的内部冲突中，财产权获得了一个重要的目的。财产成为意志的表达，这是人格的一部分，并为进一步的行为创造了条件。[3]

黑格尔似乎将财产的所有权与通过占有它而代表其意志的自治单位放在同一个层面上。他认为个人通过"占有"与"体现"在

---

〔1〕 Peter Drahos, *A Philosophy of Intellectual Property*, Dartmouth Publishing, 1996, p. 44.

〔2〕 Peter Drahos, *A Philosophy of Intellectual Property*, Dartmouth Publishing, 1996, p. 41.

〔3〕 参见 H. Marcuse, *Deduction and Revolution*, Boston, Beacon Press, 1960, pp. 92-95（财产是自由的第一体现，个性在财产中被体现）。

一些客体中被体现出来。[1]他将对于物的占有视为财产中最初步的特征，但这是以为意志仅仅是体现占有的一种，要么是物，要么是被放弃的某种东西。[2]在他看来，仅仅是对于物的占有对于维持物的所有权还是不够的，因为财产关系的继续仅仅发生于在客体中体现了它自身。由于"占有某物的意志必须表达它自身"[3]，一个没有重新不断地确认这种表达的人能"通过规定而失去对于财产的占有"[4]。个人也可以积极地抽回他的意志。

从黑格尔的分析还可以看出，在构成个人因素的层次模型中，意志是自身的次要因素。这一观点与洛克最初假定的每一个人享有的财产是他自身的观点是相距不远的。但还应看到，与洛克不一样的是，黑格尔没有重视人作为自然的自由。他只是强调通过客观化的历史过程和自我面对人们变得自由，"仅仅是通过他本人的身体和思想的发展，本质上是通过作为自由的自我意识的理解，他占有了他自己并成为自己的财产而不是别人的"。[5]如果把自身看成是财产的一种类型，那么这种种类的某人的外部财产，是可以转让的。[6]

值得注意的是，在涉及意志与占有的问题时，黑格尔提到了劳动的作用。他认为，劳动经常是意志占有的一个客体的手段。不

---

〔1〕 G. W. F. Hegel, *Philosophy of Right*, 1921, T. M. Knox tr., Oxford at the Clarendon Press, 1952, lst ed., 1967 reprint, p. 51.

〔2〕 G. W. F. Hegel, *Philosophy of Right*, 1921, T. M. Knox tr., Oxford at the Clarendon Press, 1952, lst ed., 1967 reprint, p. 49.

〔3〕 G. W. F. Hegel, *Philosophy of Right*, 1921, T. M. Knox tr., Oxford at the Clarendon Press, 1952, lst ed., 1967 reprint, p. 64.

〔4〕 G. W. F. Hegel, *Philosophy of Right*, 1921, T. M. Knox tr., Oxford at the Clarendon Press, 1952, lst ed., 1967 reprint, p. 64.

〔5〕 G. W. F. Hegel, *Philosophy of Right*, 1921, T. M. Knox tr., Oxford at the Clarendon Press, 1952, lst ed., 1967 reprint, p. 47.

〔6〕 Knowles, "Hegel on Property and Personality", 1 *Philosophy Quarterly* 45, 48 (1983).

过，劳动可能是占有的一个充分条件而不是必要条件。如个人可以
在礼物中或者在他能够在感情上接触的自然物中表达自己的意
志。[1]黑格尔没有特别重视劳动在形成个人意志方面的作用，特别
是在财产权形成方面的作用。从这个意义上说，黑格尔的人格学说
与洛克的财产权劳动学说是很不相同的。

黑格尔是从强调个人人格重要性的角度解释财产权的，但他对
财产权的研究视角随着对权利哲学论述的展开在发生变化，即由个
人看待世界的角度转化为哲学家看待客观存在精神在世界上的有序
表达。[2]他提到了在历史和文明发展过程中不断展现的客观精神是
理性的主要承载者。在这一层面上，财产权就不同了。从性质上
看，财产是制度性的；从功能上看，财产是国家与市民社会之间联
系的纽带。人格需要财产的概念，其他人的存在则意味着财产的概
念应承担其个人精神需求之外的其他功用。财产不再仅是个人人格
的延伸，而成为合同的标的。[3]财产于是成为个人人格与国家之间
的互相作用的标的物（连接点）。

在笔者看来，黑格尔将财产从人格、自由的角度提升到人格与
国家之间的连接点的角度，与他的权利哲学、政治哲学中关于国家
与市民社会的思想的发展是分不开的。当然，我们这里主要目的并
不是去研究黑格尔关于国家、市民社会学说，而在于研究与财产有
关的问题，进而为认识知识产权问题奠定基础。

在黑格尔看来，国家与法律在实现人的精神自由过程中起着重

---

〔1〕 G. W. F. Hegel, *Philosophy of Right*, 1921, T. M. Knox tr., Oxford at the Claren-don Press, 1952, lst ed., 1967 reprint, p. 55.

〔2〕 M. Reidel, *Between Tradition and Revolution*, W. Right tr. (Cambridge, 1984), 3, C. Taylor, *Hegel and Modern Society* (Cambridge, 1979), 89.

〔3〕 G. W. F. Hegel, *Philosophy of Right*, 1921, T. M. Knox tr., Oxford at the Claren-don Press, 1952, lst ed., 1967 reprint, pp. 20, 33.

要作用。他认为法律制度是用来从外部形式方面实现自由理想的。[1]他把人的自由看成是受理性支配的，而理性的一个基本要求是尊重他人的人格和权利。[2]法律就是增强和保护这种尊重的主要手段之一。国家则是制定法律和执行法律的机构。与洛克、霍布斯等传统的自由观不同，黑格尔视国家为最高形式自由的代表，是具体自由的现实。他认为，在国家中个人不将其自由视为抽象的自由，而且是将各种限制视为一种义务，故而是一种客观的自由。

黑格尔明确地指出，国家应当赋予其公民拥有私人财产的权利。[3]由于国家不仅是制定和执行法律的机构，还是一个民族伦理生活的有机体，国家被认为是民族精神和社会伦理的整体体现。[4]个人财产的存在，取决于人们在国家道德范畴内交往时所建立的普遍约束。个人的财产安全依赖于他人遵守国家道德生活中的各种理念。

与洛克不同，黑格尔对于作品特别是艺术作品等知识产品的权利也予以关注，并提出了自己的看法。但是，前文对财产、人格、自由、意志关系的阐述就财产来说，一般意义上是指有形的物质财产，而不是无形的知识产权。我们难以从对物质财产的阐述中直接推理知识产权的正当性，这恐怕是与前文从洛克的劳动学说论证知识产权的正当性的不同之处。下文将联系黑格尔对有关智力产品、复制与复制权的归属等问题阐述黑格尔人格理论下的知识产权的理念。

───────────

〔1〕 G. W. F. Hegel, *Philosophy of Right*, 1921, T. M. Knox tr., Oxford at the Clarendon Press, 1952, lst ed., 1967 reprint, p. 36.

〔2〕 G. W. F. Hegel, *Philosophy of Right*, 1921, T. M. Knox tr., Oxford at the Clarendon Press, 1952, lst ed., 1967 reprint, p. 37.

〔3〕 G. W. F. Hegel, *Philosophy of Right*, 1921, T. M. Knox tr., Oxford at the Clarendon Press, 1952, lst ed., 1967 reprint, pp. 42, 236.

〔4〕 [美] E. 博登海默：《法理学：法律哲学与法律方法》，邓正来译，中国政法大学出版社 1999 年版，第 81 页。

　　黑格尔对知识产权问题确实做过一些思考。如他认为，我们特有的思想产品，在外露后可以为他人复制，这并不是一个问题，而是一件好事。因为个人在接触他人的外部思想后，可以利用其思想产生出更多的作品或发明创造。[1]不过，当他提到促进科学、文化发展的最佳之法是保护艺术家及作者的作品不被他人剽窃时，黑格尔又回到了传统的激励论路上。他认为知识产权的全部目的在于先前存在的可以获得的思想方式观念。在知识移转的社会过程中，先前的"好的思想"被重新启用并被赋予了新的个体形式。任何特定的个人都对知识的演进做出或多或少的贡献。某一知识形式被不同时代的人推进时，会对其他人的利益有所增进。在人类知识的发展过程中，个人怎样对其中的知识主张财产及其范围，黑格尔认为找不到普遍的原则来回答这一问题。[2]个人唯有依其经验以确定一个范围，保证他人或后来者学习的目的能够实现。在这方面，黑格尔认为应当重视知识共有物的重要性。[3]

　　在黑格尔看来，个人中的世界性因素是不能转移给外部世界的，并且不能牺牲一个人的生活的权利，那是因为考虑到全面的外部活动的牺牲。[4]查士丁·休斯（Justin Hughes）指出，这一原理至少为回答与黑格尔学说最相关联的知识产权问题提供了分析框架。问题是要阐明，作者在转让其作品复制品的同时却保留了进一步复制该作品的复制权。[5]

---

　　〔1〕 G. W. F. Hegel, *Philosophy of Right*, 1921, T. M. Knox tr., Oxford at the Clarendon Press, 1952, lst ed., 1967 reprint, p. 68.

　　〔2〕 G. W. F. Hegel, *Philosophy of Right*, 1921, T. M. Knox tr., Oxford at the Clarendon Press, 1952, lst ed., 1967 reprint, p. 69.

　　〔3〕 Peter Drahos, *A Philosophy of Intellectual Property*, Dartmouth Publishing, 1996, p. 81.

　　〔4〕 G. W. F. Hegel, *Philosophy of Right*, 1921, T. M. Knox tr., Oxford at the Clarendon Press, 1952, lst ed., 1967 reprint, p. 70.

　　〔5〕 *See* Justin Hughes, "The Philosophy of Intellectual Property", 77 *Georgetown Law Journal* 335 (1989).

3. 人格理论在知识产权理论中的应用

人格理论对知识产权正当性的解释典型地体现在欧洲的法国和德国知识产权制度中的作者权制度对人格理论的运用。当人格理论运用到作者权领域时，作品被视为作者创造性人格的表达，并且在这些作品中，继续体现了作者的人格。损害了体现作者人格的能力的行为具有可诉性。

在 19 世纪末，卡尔·加雷斯（Karl Gareis）重述了个人权利的概念。他在 1877 年发表的一篇论文中，考察了 19 世纪法律学者对人格权概念的不同解释，把不同思想做了整合，形成了一个正式的标准：这些权利的客体是权利本身。然而，人格权确实是权利的一类。加雷斯把这些权利分为自由组织生活的权利、姓名权、商业命名和商标的权利、个人尊严的权利、文学和艺术作品的权利以及发明的权利。[1]

在知识产权的人格理论中，虽然德国作者权法的基础完全是人格权，在人格理论上作为保护作者权利的基础，法国法仍最具有代表性。因此下文将主要以之作为考察对象。

在法国作者权体系中，一个非常重要的理论基础就是作品是作者人格的体现。当然，这一理论的确立也有一个从重视单纯的财产权理论特别是前面专门探讨过的财产权的自然权利理论到重视作者创造性人格的过程。自然权利理论在很长一段时间内特别是在 19 世纪占据了主导地位，但在后来受到了德国学者卡尔·加雷斯，奥托·弗里德里希·冯·吉尔克（Otto Friedrich von Gierke）和约瑟夫·科勒等人的保护作者权利的人格理论的影响。这种影响也渗透到司法实践领域。例如，法国最高法院在 1902 年的一个司法判例中确认了仅仅财产权理论还不足以解释作者的权利。[2]

---

〔1〕　*See* Roberta Rosenthal Kwall, "How Fine Art Fares Post VARA", 1 *Marq. Intell. Prop. L. Rev.* 1, 30 (1997).

〔2〕　Cinquin v. Lecocq, Req. Sirey, 1900. 2. 121, note Saleilles (1902).

不过，正如我们所知道的，在较早的法国作者权利中既包括精神权利也包括经济权利，其中精神权利被看成是来自作者人格表达的权利。人格权理论并没有完全排除对于经济权利的考虑，只是两者处于不同的位置而已。例如，被称作"作者权利之父"的吉尔克即强调作品是作者人格的产品，经济利益服从于人格利益。他认为确认人格权不是作为佐证权利的一个方面；相反，仅存在人格权。[1]

4. 人格理论适用到知识产权中所面临的挑战

在涉及知识产权人格理论时，我们可能会面对这样一个问题：有关客体中是否存在人格，或者客体是否显示了创造者自身的方面。在利用人格理论为知识产权提供正当性时，则可能面对另外一个问题：知识产权人格理论怎样为那些看来创造者方面很少反映或者基本没有人格性的智力产品提供正当性。

有些知识产权的技术类别，如发明专利、计算机软件，为人格理论的适用带来困难。另外，在知识产权的人格属性上，不同的智力客体的显现确实是不同的。有的人格属性非常强烈，有的则似乎不具有很强的人格属性。整体上，在专利发明中人格的反映程度比受保护的作品小得多。但即使是技术的类别，也在一定程度上负载了人格的属性。[2] 至于那些人格性非常强的知识产权的客体，无疑为知识产权的人格性提供了有力依据。

由于财产权的属性得到广泛认可，不能因为这类知识产权在人格理论适用上的困难而否认整个知识产权的人格理论。知识产权中财产权制度的建立和实施使得知识产权人能够通过实现财产收益而最大限度地实现自己的人格。我们需要明确的是，人格正当性仅适

---

〔1〕 *See* Justin Hughes, "The Personality Interest of Artists and Inventors in Intellectual Property", 16 *Cardozo Arts and Entertainment Law Journal* 81（1998）.

〔2〕 有关案例，参见 Cf. Apple Computer, Inc. v. Franklin Computer Corp., 714 F. 2d 1240, 1253（3d Cir. 1983）。

用于知识产权的一般类型，或者说，人格仅体现受有限保护的特定类型。

另外，关于知识产权中的人格展现，商标可能是较少被讨论的。这可能是由于商标似乎没有直接牵涉"智力创造"这样的问题，而只是负载在商品或者服务上的一种标记而已。但这种标记并不是普通的标记，它通过标识商品和服务而实现区别商品来源的作用，最终使得它成为厂商表达的权利，而不是消费者获得信息的权利。商标从设计到在商业上的运作都体现了厂商的人格。在设计上，商标充分体现了设计人的创意。商标越驰名，表明商标对相应的厂商的人格属性越强。当然，也可能存在一种相反的情况，正是因为某种商标太知名，以至于它成为某种商品的代名词，商标的主人反而被忽视了。这就是商标通用名称化的例子。不过这也只是很特殊的情况，通常是商标被不当使用所致。

知识产权的人格理论强调智力产品是智力创造者的人格的体现，知识产权中财产权的赋予有人格背景的因素在起作用。知识产权与有形财产不同，但又必须有一定的有形载体。正如黑格尔所说："如果，为了以思想的形式存在，一个人必须把他的自由转换成外部的范围。"知识产品被创造出来后，为了实现其价值，通常需要进入流转。这就使得智力产品脱离了创造者的直接控制。知识产权的抽象物特征则使得这种"脱离"只是表象的——通过知识产权的授予，权利人即使在没有控制或者占有一件有形的智力产品的情况下，仍然能够在脱离有形的智力产品本身的境况下显现创造者他自己。从人格理论来说，创造者主张财产权以使其他人通过该财产来识别他，正如黑格尔所主张的，认知个人的财产权是认知个人作为人的行为。知识产权中的人格权的赋予，使客体显示了智力创造者自身的一方面。通过财产权的赋予，人格与财产的联系则通过以智力创造者的创造物为媒体的创造者的意志表达而显现出来，而这种表达本身只是智力创造者人格表达的一个特定方式。例如，甲拥有一个软件的著作权，人们会把他看成一个特定的人，即该软件的开发者或是权利人。

（三）知识产权激励理论

激励理论（也称"激励论"）也是为知识产权提供正当性的一种重要理论。甚至在论证知识产权的正当性上，建立在提供激励基础上的讨论被认为是最有力和最广泛适用的理论。激励论既不是从劳动也不是从人格方面论证知识产权的正当性。激励论的思想在有关法律和司法实践中也得到了确认。例如，《美国宪法》涉及专利和著作权的条款规定，国会被授权制定保护作者和发明者的法律，旨在"促进科学和有用技术的进步"。对该条款的激励论方面的理解在美国的司法实践中也很明显地被体现出来。[1] 在美国知识产权司法实践中，也考虑了激励论思想。例如，在 Grant v. Raymond 一案[2]中，约翰·马歇尔（John Marshall）法官指出，著作权和专利条款表明了专利法的目的是刺激发明。

值得指出的是，有的学者还单独划分了一种与激励论相关的报偿理论（也称"报偿论"）。报偿论所建立的哲学基础是：个人应当就其劳动与努力得到报偿。在这一点上，报偿论与自然法理论中的财产权劳动学说相似。但是，报偿理论还考虑到了个人努力对一般的社会利益的价值。报偿的形式表现为对个人的智力性创造赋予专有的知识产权。实际上，这里的报偿论的观点完全可以被放到激励论的理论模式中，因为激励论的立论基础也是通过报偿智力创造者的手段激发智力创造。正是在这个意义上，洛克劳动财产学说的正当性既可以作为一个标准的主张也可以作为一个纯粹以激励为基础的工具理论来被加以解释。当然，这只是大致的区别。实际上，

---

〔1〕 Zacchini v. Scripps – Howard Broadcasting Corporation, 433 U. S. 562, 576, (1976); Goldstein v. California, 412 U. S. 546, 555 (1973); Unites States v. Paramount Pictures, 334 U. S. 131, 158 (1948).

〔2〕 31 U. S. (6 Pet.) 218, 241–42 (1832).

洛克财产权劳动学说也包含了一定程度的激励论成分，这是建立在增加人类的集体财富基础上的一个激励论的观点。

激励论的形成受现代哲学的影响很大，它特别强调一般意义上的社会利益。实际上，激励论与财产权的经济学理论也是密切相关的。激励论的典型观点是，著作权、专利、商标、商业秘密法律制度的建立会导致一个理想的社会智力产品的总量被生产出来，相应地会有一个理想的社会效用的总量。

根据激励论的观点，要促进有价值的智力产品的生产，智力创造者在其智力创造物中就应被赋予财产权。授予使用、占有和控制思想产品以及思想表达的权利，对激励智力产品的创造、生产来说是必要的。假定一种新的思想可以很自由地被他人获得，如果对于新的思想存在公共权利，开发这种思想的动机就会减少。从这些思想中获得的利益就不会集中到原创人手中。如果我们对原创人拓展一定程度的私人权利，这些思想就将以更快的速度被开发。[1]但是，在缺乏知识产权保护的条件下，竞争者能够很容易地复制作品，利用他人的发明或者商业技术。由于这些被利用的智力产品的生产需要投入相当的时间、资金和精力，此时在投资和开发这些产品和技术方面的动机也就存在严重不足的情况。即使仍然存在这样的动机，但由于其他人在没有付出投资成本的情况下依然能够占有他人智力劳动成果，原创造者可能面临连投资成本都不能收回的风险，失败就可能是自然的。一般地说，在不予保护的条件下，为了公司的利益，会让别人去生产，而自己只是通过反向工程等方式来生产，以节省投资和研究成本。结果是，公司从其他企业开发的产品中获益，仿制现象被普遍化。

这里讲的"仿制"，是与知识产品的使用密切相关的一个术语。在缺乏知识产权保护的场合，仿制现象的普遍化是必然的。在仿制

---

〔1〕　Harold Demsetz, "Toward a Theory of Property Right", *America Economic Review* LVII (1967).

的情况下，不付报酬给智力产品的开发者，智力产品可能被仿制者不适当地使用。如果仿制的成本很低且难度不大，知识产权保护的重要性就变得很明显了。但是，也不能将仿制理解为像复制那样容易。特别是在缺乏知识产权保护的情况下，知识产品的原创人会采取措施实施自我保护，这当然会增强仿制的难度。一般地说，简单的产品革新能够被比较容易地仿制，复杂的技术革新和商业秘密却难以被仿制。另外，仿制也需要时间、研究开发投资、市场、产品的便利，也需要一定的成本，必要时还需要在原专利周围进行新的发明。

当前，激励论不仅成为论证知识产权制度正当性的一种非常实用的方法论和哲学思想，而且成为现实知识产权保护政策、立法和司法实践的重要思想与理念。例如，在知识产权保护政策层面，知识产权制度被普遍界定为一种激励创新的法律制度与创新政策的重要机制。党的十八届三中全会关于知识产权运用和保护的完善，就是基于建立技术创新激励机制部分来阐述的。国务院 2008 年 6 月 5 日印发的《国家知识产权战略纲要》也将知识产权制度定位于激励创新的基本法律制度。在立法层面，我国《专利法》《著作权法》以及《商标法》第 1 条立法宗旨条款也都确认了知识产权专门法律鼓励创新的功能与使命。在司法层面，通过确立知识产权保护的权利边界，明确以充分、有效的知识产权保护激励创新。之所以如此，在于知识产权制度内涵了一种在有效保护知识产权基础之上的激励创新的法律机制。[1]

（四）知识产权平衡理论

平衡论，特别是强调利益平衡的平衡论是在知识产权激励论基础之上产生的解释知识产权制度正当性的另外一种激励论模式，以

---

〔1〕 参见冯晓青：《技术创新与企业知识产权战略》，知识产权出版社 2015 年版。

下即以"利益平衡论"作为研讨的主题。[1]

从国外的研究状况看，西方国家学者对知识产权法的利益平衡理念早有共识，"著作权法包含了在激励作者创作和思想不受限制地传播的社会利益之间平衡的思想"[2]，"专利制度需要在发明者的利益和一般公众的利益之间达成平衡"[3]等观点时常可见。英、美等普通法系国家，通过长期司法实践发展了知识产权法的利益平衡理论，判例中的精辟见解屡见不鲜。从众多判例中发展起来的利益平衡思想反过来用于指导司法实践和立法的修改与完善，使这一思想成为知识产权法的基本理论。

纵观知识产权法几百年发展历程，一方面，知识产权人的权利随着新技术的发展而不断扩张；另一方面，公众信息自由的范围也在逐渐拓展。造成这种相生相克现象的根本原因，实际上是利益平衡原则。可以认为，自知识产权制度建立以来，利益平衡一直是其追求的价值目标，知识产权法中的诸多原则和具体规则都隐射了协调和解决知识产权人与社会公众之间利益冲突的思路。

实际上，知识产权法是一种典型的利益平衡机制。正是因为知识产权客体即知识产品具有私人产品和公共产品双重属性，利益平衡机制在知识产权法中尤为重要，整个知识产权法在价值构造上表现为一系列的平衡模式和与此相适应的制度安排。例如，知识产权人权利与义务的平衡，知识产权人的权利与社会公众利益以及在此

---

〔1〕　相关研究，参见王传辉：《知识产权法"利益平衡说"之反思：自然法与功利主义之比较》，载《交大法学》2022 年第 1 期；冯晓青：《论利益平衡原理及其在知识产权法中的适用》，载《江海学刊》2007 年第 1 期；郑胜利：《探讨知识产权法"平衡理论"的力作——评〈知识产权法利益平衡理论〉》，载《电子知识产权》2006 年第 11 期。

〔2〕　Brian A. Carlson, "Balancing the Digital Scales of Copyright Law", 50 *SMU L. Rev.* 825, 826 (1997).

〔3〕　Steven B. Garland and Jeremy E. Want, "The Canadian Patent System: An Appropriate Balance between the Rights of the Public and the Patentee", 16 *C. I. P. R* 44 (1994).

基础上的公共利益间的平衡，专有权保护与知识产品最终进入公有领域的平衡，公平与效率的平衡，权利行使内容、方式与权利限制的平衡，知识创造与再创造的平衡，知识产权与物权的平衡等。甚至可以认为，利益平衡是知识产权法中的一个根本性问题。正是基于利益平衡机制在知识产权法中极端重要的地位，可以利益平衡为基石范畴，形成与前述关于知识产权法的哲学基础不同表现形式的方法论，以提升对知识产权法理论的系统认识，为知识产权法的研究提供一种理论模式。

1. 知识产权法中利益平衡机制的确立

（1）知识产权法对知识产品利益关系的调整。知识产权法是调整知识产品的生产、传播、利用、保护而产生的社会关系的法律规范的总称。围绕知识产品所产生的利益关系是知识产权法调整的核心。知识产权法涉及的利益既包括知识产权人的私人利益，也包括国家通过知识产权立法而需要实现的社会公共利益，特别是知识和信息的传播与使用中的社会公共利益。

知识产权法赋予知识产权人的专有权，本质上也是为了保护知识产权法需要承认和保护的利益。从法理学的角度说，知识产品成为知识产权法的调整对象，除了商品经济和科学技术发展这两个前提条件外，只有当知识产品体现的社会利益为法律所认可并需要由法律保护和调整时，知识产品才成为知识产权的保护客体。在知识产权法制框架内，每一个利益主体都有权在知识产权法的范围内寻求和获得最大化利益，并且有权在知识产权法的限度内保护自己的正当利益不受侵犯或妨碍。当然，各个利益主体追求的价值目标不一样，并因此而形成了利益追求的多样性。

不同利益主体的利益追求尽管存在多样性，但是他们追求的利益也具有一致性或类同性，并且各利益主体在追求自身利益的同时，能够与其他人的利益形成一种互动关系，形成利益追求上的趋同性。这种趋同性使协调各方利益的知识产权法的产生成为可能。

当然，知识产权法中各种利益在具有一致性或趋同性的同时，还具有利益冲突的一面。对围绕知识产品而产生的相互冲突的利益关系进行协调，是知识产权法调整的核心内容。

（2）知识产权法中利益平衡机制的确立。知识产权的专有性与社会对知识产品的合理需求是知识产权法中的一对主要矛盾，确立利益平衡原则、建立利益平衡机制正是解决这一矛盾的有效方法和手段。相应地，知识产权法中的利益平衡，主要是知识产权人的专有权和社会公众对知识产品的合理需求的权利间分配和取舍，使之达到一个恰当和适度的状态。这种平衡不是强调两种利益间的完全对等，而是要求知识产权法作为一种制度设计，对其中不同利益主体的价值取向都应给予充分考虑，兼顾知识产权人的利益和公共利益，以互不损害对方利益为价值目标。同时，以有效的制度救济作为补充手段，在知识产品的生产和流转的动态过程中，始终使知识产权人的利益和社会公众的利益保持均衡态势。显然，这是利益平衡的制度设计在知识产权法上的最高价值追求。

知识产权法的利益平衡机制是以利益平衡原则为基石的，涉及知识产权法的基本构造、功能及其相互关系的权利义务分配机制。该机制涉及知识产权人与知识产品使用者之间权利义务对峙的均势，或者说，知识产权法律关系主体的权利义务之间平衡，体现了知识产权法的结构性均衡。作为规范体系，知识产权制度从内容上看，由权利和义务两大要素构成。知识产权法利益平衡机制的确立，要求知识产权法所规范的权利与义务在整体分布与组合上达致平衡。其中，最重要的是知识产权法律关系中最基本的主体知识产权人和知识产品的使用者即一般的社会公众之间的权利和义务之间平衡，以及他们自身权利和义务之间平衡。就知识产权法的权利格局来说，在知识产权法的均衡性结构中，知识产权人的权利与知识产品使用者的权利、社会公众的权利在范围、强度方面保持均衡对峙。知识产权法中的权利义务配置的合理性直接取决于社会的需求程度，包括社会对知识产品生产的需求和社会公众对知识产权使用、传播的需求。

考察全部知识产权立法，无论是基本的立法宗旨还是具体的原则和规则，都体现了围绕私人利益和公共利益的冲突与协调的解决思路和模式，旨在维护知识产权人的利益与社会公共利益的平衡。同时，建立知识产权法的利益平衡机制是一个系统运作过程，这是因为该平衡机制覆盖了比较广泛的内容，并且相互之间存在密切的联系。如知识产权的专有性和社会公众对知识产品的需求、知识产权法中的个人利益和社会公共利益、效率与公平、秩序与自由等的平衡——这也是知识产权法追求的境界。如果其中的某些方面失去平衡，就需要运用协调机制加以恢复。知识产权法的各个领域可以不断地根据利益平衡原则充实相关内容，使围绕知识产品产生的各种对峙或者冲突的因素处于相互协调的和谐状态。

2. 知识产权法中利益平衡机制的基本内容

（1）知识产权法中利益平衡的内涵与价值目标。知识产权法中利益平衡的基本内涵，一是以私权保护作为利益平衡的前提，以利益平衡作为私权保护的制约机制，在立法上进行权利义务的合理配置；二是以利益平衡原则贯穿整个知识产权法的解释和适用过程。[1]

知识产权法的利益平衡机制，是就知识产权法整体的构造、功能及其相互关系而言的。在该平衡机制中，存在一系列需要保障的平衡关系。它不仅是对知识产权的专有性与社会对智力产品的需求这对矛盾的解决和平衡问题，而且涉及权利义务在总体上的平衡。此外，知识产权法的利益平衡机制还涉及知识产权法律制度、结构、体系、功能与目标等方面。不过，在该平衡机制中，实现与保障知识产权人利益与公共利益的平衡仍然具有举足轻重的意义。正

---

〔1〕 参见任寰：《论知识产权法的利益平衡原则》，载《知识产权》2005 年第 3 期。

如国外学者安图伊奈特·威克咖（Antoinette Vacca）所指出的：
"传统上，知识产权保护平衡了两类集团的利益：公众获得新的、
创造性思想与发明的利益，以及作者、发明者通过有限的垄断权形
式提供激励或从其思想与发明中获得的收益。"[1]

　　知识产权法中利益平衡实现的法律价值目标具有多样性，在总
体上它肩负起效率与公平的统一和均衡的重任，而知识产权制度效
益中的公平，更多的是由相互制约的利益之间平衡来实现的。知识
产权法中利益平衡在价值目标上特别体现为以下几方面：如何协调
知识产权法中不同主体之间的利益冲突，实现知识产权法律制度的
公平、正义等价值目标；如何通过分配权利义务确立知识产品资源
分配的正义标准、正义模式和正义秩序；如何充分利用各种资源，
以达到无形财产资源的有效配置，实现知识产权保护制度的最佳社
会经济效益；如何使知识产权保护制度实现公平与效率的均衡，实
现知识财富的公平与合理的分享；如何通过产权制度最佳地刺激知
识和信息财富的增长，同时确保公众对知识和信息的必要接近。

　　（2）知识产权法中利益平衡的基本原则。首先，知识产权保护
在充分、有效基础之上的适度与合理。从知识产权法的整个制度
看，授予的知识产权不仅应充分、有效，而且应适度、合理。一方
面，解决知识产权保护的合理与充分，是发挥知识产权法激励机制
的前提。知识产权概念本身也体现了对知识产权这种法定垄断权的
确认和保护。另一方面，知识产权保护存在适度与合理的问题。根
据法理学原理，权利作为利益的法律化，是法律设定的在一定范围
内的自由。这种自由本身表明了任何权利都是有边界的，而边界就
是权利行使的实际范围，是权利人与其他任何人利益的分界线或者
说平衡点。在知识产权法中，同样存在着这一平衡点，具体体现在
知识产权法的规范要求上，则是对知识产权的适当而合理的保护。

　　〔1〕　Antoinette Vacca, "The Architectural Works Copyright Protection Act: Much Ado A-
bout Something?", 9 *Marq. Intell. Prop. L. Rev.* 118 (2005).

知识产权保护的适度和合理要求对知识产权的保护既不能过度，也不能保护严重不足，而是应当维持一种适当的保护水准。从知识产权本身的权利配置看，适度和合理要求：知识产权人的权利设置既符合激励知识创造的需要，又能使知识产权的授予不至于成为社会公众获得知识和信息的障碍。

私权保护是知识产权法中利益平衡的前提，而适度与合理保护的要求则使知识产权的私权保护受到利益平衡原则的制约，即知识产权人的私权保护不能超越知识产权法需要保障的利益平衡目标。正如有学者所言：如果对知识产权人自由行使其知识产权不加限制，往往有损于社会公益。因此，有必要在保护专有私权和维护社会公益之间、在保护与限制之间构建知识产权的均衡机制。[1]

其次，追求知识产权人的利益与社会公共利益之间的平衡。知识产权法中的权利和义务平衡是利益平衡关系的法律表现。就知识产权法所需要协调的主要矛盾而言，知识产权法的权利义务关系是知识产权人的私人利益和该制度所要实现的公共利益关系的法律形式。无论在知识产权中的利益天平存在着多少种利益、多少种利益主体，知识产权人的私人利益与社会公共利益始终是这种利益天平的重要砝码，也是知识产权制度中利益冲突和协调的主要方面。

第一，知识产权人利益与公共利益之间平衡是知识产权法利益平衡机制的重心。知识产权法的利益平衡机制，是国家平衡知识产权人的垄断利益与社会公众接近知识和信息的公众利益，以及在此基础之上更广泛地促进科技、文化和经济发展的社会公共利益关系的制度安排。

第二，知识产权人利益与公共利益平衡在知识产权法利益平衡机制中具有举足轻重的作用。"给予个人对权利主张以最大范围的

---

〔1〕 吴汉东、胡开忠：《无形财产权制度研究》（修订版），法律出版社 2005 年版，第 111 页。

欲求，也许必须同要求公益的论点进行平衡。"〔1〕在知识产权制度的整个历史发展过程中，谋求知识产权人的利益与社会公共利益的平衡一直没有停止过。这是因为，社会发展的价值体系是个人本位与社会本位并重的双向本位观念，对知识产权人利益的保障不能忽视公共利益。在保护知识产权人的利益和公共利益之间实现平衡，是知识产权法实现其立法宗旨所必需的。事实上，"利益平衡是人权思想和公共利益原则的反映。"〔2〕在当代的知识产权立法和知识产权国际公约中，实现知识产权私人利益与公共利益的平衡仍然是知识产权制度上永恒的主题。

知识产权法直接表现为一种授予知识产权人对知识产品以专有权的法律制度。这种专有权与知识产品的社会属性和自然流动性是相对的，与社会公众对知识产品的需求也是相对的。通过限制知识产权人的专有权而实现知识产权人利益与公共利益的平衡，也就是等于对社会公众利益的公正保护——因为对知识产权人专有权的限制意味着对社会公众接近知识产品的基本保障，这正好体现了知识产权法的精髓。正如博登海默（Edgar Bodenheimer）所说的一样，"一个发达的法律制度经常试图阻碍压制性权利结构的出现，其依赖的一个重要手段便是通过在个人和群体中广泛地分配权利以达到权力的分散和平衡"。〔3〕在知识产权法中，平衡机制存在于一定的形式和状态中，同时也体现为用以达到这种状态的手段和调整方式，其中对知识产权人利益与公共利益平衡的设计与保障则是其关键性内容。

（3）知识产权法中利益平衡机制的运行模式。首先是静态模

〔1〕 参见［美］E. 博登海默：《法理学——法律哲学与法律方法》，邓正来译，中国政法大学出版社 2004 年版，第 470 页。

〔2〕 ［美］奥德丽·R. 查普曼：《将知识产权视为人权：与第 15 条第 1 款第 3 项有关的义务》，载《版权公报》2001 年第 3 期。

〔3〕 ［美］E. 博登海默：《法理学——法律哲学与法律方法》，邓正来译，中国政法大学出版社 2004 年版，第 374 页。

式。知识产权法中利益平衡机制表现为知识产权法在对知识产品权益分配、权利义务关系总体上的协调。知识产权人与社会公众的利益以及在此基础之上更广泛的公共利益的平衡具体反映在知识产权法的制度设计中。大体说来，这种平衡的实现存在以下模式。

第一，知识产权的有限专有与最终进入公有领域的平衡。这种平衡体现于对知识产权保护期限或者说有效期的限制。知识产权专门法律都规定了知识产权的保护期。规定知识产权具有有限的保护期，其目的在于避免知识产权永久性地被个人占有，使知识产品来源于社会而最终又回归于社会，社会公众最终能够不受任何限制地自由获取知识和信息。从理论上说，知识产权法所要实现的社会和经济目标所要求的保护期，存在一个理想的时间界限。原则上，知识产权的保护期限不应当超过提供的激励足以鼓励后续的创造性活动所要求的保护期限。从知识产权制度性平衡层面上看待知识产权的时间限制，确实需要反对知识产权的永久性保护观点。[1]永久性知识产权保护观点体现了对知识产权上的自然权利观点的绝对化倾向。从知识产权法利益平衡价值目标看，知识产权不能被赋予永久性的保护期限。

无疑，知识产权的有期限的专有是知识产权与物权等财产权相区别的重要特征。它也是实现知识产权个人利益和社会公共利益之间平衡的一种重要制度机制。立法者全面的政策考虑，特别是保障公众使用和最终不受限制地获得智力创造者劳动果实的权利，蕴含了对知识产权人利益和社会公众使用知识产品的公共利益达成平衡的意图。美国国会报告即讨论过在确定著作权的适当期限上的激励与接近之间平衡机制。[2]正如戴维·尼默（David Nimmer）教授在剖析著作权法的公共利益问题时所指出的一样：根据著作权法的传

---

〔1〕 从知识产权制度的历史看，存在着对知识产权永久性保护的观点。*See* Millar v. Taylor（1769）4 Burr 2303.

〔2〕 H. R. Rep. No. 94-1476, at 134（1976）.

统的公共利益原理，代表公共领域的作品成为人类继承物的一部分，并且著作权只是在通向更大利益的道路上报偿作者的一个临时站台。[1]其实，专利权也有类似的情况，即进入公共领域的曾经获得专利保护的技术是人类知识和技术海洋的宝贵组成部分，并且专利权只是在追求更大的利益中酬奖发明者的一个临时站台。

第二，知识产权的权能均衡。权能均衡是指"各行为主体依法享有的权利之种类、数量处于一种相对的平衡状态"[2]。实际上，我们所称的知识产权是一个类称，它是由一系列专有权构成的一个权能系统。知识产权每一个权能的设立，都需要考虑当时的社会经济、文化、科技发展状况。知识产权每一种类的权利都代表了在创造者的私人利益和更广泛的公共利益之间平衡。并且，每增加一个知识产权的权能，需要在这一权能层次上实现相对的权利与义务的平衡、权利所有人的专有权与受权利人控制的社会公众的权利的平衡。

知识产权的权能均衡，一般地说需要避免两种情况：一是社会发展出现了使用知识产权的新方式，而这种方式严重地影响到知识产权人的利益，知识产权法却没有及时增加新的权能；二是盲目追求知识产权的扩张，使一定时期内授予知识产权人的权能太大，以致引起了知识产权人与社会公众之间的利益冲突。

第三，知识产权的权利行使方式的平衡。这种平衡也是知识产权法涉及利益平衡的最广泛的内容。在知识产权人方面，它体现为，知识产权人在行使自己的专有权时，以不损害社会公众利益为前提。知识产权人在法律规定的范围内可以充分地行使自己的权利，社会公众也应当保障该权利的正常实现。但是，权利的行使不能因此影响到公众正常利用知识和信息。如商标权的保护范围在传

---

〔1〕 David Nimmer, "The End of Copyright", 48 *Vand. L. Rev.* 1385, 1416 (1995).

〔2〕 曹新明：《试论"均衡原理"对著作权法律制度的作用》，载《著作权》1996年第2期。

统上通过通用化原则、描述性原则等受到限制,[1] 这将商标权保护范围限定为商业性质的市场交易领域。在这些领域使用范围之外，商标权人原则上不能干预。就著作权行使来说，著作权人行使著作权，不能阻止他人为学术研究、教育等目的使用其作品。就专利权的行使来说，专利权人也不得垄断技术、排斥他人对技术的正常接近和使用。

知识产权行使方式的平衡，在知识产权立法设计中仍然体现为对知识产权适当的权利限制。为了国家利益、社会公共利益，知识产权的行使受到了一定的限制。这一限制是确保社会公共利益的基本手段。知识产权行使方式的平衡要求对知识产权予以适度限制，这也意味着知识产权没有被当成一种绝对化的私权。知识产权的相对性和有限性而非绝对性，是确保知识产权权利行使方式平衡的基础。

知识产权行使方式的平衡涉及的另一方面则是社会公众只能在法律规定范围内使用知识产品，不能侵入到专有领域，损害知识产权人的利益。知识产权人和社会公众都在各自的范围内行使自己的权利，是知识产权法在实施中确保知识产权个人利益与社会利益的平衡，以及公平与效率均衡和统一的保障。

总的来说，知识产权法利益平衡的上述三种实现模式，在知识产权立法设计上体现为对知识产权人的利益与社会公众的利益，在兼顾公平与效率的情况下需要做出公正的、适度的、合理的划分。

其次是动态模式。

第一，在激励知识创造和对知识、信息利用的限制之间寻求适当的平衡点。知识产权法作为平衡知识产权人的垄断利益与社会公共利益而做出的制度设计，力图在激励知识创造和对知识产品合理需求的社会利益之间实现理想平衡，从而促进国家经济、科技和文

---

〔1〕 很多商标侵权案件即体现了这一点。例如，2022年初备受关注的成都某餐饮店"青花椒"火锅鱼商标侵权案即具有典型性。参见四川省高级人民法院（2021）川知民终2152号及2153号民事判决书。

化的发展与社会进步。由于在知识产权制度中存在不同利益主体，知识产权法需要在这些利益之间进行协调，特别是在知识产权人利益和社会公众利益之间进行平衡与协调。知识产权是一种具有很强公共利益性质的私权，这一点也表明，需要在知识产权制度中的个人利益特别是知识产权人利益和社会整体利益之间维持一种平衡关系。这种平衡，实质上是在激励知识创造和对知识、信息利用的限制之间寻求适当平衡点的过程。

第二，寻求知识产品生产、传播与利用之间的平衡。在知识产权人的个人利益与社会公共利益平衡的过程和目标中，知识产品的生产与促进知识产品的传播和利用之间的平衡是关键性内容。在当代，知识产权越来越被看成一个功能性概念，它通过刺激人类的创造力发挥作用，而推广和传播知识以造福于人类则是其重要目的。[1]在知识产品生产、流转、利用的整个过程中，知识产品生产与传播和利用之间存在着平衡和协调关系。在知识产权制度这种平衡协调关系中，知识产品创造者的利益是知识产品传播者和使用者实现其利益的前提。如果不保护知识产权人的利益，其他人的利益将变成无源之水。知识产权法通过授予知识产品创造者对知识产品法定的垄断权，除了从公平的角度考虑补偿创造者因其创造知识产品的行为对社会的贡献外，还具有通过利益确保刺激知识产品创造的动因和功效。确保知识产品创造者从知识创造中获得公平回报的保护目的这一功能性观点，与经济学家"人都是理性的最大利益的追求者"的假定是一致的。

"现代知识产权法应当是在保护专有权利的基础之上考虑社会精神财富的合理分享，它是协调创造者、传播者和使用者三者权利

---

〔1〕　*See* L. Ray Patterson, Stanley W. Lindberg, *The Nature of Copyright: A Law of Users' Right*, Sathens & London, the University of Georgia Press, 1991, pp. 49-55.

的平衡法。"[1]为在知识产品生产与传播和利用之间平衡，利益平衡原则指导确定理想的利益平衡点，旨在以适中的知识产权保护水平既保障知识产权人的利益，又使知识产权保护不致构成对知识产品传播、利用的阻碍，使知识产权法在动态运行中产生理想的社会效果。

二、知识产权制度正当性的经济学分析

知识产权已经被公认为一种重要的无形资产和无形财富。知识产权制度背后具有很强的经济理性，制度经济学家甚至将知识产权看成一种经济制度。从经济学角度来认识和理解知识产权，无疑也是研究知识产权法的一种重要方法。经济学分析方法和法学分析方法显然不同。在经济学的观点中，知识产权与市场紧密相连，知识产权制度强调市场价值和个体利益，并且知识产权在市场制度中具有十分重要的作用，它在激励知识财富创造，促进知识、技术和信息的扩散，以及实现无形财产的有效资源配置及其经济价值等方面具有重要意义。

兰德斯和波斯纳认为："经济学使法律得到很大的简化……经济分析使知识产权法得以被整体把握，存在于不同领域和案件中的许多共同点，就与它们之间的重大差别一起而为人们清晰所见。"[2]在今天，法律经济学将经济学作为一种方法论引入法学领域，研究各种法律问题，已成为一种具有重要价值的研究方法和工具。对知识产权的分析也不例外。基于知识产权保护涉及不同主体的经济利益，知识产权法事实上也是一个经济问题。在 20 世纪 60 年代兴起的现代产权经济学，为了有效配置有限的资源、解决利益冲突，提

---

〔1〕 参见吴汉东：《知识产权的私权与人权属性——以〈知识产权协议〉和〈世界人权公约〉为对象》，载《法学研究》2003 年第 3 期。

〔2〕 参见［美］威廉·M. 兰德斯、理查德·A. 波斯纳：《知识产权法的经济结构》，金海军译，北京大学出版社 2005 年版，第 5 页。

出了产权界定、变更和安排的理论。从经济学视角研究知识产权法，应当成为认识知识产权法的一种模式。经济学作为一门工具性很强的学科，其宗旨在于优化稀缺资源的配置，从而使资源得到有效利用。将经济学方法引入知识产权法领域，对知识产权问题进行法律经济学分析，可以比较全面地认识知识产权的制度理性与维护社会效用最大化的价值。

事实上，从较早时期看，知识产权的经济分析在古典经济学家亚当·斯密、边沁、密尔等那里即可以见到。例如，边沁、密尔以专利制度为例，认为专利制度确保了知识资产的私人产权，就使得对知识资产进行私有产权界定具有效率，从而可以激励发明创造。[1] 他们看到了建立产权制度对知识产品的保障。20世纪的经济学家如陶西格（Frank William Taussig）、庇古等在著作权和专利权方面的经济分析也有相关成果问世。经过多年的发展，在知识产权方面已经形成了比较成熟的经济学理论与方法。仅就知识产权正当性而言，有学者即总结了以下六种不同类型的经济学理论：①报偿论，即创造者的努力应得到回报；②奖励论，即创造者因其创造性劳动应获得社会的奖励；③激励论，即保护知识资产的创造者可以从制度上激励未来的创造性活动；④扩大公共知识论，即为知识产品确立私有产权可以鼓励他人的知识创造活动，而这些知识资产在一定时间内又变成了人类公共财富，这就为增加社会知识储存创造了条件；⑤避免危险论，即知识产品被赋予产权，可以避免创造者的成果被公共化而不能收回其成本，从制度上保障其利益；⑥促进经济增长或利益论，即知识产权保护是经济增长的工具之一，经济增长是建立有效保护知识产权的总目标。[2]这一概括有其合理性。不过，无论如何，立足于知识产品的信息产品特点，以产权特别是财产权理论为指导，从财产权经济学理论、信息经济学理论等

〔1〕 刘茂林:《知识产权法的经济分析》，法律出版社1996年版，第73页。
〔2〕 刘茂林:《知识产权法的经济分析》，法律出版社1996年版，第78~79页。

层面探讨知识产权正当性问题，仍然是一种十分重要的方法。

经济学的分析方法改变了传统法学的研究范式，即法经济学的研究范式在于对法律制度成本和收益的权衡。成本收益分析的方法认为，一项使有限资源的配置与使用的收益最大化的决策才是有效的。知识产权的经济分析可以围绕两个概念——"成本"与"收益"，以及一个目标——降低知识产品创造、产生与利用的成本并提高因知识产品创造、产生与利用而带来的整体社会福利而展开。在知识产权的经济分析方面，特别关注的是效率问题，这与知识产权的非经济学分析关注公正与秩序不同，它强调通过对知识财产赋予产权而对无形资源进行优化配置，促进社会财富的增加。[1] 例如，兰德斯和波斯纳撰写了《知识产权法的经济结构》，通观全书，他们对相关案件、法律规定进行考察的立场是：它们在经济上是否有效率；如果不是，可以如何改变它们，以使之有效率。[2] 因此，本部分关于知识产权制度正当性的经济分析，也将重点放在效率与相关的效益方面。

本部分将以产权经济学（特别是财产权经济学）、制度经济学、信息经济学等经济学理论为指导，从知识产品、财产权经济学理论、制度变迁理论、信息经济学理论等层面透视知识产权制度的经济理性。同时，还将对知识产权具体制度的正当性从经济学的角度加以审视，力图从经济分析的角度对知识产权制度的正当性进行全景式考察。

（一）知识产品理论与知识产权制度之正当性

1. 知识产品理论

知识产品，也称"智力产品"。它建立在信息的基础之上，也

---

〔1〕 相关研究，参见张耀辉：《知识产权的优化配置》，载《中国社会科学》2011年第5期；冯晓青：《知识产权制度的效率之维》，载《现代法学》2022年第4期。

〔2〕 ［美］威廉·M.兰德斯、理查德·A.波斯纳：《知识产权法的经济结构》，金海军译，北京大学出版社2005年版，第4页。

可称之为"信息产品"，指的是由知识产权法保护的知识商品。知识产品的特性可以从其与有形财产对比的角度来认识。知识产权可以理解为对知识产品赋予的类似于财产权的专有权。这一权利并不是知识创造者的固有权利，而是来源于制定法的创造，是基于社会政治和法律建构的需要而产生的。[1]

知识产品具有以下特征：

（1）非排他性。非排他性是知识产品的首要特征，也是经济学家将其看成公共产品的重要原因。知识本身的无形性决定了它并非像有体物一样拥有空间维度和时间维度上的有限性。因此，对知识的占有和使用是非排他的。换言之，某一主体对知识特定物质载体的占有和使用虽然是排他的，但该物质载体所承载的知识可以脱离该特定物质载体而借助其他物理介质而为多个主体在同一时空范围内以同样的方式加以利用，并不会产生类似有体物利用过程中因排他和拥堵所导致的边际拥挤成本，也不会存在知识物理价值减损的问题。

（2）非消耗性。有形财产使用的消耗性是显而易见的。但是，知识产品具有非消耗性，因为知识和信息的交换价值能够通过大量的重复性使用来实现。在占有的问题上，知识产品也不会出现竞争性和冲突性问题。在静态模式下，知识产品最适宜的市场价格，在其被推向市场时应当接近于零。很显然，由于知识产品的销售价格接近于零，生产这种知识产品的动力也就不会存在。

（3）通过私人手段难以控制性。知识产品的一个重要特点是其创造的成本较高，但其一旦被公开，就很难控制他人传播和使用。知识产品被公开后，知识产品的使用者（消费者）由于不用承担开发成本和风险，其获得知识产品后，只需要承担知识产品的分配成本，成本上的优势使得其容易成为最初生产者潜在的竞争对手。当

---

〔1〕　相关研究，参见周俊强：《知识、知识产品、知识产权——知识产权法基本概念的法理解读》，载《法制与社会发展》2004年第4期。

然，知识产品创造者仍然可以通过不公开其知识产品的形式受到保护，这种保密的方式尽管有一定的效果，却因为社会无从获得其知识产品而保护有限，从而在相当大的程度上会丧失其社会价值。

在实践中，要阻止他人擅自使用这些公共产品意义上的知识产品几乎不可能。知识产品的公共产品属性使得在对其进行产权界定时，需要在重视效益优先的前提下克服公共产品的外部性和自由搭便车问题。

2. 从知识产品看知识产权制度的正当性

在一般的公共产品意义上，经济学分析得出结论认为，在竞争性市场，公共产品会出现供应不足，为此需要通过一定途径解决市场失灵现象。一般认为，解决的措施主要有政府直接生产、补贴和规制性垄断，每一种方法都有其各自的成本和适用环境。[1]从法律经济学的角度看，对知识产品首先必须进行产权界定。产权界定的关键是将知识产品界定为私人产权还是公共所有，何者更具有效率。对此，国外学者达斯古普达（Partha Dasgupta）与戴维（Paul A. David）提出了知识产品资源配置的三种制度安排，它们与公共产品提供方式相关：一是赞助，即政府以成果公开披露为交换条件，以财政补贴、研究基金和税收减免等形式鼓励个人与组织从事研究开发活动；二是采购，即政府与企业或组织订立购买合同，其成果用于公共目的；三是所有权，即知识产权制度，通过向新知识产品的生产者授予一定期限内的专有权，而为原创者提供从其发明中获益的条件。[2]上述解决模式实际上可以分为非私有产权模式与私有产权模式。以下将联系知识产品的特性，透析赋予知识产品以

〔1〕 王争:《专利制度的经济学研究综述》，载《北京大学学报（哲学社会科学版)》2006 年第 2 期。

〔2〕 Dasgupta, P. and David, P. A., *Priority, Secrecy, Patents and the Economic Organization of Science and Technology*, CEPR Publication No. 127, Stanford University, 1988. 转引自王争:《专利制度的经济学研究综述》，载《北京大学学报（哲学社会科学版)》2006 年第 2 期。

私有产权的正当性。

对知识产品赋予私有产权，从经济学上讲，有几个基本的前提或条件：一是知识产品的有用性。知识产品之所以能够成为财产法的保护对象，是因为其具有价值与使用价值，在市场经济条件下能够成为商品。其价值与使用价值表现在知识产品既能够满足人们的精神生活需要，也能够通过与生产要素相结合而转化为物质财富或现实的生产力。二是知识产品具有稀缺性。稀缺性是财产权制度产生的前提。知识产品是稀缺性资源，知识产品生产过程的复杂性、高成本等原因决定了这一特性。

知识产品成为知识财产，其关键是进行产权界定。在关于知识产品的产权界定上，根据前述经济学观点，主要有公有和私有之分。一种观点主张公有，也就是不赋予私有产权。如国外学者陶西格和庇古认为，知识产品的生产是自发行为，与法律上的产权无关，如发明即如此，因为专利的保障与发明数量的增长没有关系。[1]知识产品的公共产品属性会导致外部经济效用，而这将阻碍知识产品生产的动力。他们还依据知识产品的公共产品性质而否认知识产品的私有产权化。例如，阿罗（K. Arrow）主张，由于知识产品的边际成本为零，知识产品私有化的结果是在边际上增加成本，从而会减少发明的使用或推广，对社会有害。[2]不过，这类观点没有认识到知识产品产权界定的核心问题，即知识产品进入市场的交易成本，也没有认识到知识产品产权化的私人收益率问题。应当说，在历史上确实存在没有专利等知识产权制度却照样存在知识产品的创造和传播行为，如我国的"四大发明"和春秋战国时期的"百家争鸣"现象。但那是在商品经济极不发达之际，知识产品缺乏产权化的经济基础，特别是发达的市场经济土壤。今天的市场经济则完全不同。在市场经济中，将知识产品界定为纯粹的公共产

---

〔1〕　刘茂林：《知识产权法的经济分析》，法律出版社 1996 年版，第 73 页。

〔2〕　刘茂林：《知识产权法的经济分析》，法律出版社 1996 年版，第 73 页。

品，终究会使其总的社会收益率下降。

在古典经济学家看来，与私人产品不同，公共产品在消费上不具有对抗性和排他性，这决定了可以通过激励理论论证保护公共产品的合理性。就知识产品来说，它在公众需求的公共产品中占有很大的比例，知识产权制度的历史和经验均已证明，这种公共产品由私人生产与提供比起由政府生产与提供更具有效率。新古典经济学派即从知识产品的公共产品性质出发，认为知识产品是在消费上不具有对抗性的公共产品，但其生产具有成本，并且存在风险，而传播却非常容易，以致知识产品的生产者难以通过销售其知识产品而收回成本，更遑论获得利润。其结果是搭便车的现象普遍出现，知识产品创造者的创造热情受到抑制，从而最终产生信息供应不足的现象。对这种前文已有述及的外部经济效用现象，经济学家认为应对的办法是建立一种矫正制度使之内部化。所谓内部化即由该物品的消费者支付成本和费用，以消除消费者没有支付成本而占有产品的搭便车行为。现代产权经济学也认为，通过建立私人产权进行内部化的途径更有效，"正是农夫能够获得土地作物的财产权，才有诱因使农夫支付并尽可能节约耕种土地所需要的成本；正是创造者能够取得无形财产的垄断权，才有诱因激励其在知识、信息生产方面的投资。"[1] 为了解决私人市场的低效率，国家不得不通过提供信息中的财产权来避免这种结果发生，从而获得动态的利益。也就是说，对知识产品宜采取私人产权的形式，确立其知识产权的属性。在这个意义上，知识产权就是知识产品的产权制度设计和安排，体现了知识产品私有的法律性质。也正是在这一意义上，知识产权在法律上被认为是一种"私权"，对这种私权是采取市场机制的产权形式进行界定的。

进一步说，对知识产品这种信息授予财产权，意味着通过知识

---

[1] 吴汉东：《科技、经济、法律协调机制中的知识产权法》，载《法学研究》2001 年第 6 期。

产权法授予知识产品的生产者以独占权利，排除和控制第三者对该信息的自由接近，这是对创造更多信息的激励，或者至少能够确保信息创造活动不会因为信息的生产者不能够占有来自这些活动而产生的利益而减少或减弱。通过界定知识产品的产权归属、赋予知识产品所有人以专有权，对于那些对知识产品没有付出的人，权利人可以禁止或者限制其使用，从而可以在消除搭便车行为的基础之上建立起知识产品创造的激励机制。法律经济学家波斯纳提出的产权制度的效益标准之一即排除他人无成本使用的专有性或者说排他性。[1]

　　从知识产品在实践中的利用情况看，为知识产品进行产权界定，很重要的一方面是基于产权制度的效率。不同产权制度的效率不同，这已为历史所证明。在知识产品上设立产权的形式，效率的考虑主要是如何激发知识产品创造者的积极性，以及如何使知识产品的增长达到理想状况，以增加社会财富，实现无形资源的优化配置。换言之，建立知识产权制度的经济动因在于"对财产权的法律保护有其创造有效使用资源的诱因"。[2]确保该产权制度的效率，重点在于确保私人收益率。

　　总而言之，知识产权法将知识产权的客体知识产品定位于具有公共产品和私人产品的双重属性。一方面，知识产品是一种具有很强公共性的公共产品，具有较强的外部效应。另一方面，为了建立激励知识创造的良性机制，实现知识资源的优化配置，提高知识资源的使用效率，在重视知识产品的公共性、公益性的同时，需要确立知识产品的专有性。这具体表现为制定保护知识产权人权利的知

---

　　〔1〕　波斯纳提出的另外两个标准是各种具有稀缺性的资源皆为人们所有的普遍性、使资源从无价值使用到有价值使用的可转让性。参见［美］柏士纳:《法律之经济分析》，唐豫民译，台湾商务印书馆1987年版，第24~25页。
　　〔2〕　［美］罗伯特·考特、托马斯·尤伦:《法和经济学》，张军等译，上海三联书店1991年版，第185页。

识产权法，确认知识产权的私权地位。

（二）产权理论与知识产权制度的正当性

1. 产权理论视野中的知识产权

（1）产权制度的内涵。产权制度属于制度经济学的范畴，并且是制度安排的核心问题。制度经济学认为，制度可以充分地调动人们的积极性，充分地利用社会的各种资源并达到资源优化配置的目的。根据制度经济学代表人物诺斯的观点，有效率的经济组织是经济增长的关键，它需要在制度上做出安排并确立所有权，以便造成一种刺激，将个人的经济努力变成私人收益率接近社会收益率的活动。如果社会上个人没有去从事引起经济增长的那些活动，便会导致经济陷入停顿状态。如果一个社会没有经济增长，那是因为没有活力为经济创新提供刺激。[1]

产权制度的核心是产权的设立和界定。根据被西方广泛引用的登姆塞茨对产权的定义，产权是一种社会工具，其重要性在于事实上它能够帮助一个人形成与其他人进行交易的合理预期。产权的主要功能是引导人们实现将外部性较大地内在化的激励。[2] 产权经济学的产生旨在"分析如何从制度安排上降低交易费用，提供使外部性较大内在化激励的产权结构"，而"交易费用理论是产权经济学的基础"[3]。美国新制度经济学家巴泽尔指出：产权概念与交易成本概念密切相关。我们将交易成本定义为转让、获取和保护产权有关的成本。[4]其出发点是最合理地利用有限的资源并最大化地实现产

---

〔1〕［美］道格拉斯·诺思、罗伯特·托马斯：《西方世界的兴起——新经济史》，厉以平、蔡磊译，华夏出版社 1989 年版，第 1~2 页。

〔2〕［美］H. 登姆塞茨：《关于产权的理论》，载［美］R. 科斯等：《财产权利与制度变迁——产权学派与新制度学派译文集》，刘守英等译，上海三联书店、上海人民出版社 1994 年版。

〔3〕刘茂林：《知识产权法的经济分析》，法律出版社 1996 年版，第 19 页。

〔4〕［美］Y. 巴泽尔：《产权的经济分析》，费方域、段毅才译，上海三联书店、上海人民出版社 1997 年版，第 3 页。

出，实现效用的最大化。他主张确立私人产权可以最大程度提升对生产整体的价值，以使商品的生产达到理想水平。产权和我国法律概念中的财产所有权的概念是一种交叉关系。财产所有权是产权的核心，但产权除了财产所有权外，还包括与财产所有权相关的财产权。就知识产权来说，它是一种重要的产权形式，但其核心仍然是财产所有权。知识产权制度具有重要的市场功能，并且是一种十分重要的产权制度。在知识经济时代，知识产权将成为最重要的财产权之一。

（2）财产权与知识产权制度的效率与效益。在一定意义上，财产的价值来源于法律的承认和保护。人们将财产权定义和解释为社会所承认的处置和使用的经济权利，它具有广泛性、专有性和可转让性的特征。财产权使外部性内在化，能够通过作为一种激励、报偿和有效的控制来影响经济中参加者的行为，并且财产权的设立被认为是有效率的，[1]也就是资源进入财产所有人的占有领域比将该资源置于公有状态能够使该财产更好地发挥社会效用、实现社会福利。当财产处于公有状态时，任何人都能够自由地使用它，这样就会为低效率行为提供"激励"。[2]法律经济学理论提出的过度放牧、环境污染等就是比较典型的例子。相反，当赋予财产以产权时，个人在使用自己的财产而获利时也需要承担使用财产的成本，这就使得其将有动力去尽可能以有效率的方式使用财产。法律经济学家正是从此方面得出进一步的结论，认为财产权具有两个基本的功能：首先，它使成本和利益内在化，有效使用资源的机会增加了；其次，它通过资源的交易而允许形成市场、允许资源流动到具有最佳效果的使用人手中。[3]

---

〔1〕 根据波斯纳的观点，效率是指资源分配达到价值的最大实现。See Richard A. Posner, *Economic Analysis of Law*, 12 (3th ed. 1986).

〔2〕 See Richard A. Posner, *Economic Analysis of Law*, 32-35 (4th ed. 1992).

〔3〕 Richard A. Posner, *Economic Analysis of Law*, 33-35 (4th ed. 1992).

如果某人希望一个特定的商品在竞争性市场中被尽量有效率地利用，应当为这些商品创造财产权，这些商品会回过头来使商品的所有者最大限度地获得利润。正如诺贝尔奖获得者道格拉斯·诺斯所指出的：一种包括鼓励创新和能够提供适当激励的有效的产权制度，是促进经济增长的决定性因素。就作为无形财产权的知识产权来说，虽然它基于公共产品的特点而具有特定的市场局限性以及其他外部性问题，但这些外部性如果建立在有经济价值的信息和知识的基础上则将大大减少。可以认为，知识产权在经济上是以最有效率的方式在市场中被使用的、保护商品的财产权。所有的这些作为财产权，应当最有效率地在市场中使用。经济历史一般地确认了这一经济安排的正当性和知识产权作为财产权保护的资格。[1]

效益是经济学上的一个核心问题，也是法律的重要价值。法应当以效益作为分配权利和义务的标准也逐渐得到认可。正如波斯纳所指出的一样，正义的第二含义，简单地说，就是效益。所谓法律效益，就是法律制度实际运行的效果。有效益的法律制度能够有效分配社会资源，取得最佳的社会效果。

所谓效益，一般是指减去投入后的有效的产出。表现为"以最少的资源（包括物的资源和人的资源）消耗取得同样的效果，或用同样的资源消耗取得较大的效果"。[2]经济学在讨论效益问题时，涉及成本和收益问题。其中成本是人们为了获得一定效益而付出的必要代价。减少交易成本是获得效益的重要条件。按照帕累托标准，效益的提高应对各方有利，以损害某一方为代价而增进另一方的利益在本质上是缺乏效益的。[3]

---

〔1〕 Michael Lehmann, "Property Rights as Restrictions on Competition in Furtherance of Competition", 20 *IIC* 2 (1989).

〔2〕 张文显：《当代西方方法哲学》，吉林大学出版社 1987 年版，第 242 页。

〔3〕 [美] H. 范里安：《微观经济学：现代观点》，费方域等译，上海三联书店、上海人民出版社 1994 年版，第 24 页。

从知识产权法的目的看，它主要关注的并不是使法律最有效地利用知识产权的公共产品特征，而是如何在界定产权的基础上获得最大化的社会效用。知识创造成果的产权化显然是需要成本的，除了法律制定和实施成本外，对知识创造成果传播和流通的限制也是重要的社会成本。但知识创造成果的产权化也能够带来重要的收益，除了知识产权人能够获得的财产和精神利益外，社会也从被专有权所激励的生产更多知识创造成果中获益。在衡量知识创造成果产权化效益方面，主要是衡量知识产权保护的成本和收益的关系，即知识产权保护的效益在于知识产权保护的收益大于保护的成本。

效益价值取向在知识产权制度中表现得非常明显。知识产权法对知识产权有关当事人之间的权利和义务的公正分配，既是保障社会智力资源的公正分配和实现社会正义秩序的良性机制，也是以有效率的方式分配社会智力资源的手段，具体体现为以权利和义务的制度性规定保障智力资源的有效配置。这种以提高效益的方式分配智力资源，反映了知识产权法的效益价值取向。[1]

2. 财产权经济学理论与知识产权制度的正当性

（1）财产权经济学视野中的知识产权。在经济学上，财产是指能够投入生产中的各个要素，它是一种重要的具有价值的资源，包括有形的和无形的两种类型。法律概念中的财产的核心是产权，是财产的所有者可以自由支配并排除他人使用的权利。从法律上看，财产无论采取何种形式，人们最关注的是其产权形式。财产权的经济学理论可被置于广义的法律经济学分析的范畴。

从财产权经济学理论看，知识产权的设定意味着对知识产权的权利分配的完成，在这种权利被分配后，知识产品交易市场形成了。此时，国家的任务已经完成，留下的是知识产品在市场中的流转。虽然知识产权本身是一种专有性的权利，具有创造市场力的能

---

〔1〕　参见冯晓青：《知识产权制度的效率之维》，载《现代法学》2022 年第 4 期。

力，但权利的实际价值仍然是通过立足于需求的市场来决定的。边际效用学派主张，产品价值来源于消费者对产品的主观评价，故从产品的市场需求入手可以进行经济分析。这也意味着，权利的确定和价值的最大化至少需要国家干预。根据科斯定理，国家进行的最初权利分配不是重要的，因为通过私人谈判能够被转让到具有最高价值的使用人手中，经济的整个产出没有受到影响。根据这种观点，一种财产权制度不会必然地比另外一种财产权制度更有经济效率。然而，这意味着财产权（再）分配的交易成本以及交易规则确定了从一个制度到另外一个制度的效率。[1]

市场经济中的效率依赖于明确地界定产权以及产权保护和行使的效率。在财产权经济学方面，就知识产权而言，始终强调的是正确认识和判断知识产权制度的得失并做出有效率的制度设计与安排。另外，知识产权法对知识产权保护的效率依赖于这一制度发生的社会成本。在财产权经济学方面，分析财产权制度的正当性关键在于进行成本与收益的比较，并进而对这一制度是否具有效率进行判断。

财产权的静态收益是指所有权人可以排除他人对于资源的过度使用，从而减少甚至消除拥堵成本。财产权的动态收益是指激励，"即拥有这一权利的人，考虑到没有任何人可能在时间 2（收获季节）侵占该资源，就可以在时间 1（例如，种植谷物时）投资，以创造或改进某一资源。它使得人们可以收获他们所播种的东西。如果没有这种预期前景，就会降低播种的激励。"[2]

财产权制度的实施也会带来相应的成本。兰德斯和波斯纳在其《知识产权法的经济结构》一书中指出，财产权的成本是多重的，

---

〔1〕 R. P. Merges, "Of Property Rules, Coase, and Intellectual Property", 94 *Col. L. R.* 2655 (1994).

〔2〕 ［美］威廉·M. 兰德斯、理查德·A. 波斯纳:《知识产权法的经济结构》，金海军译，北京大学出版社 2005 年版，第 15~16 页。

其成本体现为交易成本、寻租成本与保护成本。在财产权制度运行发生的成本与效益方面，"知识产权趋向于比物质财产的权利有更大的成本"[1]。按照知识产权经济分析理论，如果转让权利的成本（交易成本）较高，财产权就可能阻止对价值的变化作出最优调整。财产权的交易成本主要包括界定权利的成本、磋商成本以及后续的执行成本。知识产权的交易成本特别高昂，因为知识财产没有独一无二的物质性场所，确认知识财产通常是困难的。财产权的第二重成本是指寻租成本，以获取专利权及其占有量的专利竞赛为例，企业为获得高额的垄断利润而相互竞争，除非企业之间的竞争加速了创新进程，否则企业之间重复研发将造成无谓的社会损失。财产权的第三重成本是指保护成本，"它不仅包括了警察、财产所有权人以及法院为阻止不法侵入和盗窃而强制实施法律时所承担的费用，而且还包括用以标志财产权边界而构筑篱笆的成本等"。[2] 知识产权的保护成本倾向于特别高昂，原因在于知识产品的无形性使得对知识产品保护范围的确定变得异常困难；而知识产品的公共产品属性以及前文所述知识产品的非排他性、非消耗性与通过私人手段难以控制性，使得知识产品的权利人难以阻止他人搭便车的行为。

（2）财产权经济学与知识产权制度之正当性。从财产权经济学理论看，财产法的经济目标是在清晰界定产权的基础之上，促进和保障稀缺资源的有效利用与流通，以实现财产效益的最大化。[3] 从财产权经济学的一些方面，我们能够清楚地认识到赋予知识产品以私有权利即知识产权的正当性。

第一，产权激励。制度在一个社会中的主要作用，是通过建立

---

〔1〕　［美］威廉·M. 兰德斯、理查德·A. 波斯纳：《知识产权法的经济结构》，金海军译，北京大学出版社 2005 年版，第 26 页。

〔2〕　［美］威廉·M. 兰德斯、理查德·A. 波斯纳：《知识产权法的经济结构》，金海军译，北京大学出版社 2005 年版，第 21 页。

〔3〕　相关研究，参见王卫国：《现代财产法的理论建构》，载《中国社会科学》2012 年第 1 期。

一个人们相互作用的稳定的（但不一定是有效的）结构来减少不确定性。有效率的制度应当是为人们进行经济行为提供激励，而这种激励首先也是从根本上来自产权制度。[1] 如果需要刺激人们在经济活动中的努力，物质报酬应当与努力成正比。制度也应确认这一点。[2]

在财产权经济学理论中，安全的财产权是经济增长的前提条件，因为私人财产倾向于使产品所有价值达到最大化、使商品的生产达到理想水平。授予财产权通常并不排除被占有资源的使用，因为普通市场的用户为寻求自身的利益需要付出成本，并且财产权利本身的排他性是资源有效使用的必要条件。

为物质商品的个人所有权提供正当性，往往是通过公地悲剧或者效率问题来说明的。例如，波斯纳在《法律的经济分析》一书中，从静态的角度考察了假设全部所有权被废除后农民种地的情境，以说明保护财产权的必要性。他得出的结论是，"对财产权的法律保护创造了有效使用资源的激励"。[3] 这一结论说明，个人资源进入私人的占有领域比起将其置于公有的状态能够更好地实现社会福利。当财产为个人所有时，个人虽然获得了财产的利益，但也要承担财产使用的成本，所以个人会有动力尽可能地以有效率的方式来使用它。

进一步说，人们认为个人财产制度比公共所有权更富有效率，这也是建立在提供激励的基础之上。在物质商品的环境中，财产权的授予一方面为财产的获得提供了激励；另一方面，授予这些权利为有效地利用这些商品提供了激励。社会限制有形财产的私人利用，则是为了确保公共安全、提供公共产品和促进公共利益，以使

---

〔1〕 刘茂林：《知识产权法的经济分析》，法律出版社1996年版，第54页。
〔2〕 刘茂林：《知识产权法的经济分析》，法律出版社1996年版，第76页。
〔3〕 ［美］理查德·A.波斯纳：《法律的经济分析》，蒋兆康译，中国大百科全书出版社1997年版，第40页。

社会效用达到理想化。事实上，激励是财产权的动态收益，它与财产权的静态收益（通过法律确认产权的权利，排除他人擅自使用）共同构成了财产权的收益内涵。激励这一动态收益体现为，财产权为人们的行为提供了一个预期，如果没有这种受到财产权保障的预期，产权人从事某种行为的积极性就会受到打击。

知识产权与一般的有形财产权的赋予一样，有类似的产权激励效果。反过来说，要为知识财产的创造提供充分的激励，必须对知识财产产权化。波斯纳和兰德斯指出，这一点甚至可以追溯到中世纪时期。[1]以知识产权而论，如果他人可以在不用承担任何费用的前提下随意使用创造者的知识产品，知识产品的创造将缺乏动力。"竞争将产品的价格下降至边际成本，而发明的沉没成本将不能得到补偿。这种预期前景为知识产权提供了传统的经济学理由"。[2]法律经济学家提出的"补偿激励论"即认为，在自由竞争的环境中，他人容易模仿创新成果，从而使创新者处于不利地位；当潜在的创新者预料到这一情况时，将影响到其从事创新的积极性。其后果是社会将无法获得适量的创新。为此，社会需要采取措施对创新进行补偿，如授予创新者垄断权，使创新者获得垄断利润以使其对社会的贡献相对称。[3]

从知识产权法的经济目标看，它追求以最少的创造成本达到最大限度的对社会有价值的信息产出，从而增加社会的总体福利，提高社会的效率。在个人和社会的层面上，知识产权涉及知识产品的社会价值和知识创造者在抵消私人成本后的净收益。这些指标依赖于需求参数、市场结构、知识产品的类型等因素。有证据表明主要

[1]　[美]威廉·M.兰德斯、理查德·A.波斯纳：《知识产权法的经济结构》，金海军译，北京大学出版社2005年版，第1页。

[2]　[美]威廉·M.兰德斯、理查德·A.波斯纳：《知识产权法的经济结构》，金海军译，北京大学出版社2005年版，第17页。

[3]　杜鹃、陶磊：《专利法利益平衡机制的法经济学解析——基于社会契约论的观点》，载《经济经纬》2008年第1期。

的知识产品中有许多市场外溢性收益，而一般的小型发明之类的知识产权不会产生较大的垄断利益。在知识创造者对该知识产品缺乏专有权的情况下，与知识创造努力相关的问题是减少对于智力财产创造的刺激。在缺乏财产权保障的情况下，由于搭便车问题的存在，从事知识创造的动力就会严重不足。这一点和有形财产被赋予产权的理论是一致的。可以认为，标准的财产权经济学理论同样适用于知识产权，并且可为其提供一定程度的正当性。

第二，外部性。与财产权的静态和动态效果相关的一个概念是外部性问题。"外部性"是一个典型的经济学概念，前文对此已略作探讨。这里进一步从财产权经济学理论角度进行研究。外部性涉及经济学上的一种状况，在这种状况中，个人追求私人利益对于他人的效用或者福利有外溢性影响。外部性反映了经济主体的活动对其他经济主体带来的好处或施加的成本，而没有获得补偿或支付对价。

经济行为的外部性影响到法律与经济制度的选择。由于外部性在运作私人市场时会产生"失败"，它们会阻止一个特定的商品产生理想的产量。这样一来，所有权的一个重要功能是纠正由外部性产生的市场失败或者说市场失灵问题。[1]当内在的收获比内在的成本大得多时，财产权发展了外部性。通过这种手段，财产权矫正了源于外部性的不够理想的生产水平。就知识产权而言，知识产品一定的公共性和外部经济效用是支配知识产权制度的决定性经济根源，它决定着知识资产生产者的私人收益和社会收益之间冲突的平衡，决定着一个国家如何建立合理有效的知识产权制度。知识产权制度的目标是，既要保障知识生产者的私人收益，为知识生产者提供一定的激励，又要力图使其收益与社会收益相符，以免社会损失

---

[1] 市场失败也是赋予知识产品以专有权即知识产权的重要缘由。当然，知识产权授予后，仍然可能存在市场失败的风险。

扩大，从而不利于新知识在全社会范围内推广和利用。[1]

　　第三，稀缺性。"稀缺性"也是经济学上的一个重要概念。与人类的需求具有无限性相比，绝大多数资源都具有稀缺性，人类社会的经济活动也是在资源具有稀缺性的环境下展开的，而资源的稀缺性则难以避免人们在经济生活中陷入利益冲突。经济学的本质就是从资源的稀缺性出发，研究如何充分而有效地使用有限的资源，促进社会财富增长和进步。在经济学上，资源是指对产出创造具备有效增长功能的各种投入的集合。[2]对有形财产权来说，财产权是"当事人之间相互作用过程的革命性的产品，该产品后来通过法律来规制"。[3]财产权出现的核心因素是稀缺性，或者是冲突性使用的可能性。有形商品很明显是稀缺的，这主要表现为存在冲突性的使用。正是这种稀缺性使财产权制度应运而生。在确立财产权制度环境中，财产权可以被有效地分配，因为资源稀缺意味着如果没有法律的明确界定和保护，人们对资源的使用就可能产生社会冲突。一般私有财产制度使稀缺商品留存了，这使我们最大限度地利用它们，因为一般财产所有权引导稀缺资源的使用限于最重要的用途。在这个意义上，从稀缺资源与社会价值实现关系看，是财产权保障了资源最有价值的使用。但是，对有形财产来说，财产权不是来自稀缺，稀缺只是其产生的原因。由于信息商品在非竞争性条件下没有发挥市场功能（分配商品至最佳的使用）的余地，信息商品本身一旦被生产出来以后，这些商品将不是稀缺的。在信息商品这种意义上，知识产品一旦被生产出来后，也就不存在稀缺性。也就是说，知识产权不具备有形财产静态的稀缺特征。然而，稀缺性资源可以用于信息生产。从知识产品可供使用的总量、一定时期知识产

---

　　〔1〕 刘茂林：《知识产权法的经济分析》，法律出版社1996年版，第100页。

　　〔2〕 苏运来：《商业方法专利的经济分析》，载《商业研究》2006年第16期。

　　〔3〕 Tom Palmer，"Intellectual Property: A Non‐Ponserian Legal and Economic Aspect"，12 *Hamline Law Review* 278（1989）.

品的有限性、知识产品产生的艰难特性等方面看，知识产品类似于经济学上的自然资源，稀缺性照样存在。

一方面，知识产品或者说知识产品本身的稀缺性表现在生产知识产品的复杂性、长期性、艰难性和高成本上。由于知识产品是一种稀缺资源，将知识产品界定为纯粹的公共物品而任人免费使用，就会造成知识产品供应的严重不足。根据知识经济学理论的观点，知识信息的生产过程包括知识输入、知识加工和知识产品输出三大环节。这样一个过程离不开社会和个人的大量投入和连续性劳动。并且，从事知识创造的人才也存在着稀缺性。特别是在发展中国家，普遍存在人才不足的问题。这也从更大的意义上反映了知识产品的稀缺性。为回应这种稀缺性，需要法律以权利界定来实现资源的有限配置。

另一方面，知识产权本身依然不存在稀缺性问题。为了鼓励创造者生产知识产品，知识产品只是被法律规定为稀缺。专利权、著作权等知识产权中的财产权的特点在于，这种权利不是源于已经被占有的客体的稀缺性，它们是制定法的自由的创造；并且，专利权和著作权中的财产权使被占有产品的稀缺的创造成为可能，否则它们不会产生。知识产权不依赖于商品的自然稀缺，而是依赖于人工的、自我创造的稀缺。即立法或者法令以创造人为稀缺的方式限制观念客体的使用，其目的是使革新者产生更大的收益，也是为了使知识产权人保有一定市场资源，而其价值可以通过市场供求关系反映。

有学者指出，知识财产的固有价值和稀缺性是使其成为产权对象的内在根据，而社会认同和法律保护则构成其外部条件。[1]这里的稀缺性应是指人为的稀缺性，而不是固有的稀缺性。就知识产权的本质而言，它是人为创造出来的一种权利，而知识产权信息本来

---

[1] 曲三强：《传统财产权理论对知识产权观念之影响》，载《中外法学》2002年第6期。

是可以不稀缺的，只是由于不特定人对权利人的信息依赖人为地创造了信息稀缺。换言之，知识产权法通过对一个知识产品的复制或者其他接近的手段上的限制，或者给予知识产权人在市场中对这种知识产品的接近设立了垄断权，创制了人为的稀缺。通过这种人为创造的稀缺，在实现对知识创造者产生更大收益的过程中，知识产品的生产被相应地激发了。国外有学者即指出："专利或者著作权上的财产权利可能为相应产品制造了一种稀缺，而除此之外，这些产品的稀缺是不可能得到维持的……某一产品可能不存在易于获得的替代品，这样就由所有人完全供给而成为受益人。"[1]

联系到知识产权法追求社会效应和福利最大化的特点，尽管稀缺性是法律拟制的，它仍成为在经济学层面上承认知识产权的相关因素，因为通过设立知识产权法而使智力资源的生产和使用的社会效用达到最大化，是知识产权经济学理论的重要特征。

第四，私人防护手段不足的克服。为了最大限度地从知识产品的生产中获得收益，对知识产品保护的私人防护手段被提出来了。在实践中，私人对于公共防护的选择确实存在。如果私人防护能成为保护信息商品的手段，伴随着利害关系人追求自己的利益，私人防护手段的激励将存在。由于这些当事人意识到了防护成本问题，以及防护形式的选择甚至是否防护的选择，他们会根据具体的情况来开发防护技术，该技术反映了信息商品所具有的与稀缺性的显著关系。他们不仅会根据具体的情况开发这些技术，而且会有一个实质性的动机去这样做，因为那些采取了有效措施的人将会获得利益，而那些不这样做的人会失去很多机会。

在缺乏知识产权保护制度时，私人防护的重要性和动机被大大提升了。但在这种环境中，对于知识产品生产的激励不如在知识产权法环境下的激励：私人防护手段本身很有限，并且具有成本。特

---

〔1〕 Plant, "The Economic Theory Concerning Patents for Inventions", *Selected Economic Essays and Address* 57, 35〔1974（1934）〕.

别是考虑到实施效果方面，私人防护的结果很可能是阻碍信息的公开和流通，而不是相反；而知识产权法的运行完全不同，其公开机制的运作连同一系列配套机制，最终使人类的知识公有储存不断增加。正如艾德蒙德·克特奇（Edmund Kitch）在分析财产权时所说的：财产权改进了"革新回报的结构"。[1]根据他的观点，"自我帮助"（自我防护）或者其他形式的相关措施的使用低效率地扭曲了能够较容易获得的受到保护的信息。由于私人防护手段缺乏理想的对信息创造的充分激励，这就需要通过知识产权加以保护。当然，在知识产权法的环境下，私人市场的防护同样存在而且很普遍。计算机制造商在其系统中提供复制保护设备、网络环境下技术措施保护手段就属于这种情况。只是这种情况下的私人防护与缺乏知识产权法下的防护在性质上是有别的，它在更大程度上体现的是权利人的知识产权保护策略。

第五，克服静态与动态市场失败。市场失败是一个经济学概念，它是因为某种原因使得市场交易没有或者不能完成。在这里的分析中，很显然交易成本因素是导致市场失败的原因之一。分析知识产品的特性可以看出，在静态的情况下，准许对知识产品自由、广泛地使用可以获得最佳效果。但是，仅仅追求静态效率将与知识产权法背道而驰，因为静态效率无法为知识产品的生产提供激励。因此，知识产权法还需要考虑动态效率，以此为知识创造、为新技术的投资提供激励。在政府缺乏对知识产权的保护时，竞争市场将不会给予个人和组织以足够的刺激，从而不会引起在追求公共利益时以新的科技知识形式诱发最佳数量的投资。动态效率适合知识产权的强保护，但知识产权的强保护在增强创造性活动回收的同时，也增加了分享这些活动的成本。

确实，知识产权的强保护不仅会使对知识和信息的接近产生困

---

〔1〕 Edmund Kitch, "The Character and Function of Patent System", 20 *Journal of Law and Economics* 279 (1977).

难，还会使知识和信息的传播不那么充分。在极端情形下，知识产权的强保护会完全消灭未授权复制产品的可能性，并且极大地提高仿制和围绕专利进行革新的发明成本。在这种情况下，知识产权保护将大大提高正当竞争的成本，从而极大地限制信息的流动。另外，在知识产权强保护的情况下，发生的盈余被转移到发明人手中，可能会牺牲消费者可获得的利益。这样，知识产权的静态效率和动态效率两个公共目标之间又会发生冲突。在两个市场扭曲的混合物中，知识产权法需要发挥其特有的作用。适中的知识产权法则是兼顾两者。一个通常的考虑是将知识产权的垄断地位定位于适当减少消费者福利以作为革新获得适当报酬的代价，而这在将来又增进了消费者福利。这样，知识产权的授予既满足了对革新和其他知识创造的刺激，也适当地体现了知识产权法的静态目标。

第六，解决搭便车问题。从心理学角度分析，个人有搭便车的动机，因为这样可以节省自己的花费。"搭便车"现已成为法律经济学分析的一个重要概念。它可以理解为，个人或团体在未付出任何代价的情况下，从他人或者社会获得利益的行为。

搭便车的特点是个人的边际收益与社会的边际收益不一。公共产品的存在是产生搭便车行为的重要原因。除此以外，产权界定不清、外部性问题的存在也是产生搭便车行为的重要根源。由于不能排除搭便车者从被搭便车的商品中获得利益，纯粹的公共产品（即非竞争性和非排他性的商品）提出了搭便车行为问题。大量的搭便车行为会导致社会经济生活的低效。这一事实确实使政府规制这些商品具有了正当性。

在知识产权领域，搭便车行为相当普遍。搭便车行为的出现，很可能会使知识产品的生产成本无法收回，这样不仅不能产生创造方面的激励，反而会抑制生产者从事知识创造的积极性。知识产权法保障了权利人不受搭便车行为的妨碍——知识产权法最重要的特征之一，就是利用他人的知识产品应当支付费用，不付费用的情形限于法律规定的一些特例。

第七，创造产权交易的前提。根据微观经济学的供给与需求理论，知识产品的创造也是一个生产过程。知识产品和有形商品一样，也是人们劳动的产物。不仅如此，知识产品的生产附载劳动的含量更高，这在于它是知识创造性劳动的产物。作为劳动的产品和产物，知识产品与有形物质产品一样具有商品属性，是一种无形商品。在商品经济条件下，知识产品与其他商品一样，其生产的目的是交换，只有在交换的情况下才能实现其价值，实现利益或效用的最大化。

根据马克思的观点，商品交换本质上是一种经济关系，这种交换或者说交易的实质是所有者的权利，而不是物品本身的交换。也就是说，交易的实质是产权的交易。因此，商品交换本质上不同于商品所有者劳动的交换。在商品交换之前，商品所有者必须彼此承认对方是私有者。这种具有契约形式的法权关系是一种反映着经济关系的意志关系。[1]就知识产品而言，这种无形产品的生产直接目的是进入市场流转，它在市场中的流转是实现知识产品社会价值的必要条件，因为知识产品转化为效益，即价值实现，需要凭借市场的交换。知识产品在市场中的流转是实现知识产品价值和价值增值的过程，也是在市场经济条件下实现资源有效分配的重要途径——"因为产权的可交易性特征向人们展现出要使资源得到有效的利用，就必须实现产权的流转，即在流转中产生效益"[2]。考虑到知识产品的无形化、创造难、权益易受侵犯，以及"法律应当以有利于提高效率的方式分配资源，并以权利和义务的规定保障资源的优化配置和使用"，[3]在市场交换中需要法律赋予知识产品的所有人专属

---

〔1〕 《资本论》（第1卷），人民出版社1975年版，第102～103页。

〔2〕 高德步：《产权与增长：论法律制度的效率》，中国人民大学出版社1999年版，第132页。

〔3〕 张文显：《法学基本范畴研究》，中国政法大学出版社1993年版，第275页。

的所有权。换言之，为了保障和促进知识产品的市场流转和交易，赋予知识产品的生产者对于其生产的知识产品的所有权——知识产权，变得十分必要。由此可见，从知识产品的商品属性和市场流转的属性看，赋予知识产品以私人产权也是顺理成章的。

3. 信息产权理论与知识产权制度的正当性

与有形财产不同，信息一旦被公开，即具有事实上的非占有性。知识产权对于难以占有这一问题的解决，不可避免地与信息的自由使用和自由流动中的社会利益相冲突，因为知识产权的基本特性是使用知识产品应当付费。

然而，在信息的生产者要求对信息的使用付费情况下，由于信息的专有者可能对信息产品索取较高的价金以阻止他人的使用，有些信息的使用者不能分享到信息，这将使他们比在没有财产权时的状况更糟，一部分消费者无法承受而不得不放弃对信息的使用，从而无法实现资源的优化配置。困惑在于，"没有合法的垄断就不会有足够的信息被生产，但有了合法的垄断又不会有太多的信息被使用"。这就是法律经济学和信息经济学方面一个著名的悖论。知识产权法要实现在保障创造者正当权益的基础之上促进信息的广泛传播与使用，需要对这一悖论做出清楚的解释并找出适当解决办法。

从信息产权角度审视知识产权制度的正当性，可以从知识产权制度确立的新信息的足够生产和信息的合理分配机制着手加以理解。

（1）新信息的足够生产。第一，知识产权法对新信息生产的激励作用。新信息的生产对信息社会发展具有决定性意义。鼓励新信息生产在经济上具有合理性，因为它能够创造比传统方式更多的价值，实现更多的效益。赋予信息以产权的手段，应当是保障对更多信息的创造和传播提供适当和足够的激励。大多数商品是有形的。由于信息是无形的，仅仅依靠延伸有形财产本身的财产权难以为之提供充分的保护。知识产权法通过赋予个人和公司对创造的信息产品以制造、使用或销售等方面的专有权，给个人、公司以激励来创造新的信息。赋予知识产品以专有权的知识产权法能够提供的这种激励尽管不容易被证明，但它的实际效果是不容置疑的。这是因为，从经济学角度看，每一个人都是自利的主体，都希望通过自己的创造性活动获得最佳利益。或者说，知识产品的创造者像所有理性人一样，都希望使自己福利最大化。赋予人们创造的信息以产权，可以使信息开发和投资的成本不致因为信息搭便车者的行为而不能被回收。即使知识产权的授予不能保证创造者获得一个满意的回报，但它仍然提供了回报的一些手段。

第二，以限制信息传播和流动为代价的知识产权激励信息生产的机制。在赋予知识产品这种特定信息以专有权时，信息的产权化自然对信息不受限制地自由流动具有制约甚至阻碍作用。这可能会相应地影响到知识产品这类信息的广泛使用。根据信息经济学模式，信息的第一位特征是被作为商品来看待的，这被视为对信息生产的必要激励。但是，作为"商品"，它在市场交易中除了需要预先界定产权外，在交易市场中也存在流通成本。知识产品这种信息商品在被赋予产权后，在限制信息的自由流动中增加了额外成本。同时，限制信息的自由流动本身可以看作赋予信息以产权的一个重要成本。这种成本实际上是一种社会成本，因为社会成员承担了不得擅自使用知识产品这种信息的义务。此外，授予信息以专有权本身也限制了竞争。从静态的角度看，限制信息的自由流动和限制竞争，都是社会的损失，因为市场经济社会既需要竞争也需要信息的自由流动。

然而，这只是问题的一方面。与将信息作为纯粹的公共产品即对信息不赋予产权相比，在信息这种公共产品中增加私人商品的含量——即通过设立信息产权的方法，对信息生产激励的增加——弥补了信息产权限制流通和竞争产生的问题。从限制竞争的角度看，知识产权法实际上是为了促进竞争而对竞争的限制；从限制信息流通和信息自由流动角度看，知识产权法可以看作是为了促使更多的信息被生产出来从而有更多的信息进入信息流通中而对信息流通进行的必要限制。

（2）信息的消费者（用户）对信息的合理分享。从信息经济学的角度看，赋予信息以产权的制度需要解决的第二个问题是，信息在被生产出来后，需要确保信息的消费者（用户）对信息的合理分享，手段是使现有的和潜在的使用者能够及时获得和使用信息。信息的消费者对信息的合理分享可以认为是一种对信息共享的权利，它也是信息产品的最终依归，因为信息只有通过在社会中的广泛传播和利用才能实现其独特的价值。从理论上讲，信息共享的程度越高，它所带来的社会效益也越大。这是因为，信息资源具有非消耗性，其在被消费的过程中，不仅信息产品数量不会减少，反而会在信息的扩散中增加社会的无形财产总量。信息的合理分享也是实现"个人自治"的重要手段。信息自由对实现个人自治的意义在于，获得和使用信息成为现代社会的人从事社会实践活动的基本条件，成为个人独立的重要环境和保障。自由民主社会需要确保个人自治，就相应地需要建立信息自由和信息合理分享的环境，特别是法律环境。

（3）信息专有与信息自由矛盾的适当解决。第一，信息专有与信息自由的博弈。从经济学角度分析，信息专有即赋予信息以产权，保障信息所有人通过控制信息的传播和使用而获得经济利益。信息专有是维持信息生产和再生产、维持信息源泉所必需的。在这方面，划分公有领域的信息与私有领域的信息，是解决信息专有和信息自由与分享这一矛盾的较好办法。它需要平衡信息经济学中信息生产者对信息的专有权和一般的信息消费者对信息的使用权。如在知识产权法中"创造性"标准或者"独创性"标准就是重要的确立模式。

第二，知识产权对信息自由的限制与信息自由的矛盾。知识产权保护与信息资源共享的理念是不符的，信息自由及信息的合理分享与知识产权的专有性看起来也是矛盾的。这种矛盾源于信息的公共性与知识产权的专有性之间的对立。在信息方面，确立产权的经济特征在于，该产权都是专有权或者说垄断权。在市场经济中，市场主体是利益最大化的追求者。就知识产权人来说，他可能会通过专有权而获得市场力的优势，寻求经济租金，力争实现私人利益的最大化。信息的消费者（使用者）则基于信息的消费需求而追求信息的充分自由，以达到信息效用最大化的目的。知识产权人对信息专有的追求和信息使用者对信息自由的追求，直接构成了信息世界中的矛盾。这对矛盾仍需要在信息专有和共享的框架内解决。通过区分当事人或者交易在信息的"公有"领域或者"私有"领域，有助于解决信息自由及信息的合理分享与知识产权的专有性这一复杂的信息分配问题。

第三，平衡机制：知识产权对信息专有与信息自由矛盾的解决。知识产权法限制信息自由和信息分享但又保障了信息的合理分享和传播，需要通过知识产权法特有的平衡机制实现。从信息本身非纯粹的公共产品的特性看，对知识产品这种特有信息的使用存在着两种相互对立、相互制约的权利机制：信息创造者对信息的专有权利，以及社会公众对信息的共享权利（即所谓信息共享）。这要求对专有权的保护以不影响对信息的接近、知识与信息的及时广泛扩散为前提，对知识产权这种专有权予以适当限制。从这里可以清楚地看到，知识产权的授予涉及在上述需要促进的两种活动之间的一个重要对价——对信息创造的激励和信息合理分享之间适当的平衡。

一方面，作为信息选择的工具，知识产权法通过对专有权的保护，为信息有价值的交换带来了便利，并且实现了最大限度地利用和获得福利的目的。另一方面，信息的使用者以不损害信息的交换价值的方式利用信息，这会相应地刺激信息的交换。在信息的生产、交换、流动过程中，从知识产权的角度看，信息的最佳分配关注的是怎样建构信息生产和传播的制度，使其最大限度地分配相关信息给那些最需要使用信息的人，而不是怎样分配的问题。

从信息的角度看，知识产权人的专有权是在信息进入公有之前，对信息的某些使用和接近的临时限制。很显然，在著作权、专利权和商业秘密限制思想的自由流动这些消极影响中，要为知识产权制度提供正当性并非易事。现在我们则要跳过这一籓篱：知识产权制度提供的对知识创造的激励机制尽管不一定非常有助于信息的传播，但它可以通过另外的制度安排实现对信息传播和扩散的目的。知识产权制度对信息和思想自由流动的限制只是问题的一个方面，问题的另一方面是知识产权制度也确保了思想和信息总流量的增加、确保了思想和信息的公开、确保了信息的专有只是被限制在一定的范围和一定的时期内，从而促进了信息的有效选择和分配，协调了专有权利与公众接近信息的矛盾，最终实现了对知识产权人利益和社会公共利益的均衡保护。事实上，与有形财产相比，信息本身具有的共享性、可无限复制性、使用的非排他性以及非消耗性特征，也在保障信息创造者利益的前提下，为社会公众合理地分享信息提供了客观条件和物质基础。

（三）新制度经济学理论与知识产权制度的正当性

1. 新制度经济学与法律制度

制度经济学即是运用经济学的理论，来分析制度构成与运行的成本与收益的问题。在新制度经济学家中，舒尔茨（Theodore W. Schultz）在1968年为"制度"下的定义得到了人们的普遍认可和接受："我将一种制度定义为一种行为规则，这些规则涉及社会、政治及经济行为。例如，它们包括管束结婚与离婚的规则，支配政治权力的配置与使用的宪法中所包含的规则，以及确立由市场资本主义或政府来分配资源与收入的规则。"〔1〕 新制度经济学认为制度就是规则。

新制度经济学家指出，制度是一种公共产品。"所谓公共产品，即供社会所有成员集体享用的消费品。"〔2〕 其具有两个特点，一个是非排他性，即某一特定主体对于该产品的消费不能排除社会其他主体对该产品的消费；另一个是非竞争性，即增加一个消费者的边际成本为零。〔3〕 制度就是这样一种不具有排他性与竞争性的公共产品。制度不可能为社会的某一个或几个成员而制定，它是供社会全体成员共同消费的，增加一个消费者，制度产品的边际成本为零，而排除特定主体对制度消费的成本则是非常高昂的。当然，由于制度通常是按照民主集中原则即少数服从多数的原则而人为制定，或者由社会成员在集体生活过程中经由反复实践而自发形成的，制度在执行的过程中，对于不同的社会主体可能形成不同的执行效果。比如，制度的执行可能导致一部分主体获益而另一部分主体利益受损的局面。但这并不是意味着制度因此而具有了排他性。形成获得利益的局面与形成利益受损的局面，同样都是制度规范与运行的结果。

新制度经济学把制度划分为正式制度与非正式制度，正式制度（人为秩序）具有强制性的特点，即制度一经形成，就要求社会成员必须遵守，对制度的遵守或者违反会对应不同的制度后果，比如奖励或者惩罚。具体而言，新制度经济学理论框架下的正式制度包括政治规则、经济规则和契约。根据诺斯的观点，正式制度形成了一个等级结构，从宪法到普通法，再到明细的规则，最后是个别的

---

〔1〕 ［美］T. W. 舒尔茨：《制度与人的经济价值的不断提高》，载 ［美］R. 科斯等：《财产权利与制度变迁——产权学派与新制度学派译文集》，刘守英等译，上海三联书店、上海人民出版社1994年版，第253页。

〔2〕 国彦兵编著：《新制度经济学》，立信会计出版社2006年版，第50页。

〔3〕 国彦兵编著：《新制度经济学》，立信会计出版社2006年版，第50页。

契约，这些规则共同约束着人们的行为。[1] 非正式制度是指"对人的行为的不成文的限制，是与正式制度相对的一个概念，通常被理解为在社会发展和历史演进过程中自发形成的、不依赖于人们主观意志的文化传统和行为习惯，如社会的价值观念、文化传统、习惯习俗、意识形态等"[2]。

法律制度属于新制度经济学范畴中的正式制度，法律制度一般是由"国家"生产的，它同样具有公共产品的属性，这具体表现为法律的普遍适用性。法律的普遍适用性决定了法律的抽象性，法律制度实施效益的变化构成了制度变迁的内源性动力。制度设立与变迁是"制度主体根据成本收益分析进行权衡的结果"[3]，具体而言，这种成本收益分析包括三个方面："一是某种制度设立与该制度缺位在成本收益方面的比较；二是把同一制度安排和制度结构的运行效益和运行成本加以比较；三是对可供选择的多种制度的成本收益进行比较，选择净收益最大的一项制度。"[4]

2. 新制度经济学与知识产权法律制度

使用新制度经济学分析知识产权法律制度，意味着考量知识产权法律制度设立与创新的成本与收益。根据我国知识产权法律的相关规定，立法宗旨从根本上说，也蕴含了对效率与效益的考虑。

（1）新制度经济学与知识产权法律制度的设立。"一项法律制度的收益可以用实现该法律制度立法目的的程度来衡量，当一项法律制度实现立法目的的程度越高，该项法律制度的收益就越大。"[5] 就知识产权法而言，其目标一方面在于激励智力创造，促

---

〔1〕　［美］道格拉斯·C.诺斯：《制度、制度变迁与经济绩效》，刘守英译，上海三联书店1994年版，第64页。

〔2〕　国彦兵编著：《新制度经济学》，立信会计出版社2006年版，第54页。

〔3〕　国彦兵编著：《新制度经济学》，立信会计出版社2006年版，第416页。

〔4〕　国彦兵编著：《新制度经济学》，立信会计出版社2006年版，第416~417页。

〔5〕　刘晓：《论知识产权损害赔偿中侵权获利的分摊方法》，载《法律科学》2018年第4期。

进社会知识增量，以促进社会福祉；另一方面在于规范市场秩序，促进良好的市场经济生态的形成，以促进社会福祉。因此，知识产权法律制度越能契合上述目标，该制度的收益就越大。知识产权法律制度的设立赋予作者、发明人与商标所有人以一定期限内的垄断权利，这种垄断权利在市场经济运行中的预期收益为上述主体提供了内在激励，使其愿意花费智力与财力进行作品创作、发明创新与市场开发，通过这种一定期限内的垄断权利的制度设计，知识产权法律制度促进了社会知识总量的动态增加。

"一项法律制度的成本包括对他人施加的义务成本和制度的运行成本。对他人施加的义务成本主要是他人为了履行义务而花费的成本。制度的运行成本主要是他人不履行义务时通过诉讼解决纠纷的成本。"[1] 知识产权法律制度在赋予作者、发明人与商标所有人以垄断权利的同时，也课以其他主体以未经权利人同意不得擅自利用他人作品、发明或商标的义务。此外，由于知识产品本身具有无形性，难以由权利人实行物理管理（虽然这种情形由于数字技术的发展已经有了很大的改善），权利管理与执行的成本往往较为高昂。当知识产权法律制度的运行效益超过其运行成本时，知识产权法律制度能够获得净收益，我们认为，知识产权制度的设立就是合理的。但是，知识产权法律制度的设立能够产生净收益只能说明其合理性，不能说明其是否是最佳的制度安排，这时候就需要对知识产权法律制度安排进行革新，以实现其收益的最大化。

（2）新制度经济学与知识产权法律制度的创新。知识产权制度创新的目标是对"创新的激励"对与"知识的接触"之间的平衡并最大程度地促进社会福祉的增加。

制度的变革与创新同样会产生成本与收益的问题，即"转换成本"与"转换收益"，转换收益减去转换成本的净收益较大制度革

---

[1] 刘晓：《论知识产权损害赔偿中侵权获利的分摊方法》，载《法律科学》2018年第4期。

新优于净收益较小的制度革新。[1]"转换收益是从现有制度转换成新制度时会产生的收益，等于新制度的收益减去现有制度的收益的差额"[2]，对知识产权法律制度而言，其转换成本主要是指"将现有制度变成与新制度一样所要付出的改变立法的成本"。知识产权法律制度革新的目标在于最大化其激励效果，并尽可能保障社会公众对知识产品的接触。以下尝试以著作权管理制度为例分析之。

著作权法诞生之初，作品由著作权个人管理，作品的利用主要是私人之间的分散交易。由于知识产品的非排他性与非竞争性，对数量、所在位置都未知的使用者，权利人一般难以发现其未经许可的使用行为，也难以排除其搭便车的行为。此外，"由于个人力量较小，寻求公力救济所耗费的精力财力巨大，个人管理权利对于作者无利可图"[3]。对于作品的潜在用户而言，作品的利用与再创作通常需要使用数量众多的作品，如果一一寻找权利持有人并与之进行交易谈判，信息成本与交易成本将非常高昂。这种个人管理模式由于成本过高而收益甚微，对创作的激励与对作品的接触造成了双重抑制的局面，因此需要一种新的管理模式——著作权集体管理，以改变个人管理模式所造成的双重抑制的困局。著作权集体管理制度的转换收益主要指其减少了交易费用（包括信息检索费用、磋商费用、决策费用、监督及执行费用等）的支出。具体而言，著作权集体管理组织建立了有关作者与作品信息库，节省了潜在用户盲目检索的信息成本；著作权集体管理组织对许可合同条款和收费比例进行了类型化确定，比如，著作权集体管理组织所使用的"一揽子许可"模式，从而给交易双方相对稳定的法律预期，节省了交易双

〔1〕 刘晓：《论知识产权损害赔偿中侵权获利的分摊方法》，载《法律科学》2018年第4期。

〔2〕 刘晓：《论知识产权损害赔偿中侵权获利的分摊方法》，载《法律科学》2018年第4期。

〔3〕 王素玉：《版权法的经济分析》，吉林大学2009年博士学位论文，第102页。

方的磋商成本。根据我国《著作权集体管理条例》，著作权集体管理组织如发现他人侵犯属于自己管理的权利时，能够以集体管理组织的名义提起诉讼，从而减少私人权利管理的重复成本。著作权集体管理制度的转换收益集中地表现为由于其降低了交易成本而实现的规模经济效应——促进作品的利用与传播。

当然，著作权集体管理制度革新也并不是没有代价的，其制度代价主要是著作权集体管理组织的运行成本，以及著作权集体管理组织在作品许可市场领域的自然垄断而形成的一揽子许可、垄断定价，这些成本构成了对作品利用的限制。但是，相对于个人管理的成本而言，这些成本则显得微不足道，且由于数字权利管理技术的普遍采用降低了著作权集体管理组织的运行成本，私人的数字权利管理形成了对著作权集体管理的一种替代，从而抑制了著作权集体管理的垄断效果，著作权集体管理组织的转换成本则微乎其微了。因此，著作权集体管理制度相较于私人权利管理而言，可以使其收益最大化，从而促进作品的传播与利用。这样由著作权集体管理制度与数字权利管理制度所形成的著作权管理制度设立的净收益与转换的净收益均将超过私人管理的净收益，这也是目前著作权管理模式中效益最大化的一种权利管理模式。

从新制度经济学理论衡量知识产权制度的设立与革新的成本、收益，可以考察一项知识产权制度的设立是否合理以及其是否是最佳的制度设计。按照新制度经济学理论，如果一项知识产权制度的实际收益大于其实际成本，这项知识产权制度的设立就是有效的。但制度的有效性不能说明制度的最优性，且制度的实际成本与收益总是浮动的，因此，仍有必要进行制度变迁，即以一种收益更高的制度替代另一种收益较低的制度。总之，新制度经济学为论证知识产权制度设立与变迁正当性提供了分析路径与研究范式。

（四）差异化定价理论与知识产权制度的正当性

1. 差异化定价的概念

迈克尔·J. 默尔（Michael J. Meurer）指出：当"卖者对买者

收取不同的价格，而这种价格差异不能用提供版权作品的成本差异来解释"时，卖者就在实施"差异化定价"。[1] 例如，出版商对同一作品的精装版本与平装版本分别确定不同的价格，且这种价格差异远超生产精装版本与平装版本的成本差异时，即便同一作品的不同版本之间存在区别，这种情况也被视为差异化定价。差异化定价的实行需要依赖如下条件：其一，卖方拥有市场力量；其二，卖方可以将价格与消费者的个人偏好相联系；其三，消费者不能就价格差异实行套利行为。差异化定价可以分为三个等级。

第一，一级差异化定价。这又称"完全差异化定价"，是指每一单位的商品都被收取等于消费者支付意愿的价格。例如，对于同一型号和质量的衣服有三个潜在购买者，较富有的人愿为购买这件衣服支付 200 元，较贫穷的人愿意为购买这件衣服支付 100 元，收入居中的人愿意为购买这件衣服支付 150 元。一级差异化定价就是在揭示上述三位潜在购买者支付意愿的基础上，分别向其收取等于其支付意愿的价格。从社会福利的角度来说，相比统一定价，根据不同购买者的支付意愿而对不同的购买者确定不同的价格，能够提高商品的销量，从而使较贫穷与较富有的主体的购买需求都能得到满足，因此一般认为实施差异化定价能够增进社会福利（使更多的需求得到满足，减少统一定价之下的无谓损失）。

第二，二级差异化定价。由于完全差异化定价需要以了解市场上每一位消费者的支付意愿为前提，而获取消费者支付意愿并且与之达成交易花费的信息成本和交易成本又很高昂，并极大地超过实施完全差异化定价给商品或服务提供者所能带来的收益，故完全差异化定价在现实中很少被实施。实践中常被采用的是二级差异化定价，即对购买量相同或近似的消费者收取相同的价格，但对购买量不同的消费者确定不同的价格。例如，常去某一理发店的消费者可

[1] Michael J. Meurer, "Copyright Law and Price Discrimination", 23 *Cardozo L. Rev.* 55, 60 (2001).

以通过购买消费卡的方式而每次向理发店支付较低的服务价格。

第三，三级差异化定价。三级差异化定价即根据消费者的需求弹性确定不同价格，需求弹性较高的消费者常获得较低价格，并且在该市场上的价格浮动也不会太大，需求弹性较低的消费者常获取较高价格。例如，某一知名旅游景区对本地游客收取较低价格，但对外地游客收取较高价格，原因在于外地游客前来旅游的目的在于游览旅游景点，即便门票价格稍高，他们仍然愿意游览旅游景点，以便"不虚此行"。

2. 差异化定价的合理性

根据兰德斯和波斯纳的观点，生产知识产品的固定成本很高。例如，对一部表达性作品而言，其固定成本主要由作者的精力、时间，加上出版商延揽、编辑手稿并将之录入排版的成本所组成；而实际作品复制件的生产成本则由其印刷、装订和配送的成本组成，相对于表达性作品所需要的固定成本而言，其复制成本一般随着生产作品复制件的数量而增加——其是可变的。但是，数字技术使得作品的印刷、装订与流通仅借助瞬间的操作即可完成，表达性作品的复制成本趋近于零。这样，在没有知识产权法律制度保护的情形下（搭便车行为者无需承担侵权成本），作品、发明与商标的搭便车行为所需承担的成本仅为作品的复制成本——在数字环境下为零，故只要搭便车行为者的定价高于复制成本（边际成本），即高于零，其搭便车行为便有利可图。搭便车行为者的市场竞争将剥夺生产者的定价能力，迫使其不得不将定价降低至知识产品生产的边际成本，而生产的沉没成本将不能收回。笔者尝试以下例分析之：

某作者创作某作品的固定成本为 10 元，作品的边际成本（可变成本）为零，消费者甲愿意为该作品支付 5 元，消费者乙愿意为该作品支付 10 元。对于作者而言，其全部成本为 10 元，全部收益为 15 元，创作作品有利可图，因而对于甲而言创作作品是值得的。存在多种可以使得甲收回其固定成本的销售方式：比如消费者乙支付 10 元而消费者甲不付钱；消费者甲与消费者乙各支付 5 元。唯一的要求是消费者甲支付的价格不超过 5 元，消费者乙支付的价格不超过 10 元。假若市场上存在侵权替代品，按照边际成本确定的价格可能趋近于零，比如 2 元，此时消费者的支付意愿也会降低。例如，消费者甲与消费者乙均将支付意愿降低至 4 元，这样，作者就有可能无法收回其固定成本（当然消费者数量的增加可能增加作者的收益，但本文在此仅作给定消费者数量情形下的探讨）。还有一种情形是，假如不允许作者进行差异化定价，如其只能按照统一的价格 8 元定价，由于一部分消费者（如消费者甲）的消费预期低于 8 元，这样作者就无法获得这部分消费者剩余，从而会降低该作者收回其固定成本的效率，而这部分消费者由于未能按照作者的定价支付而被排除在作品接触领域之外，会造成无谓损失（deadweight loss）。

（五）从经济学看知识产权具体制度的正当性

1. 知识产权利用

知识产权利用是知识产权制度的重要内容。这是由知识产权的制度宗旨所决定的。知识产权制度宗旨一方面表现为充分而有效地保护知识产权人的利益，另一方面则需要促进知识产品的传播和利用。离开了后者，知识产权人的利益最终将无法实现，知识产权立法的目的也难以实现。因此，知识产权利用制度在知识产权制度中具有重要地位。

知识产权交易在经济学上表现为产权交易，其实质是市场经济主体之间的产权交易行为。从产权经济学的角度看，产权交易涉及最大化与均衡这两个相互关联的效率目标。其中，最大化是指每个经济个体的效用达到最大化，实现最佳利润；而均衡是指每一方都同时达到最大化目标而趋于持久的相互作用形式。[1]产权交易的前

---

〔1〕〔美〕罗伯特·考特、托马斯·尤伦：《法和经济学》，张军等译，上海三联书店、上海人民出版社 1994 年版，第 22 页。

提是产权界定，而产权界定的核心问题是权属界定。从微观经济学的角度看，产权交易需要进行制度设计与安排，其经济目的是要实现经济效益的最大化。其原因在于商品的交易实质上是产权的交易，排他性是可以转让的必要条件，也是产权市场的必要条件。如果产权不具有排他性，就没有必要交换或转移产权。通过界定知识产品的私有，所有人享有专有控制权和收益权，他人使用需要与知识产权的所有人签订协议并支付费用，从而可以实现帕累托效用的资源优化配置。[1]

从传统财产权理论和发展趋势看，以前人们更重视对人和物的直接控制，在所有权日益社会化的情况下，所有人与非所有人之间的权利义务关系更被看重。在当代，知识产权也具有类似特点，也就是由重视对知识产品的静态归属到重视知识产品的动态利用。[2]从产权经济学的一般原理看，产权具有可交易性，这一特性表明，要使资源得到有效利用，就必须实现产权的流转，即在流转中产生效益。[3]

产权交易则存在着实在的交易成本。交易成本是市场主体在市场机制中运行所支出的费用，如信息搜索的成本、谈判与签约的成本以及履行契约的成本等。事实上，交易成本理论也是认识知识财产或者说知识产品被赋予私有产权的重要依据。交易成本或者说交易费用理论是新制度经济学派的重要理论。交易成本理论本质上是一种经济学分析方法。该方法关注的是资源分配由市场机制来选择。根据该理论，产权界定的程度直接受制于交易成本的高低。产权由交易成本决定，但产权界定也影响到交易成本以及相关的外部

---

〔1〕 李正生：《中国知识产权保护的经济学思考》，载《经济体制改革》2007 年第 5 期。

〔2〕 参见吴汉东、胡开忠：《无形财产权制度研究》（修订版），法律出版社 2005 年版，第 222 页。

〔3〕 高德步：《产权与增长：论法律制度的效率》，中国人民大学出版社 1999 年版，第 152 页。

性问题。从经济学的角度看，包括知识产权在内的私有财产都会存在交易成本问题。在具有实在成本的基础之上，每一个法律规则并非都会出现有效益的结果。不同的权利界定会带来不同的资源配置效果。在具有实在交易成本的情况下，法律的初始界定具有重要意义，而理想的法律规则应是确立交易成本最低化的原则。法律应在权利界定的基础之上尽量减少社会成本，这就要求法律选择成本较低的权利配置模式和实施程序。换言之，在存在交易成本甚至交易成本很高时，人们需要以资源优化配置为指导选择合适的权利初始界定，力图减少不必要的交易成本。

就知识产权这种无形财产权而言，就是要在确立知识财产的私人产权基础之上，合理地确定知识产品生产、传播和利用的权利配置关系，最大限度地促进经济发展和科技、文化进步。科斯定理的重要性在于，它将注意力集中于一个非常重要但经常被忽视的方面，即交易成本。遗憾的是，过去在研究知识产权问题时，学界对交易成本问题重视不够。

知识产权的利用是知识产品配置机制和交易制度在法律上的体现。知识产权制度本身具有知识产品利用的配置功能。这种配置的过程就是立足于交易成本最低化原则，不断优化权利配置和特征权利结构。知识产权制度在产权界定基础上，同时规范了知识产品的传播与利用行为，并且以促进知识产品的传播与利用为重要立法目的。也就是说，知识产权制度重视知识产品的商业化与市场化。在实践中，知识产品本身也需要进入市场流通才能实现其价值，实现效用和利益的最大化。析言之，这也是由知识产品的市场化秉性所决定的。因为，知识产品具有非物质性特点，其生产和流通离不开市场，而且知识产品的价值确认与价值实现本身均需要通过市场运作才能实现。这种面向市场的特性在知识产权的制度运行上主要体现为知识产权的利用。因此，知识产权利用制度确实是知识产权制度中的重要内容。

法经济学认为，控制交易成本、解决市场失灵可以借助产权规则（entitlement rule）与责任规则（liability rule）。产权规则是指有关产权权属初始界定的规则，产权人可以通过"自愿交易"与"私人定价"决定他的产权价值；而责任规则为产权规则初始界定所导致的自愿交易失败，或成本过于高昂，制约了产权运行与利用的效率时，以"强制交易"和"第三方定价"促进产权交易的规则。[1] 在交易成本低时，借由产权规则即可以实现知识产权目标的帕累托最优；在交易成本高时，则需要借助责任规则促进知识的传播与利用。除转让以外，知识产权的利用制度主要有授权许可、法定许可、强制许可、合理使用四种制度。在上述四种利用制度中，除授权许可是基于知识产权法所赋予的财产权而发生的知识产品的自愿交易，其余三种，即法定许可制度、强制许可制度与合理使用制度，均可以理解为是根据责任规则形成的交易模式。

表1 交易模式与规则形态[2]

交易模式	规则形态	自愿/强制交易	私人/第三方定价
授权许可	产权规则	自愿交易	私人定价
法定许可	责任规则	强制交易	第三方定价
强制许可	责任规则	强制交易	第三方定价
合理使用	责任规则	强制交易	第三方定价（对价为零）

以著作权法定许可为例，著作权人分散的现实与作品的规模化利用之间产生了冲突，如若——寻索分散的权利人并与之分别进行

---

[1] Guido Calabresi & A. Douglas Melamed, "Property Rules, Liability Rules, and Inalienability: One View of the Cathedral", 85 *Harv. L. Rev.* 1089, 1091 (1972).

[2] 刁佳星：《著作权法律制度的经济分析》，中国政法大学2021年博士学位论文。

协商，显然成本高昂。法定许可规定，在特定情形下不经权利人许可即可利用作品，节约了作品利用的协商成本，符合法经济学的效益要求。再以著作权合理使用为例，以评论（特别是以原作为批评的对象时）为目的进行的合理使用符合社会公共利益，但是由于这种评论可能损及原权利人的声誉并可能导致其作品市场份额的减损，以评论（特别是以原作为批评的对象时）为目的的使用作品的市场难以形成，将其规定为合理使用，有助于克服市场失灵。从经济分析理论上看，知识产权强制交易（包括法定许可、强制许可与合理使用）可以被视为由国家安排的"合作博弈"，这些利用知识产权的形式旨在减少交易成本，最大限度地发挥知识资源的社会效用，实现知识财富的价值最大化。换言之，是通过对双方都有利的合作博弈，实现帕累托最优标准。[1]

2. 知识产权限制

知识产权限制是对知识产权人的专有权利行使的限制。知识产权限制在总体上是实现知识产权法利益平衡的基本机制。其功能在于，通过对专有权的适当限制，保障社会公众对知识产品的必要接近、合理分享，从而平衡知识产权人和社会公众利益的关系。知识产权法不是立足于知识产品保护的静态归属，而是在确认知识产品创造者对知识产品占有与支配的同时，保障知识财富的最佳动态利用。为此，唯有给予权利限制才能实现这一目的。以下不妨以知识产权的权利穷竭和著作权的合理使用为例略加阐述。

权利穷竭也称为"权利用尽"。权利穷竭用经济学的语言来说是基于效用上的考虑：如果在知识产品第一次合法投入市场后，仍授予权利人控制该无形的智力创造的有形表达，就会减缓整体的社会效用。相反，在智力创造物首次投入市场后就摆脱了知识产权人的控制，公众自由获取和接近信息的能力就不会受到损害，在智力

---

〔1〕 根据帕累托效益理论，如果没有方法可使一些人境况变得更好些而又不致使另一些人境况变得更差些，这种经济状况就是帕累托有效的。

创造物的生产方面也不会产生利益失衡现象。权利穷竭既维护了对知识产品的使用，又维护了对知识产权人的保护，对最大限度地发挥知识产品的经济效益、优化利用社会资源、实现知识产权法的目的具有重要意义。基于此，知识产权的权利穷竭制度伴随着知识产权立法而在各国被广泛推行。

再以著作权法的合理使用为例，从微观经济学的角度看，合理使用制度可以看成是制度安排下的特定智力作品创作者和不特定作品使用者之间就信息资源分配所进行的交换。合理使用制度既可使智力劳动者获得报偿，也维护了公众使用公有资料的自由。这正是其正当性所在。

在经济学看来，著作权法中的合理使用体现了著作权法实施的社会成本和收益间的平衡。从成本的角度看，授予著作权会产生与垄断相关的社会成本，这种成本在很大程度上转化为作品的使用者承担不经著作权人许可不使用作品的义务。当然，实施成本还包括制止侵权的成本、著作权行政管理的成本等。从收益的角度看，它表现为著作权法激励了作者进行智力创作，增加了社会知识共有物的含量，并通过其一系列制度设计促进了思想、知识、信息的广泛传播，从而促进了社会科学文化事业的发展。这种成本与收益之间的平衡离不开著作权法的制度设计，其中合理使用占据了核心位置。对于著作权作品的用户或者使用者来说，随着近些年来对著作权限制其他形式的严格控制，他们更依赖以合理使用原则解决对作品的利用问题。

温迪·戈登指出合理使用适用于以下情形：其一，交易费用过高；其二，积极的外部性存在；其三，反对传播的动机。[1]

首先，从交易成本的状况可以评判某一特定的使用作品的行为是否应纳入合理使用之列。具体而言，以下两种情况适用合理使

---

[1] Wendy J. Gordon, "Fair Use as Market Failure: A Structural and Economic Analysis of the Betamax Case and Its Predecessors", 82 *Colum. L. Rev.* 1600, 1627-1632 (1982).

用：一是许可使用作品的交易成本明显地高于潜在的利益，使得许可协议未能达成；二是用户可能利用著作权人的作品而没有获得使用的整个利益，却需要支付给著作权人使用费，这也会阻碍使用者使用著作权人的作品。第二种情况非常具有普遍性，如纯粹是为个人学习、研究、欣赏等目的使用作品的场合，以及使用著作权作品的有些形式，如教学、批评、学术研究性质的使用，用户的直接使用不会对他产生多大的利益，而只有一般的个人利益或者社会利益，这也是戈登所指的适用合理使用的第二种情形，即"积极的外部性存在"。教学、研究人员利用著作权人的作品传播和扩散了知识，促进了思想的交流，创造了因作品被扩散而带来的社会利益，但他们不能向学生以及其他的社会成员要求补偿这种因作品的扩散而产生的社会利益。即使可以要求补偿，与其他所有的社会成员就补偿进行谈判存在的交易成本也会使这一要求变得不现实。以上两种情况适用合理使用原则具有共同的特点：一是使用者根据合理使用原则使用作品，无损于著作权人的专有权，不会无故损害著作权人的其他利益，也不会对著作权人的创作激励产生实质性的损害；二是使用者使用著作权作品符合社会需要；三是使用者事先经过著作权人许可而产生的交易成本会导致市场失败。简单地说，最基本的原则是使用者使用作品对自己有利而对著作权人却无甚损害。并且，交易成本的存在导致这种许可变得没有意义。

其次，在著作权人具有反对传播的动机时，也可能适用合理使用。试以滑稽模仿为例，以原作品为批评目的的滑稽模仿本身是一种很有价值的知识财产，它契合了人们对幽默和讽刺的社会心理需求，并在一定程度上培养了社会公众的批判思维，但是滑稽模仿将"破坏原始作品作者的声誉，从而对其将来作品的市场构成破坏"[1]，这样著作权人"反对传播的动机"使得以滑稽模仿许可

---

[1]　参见［美］威廉·M. 兰德斯、理查德·A. 波斯纳：《知识产权法的经济结构》，金海军译，北京大学出版社 2005 年版，第 159 页。

使用的市场根本无法形成；再者，倘若滑稽模仿的许可市场可以形成，被许可者对原作品的滑稽模仿很可能失去其客观性，此时原著作权人针对被许可者的许可，实际扮演了一种"事先审查"的角色，从而可以剔除那些贬损原著作权人声誉或减损原作品市场价值的滑稽模仿，因此经由许可的滑稽模仿的价值将大为减损。

3. 知识产权有效期

知识产权有效期是指知识产权有一定的保护期，在保护期届满后，即进入公有领域，成为任何人都能够自由利用的公共财产。知识产权有效期制度是知识产权制度中十分重要的一个制度。在知识产权有效期的制度框架中，存在一个以一定的保护期换取长久的信息接近之间的对价。知识产权有效期的限制意味着财产权终止后的公有。从知识产权具有一定的保护期、知识产权最终将永久性地进入公有领域的性质看，可以将知识产权看成是"潜在的思想产品的公有"。在这个意义上，知识产权的赋予与运作似乎是从潜在公有到现实公有的历史移植。

给予知识产权一定保护期的合理性，可以从知识产权的经济学方面加以认识。知识产权经济学的考虑主要涉及在一定期间内知识产权保护的成本和收益问题。保护知识产权的微观收益，可以分为两方面：一是通过赋予知识产品以专有权而产生的对知识创造的激励，以及通过激励而产生的新的知识产品；二是对这种知识产品利用的激励——包括对企业首先采用这种知识的激励，以及知识产品在利用中产生的效益。保护知识产权的成本则除了建立和实施知识产权制度的成本外，主要表现为专有权限制了知识和信息的社会化，限制了他人对知识和信息的接近。

一方面，从知识产权制度的功能看，赋予知识产权以永久性权利或者过长的保护期，将阻碍智力创造物的广泛传播，从而无法实现知识产权的制度功能。"如果授予独占权的期限过长，通常独占权所带来的社会损失可能要超过其带来的社会收益。"[1]这些社会成本可能包括知识产权的潜在使用者或其所有者的竞争对手因为垄断而额外承担的成本，还包括由于被独占的知识产品不能被消费者充分使用而造成的成本。另一方面，赋予有限的保护期既满足了对知识产权人权利的保护，又使公众接近知识和信息的自由不会因为赋予专有权而受到影响。实际上，知识产权保护期的长短，反映了立法者对权利人知识产权保护的力度，以及社会公众接近和使用公共信息的需要。

知识产权的保护期，就经济角度而言具有决定性意义。知识产权保护期的有限性意味着，思想的产品最终将在公有中找到自己的归属。保护期届满后，思想的产品将永久性地进入公有领域，而不允许任何人将其重新变成自己的私有财产。这也意味着，公有将不断地拓展自己的容量，因为从动态的角度看，每年都会有知识产权保护期限届满的情况。它还意味着，尽管知识产权在一定时期内被知识产权人专有而暂时减缓了他人对知识和信息的接近，但由于知识产品最终是可以由社会公众自由获得的，因此仍然会产生以新思想传播为基础的社会进步。

进一步说，对知识产权有效期限制的实质，可以从知识产权保护客体作为一种信息的角度以及实现知识产权制度效率目标的角度来认识。从信息的角度看，知识产权客体具有永久存续的特点，本身没有时效的限制。但是，基于知识产权立法政策考虑，赋予知识产权人独占性地控制知识产权客体以期限具有必要性：使信息只能在一定时间内由知识产权人享有，在期限届满后即进入公有领域，成为任何人均可以自由利用的财富，以平衡信息所有者的利益与社会对信息需求的公共利益，促进社会进步。知识产权最终进入公有领域的事实，清楚地说明了知识产品的最终归属。它将使人类知识

---

[1] 参见刘茂林：《知识产权法的经济分析》，法律出版社1996年版，第107页。

共有物的宝库不断增添新的内容，从而在总体上不断地为未来的知识创造者和公众使用知识产品提供条件。因此，知识产权的限制可以使总体的社会利益趋于最大化，因而是有效率的。

4. 知识产权保护——侵权制裁与法律救济

知识产权侵权与法律救济是知识产权制度中最为重要的内容之一，这是因为知识产权是一种专有权，它必须由法律的专门保护才能实现。如果侵犯知识产权法律制度的行为得不到有效制裁，知识产权人的专有权就将无从实现。正如兰德斯与波斯纳指出：必须牢记于心的一点是，一旦知识财产被产权化，亦即被纳入某一个在法律上可强制执行的财产权制度，权利人就应当拥有与有体财产所有人相同的充分救济。如当一专利被一个比专利权人更富有效率的他人故意侵权使用，致使侵权人的侵权获利超过了专利权人的损失，仍然应当允许专利权人向侵权人主张其从中的获利。这样通过使请求人不能从侵权中获利，法律就迫使该专利的潜在使用人与专利权人进行谈判，从而以市场交易代替法律交易。[1]

对知识产权侵权与法律救济的经济学解释，也可以借用经济学上关于侵权责任法的交易成本与社会成本理论。我国侵权责任立法目的主要是"保护民事主体的合法权益""预防并制裁侵权行为"。对于知识产权侵权损害赔偿的立法设计与司法实施除满足侵权责任立法二元价值之外，其更为重要的是与知识产权法"促进社会进步、增进社会福祉"的立法目的相契合。[2] 上述多元价值目标的实现要求知识产权法侵权损害赔偿的立法设计与司法实施能够在因赔偿不足所招致的搭便车行为与因赔偿过度而导致的垄断行为之间

---

〔1〕 ［美］威廉·M. 兰德斯、理查德·A. 波斯纳：《知识产权法的经济结构》，金海军译，北京大学出版社 2005 年版，第 9 页。

〔2〕 相关研究，参见李承亮：《侵权赔偿体现知识产权价值的民法原理》，载《法学研究》2022 年第 3 期。

进行成本与收益的权衡。[1]

在侵权所获得的利益高于其侵权成本预期的情况下，侵权人很可能会冒着法律风险从事侵权活动。不仅如此，由于知识产权侵权的复杂性、隐蔽性，在实践中如果信息交流与合作的机会遇到障碍，使知识产品利用的交易成本过高，潜在的知识产品使用者难免就会以侵权使用代替合法授权使用。另外，由于在现实中存在市场垄断、外部效用和公共产品问题，不可能建立完全竞争市场，这就难免会出现市场失灵的情况，从而出现知识产品创造者外在成本增加的问题。根据经济学家的观点，市场内部交换是自愿和互利的，而外在市场交换的经济效用有可能是非自愿和有害的。[2]

制裁侵权行为，实现赔偿救济，是知识产权司法裁判最为重要也是最为困扰的问题。以下以专利侵权损害赔偿为例进行分析。

专利权无形资产的特性是专利侵权损害赔偿司法裁判的逻辑起点，需依托于"成本—收益"的无形资产价值学说作为专利权侵权损害赔偿规制的理论基础。我国《专利法》自 1984 年制定，后经1992 年、2000 年、2008 年、2020 年修正，逐步建立了以"权利人实际损失""侵权人侵权所得""专利许可使用费""法定赔偿"和"惩罚性赔偿"等五种方式计算专利损害赔偿的规定。

---

〔1〕 相关研究，参见徐聪颖：《论比例原则在知识产权损害赔偿中的适用》，载《现代法学》2022 年第 3 期。

〔2〕 参见［美］H. 范里安：《微观经济学：现代观点》，费方域等译，上海三联书店、上海人民出版社 1994 年版，第 702~713 页。

表2　专利法关于赔偿数额认定方式的规定

认定方式	1984 年法	1992 年修正案	2000 年修正案	2008 年修正案	2020 年修正案
实际损失	无	无	有	有	有
侵权所得	无	无	有	有	有
许可费倍数	无	无	无	有	有
法定赔偿	无	无	无	有	有
惩罚性赔偿	无	无	无	无	有

　　根据现行《专利法》第71条与2020年修正的最高人民法院《关于审理专利纠纷案件适用法律问题的若干规定》（以下简称《审理专利纠纷案件适用法律规定》）第14条、第15条的规定，专利侵权赔偿数额的计算方法可以归纳如下：①专利产品减少销售量（或侵权产品销售量）×每件专利产品的合理利润＝实际损失；②侵权产品销售量×每件侵权产品合理利润＝侵权所得；③许可使用费×（1~3）＝合理赔偿数额；④法定赔偿（1万元~500万元）＝赔偿数额；⑤惩罚性赔偿＝赔偿基数的一倍以上五倍以下。

　　在司法实践中，法院一般较少采用前三种计算方法，而倾向于适用法定赔偿。李黎明博士通过最高人民法院知识产权裁判文书数据库检索2002—2010年知识产权侵权案件民事判决书发现，94.8%的专利侵权案件均采用法定赔偿原则。根据中南财经政法大学知识产权研究中心对2008—2012年专利案件损害赔偿的分析数据，高达97.25%的案件使用了法定赔偿的方式确定专利侵权的赔偿数额。法定赔偿司法适用比例如此之高，原因在于"权利人实际损失""侵权人侵权所得"与"专利许可使用费"均需要权利人提供证据证明所有计算参数（例如侵权产品的数量、专利产品或侵权产品的单件利润等），若权利人不能举证证明这些参数，则这三种计算方法无法适用。但对于法定赔偿而言，不论具体案情如何，法官只能在固定数额范围考虑，其跨越了从可能非常精准到非常不准的非常大的幅度，法定赔偿在司法实践中的普遍应用使得其功能——减轻证明责任与提高诉讼效率——异化，从而与侵权责任的全面赔偿原则有所背离。因此，专利侵权的损害赔偿仍有必要考察侵权行为的成本与收益，作为侵权行为成本之一的损害赔偿的确定，应当综合多种因素，一刀切适用法定赔偿的做法恐难以起到遏制侵权的效果。

在分析知识产权侵权与法律救济问题时，对侵权的成本和收益的考虑实际上是受到多方面因素影响的，如国家知识产权立法对侵权规定的范围、知识产权在实践中的实施状况等。另外，人们（包括知识产权法官）对知识产权价值的意识和观念也有影响。因此，在对知识产权侵权与法律救济进行制度设计与安排时，应考虑提高侵权的成本，使知识产权侵权人不能因侵权而获得利益，从而期待更好地发挥法律的威慑作用和规范作用。

知识产权侵权行为及其法律救济

一、知识产权侵权行为之界定

（一）知识产权侵权行为的概念及其界定

知识产权是绝对权，知识产权侵权对应的英文为"infringement of intellectual property"。这里的"infringement"和英文的"tort"是有所区别的。"infringement"是指进入了权利范围，在知识产权侵权中常常要判定是否落入了权利保护范围。显然，知识产权更重视判定权利是否被入侵。任何人的行为，如果未经许可进入法定的他人权利范围，即构成侵权。"tort"则含有"错误""过失"的意思，只有错误或过失存在，"tort"才可能产生。[1]

"Infringement"这种侵害的行为人所应负的民事责任，包括损害赔偿在内，但更包括与赔偿无关的其他侵权责任类型。[2] 对于知识产权请求权来说，停止侵权、排除妨碍、消除危险等请求权甚至比损害赔偿请求权更为重要。进言之，"tort"是一种造成损害的

---

〔1〕 郑成思：《侵权责任、损害赔偿责任与知识产权保护》，载《环球法律评论》2003 年第 4 期。

〔2〕 郑成思：《侵权责任、损害赔偿责任与知识产权保护》，载《环球法律评论》2003 年第 4 期。

侵权，因此涉及赔偿责任问题。

绝对权请求权认定与侵权请求权认定不同，这一点在民法理论上较为清晰。绝对权请求权是指绝对权受到侵害或者有受侵害之虞时权利人享有的请求权，包括人身权请求权、物权请求权、知识产权请求权、继承权请求权。物权请求权包括确认请求权、返还请求权、排除妨害请求权、消除危险请求权、恢复原状请求权。损害赔偿请求权属于侵权请求权之一。绝对权请求权是绝对权的固有特性，是绝对权保护的有效手段。绝对权请求权不能被侵权请求权所代替，二者并不是同一概念。

对物权请求权而言，只要行为人阻碍或者妨害物权人行使其物权，不管是造成现实的损害，还是对将来行使物权造成妨害，也不管此种损害是否可以货币确定，物权人都有行使物权请求权之可能。

绝对权请求权如物权请求权、人格权请求权、知识产权请求权等，其主要功能不在于对损害进行补救，而在于恢复遭受侵害的权利和预防可能发生的损害，其并非以追究侵权损害赔偿为责任形式，而以认定侵权存在、停止侵害、恢复原状等为责任形式。如果将绝对权请求权纳入侵权责任请求权的范畴，由于侵权责任请求权的产生以过失为归责原则，而且通常由受害人对侵权事实、损害以及两者的因果关系负举证责任，这显然不利于对绝对权的保护。[1]因此，通说认为，绝对权请求权的行使不要求相对方有过错，不适用诉讼时效，不要求有损害后果的发生，而侵权请求权则须有损害的发生，适用诉讼时效，适用过错责任原则，在判断知识产权侵权赔偿责任时，不认定过失是否存在以及过失的程度，就是不公平的。

---

〔1〕　冉克平：《物权私法保护方式的体系纷争与调和》，载《现代法学》2015 年第 5 期。

(二) 知识产权侵权归责原则

知识产权侵权损害赔偿的一般构成要件是过错、违法性、损害事实、因果关系。知识产权侵权的归责原则涉及如何判定过错的问题，在知识产权侵权损害赔偿的认定中，存在着是否要求过错这一重要的问题。

依 TRIPs 协议第 45 条第 1 款规定，知识产权侵权损害赔偿应当以过错原则为主，来追究侵权人的行为责任。过错责任原则作为民法的基本原则，其地位和对于法学发展的贡献毋庸置疑。然而，在知识产权侵权损害赔偿的判定中，过错责任在很多地方存在问题。在过错责任原则具体适用上，过错推定原则是一种主观过错客观化的有效方法，其主要采取举证责任倒置的方法，一方面加重了行为人的责任程度，另一方面又具有一定的灵活性，使得行为人可以通过举证责任倒置的方法免于侵权责任。在需要对受害人加以保护，需要进行民事责任归责客观化的场合，都可以采取过错推定原则。当然，过错推定原则也应在有法律明确规定时，才可以适用。

在知识产权侵权案件中，有必要加大采用过错推定原则的力度，使用客观化过错归责方法，原因是非常明显的。正如将他人物品据为己有并使用一样，不应由所有权人去举证侵权人有过错，只要他人将所有物窃为己有，所有权人完全可以将所有物取回。

在进行过错推定时，确定行为人的抗辩事由，对于认定行为人的责任归属是非常重要的。在现代社会中，民事主体应当知道他人的作品不得随意使用，如若使用，应事先得到作者的许可，这应当成为现代社会中公民的常识，正如不得将他人的财物据为己有一样，社会公民负有这种社会一般人应有的注意义务。此外，由于专利权和商标权都在授权之时向社会进行公告，又由于使用专利技术和商标的民事主体大多是从事某一行业的具有专业知识的企业及其技术人员，他们应当了解本行业现有技术及本行业销售商品上所用商标的情况，因此，行为人负有某一行业的应有的注意义务。此外，法律还规定了法定义务：如提供内容服务的网络服务提供者，经著作权人提出确有证据的警告，此时其负有法定义务，如果网络服务提供者仍不采取移除侵权内容等措施以消除侵权后果的，则构成对于法定义务的违反，应当承担共同侵权责任。由此可见，知识产权侵权人的过错以违反注意义务和法定义务为其认定方法。

过错推定原则作为一种对过错责任原则的修正以及合理分配损害的方法，应当在知识产权侵权责任领域有更多的适用。知识产权法在规定过错推定原则的同时，应当设置举证责任倒置之后侵权人的抗辩事由。

无过错责任在知识产权领域的应用，还处于研究初期阶段，依然有待于理论的深入探讨和实践的检验。无过错责任原则必须在法律规定的范围内适用，不能随意扩大或者缩小其适用范围。过去我国《民法通则》规定的典型的适用无过错责任的案件也并无知识产权案件。

笔者认为，通过采取过错推定的归责方法，辅之以比较严格的抗辩事由，基本能够达到无过错责任原则的目的。我国不必要采取严格的无过错责任归责原则处理知识产权保护问题。无过错责任的基本意旨侧重体现出公共利益保护的目的。反观知识产权，可以看到，知识产权保护虽然存在维护公共利益的价值目标，但其首先是一种私权，因此不适宜使用无过错原则的这种侧重保护公共利益的侵权归责原则。

二、知识产权侵权纠纷的行政处理

（一）知识产权侵权纠纷行政处理的缘由

我国知识产权执法实行"两条途径、协调处理"的方式。在发生知识产权侵权行为时，被侵权人可以向人民法院起诉，要求追究侵权人的侵权损害赔偿责任，但在这一过程中，还可以向国家知识产权行政管理机关中有执法职能的行政执法部门（如知识产权局、版权局）投诉，请求对侵权行为进行查处。知识产权行政执法作为司法救济的一个有力补充，可以针对其快速、简便的特点，利用行政机关有力的行政措施，发挥尽快查找侵权证据、固定证据、有效打击侵权行为的重要作用。同时，知识产权行政执法与司法审判并行，可以充分发挥这两种知识产权保护手段的优势，为知识产权人提供更为周全完善的保护。

应当看到，我国知识产权保护的现行体制也存在着一些问题。毕竟这一制度设计更多的是沿袭了历史传统，同时也与我国行政机构设置存在着很大的关联。知识产权行政执法机关的权限究竟应当如何设置，行政执法权限是否过宽，是否存在着权力被滥用的风险，我国行政机构在知识产权保护方面是否存在着过重的压力，知识产权行政执法与司法救济这两个制度应当如何有效地衔接等，这些问题还都没有得到较好的解决，亟待研究。

（二）知识产权侵权纠纷行政处理与司法保护的关系

知识产权侵权纠纷行政处理与司法保护的关系应当衔接和协调。[1] 具体的完善方面如下：

1. 整合现有的知识产权行政管理机关，形成一个完整的组织系统

我国知识产权行政管理机关设置比较分散，且部门职能之间存在多头管理和重复管理。这种情况不仅给国内的知识产权人造成了困惑，也极大地影响着机构内部信息的共享、沟通和行政效率。对于国外通行的知识产权行政执法与行政管理相分离的做法，我国既要有所借鉴，又要尊重国情。对于我国来说，短期内重点是整合现有的知识产权行政管理机关，提高管理效率；加强执法机关之间的横向联系。值得注意的是，近年来国家行政管理机构改革，已经一

---

〔1〕 相关研究，参见冯晓青：《知识产权保护论》，中国政法大学出版社 2022 年版，第 52~58 页；张海燕：《知识产权行为所认定事实在民事诉讼中的效力》，载《法学论坛》2022 年第 3 期。

定程度上体现了上述思路。例如，重组国家知识产权局，将原来的国家工商行政管理总局商标局划归到国家知识产权局等就是体现。

2. 整合现有知识产权执法机关，改变多头执法现状，厘清执法机关权限，增进各部门之间配合行动

我国知识产权行政管理和执法机关设置分散，职能部门多，称谓复杂，这种局面不利于有效利用执法资源，已经成为我国知识产权行政保护的制度性障碍，而且知识产权行政管理和执法机关间职能划分不清，存在职能交叉和权力的冲突。随着科学技术的发展，知识产权案件日趋复杂，一个侵权案件可能需要几个行政执法机关的配合来完成。在某些假冒侵权产品聚集的市场上，行政执法机关的联合执法可以及时有效地打击侵权人的不法活动。现在各个知识产权行政机关之间缺乏相互间的信息沟通，在工作中也较少合作，这不利于知识产权行政保护工作的有效开展。[1]

针对我国知识产权行政执法存在的问题，需要改革现行知识产权行政执法管理体制。在 2023 年初举行的"两会"上，国务院即提出审议国务院机构改革方案的议案。这次国务院机构改革方案涉及很多重要内容，其中包括在推进知识产权强国建设、建设"中国特色、世界水平"知识产权强国的背景下如何"完善知识产权管理体制"。

新的改革方案实施后，意味着中国在国家层面对于知识产权的保护和管理，将以国家市场监督管理总局与国家知识产权局分工负责、协同管理和保护的形式出现，其中涉及专利和商标行政执法工作由国家市场监督管理总局完成，国家知识产权局则进行专业指导，涉及专利、商标授权确权以及涉外知识产权事务和知识产权公共管理等由国家知识产权局负责。

无疑，本次在对知识产权保护和行政管理进行改革后所形成的

---

[1]　陈建等：《"上海市知识产权保护对策与措施"课题总报告》，载《2004 年政府法制研究》。

格局，使国家市场监督管理总局和国家知识产权局能够更好地履行其在知识产权保护和管理方面的职能，提高中国知识产权战略运用水平，促进创新型国家建设。[1]

3. 强化司法职能与行政职能的衔接

基于知识产权所具有的私权属性，国外对知识产权的公力保护主要依赖司法手段，但随着知识产权贸易在全球贸易中日益占据重要的地位，行政保护的程序简易、手段灵活、效率高的优点也日渐凸显。我国除了司法保护外，也存在知识产权的行政保护。侵权发生后，权利人既可以诉诸司法程序，也可以寻求行政程序的救济，实行司法保护和行政救济并行的模式，而且我国的特色是行政管理机关径行执法。[2]

美国为了解决专利权、商标权的审批机构、登记机构或其行政复议机构的裁决和法院的判决不一致的问题，以及在法院诉讼管辖上由于地域管辖不统一所造成的司法管辖权混乱和冲突的问题，设立了联邦巡回上诉法院并由其专门受理全部或部分涉及专利法的案件，从而统一了专利司法裁判标准，使得专利法的适用具有更高的可预见性。[3] 在德国，民事法庭、刑事法庭颁布的各种临时禁令，与海关机构的边境扣押措施、警察机关的警方突袭行动有机地相互衔接，共同构成对于专利权人的良好保护体系。司法机关的权力与行政机关的职能相互配合、相互制约。日本为解决类似问题也设立

---

〔1〕 *See* Xiaoqing Feng, "Reform to Build up China into IP Powerhouse", *China Diary*, March 16, 2023.

〔2〕 关于加强知识产权行政执法与司法保护的衔接，习近平同志针对"提高知识产权保护工作法治化水平"，发表了重要观点。习近平同志指出："完备的知识产权法律法规体系、高效的执法司法体系，是强化知识产权保护的重要保障"；"要促进知识产权行政执法标准和司法裁判标准统一，完善行政执法和司法衔接机制。"参见习近平：《全面加强知识产权保护工作 激发创新活力推动构建新发展格局》，载《求是》2021年第3期。

〔3〕 参见胡潇潇：《知识产权行政执法与民事诉讼的冲突与协调——以知识产权侵权救济为视角》，载《贵州警官职业学院学报》2009年第3期。

了知识产权高等法院，统一了部分知识产权案件的上诉管辖权。

对我国来说，现状是两种程序之间关联性较少，甚至法院与海关保护之间的工作关联性也较少。这导致存在各自为战、各自为政的现象。寻求良好的机制，衔接多元制度之间的关联运作，是今后我国加强知识产权执法工作的一个突破点。[1]

4. 改革目前知识产权域外执法和国内执法分裂的现状，协调国内和国外知识产权保护

我国商务部负责知识产权的海外重大事件维权和对外知识产权法律政策的交流沟通，而国内知识产权案件则由行政主管机关具体负责，[2] 这种职能分配不合理而且实践中会有较大的问题。首先，知识产权的特征和国际贸易的特点决定了海外知识产权侵权现象会越来越普遍，面对越来越多跨国的知识产权侵权案件，仅仅因为地域不同而由两个机关管理，纯粹是人为割裂了两个市场，不利于执法资源的相互配合，也不利于彻底打击侵权行为。其次，开展国际知识产权执法国际信息交流和联合执法时，两个对口的知识产权机关之间会产生更高的工作效率，也能免去商务部过重的工作负担，国内相关部门也可以得到长远发展。最后，知识产权执法职能放在商务部下与相关的贸易问题一并解决，本身是一个合理的模式，因此可以借鉴美国，把一部分职能机关直接设置在商务部。

---

〔1〕 为强化司法机关与知识产权行政机关协同保护知识产权，2022 年 4 月 25 日，最高人民检察院与国家知识产权局联合发布《关于强化知识产权协同保护的意见》，规定的内容包括总体要求、建立常态化联络机制、建立健全信息共享机制、加强业务支撑、加大办案协作力度、加强人才交流培训、深化研究合作、加强宣传配合和国际合作、建立奖惩机制等。2023 年 2 月 20 日，最高人民法院与国家知识产权局则联合发布《关于强化知识产权协同保护的意见》（国知发学字〔2023〕3 号），规定的内容包括总体要求、建立常态化联络机制、加强业务协作、加强工作保障等。贯彻这些规范，无疑有利于强化知识产权司法职能与行政职能的衔接，特别是推进我国知识产权协同保护，提高知识产权保护水平。

〔2〕 参见邹宝珍：《论我国知识产权行政执法体制改革——美国〈优化知识产权资源与组织法案〉启示》，载《福建行政学院学报》2009 年第 6 期。

5. 知识产权的域外功能没有充分发挥，海外维权缺少政府帮助，海外维权援助能力有待增强

美国开展的反盗版行动中，中国几乎是首当其冲的被调查或关注的对象；美国对中国向其出口的商品也特别警惕，我国企业在海外市场的推广和竞争面临着国外企业的围剿，知识产权问题成为众多中国企业海外市场拓展的不稳定因素。中国政府可以借鉴美国经验，扩张知识产权专员的职能和权限，使其成为中国知识产权执法在当地的代表。更为重要的是，要建立为企业服务的长效制度，在企业决定进入某个市场之前应做好当地知识产权状况的调研工作。同时，也需要积极扶持与知识产权相关的行业协会的建立与发展，并同它们建立良好的信息沟通机制。依靠政府和行业协会的力量，改变个体企业海外维权的艰难处境。[1]

6. 缺少一个国家层面的有效运作的执法活动的协调组织（类似于美国国家知识产权执法协调委员会）

我国于 2004 年成立了国家保护知识产权工作组。由于该组织并没有一个明确规定的工作机制，更重要的是，该组织内部的成员尚面临执法权限和职能不清晰的状态，所以该组织并未发挥出类似于美国国家知识产权执法协调委员会的职能。现阶段，国家保护知识产权工作组的协调职能并不明显，但仍可期待通过改革有效地整合我国的知识产权执法资源，协调各部门的执法活动。

7. 强化地方知识产权管理机关的行政执法职能

对知识产权保护更重的任务，落在各地知识产权管理机构。因

---

〔1〕 知识产权海外维权援助，可以提高到维护知识产权领域国家安全的高度加以认识和研究。对此，习近平同志针对"维护知识产权领域国家安全"，提出："要推进我国知识产权有关法律规定域外适用，完善跨境司法协作安排。要形成高效的国际知识产权风险预警和应急机制，建设知识产权涉外风险防控体系，加大对我国企业海外知识产权维权援助。"参见习近平：《全面加强知识产权保护工作 激发创新活力推动构建新发展格局》，载《求是》2021 年第 3 期。相关研究，参见冯晓青：《知识产权保护论》，中国政法大学出版社 2022 年版，第 206~217 页。

此，改善执法条件，就显得非常重要。各国都通过立法赋予知识产权管理机关以明确的权力，使得知识产权管理机关能够具备现实需要的行政执法权力和条件。除了专门的知识产权行政管理机关之外，还应当强化具有知识产权行政执法职能的其他国家机关的行政执法权限，赋予其比较明确的知识产权行政保护和行政执法职能，这也是目前世界各国知识产权保护方面的趋势。此外，也应当注意加强知识产权行政执法人员队伍建设，要通过多种方式培训执法队伍，增强执法人员的判断能力，提高其执法水平，改善保护环境。

8. 加强知识产权保护和行政执法工作的协作性

应当健全与公安、市场监督管理、著作权、海关等部门及司法机关的知识产权执法联席会议机制，一旦发生知识产权重大侵权案件，应当共同研究、解决难点问题，交流执法信息，在必要的时候做好案件移送工作。行政执法工作的协作统一，能够使各部门提高知识产权行政执法水平，积累更丰富的经验，提高知识产权行政执法的效率。

此外，还应当不断完善知识产权局系统跨地区执法协作机制。目前，知识产权侵权案件，通常是跨地区发生的，这就要求各地区知识产权行政执法机构加强横向联系，共同确保本区域和多区域内知识产权案件的查处工作顺利开展，同时保障全国知识产权局执法协作机制的正常运行。

9. 进一步完善执法保护信息公开交流机制

不仅要注意做到知识产权行政执法机关之间的信息共享，还要做到知识产权行政执法机关与司法机构之间的信息交流机制的建立和健全。知识产权行政执法机关和司法机关在处理案件时，也应当注重各种材料的衔接，实现互相促进、共享信息。此外，还应当注重调解机制的衔接，实现缓和矛盾、促进合作的效果。

10. 加强知识产权执法培训

加强知识产权执法培训工作，经常开展各种项目的培训，推广知识产权行政执法的理念和执法方法，能够使本国及国外企业充分了解知识产权行政执法的优势，灵活应用知识产权执法职能。美国即非常重视采取各种办法对本国企业，尤其是拓展海外市场的本国企业，提供知识产权培训和法律咨询，力争解决企业知识产权方面的后顾之忧。我国知识产权执法机关应当在积极使用知识产权执法职能的同时，加强知识产权执法培训工作，这样也有助于促进知识产权维权工作的顺利开展。

三、知识产权侵权的司法救济

（一）知识产权请求权与侵权赔偿请求权

知识产权请求权是指当知识产权正在或已经受到侵害时，权利人享有的为恢复其权利行使的圆满状态而请求侵权人为或不为一定行为的权利，如停止侵害、排除妨碍、消除危险等。知识产权请求权是依附于知识产权而存在的请求权，是基于绝对权的一种救济制度。[1]

侵权赔偿请求权是指，被侵权人在权利受到损害时依照法律规定享有的要求侵权人承担损害赔偿的权利。是一种基于债权的请求权，也即基于相对权的一种救济制度。因此，可以说知识产权请求权和侵权赔偿请求权是处于并列地位的、知识产权救济的两种手段。

知识产权请求权和侵权赔偿请求权都是从私权的角度对知识产权予以救济，从而维持市场正当的竞争秩序。

在实践中，知识产权请求权与侵权赔偿请求权既可独立行使也可分别行使，二者作为知识产权的保护手段共同发挥着重要作用。

（二）知识产权侵权诉讼

知识产权侵权诉讼是指，当权利人的知识产权受到侵害时采取

---

〔1〕 相关研究，参见李扬：《知识产权请求权的限制》，载《法商研究》2010年第4期。

诉讼的方式维护其权益。知识产权侵权诉讼作为知识产权侵权的一种主要纠纷解决方式，具有以下特点：

（1）诉讼主体广泛。知识产权渗透于人们生活的方方面面，且侵权商品或服务的制造、使用、销售过程具有相当大的流动性和商业性，因此知识产权侵权诉讼牵涉的主体和社会层面往往十分广泛，一个知识产权案件的双方当事人常牵扯数家公司或个人，人数众多将会给案件的审理和侵权的判断带来更复杂的情况。[1] 此外，知识产权民事法律关系往往涉及一系列事件或行为，对各个行为主体的判断在各地司法实践中并未达成统一，司法审判与行政纠纷解决方式常常出现重叠，确定诉讼主体的资格成为一大难题。

（2）诉讼法律关系复杂，专业性强。[2] 知识产权侵权诉讼因为不仅涉及财产权利还涉及人身权利，因此呈现出权属纠纷上的复杂性，民事责任和行政责任同时出现，使诉讼法律关系复杂化。此外，知识产权——主要是专利权，涉及的内容专业性非常强，往往还要聘请专家进行辅助工作，无论是化工医药还是文学艺术作品，都需要有专门技术特长的人运用相关领域的知识来判断是否构成侵权。

（3）取证和举证困难。[3] 因为知识产权无形性的特点，其证据更加具有技术性、隐蔽性和易毁性，知识产权侵权案件的证据收集

〔1〕 相关案例，参见胡某、吴某与某美术电影制片厂著作权权属纠纷案，上海市第二中级人民法院（2011）沪二中民五（知）终字第 62 号民事判决书。

〔2〕 相关案例，参见上海某数码科技有限公司与福州某科技有限公司、福州某网络有限公司等侵害《碧蓝之海》信息网络传播权纠纷案，上海市杨浦区人民法院（2019）沪 0110 民初 8708 号民事判决书；广州市某贸易有限公司、义乌市某贸易有限公司侵害商标权纠纷案，浙江省金华市中级人民法院（2019）浙 07 民终 2958 号民事判决书。

〔3〕 相关案例，参见某通公司与北京某科技有限公司等著作权权属侵权纠纷案，北京知识产权法院（2017）京 73 民初 1249 号民事判决书；甘肃某谷种业有限公司与山西某种业有限公司侵害植物新品种权纠纷案，甘肃省高级人民法院（2017）甘民终 487 号民事判决书。

具有相当大的难度。知识产权的载体易复制，尤其是随着网络的普及，一旦被非法窃取，其复制、传播速度相当之快，将给权利人带来不可弥补的损害，而权利人在取证、举证上将面临重大困难。目前我国的知识产权诉讼证据制度中，在举证责任的分配上，不合理地给权利人施加更大的举证责任，给其维权带来相当大的难度，且证据保全制度尚待完善，对"情况紧急"的证据不能及时采取有效措施予以收集。

（4）侵权赔偿数额难以计算。[1] 按照我国现行的知识产权法律规定，侵权赔偿数额按照权利人因被侵权所受到的实际损失或者侵权人因侵权所获得的非法利益确定。权利人要想证明侵权人所获利益，但能够提供的计算侵权人获利的证据则只能是间接证据，间接证据的证明力较弱，不同法院对其态度有很大不同。在尚未形成完整的侵权人获利证明标准的情况下，侵权赔偿数额的计算仍有很大难度。

（三）知识产权司法鉴定

2000 年 11 月 29 日，司法部制定的《司法鉴定执业分类规定（试行）》发布，在该规定中，将司法鉴定分为 13 个类别，包括知识产权。近年来，随着知识产权客体的不断扩大，加之信息网络技术的发展，知识产权侵权案件日具复杂性，对知识产权进行司法鉴定的需求越来越大。

1. 知识产权司法鉴定概述

知识产权司法鉴定是指，依法取得知识产权司法鉴定资格的鉴定机构和鉴定人接受司法机关或当事人委托，根据技术鉴定专家对本领域公知技术及相关专业技术的了解，运用必要的检测、化验、

---

[1] 相关案例，参见深圳某科技有限公司与深圳某科技股份有限公司、泉州市某网络科技有限公司侵害发明专利权纠纷案，最高人民法院（2019）最高法知民终 725 号民事判决书；嘉兴某化工公司等与王某集团公司侵害商业秘密纠纷案，最高人民法院（2020）最高法知民终 1667 号民事判决书。

分析等手段，对被接受委托的技术争议进行鉴定的活动。2015 年 4 月 24 日全国人民代表大会常务委员会通过了修正的《关于司法鉴定管理问题的决定》，其中明确规定，司法鉴定是指在诉讼活动中，鉴定人运用科学技术或者专门知识对诉讼涉及的专门性问题进行鉴别和判断并提供鉴定意见的活动。该决定将司法鉴定活动限定在诉讼活动中，笔者以为，这个诉讼活动指的是定分止争的司法活动。

知识产权司法鉴定具有如下法律特征：

（1）技术专门性。在案件的审判过程中，当事人提交的证据若涉及专业技术知识，法官往往难以理解和判断，特别是对于方法发明专利等较为复杂的发明专利案件和商业秘密（技术秘密）案件，以法律知识见长的法官，往往需要借助司法鉴定的手段来解决专门的技术问题。[1] 鉴定机构的鉴定人在对委托事项进行鉴定时，要严格按照自己所掌握的专业知识以及相关技术领域的最新技术现状，对所要鉴定的对象做出公正的结论。

（2）客观性。知识产权鉴定机构是第三方机构，应站在客观的立场上，对所鉴定客体做出公正、客观的鉴定结论。

（3）保密性。鉴定机构及鉴定人以及鉴定机构的工作人员对鉴定委托人提交的鉴定委托事项负有保密义务。大多数的鉴定委托案件，委托方均要求与受托方（即知识产权司法鉴定机构）签署保密协议。

2. 从实际案例看知识产权司法鉴定的作用

目前我国企业已从过去遇到知识产权纠纷时束手无策或索性避开转变为现在直面纠纷、主动应战，而在知识产权诉讼中，知识产权司法鉴定可使企业成功维权。[2]

---

〔1〕 参见葛少帅：《民诉法修改背景下对知识产权诉讼鉴定制度的三个反思》，载《中国司法鉴定》2013 年第 1 期。

〔2〕 晓彤：《遭遇知识产权官司司法鉴定应先行》，载《上海法治报》2007 年 8 月 15 日。

案例一：一份鉴定书，决定原告败诉。

昆山甲电器有限公司（以下简称"甲公司"）是一种"抽油烟机排气装置"实用新型专利的权利人。2006年初，甲公司以侵犯专利权为由将上海乙电器有限公司（以下简称"乙公司"）告上法庭。法院委托上海市知识产权司法鉴定中心就被告乙公司生产的抽油烟机内部吸油烟装置是否属于甲公司专利权利保护范围做技术鉴定。鉴定中心对双方的必要技术特征进行了一一比对，得出被告乙公司相关技术不属于原告甲公司专利保护范围的鉴定意见。法院据此作出了对原告诉讼请求不予支持的判决。[1] 甲公司如果能在诉前进行专利权的专业鉴定，可能就不会打这场官司。

案例二：司法鉴定书是"走出去"企业的尚方宝剑。

加入世界贸易组织以后，我国企业出口额逐年增长，涉及国际贸易的知识产权纠纷也在不断增加。正所谓产品未动，知识产权先行。企业在产品出口前，应学会运用知识产权司法咨询、知识产权司法鉴定为自己的出口产品取得尚方宝剑。某型号板式换热器是上海某制冷设备有限公司自主研制的新产品。在打开国内市场后，该企业准备开拓欧洲市场。获悉中国产品出口欧洲多由于知识产权问题被当地海关扣留后，该企业带着顾虑到市知识产权司法鉴定中心进行咨询。鉴定专家经过检索，出具了某型号板式换热器相关技术不侵犯欧洲专利权的咨询报告。拿着这份报告，该企业放心地将产品出口欧洲，并顺利打开了欧洲市场。[2]

3. 知识产权司法鉴定的客体和鉴定范围

（1）知识产权司法鉴定的客体。2000年司法部制定的《司法鉴定执业分类规定（试行）》第16条明确规定，知识产权司法鉴

---

[1] 晓彤：《降低诉讼成本：遭遇知识产权官司司法鉴定应先行》，载《上海法治报》2007年8月14日。

[2] 晓彤：《降低诉讼成本：遭遇知识产权官司司法鉴定应先行》，载《上海法治报》2007年8月14日。

定的范围为，根据技术专家对本领域公知技术及相关专业技术的了解，并运用必要的检测、化验、分析手段，对被侵权的技术和相关技术的特征是否相同或者等同进行认定；对技术转让合同标的是否成熟、实用，是否符合合同约定标准进行认定；对技术开发合同履行失败是否属于风险责任进行认定；对技术咨询、技术服务以及其他各种技术合同履行结果是否符合合同约定，或者有关法定标准进行认定；对技术秘密是否构成法定技术条件进行认定；对其他知识产权诉讼中的技术争议进行鉴定。

（2）知识产权司法鉴定范围。

第一，商业秘密案件。商业秘密的司法鉴定范围为：权利人主张的信息是否不为公众所知悉；对技术秘密是否构成法定技术条件，即权利人主张的信息是否具有商业价值性进行认定；被控侵权方的信息与权利人的非公知信息是否相同或相似；其他与商业秘密相关的鉴定事项。

第二，专利案件。专利案件的司法鉴定范围为：根据技术专家对本领域技术及相关专业技术的了解，并运用必要的检测、化验、分析手段，对被侵权的技术和涉嫌侵权的技术以及相关技术的特征是否相同或者等同进行认定；对被控侵权产品或方法的技术特征与专利的技术特征是否相同或等同进行鉴定；根据被告提供的证据材料，判定被控侵权技术是否属于原告专利申请日之前已经公开的公知公用技术；被控侵权产品的外观设计是否与原告的外观设计专利设计特征或者设计特征的组合具有明显区别；被授予专利权的发明或者实用新型是否具备新颖性、创造性；发明、实用新型专利说明书是否充分公开技术方案；其他。

第三，著作权案件。著作权案件的司法鉴定范围为：权利人的作品是否具有独创性；被控侵权作品与权利人的作品是否相同或相似；软件著作权中对于软件代码是否具有同一性进行鉴定；网络游戏画面是否相同或相似。

第四，商标案件。商标案件司法鉴定范围为：被控侵权商标是否与权利人的注册商标相同或相近似；其他。

第五，技术合同类案件。技术合同类案件的司法鉴定范围为：对技术转让合同标的是否成熟、实用，是否符合合同约定标准以及是否存在重大技术缺陷进行认定；转让方履行技术转让合同所交付的技术文件资料是否符合合同约定的标准；履行合同所做的技术指导是否符合合同约定的技术服务内容；对技术开发合同履行失败是否属于风险责任进行认定；其他。

第六，集成电路布图设计案件司法鉴定。通过比对侵权产品与权利人的集成电路布图是否相同或者等同进行鉴定。

第七，其他类知识产权案件司法鉴定。被控侵权产品的名称、包装、装潢与权利人产品的名称、包装、装潢是否相同或相近似；其他。

第八，对其他知识产权诉讼中的技术争议进行鉴定。

4. 知识产权司法鉴定程序

2015 年 12 月 24 日司法部修订通过，2016 年 5 月 1 日施行的《司法鉴定程序通则》明确规定了司法鉴定的程序。结合该《通则》以及《民事诉讼法》等规定，以下内容需要了解：

（1）委托和受理。委托人委托鉴定的，应当向司法鉴定机构提供真实、完整、充分的鉴定材料，并对鉴定材料的真实性、合法性负责。司法鉴定机构应当核对并记录鉴定材料的名称、种类、数量、性状、保存状况、收到时间等。诉讼当事人对鉴定材料有异议的，应当向委托人提出。

司法鉴定机构应当自收到委托之日起 7 个工作日内作出是否受理的决定。对于复杂、疑难或者特殊鉴定事项的委托，司法鉴定机构可以与委托人协商决定受理的时间。司法鉴定机构应当对委托鉴定事项、鉴定材料等进行审查。对属于本机构司法鉴定业务范围、鉴定用途合法、提供的鉴定材料能够满足鉴定需要的，应当受理。

（2）司法鉴定委托书的签订。司法鉴定机构决定受理鉴定委托的，应当与委托人签订司法鉴定委托书。

（3）鉴定机构和鉴定人员的选任。当事人申请鉴定的，应在法定期限内提出。双方当事人可协商确定有鉴定资格的鉴定机构和鉴定人员。协商不成的，由法院指定，法院告知当事人鉴定专家名单后，当事人可依法选择该名单中的鉴定机构。

（4）鉴定专家的回避。属于法定的鉴定人应当回避情节的。有司法鉴定人自行回避和被要求回避两种情形。委托人对司法鉴定机构作出的司法鉴定人是否回避的决定有异议的，可以撤销鉴定委托。

（5）司法鉴定人负责制的司法鉴定意见。鉴定启动后，委托人将告知鉴定机构鉴定委托事项，并送交相关鉴定材料。鉴定人必须在委托人提供的证据基础上，独立、公正、客观地做出鉴定结论。知识产权司法鉴定实行鉴定人负责制度。鉴定人应当独立进行鉴定，对鉴定意见负责并在鉴定书上签名或者盖章。多人参加的鉴定，对鉴定意见有不同意见的，应当注明。

（6）司法鉴定时限。司法鉴定机构应当自司法鉴定委托书生效之日起30个工作日内完成鉴定。鉴定事项涉及复杂、疑难、特殊技术问题或者鉴定过程需要较长时间的，经本机构负责人批准，完成鉴定的时限可以延长，延长时限一般不得超过30个工作日。

（7）司法鉴定意见的补正。司法鉴定意见书出具后，司法鉴定机构可以进行补正；对司法鉴定意见书进行补正，不得改变司法鉴定意见的原意。

（8）听证。司法鉴定听证是指在鉴定委托人提供的鉴定资料不完整、不全面，或者鉴定项目委托不明确、不具体、不全面的情况下，由鉴定委托人提出听证申请，司法鉴定机构采用听证会的形式进行鉴定。

（9）鉴定意见的采信。鉴定结论做出后，并不一定被采信。在诉讼中，当事人对鉴定意见有异议的，经人民法院依法通知，鉴定人应当出庭作证。

（10）质证。经人民法院依法通知，司法鉴定人应当出庭质证，回答与鉴定事项有关的问题。司法鉴定机构接到出庭通知后，应当及时与人民法院确认司法鉴定人出庭的时间、地点、人数、费用、要求等。司法鉴定机构应当支持司法鉴定人出庭质证，为司法鉴定人依法出庭提供必要条件。

5. 对我国司法鉴定中存在问题的认识和完善建议

由于相应的法律法规仍不健全，实践中存在着鉴定机构各行其是的现象，因此在程序上和实体上都出现了亟须厘清和解决的问题。

（1）知识产权司法鉴定应是对事实问题的鉴定。知识产权司法鉴定所要解决的应该是事实问题，法律问题则是司法工作者所要解决的问题。目前学界和实务界对此问题的认识还是比较一致的，但是否所有的"事实问题"均需要进行司法鉴定？答案是否定的，必须是需要借助专业知识解决的"专门性事实问题"才需要做司法鉴定。

知识产权司法鉴定中事实问题和法律问题的界限不明确，再加上事实问题常与法律问题交织在一起，因此更难以将两者进行辨析。鉴定意见往往对知识产权案件起着决定性的作用，如果此时错将法律问题当成事实问题，就会出现"以鉴代审"的情形，造成审判权的让渡，这是不符合司法鉴定本质的。

法律问题是对已认定的事实，按照法律规范应如何做出评价的问题，是关于法律规则的确定、解释及适用的问题。例如，"是否侵权""权利是否存在""是否构成商业秘密"等问题。

事实问题是纯粹的事实问题，不会因为法律法规的变动而有所改变。法律问题则需要经过法律规范评价，随着法律规范的变化而变化。知识产权司法鉴定的鉴定范围可以据此进行初步的确定。

美国司法制度对区分事实问题与法律问题有比较明确的规定，可供我国借鉴。陪审团对事实问题作出裁决，而法官就法律问题作出判断。上诉法院只审查初级法院的法律适用问题，不审查事实问题。若根据上述方法仍然难以确定某问题是事实问题还是法律问题时，则可以根据"争议问题是否专属于法官的权力范围来区分事实问题与法律问题"。

（2）对鉴定结论做法律分析工作的应当是司法机构。司法鉴定意见只是对事实问题作出判断，而最后结合我国相关的法律规定进行分析并得出"确定"的结论的任务应该交由司法机构完成。

（3）应确立查新机构查新失误的连带责任。在鉴定中，往往需要借助更为独立的技术查新机构（如某科技情报研究所）对事实作出判断。一般来说，技术查新机构会借助相应的技术储备数据库或实验设备，做出公正、客观、科学的查新报告，但因为是由具体的自然人执行该查新过程，因此，查新结果也不能保证百分之百的正确。如果因为查新报告的不完善而导致鉴定结论的失误，查新机构应对"失误"的鉴定结论承担连带责任，这既是一个理论问题，又是一个实践问题。实践中承担连带责任的操作非常困难，因为对失误的认证由谁作出的判断就非常困难。因此，确立相关的职能部门，加强对查新机构的管理是完善知识产权司法鉴定管理的重要方面。

（4）应确立"统一和协商相结合"的灵活收费方式。目前的知识产权司法鉴定没有统一的收费标准，知识产权司法鉴定的案件收费无据可依。笔者以为，应依据知识产权司法鉴定的范围确定一个基本统一的原则性收费标准，因为这可以让委托人有据可依；但因为知识产权司法鉴定的客体具有"复杂性"，每个鉴定的难易程度以及所需工作量均不同，需要采取"灵活""协商"的收费标准。因此，建议采取"统一和协商相结合"的灵活收费方式。

（四）知识产权案例指导制度

2015年4月24日，最高人民法院在北京知识产权法院设立知识产权案例指导工作（北京）研究基地，这是知识产权司法改革领域的一项重要制度创新。

知识产权案例指导制度不同于指导性案例。从内涵上看，指导性案例是指由最高人民法院、最高人民检察院发布的对全国范围都具有指导性的案例；而案例指导制度收纳的案例范围更广，它意味着上级法院和本院在先的审判能够源源不断地满足各地司法的需求，不需要最高人民法院的通过即可在当地案件审判过程中起到事实上的约束力的效果。从效力上看，经最高人民法院发布的案例显然具有更高的参照性。

案例指导制度也不同于英美法系的判例法制度。案例指导制度是在法律没有规定或者规定不明确不足以指导案件审判的时候适用的，由法官在司法解释允许范围内，依据立法精神和法理，充分发挥自由心证作出的具有指引未来案件审判的司法裁判。法官对每一个案件的判决都可以作为本院和下级法院未来审判的依据，因此也从一定程度上强化了法官责任。必须明确的是，案例指导制度并不意味着法官审判时必然遵循，在任何情况下都需要具体案件具体分析，否则判决的公正性就不能得到保障。英美法系的判例法则是作为法律发挥与普通法相同的效果。

知识产权案例指导制度能够在当代中国司法审判中发挥重要作用，很大一部分要归因于中国目前经济的飞速发展。在相同或类似案件的处理中，法官由于自身水平、成长经历等各方面的差异，可能得出迥然不同的判决结果，"同案不同判"现象的产生不仅不利于维持和保护司法公信力，也会使人们质疑司法判决。知识产权案例指导制度的诞生对解决这一难题具有很大帮助。

知识产权案例指导制度有以下优点：①减少错案发生和法官自由裁量权过大的情况；②提高司法活动透明度，提高判决公信力，改善中国在知识产权保护方面的国际形象；③有利于规范审判流程，节约司法成本和时间，从而把司法资源投入到更加复杂的新领域中；④进一步提高当事人和诉讼律师对案件在审判之前对结果的预判力，明确证据搜集的具体方向。

知识产权案例指导制度的发展有助于实现法律框架内的标准统一，在判决中直接引用在先生效案例的政策基础现在已经成熟。但目前该制度还存在制度定位不够明确、裁判标准统一功能尚未完全落实等问题，这需要在法律实务中不断完善。

四、知识产权仲裁及其他非诉讼调处机制

（一）知识产权仲裁

仲裁是各国避免大量诉讼和高昂诉讼成本的有效途径。知识产权纠纷解决机制应当是包含调解、仲裁、行政执法、诉讼等多种方式在内的多元纠纷解决机制，而不应局限于诉讼一途。知识产权诉讼存在着费用高昂、程序过于拖延、公开审判中商业隐私泄露、诉讼双方交恶等明显不足。充分发挥知识产权仲裁在解决知识产权纠纷中的作用，显得非常必要。[1]

1. 知识产权仲裁的益处

（1）当事人可以选择非常熟悉专业技术领域的专家进行仲裁。专家仲裁，是知识产权仲裁的最大特点。知识产权仲裁的最大益处在于，当事人被允许挑选特定专业技术领域的专家作为仲裁员。知识产权纠纷常常涉及复杂的专利技术和法律专业知识，仲裁机构中仲裁员选定和聘任机制使专业技术领域的权威或专家有机会作为仲

---

〔1〕　知识产权仲裁作为解决知识产权纠纷的一种重要形式，其重要性可以从建立和完善知识产权全链条保护体系的角度加以理解。习近平同志在关于加强知识产权保护工作的重要论述中即提出要"强化知识产权全链条保护"。习近平同志指出："知识产权保护是一个系统工程，覆盖领域广、涉及方面多，要综合运用法律、行政、经济、技术、社会治理等多种手段，从审查授权、行政执法、司法保护、仲裁调解、行业自律、公民诚信等环节完善保护体系，加强协同配合，构建大保护工作格局"。参见习近平：《全面加强知识产权保护工作 激发创新活力推动构建新发展格局》，载《求是》2021年第3期。

裁员参与到仲裁中来，他们对知识产权纠纷的判断比普通法官更具专业权威性，裁决结果也更能取得当事人双方的信任和接受。因此，知识产权仲裁常常能够获得更高质量的裁决。

（2）仲裁裁决的依据更为宽泛。仲裁员裁决时，不仅可以依据法律，还可以依据商业惯例、习惯甚至公平合理的原则等。这一点对于知识产权案件来说更为重要，因为许多知识产权纠纷具有超前性，常常没有足够有效的法律和先例依据。随着现代科学技术的高速发展，知识产权法律制度本身也在不断发展，知识产权侵权判定的专业技术性越来越复杂。知识产权案件常常需要在坚持法律普遍性的前提下，充分考虑具体案件的特殊性。在知识产权侵权发生在新的技术领域时，法律往往对此没有作出明确的规定。[1] 仲裁则可以灵活处理这种情况。因此，知识产权仲裁能够较好地应对快速发展变化的知识产权案件。

（3）当事人自治。这种自治表现在实体权利的处分以及程序性救济权利的选择与行使两个方面。仲裁为当事人提供了国家司法权以外的可选择的纠纷解决方式，使当事人可以自由行使程序选择权。在美国的知识产权仲裁中，当事人甚至可以规避美国风格的证据开示制度；在仲裁协议中，当事人可以同意不进行任何开示，这在法院是无法实现的。当事人可能同意受仲裁结果的约束。如果当事人选择，仲裁结果即具有约束力，该仲裁是不可以上诉的。

（4）保密性。根据仲裁制度，案件的审理程序通常是不公开的。根据以上规则，在纠纷解决中选择知识产权仲裁，便于保护商业秘密，有利于保护权利人的利益。同时，知识产权仲裁的裁决结果不公开，这就使得当事人的商誉也可以获得很好的保护，即使败诉，当事人不必被迫洗刷自己的污点。此外，已经进行了专利许可的公司，不希望他们的被许可人知道正在使用的专利涉及了专利诉

---

〔1〕 马民虎：《论我国知识产权侵权纠纷的可仲裁性》，载《西安交通大学学报（社会科学版）》1999 年第 2 期。

讼，如果进行诉讼，这种信息就会泄露，反而不如在仲裁中加以解决，因此公司同样也不希望对许可专利的有效性的争议变成一个公众事件。[1] 相反，在法院审理中，判决都要求上网公开，这对于有些当事人来说非常不利。

（5）节省诉讼成本。专利纠纷的诉讼成本越来越高昂，知识产权诉讼的周期越来越长、开庭次数越来越多、程序越来越烦琐，诉讼的时间成本也很高，有时需要多年才能最终结案。取证的过程也是一个复杂、耗时、高花费的过程。因此，知识产权案件审理成本高昂，许多当事人甚至放弃诉讼，转而寻求替代性争端解决办法。

相对于法院审理来说，仲裁裁决程序简单，一裁终局，为当事人节约了大量时间。

（6）速度快捷。知识产权仲裁还具有纠纷解决的快速性特点，知识产权仲裁使用单一程序，能够在最短的时间内解决当事人之间的纠纷。仲裁还可以通过自身的规则来缩短案件处理时间，从而使当事人之间的纠纷在最短的时间内获得解决。知识产权仲裁的快捷性，还可以使专利要挟者的目的无法达到，减少了专利要挟现象的发生。

（7）保护双方当事人的商业关系。在商业信用日益成为一种企业无形资产的今天，侵权纠纷双方可以通过仲裁不公开地解决纠纷。双方当事人在仲裁中的对抗性比在诉讼中的要小，对继续保持合作关系有利，更有利于维护他们的商业利益。仲裁能够使当事人保护良好的商业关系，最小化对当事人商业关系的损害。

（8）知识产权的特点适宜以仲裁方式解决纠纷。知识产权案件专业性强，尤其是涉及一些技术的问题，涉及企业的秘密，当事人希望知悉其技术秘密的人越少越好。因此，仲裁审理程序的不公开性，很大程度上降低了商业秘密和企业商誉受到损害的概率。仲裁

---

〔1〕　M. Scott Donahey, "Unique Considerations for the International Arbitration of Intellectual Property Disputes", February-April *Dispute Resolution Journal* 38 (2010).

是专家断案，知识产权纠纷的专业性、技术性非常强，许多问题只有该领域的专家才能作出正确的判断。仲裁庭一般由既熟悉技术专业知识又掌握法律的专家组成，因此对于知识产权领域内专业性较强的纠纷，仲裁审理较为准确、客观和公正。

（9）国家利益的中立性。许多知识产权案件都是涉外案件，来自不同国家的知识产权当事人，都不希望各自国家利益影响诉讼裁决。在现代社会中，一个知识产权纠纷往往会涉及数个国家。如果只能以诉讼方式解决纠纷，权利人必须在这些国家分别起诉并参加诉讼，这将使权利人耗费大量的时间和费用，备受诉累之苦。另外，不同法院作出的判决往往存在不一致的情况，在一定程度上也不利于判决的域外承认与执行。知识产权仲裁，可以使争端被提交给一个仲裁庭，而不是同时在不同的司法领域交由不同的法庭处理。仲裁的这一特点消除了过度考虑国家利益对法院审理案件的影响，更能够保护投资者和商人的利益，满足知识产权纠纷解决的要求。仲裁机构是一个依法设立的、独立的、提供法律服务的社会组织，仲裁机构这种鲜明的中立者地位，有助于排除利益干扰，客观、公正地解决争议。当事人可以根据协议选定合适的仲裁机构和仲裁员，从而使纠纷获得公正的解决。

（10）在国家间仲裁的更大的可执行性。根据我国参加的《承认及执行外国仲裁裁决公约》（the New York Convention on the Recognition and Enforcement of Foreign Arbitral Awards，以下简称《纽约公约》），我国仲裁机构的裁决可以在参加该公约的多个国家中得到承认和执行，这就为涉外知识产权纠纷的解决打开了便利之门，确保涉外案件仲裁裁决可以得到承认和执行。仲裁的益处，使许多企业顾问将仲裁条款写入其国内许可协议，并且将专利侵权争端从诉讼中转移出来，按照后争端协议向仲裁机构提起仲裁。[1]

---

〔1〕 M. Scott Donahey, "Unique Considerations for the International Arbitration of Intellectual Property Disputes", February-April *Dispute Resolution Journal* 38 (2010).

2. 知识产权仲裁的不足

（1）仲裁必须事先存在协议或争端解决协议。当发生了知识产权侵权纠纷之后，如果当事人之间无法达成侵权争端解决协议，则无法将双方之间的纠纷提交仲裁解决，知识产权仲裁无法启动。因此，知识产权仲裁的实现，完全依赖于双方当事人的协议，这是知识产权仲裁的不便之处。

（2）对知识产权有效性进行仲裁，承认商事仲裁庭对知识产权有效性纠纷的管辖权，可能会存在以私权否定公权的问题。国家有关机关审查以确保所有授予的知识产权权利符合法律标准，这些国家机关往往对因这类权利效力引起的争议保留着最终决定权。仲裁解决争议不能对抗和代替国家机关对知识产权有效性的审查。如果听任知识产权仲裁处理知识产权有效性，则将会导致国家机关对知识产权有效性审查权威性的降低。[1]

（3）很难迅速获得禁令救济。知识产权侵权纠纷的及时处理有时需要采取临时禁令措施、证据保全措施等强制措施。如果法律仅赋予权利人损害赔偿请求权，却不赋予制止正在发生或即将发生的损害的权利，则可能会无助于纠纷的及时解决。尤其对于具有隐蔽性、复杂性的知识产权侵权来说，及时制止侵权行为是最有效的救济方式。但是，在仲裁程序中，申请临时禁令措施是难以得到法院的支持的，这也在很大程度上影响了知识产权侵权纠纷当事人对仲裁解决方式的选择。[2] 在知识产权仲裁中，由于仲裁法律对禁令缺少明确规定，并且仲裁庭不具有作出禁令的权力，仲裁当事人难以获得禁令的救济，其权利不能得到及时、充分的保障。

（4）很难获得惩罚性赔偿。惩罚性赔偿能够威慑潜在侵权人和

---

〔1〕 相关研究，参见孙子涵：《我国知识产权效力争议仲裁的理论基础与实现路径》，载《现代法学》2023 年第 1 期。

〔2〕 张林、刘永光：《日本知识产权纠纷的仲裁解决机制——兼论我国知识产权纠纷仲裁的困境与出路》，载《日本研究》2014 年第 3 期。

打击侵权者。知识产权仲裁只能解决当事人之间发生的纠纷，很难对一方当事人进行惩罚性赔偿的处罚，这也是知识产权仲裁逊于知识产权诉讼之处。

（5）有些侵权行为不仅侵害了知识产权人的权益，同时还欺骗了广大公众，损害了社会利益，破坏了国家正常的经济秩序。对这种行为，除了依法要承担民事责任外，还应该承担相应的行政责任，甚至刑事责任。但是，在知识产权仲裁中，无法对当事人进行行政处罚。

（6）无法对精神权利及商誉进行救济。在知识产权侵权中，可能会涉及对于人身权和商誉的侵害，因为知识产权对于人身权的侵犯不允许仲裁解决，不符合可仲裁性标准。商誉的损害也涉及精神权利，也不符合可仲裁标准。因此，在知识产权侵权中如果涉及这两个领域，则是仲裁所无法涵盖的。

（7）涉及专利有效性的国外仲裁，可能会因违背国内的公共政策而不予执行和撤销。理论上说，如果仲裁协议涉及那些按照法律不可仲裁的问题时，该协议可能是不可执行的，并且因此基于该协议进行的仲裁裁决也是不可执行或无效的。[1] 违反公共政策的裁决不可执行，这类裁决包括违反法律基本目的的裁决以及关于知识产权效力的裁决。专利仲裁裁决需要执行时，关键的问题就在于执行地法是否认可仲裁的效力或者是否执行关于专利效力的仲裁裁决。

根据《纽约公约》第 2 条的规定，非合同关系产生或可能产生的纠纷也可通过仲裁解决，侵权纠纷也具有可仲裁性。

在此基础上，世界知识产权组织设立的仲裁中心提供特别服务，包括调解、仲裁、简易仲裁和简易调解、违约仲裁等。它还提

---

[1] Richard H. Kreindler, "Arbitration: A Creative Alternative to Intellectual Property Litigationin Light of Two Recent U. S. Supreme Court Decisions", January *World Arbitration & Mediation Report* (1998).

供标准仲裁条款，这可以插入当事人的合同中，或者可能用于争端发生之后。该中心也处理了许多涉及专利侵权和有效性的案件，更多的是涉及美国和欧盟的专利。在解决争端上的仲裁的广泛使用，受到法律障碍和不确定的各种领域的妨碍。[1] 因此，知识产权仲裁在国际层面上日益蓬勃发展起来，并且逐渐影响到国内知识产权仲裁的设立。

3. 知识产权侵权纠纷可以仲裁

我国最高人民法院在《关于执行我国加入的〈承认及执行外国仲裁裁决公约〉的通知》中明确规定，侵权纠纷或者根据有关法律规定而产生的经济上的权利义务关系纠纷，例如产品责任、环境污染、海上事故和所有权争议均可提交仲裁。可见，我国司法部门在确定可仲裁纠纷的范围上，并不排除知识产权侵权纠纷的可仲裁性。我国1994年颁布的《仲裁法》根据对外开放的实际要求，结合其他国家的仲裁立法，承认"其他财产纠纷"的可仲裁性。然而，"其他财产纠纷"是否包括知识产权的侵权纠纷，并不明确。[2] 因此，我国的法律并没有完全排除知识产权侵权纠纷的仲裁的可能性。还必须指出的是，我国2001年《著作权法》第54条（现行《著作权法》第60条）规定，著作权纠纷可以调解，也可以根据当事人达成的书面仲裁协议或者著作权合同中的仲裁条款，向仲裁机构申请仲裁。这里的"著作权纠纷"应当理解为包括著作权侵权纠纷。

当事人发生纠纷之后，是否有可能达成侵权后争议解决协议，是能否提请仲裁的关键。侵权行为发生后，双方当事人达成补充仲

---

〔1〕 M. A. Smith, M. Cousté, T. Hield, R. Jarvis, M. Kochupillai, B. Leon, J. C. Rasser, M. Sakamoto, A. Shaughnessy, J. Branch, "Arbitration of Patent Infringement and Validity Issues Worldwide", *Harvard Journal of Law and Technology* (2006).

〔2〕 马民虎：《论我国知识产权侵权纠纷的可仲裁性》，载《西安交通大学学报（社会科学版）》1999年第2期。

裁协议或者仲裁条款并非不可能，且侵权者往往就是潜在的协议相对方。

4. 知识产权有效性不可仲裁

知识产权有效性问题，会影响经济生活中公众的行为，其中当然包括公共利益，涉及一国的"公共政策"。仲裁员权力有限，仲裁是在双方一致同意情况下进行的程序，仲裁员的司法权力受限于双方当事人。因此，仲裁员不可能作出裁决使一件专利无效并且使该无效裁决具有"公共"效力。[1]

确权纠纷不适用仲裁是因为，依我国现行法律的规定，任何人认为专利权、商标权的授予有违法情形存在，可以在法定期间内依法请求宣告无效。对行政机关作出的决定不服的，可以向有关人民法院提起诉讼。确权纠纷涉及的是国家机关有关知识产权管理的关系。

5. 外国有效性仲裁的执行问题

仲裁裁决的国际执行，适用《纽约公约》。违反公共政策的裁决不可执行，这类裁决包括：违反法律基本目的的裁决，或关于专利有效性的裁决。我国知识产权仲裁规则未规定知识产权有效性可以进行仲裁，对于国外关于知识产权有效性的仲裁裁决是否应当加以执行，值得探讨。

美国法院在按照《纽约公约》为执行裁决而解释公共政策例外方面，是最为宽泛的国家。许多判例都提到 1985 年美国联邦最高法院在 Mitsubishi Motors Corp. v. Soler Chrysler-Plymouth, Inc. 一案中的判决。Mitsubishi 案争议的焦点在于，涉及公共政策的反托拉斯争议是否具有可仲裁性。经过审理，美国联邦最高法院指出，不存在公共政策上的原因而禁止将国际反托拉斯争议交付仲裁。这一

---

[1] M. A. Smith, M. Cousté, T. Hield, R. Jarvis, M. Kochupillai, B. Leon, J. C. Rasser, M. Sakamoto, A. Shaughnessy, J. Branch, "Arbitration of Patent Infringement and Validity Issues Worldwide", *Harvard Journal of Law and Technology* (2006).

判例具有里程碑的意义，对其他国家的仲裁立法与实践产生了深远的影响。在国际商会仲裁院第 8423 号案件中，仲裁员在判断一份限制竞争的合同的有效性时，援引了上述 Mitsubishi 案的判决，以支持其公法争议可以仲裁的主张。此外，美国许多判例都显示出，美国联邦法院普遍希望尊重当事人双方在仲裁协议中所表达的意愿。因此，这种公共政策的不予执行，一般都会被比较狭隘地加以解释。[1]

长期以来，知识产权领域具有很强的政策性，除了传统因素外，由于发达国家与发展中国家在技术流转利益上存在很大分歧，各国相关法律和政策必然存在很大差异。通常，发展中国家为了维护自身的利益，在有关法律中作出明确的禁止性规定。因此，是否对外国人的知识成果予以保护及给予何种程度的保护，直接关系到一个国家的政治经济利益，是一国的主权行为。这种主权行为只能由国家做出，个人无权选择。

总之，知识产权仲裁的不足之处，可以通过制度加以完善、规避，其不是阻挡知识产权仲裁发展的重要因素。发挥知识产权仲裁的益处，及时高效处理当事人之间的知识产权纠纷，才是知识产权诉讼制度改革所应当追求的主要目标。

（二）其他非诉讼调处机制

知识产权纠纷的非诉讼解决方式主要有调解、和解等。其中调解有诉讼中的调解、行政执法中的调解等。

1. 作为纠纷非讼解决方式的调解及其发展

调解是替代性纠纷解决方式中最重要的一种，在当事人关系之间最有影响。《中国大百科全书（法学）》对"调解"的解释是："双方或多方当事人之间发生民事权益纠纷，由当事人申请，或者

---

[1] M. A. Smith, M. Cousté, T. Hield, R. Jarvis, M. Kochupillai, B. Leon, J. C. Rasser, M. Sakamoto, A. Shaughnessy, J. Branch, "Arbitration of Patent Infringement and Validity Issues Worldwide", Spring *Harvard Journal of Law and Technology* (2006).

人民法院、群众组织认为有和好的可能时，为了减少讼累，经法庭或者群众组织从中排除疏导、说服教育，使当众互相详解，争端得以解决"。[1] 通常认为，包括"当事人在第三方协助下，达成协议解决纠纷的方法"。

在我国，调解主要有人民调解、司法调解和行政调解等三种形式。在"和为贵"传统文化影响下，我国调解制度特别是人民调解制度得到了相当程度的强化，调解凭借其主动性、低成本、自愿性、保密性与灵活性等优势在纠纷解决机制中占据极为重要的地位。但是，其也经历了波浪式发展，从原来的极度重视，到受到质疑、弱化，再到当下重新被重视，强调尽量用调解解决纠纷。[2]

20 世纪 90 年代，由于当时司法改革注重诉讼程序规则的构建，调解作为纠纷解决方式一度被忽视。进入 21 世纪后，我国进入大变革、大发展时期，社会矛盾日趋增加，因而调解得以迅速重新回到纠纷解决机制的中心。2006 年我国开始倡导建立的三调联动机制是典型体现。"三调联动"是指以人民调解为基础和依托，建立人民调解、司法调解、行政调解对接联动的矛盾纠纷调处机制。其主要运作程序是：法院在立案之前，向当事人宣传人民调解的优势、特点，将一些案情简单、争议不大的民事纠纷，在征得当事人同意后，暂缓立案，先由纠纷当事人所在地（单位）或纠纷发生地人民调解委员会、派出所或司法所进行调解。调解不成的，再由人民法院立案。

为进一步发挥人民调解的功能，完善人民调解制度，我国于 2010 年 8 月 28 日通过了《人民调解法》。该法第 2 条规定："本法所称人民调解，是指人民调解委员会通过说服、疏导等方法，促使当事人在平等协商基础上自愿达成调解协议，解决民间纠纷的活

---

〔1〕《中国大百科全书（法学）》，中国大百科全书出版社 1984 年版，第 589 页。

〔2〕李浩：《构建和谐社会与纠纷解决》，载徐昕主编：《纠纷解决与社会和谐》，法律出版社 2006 年版，第 17 页。

动"。

知识产权纠纷具有较强的专业性，因而诉讼调解与行政机关的行政调解在我国知识产权纠纷解决中占据非常重要的地位。对调解而言，其价值不在于判断孰是孰非，而在于着眼于双方当事人的长远利益，通过寻找共同点，化解纠纷，促成合作。但调解协议不具强制力，调解中耗费的调解资源可能全部"付之东流"，这成为调解程序的羁绊。

2. 调解应用于知识产权纠纷解决的优势

（1）当事人对纠纷解决的自主性。非讼程序允许当事人进一步控制纠纷解决的结果，不像诉讼那样，其命运掌握在法官手中，而当事人并不能控制诉讼的结果，无法预测判决的结果。尽管民事诉讼程序由于"不告不理"，只能由当事人自主启动，这在诉讼程序上实现了一定程度的对抗，但不能改变当事人对纠纷结果缺少自主的理性判断的局面。如果需要第三方支持，当事人可自主挑选具备该专业背景的专家，既降低了犯错的概率，也能够节省时间和成本；纠纷处理结果建立在当事人的合意基础上，更大程度体现了其对自身利益的最佳判断。[1]

（2）缩短纠纷解决时间、节约成本及社会资源。通过非诉讼方式解决知识产权纠纷，使纠纷在诉讼与非讼方式间适当分流，减轻审判压力。同时，强调当事人自治的非讼方式以其简便、灵活优势改变诉讼冗长的局面，从而节约当事人的经济成本、心理成本（如精神上的压力、烦恼与痛苦）及社会公共资源。

（3）保密性。知识产权案件通常涉及保密问题，如商业秘密，诉讼解决可能无法达到预期效果，还可能导致企业敏感信息被泄漏。例如，在 Whelan Assoc., Inc. v. Jaslow Dental Lab., Inc. 一案中，来自计算机软件研发领域的专家感到威胁而不愿从事新的软件

---

〔1〕 参见刘友华、陈骞：《知识产权纠纷非诉解决：调解及其运用》，载《湘潭大学学报（哲学社会科学版）》2013 年第 5 期。

开发。[1] 原因在于法院对软件的工作原理缺乏综合判断。[2]

美国许多州通过法令的形式要求调解过程坚持保密原则。美国判例中就有支持非诉讼纠纷解决程序（Alternative Dispute Resolution，以下简称"ADR 程序"）坚持保密性原则，不得损害当事人在发明中的利益。例如，Haworth，Inc. v. Steelcase，Inc. 一案中，联邦巡回法院认为："案件面临的风险不是保护法令，而是复杂的 ADR 程序中，原告和被告长期煞费苦心的交涉所形成的冗长程序……并且，当机密性不能再被坚持时，苦心经营的 ADR 程序也并非将来可欲的选择。"[3]

（4）维持合作关系。判决因其过于刚性而很容易给当事人造成伤害，至少不利于争议双方修补破裂的关系。因为"听断以法，而调处以情。法则泾渭不可不分，情则是非不妨稍借"[4]。为维持合作伙伴关系，花费大量的成本进行诉讼，不利于企业长远发展。非讼解决程序保密性强且高效，可以让当事人以新的方式来解决相互之间的纠纷，并且维护原有的合作关系。

（5）降低风险。ADR 程序中不用担心法官会如何判决，可以将审判的不确定性风险降至最低，当事人只需考虑各种情况下可接受的结果。在法院，当事人需要将其纠纷交由难以预测结果的合议庭来评判。相反，在 ADR 程序中，当事人可以控制纠纷的结果，通过当事人积极参与，能够得到相对合理的处理结果。

3. 我国知识产权纠纷调解解决的现状与困境

（1）诉讼调解：知识产权纠纷调解的主导。纠纷的技术性与专业性，更需要有经验且经过培训的专业人员参与纠纷的非讼解决。

---

〔1〕 Whelan Assoc., Inc. v. Jaslow Dental Lab., Inc., 797 F. 2d 1222（3rd Cir. 1986），cert denied, 479 U. S. 1031（1987）.

〔2〕 Nicolas P. Terry, "GUI Wars: The Windows Litigation and the Continuing Decline of 'Look and Feel'", 47 *Ark. L. Rev.* 93, 142（1994）.

〔3〕 Haworth, Inc. v. Steelcase, Inc., 12 F. 3d 1090, 1093（Fed. Cir. 1993）.

〔4〕 （清）汪辉祖:《学治臆说》卷上"断案不如息案"。

由于缺少专业的调解机构与人员，在我国，专门的知识产权纠纷调解机构并不多见，而人民调解委员会这一传统的民间调解机构难以承担专业性较强的知识产权纠纷调解。因此，知识产权纠纷调解主要限于仲裁的调解与诉讼调解，而由于仲裁在纠纷解决的应用比例相对较小，实际上纠纷调解多发生在诉讼进程中，这可从近年审判中的调解撤诉率得到体现。

（2）知识产权纠纷调解的非讼解决方式适用的困境。囿于纠纷的专业性，民间调解才刚刚起步，而诉讼调解的扩张背离调解的本质。我国目前知识产权纠纷调解的非讼解决方式仍处于建构与发展困境之中。原因在于：

第一，几组利益博弈关系。其一，法院与调解、仲裁等非讼解决机构的博弈：在知识产权纠纷总量相对确定的情况下，诉讼与调解等非讼解决方式对纠纷的分流客观上存在"负相关"的竞争关系。这意味着非讼方式解决纠纷越多，进入诉讼程序的纠纷就越少。

尽管纠纷解决方式选择是由当事人决定，但法院可通过事实上的"影响力"对纠纷分流产生影响：一是仲裁未得以履行；二是由于纠纷的专业性，大多需要由代理人参与，由于代理人在非讼解决程序中的地位弱化，为今后案件考虑，代理人也有动力将纠纷推向诉讼之中。从当事人角度看，多年以来的程序正义的片面法治观直接诱导了人们在寻求纠纷解决方法时，选择诉讼而排斥非讼机制。

政府面临众多的财政需求，在总体投入有限的情形下，政府将资源投向投入最少、收益最大或最直接的领域。法院对知识产权案件的审判，对地方政府而言，大到可以说保护知识产权环境，小到可以说保护本地企业与产业发展，加之属地管辖原则，政府对法院存在一定的"影响力"，对本地企业的保护较易实现，客观上也有利于本地经济与社会环境的稳定。

其二，诉讼代理人对法院与非讼解决机构间的取舍：知识产权纠纷的专业性，使其较之一般民商事纠纷更依赖诉讼代理人的参与。在纠纷解决方式的选择上，诉讼代理人有选择诉讼的动力。代理人可以在每一程序中增加风险代理的可能，加之代理人可能在案件代理中与法官培养良好的信任关系。与此相反，代理人在调解中的地位与角色是弱化的，最终受益的是双方当事人而非代理人。可以看出，诉讼代理人将纠纷推向诉讼将获得更多收益，无疑将通过当事人对其专业知识与能力的信赖，事实上影响当事人的选择，使纠纷进入诉讼解决。

第二，调解的内在缺陷。调解方式与外部主体间的利益博弈上的弱势是其陷于困境的外部因素，其客观的内在缺陷也影响了非讼机制的发展与运用。

调解的缺陷主要是，作为中立的第三方参与解决纠纷的方式，知识产权纠纷调解存在以下深层次问题：

其一，究竟以谁来代表中立的第三方，是诉讼中的法官，还是仲裁机构下的仲裁员作为调解员，抑或是人民调解员？究竟谁能真正让当事人在调解进程中贯彻其意志与合意？

其二，以程序灵活著称的调解缺乏真正的操作性规范，这使得调解与诉讼的分流、纠纷的处理方式的选择上陷入"掷硬币"式境地，无法区分纠纷的调解可能性与诉讼的必要性，究竟哪种纠纷什么时候该调解，什么纠纷该进入诉讼程序解决？

其三，调解协议的效力缺乏强制力，也缺乏上诉的监督程序，调解进程中当事人存有顾虑，调解协议难以达成，无疑将给当事人带来额外的谈判成本。

4. 我国知识产权纠纷诉讼调解的现状及其评价

（1）我国知识产权纠纷诉讼调解的司法政策及其批判。作为一个极具中国特色的司法理念，诉讼调解既体现了现代法治的基本精神，又与我国传统文化有着根深蒂固的关联，与我国传统文化中

"和为贵""息讼"等思想一脉相承。这些无疑持续影响着现代社会公众的选择，使得诉讼调解长久以来处于纠纷解决的中心。

加强对知识产权的保护尤其是司法保护，是鼓励创新、提高国家核心竞争力的有力保障。为此，"能调则调，当判则判，调判结合，案结事了"成为新时期知识产权审判工作的重要原则和司法政策，将司法调解作为鼓励创新和化解人民内部矛盾的重要审判制度，实现公权力主导下对私权的处分和让与，为自主创新营造良好的法治环境。[1]

在这一司法政策影响下，诉讼调解在知识产权诉讼中同样得到空前强化，典型地体现在案件的调解率与调撤率上。调解的"繁荣"表面上看是司法政策取得"成功"，但其存在固有缺陷：

第一，诉讼调解背离了调解的中立性本质，调解的功能定位难免偏差。在诉讼调解中扮演调解者的法官，名义上是具有中立性的第三者，但他与一般调解者的差异是其身份具有潜在的强制力。因为判决是最终解决纠纷的方式，调解过程很可能存在着决定性的契机与影响。实质上，法官在调解过程中，其强制力量已突破其自身的领域进入所谓中立性的第三者领域，这时调解者已不是原始意义上的调解者，而是具有判决权的审判者与调解主持者为一身的双重"角色"。此时，调解者的中立性与判决者的决定性的冲突已非常明朗，这一角色冲突也正是调解与判决之间发生其他冲突的渊源。法官在同一诉讼结构中的双重身份，决定了其在调审结合的模式中要想真正把握自己的身份是相当困难的，为了使固执于自己主张的当事人做出妥协，往往会有意无意地从调解人滑向裁判者，或明或暗地强制在调解中占主导地位。[2]

第二，在缺乏纠纷类型化的调解规则的背景下，法官无法类型

[1] 湖北省武汉市中级人民法院知识产权审判庭：《充分发挥知识产权审判的调解职能作用》，载《人民司法》2007年第2期。
[2] 李浩：《民事审判中的调审分离》，载《法学评论》1996年第4期。

化知识产权纠纷，也就无法从理论上与实践上确认"哪些纠纷是能调解的，哪些纠纷是应当判决的"；在最高人民法院《关于人民法院民事调解工作若干问题的规定》中，法官难以通过特定程序来揭示或找到纠纷当事人的共同利益，只能依靠个人经验、感觉及对当事人的偏好去把握调解的可能与判决的必要，但经验与感觉往往是感性的，并不可靠。因此，缺少规则确认的"能调则调、当判则判"难逃"空洞"的司法政策之厄运，法官在调解与判决的选择中要么"随心所欲"，要么"步履维艰"。

（2）我国知识产权纠纷诉讼调解的实践与反思：不能承受之重。自 2001 年以来，在强调诉讼调解的司法政策影响下，我国知识产权纠纷的诉讼调解受到了前所未有的重视。在追求法律效果与社会效果的统一、不为裁判而裁判的表述下，知识产权诉讼调解实则被异化，表现在：

第一，诉讼调解率"捆绑"法官。法院一方面为践行"能调则调"的司法政策，另一方面也为缓解执行难及当事人不服裁判而不断申诉的压力，调解率被列为衡量办案能力的重要指标，在个人考核指标的体系下，调解率意味着办案能力与法官的待遇、奖惩及政治升迁等直接相关。例如，武汉市中级人民法院就将知识产权案件的调撤率与奖惩挂钩，作为审判目标责任制的重要考核内容；[1] 安徽省高级人民法院也将调解率纳入考评范围，结合省法院审判工作目标管理考核办法，知识产权庭在制定相应制度时，将案件调解数作为年终考核及评先的重要指标。[2]

如此一来，现行司法体系与结构下的法官将不由自主地被"捆

---

〔1〕 湖北省武汉市中级人民法院知识产权审判庭：《充分发挥知识产权审判的调解职能作用》，载《人民司法》2007 年第 2 期。

〔2〕《安徽省高级人民法院民三庭知识产权纠纷案件调解经验总结》，载安徽法院网：http://www.ahcourt.cov.cn/gb/ahgy_2004/zscq/jyjl/userobjectlai8829.html，最后访问日期：2023 年 5 月 30 日。

绑"在调解这枚高速"火箭"上，成为其强力的"助推器"。在这个意义上，他们存在调解的动力与激励。这在本质上与调解员作为中立的第三方参与纠纷原理相悖。实践中，知识产权审判法官也更倾向于将调解作为结案的捷径，因此，自愿调解的原则被置于脑后，法官运用自己的资源与影响，并利用当事人对于知识产权本身及相关法律知识的匮乏"以劝压调、以拖压调、以判压调"，这在无形中剥夺了当事人的选择权。

第二，诉讼调解贯穿审判过程，实行非讼与诉讼的结合。《关于人民法院民事调解工作若干问题的规定》第2条第2款规定："当事人在诉讼过程中自行达成和解协议的，人民法院可以根据当事人的申请依法确认和解协议制作调解书。双方当事人申请庭外和解的期间，不计入审限。"其第14条第1款则规定："当事人就部分诉讼请求达成调解协议的，人民法院可以就此先行确认并制作调解书。"

但调解被要求贯穿于诉讼全过程，案件审判在周而复始的劝说中被拖延，使审理期限本来就偏长的诉讼几无效率；全诉讼过程调解是否会弱化案件审理、影响程序效率，也值得关注。

第三，调解的灵活性蕴含着无序性与任意性。在调解过程中，法官往往选择最行之有效的"背靠背"方式，双方当事人不见面，由法官从中穿梭斡旋，分别与当事人沟通，而当事人都摸不清对方意图。这既违背了程序公开原则，也剥夺了当事人的知情权与程序参与权。可见，调解不仅其本身具有反程序的外观，实际上，亦破坏其他审判程序，从而使诉讼活动处于实质无程序的状态下，导致了实体法与程序法的"双重软化"，以至于把实质的守法系于法官的职业道德，使程序的运作既不公平，亦不安定，也不经济。[1]在实体利益关系上，诉讼调解为"息讼宁人"，必然要使当事人付

---

〔1〕 邱联恭：《程序选择之机理》，载《民事诉讼法研讨》（四），三民书局1993年版，第265页。

出牺牲实体利益的代价，尽管这在许多场合被描绘为当事人双方的互谅互让，但如果以实体法及判决作为参照考察，在知识产权诉讼中，这些让步大多是合法有理的权利人一方做出的让步。

知识产权合同制度

一、概述

（一）知识产权合同的概念和性质

1. 知识产权合同的概念

参照 2021 年 1 月 1 日我国《民法典》施行前的《合同法》第 2 条第 1 款的规定，可以将知识产权合同定义为民事主体之间设立、变更、终止知识产权权利义务关系的协议。

知识产权合同是民事合同的一个组成部分。随着知识产权在经济生活中的作用不断扩大，知识产权合同也变得日益重要。但是，由于该项制度处于知识产权法和传统民法的中间地带，因而长期以来并没有得到应有的重视。

2. 知识产权合同的性质

知识产权合同是民事合同，即为平等民事主体之间处置其民事权利义务关系的法律行为。按照法学通说，既为合同，就意味着至少有两方当事人意思表示一致。知识产权合同虽然传统上被当然地认为是民事合同的一类，但因其中相当大的一部分直接发生在经营者之间，直接服务于制片人、出版商、网络平台等商事主体的营业目的，因而在严格的意义上理应归为商事合同。做此强调是必要的，因为商事合同发生在专门的经营者之间，其与民事合同在制度设计理念上有一定的区别。[1] 但又考虑到我国民法制度总体上遵循民商合一的体例，因而，在本专题中并未加以细分，而是继续在大民法的视野下阐述知识产权合同问题。

（二）知识产权合同的特征

1. 无形财产因素

一方面，因为知识产权是无形财产权，相对于物权而言，其特定化更为困难。作为合同标的，无论是某项发明创造还是某一种权利，都需要借助专业的术语来进行界定。这使得知识产权合同一般都宜采用书面形式。另一方面，无形财产的流转并非必然依赖于有形载体的让渡，相反其核心内容很容易在合同磋商的初期就已经完全暴露给了相对方。这使得知识产权人处于十分脆弱的地位，为了保护其交易安全，制止恶意磋商和其他侵权行为的发生，缔约过失责任制度对于知识产权合同而言就具有尤其突出的价值。

2. 人格权因素

因为知识产权可能涉及人格权利因素，如作者、发明人的署名权、修改权等，故有关的交易活动可能受此影响。例如，在文学作品电影改编权让渡后，基于种种考虑，出让方可能对当初的交易条件不满意，就可能通过行使保护作品完整权来对抗受让方的改编和拍摄活动。

3. 创作者的弱势因素

至少对于智力成果而言，需要出让其权益的创作者相对于受让方——常常是作为传播者、制造者的法人机构——多半处于弱势地位。在这种情况下，若完全放任当事人自由商议，虽然表面上使契约自由精神得以贯彻，实则为任由智力劳动者被资本剥削。故为了在知识产权交易过程中捍卫合同正义，维护公平原则，需要在知识

〔1〕 参见张良：《民法典编纂背景下我国〈合同法〉分则之完善——以民事合同与商事合同的区分为视角》，载《法学杂志》2016 年第 9 期。

产权合同法中格外重视强制性规范的制定和适用。在这方面，德国法中明令禁止当事人在缔结合同时放弃某些可能关系到其未来重大利益的权利的做法值得借鉴。

4. 公共利益因素

知识产权客体多具有公共产品属性，故其在作为私权载体的同时，又常常体现着公共利益。知识产权合同，作为对知识产权利益的处分方式，也必然受到公共利益诉求的牵制。举例而言，《民法典》第 850 条明文规定："非法垄断技术或者侵害他人技术成果的技术合同无效。"这就是出于维护公共利益考虑而对契约自由的限制。

（三）知识产权合同制度的法律渊源

法律，至少是其中的民事法律作为一个有机的整体，都直接或者间接地构成知识产权合同制度的一部分。例如，民法的基本原则，其主体制度、法律行为制度、财产权利制度等，都是知识产权合同赖以成立的基石。基于这样的思路，《民法典》是知识产权合同法渊源。但为论述之便，宜将视野做适当压缩，即限定在直接规范知识产权合同的现行法律上。如果将这些法律中的有关条款汇集起来，就将形成一部"知识产权合同法"。这样一部合同法既包括民商事法律，也包括知识产权单行法，还包括国际公约、司法解释以及交易惯例等。

1. 民商事法律

民商事法律或多或少都包含有关于知识产权合同的有关规定，因而构成了该项合同制度的基础。在《民法典》施行前，这些法律包括《民法通则》《民法总则》《合同法》等。《民法典》施行后，有关知识产权合同规定则体现在其第三编"合同"中涉及知识产权方面的规定，特别是第二十章"技术合同"。另外，诸如《公司法》《外商投资法》《合伙企业法》等也包含有一些关于知识产权合同的条文，不能忽视。

2. 知识产权单行法

我国知识产权单行法包括以《专利法》《商标法》和《著作权法》为代表的一系列知识产权特别法及其实施条例或细则。虽然这些法律规范多以权利客体、权利内容、甚至审查批准程序为主，但仍然包含了不少合同规范，其中《著作权法》尤其突出。该法共六章，其第三章名为"著作权许可使用和转让合同"；另外，第四章关于邻接权的规定中也包含很多合同规范。

知识产权单行法中的合同规范常常是最直接的，但是，大多没有因循着合同法的体例来安排，而是零散地分布在各法中。

3. 其他法律规范

其他法律中可能包括了一些知识产权合同规范。例如，《促进科技成果转化法》关于保密协议、职务成果及其完成人的奖励等的规定；《反不正当竞争法》关于虚假交易和商业秘密的规定；《反垄断法》关于限制或者促进技术进步的垄断协议、滥用知识产权的规定等。

最高人民法院的司法解释在中国也是一种重要的法律渊源，其中对知识产权合同的有关解释也值得注意。

知识产权国际公约确定的是成员国的义务，但其中包括许多民事实体法的内容，作为成员国应予以保护的最低标准。这些规范甚至在成员国具有直接执行力。这其中就有些涉及合同的规则。例如，《伯尔尼公约》第 14 条之二第 2 款规定，成员国法律得要求，通过书面合同的方式来澄清电影作品自然人作者和其制片人之间的权利义务关系。

交易习惯即民事主体在较长时期的交易过程中形成的为同行认可的惯常行为方式。交易习惯是在交易实践过程中自发产生的，其有助于平衡交易参与者之间的利益冲突，并且提高业务效率。基本上，交易习惯等同于商业道德，其作为一种重要的法律渊源，为现行法所认可。当然，具有补充成文法不足的交易习惯本身不得违背公序良俗。

涉及知识产权的交易从内容到形式纷繁复杂。立法者不可能穷尽相关规则，故为了妥善处理交易参与者之间的债权债务关系，必须求助于有关的行业习惯。

值得注意的是，由于知识经济的迅猛发展，知识产权交易十分活跃，有关的模式创新不断涌现，这使得新的规矩不断地被孕育出来，也就是说，习惯可能经常被改写。例如，考虑到网络技术的特点以及迅速形成的大众使用习惯，在网络新媒体社交圈子内发布内容一般应视为默认允许他人转发，除非有特别声明。

4. 效力位阶

在系统地思考知识产权合同规范时，除了应遵循"特别法优于一般法"的原则外，不能忽视上下位法律之间严格的效力关系，即"上位法优于下位法"。换言之，与上位法相抵触的下位法无效。在考虑到这一层关系后，可能出现的结论是，在出现不一致的规定时，知识产权单行法并不能作为特别法而优先于普通民事法律得到实施，因为知识产权单行法的立法机构一般是全国人大常委会，而民事普通法律的制定者多为全国人大。遗憾的是，这一点尚未引起足够的重视。

二、作为其他合同的一部分

（一）概述

其他合同，是指非以知识产权交易为主业务的民商事合同。例如，以小说改编成电影剧本的协议因其核心内容就是著作权的许可使用，故不在此列。相反，成套设备进口合同则因其以设备资产引进为主要内容而属于此处其他合同。其他合同存在是基于以下原因：

知识产权是一种普通民事权利，在交易过程中与其他财产处于平等的地位，服务于经营者等民事主体的具体目的。由于实际交易情况复杂多样，民事主体在处分自己的利益时，知识产权常常只是其中的一部分，甚至是一小部分。在这种情形下，多无必要商定一份专门的知识产权协议，而只是将其相关事项写入一份综合的合同之中。在学理上，或可将其称为"不完全的知识产权合同"。

这样的形式安排可能使得知识产权问题变得复杂，但由于其太普遍，故其重要性不容忽视。

（二）其他具体合同

由于商业合同的类型是多种多样的，其中许多都可能包含有知识产权条款。以下举例说明。

1. 合资协议

合资协议，即当事人为了共同投资创办企业而缔结的协议。因企业的法律形式不同，合资协议有不同的名称。合资协议的目的在于，明确各投资人在企业设立过程中的权利和义务。其中的关键之一是约定投资的方式和比例。投资包括所谓"非货币财产"的投入，其中的主要形式之一就是知识产权入股。故需要在该协议中明确具体的知识产权项目，以及作为出资的权利性质——是所有权还是使用权等事项。[1]

2. 建筑工程合同

建设工程合同，即承包人进行工程建设，发包人支付价款的合同。因工程建设通常还包括工程设计，而工程设计便是纯粹的技术和智力成果开发过程，故相关的约定便是知识产权合同条款。其中主要包括：关于发包人提供技术资料的条款；关于技术资料和设计成果保密的条款；以及关于设计成果知识产权归属条款；等等。

3. 劳动合同

劳动合同，即雇员与雇主间确立劳动关系，明确彼此权利与义

---

[1] 相关研究，参见耿华：《论涉外知识产权合同的适当法》，载《社会科学战线》2016年第10期。

务的协议。劳动合同的核心内容为劳动者的工作任务和报酬。一部分劳动合同可能需要对相关联的知识产权内容加以规定。例如，职务成果归属问题、商业秘密保守问题、竞业禁止问题等。

4. 教育培训合同

教育培训合同，即教育者与受教育者之间订立的明确教育事项及其报酬的协议。教育过程必然大量地涉及实验设备、讲义、参考资料等，还可能触及具有专属性质的特定教学技术和内容。这些都需要通过约定来解决关联知识产权问题。

5. 特许经营合同

特许经营合同，即特许人有偿地授权被特许人使用其相对成熟的商业模式和经营资源进行营业的协议。由于商业模式及其相应的经营资源主要包括了品牌、业务方案、宣传材料、商业秘密以及专有技术等知识产权因素，故特许经营合同需要用较大的篇幅来确定双方的权利与义务。

6. 网络服务合同

网络服务合同，即网络（平台）服务商与服务使用者就平台服务事宜达成的协议。例如，淘宝网站与各店铺业主之间达成的网络服务协议。根据该协议，网店店主得在平台上独立经营其业务，为此要承担相应的义务。此类网络服务协议中常包含有"反假冒条款"，即"不得销售侵犯他人知识产权或其他合法权益的商品，不得提供侵权服务"之类的约定。违反该项约定的商家，可能被查封账户、关闭店铺、限制发货、限制发布商品、限制网站登录等，甚至要负担赔偿平台损失的责任。该条款的特殊之处在于，其并非有关具体知识产权的直接约定，而不过是关于尊重他方知识产权的承诺，即一种以知识产权为目标的不作为条款。

三、知识产权合同的类型

（一）概述

1. 民法学分类

对合同做类型化处理有助于理解合同的性质与特征。知识产权合同作为民事合同的一部分，自然适用后者分类体系。然而，在知识产权法学上，比较普遍的分类是径直根据知识产权的不同来命名，即专利合同、商标合同、著作权合同、商业秘密合同等。[1]这样的类型化固然十分简明，但没有反映出交易的性质，因而需要上述分类的补充。

2. 有名合同

由于大部分知识产权合同与《民法典》"合同编""无缘"（没有进入该编），故容易被误认为是无名合同。其实，有名合同并非仅来源于《民法典》的命名，也包括其他法律的规定。按此定义梳理现行法律，不难发现，知识产权合同中已有很多的有名合同。例如：

——专利权转让合同（《专利法》第10条第3款）

——专利实施许可合同（《专利法》第12条、第47条第2款）

——保密协议（《劳动合同法》第23条第2款）

——技术进口合同（《技术进出口管理条例》第13条第2款等）

——技术出口合同（《技术进出口管理条例》第34条等）

——著作权转让合同（《著作权法》第3章）

——著作权许可使用合同（《著作权法》第3章）

——著作权集体管理合同（《著作权集体管理条例》第19条等）

——图书出版合同（《著作权法》第32条）

——商标转让协议（《商标法》第42条第1款）

---

[1] 相关研究，参见熊琦：《著作权合同中作者权益保护的规则取舍与续造》，载《法学研究》2022年第1期。

——商标使用许可合同（《商标法》第43条第1款等）

这些合同不仅具有法定的名称，而且或多或少地都有一些相应的具体规范。当然，法律起草者在拟定有关条款时，很可能并没有充分关注过如何更好地平衡合同各方当事人权利的问题，因而这些合同在内容上远不够完善。

3. 新类型

合同是服务于经济的法律机制，故活跃的经济必然催生新的协议。除了上述已经引起立法者注意从而作出了规定的合同以外，经济生活中还出现了众多的知识产权新型合同，尤其是当下涉及网络经营的合同。如网络运营商分别与作者、播主、用户签订的委托创作协议、直播协议、游戏解说合作协议、微博服务使用协议、公众平台服务协议等，值得关注和研究。

（二）分类

1. 概述

制定于1999年的《合同法》没有提到知识产权合同，却赋予了"技术合同"独立一章的篇幅，这是中国现代民法史上一个值得探究的事件。虽然知识产权合同制度整体而言在20年前仍很不发达，但一些传统文化产业中常见的十分成熟的合同，如出版合同、翻译合同、表演合同等。它们完全被《合同法》的起草者忽视了，这是难以理解的。

原《合同法》中"技术合同"一章的体系围绕着技术成果展开，而该项成果只是知识产权客体的一部分——尽管是其中非常重要、甚至可能是最重要的一部分，但仍然不能与知识产权的客体整体相混同。可以说，原《合同法》顾此失彼的安排至少在一定程度上生硬地割裂了知识产权范畴体系。尽管如此，"技术合同"作为基本民事法律制度的一章，无疑已经成了知识产权制度与一般民法衔接的一个"典型案例"，值得重视。特别是在《民法典》总体接纳原《合同法》规定，上述关于知识产权合同的立法模式依然未变的情况下，更值得关注。

2. "技术合同"章节与知识产权单行法的关系

该章的核心概念——技术成果，并非知识产权单行法中通用的术语。[1] 原《合同法》借助它成功地将一部分知识产权合同纳入自己的体系，却一定程度上打乱了知识产权法中的范畴结构。

第一，"技术成果"的边界并不清楚。原《合同法》并没有对其下定义，相关司法解释似乎有意排除外观设计专利，但问题在于该解释也没有明确此立场。而且，即便最高人民法院的立场如此，也不能断定这就是立法者的本意。

第二，技术成果的质量标准不清楚。发明和实用新型专利保护者应具备新颖性、创造性和实用性，属于商业秘密者应满足商业秘密的条件，属于集成电路布图设计或者植物新品种者自应满足各相关法律的要件。计算机软件比较特殊，若其为专利权客体，应满足"三性"要求；若为著作权客体，则只要具备独创性即可。问题在于，该章还将与技术咨询、技术服务、技术中介、技术培训有关的合同都纳入其中，又缺乏相应的质量门槛规则，必然会使一些缺乏进步性的内容成为合同标的。最高人民法院《关于审理技术合同纠纷案件适用法律若干问题的解释》（2020 年修正，以下简称《技术合同司法解释》）第 34 条第 1 款实际上即认可了提供公有领域技术的合同。这些合同虽然也被视为"技术合同"，却很难被认为是典型意义上的"知识产权合同"。当然，还有一个问题，也许应该被看成时代进步的产物，即随着数字技术的发展，技术应该如何理解，抑或它正在演变成为"智力"的同义词，这也增加了理解该章的难度。

3. "技术合同"章与"合同编"其他章节的关系

在《民法典》"合同编"中，技术转让合同包括技术转让和许

---

[1] 在原《合同法》第 356 条第 2 款关于技术服务合同的规定中，使用了"技术知识"一词。又比较其第 363 条，可见"技术知识"与"（新的）技术成果"不同。

可使用两种，其实前者完成的是所有权的转移，因而在本质上是一种买卖合同，或者说特殊的买卖合同。这种技术转让合同与买卖合同之间必有不少内容是相似甚至相同的，但是，在"合同编"中没有提到此点。同样，技术开发合同中的委托开发合同实质上是承揽合同。只要注意到定作人提供图纸、技术要求，承揽人以自己的技术和劳力完成工作，向定作人交付"工作成果，并提交必要的技术资料"，且需"保守秘密……不得留存复制品或者技术资料"等，实际上是对技术委托开发事项的直接规范。若果真如此，此两处的规则就很难不发生重复，甚至冲突。至少，在前面使用的是"定作人""承揽人"和"工作成果"，而在后面使用的却是"委托人""研究开发人"与"开发成果"。[1]

这样的问题之所以出现，是因为"合同编"的一般体例主要是按照交易模型进行抽象分类的，因而具有强大的包容性。例如，第十一章"赠与合同"，系"赠与人将自己的财产无偿给予受赠人，受赠人表示接受赠与的合同"。既然这里用的是"财产"一词，就当然包括有形财产和无形财产，也就是说，知识产权的赠与也已经在这一章受到了规范。

"技术合同"一章，却完全是按照合同的标的来归类的，它必然会在很大程度上重复其前后的规定，因为技术成果（知识产权）也不过是一种普通的民事财产（权利）。

四、知识产权合同形式要件

（一）概述

合同的形式是合同的外在表现，是其内容的存在形态。由于知识产权合同标的为无形财产，其交易内容的确定通常比其他合同更为复杂，故从维护交易安全的角度来看，应强调使用书面形式。而

---

〔1〕 参见《民法典》第772条、第776条、第780条、第785条。

且由于社交媒体的普及，书面形式有碍效率的问题在很大程度上也被化解了。[1]

在现行法律中，下列各处明文要求采用书面形式：《专利法》第 10 条第 3 款（专利申请权、专利权转让合同）、《国防专利条例》第 7 条第 4 款（国防专利申请权、国防专利权转让合同）、《著作权法》第 27 条第 1 款（著作权转让合同）、《著作权法实施条例》第 23 条（作品专有使用合同）、《民法典》第 851 条第 3 款（技术开发合同）和第 863 条第 3 款（技术转让合同）等。需要注意的是，尽管如此，"当事人未采用书面形式但是一方已经履行主要义务，对方接受时，该合同成立"（《民法典》第 490 条第 2 款）。

另外，如下文所述，知识产权合同多有生效条件上的特别要求，例如登记、审批等，此时通常应交"合同副本"（例如《技术进出口管理条例》第 14 条第 1 款、第 15 条第 1 款）。显然，在此场合，合同也只能采取书面形式。

在其他情形中，当事人得通过口头形式来建立交易关系。事实上，口头形式的知识产权合同也是相当普遍的，它主要服务于熟人之间那些即时完成的协作。

（二）生效条件

广义的合同形式要件包含了登记和审批等条件。具体而言，知识产权合同生效要件大致有以下几种：

1. 备案

例如，将专利实施许可合同（《专利法实施细则》第 14 条第 2 款）、商标使用许可合同（《商标法》第 43 条第 3 款）报相应的主管机关备案。

2. 登记

例如，将专利权、申请权转让合同（《专利法》第 10 条第 3

---

[1]《民法典》第 469 条规定，书面形式包括数据电文方式。

款)，专利权出质合同（《专利法实施细则》第 14 条第 3 款），涉及自由进出口的技术的合同（《技术进出口管理条例》第 17 条第 1 款、第 37 条第 1 款）[1]报主管机关登记。

3. 批准或核准

例如，将国防专利申请权、国防专利权转让合同（《国防专利条例》第 7 条第 1~3 款、第 22 条），技术进出口合同（《技术进出口管理条例》第 11 条、第 32 条），注册商标转让协议（《商标法》第 42 条第 1、3、4 款）等报有关机关批准或核准。

五、知识产权合同核心条款

（一）概述

1. 核心条款

所谓核心条款即知识产权合同中最常见的主要条款，其中最为集中出现的是那些围绕着合同标的，也就是精神成果及其权利所作的约定。正是这些条款决定了合同的属性，触及当事人的根本利益，并且也常常是纠纷争议之焦点。也是它们，以合同条文的表述方式呈现出了知识产权的个性，因而体现出了与其他民商事合同的显著区别。

当然，作为精神成果的对价，关于价金的约定也十分重要。另外，考虑到竞业禁止在保护知识产权相关利益方面有特殊的价值，故也在本专题加以讨论。

2. 法律规则

根据契约自由的精神，合同条款都应由交易双方当事人在平等磋商后共同拟定，形成当事人关于特定生意的共识。但是，为了维护合同正义，并增进缔约效率，立法者会选择相对成熟的交易形式，斟酌当事人之间的利益状态和各种冲突的可能性，以主给付义

---

[1] 此两条第 2 款均规定"合同自依法成立时生效，不以登记为合同生效的条件"。

务为出发点作出规定，[1] 便形成了有关合同的具体规范。

即便存在法定的合同规范，当事人仍可以就自己的交易作出特殊的、与法定规范不一致的约定，条件是不违反合同法的基本原则，不损害公共利益。

3. 强制性规范

在具体的合同规范中包含着一些特殊的规定，即所谓的强制性规范（又称"强行性规范"或"强行法"）。这些规定具有强制施行的效力，只要发生了相应的交易关系，它们就必定生效，而不以当事人选择它们为前提，也不受当事人作出的相反约定的影响。在发生后一种情况时，当事人之间的约定当然无效。

至于立法者制定知识产权合同强制性规范的出发点，无外乎保障知识产权立法目的的落实，包括推动创新、促进交易、保护合同中弱势一方、维护消费者利益等。概括起来，就是保护公共利益。如前所述，知识产权因其客体特殊的形态，相对传统的有形财产而言，更多地触及公共利益，因而本应有更多的强行规范来护卫其相关交易过程中的公平与正义价值。但是，由于立法技术不够成熟，这项立法任务远未完成。正因此，在适用合同法的具体条款时，需要仔细甄别，看其究竟是任意法还是强行法的规范。在认定一个条文为强制性规定时，应该严格把关，不能扩大范围。这样做，不仅有利于捍卫契约自由原则，也有助于促使立法者在起草未来的法律（修正案）时，把意思准确无误地表达出来。

（二）标的条款

1. 概述

合同标的即合同权利义务指向的对象。在民法理论上严格区分标的与标的物。前者为给付行为，后者为给付的实物（或者其凭

---

[1] 崔建远：《合同法学》，法律出版社 2015 年版，第 15 页。

证）。[1] 但在讨论知识产权合同时，却宜避免使用"标的物"一词，以免导致将精神成果与其载体混为一谈。

作为知识产权合同标的，除了精神成果、基于成果产生的权利，还包括行为本身，例如从事合作科研与写作、表演、演讲等行为。在本节，出于技术上的考虑，将集中讨论成果及其权利本身。

虽然标的内容是合同的重要条款，但是在法律中的规定十分简单。例如，《著作权法》第 27 条第 2 款规定："权利转让合同包括下列主要内容：（一）作品的名称……"《民法典》第 845 条第 1款规定："技术合同的内容一般包括项目的名称，标的的内容、范围和要求……"在合同实践中，为了将标的成果特定化，常常通过专门的定义、附件来加以说明。其中附件包括专利证书、商标注册证、软件登记证以及政府或者社会相关机构签发的其他文书等。

标的既可以是业已完成的成果，也可以是将来计划完成的成果。针对已有成果进行交易固然是常态，但对未来成果的处分也不少见。在后一种情形下，交易各方将可以对业务往来进行比较长期的规划，符合鼓励交易原则的精神。[2] 当然，对未来成果的处分也可能导致消极的后果，例如对智力创作者的创作自由和经济利益产生不利的影响。[3] 对此，《德国著作权法》提供了一个有参考价值的解决方案。该法第 40 条规定，若合同系将一件泛泛而论（即特定化不足）的未来作品的使用权让渡他人的话，则签约满 5 年后任何一方均得通知终止它。

交易奉行等价交换原则，故标的价值透明对当事人而言十分重要。知识产权作为一种无形资产，其市场价值具有天然的模糊性。故当事人应对标的价值达成共识，必要时对标的价值的评估方式进行约定，如聘请具备相应资质的资产评估机构进行估价作价等。

---

〔1〕　崔建远：《合同法学》，法律出版社 2015 年版，第 54 页以下。

〔2〕　崔建远：《合同法学》，法律出版社 2015 年版，第 11 页。

〔3〕　Schricker, Urheberrecht Kommentar, 2. A. S. 645.

2. 主要内容

（1）知识产权。知识产权合同标的条款中最常见的方法是将交易的对象表述为一项具体的知识产权。

由于各项具体的知识产权通常又由一组分权项组成，在合同中也应尽可能写明交易涉及的对象究竟是哪一项或者哪几项权利。如专利权中的制造权、使用权、销售权等，著作权中的复制权、发行权、翻译权、展览权、信息网络传播权等。

除非涉及未来成果，否则，作为标的的知识产权应该是有效的。若专利申请尚在审批过程中，商标注册尚未完成，则出让方应如实告知受让方。另外，若知识产权作为诉讼标的正处于诉讼之中，也属于应告知的重要事实。

关于交易所涉及的知识产权的效力范围，将在下文专门论述。

（2）知识产权相关权益。除了严格意义上的知识产权，知识产权合同标的在很大程度上是那些与知识产权相关联的权益。

知识产权相关权益是当事人依法对其智力或经营成果享有的正当利益，但它们尚未被法律明文列举为一项独立的民事权利。通说认为民事权益的效力稍弱于民事权利。

最常见的知识产权相关权益包括民事主体依民法、反不正当竞争法对其姓名、创意、商誉、作品标题、个人信息与数据等享有的权益。另外，还包括那些虽然已经被申请，但是尚待授权的技术或者品牌所承载的利益。

这些成果有的本来就属于严格意义上的知识产权客体，只是由于特定的原因而暂时没有获得知识产权法的充分保护。还有的则是由其他民事权利衍生而来，虽仍然披着原有的权利外衣，但性质已经发生了一定的变化，更接近于知识产权。其典型如自然人将其姓名用于商业活动，虽然被解释为使用姓名权包含的财产利益，但其实已经是在行使未注册商标权益。这些权益在现行法律以及学理上有不同的称谓，如"科技成果权""专利申请权""技术权益"，乃至于"商品化权"等。

由于这类权益的具体内容并不像民事权利那样基于法律的明确规定而十分清晰、稳定，有关主体尤其依赖合同关系来重申和巩固自己权益的正当性，即通过其中的约定来向交易相对人主张、澄清自己的效力边界。当然，很大程度上又由于立法者的放任，在这些场合下，当事人往往享有更多的自由来书写双方认可的规则。一旦出现纠纷，则有关条款的效力，更需要严格地加以审查。

（3）精神成果。知识产权合同中的标的条款也经常直接书写为成果本身，而没有或很少使用"权利""权益"及相关的法律专业语词来表达交易的内容。

所有的精神成果，包括智力成果和经营成果，[1] 都可以成为合同标的。前者如所谓技术成果、技术秘密、发明、实用新型、外观设计、植物新品种、集成电路布图设计、作品、作品标题、表演、音像制品、广播电视节目等；后者如商标、字号、域名、商品特有名称、品牌、商誉、经营秘密等。

当合同条款以这种方式来叙述时，就意味着当事人并不在意，或者事实上也不了解，或者了解但有意回避有关客体之上存在的"权利外套"，而径直选用一种更通俗的语言来形容交易活动。这种叙述方式的一个问题在于，可能模糊了进入知识产权保护王国的门槛，也就是有意或无意地将一些没有创新价值的现有成果当作合同标的。

（三）权利性质条款

1. 概述

考虑到知识产权的复杂性，相关交易的多样性，权利性质条款的起草即便对于专业律师而言也不是一件轻松的工作。其中的一个原因是，现行法律对语词的使用远未统一。举一简单例子而言，

---

〔1〕　参见韦之：《知识产权论》（第 2 卷），知识产权出版社 2014 年版，第 109 页。

"转让"和"许可（使用）"在《著作权法》第10条第2款、第3款以及第29条和第30条中的含义是被清晰地区分了的；《专利法》第47条第2款，《商标法》第42条、第43条也遵循了类似的思维；但在原《合同法》第342条中，"（技术）转让"却包括了专利权的转让和专利权的实施许可。这类问题可能导致合同当事人对权利性质条款的含义产生分歧，而各方都能找到法律依据。也正是基于这一缺陷，《民法典》"合同编"对此进行了改进，明确了专利权转让和实施许可的区别。

在知识产权条款作为其他合同的一部分出现时，也更容易引发纠纷，原因之一是约定可能表达得过于粗略。例如，当事人以技术入股的方式订立联营合同，事后多产生标的技术属于谁的争端，因为双方对入股技术究竟是产权投入还是使用权的投资不能达成共识。

2. 主要内容

（1）所有权变动。严格意义上的转让是导致所有权移转的法律行为。知识产权在本质上是所有权，其所有者（知识产权人）得将其转让给他人。转让之后知识产权易主。转让固然主要是买卖，即出让方以获得售价为主要目的，但转让也可以是无偿的，这便是赠与。

能够转让的只能是知识产权中的财产权部分，其人格权方面，尤其是其中的核心部分，不能被买卖或者赠与。

与物之所有权只能一次性买卖不同，知识产权往往是由一束财产性权能组成的，故其转让可以部分、多次地进行。例如，中文作家甲将其某部小说的德文翻译权转让给乙、英文翻译权给丙、电影改编摄制权给丁，这看起来像许可使用，但事实上他卖断了作品的德文、英文翻译权和电影改编摄制权等。

出于维护公共利益的需要，知识产权转让有时可能会受到某种限制。例如，《商标法》第42条第2款规定："转让注册商标的，商标注册人对其在同一种商品上注册的近似的商标，或者在类似商品上注册的相同或者近似的商标，应当一并转让。"

（2）使用许可。知识产权合同交易的更多的是使用许可，即在特定范围内许可相对方行使某项权能。

在一些时候，被许可人需要将获得的使用权再许可第三方行使，对此需要许可人的认可，因为许可人与被许可人的合作多半是基于彼此的信任，若第三方介入，这种信任可能就丧失了。

（3）使用方式。使用方式是指具体的使用行为的类型，即按照知识产权的使用权能方式来确定权利范围。例如，著作权方面的图书著作权、美术展览权、音乐表演权、博文信息网络传播权等；专利权中的制造权、使用权、销售权等。

使用方式通常也会和业务范围联系起来。例如，培训讲义的使用仅限于被许可方举办的某类教学活动；广告视频的使用仅限于某些赛场；服装设计仅服务于某巡回表演；音乐专为某部电影而谱写；法律意见书只供顾问单位经营管理和纠纷处理用；甚至于图书只能印刷繁体字版本；专利技术只被允许使用在高铁上等。

（4）地域效力。地域效力即约定的知识产权许可使用行为得以合法发生的地理范围。虽然在理论上，当事人可以拿着尺子在地图上任意丈量空间范围，但由于交易习惯、经济规律和法律的限制，他们并没有如此大的自由。在很多时候，许可使用的空间范围会与知识产权有效的法域重叠，即与权利的地域性保持一致。但是，在经济规模、经营模式允许的情况下，也可以将其做适当的细分。例如，授权某地剧团在其本省演出某剧作；特许某商家在一城区内开设连锁店并使用相关的品牌与技术资源；或者在某条河流流域转化某项防洪专利等。当然，当事人应该注意防止滥用权利，人为地分割市场，阻碍货物、知识和人员的流动。否则，有关条款无效。

（5）时间效力。时间效力即为约定的知识产权使用许可的期间。对此，当事人多可自由商定，一般是根据经营活动的周期来安排。显然，这个期限不得超出标的权利的有效期。在面对一个潜力可能巨大而行情又暂时不太明朗的成果时，出让方选择一个较短的期限是可取的，这样可以使其有机会根据初步合作的效益来重新商定更优的交易条件，例如提高酬金的要求。合同中还可约定，期限届满时可以续展。

在一些所谓战略伙伴关系中，使用许可可能不受时间限制，即可以无限期地使用——只要知识产权尚存。这时的许可使用近乎知识产权的部分转让。但区别在于，在履行合同过程中，当事人可能因为法定或者约定的条件成就而解除合同，在此情形下，知识产权使用权能回归原主。在转让后，却不会发生权利回归现象。

《技术合同司法解释》第 28 条第 2 款规定，合同中若对时间效力约定不明确，则视为无限期。其实，结合合同中的其他条款，尤其是关于酬金的约定来综合考虑才是更公平的。

（四）成果归属条款

1. 概述

知识产权合同的目的在于重新配置相关的利益，包括权利的让渡。权利的让渡必然导致新的归属状态。问题在于，知识产权交易过程必然包含着复杂的权利处分状态，当事人只有借助精细的条文设计，才能达成各自利益最大化的诉求。法律的有关规定，目的也在于维护好当事人之间的利益平衡关系，并且适当地照顾到公共利益的要求。

成果归属条款，即合同中关于精神成果的所有权以及使用权的归属的约定。如上所述，明确转让权利或者权益的条款本质上是关于权利变动的描述，因而不属于此处所谓成果归属条款。严格意义上的成果归属条款是对权利变动之后新的利益格局下权利归属情况的补充、澄清或者强调。当然，它更突出的任务还在于，对知识产权合同执行过程中新生的成果的原始归属状态的先期安排。事实上，许多知识产权合同都是为了研发、创作新的智力成果而缔结

的。例如技术委托开发、合作创作、作品的演绎使用、技术的后续
开发等，都至少部分地针对着未来的成果。

总体而言，成果归属问题纠结于智力与投资在利益分配上的博
弈，以及智力与智力之间、投资与投资之间的权衡。对于后二者而
言，由于它们具有同质性，因而对成果产生的贡献比较清晰，权利
划分也相对简单。困难在于前者，即智力与资本之间的比较，孰轻
孰重难有简单的标准。可以肯定的是，对于大多数成果而言，二者
都不可或缺。故在实践中不仅需要鼓励双方充分自由地协商，还要
适当地限制它，防止自由被强势一方滥用。

2. 主要内容

（1）职务成果。职务成果为自然人执行本单位任务或者主要是
利用本单位提供的物质技术条件所完成的智力成果。

值得注意的是，在现行著作权法意义上，职务成果（作品）的
含义比较复杂。在字面上，它无疑是指《著作权法》第 18 条规定
的"职务作品"，但实际上该法第 11 条第 3 款规定的"法人作品"
也应该属于职务成果，因为它也是法人、非法人组织的员工完成职
务的结果。[1] 关于其归属，基本的精神是以归属于单位为原则，
因为其根据自己的经营需要，安排任务，承担相关的成本，包括风
险，自然应该获得回报，包括有关成果的产权。当然，自然人和单
位双方总是可以对成果的归属进行自由协商的（《技术合同司法解
释》第 2 条第 2 款；《专利法》第 6 条第 3 款仅针对利用单位物质
条件完成的成果）。

（2）委托成果。委托成果即一方委托另一方完成的成果。通常
委托方确定创作、开发任务，提供报酬和基础条件，例如有关的数
据、资料、材料和设备等。

关于委托成果的归属，以当事人之间的约定为优先，在没有约

---

[1] 参见韦之：《著作权法原理》，北京大学出版社 1998 年版，第 51 页。该处还
提及电影作品作为职务作品特例的问题。

定或者约定不明的情况下，不同的知识产权专门法律规定大同小异。[1] 但原《合同法》第 339 条的规定更为详尽一些："……申请专利的权利属于研究开发人。研究开发人取得专利权的，委托人可以免费实施该专利。研究开发人转让专利申请权的，委托人享有以同等条件优先受让的权利。"令人费解的是，该法第 341 条针对技术秘密的规定偏离了上述精神，为"当事人均有使用和转让的权利"，而且"研究开发人不得在向委托人交付研究开发成果之前，将研究开发成果转让给第三人"。《民法典》第 859 条第 1 款则对上述规定作了修改：委托开发完成的发明创造，除法律另有规定或者当事人另有约定外，申请专利的权利属于研究开发人。研究开发人取得专利权的，委托人可以依法实施该专利。

（3）合作成果。合作成果即合同双方共同协作完成的成果。关于合作成果的权利归属安排，一般也应以当事人之间的协议优先，在没有协议的情况下，《专利法》第 8 条的规定是，由共同完成成果的人享有专利申请权和专利权。原《合同法》第 340 条第 1 款规定为："……申请专利的权利属于合作开发的当事人共有。当事人一方转让其共有的专利申请权的，其他各方享有以同等条件优先受让的权利。"该条第 2 款、第 3 款还对一方放弃专利申请权或者拒绝申请专利的情形分别作了规定。该法第 341 条对技术秘密权益的规定为"当事人均有使用和转让的权利"。[2]《民法典》第 860 条在沿袭上述规定的基础上，进行了一定的优化。例如，针对原《合同法》第 340 条第 1 款增加了但书——"但是，当事人另有约定的除外"。

---

〔1〕 参见《著作权法》第 19 条、《专利法》第 8 条。
〔2〕 针对科技成果完成单位与他方合作从事成果转化过程中产生的新的发明创造，《促进科技成果转化法》第 40 条亦规定尊重约定，无约定者归合作各方共有。

（4）演绎成果。[1]演绎成果即在已有成果上进一步创作、开发出来的后续成果或者改进成果。已有成果的使用过程中常常导致演绎成果的出现。例如，小说作者授权剧作者将其作品改编成电影剧本，则会产生以小说为基础的演绎成果——剧本。又如，在技术成果转化过程中，以标的技术为基础开发出来的改进成果，也是演绎成果。

演绎成果既是当事人之间交易的结果，又同时包含了既有成果和新的成果成分，因而其权属自然应当在当事人之间妥善分割。

演绎者对（在保护期内的）既有成果进行演绎创作、开发，通常应该征得其权利人的认可，事实上这就是许多知识产权合同的目的或者目的之一。例外的情况包括：仅受启发而创作、开发完全独立的成果；通过反向工程获知技术秘密等。

原《合同法》第 354 条规定，后续改进技术成果的分享依约定处理，"没有约定或者约定不明确，依照本法第 61 条的规定仍不能确定的，一方后续改进的技术成果，其他各方无权分享"。其第 363 条还规定："在技术咨询合同、技术服务合同履行过程中，受托人利用委托人提供的技术资料和工作条件完成的新的技术成果，属于受托人。委托人利用受托人的工作成果完成的新的技术成果，属于委托人。当事人另有约定的，按照其约定。"《民法典》则对相应规定进行了优化。例如，其第 875 条规定："当事人可以按照互利的原则，在合同中约定实施专利、使用技术秘密后续改进的技术成果的分享办法，没有约定或者约定不明确的，依照本法第 510 条的规定仍不能确定的，一方后续改进的技术成果，其他各方无权分享。"

---

[1]　相关案例，参见北京某文化传播有限公司与北京某络科技有限公司侵害作品信息网络传播权纠纷案，北京互联网法院（2020）京 0491 民初 10107 号民事判决书。

（五）成果风险条款

1. 概述

成果风险是指作为知识产权合同标的的精神成果的意外灭失、减损或者无法成就。风险条款目的即在于通过事先的磋商、安排来适当地防范、合理地分配成果风险。精神成果的特殊性质使得其风险也具有不尽同于有形财产的特点。例如，一项一度领先的技术成果可能会由于新一代技术的出现而丧失价值。又如，先进技术的转让可能会因为触及国家安全利益而被禁止。[1] 再有，标的成果也常常因为触犯第三方的利益而被诉到法院。导致成果风险的原因在当事人之外的非可控因素，而不是当事人故意追求或者放任的结果。若当事人在履行合同过程中故意阻止成果的开发、毁损成果的价值或者造成其他风险，则可能成为违约行为，甚至构成合同欺诈，自应承担相应的责任。

2. 主要内容

如前所述，成果风险的类型比较多。以下分析一些主要的情形：

（1）创作风险。创作风险，即基于知识产权合同进行的创作活动因客观原因而失败或者部分失败的可能性。广义的创作不仅指文学艺术作品的写作，也包括技术成果的开发。

关于成果开发的风险，原《合同法》第 338 条第 1 款规定："在技术开发合同履行过程中，因出现无法克服的技术困难，致使研究开发失败或者部分失败的，该风险责任由当事人约定。没有约定或者约定不明确，依照本法第 61 条的规定仍不能确定的，风险

---

〔1〕 知识产权保护有利于维护国家安全。习近平同志不仅提出知识产权保护工作事关国家安全，而且专门针对对外技术转让活动中维护国家安全提出了重要观点和措施。习近平同志指出："知识产权对外转让要坚持总体国家安全观。要加强事关国家安全的关键核心技术的自主研发和保护，依法管理涉及国家安全的知识产权对外转让行为。"参见习近平：《全面加强知识产权保护工作 激发创新活力推动构建新发展格局》，载《求是》2021 年第 3 期。

责任由当事人合理分担。"《民法典》第 858 条第 1 款沿袭了上述规定。所谓合理分担即由法官根据具体案情综合各方面因素进行裁定。例如，当事人是否尽到了善良的注意义务，面临风险时是否及时通知对方以及是否采取了适当的措施来减少损失等。

（2）灭失风险。作为知识产权合同标的的成果因其具有无形属性，通常不会灭失。这里所谓的灭失，主要是指由于特定事由出现，精神成果虽然还一直存在，但其原本具备的特殊品质或者价值已不可挽回地丧失了。其典型如，当事人双方交易的技术秘密由于第三方公开该项技术而不再有价值。针对待开发成果，原《合同法》第 337 条规定："因作为技术开发合同标的的技术已经由他人公开，致使技术开发合同的履行没有意义的，当事人可以解除合同。"《民法典》第 857 条沿袭了这一规定。

（3）效力风险。权利效力风险是指作为合同标的的知识产权稳定性方面的潜在风险。通说认为，知识产权的稳定性较之于物权等财产权的稳定性要弱一些。一方面，如前所述，由于知识产权客体的无形性质，并无所谓"一物一权"的适用；相反，同一客体上常常可能存有数项权利，而且分别属于不同的主体。例如，一项设计就可能同时受到外观专利权、商标权和著作权保护，而且属于不同的主体。由于各个主体之间并不知悉对方的存在，或者即便知道对方，由于并没有直接的利益冲突，因而相安无事。但是，一个或者部分主体与他人的交易的推进，可能导致冲突的公开或者激化，结果通常是，认为自己的利益受到损害的人出面挑战作为交易标的的知识产权的有效性。另一方面，知识产权制度设计本身包含有无法克服的"缺陷"，例如基于对成本等因素的考虑，只进行形式审查甚至不审查。这使得部分知识产权带着固有的不稳定风险。这种风险应由合同当事人共同分担，毕竟交易成功的收益也是在他们之间分享。

（4）审批风险。审批过程风险是指知识产权交易须经政府部门审核、批准而可能不能获得批准的问题。

因知识产权多涉及公共利益，其中一些重要的技术成果甚至直接与公共安全密切相关，故常需要经由主管部门审批。例如，《技术进出口管理条例》对限制进出口的技术实行许可证管理。有关知识产权条款若被包含在企业并购协议中，则视情况可能需要随同协议整体接受反垄断审查，若涉外还会涉及投资安全方面的审查。在一些合同实践中，双方约定，若负责申报审批一方不能在一定时间内成功结束审批程序，另一方有解约的权利，但应支付给对方一笔"分手费"。

（六）价金条款

1. 概述

价金即知识产权受让方向出让方支付的金钱对价。关于价金的条文即价金条款。从理论上来讲，价金也可以采取非金钱方式来负担，如使用标的技术完成的制成品、出版的图书（样书）、后续开发出来的改进技术成果等。若发生的是知识产权赠与行为，自无价金可言。另外，主要是在学术著作的出版方面，由于出版对作者很重要，而图书在市场上盈利的机会很少，甚至没有，故出版商往往会依行业惯例向作者收取出版津贴（版面费）。显然，此项金钱让渡，虽然也是因知识产权合同而生，却非严格意义上的价金。

需要指出的是，价金条款在理论上貌似简单，但其实它可谓抵达知识产权制度目标前的"最后一公里"——若在价金约定与执行方面不能保证公正、有效，精神成果创造者的根本利益就会受到严重的侵蚀，从而挫伤其创新的积极性。在这方面，《德国著作权法》第 32 条、第 32 条之一赋予作者在约定报酬不合理的情况下请求变更合同的权利，第 36 条规定由作者团体和作品使用者（团体）商议、制定共同报酬规则等，都深具借鉴意义。

2. 主要内容

（1）技术合同。价金的计算和支付方式一般有：一次总算、一次总付；一次总算、分期支付；提成支付；提成支付加入门费。其中，"入门费"为知识产权利益受让方为启动交易而支付给出让方的初始基础费用。

合同价金中包含非技术性款项的，应当分项计算。价金提成支付的圆满执行有赖于有关价格、产值和利润等基础数据的透明度。

（2）版税。在涉及著作权的交易中，权利人获得的价金为版税。不过，严格的版税仅指根据受让方经营收益，根据一定的版税率支付给权利人的那部分收益。不依据版税率而约定一次或者分次支付给权利人一定数额的酬金的，通常被称为"稿酬"。实践中偶见"约稿费"，本质上仍然是稿酬的一部分。

稿酬的数额基本是根据作品的类别、篇幅（例如字数）和质量来确定的；另外，也会适当考虑作者的影响力（例如知名度或者某种级别）。版税的基本算法则为：出版物定价（或者零售价）×印刷量（或者销售量）×一定的百分比（版税率）。

政府主管部门制定有付酬标准，但并不具强制效力。

（七）竞业禁止条款

1. 概述

竞业禁止，也称"竞业限制"，即当事人依约不得从事与交易相对人竞争的特定业务的义务。其目的在于阻止竞业禁止义务人利用从交易获得的便利条件来损害相对方的正当利益。所谓便利条件包括，由于交易而从相对方获知的特别信息（如商业秘密），建立的特定联系（如成为其营销网络的环节之一）等。可想而知，这些便利条件都是相对方长期努力而积累起来的经营资源，若不能获得相应的尊重和保护，就必然会严重地挫伤其进一步开展交易的积极性。

就本质而言，竞业禁止是诚信原则在特殊的交易环境下的具体制度。理论上，它可能出现在多种知识产权合同之中，但最为常见的是经由劳动合同给单位员工一方确立的不作为的义务。

当然，除了约定义务，竞业禁止也以法定的形式出现。例如，《公司法》第 148 条明文禁止公司董事、高级管理人员"利用职务便利为自己或者他人谋取属于公司的商业机会，自营或者为他人经营与所任职公司同类的业务"。本节集中讨论约定的竞业禁止义务。

2. 主要内容

（1）主体范围。如前所述，负担竞业禁止义务的当事人，为在交易过程中获知或者获取相对人经营资源的那一方。但在具体情形下，可能出现双方都获知或者获取了对方的经营资源，因而存在互负竞业禁止义务的必要性。当然，在大多数情况下，竞业禁止仅为一方的义务。

以竞业禁止义务出现最多的劳动关系为例，《劳动合同法》第 24 条第 1 款将义务主体限于"用人单位的高级管理人员、高级技术人员和其他负有保密义务的人员"。显然，在这里立法者将竞业禁止与保密义务紧密地联系起来了，这个范围是否过窄值得商榷。

（2）业务范围。竞业禁止义务针对的业务为与用人单位（雇主）相竞争的业务。《劳动合同法》第 24 条第 2 款规定为"与本单位生产或者经营同类产品、从事同类业务"。

（3）地域范围。一般而言，竞业禁止义务在地域上的范围宜限定在相对人当前业务所及的地理范围。当然，若相对人已经为市场地域扩张做好了准备，在近期即将实现，也可以涵盖该部分未来市场地域范围。此外之地域，因不为相对人所占据，不属于其已实际拥有的利益范围，故不应通过责成他人负担竞业禁止义务来加以独占，否则有失公平。

（4）时间范围。就劳动关系中的竞业禁止义务而言，该义务在时间上首先包括全部劳动关系存续期间。当然，若在此期间内，雇员所承担的工作性质发生变化，例如离开了可能接触到雇主的商业秘密或者其他敏感资源的岗位，则竞业禁止义务就可能适当地提前终止。但这是由于义务主体身份灭失所致，因而不影响上述一般而论的时间界限。

在很多情况下，若竞业禁止义务随着劳动关系结束而终止，则不足以保护雇主的正当利益。为此，双方可约定离职后的竞业禁止义务。对此，《劳动合同法》第 24 条第 2 款规定"竞业限制期限，不得超过 2 年"。笔者认为，此期限固然有利于保护雇员不至于受到过久的限制，但在特定情况下仍可能对员工所在单位有失公平。例如，当义务人掌握着员工所在单位的核心技术或者其他重大资源时，在此种情况下，应允许突破 2 年的限制。

（5）补偿金。补偿金为员工负担离职后竞业禁止义务所获经济补偿，其目的在于保障劳动者的基本生存能力。《劳动合同法》第 23 条第 2 款对此作了规定。最高人民法院的有关司法解释对其进行了补充。

经济全球化背景下的知识产权国际保护

一、知识产权国际保护制度的变革与发展

(一) 知识产权国际保护制度产生的缘由与基本原则

知识产权国际保护制度是指，以多边国际公约为基本形式，以政府间国际组织为协调机构，通过对各国知识产权法律进行协调并形成的相对统一的国际法律制度。[1] 知识产权国际保护制度的核心是利用国际规则，在国际范围内保护知识产权。需要注意的是，知识产权的国际保护并不是通过国际公约或协定保护各国的知识产权或单纯地以国际公约或协定代替国内法，也不是指用本国法去保护依外国法而产生的知识产权，而是指在遵守国际公约、协定的最低要求的基础上，履行一个国家对知识产权保护的国际公约、协定规定的义务，以国民待遇原则为基础，以本国国内法对外国人的知识产权提供保护。[2]

---

〔1〕 吴汉东主编:《知识产权国际保护制度研究》，知识产权出版社 2007 年版，第1页。

〔2〕 刘筠筠、熊英:《知识产权国际保护基本制度研究》，知识产权出版社 2011 年版，第1页。

1. 知识产权国际保护制度产生的缘由

关于知识产权国际保护制度的产生，国内学者多有论述。例如，有学者认为，"经济的发展是国际知识产权法产生的根本原因；知识产权的地域性与智力成果的流动性之间的矛盾，是国际知识产权法形成与发展的社会动因；协调不同国家因政治、经济、文化、历史等原因而具有巨大差异的知识产权制度，则是国际知识产权法形成与发展的社会目的。"[1] 笔者认为，知识产权国际保护制度产生的社会动因是经济和科技的发展；知识产权的地域性与知识产品的自然流动性之间的矛盾是知识产权国际保护制度产生的根本动因。

（1）经济和科技的发展。在人类历史上，一些国家首先认识到科学技术对经济社会发展以及在市场上获得竞争优势的重大作用。然而，任何一项新技术产品的研究和开发都要付出一定的人力、物力和时间，而仿造新技术产品则很容易，无须付出研发成本，如果新技术产品可以被任意仿制，则会挫伤研发者的研发积极性，损害其利益，不利于新技术的发明。因此，西方一些国家资产阶级一方面研究和采用新技术，以期降低产品成本，提高劳动生产率，获取更高的利润，从而在市场中获取竞争优势；另一方面又要求通过法律制度保障其对技术发明的垄断，以维护其在市场上的竞争优势。于是，以确认对发明的垄断权为核心内容的资产阶级专利制度应运而生。

经济和科技的发展催生了各国知识产权法律制度，而各国的知识产权法律制度又为知识产权国际保护制度的建立奠定了基础。可以说，经济和科技的发展是知识产权国际保护制度产生的社会动因。

（2）知识产权地域性与知识产品的自然流动性之间的矛盾。当

---

〔1〕　古祖雪：《论国际知识产权法的社会基础》，载《湘潭大学社会科学学报》2002 年第 6 期。

资本主义进入垄断阶段以后，垄断资本家们不再满足于在国内市场的竞争和掠夺，纷纷寻求在国际市场进行投资、输出技术及产品，以获取更大的利润。虽然各国相继建立了自己的知识产权制度，但由于知识产权具有地域性的特点，加之自由竞争时期的资本主义各国都不承认根据外国法律而产生的知识产权，由此知识产权的地域性与知识产品的自然流动性产生了矛盾。为了解决这一矛盾，有些国家一开始通过签订双边协议或条约互相给予知识产权保护，后来发展到多个国家通过签订多边协议或条约相互给予知识产权保护。这些条约或协议对缔约各国具有一定的约束力，缔约国依据条约或协议所规定的国民待遇原则，按照本国知识产权法律给予其他缔约国国民和本国国民同样的知识产权保护。可以说，知识产权地域性和知识产品的自然流动性之间的矛盾是知识产权国际保护制度产生的根本动因。

（3）知识产权国际保护产生的现实或直接动因。1873 年，当时的奥匈帝国在维也纳举办国际商品博览会，奥匈帝国邀请各国参加，但是大多数收到邀请的国家都不愿意参加，因为它们担心自己国家的发明或商标在博览会上得不到保护，会被其他国家仿制或仿冒。这样，知识产权国际保护问题被现实地提出了。为了打消被邀请国家的顾虑，奥匈帝国颁布了一个特别法令，规定对参加博览会的展品给予临时保护。1873 年举办博览会期间，各西方国家代表在维也纳召开了一个国际专利会议，讨论专利权国际保护问题，会上提出了制定国际统一专利法的问题。在维也纳会议上，由于各国利益的冲突和立法的差异，各国并没有达成协议，但维也纳会议是谋求专利国际保护过程中一个开拓性的进展。[1]

以维也纳会议为契机，1883 年 3 月 20 日，法国、比利时、巴西等 11 个国家发起，在法国巴黎召开工业产权国际会议，正式签

---

〔1〕 刘筠筠、熊英：《知识产权国际保护基本制度研究》，知识产权出版社 2011 年版，第 3 页。

订了《巴黎公约》。[1]《巴黎公约》是国际上第一个关于知识产权保护的公约，开创了知识产权国际保护的先河。

随着 1886 年《伯尔尼公约》、1891 年《商标国际注册马德里协定》（Madrid Agreement Concerning the International Registration of Marks）、1952 年《世界版权公约》（Universal Copyright Convention）、1970 年《专利合作条约》（Patent Cooperation Treaty，PCT）等的签订，知识产权国际保护的基本制度得以建立，具有严格地域性的知识产权由此获得许多国家的保护，具有了"国际性"。与之相适应的"巴黎联盟""伯尔尼联盟"以及后来的"世界知识产权组织"的建立，则为这种知识产权国际保护制度的实施提供了组织保障。[2]

可以说，1873 年奥匈帝国举办的国际商品博览会是知识产权国际保护制度产生的现实或直接动因。

2. 基本原则

法律制度的基本原则是承载整个法律制度的价值目标，并为相关具体制度和规则的建立提供依据和来源的准则，是对具体制度价值和制度规则的概括和抽象，是整个法律制度的灵魂和精神。

依据法律原则的普适性与层次性，知识产权国际保护制度的基本原则可以分为两个类型：一是构建该项法律制度而具有基础性意义的准则；二是存在于该项法律制度之中且本身可以直接适用的原则。在前者的意义上，有的学者将其概括为：国家主权原则、平等原则、共同发展原则、国际合作原则；[3] 这些原则实际上就是国际法的基本原则。在后者意义上，学者们多将其归纳为：国民待遇

---

〔1〕 吴汉东、郭寿康主编：《知识产权制度国际化问题研究》，北京大学出版社 2010 年版，第 61 页。

〔2〕 参见刘筠筠、熊英：《知识产权国际保护基本制度研究》，知识产权出版社 2011 年版，第 3 页。

〔3〕 唐青阳：《知识产权国际保护的理论和实践》，西南师范大学出版社 1998 年版，第 42 页。

原则、最低标准原则、独立性原则（工业产权）、独立保护原则
（著作权）、强制实施专利发明原则（专利权）、优先权原则（工业
产权）等。[1]

笔者赞同从后者意义上认识和说明知识产权国际保护制度的基
本原则，并认为知识产权国际保护制度的基本原则应仅指普遍适用
于所有知识产权领域的基本原则，不包括适用于特定知识产权领域
的特有基本原则，如适用于工业产权领域的优先权原则和适用于文
学艺术领域的自动保护原则等。知识产权国际保护制度的基本原则
包括国民待遇原则、独立性原则、最低保护标准原则、公共利益原
则。以下将分别予以阐述。

（1）国民待遇原则。国民待遇原则是知识产权国际保护制度的
首要原则，并为众多知识产权国际公约确定为首要原则。国民待遇
的基本含义是指，在知识产权保护问题上，各缔约国之间相互承认
和平等保护彼此的知识产权，并且在知识产权保护上使缔约国国民
与本国国民享受同等待遇，不能厚此薄彼，要求内外平等。

国民待遇原则是不同社会经济制度和不同发展水平的国家都能
接受的一项原则。国民待遇原则并不要求各缔约国对知识产权的保
护是对等的，即是否给予知识产权保护以及如何保护依据的是各缔
约国的国内法，只要求不歧视，不要求保护上的对等。自 1883 年
的《巴黎公约》首次将国民待遇原则确立为首要原则以来，该原则
已为各国立法所普遍接受。

（2）独立性原则。独立性原则包含两个方面：一方面是指，缔
约国国民就同一项智力成果在各缔约国取得的知识产权相互独立，
互不影响；另一方面是指，知识产权的国际保护只能适用缔约国各
自的国内法，依照各缔约国国内法规定的标准进行保护。也就是
说，知识产权的国际保护依据的是各缔约国的国内法，知识产权在

---

〔1〕 刘文华主编：《WTO 与中国知识产权制度的冲突与规避》，中国城市出版社
2001 年版，第 45、48 页。

某缔约国产生、被宣告无效或终止，并不必然导致该知识产权在其他缔约国也产生、被宣告无效或终止。这项原则源于一个古老的法律原则，即平等者之间无管辖权。[1]

第一，专利权独立性原则。专利权独立性原则是指，同一发明创造在不同成员国国内申请专利及享有的专利权彼此独立、互不影响。

第二，商标权独立性原则。商标权独立性原则是指，同一商标在某成员国获得注册或被撤销，不影响在其他成员国的注册申请和有效性。

第三，著作权独立性原则。著作权独立性原则是指，作者著作权的获得和权利行使完全由被主张保护国家的法律规定，不依赖于作品起源国法律的规定。

（3）最低保护标准原则。最低保护标准原则是对国民待遇原则的重要补充。国民待遇原则的适用要求具有普适性和有效性，基于独立性原则，如果各缔约国提供的知识产权保护差异过大，会造成缔约国之间有关知识产权保护方面权利义务的不平等，进而影响知识产权国际条约的普适性和有效性。因此，在知识产权国际保护制度中，仅规定国民待遇原则是不够的。为了避免因各缔约国知识产权制度方面的巨大差异给国际协调带来的不利影响，知识产权国际保护制度有必要规定最低保护标准原则，以平衡各缔约国知识产权保护方面的权利与义务，切实、有效地实施知识产权的国际保护。

需要注意的是，最低保护标准原则对公约的缔约国有直接适用的效力，不属于各缔约国可以声明保留的条款。另外，最低保护标准原则并不禁止各缔约国国内法规定的保护标准高于公约规定的最低标准，即"可就高不就低"。所谓"不就低"，就是采取"最低保护标准"，各缔约国必须遵从之；所谓"可就高"，即是否超出

---

〔1〕　刘筠筠、熊英：《知识产权国际保护基本制度研究》，知识产权出版社2011年版，第62页。

最低标准，各缔约国可自行选择之。[1]

（4）公共利益原则。公共利益原则是指，知识产权的保护和权利行使，不得违反社会公共利益，应保持知识产权人私益与公共利益之间的平衡。知识产权人私益和公共利益之间的平衡是通过在知识产权制度内部设立权利限制与利用制度得以保证和实现的。当然，这种权利的限制与利用是在保护权利人利益基础上的必要限制和合理利用。正如美国学者指出的那样，知识产权之存在首先应有利于公共利益，其次才是使权利人本人受益。[2]

公共利益原则作为知识产权国际保护制度不可缺少的重要原则，体现了知识产权国际保护制度的最高价值目标。

（二）知识产权国际保护制度的变革与发展

1. 知识产权国际保护制度历史

到目前为止，知识产权国际保护大体可以划分为三个阶段：

第一阶段，"巴黎联盟"和"伯尔尼联盟"时期（1883—1970年），这个时期可以称为知识产权国际保护制度的形成阶段。由于1883年《巴黎公约》的保护对象是综合性的工业产权，因此使之成为保护知识产权的第一个"综合性"的国际公约，其不仅开创了知识产权国际保护的先河，也标志着工业产权国际保护制度体系的形成。1886年的《伯尔尼公约》开创了著作权国际保护的先河，也标志着著作权国际保护制度体系的形成。《巴黎公约》《伯尔尼公约》两个具有里程碑意义的国际公约的签订，以及后来的《商标国际注册马德里协定》《专利合作条约》等国际公约的签订，标志着知识产权国际保护制度体系已经形成。随着"巴黎联盟""伯尔尼联盟"的成立，知识产权国际保护制度体系已经形成，知识产权

---

〔1〕 吴汉东主编：《知识产权国际保护制度研究》，知识产权出版社2007年版，第25页。

〔2〕 ［美］奥德丽·R.查普曼：《将知识产权视为人权：与第15条第1款第3项有关的义务》，载《版权公报》2001年第3期。

国际保护制度进入了形成阶段。

第二阶段，世界知识产权组织时期和世界贸易组织的 TRIPs 协议形成时期（1970—1995 年），这个时期可以称为知识产权国际保护制度的发展阶段。1967 年 7 月 14 日，在斯德哥尔摩签署了《WIPO 公约》，该公约决定成立世界知识产权组织。1970 年 4 月 26 日世界知识产权组织成立，1974 年 12 月 17 日成为联合国组织系统下处理知识产权事务的专门机构。世界知识产权组织的成立，标志着比较完整的知识产权国际保护体制的形成，也标志着知识产权国际保护进入了初步发展阶段。

世界知识产权组织在成立初期对知识产权国际保护做出了巨大的贡献，知识产权国际保护制度对科学技术和世界经济的发展也起到了积极的促进作用。但是，随着科学技术与世界经济的迅猛发展，人们越来越认识到一国技术水平的提高以及本国经济的发展越来越离不开国际贸易，尤其是知识产权在国际贸易中的作用日益重要。然而，传统的有关保护知识产权的国际公约，如《巴黎公约》等，已经不能完全适应时代的发展需要，逐渐暴露出一些缺陷，如传统的知识产权保护国际公约大多侧重国际知识产权保护程序方面的规定，没有一套强制性的知识产权保护的国际标准，对各国实体法要求很少；传统知识产权保护国际公约侧重的是对知识产权的确定程序以及最低限度的保护要求方面的规定，对于知识产权侵权行为，知识产权人和各国当局可以采取的救济措施则缺乏规定；特别是传统的知识产权保护国际公约对国际贸易中日益增多的各成员方关于知识产权的争端，没有规定具体的解决办法，[1] 使得传统的知识产权保护国际公约成了"没有牙齿的老虎"。特别是 20 世纪以来，国际贸易已从传统的、单一的货物贸易发展为货物贸易、服务贸易和知识产权贸易并重的多元化贸易，其中知识产权贸易所占比

---

[1]　刘筠筠、熊英：《知识产权国际保护基本制度研究》，知识产权出版社 2011 年版，第 9 页。

重越来越大。一方面是因为知识产权已经成为一种单纯的国际贸易对象，另一方面是因为货物贸易、服务贸易都离不开知识产权。在这种情况下，世界知识产权组织框架下的知识产权国际保护制度面临前所未有的挑战，尤其在解决国际贸易中出现的知识产权保护问题时显得力不从心。[1]

在世界知识产权组织改革难以推动的情况下，以美国为首的发达国家开始改变策略，通过转换机制，将注意力转向了《关税与贸易总协定》（General Agreement on Tariffs and Trade，GATT），希望突破世界知识产权组织框架下的知识产权国际保护体制，将知识产权保护问题引入国际性贸易规则，利用 GATT 关于争议解决机制中的报复手段建立一套新的知识产权保护体系。[2]

GATT 自 1947 年缔结以来，主要针对有形货物贸易，很少涉及知识产权方面的问题。在 GATT 第七轮的东京回合谈判后期，美国和欧共体就试图将知识产权保护问题作为议题纳入谈判，但是遭到发展中国家和一些发达国家的反对而未成功。东京回合谈判之后，主要发达国家开始筹划发动新一轮多边贸易谈判，并竭力将知识产权问题纳入谈判议程。[3]

到 1990 年，在乌拉圭回合的布鲁塞尔部长级会议上，把知识产权问题纳入 GATT 已基本成为定局。在进入知识产权实质性谈判过程中，发达国家与发展中国家的争论非常激烈，发达国家提出了具体的方案，发展中国家提出了修改意见，1991 年，GATT 总干事邓克尔提出了知识产权协议的最后文本，1993 年 12 月 25 日，邓克尔文本获得通过。至此，以美国为首的发达国家与发展中国家经过

---

[1] 吴汉东、郭寿康主编：《知识产权制度国际化问题研究》，北京大学出版社2010 年版，第 76 页。

[2] 吴汉东、郭寿康主编：《知识产权制度国际化问题研究》，北京大学出版社2010 年版，第 78 页。

[3] 参见贺小勇等：《WTO 框架下知识产权争端法律问题研究》，法律出版社 2011年版。

艰苦的谈判，最终于 1993 年 12 月 15 日达成了 TRIPs 协议，并于 1995 年 1 月 1 日生效。

发展中国家之所以最后接受了 TRIPs 协议，一方面是因为发展中国家自身发展的需要；另一方面是因为发展中国家与发达国家通过利益交换也有所收获，同时发展中国家也希望通过建立多边争端解决机制，遏制美国在知识产权领域采取的以"特殊 301 条款"为依托的单边贸易保护措施。

以 TRIPs 协议为标志，知识产权国际保护制度的发展主要表现在以下三个方面：[1]

（1）知识产权国际保护标准在成员之间的一体化。TRIPs 协议确立了新的知识产权保护的国际标准（最低保护标准），并以此作为各成员立法的原则和依据。

（2）知识产权国际保护体系与国际贸易体制的一体化。长期以来，知识产权国际保护与国际贸易并无直接关联。TRIPs 协议的形成，使知识产权保护成为国际贸易体制的组成部分。这意味着，在世界贸易组织框架内，实现了国际贸易"知识化"与知识产权"国际化"，[2] 即依赖成员的国家强制力和世界贸易组织的国际强制力，得以将成员所承诺的知识产权保护与成员参加的国际贸易体制紧密联系起来。

学者普遍认为，TRIPs 协议本身就是新国际贸易体制的重要组成部分，并以推进经济全球化与立法一体化为主要目标。首先，TRIPs 协议的宗旨是减少国际贸易中的扭曲与阻力，促进对知识产权充分、有效的保护并保证知识产权执法措施与程度不至于变成合

---

〔1〕 参见吴汉东主编：《知识产权国际保护制度研究》，知识产权出版社 2007 年版，第 2~5 页。

〔2〕 石巍：《TRIPS 效应评估与我国的因应对策》，载《山东大学学报（哲社版）》1998 年第 3 期。

法贸易的障碍。[1] 其次，TRIPs 协议将 GATT 和世界贸易组织关于货物贸易的原则和机制延伸到知识产权保护。最后，将世界贸易组织的争端解决机制延伸适用于知识产权争端，增强了知识产权争端解决机制的强制性、可执行性和有效性。

（3）知识产权国际保护制度不断完善。TRIPs 协议所确立的知识产权国际保护新体制，在从贸易的角度保护知识产权的前提下，其所涉内容相当广泛。首先，TRIPs 协议是目前内容最为广泛的知识产权保护的国际公约，其构成了知识产权保护的体系，涉及知识产权的各个领域，一改以往知识产权国际条约只保护某一方面知识产权的模式，成为迄今为止构建知识产权体系最为完善、健全的一部国际公约。[2] 其次，TRIPs 协议相比以往的国际公约扩大了知识产权保护的范围，提高了知识产权保护的水平。最后，TRIPs 协议通过司法复审制度、民事程序、损害赔偿、临时措施、边境措施等，强化了知识产权的执法程序和保护措施，这是其一大特色和重要革新，是以往知识产权保护国际公约所没有的。

可以说，世界贸易组织的 TRIPs 协议的签订，是对近两个世纪国际知识产权制度的总结和发展，标志着知识产权国际保护制度进入了发展阶段，也标志着知识产权国际保护新体制的形成，是知识产权国际保护制度发展史上的一个里程碑。

第三阶段，后 TRIPs 协议时期（1995 年至今），这个时期可以称为知识产权国际保护制度的变革阶段与新的发展阶段。

TRIPs 协议虽然有其推动知识产权国际保护制度进一步发展的积极意义，但是也存在着消极影响，其固有的缺失引发了诸多争议以及变革现有知识产权国际保护制度的讨论。

---

〔1〕 参见 TRIPs 协议"序言"。

〔2〕 吴汉东主编：《知识产权国际保护制度研究》，知识产权出版社 2007 年版，第101 页。

2. 知识产权国际保护制度应针对其缺失进行的改革

具体来说，在后 TRIPs 协议时代，知识产权国际保护制度应针对其缺失进行以下变革：

（1）关注知识产权与基本人权的关系问题，并努力改革现有的国际知识产权保护制度，使之符合国际人权的标准。依据国际人权标准，知识产权国际保护制度有以下现实或潜在的问题：[1]

第一，精神权利 VS. 对作者权利保护的缺失。TRIPs 协议将《伯尔尼公约》等主要国际知识产权公约的实体条款纳入，并作为其基础性的条款，但明确排除了《伯尔尼公约》保护精神权利的规定，而承认创造者通过智力劳动获得精神利益和物质利益的权利，这是将知识产权视为人权的重要考量标准。这一做法背离了国际人权法的一贯主张，使得权项体系失衡，造成权利义务的不平等。

第二，表达自由 VS. 对专有权利限制的限制。表达自由与著作权有着密切的联系，表达自由是世界各国普遍认可的宪法权利。TRIPs 协议没有充分吸收《伯尔尼公约》关于合理使用的有关规定，只是重申和强调了专有权利限制和例外的严格条件，实际上是对权利限制的反限制。

第三，隐私权 VS. 信息数据库权利的扩张。隐私权是民法规定的人格权，也是国际人权法所承认的基本人权。在信息社会，信息成为一种商品，而信息商品化在知识产权领域即数据库存在问题。在著作权界主张数据库投资者与利用者之间利益协调的同时，也应该从人权角度考量数据库来源者与所有者之间的权利冲突。总之，在创设数据库权利制度、促进信息产业发展的时候，立法者必须对于数据主体即隐私权主体的利益给予更多的关注。[2]

---

〔1〕　参见吴汉东主编：《知识产权国际保护制度研究》，知识产权出版社 2007 年版，第 7~12 页。

〔2〕　参见吴汉东：《知识产权 VS. 人权：冲突、交叉与协调》，载《中国知识产权报》2004 年 1 月 6 日。

第四，健康权 VS. 药品专利利用的障碍。健康权作为普遍接受的人权，得到众多国际人权公约的承认。联合国大会人权专家认为：这两种权利之任何一种在其自身的背景中都是有价值的，都是国际社会承认的基本人权。[1]

《TRIPs 协议和公共健康宣言》（Declaration on the TRIPs Agreement and Public Health，以下简称《多哈宣言》）的诞生是国际知识产权领域发生的重大事件。其秉承公共利益原则，以人权优先性的尺度，协调药品专利权与公共健康权之间的冲突，这一做法无疑是后 TRIPs 协议时代对知识产权制度的重要调整。[2]

第五，发展权 VS. 专有技术转让的阻滞。发展权是第三代人权即集体人权的重要内容。1974 年的《各国经济权利和义务宪章》（Charter of Economic Rights and Obligations of All Countries）指出：发展权是普遍的权利，即每个国家均有权分享科学技术进步和发展的利益，以加速其经济与社会发展。发展权对发展中国家尤为重要，但是发展中国家的发展权并没有在知识产权国际保护体系中得到充分的体现。虽然 TRIPs 协议原则性规定促进技术转让和知识传播，但是并没有真正落实。

（2）应当不断修正 TRIPs 协议对发展中国家的利益考量不充分的状况。TRIPs 协议虽然给发展中国家和最不发达国家提供了遵守该协议的过渡期，满足了发展中国家的一些诉求，但更倾向于保护发达国家的利益，并未对发展中国家的利益予以充分的考量。许多发展中国家和非政府组织也认为，TRIPs 协议的规定对发展中国家毫无益处，只会增加负担。事实上，一些发达国家的企业私下也承认，它们从发展中国家的市场上所获取的利润不会投入到激励有利

---

〔1〕 参见相关研究，参见周俊强：《与公共健康危机有关的知识产权国际保护》，载《中国法学》2005 年第 1 期。

〔2〕 吴汉东主编：《知识产权国际保护制度研究》，知识产权出版社 2007 年版，第 10 页。

于当地发展的研究中去。[1] 因此，应当不断修正 TRIPs 协议对发展中国家的利益考量不充分的状况。

3. 知识产权国际保护制度的新发展

后 TRIPs 协议时代，不仅需要对现行知识产权国际保护制度进行变革，而且也面临着对现行制度的突破和新制度的创设。后 TRIPs 协议时代，知识产权国际保护制度在对现行制度不断变革和创设新制度的过程中，必将使其进入新的发展阶段。[2] 基于现行的知识产权国际保护制度对发展中国家利益保护的缺失，发展中国家已经意识到并开始进行对抗，试图推动对以发达国家为主导的 TRIPs 协议的变革，使其朝着有利于保护自己利益的方向发展，以此改变自己的弱势地位。由此，知识产权国际保护制度的新发展将体现在以下三个方面：

（1）知识产权国际保护制度将重视对传统知识的保护。长期以来，忽视对文化与知识多样性的保护，导致了一些传统知识丰富的发展中国家或地区、一些民族或种族应有权利的丧失。由此，近年来，在发展中国家的极力推动下，国际社会已经开始重视传统知识的保护问题，并对传统知识保护的制度设计和安排进行了积极有益的探索。[3]

国际社会的有关探索主要集中在对传统知识产权的保护模式上：一是采用现行的知识产权制度，但采用现行知识产权制度来保

---

〔1〕 英国知识产权委员会：《知识产权与发展政策的整合》，国家知识产权局条法司编译。

〔2〕 相关研究，参见杜颖：《知识产权国际保护制度的新发展及中国路径选择》，载《法学家》2016 年第 3 期；吴汉东：《知识产权国际保护制度的变革与发展》，载《法学研究》2005 年第 3 期。

〔3〕 我国是一个具有悠久历史和灿烂文化的文明古国，传统知识丰富多样，亟待完善相关法律保护。习近平同志针对"深化知识产权保护工作体制机制改革"即指出，要"及时研究制定传统文化、传统知识等领域保护办法"。参见习近平：《全面加强知识产权保护工作 激发创新活力推动构建新发展格局》，载《求是》2021 年第 3 期。

护传统知识，显然存在其无法回避的理论缺陷，例如主体的确认、客体保护条件、权利保护期限、利益分配等问题。二是采用专门法律制度，但是关于专门法律制度的法律属性，即是否属于知识产权保护制度的范畴，国际上是有争议的。

（2）知识产权国际保护制度将重视对遗传资源的保护。遗传资源与生物技术有着密切的联系，遗传资源是某些生物技术发明的原材料，因此，遗传资源是生物技术发展的物质基础，生物技术的产生和发展高度依赖遗传资源，没有遗传资源，生物技术将成为"无米之炊""无水之源"。

长期以来，发达国家一贯主张遗传资源属于人类公共资源，任何人都可以自由利用，由此，发达国家一直自由免费利用发展中国家的遗传资源完成生物技术发明，并由此获得专利；而发展中国家不仅不能获得任何收益，还需要在使用利用其遗传资源完成的发明时向专利权人支付使用费。这引起了广大发展中国家特别是遗传资源丰富的发展中国家的强烈不满和抗争。发展中国家认为，发达国家为生物技术发明创造提供专利保护时，没有为遗传资源的提供国家提供适当的补偿，这是不公平的，这种未提供补偿而使用他国遗传资源的行为应当被定性为一种侵权行为，或可称之为"生物海盗"行为。[1] 为了抵制发达国家的"生物海盗"行为，保护本国的遗传资源，发展中国家开始在国际上推动对遗传资源的保护，希望知识产权国际保护制度能够促进生物技术向发展中国家转移，也希望知识产权国际保护制度能够促进生物技术方面的利益分享和信息披露。

为了保护遗传资源并制裁"生物海盗"行为，国际社会做出了一些努力。例如，1992 年《生物多样性公约》（Convention on Biological Diversity, CBD）的实施，2001 年《粮食和农业植物遗传资

---

〔1〕 参见吴汉东主编：《知识产权国际保护制度研究》，知识产权出版社 2007 年版，第 73 页。

源国际条约》（International Treaty on Plant Genetic Resources for Food and Agriculture，ITPGRFA）的通过，表明遗传资源保护法律框架的构建取得了一些进展。其中，CBD 确立了三大基本原则，即遗传资源的国家主权原则、事先知情同意原则和惠益分享原则，并鼓励发达国家以向发展中国家转让生物技术的方式作为获取发展中国家生物多样性资源特别是基因资源的补偿；[1] ITPGRFA 建立了一套粮农植物遗传资源多边保护机制，而且也规定了利益分享原则。

因此，在后 TRIPs 协议时代，协调遗传资源保护和知识产权保护之间的矛盾与冲突必将是发达国家和发展中国家关注的热点问题，也将是国际知识产权制度发展的长期问题，这一问题的解决也必将促进知识产权国际保护制度的新发展。

（3）知识产权国际保护制度将重视对地理标志的保护。美欧之间的矛盾与分歧以及发展中国家的分化，使得国际知识产权领域出现了一种新的更加复杂的利益格局。地理标志保护制度的建立已有百余年的历史，不同的保护理念与不同的保护模式一直并存于两大法系的不同国家之中。如今这项老制度又出现了新问题，这不仅影响到 TRIPs 协议在成员方的境内实施，也为后 TRIPs 协议时代国际知识产权制度的发展增加了变数。[2]

地理标志保护问题的研究和探讨必将推动知识产权国际保护制度的新发展。

总之，在后 TRIPs 协议时代，知识产权国际保护制度必将因为重大的变革而进入新的发展阶段。[3]

---

〔1〕　吴汉东主编：《知识产权国际保护制度研究》，知识产权出版社 2007 年版，第80 页。

〔2〕　吴汉东主编：《知识产权国际保护制度研究》，知识产权出版社 2007 年版，第19 页。

〔3〕　相关研究，参见廖丽：《国际知识产权制度的发展趋势及中国因应——基于博弈论的视角》，载《法学评论》2023 年第 2 期。

二、知识产权国际保护制度的全球化与多元化

(一)知识产权保护的全球化

如前所述，19 世纪 80 年代分别签署的《巴黎公约》和《伯尔尼公约》拉开了国际知识产权保护的序幕。至 20 世纪 70 年代，国际知识产权保护制度已经较为成熟。世界知识产权组织管理着多个国际知识产权条约。但当时的国际知识产权保护体系，若从发达国家的角度看来，至少有两方面不足：一是在 20 世纪 70 年代末至 80 年代初，上述两个公约的修订陷入僵局；二是世界知识产权组织管理的国际知识产权公约并无有效的争议解决机制。在此背景下，美国等发达国家于 20 世纪 80 年代中期开始筹划另辟蹊径以提高知识产权保护水平，知识产权保护的全球化时代也随之到来。

1. 世界贸易组织与 TRIPs 协议

在世界知识产权组织之外，美国认为 GATT 可能是加强知识产权保护的较好场所，因为 GATT 是专为关税与国际贸易议题而设置，非属联合国系统，不受联合国政治和规则制约。更重要的是，它为美国等发达国家所实质控制，如果发达国家达成一致，就基本可使一项议题获得通过。[1] 为把 GATT 改造为国际知识产权保护论坛，美国提议把知识产权议题纳入多边贸易协议谈判中，因为知识产权与国际贸易有一定关系，不尊重知识产权可能损及国际贸易。长达 7 年（1986—1993 年）的乌拉圭回合谈判基本由美国主导。发达国家目标基本一致，基本占据谈判的主导地位，其目标条款也较多地被纳入 TRIPs 协议中。乌拉圭回合成果非常丰富，包括建立世界贸易组织、更新 GATT 的争端解决机制、签署 TRIPs 协议等。

世界贸易组织（World Trade Organization，WTO）于 1995 年 1 月 1 日成立，TRIPs 协议也于同日实施，一个全新的国际贸易与知

---

〔1〕 See Peter Drahos and John Braithwaite, *Information Feudalism*, London：Earthscan Publications Ltd. , 2002, p. 185.

识产权多边舞台建立，知识产权全球化时代也得以开启。TRIPs 协议设置了知识产权全球化的基本框架，涉及的知识产权范畴广泛，除包括专利、商标和著作权等传统知识产权外，还包括植物新品种和集成电路布图设计等新兴知识产权。它以最低标准的形式要求世界贸易组织成员建设其知识产权制度。借由世界贸易组织的争端解决机制和 TRIPs 协议的规定，知识产权保护标准的全球一体化时代到来。

更为重要的是，TRIPs 协议及其所依赖的世界贸易组织平台，既有最低标准条款和程序条款等规定，又有有效的争端解决机制作为制约，因此它很快就成为高效的国际知识产权保护平台。[1]美国依靠更新后的争端解决机制，先后起诉日本、欧盟、加拿大和众多发展中国家，使其知识产权保护标准与 TRIPs 协议保持一致，从而最大限度地保护美国自身的知识产权利益。其他世界贸易组织成员也积极依据该国际知识产权保护平台维护其知识产权利益。

与此前的知识产权国际公约或平台相比，世界贸易组织下的 TRIPs 协议在四个方面有所突破：

第一，建立了知识产权保护的最低标准。最低标准的规定形成全球一致的"超国家模式"，这是知识产权标准全球化的基础。从利益的维护角度来看，无疑这对美国等发达国家有利，而不利于广大发展中国家和最不发达国家，因为在知识产权创新、产出、管理和保护等方面，美国等发达国家都要远强于发展中国家。

第二，扩展了知识产权主题。除传统的专利、商标、著作权知识产权形式得到全面保护外，商业秘密、集成电路布图设计、地理标志、植物新品种等新兴知识产权形式也被纳入 TRIPs 协议，从而实质地扩展了现代知识产权体系，充实了国际知识产权贸易的内容。涉及新技术主题的发明或者创作物，如生物技术发明和计算机

---

〔1〕　*See* Emily Ayoob，"Recent Development：The Anti‐Counterfeiting Trade Agreement"，28 *Cardozo Arts & Ent. L. J.* 175，177（2010）.

程序等，也分别被纳入专利和著作权的客体范畴而得到保护。

第三，通过限制性条款（包括限制著作权合理使用和限制专利强制许可适用等），压缩了世界贸易组织成员依据各自国情制定知识产权法的空间，使其发展的自由度受到限制，尽管 TRIPs 协议也有弹性条款可资援引以维护发展中国家的利益。

第四，依托世界贸易组织，设立了强制性的争端解决措施，赋予 TRIPs 协议强大而有效的可实施性，这点无与伦比。[1]

因此，在世界贸易组织成立后，在知识产权国际保护领域，人们把注意力更多地放在世界贸易组织。这既与它有内容广泛的"一揽子协议"和高效的争端解决机制有关，也与美国咄咄逼人的多方位出击有关。在继续积极运用单边措施——如"特别 301 调查"，以及双边措施——如自由贸易协议的同时，美国也在世界贸易组织通过争端解决机制向多个成员提起诉讼，要求它们通过立法等手段提高其国内的知识产权保护水平，从而最大限度地维护美国的知识产权利益。

在美国多种贸易措施制约下，世界贸易组织成员分别通过修改法律等形式，实质地提高了知识产权保护水平，使之至少与 TRIPs 协议规定的最低标准一致。从知识产权国际保护角度看，知识产权保护的全球化也伴随 TRIPs 协议实施而到来。

2. 后 TRIPs 协议时代

虽然世界贸易组织下的 TRIPs 协议是高效的知识产权保护平台，但从发达国家角度看，TRIPs 协议尚有缺陷，如发展中国家对于其知识产权法律实施不足等，因此它们继续寻求如何在 TRIPs 协议的基础上再加强知识产权保护，此即"TRIPs＋"或称"超TRIPs"保护。

在世界贸易组织，一方面是广大发展中国家越来越多地主张本

〔1〕 *See* Peter K. Yu, "International Enclosure, the Regime Complex, and Intellectual Property Schizophrenia", 2007 *Mich. St. L. Rev.* 1, 6-13 (2007).

国利益，其中涉及发展、减贫和公共健康等问题。发展中国家认为，它们在乌拉圭回合谈判中已经以本国的发展利益为代价做出了较大让步，因此希望看到世界贸易组织作为相对公平的世界贸易舞台为其发展和公共利益服务，但发现实际效果远离预期，因为美国等发达国家就知识产权等贸易主题实施的强制措施更为积极。发展中国家和最不发达国家为共同利益诉求而逐渐联合起来，共同推动符合发展中国家利益的活动，其中的显著成果就是在 2001 年的部长级会议上通过《多哈宣言》。[1]

　　但另一方面，美国等发达国家运用争端解决机制，要求其他世界贸易组织成员尤其是发展中国家提高其知识产权保护水平从而达到 TRIPs 协议的要求。这反映在美国、欧盟和日本等主要发达国家对于发展中国家的知识产权实施状况越发不满，认为它们没能满足 TRIPs 协议要求。看到在世界贸易组织平台进一步推动知识产权保护的困难，美国、日本、欧盟等发达国家开始探讨如何构建新的国际知识产权保护平台，这包括持续数年的《反假冒贸易协议》（Anti-Counterfeiting Trade Agreement，ACTA）和《跨太平洋伙伴关系协议》（Trans-Pacific Partnership，TPP）谈判。

　　2007 年 10 月，美国、日本、欧盟等就 ACTA 谈判达成一致意见，发表共同声明，称其目标是制止知识产权海盗和假冒行为。ACTA 谈判于 2008 年 6 月启动，在不到 2 年的时间内实施了 11 轮谈判，最终协议文本于 2010 年 10 月在东京达成。ACTA 的宗旨是在国际上把"TRIPs+"的知识产权保护水平加以固定，从而使知识产权国际保护水平得到实质提高。

　　虽然针对 ACTA 的民事执法部分也有损害赔偿计算、缺乏针对被控侵权者的救济措施等争议，但人们对于 ACTA 的更多争议与批评主要集中在海关措施、刑事责任和互联网执法领域。与海关措施

─────────────

　　〔1〕　*See* Declaration on the TRIPs Agreement and Public Health, WT/MIN（01）/DEC/2, 20 November 2001.

相关的争议如除控制进口货物外，ACTA 还涉及控制出口货物、在途货物（包括转关货物和转船货物）和可疑货物，这显然高于 TRIPs 协议的规定标准；海关可依职权主动对可疑货物采取强制措施，也可依权利人申请对可疑货物采取强制措施。[1] 与刑事责任相关的争议也很大，主要问题是它规定了很低的刑事责任门槛。与互联网执法措施相关的争议包括：网络服务提供商（ISP）的监管责任和相应的"三振出局"安排，以及由此可能对公民隐私、表达自由和数据保护等所造成的侵害。虽然基于欧盟等谈判方的积极争取和公众的广泛反对，"三振出局"等规定最终被删除，但相关信息披露及其可能对公民隐私带来的潜在危害依然存在。还有批评认为，与 TRIPs 协议不同，ACTA 缺乏限制知识产权实施与例外的条款。批评者不仅包括社会公众，也包括产业界人士尤其是互联网从业者、研究者、立法者和广大发展中国家代表等。

《跨太平洋伙伴关系协议》原名为《跨太平洋战略经济伙伴协议》，是由文莱、智利、新西兰和新加坡四个世界贸易组织或亚太经合组织（Asia-Pacific Economic Cooperation，APEC）成员于 2005 年签署的自由贸易协议。美国于 2008 年加入 TPP 谈判。其后至 2012 年，在美国或创始国邀请下，澳大利亚、秘鲁、越南、马来西亚、墨西哥、加拿大、日本先后加入 TPP 谈判。在美国主导下，从 2010 年 3 月开始，TPP 谈判成员共进行了 19 轮谈判，最终于 2015 年 10 月达成协议，2016 年签署。但后来也发生不可预测的情形，即美国于 2017 年初宣布退出 TPP。TPP 其他签署国则于 2018 年把 TPP 修改为《全面与进步跨太平洋伙伴关系协定》（Comprehensive and Progressive TPP，CPTPP），并暂停其知识产权条款等原来由美国所坚持加入的部分条款的实施。关于 CPTPP 相关背景与内容，将在后面继续探讨。

---

〔1〕 *See* ACTA, Articles 16–22.

TPP 属于综合性的自由贸易协议。其中，美国坚持加入的知识产权条款是彼此立场冲突最严重、也最为人们所关注的问题之一。TPP 在很多方面都已与美国国内最新的知识产权立法相一致，在一些方面甚至还有所超越，对于其他国家尤其是发展中国家来说，TPP 更是超出其国内知识产权立法水平。

综上，随着美国等发达国家把 GATT 改造为世界贸易组织以及 TRIPs 协议等的实施，国际知识产权保护就发展为全球化阶段，世界多国的知识产权保护水平和标准趋于一致。知识产权保护的全球化显然有利于美国等发达国家，而不利于发展中国家的发展。在 21 世纪，由发达国家主导的 ACTA 和 TPP 协议最终均未达到预期目标，也说明知识产权制度建设需要多方面的因素支持，一味要求高水平的知识产权保护可能难以得到社会力量的普遍支持。

（二）知识产权保护的多元化

在国际贸易和知识产权逐步全球化的同时，公民社会和权利意识也在世界范围内得以普及，全球化的推进不仅涉及科技、经济、贸易和知识产权，也涉及公民社会、权利意识、社会治理方式、环境保护等多方面的内容。与此相关，发展中国家（和最不发达国家）要求，在设置国际知识产权制度时应同时考虑到这些方面的要求与公共利益。[1]

因此，伴随着知识产权保护的全球化进程，在世界范围内，一方面是世界贸易组织建立和 TRIPs 协议得以实施，一个加强版的知识产权全球化体系得以构建；另一方面则是权利意识普遍觉醒和权利运动风起云涌，这对于逐渐加强的知识产权保护水平起到制约作用，知识产权保护的多元化时代由此到来。这体现为知识产权问题

---

〔1〕　相关研究，参见何华：《知识产权全球治理体系的功能危机与变革创新——基于知识产权国际规则体系的考察》，载《政法论坛》2020 年第 3 期；董涛：《全球知识产权治理结构演进与变迁——后 TRIPs 时代国际知识产权格局的发展》，载《中国软科学》2017 年第 12 期。

成为公共健康、传统知识、民间文艺和遗传资源保护等多个国际论坛同样关注的问题。可以理解，知识产权保护和议题的多元化，是针对国际知识产权保护单极化的因应性反制，它既反映出知识产权问题和知识产权制度的广泛影响，也反映出现在已经到了多种制度和不少国际平台不得不关注知识产权问题的时代。这是知识产权保护多元化的现实基础。

国际知识产权保护多元化的特征包括多主题、多主体、多论坛、多种利益冲突及其相互制约。多主题是指，伴随公民社会在世界范围内推进，与知识产权保护密切相关的主题、议题或问题包括：基本人权、遗传资源、传统知识与民间文艺（传统文化表达）、环境保护与可持续发展等。多主体是指，参与知识产权政治的人士或机构复杂多样，包括立法者、产业界、司法界、行政管理者、研究者、消费者、本土居民、非政府组织（Non-Governmental Ogani-zation，NGO）、政府间国际组织等。多论坛是指，除各国的立法机构、法院和其他国内公共论坛外，与知识产权事务相关的国际论坛也呈多样化趋势，除直接涉及知识产权国际保护事务的世界知识产权组织和世界贸易组织外，还包括涉及人权保护等各项事务的联合国及其相关分支。在这些多主题、多主体、多论坛背后所交织的则是涉及知识产权和其他主题事务的多种利益冲突及其相互制约。

知识产权保护的多元化虽然可能为知识产权论坛带来多样性，但也同时带来了争议性以及相关问题的持续难决。如果多元性衍生为无政府状态，就可能使局面变得不可控制，势必让相关知识产权国际论坛沦为政治角斗场，而非解决知识产权相关法律问题的场所。针对相关知识产权问题，各机构或论坛之间虽然也有交叉、互动和互相支持，但难以形成较为一致的规则来解决相关问题。随着全球化时代到来，涉及知识产权及相关议题的国际论坛的事务与议题发生交叉乃至冲突的现象可能越来越普遍，相关问题也变得越来越复杂。总体来说，发达国家在知识产权国际事务中仍然掌握着较大主动权，但发展中国家对国际论坛事务的参与也越来越深入，相应的谈判经验和策略也越来越丰富和具有合理性。[1]

知识产权与公共健康的关系是知识产权保护多元化领域的重要议题。健康权是一种基本人权，与之相关的还有药品可及权，即公民以其可支付的合理价格获得其所需药品的权利。这必然涉及知识产权尤其是药品专利问题。在国际社会对于知识产权与公共健康关系给予密切关注的背景下，世界贸易组织第四次部长级会议于2001年11月通过《多哈宣言》。[2]该宣言第六段要求TRIPs理事会就知识产权与公共健康问题提出解决方案。世界贸易组织总理事会于2003年通过《关于实施〈TRIPs协议和公共健康宣言〉之第六段的决议》，针对世界贸易组织成员药品制造能力不足，从而不能充分利用药品专利强制许可制度的问题，给出可行的解决方案。[3]该机制属国际知识产权保护领域的创新之举，有助于解决最不发达国家的公共健康危机。

2005年12月6日，世界贸易组织总理事会通过《TRIPs协议修正案》决议，决定在TRIPs协议第31条后补充第31条之二（31bis），其内容基本是把2003年的决议以修正案形式加以固定。[4]通过全面规定跨境药品专利强制许可制度，世界贸易组织希望由此保障最不发达国家的药品可及性需求，从而维护国际人权论坛所关注的最不发达国家的公共健康问题。

---

〔1〕　Peter K. Yu, "International Enclosure, the Regime Complex, and Intellectual Property Schizophrenia", 2007 *Mich. St. L. Rev.* 1, 13-16 (2007).

〔2〕　*WHO, WIPO, and WTO, Promoting Access to Medical Technologies and Innovation : Intersections between Public Health, Intellectual Property and Trade*, WIPO Publication No. 628E, 2013, pp. 71-73.

〔3〕　*WHO, WIPO, and WTO, Promoting Access to Medical Technologies and Innovation : Intersections between Public Health, Intellectual Property and Trade*, WIPO Publication No. 628E, 2013, p. 23.

〔4〕　WTO, Amendment of the TRIPS Agreement (Decision of 6 December 2005), WT/L/641.

一方面，就传统知识、民间文艺和遗传资源等保护而言，在联合国环境规划署（United Nations Environment Programme，UNEP）、联合国粮食和农业组织（Food and Agriculture Organization of the U-nited Nations，FAO）、WIPO 和 WTO 等国际机构之间，基本持互相合作和支持态度，各机构能够互通信息与进展。另一方面，在保护遗传资源以及相关的传统知识和促进知识产权保护之间，也可能存在内在冲突。无论如何，当前关于遗传资源、传统知识、民间文艺和知识产权的关系，是国际知识产权保护多元化的重要体现之一，也是国际知识产权法领域值得关注和研究的法律问题和社会问题。

（三）知识产权国际保护的最新进展

当今世界正在经历百年未有之大变局，新兴市场国家和发展中国家快速崛起，新一轮科技革命和产业变革带来全球范围内的激烈竞争，全球治理体系建设发展还需要与国际形势变化相适应。[1] 在这一变局中，知识产权越来越成为国家发展的战略性资源和国际竞争力的核心要素，国际知识产权竞争格局也在发生变化。一方面，发达国家在现有国际知识产权保护体系之外，不断推动新的国际条约磋商与谈判，提高知识产权国际保护标准；另一方面，发展中国家群体性崛起，对知识产权保护需求增加，在国际知识产权规则制定中的话语权也在逐步提高。

---

〔1〕 当前，全球知识产权治理日益成为知识产权国际保护制度发展的新问题。我国作为世界第二大经济体，在深入推进知识产权全球治理方面需要发挥负责任大国的独特而极端重要的作用。习近平同志针对"统筹推进知识产权领域国际合作和竞争"即提出："要秉持人类命运共同体理念，坚持开放包容、平衡普惠的原则，深度参与世界知识产权组织框架下的全球知识产权治理，推动完善知识产权及相关国际贸易、国际投资等国际规则和标准，推动全球知识产权治理体制向着更加公正合理方向发展。要拓展影响知识产权国际舆论的渠道和方式，讲好中国知识产权故事，展示文明大国、负责任大国形象。要深化同共建'一带一路'沿线国家和地区知识产权合作，倡导知识共享。"这些重要论述，为深度参与和推进全球知识产权治理，提供了重要指导思想。参见习近平：《全面加强知识产权保护工作 激发创新活力推动构建新发展格局》，载《求是》2021 年第 3 期。

　　结合前面的探讨可知，国际知识产权制度变革历程大致可分为三个阶段，即《巴黎公约》《伯尔尼公约》及 WIPO 时期、TRIPs 时期、后 TRIPs 时代。WIPO 时期的主要特点是国际知识产权保护开始由明显的地域性走向全球化，但 WIPO 管理的条约争端解决机制大多为建议性，缺乏强制性。为加强国际知识产权保护力度，部分发达国家在关贸总协定谈判中要求增加有关知识产权保护的内容，通过了 TRIPs 协议。进入 TRIPs 时代，国际知识产权保护与贸易相关联，TRIPs 协议中的知识产权规则开始成为各国知识产权制度的标准，由于 WTO 具有较为高效的争端解决机制，国际影响力十分广泛。随着 TRIPs 协议的实施，以美国为代表的发达国家认为 WTO 已经脱离其控制，无法进一步通过谈判提高国际知识产权保护标准，转而通过复边、双边协定方式提高知识产权保护标准，以达到其国内利益最大化的目标。以 ACTA 的谈判为起点，国际知识产权保护变革进入后 TRIPs 时代。后 TRIPs 时代的最主要特点是国际知识产权保护制度脱离了现有的国际组织，知识产权国际保护标准的设立主要通过复边、双边协定进行。从 TRIPs 时期进入后 TRIPs 时代，纵观国际政治格局转变及国际知识产权变革趋势，区域贸易协定中确立的知识产权规则正在引领国际知识产权制度变革。目前不同区域贸易协定知识产权规则存在较大差异，以发达国家为主推动的《全面与进步跨太平洋伙伴关系协定》（CPTPP）及《美墨加协定》（United States-Mexico-Canada Agreement, USMCA）都规定了较高的知识产权保护标准，呈现明显的"TRIPs+"特征；反映发达国家、发展中国家、最不发达国家知识产权共同利益的区域协定《区域全面经济伙伴关系协定》（The Regional Comprehensive Economic Partnership, RCEP）则以 TRIPs 协议为准，适度提高知识产权保护水平。知识产权的南北对抗依然存在，CPTPP 与 RCEP 等代表了目前知识产权国际保护的最新发展趋势。以下将对其相关内容和影响进行探讨。

1. CPTPP 知识产权规则及其影响

CPTPP 的谈判与发展经历了从《跨太平洋战略经济伙伴协议》（Trans-Pacific Strategic Economic Partnership，TPSEP）到《跨太平洋战略经济伙伴协定》（TPP）、再从 TPP 到 CPTPP 以及"非发起国"申请加入的扩张阶段。TPSEP 由文莱、智利、新西兰、新加坡四国于 2005 年签署，在国际社会并未引起太大反响。2008 年美国宣布加入谈判，随后 2010 年至 2013 年间，澳大利亚、墨西哥、加拿大、日本、韩国等也先后加入谈判行列，TPP 的国际影响力增加，美国宣称要将 TPP 建设成"一个高标准、多领域的亚太区域一体化协定"。[1] TPP 涉及议题非常广泛，其中知识产权章节讨论最为激烈、争议最大。TPP 谈判过程中备受关注和质疑，随着美国大选，特朗普政府上台，在"美国优先"的策略下，其认为 TPP 协议中美国让步过多，不利于在 TPP 贸易体系中获得最大化利益，2017 年美国宣布退出 TPP。随后日本积极介入，主导 TPP 谈判，对因美国退出而导致的条款修改尽可能降低到最小幅度，将美国提出的在成员国中争议较大的条款暂时中止适用，11 个成员国于 2018 年 3 月签署新的贸易协定，更名为 CPTPP，同年 12 月 30 日正式生效。[2] 2021 年 2 月，英国正式申请加入 CPTPP，同年 6 月，CPTPP 委员会决定设立谈判工作组。9 月 16 日，我国也正式提出申请加入 CPTPP，体现我国提高知识产权保护标准的决心。作为代表当今世界最高标准之一的区域贸易协定，CPTPP 的潜在扩张性和国际影响力正在急剧增加。

CPTPP 共有 30 章节，内容涵盖市场准入、原产地规则、海关

---

〔1〕 白洁、苏庆义：《CPTPP 的规则、影响及中国对策：基于和 TPP 对比的分析》，载《国际经济评论》2019 年第 1 期。

〔2〕 为促进协议的谈判与生效，相较于 TPP 生效条件要求签约国当年（2013 年）至少占 TPP 经济总量 85% 的 6 个成员国批准后的 60 天生效，CPTPP 生效条件较为宽松，至少 6 个成员国完成国内立法机构审批手续后的 60 天即可生效。

管理、技术性贸易壁垒、投资、跨境服务贸易、电子商务、竞争政策、知识产权、劳工、发展与中小企业等诸多议题。知识产权规定在 CPTPP 第 18 章，共有 11 节 83 个条款，包括"总则""合作""商标""国名""地理标志""专利和未披露试验数据或其他数据""工业品外观设计""版权和相关权""执行""互联网服务提供商""最后条款"等内容。CPTPP 知识产权章节内容丰富，既有保护理念与基本原则的概括性规定，也有知识产权制度的具体规定，既包括实体性规范，也包括程序性规范，确立的保护规则远超TRIPs 协议确立的知识产权国际保护标准。

　　从 CPTPP 知识产权的总体规定和保护理念来看，其更强调市场的作用，如要求成员国通过知识产权制度不仅要促进创新与传播，更要"培育竞争、开放和有效率的市场"[1]；要求成员国广泛加入现行国际公约，如《专利合作条约》、《商标国际注册马德里协定有关议定书》（或《商标法新加坡条约》）、《国际承认用于专利程序的微生物保存布达佩斯条约》、《国际植物新品种保护公约》等；特别强调透明度原则，如要求加强互联网环境下信息透明度，建立可公开访问、信息可靠且准确的数据库等；对国际合作方式也提出了倡议与建议。从知识产权保护的实体规范来看，CPTPP 进一步扩大了知识产权保护客体范围，增加了保护力度。如商标保护制度中，取消商标"可被视觉感知"的要求，将声音商标、气味商标纳入保护范围；[2] 降低了驰名商标的注册要求，将未注册驰名商标的保护延伸至跨类保护；[3] 在"专利和未披露试验数据或其他数据"一节，对"农业化学品未披露试验数据或其他数据"提供类似于专利权的保护，扩大知识产权保护客体范围；在版权保护制度中，进一步扩大复制权范围，复制权控制"以任何方式或形式"

〔1〕　CPTPP, Article 18.4.
〔2〕　CPTPP, Article 18.18.
〔3〕　CPTPP, Article 18.22.

进行的复制行为，并将电子/数字形式的复制纳入保护范畴，复制权内容扩大。[1] 从知识产权程序规则及法律责任规定来看，CPTPP加大了对知识产权侵权行为的民事和刑事处罚力度，包括扩大侵权民事赔偿计算范围，降低对侵犯商标权、版权行为进行刑事处罚的门槛等。此外，为推动谈判顺利进行以及协议的签署生效，避免成员国之间不可调和的争议，CPTPP暂停适用了22个条款，其中11个为知识产权条款。CPTPP暂停适用的知识产权条款主要包括因专利局延迟而调整专利保护期、保护未披露试验或其他数据、生物制剂、版权和相关权保护期延长至70年的规定、技术保护措施、权利管理信息、对载有加密节目的卫星和有线电视信号的保护、法律救济和安全港等内容。

CPTPP从框架内容来看是目前保护水平最高的区域贸易协定之一，其成员国来自亚洲、大洋洲、南北美洲、欧洲等国家，覆盖范围较广，其相关规则不仅对亚太区域的经贸格局有直接影响，同时也将对全球贸易规则产生重大影响。CPTPP以TPP文本为基础，虽然搁置了部分条款，但基本延续了TPP高标准的特点，坚持"全面且进步"的标准。从保护的整体框架来看，CPTPP知识产权规则仍主要体现发达国家的利益，如有关农用化学品未披露实验数据等的保护；主要体现发展中国家利益的传统知识、遗传资源、民间文学艺术等仅仅进行了宣示性的规定。

区域经济合作不是零和博弈，而是开放包容、实现互利共赢。我国申请加入CPTPP，有其国际背景和国内发展的需求。从国际背景来看，CPTPP成员大多为发达经济体，参与其中，有助于推动我国产业链、价值链提升；同时目前国际竞争激烈，加入其中有助于提前布局并积极应对贸易冲突。从国内发展来看，申请加入CPTPP这一"宽领域、高标准、严保护"的区域贸易协定，有助于推动我

---

〔1〕 CPTPP, Article 18.58.

国深化改革开放，推动构建开放型经济新格局，为我国构建双循环新发展格局提供更加广阔的外部市场空间，表明我国已经从商品要素型开放向制度型开放转变的决心和意志，反映出我国提升知识产权保护标准的决心和动力，也为我国知识产权制度的发展与完善指明了方向。[1]

2. RCEP 知识产权规则及其影响

RCEP 在 2012 年由东盟 10 国发起，而后中国、日本、韩国、澳大利亚、新西兰加入谈判，2020 年 11 月签署协定。2021 年 3 月，中国完成 RCEP 核准，成为率先批准该协定的国家，随后文莱、柬埔寨、老挝、新加坡、泰国、越南、日本、新西兰、澳大利亚等国家批准，RCEP 于 2022 年 1 月 1 日正式生效。RCEP 的 15 个缔约方人口占全球三分之一、经济总量约占全球 29%，是世界上最大的自贸协定。RCEP 是为应对经济全球化和区域经济一体化的发展而提出的。由于世界贸易组织谈判受阻，推动全球自由贸易遇到障碍，对经济全球化产生一定负面影响，此时若要在世界经济中实现新发展，需要加强区域经济一体化，通过国家间相互开放市场、密切合作关系、寻求合作发展。RCEP 的目标是消除内部贸易壁垒、创造和完善自由的投资环境、扩大服务贸易。

RCEP 共 20 章，包括货物贸易、原产地规则、海关程序与贸易便利化、卫生与植物卫生措施、标准与技术法规和合格评定程序、贸易救济、服务贸易、金融等服务、自然人移动、投资、知识产权、电子商务、竞争、中小企业、经济与技术合作、政府采购、争议解决等议题。RCEP 第 11 章"知识产权"共包含 11 节 83 个条款和过渡期安排、技术援助 2 个附件，具体为"总则与基本原则"

---

[1] 知识产权保护与对外开放之间具有十分密切的联系。习近平同志即指出："知识产权保护工作关系国家对外开放大局，只有严格保护知识产权，才能优化营商环境、建设更高水平开放型经济新体制。"参见习近平：《全面加强知识产权保护工作 激发创新活力推动构建新发展格局》，载《求是》2021 年第 3 期。

"著作权和相关权利""商标""地理标志""专利""工业设计""遗传资源、传统知识和民间文学艺术""不正当竞争""国名""知识产权的实施""合作与磋商"。知识产权章节是 RCEP 中内容最多、篇幅最长的章节，也是我国迄今为止已签署的所有自贸协定中知识产权内容覆盖最全面的一个。

RCEP 知识产权章节主要目的是通过知识产权的创造、运用、保护以深化经济一体化和合作，减少对贸易和投资的扭曲与阻碍，促进创新，便利信息、知识、内容、文化和艺术的传播，维持知识产权人、使用者利益与公共利益之间的平衡，同时关注不同缔约方之间经济发展水平与能力、法律制度的差异。[1] 与 TRIPs 协议相较，RCEP 知识产权规则更加全面、详细，虽然从保护客体范围来看仍维持在 TRIPS 协议框架内，但具体权利内容、保护期限等有所调整，适度提高了知识产权保护标准。在 TRIPs 协议框架内，RCEP 新增加了"国名"以及"遗传资源、传统知识和民间文学艺术"内容，充分回应发展中国家对知识产权保护的关切问题。与 TRIPs 协议相较，RCEP 知识产权保护标准的提升主要体现在以下方面：在著作权制度中，增加了保护广播组织和载有加密节目之卫星信号的规定，加入了技术措施、权利管理信息、著作权集体管理等规定；在商标权制度中，扩大了商标申请范围，要求缔约方不得将标记可被视觉感知作为注册条件，同时要求缔约方制定相应法律法规规制恶意的商标申请或商标注册行为；在专利权制度中，RCEP 允许因实验目的的实施专利的行为，缔约方可以在符合授予权利例外规定的前提下，决定何种行为属于"实验目的"；在知识产权执法规定中，RCEP 规定了更为详细的标准与要求，如要求缔约方允许替代性争端解决程序，指出商标和著作权侵权中司法机关有权扣押的物项类别，详细列举了主管机关有权向权利人提供的信息

---

〔1〕 RCEP, Article 11. 1.

类别等，这些规定部分有利于权利人，部分对主管机关提出了更高的要求，充分体现了利益平衡。

总体来看，RCEP 中知识产权规定比 TRIPs 协议更加详细，对权利的实施、透明度、程序规则等均进行了详细规定，在要求加入的国际公约中，也超过现有 TRIPs 协议要求。但整体框架和内容并未超出 TRIPs 协议范畴，在与 TRIPs 协议之间关系处理上，也要求出现不一致时以 TRIPs 协议为主。[1] 需要注意的是，RCEP 知识产权规定在结合现有国际公约、适度增加知识产权保护范围的基础上，[2] 更加注重发展中国家利益的保护与平衡，如专门规定了"遗传资源、传统知识和民间文学艺术"，指出成员国可以制定措施进行保护，同时在专利质量审查中可以考虑与遗传资源相关的传统知识信息。[3] 在成员国过渡期的规定中，规定了最不发达国家的过渡期，以及根据成员国不同发展阶段，可暂缓某些条款的实施。[4] 由此可见，RCEP 在适度提高知识产权保护标准的同时，更加注重国家间的利益平衡，也更加注重比例原则，平衡权利人、使用人、社会公众之间的利益。RCEP 成员国中既有发达国家、也有发展中国家和最不发达国家。从 RCEP 整体框架和内容来看，既包括传统知识产权主要议题，也体现了知识产权保护发展的新趋势，在兼顾各国不同发展水平的同时，提高区域知识产权保护水平。RCEP 在一定程度上也为促进知识产权全球治理提供了新的制度范本。

通过分析 CPTPP、RCEP 等区域贸易协定中的知识产权规则，可以发现，当前知识产权保护已经与国际政治、经济密切联系在一

---

〔1〕 RECP, Article 11.3.

〔2〕 如商标保护制度中，增加声音商标，并要求对恶意商标的申请与注册行为进行规制等。RCEP, Article 11.19, Article 11.27.

〔3〕 RECP, Article 11.52.

〔4〕 RECP, Article 11.78, Article 11.79.

起。分析知识产权国际保护态势与发展趋势，必然要与国际政治、经济格局相关联。在国际竞争格局和国际政治经济秩序发展过程中，国际知识产权保护制度的变革逐渐由多边谈判向双边、复边谈判过渡，知识产权规则与国际贸易密切相关，开始由区域贸易协定、双边协定确认，且整体上知识产权国际保护标准在不断提高。但不同区域、不同协定中对知识产权规则的侧重不同，对国家间、各主体间利益平衡考量也存在差异，发达国家主导的区域贸易协定主要关注生物医药、高新技术等领域的保护，试图实现知识产权高标准的国际化，以维护其垄断地位；以发展中国家为主导的区域贸易协定，在结合社会经济发展适度扩大知识产权保护范围的基础上，更加注重利益平衡和比例原则，以实现多边共赢的局面。

三、国际知识产权政治与中国的对策

（一）国际知识产权政治发展与困境

知识产权制度是在近、现代社会逐渐演化而成的无形财产权制度。近四百年来，从其诞生、发展到不断扩张，乃至当今在部分领域出现异化，皆与知识产权政治密切相关。从该角度看，知识产权制度发展史就是一部知识产权政治演化史，无论是近代或现代，也无论是国内知识产权制度或国际知识产权制度皆然。究其原因，人类的知识多属人类的共有物，不断累积、创新与发展，知识产权制度要把其中一部分以"产权"形式赋予其创造者，一般会打破原有利益生态，导致利益冲突，继而引发不同利益相关者之间的关切乃至争端，引发知识产权政治磋商。当利益冲突涉及不同国家时，就可能引发国际知识产权政治争端。因此，有研究者认为，法律与经济虽然是知识产权制度关注的重要方面，却并不仅关系到法律与经济问题，它还关系到政治问题。[1]

---

〔1〕 *See* Peter K. Yu, "ACTA and Its Complex Politics", 3 *The WIPO Journal* 2 (2011).

从利益冲突角度看，国际知识产权政治与国内知识产权政治一脉相承，密不可分：国内知识产权政治是国际知识产权政治的基础，国际知识产权政治是国内知识产权政治的延伸，它反过来也可能影响国内知识产权政治的讨论、冲突或解决。[1]国际知识产权政治是各国知识产权制度管理者和利益相关者不得不关注的问题。有研究者根据知识产权议题在每届八国峰会（G8）议题中所占据的位置，认为可据此直接认定国际知识产权政治在 21 世纪越发重要：在 1996 年知识产权仅是八国峰会的次要议题，到 2007 年它已经成为主要议题之一，而到 2011 年则跃升为首要议题。[2]

一方面，从美国角度视之，知识产权的全球化对应着其知识经济时期。这很容易理解，因为知识经济需要全球化的知识产权制度维持知识产品的高额利润。但另一方面，至 20 世纪末乃至当今，发展中国家（以及部分工业化国家）仍基本处于工业经济或工业经济发展前期，这些国家在很多方面都无法望发达国家尤其是美国的项背。[3]这些方面能够保证在美国等发达国家国内，即使有较高的知识产权保护水平，也不至于损害其社会公平、产业发展机会和公共福利。

但当美国等发达国家把其国内知识产权标准推广至全球范围尤其是发展中国家时，由于这些国家在科技创新、产业化与社会治理等多方面都处于"发展中"阶段，相应的国际知识产权冲突就不可避免。在吸取不断退让只能带来国际知识产权保护水平越来越高、国内利益不能得到保障的教训后，发展中国家分别在 WIPO、WTO 以及人权公约、世界卫生组织（World Health Organization，WHO）、

---

〔1〕 *See* Margot Kaminski, "The Origins and Potential Impact of the Anti-Counterfeiting Trade Agreement（ACTA）", 34 *Yale J. Int'l L.* 247, 247-256（2009）.

〔2〕 Sebastian Haunss, "The Politicisation of Intellectual Property: IP Conflicts and Social Change", 3 *The WIPO Journal* 130-131（2011）.

〔3〕 参见刘银良：《美国专利制度演化掠影——1980 年纪略》，载《北大法律评论》2013 年第 2 辑。

CBD 等论坛集结，就人权、公共健康、传统知识、民间文艺、遗传资源等议题表达自己的关切和利益诉求，希望能够在一定程度上制约发达国家越来越强化的知识产权保护要求。《多哈宣言》于 2001年在世界贸易组织通过为其显著标志之一。当前阶段基本处于知识产权全球化和多元化交叉的历史时期，而国际知识产权发展的多元化又不可避免地会制约知识产权全球化的单极发展模式，使 21 世纪的知识产权国际保护呈现多主题、多主体、多视角、多价值等多元体系发展。

在当今，国际知识产权政治面临着复杂的场景：一方面，美国等发达国家意图通过区域条约或双边贸易协议等形式，不断强化国际知识产权保护；而另一方面，发展中国家试图在知识产权、人权、公共健康、遗传资源等多元化的国际论坛主张本国的发展利益和权利，借以抵制或化解知识产权全球化的不利影响。当前要求发展中国家把其国内知识产权保护水平在 TRIPs 协议要求的基础上再提高已属难为之举，如果强行推进，势必违反国际规则制定中的平等与协商原则，进一步挤压发展中国家的发展空间，并实质损害知识产权制度的合理性，使之异化为仅有利于发达国家或资本攫取不当利润的制度。[1]

应当看到，国际知识产权规则的构建并不遵循与国内知识产权制度建设相同的法理基础和逻辑。就美国国内知识产权制度建设而言，在宪法知识产权条款的工具主义理性指引下，一方面，其专利法和著作权法等知识产权立法可以不断提高保护水平；另一方面，成熟的联邦法院司法机制也能够在一定程度上维护公共利益，制约知识产权的过度扩张。此外，来自社会的批评或反对也可成为制约

---

〔1〕 相关研究，参见熊洁：《知识产权保护的国际政治经济学：一项研究评估》，载《国际经济与政治》2013 年第 2 期；丁晓钦：《知识产权保护的国际政治经济学分析》，载《马克思主义研究》2008 年第 1 期；严海波：《知识产权的政治经济学分析》，载《国外理论动态》2004 年第 8 期。

产业界过度扩张或滥用知识产权的重要力量，批评者可能包括公共利益团体、研究者和消费者等。历经约两百年权利与限制的磨合，美国已经发展出较为完善的知识产权发展和制约机制，足以制衡知识产权滥用或过度扩张行为。

然而，在当前国际形势下，知识产权国际保护难以遵循相同的逻辑，因为以美国为代表的发达国家主导着知识产权国际规则的制定和实施，而本国知识产权利益最大化是其追求目标。如 TRIPs 协议的谈判主要由美国的跨国公司联合推动，并由美国政府主导，相关制约力量已被它分解和各个击破。在缺乏制衡机制的前提下，由跨国公司所推动制定的知识产权规则，就难以具有为国际社会所普遍认可的合理性，因此它不仅受到发展中国家的普遍批评，也受到来自发达国家的知识产权法研究者、消费者团体等非政府组织的质疑与批评。[1]只是因为美国交替运用多种贸易制裁措施，才压制或化解了来自发展中国家的不满。批评者认为，ACTA 体现了美国的知识产权最大化主义，剥夺了发展中国家选择适合本国国情的知识产权保护水平的机会。[2]

自世界贸易组织成立和 TRIPs 协议实施后，在美国大力推动下，作为无形财产权的知识产权体系已在全球范围内快速扩张。知识产权的全球化运动至少有以下三个特点：

第一，美国主导的单边趋势愈加明显。从 TRIPs 协议实施到 ACTA 和 TPP 谈判，乃至当前美国挑战现有国际贸易秩序和广泛挑起国际贸易争端，其行为已实质突破了以平等为基础、以对话为机制的国际规则构建机制。为掩饰其单边趋势，且保证其措施的可

---

〔1〕 *See* Peter Drahos and John Braithwaite, *Information Feudalism*, London：Earthscan Publications Ltd.，2002, pp. 208-209；Laurence R. Helfer, "Regime Shifting：The TRIPs Agreement and New Dynamics of International Intellectual Property Lawmaking", 29 *Yale J. Int'l L.* 1 (2004).

〔2〕 *See* Margot Kaminski, "The Origins and Potential Impact of the Anti-Counterfeiting Trade Agreement (ACTA) ", 34 *Yale J. Int'l L.* 247, 247-256 (2009).

行，美国多引导欧盟和日本等主要发达国家、地区一起行动，以对抗来自发展中国家的力量，但相关规则的制定和程序的设定实质上仍属美国主导，在当前的国际贸易争端中，即使欧盟和日本等，亦不能避免美国单边主义的影响。

第二，知识产权地域性的淡化。知识产权一般仅依据国内法产生和获得保护，这是知识产权制度的法律基础。但在当今，一项知识产权主题（尤其是受著作权保护的作品）只要能够满足基本的法定条件，就一般可在全球范围内（至少在世界贸易组织成员境内）获得广泛保护，国家的边界正在淡化，全球化趋势逐渐增强。互联网技术的广泛应用也在一定程度上强化了该趋势。

第三，参与主体的多样性。参与推动知识产权全球化和多元化的主体，早已不限于国家或政府，相关利益主体如跨国公司或其行业协会，也一直积极参与推进此过程。发达国家具有公益目标的非政府组织也逐渐参与，并越来越多地与发展中国家联合，以制约知识产权的非理性扩张。[1]国际组织，其中尤其是联合国相关机构，也积极参与推动知识产权全球化和多元化进程。

随着知识产权全球化和多元化过程的推进，在知识产权条约谈判和实施中，跨国公司成为重要角色，尤以美国的超级跨国公司最为显著。在由其主导所制定的知识产权规则框架下，可能发生权利人以保护知识产权之名限制信息自由流动，甚至把已属于公有领域的信息据为己有的情形，这显然会限制公众对于信息的自由获取。知识产权制度的异化风险也随之提升。

就知识产权国际保护而言，在这种单边推进的模式下，知识产权保护水平越高，公共利益受到跨国公司私有利益的挤压就越大，发达国家和发展中国家皆然，而在发展中国家相关公共利益所受影响更为严重。美国等发达国家事先设置好游戏规则（TRIPs 协议、

---

〔1〕 *See* Peter Drahos and John Braithwaite, *Information Feudalism*, London: Earthscan Publications Ltd. , 2002, pp. 208-209.

ACTA 和 TPP 皆是如此），发展中国家作为后来者并无制订规则的话语权。这反映了国际强权主义对知识产权制度合理性的危害，它也是现代知识产权制度所遭遇的一种异化现象。这种由知识产权全球化所导致的知识产权制度异化，指示它已经超越了合理的界限，侵犯了大多数发展中国家的合理利益。因此，无论在发达国家还是发展中国家，都有越来越多的对知识产权保护水平的质疑和批评，即使在美国和欧盟，也有很多反对 TRIPs 协议、ACTA 和 TPP 的声音和行动，它们已成为制约知识产权全球化过度扩张的力量。[1]

很多发展中国家基于经济发展或经济转型等需求，在一个时期内可能致力于知识产权制度建设和保护水平的提高，而相关的知识产权制约机制却未能建立。这与美国等主要发达国家形成鲜明对比。在其跨国公司的要求和支持下，美国针对知识产权保护议题，虽然在国际论坛上对其他国家咄咄逼人，在其国内可能持更为合理的策略，以免激起不利的社会效果，背后当然也有其联邦司法机构和社会舆论等作为制衡力量。但是，多数发展中国家对于知识产权扩张的合理制约机制并未有效建立，或者说，尚不足以抗衡主要来自美国的、要求加强知识产权保护的国际压力，因为其政府或法院都可能因受到来自外来压力而妥协。由此导致的后果是，在面临美国等发达国家提出的加强知识产权保护要求时，发展中国家的公共利益可能受到较大程度侵害。在强势的知识产权全球化压力下，发展中国家与发达国家的消费者团体等强化知识产权保护的制约力量不期而遇，可能结成联盟，共同制约过于强化的知识产权全球化，以期减少其不利影响。[2]

---

〔1〕 *See* Peter K. Yu, "A Tale of Two Development Agenda", *35 Ohio N. U. L. Rev.* 465, 560-561 (2009).

〔2〕 *See* Peter Drahos and John Braithwaite, *Information Feudalism*, London: Earthscan Publications Ltd., 2002, pp. 208-209; Peter K. Yu, "A Tale of Two Development Agenda", *35 Ohio N. U. L. Rev.* 465, 560-561 (2009).

虽然从发达国家角度看，知识产权全球化不乏合理诉求，但在其推进过程中，非理性特征也愈发突出，并已带来不利后果，暴露出内在困境。这主要体现为，由知识产权积聚所衍生的无形财产权和相应的国际政治权力正过度集中到跨国公司和发达国家手中，造成更加显著的南北差异，也使知识产权制度的基本目标，即激励创新、促进科技发展和社会福利增长受到挑战，知识产权制度的合理性也受到质疑。无论如何，知识产权的全球化不应是美国知识产权制度的无条件延伸，知识产权全球化不应步入歧途，这也正是知识产权保护多元化得以兴起和发展的原因。美国政府及产业界无论如何推进知识产权全球化，都不应当损及知识产权制度的理性基础和社会公共利益，因为人类社会也已进入一个由国际化的公民社会支撑的多元化时代，知识产权的国际保护和全球化也需应多元化时代做出合理调整。

（二）中国的对策

从20世纪80年代初至今，在中国知识产权制度建设中，关于专利、商标和著作权等知识产权法的制订、实施与修改，一直是中国对外知识产权交往中的重要议题，无论在双边关系还是多边论坛中皆然。这与知识经济逐渐兴起的国际趋势有关，也反映了美国等发达国家对于中国知识产权制度建设的关注——尽管其目的是维护本国的知识产权利益。加入世界贸易组织后，中国在知识产权领域的对外交往更加多样，国际角色开始转换，由相对被动的接受制度移植者逐渐转变为国际知识产权政治舞台上的主动参与者，国际影响力与日俱增。中国当前的知识产权制度建设水平已远非20世纪八九十年代乃至21世纪初所能比拟，因为它已取得实质进步和显著成效。这应成为支撑中国在国际知识产权政治舞台上扮演更为积极主动的角色的基础。

中国在国际知识产权政治框架下所应采取的对应性策略可包括防御和进取两方面。在防御方面，基本是指防御其他国家、组织或个人对于中国知识产权制度的无端指责，坚持中国知识产权制度建设的内在理性，避免急躁冒进、拔苗助长式的制度发展模式。在国际知识产权政治交往中，还有一个中国不能忽略的问题是，如何看待部分国家或媒体持续恶意宣称中国是"知识产权侵权大国"的现象。一方面，我们需正视商标假冒及侵权现象及其对广大消费者的生命健康和公共利益的损害，继续把它作为重点予以惩罚；但另一方面，也应认识到部分国家或媒体所引用的证据不准确、不客观与不全面，其所做出的结论缺乏可信度。

如何在国际知识产权政治交往中妥善处理与美国在知识产权领域的双边关系，应该是中国重点关注的问题之一。美国实质掌握了知识产权全球化进程，对中国采取了长期对抗策略，中国也需有长期的应对策略。

一方面，中国在国际知识产权政治交往中，还需谨慎处理与源自欧美发达国家的国际非政府组织的关系。国际非政府组织可能有较大的活动资源和组织能力，在欧美和世界范围内具有较大影响。在对抗来自发达国家要求强化知识产权保护的压力时，发展中国家可以选择与它们通过适当方式合作，为本国发展争取更大的国际政治空间。[1]但另一方面，发展中国家如中国也应当对与国际非政府组织的合作持谨慎态度，不能因一时国际知识产权政治所需而为以后发展留下制约隐患。

除积极防御外，中国还应在必要时采取主动策略，以进取的方式兼达防御的效果。如针对相关议题，除诉诸国际知识产权公约外，还可视具体情形，援引 CBD 或其他国际法文件，要求他方对中国的知识产权或非物质文化财产（如传统知识、民间文艺等）或属国家主权管辖的客体（如遗传资源）给予合理保护。在积极防御的同时积极进取，或更有助于累积中国在国际知识产权

---

〔1〕　Peter K. Yu, "ACTA and Its Complex Politics", 3 *The WIPO Journal* 15 (2011).

论坛中的影响，若一味退让，反而可能纵容他国的骄横之风。另外，也应防止未富先骄，处处以国际第一大专利或商标申请国自居，这样也会导致在国际交往中的被动。在合理的基本策略指引下，双边、多边或诸边协议形式或可保障中国在国际知识产权政治论坛上的活动能够得到其他国家支持，从而使中国的国家知识产权利益和发展的根本目标得到保障。

从长远来看，中国尽管还存在一些科技创新、产业发展和制度建设方面的问题，但在总体上处于不断提高的过程中，因此美国等发达国家当今极力主张的知识产权高水平保护，或许在经过多年之后也将成为中国的诉求。基于此前提，在世界知识产权组织、世界贸易组织等国际知识产权舞台上，中国既应反对过激的国际知识产权保护水平，也不应以处处掣肘知识产权高水平实施为行事规则。中国应以支持合理推进国际知识产权保护水平为基本原则。在国家基本定位和此基本原则指引下，涉及中国的国际知识产权政治事务皆可望得到合理应对和解决。

中国的国际知识产权政治策略应建立在中国有切实完善的知识产权制度之上。就中国知识产权制度建设而言，现阶段需要提升的除了立法水平外，更多的是法律实施水平。对于这点，国内和国际皆有共识。关于如何提高知识产权法律实施水平，应认识到，在不同层次实施的打击商标假冒、盗版或其他侵犯知识产权行为的各类"专项行动"虽然可能在短期内收到一定效果，但难以实质提高中国的知识产权法律实施水平。

打击知识产权侵权或犯罪的专项行动以行政机关为行动主体，短期内投入大量的人力、物力和财力，这种执法方式决定了此类执法行为不可能持久，而只能是"运动式执法"。敏感的侵权者在专项行动来临之前，可能暂停侵权或采取多种措施掩盖其侵权行为，规避打击，等行动结束后再实施侵权。在专项活动期间，可能产生标准不统一且与非专项期的执法标准不一致的情形，也会反过来影响法律的实施。各类知识产权执法专项行动都是中国特有的知识产权行政执法的衍生物，始终面临着以有限的公共财政资源去应对知识产权侵权现象的困局，因此建议改变运动式执法模式，使知识产权的高效与公平执法回归司法的轨道。

最根本和最重要的当然是加强中国法治建设，使社会治理走向公平、公正与高效。没有公平与有效的法治保障的知识产权制度，不可能有最大化的制度功能发挥，也不能保证知识产权制度功能的有效实现，中国在国际知识产权舞台上有所作为的愿望也只能沦为空想。理性的法治社会可杜绝特权，使科技创新获得实质进步，产业得到理性发展，通过知识产权保护提高生产力和竞争力的发展道路也才可能实现，中国在国际知识产权论坛上才有可能发挥知识产权大国乃至强国的作用，也才能够在国际知识产权交往中最大限度地维护中国的国家利益。[1]

四、知识产权制度国际协调的规则构建与创新机制

（一）国际区域性专利制度协调的现实需求

近年来，随着技术的迅猛发展和经济全球化的推进，越来越多的发明创造者努力寻求全球范围内的专利保护。从专利的立法本意上来说，专利法律制度是为"天才之火添加利益之油"。现代专利法律制度对发明创造等智力劳动成果的有力保护促进了技术创新，而这也符合基于私权领域的私有财产保护理念和基于公权领域的社会发展理念。在世界贸易组织的法律框架下，全球的贸易市场中国际技术贸易占据的份额已日益增大。获得专利权的发明创造是进行国际技术贸易的基础和有力保障，这也是不少申请人愿意在全球范围内申请专利、寻求保护的主要动因，从而导致了全球专利申请量持续增长。

---

〔1〕　相关研究，参见邵科：《全球知识产权治理博弈的深层话语构造：中国范式和中国路径》，载《法学研究》2021 年第 6 期。

大量的专利申请使各国专利机构面临着巨大的工作挑战。申请的积压延缓了决定专利的授权与否，影响到发明创造的转化运用，阻碍了技术创新。目前，创新是世界大多数国家的发展战略之一，申请量的积压对技术创新的延缓和耽搁让各国感受到问题的紧迫性，这也是各国寻求专利国际协作的主要动因。因此，如果全球经济持续发展使得全球专利申请量的激增不可避免，各国专利局就应全面考虑当前的审查机制。审查积压增加专利系统的不确定性风险、降低专利的品质，[1] 为当前的审查机制敲响了警钟。各国专利机构居高不下的积压量表明，现行的审查制度面临着极度严重的问题，而这些问题需要各国的通力合作来解决。由于世界各国在经济、文化和法律制度等方面的差异性，在区域性范围内进行协调是专利制度国际协调的路径之一。

1. 建立专利制度国际区域性协作的必要性

从理论上讲，如果能够设立一种制度来打破专利授权的地域性，同时也能有效保护各国的权益，将极大地改善目前专利全球申请和专利积压的现状。然而，法律保护的地域性是各国主权行使的象征，在全球范围内协调主权行使的方式是一项长期而艰巨的工作，WIPO 在这个方面进行了多次尝试，暂时还没有取得实质性进展。在当前的情形下，从专利这种偏向程序性的制度来构建各国之间的合作更具有现实可操作性。目前各国专利的工作有相当一部分是重复审查，如果国与国之间彼此能认可对方的审查结果，将减轻后续申请国专利的工作量，从而有效减少在全球专利申请激增的情形中专利的积压量。专利国际协作还能更容易地带来某些实质性的经济利益，有效推进全球的贸易合作，这进一步促使了科学技术和经济贸易相对发达的国家积极投身于专利国际协作之中。

---

〔1〕 曾志超：《全球专利积案问题与对策研究》，载易继明主编：《私法》（第 11 辑），华中科技大学出版社 2014 年版，第 8~13 页。

2. 专利制度在国际区域性范围内所做出的努力

世界各国专利局多年来一直在协同努力建立各种国际专利信息共享模式。例如：欧洲专利局（European Patent Office，EPO）、日本专利局（Japan Patent Office，JPO）和美国专利商标局（United States Patent and Trademark Office，USPTO）成立的三方合作模式。专利国际协作模式还有基于检索与审查信息即时共享的新路线（new route）与专利申请快速审查策略项目（简称 SHARE）。由 USPTO 和 JPO 开始的专利高速路模式[1]（Patent Prosecution Highway，PPH[2]）现已扩展到世界许多国家，PPH 与 PCT 完全兼容，形成了专利高速路—专利合作条约衔接模式[3]（Patent Co-operation Treaty—Patent Prosecution Highway，PCT‑PPH[4]）。同时，还有在先审查局利用在后审查局审查结果的 PPH MOTTAINAI 项目。目前，信息共享程度较深且使用较为普遍的是 PPH 和 PCT‑PPH。国际社会在专利方面一直在努力探索各种合适的国际协作模

---

〔1〕　The PPH allows patent applicants who have received a favourable decision by a first Office to request an accelerated examination of a corresponding patent application filed at another Office, available at http：//www. ipo. gov. uk/p‑pph‑pilot. htm（last visted 1/20/2022）.

〔2〕　PPH 是指，申请人提交首次申请的专利局（OFF）认为该申请的至少一项或多项权利要求可授权，只要相关后续申请满足一定条件，包括首次申请和后续申请的权利要求充分对应、提交首次申请的专利局（OFF）的工作结果可被后续申请的专利局（OSF）获得等，申请人即可以提交首次申请的专利局（OFF）的工作结果为基础，请求后续申请的专利局（OSF）加快审查后续申请。参见国家知识产权局专利局审查业务管理部组织编写：《专利审查高速路（PPH）用户手册》，知识产权出版社2012 年版，第 1 页。

〔3〕　Francis Gurry，"Report of the Director General to the WIPO Assemblies 2012"，available at http：//www. wipo. int/export/sites/www/freepublications/en/general/1050/wipo_pub_1050. pdf（last visted 1/30/2022）.

〔4〕　PCT‑PPH 是指，OFF 申请和 OSF 申请均是以 PCT 申请进入国家阶段的方式提出的，申请人在满足一定条件下对 OSF 申请提出加快审查请求。在 PCT‑PPH 项目中，PCT 申请的申请人，从特定的国际检索单位或国际初步审查单位收到肯定的书面意见或国际初步审查报告，指出其 PCT 申请中至少有一项权利要求具有可专利性，申请人可以请求有关国家或地区阶段的申请加快审查。

式，具体内容将在本书后文中进一步阐述。

（二）国际区域性专利制度协调的理论基础

1. 专利国际协作的制度关联

专利国际协作究竟有没有形成一种制度？或者，这究竟是怎样一种制度？首先需要对制度的概念进行分析。制度是以规则或运作模式来规范对象行动的一组规范的集合，规则是规范的构成要素。这种规则包含着价值的取向，制度的运行彰显着社会的秩序，目的是约束人的行为，体现了规范主体的博弈性，具有利益最大化的需要，表达了最优行为模式构建的诉求，是一种常态化的协同运行机制。

法律包含一部分制度，制度中的一部分是法律，两者之间有明显的重叠部分。因为"有各种次要制度，大部分被公认为法律制度的一部分，它们的共同点在于都是制度，以规范或规则运行，与国家相连，或有一个至少和国家行为相类似的权力机构"[1]。可以理解的是，法律制度研究法律与社会的关系，这种制度被广泛接受并且有强制力保障实施。

专利国际协作是国家或地区的专利局倡导并设立的合作模式，具有自身的规范体系，用以规范专利机构和人员的行为。合作中包含着价值判断，审查过程中蕴含既定的秩序规则。专利国际协作模式的构建体现了协作成员之间的博弈性——成员参与协作都有利益最大化的诉求。在几十年的运行中，专利国际协作已成为一种制度，具有相对稳定的协同运作机制，并处于持续的发展之中。

当前，专利国际协作制度中的一部分是法律制度，这主要是由各国国内法确立并由国家强制力保障实施的部分，比如专利授权。从广泛的理解上来看，专利国际协作制度是各国自愿达成的协议基础之上的诉求集合，更大程度上是权利意义上的制度。

---

〔1〕 [美] 劳伦斯·M. 弗里德曼：《法律制度——从社会科学角度观察》，李琼英、林欣译，中国政法大学出版社 2004 年版，第 13 页。

2. 专利国际协作制度的内涵

专利申请和专利授权其实都是专利国际协作的部分，考虑到国家主权的问题，专利授权的协作只是在小范围内得到实施。除了上述三个部分以外，专利局的建制、工作语言的选择等，也是协作内容的一部分。根据康芒斯（John R. Commons）在制度经济学中对于"制度"的界定，本书将专利国际协作制度解释为：在专利相关领域，由专利相关主体基于效用最大化的需要，在实践中通过个体申请和合作审查的利害比较而建立的一种专利优化机制，并在此基础上形成组织，通过集体的分工合作来调整个体的专利申请、审查和授权行为。

专利国际协作成为一种制度，不同国家的专利制度的规则都会不同，主要是不同社会对于专利制度价值观不同而产生的结果。如果一个国家持有"专利制度应更注重效率"的价值观，则这个国家对于加速审查制度的建设将投入更大；如果一个国家认为"专利制度应该重视权利人的权益"，则这个国家更注重制度在保障实质公平上的投入，比如规定"先发明制"，保障实质发明人的权益。

罗尔斯（John Rawls）认为，制度是一种公开的规范体系，每个介入其中的人都知道，当这些规范和他对规范规定的活动的参与是一个契约的结果时，他所能知道的东西。[1] 在专利国际协作制度中，各主权国家都是平等的，是否加入专利国际协作是各国自由决定的。一般来说，协议内容所规定的权利和义务对协议成员国的约束是一致的。

3. 专利国际协作制度的规则

制度的实现需要通过规则。对制度进行判断和评价，首先需要分析规则是否完善和健全。

专利国际协作制度规则的结构主要有三个层次：一是国与国之

---

[1]　[美]约翰·罗尔斯：《正义论》，何怀宏、何包钢、廖申白译，中国社会科学出版社1988年版，第51页。

间的双边条约或多边条约；二是成员国或地区的专利法律法规；三是知识产权国际组织的章程和规定。

具体来说，专利国际协作制度是伴随合作条约而产生的一种规则现象。在国际条约方面，由于并不存在一个高于主权国家的组织，条约的实施并不具备传统上法律的强制力，这一部分规则主要依靠国际秩序来维持。其实，国际秩序也是保障主权的必要条件，缺少国际秩序，主权最终也将受到破坏；只有在国家利益和国际利益共同协调发展的基础上，条约的实施才能有序进行。正基于此，在下文的价值分析和全球化的制度构建中，需要多方面考虑各成员国权益的平衡和调整。在国内法方面，当一国成为专利国际协作制度的成员，其本国法就将成为协作制度中不可回避的一个环节。在知识产权国际组织的章程方面，各项规则和规定都由各成员国协议达成，在实行方面类似于国际条约，主要依靠国际秩序来贯彻和执行。

（三）国际区域性专利协作制度之特性

1. 制度的法律性

专利国际协作制度是各国通过条约或协议而达成的。如上文所述，该制度与法律有交叉重叠的部分，其中，由国内法控制的一部分具有民事法律体系中专利法的特征；由国际条约控制的一部分具有国际法的性质。

国际社会是一个由主权国家和地区构成的平权型社会，也可以理解为一个横向的社会模式；而国内社会是一个具有统治权力的纵向型社会。专利国际协作制度中的法律在这两种社会结构中存在不同的表现形式。在专利国际协作制度方面，更多的是考虑国内法与国际条约或协议的衔接适用。国际社会是平权结构，所形成的专利国际协作制度主要依据国家的同意而形成，不存在具有垂直结构及强制力的立法体制，各种审查协作制度模式相互独立，可以并存，法律制度的实现具有一定的不确定性。

2. 制度的经济性

通过专利国际协作，由于检索信息和审查结果的共享，平均的审查周期大幅缩短，审查速度加快，专利申请授权的可预期性增强，审查效率提高，减少了重复审查的工作量，各国彼此之间的审查和检索资源得到了高效和充分的利用。

同时，在专利国际协作的模式中，专利申请的授权率提高，[1]高授权率增加了申请人对于专利申请费用的可预期性，相比一般的《巴黎公约》途径和PCT途径，其具有较高的一次授权率。这也将进一步节省专利申请人答复审查意见通知书及后续为获得授权而支付的各项费用。由于有首次申请局的审查结果可供参考，权利要求的严格对应一定程度上减轻了后续申请局在审查中对可专利性进行判断的工作量，从而减少了发放审查意见通知书的次数，为专利申请人节省了在专利申请过程中多次答复审查意见通知书的费用，同时规避了答复延期、请求恢复权利等风险。[2] 因此，专利国际协作制度实现了资源共享，审查加速，时间成本和经济成本大幅节省，提高了专利申请人在全球申请专利的效率。

3. 制度的技术性

专利国际协作制度在专利这项技术性工作的基础上建立，专利技术的授权认定是制度中极为重要的一个方面。权利要求"被认定为可授权/具有可专利性"是各合作国协商的重点。在加速审查的过程中，要求专利申请在后续审查局至少有一个对应申请，其具有一项或多项被后续审查局认定为可授权/具有可专利性的权利要求，审查才得以在前后两局之间顺利交接，缩短审查时间，提高授权效

---

〔1〕 参见JPO, "PPH Portal Statistics", 载http: //www.jpo.go.jp/ppph-portal/statistics.htm#pph_gr, 最后访问日期: 2023年5月28日。

〔2〕 参见2011年美国知识产权法律协会（American Intellectual Property Law Association, AIPLA）经济调查报告; Hung H. Bui, "Patent Prosecution Highway (PPH)", *Recent PPH Statistics from USPTO & PPH Cost Savings Data*, September 7, 2011, Washington D.C.

率。检索工作确定了专利申请的对比文件，该对比文件是判断申请授权发明创造的新颖性、创造性和实用性的关键，区分技术领域开展检索工作是专利国际协作制度的重要环节。如果前后两局的检索对于技术领域的区分存在差异，导致对比文件的差异性极大，很可能出现可以授权的发明创造最终无法取得专利权，而缺失新颖性、创造性和实用性的专利申请由于对比文件的选择偏差而获得授权的情况。

4. 法律性、经济性与技术性的有机统一

专利制度基于激励技术创新制度的目的，需要充分体现技术、经济和法律三方面的因素。技术因素构成专利工作的内容；经济因素是专利工作的目标；而法律因素规定了专利工作的技术内容，维护专利工作经济目标的实现。法律因素、技术因素和经济因素共同促进了专利国际协作制度的发展演进。

（四）专利国际协作制度之模式分析视角：PPH 的成效与困境

1. PPH 的成效

以 PPH 为例，专利国际协作制度的信息共享机制允许申请人向世界各专利局提交相同申请时，根据两国之间签订的协议，在首次申请局获得认可的申请，在后续申请局可以采用便捷程序予以审查，同时可以免交部分已获首次申请局认可的文件，利用首次申请局的检索和审查结果以减少审查员的重复劳动。此种合作模式在很大程度上减轻了申请人的时间和金钱成本，并减少了各国专利机构的工作量，相比原来的审查方式具有如下自身的优势：①审查意见次数减少；②审查周期缩短；③授权率提升。

缓解庞大的审查积压案是构建 PPH 的初衷，在专利国际协作制度下的信息共享减少了专利部门检索的工作量；由于参照了首次申请局的审查意见，后续申请局缩小了审查的权利要求的范围，并对授权意见的确定获得了支持的信息，便于其及时高效作出决定。对专利局而言，采用专利高速路，就是为了有效节省成本，缓解审查积压，提高工作效率。由于各国专利制度的差异，各国还不能相互承认审查结果，而各国努力达成的审查信息共享机制已经是目前可供选择并可行的制度方案中效率较好的方案。

在国际贸易开展得越来越频繁的当今世界，专利信息共享机制削弱了专利地域性对贸易和保护带来的消极影响，顺应了国家间专利制度协调统一的客观需求，是各国努力寻求专利法律制度供求均衡的一种有益尝试。

2. PPH 制度亟待解决的问题

目前，以 PPH 为代表的专利国际协作制度处于发展之中，该制度的运行还存在如下亟待解决的问题：

（1）PPH 与 PCT 制度协调的长期性。当前 PPH 更多的是一种程序制度，涉及专利的可专利性要件的协调部分甚少。法律程序的目标是最小化社会成本。[1] 换言之，一种制度之所以存在，主要原因之一是通过这种制度的运行能有效减少交易成本，从而实现效用的最大化。申请人之所以进行发明创造、申请专利权，也是期望能够实现自身发明创造效用的最大化，这不得不考虑效率问题。效率的内容主要指投入与产出或成本与收益的关系，它描述了这样一个均衡点：该均衡点意味着不存在浪费，该技术和生产资源为人们提供了最大程度的满足。据上文分析，以 PPH 为代表的专利国际协作制度，较全部国际申请（含 PPH 申请和非 PPH 申请）明显降低了获得授权保护的交易成本，使申请人获得授权专利的成本与收益之间的关系有可能接近该均衡点。

PCT 为专利的国际申请提供了除国家申请之外的另一种途径。将 PPH 与 PCT 途径结合起来，理论上将更有利于提高专利申请的效率。从整体上看，通过 PCT-PPH 比 PPH 更加缩短了审查时间、提升了授权率，但在各个 PPH 参加国情况并非一致。

---

[1]　[美] 罗伯特·考特、托马斯·尤伦：《法和经济学》（第 6 版），史晋川、董雪兵等译，格致出版社、上海三联书店、上海人民出版社 2012 年版，第 379 页。

　　PPH 与 PCT 均为专利的国际申请提供便利，但两者在目前的状态下并未在各个方面达到很好的融合，仍存在差异性。PCT 体系是专利申请体系，不是专利授权体系，申请人的发明能否获得专利权仍需要各国根据本国的专利法律予以确认，获得的专利权仍具有地域性；国际检索和国际初审的结果不具有强制约束力，各国仍可根据本国的检索和审查给出授权意见。目前的 PPH 多是国与国之间的双边协议，PCT 体系的国际检索和国际初审耗费了时间，也许 PPH 协议的双方并未起到加速审查的任何作用。[1]这将导致在某些国家、在某种情况下，PCT-PPH 的效率比 PPH 低，这有悖于将 PCT 与 PPH 相结合的初衷。因此，需要构建一个良好的机制将 PPH 与 PCT 结合起来，减少国与国之间双边协议的签署，统一审查程序与审查标准，更大程度地发挥 PPH 的优势。

　　（2）前后两局对权利要求过于严格的限制。由于各国的专利法和审查习惯不一致，对于首次申请局获得允许的权利要求可能会在后续申请局被限制，这将导致在各个国家获得保护的权利要求范围不一致。不同国家对权利要求的修改也不一致，这将加大申请人撰写权利要求的工作量。各国对权利要求严格且复杂的规定增加了申请人在申请过程中的工作量，无形中增加了时间成本和代理费用，阻碍了申请人对 PPH 的实际运用。

　　（3）审查协作模式状态的不稳定。目前，多数国家运行的 PPH 处于试行状态，经历了试行阶段的国家协议多数的合作时间为 2~3 年。这种专利高速路制度在增加合理性的同时也包含了行为的不确定性，申请人在申请专利时对自己加速申请行为的长期合法性是不明确的。法律规则的作用之一是提高行为的可预见性，降低对合法性认识的不确定性。由于对此项制度的不确定性

　　　[1]　比如，国际检索与国际初审在 PPH 协议双方之外的第三国进行，则 PPH 协议的双方均可以予采纳该结果。

和不安全感，专利申请人如果预估自身申请在时间上的风险，则很有可能选择其他的途径向他国申请，以确保自身的发明创造在可预见的时间内获得授权，从而能有效实现自身专利的效益。

通过双边或多边协议达成的审查信息共享合作，各国都意识到这种审查合作模式的优越性。但是，即使是在合作模式相对成熟和稳定的 IP5 之中，以上的 PPH 问题可能还会在一段时间继续存在，原因在于：①制度模式有待融合；②专利授权依然存在地域性；③各国专利制度发展不均衡。

3. 完善 PPH 的路径探索

目前，PPH 制度存在潜在的制度利润，并且专利制度的立法需求大于实际需求，潜在供给大于实际供给。供给与需求不一致，存在制度供求的非均衡，而该非均衡是制度发展的动因。因此，PPH 需要进一步调整和改进，主要在以下四方面：

（1）进一步简化申请流程和申请文件，减少申请人的申请成本。以我国参与的 PPH 为例：国家知识产权局（China National Intellectual Property Administration，CNIPA）和 JPO 对在中日 PPH 试点项目下向 CNIPA 提出 PPH 请求和对日中 PPH 试点项目下向 JPO 提出 PPH 请求的流程均进行了修改，进一步方便申请人；从 2013 年 1 月 1 日起，中美 PCT-PPH 附加文件提交方式开始简化，以减轻申请人的文件负担。

（2）PPH 需进一步保持降低成本的优势，但同时需要避免该项制度的不确定性。从制度需求理论上讲，通过法律使显露在现存制度安排结构之外的利润内在化，是法律需求产生的基本原因。[1] 制定方案，将 PPH 与 PCT 体系融合，减少国与国之间双边协议的签署，稳定加速审查的协作模式，真正做到 PCT 国际检索和国际初审可以用作 PPH 后续申请局加快办理的依据，从而节

---

〔1〕 ［美］R. 科斯等：《财产权利与制度变迁——产权学派与新制度学派译文集》，刘守英等译，上海三联书店、上海人民出版社 1994 年版，第 266 页。

省审查时间，提高审查效率。

（3）稳定合作模式，减少制度不确定性风险。当前，我国与美国等国家开展了国际专利合作。可持续的协作模式，有利于保障该法律制度的稳定性和可预期性。

（4）提高专利审查效率。在加速审查的协议中，对各国可专利性的实质要件进行协调，优化处理专利制度的差异性和专利权的地域性，能够使申请人的跨国申请从程序到实体变得更有效率。

（五）专利国际协作制度的价值内涵

专利国际协作是各国专利事务缔约方就专利申请、专利检索等多项专利事务达成合意后形成的一种协作制度。专利国际协作制度的价值存在于主体与客体的关系之中，是审查协作制度的主体对于专利国际协作制度的态度和评价；同时，审查协作制度作为客体，它的客观属性是进行价值评价的必要参考。也就是说，专利国际协作制度的价值反映着制度主体对客体的评价，同时也反映着客体带给主体的客观属性。

1. 专利国际协作制度的正义价值

对于一项制度而言，参与者必然关注该制度的规则和目的。这些规则和目的就是要给为数众多却又杂乱无序的人类活动以某些模式和结构，从而避免发生失控。[1] 按照这一理解，在为数众多却又各自为政的各国专利工作的基础上，专利国际协作制度需要构建一种合作的结构模式，并能长期和稳定地维持各国专利的授权和质量，满足个体的合理需要和主张，与此同时促进生产进步和提高社会内聚性的程度，这是维持文明社会所必需的，也

---

〔1〕 ［美］E. 博登海默：《法理学：法律哲学与法律方法》，邓正来译，中国政法大学出版社 2004 年版，第 260 页。

是正义的指向。[1]

关于法的正义价值研究有集中的三个视角：平等、自由和安全。[2] 在专利国际协作中，平等主要关注通过这种制度来配置资源、分配权利以及获得的收益。

国际审查秩序来源于各成员国自由意志的约定，当现实的审查工作量超出单个国家所能承受的范围时，各国会以谋求合作的方式来改变原来资源和人手紧缺的局面。一国不能提供更多的资源和力量来解决当前的困境，将会集合有意愿的国家形成资源的集合来克服专利工作的阻力。专利权具有地域性，专利授权与否由一国法律进行判断。在专利国际协作中，形成的协定使各成员国受制于协议规则，但各国仍需要能像往常一样自由行使主权，依据本国的法律来判断是否给予专利权。

安全事关专利国际协作制度的稳定性。安全在于保护专利国际协作制度的既得利益和预期利益，不在于关注该制度的进展。专利国际协作制度需要审时揣度，根据全球专利申请和各国专利工作的情况调整。严格奉行初始达成的协议一成不变，可以使人们在安排专利申请事务和全球专利战略方面遵循一条可以预见的道路。从另一方面看，这也可能妨碍人们对专利国际协作制度进行必要的变革。

专利国际协作制度的正义价值，还可以从形式正义和实质正义的角度加以理解：

世界上各主权国家都是平等的，是否加入专利国际协作是各国自由意志决定的。一般来说，协议内容所规定的权利和义务对协议成员国的约束是一致的。在专利国际协作模式中，协议签订

---

〔1〕［美］E. 博登海默：《法理学：法律哲学与法律方法》，邓正来译，中国政法大学出版社 2004 年版，第 261 页。

〔2〕［美］E. 博登海默：《法理学：法律哲学与法律方法》，邓正来译，中国政法大学出版社 2004 年版，第 298~329 页。

的各方都遵循同一协议文本。在正义的导向下，协议的审查标准
应为成员国的专利授权提供相似的机会。专利国际协作制度需要
给参与国提供实质的发展机会，才能将各国有效凝聚在同一合作
体系内。协议成员国适应共同的审查合作协议，但也需考虑适当
的差异性。共同但有区别，以期维护实质正义。

概言之，专利国际协作制度中，各国共享审查信息，在首次
申请和后续申请的权利要求充分对等条件下，后续申请的专利局
将以提交首次申请的专利局的工作结果为基础开展审查工作，前
后两局的审查工作紧密相连，专利质量与前后两局的审查工作息
息相关。虽然专利国际协作制度对创新会产生或积极或消极的影
响[1]，在正负影响之间，各国所共享的资源和审查工作与该制
度提供的专利质量反馈和创新发展机会相适应，那么该制度可以
被认为将无限趋向正义。

2. 专利国际协作制度的秩序价值

一个法律制度若要恰当地完成其职能，就不仅要力求实现正
义，而且还须致力于创造秩序。[2] 专利国际协作制度的秩序价
值表明，在制度中运行的各成员必须依照协商一致的规则运作，
同时对制度的运作结果具有可预见性，体现了制度规则性和稳定
性的要求。

（1）规则性。专利国际协作制度的规则主要体现在两个方
面：审查规则和制度运行规则。凭借这些规则，专利局和专利申
请人都可以做出合理的预测。审查员可以依据审查规则开展工
作，预见审查工作的范围；专利申请人可以依法确定自身在一定

---

〔1〕 Alison Brimelow, "Hitch a Hide on the Patent Highway", 2 *Managing Intellectual Property* 21-23 (2008); Kurtycz, Eric R. , "Commentary: New Process Allows 'Fast-Tracking' of Some PCT Applications", 27 *Michigan Lawyers Weekly* 13-16 (2011).

〔2〕 ［美］E. 博登海默：《法理学：法律哲学与法律方法》，邓正来译，中国政法大学出版社 2004 年版，第 330 页。

条件下参与或不参与国际协作途径来提交专利申请。通过规则的可预见性，行为主体可以根据实体和程序制度对自身行为的性质和内容进行判断。

（2）稳定性。专利国际协作制度已经持续了几十年，其中有运作顺利的美日欧合作，也有在不断更迭之中的欧盟专利制度。一方面，制度的稳定性影响到行为主体根据实体法对自身申请行为的性质和内容的判断。另一方面，专利申请人可以根据专利国际协作制度来估计其他专利申请人的行为。

专利国际协作制度的稳定性影响行为主体对自身行为的判断，也影响对他人行为的预期。秩序价值体现了法的指引作用。

3. 专利国际协作制度的利益价值

在专利国际协作制度的实践中，各种利益的相互交织推动了制度的演变，在这其中，成员国或单个国家或地区专利局的利益是从本国或本地区出发，反映本国或本地区对专利的需求。制度利益是从专利国际协作制度出发，以制度总体效用为基础体现的主张和要求。全球利益是从世界共同发展的角度出发，为维护专利制度在世界各国之间顺畅运行提出的要求和愿望。

在国际协作的体系中，利益具有多元性。专利国际协作是一个开放的体系，欢迎各国或地区的专利局以各方都能接受的方式进行审查协作。各国基于不同的文化、法律制度和体系，对于审查合作会有不同的解读，从审查协作体系中得到的反馈也不一样，利益对于不同的主体而言并不一致，具有多元性。在一个开放的协作体系中，利益总是通过不断的扩张来实现增长。基于多元性的特点，利益在不断的增长和扩张中需要具有包容性，才能实现利益增值的目的。即使利益具有多元性和包容性的特点，在利益的发展进程中，利益需要指向一定的目标，比如长远利益、全局利益和根本利益等，而这一切体现为利益的规制性。为或不为是利益所体现的规制。利益的规制将使专利国际协作制度从双边协议或多边协议内化为成员国或地区自身的审查制度，从而在制度的运行过程中获得制度收益，而不是承担利益的损失。

专利国际协作制度需要构建一个良好的利益协调体系，在这个体系中，各个主体都将得到利益的回馈。同时，主体利益的多或少还取决于主体对于审查制度运行的顺畅程度。在专利国际协作的体系之中，利益追求的正当性能真实地得到反映。成员国或地区专利局的利益追求与制度制约因素一致则可以有效降低审查成本，缓解审查积压；反之，如果不一致，则成员国或地区专利局的利益将得不到体现。在专利国际协作制度的运行中，如果忽视了成员对利益的追求，将会增大专利的成本，降低专利工作的效率。当然，对利益的追求应当有适当的引导和校正。从这个意义上来说，专利国际协作制度应当具备良好的法律规范，法律运行中不仅可以调整利益关系，同时还可以保障基于一定价值需求的利益能够得到最大的实现。

（六）专利国际协作制度的不同利益主体的价值困境

1. 国家和地区之间科技实力的差异

专利国际协作制度的产生基于各国专利局对于审查积压的忧虑，是审查资源不足以跟进全球专利申请量激增的趋势的结果。当一国的审查资源短缺时，在全球范围内寻求资源的调整和配置成为一种可以诉求的方法。然而，不同国家之间的科技实力存在较大差异。在科技实力的较量中，发达国家仍占据了主导的优势地位。

2. 基于差异性的不同需求

在专利政策的选择上，由于各国处于科技发展的不同阶段，各国的诉求必然是千差万别。一部分国家还在寻求某种产业的起步和发展时，另一部分国家已经开始为该产业寻求对自身有利的强势保护。专利国际协作制度将各国归于一个审查体系之中，是否能考虑到不同层次的需求，也是值得深思的事情。发达国家希望专利技术在全球范围内得到最快最强的保护，更快实现专利的全球战略布局；发展中国家由于存在资本和技术上的限制，在全球范围内更快实现专利制度的保护对于本国薄弱的产业发展来说未必有利，反而会加大其从发达国家获取技术的成本。故广大发展中国家强调促进本国的发展，要求建立新型国际秩序来牵制技术强国具有攻击性的专利战略。在专利国际协作的体系中，制度的运行在本质上就需要在审查资源的过程中掌握好利益分配的格局。

3. 利益结构失衡

专利国际协作制度是各国通过自愿达成的双边协议或多边协议而形成的。国际社会是平权主体，没有凌驾于各个国家之上的机构存在，因此，也就没有凌驾于国家之上的利益主体存在。在审查协作制度中，各个成员自身就是最根本的利益主体。由于决策权与国家的综合国力相关，基于决策所形成的利益也有所不同。当前的国际法律制度在"理念、价值、原则、规则、规章和制度越来越注重单个人和整个人类的法律地位、各种权力和利益的确立、维护和实现"[1]。专利国际协作制度不仅为缓解审查积压而存在，更需要为使用制度的专利申请人考虑，使专利申请人的利益在同一平台上得到保障。目前，不同国家之间对彼此能够认可的审查结果范围不同，权利要求的认定程度也存在差异，美国的专利申请人和中国的专利申请人可能会因为国籍的差异而在一国的专利中匹配不同的加速审查标准。

---

〔1〕　曾令良：《现代国际法的人本化发展趋势》，载《中国社会科学》2007年第1期。

（七）专利国际协作制度的价值衡量

1. 效用衡量的基本内容

专利国际协作多数是由条约、双边或多边协定而达成的。该制度是基于各国的专利法所规定的审查制度来构建的，具有法律性；专利主要是针对发明创造进行的法律授权判断，具有技术性；审查协作制度能加速审查，节省时间和成本，具有经济性。简言之，该制度具有"三性"——法律性、技术性和经济性。目前广泛使用的 PCT-PPH 审查合作模式正是多国在专利合作条约的基础上，通过双边或多边协议实现的。对于实现的法律和秩序如何进行价值的衡量，其本身没有给出答案。实证分析可适用于法律效果的研究，依据法律制度运行中产生的数据对其进行定性界定和定量分析。经济分析法学把经济学的效用原理和方法运用于法学研究，确实为法学注入了新的生机，也为法学的现实服务开辟了新路。[1]

在经济学中，效用用来描述主观的满意程度，[2] 它体现了对人的欲望的满足能力，简言之，效用是满足程度的表达。对于专利国际协作制度而言，它在多大程度上满足了各国专利工作的需要，效用可以对其做出一个较好的衡量。

用经济学的方式来研究法学问题，最初局限于调整经济关系的法律法规，偏重注释型。后来经过科斯和波斯纳等人的运用和影响，经济学被广泛应用于整个法律科学领域，其中具有代表性的是芝加哥学派。衡量专利国际协作制度在多大程度上满足了各个成员国的需求，效用是一种合适的指标。

2. 均衡分析

人类对法律的制定和对法律的需求随着时代的变化而处在不

---

〔1〕 张文显：《西方法哲学》，法律出版社 2011 年版，第 181 页。

〔2〕 ［美］罗伯特·S. 平狄克、丹尼尔·L. 鲁宾费尔德：《微观经济学》（第 7 版），高远等译，中国人民大学出版社 2009 年版，第 74 页。

断的更迭变化之中，供给曲线与需求曲线交点处为均衡点。在这一点上，目前实施的法律能够满足现实社会对法律制度的需求，实现法律制度的供求均衡。在理想的法治社会中，法律的供给和需求有着不断调整直至均衡的趋势，当到达均衡点时，人类社会的活动都得到了法律适当的调整，不再需要法律制度的任何更迭和变动，这是完美的立法模式。

专利国际协作制度基于专利的法律供求规则产生。专利积压的状况使各国意识到，单凭一国之力难以解决目前专利供不应求的状况，如图1所示，专利制度出现了短缺，专利申请人无法以原来均衡点的、包含时间成本和经济成本的对价申请专利，这时将迫使专利制度的供给方增加供给，这样一来，专利申请人所支付的对价将最终回到 P_0。

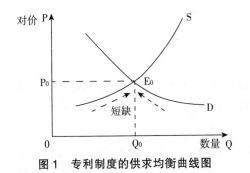

图1　专利制度的供求均衡曲线图

现实中，法律制度的供给和需求往往都会发生变动。当专利的市场收益高，专利申请人具有更雄厚的经济实力或预期专利能获得更大的可期待利益，专利申请人愿意支付更多的对价来获得专利权，这时，需求曲线将会向右移动，如图2所示。同样，如果专利机构由于工作效率的大幅提高和良好的管理导致专利申请的成本下降，供给曲线也将会向右移动。

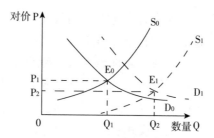

图2 专利制度供给变化后的新均衡曲线图

当供给曲线移动的幅度大于需求曲线移动的幅度，则达到均衡点时，专利申请人所支付的对价将小于上一次均衡所支付的对价[1]，这是所有人都期望的。对于专利申请人而言，在 E_1 点的效用将大于 E_0 点的效用。这表明，在全球专利申请激增的今天，专利申请人需求的增加是不言而喻的，如果各国的专利机构提高工作效率，加速审查，在审查制度方面提供充足的供给，甚至能提供更完备的制度和更先进的管理来降低审查成本，将使专利申请人的申请成本进一步减少，这会提升专利申请人申请专利时的效用，从而有效激励创新，激发发明人的创造热情，促进专利战略的全球布局。

3. 最大化分析

专利国际协作制度中，各国的专利机构共享了审查资源，且后续申请国将利用首次申请国的审查意见，缩短审查时间，[2]进一步为专利申请人节省经济成本，这也就意味着该制度具有交易成本最小化的能力。因此，能够满足效用最大化的专利国际协作制度将是最好的制度，这需要该制度进一步提高工作效率，减少交易成本。

———————————

[1] 一般来说，均衡点效用的变化取决于各曲线的移动幅度和各曲线的形状。

[2] 详情参见 JPO 官网：http://www.jpo.go.jp/cgi/cgi-bin/ppph-portal/statistics/statistics.cgi，最后访问日期：2023 年 5 月 28 日。

在专利国际协作制度中，对总效用的追求将凸显专利大国的实力。专利国际协作制度在美日欧专利部门中所体现出来的优越性，足以证明这个制度的成功。目前的制度确实反映了这样的事实，一些专利实力不强的国家必须迎头赶上，否则只会在这场制度淘汰赛中被边缘化。

效用真实地反映了现实。根据罗尔斯的观点，最公平的配置使社会中境况最差的个人效用最大化。[1] 在设计专利国际协作制度时，为专利实力不强的国家保留适当的空间，这并不会必然导致平均主义，而是能促进全球的真正合作，因为共赢才能更好地维持制度的发展。

4. 专利国际协作制度价值定位之考量

在国际协作之中，通过各国签订条约设立的法律制度需要考虑到多方面的复杂因素。在国际造法过程中，尤其应充分考虑文化的差异性，注重公平和效率。因此，基于专利高速路的专利国际协作法律制度价值定位可以从以下四个方面展开：

（1）专利高速路应立足于目前专利申请量激增、专利申请案积压的现状，反映审查信息共享发展的客观规律。在合作协议的签署过程中，各国不可避免地会为了本国的利益而使条约具备维护自身利益的目的性。在合规律性与合目的性的调和中，也许审查协作的法律制度设置会偏离原有的客观事实，但如果该制度能适应专利申请量上升、专利工作量加大的客观变化，满足专利国际协作的需要，也可以认为其具有正当性。专利高速路的跨区域专利合作制度在尊重客观规律的基础上满足专利申请和审查的现实需求，将有效促进专利法律制度的供需均衡。

（2）审查协作的法律构造需要注重公平与效率。该制度的形成需要签约各国的平等参与，应具备普遍性。专利国际协作是各

---

〔1〕 ［美］罗伯特·S. 平狄克、丹尼尔·L. 鲁宾费尔德：《微观经济学》（第7版），高远等译，中国人民大学出版社2009年版，第560页。

国达成的合意，这种合意具备自主性，不受外力的强迫和干预。在制度构建中，需要将成员国自身的利益与整个国际社会的利益联系起来，从而使各国在追求本国利益最大化的同时能有效促进整体协作成员国的公共利益。同时，制度的设置需要权衡成本—收益之间的关系。自由合作有利于最小化交易成本。法律是对资源的第一次配置，虽然专利高速路考虑到成员国效用最大化的理性实际，从制度的维持和扩展上来看，公平起着至关重要的作用。

（3）合作是专利国际协作法律制度实施的根本保障。这种合作应反映当前专利进行国际合作的必要性。参与到专利高速路的各国都具有自身的利益诉求，协作模式需要通盘考虑利益协调，选择合适的合作模式。在不同的文化理念下，合作伴随冲突，两者的协调是一个长期的过程。由于专利制度具有技术性、法律性和经济性，在考虑经济效用和法律体系的协作时，可以从技术的角度先行切入。技术工作的本身无关或对或错的价值判断。

（4）经各国签署的专利协作的条约应得到良好的贯彻和执行。如前所述，国际社会是一个平权社会，不存在一个凌驾于各个主权国家的执法机构，条约的贯彻和执行更多地取决于各参与国实行的必要性，而该必要性又取决于条约签署国的国家利益在专利协作模式中的实现程度。

综上所述，当前的专利高速路还需在成本收益、公平效率、法律文化和身份认同等方面进一步完善。目前实施的专利国际协作法律制度未能全面满足现实的需要，可以在客观性、公平性、合作性和执行性等方面加以完善，以期达到专利的现实对法律的需求趋于供给平衡的状态，实现专利国际协作法律制度的最大效益。

（八）国际区域性专利制度协调的展望

专利全球化的法律秩序是由各国对于专利的"需求"来提供"供给"，这种制度在一个国家的法律制度体系之外，有两种方式来实现，一是制度创新，二是制度变迁。构建的具体内容包括全球统一的专利局，新颖性、创造性/非显而易见性、实用性、现有技术、充分公开等实质性要件，需在平衡各缔约国利益和强调保护公共利益的基础上达成一致，通过一次审查即可授权的专利制度。构建全球统一的专利异议机构对全球统一的专利局在专利过程中出现的各种问题集中处理，这样既保持了规则和程序的一致性，也为专利申请人和第三方提供了便捷的救济途径。这种制度的构建具有可能性，但也具有长期性。在具体内容上可以通过审查员培训计划、检索系统的改进、电子申请系统的建立、加强创新人才培养等创新制度建设等来适应专利国际协作发展的需要。该制度的持续发展还需要建立合适的救济制度，在这个合作模式中，不仅要考虑到单个国家的专利法律制度收益，更要考虑到全体专利合作国的专利法律制度收益，最终的专利国际协作模式也是全体参与国共同博弈的结果，而不是个别强势国家个体收益最大化行为的结果，并且各国的专利法可以作为博弈框架构成对其单个国家行为选择的约束。

对专利国际协作制度进行理论与实践的研究，也有利于我国专利制度的完善。在国际协作的大环境下，我国专利法律制度需要从国内利益和国内秩序，向维护各国利益平衡和整体国际秩序转变。我国当前的专利法律集中于本国范围内专利申请的审查和专利权的保护，应进一步考虑国际合作的趋势，考虑在国际合作环境下的专利制度执行与作用。在专利法律制度中，管理体制最具有国家差异性，具有明显的国别特征。因此，在基于国际协作的专利法律制度建设中，需要在我国的国情特点和法学理论上的理想模型之间进行平衡，找寻合适的设置点。同时，我国参与的专利国际协作制度需要与现行国内法律制度衔接。国家应为我国专利申请人积极参与包括 PPH 在内的专利国际申请提供良好的组织安排和制度保障，以提升我国的专利质量。提升我国的专利工作效率是一项持续的工作，需要在专利国际协作的大环境下得到进一步改善。我国应重视专利国际协作的发展，以我国的专利申请需求定位我国参与的审查协作项目，主动参与专利国际协作制度的构建，主张利益均衡的制度体系，激励我国市场主体积极利用国际协作体系的优势面，灵活处理合作模式中的不利因素，为我国的国家利益争取更大的国际空间。

思想史视野下的我国知识产权法律制度

在我国确立创新型国家建设目标和推进社会主义法治国家建设进程的背景下，知识产权法治已经成为当今社会的共识。中国知识产权法作为一种移植于西方并随着科技和经济发展而不断完善的法制体系，尽管经过四十多年的本土化发展而逐步扎根生长，但知识产权法促进科技文化成果的创造、利用与保护，推进社会科技文化发展的制度价值的实现，不仅依赖于诸知识产权法律制度的适时完善以确保其现实适用性，更依赖于知识产权相关主体的文化认知与认同。知识产权思想的研究，构成知识产权法治的基石。

一、思想史视野下中国知识产权法治的特点

知识产权在本质上是基于创新成果的市场专营权，知识产权思想即特定社会对于知识产权和知识产权法的观念、认知与态度，与社会的市场发育状况、私权保护环境紧密相关。在这一意义上说，中国知识产权思想史是一个伪命题。因为如果将专题史研究定位在民国以前的中国传统社会，则当时的中国在集权政治、自然经济与等级秩序下，既缺乏将创新科技文化成果市场化的经济环境，也不具备平等保护个人商业利益的法律文化。在中

国古代，尽管令人瞩目的创新技术成果、文学艺术作品和商业交易活动屡见不鲜，但没有产生确认和保障创新成果专营权的现代意义的知识产权法。无论是社会管理者——从封建帝王到各级官宦，进行文艺科技的创造/创作的文人雅士、能工巧匠，还是服务官府或身居民间，乃至富有治国平天下才华的山野隐士，中国古代历史上鲜少主张创新文艺科技成果市场专营权的思想或主张。尽管中国传统文化中的准知识产权思想元素可圈可点，如中国自三代到明清，历朝历代不乏反对冒名、反对抄袭剽窃等类似于现代著作权法中保护作品人身权的主张，"已申上司，不许覆版"的类似西方版权观念先声的版权保护要求在宋代也已出现；技术领域以"祖传秘方"严格限定传承的准商业秘密保护模式源远流长，商业标识的价值或影响伴随文人脍炙人口的诗词歌赋声名远播。[1] 但不仅中国古代版权制度是一个伪命题[2]——中国古代缺乏知识产权依托的创新成果商品化的市场经济环境和个人商业利益保护的法律文化土壤，中国古代知识产权制度整体上也堪称一个伪命题。与此相应，中国古代的知识产权思想文化也乏善可陈。不过，分析中国古代科技文化与商业交易相对发达，却未能孕育出基于创新科技文化成果和商业标志权益的知识产权法的社会经济文化缘由，可以帮助我们认识知识产权制度的本质，更好地推动有利于知识产权制度价值提升的制度建设和文化建设。

我国近代法律制度是清末变法以后自西方国家借鉴、移植而来的，依循的是中国传统社会迥然不同的"法治"思想。然而，

---

[1] 例如，唐代诗人杜牧的"借问酒家何处有，牧童遥指杏花村"，其中涉及的杏花村，即衍生出杏花村商标争议案 [参见北京市高级人民法院（2010）高行终字第1118号行政判决书]，并引发人们对于传统古典诗词涉及的商业标识的保护范围问题的思考。

[2] 参见李琛：《关于"中国古代因何无版权"研究的几点反思》，载《法学家》2010年第1期。

当时基于变法图强、保护国家司法主权等现实需要而进行的变法活动，唯求建制实用，无暇深究西方社会体系缜密的思想源流和文化根基。无论是商标法领域的《商标注册试办章程》、专利法领域的《振兴工艺给奖章程》，还是《大清著作权律》，均是迥异于中国传统社会的法律制度。中国知识产权法从一开始即缺乏基本的思想理论素养，呈现思想理论上先天不足的状况。

我国知识产权立法自清末启动、在民国构建以来，经历了建国初期的重大起伏，到如今已建立了与国际标准接轨的知识产权法治体系。然而，中国知识产权法律思想整体上较为贫乏。清末民国时期中国知识产权制度初创时如此，新中国成立后相当长一段时期依然如此。

中国知识产权法没有植根于中国社会的现实经济文化土壤，没有自身的知识产权思想文化为依托，其原因是多方面的。例如，中国知识产权法的发展特点——国家主导下的借鉴、移植西方知识产权法为我所用，使我国知识产权法在符合西方国家主导的国际规则的同时，不可避免地忽视西方知识产权法所依托的知识产权思想、文化研究；西式知识产权法嫁接到中国全新的土壤后，迥然不同的西式知识产权思想文化的本土化发展，也远非一蹴而就。又如，引进的外来知识产权法进入迥然不同的中国环境后，诸多法律实施中的问题使人们无暇顾及深层次的知识产权法治理论思考和文化建设；而且解决外来知识产权法与既有的本土文化的冲突所需要的经验和智慧，需要时间积累。还如，当代社会迅速发展的科技经济形势包括知识产权国际保护环境，推动着知识产权法治事业的快速发展，无论是知识产权立法、行政、司法部门，还是产业界、学术界，其主要精力在于应对和解决现实"用"的问题；而相对基础而抽象的知识产权思想、文化等"本"的问题，只得置于相对靠后的地位。

不过，随着知识产权制度国际化进程的深入推进和知识产权保护国际体系的逐渐形成，我国知识产权事业迅速发展，知识产权基础理论研究不断深入，知识产权制度所涉及的社会经济文化环境与思想理论基础，成为知识产权思想发展的动力。例如，郑成思、刘春田、吴汉东教授等作为中国当代知识产权法学领域的泰斗级人物，他们对于知识产权法诸多问题的思考，引领和推动了中国知识产权制度与文化的发展。

二、知识产权法的制度创新本质、知识创新目标[1]与知识产权法律思想的研究

知识产权作为一种当代国际社会公认的私权，不仅是一项重要的民事权利，也因其保护对象（客体）的创新成果等无形信息特性，使知识产权法从一开始就具有了特定的产业政策和市场工具的价值——通过赋予和保护创新成果以独占经营权，促进创新成果的开发和运用，促进科技经济文化发展。

例如，被视为当代专利法鼻祖的近四百年前通过的《英国垄断法》强调，给予新技术发明人有期限的专利/专营权需要保证的前提是"不得违反法律，不得提高国内商品价格以损害国家，不得破坏贸易，或者给民众造成不便"。[2] 又如，被美国社会视为美国知识产权制度基本渊源并被学术界反复强调的《美国宪法》知识产权条款，以保护知识产权作为促进知识传播和技术进步为宗旨。美国社会在两百多年的发展历史中，因为其国内特殊的国情，虽然在很长时期内推行强知识产权保护策略，并通过自身强大的国际影响力，将本国的这种产业政策发展为国际社会的产业交易规则，使其全球范围内的知识产权利益最大化；但在其

---

〔1〕 吴汉东教授的这一论断，揭示了知识产权法的基本属性和核心价值。参见吴汉东：《知识产权法的制度创新本质与知识创新目标》，载《法学研究》2014年第3期。

〔2〕 参见杨利华：《英国〈垄断法〉与现代专利法的关系探析》，载《知识产权》2010年第4期。

国内，美国知识产权法整体上是以产业发展和公共利益为重要考虑因素。一百多年前的美国总统林肯"专利制度给天才之火添加利益之油"的论述堪称这一认识的经典表述，美国的联邦法院也时常对这一原则进行解读。[1]第二次世界大战后期美国联邦法院的几个判例堪称代表：在 Sinclair & Carroll Co. v. Interchemical Corp. 案[2]中，法院即认为，专利制度的主要目的不是为了个人的报酬，而是为科学技术的进步；在 1942 年的 United States v. Ma-sonite Corp. 案[3]中，法院也提出，"促进科学与使用技术的进步是主要目的，发明人的报酬是次要的，它只是实现这一目标的一个手段"；在 Motion Picture Patents Co. v. Universal Film Mfg. Co. 案[4]中，美国联邦最高法院指出，"本院一贯主张，我国专利法的主要目的不是增进专利所有人的个人财富，而是促进科学和实用技术的进步"；在 Morton Salt Co. v. G. S. Suppiger Co. 案[5]中，法院也提出同样的观点："给发明人授予专利垄断这一特权履行着美国宪法和法律确立的公共政策目标——促进科学与有用技术进步"。美国基于 TRIPs 协议要求和本国产业需要而于 2011 年 9 月通过的专利法——《美国发明法案》也体现了这一规则。[6]

现在，世界知识产权组织这一知识产权保护与协调的国际组织，以及世界贸易组织这一"经济联合国"，都体现了知识产权法促进科技经济文化发展的政策目标。例如，世界贸易组织在关于知识产权贸易的 TRIPs 协议"序言"中，在确认"知识产权是

---

〔1〕　参见杨利华：《专利之薪？——关于专利报酬说与专利制度激励论的思考》，载《甘肃理论学刊》2009 年第 1 期。

〔2〕　325 U. S. 327，330-31（1945）.

〔3〕　316 U. S. 258，278（1942）.

〔4〕　243 U. S. 502，511（1917）.

〔5〕　314 U. S. 488，492（1942）.

〔6〕　参见张怀印：《美国专利法改革述评》，载《美国研究》2010 年第 1 期。

私有权"的基础上，承认各成员保护知识产权体制的保护公共利益的基本目标，包括发展和技术目标；也承认最不发达国家在其国内实施法律及其细则方面享受最大程度灵活性的特殊需要，以便使它们能够建立一个坚实和有效的技术基础。

可以说，知识产权法在本质上是一种保障和激励创新的制度，通过保护创新成果的正当权益，激励科技文化创新，促进科技经济文化发展。正如吴汉东教授所言："知识产权法与创新联系在一起，知识产权法源于创新而生，是为财产权制度革新的产物；基于创新而变，当以激励知识创新为价值目标。可以认为，坚持制度创新与知识创新，是知识产权法的历史过程和时代使命。"[1]

众所周知，我国当代经济经过20世纪70年代末期以来四十年的发展，经济模式发生了根本性的变化，建设创新型国家成为社会的共识。习近平总书记在2017年10月召开的中国共产党第十九次全国代表大会上强调，创新是引领发展的第一动力，是建设现代化经济体系的战略支撑。按照党中央的决策部署，我国已经将加快建设创新型国家作为现代化建设全局的战略举措，坚持实施创新驱动的国家发展战略，强化创新第一动力的地位和作用，突出以科技创新引领全面创新。知识产权法的制度创新本质与知识创新的目标，决定了其在我国当代创新型国家建设中的核心地位。创新型国家的本质，是依靠创新活动推动经济发展和竞争力提高，在资源创新、知识创造、创新企业、创新绩效、创新环境等方面的测度指标中，知识产权法通过调整知识产权对象——知识产品的创造、运用、保护、管理活动，并通过对知识产权的适度限制和公共领域的合理保障，成为创新型国家建设的重要工具。

---

[1] 吴汉东：《知识产权法的制度创新本质与知识创新目标》，载《法学研究》2014年第3期。

知识产权法的制度价值和创新型国家建设要求，呼唤知识产权法治的有效保障。挖掘中国自古及今的知识产权相关思想文化素养，总结我国既有的创新成果权益思想与文化得失，构建适合于我国现实科技、经济、文化需求的知识产权理论与文化体系，既是当今社会主义法治国家建设的需要，也是创新型国家建设的法律文化基础。

三、我国知识产权法治经验与新时期知识产权思想理论的发展

中国知识产权事业的发展成绩和伴随的知识产权事务中的诸多问题一起，[1] 构成我国知识产权法的基本图卷。我国知识产权法治现状尚不足以应对当今科技经济与法律环境下的发展，"互联网+"与人工智能环境下的知识产权法制的应对，民法典中知识产权法的安排变革，知识产权行政保护体系的完善，知识产权侵权惩罚性赔偿制度的构建，[2] 知识产权专门司法体系的建设，诸如此类宏观或微观的问题，都需要相应的知识产权理论的支持。经过几十年的发展，中国知识产权制度已经不再是应对国际知识产权保护需求的外事政策，建立适合中国产业需求和文化环境的知识产权制度，需要知识产权理论的支持。[3] 知识产权思

---

〔1〕　例如，专利申请与授权数量大但专利质量整体不够高，商标注册数量居高不下但具有全球竞争力的驰名商标所占比例较小；企业知识产权创造、运用、保护、管理的整体能力较弱；等等。

〔2〕　党的十九届四中全会，专门指出了要建立知识产权侵权惩罚性赔偿制度。近几年来，我国《商标法》《专利法》《著作权法》也先后通过修正引进了这一制度。相关研究，参见刘银良：《知识产权惩罚性赔偿的比较法考察及其启示》，载《法学》2022 年第 7 期；刘银良：《知识产权惩罚性赔偿的类型化适用与风险避免——基于国际知识产权规则的视角》，载《法学研究》2022 年第 1 期。

〔3〕　相关研究，参见吴汉东：《新时代中国知识产权制度建设的思想纲领和行动指南——试论习近平关于知识产权的重要论述》，载《法律科学（西北政法大学学报）》2019 年第 4 期；吴汉东：《中国知识产权法律变迁的基本面向》，载《中国社会科学》2018 年第 8 期。

想理论的发展，需要吸收现实的与历史的多方面的养分。以古鉴今，中国既往的知识产权思想文化经验，应当成为我国当今知识产权法治发展的历史财富。

第二编　著作权法

专题七　著作权客体制度

著作权客体即著作权法下受著作权保护的作品。著作权客体制度即著作权法中关于受著作权保护的作品及其条件的规范，具体包括三方面的内容：哪些对象构成受著作权保护的作品，哪些对象不受著作权保护，其条件或依据是什么。著作权客体制度既是知识产权法体系下确立著作权与专利权、商标权等其他知识产权边界的依据，也是著作权法协调作品的创作、传播和利用的利益关系，以实现通过保护著作权而激励作品创作与传播，促进文化、科学和经济的发展与繁荣立法目标的工具，构成著作权法的基础规范。

对于著作权客体这一著作权法领域的基础性问题，自我国《著作权法》颁行以来，一直受到学术界的关注。吴汉东、王毅先生的《著作权客体论》[1]是在《著作权法》颁布之初探讨这一问题的代表性研究成果。文章介绍了著作权客体相对于工业产权保护对象的特点，分析了作品内容与形式区分的价值，并结合文艺创作理论具体分析了作为作品要素的题材、主题、概念和事实等内容要素的不可著作权性，以及符号、结构、体裁的著作权地

---

〔1〕　吴汉东、王毅：《著作权客体论》，载《中南政法学院学报》1990年第4期。

位，文章提出的作品取得著作权"反映一定的思想或情感、具有独创性、固定性和可复制性"等条件，成为此后著作权法学界关于作品可著作权条件的基本表达；文章同时分析了三类不受著作权保护的主题："未列入著作权法保护领域的作品""具有公务或公益性质的作品""不具备著作权客体条件的作品"。整体上，该文献在全面阐释当时我国新通过的《著作权法》中的著作权客体制度的同时，结合著作权立法历程中国内理论和实践部门的相关认识以及域外经验，并提出了自己的认识，很大程度上引导和影响了我国知识产权界关于著作权客体制度的认识。此后一些学者发表了一批在著作权客体制度上的研究成果，使这一问题随着当代技术发展而不断深入。近几年学术界对于人工智能生成物著作权地位等问题的研究热潮，体现了著作权客体制度随着信息技术的发展而不断扩张的特点，也从另一个侧面反映了当代知识产权法学研究的纵向深入。[1]

结合著作权客体制度的内容特点和国内外学界关于这一问题的一般认识，可以从著作权客体即作品的范围界定、内涵分析、排除对象考察及特殊问题等几方面进行把握。[2]

一、作品范围的界定

作品范围即外延的界定，主要指受著作权保护的作品的种类及其形式，决定着著作权法的功能实现与结构体系。

（一）作品范围的立法规定

对于著作权法保护的作品范围，《伯尔尼公约》第 2 条的规定构成国际范围内著作权作品及其范围的基本规范，直接影响着

---

〔1〕 参见杨利华：《人工智能生成物著作权问题研究》，载《现代法学》2021 年第 4 期。

〔2〕 相关研究，参见易继明、李春晖：《知识产权的边界：以客体可控性为线索》，载《中国社会科学》2022 年第 4 期。

我国著作权法下关于客体规范的基本格局。

从《伯尔尼公约》可以看出，公约通过将作品范围规定为文学、艺术和科学领域任何形式和方式的成果，并示例性地列举了二十余种表现形式和表达方式，对作品范围进行了开放性的界定。德国、法国、埃及、日本等国著作权法也都首先概括作品的内涵，然后示例作品类型。这种作品范围界定的开放模式，能够有效地实现范围概括的周延性与操作的灵活性，在出现新的作品时，可以适用作品概念并结合现实情况予以判断。

我国 2010 年《著作权法》第 3 条规定的作品，包括 8 种表现形式创作的"文学、艺术和自然科学、社会科学、工程技术等作品"，并在列举 8 类作品形式后，以"法律、行政法规规定的其他作品"予以兜底。2020 年 11 月第三次修正的现行《著作权法》第 3 条则明确了作品的定义，对作品类型进行了一定优化，并对上述兜底规定也进行了改进。具体内容将在后面继续讨论。

（二）作品的具体类型

从 2010 年《著作权法》第 3 条规定看，其将文学与艺术作品并列，并将二者与"自然科学、社会科学、工程技术等作品"并列。不过，对于二者的内涵，人们少有深究。其实，文学作品与艺术作品的并列，缺乏严格的分类依据。根据一般的文艺理论，文学是艺术的表现形式或表达方式之一，艺术则是包括文学在内的更加宽泛的概念。作为一种文化现象，艺术是人类的主观意愿与情感需求的外在表达，是浓缩化和夸张化的生活。与"文学、艺术"作品并列的"自然科学、社会科学和工程技术"作品，则是以文字、图画、音像等形式描述和展现客观现实的成果。如果说，包括文学作品在内的艺术作品主要用于满足人们情感上的欣赏、娱乐需求，包括自然科学、社会科学和工程技术作品在内的"科学作品"则重在满足人们知识学习与信息传递的需要。现行《著作权法》则通过定义作品的概念而将作品限定于

"文学、艺术和科学领域"。

按照《著作权法》第 3 条规定，可以对著作权法下不同形式的作品进行分类，从而把握其内容特点和彼此的边界。

（1）文字作品。即书面语言作品，是指小说、诗词、散文、论文等以及文字形式表现的作品。文字是一定范围内人群通用的可视化符号系统，是人类交流思想和情感的重要手段。以文字形式表现的文字作品的基本特点在于，通过文字的有序组合来体现思想、感情或传达知识、信息。如果作品以文字自身的外在形体而非包含的信息内容来体现其价值，则属于造型艺术作品——如书法作品——而非文字作品。所有文学作品、戏剧等表演艺术作品、大部分科学作品等，都以文字作品形式表现。

（2）口述作品。即口头语言作品，也称口头作品，指事先无文字稿或仅有简单的文字提纲，用即兴的口头语言创作而未以任何物质载体固定的作品，如即兴演说、授课、祝词、法庭辩论等。根据其内容是表达主观性的情感诉求还是客观性的知识与信息传递，而分别构成艺术作品或科学作品。当今日渐智能化的语音记录和转换技术，使口述作品的范围大大扩大。

我国《著作权法》自颁行之初，也和不少国家一样，吸收《伯尔尼公约》的规定，赋予口述作品以著作权保护。但有一些国家迄今仍然基于口述作品难于确认、面对侵权诉讼难以取证等原因而对其不予保护。

（3）音乐、戏剧、曲艺、舞蹈、杂技艺术作品。即表演艺术作品，这五种作品被并列为一类作品，在于其共有的表演艺术特点。著作权下的表演艺术作品，针对表演所依据的底本，而非舞台上供人们感知的音乐等艺术表演。

音乐作品包括歌曲、交响曲等能够演唱或者演奏的带词或者不带词的形式。作为一种表演艺术作品，音乐作品需要通过演唱或演奏，才能为公众所感受而发挥其作用。音乐作品可以独立呈现，也可以和其他语言、舞蹈、戏剧、影视等艺术形式结合，从而丰富其他艺术形式的艺术效果。[1]

戏剧是由演员或加辅助道具通过语言、动作、音乐、木偶等形式当众表演故事的一种综合艺术。戏剧作品形式多样，包括话剧、歌剧、地方戏、舞剧、音乐剧、木偶戏等形式，其目的是供舞台演出。但著作权保护的戏剧作品，也像音乐作品一样，专指为戏剧表演所创作的脚本、底本，即剧本。

曲艺作品指相声、快书、大鼓、评书等以说唱为主要形式表演的作品。这些说唱艺术的底本即著作权保护的曲艺作品，舞台呈现的曲艺表演是对这类作品的表演，属于行使该曲艺作品表演权的结果。

舞蹈是通过连续的动作、姿势、表情等表现思想感情的形体表演，其所依据的书面舞谱或音像或口头（以一定形式记录固定）的舞蹈设计成果，构成舞蹈作品。

杂技指柔术（软功）、车技、口技、顶碗、走钢丝、变戏法、舞狮子等由演员凭借自己身体技巧完成一系列高难度动作的表演性节目。杂技艺术作品即是指杂技、魔术、马戏等通过形体动作和巧技表现的作品。将杂技艺术作品纳入著作权客体中，是对杂技艺术编导和演员的原创性表演形式的肯定和保护。

（4）美术、建筑作品。即造型艺术作品，包括单纯用于审美欣赏的美术作品、兼具欣赏价值和实用功能的实用艺术品以及具有建筑实用功能与审美价值的建筑作品。

美术作品指绘画、书法、雕塑等以线条、色彩或者立体造型等方式构成的、有审美意义的平面或者立体的造型艺术作品。绘画是美术作品最普遍的形式，书法与篆刻是我国传统的造型艺术，雕塑包括雕刻和塑造，是以可塑或可刻的材料制出的立体的

---

[1] 相关研究，参见熊琦：《音乐产业"全面数字化"与中国著作权法三十年》，载《法学评论》2023 年第 1 期。

空间艺术。

实用艺术作品是在艺术渗入生活的背景下形成的既具有审美意义又能满足人们日常生活需要的特殊作品，是具有实用性并表现出创作者审美情趣的作品，因而兼具实用性与艺术性特征。[1]

作为与美术作品并列的作品形式，建筑作品是以建筑物或构筑物形式表现的具有审美意义的建筑造型。建筑作品涉及建筑实体和空间的协调，也涉及自然环境与人文环境的协调与处理，其既具有实用功能，也具有造型艺术品的审美价值，从而成为受著作权保护的作品。建筑作品的内容，一般包括建筑物本身（不包括外观、装饰及设计上缺乏独创性成分的建筑）和建筑设计图与模型。

（5）摄影作品。指借助器械在感光材料或其他介质上记录客观物体形象的艺术作品。摄影在本质上是一种记录事物影像的技术手段。摄影作品的独创性认定不宜以拍摄技术替代拍摄画面的选择作为构成著作权意义上的摄影作品的标准，摄影作品以照片本身的表现（表达）效果为依据。此外，不同类型的摄影作品，因体现作者不同的个性表达，而具有不同的保护范围。

一般认为，对于难以体现拍摄者的拍摄技巧或表现空间有限的一般性场景摄影或过于简单的实景拍摄画面，以及为了精确复制他人作品而进行的翻拍、机器自动拍摄等摄影作品等，即使具有作品的使用价值，也因其独创性有限而保护范围较窄。翻拍等单纯复制行为，无论拍摄的技术效果和照片的现实效用如何，产生的成果仅是对原作品的重现，不构成具有独创性的摄影作品。

（6）视听作品。在现行《著作权法》施行前的 2001 年、2010 年《著作权法》中，其被称为"电影作品和以类似摄制电影的方法创作的作品"。视听作品是当代视听技术发展背景下著

---

〔1〕 参见冯晓青、付继存：《实用艺术作品在著作权法上之独立性》，载《法学研究》2018 年第 2 期。

作权法调整的必然结果。不过，电影作品和视听作品在源头上并不完全一致。电影作品在传统意义上是指大屏幕的电影，即拍摄完成的影片。随着当代信息技术的发展，电影创作和表现手法不同往昔，MV、纪录片、电视剧、综艺、直播影像等新的视频形式不断涌现，"电影作品和以类似摄制电影的方法创作的作品"难以涵盖实践中许多新的视频形式，以新的、内涵更加丰富的"视听作品"的概念囊括新型视频画面进而涵盖电影作品，成为一种重要的立法趋势。

与前述单一表现形式的作品相比，视听作品是随着现代信息复制与传播技术的发展而在 20 世纪产生的新的综合性作品形式。视听作品的创作涉及表演、配音、拍摄、录制、剪辑合成等一系列过程，包含了编剧、导演、演员、词作者、曲作者等多方面主体的创作智慧。著作权法上的视听作品，是指包含了以上多项技术、多个环节及多人劳动成果的最终成果，而不是其中的阶段性成果或部分构成要素。其中的构成要素，如电影剧本、音乐、其中的单幅胶片等，可以作为文字作品、音乐作品和摄影作品等享有著作权，但它们本身不是视听作品。

（7）工程设计图、产品设计图、地图、示意图等图形作品和模型作品。与前述作品主要以满足人们精神消费需求的艺术作品不同，这类作品以满足现实的科技活动为存在前提和目标，属于典型的功能性作品。[1] 其中，工程设计图和产品设计图是为工程施工或产品生产而绘制的图形作品，其目的是用于工程施工和产品生产，改善人们的生存环境和生产生活条件。地图是以实用为目的的、客观而精密地提供自然与人文地理信息的绘画艺术作品。示意图指借助简单的点、线、几何图形和符号等来说明内容复杂的事物、科学原理，或者为显示事物的具体形状或轮廓而绘

---

[1] 对于功能性作品，本专题下一部分将集中分析。

制的草图。地图和示意图都是为便于人们对客观事物的把握和理
解而绘制的，科学性是其基本要求。模型作品是指为展示、试验
或者观测等用途，根据物体的形状或结构按照一定比例制成的立
体作品。

不过，上述图形作品和模型作品都是为满足现实的生产生活
和科学研究的需要而形成的实用性作品，与一般文学艺术作品满
足人们精神生活需求不同。它们之所以成为受著作权保护的作
品，是因为其制作中体现了作者的独创性劳动。著作权法对这些
实用作品的保护，主要在于复制传播而不在于实际工作中的运
用，后者是工业产权法或科技管理法等涉及的范畴。

（8）计算机软件。指计算机程序及其有关文档。根据我国
《计算机软件保护条例》第 3 条规定，计算机程序是指为了得到
某种结果而可以由计算机等具有信息处理能力的装置执行的代码
化指令序列，或者可以被自动转换成代码化指令序列的符号化指
令序列或者符号化语句序列。同一计算机程序的源程序和目标程
序为同一作品。文档，是指用来描述程序的内容、组成、设计、
功能规格、开发情况、测试结果及使用方法的文字资料和图表
等，如程序设计说明书、流程图、用户手册等。计算机软件是现
代科学技术发展的产物。根据计算机软件实用性强、极易被复
制、使用价值短暂的特点，各国对其法律保护有专利法保护、商
标法保护、商业秘密法保护、计算机软件专门法保护、著作权法
保护等多种立法模式。自 1972 年《菲律宾著作权法》率先将计
算机列为著作权法保护的对象以来，著作权保护模式现已被包括
美国、日本等许多国家和 TRIPs 协议等主要国际公约所接受，著
作权保护已成为计算机软件法律保护的国际潮流。[1]

当然，软件著作权保护也存在一定的弊端，只是目前它比其

---

[1]　参见冯晓青：《著作权扩张及其缘由透视》，载《政法论坛》2006 年第 6 期。

他保护方式具有更多的优势，所以被较多的国家所选择。随着形势的发展，计算机软件著作权保护的内容也在丰富和发展。

（9）符合作品特征的其他智力成果。在现行《著作权法》施行前，这一兜底性质的规定被表述为"法律、行政法规规定的其他作品"。由于现实生活的复杂性，特别是随着技术的发展，可能出现新的类型的作品。为避免挂一漏万、适应技术发展，2010年及其以前版本《著作权法》第3条第（9）项规定了这一类作品。

关于受著作权保护的作品类型，各国著作权法的规定有封闭式和开放式之分。在封闭式立法模式中，除了著作权法明确列举的作品类型外，并不存在其他适用的空间。在开放式立法模式中，则存在一定的灵活性，其能够基于个案的实际情况而做出适当延展。就我国《著作权法》规定来说，从1990年《著作权法》到2010年《著作权法》，其第3条最后一项兜底性规定从形式上看似乎为开放式规定。但应当看到，"其他法律、行政法规"一般不会对"什么智力成果可以纳入受著作权法保护的作品范畴"作出规定。这样一来，上述规定并没有在实质上拓展受著作权法保护的作品类型，对于实践中因为技术发展和社会进步出现的新型作品无法及时给予保护，并且，在保护实践中也容易引起争议。[1] 现行《著作权法》第3条第（9）项将上述规定修改为"符合作品特征的其他智力成果"。可以认为，上述修改在很大程度上便利了司法实践中判定涉案标的是否应当被作为受著作权法保护的作品对待，为人民法院审理相关著作权纠纷案件，行使自由裁量权提供了极大便利，总体上值得肯定。[2] 当然，如何避

---

〔1〕 相关案例，参见北京市海淀区人民法院（2016）京0108民初15322号民事判决书等。

〔2〕 相关研究，参见冯晓青：《我国著作权客体制度之重塑：作品内涵、分类及立法创新》，载《苏州大学学报（法学版）》2022年第1期。

免在司法实践中基于判定涉案对象认识差异而存在的裁判标准不统一问题，值得进一步研究。[1]

二、作品的内涵考察

根据作品所具有的不同于专利技术、商标等的满足人们学习、欣赏等精神消费需求的价值特点，2010 年《著作权法》第 3 条在规定保护对象时，对于所调整的"文学、艺术和自然科学、社会科学、工程技术等作品"，主要以列举形式对作品范围从表现形式的角度进行了规定，而没有对作品进行内涵实质的界定。众所周知，对作品范围的列举规定，在逻辑上是封闭的、穷尽的，虽然 2010 年《著作权法》在这一条列举各作品形式后，以"法律、行政法规规定的其他作品"这一兜底条款，将扩大作品表现类型的权力授予有权制定相关法律或者行政法规的机关，但在没有相应规定时，法律不得予以保护。即便通过其他立法予以补充，但补充的逻辑基础也是封闭的，补充的结果自然限定：只有法律、行政法规明确增加的作品种类才能受到著作权法的保护，除此无他。换言之，2010 年《著作权法》的作品类型是法定的，缺乏包容性。著作权法作为调整内容产品权益的知识产权制度，其保护的内容产品形式即作品，一直随着信息技术的发展而不断丰富，早期著作权制度保护的对象限于图书等印刷技术下的作品，录音、录像技术发展使得表演艺术作品进入著作权法的视野，摄影技术的产物为著作权法增加了摄影作品，而视听作品随着音像与摄制技术的发展而产生并不断丰富，当今的信息网络技术使作品的表现形式更是呈现前所未有的繁荣景象。完善著作权法的客体制度，是当今著作权法发展的重要内容。当然，在现行《著作权法》施行前，《著作权法实施条例》第 2 条对作品定

---

[1] 参见杨利华：《我国著作权制度的最新进展及其司法适用与完善》，载《中州学刊》2021 年第 7 期。

义的规定，[1] 基本实现了作品范围规定模式之概括加列举的立法意图。在《著作权法》第三次修改过程中，立法者认识到，对于属于著作权法中的重要概念和制度，应当直接在著作权法中作出规定，而不应当在其下位法中加以明确。作品显然是著作权法中十分重要的概念。这也就是为何本次修改《著作权法》一改过去仅在《著作权法实施条例》中规定的立法惯性，而在《著作权法》中直接作出规定："本法所称的作品，是指文学、艺术和科学领域内具有独创性并能以一定形式表现的智力成果"。关于作品的具体内涵，将在下面阐述。

（一）作品的表达

《著作权法》第 3 条规定的 8 种形式的作品，主要从表现形式与内容性质角度对作品进行分类。《著作权法实施条例》界定作品定义时，要求作品"能以某种有形形式复制"。这包含两层涵义：一是要求作品具有固定性——"有形形式"是固定的典型表述——而且是永久性的固定，无形则不可捉摸，也不容易为公众所认知，短暂的固定也难以满足"有形"要求；二是要求作品能够进行有形的复制，只有能够复制的作品才能进行传播，并产生市场利益。不过，随着信息传播技术的发展，作品的利用方式不断增加，不利用有形载体同样能够实现作品的传播利用目标，比如利用网络、广播等技术进行传播。在这种情况下，固守"某种有形形式"界定作品，已无法明确作品的内在特征，也限缩了作品的复制或传播形式。从国外及国际公约的解决方案看，《伯尔尼公约》以及德、法、日、埃及等国家的相关法律均没有限制复制形式。一般认为，以任何方式或形式表现的一切智力创作成果，都可以构成受著作权保护的作品，无需要求"有形复制"作

---

〔1〕 该条规定，著作权法所称作品，是指文学、艺术和科学领域内具有独创性并能以某种有形形式复制的智力成果。

为作品的限制条件。其实，在网络已经成为信息生产，以及传播、利用的日益重要的媒介和工具的当今，固定于有形载体已经不构成作品的内涵。只要具备一定的表现形式，能够为人们所感知和利用，无论是以有形的载体体现，还是以数字形式存在于虚拟的信息空间，都不影响作品的存在。

在我国《著作权法》第三次修改讨论中，国家版权局于 2012 年公布的吸收学界成果和现实需要的《著作权法》修正草案中，对于作品范围的界定部分，将主要体现 20 世纪末期作品创作与传播利用环境的《著作权法实施条例》规定的有形复制要求，修改为"能以某种形式固定"的固定性特征，既实现了著作权法抽象概括作品范围的立法目的，也取消了此前著作权法依据当时信息传输与利用环境而提出的物化固定要求。作品只要"能以某种形式固定"就能够以某种技术手段传播，从而实现著作权制度界定作品以便于接触、传播、利用的目标。同时，删除了作品"永久性"固定的要求，使得作品只要能够固定，无论是永久还是"昙花一现"的临时呈现，都构成作品要求的固定，适应了当代数字技术的现实需要。因为，随着当代信息技术的发展，作品即便是短暂固定，也能够通过技术手段实现永久记录与储存，所以对固定性要求的日渐宽松已经成为当代著作权制度的特点。2020 年 11 月第三次修改的现行《著作权法》放弃了"有形形式固定"的要求，改为"能以一定形式表现"就是重要体现。这一修改，更好地适应了技术发展的要求，使更多的作品能够纳入著作权客体的范畴。因而可以说，其在一定程度上体现了著作权制度现代化的特色。

根据著作权法的一般原理，作品内涵通常包括两个方面，即"思想表达二分法"和"独创性"。前者意在强调作品的保护范围或者内容，后者意在强调作品保护的条件。

（二）思想表达二分法

作为著作权法上的界定作品内涵的基本规则，思想表达二分法是指著作权不保护思想（idea），只保护依托思想而形成的思想外化形式——表达（expression）。[1] 思想，包括概念、原理、规则等，就像客观事实、通用知识一样，不受私权控制、不纳入任何人独占的范围，而是处于公有领域。这一规则不仅在著作权立法上得到各国广泛认可，而且也是司法实践的重要规则。[2]

著作权保护思想观念的表达而非表达的思想观念，美国的相关判例可以提供重要借鉴。[3] 在 1791 年美国版权法颁发前的 1785 年，法院即在一个案例中认为，"保护作者对其最初表达的权利，但也鼓励其他的人自由地利用衍生于作品的思想和信息"。[4] 此后，体现思想表达二分法的案例时有所见，[5] 而且常常以比较的方式来适用这一规则，[6] 作为侵权诉讼中判断是否侵权的规则。美国联邦最高法院的 Feist 案中，明确反对给予信息和事实的著作权保护。在其他相关判例中，法院认为版权法"确认了作者对原创表达的权利，但也鼓励其他的人自由地使用由作品产生的信息和思想"。[7] 在总结长期司法实践经验的基础上，1976 年《美国著作权法》第 102 条 b 款通过成文法明确规定

---

〔1〕 相关研究，参见冯晓青、刁佳星：《从价值取向到涵摄目的："思想/表达二分法"的概念澄清》，载《上海交通大学学报（哲学社会科学版）》2021 年第 2 期；熊文聪：《被误读的"思想/表达二分法"——以法律修辞学为视角的考察》，载《现代法学》2012 年第 6 期。

〔2〕 相关研究，参见徐珉川：《"众创"时代数字内容侵权中的"思想/表达二分"》，载《法学评论》2022 年第 6 期。

〔3〕 参见冯晓青：《著作权法中思想与表达"二分法"的法律与经济学分析》，载《云南大学学报法学版》2004 年第 1 期。

〔4〕 Sayre v. Moore（1785）；Cary v. Longman（1801），1 East 358, 362 n.（b），102 E. R. 138, 140 n.（b）.

〔5〕 *See* Twentieth Century- FoxFilmCorp. v. MCA, Inc., 715 F. 2D 1327, 1329, n. 3（9th Cir. 1983）；Reyher v. Children's Workshop, 533 F. 2d 87, 90（2d Cir.）.

〔6〕 *See* Roth Greeting Cards v. United Cards Co., 429 F. 2d 1106, 1110（9th Cir. 1970）；Krofft TV, 562 F. 2d 1167.

〔7〕 Harper & Row, Publishers, Inc. v. Nation Enterprises, 471 U. S. 539, 560, 105 AT556-7.

了这一原则:"在任何情况下,都不得将对原创作品的著作权保护延伸至思想、程序、过程、系统、操作方法、概念、原理、发现,不论这些内容在作品中以任何形式阐释、说明、解释或体现。"

《伯尔尼公约》第9条第2款"著作权延及表达,而不延及思想、过程、操作方法或数字概念本身",TRIPs协议第9条"著作权保护应延伸到表达方式,而不应延伸到思想、程序、操作方法或数学概念本身",体现出思想表达二分法在国际范围内的地位。

尽管我国《著作权法》没有明确规定思想表达二分法,但运用这一原则来判断作品的构成条件与保护范围,早已成为人们的共识。近年引起广泛关注的琼瑶诉于正案中,被告即明确以思想与表达二分法原则提出抗辩,认为涉案故事情节、男女主角之间的情感模式、编剧构思的桥段属于思想范畴,不受著作权法保护,法院则在案件中结合案情和文学作品的创作规则,对思想表达二分法原则进行了具体解析。[1]

鉴于这一原则在界定作品内涵上的重要性,由国家版权局负责起草的《著作权法(修改草案征求意见稿)》第7条对此作出了规定。不过,思想表达二分法中的"思想"不囿于作品的内容,"表达"也不限于作品具体的外在形式。作为判断著作权法保护的作品范围的依据,思想表达二分法体现的是法律鼓励基于公有领域的知识、信息等思想而进行富有个人创造智慧的个性化作品创作的价值目标。[2]

---

〔1〕 参见北京市第三中级人民法院(2014)三中民初字第07916号民事判决书,北京市高级人民法院(2015)高民(知)终字第1039号民事判决书。

〔2〕 相关案例,参见苏州某网络科技股份有限公司、浙江某网络科技有限公司著作权权属、侵权纠纷案,浙江省高级人民法院(2020)浙民终709号民事判决书;北京某科技股份有限公司与北京奇某科技有限公司、北京秀某科技有限公司、立某信息技术股份有限公司侵害著作权及不正当竞争纠纷案,北京知识产权法院(2019)京73民终1270号民事判决书;胡某与某保险股份有限公司、某保险股份有限公司成都市分公司著作权权属、侵权纠纷案,四川省成都市武侯区人民法院(2019)川0107民初6549号民事判决书。

（三）独创性

如果说表达是著作权客体外在的形上的规定，而独创性则是作品的内在的实的要求。[1] 著作权保护作品外在的表达，而其依托或蕴含的思想则不在保护范围内，而且没有外化、表达出来的思想（包含观念和认知等）也不能受到著作权保护。不过，并非所有外化的表达都构成著作权保护客体，某一表达要成为著作权保护的对象，还需要满足作品的实质性要件——独创性。即著作权保护的作品是作者独立创作完成的，而不是抄袭、剽窃或复制而来的。独创性在各国的要求并不完全相同，各国著作权法对作品独创性的理解和规范，体现其著作权保护的传统和特点；对独创性要求的高低，一定程度上体现各自不同的著作权保护政策。传统上，英美等版权法体系国家对于作品独创性的要求低于著作权法体系的法德等国。前者一般认为，只要作者付出了劳动、技能和判断，甚至说，只要作品的表达来自作者而非抄袭自他人，就达到了版权作品的独创性要求，可以作为作品受到版权法保护。与此不同，在著作权法体系下，作品被视为作者精神世界的外化产物，只有体现了作者的情感、精神和人格的表达成果，才构成受著作权保护的作品。换句话说，享有著作权的作品不仅应源于作者，而且需要体现作者的精神和人格。两种体系在作品独创性要求上的不同，直接导致了两者的诸多制度差异。例如，著作权法体系中的精神权利，体现了对作品中包含的作者精神和人格利益的保护；区别于作者著作权的作品传播者邻接权，也是区别保护蕴含作者精神与个性的独创性作品和传播者的劳动与投资利益的结果。版权法体系主要关注作品的市场价值，保护

---

〔1〕 相关案例，参见马某、沈阳某商贸有限公司著作权权属、侵权纠纷案，辽宁省沈阳市中级人民法院（2019）辽01民终11251号民事判决书；张某与雷某、赵某、山东某音像图书有限公司侵害著作权纠纷案，最高人民法院（2013）民申字第1049号民事判决书。

作品以复制、传播等形式利用的经济性权利，其独创性要求较低，没有赋予作者以精神权利，对作品传播者的权利也在版权概念下不予单独区分。随着 20 世纪后期国际著作权交流的深入，尤其是美国加入《伯尔尼公约》，版权法体系和著作权法体系在独创性的标准上的差别在逐渐缩小。前述美国联邦最高法院 1991 年判决的 Feist 案认为，按照字母顺序编排的电话号码簿不具有独创性，提出了作品受到版权保护的"最低限度创造性"的独创性标准，突破了传统的"额头流汗"标准。

我国《著作权法》在 1990 年制定和此后的 2001 年、2010 年修改中，都没有直接规定作品的独创性要求，而是作为作品的条件规定在《著作权法实施条例》中。但独创性在著作权司法实践中被作为判断一部作品是否受著作权保护或者被控侵权行为是否成立的重要标准。例如，在关于文学作品侵权判断的庄某与郭某等侵犯著作权纠纷上诉案[1]，张某诉雷某、赵某、山东某音像图书有限公司著作权侵权纠纷案[2]，关于非遗衍生品可著作权性的洪福远、邓某诉贵州某食品有限公司、贵州某民族文化研发有限公司著作权侵权纠纷案[3]，以及关于建筑作品著作权保护的某体育场有限责任公司诉某烟花集团股份有限公司等侵犯著作权纠纷案[4]，都体现了法院在著作权侵权认定中对独创性规则的推崇。

梳理我国著作权法制的历程可以发现，学术界对著作权独创性规则的推崇和学术研究，推进着我国独创性理论的不断发展。

---

〔1〕 参见北京市高级人民法院（2005）高民终字第 539 号民事判决书。

〔2〕 最高人民法院第 81 号指导案例。参见山东省济南市中级人民法院（2010）济民三初字第 84 号民事判决书、山东省高级人民法院（2011）鲁民三终字第 194 号民事判决书、最高人民法院（2013）民申字第 1049 号民事裁定书。

〔3〕 最高人民法院第 80 号指导案例。参见贵州省贵阳市中级人民法院（2015）筑知民初字第 17 号民事判决书。

〔4〕 北京市第一中级人民法院（2009）一中民初字第 4476 号民事判决书。

同时，大量适用独创性原则的著作权侵权案例，又为独创性规则提供了进一步理论研究的主要素材，独创性的符号学研究[1]、定量模型设计研究[2]堪称独创性研究深化的代表。

著作权法源于复制等信息技术，著作权保护对象（作品）以及作品独创性要求这一核心内涵，也一直随着信息技术的发展而不断丰富。现代录音、录像等技术的发展，产生了不同于文字作品的创作、复制与传播特点的摄影作品、视听作品，新型的作品形式赋予独创性以新的内涵。当今计算机与网络技术的发展，给作品的创作与传播带来极大便捷的同时，一系列创新的信息产品形式，如微博、微信、短视频、直播视频，以及动图（GIF）等，给独创性在著作权法下的定位带来了新的挑战。最近几年里迅速发展的人工智能及其在信息生成领域日渐广泛的应用，更是为著作权独创性规则带来全新的挑战。[3]

随着人工智能由弱人工智能不断向强人工智能的发展，人工智能创作物的著作权地位使著作权作品的独创性要件面临新的挑战。和简单的纪实性短视频等信息产品一样，人工智能生成物，尽管能够像著作权作品一样满足人们学习与欣赏娱乐等精神消费需求，但因其不直接体现自然人精神和个性，其是否具有作品的独创性，成为著作权法上的一个新课题。这些不由自然人设计安排而是由机器直接完成的信息产品，是否享有著作权保护？如果

---

〔1〕　参见郑英龙：《著作权独创性之鉴衡：基于符号学视角》，载《浙江学刊》2013年第2期。

〔2〕　参见杨敏锋：《论作品独创性的数学计算模型》，载《知识产权》2018年第8期。

〔3〕　相关研究，参见冯晓青、许耀乘：《破解短视频版权治理困境：社会治理模式的引入与构建》，载《新闻与传播研究》2020年第10期；殷继国：《长视频平台版权滥用行为的反垄断法规制》，载《政治与法律》2023年第2期；刘伟：《人工智能时代著作权法的挑战和应对》，载《上海交通大学学报（哲学社会科学版）》2021年第2期；卢炳宏：《论人工智能创作物独创性判断标准之选择》，载《内蒙古社会科学》2020年第4期。

有，著作权所需要的独创性如何解决？如果没有，其利益依据什么规则保护？如果适用邻接权，人工智能生成的画作、诗歌、小说、音乐以及自动摄录传播的短视频，与著作权下的文艺科技作品的区分依据是什么？如果是不具备体现人类创造性的独创性，职务作品尤其是由法人享有著作权的特殊作品和法人作品该如何处理？在生成式人工智能（如聊天机器人"ChatGPT"）背景下，人工智能自动生成作品是否符合著作权法意义上"智力成果"和"独创性"要件？[1] 诸如此类的问题，将为著作权作品的独创性等内涵要件提供新的解读思路。从著作权作品具有的不同于发明等工业产权对象满足实际生产应用需求的精神消费品的实质出发，似乎可以将独创性特征的内涵和地位进行适当调整。即①将著作权作品的内涵要件理解为文学、艺术、科学领域的信息成果；只要是能够满足人们的精神消费需求的信息产品，就构成著作权保护的作品——无论由谁通过什么方式创造出来，都不影响其著作权的存在；②将独创性这一作品的构成要件，改为判断是否侵犯作品著作权的实质性区别特性，[2] 并将其后置到著作权保护环节，比较、判断作品是否具有实质性特征，从而判定涉案作品是否侵犯他人著作权。

三、著作权排除对象

著作权是关于文学、艺术和科学作品的权利，著作权法根据其保护创新作品权利人的权益以鼓励作品创作与传播，促进文化科技与经济发展的宗旨，在规定广泛的可著作权作品的同时，往

---

〔1〕 参见冯晓青、沈韵：《生成式人工智能版权问题研究》，载《中国版权》2023 年第 2 期。

〔2〕 在著作权侵权诉讼中，是否侵犯著作权往往是通过"接触+实质性近似"等方法进行判断，独创性这一作品构成要件，在著作权保护环节发展为是否实质性相似或者说是否具有实质性不同的判断。

往也规定了不予著作权保护的对象，即著作权法的排除对象。我国《著作权法》第5条将这类主题规定为"不适用于"著作权法保护的对象。2001年及2010年修正的《著作权法》，只在"数表"前增加了"通用"二字予以限定，对这一条的调整不大。现行《著作权法》第5条则作了一定的修改。

（一）官方文件

根据《伯尔尼公约》第2条之四的规定，"本联盟成员国得以立法确定对立法、行政或司法性质的官方文件及这些文件的正式译本的保护。"不过在实践中，除了英国规定这类官方文件的版权属于国王外，其他国家大多基于官方文件的产生主体、目的与作用等因素而将其排除出著作权保护范围。[1]官方文件包括法律法规，国家机关的决议、决定、命令和其他具有立法、行政、司法性质的文件，及其官方正式译文。官方文件及其正式译文不受著作权保护，是我国著作权法根据著作权保护国际公约的规则和国际通行做法的立法选择。

国家立法、行政、司法性质的文件及其官方正式译文不受著作权保护，体现了公务机构在履行公务活动过程中形成的文件，即使具有作品的构成要件和效用价值，但不能构成私权的标的，由特定的主体独占。不过，对于官方文件的著作权排除，以下问题值得思考。

第一，官方文件的范围。除了相关组织法明确规定的立法、行政和司法机关的公务文件，我国政协、执政党与参照公务员管理、国家财政支持的事业单位，在履行社会管理等公务活动中形成的文件，以及国家机关公职人员的职务性报告、函件等，属于公共事务管理与处置的载体，也应将其纳入不受著作权保护的官方文件的范围，而不宜作为作品纳入著作权这一私权控制范围。

---

[1] 参见《十二国著作权法》翻译组译：《十二国著作权法》，清华大学出版社2011年版。

第二，官方文件的传播利用。不适用著作权保护的官方文件，并不意味着可以自由传播和利用；处于保密范围的官方文件，需要根据保密法规和档案法规进行管理，不得非法传播。公开发布的法律法规，作为官方文件虽然不受著作权保护，但其编辑出版需要遵循相关行政法规的规定。值得注意的是，一些公共管理机构（包括参公管理的事业单位）通过垄断发行官方文件的汇编作品而变相牟利的情形，受到诸多诟病。如行政部门利用行政权力将该职能部门所涉及或者发布的规章、通知、意见等政策性文件分册或分年汇集，以高价向社会公众销售。这无疑有违公共管理机构的公共职能。在这一方面，《日本著作权法》规定，中央或地方机关就著作作成之翻译物或汇编物不得为著作权之标的。

第三，类官方文件著作权问题。这类文件主要包括标准、专利说明书。我国 1997 年国家技术监督局和新闻出版署发布的《标准出版管理办法》，赋予标准的出版者以专有传播权，规定只有几家指定的出版社可以出版国家标准。1999 年，最高人民法院知识产权审判庭在给北京市高级人民法院《关于中国标准出版社与中国劳动出版社著作权侵权纠纷案的答复》[1]中提出："推荐性国家标准，属于自愿采用的技术性规范，不具有法规性质。由于推荐性标准在制定过程中需要付出创造性劳动，具有创造性智力成果的属性，如果符合作品的其他条件，应当确认属于著作权法保护的范围。对这类标准，应当依据著作权法的相关规定予以保护。"这就为标准的著作权问题提供了一个权威的结论。不过，这一认识并未被普遍接受。有观点认为[2]：推荐性标准虽然不具有强制执行效力，但并不能就此否定推荐性标准的官方文件性质，它也是一种公共产品，不应受著作权这一私权控制，不赋予

---

〔1〕 参见最高人民法院（1998）知他字第 6 号函。
〔2〕 郑培：《论我国推荐性标准的可版权性》，载《中国版权》2015 年第 4 期。

推荐性标准以著作权，可以促进推荐性标准的传播和使用。如果从官方文件不享有著作权的文件制作主体、使用目的和现实功效考察，在我国标准主要由行政部门和参公单位负责制定的环境下，赋予包括强制性标准和推荐性标准以官方文件地位，促进其实施和利用，更加符合著作权法保护著作权作为民事活动的成果权益的法律定位。标准制定和推广部门负责标准的实施和监督，包括标准实施的监督和标准信息传播（出版）的监督，似乎更加符合其职责定位。

关于专利文献尤其是专利说明书的著作权地位，国际上存在着截然相反的立法例，学术界的认识也没有形成共识。支持专利说明书可作为作品享有著作权的观点认为[1]：专利说明书满足著作权法所要求的独创性，而且在制作主体、目的和功效上，与公务机关履行公职形成的"官方文件"迥然不同，具有获得著作权保护的合理性。不过，专利说明书不同于科技领域的作品，其著作权的行使因而需要受到相应的限制。反对者则认为[2]：专利法的宗旨在于通过说明书的技术公开促进技术传播，赋予说明书以著作权将会限制权利人控制其技术思想的传播，有违专利法的价值目标。对于依据法定程式、使用规范技术语言、实现技术方案公开目的以取得技术垄断权的专利说明书，对于他人而言，这类文献具有的主要是专利法所追求的技术情报交流的作用，不予以著作权保护是专利法通过保护专利权人一定期限的专有权而促进技术交流传播的价值所需，而且不会对权利人合法利益构成损害。

（二）单纯事实消息

2010 年《著作权法》规定时事新闻不适用于著作权法，属于

---

[1] 杨德桥：《专利说明书著作权问题研究》，载《中国发明与专利》2018 年第 5 期。

[2] 郭鹏鹏：《专利说明书著作权问题研究》，载《中国版权》2016 年第 5 期。

接受和尊重国际著作权规则的安排。《伯尔尼公约》第 2 条之八规定：本公约所提供的保护不得适用于日常新闻或纯属报刊消息性质的社会新闻。现行《著作权法》第 5 条第（2）项则将上述"时事新闻"修改为"单纯事实消息"。不过，单纯事实消息的著作权排除引发了理论界和司法界的持续争议，和官方文件被排除在著作权主题外鲜少引发争议形成鲜明的对比。尤其在当今新闻主体多元、业态丰富、商业价值飙升的环境下，如何调整新闻内容产业的相关利益，将国际公约下明确排除的单纯事实消息限定在特定范围内，成为当今媒体行业和知识产权相关领域的热点问题。在现行《著作权法》施行前，时事新闻概念在新闻传播领域本身具有多重含义，语义宽泛、边界模糊，《著作权法》在将时事新闻排除出著作权保护范围的同时，却没有对"时事新闻"的内涵和外延进行界定，使得这一规定面临丰富多彩的新闻创作渠道、传播形式与盈利业态，无法形成明确的行为规则和裁判规则，以致在理论和实践中争论不断。

根据《伯尔尼公约》相关条款，结合公约将单纯事实消息排除出著作权保护范围的新闻创作与传播技术和市场环境，可以认为：决定时事新闻是否适用《著作权法》保护，应从根本性质上严格区分单纯事实消息和新闻作品。单纯事实消息是指，就时事新闻信息进行的客观陈述与报道，且形式上限于文字消息；新闻作品则指包括新闻图片、新闻视频、夹叙夹议的新闻报道等体现了报道者独特思维与视角、具有个性的新闻产品。借鉴国外立法例，结合中国司法实践，完善"时事新闻"保护模式，需要在《著作权法》的层面明确界定"单纯事实消息"的概念与范围。在新闻的商业价值不断突出、利用形式多样的形势下，可以利用反不正当竞争法，实现对包含新闻制作者投资的单纯事实消息的商业价值的保护。同时，通过立法完善对新闻作品的著作权保护，确认独家新闻等新闻形式的优先权保护。[1] 通过多种渠道，构建使用新技术环境下新闻传媒产业发展需要的新闻信息知识产权保护体系。[2]

（三）历法、通用数表、通用表格和公式

历法是天文学的分支学科，是一种推算年、月、日的时间长度和它们之间的关系，制定时间的序列的方法，属于公有领域。不过，依据历法附加个性化元素而完成的新成果，如生活台历、人物挂历及其他类似物品，因为其中包含了制作者的个性与智慧，则构成受著作权保护的作品。此时的历法构成作者个性化创作的思想或素材。依据历法完成新作品的作者无权排除他人同样依据历法进行创作而形成新的作品。

通用数表、通用表格和公式的著作权排除，主要是基于它们构成处于公有领域、为人类共享的知识或规则，因而不宜为个人独占。同时，通用数表、通用表格和公式等往往具有固定的表达形式和规则，因而不具有著作权作品的多样化表达条件。不过，如果利用通用数表、通用表格和公式创作出体现个性和特点的新表达式样，则属于受著作权保护的客体。依托处于公有领域的素材创作出新的表现形式，正是著作权保护的目标所在。

四、作品的非功能性与功能性作品

一方面，在知识产权法领域，著作权保护的作品，主要用于满足人们阅读欣赏与知识获取等精神上的消费需求，不具有专利发明、外观设计、商标等工业产权对象的工商业实用功能和保护对象的非功能性，是著作权法区别于工业产权法的重要特点。然

---

〔1〕 参见杨利华、曾梦倩：《"时事新闻"著作权问题研究》，载《黑龙江社会科学》2016 年第 4 期。

〔2〕 相关研究，参见赵双阁、艾岚：《算法新闻的可版权性质疑及邻接权保护》，载《新闻与传播研究》2022 年第 3 期。

而，人们对美与知识等精神、文化上的需求与对生产生活实用品的物质需求并非泾渭分明，满足人们精神需求的作品与满足人们生产生活需求的实用成果也难以截然划界。尤其是随着现代科技经济的发展，人们在追求家居用品、建筑居室、服饰用具等实用物品日益卓越的实用功能的同时，也不断追求其艺术化，使其能够给人带来精神上的愉悦。另一方面，一些工商业领域的成果，如科技生产活动中平面或立体的设计、展示成果，不仅限于满足特定科技生产活动所需，还可以供人们学习与欣赏，具有作品的精神消费功能。这种精神消费与实用价值合二为一的功能，引出了功能性作品问题。

（一）作品的非功能性

作品的创作目的在于通过文字、色彩、形体、声音乃至场景等元素，表达某种思想情感，传递某些知识信息，以满足人们阅读、欣赏、学习知识、传递信息等精神上的消费需求。作品的主要效用在于满足人们精神需求，以此实现与工业产权对象在工商业上的实用功能相区分。保护对象及其功能上的区别，使著作权法与工业产权法定位分明。

作品的非功能性，源于著作权法的"思想表达二分法"原则。在作品的"非功能性"原则下，思想观念、叙事框架、思维规则、技术方案等，具有不限于思想表达所承载的信息感知之外的工商业实用功能，而不能成为可著作权主题；表达的元素、工具类素材、功能性与艺术性不可分离的实用艺术作品等，也可基于其工商业上的实用功能而被排除在著作权客体之外。

当前，与"思想表达二分法"相伴而生的作品非功能性原则已经得到 TRIPs 协议等国际条约以及多国著作权立法所确认。可以说，著作权作品的非功能性，即著作权法保护满足人们精神消费需求而不具有现实功能的智力成果，是当代著作权法的基本定位。

（二）功能性作品

知识产权法中关于著作权法和工业产权法保护对象的精神消费信息和产业实用信息的分野，与现实社会生活并非彼此对应，人们对美与知识等的精神消费与对实用信息的物质需求，使得许多创新成果同时具有精神消费与物质消费的价值。一方面，社会上兼具实用与美感的建筑、家居、服饰等层出不穷；另一方面，一些用于科技经济活动的实用成果，如工程技术领域的设计图、施工图，用于科技展示与宣传的示意图、模型，兼具科技生产与欣赏学习价值，具有工业产权和著作权保护的正当性，科技经济实用性成果具有的作品价值，使著作权领域的功能性作品应运而生。

根据著作权国际公约和代表性国家著作权法的规定，当代著作权法保护的功能性作品，主要包括：科技活动中的平面或立体设计作品、建筑作品、实用艺术作品。

功能性作品的产生和存在源于特定的科技经济等活动，实用功能要求它们必须遵循相应的科技经济活动规则。著作权作品所蕴含的表达个性化，不是功能性作品存在的前提和表现特点。例如，建筑用于生产生活、办公居住等需要，为此它必须符合相关的建筑规范，确保其适用性、安全性、耐久性等实用功能要求；实用艺术品首先需要满足实用需要，符合相关行业规范；工程或产品设计图、模型，其产生服务于特定的科技经济活动，如展示地形、地貌、生物结构、建筑格局，因此首先需要遵循图例、比例、用语等科技规范。

然而，建筑物、实用的家具服饰、设计图纸等对象在满足所需的实用功能之余，还因为设计独特新颖或包含创新的知识，具有抽象满足人们欣赏、学习等精神消费价值，从而像著作权法下的美术作品、科学论著等一样，给人带来艺术美感或传递科技知识与信息。著作权法保护的功能性作品，不在于其"功能性"，而在于其"作品性"。

（三）我国著作权法下的功能性作品

我国《著作权法》没有明确规定功能性作品问题，但相关法条为功能性作品的著作权保护留下了空间。1990 年《著作权法》第 3 条规定的著作权作品为"文学、艺术和自然科学、社会科学、工程技术等作品"，为科学技术活动中完成的满足现实生产生活需要的功能性作品的著作权保护提供了依据。2012 年国家版权局公布的《著作权法》第三次修正草案中关于功能性作品的规定，则体现了我国当前对这一制度的基本认识。

1. 图形作品

图形作品是最早纳入我国《著作权法》的功能性作品。1990 年《著作权法》第 3 条列举了"工程设计、产品设计图示及其说明""地图、示意图等图形作品"。《著作权法实施条例》（1991 年）第 4 条第（10）项、第（11）项将它们分别界定为："为施工和生产绘制的图样及对图样的文字说明"，"地图、线路图、解剖图等反映地理现象、说明事物原理或者结构的图形或者模型"。这一规定反映出，我国著作权法将图形作品限定为"为施工和生产""反映地理现象、说明事物原理或者结构"的实用目的，从而使图形作品和绘画等艺术作品相区分。对于图形作品的著作权内容，1990 年《著作权法》第 52 条第 2 款规定，"按照工程设计、产品设计图纸及其说明进行施工、生产工业品，不属于本法所称的复制。"图形作品的制作目的和核心功能是施工、生产等实用之需，将实用功能排除在复制这一核心著作权内容之外，体现了著作权法不保护作品的思想、概念、技艺、方法等实用功能的非功能性原则。

2001 年修改的《著作权法》将实用目的的图形作品整合为"工程设计图、产品设计图、地图、示意图等图形作品"，并通过《著作权法实施条例》（2002 年）规定其内涵为"为施工、生产绘制的工程设计图、产品设计图，以及反映地理现象、说明事物原理或者结构的地图、示意图等作品"。因为该法删除了原第52条对图形作品实际应用的著作权例外，一度引起了人们对于利用图形作品生产、施工的著作权性质的争论。2012年《著作权法》修正草案通过明确建筑作品的内涵，间接表明：图形作品中的功能性因素不属于著作权保护范围。

　　一般说来，图形作品是作者基于特定的工程施工、产品生产、物体结构展示、科学原理表述等科技生产活动需要，利用线条、色彩、图例等表达元素，传递和表达的相应科学技术知识与信息，科技活动对图形的真实性、准确性、适用性要求，使其属于严谨的科学技术成果范畴。进一步分析，"为施工、生产绘制的工程设计图、产品设计图"一般属于工程技术作品，"反映地理现象、说明事物原理或者结构的地图、示意图"则属于科学作品。不过，科技经济活动中的图形之所以构成著作权法的作品，在于图形制作时通过色彩、构图以及文字、符号等的安排，可以构成具有艺术美感、让人赏心悦目的美术作品。不过，图形作品产生和存在目的的功能性，决定了它们首先是科学作品，是遵循科技规范的"图"而非体现艺术意境的"画"。当然，并非所有实用图纸都构成图形作品；作为著作权保护的对象，其同样需要具备作品的独创性，套用通用或标准图纸或借用他人图纸而制作的图纸，可以成为满足实用需要的功能合格的图纸，但不构成著作权保护的图形作品。图形作品的实用目的，使其具有内容的客观性、科学性和形式的规范性等特点，个人表达空间有限。如果作者在遵循相应科技规范、满足现实需求的基础上，在图形的文字、线条以及色彩、图例等的选择、匹配和布局等形式方面具有特点，可以构成受著作权保护的图形作品。

　　图形作品的科技内容特点和二维表现形式，其价值主要是通过复制、发行或信息网络传播，供人阅读、观看及吸收相关信息、学习相关知识，这类作品的著作权内容主要是复制权、发行权、信息网络传播权。据此，将他人绘制的微生物繁殖示意图收录到自己的科学著作中，或者将他人设计的地图用于网络导航，就涉及他人图形作品的著作权问题，但据此进行施工或生产，无论从著作权法不保护作品中包含的思想、主题、方法、技艺等的非功能性原则，还是国际通行的立法经验来看，都不属于著作权意义上的作品复制。借鉴甚至抄袭他人图形作品的设计方案、绘图技巧而另行绘制新的图形作品，可能涉及商业秘密、技术合同等规范，但一般不触及著作权。

2. 立体作品

立体作品即以三维立体形式表现的作品，是 2012 年国家版权局公布《著作权法（修改草案第二稿）》后提出的概念。此前我国通常称之为"模型作品"。1990 年《著作权法》没有规定立体作品形式，但该法实施条例解释"地图、示意图等图形作品"时，将立体作品纳入图形作品中。不过，将三维的立体作品纳入平面的、二维的图形作品中，显然不够严谨。2001 年修正的《著作权法》将模型作品与图形作品并列，《著作权法实施条例》则将模型作品定义为：为展示、试验或者观测等用途，根据物体的形状和结构，按照一定比例制成的立体作品。根据这一规定，模型作品是对既有物体按比例放大或缩小的结果，而这在著作权理论上属于复制。但如果模型制作者制作模型时，不是对实物按比例缩小或放大，而是赋予其自己的独特理念和设计元素，则不符合《著作权法实施条例》对于模型作品的定义要求，无法获得著作权法的保护。此外，对于没有形体的科学现象和事物的立体展示模型，依据《著作权法实施条例》规定也不在模型作品之列——著作权法在模型作品上的规定，既与作品一以贯之的理念相抵触，内涵也不够周延。

我国《著作权法》关于模型作品的规定，源于《伯尔尼公约》中的"model"。该词的含义既包括"原物缩放尤其是缩小的复制件",还具有"产品的一种特定设计或形制,用于说明事物如何运行或计算事物可能状况的简要描述"。结合《伯尔尼公约》的相关条款,将"model"解释为与"平面设计"并列的"立体表达",更符合著作权法保护立体设计的目的。

2012年《著作权法(修改草案征求意见稿)》以"立体作品"指代"为生产产品或者展示地理地形而制作的三维作品",体现了《伯尔尼公约》保护实用性立体作品的宗旨。不过,功能性立体作品不限于"生产产品""展示地理地形"两方面功能,现实中存在或将来增加的其他立体的科技表达成果,如人体模型、动植物模型、天体模型、分子结构模型等,不宜被排除在立体作品之外。根据图形作品的含义,立体作品可以对应理解为"为工程施工、产品生产,以及反映地理现象、说明事物原理或者结构等需要而制作的三维作品",使立体作品的内容足够周延,既揭示立体作品的三维科技活动表达成果的特点,又明确立体作品与二维图形作品两个图像化科技作品的对应关系。

立体作品作为科学作品的内容特点和三维造型作品的形式特点,使其利用方式主要是展览、复制以及复制后的发行、信息网络传播等,其著作权内容则主要为展览权、复制权以及发行权、信息网络传播权。对于立体作品的复制,既包括原样复制、将原作品进行缩小或放大的缩放复制,还包括立体到平面的异型复制。和图像作品一样,立体作品的功能性利用,不触及功能性立体作品的著作权。

3. 建筑作品

我国1991年《著作权法实施条例》在界定美术作品时规定:"美术作品,指绘画、书法、雕塑、建筑等以线条、色彩或者其他方式构成的有审美意义的平面或者立体的造型艺术作品",建筑作品涵盖在美术作品中。2001年修改的《著作权法》将建筑作品与美术作品并列。2002 年《著作权法实施条例》则将建筑作品界定为"以建筑物或者构筑物形式表现的有审美意义的作品",但建筑作品与建筑物、建筑设计图和建筑模型关系并不明确。此后,法院通过"盛放鸟巢"烟花案等案例,对建筑作品的保护范围进行了具体的界定——建筑作品保护的是其富有"独创性"的"艺术美感",他人无论以什么形式,只要是对既有"建筑作品的高度模仿",即构成"对建筑作品独创性智力成果的再现",因而"构成对建筑作品的复制和发行"——丰富了我国建筑作品著作权保护制度。

2012 年《著作权法(修改草案征求意见稿)》将建筑作品规定为:以建筑物或者构筑物形式表现的有审美意义的作品,包括作为其施工基础的平面图、设计图、草图和模型。这体现出我国著作权法中的建筑作品在于,建筑设计中包含的、体现了作者独创性的艺术创造、"审美意义",无论它以实体建筑物(或构筑物)形式存在,还是以平面或立体设计材料体现。如此,我国建筑作品的内涵得以明确,并在建筑作品保护上实现了与《伯尔尼公约》等国际公约的接轨。

建筑依赖于特定的自然和地理环境、人文习俗乃至技术状况,但建筑作品并不强调其建筑元素,而是关注建筑设计表达中的作品元素。作为与美术作品并列的作品形式,建筑作品的价值在于,建筑设计师通过融合特定地理、人文与技术因素而体现在建筑中的独特艺术美感。

建筑图纸、模型与建筑物尽管都是建筑作品的表现形式,但其作品价值并不是简单的复制或替代关系:建筑物承载建筑作品的美感,与具有审美意义的美术作品作用相当;建筑图形和模型因其包含的技术内涵,属于提供科技信息的科学作品之列。

建筑作品基于其实用功能,一般根据合同约定和行业惯例,其著作权一般许可或让渡给建筑物的合法所有权人或管理者所有，建筑设计人仅保留署名权，以便保证建筑物所有人对依托该建筑物的权益的行使和保护。

4. 实用艺术作品

我国1990年《著作权法》没有直接规定实用艺术作品的著作权问题，1992年《实施国际著作权条约的规定》赋予外国人实用艺术作品以25年著作权保护，形成了我国著作权法中颇受诟病的对外国人实用艺术作品的超国民待遇。2001年修改《著作权法》时，仍然没有解决这一问题。在我国著作权理论界和司法实践中，实用艺术品被解释为具有审美意义的实用性造型艺术作品。不过，由于立法缺失和对国际条约理解的抵牾，"实用艺术作品"与"实用艺术品"两个概念常常混用，司法实践中对涉及实用艺术品著作权案件同案不同判的现象时有所见。2012年《著作权法（修改草案征求意见稿）》拟在著作权客体中增设实用艺术作品，并将其界定为"具有实际用途并有审美意义的作品"。

实践中"具有实际用途并有审美意义"的作品范围非常广泛，而且对"具有实际用途""有审美意义"的判定往往见仁见智。国际范围内，著作权保护的实用艺术作品并不包含所有兼具实际用途和审美意义的物品，通常只针对小装饰品、玩具、珠宝饰物、金银器具、家具、墙纸、装饰物、服装等，以保护这类物品设计制作者的艺术贡献。

值得指出的是，2014年6月，国务院原法制办公布的《著作权法（修订草案送审稿）》仍然沿袭了将实用艺术作品设立为一种独立的著作权客体的立法模式，但其第5条第（9）项将实用艺术作品的定义进行了修改，规定"实用艺术作品，是指玩具、家具、饰品等具有实用功能并有审美意义的平面或者立体的造型艺术作品"。这一规定指出实用艺术作品包括平面与立体两种类型。在最终通过的第三次修改的现行《著作权法》中，则不再出现"实用艺术作品"的字样，也就是取消了将实用艺术作品设立为一种独立的著作权客体的主张。应当说，这是令人遗憾的。由于实用艺术作品在著作权法中的地位不明，实践中如何认识对这类作品的著作权保护以及这类作品与美术作品之间的关系仍然缺乏立法指引。建议在《著作权法》进一步修改时，考虑将实用艺术作品设立为一种独立的受著作权保护作品的类型。

与一般的绘画、雕塑等造型艺术作品相比，实用艺术作品的创作目的和实际功能主要是实用性，实用艺术作品的实用性、功能性使其创作空间较小、人身性不强，并随着社会审美潮流的变化迅速更新换代，商业周期较短，保护内容与期限往往比美术作品短少。

五、作品登记制度的引入

现行《著作权法》明确规定了作品的登记制度。其第 12 条第 2 款规定："作者等著作权人可以向国家著作权主管部门认定的登记机构办理作品登记。"上述规定建立的是一种作品自愿登记制度，而不是只有登记才产生著作权的制度，因此并不影响著作权自动获取原则。

现行《著作权法》规定作品自愿登记制度，其合理性可以从以下几方面加以理解：首先，该制度是对我国大量存在的作品自愿登记实践的立法回应，有利于使作品登记步入规范化和法治化轨道。其次，作品自愿登记制度对于著作权人维权具有重要意义。在通常情况下，可以凭借作品的署名确认作者身份和著作权人。但是，也并不排除署名者并非作者的情形。作品登记则可以作为享有作品著作权的初始证明。尤其是在发生著作权权属、侵权纠纷时，能够作为主张权利的初步证明。对此，最高人民法院公布的《关于审理著作权民事纠纷案件适用法律若干问题的解释》（2020 年修正）第 7 条也明确规定"著作权登记证书"可以作为享有著作权的初步证明。最后，作品自愿登记制度也有利于作品著作权的转移、交易、转让活动，降低交易成本，促进作品经济社会价值的实现。[1]

〔1〕 参见杨利华:《我国著作权制度的最新进展及其司法适用与完善》，载《中州学刊》2021 年第 7 期。

专题
八 | # 著作权的边界

一、著作权边界的内涵及其意义

（一）著作权边界的内涵

著作权法律制度强调通过强制性规则保护作者的创作行为和创作成果，通过法律确认著作权的权利享有和促进独创性智力成果的生产、传播和利用。在此基础上，实现知识的积累和交流，丰富社会精神文化生活，以提高人类科学文化素质、促进社会经济的发展和进步。在此过程中，著作权法律制度必须兼顾两个方面的基本要求。一方面，通过法定的独占垄断权使著作权人可以排他地控制其独创性成果，进而合法地专有作品的经济收益，最终激励著作权人的创作。另一方面，著作权法律制度强调公共利益的实现，即著作权人、传播者、作品使用者各群体之间的不同利益诉求和主张。因此，需要从著作权权利边界角度对著作权的专有范围进行界定。即明确著作权的权利边界，从功能上对著作权做出限制和例外。

民事权利体系中，权利的边界从抽象层面上明确了一项民事权利的有效范围。同时，功能角度的权利限制则以"禁止权利滥用""诚实信用原则"等为具体形式而存在。著作权作为一项基本的民事权利，在权利边界的抽象层面和权利限制的功能角度都构建了具体、独立且明确的制度规则。需要注意的是，著作权法规范的是独创性智力成果的使用，通过对智力成果赋予法定的垄断权，能够区别于一般民事权利规范的生命、健康、财产等人类基本权益的内容。因此，著作权边界相对于一般民事权利的边界需要更加明确和划分。著作权边界在诉讼实务中也作为被告进行抗辩的基础之一，在著作权司法审判中得到普遍运用。[1]

著作权包括人身权和财产权两个方面内容，而著作权的边界需要同时涵盖这两个方面。从立法层面出发，著作权的限制规则主要针对著作财产权而展开。其原因可以从以下三个方面概括：

1. 著作权制度平衡作者、传播者与社会公众之间的利益

著作权法律制度赋予了作者法定的垄断权利，这种权利的专有属性决定了权利限制的必然性。作品具有价值，需通过市场化过程实现。市场化过程本质上需要传播者、作品使用者的参与才能实现。作品的价值实际上不完全由作者单独贡献，而是凭借市场化机制和社会化开发完成的。在一定的社会发展阶段，著作权的边界既要能够保护作者的合法权益，又要兼顾作品的传播和利用。这种利益平衡的设计如果没有被充分理解和实施，一方面可能严重影响作者的创作热情和积极性，损害其合法权益，不利于优秀作品的创作和传播；另一方面可能因为作者专有权利的扩张而导致社会公众获得知识信息成本的上升，成为全社会科学文化等方面发展的主要障碍。

2. 著作权限制是著作权人承担义务的必然要求

作品创作是一个传承的动态过程，需要充分发掘他人作品的价值而加以利用。因此，世界各国著作权立法和各类国际著作权条约都明确了著作权的边界，通过著作权的权利限制保障创作作

---

〔1〕 相关研究，参见胡聘：《著作权法中的人像》，载《法制与社会发展》2023年第 1 期。

品的传承性。立法层面的实践，明确了著作权人对社会承担的基本义务。

3. 权利相对性的本质要求

民事权利不具有绝对性，也不具有无限制的特征，这是基本法理的首要逻辑。著作权作为一项民事权利，是基于保护作者合法权益、保障作者创作激励而确立的对智力成果规范的法律制度。在实现基本制度目的的前提下，著作权法律制度对于作者专有权的范围、期限和地域做出限制。这样的限制不仅必要也是合理的，呼应了权利和义务相一致的基本原则。

（二）著作权边界的意义

著作权边界通过著作权法律制度和具体的限制、例外条款应用于社会生活和行业实践中，涉及社会生活的方方面面。著作权边界的制度设计和立法规则影响了著作权产业发展和社会公众的基本利益，影响著作权人利益和公共利益的平衡。

1. 保障利益平衡

著作权法一方面保护作者合法权益的有效空间，另一方面保障公共利益的基本实现。如何有效平衡这两个具有一定冲突和矛盾的制度目的，将影响著作权法律制度对于作品社会价值实现的核心功能。著作权边界通过权利限制和例外，平衡作者和社会公众的利益诉求。通过法定赋权，作者能够合法专有作品的经济价值并构建有效的激励机制。通过合理使用的限制制度，社会公众能够获得作品的使用和传播过程中的价值。因此，著作权边界既满足了作者的核心权益，又满足了社会公众不断增长的知识、信息需求，促进国家社会科学文化的进步。[1]

2. 应对著作权市场失灵

市场失灵是自由市场机制无法有效实现目的的一种负面结

---

〔1〕 相关研究，参见冯晓青：《知识产权法利益平衡理论》，中国政法大学出版社 2006 年版，第 383~419 页。

果，具体指向某种资源的配置无法实现最优结果。著作权市场以作品为主要标的进行资源配置，通过合法许可进行作品的自由交易和流转。在此过程中，著作权人基于交易成本无法对作品的每一次单独使用进行许可，许可收益无法涵盖协商许可的成本。从理性人的思维模式分析，制止这一类个人使用行为不具有经济合理性。因此，著作权边界的功能得以发挥，通过法定限制或例外允许此类使用，排除著作权人主张权利的法律基础，规避经济不合理的市场结果。

3. 确认精神人文需求

《世界人权宣言》第 27 条第（1）项规定：人人有权自由参加社会的文化生活，享受艺术，并分享科学进步及其产生的福利。这是从自然人主体权益和人格尊严角度，明确了包括作品在内的精神文化成果应当由社会公众利用的基本保障。在著作权法律制度中，保障其实现的则是著作权边界的制度设计。譬如个人使用、分析评论、教学科研、法定教材等规定，从权利限制的角度出发，保障个人作为社会成员之一能够依托法定的制度规范实现对作品及相关智力成果的使用，满足其人文精神需求。

二、著作权限制

（一）著作权限制的分类

前文从著作权边界的视角讨论了著作权限制的合理性。从国际著作权立法以及不同国家制定法的实际情况出发，著作权限制可以从以下角度进行分类：

1. 时间方面的限制

著作权是法律赋予权利人的一项排他性垄断权。垄断作为经济学中的负面术语，在功能层面导致价格偏离需求而最终扭曲市场平衡，造成市场机制失灵的结果。因此，对包括著作权在内的知识产权规定了法定的保护期限。通过限制垄断效力对作品的影

响和控制，而保障社会公众能够在期限届满后，保留公共领域而
不受限制地获得作品，最终保证后续创作以及基本的使用。[1]

2. 空间方面的限制

知识产权具有地域性，著作权也不例外。著作权法律制度对
于本国内完成创作的作品进行规范和控制，产生的法律后果仅在
一国管辖权范围内发生效力。地域性本质上是一国法律体现国家
主权和独立性的根本要求。

3. 具体规则的限制

这里主要指作者外的民事主体使用作品时，可以不经过作者
许可而依据法定规则例外的情况。这一类限制主要目的在于，实
现著作权法律制度的动态利益平衡，使社会公众使用和传播作品
的成本合理，防范权利滥用风险，避免作品使用不充分的不利
结果。

（二）著作权限制的立法

1. 著作权限制的大陆法规定

大陆法国家对于著作权的限制在立法层面一般包括正当使
用、法定许可以及强制许可。通过法条的订立尽可能明确限制和
例外的具体行为。一般对于具体的行为搭配具体而严格的适用情
形，搭配司法实践中的狭义解释。直接排除法律没有规定的限制
和例外情形的适用。

《德国著作权法》第 44~63 条，归纳为"对著作权的限制"
一节。其具体规定了著作权的限制和例外情形。《法国著作权法》
在作者精神权利和财产权利规定后，增加"作品发表后，作者不
得禁止"的 9 种具体使用行为，囊括"私人复制、表演、分析和
引用，报刊摘要，新闻报道等"。同时，法国法要求这些例外的
适用需要明确作者姓名和出处。

───────────

〔1〕 相关研究，参见冯晓青：《著作权法》（第 2 版），法律出版社 2022 年版，
第 165~172 页。

2. 著作权限制的普通法规定

普通法国家强调著作财产权，明确作品作为一种实现商业价值的智力成果。此时著作权也是一种财产权，强调排他性和垄断特征。《美国著作权法》第 107~112 条规定了合理使用、图书馆、档案馆等特定使用行为。《英国著作权法》第 6~10 条规定了特定场合、条件和情况下某些行为不构成著作权侵权。有趣的是，《英国著作权法》中规定的具体例外情形，后续成为美国著作权制度中合理使用司法实践和立法发展的重要法律渊源。

3. 著作权限制的我国法律规定

相比之下，我国《著作权法》构建作者权制度体系，对合理使用和法定许可都作了明确、具体的列举式规定。法条规定外的使用行为，不属于著作权的限制或例外。《著作权法》第 24 条第 1 款规定了 13 种合理使用的情形。这些情形属于法定情形，可以不经过著作权人许可，不向其支付报酬。现行《著作权法》还吸收了《著作权法实施条例》第 21 条对合理使用原则的规定，"不得影响该作品的正常使用，也不得不合理地损害著作权人的合法权益"。需要指出的是，合理使用、法定许可制度，除规定在《著作权法》中，在《信息网络传播权保护条例》中也有相应规定。

（三）合理使用

1. 合理使用概述

合理使用是著作权限制的主要种类之一。即保障著作权人权益的同时，通过法定的规则建立许可机制之外的非侵权性作品使用，从而确立作品在著作权法中可以自由使用的公共领域，以此鼓励权利人之外的主体对文学、艺术和科学领域的作品有效利用。因此，著作权的合理使用规则无论在立法还是司法层面，都具有重要的价值。[1]

我国《著作权法》为代表的合理使用规则立法，包含合理使用的概括条款和"法律、行政法规规定的其他情形"的类似补充性规范。列举式条款在使用规则过程中具体且明确，但难以有效应对多样化的使用行为和日新月异的技术手段以及商业模式。尽管现行《著作权法》通过兜底性规定回应了封闭式列举的缺陷，但仍需要思考如下问题：立法规则如何与多样化的作品使用情形相协调，以及司法实践角度的可行性。

合理使用规则源于英文"Fair Use Doctrine"（在英国，习惯以"Fair Dealing"表示合理使用规则），其基本含义为"非著作权所有人未经著作权人同意而以某种合理方式使用其作品的特权"。[2]就合理使用规则本身，其发展经历了判例法体系下的司法实践，而后经由裁判要点的归纳总结而制定于1976年《美国著作权法》第107条。

合理使用规则源于美国联邦最高法院前大法官约瑟夫·斯托雷（Joseph Story）于1841年Folsom v. Marsh案[3]中，通过对过往16—17世纪英国法院相关判例的梳理和总结，依托判决发展出合理使用规则中最为经典且最基本的参考要素："fair and reasonable criticism"（合理并且适度评价他人作品）。同时，大法官斯托雷在本案中阐述的合理使用要素也为1976年《美国著作权法》提供了立法借鉴的基本框架。该法第107条规定，在任何特定情况下，确定对作品的使用是否为合理使用，要考虑的要素包括：①使用的目的和性质，包括这种使用是否具有商业特征或为

---

〔1〕 相关研究，参见林秀芹：《人工智能时代著作权合理使用制度的重塑》，载《法学研究》2021年第6期；李杨：《著作权合理使用制度的体系构造与司法互动》，载《法学评论》2020年第4期；熊琦：《著作权合理使用司法认定标准释疑》，载《法学》2018年第1期。

〔2〕 薛波主编：《元照英美法词典》，北京大学出版社2003年版，第528页。

〔3〕 9. F. Cas. 342 (C. C. D. Mass. 1841).

了非营利性目的；②作品的性质；③被使用的部分数量和内容的实质性；④使用行为对作品的价值和潜在市场的影响。[1]

区别于著作权法中的其他规范，合理使用规则的概括性特征从一开始就具有多要素和动态化特点。这也导致合理使用规则在成文化后，对于著作权案例的指导功能受到一定程度的影响，未能充分实现合理使用规则的功能设计——即提供实践中明确、统一及清晰的裁判指导。由此，合理使用规则也成为美国著作权领域中的难题。

2. 合理使用的实践应用：以美国判例为视角

对于合理使用规则的实践应用，美国法院在实践中裁判要点与成文规则的相互关系方面提出了一个重要问题：法院是否需要在个案审理保障自由裁量权的同时，尝试进一步标准化、规范化合理使用规则，并在此基础上为后续案件提供一个明确、统一和可预测的规则？[2]

对于这个问题，美国联邦最高法院试图通过三个案例的审理做出回应。在 Sony Corp. of America v. Universal City Studios 案[3] 中，讨论家庭录像机的购买者以转换观看时间为目的的录制行为是否侵犯电视台节目的著作权。在案件判决书的脚注中，法院参考美国众议院的立法报告，明确提出"（合理使用）不存在总体上可适用的规则，案件中的每个争议分析应基于其各自的事实"[4]。实际上，这样一种引用表明了美国联邦最高法院理解并支持立法机构对于合理使用的基本立法原则，将合理使用规则的司法适用建立在个案认定的基础之上。

---

〔1〕 § 107 of US Copyright Act 1976.

〔2〕 *See* Benjamin Moskowitz, "Toward a Fair Use Standard Turns 25: How Salinger and Scientology Affected Transformative Use Today", 25 *Fordham Intell. Prop. Media & Ent. L. J.* 1057 (2009).

〔3〕 464 U. S. 417 (1984).

〔4〕 471 U. S. 448 (1985).

在另一个代表性案件 Harper & Row v. Nation Enterprises 案中，Harper & Row 出版公司对美国前总统福特未发表的个人回忆录拥有著作权，而《国家》杂志社未经许可先于权利人公开出版了福特前总统的个人回忆录。杂志社的一名编辑通过引用回忆录的手稿完成了一篇 2250 字的文章，其中包括 300~400 字的原文复制。[1]在分析合理使用的过程中，美国联邦最高法院认定《国家》杂志社的使用行为涉及权利人作品的核心部分——前总统福特的手稿；同时，以诉争作品权利人未公开发表作品被使用为由驳回《国家》杂志社主张的合理使用抗辩，并判定此种对他人未发表作品的使用未经许可侵犯了著作权。[2]

最后一个具有代表性的案例则是关于音乐作品滑稽戏仿的分析。在 Campbell v. Acuff-Rose Music 案中，一个黑人 Rap 乐队组合对经典电影《风月俏佳人》的主题曲进行滑稽性质的戏仿（通过 Rap 形式的演绎）。[3]不同于前述两个案例，美国联邦最高法院在本案中对合理使用规则的分析和裁判要点的设立给予了更多指导。法院在判决中优先强调了国会将合理使用规则看成文化的基本目的是"所有（合理使用）要素都需要充分分析，并将综合分析的结果基于著作权法的立法目的进行权衡比较"[4]。

合理使用规则在美国的司法实践中，通过裁判建立了类型化规则的适用方式。首先，法院坚持合理使用规则必须符合立法的基本目的，以个案分析的方式保证规则适用的灵活性和前瞻性。其次，法院也通过在裁判要点中提炼关键因素的方式，对类型化的案件事实进行指导，在原则性的成文规则下创设了更具体的类型化规则。

---

〔1〕 471 U. S. 539（1985）.
〔2〕 471 U. S. 562（1985）.
〔3〕 510 U. S. 569（1994）.
〔4〕 471 U. S. 578（1985）.

3. 我国《著作权法》中的合理使用规则

我国《著作权法》第 24 条明文列举了 13 种具体使用的情况，许可权利人之外的主体可以不经著作权人许可也不支付报酬而使用作品。其就所涉及的使用种类进行概括。这样的演进模式，又称为"列举式主义立法"。这一立法模式决定了我国合理使用规则区别于美国经验的最大特点——通过条文明确了合理使用的具体情形，直接适用法条，易于实践中的操作。其缺点则是无法针对著作权领域的环境改变或技术创新的情况，保障司法实践中法官的自由裁量空间，更遑论司法实践中的裁判要点成为类型化的规则而用于后续案件的审理，进而无法通过实践检验立法规则的有效性。

根据一般的法哲学原理，例外围绕权利而存在，对于权利本身是一种非恒定的状态。因此，必须通过严格的法定规则限制例外本身的适用范围，在实践中的解释也必须采用狭义的解释方法。只要没有著作权法律的明文规定，法官就不得裁判或认定为著作权的例外，甚至不允许类推适用这样一种基本的民法原理的应用。[1]因此，我国《著作权法》第 24 条第 1 款所列举的合理使用行为在解释和适用于具体个案的层面，往往导致裁判要点不够清晰，即使细化为相关法律法规或司法解释，也无法为后续类型案件提供有效参照和指导。

以《著作权法》第 24 条第 1 款第（2）项规定为例，其规定为介绍、评论某一作品或者说明某一问题，在作品中可以适当引用他人已经发表的作品。对于该条文中"适当引用"的法律解释，是帮助分析和判定个案中使用行为是否合理、是否侵犯著作权的法律依据。然而，现行《著作权法》中并未具体规定什么是"适当使用"。在 1991 年实施的《著作权法实施条例》中对适当

---

〔1〕[德] M. 雷炳德：《著作权法》，张恩民译，法律出版社 2005 年版，第 297 页。

引用他人作品做出了限定。分析"适当引用"的条件的设立,实际上从"使用行为的目的""使用作品的程度"以及"使用行为的影响"三个维度出发,一定程度上类似于美国大法官斯托雷在Folsom v. Marsh 案中对裁判要点的总结。

值得注意的是,2012 年 7 月国家版权局公布的《著作权法(修改草案第二稿)》第 42 条第 1 款第 (2) 项规定了"为介绍、评论某一作品或者说明某一问题,在作品中适当引用他人已经发表的作品,引用部分不得构成引用人作品的主要或者实质部分"。这一增补性的修订实际上吸收了《著作权法实施条例》第27 条的内涵。因此,这样的修改具体应用到司法实践中,能够在效果上贴近美国法院在实践中总结类型化规则和裁判要点的总趋势。需要指出,上述修改草案中的规定在最终通过的现行《著作权法》中并未被采用。不过,在我国著作权司法实践中,"引用部分不得构成引用人作品的主要或者实质部分"的主张依然得到了充分体现。[1]

合理使用规则的相关问题从来就不是单纯通过立法规定和条文细化能有效解决的。主流的解决方式包括:①通过案件审理归纳裁判要点建立类型化的规则,并在此基础上进一步归纳裁判要点形成种类化规则;②在实践中明文规定具体的标准。前者是对美国合理使用经验的总结,后者则是包括我国在内多数国家的实践。[2]

然而,在案件审理过程中对于合理使用最终的判定需要考虑各种因素,仅仅对"量"的方面作出明确规定是不够的。法官在

---

〔1〕 有关案例,参见上海某出版社有限公司与孙某著作权权属、侵权纠纷案,上海市徐汇区人民法院 (2019) 沪 0104 民初 15960 号民事判决书,上海知识产权法院 (2020) 沪 73 民终 154 号民事判决书,上海市高级人民法院 (2020) 沪民申 2416 号民事裁定书。

〔2〕 相关研究,参见董彪:《二次创作短视频合理使用规则的适用与完善》,载《政治与法律》2022 年第 5 期。

案件审理过程中往往综合参考被告使用作品的目的或使用行为对原告权利的损害等要素，在裁判文书中进行有效的论述和说理。在最高人民法院 2009 年发布的中国法院知识产权司法保护经典案例"朱某诉某网络电台侵犯著作权纠纷案"中，被告主张"适当引用"作品的合理使用抗辩，被法院一审驳回："被告传播原告六幅奥运系列漫画作品，并非适当引用，虽然在客观上起到了宣传奥运的效果，但主观上并不排除对自己经营的网站的宣传，因此该行为不符合合理使用的范围。"[1] 显然，本案中法院认定被告刊载漫画作品的行为之所以不构成合理使用，很大程度上在于被告使用作品的目的并不正当，有宣传其网站之嫌。

还需要指出的是，现行《著作权法》关于合理使用制度的一个重要特点是新增兜底性规定，即"法律、行政法规规定的其他情形"。兜底性规定在法律规定中十分常见。其原因在于避免前面列举的内容挂一漏万，增加法律规定的可操作性，以便更好地应对现实生活中的各种情况。在本次修法中，尽管对于合理使用条款规定中是否应增加兜底性规定存在一定争议，但增加兜底性规定的必要性总体上仍然取得了共识。当然，兜底性规定不能过于宽泛，否则难以避免司法实践中的随意性。基于此，现行《著作权法》没有采用 2014 年《著作权法（修订草案送审稿）》第 43 条第 1 款第（13）项"其他情形"的规定，而是规定为"法律、行政法规规定的其他情形"。[2]

（四）法定许可

1. 法定许可制度概述

著作权法律制度中的法定许可，是指法定情形下作品使用者使用作品不需要取得作者许可，但须向作者支付报酬的一种不侵

〔1〕 沈阳市中级人民法院（2009）辽民四初字第 97 号民事判决书。
〔2〕 杨利华：《我国著作权制度的最新进展及其司法适用与完善》，载《中州学刊》2021 年第 7 期。

犯著作权的例外规则。[1] 法定许可制度缘起于原始录音设备的录制行为和作为传播媒介的功能。世界各国在著作权立法中都明确规定了这项制度。相比较于合理使用，法定许可的法律特征包括：

（1）法定许可涉及的例外使用行为一般具有商业属性或目的。一般而言，使用作品的目的往往是营利性的，这与合理使用的非营利性目的具有较大区别。鉴于法定许可的商业属性，使用者需要向著作权人支付报酬。伴随使用次数和频率的增加，法定许可支付的报酬也就越多。因此，法定许可制度从实践效果上对使用者和著作权人都是获取财产性收益的双赢策略。

（2）法定许可制度作为著作权限制的一种，主要适用于邻接权人的法律行为。在邻接权法律关系中，除了作者和使用者之外，还包括表演者、演唱者、广播组织、录制者等一系列邻接权主体。因此，实践中法定许可往往适用于音乐作品，也包括音乐剧、戏剧等作品形式。在法律关系的构成方面，相对于合理使用更为复杂。

（3）法定许可允许作者事先声明其作品不适用于法定许可制度，将其排除在著作权例外范围之外。我国《著作权法》规定，法律允许作者通过事先声明的方式保留著作权，即为一种附条件的法律规则。

（4）法定许可制度主要通过规则的运行，承认并尊重作者对其作品的财产权主张权益保护。法定许可属于著作权限制的一种，但仅是作者对作品的人身权利部分予以限制，实践中表现为不需要获得作者的许可而使用作品。对于财产权的确认和尊重，需要通过支付报酬来实现。当然，对人身权的限制并非不尊重作

---

[1] 相关研究，参见熊琦：《著作权法定许可制度溯源与移植反思》，载《法学》2015年第5期。

者，而是从使用作品并实现其价值的角度，权衡成本、收益等要素后的一种理性制度设计。

就法定许可的制度设计而言，其目的在于为邻接权相关的作品使用提供传播活动的便利，以促进社会文化发展和公共利益的实现。从制度角度分析，作品传播者是主要受益者。由于相关行业需要大量重复使用作品，尤其是使作品处于传播流通渠道。如果缺失这项例外制度，或导致作品传播者容易遭受著作权侵权的法律风险。同时，这项制度也能够有效地降低作品使用的成本，简化许可交易的流程。如果每一次作品传播都要获得作者许可，作品使用的稳定性和预期就无法保障。因此，法定许可制度尤其具有必要的功能价值和经济理性。

2. 法定许可种类

我国《著作权法》规定的著作权的法定许可，分别是编写出版教科书的法定许可、报刊转载的法定许可、制作录音制品的法定许可、已发表作品播放的法定许可。

《著作权法》第 25 条第 1 款规定的为实施义务教育和国家教育规划而编写出版教科书这一项法定许可主要为了推动教育事业发展，贯彻义务教育政策而制定。其体现了著作权法的实施需要考虑社会公众的公共利益，并且从利益平衡角度进行权利的限制。对于教材编撰出版群体，这样的法定许可能够排除其潜在的著作权侵权风险。

需要指出的是，运用互联网技术进行义务教育行为也同样是法定许可制度的构成之一。《信息网络传播权保护条例》第 8 条对此作出了规定。对于互联网实施义务教育的法定许可，主要是通过法定规则支持远程教育模式，结合多媒体课件制作过程中对作品、作品片段的引用实践，保障义务教育和国家教育政策的实施。

《著作权法》第 35 条第 2 款规定了转载、摘编法定许可，其适用于已发表作品的使用行为。已发表作品往往由作者完成首次公之于众的行为，即发表。因此可以推定作者具有把某篇文章内容向社会公众提供的意愿，并获得报酬的权利。报刊转载的法定许可作为著作权的限制，本质上符合作者公之于众的意愿和获得报酬的权利要求。

录音制品的法定许可涉及音乐作品相关的邻接权规则，因此在实施过程中需要满足基本要件。其一，该法定许可的范围限于录制行为，且必须是经过著作权人许可录制的相关作品。其二，法定许可方式的实施一般通过重新录制唱片，即此前已经存在音乐作品的复制件。我国著作权法律制度规定这项法定许可，是考虑减少著作权作品传播和运用过程中的交易成本，促进著作权作品的使用。

《著作权法》第 46 条第 2 款规定了播放作品的法定许可，是对于著作权人广播权的权利限制。其中，前者涵盖所有已经发表的作品，广播组织依据法定许可条款即可使用；后者主要规范音乐作品的使用，对于已经出版的录音制品，广播组织可以不经过著作权人许可，但应当支付报酬。该项法定许可的设立以广播组织的行业实践为切入点。广播组织的行业特征决定了大量重复使用作品的客观现实，如果每一次都需要取得著作权人许可，广播、转播行为就将承担额外的成本和法律风险，其经营优势也会被相当程度地削弱。

最后一类著作权法定许可，是通过信息网络提供作品的类型。《信息网络传播权保护条例》第 9 条对此作出了规定。可以看出，该法定许可的设立主要以实现公共利益为主要目的。以扶助贫困、保证农村居民对科技文化的基本需求为内容。就条款内容而言，狭义解释下该条款的适用相比于其他法定许可更为严格，也为著作权人保留了空间。作者可以明示意思表示完成保留，而默示意思表示则推定为许可。

三、著作权保护中的公共领域

在著作权法中，公共领域具有独到的特点和重要性。特别是考虑到在当前知识产权保护主义抬头的大背景下，著作权法的发展趋势越来越表现为增加对作品著作权的保护而相应地忽视了公共领域的重要性并限缩了公共领域范围，研究著作权法中的公共领域更具有现实意义。[1] 关于著作权法公共领域的一个传统解释是授予著作权而给公众付出的对价。有关判例将其解释为，把授予著作权作为鼓励作者创作和传播原创性的、丰富公共领域的作品的手段。[2]

著作权保护的真正领域是被私人所占有的领域，不被保护的领域是公共领域。[3] 公共领域保护理论并不限于确定著作权保护的边界以及在具体案件中用于确定保护与不保护内容的理论，而是可以以此为基石建立整个著作权法理论框架的著作权法理论。[4] 公共领域理论的建构表明，公共领域涉及公众的权利，但在公共领域中，公众权利几乎不能被赋予财产权。需要找到的一种办法是：保护投资在公共领域作品中使用者的合法利益，而仍然留存作者在那些作品中的权利。

---

〔1〕 相关研究，参见杨利华：《公共领域视野下著作权法价值构造研究》，载《法学评论》2021 年第 4 期；冯晓青：《公共领域保留视域下作品著作权保护研究——以作品中不受保护事实、题材为考察对象》，载《湖南大学学报（社会科学版）》2021 年第 1 期；马治国、赵龙：《价值冲突：公共领域理论的式微与著作权扩张保护的限度》，载《山东社会科学》2020 年第 10 期；黄汇：《著作权法上公共领域理论的误读及其批判》，载《知识产权》2014 年第 8 期。

〔2〕 Sony Corp. v. Universal City Studios, 464 U. S. 417, 429 (1984).

〔3〕 在讨论公共领域与著作权保护的关系时应注意，一部作品不受著作权保护不意味着它必然地处在公共领域，因为它可能受其他法律保护。

〔4〕 相关研究，参见丁文杰：《论著作权法的范式转换 从"权利"到"行为规制"》，载《中外法学》2022 年第 1 期；章凯业：《版权保护与创作、文化发展的关系》，载《法学研究》2022 年第 1 期。

（一）著作权法中公共领域的历史考察

1. 公共领域问题在著作权立法中的体现

公共领域不仅在当代的著作权国内立法和国际条约中存在，作为支撑著作权制度的基石，其在早期著作权法中就已被确立。世界上最早的著作权法——《安娜女王法》即有代表性。《安娜女王法》之所以被视为世界上第一部著作权法，是因为它第一次明确地肯定了作者是第一个对其作品享有无形财产权的主人。然而，这一特点并没有否认该法通过限制受著作权保护的期限和确立形式要件等方式在作品著作权保护中创立公共领域。

《安娜女王法》对公共领域的创设，旨在确保其增进学习等公共利益目标的实现。在该法实施以前，普通法永久性的著作权使得作品可以被特定主体永久性控制。在那时，作品可以永久性地属于某一书商如文具商公司，并且实行图书审查制度。《安娜女王法》的颁布与实施则不但确认了作者在作品著作权中的主导地位，而且通过一定的制度设计确立了著作权法中的公共领域。这种制度设计主要有：其一，规定著作权的有限保护期限，以保证所有的作品最终可以被公众自由地使用以及出版者自由地出版；其二，规定获得著作权必须符合创作的要件，以保障获得保护的作品是真正值得保护的东西；其三，规定著作权人有限的权利，包括印刷、出版、出租等，以确保作品在被用户获得后不再受到著作权人的控制。该法通过限制出版者的出版垄断权和保障公众以合理的价格获得作品并且最终自由获得公共领域的作品，在将著作权法作为图书贸易规则的同时也创造了特定的公共领域，保障了著作权法所服务的公共利益。

通过进一步考察各国著作权法发展的历史以及政策变化可以发现，虽然著作权法的发展史总体趋向一部扩张著作权的历史，在另一层含义上也是公共领域的扩张史。如合理使用和其他限制著作权的形式的提出，以及诸如"促进学习的政策""保留公共领域的政策""默示接近作品的权利""有限保护原则""法定垄断原则"等涉及著作权法的公共政策和原则在著作权法中的不断确立和完善，实实在在地体现了对著作权法中公共领域的确保。

2. 从著作权限制角度看著作权的扩张与公共领域的减弱

（1）著作权扩张使公共领域空间不断被挤压。总体趋向上，在专有权扩张与公共领域建构的博弈中，著作权扩张最终占了上风。考察限制著作权法的历史可以发现，在著作权法中，使用者的利益始终处于被动接受的状态，其利益被推定转移到了公共领域，结果导致了在著作权法中的不适当发展。因此，从严格意义上说，不能认为《安娜女王法》是一部创制公共领域的法律。从整体上看，著作权保护的历史代表了被保护的著作权的持续扩张以及作品中体现的公共领域的不断减少。

在著作权的扩张与公共领域的"地盘之争"中，权利限制充当了"调停人"和"平衡器"的角色。从著作权法的历史看，著作权制度从一开始就存在对著作权的限制形式。现代的著作权法更是存在越来越多的限制形式。对著作权的保护范围和效力施加一些限制，也是著作权法发展变化过程的重要规律。这种保护与限制的背后是利益平衡机制在起作用。然而，这种利益平衡机制在运行中，总体上是倾向于著作权的保护与扩张的。著作权的扩张与著作权的权利限制只有维持在平衡状态时才能做到公平合理地调整因著作权作品而产生的利益关系，使公共领域维持在一个适当水平上。在权利过度扩张时，著作权的限制不足以平衡围绕作品而产生的利益关系，从而使著作权法保障的公共领域受到不适当抑制。考察著作权限制的演变史，虽然著作权法从最初诞生到现在已经形成了一套相当严密的权利限制系统，但总体上权利限制在著作权法的发展中总是居于滞后地位，只是对每一次著作权扩张的被动回应。在这个意义上，每一次著作权限制最终成为著作权扩张范围的一部分，是著作权扩张和公共领域被减弱的体现。

（2）著作权限制回应著作权扩展的被动性以及与公共领域的关系。从上面的讨论可以看出，不能简单地将早期著作权法的特点概括为限制而不是扩张的原则，早期《安娜女王法》所实施的著作权原则显然与那个时代有限的可以被利用的作品方法存在直接联系。随着社会的发展，特别是作品传播手段的改进和市场机制的不断完善，著作权人通过作品获得效益的空间越来越大，著作权扩张适应了这一需要。技术发展以及市场环境的完善也为保留更大的公共领域空间奠定了基础。权利限制在调整著作权人的专有领域和社会公众的公共领域空间时起了关键性作用，但法律的滞后性使得它总是处于被动的地位。权利扩张与权利限制的"时差"不可避免地挤压了公共领域。

在公共领域方面，被普遍确认的观念之一是，公共领域代表了公众可以自由使用的作品。公众有权确定什么是对著作权作品的合理使用，但这不是创制了一个单独的公共领域，它所确认的是对著作权作品的公共利益，实现该利益能够通过限制著作权人的专有权来实现。[1]应当说，这是从权利限制最终要实现的目的来考虑的，即保障著作权法需要实现的公共利益。但权利限制本身还直接创制了一个公共领域，在一般的意义上还是成立的。

（二）著作权法中公共领域的类型

著作权法中的公共领域可以从不同角度来认识。在狭义上，包括著作权在内的知识产权的公共领域限于专有权中可以被公众利用的部分。广义上则还包括专有权以外的可以为公众自由利用的空间。以下将从广义的角度分析著作权法中的公共领域。

著作权法中的公共领域涉及不同性质的可以自由使用的作品。对这些作品的使用不牵涉著作权人的专有权。但是，在不同

---

〔1〕 *See* Edward Samuels, "The Public Domain in Copyright Law", 41 *Journal of the Copyright Society of the USA* 137（1993）.

的时代，不同类型作品可以自由进入的公共领域的范围受到相应的法律政策和法律理论等的影响。著作权的扩张影响到这些类型的作品确立的公共领域范围。[1]

1. 由于著作权保护期限届满而产生的公共领域

著作权的期限性表明，著作权不是一种永久性的自然权利，它是建立著作权人和社会公众对价平衡机制的一种重要手段，即通过赋予作者或者其他著作权人一定期限内的专有权，以换取作品最终长久地服务于公共利益。在著作权保护届满后，作品的公共领域即出现。

从英美著作权制度的历史看，在普通法早期，普通法文学产权被认为是受到普通法保护、具有永久性的产权。后来解释这些制定法的司法观点以及相关的英国法认为，制定法确定的著作权应当是有期限的，而且制定法必须消灭类似自然权利的永久性的普通法文学产权。[2]从19世纪中叶开始，一些著作权法判例开始关注授予的著作权中涵盖的公共利益。与现在相比，那时的制定法授予著作权的权利种类较少、保护期限也较短。但那时的著作权判例已关注到著作权必须在一定的期限届满后进入公共领域的问题。如法院认为，无论是否曾经受到普通法保护的由制定法授予的著作权，必须在授予法定著作权的期限届满后进入公共领域。[3]

---

〔1〕 本部分对著作权法公共领域类型划分的观点，主要参考了爱德华·萨缪尔的论文。See Edward Samuels, "The Public Domain in Copyright Law", 41 *Journal of the Copyright Society of the USA* 137 (1993).

〔2〕 *See* Wheaton v. Peters, 33 U. S. 223, 8 Pet. 591 (1834); cf. Donaldsons v. Becket, 4 Burr. 2408, 98 Eng. Rep. 257 (H. L. 1774); Abrams, "The Historic Foundation of American Copyright Law: Exploding the Myth of Common Law Copyright", 29 *Wayne L. Rev.* 1119 (1983).

〔3〕 Holmes v. Hurst, 174 U. S. 82 (1899); Stowe v. Thomas, 23 F. Cas. 201 (C. C. E. D. Pa. 1853) (No. 13, 514); Story v. Holcombe, 23 F. Cas. 171 (C. C. D. Ohio 1847) (No. 13, 497).

也正是因为著作权保护期成为作品进入公共领域的连接点，所以关于著作权法中公共领域的研究成果有时集中于是否应当延长著作权的期限，[1]或者是否应当创制新的著作权形式这样的问题。[2]但值得注意的一个现象是，与著作权扩张的其他形式一样，著作权保护期限也存在不断延长的趋向。将保护期限界定为作者有生之年及其亡故后 50 年甚至更长的时期，在一定的意义上是授予了作者永久性的著作权，实际上是将公有领域的作品的范围限于较为过时的作品。

2. 被排除在著作权保护范围之外而产生的公共领域

被排除在著作权保护范围之外而产生的公共领域，主要是针对被排除在著作权保护之外的作品而言的。这类作品，本身可以是符合著作权保护要件的作品。它们不被纳入著作权保护范围，是基于著作权法一些特别考虑。考察各国著作权制度的发展历史，可以看出被排除在著作权保护领域的作品有逐渐减少的趋势，或者说，受到著作权保护的作品的种类有不断扩张的趋势。如在美国，受 1790 年《美国著作权法》保护的仅有地图、图表和书籍，后来受保护的作品扩展到包括历史和其他印刷物、音乐创作物、绘画、照片、演讲、动画片、录音制品、计算机程序等。在我国，2001 年《著作权法》修改时增加了对杂技艺术作品的保护，也意味着保护范围的扩张。应当说，作品受著作权保护的范围越广，作为公共领域部分的作品的范围就越小。随着科学技术特别是传播技术的发展，未来还会有更多的作品被纳入著作权保护范围。公共领域理论却不能随着著作权保护范围的持续扩张而盲从。

---

〔1〕 *See* Breyer, "The Uneasy Case for Copyright: A Study of Copyright in Books, Photocopies, and Computer Programs", 84 *Harv. L. Rev.* 281, 323−29 (1970).

〔2〕 *See* Brown, "Eligibility for Copyright Protection: A Search for Principled Standards", 70 *Minn. L. Rev.* 579 (1985).

被排除在著作权保护范围之外自然意味着公共领域的确立。但是，有些标的不容易确定是否为享有著作权的作品。"事实"性质的作品就是如此。以美国为例，为了妥善解决公共领域问题，美国的一些法院对包含于公共领域的资料作了谨慎解释。例如，第二和第九巡回法院扩展了这样一个原则，即事实是公共的财产，也包含了事实的分析。[1]也有的法院则对公共领域的范围作了比较狭义的解释。[2]从相关司法判例来看，否认对事实的著作权保护是基于事实是属于公共领域的东西；在否认对事实性质作品著作权保护时，需要确定一个比较适当的边界范围，这个边界范围涉及公共领域问题。从定义公共领域的一些著作权案看，为减轻原告的举证压力，往往牵涉限制作者的著作权。法院限制著作权，与对原告事实性作品的原创性界定相关。法院乐于求助于公共领域的概念来解决事实作品的著作权问题。

在认定是否应排除于作品著作权领域方面，有些素材的界定并不容易，如关于计算机软件的用户界面的争端就是如此。[3]就用户界面本身来说，它作为人们操作计算机的"语言"，任何一个具有最基本的计算机知识的用户都可以通过简单的击键进行计算机操作。从作为"语言"的角度看，用户界面可以作为个人性的单词来理解，而单词显然应属于公共领域，因而可以推断用户界面属于公共领域的素材。但用户界面和单纯的语言还是具有重要区别的，这表现为它需要计算机程序设计人员针对特定的应用程序进行设计，而这种设计包含了程序创作者的智力创造性

---

〔1〕 *See* Landsberg v. Scrabble Crossword Game Players, Inc., 736 F. 2d 485（9th Cir. 1984）；Harper & Row Publishers, Inc. v. Nation Enters., 723 F. 2d 195（2d Cir. 1983）.

〔2〕 *See* E. F. Johnson Co. v. Uniden Corp. of America, 623 F. Supp. 1485, 1498（D. Minn. 1985）.

〔3〕 有关案例，参见 Telemarketing Resources v. Symantec Corp., 12 U. S. P. Q. 2d（BNA）1991（N. D. Cal. 1989）.

劳动。

此外，在由被排除在著作权保护范围之外的作品而构成的公共领域方面，外国作品的保护具有独特性。在当代，伴随着著作权制度的日益国际化，外国作品在本国著作权保护问题通过适用共同参加的多边国际公约中的国民待遇原则而得到解决，即使是少部分没有参加多边国际公约的国家，也可以根据双边协定或者是对等原则解决对方国家作品在本国的著作权保护问题。但在早期，外国作品在本国的著作权保护没有现在这样普遍。直到 20 世纪 80 年代末才参加《伯尔尼公约》的美国，其第一部《著作权法》明确规定，外国出版的所有的作品进入公有领域。[1]这一政策延伸到 20 世纪 80 年代末，直到将著作权延伸到对外国作品的保护为止。

3. 由于著作权的丧失或放弃而产生的公共领域

有些作品本身符合著作权的实质要件，但由于作者没有履行著作权保护的形式要件而丧失著作权。在著作权制度制定的早些时候，著作权的获得并非都实行自动保护原则，只有形式要件满足后才能获得著作权并受到著作权法的保护。《美国著作权法》的演变就是一例。《美国著作权法》规定的形式要件几乎维持了200 年，经过制定法和判例法的洗礼，直到 1988 年才实质性地消除。当然，形式要件的缺乏不等于相应作品没有著作权，也不等于著作权被消灭了，只是它不能受到保护。在美国以前的司法实践中，当权利人因为疏忽等原因没有满足著作权保护的形式要件时，法院一般会积极寻求避免著作权丧失的对策。过去因为著作权的形式要件没有履行而使得著作权丧失的许多作品，在现在看来则不会因为形式要件的问题而不能获得著作权保护。当形式要件不再需要后，断定作品进入公有领域变得困难了一些。

---

[1] Act of May 31, 1790, ch. 15, 1 Stat. 124.

在因为放弃著作权而进入公共领域方面，近些年来公共领域软件和自由软件的出现是典型体现。早在 20 世纪 80 年代，美国麻省理工学院启动了自由软件开发运动，旨在创造一种与传统知识产权不同的、避免垄断和加强软件技术交流与合作的模式。通过自由软件运动，以开放源代码为前提的开源软件产生了。这些软件创建了一个广阔的公共领域，为软件的自由使用搭建了一个巨大的平台，其中 Linux 软件系统尤为突出。根据软件的流通方式和特点，软件可以被分为商业软件、开放源代码软件和公有软件。其中，商业软件是享有著作权的、旨在向公众发行的商品化软件；公有软件除著作权届满的软件外，还包括权利人由于不准备使之商业化而已经明确放弃著作权的软件。[1]权利人放弃著作权的公有软件，意味着计算机软件程序商将其软件进入公有领域。在开放源代码软件系统中，至少是参考了公共领域软件对共享软件概念的首次官方确认，出现于 1990 年的美国司法改革法。当然，共享软件、公有软件等概念的出现是存在争论的。在哲学思考的层面上，一种主张认为，在讨论自愿奉献给公共领域时，人们一般会认为著作权法是关于个人财产的法：所有人可以以他喜爱的方式自由地处理他的财产，因而在类似的环境中，著作权人应该能够自由地处置他的著作权。

4. 由著作权扩张保护不追溯既往而产生的公共领域

著作权制度在发展的过程中存在不断扩张的趋势。如美国国会通过一系列法案延伸了著作权保护期限，增加了对视听艺术作品的精神权利。每次著作权的扩张会涉及对已出版作品的保护问题。在每一次扩张中，原来已经进入公共领域的作品是否被纳入著作权的保护范围，这涉及追溯既往的问题。对那些没有被早先的法律保护但被新的法律所保护的作品来说，可以将问题描述为

---

[1] 参见张平、马骁：《开源软件对知识产权制度的批判与兼容（一）》，载《科技与法律》2004 年第 1 期。

与公共利益相关。对于这一问题，国外有学者通过分析《美国宪法》著作权和专利权条款，讨论了著作权扩张保护与留存已有作品在公共领域的关系。如有学者讨论了美国国会没有对以前不受保护的作品授予保护的权利。但也有很多例子表明，现有作品的权利被扩展了。美国国会通过法律大大扩展了对著作权的保护，它选择了不延伸到对原有不受保护作品的保护，而通过把这类作品看成是公共领域的而实现了这一点。[1]

5. 由合理使用原则主导的对受保护作品使用而产生的公共领域

从广义的概念分析，著作权法中的公共领域还包括由合理使用原则主导的对受保护作品使用而产生的公共领域。该原则允许对受保护作品的自由使用。合理使用本身是对著作权限制的最重要形式，是著作权法特别规定为免于侵权的、对受保护作品的使用。[2] 从另一个角度看，这种使用在被允许范围内是属于公共领域的。因此，这种使用也可以纳入公共领域范畴。

---

〔1〕 Edward Samuels, "The Public Domain in Copyright Law", 41 *Journal of the Copyright Society of the USA* 145 (1993).

〔2〕 相关案例，参见陈某某、陈某等与北京某文化发展股份有限公司、上海某影视文化传播有限公司等侵害文字作品著作权侵权案，北京互联网法院（2020）京0491民初2880号民事判决书；陈某与北京某科技有限公司侵害作品信息网络传播权纠纷案，上海知识产权法院（2020）沪73民终30号民事判决书。

相关权制度

一、相关权制度的理论之维

　　相关权制度以传播技术为产生条件，但是相关权制度建构具有多样性。将相关权制度作为作者权体系与版权体系相区分的标志之一并不严谨。从发展历程看，英国 1956 年著作权法将一切作品分为两个部类：一是作者直接创作的成果；二是传播作品的"产品"，包括电影作品、广播节目、录音作品、印刷字型及印刷版面的安排等。这种分类实质上相当于对作者权与相关权的划分。相反，法国 1985 年以前的著作权法并未为表演者权、录制者权或广播组织权提供专门保护。[1] 以现行法为观察对象，相关权制度是作者权体系为区分作品与作品的传播形式、作品创作行为与作品传播行为、创造性劳动与投资或其他各种投入而建立的制度，版权体系虽不存在相关权概念，但对相关权所涉主体依然规定了功能相当的保护制度。虽然作者权体系的国家现在将相关权作为与作者权相区别的概念，但这些国家相关权的范围并不一致。因而，在比较法层面，相关权制度存在着概念与性质之争。

---

〔1〕　参见郑成思：《版权法》，中国人民大学出版社 1997 年版，第 53~55 页。

这些争论构成相关权制度理论维度的基本问题。[1]

（一）相关权制度的产生条件

最初的相关权是表演者权。据考证，古代的祭祀、巫术都是一种表演活动，但是由于固定技术的欠缺，物理控制接近表演活动的"在场权"即可满足表演活动的保护需求。正是由于固定技术改变了表演活动的时空维度，才减弱了"在场权"的实际效果，产生了保护表演活动的需求。因而，固定技术为表演活动构筑了新的利益之基，在是否规定相关权时，立法者通常会权衡两方面因素：一是合同期限或者独占性授权的期限常常较短，并且可能意外终止而不续约，以致往往会损害相关权人的利益，产生不公正的程度；二是增加控制作品流通的权利主体带来的成本。[2]这表明，在客体与固定技术之外，表演者权出现的第三个条件是现有制度体系的缺失。

推而广之，其他相关权制度也需要上述三个条件。对录制者与广播组织而言，录制品与广播信号通常可以包括非作品内容，无法寻求作者权保护；作者享有的著作权项可能无法满足保护录制品与广播信号的需求；通过作者权的间接保护机制也增加了相关权主体获得权益保护的成本。例如，专门将"广播"设为一种独立的客体的原因在于：其一，一些国家将相关客体"固定在物质载体"之上作为对其提供保护的先决条件；其二，一些国家的著作权法并没有为录音制品制作者规定"广播权"（或广义的"表演权"），或者只规定了获得报酬权而没有规定专有权利，还

[1] 相关研究，参见王国柱：《邻接权客体判断标准论》，载《法律科学（西北政法大学学报）》2018 年第 5 期；陶乾：《论著作权法对人工智能生成成果的保护——作为邻接权的数据处理者权之证立》，载《法学》2018 年第 4 期；许明月、谭玲：《论人工智能创作物的邻接权保护——理论证成与制度安排》，载《比较法研究》2018 年第 6 期。

[2] 参见崔国斌：《著作权法：原理与案例》，北京大学出版社 2014 年版，第 512 页。

有的国家没有赋予录音制作者获得报酬权；其三，在不规定广播组织权的情况下，只能由作品或录音录像制品的权利人提起诉讼，这对于播放节目的电台、电视台而言是不利的。[1]这些原因均关涉通过现行制度获得保护的可行性与成本问题。

（二）相关权的概念之争

相关权是与著作权邻近、相关的权益。通常认为，相关权又可被称为"邻接权"，但是也有观点认为，邻接权与相关权存在一定区别：邻接权仅限于作品传播者对其传播作品过程中所创造的劳动成果所享有的权利，包括表演者的权利、录音制作者的权利和广播组织的权利。相关权概念的外延要稍广一些，包括图书报刊出版者、表演者、录音录像制作者、广播电台和电视台因传播作品而产生的权利。[2]这一观点恰好反映了邻接权与相关权的语源差异。邻接权是英文"Neighboruing Rights"与法文"Des Droits Voisins"的直译，相关权则是德文"Verwandte Schutzrechte"的直译。相比之下，德国相关权制度的内容更广泛一些。

邻接权与作者权的内在关联体现在权利对象、权利内容与权利主体三个方面。首先，邻接权保护对象通常以作品为基础，是作品传播的各种形式。当然，例外情况也存在，例如，录制自然现象而产生的录音录像制品就不以作品为前提。严格来说，这种内在关联是以最初的邻接权即表演者权以及大多数邻接权为观察对象。其次，邻接权的内容与作者权的内容存在若干近似之处，例如，财产权部分均体现为对保护对象的某些利用方式的控制，并采用诸如复制、发行、信息网络传播等相同术语。最后，作者权主体与邻接权主体存在利益关联，邻接权主体通常以各种方式

---

〔1〕参见王迁：《广播组织权的客体——兼析"以信号为基础的方法"》，载《法学研究》2017年第1期。

〔2〕参见胡康生主编：《中华人民共和国著作权法释义》，法律出版社2002年版，第129页。

增加作品的传播形式，扩大作品的传播范围，从而有助于作者权主体的利益实现。这种利益关系的通常表述是邻接权主体享有与行使权利不得损害作者权主体既有的权利与利益。例如，《保护表演者、录音制品制作者和广播组织罗马公约》（以下简称《罗马公约》）第 1 条规定即有体现。

国际公约规定的邻接权仅包括表演者权、录制者权与广播组织权。除了录制客观现象而成的录制品外，这三种权利均与作品紧密关联。邻接权主体通过资本、劳动等投入，利用作品形成直观的表演、音像或者广播信号等形式，成为作品的重要传播者。除此之外，出版者出版作品也是重要的传播形式。

在某种意义上，邻接权与相关权对应狭义邻接权与广义邻接权。使用前者能够表达术语的严谨性，使用后者能够表达术语的承袭性。从邻接权向相关权的发展彰显了邻接权制度的扩张趋势。这种扩张在很大程度上基于如下两方面理由：一是权利保护对象的相似性。例如，非文学艺术作品的表演者依然可以成为部分国家相关权的主体，就是基于表演行为的相似性。录制自然界的声音、风景可以构成录音制品、录像制品，显然是基于这些录制品均表现为声音、声音与图像的结合或者单纯图像，与表现作品的录制品具有相似性。二是立法传统的差异性。随着著作权保护对象国际趋同性的增强，著作权保护对象具有最低限度的共同范围。但由于作品保护条件独创性的内涵不同，相同保护对象在不同独创性标准下具有不同的地位，因而出现了相同保护对象在不同国家著作权法上的地位差异。例如，我国著作权法规定了杂技艺术作品，而法国著作权法则通过保护杂技艺术的表演者而保护杂技艺术；我国著作权法并没有区分艺术摄影与普通摄影，德国著作权法则将照片作为相关权的对象。当然，这种差异性在某种程度上也可以被认为是基于保护对象的独创性低于作品独创性标准，但是保护对象与作品近似而产生。

国际公约及国内约定俗成的术语是邻接权，但是我国著作权法采用了有关权益的表述，更接近德国的相关权概念。更为重要的是，相关权与邻接权存在着范围上的不同。本书基于此种理由以及学理上的通常表述一般采用相关权概念，并将其分为邻接权与其他相关权。从整体上看，著作权制度体系可以分为作者权制度、邻接权制度与其他相关权制度三个层次。邻接权制度是基于保护对象与作品的关联性，其他相关权制度则基于保护对象与邻接权对象的相似性。这种层次性也能够传递保护对象的相互关系、保护条件的差异性等信息。因此，相关权的概念之争实质上是邻接权与相关权的概念之争，解决相关权概念之争的关键在于，如何认识邻接权的扩张并将扩张后的相关权进行归类。

（三）相关权的性质之争

相关权性质的讨论分为正当性与权利对象两个视角。从正当性视角观察，相关权是基于传播过程的劳动付出和投资而享有的权利，具体又有作品传播者权与投入权之争。前者认为，邻接权更确切的提法应当是作品传播者权，[1]是传播者在传播作品的过程中就自己的创造性劳动和投资享有的一定权利。[2]后者认为，相关权保护的是服务于作品的精神方面的劳动投入。这种投入仅服务于某个精神方面的财富，而自己的精神既不纳入该精神财富的结果之中，也不对该精神财富施加影响；这种投入仅在客观上具有独特性，并不表达任何具有独创性的智慧；这种投入经常是可以被替换的，且该替换不对结果产生根本性影响。[3]

相关权的性质之争源于邻接权与相关权的概念之争。显然，邻接权概念支撑作品的传播者权属性，相关权概念支撑相关投入

---

〔1〕 郑成思：《版权法》，中国人民大学出版社1997年版，第49页。
〔2〕 李明德、许超：《著作权法》（第2版），法律出版社2009年版，第188页。
〔3〕 ［德］M.雷炳德：《著作权法》，张恩民译，法律出版社2005年版，第54~56页。

主体的投入权。从投入角度看，作品传播者与精神方面的投入者都可能需要付出创造性劳动与投入。但是，作品传播者权属性强调相关权与著作权在保护对象上的关联性，投入权属性则强调相关权主体获得法律保护的正当性。作品传播者权具有封闭性，只限于与作品传播有关的行为，对其他行为的保护只能作为例外。投入权具有开放性，能够将与作品传播无关但与保护对象近似的投入行为纳入相关权体系。对权利性质的认知体现着保持何种相关权体系的观念与立场以及立法逻辑的严谨性。采取开放性体系或许可以应对著作权法更为复杂的挑战。

从权利对象的视角观察，相关权对象与作品的区分首先在于艺术形式，而非独创性。通常认为，相关权对象不具有独创性。或者说，相关权鼓励的行为不具著作权法上的独创性。[1]在北京某网络技术有限公司等与北京某信息服务有限公司侵害著作权纠纷、不正当竞争纠纷案中，二审法院与再审法院的分歧[2]，将视听作品与录像制品的区分标准究竟是独创性的有无还是高低，推向了议题中心。独创性有无与高低的等价，似乎成为终局答案。[3]

但是，作品是文学、艺术和科学领域内的智力成果，这是国际公约与各国著作权法的共识。所谓科学领域内的智力成果，并非科学发现、思想、原理与自然规律等，而是利用图形、文字、字母、数学符号等形式对上述内容的表达。科学领域内的智力成果，在本质上是文字作品、图形作品等。同时，文字作品在本质上是语言艺术类作品。这种归纳方式的结果是，作品与广义的艺

---

〔1〕崔国斌：《著作权法：原理与案例》，北京大学出版社 2014 年版，第 510 页。

〔2〕参见北京知识产权法院（2015）京知民终字第 1818 号民事判决书，北京市高级人民法院（2020）京民再 128 号民事判决书。

〔3〕参见王迁：《体育赛事现场直播画面著作权保护若干问题——评"凤凰网赛事转播案"再审判决》，载《知识产权》2020 年第 11 期。

术概念具有内在一致性。是否构成作品，在本质上是是否具有艺术性的判断。当然，这里的艺术性判断需要遵循审美无歧视原则。或者说，作品是一种艺术形式。[1] 不是艺术形式的各种成果，都不是作品，只可能依法寻求相关权的保护。

艺术形式可区分为源于创作的艺术形式与源于表演的艺术形式，作品与表演的区分在于独创性。至于是独创性的有无还是独创性的高低，则取决于对待表演的艺术观念。[2] 所以，作品的内涵是统一的，相关权对象则各有差异。

二、相关权的类型

我国《著作权法》规定的相关权包括四类：表演者权、录制者权、广播组织权与出版者权。

（一）表演者权

1. 表演者权的法律结构

表演者权的主体有一个演变过程。《罗马公约》第 3 条规定，"表演者"是指演员、歌唱家、音乐家、舞蹈家和表演、歌唱、演说、朗诵、演奏或以别的方式表演文学或艺术作品的其他人员。《世界知识产权组织表演和录音制品条约》与《视听表演北京条约》对表演者的表演对象增加了民间文学艺术表达。根据我国《著作权法实施条例》第 5 条第（6）项的规定，表演者是指演员、演出单位或者其他表演文学、艺术作品的人。根据 2010 年《著作权法》第 37 条的规定，表演者也有演员与演出单位两类。

因此，表演者的两个争议点在于：其一，表演对象的范围究

---

〔1〕　参见付继存：《作品认定的"艺术无价值论"批判与回应》，载《首都师范大学学报（社会科学版）》2023 年第 2 期。

〔2〕　参见付继存：《作品独创性功能的反思与重塑——基于著作权法结构与价值目标的双重视角》，载《湖南大学学报（社会科学版）》2022 年第 5 期。

竟是仅限于表演文学艺术作品，还是也包括民间文学艺术表达，甚至还包括表演非作品。[1] 一类特殊的表演者是视听作品的表演者。关于该类表演者可否享有表演者权，司法观点认为：由于电影作品制片者承担了制片的市场风险，市场变动而产生的新利益应由制片者享有。电影作品的表演者在取得片酬后，市场风险与其无涉，表演者不应再分享制片者的市场利益。[2] 学理观点存在分歧：一种观点认为，电影作品是"演员已经（无论通过书面合同或其他形式的合同）把自己的表演者权转让（或许可他人使用）之后方可能产生的作品"。[3] 甚至，"演员因参与影视作品的拍摄而产生的表演者权实际上已由影视作品的制片者取得。"[4] 另一种观点认为，如果承认视听作品的表演者享有表演者权，一方面可能会使演员轻易就能够阻止电影作品的后续利用，损害制片人的利益；另一方面很难解释为何没有赋予对电影作品做出同样或者更重要贡献的导演、编剧对后续利用的控制权，而要专门赋予数量众多的演员以控制权；还有一方面在于，从表演者权立法的字面意思看，表演者控制权针对的是录音录像制品的复制发行，不涵盖电影作品。[5] 无论是表演者权法定转让给制片者或者直接归属制片者，还是视听作品的表演者不享有表演者权，两种观点都认可视听作品的表演者在结果意义上不享有表演者权。其二，表演者的资格条件究竟是仅限于自然人还是也可以包括演出单位。当演出单位为作品的表演进行筹备、组织、排练等，承担表演经费，并且演出体现的是演出单位的意志时，演出单位就是

---

〔1〕 相关研究，参见易玲：《表演者权视阈下民间文学艺术表达保护路径探析》，载《法律科学（西北政法大学学报）》2022年第4期。

〔2〕 参见上海市黄浦区人民法院（1998）黄经初（知）字第680号民事判决书。

〔3〕 参见郑成思：《版权法》，中国人民大学出版社1997年版，第61页。

〔4〕 参见王迁：《〈视听表演北京条约〉视野下著作权法的修订》，载《法商研究》2012年第6期。

〔5〕 崔国斌：《著作权法：原理与案例》，北京大学出版社2014年版，第333页。

著作权法意义上的表演者。[1]这实际上构造了表演自然人、表演单位以及依法利用表演的主体之三方关系。但是，将演出单位拟制为表演者也存在问题：绝对排除演员个人利益的做法显然忽视了表演者个人的贡献和应享有的收益，与著作权法对职务作品、法人或非法人组织作品（单位作品）、视听作品的保护不相协调、不相平衡，也意味着演出单位享有人身权和财产权，以致与表演者的权利存在内在矛盾。[2]

我国《著作权法》第三次修改时提出职务表演制度，即在于增强表演自然人与表演单位的意思自治，保障表演自然人的精神利益。现行《著作权法》第40条规定："演员为完成本演出单位的演出任务进行的表演为职务表演，演员享有表明身份和保护表演形象不受歪曲的权利，其他权利归属由当事人约定。当事人没有约定或者约定不明确的，职务表演的权利由演出单位享有。职务表演的权利由演员享有的，演出单位可以在其业务范围内免费使用该表演。"这一规定"是职务作品的立法精神与具体规定在邻接权领域演绎的逻辑结果，在此明文规定表演者和演出单位之间的利益关系，有助于减少因立法缺位所引起的表演者与演出单位之间的利益纷争，促进我国表演事业的繁荣发展"。[3]

表演者权的客体曾有表演者演出的节目之说，此种观点的不合理性显而易见。[4]现在的通说认为，表演者权的客体是表演、表演活动或者表演行为。表演即便是一种创造行为，也因为不增加作品的实质表达而不构成创作或者演绎作品的行为，只能是一种传播作品的相关行为。

〔1〕 参见最高人民法院（2008）民三终字第5号民事判决书。
〔2〕 陈锦川：《著作权审判：原理解读与实务指导》，法律出版社2014年版，第169~170页。
〔3〕 杨利华：《我国著作权制度的最新进展及其司法适用与完善》，载《中州学刊》2021年第7期。
〔4〕 参见郑成思：《版权法》，中国人民大学出版社1997年版，第60~61页。

表演行为与创作行为对作品表达本身不同，虽然部分精湛的表演可以增强作品的立体感与感染力。结合表演者权立法可以发现，表演者权是兼具精神权利与财产权利的单独权利，其权利项尤其是财产权项直接表明了对相关利用方式的控制，财产权项体系构成控制范围或者利益范围。

根据我国《著作权法》第 39 条的规定，表演者权的内容包括两项精神权利与四项财产权利。其中，精神权利包括表明表演者身份和保护表演形象不受歪曲。在财产权中，第一项财产权是现场直播与公开传送权，仅限于以无线方式向公众广播现场表演与将现场表演通过无线广播以外的其他任何方式向公众播送现场表演的权利，不包括机械表演权。第二项财产权是表演的首次录制权。第三项财产权是表演录制品的复制、发行、出租权。第四项财产权是通过信息网络向公众传播权，是否与作者权的信息网络传播权相同存疑。我国《著作权法》第三次修改时明确将两者统一起来。

与录音录像制作者权相比，现行《著作权法》也赋予了表演者出租权，也即赋予表演者通过表演载体出租而获得回报的控制权。这也是 2020 年修法时新增的权利内容。从国际公约的立法例看，《世界知识产权组织版权条约》（WIPO Copyright Treaty, WCT）规定了录音制品的出租权，因为按照"减损测试"，即便在出租过程中没有发生复制，仅仅是出租本身就可能对复制权的价值和可适用性造成损害。[1]《世界知识产权组织表演和录音制品条约》规定了表演者与录音制品制作者的出租权，这对于平衡表演者与录音录像制作者之间的利益是比较妥当的。我国于 2007年加入该条约时并没有规定表演者的出租权，为了履行条约第 9条的规定，现行《著作权法》第 39 条第 1 款第（5）项规定了表

---

〔1〕 ［匈］米哈伊·菲彻尔：《版权法与因特网》（下），郭寿康等译，中国大百科全书出版社 2009 年版，第 715 页。

演者的出租权，具体体现于在复制、发行基础上拓展到出租权，即"许可他人复制、发行、出租录有其表演的录音录像制品，并获得报酬"。选择这种方式的理由与按照 WCT 对以录音制品体现的作品规定出租权是相同的。

2. 表演者权的利益结构

表演者权与作者权、录制者权以作品为中介，形成一个单向度制约的利益结构。如果表演者利用享有著作权的作品进行表演，就需要对这种利用行为所产生的利益进行分配。对此，我国《著作权法》第38条作了规定，即使用他人作品，表演者应当取得著作权人许可，并支付报酬。演出组织者组织演出，由该组织取得著作权人许可，并支付报酬。

同时，一旦录制者使用表演者的表演进行传播，也需要对这种利用行为所产生的利益进行分配。根据我国《著作权法》第39条第2款的规定，表演者许可他人现场直播和公开传送现场表演、录制表演、复制发行录有表演的录音录像制品以及通过信息网络向公众传播其表演的，被许可人还应当取得著作权人许可，并支付报酬。

（二）录制者权

1. 录制者权的法律结构

录制者权是录制者对其录制品享有的专有权。我国《著作权法》规定的录制品有录音制品与录像制品两类。国际公约与规定录制者权的国家大多规定录制品仅限于录音制品。《罗马公约》第3条规定，"录音制品"是指任何对表演的声音和其他声音的专门录音。我国现行《著作权法》的规定与国际公约相一致。此外，《著作权法实施条例》第5条第（3）项规定：录像制品，是指电影作品和以类似摄制电影的方法创作的作品以外的任何有伴音或者无伴音的连续相关形象、图像的录制品。通常认为，录像制品与视听作品的区别在于保护对象的独创性程度。但是，这种区分常面临着界限不清的困惑。在我国《著作权法》第三次修改的过程中，修改草案曾取消录像制品，并指出：单设一类录像制品作为相关权客体的立法例并不普遍，多数情况下，录像制品都可作为视听作品保护。[1]但是，现行著作权法并未取消录像制品。个中原因或许在于，作为艺术创作成果的视听作品与作为摄制技术运用结果的录像制品是可以区分的。

　　录制者权的主体是录制者。《罗马公约》第 3 条规定，"录音制品制作者"是指首次将表演的声音或其他声音录制下来的自然人或法人。我国《著作权法实施条例》第 5 条第（4）项也规定，录音制作者是指录音制品的首次制作人。录制者的特征有三个：一是录制者是首次录制表演或者其他声音、图像的人。二是录制者可以是自然人，也可以是法人或非法人组织。当法人或者非法人组织是录制者时，就涉及法人或非法人组织、实际录制人与表演者、作者的法律关系。认定法人或者非法人组织为录制者时，应当满足由法人主持、代表法人意志、由法人承担责任并署以法人名称等条件。我国《著作权法》并未为内部关系作出特别规定。三是录制者的资质与录制者的身份并不冲突。根据《音像制品管理条例》第 5 条的规定，国家对出版、制作、复制、进口、批发、零售音像制品，实行许可制度，且许可证和批准文件，不得出租、出借、出售或者以其他任何形式转让。录制者未满足许可条件，未取得许可，不得从事上述活动，否则即构成违法。但是，这并不妨碍录制者享有录制者权。也即，享有录制者权与非法出版发行等没有关联。

　　录制者权的内容包含四项财产权。根据现行《著作权法》第 44 条规定，录音制作者享有许可他人复制、发行、出租、通过信息网络向公众传播并获得报酬的权利。《信息网络传播权保护条

---

　　〔1〕 参见《关于〈中华人民共和国著作权法〉（修改草案）的简要说明》（国家版权局 2012 年 3 月）。

例》第 26 条将"通过信息网络向公众传播"解释为信息网络传播权。但是,"通过信息网络向公众传播"与"信息网络传播权"并不一致。[1]因为"通过信息网络向公众传播"具有开放性,在语义上包含网络广播等定向传播形式,信息网络传播权则仅指交互式传播。

与录制者权内容相关的讨论包括录制者的表演权、播放权等"二次获酬权"。其原因在于:从产业发展的实际情况看,录音制品有形载体的复制发行已经受到了网络的极大冲击。以音乐作品为例,文件共享、点对点传播与免费下载正在摧毁传统的商业模式,数字音乐业已成为音乐产业新的增长点。录制者所享有的复制、发行与出租权等依赖载体获利的权利,在收益分配机制中的作用已经大打折扣。在信息网络传播过程中,各种盗版、非法下载等行为普遍存在,发现并追究直接侵权者的成本较高,运营商又存在着一定的免责事由,以致本应当成为支柱性收入的权利也受到挑战。在无形传播日趋重要、有形载体运营日渐没落的形势下,广播组织、商场超市、卡拉 OK 企业却通过免费使用录制品而获得利润。因此,"关于录有表演者表演的录音制品被广播、机械表演时,是否应当享有获得合理报酬的要求,应当予以考虑"。[2]这种权利设置符合利益分配的公平原则,有利于摆脱我国音乐产业的现实困境,也符合邻接权扩张的国际趋势。[3]可以说,录制者的"二次获酬权"对拯救音乐产业非常重要。基于此,2020 年第三次修改的现行《著作权法》增加了录音制作者的上述"二次获酬权"。其第 45 条规定:"将录音制品用于有线或者无线公开传播,或者通过传送声音的技术设备向公众公开播

---

〔1〕　宦士友:《我国著作权法律制度面临的困惑——写在著作权法修订之际》,载《知识产权》2012 年第 2 期。

〔2〕　许超:《关于修改著作权法的初步想法》,载《中国版权》2012 年第 1 期。

〔3〕　张今:《振兴音乐产业的立法应对》,载《新华文摘》2010 年第 11 期。

送的，应当向录音制作者支付报酬。"[1]

2. 录制者权的利益结构

录制者权的赋予与行使也遵循不损害原则，因而与作者权、表演者权形成单向度约束的利益结构。我国《著作权法》第42条对此作出了规定。关于录制者与表演者的关系，《著作权法》第43条规定录音录像制作者制作录音录像制品，应当同表演者订立合同，并支付报酬。这对应着表演者的复制、发行权。

对录制品的使用，可以分为两个层次：一是再次出售已经复制发行的录制品。根据权利穷竭原则，这种利用不构成侵权。二是以复制、发行、通过信息网络向公众传播等方式，使用录音录像制品，被许可人还应当同时取得著作权人、表演者的许可，并支付报酬。此外，根据现行《著作权法》第44条第2款的规定，被许可人出租录音录像制品，还应当取得表演者许可，并支付报酬。该规定系2020年修法时新增加的内容，有利于加强对表演者权的保护，平衡被许可人、录音录像制作者和表演者之间的利益关系。

同时，为了防止垄断，现行《著作权法》第42条第2款规定了制作录音制品法定许可。

（三）广播组织权

1. 广播组织权的法律结构

广播组织权的主体是广播电台、电视台等广播组织。根据《罗马公约》的规定，"广播"是指供公众接收的声音或图像和声音的无线电传播。这表明，《罗马公约》保护的广播组织是无线电广播组织，并不包括有线传输广播与卫星传送的广播。世界知识产权组织著作权及相关权常设委员会第二十七届会议（2014年

---

[1] 相关研究，参见冯晓青：《著作权法》（第2版），法律出版社2022年版，第151~152页。

4月28日至5月2日）形成的《保护广播组织条约工作文件》指出：广播组织系指主动对其已得到权利人必要授权的节目内容进行包装、组合、安排播送时间，并对向公众播送广播信号中所包括的每一项内容负有法律和编辑责任的法律实体。而且，"有线广播"与"广播"相同，但系指以有线方式播送，且不包括通过卫星或计算机网络的播送。这意味着正在磋商的保护广播组织条约只是增加了有线广播，并不计划将网络广播与卫星传输的广播纳入保护范围。相应地，网络广播组织也不能成为广播组织权的主体。这一规定与我国现行《著作权法》的规定相一致，即广播组织包括无线广播组织与有线广播组织两类。网络广播组织不能纳入广播组织权主体也与广播组织权的客体紧密相关。[1]

广播组织权的客体存在着广播节目与广播信号之争。一种观点认为，广播组织权的客体是无线电广播节目、电视广播节目、广播卫星节目、电缆节目等，其核心是节目。[2]《罗马公约》明确规定保护广播节目。我国1990年《著作权法》规定，广播组织权的客体是广播、电视节目。2001年《著作权法》将其改为广播、电视，对何谓广播电视则未明确。2010年及现行《著作权法》沿袭了2001年《著作权法》的规定。显然，广播节目或广播的内容与广播信号不同。广播节目的外延比较宽泛，既包括享有和不享有著作权的作品，又包括电台、电视台的汇编作品。[3]而且，保护节目也存在一系列正当性诘问：首先，作品的分类标准是表达形式而不是传播主体；其次，如果广播组织播放的节目纯粹是他人享有权利的作品，将播出的节目规定为广播或通讯作品并对其内容提供保护，将导致严重的权利冲突问题；最后，如

---

〔1〕相关研究，参见王迁：《论〈著作权法〉对"网播"的规制》，载《现代法学》2022年第2期。
〔2〕参见郑成思：《版权法》，中国人民大学出版社1997年版，第60~61页。
〔3〕李明德、许超：《著作权法》（第2版），法律出版社2009年版，第205页。

果广播组织播出的节目是保护期届满的作品，则保护节目将严重侵蚀公有领域。[1]另一种观点认为，广播组织权的客体是广播信号。《关于播送由人造卫星传播的载有节目信号的公约》规定，信号是由电子方式产生的、能够传送节目的载体。前述《保护广播组织条约工作文件》在界定信号与广播时提出了两个方案，均受此影响。一种方案是信号系指通过电子手段生成，由声音或图像，或声音加图像，或其表现物构成的载体，无论是否加密。另一方案是信号系指通过电子手段生成、能够播送广播节目或有线广播节目的载体。这两个方案的共同点在于，表明广播组织权的客体是广播信号，并强调信号是节目的载体。这就厘清了节目与信号的关系。

广播组织权的内容也存在权利束与单一权利之争。我国《著作权法》第47条规定，广播组织享有的财产权利是三项禁止权，即禁止未经其许可将其播放的广播、电视以有线或者无线方式转播；禁止未经其许可将其播放的广播、电视录制在音像载体上以及复制音像载体；禁止未经其许可、通过信息网络向公众传播其播放的广播、电视。与《罗马公约》相比，我国现行规定缺乏积极权利的规定。

转播权是否包括通过信息网络的转播，也是一个悬而未决的问题。《罗马公约》规定，"转播"是指一个广播组织的广播节目被另一个广播组织同时广播。从立法背景看，此处所谓转播并不包括网络转播。我国《著作权法》第三次修改草案第一稿增加了一项新权利，其用意在于将网络环境下的直播、转播权授予广播组织。该修改草案第二、三稿删除了通过网络转播广播电视节目的规定。其理由在于：从推动广播电视节目市场交易、促进我国广播电台电视台发展的角度出发，借鉴相关国际公约和主要国家

---

[1] 参见王迁：《广播组织权的客体——兼析"以信号为基础的方法"》，载《法学研究》2017年第1期。

的立法，对广播电台、电视台权利进行了调整，其中包括根据播放权与信息网络传播权的权利内容的调整，考虑到非交互传播已经纳入播放权的控制范围，删除了通过网络转播广播电视节目的规定。[1]这一理由在实质上贯彻了以信号为基础的原则，通过网络的同步广播完全可以纳入中文"转播"的语义范畴，赋予信息网络传播权反而是回到了节目保护模式，因为交互式获取与信号的实时性特征存在内在矛盾。但是，根据现行《著作权法》第47条第1款第（3）项规定，广播电台、电视台有权禁止未经其许可将其播放的广播、电视通过信息网络向公众传播。"在当前信息网络环境下，对于广播组织的广播、电视通过交互式传播的信息网络传播行为，广播组织也应有权予以控制，否则将使其付出巨大投资和成本的广播、电视在互联网环境下不能得到有力的保护。在信息网络环境下，唯独不赋予广播组织的信息网络传播权，也会造成著作权法中不同主体保护的利益失衡。故现行《著作权法》第47条还新增了广播组织的信息网络传播权。"[2]

2. 广播组织权的利益结构

广播组织是以信号形式传播作品的重要主体，适于传播的作品内容又集中在声音与图像方面，因而与作者、表演者、录制者处于利益结构中。同样，广播组织应当遵守单向度的不损害原则。2020年修正的现行《著作权法》新增的第47条第2款即规定："广播电台、电视台行使前款规定的权利，不得影响、限制或者侵害他人行使著作权或者与著作权有关的权利。"这一新增规定，有利于协调广播电台、电视台与作者或其他著作权人以及

---

〔1〕 参见《关于〈中华人民共和国著作权法〉（修改草案第二稿）修改和完善的简要说明》（国家版权局 2012 年 7 月）。

〔2〕 杨利华：《我国著作权制度的最新进展及其司法适用与完善》，载《中州学刊》2021 年第 7 期。

表演者、录音录像制作者的法律关系。[1]

（四）出版者权

1. 出版者权的法律结构

出版者权是我国《著作权法》专门规定的一类相关权。这一相关权与我国《著作权法》的制定背景、对相关权性质的认识有关。一方面，在"中国著作权法制定之时，作品的利用方式主要是出版发行"；另一方面，"既然邻接权是作品的传播者所享有的权利，既然出版者是作品的传播者，出版者理所当然应当享有一定的邻接权"。[2]这种体系化安排也与我国并没有从出版者特权到作者权转变的历程有关。

我国《著作权法》规定的出版者包括图书出版者与报刊出版者两类，比《出版管理条例》规定的报社、期刊社、图书出版社、音像出版社和电子出版物出版社等出版单位的范围要小。音像出版社实际上是录音录像制品的制作发行者，属于录制者。由于出版即对作品的复制、发行，而发行的特征在于转移作品载体的所有权，因此电子出版物出版社也不属于著作权法上的出版者。现行《著作权法》《著作权法实施条例》并没有对什么是出版者做出定义，但是根据出版管理法规，出版者不能是自然人。由此带来两个问题：一是如果自然人或者不具有出版资质的法人或非法人组织出版图书，能否享有出版者权。结合著作权法的基本法理，从出版者权作为私权的属性看，似乎并不能否定这种主张，且可对其违法行为给予相应的处罚。二是实际设计版式的自然人与出版者的关系如何确定。根据《著作权法》第37条的规定，出版者有权许可或者禁止他人使用其出版的图书、期刊的版式设计。这似乎表明，实际设计人不具有著作权法的地位，也不

---

[1] 相关研究，参见冯晓青、郝明英：《〈著作权法〉中广播组织的多元主体地位及权利构造——兼评〈著作权法〉第47条》，载《学海》2022年第2期。

[2] 李明德、许超：《著作权法》（第2版），法律出版社2009年版，第209页。

享有相应的权利。实际设计人与出版者之间的利益分配只能通过合同来解决。但是，如果双方在合同中没有约定版式设计权的归属，实际设计人与出版者之间的关系可否参照委托作品、职务作品的归属规则来确定，不无疑问。实践中的认识也不一致。例如，在某汽车杂志社与某汽车工业经济技术信息研究所著作权纠纷案中，法院并不支持这种推论。[1]在朱某与某工业出版社著作权纠纷案中，法院则认为按照法律规定，出版社享有的是对其出版的图书版式设计的专有使用权，版式设计、装帧设计的署名权仍应属于实际设计者。[2]

出版者权的客体是版式设计。1990年《著作权法》并没有规定出版者权的客体，1991年《著作权法实施条例》第38条则规定，出版者权的客体是图书、报纸、杂志的版式、装帧设计。2001年《著作权法》仅规定了版式设计。其理由在于：装帧设计大多数是美术作品，其权利人是封面设计者而不是出版社。[3]通常认为，版式设计是"对印刷品的版面格式的设计，包括对版心、排式、用字、行距、标点等版面布局因素的安排。版式设计是出版者在编辑加工作品时完成的劳动成果"。[4]我国《著作权法》第三次修改草案各稿均采纳了这种定义。这至少表明，我国对版式设计的认识已经趋于一致。

出版者权的内容是使用著作权设计的许可与禁止权。其中的关键是"使用"。在司法实践中，专有复制权扩大到版式设计的数字化形式。通常认为数字化是复制的一种形式，这种扩大符合语义解释的基本要求。

---

〔1〕　参见四川省成都市中级人民法院（2002）成民初字第938号民事判决书。

〔2〕　参见北京市海淀区人民法院（2008）海民初字第1685号民事判决书。

〔3〕　胡康生主编：《中华人民共和国著作权法释义》，法律出版社2002年版，第150~151页。

〔4〕　胡康生主编：《中华人民共和国著作权法释义》，法律出版社2002年版，第149页。

同时，曾有将专有出版权列为出版者权的观点。专有出版权的取得与出版者的劳动无直接关联，将其列为相关权内容作为对出版者的回报不具有正当性。需要指出的是，基于合同约定产生的专有出版权并非普通债权。专有出版权是专有使用权的一种，是独占地复制、发行图书、期刊的权利，是法律赋予了专有使用权绝对权、排他权的性质。[1]也即，专有出版权因合同而产生，其内容与性质却并非因约定而是法定产生。

2. 出版者权的利益结构

出版者是通过书刊传播作品的重要主体，与作者具有紧密关联。通常，出版者需要与著作权人签订出版合同并支付报酬后，才能合法出版图书、报刊。双方可以签订专有出版合同与非专有出版合同。《著作权法》为了规范出版者与著作权人的关系，在第32条至第36条专门规定了相应的权利义务，包括依约交付与出版作品、重印再版的获酬权、单方合同解除权、承诺期限、报刊转载法定许可、对作品的文字性修改与删节等。需要指出的是，出版者对版式设计的专有权具有独立性，版式设计并不因作品保护期届满、合同约定期限届满而不受保护。

---

〔1〕 陈锦川：《著作权审判：原理解读与实务指导》，法律出版社2014年版，第146、149页。

著作权侵权及其法律责任

一、著作权侵权的构成要件

著作权侵权，是指违反法律规定侵犯著作人身权与财产权或者法定报酬权的行为。由于著作权制度国际趋同性的增强，著作权体系与作者权体系的著作权制度相互协调，处理侵权问题的传统方式必然发生融合。由此带来的首要争议也是核心争议在于构成要件之争。这种争议的解决对侵权制度的构造具有决定性影响。

(一) 构成要件之争

著作权侵权的构成要件有一要件说与四要件说。一要件说认为，只要存在未经许可的利用行为，即可认为著作权侵权成立。我国《著作权法》规定侵权责任的模式是直接列举未经许可的行为，并未特别强调过错要件。四要件说认为，著作权属于私权，著作权侵权的判定应当与民法侵权认定保持一致。

一要件说与四要件说也影响着归责原则的认定。采纳一要件说，不考虑行为人的过错。采纳四要件说，在逻辑上就确定要采取过错责任原则或者过错推定责任原则。同时，如果认为我国《著作权法》在归责原则上一以贯之地采取一要件说或者四要件说，就意味着著作权侵权遵循一元归责原则，否则可以认为我国著作权侵权遵循二元归责原则。

（二）以绝对权为基础的构成要件理论

著作权是一组权利，是按照市场来划分利益的一种关系概念。每增加一种新的利用方式，都会有新的权利类型。从民事权利的基本分类看，著作人身权与作品利用控制权属于绝对权，报酬获取权属于相对权，两者性质与行使方式不同。由于著作权中的绝对权与物权均使权利人之外的一切人负有不作为义务，著作权中的绝对权也需要对抗其他一切人破坏这种状态的强制力。因而，著作权中的绝对权具有绝对权请求权效力。

著作权请求权与物权请求权相同，在权利行使条件上并不需要过错，而是以著作权是否受到侵害或有侵害之虞为判断条件。我国《著作权法》第 52 条、第 53 条规定了停止侵害、消除影响、赔礼道歉、赔偿损失四项民事责任。其第 56 条规定，对正在实施或者即将实施侵犯其权利、妨碍其实现权利的行为，如不及时制止将会使其合法权益受到难以弥补的损害的，可以采取诉前责令作出一定行为或者禁止作出一定行为与财产保全措施。其中停止侵害、消除影响、赔礼道歉即基于著作权而产生的保障力，是为了保障著作权的圆满状态而产生的。这三项责任形式也可称为著作权请求权的范围。停止侵害请求权，是指当享有著作权的作品正在被非法使用、传播或者面临被非法使用传播的危险时，著作权人得享有请求侵害人停止侵害的权利。消除影响、赔礼道歉主要是著作人身权产生的绝对权请求权。

除此之外，我国《著作权法》第 52 条、第 53 条也规定了赔偿损失的责任形式。这一责任的构成需要考虑四个要件。这种形式是因著作权受到侵犯而产生的债权请求权。通常，当停止侵害等著作权请求权不足以救济著作权人受到的侵害时，可以同时主张赔偿损失。但是，将停止侵权与赔偿损失绝对捆绑在一起，以结果为导向的归责原则，也不具有侵权法上的正当性。可以寻求赔偿损失的情形主要是侵犯著作财产权的行为，包括对法定报酬获取权的侵害。

因此，根据民法理论，著作权作为绝对权的保护体系分为两部分：一是基于绝对权而产生的著作权请求权；二是基于预期财产利益受损而产生的债权请求权。这两部分又可以被称为著作权侵权的救济基础。著作权侵权的一要件说针对的是著作权请求权，四要件说针对的是债权请求权。著作权侵权的构成要件之争，实际上是两类请求权之争，而这两类请求权并存于著作权法。也即，一要件与四要件在著作权法上均存在，只是产生的基础与价值追求并不相同。

二、著作权侵权行为界定

按照侵权手段的不同，著作权侵权行为大体可分为两类：一类是传统环境下的著作权侵权行为；另一类是网络环境下的著作权侵权行为。由于侵权手段的不同，侵权行为的认定也存在一定差异。

（一）传统环境下的著作权侵权行为

我国《著作权法》是从行为的角度来规定著作权侵权行为的。传统环境下的著作权侵权行为可以分为两类：一类是只承担民事责任的侵权行为；另一类是同时损害公共利益须承担行政责任乃至刑事责任的侵权行为。但是，在我国《著作权法》第三次修改时，有意见认为，从行为角度界定存在着前后表述的重复，宜改为从法律关系角度来界定的方式。

司法实践通常是从作品的角度进行认定，因为侵权行为的判断必须从以下两个角度进行：行为的性质即是否构成著作权控制的行为类型，与行为指向的对象即是否使用或传播了属于著作权人的作品。行为性质与著作权控制的行为类型具有对应性，在实践中较易判断，因而判断的重点就落在被诉侵权作品与原作品的对比上。司法实践中，常采取"接触+实质性相似"的判断规则。最高人民法院第 81 号指导案例指出：判断作品是否构成侵权，应当从被诉侵权作品作者是否接触过权利人作品、被诉侵权作品与权利人作品之间是否构成实质相似等方面进行。在判断是否构成实质相似时，应比较作者在作品表达中的取舍、选择、安排、设计等是否相同或相似，而不应从思想、情感、创意、对象等方面进行比较。[1]指导案例阐述的规则尚未明确如下三个问题：一是接触的认定标准；二是接触与实质性相似的关系；三是"接触+实质性相似"的功能。对于第一个问题，在陈喆（琼瑶）与余征（于正）著作权侵权纠纷案中，北京市高级人民法院作了进一步解释：接触是指被诉侵权人有机会接触到、了解到或者感受到权利人享有著作权的作品。接触可以是一种推定。[2]对第二个问题，美国法院提出的反比规则（inverse ratio rule）具有借鉴意义。在 Three Boys Music Corp. v. Bolton 案中，第九巡回法院认为：在接触方面的证据较强时，实质相似的证据可以弱一些；但是我们从未指出，在接触方面证据较弱时，反比规则要求更强的实质相似证据。[3]当缺少接触的直接证据时，实质相似必须达到惊人相似的程度。而且，要使惊人相似的证据能够合理推出接触的结论，必须排除相似性由抄袭之外的原因导致的可能性。[4]这意味着，在该规则中，接触比实质性相似的地位更重要；只有实质性相似，即便达到惊人相似的程度，也难以认定构成侵权。这一观

〔1〕 张某诉雷某、赵某、山东某音像图书有限公司著作权侵权纠纷案，参见山东省济南市中级人民法院（2010）济民三初字第 84 号民事判决书，山东省高级人民法院（2011）鲁民三终字第 194 号民事判决书，最高人民法院（2013）民申字第 1049 号民事裁定书（最高人民法院审判委员会讨论通过 2017 年 3 月 6 日发布）。

〔2〕 参见北京市高级人民法院（2015）高民（知）终字第 1039 号民事判决书。

〔3〕 Three Boys Music Corp. v. Bolton, 212 F. 3d 477（9th Cir., 2000）.

〔4〕 Selle v. Gibb, 741 F. 2d 896（7th Cir., 1984）.

点的法理在于，作品独创性不是新颖性，不需要以所有作品为比对对象，只需要以作者可能接触的作品为样本。接触具有排除独立创作的可能性。对第三个问题，该规则是"在著作权侵权判断中判断被诉侵权作品是否使用了享有著作权作品的方法和工具"。其他参考要素包括是否排除合理来源（排除合理解释），是否"未经著作权人许可"，被诉侵权人使用的著作权人的作品是否属于"权利的限制或者例外"部分或者属于法定许可的情形等。[1]

（二）网络环境下的著作权侵权行为[2]

网络环境下的著作权侵权行为可以分为单独侵权与共同侵权，也可以分为直接侵权与间接侵权。《民法典》第 1194～1197 条分别规定了直接侵权与间接侵权，两者的主要区别在于是否直接实施了侵权行为。最高人民法院《关于审理侵害信息网络传播权民事纠纷案件适用法律若干问题的规定》（2020 年修正）倾向于采取单独侵权、狭义共同侵权（共同加害行为），以及帮助、教唆型共同侵权的分类。单独侵权与共同加害行为的主体只能承担直接侵权责任；在帮助、教唆型共同侵权行为中，发挥帮助、教唆作用的主体承担间接侵权责任。教唆包括网络服务提供者以言语、推介技术支持、奖励积分等方式，诱导、鼓励网络用户实施侵害信息网络传播权行为。帮助、教唆型侵权或者间接侵权以直接侵权为前提。

直接侵权行为的认定不考虑行为人的主观过错，仅以是否实施提供行为为标准。通过上传到网络服务器、设置共享文件或者利用文件分享软件等方式，将作品、表演、录音录像制品置于信

---

〔1〕 陈锦川：《小议"接触加实质性相似"规则》，载《中国版权》2018 年第 1 期。

〔2〕 关于网络环境下的著作权保护与限制，显然也与网络环境下著作权侵权行为认定有关。不过，为保持研究内容的完整性和体系化，涉及网络环境下著作权侵权行为认定问题，纳入本专题探讨。

息网络中，使公众能够在个人选定的时间和地点以下载、浏览或者其他方式获得的，应当认定其实施了提供行为。网络服务提供者与他人以分工合作等方式共同提供作品、表演、录音录像制品的，构成共同侵权行为，承担连带责任。

间接侵权行为的认定应当考虑主体性质与行为的主观过错。通常认为，网络服务提供者可以分为四类：自动接入或传输服务提供者、缓存服务提供者、存储服务提供者与搜索或链接服务提供者。第一，自动接入需要满足如下两个条件：①未选择并且未改变所传输的作品、表演、录音录像制品；②向指定的服务对象提供该作品、表演、录音录像制品，并防止指定的服务对象以外的其他人获得。第二，缓存服务提供者提供的服务是为提高网络传输效率，自动存储从其他网络服务提供者获得的作品、表演、录音录像制品，根据技术安排自动向服务对象提供。其需要满足如下三个条件：①未改变自动存储的作品、表演、录音录像制品；②不影响提供作品、表演、录音录像制品的原网络服务提供者掌握服务对象获取该作品、表演、录音录像制品的情况；③在原网络服务提供者修改、删除或者屏蔽该作品、表演、录音录像制品时，根据技术安排自动予以修改、删除或者屏蔽。第三，存储服务提供者为服务对象提供信息存储空间，供服务对象通过信息网络向公众提供作品、表演、录音录像制品。其需要满足如下条件：①明确标示该信息存储空间是为服务对象所提供，并公开网络服务提供者的名称、联系人、网络地址；②未改变服务对象所提供的作品、表演、录音录像制品。第四，关于搜索或者链接服务提供者提供的网络上的搜索与链接服务，我国《著作权法》并未对其构成条件进行规定。通常认为，网络服务提供者不能自动干预搜索结果。

过错的认定标准是明知或应知。从法解释学的角度讲，《民法典》第1197条将《侵权责任法》第36条规定的"知道"修改为"知道或者应当知道"。这反映出，立法者已经进一步明确了间接侵权行为的过错状态。立法参与者提出了判断明知与应知应遵循的三大原则：一是根据提供技术服务的网络服务提供者的类型不同，判断标准应当有所不同；二是根据保护对象的不同，判断标准也应当有所不同；三是提供技术服务的网络服务提供者没有普遍审查义务，[1]也即网络服务提供者未对网络用户侵害信息网络传播权的行为主动进行审查的，不应据此认定其具有过错；能够证明已采取合理、有效的技术措施，仍难以发现网络用户侵害信息网络传播权行为的，应当认定其不具有过错。对于第三个原则，也有观点指出："依据间接侵权的一般规则，网络服务商作为善良管理人在获得直接侵权的一般认知后，就可能承担相应的避免侵权的注意义务，而不是一定要等到对具体侵权行为认知时才有此类注意义务。"[2]

司法实践判断网络服务提供者是否构成应知时，通常是根据网络用户侵害信息网络传播权的具体事实是否明显，予以综合考虑。如，网络服务提供者从网络用户提供的作品、表演、录音录像制品中直接获得经济利益的，应当认定其对该网络用户侵害信息网络传播权的行为负有较高的注意义务。

同时，不同网络服务提供者的主观过错认定标准也存在一定差异。对提供信息存储空间服务的网络服务提供者的应知判断包括：①将热播影视作品等置于首页或者其他主要页面等能够为网络服务提供者明显感知的位置的；②对热播影视作品等的主题、内容主动进行选择、编辑、整理、推荐，或者为其设立专门的排行榜的；③其他可以明显感知相关作品、表演、录音录像制品为

---

〔1〕 黄薇主编：《中华人民共和国民法典侵权责任编解读》，中国法制出版社2020年版，第134~135页。

〔2〕 崔国斌：《网络服务商共同侵权制度之重塑》，载《法学研究》2013年第4期。

未经许可提供，仍未采取合理措施的情形。对搜索或链接服务提供者的明知判断，是接到权利人以书信、传真、电子邮件等方式提交的通知后，未及时采取删除、屏蔽、断开链接等必要措施。认定网络服务提供者采取的删除、屏蔽、断开链接等必要措施是否及时，应当根据权利人提交通知的形式，通知的准确程度，采取措施的难易程度，网络服务的性质，所涉作品、表演、录音录像制品的类型、知名度、数量等因素综合判断。这表明，避风港规则是认定网络服务提供者过错的重要标准。当然，随着算法推荐技术、过滤技术等新兴技术的发展，避风港规则的适用性面临新的挑战。

三、著作权侵权行为的法律责任

著作权侵权行为的责任承担可分为民事责任、行政责任与刑事责任。

（一）民事责任

著作权侵权民事责任的形式包括停止侵害、消除影响、赔礼道歉与赔偿损失。

1. 停止侵害

这是民事法律中常用的制止侵权行为继续的重要方法。对于正在实施的侵犯著作权、邻接权的行为，被侵权人有权责令立即停止侵权活动，而不论侵权人主观上是否有侵权故意。被侵权人有权直接阻止侵权活动，也可以要求主管部门或法院责令停止侵害。如采取封存扣押未出售的侵权复制品、停止发行、禁止销售等措施。值得指出的是，在著作权侵权案件中，停止侵害法律责任并非没有任何限制。在特定的情况下，如果停止涉案相关行为可能损害国家利益、公共利益，则可以考虑不判决停止使用，而改为判决支付相应的使用费。对此，我国涉及专利权保护的司法解释已有明确规定。2016 年 1 月 25 日最高人民法院审判委员会第 1676 次会议通过并于 2016 年 4 月 1 日起施行的《关于审理侵犯专利权纠纷案件应用法律若干问题的解释（二）》（法释〔2016〕1 号）第 26 条即规定："被告构成对专利权的侵犯，权利人请求判令其停止侵权行为的，人民法院应予支持，但基于国家利益、公共利益的考量，人民法院可以不判令被告停止被诉行为，而判令其支付相应的合理费用。"在我国著作权保护领域，虽然尚未见类似司法解释的规定，但基于著作权保护和专利权保护相同的法理，以及著作权保护实践中出现的问题，在特殊情况下，也需要考虑适用停止侵害民事责任限制制度。

2. 消除影响

这是非财产性承担民事责任的一种方式。侵权人的加害行为如果给权利人造成了不良影响，应当采取适当措施予以消除。通过"消除影响"，被侵害人的名誉得到恢复。这也有利于弥补其精神上的损害。一般而言，侵权影响范围有多大，就应在多大范围内消除其影响。需要指出，消除影响这一民事责任形式，更多地适用于侵害著作人身权案件中，因为侵权人对于著作人身权的侵害，通常会对著作权人声誉造成一定的负面影响，损害著作权人的良好形象。为此，需要通过一定方式消除这种负面和不良影响。由于不同类型作品被侵权的表现和后果不同，不同类型作品被侵权造成著作权人声誉和形象的影响也不大相同。此外，不同作品的作者因为学术和艺术水平、个人声誉与影响不同，同一性质的著作权侵权行为造成的后果与负面影响也不同。因此，在著作权保护实践中，如何消除影响应根据个案中作者和作品的实际情况、侵权行为表现和范围、侵权后果等因素综合考虑。

3. 赔礼道歉

赔礼道歉也是一种非财产性承担民事责任的方式。一般地说，只适用于侵犯著作人身权的民事责任；对于既侵犯著作人身权，也侵犯著作财产权的行为，也可以合并使用。但应当注意，作为民事法律责任意义上的赔礼道歉具有法律上的强制性，和一般道德评价中的赔礼道歉不同。对于拒不赔礼道歉者，可以予以训诫。

关于赔礼道歉民事责任的适用，值得指出的是，在我国 1990 年《著作权法》第 45 条和第 46 条关于侵权表现及其法律责任的规定中，使用的术语为"公开赔礼道歉"，在 2001 年《著作权法》及其后续版本中，则删除了"公开"这两个字。笔者认为，这一修改具有很大的合理性，从一个侧面体现了法律制度的实施应当面向社会现实的基本法理。因为著作权纠纷案件，很多涉及"文化人"之间的纠纷，而在确认侵害著作权的前提下要求"赔礼道歉"具有公开性，这在实践中可能导致双方关系更难以弥合，也更难以执行。实际上，对于侵权人来说，赔礼道歉法律责任的功能和作用在于使侵权人真诚悔悟，表达因其侵权行为对被侵权人的歉意，并有助于使其反省，以后不再从事类似侵权行为；对于被侵权人来说，赔礼道歉的功能则在于抚慰其因被侵权所造成的伤害和损害，从而获得心理上的弥补。从整体的情况看，赔礼道歉有利于有效解决纠纷，维护社会关系的稳定与和谐。但是，上述功能和作用的实现并不以"公开"赔礼道歉为前提，关键在于侵权人道歉的忠诚和足以弥补被侵权人因侵权受到的精神损害。基于此，在著作权侵权法律责任中，对于赔礼道歉法律责任不要求"公开"这一条件就是顺理成章的。

关于赔礼道歉法律责任的适用，还应注意在著作权保护实践中被滥用情况的发生。在很多涉及著作权侵权纠纷案中，作为原告的被侵权人除了主张停止侵害和赔偿损失外，还同时主张赔礼道歉。如果这类纠纷并不涉及著作人身权的侵害，一般不应得到支持。此外，赔礼道歉这种法律责任履行的方式较为特殊。在一些情况下，被告不愿履行生效判决，人民法院通常只能以在报刊等媒体上刊登判决书摘要并责令侵权人支付刊登费用的方式履行。[1]

4. 赔偿损失

著作权侵权损害赔偿制度，是著作权保护制度最重要的内容之一。鉴于此，2020 年《著作权法》修改，对于著作权侵权损害赔偿额界定的规定进行多方面优化，主要体现于以下几方面：

第一，关于损害赔偿界定的顺序。从侵权损害赔偿的一般原理来说，损害赔偿是基于侵权行为对被侵权人造成实际损失而应当由侵权人向被侵权人赔付这一损失的金额。就著作权侵权损害赔偿而言，按照实际损失赔偿是最合理的方式。只有在实际损失难以计算时，才考虑按照侵权人的违法所得给予赔偿。但是，在著作权保护实践中，基于著作权本身的无形性特征，权利人很难提出其因被侵权而造成实际损失额的证据。基于现实考虑，现行《著作权法》将侵权人违法所得与权利人实际损失额列为同一序位的计算损害赔偿的标准。其第 54 条第 1 款中规定：侵犯著作权或者与著作权有关的权利的，侵权人应当按照权利人因此受到的实际损失或者侵权人的违法所得给予赔偿。

第二，引进著作权使用费标准。著作权使用费体现了著作权作品的市场价值。从国外知识产权立法、司法实践以及我国近年修订的《商标法》和《专利法》的规定及相关司法实践的情况看，它们都明确了著作权使用费标准。因此，本次修法，也引进了著作权使用费作为著作权侵权损害的计算标准。现行《著作权法》第 54 条中规定：权利人的实际损失或者侵权人的违法所得难以计算的，可以参照该权利使用费给予赔偿。

上述规定和我国 2019 年修正的《商标法》及 2020 年修正的《专利法》的相应规定有所不同，没有明确是否按照著作权使用

---

〔1〕 参见冯晓青：《著作权法》（第 2 版），法律出版社 2022 年版，第 276～277 页。

费的倍数加以确定。对此，笔者认为，不能将上述规定理解为仅限于著作权使用费，而不包括著作权使用费的倍数，即应当认为可以包括著作权使用费的合理倍数。这可从以下几方面加以理解：其一，损害赔偿意义上的参照著作权使用费，应当具有一定的惩戒功能。其二，我国 2019 年修正的《商标法》及 2020 年修正的《专利法》都明确其需要参照权利许可费的倍数加以确定，同为知识产权侵权损害赔偿，著作权侵权损害赔偿也应保持一致。当然，在现行《著作权法》实施后，如何根据个案情况确定合理的倍数，也是值得探讨的问题，因为在实践中不同的许可方式和条件所对应的著作权使用费不同。

第三，引进惩罚性赔偿制度。由于著作权是我国知识产权制度的重要组成部分，在《民法典》和相关法律都引进了侵权惩罚性赔偿制度的情况下，本次修法增加著作权侵权惩罚性赔偿制度自然是顺理成章之事。现行《著作权法》第 54 条中规定：对故意侵犯著作权或者与著作权有关的权利，情节严重的，可以在按照上述方法确定数额的一倍以上五倍以下给予赔偿。笔者认为，在著作权法中引进侵权惩罚性赔偿制度具有重要意义。引入侵权惩罚性赔偿制度，能够极大地威慑实际与潜在的侵权人，充分维护权利人合法权益，同时也有力地保护相关的著作权产业发展。当然，也应当指出，毕竟惩罚性赔偿不是著作权侵权损害赔偿的主要形式，它仅限于主观上存在故意且情节严重的著作权侵权行为，不能为单纯提高对侵权的打击力度而滥用该制度。在著作权保护实践中，还存在如何协调著作权行政处罚与适用著作权侵权民事赔偿特别是惩罚性赔偿的问题。

第四，大幅度提高法定赔偿标准。法定赔偿是我国知识产权专门法律规定的知识产权侵权损害赔偿方式之一。法定赔偿的合理性在于，在权利人的实际损失、侵权人的违法所得、权利使用费难以计算时，保障权利人能够获得起码的、必要的赔偿。基于法定赔偿制度的现实必要性，我国相关知识产权专门法律均规定了这一制度。

现行《著作权法》第54条第2款则规定："权利人的实际损失、侵权人的违法所得、权利使用费难以计算的，由人民法院根据侵权行为的情节，判决给予500元以上500万元以下的赔偿。"与2010年《著作权法》规定相比，修改之处体现于：一是在著作权侵权法定赔偿制度中首次规定了"下限"；二是大幅度提高了法定赔偿额的上限，即由原先的50万元提高到500万元。关于第一点，在立法中存在一定争议。立法者基于为权利人提供起码保障考虑，规定了500元的下限。关于第二点，确定500万元的标准有以下考虑：一是此前修改的《商标法》《反不正当竞争法》与《专利法》针对法定赔偿上限标准的修改均已提高到500万元，此次修法有必要保持一致；二是当前著作权侵权具有新的特点，大幅度提高侵权赔偿标准是有力遏制严重侵犯著作权行为发生的重要手段。

（二）行政责任

根据《著作权法》第53条的规定，著作权侵权行为人承担行政责任的条件是，侵权行为同时损害公共利益。

我国知识产权行政执法构成了颇具中国本土化特色的知识产权保护模式。包括著作权在内的知识产权行政执法、行政处理具有很强的合理性与必要性。这是因为我国地域辽阔、知识产权纠纷案件数量众多，行政处理能够凭借其便捷、高效的工作模式尽快解决纠纷，及时定分止争，维护权利人和当事人合法权益以及社会关系稳定。从法理上讲，针对知识产权这一民事权利的保护也并非完全限于民事手段，而是可以采取行政执法手段乃至刑事手段。

基于此，近些年来我国每一次修改《著作权法》，不仅肯定了著作权行政执法的地位，而且加强了执法手段、完善了执法机制。本次修法也不例外，在著作权行政执法强化方面，主要体现于：

第一，将著作权行政执法主体由省级著作权行政管理部门扩大到县级著作权行政管理部门。现行《著作权法》第7条规定："国家著作权主管部门负责全国的著作权管理工作；县级以上地方主管著作权的部门负责本行政区域的著作权管理工作。"

第二，提高了著作权侵权的行政处罚责任。现行《著作权法》第53条规定："有下列侵权行为的，应当根据情况，承担本法第52条规定的民事责任；侵权行为同时损害公共利益的，由主管著作权的部门责令停止侵权行为，予以警告，没收违法所得，没收、无害化销毁处理侵权复制品以及主要用于制作侵权复制品的材料、工具、设备等，违法经营额5万元以上的，可以并处违法经营额一倍以上五倍以下的罚款；没有违法经营额、违法经营额难以计算或者不足5万元的，可以并处25万元以下的罚款；构成犯罪的，依法追究刑事责任……"

第三，借鉴《商标法》《专利法》规定，充实了行政执法权。现行《著作权法》第55条第1款规定："主管著作权的部门对涉嫌侵犯著作权和与著作权有关的权利的行为进行查处时，可以询问有关当事人，调查与涉嫌违法行为有关的情况；对当事人涉嫌违法行为的场所和物品实施现场检查；查阅、复制与涉嫌违法行为有关的合同、发票、账簿以及其他有关资料；对于涉嫌违法行为的场所和物品，可以查封或者扣押。"其第2款规定，主管著作权的部门依法行使前款规定的职权时，当事人应当予以协助、配合，不得拒绝、阻挠。

这些修改，强化了我国著作权行政执法力度，有利于加强对著作权的保护。

（三）刑事责任

著作权犯罪是严重危害市场经济秩序的侵权行为。著作权犯罪的罪名有侵犯著作权罪与销售侵权复制品罪。所谓侵犯著作权罪是指以营利为目的，实施侵害著作权行为，违法所得数额较大或者有其他严重情节的行为。该类犯罪行为包括未经著作权人许可，复制发行其文字作品、音乐、电影、电视、录像作品、计算机软件及其他作品的；出版他人享有专有出版权的图书的；未经录音录像制作者许可，复制发行其制作的录音录像的；制作、出售假冒他人署名的美术作品的。构成侵犯著作权罪的，处 3 年以下有期徒刑或者拘役，并处或者单处罚金；违法所得数额巨大或者有其他特别严重情节的，处 3 年以上 10 年以下有期徒刑，并处罚金。所谓销售侵权复制品罪是指以营利为目的，销售明知是侵犯著作权罪所列行为产生的侵权复制品，违法所得数额巨大的行为。2020 年修正前《刑法》第 218 条规定："以营利为目的，销售明知是本法第 217 条规定的侵权复制品，违法所得数额巨大的，处 3 年以下有期徒刑或者拘役，并处或者单处罚金。"《刑法》（2020 年修正）第 218 条则规定："以营利为目的，销售明知是本法第 217 条规定的侵权复制品，违法所得数额巨大或者有其他严重情节的，处 5 年以下有期徒刑，并处或者单处罚金。"比较修法前后的规定，很明显修法后提高了销售侵权复制品罪的刑期，即将最高刑期由"3 年以下"提高到"5 年以下"，这一修改必然有利于更好地遏制销售侵权复制品罪的行为，从而更好地维护著作权人合法权益、消费者利益和社公共利益。[1] 如果行为人既实施了《刑法》第 217 规定的侵犯著作权犯罪，又实施了销售侵权复制品行为，不能适用数罪并罚，而应当按照刑法理论上吸收犯的处理原理，以主行为定罪处罚，从行为可以作为量刑情节予以考虑，即以侵犯著作权罪定罪从重判处。《刑法》第 220条规定，单位犯第 217 条和第 218 条规定之罪的，对单位判处罚

---

〔1〕　参见冯晓青：《著作权法》（第 2 版），法律出版社 2022 年版，第 295~296 页。

金，并对其直接负责的主管人员和其他直接责任人员，依照第217 条和第 218 条规定予以处罚。[1]

四、著作权侵权纠纷的多元化解决机制

我国著作权法为侵权纠纷提供了多元化解决机制，包括调解、仲裁、行政处理与诉讼机制。多元化解决机制也符合效率原则。

（一）著作权侵权纠纷的调解机制

根据《著作权法》第 60 条的规定，著作权纠纷可以调解。著作权纠纷调解应当遵循自愿、合法与保密原则。此处所指的调解是诉讼外调解，主要包括人民调解与行政调解。其中，著作权行政调解是当民事纠纷尚未被人民法院、仲裁机构、人民调解组织或者其他行政机关受理或者处理时，著作权行政管理机关依照当事人的处理申请依法裁决纠纷的活动。

当事人之间就调解协议的履行或者调解协议的内容发生争议的，一方当事人可以向人民法院提起诉讼；双方当事人认为有必要的，可以自调解协议生效后法定期限内共同向人民法院申请司法确认，人民法院应当及时对调解协议进行审查，依法确认调解协议的效力。人民法院依法确认调解协议有效，一方当事人拒绝履行或者未全部履行的，对方当事人可以向人民法院申请强制执行。人民法院依法确认调解协议无效的，当事人可以通过调解方式变更原调解协议或者达成新的调解协议，也可以向人民法院提起诉讼。

（二）著作权侵权纠纷的仲裁机制

根据《著作权法》第 60 条的规定，著作权纠纷可以根据当事人达成的书面仲裁协议或者著作权合同中的仲裁条款，向仲裁

---

[1] 相关研究，参见张燕龙：《著作权法与刑法的衔接》，载《国家检察官学院学报》2023 年第 2 期。

机构申请仲裁。当事人没有书面仲裁协议，也没有在著作权合同中订立仲裁条款的，可以直接向人民法院起诉。

（三）著作权侵权纠纷的行政处理机制

根据《著作权法》第 53 条的规定，对同时损害公共利益的著作权侵权行为，可以课以行政责任。又依我国《行政诉讼法》规定，当事人对行政处罚不服的，可以依法向人民法院提起行政诉讼。根据其第 46 条第 1 款规定，公民、法人或者非法人组织直接向人民法院提起诉讼的，应当自知道或者应当知道作出行政行为之日起 6 个月内提出。法律另有规定的除外。

（四）著作权侵权纠纷的诉讼机制

著作权侵权纠纷的诉讼解决机制包括诉前禁令与财产保全措施、诉前证据保全措施、举证妨碍制度、举证责任倒置规则及民事制裁措施等。2020 年修改的现行《著作权法》在上述方面都进行了完善与优化。

第一，诉前临时措施与财产保全措施。现行《著作权法》第 56 条规定，著作权人或者与著作权有关的权利人有证据证明他人正在实施或者即将实施侵犯其权利、妨碍其实现权利的行为，如不及时制止将会使其合法权益受到难以弥补的损害的，可以在起诉前依法向人民法院申请采取财产保全、责令作出一定行为或者禁止作出一定行为等措施。较之于 2010 年《著作权法》规定，现行《著作权法》上述规定优化了诉前临时措施制度，具体体现为：①适用诉前临时措施的行为，除了正在实施或者即将实施侵犯著作权人或者与著作权有关的权利人的权利的行为外，还包括"妨碍其实现权利的行为"，有利于在更大范围内保护著作权以及与著作权有关的权利；②采取诉前临时措施的行为不限于禁止作出一定行为，还包括责令作出一定行为，这样就使得在著作权司法实践中能够根据个案确定适当的处理方式。[1]

第二，诉前证据保全制度。现行《著作权法》第 57 条规定："为制止侵权行为，在证据可能灭失或者以后难以取得的情况下，著作权人或者与著作权有关的权利人可以在起诉前依法向人民法院申请保全证据。"著作权作为无形财产权，当其被他人侵害时，证据的收集、获得对权利人来说往往很困难。侵权人为了逃避侵权的惩罚，往往要千方百计地隐匿、毁灭证据。在实行"谁主张，谁举证"的情况下，侵权人在相当多的情况下得以逃避侵权责任。这对于惩治著作权侵权是很不利的。诉前证据保全制度的确立弥补了这方面的缺陷。它可以说是与诉前临时措施、财产保全制度一起，构成了在诉前著作权人保护自己权益的坚强盾牌。[2]

第三，引进举证妨碍制度。根据该制度，在侵权证据由侵权人掌握而权利人不便获取时，权利人可以要求侵权人提供；当侵权人拒不提供时，将按照权利人的主张及提供的相关证据加以确定。基于这一制度的意义和作用，我国 2013 年修正《商标法》、2020 年修正《专利法》时，分别增加了这一制度。在上述情况下，为便于原告维护其合法权益，现行《著作权法》第 54 条第 4 款规定："人民法院为确定赔偿数额，在权利人已经尽了必要举证责任，而与侵权行为相关的账簿、资料等主要由侵权人掌握的，可以责令侵权人提供与侵权行为相关的账簿、资料等；侵权人不提供，或者提供虚假的账簿、资料等的，人民法院可以参考权利人的主张和提供的证据确定赔偿数额。"

第四，引进著作权侵权诉讼举证责任倒置规则。现行《著作权法》第 59 条第 2 款规定："在诉讼程序中，被诉侵权人主张其不承担侵权责任的，应当提供证据证明已经取得权利人的许可，

〔1〕 冯晓青：《著作权法》，法律出版社 2010 年版，第 350 页。
〔2〕 冯晓青：《著作权法》，法律出版社 2010 年版，第 352 页。

或者具有本法规定的不经权利人许可而可以使用的情形。"该规定表明，在原告主张被告构成了著作权侵权的情况下，被告为摆脱侵权责任，需要举证证明其使用涉案受著作权保护的作品具有合法性。这种合法性证明，可以通过以下两方面加以实现：其一，使用行为获得了权利人的许可；其二，使用行为根据《著作权法》的规定不需要经过权利人许可。就第一种情况而言，在著作权司法实践中应注意许可人资格的合法性，如果许可人不是真正的权利人，则仍然存在侵权问题。此外，还应注意是否存在默示许可的情形。就第二种情况而言，被告可以提出以下事实与理由：一是其使用作品属于现行《著作权法》第 24 条规定的合理使用行为；[1] 二是其使用作品行为属于权利穷竭范畴；[2] 三是其使用的作品著作权保护期限已经届满；四是其使用作品著作权因为著作权人放弃等原因而使其著作权被提前终止；五是其使用作品的行为属于著作权法不予以保护的公共领域范畴的思想、主题、事实、题材等内容。[3]

第五，优化民事制裁制度。著作权侵权的民事制裁指的是国家司法机关对于侵犯著作权并应承担民事责任的行为人施加的具有国家强制性的惩处措施。著作权侵权的民事制裁，不仅体现了国家对于侵害著作权行为的否定性评价，而且通过实施民事制裁措施，加大对侵权行为的惩处力度。著作权侵权的民事制裁建立在著作权侵权行为承担民事责任的基础之上，著作权侵权民事制裁则体现了实施著作权侵权行为的法律后果。但是，两者也有重要区别，体现于两者的法律性质不同，并且承担民事责任的著作

---

〔1〕　相关案例，参见某美术电影制片厂与浙江某文化传播有限公司等著作权侵权纠纷案，上海知识产权法院（2015）沪知民终字第 730 号民事判决书。

〔2〕　相关案例，参见沈某等诉南京某有限公司等著作权权属、侵权纠纷案，江苏省南京市中级人民法院（2005）（2017）苏 01 民终 8048 号民事判决书。

〔3〕　相关案例，参见余某与陈某著作权权属、侵权纠纷案，北京市高级人民法院（2015）高民（知）终字第 1039 号民事判决书。

权侵权行为并非一定需要被施加民事制裁。

从我国《著作权法》的规定看，在 2010 年《著作权法》中规定了针对侵权行为给予"没收违法所得、侵权复制品以及进行违法活动的财物"的处罚。[1] 本次修法，则进一步强化了对于著作权侵权行为的民事制裁力度。[2] 由此可见，修改后的《著作权法》从民事制裁角度强化了对著作权的司法保护。当然，在著作权保护实践中，应注意相关责任措施的衔接，防止侵权人受到重复处罚。同时，也应确保在民事司法救济程序中权利人能够获得必要的赔偿。[3]

〔1〕 参见 2010 年《著作权法》第 52 条、现行《著作权法》第 58 条。

〔2〕 现行《著作权法》第 54 条第 5 款。

〔3〕 相关研究，参见陶乾：《民法典视角下知识产权民事制裁制度的废止》，载《法律科学（西北政法大学学报）》2022 年第 4 期。

专题十一 网络环境下的著作权保护与限制

一、网络环境下的著作权保护概论

（一）网络环境下著作权保护面临的问题与挑战

较之传统著作权保护，网络环境下的著作权保护主要面临以下新的问题和挑战：

1. 作品传播和使用方式发生了变化

互联网技术的飞速发展，颠覆了作品传统传播和使用方式，尤其是作品数字化的传播途径和使用的场景更加便利人们获取和欣赏作品。但与此同时，这些变化也对作品著作权的保护提出了挑战。以数字信息技术为基础、以互动传播为特点、具有多种创新形态的新型传播方式也在不断冲击着现有的著作权法律制度，一些新兴的文化消费热点，如网络游戏直播、体育赛事、内容聚合平台、短视频等中的构成要素和传播行为的可版权性在实践中已引起了广泛争议。[1]

---

[1] 相关研究，参见刘海安：《论网络直播用户与主播之间的法律关系属性》，载《政治与法律》2023年第1期；刘铁光、赵银雀：《体育赛事直播画面侵权案件法律适用的规范研究——基于新近案例的实证分析》，载《体育科学》2018年第1期。

2. 著作权范围边界判定及授权更加困难

网络环境下的虚拟性使得作品的法律属性以及由此产生的著作权，其范围边界的判定较之传统作品属性和范围边界难度更大。数字技术的运用和发展，提升了著作权运用效率的同时，也使得著作权利益被拆分过多，导致著作权价格虚高、授权混乱，不利于提升网络著作权的运用、管理和服务水平。尤其是著作权授权机制的不通畅，使得需求方难以快速、低成本地获得正版授权。

3. 侵权实施的手段和方式多样、隐蔽

在传统模式下，著作权的权利保障和监督是可以预期和监督的，一般只要控制了出版源头和传播市场就可以做到有效防范。但在网络环境下，因为载体的数字化和网络的虚拟化以及传播的不可控性，著作权人无法控制作品的传播和复制，甚至在自己被侵权后都无法查清侵权作品的真正源头，这就给很多不法网络侵权人以可乘之机。[1] 侵权人大多利用一定的技术手段从事侵权行为，使得侵权的手段和方式更加多样，隐蔽性更强。

4. 网络的开放性和共享性引发了作品保护与社会公共利益的冲突

如"文著协起诉中国知网"信息网络传播权第一案中，[2]《受戒》的权利人并未将信息网络传播权许可给相关期刊，也未许可相关期刊对信息网络传播权进行转授权。文著协认为，两被告主观恶意明显，已经侵犯了《受戒》权利人的著作权。文著协希望通过此案，提醒和警示相关企业合法经营，尊重作品权利人的权益，重视作品的著作权问题。该案涉及网络环境下作品的

---

〔1〕 参见朱巍：《〈"互联网+"时代，如何保护传统领域著作权？〉，载《中国知识产权报》2016年2月26日。

〔2〕 参见张红兵：《文著协起诉中国知网侵权，提起信息网络传播权第一案》，载《法制日报》2017年8月2日。

"合理使用"、网络环境下"网络转载法定许可"可否适用等问题。

5. 维权成本与维权收益不成正比

网络环境下，普通著作权人或缺乏维权意识，或不了解维权途径，难以进行侵权取证，自我保护和维权积极性普遍不高。作为网络环境下作品的主要传播者，近年来互联网公司逐步加大对著作权内容的投入，但因侵权诉讼获得的损害赔偿金与作品的实际市场交易价格相去甚远，又常常陷入"赢了官司赔了钱"的窘境。

(二) 网络环境下著作权保护的原则

网络环境下著作权的保护除坚守著作权法及相关法律法规所奉行的原则外，还应当结合网络技术的特殊需求，在保护网络著作权的过程中注意以下原则：

1. 技术中立原则

与传统技术条件下的著作权侵权行为不同，应当对网络技术进行公正的评价。技术中立原则是联系网络用户、技术提供者和著作权人（含邻接权人）的纽带。如何定位技术中立原则在网络环境下的位置，则要考虑技术发展的客观性和实施网络著作权侵权行为主观性的不同；既要依法保护著作权人的合法权益，又要推进科学技术发展。[1]

2. 作者、传播者、社会公众利益平衡原则

即从法律层面明确界定作者、传播者、社会公众在网络环境下就作品及其著作权依法应享有的权利、义务及其责任。尤其是随着互联网技术的发展，亟须在法律层面明确网络服务提供者的法律责任。

---

〔1〕 相关研究，参见张今：《版权法上"技术中立"的反思与评析》，载《知识产权》2008年第1期；梁志文：《云计算、技术中立与版权责任》，载《法学》2011年第3期。

(三) 网络环境下著作权保护的基本路径

网络环境下的著作权保护应当遵循以下基本路径：

1. 明确网络著作权侵权行为的判定标准

网络侵害著作权行为与传统侵权行为在本质上是相同的，都是未经著作权人许可，违反法律规定而擅自行使著作权人权利或妨碍著作权人权利实现的行为。只不过相较于传统侵权，网络著作权侵权成本更低廉、手段更隐蔽、传播范围更广，也会造成更严重的后果。所以，首先应当明确网络侵权行为的判定标准，即明确侵权行为的构成要件以及违法性判断标准。著作权的本质是保护著作权人依法所享有的各项专有权利，以及传播者依法所享有的传播者各项权利。故网络环境下判断是否构成对他人作品及其著作权、传播者权造成损害，前提是确认和判定著作权人、传播者在网络环境下的权利范围及其边界。

2. 完善相关法律制度

针对网络环境下现有的问题，可通过修改或解释现有法律相关规定来解决；而对于那些现行法律无法解决的问题则需要通过立法修改，如数据引发的著作权问题、网络上传播行为问题、网络上作品侵权判定原则问题、网络上侵权惩罚性赔偿问题等，可以在未来修改《著作权法》时进一步完善。

3. 进一步完善和发挥指导性案例、预警等制度的规范和指导作用

最高人民法院定期发布的有关网络著作权保护的指导性案例，可作为指引性意见为权利人提供维权参考，并促使权利人做一些预防性保护措施。另外，国家版权局定期公布重点著作权保护名单，如 2018 年度第五批重点作品版权保护预警名单，就是国家版权局按照《关于进一步加强互联网传播作品版权监管工作的意见》及国家版权局著作权重点监管工作计划，根据相关网络服务商上报的获得作品授权的情况所公布。据此，可预防或减少

网络环境下侵害著作权行为的发生。

4. 进一步加强行业管理

行业协会应当承担起保护权利人著作权的重要责任。如 2016 年 9 月，中国著作权协会与掌阅、阅文等 33 家网络文学企业共同发起成立"中国网络文学著作权联盟"，并发布《中国网络文学版权联盟自律公约》，号召网络文学服务商树立和强化著作权保护意识，尊重网络文学原创作者的合法权益，自觉抵制各类侵权盗版行为，营造健康文明的行业环境。

5. 进一步提升网络环境下著作权保护的法律意识

当前，网络视频、网络游戏、体育赛事等热门知识产权仍是权利人的维权重点。一系列维权热点案件也产生了较大的社会影响力，如中国首例电子竞技类游戏赛事网络直播——"广州斗鱼直播案"，为产业更新的过渡期内著作权业与互联网产业利益冲突提供了新的解决思路；"腾讯易联伟达案"引发了社会各界对影视聚合平台侵权定性的关注和讨论。随着"尊重原创、保护原创"等全社会权利意识的觉醒，我国网络环境下的著作权保护制度也会不断完善。[1]

二、网络环境下著作权的限制

智力成果具有价值属性。传统上著作权制度赋权作者和其他著作权人对一切有价值的作品进行控制，并以所有权的形式排除他人对于作品的获得和使用。著作权制度的一个核心观点在于：智力创作行为需要有效投入和创作激励，充分保护著作权人利益是制度运行的基础。

伴随互联网技术的发展，著作权的相关规则随之纳入互联网领域。网络环境下的著作权限制，是互联网技术背景下著作权边

---

〔1〕　相关研究，参见张新锋：《我国体育赛事视听信息的知识产权保护模式》，载《法商研究》2023 年第 2 期。

界理论和实践的重要主题之一。著作权作为排他性权利，权利边界通过复制媒介的多样性而扩张。从书籍印刷到录制设备，从广播系统到电视媒体，最终在 20 世纪末通过互联网基础设施和技术功能进行复制和传播。本质上，著作权边界依托技术进步进行扩张，而对著作权的限制往往被著作权人的权利主张抑制，导致技术背景下的著作权限制丧失了平衡著作权边界扩张的功能。因此，互联网背景下的著作权限制有其制度上的重要意义。

（一）互联网技术的影响

互联网对智力活动的改变是根本性的。互联网技术的发展和创新为著作权背景下的创作行为提供了坚实的基础和现实的依托。

一方面，互联网技术的本质影响是作品创作开发和使用模式的革新。互联网技术改变了传统创作模式，模糊了专业和非专业创造的边界。复制、剪切、编辑以及混音等技术措施，要求更灵活和多样的资源准入和获取的渠道。具体而言，作品的创作和传播需要秉承开放性的模式才能更有利于著作权制度目的的实现：互联网技术为所有潜在的创造行为提供了技术最优的获取资源渠道，也大大降低了创作的投入成本，便利了作品的产生。但问题在于，这种开放性的设计无法从著作权制度中直接获得，毕竟著作权法以法律形式确认了作品的私人所有权。权利人在著作权制度的影响下趋向于加强对作品的控制，同时依托互联网技术实现这种控制的结果。因此，互联网技术引领的创作模式需要一个稳定的限制制度，为技术背景下的创作提供智力资源保障。

另一方面，创作模式的革新不足以完全解释互联网技术对著作权创作的革命性影响。

（二）著作权限制的威胁：互联网立法

互联网技术为创作提供了实现的平台与条件，然而互联网领域的相关立法对著作权的限制造成潜在威胁。以《美国千禧年数

字著作权法》（Digital Millennium Copyright Act，DMCA）为代表的
互联网立法，围绕著作权人的利益进行立法设计，忽视了立法过
程中对著作权限制的确认和维持。[1] 作为一项与知识产权有关
的互联网法律规范，DMCA 的制定和实施反映了互联网立法的两
个特点：其一，立法规范强化了权利人的利益主张，承认互联网
空间中的私人财产（智力成果或其他资源）受法律保护，同时允
许私人通过技术措施实现这种保护要求。其二，互联网立法将干
扰和破坏技术措施的行为界定为违法行为，同时禁止一切为违法
行为提供帮助和便利的手段。因此，互联网立法为权利主体的利
益主张从法律和技术措施两个层面提供了双重保护和确认。

　　相较于传统领域，互联网立法加剧了权利主体和其他主体之
间的利益失衡。伴随作品获取难度的增加，作品使用主体的利益
空间被压缩了。DMCA 立法确认了著作权人可以通过技术措施限
制其权属作品的准入，同时依托数字权利管理（DRM）构建权利
人控制的作品准入渠道，包括苹果线上音乐平台（iTunes）所使
用的 FairPlay 软件播放系统、DVD 播放器的"内容加密技术"
（CSS）以及 Amazon kindle 文档加密系统等机制，都是 DRM 用于
排除潜在市场竞争、加强数字作品保护的策略。[2] 在这种情况
下，互联网用户要获得数字作品，一方面不得不使用指定的 DRM
平台和技术措施，另一方面则必须履行使用作品的法律义务。只
有同时满足这两个方面的要求，互联网用户才能有效地规避法律
风险。遗憾的是，降低法律风险的代价是作品获取成本的上升，
技术措施开发和升级带来的成本往往由著作权人转嫁到作品的许
可费用和 DRM 的运营费用。这样的结果，最终不利于作品创作

----

〔1〕 "Digital Millennium Copyright Act"，*Pub. L. No.* 105 - 304，112 *Stat.* 2860
（1998）.

〔2〕 *See generally* Universal City Studios, Inc. v. Corley, 273 F. 3d429, 436-37（2d
Cir. 2001）.

的资源输入和创作规模的维持，实际上侵蚀了互联网用户的权益空间。

互联网立法通过加强著作权人的保护，扩张了著作权人在互联网的排他空间。对于著作权制度中的传统利益平衡原则，互联网立法实际上扭曲了基本的平衡设计。同时，在具体法条规则的设计方面，也没有充分考虑和涵盖著作权法中主要限制规则的实践运用，缺乏体系化的设计，包括合理使用、法定许可以及强制许可。这反映了 2000 年前后互联网立法的一大特征：著作权人意图通过移植著作权规则并依托互联网技术，强化对作品传播和许可渠道的垄断。在一系列互联网的著作权立法中，仅有的限制往往是针对侵权责任承担的法律责任豁免，而非传统上对著作权边界的确认和对排他空间的限制。

（三）互联网著作权限制的发展策略：重塑互联网公共领域

公共领域作为知识产权相对独立的存在，其功能的实现同样涉及有关智力资源的制度设计。公共领域的一般概念强调为智力活动的各项行为提供智力资源，同时确保获取这些智力资源不受到任何形式的限制。换言之，公共领域为所有智力活动的参与者提供了最有效和经济的智力资源获取渠道，降低了智力活动的投入成本，便利了智力成果的创造。从这个角度分析，公共领域和知识产权对智力资源的使用和开发尽管在制度设计层面有所区别，但在制度功能层面殊途同归——以推动智力成果创造和传播，并实现社会整体科技和文化进步为首要目标。

在互联网影响下，公共领域呈现动态发展的趋势。公共领域中的智力资源通过合同许可的方式在互联网建立准入机制，区别于知识产权制度以私人所有的形式控制智力成果的基本规则。这样一种许可方式的前提是，数据化公共领域中的智力资源，同时依托互联网结构和信息技术措施建立类似数据库的资源信息平台，为网络用户提供资源准入和使用的现实条件。毫无疑问，合同许可方式的准入机制要求前期的时间、资金和技术措施投入，因此大部分准入机制由私人组织推动和建立，依靠盈利性收益维持有效运行。[1] 尽管在实践中，不同组织的运行方式各有不同，但其首要目的都在于依托互联网充分提供的智力资源，通过降低获取成本和灵活的准入方式推动公共领域功能的实现。

1. JSTOR 电子书（Journal Storage）

JSTOR 始于美仑基金会的数字典藏计划，是一个对往期期刊进行数字化的非营利性机构，于 1995 年 8 月成立。2012 年，JSTOR 推出电子书项目——Books at JSTOR，将电子书与电子期刊在同一平台上进行整合并提供服务。JSTOR 通过数字化扫描为网络读者提供不同专业领域的学术作品，这其中就包括相当部分受著作权保护的作品，同时也包含相当一部分进入公共领域中的作品。针对这一部分不受著作权保护同时属于公共领域资源的作品，JSTOR 采取总体上自由使用但附加一定条款限制的许可方式。当网络用户尝试下载这类作品时，JSTOR 自动弹出使用条款通知，提醒使用者"您使用 JSTOR 资源库表明您接受 JSTOR 的条款规定"并附上条款链接，如果网络用户不同意接受条款，则无法下载任何公共领域中的作品。[2]

2. 互联网档案馆（Internet Archive）

互联网档案馆定期收录并永久保存全球网站上可以抓取的信息，是一个以保存数字遗迹和重要信息的非营利性数据库，包括电子书、网页、视频、音频、软件以及教育材料六个组成部分。[3] 由于收录的数字遗迹和信息种类多种多样，其中也有相

---

〔1〕 Randal C. Picker, "Access and the Public Domain", 49 *SanDiego L. Rev.* 1183, 1197（2012）.

〔2〕 *See* "Terms and Conditions of Use", available at JSTOR, http：//www. jstor. org/page/info/about/policies/terms. jsp（last visited 1/25/2022）.

〔3〕 *See* "Wayback Machine, Internet Archive", available at http：//archive. org/web/web. php（last visited 1/14/2022）.

当部分落入公共领域中。类似于 JSTOR，互联网档案馆也为网络用户制定了合同条款式的使用规则。其中最主要的使用限制，在于"学术或个人研究为目的使用"，排除商业性使用行为和目的，同时要求个人研究成果须注明"使用资源来源于互联网档案馆"。[1]

3. 谷歌书籍检索系统（Google Book Search）

谷歌书籍检索系统是一个由 Google 研发的搜索工具，它可以自 Google 所扫描，经由光学字符识别、储存的数字化数据库中搜索资料。网络用户在检索过程中下载复制的公共领域书籍作品或资源的使用，同样受谷歌制定的相应条款限制。谷歌书籍检索对于公共领域而言，最具有代表性的是其对网络用户的教育和引导功能。谷歌明确告知网络用户，"下载的公共领域图书是通过谷歌书籍检索计划数字扫描并上传的复制件，不受著作权或其他知识产权权利的限制……公共领域图书为我们提供现实中难以获得的丰富的历史、文化和知识，应当属于公众并免费使用……谷歌为推动此类资源的有效推广和传播而建立数字扫描和检索计划"。[2]

互联网准入机制作为公共领域的实践策略，在设计层面鼓励公共领域资源的获取和使用。数字扫描、上传和下载通过互联网技术提高了资源传播的便利程度。考虑到公共领域资源整合的成本以及维持线上运行的投入，对使用行为进行一定程度的限制是实践发展的必然结果。通过分析上述几个数据库的运行方式可以看出，禁止大规模资源下载是所有数据库有效运行的共识。同

---

〔1〕 See "Internet Archive Terms of Use", available at http：//archive. org/about/terms. php（last visited 1/19/2022）.

〔2〕 These quotes are taken from the front page of a downloadable PDF, *see generally* "Download PDF in Tools", available at http：//books. google. com/books? id = CloNAAAA YAAJ&printsec = frontcover#v = onepage&q&f-false（last visted 1/23/2022）.

时，禁止商业性使用意味着，公共领域资源的开发不能与知识产权制度相冲突。资源开发可能产生高附加值的智力成果，而智力成果的使用涉及所有权形式的法律确认，例如以著作权法为代表的法律法规。因此，限制商业性使用本质上有利于维持公共领域和知识产权保护的动态平衡关系，这样的实践自然可以运用到互联网著作权的治理中。

公共领域在互联网环境下可以为作品使用者提供获得作品的合法渠道，也能够降低创作的投入成本，便利作品的完成和传播。在实现上述核心功能的过程中，互联网立法扭曲了公共领域与著作权保护的平衡。要矫正这种不健康的发展趋势，关键在于实施公共领域发展的最优策略：既能满足功能的实现，又能兼顾与著作权保护之间的利益平衡。

在互联网环境下重塑公共领域的发展，首先要厘清著作权保护与公共领域的相关理论。现有观点过于强调所有权理论中的私人所有权观念，导致对作品的专有控制成为权利人的核心主张。这实际上偏离了著作权法鼓励创新和繁荣社会文化的制度目的。同时，这种观点忽略了所有权理论中所有权体系的完整要素：所有权既包括对私人层面的所有权确认，也强调社会层面对公共资源的共有开发。类似于私人所有权的理论应用，社会层面的共有所有权明确了对公共资源的开发和使用建立在相应的理论基础之上。

所有权理论充分承认不同类型的所有权形式，既包括私人所有权对有形或无形资源的专有控制，也允许对公共资源的共有所有权。实际上，所有权理论下的各种所有权形式并不存在相互排除或冲突的绝对观念，而是允许不同所有权共存来实现对不同种类资源配置的最优策略。在资源配置过程中，传统观点认为，私人所有权是实现资源利用效益最大化的唯一方式。[1]但所有权理论的发展认为，公共资源与私人资源对于资源配置的最优结果同样重要。[2]基于所有权理论发展和扩张的著作权制度应当承认公共领域对作品及其创作要素配置过程的重要性，并明确智力成果的财产化与公共领域的资源共享并不冲突这一客观事实。

在重塑著作权保护与公共领域的所有权理论后，下一步则是应用具体的策略应对互联网著作权扩张的总体趋势，参考知识产权领域内现有的公共领域计划，为互联网著作权的公共领域提供发展方向。具体而言，可选择的策略包括互联网公共领域计划、财产先占投资策略以及专门立法等形式。

（四）互联网公共领域计划

公共领域核心功能的实现，有赖于智力资源持续性的投入。尽管将智力资源的开发交由市场来调节是符合经济学定律和实现市场机制的最优策略，但现实条件的制约有时导致私人行为的投入不足。此时，政府或公共部门有义务针对公共领域的维持和发展进行充分有效的投入。在互联网领域，由美国国会图书馆主导的数据维护、拓展和教育计划（Digital Preservation Outreach & Education，DPOE）是一项由美国政府推动，以确保数据信息有效获取、使用并对公众进行相关培训的一项公共领域计划。DPOE计划旨在拓展和保护数据信息在全球范围内的获取和使用，并对所有公众开放；通过教育培训手段训练公众对数据信息获取和使用的能力。[3]

需要承认的是，由政府及公共部门推广的互联网公共领域计

---

[1] Harold Demsetz, "Toward a Theory of Property Rights", 57 *Am. Econ. Rev.* 347, 354-59 (1967).

[2] Carol M. Rose, "Property as Storytelling: Perspectives from Game Theory, Narrative Theory, Feminist Theory", 2 *Yale J. L. & Human.* 37, 51 (1990).

[3] "About DPOE, The Library of Congress", available at http://www. digitalpreservation. gov/education/index. html (last visited 1/29/2022).

划具有需求指向不明确和供给无效的内在缺陷。诚然，运用知识产权制度和市场机制能轻松解决上述问题。但如此一来，公共领域又再次回到知识产权制度扩张的阴影之下而失去了独立完善的机会。因此，互联网公共领域计划要区别于私人行为对公共领域的投入。

（五）财产先占投资策略

尽管知识产权强调智力成果的私人所有，但所有权理论的实际运用并不一定导致对公共领域功能的抑制。财产先占投资（Property Preempting Investments，PPI）作为企业在智力资源研发过程中的经营策略，以财产私人所有的思维方式实现公共领域的核心功能。所谓财产先占投资，一般多见于生物技术企业通过大规模资金投入建立开放性的基因序列数据库，或软件企业通过开放计算机软件源代码进行开源授权行为。

财产先占投资之所以能实现公共领域的功能，主要原因在于公共领域中的智力资源无法被私人所有。[1]如果某个企业意图无限制地使用特定资源，那么在条件允许的前提下优先将该资源投入公共领域是确保其资源利用的有效方式，同时也是绝对性地排除其他竞争者控制这一资源的策略。此时，实施财产先占投资的企业尽管无法对投入公共领域的资源主张所有权，却可以充分利用该资源进行后续的智力成果创造，并将有价值的智力成果财产化，最终获得更多收益。财产先占投资策略放弃了对某项资源主张私人所有权的机会，而换取通过使用该资源建立对其他资源所有的结果。表面上策略实施主体遭受一定损失，实际上获得的额外收益远远超过原始投入。这种策略的可行性已经被实践中广泛开展的开源授权运动所证明。

在过去的十余年间，开源授权运动作为知识产权的替代机

〔1〕　Robert P. Merges, "A New Dynamism in the Public Domain", 71 *U. Chi. L. Rev.* 183, 186 (2004).

制，在互联网技术领域获得充分发展，在应对知识产权扩张和建立独立授权体系过程中获得了实质的成功。典型的成功案例有：Android 系统应用于智能手机和平板电脑等知名便携移动终端设备，火狐、谷歌以及苹果系统的互联网浏览器，维基百科内容的来源许可等。

（六）公共领域专门立法

所谓公共领域专门立法，参考的是知识产权体系中对于特定资源的专门立法策略（Sui-Generis Legislation），简而言之，即对智力资源领域中不受知识产权保护的要素通过单独专门立法的形式，确立该项资源由特定群体共同享有所有权。区别于知识产权法律建立的智力成果私人所有权模式，这类专门立法旨在建立特定群体内的所有成员都能自由且不受限制地使用智力资源的模式。

这种立法策略针对特定国家或地区的传统知识、基因生物信息等资源建立所有权制度。所有权主体一般为国家或当地社区组织，该国国民或社区居民都可以在法律规定的框架之内自由使用资源。特定资源的专门立法是独立于知识产权法律体系之外的法律规范，通过立法形式将暂时不能纳入知识产权范畴但极具价值的智力资源通过所有权制度的建立加以保护。更为重要的是，专门立法在所有权内容和形式上区别于知识产权法律，共同所有的资源配置使群体内部的资源获取、使用和开发的成本大大降低，促进资源的交流，最终有利于群体内部智力成果的转化和智力资源的效益最大化。[1] 将上述立法实践引入互联网领域中，就是通过数字技术建立特定资源的数据库并依托网络技术控制资源准

---

[1] See WIPO Meeting, "International Conference on the Utilization of the Traditional Knowledge Digital Library (TKDL) as a Model for Protection of Traditional Knowledge", available at http://www.wipo.int/meetings/en/details.jsp?meeting_id=22423 (last visited 1/12/2022).

入和使用。围绕资源的特征属性和网络运营的实践经验，制定区别于互联网知识产权的立法机制。在知识产权制度之外，提供网络用户额外的资源获取渠道，更有利于资源开发和智力成果的创造。

公共领域专门立法的优势，在于公共领域是从立法层面逐步建立独立于知识产权法律的体系。这对于公共领域从形式上实现与知识产权的动态平衡有重要意义。现阶段知识产权制度呈现出不断扩张的趋势，其中一个关键的因素就是知识产权客体的扩张。权利人倾向于将所有有价值的智力资源及其相关要素纳入知识产权法律的范畴中，前述互联网域名的相关立法以及技术措施的法律规定就是典型的例子。通过特定资源的专门立法，构建公共领域功能实现的立法模式。而后再经由实践中法律的适用、判例的完善以及相关法律的修改，建立公共领域的完整制度。

综上所述，公共领域在面对互联网著作权扩张的过程中，需要选择和运用合理的策略。厘清所有权理论的本质，重塑公共领域和著作权保护的相互关系，是解决二者不平衡状态的有效前提。同时，借鉴知识产权领域的互联网公共领域计划、实施财产先占投资策略以及建立公共领域的专门立法，都是直接或间接实现互联网公共领域功能的有效策略。依托这些公共领域策略，有利于平衡著作权人的权利边界和作品使用者的权益，最终实现公共领域和著作权制度在功能角度的平衡发展。

三、网络环境下私人复制著作权问题

复制权是自世界上第一部著作权法诞生以来，受到各国著作权法保护的最重要的一种著作财产权。随着复制和传播技术的进步，特别是当代信息网络技术的发展，复制权的范围也得到了前所未有的扩张。著作权法律制度的发展以著作权的扩张为鲜明特色，实际上是以复制权内容的不断延伸为核心的。甚至可以认

为，"值得复制的就是值得保护的"。与此同时，著作权法作为平衡著作权人和社会公众利益的知识产权法，其始终追求在充分保障著作权人利益的前提下，促进思想、知识和信息的共享、传播和利用，因而对著作权的限制也成为著作权法律制度发展的另外一道风景线。复制权保护与复制权限制的对立统一，在很大程度上凸显了著作权法的平衡精神。私人复制则作为著作权法中使用作品的一种极为普遍的形式，由于其牵涉错综复杂的利益关系，特别是私人利益与公共利益之间的平衡等重大问题，而成为当代著作权立法、理论和实践中一个颇富争议和备受关注的重要话题。[1] 在我国《著作权法》第三次修改过程中，私人复制及其相关行为如何规范，也曾是被广为关注的颇具现实意义的问题。

（一）网络环境下私人复制在著作权法中的定位及规制私人复制的理论基础

1. 私人复制的概念、特点及其与技术发展的关系

私人复制是基于私人或者说个人使用的目的，复制他人作品的行为。在著作权法语境下讨论私人复制问题，显然是针对复制他人享有著作权作品的行为。私人复制的"私人"性质，决定了其具有以下显著特点：一是复制的目的具有非商业性。当然，在著作权法中具有非商业性的复制行为并非限于私人复制。不过，非商业性确实是判断是否为私人复制的重要条件。二是复制在数量上通常是少量的，因为私人复制以满足个人或者其家庭范围内对作品的需要为限。这两个特点也决定了在一般情况下，私人复制不会对著作权人利益产生实质性损害，构成不受著作权人专有

---

〔1〕 相关研究，参见杨明：《私人复制的著作权法制度应对：从机械复制到云服务》，载《中国法学》2021 年第 1 期；冯晓青、胡梦云：《"私人复制"著作权问题探讨——以复制权与复制权限制对立统一关系为视角》，载《广东社会科学》2013 年第4 期；冯晓青、胡梦云：《私人复制著作权问题的立法规制透视——兼论我国〈著作权法〉之完善》，载《学海》2011 年第 3 期。

权控制、限制的合理使用行为。

　　然而，技术的发展会引起法律制度的变革，著作权法律制度本身作为技术特别是印刷传播技术发展的产物，其每一次变革都深受技术特别是传播作品技术发展的影响。与技术发展的轨迹和复制权的变革相适应，私人复制作为复制形式之一，在技术发展不同阶段对著作权人的影响大为不同，其相应的法律地位也不同。具体言之，在模拟时代，或者说传统著作权法时代，一般认为私人复制属于典型的合理使用范畴。技术的发展则打破了著作权法原有的利益平衡关系，随着录音录像技术的发展，利用录音录像设备方便而廉价地复制作品的行为变得日益普遍，以至于在20世纪60年代以来德国一些国家开始针对私人录制行为征收私人复制补偿金，以补偿因为私人录制行为给著作权人利益造成的损失。也就是说，在电子时代，私人复制合法性问题已经被提出。20世纪90年代以来数字和网络技术的迅猛发展则使得复制的技术特点、表现形式和方式出现了前所未有的巨大变革，私人复制更加普遍，对著作权人利益的影响也变得前所未有。如果不加以规范，将严重损害著作权人等的利益。欧盟《信息社会的著作权和相关权利绿皮书》即指出："基于目前的技术可以对私人复制的技术加以监控、制止或者限制，故而应对私人复制的合法性进行审查。"

　　2. 网络环境下私人复制及其在著作权法中的基本定位

　　在网络环境下，著作权保护和限制的基本原理和规则仍然适用。从本质上讲，它不过是改变了作品存在、传播和使用的方式。仅以复制权为例，网络环境下，在继续强调充分保护著作权人复制权的同时，同样应重视对复制权的限制，这尤其体现于在特定情况下使用受著作权保护的数字化作品。[1] 其中，私人复

―――――――――――――――

〔1〕　相关研究，参见王迁：《论NFT数字作品交易的法律定性》，载《东方法学》2023年第1期。

制仍然是复制权限制中最为重要的内容之一。网络环境下之所以仍然需要对私人复制"网开一面"，是因为在很多情况下，用户也需要享受网络技术进步带来的分享知识和信息的利益，而以法律限制私人复制自由的成本很高。

网络环境下的私人复制在著作权法中的基本定位，除了上述仍然作为合理使用行为看待以外，就是将其视为受复制权严格限制的行为，针对私人复制的不同情况进行不同的规范。从用户的角度看，一般都会主张这类私人复制属于合理使用。2006 年英国公共政策研究所发表的《公共创新：数字时代的知识产权》报告甚至主张增设"私人复制权"，以保护苹果公司的 iPod 和其他 MP3 使用者的权利。不过，将私人复制视为使用者的一种权利，而不是对著作权中复制权的限制，是值得慎重考虑的。像《德国著作权法》就明确排除了赋予私人复制权的做法。在其 2007 年修订中，还特别强调了被复制的原件应系未采取防止复制保护装置的作品，以与著作权人采取的技术措施或者禁止私人复制的措施相适应。从著作权人的角度看，一般会主张对网络环境下私人复制应严格限制，甚至取消将其作为合理使用对待。实际上，早在 20 世纪 90 年代初信息网络刚刚兴起之际，私人复制作为传统的合理使用形式之地位就受到挑战，这也使得传统著作权法中建立的为个人目的使用作品属于著作权限制内容的制度开始动摇。

上述挑战主要原因在于：其一，在网络环境中，复制的商业性与非商业性分野显得更加模糊；其二，网络环境下不受限制的私人复制很可能对著作权人利益造成实质性损害。

基于此，对于网络环境下私人复制行为，在赋予其合理使用基本定位的同时，应给予相应的限制，此即学术界所言"反限制"。无疑，"三步检验法"是基本的原则和规范。除此之外，还应当特别明确网络环境中的私人复制的合法性应以被复制、传播的作品的合法性为基本前提。

3. 规制包括网络环境下的私人复制的理论基础

从法理上探讨规制私人复制问题的视角很多，在此拟以利益平衡为指针，分析著作权法调整私人复制问题的基本思路。

在法律层面上，利益平衡是指，通过法律的权威来协调各方面冲突因素，使相关各方的利益在共存和相容的基础上达到合理的优化状态。在本质上，利益平衡是利益主体根据一定的原则和方式对利益进行选择、衡量的过程，而与这一过程相伴随的，是不同利益主体间的利益冲突。这种冲突的解决难以通过利益主体自身来调和，而需要借助法律的制度安排来加以解决。

著作权法当然也不例外，甚至可以说更具有代表性。这是由于著作权法的立法宗旨即既要充分保护著作权人的利益，以激励优秀作品的创作；也要保障社会公众对受保护作品的必要的接近，以确保基于作品的思想、知识和信息的广泛传播和利用，促进国家科学文化事业的发展与繁荣。换言之，著作权法律制度的基点和核心是，建构著作权人利益与公众利益平衡的机制。

上述著作权法中的利益平衡机制，不仅可以从法理学的角度加以理解，而且可以从经济学的视角加以认识。从著作权法经济学角度看，本质上，著作权法关注的是在鼓励作者创作所需要的报酬和在消除负重损失中社会所失去的利益之间的平衡，即对创作作品激励的增加与由于著作权保护而失去对这些作品传播与使用而损失的成本间的平衡。为了在经济功能上适当发挥作用，著作权法必须在赋予作者的著作权和用户接近作品之间达成平衡。在经济学上，赋予著作权人对作品的专有权利与保障公众合理接近作品的法律机制是经济而有效地分配著作权客体这一知识产品稀缺资源的模式。一方面，经济学上受著作权保护的作品首先是一种公共产品，这种公共产品本身具有非竞争性和非排他性。作者为了实现其作品的经济和社会价值，需要将其推向市场，但在不受法律保护的前提下很容易被擅自复制和剽窃，从而导致智力资源枯竭的危险。因此，即使是从经济学的角度看，赋予作品以著作权也具有充分的合理性。但另一方面，作品作为公共产品，广大公众对其也有合法的需求，为了最大化地提高作品的利用效率，实现著作权法促进知识传播和学习的社会目标，著作权法制度设计必须保障公众能够合理接近受保护的作品。在著作权法的激励机制与合理接近的对价之间，利益平衡成为一个根本的适用原则。由此可见，无论是在法理学上还是在经济学层面，在著作权法中建构专有权利保护与权利限制对立统一机制和利益平衡机制，始终是著作权法的基本价值构造。

以上述理论透视著作权法中如何对待私人复制这一行为，关键是给予私人复制以合理定位，平衡私人复制引起的著作权人与作品的消费者等之间的利益关系。如前所述，即使是在网络环境下，也应将其纳入合理使用范畴。这可从以下两方面加以理解：其一，私人复制是个人利用作品学习知识、获得信息、启迪思想的重要形式和手段，将其纳入不受著作权人控制、不付报酬的合理使用范围，体现了著作权法对公共利益的保障。其二，从私人复制行为的特点和法律规范的可操作性方面看，赋予私人复制以合理使用定位也具有合理性。私人复制具有分散性、广泛性和隐秘性，如果将其纳入受著作权人复制权控制的范畴，在事实上难以做到。

不过，在网络环境下，私人复制作为合理使用，并不是没有条件限制的。这种限制的根本目的，是确保不至于因私人复制行为在网络空间的利用而严重损害著作权人的利益。私人复制合理使用的"反限制"，深刻地体现了上述著作权法的利益平衡精神。对此，下文在分析网络环境下私人复制及相关行为时还将论及。

（二）网络环境下私人复制及相关行为

网络环境下私人复制仍然是限制著作权的主要形式之一。网络环境下，出于非商业性目的的私人复制极为普遍。但这些行为由于被复制作品性质、复制目的和方式等不同而表现出一定的复杂性。

1. 网上浏览以及浏览后打印复制件

认识网上浏览行为的性质，可以先从计算机屏幕展示行为的性质讨论入手。国际上曾对此进行过深入讨论。在 20 世纪 80 年代后半期，世界知识产权组织和联合国教科文组织曾联合召开过一系列专家委员会议，讨论不同类型作品的著作权问题，其中印刷文字政府专家委员会即提出了电子存储和在屏幕上展示的法律原则，认为复制权应包括在计算机系统中存储文字作品和图形作品。不过，后来的示范法条款并没有明确展示之复制性质。在伯尔尼议定书委员会上，世界知识产权组织国际局的报告提到了明确规定公开展示权的观点。

在网络空间，浏览是用户利用计算机网络分享知识和信息的基本形式之一，也是人们上网的重要目的。浏览本身并未使数字化作品永久地固定于计算机终端的存储设备上，而只是通过用户点击作品的链接，在用户计算机随机存储器中暂时复制一份。在传统著作权法中，人们接触公开的知识与信息是不受著作权限制的，因为增进知识和学问是著作权法需要实现的重要公共利益目标，也是繁荣民族文化、促进文化进步的保障。网络中的浏览行为大致类似于模拟环境下阅读作品，其不同之处则在于浏览会伴随着复制行为，以及可能的进一步传播行为，因为浏览时内容将被自动下载到缓冲区中，具有临时复制的性质。

在网络空间，尽管为个人学习、研究目的浏览势必涉及对受著作权保护作品的复制问题，但由于其牵涉网络发展与普及，将其纳入著作权控制的范围也存在一定的困难。正如有学者认为，非商业性或者非营利性的数字浏览可归属于著作权人的许可范围，是一种合理使用。这一观点的合理性在于，在著作权人对上网的作品没有采取技术措施的情况下，任何人通过正常的上网方式可以获得其作品并进行浏览，应推论为著作权人的默示许可。这一推论符合网络的开放性和人们有权分享技术进步带来福利的基本人权理念。同时，原则上浏览者除非知道网上作品包含了著作权信息，否则不应受到侵权的指控。在司法实践中，这一点也是肯定的。例如，在法国 Parker v. Yahoo 一案中，法院认为：Parker 将其作品置于开放的网络中免费向公众提供，而没有采取限制浏览等措施，这意味着其默示许可用户通过网络浏览其内容，并为实现浏览的目的而进行附带性复制。当然，浏览的合理性并不意味着其不受任何限制。不受任何限制的浏览可能损及著作权人的利益，因为它会使著作权人完全丧失控制用户在网络环境下浏览自己作品的权利。换言之，自由浏览网上作品应符合合理使用宗旨，以合理使用为目的，这应是其基本的法律要求。

不过，著作权人为某种目的而对放置在网络中的作品设置了浏览限制则另当别论。例如，有的作品只能浏览梗概，详细内容需要在付费后才能获取。实际上，在商业性数据库中，权利人控制用户浏览是其基本的营利模式。在这种情况下，用户不得以获取信息自由作为免费浏览的合法理由。另外，如前所述，浏览应符合合理使用原则。如果浏览会对作品发行市场造成不当影响，则权利人有权采取措施予以限制或者实行有偿浏览制度。

浏览本身不是复制，也不产生作品的复制件，与浏览以及浏览后的打印行为相关的是，从计算机系统输出受保护的作品是否属于复制。在很多情况下，用户在浏览作品后，为保存备份供下次进一步学习、研究之用，会执行打印程序，以获得被浏览作品的复制件。浏览后的打印行为确实符合复制的特征，其是否符合合理使用的标准，则需要从被浏览作品的法律性质（如是否非法传播的作品）、打印的数量和用途（如是个人学习等目的的使用还是向他人提供）等方面加以考虑。

2. 网上下载

网上下载是网络环境下使用作品的普遍形式。它是指用户从网站上下载数字化作品的行为。下载和将作品在网络上传输不同，它是将网络上的作品单向地传输到特定计算机用户的行为，其直接结果是用户获得数字化作品的复制件。下载作品可以分为出于商业性目的和非商业性目的两类，其中前者如未经著作权人许可，无论是在我国还是在其他国家，都会被认为是著作权侵权行为。但对于后者而言，则不能简单地做出结论。如果出于非商业性目的的个人行为符合法定的合理使用的范围，则应被纳入合理使用之列；如果复制的数量很大，以致对著作权人利益产生了实质性损害，就不能说是当然合理的。

从网络上下载作品属于著作权法中的复制行为，这一点应当是没有疑问的，因为下载无非是将数字化作品从网络载体转换到硬盘等其他形式的存储媒介上，其直接目的是获得与被下载数字化作品完全一样的作品，以便存储和进一步传输，该行为符合著作权立法中关于复制的界定。《伯尔尼公约》第9条规定，复制权包含了以任何方式和采取任何形式复制作品的专有权利。WCT第1条第4款议定声明也明确指出，《伯尔尼公约》第9条所规定的复制权及其所允许的例外，完全适用于数字环境，尤其是以数字形式使用作品的情况。不言而喻，在电子媒体中以数字形式存储受保护的作品，构成《伯尔尼公约》第9条意义下的复制。可见网络下载行为属于复制，可以从国际公约的相关规定获得理解。德国法院的有关判例也指出，虽然用户浏览网络资料时，临时存储在其电脑存储器中的行为不构成复制，但将作品存储到用户的计算机硬盘上的下载行为属于复制行为。另外，从某些国家著作权立法对网络环境下复制权概念和范围的规定也可以看出，网络下载行为属于复制行为范畴。例如，2005年《越南知识产权法典》认为，以电子方式进行永久或者临时备份属于复制行为。

从我国《信息网络传播权保护条例》的规定看，其具有"只管上载、不管下载"的特点，即虽然规定了未经著作权人许可擅自在网络上提供他人作品的行为构成侵权，但并没有规定未经许可下载、未经许可而传播的作品的行为性质。从一般的法理来说，下载行为的合法性应以被下载的作品属于合法复制品为前提。不过，在实践中，用户下载作品前并不一定知道或应当知道其准备下载的作品是否为被非法传播的作品。当然，在很多情况下，用户对拟下载的作品属于被非法传播的作品也是明知或者应当知道的，例如下载网络上的热门电影。在这种情况下，下载者因为具有主观过错，其行为的合法性则值得怀疑。事实上，有的国家著作权立法已对个人下载非法传播的作品的行为有明确规定。例如，《德国著作权法》在 2007 年改革后，不仅对非法制作的复制品进行复制规定为违法，而且规定对非法进行网络传播的作品复制件进行复制的行为也属于违法。消费者在明知或者应知原件为非法制作或者网络传播的情况下对其进行复制也构成违法。对于那些明知是在网络上非法传播的作品进行下载且达到一定数量的，有的国家甚至规定可以构成刑事犯罪。

当然，不能完全以下载行为本身确定是否属于著作权侵权行为，除了考虑下载的目的和被下载作品的性质外，关键是下载后的进一步的行为。例如，将下载仅作为使用和传播作品的中间过程，下载后即将作品进行传播或出版，或者再上载到开放的网络中，则由于具有商业性目的或者其他损害著作权人利益的性质，仍然应受到著作权人的控制。

从上文的论述可知，在网络上下载作品的行为属于复制。对于下载行为的研究，主要是要看哪些下载行为或者下载行为在什么条件下属于不受著作权人复制权控制的私人性质的行为，哪些行为受到复制权控制并在未获得著作权人授权的前提下构成著作权侵权。商业性与非商业性是一个基本的分水岭；除此之外，还应在下载的直接目的、方式和手段上予以限制。原则上，正常的网络传输中涉及的下载著作权作品不应包含在受复制权控制的范围内，以免影响网络空间作品的正常传播和利用。但是，根据用户需要进行的网络传输、下载的行为，如订购网络作品的行为，则受到复制权的限制。

关于网上下载合理使用问题，还值得关注的是非常热门的利用 P2P 技术的下载及其传输，以及视频网站下载的问题。鉴于这两个问题对网络著作权保护的重要影响，以下将分别进行讨论。

（1）P2P 下载和传输。P2P 技术特点是直接在接入互联网的计算机之间进行信息的交流、分享和传播，而不必像以前一样必须通过服务器获得与传输信息。从用户的角度看，其利用 P2P 技术获取、使用与传输作品存在以下两种行为：

一是从其他 P2P 用户计算机的共享目录中下载目标作品，这种行为自然是一种复制作品的行为，因为下载将导致其硬盘中永久性存在与被下载的数字化作品一样的复制件。在实践中，这种下载行为一般没有取得著作权授权，具有数量大、范围广的特点，特别是对一些热门的歌曲等作品的大量下载，将直接或间接影响正版歌曲等作品的市场销售。

二是和其他 P2P 用户一样，将上述下载作品或者其计算机硬盘中存储的作品放置于共享目录中，以便其他 P2P 下载和传播。这种传播方式和一般网络传播不同之处在于，不需要将目标文件上传到文件服务器目录下即可完成上传。P2P 系统的文件共享目录相当于一个相对独立的服务器，用户将文件放到已经联网 P2P 系统共享目录即可完成上传，其他在线用户可以下载这些文件。因此，可以认定 P2P 用户将著作权作品置于共享目录的行为构成了上传作品的行为。这种行为一般也没有经过著作权人授权，其与上述第一种行为相比，后果更加严重，因为它还将导致作品被进一步传播，而不仅仅是被复制。在这种情况下，行为人还往往具有主观过错，特别是利用 P2P 技术下载和传播电影，用户至少应当知道电影一般不会被主动上传到互联网供网民任意下载的。

在国内外已有一些著作权侵权纠纷案例涉及这类情况。例如，2007 年美国唱片工业协会针对个人终端用户提起了两万多起非法下载侵权诉讼，并首次获得了胜利。[1] 另外，根据最高人民法院、最高人民检察院《关于办理侵犯知识产权刑事案件具体应用法律若干问题的解释》的规定，通过信息网络传播作品的行为应当视为《刑法》第 217 条规定的"复制发行"。可见，利用 P2P 技术上传他人享有著作权的作品，也涉及复制发行行为。

从近些年来欧美发生的包括 Napster 等案在内的涉及 P2P 技术的著作权纠纷看，用户利用 P2P 技术下载、上传著作权作品被判为侵犯著作权的不在少数。例如，美国 2002 年的 In Re：Aimster 案和 2003 年的 Metro-Goldwyn-Mayer Studios v. Grokster 案中，法院均认定即使是出于个人使用目的，用户下载音乐仍然是侵犯复制权的行为。

由此可见，P2P 软件为私人复制提供了技术支持，使用者以合理使用为由用极小的经济代价获得了极大的利益，著作权人因此丧失了潜在的市场和本应得的经济利益。因此，P2P 环境下的下载行为很难被纳入合理使用之列。

（2）视频网站下载。视频网站也是近年来发展起来的用于在网上上传、观看、下载数字化电影、电视剧等作品的娱乐性网站。从视频网站的内容看，主要有用户自己拍摄并上传到视频网站上和专业机构制作的，还有享有信息网络传播权的人发布的。视频网站的著作权侵权问题通常有：一是网站擅自上传和传播受著作权保护的视听作品，并提供下载复制手段；二是视频网站只提供信息存储空间，具体的内容则由网民主动上传。这两种情况构成侵害信息网络传播权是没有疑问的，除非后者得到了著作权

---

　　〔1〕　Marc Fisher, "Download Uproar: Record Industry Goes After Personal Use", available at http://www.Washingtonpost.com/wp-dyn/content/article/2007/12/28/AR2007122800693.html（last visited 1/20/2022）.

人的同意。就第一种情况中用户下载作品而言，由于用户一般是基于个人欣赏目的而上网观看或下载的，这就势必涉及用户出于个人非商业性目的的私人复制行为。因此，视频网站下载的著作权侵权问题也值得研究。

就视频网站而言，其为避免著作权侵权，需要与著作权人展开合作，找到一种双赢的模式。目前视频网站与著作权人合作的方式主要有广告分成、直接购买著作权和资源互换等形式。为规范视频网站等网络传播者的著作权问题，国家有关部门已开始颁布有关规定进行规范。例如，2008 年 1 月施行的《互联网视听节目服务管理规定》规定对视频网站颁发准入牌照。同年 4 月，国家广电总局开始向优度宽频、激动网等颁发《信息网络传播视听节目许可证》。这种牌照经营模式有利于遏制大规模的侵害著作权人信息网络传播权的行为。当然，对那些以视频上传为主的网站而言，牌照经营模式尚需要一个过程。但是，作为网络空间著作权保护的基本理念，授权传播仍然是必要的。

在实践中，视频网站中上传和传播的侵权作品很多是由用户非法上传和传播的。对于用户的行为，视频网站在满足"红旗标准"的前提下仍须承担著作权侵权责任。就视频网站而言，用户擅自上传和传播侵犯他人著作权的作品属于侵害他人复制权和信息网络传播权是没有太大疑问的，因为用户的行为使任何人可以在个人选定的时间和地点获取被上传的作品。问题是，其出于个人欣赏目的下载视频网站上的作品是否构成著作权侵权。对此可以分两种情况予以讨论：一是下载合法作品，用户下载只是为了便于在脱机的情况下欣赏；二是下载侵犯信息网络传播权的作品，用户下载也只是为了便于在脱机的情况下欣赏。对于第一种情况，在我国现行立法规定的框架下，将其定性为具有合理使用性质的私人复制性质应当是没有疑问的。有问题的是第二种情况的下载，仍然应当考虑用户的主观过错。如果其明知或者应知其下载的作品系侵犯他人著作权的作品而仍然下载，应以侵害著作权对待。当然，有人可能会指出，用户难以判断其下载的作品是否系侵权作品。对于这一问题，可以根据特定视频网站的情况加以判断。例如，那些主要靠用户上传内容而运营的网站通常存在较严重的盗版现象。在这类网站下载视频内容，很可能涉及侵害著作权。

（三）私人复制的著作权法规制

前面的讨论表明，网络环境下私人复制的基本定位仍然是纳入合理使用制度。但是，鉴于网络环境下私人复制的新特点以及在网络空间重构著作权法利益平衡机制的需要，对私人复制合理使用制度应做必要的限制。另外，临时复制尽管不属于私人复制行为，鉴于其在网络空间利用作品的普遍性，也有必要明确通过立法规制给予定性。以下将以完善我国《著作权法》规定为宗旨，进一步探讨私人复制及相关问题的立法规制。

1. 在《著作权法》中明确引入"三步检验法"

"三步检验法"不仅在《伯尔尼公约》第 9 条作了规定，而且在 TRIPs 协议中扩大到除复制权以外的其他著作权。由于我国已经加入这两个国际公约，在国内立法中确认该原则是我国的国际义务。我国在《著作权法实施条例》中规定了这一原则：依照著作权法有关规定，使用可以不经著作权人许可的已经发表的作品的，不得影响该作品的正常使用，也不得不合理地损害著作权人的合法利益。但由于该条例的立法层次不及《著作权法》，因而有必要利用第三次修正该法的机会，将上述规定的内容融入著作权法中。如前所述，2020 年第三次修正后的现行《著作权法》第 24 条第 1 款已作了明确规定。同时，笔者认为可以考虑规定合理使用制度下的复制行为，包括网络环境下的私人复制行为，不应对著作权人作品市场产生替代效应。例如，在模拟环境下，当前普遍存在的复印一整本书的情况就具有市场替代效果，因而是不允许的；在网络环境下，利用技术手段累积下载数量足以构成市场替代效果的，也应受到限制。

2. 取消"为个人欣赏目的使用他人已发表作品"合理使用情形

网络环境下私人复制的目的通常有生产性使用和消费性使用两种情形。前者是将复制作品作为后续创作的材料和基础，后者则是将复制作品作为个人消费特别是娱乐的一种材料和工具。将出于生产性目的的私人复制纳入合理使用是毫无疑问的，因为这涉及个人学习、研究的需要，事关民族文化水平提高和公民个人素质提高，也是实现著作权法立法宗旨之所需。但是，基于消费性，特别是娱乐性复制，是否仍然有必要纳入合理使用，值得研究。数量巨大的私人复制行为势必会对权利人的利益产生影响。这种为个人欣赏的目的而在网络空间进行的私人复制行为，已经不具有传统著作权法中私人复制的纯粹的非商业性使用的性质。原因在于，存在大量的基于欣赏目的从网站下载、传输中获得作品，而这些作品的获得本来需要通过商业性购买行为才能实现，结果可能是瓜分了权利人的作品市场，从而损害其利益。

因此，应区分私人复制在不同情况下作为著作权限制的地位。由于上述以娱乐为目的的消费性使用对著作权人利益存在明显损害，应考虑取消现行《著作权法》第24条第1款第（1）项中涉及的为欣赏目的的个人性使用。[1] 值得注意的是，我国《信息网络传播权保护条例》没有像《著作权法》第22条第1款第（1）项那样明确规定，为个人学习、研究或者欣赏，可以使用他人已经发表的作品，属于合理使用。如前所述，《信息网络传播权保护条例》"只管上载，不管下载"，其第6条规定的合理使用行为就不包含私人复制行为等下载行为。因此，一概否定为

---

〔1〕《著作权法（修改草案）》曾取消"为个人欣赏目的使用他人已发表作品"合理使用情形。

个人目的（特别是为个人学习、研究的目的）以私人复制形式获取网络空间的作品不妥，完全按照现行《著作权法》机械地理解也有问题。在网络环境下，公众取得资源的方式虽然大多数是免费的，但实际上可能损害著作权人利益，在这种情况下"私人复制"不能再被归为合理使用，因而需要通过修改法律或者通过对"合理使用"的解释来重新界定私人复制：在《著作权法》中不再明确以个人欣赏为目的的私人复制等使用作品的行为为合理使用。

3. 明确规定"临时复制"不受复制权控制

关于临时复制，欧美国家的一般做法是，先是承认临时复制属于复制，接着又意图通过权利限制和例外的形式将其排除出复制权的控制范围。我国现行法律未明确涉及这一问题。对待临时复制的态度，应以前述利益平衡原则为指导，合理平衡著作权人、网络服务提供者和公众之间的利益，同时还必须考虑到我国的实际情况。著作权法上的复制行为，强调的不是行为的方式，而是行为的结果，即生成一件或多件复制件。临时复制本身确实不符合著作权法意义上复制的特性，例如复制应能够固定作品，以便公众间接传播，同时还可以在此基础上进行多次复制。临时复制纳入复制权范畴，将不合理地扩大著作权人对网上信息的控制权。基于此，在修改《著作权法》时，有必要明确规范临时复制问题。在立法模式上，不应采用欧美的上述做法，而应直截了当地规定"临时复制"不属于复制行为，不受复制权控制。这样可以充分保障网络环境下的在线浏览行为，促进网络的健康发展。

4. 明确规定私人复制的合法性以被复制的作品具有合法性或者复制人以合理的理由知道被复制的作品具有合法性为前提

现行《著作权法》第24条第1款第（1）项对私人复制一类合理使用规定，除了上述将出于个人欣赏目的的使用已发表作品纳入合理使用范围外，仍然存在的问题是：该项没有明确使用者使用作品的性质和手段，没有限定已发表作品的形式和使用者使用方式，特别是没有明确未经著作权人许可而传播的作品，是否可以基于个人目的使用。《信息网络传播权保护条例》也仅规定了未经著作权人许可在网络空间提供他人作品是非法行为，而没有规定在网络空间下载未经著作权人许可的作品也系非法而被禁止。这样，无论是在网络空间还是模拟空间，合法的私人复制是否应禁止来源非法的作品，难以得出肯定结论。这也是网络空间难以禁止大量下载盗版音乐作品、电影作品和其他作品的立法漏洞所在。加之实践中，著作权人一般是向网络服务提供商等间接侵权人提起诉讼，较少见到向私人终端用户提起诉讼的情况，这在一定程度上也助长了下载未经授权传播的作品的现象。

从前述《德国著作权法》规定看，不允许对来源不合法的作品进行私人复制。还如，《芬兰著作权法》第 11 条规定，用于进行私人复制的作品复制件必须是合法的，而不能是以前未经授权而制作或传播的。事实上，司法实践中也有体现。例如，2005 年12 月 28 日，法国 Le Havre 高等法院在一份判决中指出：下载未经授权的文件不构成复制；也无法谈及私人复制问题。在我国台湾和香港地区，还出现了针对私人下载用户的刑事指控。为此，建议在修改我国《著作权法》时，明确规定私人复制的合法性以被复制的作品具有合法性或者复制者以合理的理由知道被复制的作品具有合法性为前提。作出这一规定，必将在法律制度上有力规制当前在网络空间无序、肆意下载盗版作品的行为，也有利于规范私人复制行为的法制秩序，加大对著作权侵权的防范和打击力度。同时，考虑到与技术措施保护的协调，还可以进一步规定，私人复制也限于向公众提供的没有采取防止复制保护措施的作品。至于是否应追究下载数量巨大的在网络上非法传播的作品的行为人的刑事责任，目前规范尚早，先可以在《著作权法》中确立一般侵权责任，待条件成熟时再考虑规定。

5. 适时考虑引进西方国家实行多年的私人复制著作权补偿金制度

为解决私人复制给著作权人利益带来的损失问题，从 20 世纪 60 年代以来，德国、法国、意大利等四十多个国家逐步引进了著作权补偿金制度。其主要内容是，在出售复制设备和媒介时，应按照一定的标准向著作权人支付补偿金，以弥补消费者利用该设备或复制媒介的复制行为给著作权人造成的损失。私人复制补偿金制度对于解决由于技术手段的进步导致的私人复制行为对著作权人利益的损害，平衡著作权人利益和用户的利益，具有独到作用。就网络空间而言，私人复制著作权补偿金制度还有其独特优势，这就是利用网络技术管理手段，根据作品的点击率等方式来确定使用作品的数量和范围。另外，值得指出的是，实施私人复制的著作权补偿金制度的国家，通常依赖于著作权集体管理组织承担该项职能。从这个角度看，我国将来引进著作权补偿金制度，也需要通过完善著作权集体管理制度加以实现。[1]

---

〔1〕 参见冯晓青：《网络环境下私人复制著作权问题研究》，载《法律科学（西北政法大学学报）》2012 年第 3 期。

第三编　专利法

专利权客体制度

一、传统的专利权客体

专利权的客体，是指专利法保护的对象。由于专利权的法定性，权利客体需要通过法律确定其范围。

（一）专利权客体的种类

对专利权客体的种类，世界各国的法律规定不尽相同。多数国家只将发明作为专利权客体授予专利权，如美国、英国。由于《巴黎公约》允许缔约国对"专利"一词进行定义，因此，亦有少数国家的专利法不仅保护发明，同时还保护实用新型或外观设计，中国、日本即属该种情况。

（二）实用新型的保护模式

如前所述，世界上大多数国家只把发明专利作为专利法保护的对象，但这些国家在对待实用新型、外观设计的保护问题上态度不同，保护模式也各异。

第一种是不给予法律保护。这主要是针对实用新型，美国即是如此。

第二种是制定专门法律保护。对实用新型，一般是建立专门的实用新型制度，如德国、意大利、日本、澳大利亚等国家。许多国家将实用新型作为一种创造性程度较低的小发明看待。实用新型保护具有收费低、审批快等特点，受到发明创造者欢迎，起到了低价和高效保护知识产权的作用，在发展中国家尤其如此。我国实施实用新型专利保护制度三十多年来，该制度对创新的促进作用显著。

（三）外观设计的保护模式

外观设计作为产品功能性满足后的消费升级知识产品，随着现代技术创新带来的外观设计的丰富，在某些产品的竞争力上，其重要性已超过产品的功能性，是各国知识产权法律保护中的重要客体。我国《专利法》的第四次修改，增加了对局部外观设计的保护规定，还规定了外观设计的国内优先权，强化了对外观设计的法律保护。

根据我国外观设计定义，外观设计保护的是美感的创新，从而排除了对功能性设计特征的保护。另外，在 2020 年我国《专利法》第四次修改前，这个定义强调"结合"的产品整体，也排除了局部外观设计的可专利性。局部外观设计是指对产品局部的形状、图案、色彩或其组合及其在产品整体外观中的位置等所作出的具有美感的新设计。如电冰箱的把手、手机的屏幕等。在有些国家，局部外观设计可以得到保护，如美国、日本。我国也不乏保护局部外观设计的呼声，在《专利法》第四次修改中，这也是一个讨论的热点问题。现行《专利法》第 2 条第 4 款明确引进了局部外观设计专利制度。

世界知识产权保护领域的三大国际公约分别为《巴黎公约》《伯尔尼公约》及 TRIPs 协议，上述公约都规定各缔约国或成员有义务保护外观设计，但它们也均未规定必须采用哪种方式保护。实践中，各国做法不尽相同。有的采用专利法保护，有的通过单独立法保护。我国对工业品外观设计采用的是专利法的保护方式。

外观设计保护模式各异，原因主要在于外观设计客体本身的法律属性复杂。外观设计究竟是工业产权还是艺术财产？如果是前者，以专利法保护是合适的，重点保护设计人在产品性能很好维持的情况下外观上的创新性改进；如果是后者，合理的选择是著作权法保护模式，保护产品设计的美感表达。然而，外观设计既是工业经济发展的产物，也是人们追求产品美学功能的结果，是体现在工业产品上的美观设计，所以这一复合性质决定了外观设计既不同于以技术方案体现思想的产品发明，也不同于纯美学意义上的艺术品，是功能性与艺术性的统一。尽管保护时强调美感设计的创新，但这种创新受到产品功能性的制约，创新空间受限。

美国是以专利法保护外观设计的代表国家。其1942年的专利法即规定了外观设计的相关条款，并对外观设计专利实行实质审查制度。但美国商标法和反不正当竞争法可以保护有识别性的商品外观和装饰，著作权法保护实用艺术品，如茶壶、家具甚至服饰，事实上对一部分外观设计进行了保护。所以，实质上，美国对外观设计的法律保护是综合性的模式。个案中可根据外观设计的特点由设计人自己选择。当然，保护模式众多也会造成冲突和混乱。即使采用专利法保护，反对的声音也一直不断。

欧洲国家工业体系建立较早，重视工业品外观设计。20世纪开始，法国、德国、英国就颁布了单独的外观设计保护法律。2001年，通过了《欧共体外观设计法令》，对外观设计的保护期为25年。由于著作权保护客体的扩张，以法国为代表的欧洲国家对实用艺术品也适用著作权的保护模式，造成实质上两种保护模式的重叠。

日本早期的外观设计采用专利法保护，后来从专利法中独立出来，进行单独立法保护。

我国《专利法》相比《著作权法》制订得更早，并由国家专利局具体起草。基于历史的原因，我国对外观设计采取了专利法保护，并习惯性地沿袭下来。由于专利法主要保护技术思想，而外观设计主要保护美感的表达，因此对实用艺术品之外的外观设计采用专利法保护，存在较多问题。在理论研究和实践中，也有要求对外观设计进行单独立法保护的呼声。随着我国在产业结构上的供给侧改革，个性化产品需求大幅增加，外观设计的有效保护问题将更会被重视。

二、专利权客体的扩张

这一问题最有研究意义的是关于技术发展影响下，技术领域的发明创造客体范围的扩张。

考察世界专利法和专利制度建立的历史可知，早期受保护的客体皆为技术领域的发明创造。具体的可专利发明范围与各国技术和经济的发展水平相关。从专利制度的建立目的来看，专利制度是以发明人技术的公开换取国家法律的保护，通过这种"契约"机制促进社会科技的进步和物质文明的提高。专利保护是有社会成本的，因此从"成本收益"的法经济学角度看，并非所有技术成果都要给予专利保护，各国需要根据自己的技术经济发展水平确定发明的专利保护范围。然而，国际知识产权保护体系的建立，尤其是 TRIPs 协议，对各国专利保护提出了最低保护要求，包括专利的客体范围。因此，各国具体保护客体的差异，也是在 TRIPs 协议强制性最低要求之上的差异。

我国《专利法》目前已历经四次修改。1992 年第一次修改的一大亮点即是扩大发明专利的保护范围。这个修改，与当时中美知识产权谈判签订的谅解备忘录的承诺有关，也与我国改革开放十几年后技术发展对专利保护的要求提高有关。

专利权是一项垄断性极强的私权。在某些技术领域，对国家利益、公众利益有重大影响，从兼顾利益平衡的角度出发，不能给予保护或者不能给予完全的保护。因此，一般国家专利法有两类主题通常被排除在专利法保护之外：一类是违反国家法律、社会公德、妨害公共利益的发明创造；另一类是科学领域内非发明性的智力成果，如科学发现、智力活动的规则与方法。对这两类客体不予保护，在各国专利法中是一直被遵奉的"铁律"。

然而，近几十年里，新技术如计算机技术、生物遗传技术的迅猛发展，产生广泛的社会运用，如多媒体、移动通讯、生物工程、电子商务等。从20世纪80年代开始，以美国为首的立法和司法，开始发生了变化。一些传统上不被保护的主题，如科学发现、智力活动的规则与方法等，在某些具体领域，获得了专利保护，"铁律"开始被突破。

（一）关于科学发现

一般国家的专利法均规定，科学发现不能被授予专利权。依据我国《专利审查指南》第2部分第1章的解释，科学发现是指对自然界中客观存在的物质、现象、变化过程及其特性和规律的揭示。它们不同于改造客观世界的技术方案，因此不能被授予专利权。然而，随着新技术的发展，有意义的科学发现越来越多，要求对其进行专利法保护的呼声也越来越高。

如果将现代科学发现与过去的发现进行比较，前者的确有了一些不同的特点：其一，对许多技术方案的发现包括典型的天然物质的发现和基因的发现来讲，实为发现者有意为之，由于发现的技术难度提高，发现越来越是发现者智力用心的结果，是需要脑力同时需要做一系列的实验才能完成的。通常所说的"发现"，则是指发现者无意或非预料所发现的成果。[1]其二，技术方案的发现需要发现者大量的资金投入。其三，发现的成果有重要的市场竞争意义。这种情况下，发现者要求给予发现一定垄断权利性

---

[1] William H. Francis and Robert C. Collines, *Cases and Materials on Patent Law*, West Publishing Co., 1995, 4th ed., p. 82.

质的法律保护，如果不满足其要求，则不能保护发现者的积极性，不利于发现的出现。而且，发达国家出于保护本国经济竞争力的立场，也急于给这些发现以强有力的保护。从各国专利制度的发展情况来看，对发明与发现的区分亦开始出现淡化的趋势。

从世界各国专利保护的法律实践来看，发明与发现的界限也存在模糊的现象，一些传统上认为是发现的也开始得到法律保护，从天然物质发现的保护到基因发现的保护，专利法一次又一次地在拓宽其保护疆域。

天然物质是自然界中客观存在的物质，早期世界各国也都认为其为发现而非发明，对其不授予专利权，这类物质大多为化学物质，还有微生物。然而，从1958年开始，美国的法院就开始逐渐从先前立场退却，不再对自然现象作宽泛解释，转而对某些天然物质提供发明专利保护。20世纪80年代，美国联邦最高法院借助里程碑式的案件，即 Diamond v. Chakrabarty（1980）案进一步明确了法院的立场。该案中，法院表明，美国专利法保护"太阳下的任何人为的事物"（anything under the sun that is made by man），从此，只要对自然物质进行了一定程度的纯化与分离，使其不再处于原来的自然状态，就可以对该物主张专利权。[1]这一判决顺利地打开了专利法在微生物领域的禁区，植物、动物等生物专利的授予便再无障碍。

在医药工业中，已知物质既有天然物质，也有人工合成物质。为此，许多国家在20世纪80年代修改了其专利法的规定或者专利审查标准，将这两种医药用途的"发现"正名为发明提供专利保护。我国《专利审查指南》第2部分第10章第3.5.2节，规定了有关物质的医药用途的专利申请的审查。20世纪70年代兴起的基因工程中的DNA重组技术，是现代生物技术的核心。基

---

［1］ 崔国斌：《基因技术的专利保护与利益分享》，载郑成思主编：《知识产权文丛》（第3卷），中国政法大学出版社2000年版，第252页。

因技术专利申请的一大主题即是对某些具体的基因及基因序列提出专利要求。分离出的基因序列到底是研究者的发明还是一般的科学发现？可否给予其以专利法的保护？这个问题后面也将有具体的论述。

对天然物质的提取物与纯化物、生物基因序列等授予专利权，实质上已经背离了不授予科学发现专利权的原则。在这些新的客体面前，发明与发现的区分已经失去现实意义，司法实践中也没有真正关注这一区分。现在，人们认为问题的关键点并不在于使被发现的东西的本身产生什么变化，而在于是否为发现找到一种实际的用途。

（二）智力活动的规则和方法

智力活动的规则和方法不产生技术效果，所以不是专利法上的发明。然而，20 世纪中叶开始并蓬勃发展的计算机技术和 20 世纪末开始发展的网络技术，以及这些技术运用发展起来的电子商务，开始动摇这一人们已普遍接受的理论。这一变化，直接源于计算机程序和商业经营方法这两类主题能否授予专利权的问题上出现的新动向。

20 世纪 50 年代开始，由于软件的开发成本在计算机系统开发成本中所占的比例迅速增长，计算机产业界要求对软件予以法律保护，但在采取何种保护方式的问题上，争论一直没有停止过。1972 年，菲律宾首先在著作权法中将计算机软件作为作品实施保护。美国作为世界上最大的软件生产国及销售国，为了防止其软件被复制盗用尤其是被其他国家盗版使用，极力主张各国的著作权法律保护计算机软件。1966 年，由美国科学家、学者、计算机产业界代表及专利商标局局长组成的专利特别委员会提出的报告——《计算机软件的专利性质》中指出，计算机软件不应受到保护，理由是计算机软件包含有数学算法，而算法近似于自然法则，不属于美国专利法律保护的客体。[1]

然而，新的问题开始出现。随着计算机技术的发展，计算机软件的功能已逐渐由简单的计算功能发展为提供各种功能的工具，所以，对许多计算机程序设计者来说，最为关切的问题是程序方案的保护，而不是表现形式的保护。

1978 年之前，美国司法界对计算机软件的专利保护亦基本持拒绝态度。1987 年美国联邦最高法院受理了 Diamond v. Diehr 一案。[2] 该案主要争议在于，使用计算机运用数学方程式进行计算的程序可否属于《美国专利法》第 101 条所规定的专利标的。对此，法院认为，由于被上诉人没有提出数学公式的申请，而是寻求橡胶固化工序的专利保护，因此该工序属于可专利的范围，不能因为这项工序使用了计算机协助操作而丧失专利保护的要件。本案的判决，成为美国及世界各国适用专利法保护计算机软件的转折点。

之后，美国对计算机软件实行专利保护的态度更加明朗，政策更加成熟。美国法院认为，专利法强调对功能性的保护，当软件和工业产品结合并表现为机器、制品的特性或为达到某种结果而表现为方法时，软件具有了特定的功能，就成了专利法的保护对象。二十多年来，美国先是通过法院判决而后通过修改专利审查基准，对计算机软件实施专利保护的态度从拒绝保护到弱保护最终过渡到扩大保护。

20 世纪 90 年代以来，美国、欧洲、日本出现了一种"计算机可读存储介质"的专利。表面上看，该专利申请要求保护的对象是一种记录介质，如磁盘、光盘等，但保护内容一般不涉及介

---

〔1〕 张平、卢海鹰：《从拒绝保护到大门洞开——纵论计算机软件的可专利性》，载《中外法学》2001 年第 2 期。

〔2〕 参见陈美章、刘江彬主编：《数学化技术的知识产权保护》，知识产权出版社 2000 年版，第 329~330 页。

质本身的物理结构，而是介质上记录的内容，即计算机程序。[1]

　　我国《专利审查指南》也规定了对这种功能性的计算机软件实施保护。

　　商业方法专利的保护也是这类主题下的问题。这类专利客体，后面有专门的论述。

　　分析新技术给专利法带来的一些变化，我们能够注意到，尽管上述基因专利、计算机软件专利两类主题涉及发现、智力活动的规则与方法，但这两类主题的可专利性在根本上还没有违背专利法的基础，即技术性。这两类主题的专利申请内容属于技术领域，具有技术性质，可以解决某个技术问题。[2]

　　然而，计算机软件专利保护进一步扩大到商业方法软件中时，"实用技术"标准被"实用价值"取代。而且，目前世界上还有一个新动向，即以美国为首的一些国家，极力主张进一步缩小有关国际条约以及各国专利法中对专利权保护主体的限制，扩大专利权的客体范围。

　　我国对计算机程序专利申请，按照《专利审查指南》第2部分第9章的规定，如果发明专利申请只涉及计算机程序本身或者是仅仅记录在载体上的计算机程序，就其程序本身而言，不论它以何种形式出现，都属于智力活动的规则和方法。但是，如果一件涉及计算机程序的发明专利申请是为了解决技术问题，利用了技术手段和能够产生技术效果，就不应仅仅因为该发明专利申请涉及计算机程序而否定该发明专利申请属于可给予专利保护的客体。

　　目前，TRIPs协议对专利保护的最低要求仍然在发明范围内，

---

〔1〕　国家知识产权局条法司：《新专利法详解》，知识产权出版社2001年版，第182页。

〔2〕　相关研究，参见吴汉东：《计算机软件专利保护问题研究》，载《当代法学》2022年第3期。

且这种发明还须属于"技术领域",其并没有要求必须将发现、智力活动的规则与方法给予专利保护。在立法上,各国对基因、功能性计算机软件的保护,往往先将其解释为一种发明,然后对其给予发明的专利保护。

(三)动物和植物品种

生物工程涉及的对象大体分为动物、微生物与植物三类。目前各国专利法都规定对微生物学方法及其产品作为发明予以专利保护。对于动、植物品种,过去人们一直认为,动、植物新品种是天然的产物,不是人类利用自然规律的技术创造成果,不具备专利性,因而不予以专利保护。然而,随着生物技术的发展,人工方法培育的动、植物品种增多,在一些发达国家,保护模式有所变化。但在大多数国家的专利法中,仍然明确规定对动物品种不授予专利权。我国《专利法》即持这种态度。持这种态度的国家认为,即使是人工培育的品种,由于动、植物新品种有生命,难以按照专利申请的要求以书面形式把新的动、植物品种描述清楚,作为公开发明的补充手段。此外,动、植物新品种受地理、环境影响,有很大的变异性,不能重复产生,缺乏专利实用性条件。

但对动物新品种和植物新品种的保护模式,许多国家也并非不做区分。美国对动、植物品种全面保护,动物品种以发明专利给予保护;对植物品种,有植物品种专利。美国现行专利法的三种客体类型,包括发明专利、外观设计专利和植物专利。美国法中植物专利针对的是无性繁殖的植物;有性繁殖的植物,则适用1970年通过的植物品种保护法予以类似于专利的专门保护。有的国家对动物品种不给予专利保护,但对植物新品种给予专利,如韩国。更多的国家对动、植物新品种都不给予专利保护,但对于植物新品种,则单独立法予以保护。如1961年欧洲主要国家建立的国家植物新品种保护联盟,缔结了《国际植物新品种保护公约》，对植物新品种单独立法保护。

我国和世界上多数国家一样，目前暂不给动、植物品种授予专利权，但对培育动、植物新品种的生产方法，授予专利权。实践中，转基因动、植物的育种人可以通过申请转基因专利间接保护转基因动、植物和动、植物品种，也可以通过申请转基因专利的方法延及保护转基因动、植物和动、植物品种。对植物新品种，在我国可以依据《种子法》《植物新品种保护条例》，通过行政方式授予植物新品种权。

至于外观设计客体领域，技术的发展带来的新型设计，也使得一些新的客体进入人们讨论的范畴，如手机、计算机等电子产品的图形用户界面（Graphical User Interface，GUI）是否属于外观设计的新客体？对于这类问题，后面将有专门分析。

三、几种较为特殊的专利权客体

（一）商业方法专利

传统专利法中，商业方法作为智力活动的规则和方法的一种，尽管对于商业管理和经营有促进作用，但一直并未成为可专利的对象。在 20 世纪 90 年代之后，随着计算机软件专利的发展，商业方法专利迅速成为专利法关注的对象。[1]

在电子商务环境下，商业方法通常与互联网或电子商务的各种技术系统、计算机软件结合在一起，许多以计算机为基础的或与计算机相关的商业方法获得了专利，并且持续地促进了电子商务产业的发展。因此，商业方法专利的重要性被凸显出来，商业方法专利又获得了迅速发展的机会。

商业方法与智力活动规则的密切联系，导致过分放开商业方法专利授权，必将会给社会公共利益带来不利的影响。因此，长

---

〔1〕　相关研究，参见陈健：《商业方法可专利性判断标准研究》，载《暨南学报（哲学社会科学版）》2013 年第 1 期。

期以来各国立法机构和司法判例都在扩展可专利客体问题上保持着谨慎态度，美国、欧盟、日本等的商业方法授权标准也存在着差异。因此，需要研究国外商业方法可专利判断标准，以完善我国商业方法可专利性审查标准。

1. 以实际应用为主导的可专利性判断标准

美国联邦最高法院所建立的上述规则，在 20 世纪 90 年代被联邦巡回上诉法院逐渐软化甚至放弃，其中著名的判例是 State Street Bank & Trust Co. v. Signature Financial Group, Inc. 一案。[1] 在该案中，联邦巡回上诉法院强调"申请是否属于可专利客体的问题，不应当关注申请是否属于专利法所规定的四个可专利客体范畴，而应当关注申请客体的实质特征，特别是申请客体的实际效用"。因此，State Street 案采取了一种对商业方法申请案比较宽松的态度，法院将商业方法申请案的实际应用性作为判断可专利性的标准。

在 Arrhythmia Research Technology Inc. v. Corazonix Corp. 一案[2]中，法院认为通过机器中的一系列数学计算，将患者心跳转换成心电图信号的过程，构成一种抽象思想（数学算法、公式或者算法）的实际应用，因为它具有一个有用的、具体的或者确实的结果——病人心脏的情况。

因此，联邦巡回上诉法院建立了实用性原则，即包含数学算法的商业方法申请案如欲被授予专利权，必须能够产生"一个有用、具体且确实的结果"。本案中，联邦巡回上诉法院认为数据的转换表现为通过机器的一系列数学计算，将那些离散的美元数额，转换成一种最终的共有价格，从而构成了有关数学计算、公式或者算法的实际运用，因为该过程产生了"一个有用、具体且确实的结果"——一种最终的共有价格。

---

〔1〕 149 F. 3d 1368 (1998).

〔2〕 958 F. 2d 1053 (1992).

该案中的另一个重要内容是废止了"商业方法"除外原则。一审法院判决本案专利无效的一个依据是所谓的"商业方法"除外原则。在上诉审中，联邦巡回上诉法院在判决中借此机会将这一原则予以废止。其认为，自从1952年专利法修改后，商业方法就变得与其他领域的专利申请平等，并且本该如此。联邦巡回上诉法院也从未使用过"商业方法"除外原则来确认一件发明的不可专利性。因此，联邦巡回上诉法院认为，是否属于《美国专利法》第101条规定的可专利客体，并不应以申请的客体是否属于"商业方法"为标准。

联邦巡回上诉法院最终宣布撤销一审判决，并将案件发回马萨诸塞州地方法院，按照巡回法院的意见进一步审理。

2. 美国可专利性暂行审查指南

自State Street一案之后，美国专利商标局受理了越来越多的专利申请，这些申请有许多是非技术性的商业方法专利申请，因此对于可专利性客体这一焦点问题，也就产生了越来越多的争议。为了回应关于可专利性问题的争论，美国专利商标局在2005年11月22日颁布了《可专利性暂行审查指南》，以指导专利审查员判断商业方法发明的可专利性。

上述指南认为，美国联邦最高法院创制了三种不可专利的客体，即抽象思想、自然法则和自然现象。它们没有特定应用或实用性的申请，是被排除于专利权之外的。此外，申请不能先占抽象思想、自然法则或自然现象。这种含义的先占，在1852年的判例中最早产生出来。一个申请人不能对抽象思想、自然法则或自然现象的任何"真实的应用"获得专利权，因为此时该专利"实际上成了对抽象思想、自然法则或自然现象本身授予的专利"。

审查员应当以如下方法加以确定是否有实际的应用：该申请是否将主题或物理客体转换为不同的状况或事物？该申请是否可

以产生有用、具体和确实的结果？

（1）物理转换的实际应用。审查员应当首先审查确定申请案是否产生了转换效果。如果审查员发现了这种转换，审查员应当终止审查，并且认定该申请符合《美国专利法》第 101 条的规定。如果审查员没有发现这种物理转换，审查员也不能做出该申请不符合法定要件的最终结论，他还必须进行下面的审查。

（2）产生有用、具体和确实结果的实际应用。在确定"实际应用"时，审查员不应当将注意力集中于其各步骤是否达致有用、具体和确实的实际结果，而是要集中于由该申请案整体所达致的最终结果应当是"有用、具体和确实的"。

（3）确定申请是否先占了抽象思想、自然法则或自然现象。即使申请案应用了抽象思想等不可专利客体，同时具有"有用、具体和确实的结果"，审查员也必须确定该方法申请是否在事实上寻求对不可专利客体本身的专利保护。如果申请仅提及计算数学公式的计算机，或存储数学公式的计算机磁盘，它不是受专利保护的客体，这是因为该申请案先占了数学公式本身。

3. Bilski 一案之后可专利性判断标准的改变

在 State Street 一案之后，商业方法专利的审查方法发生了重要的改变。该案产生了一个非常明显的导向，即只要求申请案能够产生"有用、具体和确实的结果"，就可以被授予专利权。此外，由于对第 705 类专利审查经验还不充分，导致了许多质量不高的商业方法申请被授予了专利权。美国法院此后的一些做法，也使得商业方法专利审查标准日渐放松。这些都导致了在美国商业方法专利审查和应用中，产生了许多复杂的问题和现象。

第一，商业方法专利中低质量专利问题比较突出，有许多发明并不是新颖的，也达不到授予其专利权的新颖程度，但依然获得了专利权。

第二，美国专利系统中产生了一种特殊现象，即专利流氓

（patent troll）。有些专利流氓是个人发明者、小公司和濒于破产的公司，其不再进行新的发明创造，而是通过所获得的专利榨取超额许可费。由于商业方法专利大量分布在中小公司甚至个人手中，这就为专利流氓的产生提供了肥沃的土壤。许多专利流氓公司都是通过持有一些质量不高的计算机软件专利或商业方法专利，专门从事专利讹诈活动。

应当看到，商业方法专利带来的问题远超其益处。美国专利商标局发现，授权的商业方法专利通常质量并不高，这就意味着它们可能会基于新颖性或非显而易见性而被驳回。由于欠缺在先技术，导致商业方法非常容易得到授权。此外，在商业方法授权之前，许多商业方法是作为商业秘密被加以保护的，审查员也很难找到在先技术，这就导致许多有问题的商业方法申请也被授予了专利权。因此，在美国，许多学者呼吁改革过度扩张可专利客体的做法，限缩可专利客体的无序扩张。

最近几年，美国联邦最高法院显示出逐渐远离联邦巡回上诉法院在 State Street 一案中的观点，2010 年最终作出判决的 Bilski 一案显示出向联邦最高法院机器或转换规则的回归。在该案中，联邦巡回上诉法院再一次回顾在 State Street 一案中提到的"有用、具体和确实的结果"测试方法。其认为，"有用、具体和确实的结果"只是申请案构成基本原理或是基本原理的实际应用的一个表征而已。在判断是否构成可专利客体问题上，这一表征是不够的。最适宜的测试方法是机器或转换方法。上诉人的程序并没有将任何客体转换为不同的状况或事物。法律责任或关系、商业风险或其他类似抽象事物的转换或操作，不能满足这一测试要求。

4. 在 Bilski 一案影响下美国专利商标局商业方法审查指南的修订

（1）《在 In re Bilski 视角下审查方法申请案的指南》。在美国联邦最高法院未对 Bilski 一案作出最终判决之前，2009 年 1 月 7 日美国专利商标局颁布了《在 In re Bilski 视角下审查方法申请案的指南》。

该指南指出，方法申请案是否符合可专利性，要判断：①是否与特定机器或设备相结合，或者②是否转换特定客体为不同的判决或事物。因此，美国专利商标局通过这一审查指南，对于方法申请的范围施加更为严格的限制。

（2）《新的可专利客体暂行审查指南》。2009 年 8 月 24 日，美国专利商标局颁布了《新的可专利客体暂行审查指南》。这一新的暂行审查指南，是在 Bilski 一案的影响下进行的重要修订，体现了美国专利商标局对于 Bilski 一案判决的借鉴与吸收。

新的暂行审查指南规定，有两个标准被用于判断可专利性客体，并且必须满足这两个标准，才可以获得专利权。申请案需满足以下条件：①必须是四个可专利范畴之一；并且②必须没有整体上指向不可专利的客体。

该暂行审查指南承认，在抽象思想、智力活动、自然法则和自然现象之外，还有一些判例所认定的不可专利客体，包括物理现象、科学原理、基于人类智力活动的系统、无实体的观念、无实体的数学运算法则和公式等。因此，申请案必须整体上不属于上述不可专利客体。然而，如果申请案是上述不可专利客体的特定实际应用，则该申请案也可以被授予专利权。当申请案产生了特定实际应用，能够在现实世界中加以应用，这一特定实际应用就证明了，申请案并不是纯粹的智力活动，也不属于对自然法则或自然现象的全部应用（先占）。

（3）《在 Bikski v. Kappas 视角下程序申请可专利性的暂行审查指南》。在 Bikski 一案经过美国联邦最高法院判决之后，美国专利商标局又在 2010 年 7 月 21 日颁布了《在 Bikski v. Kappas 视角下程序申请可专利性的暂行审查指南》，这一暂行审查指南是对 2009 年 8 月 24 日的评估可专利客体暂行审查指南的补充。

这一审查指南主要是提供了额外的事实因素，以便判断方法申请案，如果没有落入机器或转换测试方法，是否具有可专利性；或者符合机器或转换测试的方法申请，是否不具有可专利性。这些因素和事实的提出，显然细化了可专利客体的审查。商业方法专利审查中需要考虑的事实主要有：

第一，方法是否包含或是否由特定机器或设备所执行。如果是，则申请案很少会被认为构成抽象思想；如果不是，则申请案可能会被认为构成抽象思想。

第二，申请方法的执行是否导致了或包含了特定客体的转换。如果这种转换存在，则很少会被认为构成抽象思想。如果不存在，则可能构成抽象思想。

第三，即使欠缺特定机器或转换，申请方法的执行，是否包含了自然法则的应用。如果这种应用存在，则很少被认为构成抽象思想；如果不存在，则会被认为仅仅构成抽象思想。

第四，在执行方法各步骤中是否涉及一般概念。一般概念的存在，是申请案构成抽象思想的线索。

5. 我国目前商业方法可专利性判断标准

根据我国《专利法》，如果一项权利要求仅仅涉及智力活动的规则和方法，则不应当被授予专利权。如果一项权利要求在对其进行限定的全部内容中既包含智力活动的规则和方法的内容，又包含技术特征，则该权利要求就整体而言并不是一种智力活动的规则和方法，不应当依据《专利法》第 25 条排除其获得专利权的可能性。

我国专利审查员通常采用如下做法，判断商业方法的可专利性：①当根据说明书描述的背景技术和或公知常识，审查员可以确定要求保护的发明所要解决的问题不是技术问题时（检索前），则直接依据《专利法》第 2 条评述其不构成技术方案，不属于专利保护客体。②当说明书中针对所描述的背景技术说明了要求保护的发明所要解决的技术问题，但审查员针对其声称要解决的技术问题所进行的检索，并且可以初步判断其实际上解决的问题（由审查员对案件整体分析后确定）不是技术问题，则不属于《专利法》第 2 条所说的技术方案，不属于专利保护客体。

总体来看，我国商业方法发明的可专利性要求必须具有技术性，这与欧洲、日本等的判断标准类似。然而，我国商业方法发明的可专利性判断标准依然过于简单，在商业方法发明日益增多的状况下，我国亟需补充完善商业方法发明的可专利性判断准则。

（二）基因专利

将生物技术纳入专利权保护范围有一个过程，而这与美国有关判例的推动有很大关系。起初，人们对将基因技术等生物技术纳入专利保护范围存在较多疑虑。如 Funk Brothers Seed Co. v. Kalo Inoculant Co. 案[1]，涉及一个氮固化的案件，在该案中法院否认了专利的有效性，理由是这些细菌的品质像太阳光一样是所有人类知识存储的一部分，它们是自然法则的产物，对任何人来说都没有专有权。但是，如前所述，自 1980 年美国联邦最高法院在 Diamond v. Chakrabarty 案[2]中第一次对发明来自于人为单细胞生物基因的细菌本身的权利要求给予专利保护后，生物技术领域专利保护范围被扩大了。该案中，在决定是否有专利性时，通过集中于人的干预作为本质的因素，法院重新强调了将世界的原材料进行重新组织的原创发明者的作用，从而为这一结果的专利权提供了正当性。

随着生物技术的急速发展，人们对基因研究的范围也在不断地扩大，人类基因组计划对人类基因构图的研究即是典型例子。

---

[1] 333 J. S. 127 (1948).
[2] 447 J. S. 303 (1980).

基因技术的发展和遗传工程的开发，使得遗传学家有更多的工具来检测人类基因的结构。人类基因组计划涉及一个包括我国在内的跨国性质的组织，其重要目的是编制一个人类基因中所有的密码化信息的结构和序列的描述图，以提高人类对自身基因的认识能力，增强对疾病的预防和控制能力。在人类基因研究方面，美国走在前面。人类基因图通过将基因连结来组合信息，提供了很有价值的基因信息，它能够产生以双数为基础的整个人类基因完整的基因序列。人类基因研究产生了生物物质和相关的数据，建立了存储库以便让研究人员来获得生物材料。

无疑，人类基因组计划的实施需要有关国家研究人员投入可观的研究资金、大量的创造性劳动。从科学研究的基本原理和伦理出发，人类对这些被揭示的基因可以自由使用与掌握，以服务于人类的福祉。有些学者看到了对发现的激励与由于基因信息商业化引起的社会成本之间的特定联系而主张基因信息的非商业化。但是，人类基因研究已不是一种纯粹的自然科学探索，疾病诊断的需要以及来自基因研究巨大潜在利润的诱惑，使得基因研究者强烈地要求对其基因研究成果主张财产权，特别是专利权。例如，在 1992 年美国国家健康研究所对基因片段提出了专利申请。再有，人类基因信息研究作为一种创造性劳动，本身需要投入劳动、时间和资源，为了鼓励从事这方面的研究工作，需要建立一定的激励机制，通过赋予对基因信息的财产权显然是一种重要的激励机制。关于人类基因信息在科学上、道德上和经济上的讨论则对赋予人类基因信息的财产权提出了挑战，其中重要的理由是主张人类基因中的信息理所当然地是全人类共享的资源和财富，而不应视为基因研究人员专有的个人财富。

对待人类基因信息的不同态度也围绕基因图引发了潜在的利益冲突，它在深层次上反映了人类基因信息资源共享与因基因研究成果产生的财产权特别是专利权之间的冲突，反映了学术与工业之间、商业与非商业之间的联系，也反映了专利权与开放新发现信息的科学规范之间的紧张关系。[1]例如，人类基因是生物的（不是社会的）"事实"，但又不同于美国 Feist 案中的"事实"，因为它存在于每一个人的细胞中。有学者提出了下面这样的问题：我们怎样确证研究人员通过巧妙地重构基因序列方法和取出基因生物结构，通过人类组织产生一个详细的有价值的描述这种信息的东西。基因的密码化和序列化，是否如电话簿中的人名列表？或者它是否通过发明者投入时间和投资从公有领域中游离出来而变成私有化了？我们是否将会把这些信息商品化，使这些没有被人占有但很丰富的人类基因信息进入某种稀缺性领域，并且以鼓励创造性主题的开发之名，将更多的"原材料"纳入财产权的客体？[2]

从专利法的激励理论看，专利法通过授予发明者在公开的信息中的垄断权以鼓励发明者将其发明创造公开。基因研究者们主张基因信息中的财产权特别是专利权，这是可以理解的。显然，对包括人类基因技术在内的基因技术的法律态度会影响到基因信息的流动和利用方式，特别是牵涉到商业化与非商业化问题时。基因的专利权保护也会影响到促进信息生产与流通的产权化模式，影响到新的科学信息的接近模式。虽然从基因研究的最初来源来看，对基因研究这种具有基础科学性质的研究应牢固地建立在非财产规范上，基因研究者却可以很好地利用作为科学事实的基因本身，而这可以为其在相应的基因产品中主张权利提供正当性。

---

〔1〕 相关研究，参见肇旭：《基因专利中的利益平等共享——以 Myriad 案为视角》，载《伦理学研究》2014 年第 2 期；毛新志：《基因专利的哲学思考》，载《科学学研究》2005 年第 6 期。

〔2〕 *See* Keith Aoki, "Inventors and Trademark Owners: Private Intellectual Property and the Public Domain (Part II)", 18 *Columbia-VLA Journal of Law & the Arts* 359 (1994).

人类基因信息具有普遍性，因为它存在于每一个人的细胞中。同时，它控制遗传、疾病、复制和生命本身，在这个意义上，它又具有一定的特殊性。从基因作为科学以及信息正义的角度看，确实应当允许广泛地接近它，这也符合基础科学研究的规范。但这与在基因信息中赋予财产权特别是专利权存在一定冲突。在实践中，包括基因研究在内的科学研究越来越得到产业部门的支持，研究人员和机构通过合同形式处理研究成果的产权问题，尤其是专利权问题，并且他们有对基本的发现主张个人财产权的趋向。这种情况可能会使得对原来可以自由利用的资源现在需要付出费用后才能使用。

人类基因信息存在于每一个人的细胞中，对基因赋予专利权确实可以依据专利法的激励理论作出解释和认识。专利法对发明者从事发明的激励机制和对专利发明的报偿机制是激发对基因研究投资的重要手段。当然，专利法以公众容忍垄断权为代价创造了公开发明的机制，同时也创造了市场稀缺问题，这种稀缺在以前却是被假定为潜在富有的。只是比较而言，在建立一种既要确保对基因研究的激励又要促进基因信息的公开和利用的制度机制方面，专利保护仍是一种比报酬、工资、职务提升和简单的市场竞争看来更有效的办法。正如有学者所主张的一样：授予基因研究者对其努力产生的结果以财产权，既不是自然的也是不可避免的。在人类基因这样的计划中，解释公共的与私有的、商业化的与非商业化的、营利的与非营利的学术利益之间的关系，已经成为一个越来越混淆的东西，在其中通过赋予专利权而产生的社会利益绝不是不存在的，并且赋予更广泛的专利可以进一步发展集体的科学知识。[1]

由于所持的利益方面的立场不同，在将专利保护扩张到基因

---

[1] See Keith Aoki, "Inventors and Trademark Owners: Private Intellectual Property and the Public Domain (Part II)", 18 *Columbia-VLA Journal of Law & the Arts* 191 (1994).

方面，赞成和反对的观点都可不时见到。这些意见都有道德上、经济学上的考虑，强化对基因专利保护方面的鼓励则可能会排除其他原因方面的考虑。赞成者认为，对基因技术不给予专利保护，会挫伤基因技术开发的积极性，这将导致生物技术领域总体的社会利益减少。反对者则认为，基因本身是非发明的东西，对基因技术授予专利将导致研究成本提高，因为非专利权人将不得不支付较高的专利使用费。还有，对早期的基因产品授予专利将阻碍产品的开发，理由是在技术上发现基因的人在增加，并且专利制度可以给予因开发导致相当多的成本的回报，以致人们对已授权的早期研究阶段中的基因专利不进一步开发为第二代基因产品。这两种观点显然是对立的。不过，基因的非发明性质对那些寻求专利权保护的发明者来说，仍可转化为最后获得巨大利益的资源。确实，在 Chakrabarty 案后的几个案件，通过强调在改造自然过程中产生的产品中人的因素在其中所发生的作用，如净化、纯化或者做其他的改变，而为授予其专利提供了正当性。

虽然人们对基因技术的专利保护存在争议，基因技术的专利保护却在向前发展。鉴于人类基因信息的重要意义，在赋予其专利权时需要重视信息平等和信息正义问题。这方面的专利问题是一个不需要借助于专利法的结构性原则作出解释的政策性问题。在对待基因信息的财产化和非财产化问题上，不同利益主体的立场和观点有很大不同，这也反映了对基础科学理念的差异。从理论上讲，它牵涉到在基因信息范畴中对私人领域与公共领域的划分以及如何最佳地处理基因信息的研究、流通与限制等问题。如人类基因组计划产生的基因信息涉及的基因信息的控制、接近、传播和商品化问题，以及在市场经济中这些信息的滥用问题，都需要在产权化或非产权化的环境下加以解决。这些问题也反映了信息产权化的一个矛盾性模式，如它曾经是丰富而又稀缺的，潜在地自由流动和潜在地商业化的。但总体上说，基因信息专利化仍然是较为适当的选择。

（三）图形用户界面外观设计专利

"图形用户界面"（GUI）一词来源于信息技术行业，是计算机通信领域内的一种可视化的电子用户界面，主要以图形方式呈现，由用户操作相关输入设备来命令、执行程序，具有人机交互性的特点。早期的图形用户界面源于计算机的 DOS 系统，其操作性较差，需要使用者掌握相关命令的知识。伴随着计算机行业的迅猛发展，计算机系统也在不断优化升级，操作也更加简便，而且目前的软件也已不再局限于计算机，大量的软件应用于可移动设备，随之产生了大量的图形用户界面相关的纠纷，也衍生了如何保护图形用户界面等相关问题。我国早期对图形用户界面的保护持谨慎态度，主要原因在于我国电子行业起步较晚。但是，随着电子信息技术的普及以及市场的蓬勃发展，各种电子设备被人们广泛使用，其更新换代频率高，同时产品的图形用户界面设计也不断优化。很多创新型企业投入大量的时间和资金生产图形用户界面类的产品，对这类新型的外观设计予以保护是促进创新的客观需求。

2014 年，国家知识产权局颁布了修改《专利审查指南》第 68 号令，规定了对电子产品的图形用户界面给予外观设计专利。第 68 号令是我国迈出对图形用户界面保护的重要一步。通过对《专利审查指南》第 1 部分第 3 章第 7.2 节、第 7.4 节的修改，清除了图形用户界面作为外观设计专利保护的障碍，将图形用户界面纳入外观设计专利保护范围。在《专利审查指南》第 1 部分第 3 章第 4.2 节、第 4.3 节新增审查图形用户界面外观设计专利申请的简要规定。在《专利审查指南》第 4 部分第 5 章第 6.1 节新增规定，对于包括图形用户界面在内的产品外观设计，如果涉案专利除图形用户界面的其余部分的设计为惯常设计，图形用户界面对整体视觉效果更具有显著的影响。

　　与普通外观设计相比，图形用户界面外观设计有两个特点：一是图形用户界面可以是静态或者是动态的，动态显示过程的关键点不同，保护范围也不同；二是图形用户界面是通电图形，判断重点在图案，所以在提交带有图形用户界面外观设计专利申请时注意实体产品部分尽可能选惯常设计，比如手机、电脑等，简要说明中可明确表明设计要点在于图形用户界面，产品部分设计为惯常设计。

　　与图形用户界面外观设计相关的侵权纠纷第一案是"奇虎360诉江民公司图形用户界面案"。[1] 原告奇虎公司认为自己的电脑安全优化图形用户界面专利权受到了侵犯，将被告江民公司告上法庭。法院审理后认为，外观设计专利权保护范围的确定需要同时考虑产品及设计两要素，无论是其中的产品要素还是设计要素均以图片或照片中所显示内容为依据。该案涉案专利为"带图形用户界面的电脑"，而被诉侵权行为是被告向用户提供被诉侵权软件的行为，被诉侵权软件不属于外观设计产品的范畴，未落入涉案专利的保护范围。法院最终驳回了原告的诉讼请求。

　　与图形用户界面外观设计相关的专利行政纠纷第一案是"国家知识产权局专利复审委员会与苹果公司外观设计专利申请驳回复审案"。[2] 该案属于"2014年中国法院十大创新性知识产权案件"之一。案件起因是2011年6月16日国家知识产权局驳回了苹果公司的图形用户界面外观专利，2013年5月2日苹果公司向专利复审委员会申请复审，专利复审委员会维持驳回决定。后苹果公司提起行政诉讼，请求撤销专利复审委员会的维持驳回的决定，2014年4月18日北京市第一中级人民法院撤销了专利复审委员会的决定，2014年12月16日，北京市高级人民法院驳回专利复审委员会的上诉，维持原判。该案确定图形用户界面外观设

---

[1] 北京知识产权法院（2016）京73民初276号民事判决书。
[2] 北京市高级人民法院（2014）高行（知）终字第2815号行政判决书。

计可以获得外观设计专利权，还明确了为准确确定外观设计内容合理的撰写方式，对未来实务工作有重要的指导意义。

图形用户界面外观设计专利所保护的客体是附着于产品上的新设计。上述第 68 号令通过修改原第 1 部分第 3 章第 7.4 节第一段"不授予外观设计专利权的情形"，将游戏界面、与人机交互无关或者与实现产品功能无关的产品显示装置所显示的图案排除在外观设计专利保护之外。例如，电子屏幕壁纸、开关机画面、网站网页的图文排版。图形用户界面作为外观设计专利被保护必须以产品为载体，图形用户界面不能脱离产品单独予以保护，所以在上文"奇虎 360 诉江民公司图形用户界面案"中法院没有支持原告的诉讼请求。需要注意的是，虽然通常情况下图形用户界面要依附于实体产品，但是真正体现设计者智力劳动成果的部分是界面本身，所以第 68 号令新增规定若实体产品为惯常设计，图形用户界面对整体视觉效果更具有显著的影响。随着虚拟现实技术，即 VR 的出现，导致图形用户界面和实体产品之间的联系越来越弱，VR 系统中的图形用户界面经常显示在模拟用户的虚拟环境中，而不在实体产品上，但是根据现有法律，图形用户界面必须以产品为载体才能受到保护。如何保护 VR 显示的图形用户界面这个难题还有待解决。

根据《专利法》第 64 条第 2 款规定，图形用户界面作为外观设计专利保护范围以表示在图片或者照片中的该产品的外观设计为准，简要说明则可以用于解释图片或者照片所表示的该产品的外观设计。需要注意的是，和传统外观设计相比，图形用户界面可以是动态图案，虽然第 68 号令针对动态图形用户界面规定应至少提交一个状态的整体产品外观设计视图，但是动画的变化趋势更依赖于文字说明。

2019 年，国家知识产权局发布了修改《专利审查指南》的公告（第 328 号），对 GUI 外观设计的产品名称和简要说明的撰写要求进行了明确，同时放宽了视图提交的限制，并且弱化了 GUI 与最终产品的联系，一定程度上扩大了 GUI 外观设计可能获得的保护范围。2020 年《专利法》第四次修正时引入了局部外观设计制度，成为 GUI 外观设计专利的重要法律基础。

专利权主体制度

一、专利权主体概述

(一) 发明人和设计人

发明人是指对产品、方法或者其改进提出新技术方案的人或者对产品的形状、构造或其结合提出适于实用的新技术方案的人。设计人是指对产品的整体或者局部形状、图案、色彩或其结合提出富有美感并适用于工业上应用的新设计的人。发明人或者设计人,是对发明创造的实质性特点做出创造性贡献的人。在完成发明创造的过程中,仅负责组织工作、为物质技术条件的利用提供方便或者从事其他辅助工作的人,不是发明人或者设计人。没有这种创造性贡献的其他人,如组织管理者、情报提供者、后勤保证者、实验操作者等均不能被视为发明人或设计人。如果组织领导者参加了具体的研究开发工作,参与特定难题的解决,提出的意见、解决方案起到了较大作用,也可以成为共同发明人。科技辅助人员如果在实验过程中有所创新,发现纠正了研究者的错误,也可认定为共同发明人。这一标准,对于共同发明人或共同设计人的认定，非常重要。[1]

（二）发明人或者设计人的合法受让人

发明创造是一种无形财产，基于发明创造获得专利的权利是一种无形财产权。发明人对发明创造拥有的所有权是可以转移的，而且申请专利和获得专利的权利是由发明创造所有权派生的，因此，发明人或者设计人的合法受让人也可享有申请专利和获得专利的权利。这也是各国专利法的通例。例如，《法国专利法》规定：工业产权证书的获得权属于发明人或其权利继承人；《瑞士专利法》规定：发明人、发明人的合法继承人或以其他任何名义拥有发明的第三者有权获得专利。我国现行《专利法》第10条第1款规定，专利申请权和专利权可以转让。发明人或设计人对其发明创造的专利申请权或专利权可以一定的方式转移，如赠与、买卖、继承等方式。这样，受让人或继承人就有了获得专利的权利。根据现行《专利法》第10条第3款规定，转让专利申请权或者专利权的，当事人应当订立书面合同，并向国务院专利行政部门登记，由国务院专利行政部门予以公告。专利申请权或者专利权的转让自登记之日起生效。[2] 向外国转让专利申请权和专利权的，还须经国务院有关主管部门批准。关于继承，应附具证明文件向专利局申报，经专利局登记和公告后生效。

此外，合法受让人在申请专利时，应向专利局提供合法受让该发明创造所有权的证明，如赠与合同副本、买卖合同副本，而且在请求书中应注明发明人或设计人的姓名。因为发明人或设计人的署名权、荣誉权等与人身密不可分的权利是不能转移的。

---

[1] 相关案例，参见湖北某大学职务技术成果完成人奖励、报酬纠纷案，湖北省高级人民法院（2014）鄂民三终字第109号民事判决书；四川某材料有限公司与吴某职务发明创造发明人、设计人奖励、报酬纠纷案，四川省高级人民法院（2019）川知民终182号民事判决书。

[2] 应当指出，这是针对专利申请提出以后而言。在专利申请提出以前获得专利的权利转让无须这样办理。

　　就共同发明创造而言，其中一个共同发明人或共同设计人可以转让自己享有的专利申请权。专利申请被批准后，受让人只能在出让人应当享有的份额内享有与行使专利权。在实施所有权转让时，首先应取得其他共同发明人或共同设计人的同意，其他共同发明人或共同设计人有权优先受让。当然，某一或某些共同发明人或共同设计人获得的专利权的份额也可依继承而转移。[1]

　　（三）专利申请权人

　　为了防止专利申请权纠纷的产生，需要确定专利申请权人的基本规则。下列当事人可以作为专利申请权人，向国家专利主管机关申请专利：

　　（1）发明人或设计人，可以成为专利申请权人。

　　（2）执行本单位的任务或者主要利用本单位的物质技术条件所完成的职务发明，本单位作为专利申请权人。

　　利用本单位的物质技术条件所完成的职务发明，单位或发明人、设计人，依合同约定，可以成为专利申请权人。

　　（3）其他非法人组织，作为发明人或设计人，可以成为专利申请权人。

　　（4）委托发明的委托人或受委托人，依合同约定，委托人或受委托人可以成为专利申请权人。合同未有约定或约定不明确的，专利申请权属于完成发明创造的单位或个人。

　　（5）两个以上单位或个人合作完成发明创造，依合同约定，可以由一方或参与完成发明创造的各方共同成为专利申请权人。合同未有约定或约定不明确的，由共同完成发明创造的各方，共同成为专利申请权人。

　　（6）专利申请权可以转让，专利申请权的受让人可以成为专利申请权人。

────────────

〔1〕　参见冯晓青、刘友华：《专利法》（第2版），法律出版社2022年版，第180页。

（7）专利申请人死亡后，其依法享有的专利申请权可以作为遗产，由其合法继承人继承，因此，专利申请人的继承人也可以成为专利申请权人。

（8）外国人，包括外国法人和外国自然人、无国籍人，均可以成为专利申请权人。

（四）专利权人

下列当事人可以成为专利权人：

（1）发明人或设计人，可以成为专利权人。

（2）执行本单位的任务或者主要利用本单位的物质技术条件所完成的职务发明，本单位作为专利权人。

利用本单位的物质技术条件所完成的职务发明，单位或发明人、设计人，依合同约定，可以成为专利权人。

（3）委托发明的委托人或受委托人，依合同约定，委托人或受委托人可以成为专利权人。合同未有约定或约定不明确的，专利权属于完成发明创造的单位或个人。

（4）两个以上单位或个人合作完成发明创造，依合同约定，可以由一方或参与完成发明创造的各方共同成为专利权人。合同未有约定或约定不明确的，由共同完成发明创造的各方，共同成为专利权人。

（5）专利权的受让人，依据专利权的转让合同，可以成为专利权人。

（6）外国人，包括外国法人和外国自然人、无国籍人，均可以成为专利权人。

二、职务与非职务发明创造专利权属

（一）我国相关规定及其内涵

职务发明，是指执行本单位的任务或主要是利用本单位的物质技术条件所完成的发明创造。执行本单位的任务所完成的职务发明主要包括四种情况：[1] ①在本职工作中作出的发明创造；②履行本单位交付的本职工作之外的任务所作出的发明创造；③退休、调离原单位后或者劳动、人事关系终止后一年内作出的，与其在原单位承担的本职工作或者原单位分配的任务有关的发明创造；④主要是利用本单位的物质技术条件所完成的发明创造。

执行本单位的任务中的"本单位"，不仅包括与发明人或设计人有人事关系、工资关系的正式单位，还包括临时工作单位，如正式单位指派其从事某种工作的顾问或兼职单位等。

主要是利用本单位的物质技术条件所完成的职务发明是指主要利用了本单位的资金、设备、零部件、原材料或者不对外公开的技术资料等所完成的发明创造。对于利用本单位的物质技术条件所完成的职务发明来说，单位与发明人或者设计人订有合同，对申请专利的权利和专利权的归属作出约定的，从其约定。《专利法》的这一规定，有利于提高发明人或设计人进行发明创造的积极性和主动性，也有利于保障其经济利益的实现。

如果职务发明的专利申请权或专利权归本单位享有，则被授予专利权的单位应当对职务发明创造的发明人或者设计人给予奖励；发明创造专利实施后，根据其推广应用的范围和取得的经济效益，对发明人或者设计人给予合理的报酬。被授予专利权的单位未与发明人、设计人约定也未在其依法制定的规章制度中规定奖励的方式和数额的，应当自专利权公告之日起 3 个月内发给发明人或者设计人奖金。一项发明专利的奖金最低不少于 3000 元；一项实用新型专利或者外观设计专利的奖金最低不少于 1000 元。

---

[1] 相关案例，参见天津某科技有限公司专利申请权权属纠纷案，最高人民法院（2020）最高法知民终 41 号民事判决书；无锡乐某科技有限公司、乐某、江苏某科技有限公司专利权权属纠纷案，最高人民法院（2020）最高法知民终 1258 号民事判决书。

此外，如果职务发明的专利申请权或专利权归本单位享有，则作出实际发明创造的发明人和设计人有权在专利申请文件和专利文件上写明自己是发明人或者设计人。

（二）我国相关司法实践及其启示

近些年来，我国法院审结的涉及职务发明专利与非职务发明专利权属纠纷的案件不在少数。这些案件为正确理解与适用前述我国《专利法》《专利法实施细则》的规定提供了很好的启示与素材。限于篇幅，以下仅选取三个典型案例略加介绍与探讨。

1. 明确"发明人与单位之间的关系"的重要性

司法实践中，相关案例明确了认定职务发明创造，先需要确认发明人与单位之间存在特定身份关系。例如，在上诉人无锡某科技有限公司、白某与被上诉人江苏某科技有限公司专利权权属纠纷案中，最高人民法院指出，认定职务发明的前提是发明人与单位之间存在劳动关系或者与《专利法实施细则》第 12 条第 2 款所称临时工作单位之间存在工作关系。具体判断标准在于单位是否取得了对发明人包括完成涉案发明创造的创造性劳动在内的劳动支配权。如果单位与发明人只存在一般意义上的合作关系，该单位并不掌握对发明人的劳动支配权，发明人的有关发明创造就不属于职务发明创造。[1]

2. 离职员工"与原单位有关的发明创造"的界定

司法实践中，涉及如何认定职务发明专利权属纠纷中"与原单位有关的发明创造"的有关案例，提供了较为重要的启发和指引。例如，在再审申请人李某、深圳某智能设备有限公司与被申请人深圳某科技有限公司专利权权属纠纷案中，最高人民法院指出，判断涉案专利是否属于"与在原单位承担的本职工作或者原单位分配的任务有关的发明创造"时，应注重维护原单位、离职

---

[1] 2020 年《知识产权案件年度报告》。另参见最高人民法院（2020）最高法知民终 1258 号民事判决书。

员工以及离职员工新任职单位之间的利益平衡，综合考虑如下因素：一是离职员工原工作任务的内容；二是涉案专利内容与原工作任务的关系；三是原单位开展有关技术研发工作的情况或技术的合法来源；四是发明人、权利人对技术来源解释的合理性。[1]这些因素，比较全面地反映了原单位、离职员工以及离职员工新任职单位之间针对案件涉及的发明创造的权属关系，有利于人民法院准确认定涉案发明创造的法律性质。[2]

3. 发明创造性质的认定应重视发明人在单位实际工作内容

在"脉冲涡流扫查技术"专利申请权权属纠纷案[3]中，二审最高人民法院认为：本案中崔某作为发明人，参加研发了涉案实用新型和发明专利申请。虽然劳动合同中记载崔某系销售人员，但结合以上崔某在因科公司的工作内容，显示崔某在因科公司不仅仅是销售人员，同时也是技术人员，崔某有机会对涉案专利申请利用其在因科公司的工作内容进行研发。故特某斯公司上诉称崔某只是销售人员的上诉主张缺乏事实和法律依据，本院不予采信。涉案发明创造登记的发明人为崔某，结合崔某本人的学历背景、工作能力，以及在因科公司的工作内容，并考虑到专利技术研发工作的系统性、传承性，应认定涉案发明创造属于崔某在因科公司的职务发明。至于崔某劳动合同所涉竞业限制补偿问题，亦不构成涉案发明创造应由特某斯公司所有的抗辩，其主张不能成立，本院不予采纳。本案中，涉案发明创造系崔某在从因科公司离职后一年内作出的发明创造，且该发明创造与崔某在因科公司承担的本职工作或分配的任务有关，故该发明创造应属于因科公司，因科公司对其享有专利申请权。驳回上诉，维持原

---

[1] 2019年《知识产权案件年度报告》。另参见最高人民法院（2019）最高法民申6342号民事裁定书。

[2] 冯晓青、刘友华：《专利法》（第2版），法律出版社2022年版，第200页。

[3] 最高人民法院（2020）最高法知民终41号民事判决书。

判。该案一、二审法院并没有拘泥于崔某在劳动合同中约定的身份，而是基于其在涉案发明创造中基于职务行为实际从事的工作性质，最终认定涉案发明创造属于职务发明创造。

授予专利权的条件

一、发明、实用新型专利授权条件

（一）新颖性

1. 公开与现有技术

现有技术，是指申请日以前在国内外为公众所知的技术。现有技术应当是在申请日以前公众能够得知的技术内容。换句话说，现有技术应当在申请日以前处于能够为公众获得的状态，并包含有能够使公众从中得知实质性技术知识的内容。

处于保密状态的技术内容不属于现有技术。所谓保密状态，不仅包括受保密规定或协议约束的情形，还包括社会观念或者商业习惯上被认为应当承担保密义务的情形，即默契保密的情形。具有明示或默示保密义务者属于公众中的特定人，但是这并不意味着任何一项在保密约定下所从事的活动都将被认定不会为公众所知。获知者与传播者没有签署保密协议、没有适用的保密规定并且没有证据证明传播者在向获知者传播其技术内容前要求其保密的，应当根据其商业关系、可以确认的事实、证据以及诚实信用原则等判断获知者是否应当承担保密义务。

（1）出版物公开。专利法意义上的出版物是指记载有技术或设计内容的独立存在的传播载体，并且应当表明或者有其他证据证明其公开发表或出版的时间。符合上述含义的出版物可以是各种印刷的、打印的纸件，也可以是用电、光、磁、照相等方法制成的视听资料，还可以是以互联网或其他在线数据库形式存在的文件等。

出版物不受地理位置、语言或者获得方式的限制，也不受年代的限制。随着科学技术的发展，出版物早已不囿于传统的书籍和期刊，新的出版物类型不断涌现，例如音像制品、电子类出版物等。对于该类出版物，其公开日应当参照实行的相应的行业标准进行判定。国际标准音像制品编码代表其录制出版时间。

由于不同国家和地区的出版习惯不同，即使同是书籍类出版物，其上也不一定明确注明其出版日或印刷日。在这种情况下，确定该出版物的公开日需要结合其他有证明力的证据加以佐证。对于非正规印刷品真实性的核实应当严格掌握。即使是一份印刷品原件，也需要从其形成的来源、证据获取的来源等方面查证其真实性。在证据的真实性可以被确定的前提下，还要对证据是否属于正式公布的公开出版物进行认定。

对于印有"内部资料""内部发行"等字样的出版物，确系在特定范围内发行并要求保密的，不属于公开出版物。

科技论文、研制、测试报告的公开性往往依据其传播的范围而定。例如，如果证明论文公开发表或出版，或经编纂成论文集，或收藏于公共图书馆供自由阅览，则具有公开性。

对申请日后公开的出版物等证据进行审查时，首先要确认请求人以该证据主张什么事实，是单纯主张该出版物记载的内容本身构成现有技术，还是主张以该证据证明申请日前发生的某一具体事实的成立。对于第一种情况，该出版物因公开日晚于涉案专利的申请日而不能构成现有技术；对于第二种情况，如果主张申请日前发生的具体事实的成立，则需要审查该证据能否支持其主张，是否还需要其他证据进一步佐证。如果主张的申请日前公开的事实成立，且该出版物是对申请日前发生事实的客观描述，则可以将该出版物客观描述的内容作为申请日前发生的事实所公开的内容。

（2）使用公开。使用公开是指由于使用而导致技术方案的公开，或者导致技术方案处于公众可以得知的状态。使用公开的方式包括能够使公众得知其技术内容的制造、使用、销售、进口、交换、馈赠、演示、展出等方式。只要通过上述方式使有关技术内容处于公众想得知就能够得知的状态，就构成使用公开，而不取决于是否有公众得知。但是，未给出任何有关技术内容的说明，以致所属技术领域的技术人员无法得知其结构和功能或材料成分的产品展示，不属于使用公开。

如果使用公开的是一种产品，即使所使用的产品或者装置需要经过破坏才能够得知其结构和功能，也仍然属于使用公开。此外，使用公开还包括放置在展台上、橱窗内公众可以阅读的信息资料及直观资料，例如招贴画、图纸、照片、样本、样品等。

以制造方式的使用公开，是指能够使公众获知其技术内容的制造，即生产制造的有关技术信息处于公众能够得到的开放状态，公众中的任何人想要了解相关技术即可通过该生产制造过程获知。

产品使用说明书大多是随产品销售而发放的技术或者设计资料，其目的是供购买者在使用、维修时阅读，通常只对购买该产品的用户发放，不单独对一般公众发放。因此，对不购买产品的公众来说难以得到，除非有证据表明该产品使用说明书已经以出版物的形式对公众公开，否则即使产品使用说明书已随产品的公开销售进入了市场，也不能认定该产品中所含技术已被公开。

（3）以其他方式公开。为公众所知的其他方式，主要是指口头公开等。例如，口头交谈、报告、讨论会发言、广播、电视、电影等能够使公众得知技术内容的方式。口头交谈、报告、讨论会发言以其发生之日为公开日。公众可接收的广播、电视或电影的报道，以其播放日为公开日。[1]

2. 抵触申请

由他人在该申请的申请日以前向专利局提出并且在申请日以后（含申请日）公布的同样的发明或者实用新型专利申请，破坏该申请日提出的专利申请的新颖性，这种申请即为抵触申请。抵触申请还包括满足以下条件的进入了中国国家阶段的国际专利申请，即申请日以前由他人提出并在申请日之后（含申请日）作出中文公布的且为同样的发明或者实用新型的国际专利申请。抵触申请仅指由他人在申请日以前提出的，不包含由他人在申请日提出的和由申请人本人提出的同样的发明或者实用新型专利申请。抵触申请必须是向我国提交的专利申请。[2]

抵触申请设立的目的，是为了防止重复授权，而专利权是有地域性的。根据《巴黎公约》规定的专利独立原则，外国对其在本国获得的专利权也不承担保护义务。因此，申请人向国外提出的专利申请，不会与在我国提出的在后申请出现重复授权的问题。

抵触申请是能够破坏在后申请新颖性的在先申请，因此必须进行全文比对。我国在抵触申请的比较对象上确立了在先申请全

---

〔1〕 相关案例，参见某电话股份有限公司等与国家知识产权局因发明专利权无效宣告请求行政纠纷案，北京市高级人民法院（2019）京行终513号行政判决书；谭某与镇江某硅胶有限公司侵害实用新型专利权和外观设计专利权纠纷案，最高人民法院（2017）最高法民申3712号民事裁定书；北京某网讯科技有限公司、北京某科技发展有限公司与国家知识产权局发明专利权无效行政纠纷案，最高人民法院（2019）最高法知行终1号行政判决书。

〔2〕 相关案例，参见上诉人北京某信息技术股份有限公司与被上诉人深圳市某科技股份有限公司及原审被告某银行股份有限公司、某银行股份有限公司北海某支行侵害发明专利权纠纷案，广西壮族自治区高级人民法院（2018）桂民终720号民事判决书；邱某与长沙市某建筑工程有限公司侵犯发明专利权纠纷案，湖南省高级人民法院（2010）湘高法民三终字第61号民事判决书。

文比较原则，只要是在后申请权利要求所要求保护的技术方案，在在先申请全文中有所记载，在后申请就不具备新颖性。在判断一个专利申请是否为另一专利申请的抵触申请和判断一个专利申请与现有技术相比是否具备新颖性时，均采用全文比较方式。

3. 新颖性的判断标准

（1）判断主体。所属技术领域的技术人员的定义出现在创造性判断，但在新颖性判断时也需要将申请的专利与现有技术相比，其技术领域是否相同、要解决的技术问题是否相同、技术方案实质上是否相同、预期效果是否相同，这些判断均需要进行判断，而每个个人所具有的知识领域不同、知识水平不同，对同一客体的判断将产生不同的结果。因此，所属技术领域的技术人员这一判断主体不仅应当体现在创造性的判断中，或体现在新颖性的判断中，还应当贯穿于专利法的始终。

（2）判断原则。应当判断被审查专利申请的技术方案与对比文件的技术方案是否实质上相同，如果专利申请与对比文件公开的内容相比，其权利要求所限定的技术方案与对比文件公开的技术方案实质上相同，所属技术领域的技术人员根据两者的技术方案可以确定两者能够适用于相同的技术领域，解决相同的技术问题，并具有相同的预期效果，则认为两者为同样的发明或者实用新型。

判断新颖性时，应当将发明或者实用新型专利申请的各项权利要求分别与每一项现有技术或申请在先公布在后的发明或实用新型的相关技术内容单独地进行比较，不得将其与几项现有技术或者申请在先公布在后的发明或者实用新型内容的组合或者与一份对比文件中的多项技术方案的组合进行对比。即判断发明或者实用新型专利申请的新颖性适用单独对比的原则。

4. 不丧失新颖性的公开

根据《专利法》第 24 条的规定，申请专利的发明创造在申请日（享有优先权的指优先权日）之前 6 个月内有下列情况之一的，不丧失新颖性：①在国家出现紧急状态或者非常情况时，为公共利益目的首次公开的；②在中国政府主办或者承认的国际展览会上首次展出的；③在规定的学术会议或者技术会议上首次发表的；④他人未经申请人同意而泄露其内容的。

当国家出现紧急状态或非常状态，例如发生重大自然灾害或者战争或其他非常状态，为了公共利益目的，有必要鼓励将相关技术公开使用。上述第 1 项规定属于 2020 年第四次修改《专利法》时新增的内容。其意义在于维护国家利益、公共利益，解除技术公开使用者的后顾之忧。

中国政府主办的国际展览会，包括国务院、各部委主办或者国务院批准由其他机关或者地方政府举办的国际展览会。中国政府承认的国际展览会，包括国务院及其各部委承认的在外国举办的展览会。

学术会议或者技术会议，是指国务院有关主管部门或者全国性学术团体组织召开的学术会议或者技术会议，不包括省以下或者受国务院各部委或者全国性学术团体委托或者以其名义组织召开的学术会议或者技术会议。

他人未经申请人同意而泄露其内容所造成的公开，包括他人未遵守明示或者默示的保密义务而将发明创造的内容公开，也包括他人用威胁、欺诈或者间谍活动等手段从发明人或者申请人那里得知发明创造的内容而后造成的公开。

（二）创造性

创造性是指，同申请日前的现有技术相比，该发明具有突出的实质性特点和显著的进步，该实用新型具有实质性特点和进步。[1]

---

〔1〕 相关案例，参见某精工制造有限公司发明专利权无效行政纠纷案，最高人民法院（2020）最高法知行终 89 号行政判决书；广东某股份有限公司国家知识产权局专利行政管理案，最高人民法院（2020）最高法知行终 383 号行政判决书。

　　发明有突出的实质性特点，是指对所属技术领域的技术人员
来说，发明相对于现有技术是非显而易见的。如果发明是所属技
术领域的技术人员在现有技术的基础上仅仅通过合乎逻辑的分
析、推理或者有限的试验可以得到的，则该发明是显而易见的，
也就不具备突出的实质性特点。发明有显著的进步，是指发明与
现有技术相比能够产生有益的技术效果。例如，发明克服了现有
技术中存在的缺点和不足，或者为解决某一技术问题提供了一种
不同构思的技术方案，或者代表某种新的技术发展趋势。

　　在评价发明是否具有显著的进步时，主要应当考虑发明是否
具有有益的技术效果。以下情况，通常应当认为发明具有有益的
技术效果，具有显著的进步：①发明与现有技术相比具有更好的
技术效果，例如质量改善、产量提高、节约能源、防治环境污染
等；②发明提供了一种技术构思不同的技术方案，其技术效果能
够基本上达到现有技术的水平；③发明代表某种新技术发展趋
势；④尽管发明在某些方面有负面效果，但在其他方面具有明显
积极的技术效果。

　　1. 判断主体

　　发明是否具备创造性，应当基于所属技术领域的技术人员的
知识和能力进行评价。所属技术领域的技术人员，也可称为本领
域的技术人员，是指一种假设的"人"，假定他知晓申请日或者
优先权日之前发明所属技术领域所有的普通技术知识，能够获知
该领域中所有的现有技术，并且具有应用该日期之前常规实验手
段的能力，但他不具有创造能力。

　　2. 审查原则

　　在审查创造性时，不仅要考虑发明的技术方案本身，而且还
要考虑发明所属技术领域、所解决的技术问题和所产生的技术效
果，将发明作为一个整体看待。

　　创造性的评价应当针对权利要求限定的整体技术方案进行，

即评价技术方案是否具备创造性，而不是评价某一技术特征是否具备创造性。

显而易见性判断的三步法：

（1）确定最接近的现有技术。最接近的现有技术，是指现有技术中与要求保护的发明最密切相关的一个技术方案，它是判断发明是否具有突出的实质性特点的基础。

最接近的现有技术，可以是与要求保护的发明技术领域相同，所要解决的技术问题、技术效果或者用途最接近和/或公开了发明的技术特征最多的现有技术，或者虽然与要求保护的发明技术领域不同，但能够实现发明的功能，并且公开发明的技术特征最多的现有技术。应当注意的是，在确定最接近的现有技术时，应首先考虑技术领域相同或相近的现有技术。

（2）确定发明的区别特征和发明实际解决的技术问题。应当客观分析并确定发明实际解决的技术问题。为此，首先应当分析要求保护的发明与最接近的现有技术相比有哪些区别特征，然后根据该区别特征所能达到的技术效果确定发明实际解决的技术问题。发明实际解决的技术问题，是指为获得更好的技术效果而需对最接近的现有技术进行改进的技术任务。

由于判断主体所认定的最接近的现有技术可能不同于申请人在说明书中所描述的现有技术，因此，基于最接近的现有技术重新确定的该发明实际解决的技术问题，可能不同于说明书中所描述的技术问题；在这种情况下，应当根据判断主体所认定的最接近的现有技术重新确定发明实际解决的技术问题。

（3）判断要求保护的发明对本领域的技术人员来说是否显而易见。在该步骤中，要从最接近的现有技术和发明实际解决的技术问题出发，判断要求保护的发明对本领域的技术人员来说是否显而易见。

3. 启示与教义

在判断过程中，要确定的是现有技术整体上是否存在某种技术启示，即现有技术中是否给出将上述区别特征应用到该最接近的现有技术以解决其存在的技术问题（即发明实际解决的技术问题）的启示，这种启示会使本领域的技术人员在面对所述技术问题时，有动机改进该最接近的现有技术并获得要求保护的发明。如果现有技术存在这种技术启示，则发明是显而易见的，不具有突出的实质性特点。

通常认为现有技术中存在技术启示的情况：

（1）所述区别特征为公知常识，例如，本领域中解决该重新确定的技术问题的惯用手段，或教科书、工具书等中披露的解决该重新确定的技术问题的技术手段。

（2）所述区别特征为与最接近的现有技术相关的技术手段，例如，同一份对比文件其他部分披露的技术手段，该技术手段在该其他部分所起的作用与该区别特征在要求保护的发明中为解决该重新确定的技术问题所起的作用相同。

（3）所述区别特征为另一份对比文件中披露的相关技术手段，该技术手段在该对比文件中所起的作用与该区别特征在要求保护的发明中对解决该重新确定的技术问题所起的作用相同。

启示，包括明示，即从对比文件中可以直接反映出的内容；也包括暗示，即未直接描述但技术人员可从中感悟到的内容。

4. 辅助性因素

辅助性因素，包括预料不到的结果、商业上的成功、长期渴望的需求、长期未得到解决的难题、克服技术偏见等。

5. 避免"事后诸葛亮"

一项发明初看起来似乎是显而易见的，但事实上包含有创造性。一旦一个新的技术或概念形成，就容易想当然地认为从一些已知的东西出发经过一系列明显容易的步骤就能够获得该概念。此为"事后之明"。

考察现有技术是否给出了发明技术方案的启示，不应将发明自身的内容假定为所属领域技术人员已知晓的内容，再将其引入显而易见性判断的逻辑中，即以现有技术的内容结合发明自身的内容来判断权利要求的技术方案是否显而易见。否则会犯"事后诸葛亮"的错误。

（三）实用性

实用性，是指该发明或者实用新型能够制造或者使用，并且能够产生积极效果。授予专利权的发明或者实用新型，必须能够解决技术问题，并且是能够应用的发明或者实用新型。换句话说，如果申请的是一种产品（包括发明和实用新型），该产品就必须在产业中能够制造，并且能够解决技术问题；如果申请的是一种方法（仅限发明），这种方法就必须在产业中能够使用，并且能够解决技术问题。只有满足上述条件的产品或者方法，专利申请才可能被授予专利权。

能够产生积极效果，是指发明或者实用新型专利申请在提出申请之日，其产生的经济、技术和社会的效果是所属技术领域的技术人员可以预料到的。这些效果应当是积极的和有益的。

下列四种发明创造是典型的不具有实用性的发明创造：

（1）无再现性的发明创造。所谓再现性，是指所属技术领域的技术人员，根据公开的技术内容，能够重复实施专利申请中为解决技术问题所采用的技术方案，并且其实施结果是相同的。

（2）违背自然规律的发明创造。违背自然规律的发明创造，如"波浪发电行船""永动机"等，在实际生产中根本不可能实施，因此不可能具有实用性。

（3）利用独一无二的自然条件的产品。利用特定的自然条件建造的自始至终都是不可移动的唯一产品，不具备实用性。

（4）无积极效果的发明创造。能够在产业中应用，但其应用会带来消极效果的发明创造，同样属于无实用性的发明创造。

二、外观设计专利授权条件

(一) 外观设计专利权的授予条件

1. 新颖性

外观设计的新颖性，是指授予专利权的外观设计，应当不属于现有设计；也没有任何单位或者个人就同样的外观设计在申请日以前向国务院专利行政部门提出过申请，并记载在申请日以后公告的专利文件中。现有设计，是指申请日以前在国内外为公众所知的设计。

新颖性的要求，即指仅以在其产品所属领域内司空见惯的几何形状和图案构成的外观设计，不能获得外观设计专利权。授予专利权的外观设计与现有设计或者现有设计特征的组合相比，应当具有明显区别。

2. 富有美感

我国《专利法》对于外观设计的保护，要求外观设计应当富有美感，这是我国《专利法》对于外观设计的特殊要求。"富有美感"一词的主要作用在于表明判断是否属于外观设计专利权的保护客体，应当关注的是产品外观给人的视觉感受，而不是该产品的功能特性或者技术效果，这是外观设计专利与发明和实用新型专利之间的本质区别。

3. 适于工业应用

外观设计必须依附于某一工业产品上，因此外观设计的应用性，是指外观设计能够应用于产品的制造，带有这种外观设计的产品必须能够用工业生产方法进行批量生产。

4. 不得与在先权利相冲突

授予专利权的外观设计不得与他人在先取得的合法权利相冲突。在先取得的合法权利包括：商标权、著作权、企业名称权、肖像权、知名商品特有包装或者装潢使用权等。

（二）不授予外观设计专利权的客体

以下产品或设计，不给予外观设计专利权保护：

（1）取决于特定地理条件、不能重复再现的固定建筑物、桥梁等。例如，包括特定的山水在内的"山水别墅"。

（2）因其包含有气体、液体及粉末状等无固定形状的物质而导致其形状、图案、色彩不固定的产品。

（3）不能作用于视觉或者肉眼难以确定，需要借助特定的工具才能分辨其形状、图案、色彩的物品。例如，其图案是在紫外灯照射下才能显现的产品。

（4）以自然物原有形状、图案、色彩作为主体的设计。

（5）纯属美术范畴的作品。

专题十五 | 专利权限制制度

一、专利权限制的价值解读

专利制度是为了保护发明创造者的经济利益，鼓励发明创造者进行创新而设置的法律制度。专利权的排他性是专利权的一项重要特性，[1] 其中的原因就在于专利权的保护极为依赖排他权。专利权人无法实际管控智力成果，发明创造一旦作出并且公开之后，专利权人都无法实际占有并且管控该智力成果。因此，必须为专利权人设置排他权以保护专利权。但是，从专利权制度的发展来看，专利权制度越来越走向了异化，这种排他权恰恰导致了一些不可解决的问题。因此，关注专利制度所带来的问题，以及如何调整专利制度以解决目前存在的缺陷，从而完善专利制度，具有重要意义。

专利权作为一种排他权，其授权目的是希望发挥对创新的激励作用。目前的专利制度应当加以完善，需要给予适当限制而使之成为一项更趋完善的法律制度，促进专利制度日益符合社会公共利益的需求。

---

[1] Adam Mossoff, "Exclusion and Exclusive Use in Patent Law", *Harvard Journal of Law & Technology*, Spring (2009).

（一）防止"反公地悲剧"

1998 年，美国学者赫勒（Heller）和艾森伯格（Eisenberg）在《科学》杂志上发表的《专利是否阻碍创新？生物医药研究中的反公地问题》[1]文章正式提出了"反公共地悲剧"问题。他们指出：尽管"公地悲剧"说明了人们过度利用公共资源的恶果，但忽视了资源未被充分利用的可能性。如果一种资源存在多个权利持有人，为了达到某种目的，每个当事人都有权阻止其他人使用该资源或相互设置使用障碍，每个人都可能排斥其他人使用稀缺的资源，而没有人拥有有效的使用权，导致资源的闲置和使用不足，造成浪费。这种不合作不利于实现社会预期的目标，会出现"反公地悲剧"现象。

在信息技术和多媒体技术日益发达的时代，一件产品包含数百乃至上千项专利。为了解决这种"专利丛林"环境下的困境，防止专利领域的"反公地悲剧"现象发生，应当对专利制度进行重新思考和定位。目前的专利制度，并未考虑到现代社会中出现的专利丛林现象，越来越表现出对科技创新方面的阻碍作用，因此有必要完善和修订，使之与现代社会中的科技创新应用相符合。

（二）减少对创新的阻碍作用

知识产权的基本经济原理是以更快的创新来弥补垄断带来的无效率损失。但越来越明显的是，得到保护的知识产权实际上抑制了创新。[2]"发明上的产权安排将有可能阻碍后续创新中对科学或技术知识的使用。这被称为动态无效。……现有的专利解释理论以发明及发明的商业化为中心，较少关注创新过程的最后一

---

〔1〕 Michael A. Heller and Rebecca S. Eisenberg, "Can Patents Deter Innovation? The Anticommons in Biomedical Research", 280 *Science* 698 (1998).

〔2〕 Joseph E. Stiglitz, "Economic Foundation of Intellectual Property Rights", 57 *Duke L. J.* 1693, 1709 (2008).

步：技术创新的扩散。"〔1〕从专利的制度安排上看，专利权的授
予和保护，一方面需要耗费大量社会成本，另一方面由于专利权
排他性的强烈作用，使其可能损害而不是促进后续创新，而且专
利制度设计本身日益僵化而积重难返，导致其抑制创新的作用越
来越明显，因此就有必要完善和修改专利制度。

（三）实现专利权之社会性

任何权利自其设立之时，均具有社会性。专利权除了激励创
新的目的之外，还有促进社会发展、促进创新的目标，因此有学
者认为："知识产权保护就其根源而言是一种借助于保护个体权利
而导致提高社会福利的公益行为。"〔2〕专利权的这一社会功能与
专利权的排他性存在着内在矛盾。排他权将专利权变成了一种本
质上私有的权利。但"财产不是一个纯粹的个人权利，而是一个
必须服务于社会功能的事物。……知识产权更多的是一个社会法
和社会政策问题，而不应当是一个纯粹财产法问题"。〔3〕

专利权的排他性，使得专利权人对权利产生垄断效力，应当
看到的是，这种垄断效力恰恰是受到国家认可和保护的一种权
利。专利权作为一种人为设置的制度，通过排他权的赋予，而导
致专利权成为一项私有性权利。但是，在专利权成为私有性权利
的同时，产生了与其社会性之间的内在矛盾与冲突。"知识产权
原本并不稀缺，恰恰是法律制度的规定导致知识产权出现了稀
缺，而如何衡量这种稀缺是否适当和必要，是非常重要的，因为

---

〔1〕　梁志文：《论专利制度的正当性》，载《法治研究》2012 年第 4 期。

〔2〕　张光南、陈广汉：《产权、信息与反公共地悲剧》，载《南开经济研究》
2006 年第 2 期。

〔3〕　Jeremy Waldron，"From Authors to Copiers：Individual Rights and Social Values in
Intellectual Property"，*Chicago-Kent Law Review*（1993），Symposium on Intellectual Prop-
erty Law Theory.

这种稀缺会影响到社会利益。"[1] 专利权作为一种更为倾向社会公共利益的财产，强烈的排他性将使其产生自我内在的冲突。

也应当看到，专利制度本身也在进行着制度调整，限制其过于强烈的排他性，从而实现专利权的社会性，例如专利法中设置了权利穷竭、强制许可等制度。对于专利权这样具有社会价值和社会意义的权利来说，必须对其法律制度进行适度调整，以符合其社会性的要求。

(四) 促进集群创新模式

在现代社会，创新已从传统模式递进发展为更为复杂的样态。创新作为一种理论可追溯到经济学家熊彼特（Schumpeter）的《经济发展理论》一书。熊彼特最早提出"创新集群"概念。创新总是伴随着知识溢出的集中化，创新主体通常共同参与到某项技术的改进和研发之中。随着研发目标同一化与创新资源投入集中化表现越加明显，创新成果同步涌现出来。

1999 年，经合组织（OECD）出版了《集群——促进创新发展的关键》一书，正式提出了创新集群思想，从此拉开了创新集群研究的序幕。2001 年，OECD 出版了研究报告《创新集群：国家创新体系的推动力》，彻底背离了早期创新的直线式概念，强调应从产业集群理论中培育创新理念，创新直接地来源于科研、商业、教育和公共管理机构不断的相互作用。目前学界关于创新研究的视野，已经从单个企业创新转向企业与外部环境的联系和互动，这导致了技术创新研究"网络范式"的兴起。[2]

越来越多的研究表明，创新是很多行为主体通过相互协同作

---

〔1〕 Vincenzo Vinciguerra, "The Dialectic Relationship between Different Concepts of Property Rights and Its Significance on Intellectual Property Rights", *Journal of Technology Law & Policy*, June（2005）.

〔2〕 宁钟:《创新集群与知识溢出集中化问题分析》，载《科研管理》2005 年第 2 期。

用而产生技术的过程，因此必须重视创新网络和社会文化等区域创新环境的建构。[1] 集群创新环境的建立，必须促进创新主体共享"交互中学习"所带来的优势，创新集群从交互作用的复杂网络中获取创新成果，通过集群内企业之间的信息共享，提高创新投入的效率，通过建立持久的研发能力，减少创新中的不确定性因素，从而改善创新效率，提高创新能力。可见，在集群创新中，建立有效的协调机制，促进集群内相关创新主体之间的技术交换、互补获利、风险共担和集体学习的支撑性环境是非常重要的。

创新集群的核心内容包括知识转移，而知识转移就需要在知识产权制度上进行变革，打破知识产权制度固有的垄断性特点，形成集群创新环境下企业之间的协同效应，提高企业之间研发互补能力。因此，成功的集群既依赖于企业、大学和研究机构之间的协作，也依赖于政府的创新机制和知识产权制度的变革。

在现代社会中，随着技术关联性越来越紧密，对现存技术的组合、再组合和修改而形成新技术的现象越来越常见，全新的技术发明越来越离不开对已有技术的吸收与借鉴，组合各种现存技术中所呈现的技术思路，是现代社会技术创新的一个特点。正是基于这一特点，需要打破专利制度的垄断性，促进专利制度变革。

在这一变革过程中，政府应当在变革专利制度方面，发挥更为重要的作用。政府的主要职责应该是通过科技创新政策来构建一个完整的创新生态，通过这个完整的创新生态，最大限度地集聚国内外优质研发资源，形成持续创新的能力和成果。

二、专利权限制的正当性

专利权是一种具有排他性的独占权。这一权利的实质在于未

---

[1]　焕峰：《国外集群与区域创新研究综述》，载《经济地理》2004 年第 6 期。

经权利人的许可，任何单位或个人不得使用其专利，否则将构成对专利权的侵犯。但专利权不是一种绝对的、无限制的权利，为了维护国家和社会利益，防止专利权人滥用专利权，各国专利法都对专利权这种专有权进行了一定形式和程度的限制。专利权限制的正当性可以从法哲学与法经济学两个视角加以考量。

（一）专利权限制的法哲学考量

1. 财产权劳动论与专利权客体的产生与创造

前面借助于财产权劳动理论，论证了知识产权的正当性。通常认为，智力劳动的创造者在创造过程中付出了创造性劳动，因此其有权对其智力劳动的成果享有独占性的知识产权。但是，以洛克的财产权劳动理论论证知识产权的正当性可能存在以下局限性：其一，其理论模型是"自然的共有状态"中的"有体财产"，因此，使用洛克的财产权劳动理论论证知识产权的正当性必须要考虑到知识产品与有体财产在社会属性和自然属性上的差异，而不能简单地作概念上的替换；其二，洛克的财产权劳动理论关于所有权获得的正当性的论证实际上存在着概念上的模糊之处和逻辑上的不严密之处；其三，洛克不仅论证了所有权取得的正当性，同时他也强调了所有权限制的必要性与合理性。

第一，洛克财产权劳动理论中的劳动对象是处于"自然共有状态"的"有体财产"，这种处于"自然共有状态"的"有体财产"被视为是上帝恩赐的产物，尚未涉及人类社会生产的痕迹，对该"有体财产"的劳动和控制（占有）才使得该"有体财产"脱离它所处的自然状态，从而进入私人使用的社会领域。知识产品的社会建构性表明知识产品从一开始就不是上帝恩赐的自然产物，而是多个主体或者在同一时空范围或在异域时空范围内有意或偶然的协同行为的社会产物。洛克的财产权劳动理论还隐含着这样一种含义：劳动者对"有形财产"的劳动和控制（占有）实际上起到了一种公示的效果，即通过劳动和控制（占有）划定了劳动对象——"有体财产"的空间范围，并通过劳动和控制（占有）排除他人干预并向他人宣告劳动对象——"有体财产"是属于劳动者的，劳动和控制（占有）建构起了在"有体财产"上的权利外观。由于知识产品并不具有物质形态，对它的劳动和控制（占有）社会公众一般难以通过感官感知；即便知识产品通过物质载体等公众可感知的形式呈现出来，由于知识产品可以和物质载体无限分离，对知识产品的劳动和控制（占有）并不能起到公示的效果。因此，以洛克的财产权劳动理论来论证知识产权的正当性进一步受到了知识产品属性的制约。

第二，洛克有关劳动对象所有权论证的基本逻辑为：①劳动者对自己的身体拥有所有权；②劳动者的身体所从事的劳动和劳动者双手所进行的工作也是属于劳动者的；③劳动者的劳动使得劳动者获得了对劳动对象的所有权。在文明社会，劳动者身体所从事的劳动和劳动者双手所进行的工作毫无疑问正当地属于劳动者，但不能因此得出劳动使得劳动对象也属于劳动者的必然结论。当劳动与劳动对象的价值基本相符时，比如，劳动者将一个苹果从树上摘下来，劳动者获得对苹果的所有权，上述推论似乎并无问题；但当劳动与劳动对象的价值相差悬殊时，比如，劳动者从一条马路上走过或者劳动者将果汁倒入大海，如果得出马路或者大海归劳动者所有显然有违常理。实际上，洛克的理论中隐含了从"对身体和劳动的所有权"到"对劳动对象的所有权"的逻辑跳跃，在没有充分论证这种逻辑跳跃的合理性与充分性的情形下，依据"对身体和劳动的所有权"而推导出"对劳动对象的所有权"可能是洛克财产权劳动理论中的一个逻辑瑕疵。当然，严格地说，应当是劳动者对"劳动所增加的价值享有权利"[1]而并非对"整个产品所有价值享有权利"。实际上，"劳动"本身

---

〔1〕　冯晓青：《知识产权法哲学》，中国人民公安大学出版社2003年版，第51页。

是一个内涵和外延相对模糊的概念，洛克的财产权劳动理论并没有对劳动的内涵与外延进行界定。在洛克的理论中，任何有意识或者偶然性的劳动都是可以获得财产权的合格的劳动，但这种劳动并不都是知识产权法语境下的"创造性劳动"。此外，如何将知识产品创造过程中的智力劳动与体力劳动区别开来并确定智力劳动的价值量则是一件十分困难的事情。

第三，洛克在论证所有权获得的正当性时，也强调了权利限制的必要性——"充足限制"和"浪费限制"。[1] 洛克强调"充足限制"的原因在于，如果不为他人留下"足够多而且同样良好"的东西，劳动者的劳动将会剥夺其他主体（该主体是社会公众的构成单位）生存和发展的条件。洛克强调"浪费限制"的原因在于，劳动者对劳动对象的浪费将会不正当地减少财产的公共积累。过度强调洛克财产权劳动理论有关权利获得的正当性论证而忽视洛克财产权劳动理论中关于权利限制的正当性论证是对洛克财产权劳动理论的片面理解，它最终可能导致知识产权走向无限扩张的极端。

以上分析表明，与其说洛克的财产权劳动理论能够论证专利权取得和专利权扩张的正当性，不如说它更能够论证专利权权利限制的合理性。

2. 利益平衡理论与专利权客体的创造与应用

任何成功的专利制度的关键都是在赋予专利权人的专有权和拥有一个开放与竞争性市场的公众利益之间达成精确的平衡，即"专利制度需要在发明者的利益和一般公众的利益之间达成平

---

〔1〕 朱理：《财产权劳动学说与知识产权——劳动学说能够为知识产权提供正当性吗?》，载《科技与法律》2006 年第 2 期。

衡"。[1]其实质在于对专利权这种私权的保护和包括专利权人的竞争者在内的社会公众对以专利为基础的知识和信息接近的利益平衡。专利法中的利益平衡，从专利权人方面看是在专利法的制度设计上确定适度与合理的保护范围，在专利法的实施中对专利保护范围作出适当的、合理的解释与适用；从社会公众方面看则主要是确保公众对专利技术的必要的接近和获得。

（1）专利保护范围的适度与合理。适度与合理的专利保护范围在专利法利益平衡中具有举足轻重的意义。国外有案例指出：根据专利法的激励理论，专利权的适当的范围是"更广泛保护利益平衡的事情"——定义授予发明者的有限垄断权的任务涉及：一方面是发明者在控制和利用他们的发明中的利益；另一方面是在思想的自由流动、信息和商业等方面的竞争性利益之间困难的平衡。[2]这种平衡要求避免对专利的过度保护和保护不足两个极端。对新技术专利的过度保护将引起对创新的激励与初始发明和后继发明人之间潜在能力的不均衡。从专利法的制度设计看，恰当的专利保护范围应至少包括专利权客体的合理确定、专利权内容和行使方面的合理确定与专利权保护期限的合理确定。对专利权客体而言，在一定的社会中，哪些发明创造应当纳入专利保护客体、哪些不宜纳入专利保护的客体，需要根据当时的社会经济发展状况、知识产权保护的整体水平、该客体纳入专利保护的优劣，特别是给予专利保护与不给予专利保护在协调发明者和社会公众之间利益关系时哪一情况更适合来加以确定。原则上，专利保护客体的范围应当与当时的经济技术发展状况相适应。就专利权的内容和行使而言，其不应当构成对公众正常接近专利技术与

---

〔1〕　Steven B. Garland and Jeremy E. Want, "The Canadian Patent System: An Appropriate Balance between the Rights of the Public and the Patentee", 16 *C. I. P. R.* 44 (1994).

〔2〕　Sony Corp. of Am. v. Universal City Studies, Inc. , 464 U. S. at 417, 429 (1984).

相关的知识和信息的限制，也不应当妨碍附载专利技术的专利产品的市场流通。这样，就有了专利法中的不视为专利侵权的"侵权例外的"制度安排，如"专利权用尽""专为科学和实验而使用专利"等。专利的保护适当而合理的期限具有两方面的重要含义：一是保障专利权人有足够的时间回收发明的投资；二是为竞争者以及其他社会公众的后续发明获取知识和信息的途径，创造"公共领域"空间。

（2）确保公众对专利技术的适当接近。从我国《专利法》的规定看，在专利技术垄断保护基础之上实现促进发明创造的推广应用是一个重要的立法目的。专利法在价值构造上的特点是：赋予专利权人一定期限内的独占权来换取公开专利技术，以便于发明创造的传播和利用，其实质是国家以向专利权人"转移"垄断权为代价来换取长久的社会福利——知识和信息的扩散以及相应的技术进步。

确保公众对专利技术的适当接近是基于发明创造革新与发明创造运营的需要。首先，专利法的本质不是为专利权人垄断技术提供法律机制；相反，专利法需要促进革新的适当流动。专利法要成为一种有效的制度，必须使革新的流动随着时间的流逝达到最佳程度。专利法不仅应当避免浪费性的、竞争性的研究和开发，也应当不占据合乎社会需要的未来的研究与开发的空间。其次，确保公众对专利技术的适当接近对促进专利技术的市场运营具有重要意义。专利权的授予并非专利法的最终目标，将专利法制度设计视为保护发明人静态的结果性权利的制度体系的观念忽视了专利权授予与运营的动态收益。在市场经济环境下，专利权的授予仅仅是一种中介，而其最终的价值取向是促进专利产品的市场运营，实现专利产品的社会价值，因此，对专利的垄断权应以促进市场化运营为目的，对其排他性的垄断权利行使加以必要限制，以防止出现类似于许多商标"注而不用"的情形。

对专利权客体、专利权行使以及专利权保护期限加以适当限制可以确保公众对专利技术的适当接近，从而能够实现发明创造的持续性，构建动态性的创新激励机制；也能够促进专利技术的市场化运营，最大限度地实现专利产品的社会价值，避免专利权人以其垄断权妨害社会进步。

（二）专利权限制的经济学考量

1. 公地悲剧理论与专利权的交易与利用

哈丁（Hardin）关于公共悲剧的理论模型与知识产权交易和利用的错配表现为将公共草地上个体行为产生的负外部性简单移植到无形知识的传播与利用过程，而忽视了无形知识与有形土地在属性上的差异。对于公有的有体物，某一主体对该公有有体物的消费一般会减损该有体物的物理价值并在一定程度上减损其他主体对该有体物的占有和使用效益。有体物上产权界定不清将导致资源被过度开发和利用。

专利权客体——创新性知识传播和利用的共享性（非竞争性）表明即便知识被多个主体同时消费和使用也不存在该知识物理价值贬损的问题，并不会减损其他主体使用该知识的效用。

值得一提的是，虽然在创新性知识的传播与利用方面，哈丁的公地悲剧理论显得"捉襟见肘"，但在创新性知识的产生与创造方面，哈丁的公地悲剧理论则恰当地契合了有关知识创造的激励理论。"由于知识财产通常能够被竞争对手所复制而无需承担创造该产品的任何成本，所以就存在着这样的担心，即如果没有法律保护以防止复制，则创造知识财产的激励就会受到破坏。"[1]

关于哈丁的公地悲剧理论的分析表明，"对创新的知识产品提供财产权保护，缺少一般有体物财产权所具有的静态效益——防

---

〔1〕〔美〕威廉·M. 兰德斯、理查德·A. 波斯纳：《知识产权法的经济结构》，金海军译，北京大学出版社 2005 年版，第 11 页。

止物品的过度使用和耗损，而只具有财产权的动态效益——促进产品的提供"。[1]因此，对知识赋予财产权的保护目的在于激励足够多的知识被生产出来，它是为了促进更多的知识的传播和利用并增进社会福祉所做出的必要让步，而不是为了限制公众对知识的消费。

2. 反公地悲剧与专利权的运营与市场化

对公有资源进行产权界定，可以提高公有资源的使用效率，避免资源的过度利用与枯竭。但产权过度私有化也可能走向公地悲剧的另一面——反公地悲剧，即分散于各处的产权资源所有者为实现自身利益的最大化而按照自己的想法去使用资源，产权资源的"碎片化"构成了对资源整合和共享的协同行为的阻碍，造成资源闲置或利用不足的另一种悲剧。

反公地悲剧理论中，"碎片化"的产权界定导致资源分散于不同主体产权垄断之下，产权界定所赋予的排他权实际上竖立起了资源共享与整合的藩篱，造成分散的"资源孤岛"。[2]产权越明晰，资源越分散，使用人就需要与更多的产权主体进行缔约，因此，若整合资源并对资源进行利用就需要与多个主体进行缔约，相应地，也会同产权界定不清一样产生交易成本过高的问题。对于物质化的有体物来说，个体的使用人对于该有体物的资产价值和各个特性都有较为明确的认识，但是，对于非物质性的知识财富而言，对该知识财富的价值和特性的评估成本相较于有体物而言更为高昂，评估成本进一步加剧了产权"碎片化"状态的交易成本，当该交易成本高于使用人的预期收益时，对知识财

---

〔1〕 文礼朋等：《公共地悲剧理论在知识产权经济学分析中的限制——也谈当前全球科学研究领域的新圈地运动与反公共地悲剧》，载《广西社会科学》2011年第9期。

〔2〕 李珍刚、叶良海：《公共治理中的资源整合与共享问题——基于困局经济学的视角分析》，载《财经论丛》2016年第3期。

富的传播和利用行为将会受到阻碍，导致知识财富的闲置或者利用的无效率。

波斯纳指出，（赋予）财产权的成本是多重的，除了上述交易成本之外，财产权的赋予还会产生保护成本，"它不仅包括了警察、财产所有权人以及法院为阻止不法侵入和盗窃而强制实施法律时所承担的费用，而且还包括用以标志财产边界而构筑篱笆的成本"。[1] 知识的共享性（非竞争性）和非排他性使得知识产权保护的成本趋向于特别高昂，它难以排除他人搭便车的不法行为，也更难于发现未经许可的使用，因此构筑篱笆保护知识产权的成本将会十分高昂。

反公地悲剧理论恰当地指出了对于知识财富给予过度的知识产权保护不仅不利于降低产权界定不清时的交易成本，反而加剧了使用知识财富的成本，从而容易造成知识财富的闲置或利用不足。

创新性知识的共享性使得知识财富可以被多个主体同时使用，对创新性知识进行产权界定并不会产生公地悲剧理论中防止创新性知识的过度使用和枯竭的效果；知识产权的不断扩张反而会导致反公地悲剧理论中的"产权"的碎片化和创新性知识的交易成本过于高昂，从而造成创新性知识的闲置和利用不足。因此，对创新性知识进行产权界定的目的并非为了解决促进知识的传播与利用的问题，而是为了激励足够多的知识被生产出来，即以法律之力保障产权人创造和研发的沉没成本的收回。

三、我国专利权限制制度之完善

针对专利制度所存在的问题，应当注意完善如下措施，以弥补目前专利制度所带来的问题：

---

〔1〕 ［美］威廉·M. 兰德斯、理查德·A. 波斯纳：《知识产权法的经济结构》，金海军译，北京大学出版社 2005 年版，第 21 页。

第一，促进专利权的交互式应用。在保护专利权基础上，应当促进专利的交互式应用，只有这样才能促进专利的社会效应的提高。专利权的使用，是在确认和保护专利权的基础上，强化专利权的应用，促使发明创造的灵活使用，只有这样才能真正充分发挥发明创造对社会的促进作用。

专利权交易行为和许可行为，必须以对社会公众和社会公共利益影响最小为原则，以对智力成果的再开发和创新影响最小为基本原则。专利权的交易与许可条件，应当具有足够促进创新的功效性。在专利交易中，应当将使用专利权的社会成本转由使用者承担，遵循谁使用谁付费、多使用多付费原则。只有将实际社会成本转由使用者承担，才能够切实保障专利权人的合法利益。在目前的专利制度中，恰恰欠缺专利权的使用方式、使用规则的疏导，常常会导致片面地保护专利权而忽视了专利权灵活应用，从而给社会公共利益带来影响。因此，只有强化专利权交易和专利权使用，才能够实现专利权的社会性。

当专利权与使用者之间的使用成本、社会价值、举证责任成本等发生变化时，不应当不合理地持守现有的专利权规则，应当灵活变动，以满足专利使用人的社会需求，从而促进专利权的应用。例如，美国 eBay 一案正是考虑到社会成本、禁止使用的损害等多种因素的情况下，采用了不授予永久禁令的弹性机制。其表明，应当更多地采取灵活性态度，在保障专利权人的市场利益的前提下，允许专利权的使用。因此，在符合专利权使用规则的同时，只有使专利权法律制度和专利司法制度更加灵活，重视衡平精神，才能切实保障专利权使用人的权益，促进专利权的使用规则得到实现。

第二，在必要的情况下弱化专利权的排他性。如前所述，欧洲专利局在《未来知识产权制度的愿景》一书中提出了"软专利"的概念。当一项专利获得永久禁令的权利被减弱时，这项专利就是一项"软专利"。针对专利欺诈者的行为以及专利流氓的行为，美国法院通过 eBay 一案建立了在赋予专利权永久禁令保护上的灵活措施。该案开辟了一个先例，即通过法院设置许可的条件而形成的一种强制许可。肯尼迪（Kennedy）法官认为，在专利流氓的案件中，法院应当更少地采用永久禁令。

第三，专利权市场化。在维护知识产权的基础上，有必要促进权利人主动进入知识产权市场，促进知识产权的交易。只有促进知识产权进入交易之中，才能使社会公众更多地从智力成果的创造中获益。专利权交易市场的建立，离不开交易动机的激励。促使专利权人具有更高的交易动机，这是专利权制度未来的方向。

第四，解决专利制度对创新的阻碍问题。在造成"技术堵车"现象出现时，应当限制专利权的垄断效力。创新垄断是现代社会中产生的一种垄断形式，它同样是一种比较严重的垄断行为。如果创新活动被干扰，将对未来的社会进步造成严重影响。因此，专利权制度中的一项基本规则是，当创新思想有限时，就应当限制知识产权的排他性。

提高技术互用性，是完善专利权制度的主要目标。除了已有的一些提高知识产权使用效率的制度（如合作开发、交叉许可、专利池）之外，应当通过专利权的制度创新，促进技术的互用性。

现代社会中的专利权制度，应当既维护专利权人的利益，又保护创新、保护竞争。政府在制定专利权保护制度方面应当遵循如下原则：社会制度应当以鼓励知识创新而不是以保护既有知识成果为根本目标；在专利权保护问题上需要关注知识的创造和扩散及其与社会福利的关系、需要在确保科学研究和知识的适度开放与赋予新技术的创造者以利益激励之间达成平衡；保护的对象不应当是那种以扼杀创新的方式牟取暴利的、无限膨胀的受保护特权。[1]

当专利权人在保护自己的权利时，社会公众使用智力成果受到知识产权人的强烈排斥，这种排斥会与智力成果这种无形财产本身的特有性质存在着内在的矛盾。当一味保护专利权所导致的结果显失公平时，就应当考虑进行新的制度设计与创新。为了维护公众的利益，必须增进知识产品的使用性和保证知识产品的持续充分供给，同时也必须提高知识生产者进行知识产权交易的积极性。专利权制度从一开始就背负了双重目标，现代社会的专利权制度需要重新思考和界定其排他权的设置，以使专利权法律制度更符合现代社会创新体制的需求。

---

[1] 张光南、陈广汉：《产权、信息与反公共地悲剧》，载《南开经济研究》2006 年第 2 期。

专利权的边界

专利权的边界是专利权人行使其专利权的合法范围。专利权人应当在合法的边界范围内行使其专利权,否则会构成滥用权利或者构成对他人权益的损害。因此,专利权的边界问题值得研究。在专利法理论与实践中,专利权的边界主要涉及专利权保护范围的确定以及专利法上受保护的专利权与不受保护的公共领域的界限。本专题即对这两个问题展开研究。

一、专利权的保护范围

(一) 发明与实用新型专利保护范围

1. 权利要求

按照性质划分,权利要求有两种基本类型,即物的权利要求和活动的权利要求,或者简单地称为产品权利要求和方法权利要求。第一种基本类型的权利要求包括人类技术生产的物(产品、设备);第二种基本类型的权利要求包括有时间过程要素的活动(方法、用途)。属于物的权利要求有物品、物质、材料、工具、装置、设备等权利要求;属于活动的权利要求有制造方法、使用方法、通讯方法、处理方法以及将产品用于特定用途的方法等权利要求。

独立权利要求应当从整体上反映发明或者实用新型的技术方案，记载解决技术问题的必要技术特征。在一件专利申请的权利要求书中，独立权利要求所限定的一项发明或者实用新型的保护范围最宽。如果一项权利要求包含了另一项同类型权利要求中的所有技术特征，且对该另一项权利要求的技术方案做了进一步的限定，则该权利要求为从属权利要求。从属权利要求中的附加技术特征，可以是对所引用的权利要求的技术特征做进一步限定的技术特征，也可以是增加的技术特征。

权利要求书应当以说明书为依据。这是指权利要求应当得到说明书的支持。权利要求书中的每一项权利要求所要求保护的技术方案应当是所属技术领域的技术人员能够从说明书充分公开的内容中得到或概括得出的技术方案，并且不得超出说明书公开的范围。权利要求通常由说明书记载的一个或者多个实施方式或实施例概括而成。权利要求的概括应当不超出说明书公开的范围。

2. 专利权保护范围的确定

保护专利权，首要是应当先明确一项获得专利权的发明或实用新型的保护范围。专利权的保护范围，是指专利权效力所及的发明创造成果的技术范围，也就是某一专利所包含的全部必要技术特征。在专利法发展的历程上，产生了如下三种确定专利权保护范围的标准：

（1）周边限定原则。周边限定原则是指专利权的保护范围仅限于权利要求中纯文字描述的对象，权利要求书中的文字记载是专利权最大限度的保护范围。一般情况下，确定保护范围要比权利要求书记载的范围稍窄一些。这样，就造成了对于专利权的保护范围过小，有可能不利于对专利权提供保护。目前，美国采用这一原则。

（2）中心限定原则。中心限定原则是指专利权的保护范围可以不拘泥于权利要求书的文字记载，而是以权利要求书作为中心，保护范围可以扩大到本领域技术人员仔细研究说明书和附图后认为可以包括的范围。这就造成对于专利权的保护范围会扩大，对于专利权的保护更为严密，但过分保护专利权也会使得社会公众动辄得咎。目前，以德国为代表的大陆法系国家采取这种原则。

（3）折中原则。折中原则，又称主题内容限定原则，是指专利权的保护范围根据权利要求书记载的内容确定，说明书和附图可以用来解释权利要求。为了克服周边限定原则和中心限定原则的弊端，1978 年生效的《欧洲专利公约》确立了折中原则。我国《专利法》采用的也是这一原则。

司法实践中，准确解释权利要求具有重要意义。为此，最高人民法院颁行了《关于审理侵犯专利权纠纷案件应用法律若干问题的解释（二）》[2020 年修正，以下简称《审理侵犯专利权纠纷案件应用法律解释（二）》]，对于如何界定权利要求及其司法适用问题作了详细规定。

通常，权利要求中记载的技术方案都是以一种高度概括的方式来表述的，其文字一般只对应于说明书中的一部分内容。在绝大多数情况下，仅仅阅读权利要求不可能清楚地理解所要求保护的技术方案，只有在阅读整个说明书的内容之后，才能理解发明或者实用新型的技术内容，明了权利要求中所用术语的准确含义。

3. 功能性限定的解释

如果一项权利要求中不是采用结构特征或操作步骤特征来定义发明，而是采用部件或步骤在发明中所起的作用、功能或者所产生的效果来定义发明，则称为"功能性限定特征"。功能性限定是"用于实现某种特定功能的机构或步骤"的方式来撰写，而不必写出实现其功能的具体结构、材料或动作，采用这种方式撰写的权利要求被解释为覆盖了说明书中所记载的相应结构、材料或动作以及其等同物。采用功能性限定特征最为频繁的是电学领域、软件领域。

自从 1952 年的美国专利法规定允许在权利要求中采用功能性限定特征以来，申请人出于自身利益的考虑纷纷予以采用，使这种类型的权利要求在美国得到越来越多的应用，到 20 世纪七八十年代已成蔓延之势。美国联邦最高法院和联邦巡回上诉法院也肯定了功能性限定特征，对于功能性限定特征的解释立场基本上得到统一。

信号处理、计算机、通讯、电视等技术领域是采用功能性限定特征最为频繁的领域。目前，我国在这些领域中的专利申请很大一部分都是外国专利，前沿技术领域很大一部分被它们所覆盖，如何解释授权专利中的功能性限定特征，使之不至于对我国的工业产生不合理的限制作用，是一个值得引起足够重视的十分迫切的问题。

对功能性限定特征具体解释方式是：

（1）当说明书中仅记载了实现权利要求中的功能性限定特征的一种具体实施方式时，应当将权利要求中的功能性限定特征解释为仅覆盖了这一具体实现方式及其等同方式。

（2）当说明书中记载了实现权利要求中的功能性限定特征的多种具体实施方式，而且权利要求中所述的功能正确地表达了几种具体实施方式所共有的特性时，可以广义地解释该功能性限定特征，使之覆盖实现该功能的其他不同方式。也就是说，在这样的情况下，应当享有比第一种情况更宽的等同范围。

（3）当说明书中对权利要求中所述的功能性限定特征也仅作了功能性的描述，致使所属技术领域中的技术人员无法实施该发明，则授权的专利权应当被宣告无效。

（4）当说明书中对权利要求中记载的功能性限定特征也仅作了功能性的描述，但是说明书仍然符合《专利法》第 26 条第 3

款关于说明书及其摘要的规定，同时也具备新颖性和创造性时，应当依据说明书中详细说明的功能和原理对权利要求中的功能性限定特征进行解释，使之受到说明书的制约，不宜认为凡是能够实现权利要求所述功能的方式都落在其保护范围之内。

（二）外观设计专利的保护范围

外观设计专利权的保护范围以表示在图片或者照片中的该外观设计专利产品为准。对外观设计的简要说明可以用于理解该外观设计的保护范围。《审理侵犯专利权纠纷案件应用法律解释（二）》对外观设计专利保护范围及其司法适用也作了规定。

外观设计专利权的保护范围应当将下列两项内容排除在外：外观设计专利权的保护范围不得延及该外观设计专利申请日或者优先权日之前已有的公知设计内容；外观设计专利权的保护范围应当排除仅起功能、效果作用而消费者在正常使用中看不见或者不对产品产生美感作用的设计内容。

二、专利权保护中的公共领域

专利权保护中的公共领域主要是指专利权客体中的公共领域、专利权限制中的公共领域与专利权保护期限中的公共领域，专利权客体的公共领域主要是指专利权保护客体的排除领域；专利权限制中的公共领域主要包括不视为侵犯专利权的情形以及由限制专利权行使而划定的公共领域。以下将从上述三个方面分别进行研究。

（一）专利权客体中的公共领域

专利保护的客体是受专利法保护的发明创造。专利权客体的限制，特别是明确排除出专利权客体的对象，旨在维护智力成果创造者的垄断权和社会公众的接触权之间的平衡。缺乏专利权保护中的公共领域，社会公众的接触权将受到抑制，专利法制度设计所旨在追求的动态性、持续性创新也难以维系。因此，将部分客体纳入专利法中的公共领域是必要的。

一般地说，各国专利法都有关于专利保护客体的规定。其重要的特色是，包括我国在内的很多国家的专利法在对专利保护客体进行规定时，往往从"消极"的方面界定受保护客体的内容。从我国《专利法》的规定看，不受专利保护的对象除了"违反国家法律、社会公德、妨碍公共利益的发明创造"外，另外还有两类：其一，不是专利法所说的发明创造，包括科学发现、智力活动的规则和方法、疾病的诊断和治疗方法；其二，虽然是专利法所说的发明创造，但不能被给予专利保护。

1. 违禁条款的排除

我国《专利法》第 5 条规定："对违反法律、社会公德或者妨害公共利益的发明创造，不授予专利权。对违反法律、行政法规的规定获取或者利用遗传资源，并依赖该遗传资源完成的发明创造，不授予专利权。"

对"违反法律"的发明创造的判断需要区分三种情况：

（1）发明创造本身违法。例如，专门用于赌博的机器，就可依据《专利法》第 5 条规定的违禁条款予以驳回。

（2）发明创造本身不违法，但发明的获得途径违法。我国《专利法》第 5 条第 2 款规定："对违反法律、行政法规的规定获取或者利用遗传资源，并依赖该遗传资源完成的发明创造，不授予专利权。"

（3）发明创造本身不违法，但其实施、使用或滥用为法律所禁止。比如，将毒品用于吸食的行为为法律所禁止，但是毒品也可能被用于其他合法用途，比如用作临床镇痛剂，即发明创造不仅可以用于非法行为，也可能具有合法用途，这时候是否授予专利权就需区分发明创造本身是否具有实质性的非侵权用途。

2. 明确列举排除的对象

我国《专利法》第 25 条明确列举了不授予专利权的客体范

围，即对科学发现、智力活动的规则和方法、疾病的诊断和治疗方法、动物和植物品种、原子核变换方法以及用原子核变换方法获得的物质，对平面印刷品的图案、色彩或者二者的结合作出的主要起标识作用的设计不授予专利权。

值得注意的是，上述专利权客体的排除领域并非当然地进入公共领域。具体而言，原子核变换方法以及用原子核变换方法获得的物质，基于国防安全考虑，受到其他法律保护；当使用设计的产品属于平面印刷品，该设计是针对图案、色彩或者二者的结合而作出的且该设计主要起标识作用时，对该设计不授予专利权，但仍然可以受到著作权等的保护。

（二）专利权限制中的公共领域

1. 不视为侵犯专利权的情形

（1）专利权的穷竭。专利权的穷竭是指，当一个专利权人或者其许可的人将专利产品在市场销售以后，他就失去了对该专利产品在市场进一步销售的控制权，只要不损害专利权人享有的其他权利，他人可以任意处置该专利产品。[1]我国《专利法》第75条第（1）项规定的实施专利权的穷竭，有利于贯彻专利法的公平和效率原则。从公平原则考虑，在专利产品或依照专利方法直接获得产品首次被合法地投入市场流通后，专利权人已经从行使自己的权利中获得了必要的利益，不能再因该产品的进一步流通而获得收益。这就要求专利权人在使用和销售方面的专有权的效力应予终止。从效率原则考虑，专利权人或经其许可的人将专利产品投入市场后，该产品进一步的使用、销售应自由进行，这有利于促进商品的自由流通和社会经济的发展。

---

〔1〕 相关案例，参见范某与亿某公司侵犯专利权纠纷提审案，最高人民法院（2013）民提字第223号民事判决书；罗某光电系统技术（广东）有限公司、广州某贸易有限公司侵害外观设计专利权纠纷案，广东省高级人民法院（2017）粤民终2900号民事判决书。

同时，为了充分保障和维护专利权人的利益，专利权的穷竭也受到一定条件的限制。其中主要是专利产品首次投入市场时应具有合法性，并且专利产品投入市场进行流通后，专利权人享有的制造权不会穷竭。如把购来的专利产品拆卸开作仿造之用，专利权人有权干预。根据我国《专利法》规定，首次投入市场的合法产品应是专利权人制造、进口或者经专利权人许可而制造、进口的专利产品或者依照专利方法直接获得的产品，而不能是非法仿制的。例如，当被许可人没有获得销售许可而只是制造许可时，销售这种专利产品即具有违法性，该专利产品的进一步使用、销售行为也不适用权利穷竭的规定。

这里需要提出来加以探讨的是："第一次合法地售出的专利产品"是否包括其他情况下合法制造而销售出的产品？对此，学术界有不同观点。有的学者主张在强制许可情况下不适用专利权的穷竭，原因是权利穷竭只适用于专利权人同意而投放市场的产品。有的学者则主张只要是合法投入市场的产品，包括强制许可、政府指定实施许可在内的情况，都可以适用。如有学者认为，以下三种情况都适用权利穷竭：由先使用权人制造（包括使用专利方法直接获得）而售出的专利产品；由获得强制许可的人制造（包括使用专利方法直接获得）而售出的专利产品；由政府机关为了推广应用授权的单位制造（包括使用专利方法直接获得）而售出的专利产品。[1]从权利穷竭的意旨看，上述三种情况应当纳入权利穷竭的范围，否则会使先使用权制度、强制许可制度和政府指定实施许可制度在部分程度上失去意义。

（2）先使用权人的利用。我国《专利法》第75条第（2）项规定：在专利申请日前已经制造相同产品、使用相同方法或者已经做好制造、使用的必要准备，并且仅在原有范围内继续制

---

〔1〕 参见汤宗舜：《专利法教程》，法律出版社2003年版，第187页。

造、使用的，不视为侵权。这是所谓的"先使用权"。许多国家基于公平原则，规定了先使用权制度。[1] 这种公平原则背后反映的则是协调专利权人和先使用权人之间利益的平衡思想。[2]

先使用权原则在专利侵权认定中常被沿用，被告人也常常以此作为抗辩。因此正确界定享有先使用权的条件是很重要的。这些条件主要有：

第一，享有先使用权的人先使用的技术必须是自己独立完成或通过其他合法途径取得的，即先使用权人使用的技术必须来源合法。如果是从专利权人那里剽窃过来后"先用为快"的，就谈不上先使用权。

第二，先使用权成立的时间条件在我国是以申请日（要求享有优先权的，为优先权日）为准的。并且，在申请日（或优先权日）后制造、使用或者制造、使用的必要准备的行为仍在继续进行。在他人专利申请日之后，即使是在申请公布前善意使用或准备使用，都不能享有先使用权。

第三，先使用权人必须在他人专利申请日前已制造了相同产品或使用相同方法，或者已经做好了制造、使用的必要准备。这里的"必要准备"一般可以理解为"制造相同产品、使用相同方法"所必不可少的各种物质条件、资金条件和人员条件等。当然，只有在有限范围内的非公开"制造或使用或者作好制造或使用的必要准备"的行为才可以作为先使用权的基础，因为一项发明创造在国内的使用公开会使其丧失新颖性，任何人不能对此获

<hr>

〔1〕 相关案例，参见张某与某农机公司侵害实用新型专利权案，最高人民法院（2021）最高法知民终 134 号民事判决书；广州某童用品有限公司、太仓某婴儿用品有限公司侵害发明专利权纠纷案，最高人民法院（2019）最高法知民终 458 号民事判决书。
〔2〕 相关研究，参见宁立志：《先用权之学理展开与制度完善》，载《法学评论》2014 年第 5 期；于若平：《论新时代我国专利先用权制度》，载《东南大学学报（哲学社会科学版）》2019 年第 S1 期。

得专利权，也就相应地不存在先使用权了。

第四，先使用权人在他人取得专利权后，只能在原有范围内继续制造原有的相同产品或使用相同的方法，不得扩大使用范围。"原有范围"是针对申请日以前的使用范围、产品数量等而言的。原有范围以先使用权人在专利申请日前为制造该产品或使用该方法所拥有的或已经购置的机器设备的正常生产能力可以达到的产量为限。若要扩大原有范围，应征得专利权人的同意。

需要注意的是，先使用权是相对专利权而言的，是对专利权的一种抗辩权，只有在专利侵权诉讼中确认才具有实际意义。并且，先使用权是依赖专利权而存在的一种不完整的无形财产权。具体表现为：①先使用权不是独立的交易对象，不能成为转让合同的唯一标的，不过它可以随同企业一起转让，成为转让合同客体的一部分；②先使用权不能成为许可贸易对象，不能就先使用权订立许可实施合同；③先使用权不具有独占性，它可以被不同的单位或个人同时享有，而且互不排斥。总之，先使用权是一种只能由先使用权人自己行使，不能单独转让给他人且不具有排他性的权利。

（3）临时过境的外国运输工具运行中的使用。临时过境的外国运输工具中使用专利权人的专利，是为了便利于发展国际交通运输业，避免因为不能及时获得专利权人的专利而对临时过境的外国运输工具产生损害。从国际人道主义的角度来说，对临时过境的外国运输工具必要地使用专利的行为提供帮助也是正当的。值得注意的是，为了平衡专利权人的利益与使用者的利益，上述情况下的"使用"行为不应理解为包含制造、许诺销售、销售或进口等行为在内。

（4）非为生产经营目的的使用。根据专利法的规定，为生产经营目的而使用专利权人的专利应取得授权。专利法的宗旨是促进技术进步与创新，法律应当允许人们在专利技术的基础上从事改进。非营利性质的科学研究和实验活动，是为了验证取得专利的发明创造有无技术效果或经济效果，或者为了在该发明创造的基础上做进一步的改进，它不以营利为目的，[1]与专利权人之间不存在竞争关系，对专利权人的市场利益也不会构成侵害，同时有利于推动科学技术进步，因而无须征得专利权人的许可。

非为生产经营目的的使用纳入侵权例外，对于实现权利保护与权利限制之间的平衡具有重要意义。以实验性使用为例，在专利权保护与得到允许的实验性使用之间存在平衡问题。实验性使用范围过窄，会造成对实验活动鼓励的不足；相反，如果实验性使用例外过于宽广，创造者就可能不会冒着风险从事研究开发活动。如果难以达成适当的平衡，那么促进科学进步与创新之专利法的宪法目标将难以实现。[2]

应当注意，一是不能把供科学研究和实验使用的专利产品的制造和销售包括在内，也不能将许诺销售、销售、进口专利产品或者依照专利方法直接获得产品包括在内。二是对以教育为目的的使用有关专利的行为是否属于侵权应具体分析。如果是直接利用专利技术方案产生的功能和效果，属于专利法禁止的范畴；如果是通过讲解某专利产品或方法来阐述某一科学道理，则不受专利法约束。另外，还需要注意的是专为科学研究和实验而使用有关专利的单位应做广义理解，如企业的科技开发部门、高校的科研机构应包括在内。

（5）药品和医疗器械的试验例外：Bolar 例外。《专利法》第75 条第（5）项规定，为提供行政审批所需要的信息，制造、使用、进口专利药品或者专利医疗器械的，以及专门为其制造、进

---

〔1〕 参见汤宗舜：《专利法教程》，法律出版社 2003 年版，第 190~191 页。

〔2〕 See Richard Jahn, "Experimental Use Exceptions: Changes in Research Tool Patent Protection in the United States and A Comparison to Japan", 30 *Del. J. Corp. L.* 925 (2005).

口专利药品或者专利医疗器械的，不视为侵犯专利权。此即药品和医疗器械的试验例外，又称 Bolar 例外。此种对于专利权的限制制度来源于《美国专利法》，该法第 271 条第 5 款规定：在美国制造、使用、许诺销售、销售或者从美国进口被授予专利权的发明的行为，如果单纯是为了依照法律的有关规定获得并提供为制造、使用或销售药品或者兽医用生物产品所要求的有关信息，不构成侵犯专利权的行为。通过实施这一规定，"既有利于与我国有关行政审批制度相衔接，促进药品或专利医疗器械的生产尽快实施，同时有利于平衡专利权人的利益与社会公众利益之间的关系，防止专利权滥用。"[1]

2. 为促进专利的实施而采取的限制专利权的措施

为促进专利权的实施而采取的限制专利权的措施主要有强制许可和指定许可。严格地说，这些措施不能视为专利法上与专利权保护对应的公共领域，因为专利权人以外的实施者仍然需要支付专利使用费。但从不需要专利权人许可这一点看，可以认为是为他人设立了一个有限的自由使用专利技术的空间。因此，本书仍然将其纳入广义上的公共领域的范畴。

（1）强制许可。强制许可是和自愿许可相对而言的，是指专利主管机关根据国家、社会利益的需要而不考虑专利权人的意愿，允许他人实施专利权人的专利。[2] 世界上大多数国家的专利法中都有强制许可的规定。强制许可也是国际公约的要求，如《巴黎公约》第 5 条、TRIPs 协议第 31 条均作了规定。从各国的实际情况看，颁发强制许可证的情况极为罕见。但强制许可制度

〔1〕 冯晓青、刘友华：《专利法》（第 2 版），法律出版社 2022 年版，第 430 页。
〔2〕 相关研究，参见张韬略：《新冠肺炎威胁之下的专利药品强制许可：德国、中国的路径比较及启示》，载《德国研究》2021 年第 1 期；彭心倩：《专利强制许可下的专利权人权益保障论》，载《政治与法律》2019 年第 5 期；林秀芹：《中国专利强制许可制度的完善》，载《法学研究》2006 年第 6 期。

的必要性并不取决于使用次数的多寡。强制许可规定作为一种威慑性条款，可以促进专利权人与他人签订专利实施许可合同，鼓励发明创造的推广应用。因此，不应把强制许可单纯地理解为对专利权人独占权的削弱或限制，而应当将其看成是防止专利权人滥用其权利，促进技术进步而采取的一种保障措施。

从利益平衡的角度可以进一步看到，强制许可是平衡专利权人对专利技术的垄断权和促进专利技术推广与应用的制度设计。"强制许可平衡了专利权人的利益与促进发明商业化和技术革新领域更大范围竞争的公共利益。"[1]强制许可服务于：①为专利权人提供足够的补偿；②克服以前阻碍接近技术的市场失败；③通过技术领域各方促进进一步的革新。减少市场失败和更有效的技术转让能刺激革新并最终实现专利法的宪法目标。[2]由此可见，强制许可对于保障专利法宗旨的实现具有重要意义。

强制许可毕竟是对专利权人专利权的限制，它在实施过程中也存在对专利权人利益的保障问题。也就是强制许可制度本身也存在专利权人的利益和强制许可使用人利益之间的均衡，不能因为强制许可而损害专利权人的利益。关于这一点，有关的国际公约作了明确规定。如《巴黎公约》第5条规定，如果专利权人明显有正当理由不实施时，可拒绝订立强制实施许可，并且除与企业或营业中实施该专利的部分一起转让的以外，不得以许可形式将强制许可转让。TRIPs协议第30条则规定，成员可对所授的专有权规定有限的例外，只要在顾及第三方合法利益的前提下，该例外并未与专利的正常利用不合理地冲突，也并未不合理地损害

---

〔1〕 Alison Ladd, "Integra v. Merck: Effects on the Cost and Innovation of New Drug Products", 13 *J. L. & Pol'y* 347 (2005).

〔2〕 Simone A. Rose, "On Purple Pills, Stem Cells, and Other Market Failures: A Case for a Limited Compulsory Licensing Scheme for Patent Property", 48 *How. L. J.* 627 (2005).

专利所有人的合法利益。其第 31 条还对强制许可设置了一系列条件，如使用范围和期限应局限于原先使用的目的之内。这些限制，充分显示了对专利权人利益的保护，尽量防止因强制许可而损害专利权人的利益。

我国《专利法》也对强制许可的实施给予了限制。其第 61 条规定，取得实施强制许可的单位或者个人不享有独占的实施权，并且无权允许他人实施。在目前我国需要大量引进技术和外资的情况下，为使在我国获得的专利权有可靠的保障措施，实行非独占性的强制许可是适宜的。从《专利法》的规定还可以看出，强制许可受益人不得授予他人分许可证。

（2）国家指定许可。《专利法》第 49 条规定，国有企业事业单位的发明专利，对国家利益或者公共利益具有重大意义的，国务院有关主管部门和省、自治区、直辖市人民政府报经国务院批准，可以决定在批准的范围内推广应用，允许指定的单位实施，由实施单位按照国家规定向专利权人支付使用费。这一具有中国特色的限制专利权的"指定许可"制度，旨在保障重要专利的推广应用。换言之，其性质上属于为促进专利技术的实施而采取的限制专利权的措施，是不经专利权人许可而由政府部门指定的单位实施，也是国家运用行政权力促进对重要的专利技术推广应用的措施。指定许可是对专利权人享有的自愿许可权的一种例外，需要严格的条件限制。其条件包括：①被采取指定许可的专利，必须是对国家利益或者公共利益具有重大意义的发明专利；②指定许可的决定权，只能由国务院有关主管部门和省级人民政府在报国务院批准后才能行使，其他任何机关都无权决定指定许可；③指定许可限于在批准推广应用的范围内，由指定实施的单位实施。

此外，被指定单位的专利实施权不是无偿的，而应按照规定向专利权人支付专利实施费。还应注意，国家指定许可只适用于国有企业事业单位的发明专利，不适用于外国人、外国企业和外国其他组织在中国取得的发明专利。这有利于更好地贯彻对外开放的政策，吸引外国人来华申请并取得专利。

3. 专利权的合理使用：专利权限制理论的一种新视角

关于"合理使用"，在知识产权限制的层面上，一般主要针对著作权的合理使用而言。随着人们对商标权限制意义认识的增强，商标权合理使用的概念也提出来了。但是，专利权的合理使用的概念则鲜见。人们通常也是从专利侵权例外和强制许可等方面认识专利权限制问题的。实际上，专利权同样存在合理使用的概念和原理。以下不妨简要介绍国外学者关于专利权合理使用的基本观点。

奥罗克（O'Rourke）教授提出，除了既有的限制外，专利法也包含了合理使用的限制，该限制"明显地平衡了专利权人的专有权利与社会福利"。[1]根据他的观点，革新程度很高的产业、交易成本很高以及宽广的基础专利威胁到进一步革新的场合，适合于合理使用。他对评估专利合理使用提出了五点要素：

（1）被控侵权行为所代表的技术进步的性质（越是重大的进步，在可以获得的情况下，公众福利越是需要保障，这样会使一些重要的技术进步如干细胞偏向于合理使用）。

（2）被控侵权行为的使用目的（是非商业性的还是直接或者间接商业性的）。

（3）传统许可交易障碍产生的性质与强度（法院应考虑到相关的市场缺陷，如交易成本过高、外部性，并解释它对市场的消极影响，特别是对革新的影响）。

（4）使用对专利权人从事创造的激励和总体社会福利的影响（通过合理使用平衡公共利益与鼓励专利权人从事创造加以实

---

[1] Maureen A. O'Rourke, "Toward a Doctrine of Fair Use in Patent Law", 100 *Colum. L. Rev.* 1177 (2000).

现）。

（5）专利发明的性质（技术进步程度小的发明适用较广范围的合理使用，技术进步程度大的发明则适用相对窄的合理使用）。[1]

本质上，专利权的合理使用能够更好地确立专利权的保护边界，保障在特定的情况下使用专利技术不构成侵害专利权。专利权合理使用理论的提出，对于在司法实践中判定专利侵权与否具有比较重要的理论指导意义。

（三）专利权保护期限制形成的公共领域

专利权的保护期意味着公众必须忍耐接受专利权人对其发明创造享有一定期限的专有权，以换取对发明的接近。专利权的保护期限也意味着专利技术在一定期限届满后自动地进入了公共领域，成为任何人可以自由利用的公知公用技术。在专利制度国际化浪潮下，现行的发明专利保护期一般为 20 年。当然，在实践中，专利的实际期限与专利的商业性使用有很大关系。很多专利因为没有实施而使得其只有名义上的保护期。在商业性使用之前的时间越长，表明专利的保护期在事实上减少得越多。这一实际长度的限制在实践中具有重要意义，因为很多基础专利在 10 年或更长时间内根本没有实施。

政策制定者、经济学家、专利权人相信，如果能强化专利制度并使之有效运作，市场将能够解决对技术信息产品的资源分配问题。如确定适当而合理的保护期、减少实施成本、有效实施专利，那么将在很大程度上解决市场失败问题。有学者指出，对知识产权来说，给予技术发明在实质上更长的保护期，从专利法观

---

[1] See Maureen A. O'Rourke, "Toward a Doctrine of Fair Use in Patent Law", 100 *Colum. L. Rev.* 1205, 1208（2000）；Simone A. Rose, "On Purple Pills, Stem Cells, and Other Market Failures: A Case for a Limited Compulsory Licensing Scheme for Patent Property", 48 *How. L. J.* 579（2005）.

点看经常受到批评，但从经济学角度看具有正当性，因为在现代
工业社会，很容易自由获得技术领先的发明。艺术审美的保护不
会导致像技术功能性的专有权那样对竞争的急剧限制，因为在这
里一般没有事实上的对相同占有的正当性基础，以至可以作为一
个规则，在领域之外禁止模仿。[1]

一般而言，专利权的有效期的长短与发明者的垄断利润成正
比例关系，而与社会福利成反比例关系。法律经济学上的静态效
率要求专利保护期足够短以增加社会福利，而动态效益则要求专
利权保护期限足够长以维持对创新的激励。总体上，当社会从创
新中获得的收益与福利损失在边际上相等时，专利的保护期
最优。[2]

确定专利有限的、适当的保护期限，也是反垄断限制的一种
形式。当然，适当的、理想的专利保护期限问题是从经济学的观
点讨论的。例如，威廉·诺德豪斯（William D. Nordhaus）对专
利法的激励理论做过充分的论述，[3]在这些论述中他特别关注的
仍然是专利权的期限方面。他指出：一方面，专利期限或效率的
每一次增加，都会增加因刺激发明活动增长而产生的社会福利，
包括由于更多的知识产品的分配而增加的消费者盈余和生产者盈
余的现值；另一方面，由于知识产品（即使不增加激励，这些知
识产品也会被创造出来）的价格上涨致使管理成本增加和无谓损
失的产生，从而也相应减少了社会福利。理想的状况是，专利权

---

〔1〕 *See* Michael Lehmann, "The Theory of Property Rights and the Protection of Intellectual Property and Industrial Property", 16 *IIC* 538 (1985).

〔2〕 参见杜鹃、陶磊：《专利法利益平衡机制的法经济学解析——基于社会契约论的观点》，载《经济经纬》2008 年第 1 期。

〔3〕 William D. Nordhaus, *Invention, Growth and Welfare: A Theoretical Treatment of Technological Change*, Mass M. I. T. Press, 1969, p. 76.

的期限或效率增加到边际效用与边际成本相等之处。[1]即更长的
期限意味着对信息的垄断持续时间更长，这样会产生与垄断相关
的更多低效率的损失。[2]这里是寻求在垄断的低效率与由专利激
发的资本投资所产生的更大的社会产出之间平衡。[3]对理想的专
利期限的分析，涉及考量强化专利保护所增加的发明的数量和强
化专利保护所增加的社会成本之间的关系。他认为，专利期限延
长，会使预期利润增加，这将促使企业将更多的资源用于研究与
开发，从而降低成本，但这同时也会伴随着社会损失的增加。[4]
因此，从经济学促进社会效率的观点看，专利保护期存在着一个
理想的"点"。在这一点上延伸，即给予更长的保护期，会通过
强化专利权而增强对从事发明创造的激励的总量，这是一种社会
利益。但同时，增加专利的保护期限也具有社会成本，因为增加
专利的保护期限使对技术的限制延续更长时间。在授予的专利垄
断权期限过长的情况下，垄断权实施限制社会公众自由接近知识
和信息所造成的损害将超过实施垄断权所带来的社会利益。这种
保护期限将不利于实现专利法促进社会进步的宗旨。理想的专利
期限就是要确定这样一个点，即社会利益和成本在"在边际上平
衡"。

从经济上确证专利权的理想期限，因为存在种种不确定因素

[1] 参见 [美] 威廉·费歇尔:《知识产权的理论》，黄海峰译，载刘春田主编:《中国知识产权评论》（第 1 卷），商务印书馆 2002 年版，第 14~15 页。

[2] William D. Nordhaus, *Invention, Growth and Welfare: A Theoretical Treatment of Technological Change*, Mass M. I. T. Press, 1969, p. 76. 另外可参见 F. M. Scherer & David Ross, *Industrial Market Structure and Economic Performance*, Houghton Mifflin Company, 1990, 3d ed. 625 n. 30。

[3] *See* Richard Gilbert & Carl Shapiro, "Optimal Patent Length and Breadth", 21 *Rand J. Econ.* 106 (1990); Paul Klemperer, "How Broad Should the Scope of Patent Protection Be?", 21 *Rand J. Econ.* 113 (1990).

[4] William D. Nordhaus, *Invention, Growth and Welfare: A Theoretical Treatment of Technological Change*, Mass M. I. T. Press, 1969, p. 76.

而变得相当困难。为了便于操作，原则上对创造性程度不同的专利被赋予同样的保护期限。但是，为了在不同的发明人之间、发明人与社会公众之间实现利益的平衡和实质性的公平，专利法试图通过一些其他的配套机制来调整。例如，规定创造性程度较低的发明只能获得相对短的垄断保护期，创造性程度较高的发明可以获得比较长的保护期，相当于现代工业社会中现有的经济意义上的价值。进一步说，一种可供选择的专利类别被作为确保理想专利期限的手段，从而从专利制度中可以获得更清晰的社会利益。我国《专利法》对发明、实用新型和外观设计专利保护期限的规定就体现了这一点。另外，专利年费制度虽然不是直接针对专利的适度与合理范围的，在实质上它却具有均衡和协调专利权人垄断利益与社会公众利益之间关系的作用，因为随着专利保护时间的延续，不断增加的年费也会使那些没有经济价值的发明提前进入公共领域。如果专利权没有多大的社会价值，或者实施该专利权的社会成本大于社会利益，专利权人即可以通过不缴纳年费的形式放弃专利权。

专题十七 | 专利侵权及其法律责任

一、专利侵权行为的类型与侵权判定

（一）专利侵权行为类型

1. 直接侵权行为与间接侵权行为

对于产品专利，直接侵权是侵权人未经许可直接实施了产品的制造、使用、许诺销售、销售或进口行为；对于方法专利，是侵权人未经许可使用专利方法以及对依照方法所直接获得的产品的使用、许诺销售、销售和进口行为。

间接侵权与直接侵权是相对的概念，是指未构成直接侵权，但是为直接侵权起到了诱导和直接提供帮助作用，法律规定应当承担相应责任的行为。专利间接侵权是我国专利法领域理论与司法实践中的一个特殊而争论较大的问题，从立法目的上，一方面，专利法需要给专利权人提供充分的法律保护；另一方面，又要防止出现专利权保护过度，以至于不适当地限制他人正常的生产经营活动。

我国理论上讨论的专利间接侵权分为两类：①诱导式。"诱导"表现为以口头、书面或者其他言词方式引诱、唆使他人实施专利技术，其危害性主要在于被诱导或被唆使的行为人实施了直接侵权行为，而非言词本身。诱导式侵权与直接侵权之间存在紧密的联系，诱导侵权行为的成立应当以发生了直接侵权行为为前提。②帮助式。帮助式侵权行为，表现为直接侵权行为提供工具、制造条件等准备行为。从侵权认定看，帮助式侵权行为人为了免于承担专利侵权责任，仅实现权利要求中的部分技术特征而非全部，或者将权利要求中的全部技术特征分别由数人完成，而依我国目前专利法之规定无法认定专利侵权的成立，从而逃脱法律的制裁，如仅仅销售专利产品中的某个关键零部件。

一些知识产权制度较为完备的国家，为加强对专利权的保护，根据其法律文化传统和经济发展状况，建立起了专利间接侵权责任制度。专利侵权的间接侵权理论发端于美国1871年的Wallace v. Holmes 案[1]。1952年，美国专利法修改时将散见于普通法判例中的专利间接侵权规则成文化，至今已形成较为成熟的制度。[2] 从总体来看，各国将间接侵权行为限定为销售、提供专用"产品"或"物品"的行为，并不包括除此之外的其他教唆、帮助行为。对于专利间接侵权问题，TRIPs 协议没有规定。

我国《专利法》没有规定间接侵权这一问题，实践中，法院面对这种情况往往采用"共同侵权"理论予以解决。2009年，我国《侵权责任法》（现已失效）通过，相应地，司法上倾向于运用侵权责任法的共同侵权规则解决专利间接侵权问题。2021年1月1日实施的《民法典》第1169条也规定教唆、帮助他人实施侵权行为的，应当与行为人承担连带责任。《民法典》颁布后，《审理侵犯专利权纠纷案件应用法律解释（二）》进行了相应的修订。修正后的该司法解释第21条第1款规定，明知有关产品系专门用于实施专利的材料、设备、零部件、中间物等，未经专利权人许可，为生产经营目的将该产品提供给他人实施了侵犯专利

---

〔1〕 *See* 9 Blatchf. 65（1871）.

〔2〕 35 U. S. C. 271（b），（c），（d）.

权的行为，权利人主张该提供者的行为属于《民法典》第1169条规定的帮助他人实施侵权行为的，人民法院应予支持。其第21条第2款规定，明知有关产品、方法被授予专利权，未经专利权人许可，为生产经营目的积极诱导他人实施了侵犯专利权的行为，权利人主张该诱导者的行为属于《民法典》第1169条规定的教唆他人实施侵权行为的，人民法院应予支持。

我国《民法典》施行前的《侵权责任法》第8条、第9条、第10条、第11条、第12条都有关于共同侵权的规定，第9条规定了教唆侵权与帮助侵权这类共同侵权的特殊情形。在司法实践中，法院通常认为，间接侵权人与最终实施发明创造的侵权人之间没有意思联络，并不构成共同过错。但是，间接侵权人明知其提供的零部件等只能用于生产侵犯专利权的产品，而仍然提供给侵权人实施，可以认定其具有明显的主观恶意，且其提供的零部件是直接侵权行为的专用品或者其积极诱导他人实施专利侵权行为，故将其纳入原《侵权责任法》第9条规制的范围。应当看到，这并不意味着在现行法律框架之外给予专利权人以额外的保护，而是侵权责任法适用的应有之义，符合加强专利权人保护的客观实际。

理论上，对于是否应将专利间接侵权纳入共同侵权规则来解决有不同观点。有观点认为专利间接侵权与共同侵权不同，如对于专利间接侵权成立须以直接侵权行为发生为前提，对于教唆式侵权可以适用，而对于帮助式侵权，如果附加这一认定条件，将对专利权保护不力。对专利间接侵权须以生产经营为目的的条件也有人不认同，如在3D打印这种特殊制造技术下，打印的数据文件这种侵权客体的"关键部件"可以通过网络传播，如果是共享性的免费上传，也严重影响专利权人的市场份额。所以，有学者认为，教唆式侵权可以运用共同侵权规则解决；对帮助式侵权，有的学者认为可以运用判断直接侵权的司法认定规则，如全面覆盖原则、等同原则进行技术判断其侵权与否；另有人认为，我国仍然应该建立独立的专利间接侵权责任制度。

2. 完全侵权和实质侵权

按照侵权产品是否完全或实质模仿专利产品，又可以将专利侵权分为完全侵权和实质侵权两种。完全侵权是对专利产品的完全仿制，实质侵权是通过对产品的等同特征替换实现的侵权。对这两种侵权分别适用不同的判定原则。

（二）专利侵权的判定

在国外长期的专利司法实践中，对发明专利和实用新型专利，已经形成了几个较为成熟的专利侵权判定的原则，即全面覆盖原则、等同原则和禁止反悔原则，这些原则也已被我国司法实践所采用。

1. 全面覆盖原则

该原则是指，如果被控侵权的技术全部覆盖专利保护的发明创造权利要求记载的技术特征，就构成专利侵权。

根据《审理侵犯专利权纠纷案件应用法律解释》第 7 条规定：人民法院判定被诉侵权技术方案是否落入专利权的保护范围，应当审查权利人主张的权利要求所记载的全部技术特征。被诉侵权技术方案包含与权利要求记载的全部技术特征相同或者等同的技术特征的，人民法院应当认定其落入专利权的保护范围；被诉侵权技术方案的技术特征与权利要求记载的全部技术特征相比，缺少权利要求记载的一个以上的技术特征，或者有一个以上技术特征不相同也不等同的，人民法院应当认定其没有落入专利权的保护范围。该条明文确立了全面覆盖原则（全部技术特征原则）。

有三种具体的情形，将视为被控物全面覆盖了专利的权利要求。①字面侵权。即从字面上分析比较就可以认定被控物的技术特征与专利的必要技术特征相同。字面侵权较易判断，这种简单的侵权不多。②专利权利要求使用的是上位概念，被控物公开的结构属于上位（一般）概念的下位（具体）概念，也属于技术特征相同，如上位概念"金属"与下位概念"铜"。③被控物的技术特征多于专利的必要技术特征，即不仅包含了专利权利要求的全部必要技术特征，而且还增加了新的技术特征。

2. 等同原则

等同侵权是指侵权人以实质上相同的方式或者手段，替换属于专利保护的部分或者全部必要技术特征，产生实质上相同的效果。[1]

等同侵权原则来源于普通法。1853 年发生的 Winans v. Denmead 案[2]中，美国联邦最高法院创立了等同侵权原则。该院认为：允许公众自由地改变专利应用的形式和特点，从而实质性抄袭专利技术，这不利于保护专利的独占权利。因此，专利权人主张保护的发明，应当包含其发明可能被抄袭的任何形式，除非专利权人事先明显放弃了这些形式。等同原则作为美国的普通法原则在其二百多年的发展中逐渐形成了一套健全的体系。

等同原则有两种表述方法和测试标准，与之相关的等效性判断也有两种途径。第一种是非实质性差异标准，考察在被控侵权产品的必要技术特征和专利产品的必要技术特征之间是否存在实质性差异，如果没有就可认为构成等同。第二种是"手段、功能和效果"三要素标准。《审理专利纠纷案件适用法律规定》（2020年修正）第 13 条第 2 款规定："等同特征，是指与所记载的技术特征以基本相同的手段，实现基本相同的功能，达到基本相同的

---

[1] 相关研究，参见张迩瀚：《论基础专利之改进技术保护路径的完善——以确立反向等同原则为视角》，载《科技进步与对策》2021 年第 6 期；王翀：《论实施等同原则的体系性制度需求》，载《政治与法律》2015 年第 5 期；袁秀挺、王翠平：《等同侵权的司法实践：原则、限制和案例——"专利等同侵权的司法认定"研讨会综述》，载《知识产权》2013 年第 8 期；胡淑珠：《判定专利侵权的等同原则在我国审判实践中的适用与限制》，载《法学》2006 年第 8 期。

[2] See 56 J. S. 330 (1853).

效果，并且本领域普通技术人员在被诉侵权行为发生时无需经过创造性劳动就能够联想到的特征"，所以，我国基本采用第二种测试标准和表述方法。[1]

等同侵权的具体适用还涉及三个问题：

（1）等同原则适用中的判断主体。作出判断的主体是"本领域内的普通技术人员"，《专利审查指南》中对"所属技术领域普通技术人员"的定义为：他是一种假设的"人"，假定他知晓申请日或者优先权日之前发明所属技术领域所有的普通技术知识，能获知该领域中所有的现有技术，并且具有应用该日期之前常规实验的手段和能力，但他不具有创造能力。

（2）等同原则适用中判定侵权的时间标准。专利侵权诉讼中，关于等同侵权的时间标准，我国立法上并没有明确规定。学术界一般有三种观点：侵权日说、专利公布日说和专利申请日说。等同判断的时间越靠前，对专利权人就越不利；等同判断的时间点越延后，对专利权人就越有利。值得注意的是，最高人民法院在 2016 年发布的《审理侵犯专利权纠纷案件应用法律解释（二）》中，已经明确采用了侵权日标准。

（3）等同原则适用中"等同特征"的判断标准。在适用等同原则进行技术特征对比时，究竟是把专利的技术特征与被控侵权物的技术特征从整体上进行对比还是把专利技术特征逐一地与被控侵权物的技术特征进行对比，这是专利侵权判断中争论激烈且长久的问题之一。对此有两种观点：一种观点认为是整体等同。整体等同是指在适用等同原则判定专利侵权时应将权利要求保护的发明作为一个整体来看待，不区分每个技术特征是否构成等

---

[1]　相关案例，参见西峡某特种材料有限公司与榆林市知识产权局、陕西某化工集团某化工有限公司专利侵权纠纷案，最高人民法院（2017）最高法行再 84 号行政判决书；天津某机电设备有限公司与宋某机电设备有限公司侵害实用新型专利权纠纷案，最高人民法院（2020）最高法知民终 40 号民事判决书。

同，它主要侧重于"方式—功能—效果"三重检验的整体效果，如两者总的功能、实现的方式、效果都基本相同，仍然可以得出等同侵权的结论。[1]另一种观点为逐一技术特征理论。由于整体等同不公正、适当地扩大了专利保护的范围，侵害了公众的合法利益，因此，在判断等同时，将权利要求的技术特征与被控侵权方案的技术特征应逐一对比。[2] 该理论主张应从权利要求的各个技术特征对等同的范围作全方位的限制，能够最大限度地达到限制权利要求扩张的目的，使等同的范围接近真正的权利要求。目前世界各国都采用了"逐一技术特征理论"，我国亦然。

等同侵权判断具体步骤上为两步法：首先，将被控侵权物中的具体技术特征与专利独立权利要求中相应的必要技术特征逐一对比；其次，如果等同，该等同技术特征还必须是作为本领域的普通技术人员阅读了专利申请文件后，无须经过创造性劳动就能够联想到的。

等同原则的合理适用是专利诉讼中极富挑战性的难题，适用的宽紧度反映了某个国家某个时期的专利政策及其调整。起源于美国的等同原则，在美国司法中也曾遭抛弃、重拾、补充与完善。最高人民法院《关于充分发挥知识产权审判职能作用推动社会主义文化大发展大繁荣和促进经济自主协调发展若干问题的意见》（法发〔2011〕18 号）第 13 条规定，对于创新程度高、研发投入大、对经济增长具有突破和带动作用的首创发明，应给予相对较高的保护强度和较宽的等同保护范围；对于创新程度相对较低的改进发明，应适当限制其等同保护范围。其第 14 条规定，等同侵权应以手段、功能和效果基本相同并且对所属领域普通技术人员显而易见为必要条件，防止简单机械适用等同侵权或者不

---

〔1〕 尹新天：《专利权的保护》，知识产权出版社 2005 年版，第 433 页。

〔2〕 程永顺：《专利侵权判定实务》，法律出版社 2002 年版，第 49 页。

适当扩展其适用范围。这些规定，也是经济政策的体现。[1]

3. 禁止反悔原则

禁止反悔（estopple）原则是指如果在专利申请、审查或专利权无效宣告程序中，专利权人为保证发明创造具有可专利性，主动对权利要求范围作出调整或限制，在其后的侵权诉讼中，专利权人就不得再要求享有其已放弃的权利内容，即使该内容符合等同特征。《审理侵犯专利权纠纷案件应用法律解释》第6条的规定即体现了这一原则。禁止反悔原则是诚信原则在专利制度中的反映。该原则的作用之一在于限制专利权人滥用等同原则。当等同原则与禁止反悔原则冲突时，优先适用禁止反悔原则。

在专利侵权诉讼中，正确适用禁止反悔原则，通常需把握以下五个方面：[2]

（1）合理确立适用禁止反悔的范围，该范围不应仅仅局限于有关新颖性和创造性的承诺或者修改，而应涵盖对于所有与专利权的授予或专利权的维持有关的书面修改和意见陈述。专利权人所作出的不涉及专利权利要求实质内容的说明、解释则不属于禁止反悔之列。

（2）禁止反悔原则是对认定等同侵权的限制。相同侵权成立时无需考虑禁止反悔原则。只有当相同侵权不成立，需要以等同原则判断侵权时，才需考虑禁止反悔原则。

（3）专利权人对有关权利要求中的技术特征所作的限制、承诺或者放弃必须是明示的，而且已经被记录在专利文档或者专利

---

〔1〕　相关案例，参见宋某、德州某机电设备有限公司与天津某电设备有限公司、普某科技有限公司侵害实用新型专利权纠纷案，最高人民法院（2020）最高法知民终513号民事判决书；最高人民法院（2019）最高法知民终724号民事判决书。

〔2〕　相关案例，参见皇某公司与某科技有限公司侵犯发明专利权纠纷案，北京市高级人民法院（2018）京民终531号民事判决书；某（上海）有限公司与上海某电子科技有限公司侵犯实用新型专利权纠纷案，最高人民法院（2011）民提字第306号民事判决书。

权无效宣告请求审查决定书中。

（4）限制承诺或者放弃保护的技术内容，必须是对专利权的授予或者维持专利权有效产生了实质性的作用。

（5）禁止反悔原则的适用应以被告提出请求为前提，并由被告提供原告反悔的相应证据，法官不应主动适用禁止反悔原则。

二、互联网专利侵权的平台责任

互联网平台，主要指电子商务平台经营者，是在电子商务中为交易双方或者多方提供网络经营场所、交易撮合、信息发布等服务，供交易双方或者多方独立开展交易活动的法人或者非法人组织。平台内（电子商务）经营者，是指通过电子商务平台销售商品或者提供服务的电子商务经营者。[1]互联网平台主要的职能有两点：一是提供网上交易场所，二是提供技术服务帮助成交。互联网平台专利侵权责任的产生有两个来源：一是自己作为独立的侵权主体在平台上实施的直接侵犯他人专利权的行为，如使用的某项网络技术是他人的专利技术；二是平台上电子商务经营者没有履行法定义务，从而对平台内经营者的专利侵权行为依法应当承担责任。第一种行为依照专利法及其实施细则的规定处理。第二种行为的责任问题尤其是民事责任问题较为复杂，以下将予以重点讨论。

（一）互联网专利侵权平台责任的立法

1.《侵权责任法》

《民法典》施行前的《侵权责任法》第36条是对网络用户和网络服务提供者侵害民事权益的行为作出的规定，认为两类主体在一定前提下均须承担侵权责任，同时给网络服务提供者设置了"避风港"条款。虽然《侵权责任法》中使用的是"网络服务提

---

[1]《电子商务法》第9条。

供者"的概念，与电子商务平台经营者这一概念略有不同，但在《电子商务法》未明确出台之前，这一条款实质上也适用于解决涉及电商平台的问题，尤其在现实的网络专利侵权案件中，"通知-删除"规则被大量引用作为判定电商平台侵权法律责任的依据。

法律在设置电商平台权利义务时，需要使其责任风险具有比较强的可预见性。所以上述第 36 条的规定较为宽松，对电商平台仅适当地规定了一些义务。根据上位法原则，《侵权责任法》第 36 条是对整个网络环境下的民事侵权行为作出的规定，当然可以适用于网络专利侵权案件。但是《侵权责任法》第 36 条中的"通知-删除"规则过于宏观，不仅未明确通知的基本要件，也没有设置反通知和恢复等程序，在专利领域的适用不尽如人意。应当指出，《民法典》施行后，《侵权责任法》即被废止，《侵权责任法》第 36 条规定被整合至《民法典》相关规定中，并进行了完善，具体内容见以下介绍和分析。

2.《民法典》

2021 年 1 月 1 日施行的《民法典》第 1194～1197 条对于网络服务提供者的侵权责任问题进行了规定。具体而言：

《民法典》第 1194 条规定：网络用户、网络服务提供者利用网络侵害他人民事权益的，应当承担侵权责任。法律另有规定的，依照其规定。该条确立了网络用户和网络服务提供者承担侵权责任的基本定位。

《民法典》第 1195 条规定：网络用户利用网络服务实施侵权行为的，权利人有权通知网络服务提供者采取删除、屏蔽、断开链接等必要措施。通知应当包括构成侵权的初步证据及权利人的真实身份信息。网络服务提供者接到通知后，应当及时将该通知转送相关网络用户，并根据构成侵权的初步证据和服务类型采取必要措施；未及时采取必要措施的，对损害的扩大部分与该网络用户承担连带责任。权利人因错误通知造成网络用户或者网络服务提供者损害的，应当承担侵权责任。法律另有规定的，依照其规定。该条引入了网络环境下民事侵权的"通知-删除"规则，对网络服务提供者侵权补救措施与责任承担进行了规定。

《民法典》第1196条规定：网络用户接到转送的通知后，可以向网络服务提供者提交不存在侵权行为的声明。声明应当包括不存在侵权行为的初步证据及网络用户的真实身份信息。网络服务提供者接到声明后，应当将该声明转送发出通知的权利人，并告知其可以向有关部门投诉或者向人民法院提起诉讼。网络服务提供者在转送声明到达权利人后的合理期限内，未收到权利人已经投诉或者提起诉讼通知的，应当及时终止所采取的措施。该条对于不侵权声明及其处置措施进行了规范。

《民法典》第1197条规定：网络服务提供者知道或者应当知道网络用户利用其网络服务侵害他人民事权益，未采取必要措施的，与该网络用户承担连带责任。该条对于网络服务提供者的连带责任进行了规范。

由于专利权属于民事权利范畴，《民法典》作为基本法，对于网络环境下网络用户和网络服务提供者侵害民事权益的规定，当然也适应于本部分所探讨的互联网专利侵权的平台责任问题。

3. 《电子商务法》

2018年8月31日通过的《电子商务法》对促进电子商务行业发展具有非常重要的意义，其系统性地将电子商务按照主体、合同、争议解决、促进和法律责任五个方面分别进行规定，在主体中对电商平台进行了单独定义。与之前其他的法律规定相比，这部法律在适用的时候更加具有针对性，与目前涉及电商平台的各类网络专利侵权案件更为契合。

《电子商务法》规定电子商务平台经营者应当建立知识产权保护规则，同时也规定了"通知-删除"规则及流程，相比原

《侵权责任法》更为具体，具有更强的可操作性。其明确了电商平台应该有传递信息的作用，即将通知转送被控侵权人以及将被控侵权人的不侵权声明转送给通知人。[1] 同时，还明确规定了"转通知"义务。[2] 除此之外，法条中也规定了"明知"规则，即电商平台明知或应知存在侵犯知识产权的行为时，应该及时采取措施。[3]

4. 互联网专利侵权平台归责原则

电商平台作为网络主体之一，随着网络的发展在不断壮大，依靠技术手段和政策支持拥有越来越多的权利，其地位已经远远高于普通网络用户。对电商平台在网络专利侵权中的责任认定应该采用过错责任原则，即有直接专利侵权行为发生之后，电商平台知道或应该知道该侵权行为的存在，该为而未为或者该为而错为时才须承担责任。在具体判断电商平台履行义务是否存在过错时，应充分考虑电商平台的商业模式、在商品交易过程中起到的作用、技术控制水平和管理能力、行业整体的专业知识能力、专利侵权行为在交易平台上的识别可能性等。无论是国内外立法还是行业规范，对于网络侵权行为的规制，往往会事先制定一些责任限制条款。从技术层面上说，电商平台很难对网络上的商品内容进行逐一审查甄别。对电商平台来说，最需要的就是能够明确自己的义务才可以正确地履行，再以过错责任原则作为保障，从而促使电商平台能将更多的精力用于行业发展上。

（二）电商平台的"通知-删除"特殊义务

"通知-删除"规则起源于《美国千禧年数字著作权法》（DMCA）。为了在互联网快速发展的背景下平衡权利人与网络服务提供者之间的利益，其规定只要网络服务提供者在收到权利人

---

[1] 《电子商务法》第42条。

[2] 《电子商务法》第43条。

[3] 《电子商务法》第45条。

发出的涉嫌侵权的有效通知后采取了必要措施，其就不再承担侵权责任。这一法案率先在著作权领域确立了通知规则，并且确立了以通知为核心的避风港规则。

我国在进行知识产权立法时，也对这一条款进行了借鉴移植。最早适用通知规则的是最高人民法院于 2000 年颁布的《关于审理涉及计算机网络著作权纠纷案件适用法律若干问题的解释》，在该司法解释中规定了网络服务商提供服务时明知用户侵害他人著作权或者经著作权人提出有证据的警告未采取响应措施消除影响的，人民法院应该追究其与该网络用户的共同侵权责任。

实践中涉及网络专利侵权问题时，之所以采用"通知-删除"规则，是因为这一规则被引入了原《侵权责任法》中，由于法律的上位法概念，使得"通知-删除"规则的适用范围扩大到对所有民事权益的保护中，其中自然就包括对专利权的保护。

（三）我国相关的司法实践

2018 年 8 月《电子商务法》通过之前，法院在判决时对网络专利侵权中的电商平台责任主要依据操作性不强的原《侵权责任法》，同时还更多地借助法理进行分析。对电商平台在网络专利侵权案件中是否应该承担责任，法院自身也存在不同的思考方向，主要分为专利间接侵权、共同侵权以及"通知-删除"规则三个角度。

在大部分的早期判决中，法院认为电商平台的主要义务就是网站内部的经营维护，不能苛求其对平台上的所有信息进行审核，再考虑到专利侵权的专业性，一般主体很难判断一件商品是否存在专利侵权。因此，只要电商平台能够在事前进行提醒并且在接到有效投诉之后及时删除争议链接，法院一般认为其不需要再承担侵权责任。

这样的司法实践，一方面，可能导致电商平台为避免责任而不加判断地将涉嫌侵权产品下架，从而滋生大量的恶意投诉行为；另一方面，对平台上的卖家来说，如果时刻面临链接被删除的不稳定状态，其受到不当干扰就会成为一种常态，对平台整体的经营管理也必将会有影响。而且，平台内的经营者接受电商平台的规则制约，在平台内部遵守一定的信用评级机制，其日益积累的信用仅仅因为权利人的一个通知就受到非常严重的影响，在电商平台没有办法明确确认侵权的情况下被屏蔽店铺或者删除商品，是显失公平的。

　　但是，随着实践发展，也有越来越多的法院在判决中开始思考电商平台注意义务认定的边界。另外，一旦需要电商平台对其平台上的侵权链接采取措施，电商平台不是有过删除措施即可，而是应承担更高的注意义务，即保证侵权链接不再出现。在深圳某科技有限公司一案中，浙江某网络有限公司就辩称其已经对店铺和涉嫌侵权的产品做出了下架处理，但是卖家之后又重复上传。法院对这一解释没有予以认可，如果用户可随意上传已经被做出处理的商品，之前的投诉也就失去意义，因此法院最终判决浙江某网络有限公司应该承担连带赔偿责任。[1]

　　在司法实践中，法院认为电商平台不能滥用自身的行业地位，过于扩大自身权利，这也在一些判决中得到了体现。[2]

　　我国《电子商务法》规定了适用"通知–删除"规则较为合理和可操作性的流程，可以预期，这一新规定，将会大大提高未来司法裁判的统一性。在《民法典》对相关规定进行优化后，相信能更好地处理电商环境下专利侵权纠纷。

---

　　〔1〕　参见深圳某科技有限公司、浙江某网络有限公司与肇庆市某实业有限公司侵害发明专利权纠纷案，广东省高级人民法院（2016）粤民终 1038 号民事判决书。

　　〔2〕　参见某生活家电有限公司与浙江某网络有限公司、永康市某工贸有限公司侵害发明专利权纠纷案，浙江省高级人民法院（2015）浙知终字第 186 号民事判决书。

三、专利侵权的法律责任

（一）停止侵权

1. 专利停止侵权的定义及意义

停止侵权一般是指法院依被侵权人之请求，判令侵权人停止正在实施的侵权行为的侵权责任承担方式。停止专利侵权责任的具体内涵包括，停止制造、销售专利产品，停止使用专利方法等。其主要目的是阻止专利侵权行为的继续，避免损害的发生或扩大，是防止继续侵权最有效、直接的方法。[1]

对于"停止侵权"的具体内涵，目前在《民法典》《专利法》等法律中均未予明确；学者之间亦对此有着不同见解。[2]有学者认为，停止侵权是针对业已发生的损害他人合法知识产权的侵权行为，进而要求侵权人停止侵权行为的救济；[3]也有学者指出，停止侵权规制的对象不是业已发生的侵权行为，而是有可能发生但尚未发生的行为。[4]

如果从将被诉侵权行为与诉讼程序之间的关系作为切入点来看，被诉侵权行为在诉讼程序启动之时的状态的可能性有且仅有三种：第一种可能性：该侵权行为已处于停止状态。在这种情况下，此类判决对被告并没有实质上的损害。第二种可能性：侵权行为处于拥有再次发生或继续之可能性的状态。当有证据表明侵权行为仍有再次发生或继续的可能性时，应对其进行及时消除，以形成对专利权进一步的有效保护。第三种可能性：侵权行为仍

---

〔1〕 方晓霞：《论停止侵权责任在我国专利领域的适用及限制》，载《知识产权》2011 年第 2 期。

〔2〕 相关研究，参见冯晓青、刘友华：《专利法》（第 2 版），法律出版社 2022年版，第 279 页。

〔3〕 参见吴汉东：《知识产权制度基础理论研究》，知识产权出版社 2009 年版，第 325 页。

〔4〕 参见张广良：《知识产权侵权民事救济》，法律出版社 2003 年版，第 101 页。

处于持续状态。此时适用停止侵权责任既包含对被告侵权行为进行否定性评价的法律效果，又及时遏制了被告的侵权行为，符合专利法保护专利权的立法目的。

2. 停止侵权的司法适用

停止侵权的适用需要满足的条件，至少需要包含原告之诉请、存在受法律保护的权利、权利有正在遭受侵害或存在遭受侵害之可能三个条件。首先，关于"原告之诉请"，遵循"不告不理"的原则，原告没有要求停止侵权的意思表示，法院自然不能判令停止侵权。其次，关于"存在受法律保护的权利"，即该专利权是合法取得并在专利有效期内。最后，关于"权利有正在遭受侵害或存在遭受侵害之可能"，原告若在诉请中要求停止侵权，需要向法院证明要求保护的权利正在受到侵害或存在受到侵害的可能性。

3. 关于司法实践中停止侵权限制的问题

（1）停止侵权限制的定义与意义。停止侵权限制，指的是行为人已被确定为侵权，仅仅是在如何承担责任上因为某些因素影响而排除停止侵权责任的适用。[1] 值得注意的是，停止侵权责任适用的限制与知识产权限制相关但并不相同。权利限制，就其本质讲，是行为本来应属侵犯了他人的专利权，但由于法律把这部分行为作为侵权的例外，从而不再属于侵权。[2]

停止专利侵权限制是知识产权法利益平衡的具体体现。知识产权的特性决定了其在制度设计方面必须高度重视社会公共利益，也总是不可避免地需要讨论权利人之垄断利益及公共利益间

---

〔1〕 相关研究，参见孙山：《专利诉讼中停止侵害请求权行使限制的司法适用》，载《北方法学》2021 年第 2 期；李扬、许清：《知识产权人停止侵害请求权的限制》，载《法学家》2012 年第 6 期；陈武：《权利不确定性与知识产权停止侵害请求权之限制》，载《中外法学》2011 年第 2 期。

〔2〕 郑成思：《私权、知识产权与物权的权利限制》，载《法学》2004 年第 9 期。

的平衡问题。在适用上，一方面，应充分权衡涉案专利与原、被告利益，在保护专利权人利益时也要考虑侵权人的正当利益；另一方面，公共利益亦应进行更为明确的界定。一般来说，限制停止侵权责任适用的公共利益主要是社会公众基于侵权人的行为而可以获得新技术、新发明提供的安全、健康和便利等。[1]

（2）停止侵权限制的司法实践。依据传统民法学观点，停止侵害是侵权判定后的必然司法后果。在过去相当长的一段时间，我国主流观点倾向于认为，知识产权作为一种准物权应归类为绝对权，具备排他性及支配性。因此，权利人有基于准物权而衍生的"类物权请求权"，有权要求侵权人停止侵权。该学说促使我国在尚缺乏足够的知识产权纠纷审判经验的背景下形成了"绝对权—侵权—停止侵害"的司法范式。

近年来，随着这一问题在理论上的研究深入和法院司法水平的提高，司法领域也涌现了诸多典型案件对之前奉为圭臬的准则进行了一定的校正。专利侵权诉讼中不判决停止使用的一个经典案例是珠海晶艺诉北方国际和深圳机场案。[2] 此外，还有2006年的德国某公司诉上海某不锈钢标准件公司、上海某装饰设计工程公司"紧固件"发明专利侵权纠纷案[3]，2008年的晶源公司诉华阳公司停止专利侵权案[4]等；法院确定有关被告侵权事实后，并未判决停止使用。2009年，最高人民法院在其指导意见中提出，运用停止侵害采取销毁措施应当以确有必要为前提，与侵权行为的严重程度相当，且不能造成不必要的损失。经过审慎考虑决定不责令停止行为的，不影响依法给予合理的赔偿。

---

〔1〕 方晓霞：《论停止侵权责任在我国专利领域的适用及限制》，载《知识产权》2011年第2期。

〔2〕 参见广东省高级人民法院（2005）粤高法民三终字第129号民事调解书。

〔3〕 参见上海市第二中级人民法院（2006）沪二中民五（知）初字第12号民事判决书。

〔4〕 参见福建省高级人民法院（2001）闽知初字第4号民事判决书。

值得一提的是，针对我国《专利法》实施过程中存在的问题，2016年公布的《审理侵犯专利权纠纷案件应用法律解释（二）》对相关问题进行了回应。第26条明确规定："被告构成对专利权的侵犯，权利人请求判令其停止侵权行为的，人民法院应予支持，但基于国家利益、公共利益的考量，人民法院可以不判令被告停止被诉行为，而判令其支付相应的合理费用。"该规定将国家利益、公共利益明确为考量因素，延续了专利侵权案件停止侵权责任非当然适用的思路及处理方式。但仍需注意的是，只有在损害国家利益、公共利益等极特殊的例外情况下，法院才不判令停止被诉行为。停止侵权仍是专利侵权责任的基本方式。

另外，关于善意使用者在证明合法来源且已支付合理对价的情况下是否还应停止使用侵权产品的问题，上述司法解释亦在第25条中予以明确，为生产经营目的使用、许诺销售或者销售不知道是未经专利权人许可而制造并售出的专利侵权产品，且举证证明该产品合法来源的，对于权利人请求停止上述使用、许诺销售、销售行为的主张，人民法院应予支持，但被诉侵权产品的使用者举证证明其已支付该产品的合理对价的除外。[1]

（二）赔偿损失

1. 专利侵权损害赔偿额界定的方式及其条件[2]

（1）按照权利人或利害关系人因被侵权所受到的实际损失确定。根据《审理专利纠纷案件适用法律规定》（2020年修正）第14条第1款规定，权利人因被侵权所受到的实际损失可以根据专

---

〔1〕 如前所述，该司法解释在2020年被修正。但上述第25条、第26条的规定并未被修改。

〔2〕 相关案例，参见深圳某科技有限公司与深圳某科技股份有限公司、泉州市某网络科技有限公司侵害发明专利权纠纷案，最高人民法院（2019）最高法知民终725号民事判决书；珠海某电器有限公司、中山市某电器有限公司与某（上海）贸易有限公司、上海某实业有限公司侵害外观设计专利权纠纷案，上海市高级人民法院（2020）沪民终34号民事判决书。

利权人的专利产品因侵权所造成销售量减少的总数乘以每件专利产品的合理利润所得之积计算。权利人销售量减少的总数难以确定的，侵权产品在市场上销售的总数乘以每件专利产品的合理利润所得之积可以视为权利人因被侵权所受到的实际损失。

（2）实际损失难以确定的，可以按照侵权人因侵权所获得的利益确定。根据《审理专利纠纷案件适用法律规定》（2020 年修正）第 14 条第 2 款规定，侵权人因侵权所获得的利益可以根据该侵权产品在市场上销售的总数乘以每件侵权产品的合理利润所得之积计算。侵权人因侵权所获得的利益一般按照侵权人的营业利润计算，对于完全以侵权为业的侵权人，可以按照销售利润计算。

（3）参照专利许可使用费的倍数合理确定。根据《审理专利纠纷案件适用法律规定》（2020 年修正）第 15 条规定并结合现行《专利法》第 71 条第 2 款规定，在举证不能或举证困难的情形下，如果权利人的损失或者侵权人获得的利益难以确定，有专利许可使用费可以参照的，人民法院可以根据专利权的类型，侵权行为的性质和情节，专利许可的性质、范围、时间等因素，参照该专利许可使用费的倍数合理确定赔偿数额；没有专利许可使用费可以参照或者专利许可使用费明显不合理的，人民法院可以根据专利权的类型、侵权行为的性质和情节等因素，依照《专利法》第 71 条第 2 款的规定确定赔偿数额。

依据实际损失、侵权获利以及许可使用费计算的赔偿数额应当包括权利人为制止侵权行为所支出的合理开支。

（4）法定赔偿。2008 年《专利法》第 65 条第 2 款规定，权利人的损失、侵权人获得的利益和专利许可使用费均难以确定的，人民法院可以根据专利权的类型、侵权行为的性质和情节等因素，确定给予 1 万元以上 100 万元以下的赔偿。现行《专利法》第 71 条第 2 款则将上述法定赔偿额的幅度由 "1 万元以上100 万元以下" 调整为 "3 万元以上 500 万元以下"，从而大大提高了法定赔偿标准。法定赔偿的适用既可由权利人在诉讼中提出请求，也可由法官在案件审理过程中依职权决定适用。

实际损失、侵权获利、许可使用费倍数可归为数量计数方法，法定赔偿归为自由裁量方法。在适用顺序上适用的基本路径是：实际损失—侵权获利—许可使用费倍数—法定赔偿。在司法理论与实践中，实际损失和侵权获利视为第一顺位，许可使用费倍数作为第二顺位，法定赔偿排在第三顺位。以前三种为先，在均无法确定的情形下才可适用法定赔偿。

值得注意的现象是，在我国专利司法实践中适用最多的是法定赔偿。[1] 法定赔偿的数额幅度较大、酌情考量的因素较多、法官的自由裁量权较大，容易导致在实践中出现同案不同判的现象。法定赔偿的高限也使这种方式判赔的数额偏低，专利保护实际效果与创新主体的期待存在较大差异的问题出现。造成这一现象的原因，首先是知识产权具有无形性，法院对其价值很难精准界定与计算。其次是适用前三种方式时对权利人的举证要求较高，多数权利人难以提交因侵权人造成具体损失或侵权人获利的证据。最后是案件数量较多，法定赔偿作为特别设计的简化赔偿计算方式的重要制度，对于权利价值不大或者权利人诉赔不高的案件，适用法定赔偿明显具有诉讼经济和效率的突出优点。[2]

纵观世界上主要国家和地区的专利侵权损害赔偿额的界定方式与我国并不完全相同。美国作为专利强国，现行的损害赔偿界定方式主要有三种：所失利润、合理许可费和侵权人恣意侵权时

〔1〕　相关案例，参见某电子（深圳）有限公司诉中山某塑胶制品有限公司、刘某侵害实用新型专利权纠纷案，最高人民法院（2020）最高法知民终357号民事判决书；某终端有限公司、惠州某电子有限公司侵害发明专利权纠纷案，福建省高级人民法院（2017）闽民终501号民事判决书。

〔2〕　宋健：《知识产权损害赔偿问题探讨——以实证分析为视角》，载《知识产权》2016年第5期。

的 3 倍赔偿制度。[1] 若无在先许可合同参考下可通过"假设性授权磋商"的方式酌情确定合理赔偿金。在故意侵权的情况下法院可以判给胜诉的专利权人最高 3 倍的惩罚性赔偿金。《德国专利法》规定了实际损失、侵权人所获利益以及类推的合理许可费三种计算专利侵权损害赔偿额的方法。合理许可费是德国司法实践中运用频率最高的方法,德国法院在确定许可费的计量基础以及许可费率之后,即可计算出合理许可费。德国法院严格遵循实际损失、侵权人所获利益以及合理许可费这三种计算方法,通过当事人举证、法院调查、听证等多种方法确定专利侵权损害赔偿额。[2]《日本特许法》借鉴了德国法规定,将特定权利人所失利润标准、侵权人非法获利标准及实施许可费标准作为确定损害赔偿额的三种主要方式,在实践中采取了更为精细的计算方法,如在计算侵权产品销售数量时根据权利人的生产能力或销售能力对销售数量进行修正,其专利侵权损害赔偿制度基本保障了权利人的实体权利的实现。[3]

(5)惩罚性赔偿制度。现行《专利法》第 71 条第 1 款规定:"侵犯专利权的赔偿数额按照权利人因被侵权所受到的实际损失或者侵权人因侵权所获得的利益确定;权利人的损失或者侵权人获得的利益难以确定的,参照该专利许可使用费的倍数合理确定。对故意侵犯专利权,情节严重的,可以在按照上述方法确定数额的一倍以上五倍以下确定赔偿数额。"与 2008 年《专利法》第 65 条规定相比,其增加了专利侵权的惩罚性赔偿制度。这一制度既是借鉴国外专利侵权惩罚性赔偿制度的体现,也反映了我

---

〔1〕 张玉敏、杨晓玲:《美国专利侵权诉讼中损害赔偿金计算及对我国的借鉴意义》,载《法律适用》2014 年第 8 期。

〔2〕 戴哲、张芸芝:《德国专利侵权损害赔偿额的计算方法及启示》,载《重庆理工大学学报(社会科学)》2017 年第 4 期。

〔3〕 毛映红:《日本专利侵权损害赔偿计算若干问题研究及对我国的借鉴》,载《电子知识产权》2017 年第 6 期。

国对专利权保护的不断强化。

根据上述规定，被侵权人主张惩罚性赔偿应当按照《专利法》的明确要求，需要举证证明侵权人的专利侵权行为符合"故意侵权"和"情节严重"两个要件，两者缺一不可。在司法实践中，需要通过客观行为加以判别。[1]

2. 以市场价值为导向的专利侵权损害赔偿制度的构建

专利权作为一种垄断性无形财产有其重要的市场价值。专利权的市场价值不仅体现在某种技术的静态价值方面，还有专利的各种市场运用产生的动态价值，如产品转化、投资入股、质押融资等活动产生的价值。所以，对专利权的财产性保护，也应考虑该财产的市场价值，为此需要构建精细合理的专利侵权损害赔偿制度。

计算方法上，理论上有"技术分摊原则"和"全部市场价值原则"。技术分摊原则建立的理由认为，侵权获利与侵权人经营获利不同，具体计算中应考虑专利权人的损失或侵权人的获利中有多大比例可归结于其专利技术的问题。尤其是计算多部件、多专利产品的专利侵权损害赔偿时，如果侵权人不使用侵权技术，仍然可能利用非侵权技术进入市场，因此专利技术相对于该非侵权替代技术的价值才能真正反映专利技术的市场价值。[2]这样，简单按照其权利人减少的利润或侵权人获得的利润作为损害赔偿计算基础并不公平合理。但实际计算中很难精确地将被侵权专利的价值与被侵权物品的总价值区别开，这种方法的适用争论很大。

从逻辑上说，未经许可的侵权实施与许可下的合法实施相差

---

〔1〕　参见冯晓青：《知识产权法律制度反思与完善 法理·立法·司法》，知识产权出版社 2021 年版，第 325~329 页。

〔2〕　相关研究，参见朱理：《专利侵权损害赔偿计算分摊原则的经济分析》，载《现代法学》2017 年第 5 期。

的就是一个许可费，而专利许可费的高低与专利产品市场价值紧密联系。是故，在美国，通常以合理的许可费作为计算依据。对没有许可的被侵权专利，采取一种假定许可费的计算方法，通过虚拟谈判，对尚未存在的许可费进行构建。构建的基础是考量市场上是否有相关的可比许可费；如果没有，法院会根据专家证人的证言来确定赔偿的额度。

在适用法定赔偿时，相关市场价值的考量因素一般有：侵权人的主观状态，专利权的类型、创新程度与稳定性，专利权生命周期和侵权时间，专利产品的市场认可度，侵权产品利润中归功于专利技术的比例等。

在赔偿计算问题上，我国司法性文件中也有体现以市场价值为导向的规范。2009 年《审理侵犯专利权纠纷案件应用法律解释》第 16 条规定：人民法院依据专利法规定确定侵权人因侵权所获得的利益，应当限于侵权人因侵犯专利权行为所获得的利益；因其他权利所产生的利益，应当合理扣除。侵犯发明、实用新型专利权的产品系另一产品的零部件的，人民法院应当根据该零部件本身的价值及其在实现成品利润中的作用等因素合理确定赔偿数额。侵犯外观设计专利权的产品为包装物的，人民法院应当按照包装物本身的价值及其在实现被包装产品利润中的作用等因素合理确定赔偿数额。

对于权利人损失和侵权人获利这两种方式的计算，还应完善举证责任制度与举证妨碍制度。这两种计算方式在我国很少采用的原因主要是有关损失或获利的证据不足。由于专利侵权的隐蔽性，很多侵权证据由侵权人掌握，权利人难以获取，举证困难。《审理侵犯专利权纠纷案件应用法律解释（二）》第 27 条对此进行了规定："权利人因被侵权所受到的实际损失难以确定的，人民法院应当依照专利法第 65 条第 1 款的规定，要求权利人对侵权人因侵权所获得的利益进行举证；在权利人已经提供侵权人所获利益的初步证据，而与专利侵权行为相关的账簿、资料主要由侵权人掌握的情况下，人民法院可以责令侵权人提供该账簿、资料；侵权人无正当理由拒不提供或者提供虚假的账簿、资料的，人民法院可以根据权利人的主张和提供的证据认定侵权人因侵权所获得的利益。"值得指出的是，2020 年修正的现行《专利法》第 71 条第 4 款已规定了上述举证妨碍制度。

吴汉东教授认为，知识产权损害赔偿司法裁判的规范体系，应包括如下原则和规则，即以自由选择为基础的认定方式、以市场价值为基础的全面赔偿、以权利类分为基础的损害计量、以补偿性赔偿为基础的赔偿机制。[1] 这些学术观点具有现实指导意义。

四、专利诉讼若干问题

(一) 诉讼管辖

1. 专利侵权诉讼的地域管辖

根据《审理专利纠纷案件适用法律规定》（2020 年修正）第 2 条规定，因侵犯专利权行为提起的诉讼，由侵权行为地或者被告住所地人民法院管辖。侵权行为地包括：被诉侵犯发明、实用新型专利权的产品的制造、使用、许诺销售、销售、进口等行为的实施地；专利方法使用行为的实施地，依照该专利方法直接获得的产品的使用、许诺销售、销售、进口等行为的实施地；外观设计专利产品的制造、许诺销售、销售、进口等行为的实施地；假冒他人专利的行为实施地。上述侵权行为的侵权结果发生地。

根据上述司法解释第 3 条规定，原告仅对侵权产品制造者提起诉讼，未起诉销售者，侵权产品制造地与销售地不一致的，制造地人民法院有管辖权；以制造者与销售者为共同被告起诉的，

---

〔1〕 吴汉东：《知识产权损害赔偿的市场价值基础与司法裁判规则》，载《中外法学》2016 年第 6 期。

销售地人民法院有管辖权。销售者是制造者分支机构，原告在销售地起诉侵权产品制造者制造、销售行为的，销售地人民法院有管辖权。

（1）侵犯产品专利的，由该产品制造地的人民法院管辖；制造地不明时，由该产品的使用地或者销售地的人民法院受理。侵犯产品专利的情况是指未经专利权人许可，为了生产经营目的而制造、使用、销售发明或者实用新型专利产品以及制造、销售外观设计专利产品。

（2）侵犯方法专利的，由该专利方法使用者所在地的人民法院管辖。侵犯方法专利的情况是指未经专利权人许可，为了生产经营目的而使用专利方法。

（3）未经专利权人授权而许可或者委托他人实施专利的，由许可方或者委托方所在地的人民法院管辖；如果被许可方或者受委托方实施了专利，从而双方构成共同侵权，则由被许可方或者受委托方所在地的人民法院管辖。

（4）专利权共有人未经其他共有人同意而许可他人实施专利的，由许可方所在地的人民法院管辖；如果被许可方实施了专利，从而双方构成共同侵权，则由被许可方所在地的人民法院管辖。

（5）专利权共有人未经其他共有人同意而转让超过其应有份额的专利权的，由转让方所在地的人民法院管辖；如果受让方明知对方越权转让而仍然接受，从而双方构成共同侵权，则可由受让方所在地的人民法院管辖。

（6）假冒他人专利尚未构成犯罪，但给专利权人或者利害关系人造成损害的，由假冒行为地或者损害结果发生地的人民法院管辖；如有困难，可由被告所在地的人民法院管辖。

2. 专利侵权诉讼地域管辖的新趋势

随着经济全球化、一体化进程的加快，知识产权上升到了国家战略层面。在这一过程中，专利作为知识产权中的重要内容，专利侵权诉讼的地域管辖出现了跨区域管辖的新趋势。

2016 年 5 月 31 日，京津冀法院联席会议机制正式启动，最高人民法院原院长周强要求，要探索建立跨区划知识产权案件集中在北京专属管辖的制度，促进司法裁判标准统一。

3. 专利侵权诉讼的级别管辖

级别管辖是指各级审判机构对第一审案件管辖范围的划分。级别管辖从纵向划分上、下级人民法院之间受理第一审民事案件的权限和分工，解决某一民事案件应由哪一级人民法院管辖的问题。

（1）国外专利侵权诉讼的法院管辖。美国联邦和州拥有各自独立的司法权。州法院对于联邦法律相关的案件不具有管辖权。专利法在美国是联邦的法律，所以专利侵权诉讼由联邦法院管辖。美国联邦法院分为三级法院，第一级是联邦地方法院，第二级是联邦巡回上诉法院，第三级是联邦最高法院。具体到专利侵权诉讼而言，联邦地方法院对于专利纠纷案件具有第一审管辖权，对于联邦地方法院判决不服的专利纠纷案件由联邦巡回上诉法院进行专属管辖。[1] 美国法典 28 U. S. C. § 1400（b）规定，专利侵权案件由被告住所地的司法管辖区，或被告实施侵权行为且有经营性固定营业地的司法管辖区的联邦地方法院管辖。

德国有关专利的纠纷被分为两类：一类是专利行政纠纷，一类是专利侵权纠纷。这两类案件由不同的法院管辖。专利行政纠纷专属于德国联邦专利法院管辖，而专利侵权纠纷则只能由具有一般管辖权的民事法院受理。原则上，德国每个州的法院都可以审理专利侵权案件，但在司法实践中，专利侵权案件集中在杜塞

---

〔1〕 参见刘斌斌：《美国专利侵权诉讼的裁判管辖之考》，载《兰州学刊》2014年第 6 期。

尔多夫、汉堡、不来梅、莱比锡等州的法院。[1]

（2）我国专利侵权诉讼的级别管辖。根据党的十八届三中全会关于"探索建立知识产权法院"的要求和全国人大常委会《关于在北京、上海、广州设立知识产权法院的决定》，2014 年 11 月 6 日、12 月 16 日、12 月 28 日，北京、广州、上海知识产权法院相继成立。此外，2020 年 12 月 31 日，海南自由贸易港知识产权法院成立，成为我国第四个知识产权专门法院。该院管辖案件为海南省内应由中级人民法院管辖的知识产权民事、行政、刑事案件。具体而言，包括：①海南省有关专利、技术秘密、计算机软件、植物新品种、集成电路布图设计、涉及驰名商标认定及垄断纠纷等专业性、技术性较强的第一审知识产权民事、行政案件；②前项规定以外的由海南省的中级人民法院管辖的第一审知识产权民事、行政和刑事案件；③海南省基层人民法院第一审知识产权民事、行政和刑事判决、裁定的上诉、抗诉案件；④最高人民法院确定由其管辖的其他案件。2021 年第一个工作日，该院正式收案。知识产权法院的成立意味着我国知识产权审判模式发生了新的变化。

目前在我国，专利纠纷案件由知识产权法院、最高人民法院确定的中级人民法院和基层人民法院管辖。

知识产权法院管辖所在市辖区内的下列第一审案件：①专利、植物新品种、集成电路布图设计、技术秘密、计算机软件民事和行政案件；②对国务院部门或者县级以上地方人民政府所作的涉及著作权、商标、不正当竞争等行政行为提起诉讼的行政案件；③涉及驰名商标认定的民事案件。北京市、上海市、广东省各基层人民法院不再受理第 1 项和第 3 项规定的案件。[2] 最高人

---

〔1〕 参见丛雪莲：《欧盟专利诉讼制度研究》，武汉大学 2010 年博士学位论文。

〔2〕 最高人民法院《关于北京、上海、广州知识产权法院案件管辖的规定》第 3 条。

民法院从 2009 年起先后批准浙江省义乌市人民法院、江苏省昆山市人民法院和北京市海淀区人民法院试点审理实用新型和外观设计专利纠纷民事案件。

知识产权法院的成立可以说彻底实现了知识产权法院及其所在地高级人民法院民事和行政审判二合一，即由知识产权法院及其所在地高级人民法院知识产权审判庭统一管辖和审理涉及知识产权的全部民事和行政案件。我国知识产权保护是司法保护和行政保护二合一，既可以到行政机关寻求行政保护，也可以到法院起诉寻求司法保护。知识产权法院二审合一模式，正好与行政和司法保护的二合一相契合，这样有利于对民事保护、行政保护的标准统一，也符合当前我国知识产权保护的现状。[1]

此外，值得指出的是，2019 年 1 月 1 日，最高人民法院成立了知识产权法庭，该法庭是最高人民法院派出的常设审判机构，专门负责审理专利等专业技术性较强的知识产权民事和行政上诉案件。2018 年 12 月 3 日，最高人民法院审判委员会根据我国《人民法院组织法》《民事诉讼法》《行政诉讼法》《全国人民代表大会常务委员会关于专利等知识产权案件诉讼程序若干问题的决定》等规定，通过了《关于知识产权法庭若干问题的规定》（法释〔2018〕22 号），并于 2019 年 1 月 1 日起实施。根据该规定，知识产权法庭审理下列案件：①不服高级人民法院、知识产权法院、中级人民法院作出的发明专利、实用新型专利、植物新品种、集成电路布图设计、技术秘密、计算机软件、垄断第一审民事案件判决、裁定而提起上诉的案件；②不服北京知识产权法院对发明专利、实用新型专利、外观设计专利、植物新品种、集成电路布图设计授权确权作出的第一审行政案件判决、裁定而提起上诉的案件；③不服高级人民法院、知识产权法院、中级人民

---

〔1〕 至于前述海南自由贸易港知识产权法院，实行的是民事、行政和刑事"三审合一"模式，更符合我国知识产权司法改革的趋势和要求。

法院对发明专利、实用新型专利、外观设计专利、植物新品种、集成电路布图设计、技术秘密、计算机软件、垄断行政处罚等作出的第一审行政案件判决、裁定而提起上诉的案件；④全国范围内重大、复杂的本条第1、2、3项所称第一审民事和行政案件；⑤对本条第1、2、3项所称第一审案件已经发生法律效力的判决、裁定、调解书依法申请再审、抗诉、再审等适用审判监督程序的案件；⑥本条第1、2、3项所称第一审案件管辖权争议，罚款、拘留决定申请复议，报请延长审限等案件；⑦最高人民法院认为应当由知识产权法庭审理的其他案件。

（3）专利侵权诉讼级别管辖的新趋势。《国家知识产权战略纲要》要求，"完善知识产权审判体制，优化审判资源配置，简化救济程序。研究设置统一受理知识产权民事、行政和刑事案件的专门知识产权法庭。"《知识产权强国建设纲要（2021—2035年）》则要求，"健全知识产权审判组织，优化审判机构布局，完善上诉审理机制，深入推进知识产权民事、刑事、行政案件'三合一'审判机制改革，构建案件审理专门化、管辖集中化和程序集约化的审判体系。"可以说，知识产权民事、行政、刑事"三审合一"模式和知识产权上诉法院将是未来知识产权审判可能的新趋势。这也会对专利侵权诉讼的管辖产生深远的影响。

知识产权"三审合一"模式起源于上海市浦东新区人民法院，目前学界和实务界对于"三审合一"模式争议较大。"三审合一"模式制度设置的目的是提高知识产权审判效率，统一司法管辖权。但很多观点认为，实践中，目前我国并不具备实施此种模式的客观条件。笔者认为，"三审合一"模式应当是未来知识产权审判模式的趋势。知识产权案件具有特殊性、专门性以及涉及技术的复杂程度和高变动性，由民事案件审理法庭和法官主导，结合刑事案件以及行政案件的法庭和法官能够较客观、全面、熟练地把握知识产权法律适用和司法裁判，避免对知识产权本质把握不清楚、标准不统一和认定范围不明确，从而能全面把握和提升知识产权三类案件的审理质量和水平。[1]

（二）方法专利侵权的举证责任

1. 方法发明专利侵权举证的法律规定

方法发明专利包括新产品的方法发明专利和非新产品的方法发明专利。

通常地，发明专利的侵权纠纷中，权利人应按照《民事诉讼法》的规定承担举证责任。对于新产品的方法发明专利侵权的举证责任，由原告承担有一定困难，对此，法律有特别规定。根据《专利法》第66条规定，因新产品制造方法发明专利引起的专利侵权诉讼，由制造同样产品的单位或个人对其产品制造方法不同于专利方法承担举证责任。也即对新产品制造方法实行举证责任倒置。

值得指出的是，此类举证责任倒置的案件性质应严格限定其适用范围。我国司法实践中亦多采取此种态度。[2]

2. 新产品方法专利中的举证责任问题[3]

（1）权利人的基本举证责任。新产品制造方法的侵权诉讼虽然实行举证责任倒置，但是权利人完成相应举证责任是被诉侵权人实际负担倒置举证责任的前提。权利人需要举证证明以下事项：一是依照专利方法制造的产品属于新产品；二是被诉侵权人

---

〔1〕 参见张晓薇：《知识产权"三审合一"改革的审视与反思》，载《知识产权》2013年第6期。相关研究，参见贺志军：《知识产权案件审判改革中的刑事管辖集中化问题研究》，载《法商研究》2023年第2期。

〔2〕 参见北京市第二中级人民法院（2010）二中民初字第19736号民事判决书；北京市高级人民法院（2011）高民终字第1126号民事判决书。

〔3〕 相关案例，参见张某与某制药集团欧意药业有限公司、某制药集团某制药有限公司、某集团中某技术（石家庄）有限公司、吉林省某堂药业有限公司侵犯发明专利权纠纷案，最高人民法院（2009）民提字第84号民事判决书；陈某与浙江某家居用品有限公司、何某及第三人温某侵害发明专利权纠纷案，最高人民法院（2013）民提字第225号民事判决书。

制造的产品与依照专利方法制造得到的产品属于同样的产品。

其中第二点的证据较易取得，而对于第一点中"新产品"的界定，学术界尚有争议。对此，《审理侵犯专利权纠纷案件应用法律解释》明确规定了以专利申请日前是否为国内外公众所知，为认定是否为新产品的标准。

（2）被诉侵权人的举证责任。根据法律规定，当权利人完成基本举证责任后，被诉侵权人应对其产品制造方法不同于专利方法承担举证责任。值得注意的是，倒置举证责任的证明对象限于侵权行为要件事实。即使倒置举证责任，被告也无须将自己的制造方法悉数列明，而只需提出能够证明自己技术方案的技术特征与权利要求记载的全部技术特征相比，缺少权利要求记载的一个以上的技术特征，或者有一个以上技术特征不相同也不等同的，即完成了举证责任。[1]

3. 非新产品方法专利中的举证责任问题

对于非新产品的方法专利侵权诉讼，如前所述，权利人对被诉侵权人实施的制造方法落入方法专利的范围内承担举证责任。但是，方法发明专利的权利保护范围由方法步骤构成，方法步骤的实施一般在被诉侵权人管理、控制的场所内完成，权利人通常难以直接证明被诉侵权人使用了其专利方法。在某些情况下，在专利权人提起诉讼时被诉侵权行为已经停止，故直接证明被诉侵权人使用了其专利方法是比较困难的。实践中，司法机关在不改变举证责任负担的前提下，可采取相应措施缓解权利人的举证责任压力。

最高人民法院在《关于充分发挥知识产权审判职能作用推动社会主义文化大发展大繁荣和促进经济自主协调发展若干问题的意见》中也强调：使用专利方法获得的产品不属于新产品，权利

---

〔1〕 张丽霞：《方法发明专利侵权诉讼举证责任分配探析》，载《知识产权》2014年第1期。

人能够证明被诉侵权人制造了同样产品，经合理努力仍无法证明被诉侵权人确实使用了该专利方法，但根据案件具体情况，结合已知事实以及日常生活经验，能够认定该同样产品经由专利方法制造的可能性很大的，可以根据民事诉讼证据司法解释有关规定，不再要求专利权人提供进一步的证据，而由被诉侵权人提供其制造方法不同于专利方法的证据。

（三）实用新型及外观设计专利纠纷案件中的专利权评价报告制度

1. 定义

2008 年《专利法》第 61 条第 2 款规定："专利侵权纠纷涉及实用新型专利或者外观设计专利的，人民法院或者管理专利工作的部门可以要求专利权人或者利害关系人出具由国务院专利行政部门对相关实用新型或者外观设计进行检索、分析和评价后作出的专利权评价报告，作为审理、处理专利侵权纠纷的证据。"这一规定，确立了我国在处理实用新型专利和外观设计专利侵权纠纷中的专利权评价报告制度。2020 年修改的现行《专利法》则在上述规定基础上，增加"专利权人、利害关系人或者被控侵权人也可以主动出具专利权评价报告"。[1]

专利权评价报告制度自"实用新型专利检索报告制度"演变而来。由于我国《专利法》规定实用新型和外观设计专利申请只进行初步审查而不进行实质审查，因此实用新型和外观设计专利权的法律稳定性较差。2000 年《专利法》第二次修改时引入实用新型专利检索报告制度。该制度仅针对实用新型的新颖性等进行初步检索，无法判断专利的稳定性，且对检索结果和有效性判定之间的实质性关系并无规范，这降低了检索报告制度的核心价值。此外，实用新型专利检索报告制度的规定无法对外观设计专

_____

〔1〕 参见现行《专利法》第 66 条第 2 款。

利的审查缺陷进行弥补。因此，2008 年《专利法》第三次修改时，将实用新型专利检索报告制度修改为"专利评价报告制度"，将外观设计专利权纳入该制度中，扩大了请求主体范围，同时明确评价报告的法律性质和制度内容。至于现行《专利法》增加上述规定，是为了便于查明案情，同时确保专利侵权诉讼中原被告诉讼地位平等。

2. 专利权评价报告制度的基本内容

（1）请求主体。根据我国《专利法》第 66 条第 2 款的规定，提出专利评价报告的请求人为专利权人或者利害关系人。这里的利害关系人指专利权这一财产权利的合法继承人、专利独占实施许可合同的被许可人以及专利权人不起诉的情况下排他许可合同的被许可人等。此外，现行《专利法》增加的规定表明，除了专利权人、利害关系人外，被控侵权人也可以主动出具专利权评价报告。

（2）评价客体与内容。根据我国《专利法实施细则》第 56 条第 1 款、第 57 条规定，专利权评价报告的评价客体为已经授权公告的实用新型或外观设计专利，包括已经终止或者放弃的实用新型或外观设计专利。其中，针对未授权公告的实用新型专利申请或者外观设计专利申请、已被宣告全部无效的实用新型专利或者外观设计专利，以及国家知识产权局已作出专利权评价报告的实用新型专利或者外观设计专利提出专利权评价报告请求的视为未提出。[1]

（3）评价报告的性质和法律效力。我国《专利法》第 66 条第 2 款规定，专利权评价报告应被定性为审理、处理专利侵权纠纷的证据，是一种行政机关作出的具有权威性的专家质量评价意见，仅作为人民法院或者管理专利工作的部门决定是否中止审

---

〔1〕《专利审查指南》第 5 部分第 10 章第 2 节。

理、处理程序的参考。专利权评价报告仅作为证据使用，但不具有可诉性。因此，专利权评价报告中的结论不能作为证明其专利是否有效的证据直接使用。专利权是否有效，只能由无效宣告程序来确定。

五、专利侵权抗辩

专利侵权诉讼中，被告往往也会对原告的请求提起抗辩。抗辩主要涉及两类：一类是关于专利权效力的抗辩，即认为原告的专利权有瑕疵，请求确权部门宣告原告专利权无效；另一类是关于被告不侵权的抗辩，即不否认原告专利权的有效性，但是，依照法律的规定，被告的实施行为不构成专利侵权。由于技术与公共利益的关系密切，从利益平衡原则出发，专利法中规定了诸多不侵权或侵权例外的情形，前述对专利权限制的情形都可以构成被告专利侵权抗辩的理由。因此，专利司法中，专利侵权抗辩的事由很多，如专利无效抗辩、现有技术或现有设计抗辩、先用权抗辩、禁止反悔抗辩、权利用尽抗辩、非生产经营目的抗辩等。[1]

（一）专利权无效抗辩

1. 专利权无效抗辩

在专利侵权诉讼中，被告以涉案专利权无效为由，主张自己不侵权的抗辩就是专利权无效抗辩。专利权有效是专利侵权行为发生的前提，但即使被专利行政部门授予的专利权也未必真正满足新颖性和创造性等专利性的要求，因此专利权的效力判断是专利侵权诉讼进行的先决条件。本质上，这一抗辩亦属不侵权抗辩。

---

〔1〕 相关研究，参见刘影：《专利侵权诉讼中反垄断抗辩成立要件研究——以标准必要专利许可谈判行为规范为中心》载《比较法研究》2022 年第 6 期。

2. 中止诉讼及例外

专利权具有"推定有效性",法院一般在侵权诉讼中认为专利行政部门授予的专利完全符合专利性的条件。但当被诉侵权人提起无效抗辩，并依法提出无效审查申请时，法院应当依法中止诉讼，待专利权的效力确定方可继续专利侵权诉讼的审理。法院中止诉讼后，专利权纠纷由侵权诉讼程序转向专利确权行政程序，但司法实践中繁复的专利确权程序往往使侵权诉讼程序久拖不决，极大地降低了案件审理的效率，专利权人的合法权益得不到及时有效的保护。

2015 年《审理专利纠纷案件适用法律规定》中规定了以下可以不中止诉讼的情形：

（1）人民法院受理的侵犯发明专利权纠纷案件或者经专利复审委员会审查维持专利权的侵犯实用新型、外观设计专利权纠纷案件，被告在答辩期间内请求宣告该项专利权无效的，人民法院可以不中止诉讼。衡量是否中止诉讼的标准之一是专利的法律稳定性。经过实质审查的发明和经专利复审与无效审查部门审查维持专利权的实用新型和外观设计具有足够的法律稳定性。此时人民法院不中止诉讼可以防止被诉侵权人利用中止制度恶意拖延诉讼，损害专利权人的合法利益，同时也不会损害社会公众利益，兼顾了诉讼的公平和效率。

（2）人民法院受理的侵犯实用新型、外观设计专利权纠纷案件，被告在答辩期间内请求宣告该项专利权无效的，人民法院应当中止诉讼，但具备下列情形之一的，可以不中止诉讼：①原告出具的检索报告或者专利权评价报告未发现导致实用新型或者外观设计专利权无效的事由的；②被告提供的证据足以证明其使用的技术已经公知的；③被告请求宣告该项专利权无效所提供的证据或者依据的理由明显不充分的；④人民法院认为不应当中止诉讼的其他情形。由于实用新型和外观设计采用初步审查制，与发明相比不稳定性较强，因此一般情形下，对于被控侵权人在实用新型、外观设计纠纷中提出的无效宣告请求，法院应当中止审理。但是，如果法院根据相关证据认为专利权人的专利有效或者属于公知技术的，可以不中止诉讼而继续审理。因而理论界和实务界几乎一致认为该解释确立了法院在个案中认定专利权有效性的效力。

（3）被告在答辩期间外请求宣告专利权无效一般不中止诉讼，但经审查认为有必要的除外。主要是为了防止被告恶意拖延诉讼，督促被告在答辩期间内向专利复审与无效审查部门提出无效宣告请求。但该条是针对侵犯实用新型、外观设计专利权纠纷案件，而对于侵犯发明专利纠纷案件法院一般不考虑中止诉讼。[1]

3. 关于"循环诉讼"困境

依据我国《专利法》的规定，专利权的效力认定不是由审理侵权诉讼的法院作出，而是专利复审与无效审查部门的专有权力。但专利复审与无效审查部门的裁决并不能立即生效，当事人不服可以在一定期间内向北京知识产权法院提起行政诉讼。法院认为复审与无效审查部门审查决定错误时，可以判决撤销该决定，并责令其重新作出审查决定，但法院不能代替复审与无效审查部门判断专利权的效力。因此专利确权程序就可能陷入"循环诉讼"的尴尬境地。

当事人不服专利复审与无效审查部门的审查决定起诉至法院，法院可能需要经过一审、二审程序才能得到生效的判决。如果二审作出撤销专利复审与无效审查部门决定的判决，专利复审与无效审查部门仍然可能依据不同的事实和理由作出相同的裁定，当事人不服该决定就会引起新一轮的行政诉讼。如此循环下

---

〔1〕 相关研究，参见蒋启蒙、朱雪忠：《专利侵权诉讼中无效宣告倾向的影响因素研究》，载《科学学研究》2022 年第 7 期。

去只会使专利确权程序和专利侵权诉讼久拖不决，当事人的合法权益得不到及时的保障。有的侵权诉讼被告甚至故意利用这一制度设计，通过对专利权效力的质疑，达到拖延诉讼、逼迫权利人和解、摆脱侵权责任的目的。

为了缓解"循环诉讼"的困境，《审理侵犯专利权纠纷案件应用法律解释（二）》第 2 条规定了"先行裁驳、另行起诉"制度，即当专利复审委员会作出专利权无效的决定后，审理专利侵权纠纷的人民法院可以立即作出驳回起诉的裁定，而无需等到整个确权程序结束。如果将来无效决定被撤销，当事人可以通过另行起诉的方式救济自己的权利。该制度设计，一方面缩短了案件审理周期，提高了诉讼效率。在司法实践中，专利授权确权诉讼改变专利复审与无效审查部门决定的比例很低，绝大多数情况下专利复审与无效审查部门的决定可以被视为专利确权程序的最终结果，审理侵权诉讼的法院可以以此结果为依据作出裁决。另一方面，即便专利复审与无效审查部门的无效决定被撤销，当事人也可以通过另行起诉的方式救济自己的权利，在提高效率的同时兼顾了公平。

但该制度只能在一定程度上缓解"循环诉讼"导致诉讼时间过长的问题，而不能从根本上改变这一局面。毕竟其仅规定了专利复审与无效审查部门作出无效审查决定时的情形，当专利复审与无效审查部门维持专利权效力时，审理侵权诉讼的法院也只能继续中止审理，等待最终的确权结果。所以"先行裁驳，另行起诉"制度只能是当下的权宜之计，真正解决这一困境还需要回归到立法层面的变革。

在美国，联邦地方法院可以在专利侵权诉讼中或专利无效的确权诉讼中对专利权的有效性进行审查。在专利侵权诉讼中，由被告提供专利权无效的证据，法院在该证据的基础上作出专利权效力的判定，然后再对专利侵权案件进行审查。在专利权无效的确权诉讼中,任何与专利权效力具有利害关系的人都是适格的当事人,举证责任则由提起诉讼的原告承担。并且自 1971 年之后,联邦最高法院为了减少司法资源的浪费,通过判例赋予了涉案专利效力的对世性,即在一个案件中对专利权效力的判定可以适用于其他案件。当事人亦可向专利商标局提出审查专利效力的申请,对于专利商标局作出的专利有效或无效决定不服的,可以向联邦巡回上诉法院提起诉讼。

日本起初也采用的是专利侵权诉讼和专利效力审查相分离的模式。专利权效力并不是由审理侵权诉讼的普通法院判定,而是通过特许厅裁判部的行政无效审查进行确认。但 2004 年日本专利法修改后新增加了专利权当然无效抗辩。审理专利侵权案件的法院则可以按照特许厅裁判部审查专利效力的标准对涉案专利的效力作出认定,并在此基础上判定是否构成侵权行为。与美国法院作出的效力认定不同的是,日本普通法院对专利的无效判断只对具体案件中的当事人有效,不能及于第三人,不具有对世性。当事人欲取得对世性专利的无效判定,只能通过专利行政无效审判进行确认。

美国和日本通过法院审理专利权的效力,能够有效避免"循环诉讼"的尴尬局面,防止专利侵权案件久拖不决,减少当事人的诉累。但这一模式也有一定的弊端。以美国为例,所有有权审理专利侵权诉讼和确认专利无效的宣告判决诉讼的联邦地方法院都有权对涉案专利的效力进行认定,这一规定对联邦地方法院的法官是一个很大的挑战。他们不仅要掌握专利侵权的判定方法和专利的授权条件,还要了解相应的专业知识背景。而且,如果各地法院的法官不能与专利行政部门保持统一的立场,则可能影响专利的稳定性。为此,美国和日本分别以联邦巡回上诉法院和知识产权高等法院作为此类案件的上诉法院,当事人不服行政部门的行政决定和地方法院对于侵权案件的判决,均可以向此法院提起上诉，从而统一了全国范围内专利侵权和专利无效的判定尺度。

我国专利权效力的确定过度依赖行政程序，专利侵权程序和确权程序的交叉导致了程序的繁复和诉讼时间过长，其深层次原因在于我国现阶段司法审查专利权效力的力量较薄弱，专利权纠纷案件审理法院较分散。德国也采用专利权侵权审理程序和专利权确权程序并存的模式，但其由联邦专利法院统一负责全国的专利权效力的确认，当事人可以针对专利权审查决定直接向联邦专利法院提起诉讼。如此一来，只需经过联邦专利法院和联邦最高法院的两级审理即可确定涉案专利的效力，避免了"循环诉讼"的出现。我国知识产权案件审理改革刚刚起步，知识产权法院和知识产权法庭的建立使得知识产权案件的审理更加专业化、集中化。技术调查官作为司法辅助人员，强化了法官在专门技术领域的技术问题查明能力。这些制度的建立和完善会在将来解决"循环诉讼"困境中起到不可或缺的作用。[1]

（二）现有技术或现有设计抗辩

我国《专利法》第 67 条规定："在专利侵权纠纷中，被控侵权人有证据证明其实施的技术或者设计属于现有技术或者现有设计的，不构成侵犯专利权。"以下拟以适用于发明、实用新型专利侵权的现有技术抗辩制度作为考察对象。[2]

德国是现有技术抗辩的起源地，因解决无效宣告 5 年除斥期间引发的弊端，为专利侵权诉讼中的被告提供的一种救济。现在这一制度在德国、日本采取职权分离原则的国家都继续存在。我

---

〔1〕 相关研究，参见李雨峰：《专利确权的属性重释与模式选择》，载《中外法学》2022 年第 3 期。

〔2〕 相关研究，参见徐家力：《现有技术抗辩的司法适用顺序》，载《暨南学报（哲学社会科学版）》2017 年第 8 期；曹新明：《现有技术抗辩研究》，载《法商研究》2010 年第 6 期。

国也是采取职权分离原则的国家，我国法院对专利权的效力没有认定权，在专利侵权诉讼中，如果被控侵权人质疑原告的专利权，只能提起专利权无效宣告程序，而该程序一旦被提起，人民法院为了保证审理的准确性，往往会选择中止侵权案件的审理，这样极大地影响了诉讼效率。为了解决由此引发的种种问题，现有技术抗辩便开始在专利侵权纠纷中产生，并逐渐发展起来。[1]瑕疵专利存在妨害公众使用现有技术的自由，现有技术抗辩制度的正当性在于克服这一弊端。因此，现有技术抗辩的目的不在于否定原告专利的新颖性，也不在于评价原告专利保护范围的大小，而意在被告使用现有技术的自由在侵权诉讼中能够得到简便快捷的实现，被告的行为是否合法、是否具有免责性。

1. 现有技术抗辩的适用范围

2009 年后，实践中对于适用范围的判决已基本一致：被控侵权人既可在等同侵权中主张，也可在相同侵权中主张。[2]允许被控侵权人在相同侵权中主张抗辩，可以起到简化诉讼程序、提高诉讼效率的作用，这也是现有技术抗辩的一大价值所在。从比较法的角度来看，德国的现有技术抗辩之所以没有在相同侵权中适用，是因为其专利案件的审判机制与我国不同。德国虽然也采取单独设置模式，但其最大的特色是设立了德国联邦专利法院以统一审理专利权的效力问题，且其对专利权的效力拥有直接认定的权力。日本为提高诉讼效率，将现有技术抗辩的范围扩大到了相同侵权。我国的情况与日本极为类似，可借鉴日本的相关做法。

──────────

〔1〕 参见张鹏：《现有技术抗辩的比对方式和比对标准探析》，载《知识产权》2009 年第 1 期。

〔2〕 相关案例，参见浙江某运动器械有限公司、杭州某智能科技有限公司侵害实用新型专利权纠纷，最高人民法院（2018）最高法民申 2345 号民事裁定书；上海某工艺品有限公司、上海某国际贸易有限公司侵害实用新型专利权纠纷案，最高人民法院（2019）最高法知民终 280 号民事判决书。

2. 现有技术范围

《专利法》第22条第5款规定："本法所称现有技术，是指申请日以前在国内外为公众所知的技术。"《专利法》第67条也采用了"属于现有技术"的措辞。该两措辞的含义理应相同。根据《专利审查指南》的相关规定，可用于进行不侵权抗辩的现有技术应当包括在涉案专利申请日前（有优先权的，指优先权）被出版公开、使用公开和其他方式公开的技术方案。[1]因此，可援引不侵权抗辩的现有技术分为两大类：第一类，是已经被公开且不被任何主体垄断的自由公知技术；第二类，是尚处于有效期的专利技术（包括自己所有及他人所有）。根据相关规范和司法实践，"抵触申请和享受新颖性宽限期的技术不得作为现有技术援引用于抗辩"。[2]

3. 比对方式

（1）比对对象。比对对象问题，主要讨论的是将被告使用的技术与现有技术单独比对还是组合比对等内容。无论是理论还是实践，就比对对象而言，对允许将被告使用的技术与一项现有技术进行单独比对没有争议。主要的争议点在于组合比对上。

在司法实践中，在比对对象问题上存在的两种处理思路是"现有技术简单组合"及"限于公知常识"。

第一，现有技术简单组合。该思路是指，在专利侵权纠纷中，不仅允许被告将单独的一项现有技术与其使用的技术方案进行比对，而且允许被告将多项现有技术简单结合后与其使用的技术方案进行比对。该思路不排除将多项现有技术进行组合使用，只是限定了多项现有技术的组合必须是简单的，且得到的方案必须是显而易见的。

第二，限于公知常识。该思路是指，在专利侵权纠纷中，不

---

〔1〕 参见《专利审查指南》第2部分第3章第2.1节。

〔2〕 参见北京市高级人民法院《专利侵权判定指南（2017）》第138条。

仅允许被告将单独的一项现有技术与其使用的技术方案进行比对，而且允许被告将一项现有技术与本领域的公知常识进行结合后与其使用的技术进行比对，但不允许将多项现有技术组合起来使用。

在目前我国的司法实践中，"限于公知常识"的比对对象是主流的审判思路。[1]

（2）比对顺序。对于比对顺序，主要涉及"专利侵权判断优先"和"现有技术抗辩判断优先"两种审判思路。

第一，专利侵权判断优先。专利侵权判断优先，指首先将专利技术与被告使用的技术进行初步比对，判断被告使用的技术是否落入原告主张的保护范围。如果能够得出未落入保护范围的结论，则直接判决不构成侵权。否则，再将被告使用的技术与现有技术进行比对，审查抗辩能否成立。[2]

第二，现有技术抗辩判断优先。现有技术抗辩判断优先，指首先将被告使用的技术与援引抗辩的现有技术进行比较，若能够得出抗辩成立的结论，则直接认定不构成侵权。否则，再比对专利技术与被告使用的技术，审查被告使用的技术是否落入原告主张的保护范围，从而判定是否构成侵权。[3]

第三，其他顺序。实践中，也存在少数案件在得出抗辩成立的基础上，仍继续对是否落入保护范围进行了审查和评述。[4]

在以上方式中，从专利权保护的公共领域理论、专利权保护

---

〔1〕　参见广州知识产权法院（2016）粤73民初1193号民事判决书；最高人民法院（2016）最高法申2935号民事裁定书。

〔2〕　相关案例，参见天津市高级人民法院（2015）津高民三终字第0022号民事判决书。

〔3〕　相关案例，参见武汉市中级人民法院（2015）鄂武汉中知初字第01478号民事判决书。

〔4〕　参见最高人民法院（2016）最高法民申1582号民事裁定书。

宗旨以及诉讼效率等方面看，现有技术抗辩判断优先更合理。[1]实际上，《审理侵犯专利权纠纷案件应用法律解释》第 14 条对此已给予了肯定。

4. 抗辩成立标准

抗辩成立标准，指被告使用的技术方案与现有技术相比，满足什么样的条件，抗辩才能成立。

（1）无实质性差异标准。该标准也是我国目前司法实践中的主流。《审理侵犯专利权纠纷案件应用法律解释》第 14 条规定为"相同或无实质性差异"。但其中何为"无实质性差异"，司法实践中的做法仍不甚清楚。

最高人民法院曾应用这一标准："……本领域普通技术人员容易想到只在主体上表面设置加强物的技术方案，因此被诉填充体的特征 d 与现有技术公开的相应技术特征无实质性差异……综上，被诉落入涉案专利权利要求 3 的全部技术特征，与在先专利公开的现有技术方案中的相应技术特征相同或者无实质性差异，保兴公司提出的现有技术抗辩成立。"[2]此外，上海市高级人民法院[3]、武汉市中级人民法院[4]亦曾在判决中采用了此标准。

（2）等同标准。等同标准，指将被控侵权产品或方法中与原告专利权利要求相对应的所有技术特征，与一项现有技术的相应技术特征相比，满足相同或等同的条件时，现有技术抗辩成立。

江苏省高级人民法院曾采用这一标准："被告……虽然落入了原告涉案专利权的保护范围，但被告的产品与现有技术方案的技术特征构成相同或等同，被告的产品使用了现有技术方案，被告

---

〔1〕 相关研究，参见冯晓青主编：《知识产权制度中的公共领域问题研究》（第 2 卷），中国政法大学出版社 2023 年版，第 48~157 页。

〔2〕 参见最高人民法院（2014）民提字第 87 号民事判决书。

〔3〕 参见上海市高级人民法院（2016）沪民终 125 号民事判决书。

〔4〕 参见武汉市中级人民法院（2015）鄂武汉中知初字第 01478 号民事判决书。

主张的现有技术抗辩成立。"[1]另外，最高人民法院亦曾在判决中采用"相同或等同"的表述。[2]

（3）间接创造性标准。间接创造性标准，指在等同标准之基础上，将成立的标准扩大到即使经过比对不能得到相应技术特征的相同或等同，但若将一项现有技术与本领域公知常识进行简单组合就可以得到被控侵权产品或方法，则抗辩也是成立的。此标准较之"等同"标准更加宽泛。正如最高人民法院在其判决中所论述的："现有技术抗辩，通常是指被诉落入专利权保护范围的全部技术特征，与一项现有技术方案中的相应技术特征相同或者等同，或者所属技术领域的普通技术人员认为被诉侵权技术方案是一项现有技术与所属领域公知常识的简单组合的，应当认定被诉侵权人实施的技术属于现有技术，被诉侵权人的行为不构成侵犯专利权。"[3]

---

〔1〕 参见江苏省高级人民法院（2020）苏民终 1002 号民事判决书。

〔2〕 参见最高人民法院（2012）民申字第 18 号民事裁定书。

〔3〕 最高人民法院（2016）最高法民申 2935 号民事裁定书。

第四编　商标法与地理标志保护

商标概述

商标作为商标法保护的商业标识、商标权的客体，是商标理论和商标法的基石性概念。商标是什么，其价值为何，商标受法律保护的理由何在，这些问题不是靠词语定义，而是需要从历史的维度，遵循商业活动的事实和逻辑，寻找商标在商业社会的功能，探寻商标在经济运行机制中的作用，发现商标的本质。

一、商标的起源和发展

（一）早期普通法上的商标

人类经济生活中在商品上使用标记的历史可以追溯久远，最早出现的加在物体上的标记是为了表明物品的所有权，表明物品的来源。今天经常作为商标同义词使用的"品牌"（brand）一词，就反映这种使用方法，"brand"和"brandy"（白兰地）具有相同的字根，都有用火烧的意思，最早是指烙在牲畜身上表示归属的一种标志。[1] 进入商品经济社会，商品生产者在商品上加附的标记是为了彰显手艺，表明产品来源，更多的是来自行会规约或政令的要求，便于在发生产品质量问题时追究责任。我国早

---

[1] 黄晖：《商标法》（第2版），法律出版社2016年版，第1页。

在春秋时期，就已经有了"物勒工名"制度，"物勒工名，以考其诚，工有不当，必行其罪，以穷其情"，将制造器物的工匠名字刻在器物上，目的在于保证产品质量，一旦发生质量问题，则要追究工匠的责任。除了"物勒工名"，后来还有"物勒地名"的习惯，表明产品来源地。欧洲中世纪时期，手工业者行会要求他们的会员在其产品上使用标记，以便控制会员的产品。在行会规约之下，使用标记是一种义务。产品上的标记成为保证产品质量，追究责任的依据。欧洲手工业者的传统标记也好，物勒工名、物勒地名制度也好，更大意义上属于产品质量管理或贸易控制，但是从使用标记在产品之上表明出处的意义来看，具备了商标的初始含义。

最初以法律保护商标是与"仿冒"（passing-off）紧密关联的。仿冒是一种商业侵权行为、不诚实的经营行为，其表现为在自己的产品上使用他人具有良好声誉的标记，欺骗消费者购买其商品。英国最早的仿冒案——"布商案"发生在17世纪初叶，一个商人欺骗性地将另一布商的商标用于自己的劣质棉布上。法官在判决中认为，被告使用原告的商标，欺骗购买者，应当制止。随后，英国法院逐步形成了一种称为"仿冒"的侵权法理论，并由此而提供对于商标的保护。[1] 该案也被认为是保护商标的最早案例。仿冒诉讼给予商标的保护是从制止欺诈的角度，使一个标记使用者可以阻止他人冒用其商标进行商业活动，避免公众遭受仿冒的滋扰。在仿冒诉讼中，需要对被告的欺骗性使用、原告因此受到的损害举证。

在欧洲大陆，对商标的保护依据民法侵权责任制度，法国民法典关于侵权行为的责任适用于商标的保护。同时，根据法令，无法律上原因而使用他人的商标，应负损害赔偿责任。[2]

---

〔1〕 李明德：《美国知识产权法》（第2版），法律出版社2014年版，第455页。
〔2〕 曾陈明汝：《商标法原理》，中国人民大学出版社2003年版，第4页。

　　这一时期，商品的标记尚不具有法律承认的权利。根据学者的研究，商标未被容纳在知识产权法的范围之内，有两个主要的原因：一是创造性问题，在很多情况下，商标是先前存在的对象；二是著作权、专利权和外观设计主要涉及财产的创造与保护，而商标根本就不是任何财产。商标更多地关注伪造和欺诈，给予商标保护的目的是阻止某一标记的违法使用，抵制弄虚作假和伪造行为，这些行为剥夺了商人付出辛苦建立的声誉，而且对公众构成误导。[1] 普通法仿冒诉讼正是从禁止不诚实商业行为的角度使享有商誉的商标得到保护。

　　（二）现代知识产权保护意义上的商标

　　19世纪中期，商标成为独立保护和受到承认的法律领域。1857年法国制定了世界上第一部商标法，但这部法律仍然保留着使用取得商标权的制度。1874年德国颁布了注册商标法。1875年英国颁布了商标注册法。专门化的商标立法确立了商标为法律上的权利，促成这种结果有三个原因：

　　首先，是商标在商业实践中得到越来越多的使用，导致该领域更高的专业化。与此而来，假冒仿冒商业标识的行为成为商业活动中常见的一种不正当竞争行为，因而从客观上推动有关保护商标的法律趋向于专门化。

　　其次，是商标理论的发展，保护商标的理论在判例中得以不断论证，人们认识商标的方式发生变化，商标不为财产的难题得以克服，商标逐渐被看作一种财产。基于这种认识，商标逐渐变成了和专利权、著作权类似的一种制定法上的特许权。也正是由于商标和作品、技术有着相似之处——都是无形物，商标法律的确立就参照了著作权和专利权制度。

---

　　[1]　[澳] 布拉德·谢尔曼、[英] 莱昂内尔·本特利：《现代知识产权法的演进：英国的历程（1760—1911）》，金海军译，北京大学出版社2012年版，第204～205页。

最后，登记制度成为商标进入知识产权的一个制度因素。登记制度确立了无体财产所呈现的形态，将无形财产有形地表述、固定下来，起到了确立无体财产范围和所有人的作用。参照已有的著作权、专利登记制度，商标被引入注册制度之中：商标注册，由标记的使用人提出申请，提交文件呈现标志的形态、说明标志所使用的对象，这样便起到了公告公示财产所有人、财产范围的作用。[1]

二、商标的法律概念

(一) 狭义商标

商标被界定为具有识别来源功能的标识，用以区分来自不同生产者或服务提供者的相同或类似的商品或服务。[2] 各国商标法、国际条约均照此规定商标的法律概念。世界知识产权组织将商标定义为，是一个企业的产品区别于其他企业产品的标志。法律意义上的商标概念，以商标构成要素为基点，从商标功能而展开，对于理解商标的概念具有引导作用。

商标是一种标志。商标是由各种标记或符号构成的标志，其构成要素主要有：文字、图形、字母、数字、颜色组合、三维标志、声音，以及上述各种要素的组合。这些标志可以通过人的感觉器官被人们认知，因而能够向人们传递一定的信息，成为商品或服务的信息载体。随着社会进步和经济发展，商品交易、广告宣传的手段所使用的元素不断出新，法律上的商标定义也加深内涵，扩展外延。商标构成要素接纳了新的元素，从可视性标志扩展至声音、气味。

---

〔1〕 相关研究，参见张惠彬：《从工具到财产：商标观念的历史变迁》，载《知识产权》2016 年第 3 期。

〔2〕 相关研究，参见刘春田：《商标与商标权辨析》，载《知识产权》1998 年第 1 期。

商标是区别商品来源的标记。同一种商品有不同的生产经营者提供，市场上有林林总总的商品，商品上使用着不同的商标。消费者能够通过商标来识别一个特定的商品。为了起到区分商品来源的作用，商标必须是不同的，不能是商品名称或通常名称。商标是用来区分商品的来源的，决定了作为商标的标志必须具备显著特征。

商标以商业活动为基础。单纯从图文设计上看，构成商标的符号图案可视为一项美术作品而得到著作权保护。然而，商标的保护并不依赖于新颖性、创造性或者任何智力劳动，商标是区别性标记，具有标记所固有的指代、象征功能，商标与经营对象密不可分。因此，商标的构成要素必须从商业的角度出发，考虑产品的特点、消费者心理、市场情况等。离开一定的经营对象，不管其标记图案构思如何巧妙、设计如何新颖，也起不到识别商品或者服务来源的作用，这样的标记不能成为商标。

（二）广义商标

商标是商业标志体系中的一个组成部分。除了商标之外，其他商业标记在作用和功能方面也与商标具有相似之处，这些商业标记可以称为"广义商标"。

1. 厂商名称（商号）（trade name）

厂商名称也称为"商号"，通常用来区别公司、合伙及其营业活动，是企业整体声誉的象征。商标和商号都属于商业标志，都具有识别作用，商号与制造产品或销售产品的厂商相联系而存在，商标与特定商品相联系而存在，两者区分的对象有所不同。但是，商号和商标又具有非常密切的联系，在很多情况下，一个对象可以既是商号也是商标，许多企业将自己的商标与商号统一起来，如格力公司、美的公司、海尔公司。

2. 商品名称、包装、装潢、商业外观（trade dress）

商品名称，是指用于一类商品上的称谓，其作用在于将一种商品与另一种商品区别开来。它分为通用名称和特有名称。商品通用名称是对同一类商品的一般称呼。商品特有名称是表明产地、性能、特点的某一特定商品的名称。在一般情况下，商品名称与商标的区别非常明显。商品名称是用以指代一类商品的规范性名称或者是约定俗成的通用名称，因而无法起到区分相同或者类似商品的作用，故而被禁止作为商标注册。商品特有名称，其"特有"意味着它只被某个企业所使用；如果同种类商品的生产者都使用的话，也就不再是特有名称，而是通用名称。因此，特有名称是可以将不同生产者生产的商品相互区分开来的标志。也正因如此，当商品特有名称能够起到识别来源作用时就可以作为商标注册。

商品包装和装潢，是指商品包装物或其他附着物上的装饰设计，具有美化商品、吸引消费者注意、刺激购买欲望、提高商品品位的作用。包装、装潢是任何商品上都有的、可补充的、可改动的因素，通常由三维形状、图案、颜色等组合而成。商品装潢无需注册即可使用，既可以根据市场情况随时加以变动和改进，又不属于特定主体专用。某些商品装潢具有相当艺术性高度而可以作为美术作品受著作权法保护，有一定影响的商品名称、包装、装潢可以受反不正当竞争法保护。当然，如果商品包装或装潢具有了区分商品来源的作用，可以受到商标法保护。

3. 地理标志（geographical indication）

地理标志是"指示出一种商品是在一国的领土内或者在上述领土的一个地区或地点所生产的原产产品的标记。该产品的某种质量、声誉或者其他特性在本质上取决于其产地"。地理标志一般是由"地名+产品"组成，如"盐池滩羊""平谷鲜桃""镇江香醋"，其地名是生产该产品的国家、地区或特定地方的名称，产品是该地理区域内出产或提供的产品或服务。地理标志向消费者传达了关于商品和服务来源的重要信息，并直接地反映出商品和服务的内在质量和特点。地理标志产品根源于特定的自然和人为因素，因此，地理标志只能由位于该地理区域的特定主体使用。各国对地理标志的保护主要有专门法保护、商标法保护和反不正当竞争法保护，我国目前同时采用商标法保护制度、地理标志保护制度和农产品地理标志登记制度对地理标志进行管理和保护。商标法将地理标志作为证明商标、集体商标保护，由标示地区内所有的经营者使用。注册人管理人可以代表产地对不正当竞争行为提起诉讼。保护地理标志的重要意义在于，禁止使用与商品真正来源地不同的地理标志来标示该商品，以防止地理来源的误导。

三、商标的结构及功能

(一) 商标的三元结构

商标本质上是一种符号，有自身结构。商标是由标志、对象、意义的三元要素构成的一个统一体。在商标三元统一体中，元素一是标志，它是人们可以感觉到的客体，是向人们传递信息、意义的工具。商标标志通常是文字、图形或二者的组合，还可以是声音、气味等可以被人类感知的客体。元素二是对象，它是标志所指向所代表的事物，这种事物系现实世界中的物理对象、存在物，商标标志所指向的对象主要是商品或服务，也包括组织机构、作品等。元素三是意义，在符号学里称为所指，它是解释者心目中产生的认知、评价、反应等心理效应。商标中的意义，就是商标表明的意义，即商品出处、经营者商誉、品牌象征的质量品质等。简单地说，商标是一种具有指代功能的符号。传统商标是由标志、对象、意义所组成的三元结构，标志是有形或者可以感知的客体，对象是标志所附着的商品服务，意义系商品的出处和商誉。

在商标三元结构中，标志处于媒介的地位，正是它的媒介作用，使人们获得关于商品和服务的某些信息。标志作为媒介的特殊地位使它有资格代表整个商标系统。意义，既是企业希望赋予的意义，也是消费者获得的实际感受。一般来说，企业的表达与消费者的感受不可能完全一致，而二者越是接近，就说明企业的营销活动越成功。在商标法上，某个商标的意义为何，其是否具有识别和区分功能，是否容易引起混淆，起决定作用的是消费者的认知。

商标的三元要素统一体，在商标立法关于商标定义中得到印证，各国法律及国际公约商标的定义均从标志、对象、意义三个要素展开。

传统商标三元结构向二元的转化。随着社会经济发展和生活水平普遍提高，人们的消费观念由物质消费向精神消费转移，导致原来在商标结构中占据重要地位的对象即商品逐渐减弱、淡出，与意义相融合，商标呈现为标志、意义的二元结构。二元结构的商标发展出符号表彰功能，标志本身成为具有独立价值的消费对象和交易对象，透过标记即可领悟它的意义，不管标志指向什么样的商品或服务，不管标志用在什么对象上面，都代表着其所具有的声誉、价值，这样的商标，起决定作用的是标志和它的意义。从传统三元结构走向二元，这就是驰名商标现象、品牌现象。

从符号本质来看，符号价值来自符号之间的差别，没有差别就没有符号本身。对商标符号而言，标记的灵魂在于显著性，便于识别。商标是用来区分来源的，区分的对象是商品或服务，它们虽有种类不同但同种类之间存在不可见的内在特征，消费者如何挑选、决定购买，唯凭借商标媒介传递来源、质量、信誉等信息，而标记的显著性就是相互区分的凭证。如果标记相同或近似，就会破坏符号间的差别性，干扰标记与所指对象之间的意指关系。法律对商标的保护，必然要求标记具备显著性，相互区分，其实质乃是维护三元要素之间的真实联系，以维护商标为纽带的商品交易及市场竞争公平有序，确保将标记使用的意义——商誉归属于商标所有人。

（二）商标的功能

商标被普遍认为具有四个基本功能：区分功能、来源功能、质量保证功能、广告宣传功能。这些功能是相互关联的，来源功能与区分功能有密切关系。[1] 在基本功能的基础上商标发展出来新的功能：承载商誉、表彰个性。

1. 标示和区分功能

起初的商标是与产品特定的、准确的来源相联系的，消费者通过商标可以辨认商品的企业来源。但这并不意味着标记必须通过指明来源来公布标记所有者的名字和地点。后来，消费者不再关心商品确切的企业来源，而关心的是根据同一商标寻找特定的产品，期待在某一特定标记下销售的产品和服务，与使用相同标记的商品和服务来自同一来源，有着适度一致的产品质量和产品标准。

商标法的基本定位是维护商标的来源区分功能。通过商标识别来源、区分产品、防止混淆，既可以保护商标所有者的商标权利，也可以保护消费者的利益，最终维护营商环境应有的公平竞争、诚实经营的秩序。为了担当识别和区分功能，商标标记被要求具备显著特征，便于识别。

2. 质量保证功能

质量保证功能是指，任何带有商标的产品应当拥有稳定的质量和服务。质量保证功能对企业而言是一种承诺：商标用于质量稳定的商品和服务，所有使用特定标记的产品均由同一生产者提供或产品质量由其监控，因而保持着适度一致的品质。商标象征

---

〔1〕　参见世界知识产权组织编著：《知识产权纵横谈》，张寅虎等译，世界知识出版社1992年版，第151页。

的这种质量信誉又是一种激励，督促企业做好产品，维护商标形象。[1]

3. 广告宣传功能

商标是一个典型的广告工具，具有劝导、鼓励消费者购买的能力。产品或服务在市场的成功，相当大的程度上依赖于为其做广告的商标，好的商标明确地将其产品或服务与竞争产品或服务相区别，并对消费者具有吸引力。

4. 承载商誉

承载商誉是商标的延伸功能，即商标能够为其所有者凝聚和积累商誉从而成为企业综合商业信誉的标志。[2] 商誉功能是质量保证功能的一个结果。商标象征的质量信誉对于商标所有人来讲，是其商标价值的一个基本因素；商标信誉对消费者来讲，是对各种竞争商品和服务进行选择的一个重要基础。有良好商誉的商标，消费者会将其与特定企业直接联系，不论是什么产品或者服务都会反复购买，这又促成企业将商誉商标拓展到其他产品或事业上开展品牌经营。

5. 彰显个性

商标功能再延伸，标记兼具了精神消费的意义，成为彰显主体身份、地位，满足荣誉感、成就感的象征性符号。现代社会物质文明得到极大发展，人们的消费需求从单纯满足物质需求转而追求精神需求，购买商品或服务以满足彰显身份、地位、时尚等个性化需求。具有表彰功能的商标，一方面说明其商品质量可靠、品质优秀，业已建立了一定的市场影响力；另一方面说明其能够满足消费者显示个性的需要，被当作个人身份、地位的

---

〔1〕 相关研究，参见张鹏：《品质保证功能在商标侵权判断中的地位》，载《知识产权》2020 年第 10 期。

〔2〕 相关研究，参见张惠彬：《历史演进与当代启示：商标与商誉关系新探——以英美普通法实践为考察中心》，载《北方法学》2016 年第 6 期。

标签。

四、商标的显著性

显著性是商标的灵魂，这个要求产生于商标的主要功能。为了区分来源、便于识别，商标必须是一个易于识别的标记。

（一）显著性的含义

显著性是指商标所具备的标示来源的能力。

按照识别性的要求，作为商标的标志，应当不属于商品的通用名，不是对商品属性的直接描述。标志和对象的关联性越小，则标志的显著特征越明显，其识别能力越强。

区分性，是指标志与标志之间的关系，即差异性。它要求相互之间的区别应当是明显的，每一商标都是与众不同的。

（二）显著性的程度

传统理论按照显著性强度对商标进行分类，有臆造商标、任意商标、暗示商标，它们的显著性由强到弱依次排列。这种划分来源于美国法院实务经验的总结，对认识商标显著性具有一定参考价值。

1. 臆造商标

臆造商标是指由杜撰的文字、词汇所构成的无特定含义，为了作为商标使用而被创造出来的标识。例如"kodak"（柯达）、"Exxon"（爱克森）、"xerox"（施乐）就是臆造商标的典型。臆造词汇的唯一性和独特性使其成为理想的商标标志，其他经营者如果不是出于恶意一般不会使用，因而，这种商标显著性强，更便于法律对它的保护。[1]

2. 任意商标

任意商标是由一个现成的、具有字典含义的词汇构成的商

---

〔1〕参见彭学龙：《商标五分法的法学与符号学分析》，载《电子知识产权》2007 年第 3 期。

标，其含义与所标示的商品相比反差很大，既不描述那些产品的成分、质量或特点，也不是产品种类的概念，也被称为"随意商标"。

3. 暗示商标

暗示商标由常用词汇构成，它以隐喻、暗示的手法提示商品的内在属性或某一特点。典型的例子有：饮料商标"健力宝"、自行车商标"野马"等。暗示商标尚未超越法律规定，仍属于具备显著特征的商标，但其显著性较弱，同时，暗示商标也很容易演变成通用名称。尽管如此，经营者还是倾向于选择暗示商标。除了暗示商标之外，地名商标、姓氏商标也都属于显著性弱的商标。

（三）显著性的变动

商标的显著性是变动的、发展的，在商标使用中显著性会向着两个不同方向发展，这样，商标的显著性就有三种情况：固有显著性、获得显著性、显著性的退化和丧失。传统的商标显著性理论是建立在显著性"三分法"基础上的。

1. 固有显著性

固有显著性也称为"内在显著性"，是指一个标志由于正确选用而具备天然的标识能力。具有固有显著性的标记是获得商标保护的前提。凡标志中不涉及将用于它的产品或服务，其产生的特定观念与上述产品没有关系，或者是由不产生任何特定观念的一个全新的词或图案设计组成，就认为其具备固有显著性。臆造商标、任意商标、暗示商标均属于固有显著性的商标。法律通常采用否定式测试，根据这些法律规定，凡是不包含禁用标志的商标，都具备最低限度显著性，固有显著性。

2. 获得显著性

获得显著性或称"第二含义"是商标法的一个术语，意指一个缺乏固有显著性的标志通过长期连续使用在其本意之外产生新的含义，该含义对于消费者而言具有识别商品来源的意义，该新的含义即为"第二含义"。〔1〕"第二含义"的产生意味着该标志通过使用取得了显著特征，这个商标有资格获得保护。"第二含义"是标识原有含义之外所产生的新的含义，其是否存在取决于消费者的心理认知。对于消费者来说，一个标志的意义是代表特定产品及其出处，就说明该标志具备了识别和区分来源的能力，已经成为商标。〔2〕

3. 显著性的退化和丧失

一个商标既可以在使用中获得显著性，也可能在使用中因使用不当而损害显著性，甚至使具有显著性的商标丧失显著性。后一种情形即显著性的退化和丧失。

一个商标无论注册与否，都有可能变成商品通用名称，导致商标显著性丧失的原因有：①商标使用人主观上的疏忽大意。例如，一个新产品商标首次出现的情况下，由于产品缺少适当的名称，而产品的销售又很好，人们就以该商标来称呼这种产品，造成该商标逐渐成为同种商品的代名词，演变为商品通用名称。②商标所有人使用和管理不当，广告宣传的过度也可能导致商标沦为商品通用名称。③客观环境的影响。为了利用驰名商标的信誉，同行业竞争者将此商标指代为同类商品，最终使该驰名商标失去了区分功能而成为一个商品通用名称。

从显著性强弱来看，描述性商标比臆造商标更容易变为通用

---

〔1〕 相关案例，参见云南某某茶业股份有限公司等与国家知识产权局商标行政纠纷案，北京市高级人民法院（2020）京行终3768号行政判决书；异某科技实业有限公司、雅某科技实业有限公司等侵害商标权纠纷案，湖南省高级人民法院（2018）湘民终131号民事判决书；博乐市某酒业酿造有限责任公司与新疆某酒店有限责任公司侵害商标权纠纷案，新疆维吾尔自治区高级人民法院（2012）新民三终字第6号民事判决书。

〔2〕 相关研究，参见赵建蕊：《中美商标获得显著性制度立法的比较研究》，载《社会科学战线》2021年第9期。

名称，驰名商标比非驰名商标更容易变为通用名称。因为一个臆造商标仅仅指称其特定的使用者，而一个描述性或者是暗示性商标具有指示意义的则是针对一个类别（的商品）。[1] 这从另一个角度说明了描述性词汇不宜作为商标的缘由。

商标退化的法律后果是注册商标被撤销。对于商标所有人而言，阻止商标退化为通用名称要做到：首先，是倡导一个有异于其商标的通用名称，该通用名称能够被人接受，使其得以保留自己的商标。其次，商标所有人应当加强对商标的管理，在使用商标时特别是广告宣传中，应始终坚持表明它是一个商标，而不是一个产品或服务的名称，还要及时纠正他人对商标的淡化或其他不正当使用行为。

综上，显著性是商标的灵魂，固有显著性是指某个标志具备成为商标的资格，可以直接获得注册，但并不能合理地解释为消费者会自动将这种标志视为产品出处的表征。实际上，即便是臆造词、任意词，也需要经过一个商标化过程，标记和产品及其出处才能在消费者心里建立起必要的联系。只有建立了这种联系，才可以说该标记已经成为商标。从这个意义上讲，商标的显著性只可能是获得显著性。[2]

---

〔1〕　[美] 威廉·M. 兰德斯、理查德·A. 波斯纳：《知识产权法的经济结构》，金海军译，北京大学出版社 2005 年版，第 247 页。

〔2〕　相关研究，参见刘铁光：《商标显著性：一个概念的澄清与制度体系的改造》，载《法学评论》2017 年第 6 期；芮松艳：《论司法审判中如何认定商标显著性——兼评〈关于审理商标授权确权行政案件若干问题的规定〉第 8、9、11 条》，载《法律适用》2017 年第 17 期；孔祥俊：《论商标的区别性、显著性与显著特征》，载《现代法学》2016 年第 6 期。

专题十九　**商标权的取得**

一、商标权取得的两种制度

在商标权的取得或者说确立方式上，存在使用制和注册制两种制度。前者是指必须实际使用方可确立商标权，后者是指商标经注册即可获得权利。从商标法律制度的历史沿革看，使用是商标权取得的首要方式，也是在商标权利归属不明时确权的主要依据。

（一）使用取得商标权

使用取得商标权，曾是商标权产生的唯一根据，某个标记创设后必须实际使用于商业活动，发挥识别和区分商品来源的作用，才能被称为商标。因此，标志上的权利只能凭借附载于商品在贸易活动中的使用而获得。

英美普通法上的仿冒侵权是注册商标制度的最初来源。商标制度从仿冒法得到启发，现代商标法一直借用仿冒的判例法。通过仿冒法有助于我们对商标保护制度的理解。

最常见的仿冒行为是：对他人的商业名称、商品外观等标识作虚假使用，借原告的名义销售自己的商品，目的是利用原告已经建立的商誉。仿冒侵权的法律确立了三个诉讼要素：①基于商业标记的商誉，原告必须证明其在公众心目中具有足够的声誉；②被告的虚假陈述，由被告引起的关于商业标记的虚假陈述；③损害，由被告引起的虚假陈述引起的对原告商誉的损害，或可能造成损害（欺骗、混淆）。提起假冒诉讼的原告需证明自己已获得一定商誉，这就意味着原告必须参与到商业活动中。对商标来说，只有实际使用才可能产生商誉，如果没有参与商业活动，无商品销售，商标的商誉也无从谈起。原告的商誉可通过各种识别标志为公众所知。显现生产者商品或服务的标志可以有名称、词语、图案、包装，这些标志都可以作为商标。这就决定了只有经过使用的商标才能通过假冒诉讼获得救济，因而取得一种商标上的权利。普通法正是通过仿冒之诉实现对商标的保护，而不论标记是否注册为商标。商誉无法离开它所依附的商业而存在。商誉与商标有着密切联系，商标承载商誉，商誉附着于商标，而商誉只能经过商标使用才能建立起来。

1875 年英国颁布《商标注册法》，商标可以通过注册获得。但是，该法并没有影响假冒诉讼，已使用商标仍可根据普通法的仿冒侵权之诉获得救济。

美国的商标保护移植于英国普通法，同样沿用仿冒侵权保护商标上的权利。商业标志上的权利只有通过商业使用才能取得，而不是仅仅通过选定某个标志即可取得，由此形成了使用获得权利的商标制度。在随后的发展过程中，独立的商标保护制度逐渐确立起来，法院不再把被告的欺骗意图作为构成侵权的要件，只要使用他人具有显著区别性的商标本身就表明了欺骗的意图。这样，商标体制以使用为依据，为了获取并实施商标权，在标识的使用中确立优先权就显得很重要。[1]

依据使用确定的商标权利范围限于美国各州，如果在不同州

---

〔1〕 ［美］谢尔登·W. 哈尔彭等：《美国知识产权法原理》，宋慧献译，商务印书馆 2013 年版，第 355 页。

的范围内使用相同商标，只要善意使用，并不构成商标侵权。当经济发展到商品销售跨越州际遍布全国市场时，这种以各州普通法为基础的商标保护难以适应企业主保护商标的需求，而建立联邦一级商标立法则顺势而成。1946年，美国国会依据宪法"贸易条款"制定了联邦商标法即《兰哈姆法》。

使用取得商标权利的做法基于这样的考虑：商标关系到市场竞争和交易秩序，保护商标必须以贸易和使用为条件，只有在贸易中使用的商标才能实现其功能，才有保护的必要。

1946年美国联邦商标法建立了商标注册制度，但仍然坚持使用获得权利的原则。实际使用也仍然是申请人获得商标注册的先决条件。申请注册的商标要能够证明，该标记已经在美国的贸易中使用。这是因为无论是立法部门还是司法机构，都确信对商标的保护是基于商标所代表的商誉，不可能对没有商誉的商业标记提供法律上的救济。1988年《兰哈姆法》修改之后，商标注册所要求的实际使用改变为"意图使用"。按照意图使用，商标所有人提出注册申请时要提交真诚使用商标的声明，商标局向申请人颁发允许通知而非注册证书，六个月内申请人提交真实使用声明，再次审查合格的，颁发商标注册证书。

根据美国商标法，商标的使用必须是在商业中使用，"商业"是指商标用于州际或对外贸易之中，必须是充分地使用、真实地使用商标，商品在市场上有销售。

（二）注册取得商标权

注册制是目前世界大多数国家实行的商标权取得制度。在注册制下，商标权的获得不以商标的实际使用为前提条件，而是以满足条件的申请作为授权基础。商标注册制度有其天然的优越性，可以概括为：确定权利归属、划定权利范围、公示权利变动、便利交易活动。

依注册取得商标权利和大陆法系传统有关，同时，注册制度决定了大陆法系国家商标法的基本面貌。其一，现代商标法发端于商标注册制度。商标权利来源于建立注册制度和规定商标注册效力的成文法，而不是判例法。世界范围内专门的商标成文法是从建立商标注册制度开始的，建立商标注册制度意味着有了专门的商标法。1857年法国的《与商业标记和制造标记有关的法律》是世界上第一部商标法，我国最早保护商标的法律《商标注册试办章程》也是随注册制度而产生，并以商标注册为基本内容。其二，注册制度是商标法的重要组成部分，法律的很多内容围绕商标注册而展开。商标法的原则要通过注册制度贯彻落实，商标法的目的要通过注册制度实现。不同的立法指导思想决定着不同的注册制度，而注册制度也就决定了商标法的基本面貌。

注册取得权利的制度也存在一些弊端，主要是由于注册取得的商标权是纸上权利，其负面影响是滋生了大量注而不用、商标囤积、商标抢注等投机行为。[1] 大量注册却不实际使用行为不仅给商标审查带来巨大负担，更为严重的影响是，占用公共资源进行商标圈地，压缩了经营者用作商标的符号的范围，进而造成商标领域的不公平竞争现象。正因注册取得商标权制度存在上述这些弊端，我国在2019年修改《商标法》时增加了对"以使用为目的"的申请要求，在第4条第1款中增加规定："不以使用为目的的恶意商标注册申请，应当予以驳回。"与此同时，在商标代理、商标异议、无效宣告、行政处罚等相关法条中予以进一步的辅助规定。

实行注册制的国家关切商标的实际使用。从商标权获得角度看，一些国家采取注册制兼容使用取得商标权，或者给予实际使用的商标某种形式的保护，其相应的制度即获得显著性和驰名商标。德国商标法起初实行单纯注册原则，在司法裁判的推动下，

[1] 相关研究，参见戴文骐：《商标囤积的体系化规制》，载《法商研究》2022年第6期。

立法机关在 1934 年肯定了使用取得商标权。[1] 1995 年生效的《德国商标法》第 4 条规定了商标权取得的三种途径：其一，作为商标注册；其二，通过在商业过程中使用，在相关的交易范围内获得第二含义；其三，属于驰名商标。我国《商标法》第 11 条规定，商品通用名称、表示商品的描述性标志，缺乏显著特征的标志，不得作为商标注册，但经过使用获得显著特征，并便于识别的，可以作为商标注册。根据我国《商标法》第 13 条规定，在注册制下，对商标的实际使用可以获得权利。

二、商标权取得的绝对条件

（一）商标的法定要素

1. 可视性标志

商标的识别功能和象征作用要求用作商标的标志是可感知的。可视性理所当然成为商标标志的前提条件。

视觉可感知的标记以平面形象为主。颜色组合是指两种以上颜色排列、组合而成的平面形象，不包括单一颜色。以颜色组合作为商标，称为"颜色商标"。颜色是视觉可以感知的，颜色的组合可具有较强的显著特征，如"麦当劳"快餐厅的标志除了使用文字之外，还使用红黄颜色组合，形成强烈的视觉冲击力。不过，以颜色作为商标仍然存在一些困难，比如，单一的颜色、商品本身的颜色就不宜作为商标。而且，由于颜色的数量有限，可能会妨碍其他经营者对颜色的正当使用，穷尽了颜色后，以色差区分，而色差是难以辨认的，不像文字、图形那样具有明显的标示作用。所以，颜色商标往往是在经过使用产生了识别作用以后，才允许注册为商标的。另外，具有功能性的色彩不能作为商

---

〔1〕 参见李继忠、董葆霖主编：《外国专家商标法律讲座》，工商出版社 1991 年版，第 12 页。

标，例如，黄色具有警示作用，以单一的黄色作为商标，就无法满足显著性要求。

以三维标志作为商标也被称为"立体商标"。三维标志比平面标志更形象、更直观，对视觉具有较强的吸引力。用作商标的三维标志可分为以下三种情况：①独立于商品的立体形状；②商品的容器、包装的形状；③商品的外形。前两种情况的三维标志注册为商标一般没有什么障碍，因为它们和所标识的商品或服务不存在联系，也不是商品的一部分。第三种三维标志则须符合一定条件方可注册为商标，例如，该形状是非功能性的，或者是有选择余地的。

2. 声音和气味

除了视觉感知以外，声音、气味都可以用来辨认事物。于是，非视觉商标得到一些国家的承认。法国、英国、美国的商标法对可注册商标的构成要素，都要求具有显著特征，但并未限于视觉可感知。由此推定，在理论上，声音、气味都有可能作为商标注册。我国《商标法》第三次修改将"声音"纳入可注册商标的范围，从而使商标从可视性商标发展到声音商标。声音、气味作为商标注册须满足显著性条件，特定的声音或者气味能够区分来自不同产源的商品或服务，且便于消费者认知和理解。

非视觉标志在实际中很少使用，并且保护起来有一定困难。按照 TRIPs 协议第 15 条规定，成员可以根据本国情况决定是否对非视觉感知的声音、气味给予商标保护。

（二）商标的显著性

关于商标的显著性，前面进行了一定的探讨。显著性是商标权利取得的基本条件，任何形态的标记都须满足最低限度的要求。我国《商标法》第 11 条至第 12 条对"具有显著特征，便于识别"作出解释性规定。根据其规定，商标标识中凡含有下列要素的，均属于缺乏显著性。

1. 官方徽记、标章

上述标志不得作为商标注册，也不得作为商标而使用，其目的在于保证标记具有区分和识别功能，同时也是为了维护国家、国际组织或团体的尊严和权威。

2. 通用标志和描述性标志

通用标志是表示某一商品或服务的种类或者型号的通常名称、图形、型号或者约定俗成的称谓。通用标志是给予一类商品或服务的统称，其本身并不具备识别来源的属性，无法发挥商标的指示和区分作用。从商业表达自由的角度看，经营者有权将其使用在商品交易过程中，用来称呼其产品，同时，接受商业信息的消费者有知情权，通过通用标志获取商品信息。如果将通用标志注册为个别经营者垄断的商标，会导致后来者遭遇市场进入方面的阻碍，也给市场同业竞争者带来不便。由于这个原因，通用名称应当保留在公共领域，完全不宜作为商标注册和使用。

通用名称有两种情况：一是原本就是商品的名称、称谓。二是原本具有显著特征的标志，但在使用中变成了通用名称，被相同产品或服务的同一行业经营者约定俗成、普遍使用，消费者亦将其认知为商品通用的称谓。

描述性标志，是指直接表示商品属性或特点的字词、图形。描述性标志应当作为公共资源，不允许被独占。

3. 功能性标志

获得商标保护的标志必须是非功能性的。功能性是指商品的形状、外观，是商品自身性质决定的，是某类产品唯一的或通用的形状或外观。一般来说，如果某一产品的装饰性外观设计存在着若干个选择，这样的形状外观就是非功能性的，因而可以注册为商标。

功能性三维标志被排除商标注册，是为了避免因商标保护而妨碍合法的自由竞争。无疑，所有的商品都有外观形状，许多商品还需要包装、容器，这些外观设计有的是商品用途或质量所必需的，没有选择余地，如果允许生产经营者借商标注册进行控制，就会妨碍商品的自由竞争。还有些产品的外观设计属于可专利的对象，专利权保护期限一到期，受保护的对象将进入公共领域，人人都有权使用。同时，随着技术的发展，最初属于商品的特定形状可能发展成通用形状，如果允许作为商标注册获得无期限的保护，就会冲击专利制度的实施，并会妨碍市场竞争所需的适度模仿。因此，三维标志既可获得商标注册又必须进行必要限制，这种限制即体现为禁止功能性三维标志注册为商标。

除了三维标志，颜色也具有功能性，因此颜色商标也会因为功能性而被拒之于商标法之外。美国商标法及司法实践均拒绝给予功能性色彩的商标保护，认为一种色彩如果是产品的组成部分，或者与产品特征有关，或者对制造和使用而言更经济，可以被认为具有功能性，不得作为商标注册。例如，公用电话及电话亭的黄色和橙色被认为具有功能性，因为一旦紧急情况发生，这些颜色在任何灯光条件下都更加醒目。

4. 地名

地名不得作为商标是各国通行做法，我国也不例外。如果产品或服务确实来自地名所指的地方，允许该地名作商标，就意味着该地方的其他企业不能在产品或服务上使用这一地名，这无异于授予某一企业不合理的垄断权。如果产品或服务并非来自地名所指的地方，该地名商标就会带有商品来源地方面的欺骗性。地名是对地理区域的客观描述，这就决定了应将其保留在公有领域，为该地域内的所有经营者共同使用。

但是，禁止地名作为商标也有例外。具体存在于两种情形之中：第一种情形是，地名具有其他含义或者作为集体商标、证明商标组成部分的除外；已经注册的使用地名的继续有效。何为

"其他含义",根据《商标审查审理指南》[1]对"地名具有其他含义"的解释,地名作为词汇具有确定含义且该含义强于作为地名的含义,不会误导公众。司法实践中对"地名具有其他含义"作出的解释是,除作为地名使用外,还有具体明确、公知的其他含义或是已在公众中约定俗成的其他用语。[2] 据此,可以理解为,某个词汇与地理来源之间关联性较弱,而具有地名以外的含义,能够借以识别某一商品的出处,可以作为商标。第二种情形是,地名达到地理标志的程度的,可以作为证明商标、集体商标注册。如果一个地名词汇和商品特征之间具有这样一种联系,即地名直接反映出商品的内在质量、信誉或者其他特征,它们又主要是由该地区的自然因素或人文因素所决定的,这个地名就构成地理标志,可以注册为集体商标或证明商标,为该地理区域内的企业共同使用。

基于上述作进一步分析,商标和地理标志都是商标法意义上的商业标识,也是《民法典》所明确规定的专有权利的客体,具有私权属性。地理标志和商标都具有区分功能,但两者区分的具体内容不同,商标的意义即区分的是提供商品或服务的企业,地理标志的意义即区分的是商品的地域来源。由于识别与区分的具体内容不同,两者的显著性要求亦有所不同。因为地理标志表明商品产自何地、有何种特性和优势,因此其命名一般是"地名+品名",其显著性大多是通过使用和宣传推广获得。因此,地理标志必然带有描述性,但又兼具描述性和显著性,且显著性的获取并不取代或削弱描述性。在权利属性上,地理标志是一种"集体主义"的私权,是一种共有权利,可为多个主体共同使用,即

---

〔1〕 由国家知识产权局制定,自2022年1月1日起施行,原《商标审查及审理标准》同时废止。

〔2〕 云南某股份有限公司与国家工商行政管理总局商标评审委员会商标权撤销纠纷案,北京市高级人民法院(2003)高行终字第65号行政判决书。

在遵循特定的质量要求的前提下，位于该产地的企业都有权在产于该地域内的商品上使用同一地理标志。

通用名称既然是一类商品的统一称谓，理应属于社会公众共同享有、共同使用的公共资源。通用名称既是指国家标准、行业标准商品名称，也包括约定俗成的商品名称。实践中，通用名称的具体认定应考虑社会公众的认同、行业使用等客观情况。当国家、行业标准与约定俗称、别称不一致的时候，应当以普通消费者的一般认知为标准做出认定。[1][2]

商标、地理标志、通用名称的划分并不是绝对的、一成不变的，商标和地理标志都有演化为通用名称的可能。当某个地理标志失去了指向产地和特定质量的意义，也就是所谓的"去地理化"或"通用化"时，就可能成为通用名称，从而不能再受到地理标志的保护。例如，云南省大理市盛产的"大理石"，现已淡化为商品通用名称。

理论上而言，商标、地理标志和通用名称三者的区分应当是泾渭分明的，其中通用名称是社会公众共同享有的公共资源，地理标志是符合条件的特定主体才有权使用的标识，商标则是商标权人所专用的对象。[3] 因此，当一个标识是地理标志时，其不可能为社会普遍使用。反之亦然，当一个标识被认定为通用名称

---

〔1〕 相关案例，参见武汉某医药科技有限责任公司、武汉某药业有限公司侵害商标权纠纷案，湖南省高级人民法院（2020）湘知民终 312 号民事判决书；山西某沁州黄小米（集团）有限公司与沁县某土特产有限公司、太原某商贸有限公司侵害"沁州黄"注册商标专用权纠纷案，最高人民法院（2020）最高法民申 997 号民事裁定书。

〔2〕 相关研究，参见冯晓青：《商标通用名称化及相关侵权问题研究——以"金丝肉松饼"商标侵权纠纷案为考察对象》，载《政法论丛》2015 年第 3 期。

〔3〕 相关案例，参见某市粮食行业协会、某桥米有限公司等与咸宁某食品有限公司等侵害商标权纠纷案，湖北省武汉市江汉区人民法院（2019）鄂 0103 民初 9313 号民事裁定书；阿克苏地区苹果协会与西宁某蔬菜水果商行侵害商标权纠纷案，青海省高级人民法院（2020）青知民终 20 号民事判决书。

后，其也不可能只供特定主体使用。然而，商标、地理标志和通用名称的认定和权利界限又是模糊的。较有争议的问题是：带有地域特征的名称究竟是地理标志还是通用名称，法院依据不同标准作出了不同的裁判。在最高人民法院 2014 年 4 月公布的《最高人民法院知识产权案件年度报告（2013 年）》中的"沁州黄"案中[1]，最高人民法院认定"沁州黄"构成通用名称，认为"沁州黄"能够反映出一类谷子（米）与其他谷子（米）的根本区别，符合通用名称的要求。在最高人民法院 2018 年 4 月发布的"2017 年中国法院十大知识产权案件"的"稻花香"案中[2]，最高人民法院认为，被诉侵权产品销售范围并不局限于五常地区，而是销往全国各地，应以全国范围内相关公众的通常认识为标准判断"稻花香"是否属于约定俗成的通用名称。以全国范围内相关公众的通常认识为标准，现有证据不足以证明"稻花香"属于约定俗成的通用名称。二审判决认为"稻花香"属于五常地域范围内约定俗成的通用名称，未考虑被诉侵权产品已经销往全国，相关市场超出五常地域范围的实际情况，确有错误。显然，两个案件均涉及带有地域特点的称谓，但在认定是否构成通用名称时采取了不同的判断标准，一个是依据"特定地域范围"标准，一个依据"全国范围"标准，由此产生不同的裁判结果。

最高人民法院《关于审理商标授权确权行政案件若干问题的规定》（以下简称《商标授权确权规定》）第 10 条对于商品通用名称的认定作出如下规定：通用名称的认定一般以全国范围为标准，但在满足"由于历史传统、风土人情、地理环境等原因形成

---

〔1〕 某沁州黄小米（集团）有限公司与某檀山皇小米基地有限公司、某檀山皇小米发展有限公司侵害商标权纠纷案，最高人民法院（2013）民申字第 1642 号再审民事裁定书。

〔2〕 某米厂与五常市某农业股份有限公司、福建某综合百货有限公司某分店、福建某综合百货有限公司侵害商标权纠纷案，最高人民法院（2016）最高法民再 374 号民事判决书。

的相关市场较为固定的商品，在该相关市场内通用"的情形下，应以地域内相关公众的通常认识为判断依据来认定地域性商品通用名称。该司法解释规定重申了认定通用名称的两个标准——"全国范围"和"特定地域范围"。照此规定，通用名称按照地域范围划分，有的是全国性通用名称，有的是地方性通用名称。这看起来可以灵活地处理通用名称和地理标志之间的转化定性，其所基于的划分标准却混同了地理标志和通用名称的属性，加重了两者之间的混乱。在该原则与例外的指引下，地方性通用名称与地理标志的界定与区分变得更加模糊。因为，具有地域性特点的名称确实通常是源于该地区、其商品的特定质量等特征与该地区的自然或人文因素紧密相关，具有强烈的地域性特征，因此，其在性质上与地理标志的概念更为接近，而一旦被认定为通用名称，则意味着该地域性名称成为公共领域中任何人均可使用的公共资源，无法再由该特定地域内的相关人共用。这就可能牺牲相关主体已注册的地名商标、地理标志的合法权利，使得搭便车者、仿冒者得以堂而皇之地以通用名称为由占有他人的注册商标、地理标志，消费者则在市场乱象之中深受其害。因此，在界定地域性名称的属性时，应持谨慎严格的态度，避免轻率地将地理标志认定为通用名称。[1]

（三）商标的合法性

我国《商标法》第10条即规定了8项不得作为商标使用的标志。这些标志不得作为商标而使用，当然也不得作为商标注册，其目的在于保证标记具有区分和识别功能，同时也是为了维护国家、国际组织或团体的尊严和权威。

在这些不得使用的标记中，第6、7、8项规定涉及的司法纠纷案例较多，故以下将着重探讨。实际上，一个标志使用的文

---

〔1〕 相关研究，参见张今、卢结华：《商标法中地域性名称的司法认定：商标、地理标志、特有名称与通用名称之辨析》，载《法学杂志》2019年第2期。

字、图形是否有悖于社会道德风尚，是否会产生不良影响，受到商标法关切，各国立法都从公共秩序和道德方面对商标标志提出要求。

带有民族歧视性的标志不得作为商标使用，更不得予以注册。"民族歧视性"是指商标的文字图形或其他要素带有对特定民族丑化、贬低或者其他不平等看待该民族的内容。

带有欺骗性，是指商标对商品或服务的质量等特点或者产地产生误认，容易使公众产生错误认识。

社会道德风尚类似于民法公序良俗。"不良影响"是一个具有争议的问题，何谓不良影响、如何判定，法律解释不够明确，实践中法律适用存在不确定性，因此，这是一个引人关注的问题。商标不可违反公共秩序和道德这个原则是所有国家公认的，尽管社会环境不同，评价标准不一，但是人类基本道德准则是一致的。

笔者认为，判断一个标志是否不道德，应当以消费者的认知和感受为标准。认定是否违反公序良俗或者不道德，应当以社会上主流的风气和习惯、社会公众的道德观念为基准。对大多数人来说，令人反感或者感到不舒服，如低俗、色情的内容，或者对社会秩序产生消极的负面影响的内容，应当认定为有害于社会主义道德风尚或者具有其他不良影响。

最高人民法院曾在《关于审理商标授权确权行政案件若干问题的意见》（以下简称"2010年《商标授权确权意见》"）第3条对"不良影响"的法律适用作出规定。《商标授权确权规定》第5条第1款有关"不良影响"法律适用的规定与上述2010年《商标授权确权意见》的规定相同，即商标标志或者其构成要素可能对我国社会公共利益和公共秩序产生消极、负面影响的，人民法院可以认定其属于"不良影响"；同时增加一款：将政治、经济、文化、宗教、民族等领域公众人物姓名等申请注册为商标，属于前款所指的"其他不良影响"。

不过，《商标授权确权规定》第 5 条第 2 款，将政治、经济、文化、宗教、民族等领域公众人物姓名等申请注册为商标的行为，归类于有"不良影响"，值得商榷。

笔者认为，"不良影响"应用于评价"标志及其构成要素"，即语言文字自身是否带有不良影响的属性。公众人物姓名本身并不带有非道德性，也不是忌语，它们的存在不会对社会公共利益和公共秩序造成消极、负面影响。只有将公众人物姓名申请注册为某类商品上的商标时，这种公开使用可能会给相关人物的名声、荣誉造成消极、负面的影响，可能产生损害公共利益、谋取不正当利益的结果，因此，这种注册行为扰乱商标注册秩序、损害公共利益、不正当占用公共资源或者谋取不正当利益的，应当属于《商标法》第 44 条"以其他不正当手段取得注册"的情形，适用该条规定制止该类商标注册行为。

三、商标权取得的相对条件

（一）在先权利

不与在先权利相冲突，即要求申请注册的商标具有在先性，如果作为商标的文字、图形来自在先的作品、商号、外观设计等，应当取得权利人的同意，如果商标与其他权利发生冲突，以保护在先取得的合法权利为原则。《商标法》第 32 条即规定：申请商标注册不得损害他人现有的在先权利，也不得以不正当手段抢先注册他人已经使用并有一定影响的商标。

商标注册可能损害的在先权利，是指在申请商标注册之前的他人已有的合法权利。构成在先权利的权利客体通常为视觉标志、书法、绘画、图案、外观设计、姓名、肖像等，这些对象分别对应著作权、外观设计专利、人身权，因而，有关在先权利的规定并不在商标法，而是规定在《民法典》和其他知识产权专门法之中。

商标标志为作品的，注册行为可能损害在先著作权。商标审理机构或者人民法院应当依照著作权法等相关规定，对所主张的客体是否构成作品、当事人是否为著作权人或者其他有权主张著作权的利害关系人以及诉争商标是否构成对著作权的侵害等进行审查。

上述在先权利可能为姓名权。姓名权是《民法典》明确规定的一项权利，商标领域主要涉及的是未经许可将他人姓名申请注册为商标并进行使用的行为。如果在相关公众看来，商标标志指代了某自然人，容易使人认为标记"系经过该自然人许可或者与该自然人存在特定联系"的，可以认定姓名权受到损害。对于实践中出现的以笔名、艺名、译名等特定名称来主张姓名权的，如何认定？《商标授权确权规定》第20条规定，当事人以其笔名、艺名、译名等特定名称主张姓名权，该特定名称具有一定的知名度，与该自然人建立了稳定的对应关系，相关公众以其指代该自然人的，人民法院予以支持。[1]

在先权利也可能为商号。未经许可以他人企业字号相同或者近似的标记申请注册商标，容易导致相关公众对商品来源产生混淆的，当事人可以商号或企业名称主张构成在先权益，提出撤销或者无效申请人的商标注册。商号或者企业名称，包括具有一定市场知名度并已与企业建立稳定对应关系的企业名称的简称。

（二）在先权益

在先权利是一个开放性的规定，既包括法律有明确规定的权利，也包括其他合法权益。这里不妨以"角色形象"为对象略加

〔1〕 相关案例，参见迈克尔·杰弗里·乔丹与国家工商行政管理总局商标评审委员会、某体育股份有限公司"乔丹"商标争议行政纠纷案，最高人民法院（2018）最高法行再32号行政判决书；"YEEZY"商标无效宣告纠纷案，北京知识产权法院（2017）京73行初9208号行政判决书。

探讨：

角色形象是作品的重要组成部分。一些作品塑造的形象十分典型，其知名度甚至超出了作品本身，因此会产生这类角色形象是否可作为独立作品受著作权保护的问题。作品中的角色有两种：文字角色和美术角色。美术角色更容易获得保护，原因在于，一个美术角色本身就是美术作品，它既是整部作品的独创性部分，又是整部作品的象征。当这些角色形象被用作商标或者其他商业标识，其知名度会带来相应的商业价值，权利人可将角色形象自行使用或授权他人使用，而未经许可将这些角色形象作为商标注册或者用于商品促销的，有可能侵害作品的著作权。2017年《商标授权确权规定》第22条对此即作了规定。

商标权的内容

商标权是商标法的重要范畴，一个标志经过商标注册之后取得商标权，其权利客体是什么？主流的说法将商标权定义为对注册商标进行支配的权利，支配权大致包括：专用权、禁止权、续展权、转让权、许可权等诸多权项。

一、商标权的客体

（一）标志财产权

商标权的客体是什么？标志、标志与对象及出处之间的联系，抑或商誉，对此，人们的认识经历过从标志财产权到商誉财产权的变化。标志财产权，是最初人们对商标财产形式主义的认识，既然商标由标志构成，那么财产权的标的就是用作标志的文字、图形，权利所有人对标志拥有排除他人使用的绝对权，任何人未经允许不得使用该标志物。标志性权利在今天依然可以看到其身影，人们通常认为，商标权就是一种标识性权利，即权利人对特定标志享有权利。

将标志物作为财产权客体的理论受到的质疑是，其属于公共领域中先行存在的对象，将它们作为商标，其所有人并没有创造任何新的东西。标志财产权克服无创造性的一条出路是，杜撰名称、选用全新词汇作为商标或者对已存在的词汇在非字面意义上使用，这样的标志可以被独占性使用。这类标志被称为"臆造商标"。然而，现实中，大多数商标恰恰不是臆造词汇，这就导致了以下问题：臆造商标因具有创造性而可以被专有，大多数非臆造商标不能依据标志性权利受到保护，只能通过仿冒之诉维护标志上的权益。通过制止不正当竞争获得救济，标志所有人必须证明被告弄虚作假或者伪造，这个要求在财产权理论中并不存在。依据财产权理论，只要某人对某标志拥有财产权，任何人未经许可的使用都构成侵权，无论行为人主观上是否存在侵权之故意。

将商标标志当作商标权的客体，本身并没有错，但它未揭示出商标权客体的全部。商标标志和商标是不同的，商标是一个三要素组成的符号系统，不仅有标志，还有标志指向的对象、标志代表的意义。三个要素之间的联系，凭借标志在商业中实际使用，商标所有人借助标志开展营业活动的事实而发生。这种联系的存在和真实性，是商标的意义和价值所在。这样，商标权的客体具有两层含义：其一，支配权的标的，这是狭义的、第一顺位的权利客体。符号、标志作为商标权第一顺位的权利客体，它们是作为法律规定之外的事实存在的，只要存在就可以作为支配权客体的物。其二，存在于标志之上的权利，第二顺位的权利客体。这个客体是商标所有人可以通过法律行为予以处分的标的。这个权利客体是商标权利和法律关系，譬如商标权转让或者使用许可，是对权利的处分，转让商标或许可他人使用商标，交换中给予他人的不是标志，权利人也无法控制事实存在的标志，而是允许他人行使本应禁止的行为。同样，无效宣告、撤销注册商标，是以法律行为对商标权利施加影响，这些法律行为的客体都是一个权利或一个法律关系，而不是商标标志。

（二）商誉财产权

商誉财产权理论标志着财产权的发展和进步，该理论强调商标法保护的并非标志本身，而是标志所代表的商誉。只要商标在商业活动中积累了商誉，使得消费者将其与特定商品或服务的出处相关联，那么该标志就是受保护的商标，其所有人就可以主张商标权，当然也可以对未经许可使用商标的行为主张法律救济。基于商誉财产权理论，经营者不必再将重点放在如何创造选择一个臆造性专有性标志，而是如何为自己的商标积累商誉。

对商誉的研究并非起源于法学，人们首先在会计学、管理学领域从资产评估、品牌评估的角度研究商誉，在这个视角下，商誉被解释为：社会公众对企业的肯定性认知和积极的市场评价，是企业及其营业在公众中的影响和地位的正面评价。商誉是无形财产中最抽象、最无形的价值。

近些年来，我国商标理论也十分强调商誉对商标的决定作用。从常识看，现实中，商标所有人维护商标权益，实质上是在维护企业已建立的和顾客的联系，维护企业商品服务已取得的市场认可和企业的竞争优势。从商标侵权行为看，侵权者所攀附和利用的通常是具有一定商誉的商标，这进一步证实了商标权的客体是商誉的说法。

但是，将商标价值归结为商誉，认为商誉是商标权客体，又有失偏颇，与商标制度的价值取向不完全相符。

第一，商誉不仅仅被商标承载，还承载于企业名称、商品特有名称以及任何商业标记之上，进而，商誉与营业的联系更为密切、更加直接。商标承载商誉，不一定是企业的全部商誉，企业有多件商标的，某一件商标无法代表企业整体商誉。即使商标承载全部商誉，也是借助商标的指代作用将商誉折射在经营者主体身份之上，与企业的营业关系更为密切。作为活动的营业即商标法意义上企业使用商标从事生产经营活动，与商标商誉的形成有着更为密切的关系，是商标的形成和获得商誉最直接的根据。从根本上说，商誉取决于营业活动。鉴于营业活动是企业各项生产要素以及企业内部与外部环境优化组合、协同效应的过程和结果，因而商标也只是商誉的载体之一，是商誉价值的一个部分，绝非全部。

第二，就商标功能而言，将商誉作为商标权的本质也与商标功能的定位不相符。[1] 区分商品来源是商标的基本的、核心的功能，防止其商品与其他经营者的相混淆，凡具备识别和区分来源能力的标志都可以受到商标法保护，而标记有无区分功能与经营者是否已获得商誉无关。积累和代表商誉，是商标基本功能延伸的第二功能，或者说，商誉是商标深层次的价值。如果把商誉看作商标权的本质，就可能颠倒了商标基本功能和延伸功能的顺位关系，就可能忽视商标作为标识的基本属性。应当说，商标保护的基本标准始终是标志具有显著性，这一要求产生于商标的基本功能。

第三，以商誉作为商标权客体，将使商标确权缺乏可操作性。由于商誉具有抽象性、不可辨认性和不确定性等特点，如果将其作为商标权保护的客体，商标权的取得及存废势必陷入不确定的境地。本来，商标权的注册取得，申请人只要将具有显著特征且不与他人在先权利发生冲突的商标标志申请注册，即可以获得商标权，即使申请人尚未开展营业活动，无商誉可言，也在所不问；商标权的使用取得，凡在先使用商标标志者，即使是其所标识的商品及其营业尚未获得商誉，也须保护其商标权。诚然，商誉的建立乃至高低虽然不能决定商标权的取得与否，但是其对商标知名度和商业价值能产生重大影响，商誉是商标经济价值的源泉，商誉和商标价值之间具有正相关关系。商标法上未注册商标、驰名商标的保护，恰恰是因为其承载着商誉因而具有受保护

---

[1] 关于商誉与商标功能的关系，参见郭富青：《论商誉在商标权保护中的功能定位》，载《西部法学评论》2013 年第 5 期；徐聪颖：《论商誉与商标的法律关系——兼谈商标权的自由转让问题》，载《政法学刊》2010 年第 1 期。

利益。可以说，商誉对于驰名商标、未注册商标的保护具有至关重要的作用。[1]

二、商标权的内容

（一）商标权的概念

对商标进行支配的权利，是商标所有人对商标标志享有的权利，即商标专用权。然而，我们知道，商标权不限于商标专用权，除了专用权，商标权的内容还有禁止权。正因为如此，主要国家的商标法大多采"商标权"或"所有权"的概念，并且主要是从"禁止权"角度规定商标权的。《德国商标和其他标志保护法》第 14 条规定了"商标所有人的专有权、禁令救济、损害赔偿金"，内容包括获得商标保护的商标所有人应拥有商标专有权，商标所有人得禁止的商标使用行为，重点在于商标所有人的禁止权。[2] 美国的《兰哈姆法》则没有商标专用权的概念，法律直接从侵权和救济的角度规定商标权人有权禁止的行为。

考察上述商标权的相关立法，不难看出，商标权具有两个维度：专用权和禁止权。专用权的规定是宣示性的、简单的，禁止权的规定则是具体详尽的、列举式的。由此可知，注册取得的商标权利，是禁止权。究其原因，商标专用权是注册人使用自己的商标的权利，任何标志无论注册与否都允许使用，未注册商标的使用亦不受限制。商标上的权利，关键在于商标所有人是否能够对抗他人的使用，即任何第三人对该商标负有何种义务。因此，商标权的效力并不是自己使用商标，而是阻止他人使用商标的禁

---

[1]　参见郭富青：《论商誉在商标权保护中的功能定位》，载《西部法学评论》2013 年第 5 期；徐聪颖：《论商誉与商标的法律关系——兼谈商标权的自由转让问题》，载《政法学刊》2010 年第 1 期。

[2]　《十二国商标法》翻译组译：《十二国商标法》，清华大学出版社 2013 年版，第 83 页。

止权。注册制度下，注册商标专用权的意义在于划定商标专用的界限，而权利的效力在于禁止他人的使用，以及指控他人的侵权行为。

《商标法》第56条规定："注册商标的专用权，以核准注册的商标和核定使用的商品为限。"作为一项积极权利，商标专用权是指商标所有人对其注册商标享有的独占性使用的权利；商标专用权的范围是从商标和商品两个方面加以界定的，以核准注册的商标和核定使用的商品为限，划定了专用权的范围。专用权涉及的是商标权人在多大范围内使用其注册商标。

禁止权是一项消极权利。我国《商标法》第57条以列举侵权行为的样式规定了"禁止权"。在注册制度下，禁止权是注册商标享有的权利，未注册商标虽然可以得到保护，却不享有禁止权。

（二）专用权和禁止权

商标权的独特之处在于，专用权和禁止权两个方面并非平行。专用权的范围划定为"核准注册的商标和核定使用商品"，禁止权的范围则及于"类似商品"和"近似商标"，超出了专用权的范围。禁止权的范围大于专用权的范围，这是由商标功能和商标法的宗旨所决定的。为了保障商标能够发挥功能，保护商标所有人的专有使用权，仅仅排除他人在同一种商品上使用相同商标，显然不足以达到保护专用权的目的。因为标志近似和商品或服务类似都容易使人发生辨认困难甚至导致混淆，大量近似商标的存在极易对注册商标合法权益造成损害。

进言之，使用权和禁止权是商标权不可分割的两个方面，从两个维度构成了完整的商标权：

从权利效力看，专用权是积极权利，禁止权是消极权利。专用权从积极权利方面确认注册商标的权利范围，在这一范围内，注册人得自由支配商标。禁止权利的边界就是第三人的商标活动的范围。

从权利属性看，专用权是一种支配权，禁止权是一种请求权。在注册商标的专用权没有受到他人的干涉和侵害时，商标注册人不需要提出针对特定人的请求权，其注册商标事实上的状态和应然状态是一致的。但只要有人侵入了专用权的边界，商标权就有了针对特定人的权利，就可以行使禁止权，请求停止侵害和赔偿损失。此时，禁止权是以请求他人不作为的形式来保护商标专用权的应有状态。从上述意义讲，禁止权来源于专用权，不可脱离专用权而独立存在。禁止权作为商标权的一方面，其意义在于有救济才有权利，商标权效力的实用性就在于禁止权，没有禁止权的保障，商标权利就无以体现。

三、商标权的灭失

权利的灭失是指原来有效的权利因某种原因而不复存在。商标权灭失的原因，也就是导致权利消灭的法律事实，有当然消灭和可能消灭两种，前者是指有效期届满没有申请续展的注册商标被注销、商标注册人死亡或者终止而没有办理移转手续而被注销等情形。后者是指因商标注册不当被宣告无效、注册商标使用不当被撤销的情形。下面重点阐述注册商标的无效和注册商标的撤销。

（一）商标权的无效宣告

1. 无效宣告的事由

商标权无效，是指商标不具备注册条件但取得注册的，依法定程序使其商标权归于消灭的制度。[1] 导致商标权无效的原因

---

〔1〕　相关案例，参见国家知识产权局等与某保险集团股份有限公司注册商标无效宣告案，北京市高级人民法院（2020）京行终4862号行政判决书；国家知识产权局等与北京某科技有限公司注册商标无效宣告案，北京市高级人民法院（2020）京行终1618号行政判决书。

主要包括商标本身不具备注册条件和与在先权利相冲突。依各国法例，注册无效的事由分为两种情况：一是欠缺显著性等绝对条件，也被称为"因绝对理由无效"；二是欠缺相对性条件，也被称为"因相对理由无效"。

欠缺绝对条件，包括已经注册的商标含有法律禁用的标志，注册商标不具有显著性，以及以不正当手段获得注册的。我国2019年《商标法》第44条第1款规定：已经注册的商标，违反《商标法》第4条、第10条、第11条、第12条、第19条第4款规定的，或者是以欺骗手段或者其他不正当手段取得注册的，由商标局宣告该注册商标无效；其他单位或者个人可以请求商标评审委员会宣告该注册商标无效。该条规定的宣告商标权无效的条件是，注册商标违反商标权取得的绝对条件，而这些绝对条件是法律强制性规定，其涉及的是社会公共利益和商标法律秩序，因此，违反这些条件的注册商标是绝对无效的，不会随时间而改变，商标局可依照职权宣告该注册商标无效，任何第三人也可以请求商标评审机构宣告该注册商标无效。其中，违反第4条和违反第19条第4款是2019年《商标法》修改新增的规定，这就将不以使用为目的恶意申请商标注册、商标代理机构违法申请或者接受委托申请商标注册一起纳入无效宣告程序中，作为提出宣告注册商标无效的事由。

欠缺相对条件而无效中的"相对条件"，包含在先权利人或利害关系人的权益。《商标法》第45条第1款规定：已经注册的商标，违反本法第13条第2款和第3款、第15条、第16条第1款、第30条、第31条、第32条规定的，自商标注册之日起5年内，在先权利人或者利害关系人可以请求商标评审委员会宣告该注册商标无效。对恶意注册的，驰名商标所有人不受5年的时间限制。这些违反相对条件取得的商标权，涉及在先权利人的合法权益，如驰名商标、被代理人利益、在先的著作权、外观设计专利权。此类注册商标侵害了私权，是否应当无效，应取决于相关权利人或利害关系人的意愿，若其不自行提出无效宣告请求的，商标审查和审理机构就不宜主动介入。私权主体提出宣告无效请求的亦有时间限制，不应超过不当商标注册之日起 5 年，例外的情形是，对恶意注册的，驰名商标所有人不受 5 年的时间限制。[1]

2. 宣告无效的法律后果

无效宣告具有绝对效力。被宣告无效的不当注册商标，其商标权被视为自始即不存在。《商标法》第 47 条对此作了规定。

（二）注册商标的撤销

注册商标的撤销，是指商标权人违反法律规定而使用注册商标，导致商标主管部门撤销其注册商标，该商标权也因为注册的撤销而终止。[2][3] 依据《商标法》第 49 条规定，导致注册商标撤销的事由主要有以下三个：

1. 连续 3 年不使用注册商标

使用注册商标是商标所有人的权利，同时也是一项义务。如果注册商标长期不使用，不但起不到指示和区分商品来源的作用，而且还会占有符号资源，致使他人不能使用该标志。但是，如果有不可抗力、政府政策性限制、破产清算，以及其他不可归责于商标注册人的正当事由，则可以有例外。

2. 注册商标成为通用名称

商标在使用过程中变成其通用名称的，该注册商标可予以撤

---

〔1〕 相关研究，参见宁立志、叶紫薇：《商标恶意抢注法律适用研究》，载《法学评论》2022 年第 2 期。

〔2〕 相关案例，参见国家知识产权局等与江苏某酒厂股份有限公司商标权撤销复审案，北京市高级人民法院（2020）京行终 4258 号行政判决书。

〔3〕 相关研究，参见张玉敏：《注册商标三年不使用撤销制度体系化解读》，载《中国法学》2015 年第 1 期；陈明涛：《商标连续不使用撤销制度中的"商标使用"分析》，载《法商研究》2013 年第 1 期；李扬：《注册商标不使用撤销制度中的"商标使用"界定——中国与日本相关立法、司法之比较》，载《法学》2009 年第 10 期。

销。商标通过使用变成通用名称，这是商标通过使用获得显著特征的反向运动，它尤其发生在新产品首次出现在市场上的情况，以及描述性、暗示性商标之上。我国《商标法》2013年修改时将此种情形作为商标予以撤销的事由。由于是商标所有人的行为使商标成为其已注册的商品的通用名称的，任何单位或者个人可以向商标局申请撤销该注册商标。

3. 自行改变注册商标事项

根据《商标法》第49条第1款规定，商标注册人在使用注册商标的过程中，自行改变注册商标、注册人名义、地址或者其他注册事项的，由地方工商行政管理部门责令限期改正；期满不改正的，由商标局撤销其注册商标。自行改变注册事项违反了商标管理规定，且有可能造成消费者的混淆。当然，一般情况下，纠正不当使用行为即可，在事态严重的情况下，商标局可依职权撤销注册商标。

商标权的行使

商标权的行使，是注册商标所有人依照权利的内容和范围实施必要行为，以实现其商标利益的行为。商标的使用，是商标所有人在专用权范围内依法使用注册商标的权利，是商标支配权，标的为商标标志；商标权的转让和许可，是商标所有人对其商标权利的处分，转让和许可的标的不是商标标志，而是商标上的利益。本专题尝试将上述几个方面统称为商标权的行使，分述如下。

一、商标的使用

（一）商标使用的意义和性质

商标使用的意义可以从商标的形成、商誉的建立、商标权的保护范围这三个方面加以求证。[1]

1. 商标使用与商标的形成

任何可感知的符号在理论上都可以成为商标标志，但一个标志如果没有在商业中使用，只是一个抽象的符号，既不会产生受

---

[1] 相关研究，参见王太平：《商标法上商标使用概念的统一及其制度完善》，载《中外法学》2021年第4期；刘维：《论商标使用行为的独立性》，载《现代法学》2021年第6期。

保护的利益，也会失去被保护的根本理由。因此，要实现从符号到商标的跨越，就要在该符号与特定的商品或服务之间建立起对应关系，展示给公众，使用是建立和公示这种联系的唯一根据。标识和区分来源是商标原始的、核心的功能，标志使用是商标功能产生和实现的必要前提。商标形成的关键在于，标志与商品信息在消费者头脑中的结合，消费者以商标作为识别手段表达对商品选择的态度，对商品及其经营者技术和管理水平的认可。从这个意义上讲，任何商标都是通过使用获得显著性的。对于商标的演变，不具备识别意义的标志不能成为商标，然而识别性可以是"先天"的，也可以是"后天"取得的；"先天"显著性的标志还可能会在"后天"丧失显著性，这一演变是使用产生的结果。

2. 商标使用与商誉的建立

商标使用是商标价值产生的途径。商标的功能处于变动发展之中，从原来的识别功能到广告功能、商誉承载功能等。商标法的直接目的就是确保商标功能的实现，商标权的正当性来自它的功能、有用性。现代市场背景下，商标的财产价值来自表彰商誉功能，可保护利益并非该商标标志本身，而是商标所承载的商誉。

商誉即商业信誉与声誉，它是特定主体商业文化的一种价值形态，是市场中一种竞争优势。商誉是一种积极评价，存在于购买者的心里，表现为购买倾向、购买动力，商誉是在企业经营活动和市场竞争中培育起来的，只有通过商标使用、品牌经营，才能使商标成为消费者购买和评价产品的根据，才有可能使商标获得消费者认可，从而日益积累成商誉。

3. 商标使用是权利也是负担性义务

商标权，指注册人对其注册商标享有独占性使用的权利和禁止他人使用的权利。商标专用权是商标权的基本权利，属于支配性权利。商标专用权的范围从时间、商标标识和商品服务三个方面加以确定。商标专用权自核准注册之日起产生，权利的存续时间为 10 年，可以无数次续展。为何要划分权利续展期间，与商标使用有关，该制度旨在防止注册而不使用、多余注册等情况，实现商标的自然淘汰。对于不使用或者没有使用对象的商标，希望商标权人基于注册费用的考虑，自觉地不再进行续展注册。

实际使用、持续使用是维持商标权的必要条件。商标注册制度下，商标注册取得权利后，长期搁置不用将造成社会资源浪费，如果注册人待价而沽，或者要挟阻止他人使用，则更违反商标法的本意。为防止上述现象发生，一方面，我国 2019 年《商标法》第 4 条第 1 款新增"不以使用为目的的恶意商标注册申请，应当予以驳回"的规定，以强化对商标使用的要求；另一方面，对商标注册后的实际使用也有要求，规定商标权人在获得注册后负有使用的义务，如果一段时间内没有实际使用就会丧失商标权，该时间段一般为 3 年或者 5 年。《商标法》第 47 条规定，"没有正当理由连续 3 年不使用的"，商标由商标局责令限期改正或者撤销。3 年不使用撤销制度（"撤三"）是注册原则必要的配套制度。3 年不使用视为对商标权之放弃，是导致财产权丧失的一种形式。

（二）商标使用的概念和构成

1. 商标使用的概念

纵观主要国家和地区商标法可以发现，有关商标使用的立法上大致有两种方式：一种是采用列举式规定，指出商标使用的具体行为方式。另一种是定义式，即法律用专条明确商标使用的内涵，揭示商标使用的本质。采用这种方式的有我国台湾地区"商标法"和我国 2013 年修正后的《商标法》。如我国《商标法》第 48 条规定："本法所称商标的使用，是指将商标用于商品、商品包装或者容器以及商品交易文书上，或者将商标用于广告宣传、展览以及其他商业活动中，用于识别商品来源的行为。"该条规定先是列举了商标使用的具体方式，又将商标的使用概括为"用于识别商品来源的行为"，这从商标的基本功能角度指出了商标使用的本质，是商标使用的定义。

值得讨论的是，我国《商标法》第 48 条规定的"本法所称商标的使用"的适用范围。《商标法》中多处出现"商标使用"的规定，如第 48 条关于商标使用的定义，第 57 条侵权行为构成中的使用，第 59 条商标专用权人无权禁止他人正当使用。于此产生的问题是，第 48 条商标使用的定义，是适用于所有的商标使用情形，还是仅适用于商标所有人的商标使用行为？如果适用于所有类型的使用，意味着各种主体、不同目的的使用皆应以该条规定的"商标使用"为判断标准，如果仅适用于商标所有人的使用，而不涉及其他主体的使用，商标使用制度就因缺乏体系性而导致法律适用标准不统一、不确定。

从《商标法》第 48 条的立法表述看，"本法所称商标的使用"理应适用于《商标法》所有规定中涉及的使用行为，包括商标所有人的使用、第三人的违法侵权使用、正当使用，凡是《商标法》规定的"使用"行为皆应受该条"商标使用"规范。从法条的立意看，《商标法》第 48 条关于使用的定义规定在"商标使用管理"之下，似更倾向于规范商标所有人的商标使用行为。由于使用商标是商标所有人的权利，属于私权自由的范畴，本条规定因而比较宽松，符合权利行使的性质。

较不明确的是，侵犯商标权行为中的"非法使用"是否应当符合第 48 条商标使用的定义。毋庸置疑，《商标法》第 57 条"属于侵犯注册商标专用权的行为"无一不是使用商标的行为。至于对他人商标的侵权性使用，是否应当符合商标使用的定义，这个问题有待于进一步研究。[1]

---

〔1〕 相关研究，参见殷少平：《论商标使用概念及其立法定义的解释》，载《法学家》2022 年第 6 期。

2. 商标使用的构成

（1）在商业中使用。商标使用是"在商业活动中"使用标志，"商业活动"强调商标使用的客观环境，这正是"商标"概念的应有之义。商标使用的根本目的是使得相关公众识别主体来源进而建立商品和商标、生产者或销售者之间的联系，而直接目的是营销和推广品牌，也就是做广告。将商标用于商业中，限定了使用活动的性质，也体现了使用方式的最终目的。早在《巴黎公约》指南中就有权威解释，即商标使用是指"标有商标的商品的销售"，此意即在商业中使用有关标识。TRIPs 协议第 16 条"授予商标的权利"第（1）项对商标所有人享有的专用权的规定中明确了"商业中使用"（use in commerce），即表明只有在商业活动中使用标识，将其与商品或服务联系起来，发挥商标区分来源的作用，负载商誉，标识才能成为商标法保护的客体，从而从商标权获得的角度界定了商标使用。

（2）公开使用。所谓公开使用，是指商标的使用必须面对消费者，使公众能够感知商标的色彩、图案或文字，进而对商标留下印象。公开使用包含两层意思：①受众直接感知，看商标产品或服务；②受众是指相关公众或消费者，不包括内部人员。

与公开使用相对应的是内部使用。内部使用是脱离市场、离开消费者的使用，如公司内部交易行为或企业内部因管理需要而使用商标、仅有将商标转让或许可协议、商标质押担保中的使用等。内部使用主要有在企业内部的管理性文件、会计报表、统计资料、内部刊物上使用商标，由于这些使用场所范围的对内性，不具有满足不特定公众知晓的要求，因而不构成商标的公开使用；仅有商标转让或许可协议，或者将商标适用于质押担保而产生合同关系的，不具有将商标公开展示于社会的效果，并且这种使用是以商标权所负载的利益而非标识为对象，因此难以满足商标使用的公开性要件，不构成合规的使用。[1]

"商业中使用"强调的是使用环境，但商业使用可以不以标识为对象，而以商标所承载的利益——商誉、经济价值——为客体。因此，"公开使用"和"商业中使用"两个要件相互之间不可替代。

（3）真实使用。真实使用包括"实际使用"和"意图使用"两种状态。实际使用是指当事人在其经营活动中正常地、连续地使用了商标，使用方式是将商标附着于商品或服务，或者将商标用于广告宣传等。意图使用的情形包括印制标签、制作带有商标的包装、在产品的销售材料上打上标识、签订商标商品的销售合同等。一般而言，只要当事人实施了实质性准备，就可作为使用商标的证据。

与真实使用相反的是"象征性使用"。它是指使用商标的目的仅仅是为了注册商标或者维持注册的目的而临时、应急地使用商标，带有标识的商品未能进入交易过程，其标识没有起到识别来源的作用。

欧盟法院在相关判例中对"真实使用"有明确的阐释。在一则关于"在赠品上使用商标是否为真实使用"的判例中，欧盟法院认为，商标的真实使用，是指商标能发挥表明商品来源，区分此商品与彼商品不同来源的作用，才是商标法意义上的真实使用。

《商标授权确权规定》第 26 条规定，商标权人自行使用、他人经许可使用以及其他不违背商标权人意志的使用，均可认定为《商标法》第 49 条第 2 款所称的使用。实际使用的商标标志与核准注册的商标标志有细微差别，但未改变其显著特征的，可以视

---

〔1〕 黄汇：《商标撤销制度中"使用"界定基本范畴研究——运用比较研究、逻辑推理和实证分析的方法》，载《知识产权》2013 年第 6 期。

为注册商标的使用。[1] 没有实际使用注册商标，仅有转让或者许可行为；或者仅是公布商标注册信息、声明享有注册商标专用权的，不认定为商标使用。商标权人有真实使用商标的意图，并且有实际使用的必要准备，但因其他客观原因尚未实际使用注册商标的，人民法院可以认定其有正当理由。因此，商标使用应当是真实、积极的使用和具有一定商业规模的使用。[2]

（4）商标性使用。商标性使用，即能够发挥商标指示商品或服务来源的基本功能的使用，也称为商标法意义上的使用。商标法所规范的使用，当指商标性使用，其核心在于标识的区分功能，即"表示商品或服务来源的使用"。

"商标性使用"必然是商业性使用、为商业目的使用，但商业性使用并非当然构成商标性使用。在商业领域中，以营利为目的的活动中使用商标标志，都属于商业性使用，但使用的目的如果不是为了区分和识别商品或服务来源，也与相关公众无关，则不属于商标性使用。例如，将商标作价投资入股、转让商标或许可他人使用商标；不面向消费者，如定牌加工中使用委托方的商标来定制、出口产品。商标的识别性功能要求商标使用必须面对市场，使相关公众能够感知商标，如果产品不进入流通，商标的识别功能派不上用场，则不构成商标使用。定牌加工中使用外国商标的行为不构成侵权，就是运用上述"商标性使用"理论得出的结论。[3]

---

〔1〕 相关研究，参见付继存：《注册商标使用中的"未改变显著特征"》，载《法学研究》2021年第6期。

〔2〕 相关研究，参见黄武双：《对注册商标未授权商品化行为现行规制模式的反思》，载《现代法学》2022年第6期；陈明涛：《"商标使用"之体系建构与反思》，载《环球法律评论》2022年第3期。

〔3〕 相关研究，参见孔祥俊：《涉外贴牌加工商标贴附行为之定性》，载《政法论坛》2022年第3期；孔祥俊：《商标使用行为法律构造的实质主义 基于涉外贴牌加工商标侵权案的展开》，载《中外法学》2020年第5期。

3. 商标使用与商标权的保护

商标使用行为对商标保护强度具有重要影响。注册商标专用权的保护范围是相对的，保护范围的大小与商标的显著性和知名度成正相关的关系。使用行为对禁止权范围也具有影响。商标禁止权的范围是模糊的、待定的，其边界的确定与使用行为密切相关。通过使用产生知名度后，商标禁止权的范围将有所扩大，而达到驰名程度的注册商标，排除他人使用的范围更加扩宽，可以延伸至不相同也不相类似的商品或者服务范围。相反，未实际使用的注册商标，其标识功能没有实际发挥作用，禁止权的范围会受到从严掌握，不致其保护范围过宽。注册商标无正当理由连续3 年未使用的，其保护范围和效力都会受到限制。对此，《商标法》第 64 条作了规定。这一规定即从权利救济角度强调了商标使用的意义。未实际使用的注册商标不存在受保护的商标权益，即使被第三人使用，也不会发生商标权益受到损害的结果，注册商标所有人因而无法得到损害赔偿救济。[1]

二、商标权的转让

（一）商标权转让的性质

转让是继受取得商标权的主要途径。

商标的单独转让曾经是受限制的。在使用取得商标权的制度下，商标是商誉的象征，离开了其所代表的商誉，标记就没有可受保护的利益。所以，普通法上有关商标转让的基本原则是，商标必须与商誉一起转让，这就是连同转让原则。连同商标一起转让的是企业经营，即转让商标意味着转让企业或者与该商标有关

---

〔1〕 相关研究，参见张今：《服务商标之使用和保护的特殊性研究》，载《法学杂志》2020 年第 6 期；刘铁光：《商标侵权中"商标使用"的判定规则》，载《法学杂志》2020 年第 6 期；吕炳斌：《商标侵权中"商标性使用"的地位与认定》，载《法学家》2020 年第 2 期。

的企业营业，企业转让了，经营的事业转让了，商誉当然随之转移。

之所以要求商标与商誉一起转让，最根本的目的是避免消费者混淆。在现代社会，消费者主要依靠商标来判断商品来源，而对商标的选择是因为以前的购物体验使其信赖此商标的商品或服务，从而再次购买，受让人肯受让商标也是看中这一点。

现代各国商标法均已突破连同转让之限制，允许商标的自由转让，这是因为商标已从表示商品来源的标记演进为一种重要的财产权益，商标权的转让、使用许可是商标所有人行使财产权利、满足经济利益的重要方式。从消费者角度而言，只要商品或者服务的质量没有发生变化，经营者即使有所变更，消费者也同样予以认可。可以说，商标的单独转让是商标功能扩展的结果。TRIPs协议第21条即突破了连同转让制度，承认商标权的自由转让。

我国《商标法》对转让的类型未予规定。这就意味着，注册商标可以脱离原经营者而单独转让。

（二）商标权转让的要求

按照《商标法》的规定，转让注册商标须签订转让协议，转让人和受让人应当向商标局提交转让注册商标申请书。转让注册商标须经商标局核准，受让人自公告之日起享有商标权。

（1）在同一种或类似商品上注册的相同或者近似商标必须一并转让。商标注册中核定使用的商品可以是两种以上，如果它们属于同种或类似商品，不得分割转让，以免造成不同出处商品的混淆。所以，转让人继续从事类似产品的生产经营时，不得再使用已转让的注册商标。

（2）联合商标必须一并转让。我国《商标法》虽未明文规定联合商标注册制度，但实务中曾给予一些企业的系列商标在相同或类似商品上注册。联合商标如果发生转让，应一起转让，否则会产生两个商标所有人在同种商品上使用近似商标的情形，造成商品来源混淆。

（3）已经许可他人使用的商标不得随意转让。商标注册人已经许可他人使用的商标，在许可期内如果将其商标权转让给他人，必须征得被许可人的同意。转让核准以后，被许可人仍与受让人保持使用许可关系；如果被许可人不同意转让，就应该先解除许可使用合同，再办理商标转让。总之，不得因转让商标而损害在先被许可使用人的利益。

（4）受让人有保证注册商标商品质量的义务。首先，受让人必须具备商标注册申请人的资格，受让烟草制品、人用药品的注册商标时，必须取得有关部门准许其生产或经营的证明文件。受让人还应具备保证使用该注册商标的商品质量的能力，以维护该商标的声誉和消费者利益。[1]

三、商标权的许可

（一）商标权许可的种类

使用许可是商标所有人行使商标权的一种重要方式，被许可人的使用行为视同商标权人的使用，如果商标权人许可他人使用商标，即使自己不使用，也不会导致商标权的撤销。使用许可并非一开始就得到法律认可的。随着商标功能的扩展，商标权使用许可得到法律允许，并已成为实现商标财产价值的手段之一。

许多情况下，商标许可是技术转让合同、定作加工合同等综合性合同的组成部分。通过技术转让合同，被许可人采用专利技术或非专利技术生产经营某项产品，因而可以使用许可方的注册商标。除了技术合同外，商业特许经营、连锁经营也包含着商标的使用许可。

---

〔1〕 相关研究，参见彭学龙：《商标转让的理论建构与制度设计》，载《法律科学（西北政法大学学报）》2011 年第 3 期。

商标法要求许可人对被许可人使用商标的情况进行控制，以确保标注同一商标的商品服务的性质相同，质量具有同一性和一贯性。《商标法》第43条对此作了规定。

合同许可是一种正常的贸易方式，实际中有的使用许可是作为争议的解决方式而产生的。例如，某一企业追究一起商标侵权纠纷，向法院起诉或者向行政主管机关投诉，而最后的解决方式是双方达成协议，商标权人将商标使用权有偿许可给侵权者。当然，也可以对此前未经许可的非法使用行为进行补偿。这样，原来的侵权者成为被许可人，当事人的关系转变为使用许可关系。还可能有另外一种情况，即商标申请人发现自己欲申请注册的商标已有人使用，该申请人可以与在先使用的企业取得联系，收购该商标，同时为在先使用者留下一段时间逐渐停止使用该商标，在这一期间内，双方当事人的关系为使用许可关系。

商标许可使用不得强制进行。强制许可存在于专利权、著作权领域，当自愿许可交易成本过高或者公众利益所需的特定情况下，可以对专利权、著作权实行强制许可实施。商标权的强制许可是不允许的，这是因为，商标是用来识别出处、区分来源的标志，使用的商标差异越明显，区别效果就越好，而强制性地让某个商标被他人使用，无论怎么说都是毫无意义的，甚至是荒唐的。TRIPs协议规定了商标的许可和转让，但不允许商标的强制许可。

（二）商标权许可的要求

依照许可证贸易的国际惯例和我国有关法律的规定，凡包含专利技术使用权、专有技术（Know-How）使用权和商标使用权在内的许可证贸易，属于技术转让合同。仅仅涉及商标使用权的许可，不能视为技术转让。但不论是单独的商标使用许可合同还是包含在技术转让合同中的商标使用许可条款，其主要内容均包括以下两点：

1. 商品质量控制

对于许可人来说，商标质量控制就是监督被许可人保证其产品质量。对被许可人而言，质量控制条款就是保证使用注册商标的商品质量，保证不出现因质量问题或使用商标不当而损害许可人的利益。被许可人的产品若达不到许可使用的商标的商品质量，许可人有权终止合同，收回商标许可使用权。

商品质量保证是一项法定义务，《商标法》第43条对此作了规定。这一规定对商标注册人和被许可使用人双方在商品质量方面的权利、义务及责任具有规范和指导作用。

2. 商标权的维护

该项内容主要表现为许可人的义务，即许可人有义务保证商标权的确定性，维护被许可人的使用权。具体而言，许可人应保证许可合同项下的商标权真实可靠，是经商标主管机关核准注册的商标，并且该商标仍处于法律保护的有效期限内；许可人不得在同一地区内与两个以上的人签订独占许可合同；在合同有效期间，许可人不应将该注册商标任意转让给第三人；如转让商标，应向被许可人说明情况，取得被许可人同意或者是与被许可人解除使用许可协议；许可人还应采取有效措施维系其商标权并承担所需费用。

商标混淆

一、混淆可能性的概念

混淆通常是指对于商品来源的误认。由于在后商标的存在，消费者误认为其标示的商品源于商标的所有人或者与之有关。用商标的三元组合即标志、对象、出处来说，混淆是指两个商标的标志和对象十分接近，造成了消费者对出处的错误认识。商标法语言上的混淆是指，消费者在商品相同或类似以及商标相同或近似的情况下，对两者的商品来源产生错误判断，或者误认为两个商品的生产者存在经济上的关联关系。商标法上的混淆，均只要求存在混淆可能性而并非有实际混淆的事实。混淆可能性也称为混淆之虞，指足以发生混淆，这种可能性是真实且具有现实合理性的。

混淆可能性是商标侵权的构成要件，是商标侵权的核心问题。侵犯商标权是一种民法上的侵权行为，因此，在商标侵权判定中，适用侵权行为的一般性规定。

世界上许多国家，商标权的取得或保护以制止混淆为出发点。我国2013年修正的《商标法》第57条也将混淆可能性规定为商标侵权判断的要件，商品和商标"双相同"的，推定足以造成混淆，构成商标的侵权，商品和商标"双相似"，足以造成混淆的，构成商标的侵权。混淆可能性是判断商标侵权的基准。

混淆可能性作为商标侵权的判断标准是由商标功能决定的。商标的基本功能是识别来源，兼有质量保证、广告营销等功能，无论何种功能，商标实质上均在传递信息。识别来源传递着商品生产者的信息，质量保证传递着"质量控制来源和一致的质量水平"的信息，表彰商誉传递着商品生产者经济能力、顾客积极评价良好口碑的信息。在没有混淆的情况下，生产者经营者的商品信息各行其道，界限是清楚的，商标法没有必要干预。混淆造成不同主体的商标相混同，难以区分和辨别，原本传递商标所有人的商品信息可能同时传递着竞争对手的信息，导致商品信息传递出现混乱。一旦商标表达的信息受到干扰破坏，消费者就无法依据商标进行购物决策选择，这不仅增加了搜寻成本，侵害了消费者自由选择商品的权利，也势必对营商环境带来负面影响，干扰市场竞争秩序。因此，混淆是对商标运行机制根本性的破坏。商标法保护商标功能正常发挥作用，必须防范和制止混淆，保证商标传递信息的功能正常发挥。因而，商标权是否受到侵害，必然是以混淆可能性为根据，有混淆则有商标侵权，没有混淆则没有商标侵权。

混淆为商标侵权的判断标准，体现了商标法的价值和规范旨意。恰当的商标保护有助于激励创新、满足社会需要，从而有效地维护市场公平竞争。这就决定了商标保护的直接目的在于防范和制止商标混淆，激励企业投资，诚信经营，提高产品和服务质量，从而构建良性的公平竞争的营商环境。

混淆可能性是划定商标权边界的尺度。商标权包括使用权和禁止权两个方面，禁止权是商标权的核心。在权利范围上，专用权和禁止权有重合又有差异，差异就表现在禁止权范围大于专用权，专用权封闭在相同产品和相同商标上，是明确的、固定的。

禁止权可延伸至类似商品和近似商标，其边界是模糊的、不确定的。如何划定禁止权的范围，其边界何在，均以混淆可能性作为勘定权利边界的标尺。只要存在混淆的可能性，就属于商标所有人有权禁止的行为。如果没有混淆可能性作为标尺，商标禁止权范围的扩张失当，将会妨碍其他竞争者自由地参与市场竞争，也将影响商标法立法目的和基本政策的实现。

混淆可能性的判断以消费者认知为关键因素。混淆是人们对事物的认知发生的错误判断，属于心理现象。商标混淆是消费者对商品服务来源发生的错误判断，也是一种心理现象。将消费者心理认知状态作为判断混淆与否的重要依据，符合商标运行规律，也符合商标法立法宗旨。[1]

二、混淆的类型

混淆可能性作为商标侵权的判断标准并非一开始就存在于商标保护之中，在很长一个时期，混淆可能性未能在商标保护与侵权认定中扮演主要角色。混淆规则确立后则经历了混淆的类型逐步扩张的过程。

（一）关联关系混淆

混淆类型的扩张，最先表现在从来源混淆扩张到关联关系混淆。所谓关联关系混淆，是指消费者并不会误认为两个商品来源于同一生产者，而是误认为提供商品的生产者之间存在赞助、附属、许可等经济上的关系。

早期商标法主要防范相互竞争的商品商标之间的直接混淆，只有造成消费者将侵权人的商标误认为是商标权人的商标，并且两种商品直接竞争，他人的行为才构成商标侵权。随着市场扩

---

[1]　相关研究，参见冯晓青、夏君丽：《商标授权确权中的混淆可能性判断研究》，载《湖南大学学报（社会科学版）》2018年第6期；王太平：《商标侵权的判断标准：相似性与混淆可能性之关系》，载《法学研究》2014年第6期。

大，企业经营范围、地域扩展，商标使用的商品或服务范围延伸
到原来未有的领域，进而使商标许可、特许经营成为市场经济中
较常采用的经营方式，新的混淆形式便出现了。消费者并不会误
认为两个商品来源于同一生产者，只是误认为两者的生产者之间
存在商标许可、关联企业等关系。这种"间接混淆"引起商标权
人的不满和担忧，并且引发了改变混淆可能性标准的利益需求。
混淆标准的立法改革首先反映在《兰哈姆法》中。1946 年制定
的该法第 32 条即有规定。

我国《商标法》没有关联关系混淆的规定。但最高人民法院
多个司法解释涉及了关联关系混淆。最高人民法院《关于审理商
标民事纠纷案件适用法律若干问题的解释》（以下简称《审理商
标民事案件适用法律解释》）第 9 条、第 11 条中出现"相关公
众一般认为其存在特定联系，容易造成混淆的"，均可理解为商
标许可等关联关系混淆。2022 年 1 月 29 日最高人民法院公布的
《关于适用〈中华人民共和国反不正当竞争法〉若干问题的解释》
第 12 条第 2 款规定，《反不正当竞争法》第 6 条规定的"引人误
认为是他人商品或者与他人存在特定联系"，包括误认为与他人
具有商业联合、许可使用、商业冠名、广告代言等特定联系。上
述司法解释对混淆作出了较为宽泛的解释，使混淆可能性包括关
联关系的混淆。

在司法实践中，并不是消费者对两个主体之间任何关系的联
想都构成关联关系混淆，必须是消费者认为一方与另一方具有赞
助、许可或控制等经济关系，并可能基于这种错误判断作出购物
决策，进而影响到消费者和商标权人的利益，这样的混淆才是混
淆可能性所指的关联关系混淆，他人也只有在造成消费者发生这
种形态的混淆时才构成侵权。

（二）售前混淆

传统的混淆，也是最常见的混淆，是指消费者在作出购买决

定时对商品或服务的来源产生混淆，故可称为"售中混淆"。

售前混淆，则是指消费者在准备购买的过程中，在搜索欲购买的目标商品时，被相同或近似的商标所吸引，虽然在购买之时已分清楚商品来源的不同，但最终仍选择购买了侵权商标的商品。这种混淆也被称为"售前混淆""初始兴趣混淆"。显然，售前混淆是一种新型搭便车行为，行为人使用商标权人的商标造成消费者在购买之前对商品的来源发生混淆，转移消费者的注意力和购买兴趣，争取到本属于商标权人的交易机会，这种行为当然为商标权人所不悦。

商标权人希望立法与司法能够有所行动，制止和防范初始兴趣混淆行为。1962 年，美国国会对《兰哈姆法》进行修订，将第 32 条中的"购买者"与"来源"等删去，规定"极有可能产生混淆或误认，或造成欺骗"的商标使用行为构成商标侵权。依据参议院的报告，修改后的法律删去"购买者"的原因在于明确商标法所保护的混淆主体的范围与实际购买者和潜在购买者有关。司法实践中，有的法院从混淆的时间点考察，认为混淆包括"售前"或"初始"的混淆，即便这种混淆在最终购买之时会消除，也依然构成商标侵权。这样，售前混淆开始被纳入商标法调整的范围，美国一些法院陆续在案件中运用初始兴趣混淆规则。

司法上最早适用售前混淆理论的案例是一个确认之诉。该案原被告均为高档演奏用钢琴的制造商。其中，被告在美国创立钢琴品牌"Steingway"，原告在德国创立的钢琴品牌"Grotrian-Steingway"并试图出口到美国。原告向地方法院提起诉讼，请求确认自己使用"Grotrian-Steingway"与已经注册的"Steingway"商标不相冲突。上诉法院指出，如果允许原告使用"Grotrian-Steingway"商标，消费者会误以为原告与被告之间有某种关系，原告的钢琴与被告的钢琴有某种关联。虽然由于钢琴的价格昂贵，而且购买者通常是音乐专业人士，在听到"Grotrian-Steingway"商标的时候仍不可避免地都误以为其与"Steingway"有着关联。显然,地方法院和上诉法院所说的此种混淆,就是早期的初始兴趣混淆。[1]

"Grotrian-Steingway 案"首次采用售前混淆理论认定商标侵害行为,但此案件并没有引起售前混淆理论的广泛运用,直到互联网电子商务时代的到来,才为售前混淆理论的适用提供了广阔的现实基础。在电子商务中,当某个商标作为搜索结果出现,用户追随该商标访问到本来无意访问的网站,这里也有类似产品,查看之后,一些用户仍然会购买该网站提供的产品。不可否认,这种初始的误认对后来的交易活动具有重要影响,起到了转移用户注意力、争取交易机会的作用。此类案件中,法院在无法适用传统混淆的情况下,倚重于初始兴趣混淆理论解决互联网上的商标侵权纠纷。

对于售前混淆理论并非没有争议。如有观点认为,售前混淆并没有对消费者的最终购买选择产生决定性的影响,而只是引发消费者购买兴趣或者诱导其光顾从而获取交易机会。还有观点指出,美国一些法院运用初始兴趣混淆理论来认定商标侵权,无非是扩大商标权利范围的一种手段。

我国《商标法》第三次修正增加了"容易导致混淆的"规定,但是,此混淆是否包括消费者在购买前发生的初始兴趣混淆,并没有相关配套解释。司法实践中,有的法院在具体案件中尝试以售前混淆理论处理问题,其中"大众诉百度案"[2]是一例,并由此引发了有关售前混淆理论的讨论。本案对售前混淆理论的采用,体现在法院将消费者发生误认的时间放在用户点击广

---

〔1〕 参见李明德:《美国知识产权法》,法律出版社 2014 年版,第 585 页。

〔2〕 大众交通(集团)股份有限公司等诉北京百度网讯科技有限公司等侵犯商标专用权与不正当竞争纠纷案,上海市第二中级人民法院(2007)沪二中民五(知)初字第 147 号民事判决书。

告条目之前，以搜索结果页面而非点击进入的页面为判断对象，即将消费者点击广告条目视为消费开始的时间点。由此看出，法院接受了售前混淆的理论。

我国学界对售前混淆是否属于混淆行为而构成商标侵权，存在一定分歧。赞同初始兴趣混淆构成商标侵权的观点认为：初始兴趣混淆行为增加了消费者的搜索成本，不正当地利用了商标权人的商誉，有悖于商标法维持市场公平竞争的基本宗旨，应纳入混淆行为予以规制。[1] 与之不同的观点认为，初始兴趣混淆并不侵犯商标权，初始兴趣混淆行为增加了消费者选择的机会。[2] 另有观点认为，初始兴趣混淆行为应当予以规制，规制的方式应交由反不正当竞争法，而不能作为商标侵权行为。还有的观点认为售前混淆行为应当作为广告欺诈行为来对待。

笔者认为，售前混淆理论对于竞争激烈的市场经济条件下侵害商标权行为具有一定解释力和规范意义，用于解决网络环境中的商标侵权，有其存在的价值。最初将初始兴趣混淆作为商标侵权的根据是：行为人不正当地获取了商标所有人积聚在其商标上的商誉，增加了消费者的搜寻成本，有悖于商标法维护市场公平竞争的宗旨。但从消费者角度而言，初始兴趣混淆并不必然增加消费者的搜索成本。当消费者可以自由选择时，消费者即便接受了搭便车者提供的商品，其购物决策也是建立在对商品的来源有了正确认识的基础之上，因而，消费者作出的购买决定完全符合其购买意愿，并非遭受混淆误导的结果。从市场竞争角度看，初始兴趣混淆在某些情况下会有利于自由竞争，防止商标权人垄断市场，给消费者带来多样化的选择。在初始兴趣转移后，消费者

〔1〕 邓宏光：《初始兴趣混淆理论，解决网络商标侵权纠纷的基础》，载《中国知识产权报》2009年7月10日，第7版。
〔2〕 黄汇：《售前混淆之批判与售后混淆之证成——兼谈我国〈商标法〉的第三次修改》，载《电子知识产权》2008年第6期。

可以综合对比与衡量搭便车者与商标权人的商品，具有竞争力商品的呈现给消费者提供了不同的选择机会，这样有利于市场自由竞争。

既然初始兴趣混淆行为利弊兼具，笼统地将其归为商标侵权是不恰当的。商标法应当以消费者真实的购物状态和决策过程为依据，充分考虑消费者搜寻成本的大小，确定在何种条件之下可以规制初始兴趣混淆的行为。有研究者提出，售前混淆构成商标侵权的关键性条件在于，消费者在发生初始兴趣混淆之后，其对商标进行识别和依据商标进行购物决策是否受到了影响，如果导致消费者难以承受后续的搜寻成本而被迫在发生初始兴趣混淆之后作出不符合其原有购买意愿的决策，则构成商标侵权。[1] 作者对这一观点表示赞同。

（三）售后混淆

售后混淆，指消费者在购买商品时不存在混淆，但购买之后，旁观者看到该商品时对商品的来源发生了错误判断，难辨真伪，也被称为"旁观者混淆"。

随着商业贸易发展，实践中出现了新的搭便车方式：他人将与商标权人相同或近似的标识使用在自己的商品之上，但是其商品与商标权人的商品又有所区别，消费者并不会对商品的来源发生混淆、误购，但旁观者或一般社会公众看到购买者的商品有可能对商品来源发生混淆。这种混淆形态既不是发生在消费者购买之时和提供商品之地，也不是购买者产生错误判断，而是在购买之后及购买环境之外，旁观者（潜在消费者）对商品来源产生了错误认识。

售后混淆规则是由美国法院首先加以运用的。在 1955 年"钟表和收音机案"中，地方法院认为，鉴于真品和仿制品之间

---

〔1〕 参见姚鹤徽：《商标混淆可能性研究》，知识产权出版社 2015 年版，第 255~258 页。

价格、包装方面的差异，购买者的混淆是不可思议的，从而作出了有利于原告的判决。被告上诉到第二巡回法院。上诉法院认为，原告故意模仿被告钟表的外观，使得被告既损失了购买者，又遭受了商誉的损害。虽然购买者不会混淆真品和仿制品，但到购买者家里作客的人可能误将仿制品当作真品，因而在来源上受到欺骗。原告故意模仿的目的是吸引那些不想花大钱，又想显示高贵的顾客，仿制钟表放在家中会让来访的客人信以为真，误认为这就是享有声誉的高档钟表。这样，就发生了售后混淆的问题，应当加以制止。[1]

1986 年，因"李维"牛仔裤位置商标又起争端。一家牛仔裤生产商洛伊斯（Lois）在其生产的牛仔裤臀部部位上缝制了与"李维"位置商标相同的图案。但是，洛伊斯认为其已经在牛仔裤上标明了自己的商标，其做法并不构成侵权，遂向法院提起诉讼，要求法院确认其使用方式并不侵犯"李维"的商标权。[2]地方法院认定洛伊斯侵权成立。洛伊斯不服判决，提起上诉。在第二巡回法院的上诉审中，依然判决洛伊斯败诉。

从售后混淆的判例中，可以看出售后混淆有以下特点：售后混淆都存在着某种形式的对商标权人商标的搭便车行为。商标权人的商标已经具有了一定的知名度，而被告通过模仿商标权人的商品外观、包装、装潢，吸引消费者的注意。但为了避免商标侵权，被告会在商品上标明自己的商标，以区别于原告商品，这样被告就有理由主张消费者并不会在购买之中发生混淆。在售后混淆的案件中，消费者之所以知假买假，主要目的就是想以较少的花费获得真品具有的稀缺、高贵、上流的形象，以向他人显示自己。如果赝品不具备这种功能，很难想象一般人会花钱购买赝品

---

〔1〕 参见李明德：《美国知识产权法》，法律出版社 2014 年版，第 583 页。

〔2〕 Lois Sportswear, U. S. A. , Inc. v. Levi Strauss & Co. , 799 F2d 867, 230 USPQ 831（CA 2 1986），affg 631 F Supp 735, 228 USPQ 648（SDNY 1985）.

来替代真品。这就表明，在售后混淆情形中，搭便车者利用了驰名商标的良好形象，极有可能对驰名商标的商誉造成损害。

我国商标立法和司法实践中没有明确售后混淆，部分法院认为在符合条件的情况下可以认定售后混淆属于侵犯商标权的行为。司法实践中，有的法院依据售后混淆理论认定被告构成侵权。如在"'GG'图形商标女鞋案"中，涉案女鞋是"senda-woman"，被告将自己的商标放在鞋底处，却在鞋帮外围衬布上大量使用GG图形标识。在购买环境中，购买者知晓所购商品是"senda-woman"女鞋，但购买者穿着时，旁人无法看到脚底遮盖的"senda-woman"标记，而是看到鞋帮外围上的GG图形，这将导致旁观者对购买者实际消费品牌的错误认识。这种情形会降低GG商标的价值，影响商标表彰功能的发挥，因此，被告构成商标侵权。

（四）反向混淆

1. 反向混淆的概念及特点

通常情况下的商标混淆，无论是售前混淆还是售后混淆，大都是在先商标已经确立了商誉，而在后竞争者（后商标所有人）使用与在先商标相同或近似商标，让消费者误以为其商品或服务来源于在先商标所有人。简单地说，即在后商标与在先商标相混淆。

反向混淆是混淆可能性的一个特殊问题，指消费者将在先商标所有人提供的商品或服务错误地当成在后商标所有人的商品或者认为与其有特定关系。[1]"反向"混淆形态下，在先商标所有人往往是小公司，市场上处于较为弱势的地位，其商标使用力度不大，市场影响力偏小；在后商标所有人通常是大公司，其商标使用范围广，宣传力度大，商品或服务占有较大市场份额。由于

---

[1] 相关研究，参见杜颖：《商标反向混淆构成要件理论及其适用》，载《法学》2008年第10期。

在后商标强大的促销和广告攻势，使消费者很快建立起对该商标的印象，此后，一旦看到在先商标所有人的商品，消费者反倒将其当作是在后商标所有人的，或者误以为在先商标所有人搭了在后商标的便车，这样就产生了与"顺向"逆行的混淆形态，即"反向混淆"。

反向混淆是否为混淆的一种类型，各国商标法都没有规定。美国的《兰哈姆法》只是规定，制止有可能发生的混淆、误导或者欺骗消费者的行为，但没有规定"反向混淆"。依据《兰哈姆法》宽泛的混淆可能性的规定，一些法院通过判例确定反向混淆的规则，将反向混淆视为混淆可能性的另类加以处理。

最早认可和运用反向混淆规则的案件是，1977年美国第十巡回法院终审的"Big O诉Goodyear案"。此案的关键在于：原告未主张也无证据证明，被告企图利用原告的商誉或者将其产品假冒为原告的产品，是否有权提出商标侵权之诉。美国地方法院和巡回法院均以存在混淆为依据，判定被告侵权。在有的案件中会同时存在反向混淆与正向混淆。法院认为，商标法必须禁止"正向"混淆来阻止被告从原告的商誉中获利，确保商标所有人的利益，并且确保公平竞争。同样，商标法也须禁止"反向"混淆这种不正当竞争，因为它剥夺了在先商标权人的名誉和商誉。[1]

总结起来，反向混淆具有以下特点：其一，行为目的和动机。财大气粗的商标使用人使用小公司在先的商标的目的在于阻拦小公司使用商标、压制小公司经营空间。其二，损害后果的特殊性，反向混淆可能给在先商标权人带来某种正外部效应，小公司借着大公司迅速成名。但是，反向混淆不利于小公司商标的使用、商誉的培育。因此，制止反向混淆是为了保护在先使用商标的弱小企业应有的成长空间，也防止消费者误认为小企业在搭大

---

[1] 参见李明德：《美国知识产权法》，法律出版社2014年版，第591页。

企业的便车。

2. 反向混淆构成要件

由于反向混淆与普通的正向混淆具有不同的主观意图、事实构成和损害后果，在认定反向混淆构成条件时，需要在普通混淆认定标准的基础上有所调整，美国法院对此并未形成较为统一的标准，即反向混淆的构成要件尚不明确。法院也开始对反向混淆理论加以反思。以下不妨对一定数量的美国反向混淆案例进行分析，初步总结归纳反向混淆的构成条件。

第一，存在一个合法在先的商标。在美国，从"Big Foot 案"起始的一系列反向混淆案件的发展脉络中不难看出，典型的反向混淆之诉的原告往往不是商标注册人，而是在一方地域内实际使用而拥有商标权利的标志所有人。这一方面解释了为什么被告在开展宣传攻势前很难发现原告商标，另一方面也说明了多数原告不存在圈占商标的故意。

第二，产品具有较强的竞争关系。当双方产品为竞争产品时，消费者很可能认为他们出自同一家公司。如果二者产品或服务不存在竞争关系，在这种情况下，反向混淆就不太可能会发生。

第三，在后商标所有人（被告）的地位、知名度强于在先使用者（原告）。反向混淆诉讼中，被告往往是实力雄厚的大公司。

第四，被告的主观意图与正向混淆不同。大企业的主观过错可能并非恶意利用在先商标的声誉获取不当利益，而是未尽到合理的注意义务来避免损害在先商标所有人的利益。因此，被告是否具有普通混淆中那种恶意并不影响反向混淆的成立，存在恶意的，会强化侵权行为的认定。

在我国，反向混淆进入司法实践始于浙江某酒业公司诉上海某可乐公司商标纠纷案件。"蓝色风暴"是原告用于啤酒、可乐上的注册商标，2003 年取得注册。2005 年上海某可乐公司耗巨资强势推出了"蓝色风暴"主题宣传促销活动,其可乐产品的瓶贴、瓶盖上使用由"蓝色风暴"文字和图形组成的商标标识。2005年11月,浙江省丽水市质检局因为怀疑原告的"蓝色风暴"啤酒冒用百事可乐标识,查封扣押了该公司产品,后事实得到澄清。随后,原告以上海某可乐公司侵犯其商标起诉至法院,请求责令停止侵权,赔偿300万元。浙江省高级人民法院终审判决被告行为构成商标侵权,支持原告所有诉讼请求。该案中,人民法院对该案的审理思路和判决理由显然是运用了反向混淆理论。[1]

与美国的情况有所不同。我国实行商标注册制度,注册取得是商标权利的主要来源,注册制度必然采用先申请原则。在注册原则和先申请原则之下,商标抢注现象比较容易滋生,抢先注册他人商标成为"在先商标"的现象并非个例。反向混淆难以用通常的商誉理论加以解释,混淆侵权的认定多具有主观性。如果适用不当或盲目适用极有可能会产生恶法效应。考虑到国内存在商标抢注现象,反向混淆的适用应当特别慎重。尤其应当警惕原告权利的正当性及其诉讼目的,不能一味顺从原告请求去适用反向混淆。在这方面,美国的反向混淆判例所提供的启示不多,需要结合国内的具体情况加以把握。

第一,原告的在先商标必须具有合法性,是善意注册或者在先使用的商标。现实中,在先商标是对他人商标的恶意模仿、对他人商标的抢注,甚至是窃取被告的商标,并非鲜见。反向混淆是商标侵权的特殊类型,更须加强对在先商标即原告商标权益合法性的审查,倘若"在先"商标原本就是抄袭、模仿被告的外文商标,或者将被告的商标抢先注册在不同类别商品上,这种违背诚实信用原则的商标注册行为应当受到责难,更不应让行为人利用反向混淆之诉获得不当利益。在认定反向混淆之前,法院应对

_____

〔1〕 浙江省高级人民法院（2007）浙民三终字第74号民事判决书。

原告据以主张权利的商标权利加以考察，即考察原告商标是否合法取得，商标是否实际使用。

第二，被告的市场地位应明显地高于原告。反向混淆之所以会发生，是因为被告的商标后来居上或者短时期内出名，在消费者头脑中留下了深刻的印象，"暴风骤雨式的广告攻势"背后是强大的经济实力，若非如此，则不适用反向混淆。

第三，应提高混淆可能性的门槛。我国目前为止发生的反向混淆案件，原告的商标无一例外是通过注册取得的，商标的实际使用程度较低甚至没有使用，造成实际混淆的情形可能性小。在判定反向混淆时，应当提高混淆可能性的门槛，很重要的一点就是提高实际混淆证据的权重，有实际混淆的最佳证据，有利于反向混淆的认定；反之，不可轻易地以标识近似和商品类似认定反向混淆的存在。

第四，即使构成反向混淆，对于原告获得赔偿的数额应当依法严格审慎地把握。普通的混淆侵权案件中，商标权人可以选择实际损失、侵权获利或者商标许可使用费作为计算赔偿的依据，这是因为被告对原告商标的仿冒侵权侵占了原告拥有的商誉，致使原本属于原告的市场利益转而流向被告，被告应就该部分获益赔付给原告。在涉及反向混淆的案件中，即使原告因反向混淆受到损失，原告获得的赔偿应当是其在侵权期间受到的实际损失，而不按照侵权人因侵权所获得利益，将大公司的经营获利作为"侵权获利"赔付给被告。对此，美国第七巡回上诉法院的解释是，过高的赔偿金可能成为原告的"意外之财"[1]。

在我国，某些反向混淆案件引发公众热议，其中被告获得的巨额赔偿是争议焦点。2015年4月24日，广州市中级人民法院作出判决，认定被告某贸易（中国）有限公司使用原告周某的

---

〔1〕 Sands, Taylor & Wood Co. v. The Quaker Oats Co. , 978 F. 2d 947, 958 (7th Cir. 1992) at 963.

"新百伦"注册商标构成侵权，判赔 9800 万元。原告直截了当地主张以被告方获利确定赔偿数额，得到法院支持，最终法院"酌情确定"赔偿数额为被告获利总额的二分之一，即 9800 万元。二审中，广东省高级人民法院认为，原审判决以被告被诉侵权期间销售获利总额的二分之一作为计算赔偿损失的数额，忽略了被诉侵权行为与侵权人产品总体利润之间直接的因果关系，对此予以纠正。最终确定某贸易（中国）有限公司赔偿周某经济损失及为制止侵权行为所支付的合理开支共计 500 万元。

上述案件的一审判决，判赔依据是"原告的实际损失难以确定的，按照侵权人因侵权所获得的利益确定"。问题恰恰在于，原告是否有实际损失、损失多少，确实难以计算。但可以肯定的是，原告在侵权期间因侵权所遭受的损失，不会大幅超过其在侵权发生前的经营规模和持续经营而可能获利总额。被告作为实力雄厚的大公司，经营状况良好，市场业绩突出，经营获利远远超过原告的可能获利。这种力量悬殊之下，将被告的营业获利赔付给原告，实在难谓合理。这样的巨额赔偿对被告而言成为"意外之财"，很容易产生辐射效果，引发更多的以反向混淆之诉为目的的商标抢注行为。

通过对一系列美国反向混淆案例的考察，并结合若干中国反向混淆案件的分析，可以认为，反向混淆在中国的适用应当严格把握构成要件，审慎适用。原告的在先商标必须具有合法性和真实使用，被告的市场地位应显著高于原告；同时，应当提高混淆可能性基准的门槛。对反向混淆侵权的赔偿责任，应限定于原告因被侵权所受到的实际损失，损失多少，赔偿多少，没有实际损失的不应支持其赔偿请求。

三、混淆可能性的司法判定

（一）混淆可能性的法律规定

以混淆可能性与相似性的关系为视角，有关商标侵权判定标准有三种立法例：

第一，混淆可能性内含于相似性。相关法律规定为"商品类似并商标近似"即构成商标侵权，而不提混淆可能性。日本和我国 2013 年修改前的《商标法》采用这种模式。我国《商标法》2013 年修改之前与日本的基本相同。商标与商品的相似性，是判断侵权的充分必要条件，混淆可能性内含于相似性之中，没有独立的地位。

第二，以相似性为基础而以混淆为限定条件。相关法律规定既列举在相同性或近似性商品和服务上使用近似性标识的行为，可能构成侵权，又以导致混淆为限定条件。德国、法国、欧盟商标指令、TRIPs 协议采取这种模式。以 TRIPs 协议为例，其第 16 条规定：商标所有人有权阻止他人未经同意在商业过程中对相同或类似的货物使用相同或近似的标记，如果这种使用可能会产生混淆。若对相同货物或服务使用相同标记，则推定为存在混淆的可能。

第三，以混淆可能性为商标侵权的判定标准。美国商标法采用这种模式。《兰哈姆法》第 43 条规定，"任何人在商业中，在任何商品或服务上或与之有关方面，或在商品的容器上，使用任何文字、名称、标记或图案，或者其组合，……很可能引起混淆，或导致误认或欺骗，使人误以为其与他人有赞助、关联或联合关系，或者误以为其商品或服务或商业活动源于他人、由他人赞助或同意"，都应承担民事责任。不仅商标侵权的判断以混淆可能为最终标准，而且混淆可能性也是注册审查中的重要尺度。其第 2 条（D）规定的"以可能混淆为理由而拒绝注册"就是将混淆可能性作为商标注册的审查标准。

可以看出，第一种模式将商标近似、商品类似作为商标侵权行为的构成要件，而不太考虑混淆的问题。这种模式看起来简单明了，具有便于操作的特点。这种"双相似"要件要求在侵权行为认定时，必须对商品类似和商标近似给出"是"或"否"的回答：是，则构成商标侵权；否，则排除侵权。这样的规定在法律适用上容易出现的问题是，机械地、静止地评判商标标识，忽视了标识以外的其他因素，忽视了侵权行为破坏商标识别功能这一实质，将商标保护等同于作品保护，容易导致审判结果的偏差，出现误判错判。

第二种模式，既有"双相似"因素的列举，又有对行为效果的规定——"足以导致混淆"，提高了法律可操作性。在这里，商标近似、商品类似，至少可解释为与混淆可能性共同构成侵权的判断要件。但从逻辑上来看，相似性与混淆可能性并不处在同一逻辑层次。究竟相似性是混淆可能性的前提条件，还是相似性即为侵权商标的判定标准，并不明确。因此，适用这种模式时，必须首先厘清相似性与混淆可能性之间的关系。

第三种模式，明确混淆可能性是侵犯商标权的判定标准，而相似性是导致混淆可能性的原因之一。混淆可能性是由多个因素造成的，而在诸多因素中，相似性是很重要的因素。但是，商标近似本身并不等于混淆可能性，而只是认定混淆的重要考量因素。不相混淆的两个商标可以共同注册、合法并存。

笔者认为，混淆可能性是商标侵权判定的最终标准，而商标近似和商品类似是认定混淆可能性的重要因素，是基本的重要的测试因素。尽管权重很高，但商标近似和商品类似与混淆可能性并不处在同一逻辑层次，商标近似和商品类似当属混淆可能性的下位逻辑。在商标侵权判定中，应当以商标使用行为为前提条件，以混淆可能性为最终判断标准，相似性应当同其他影响因子相结合，共同组成判断存在混淆与否的测试因素。

（二）混淆可能性的多因素测试法

商标法在传统上总结出一系列的基本因素，用以测试混淆可能性存在与否。[1] 在美国，各州法院不断总结提炼出判断混淆可能性的基本要素，它们有的已经成为指导司法审判的重要规则。1938 年美国法学会撰写的《侵权行为法重述》第 729 条提出了判定混淆可能性的四个因素：①标记的相似度；②行为人采用商标的意图；③商品或服务之间的关系；④购买者可能具有的谨慎程度。该四要素针对市场主体之间竞争性商品而言，在此基础上，第 731 条还针对非竞争性商品提出了九个判断要素，以确定相关商标是否可以延伸到非竞争产品或服务上而获得保护。1995 年的《不正当竞争法第三次重述》归纳出混淆可能性判断的要素共八项，在《侵权行为法重述》第 729 条四要素外增加了在先商标权人扩展其市场的可能性、实际混淆的证据等因素。在列举上述要素之后，《不正当竞争法第三次重述》指出，"列举的要素在判断侵权时并非穷尽式列举，并没有适用特定市场情况的机械式的公式或名单能够提前列举出来，也不是列举的所有要素都能在每一个案件中适用，混淆可能性取决于标记使用时的市场情况的相互作用"。

美国法院在案件审理中对多因素测试法适用的清单会略有不同。在这些因素中，商品的类似程度、商标的相似度、被告的意图、原告商标的强度和实际混淆的证据，可谓多因素测试中的核心因素。除了上述测试因素，每个案件须根据自身情况来判断。

混淆可能性判断的多因素测试在欧盟商标法也有明确的规定。《欧盟商标指令》立法理由第 10 条指出："混淆可能性构成保护的特殊条件，而其认定取决于多种因素，尤其取决于商标在市场上的认知程度，商标与其他已使用或已注册商标相联系的可能，商标与标记及商品或服务间相似的程度。"这里明确指出了商标知名度、商品类似度、商标近似度这三个因素在混淆判断中

---

[1] 姚鹤徽：《商标混淆可能性研究》，知识产权出版社 2015 年版，第 306 页。

的重要地位，但并没有穷尽其他影响因素。欧盟商标审查指南则明确规定了以下因素：相关时间点、商品和服务的比较、商标的比较、商标显著性部分、在先商标显著性、相关公众注意力水平。当然，这些因素不是孤立的，而是存在互补关系。

长期以来，我国《商标法》缺少"混淆可能性"的概念，而是将商标近似、商品类似作为商标法的基本概念，不仅商标审查和审理以"相似性"为依据，商标侵权行为构成要件也落实在商品和商标的"相似性"上。2013 年修改后的《商标法》第 57 条出现了混淆可能性的概念，规定"未经商标注册人的许可，在同一种商品上使用与其注册商标近似的商标，或者在类似商品上使用与其注册商标相同或者近似的商标，容易导致混淆的"，属于侵犯注册商标专用权。但对此概念尚未作出进一步解释，相关法律法规和司法解释都尚未进一步明确混淆可能性的判断要素和判断方法。审判实践中，法院判定商标侵权主要依据最高人民法院《审理商标民事案件适用法律解释》中有关"商标近似"和"商品类似"的规定，这些规定涉及的认定因素多与混淆可能性判定的因素相重合。因此，尽管司法解释将混淆可能性内化于商标近似和商品类似之中，该司法解释第 9 条第 2 款至第 12 条实际是作为侵犯商标权的判断标准发挥着指导作用。一些法院在案件审理中，也会结合商标的显著性、消费者注意程度等其他相关因素判定侵权行为存在与否。但是，从原则和规范意义上说，中国还未从制度上形成混淆可能性的多因素测试法及其运用规则。

（三）混淆可能性的具体判断

1. 商标的近似

商标标志本身的近似性是引起混淆可能的一个重要因素。也正因为如此，一些国家或地区的商标法便直接规定，未经许可在同一种商品或类似商品上使用相同或近似商标的行为，属于侵犯商标权。在各种判断要素中，被告使用的商标是否与原告的注册商标相近似，是一个很重要的判断因素。

商标近似性判断是对商标标志的对比和评价，评价的要点主要是对比标志之间的外形、发音、含义。从形、音、义三个层面判定商标标志的近似程度，也是各国商标实践的经验总结，客观真实地反映了人们认知和辨别商标标志的心理过程。在美国《侵权行为法重述》第 729 条关于判定混淆的四个要素中，首要的就是两个商标在外形、发音和含义上的相似性，指出了标志的充分相近，有可能导致对商品来源的混淆。不过，商标的形、音、义对于消费者认知的作用不完全相同，外形、外观刺激人的视觉，声音刺激人的听觉，含义刺激大脑产生联想。从人类接受外部信息的规律看，视觉感知是人类获取信息的最主要途径，因此，"形"是商标标志近似判断中起决定作用的因素，外观看上去越像，导致混淆的可能性就越大。而后是"音"，文字商标的发音是感知商标的重要途径，对于声音而言，不存在"正确的"发音，相似的发音有可能导致商标混淆。商标的"义"则是观念上的，需要借助人的认知能力抽象出文字的意思，而不是直接刺激人的感官。因此，仅仅是含义相似并不足以认定商标近似，需借助其他因素作综合判断。

判断商标近似应遵循的原则是：整体观察、要部观察、隔离观察。具体而言，商标近似判断的对象是标志本身，考察的是两个商标是否相近似。整体观察，就是从商标的整体来进行观察和对比，关注的是商标给消费者的整体印象。要部观察，是从商标的显著部分即主要部分来进行观察和对比。隔离观察，是将两个商标分开来观察，而不是放在一起进行对比。对此，《审理商标民事案件适用法律解释》第 10 条规定，认定商标相同或者近似按照以下原则进行：①以相关公众的一般注意力为标准；②既要进行对商标的整体比对，又要进行对商标主要部分的比对，比对应当在比对对象隔离的状态下分别进行；③判断商标是否近似，应当考虑请求保护注册商标的显著性和知名度。[1]

还值得指出的是，为加强商标行政执法，提高行政机关对商标侵权判定的认定能力，2020 年 6 月 15 日国家知识产权局发布了《商标侵权判断标准》（国知发保字〔2020〕23 号）。该标准对于商标相同与近似、商品相同与类似等重要问题都作了明确的规定。例如，其第 13 条规定，与注册商标相同的商标是指涉嫌侵权的商标与他人注册商标完全相同，以及虽有不同但视觉效果或者声音商标的听觉感知基本无差别、相关公众难以分辨的商标；第 15 条规定，与注册商标近似的商标是指涉嫌侵权的商标与他人注册商标相比较，文字商标的字形、读音、含义近似，或者图形商标的构图、着色、外形近似，或者文字图形组合商标的整体排列组合方式和外形近似，或者立体商标的三维标志的形状和外形近似，或者颜色组合商标的颜色或者组合近似，或者声音商标的听觉感知或者整体音乐形象近似等；第 17 条规定，判断商标是否相同或者近似，应当在权利人的注册商标与涉嫌侵权商标之间进行比对。

2. 商品的类似

商品/服务类似和商标近似一样，是判定混淆与否的重要因素。各国家或地区的商标法都将商品之间的类似作为认定混淆的重要因素，但所采用的概念有所不同，欧盟使用相同或类似商品，美国采用关联商品的概念，我国采用类似商品的概念。

《审理商标民事案件适用法律解释》第 11 条对商品和服务类似规定为：类似商品，是指在功能、用途、生产部门、销售渠

---

[1] 相关案例，参见某集团总公司与宁波某工艺品有限公司侵害商标权纠纷案，广东省高级人民法院（2019）粤民再 44 号民事判决书；杭州某科技有限公司与闽侯县某奶茶店侵害商标权纠纷案，福建省高级人民法院（2020）闽民终 1584 号民事判决书；贵州某网络有限公司与某集团股份有限公司侵害商标权纠纷案，贵州省高级人民法院（2017）黔民终 822 号民事判决书。

道、消费对象等方面相同，或者相关公众一般认为其存在特定联系、容易造成混淆的商品。类似服务，是指在服务的目的、内容、方式、对象等方面相同，或者相关公众一般认为存在特定联系、容易造成混淆的服务。认定商品类似的原则，《审理商标民事案件适用法律解释》第 12 条规定为：认定商品或者服务是否类似，应当以相关公众对商品或者服务的一般认识综合判断；《商标注册用商品和服务国际分类表》《类似商品和服务区分表》可以作为判断类似商品或者服务的参考。

此外，根据《商标侵权判断标准》第 10 条、第 11 条和第 12 条规定，类似商品是指在功能、用途、主要原料、生产部门、消费对象、销售渠道等方面具有一定共同性的商品。类似服务是指在服务的目的、内容、方式、提供者、对象、场所等方面具有一定共同性的服务。判断是否属于同一种商品或者同一种服务、类似商品或者类似服务，应当在权利人注册商标核定使用的商品或者服务与涉嫌侵权的商品或者服务之间进行比对。判断涉嫌侵权的商品或者服务与他人注册商标核定使用的商品或者服务是否构成同一种商品或者同一种服务、类似商品或者类似服务，参照现行区分表进行认定。对于区分表未涵盖的商品，应当基于相关公众的一般认识，综合考虑商品的功能、用途、主要原料、生产部门、消费对象、销售渠道等因素认定是否构成同一种或者类似商品；对于区分表未涵盖的服务，应当基于相关公众的一般认识，综合考虑服务的目的、内容、方式、提供者、对象、场所等因素认定是否构成同一种或者类似服务。

关于相似性与混淆可能性关系，值得进一步讨论。商标近似和商品类似在商标侵权判定中具有举足轻重的地位，以至于一些国家或地区的商标立法直接将"双相似"作为商标侵权的构成要件。我国《商标法》在很长一个时期将"商标近似、商品类似"，而不是混淆可能性作为商标侵权判定标准，为了缓解机械地以

"相似性"作为侵权判定要件的僵化,相关司法解释将"混淆可能性"融入相似性认定之中,实践中采取"混淆性近似""混淆性类似"的判断标准认定商标侵权。虽然商标法已经确立了混淆可能性的侵权判断准则,但由于长期以来在相似性和混淆可能关系上的混乱和误区依然存在,又鉴于混淆可能性与相似性均是商标法的基本概念,关于相似性在侵权判定中的地位,相似性与混淆可能性的关系,有必要作进一步分析。

混淆可能性判断中,商品和商标是客观存在的两个因素。商标以文字、图形、声音等传达其主体的信息,商品则通过分门别类传达其功能、用途、原料等商品信息。正是通过接受和分辨这些外来信息,消费者形成了心理认知,并赖以作为其购物决策的依据。如果信息真实准确,消费者根据商标可以选择到想购买的商品;如果信息不真实,信息受到干扰,消费就可能误认误购而上当受骗。在商标侵权中,侵权者一般通过仿冒商标和商品使消费者对商品来源产生错误判断,从而误导消费者购买其仿冒品。可见,相似性和混淆可能性之间存在密切的因果关系,相似性是造成混淆可能性发生的原因,混淆可能性是相似性导致的结果。但同时,混淆可能性的发生并不完全由商标近似和商品类似所导致,混淆可能性的发生还存在其他影响因素,如商标的显著性和知名度、商标使用情况、消费心理认知及市场交易环境。因此,混淆可能性存在与否或者说商标侵权行为是否成立,需要综合多种因素加以判定,不能将相似性作为唯一标准而罔顾其他影响因素。从逻辑上看,如前所述,相似性与混淆可能性并非同一逻辑层次,相似性是混淆可能性认定的重要因素,混淆可能性则是侵权判断标准。或者说,商标侵权的构成要件是"混淆可能性",而相似性是混淆可能性的下位概念,相似性既不是侵权构成要件,也不能作为侵权认定标准。

商标近似和商品类似在多因素测试法中具有举足轻重的地

位。尽管如此，商标和商品双相似的分析不是"是"与"非"问题，具体案件中，商标的近似、商品的类似并不是全有或全无的，而是程度问题。所谓"商标近似""商品类似"，恰当的解释应当是商标间的相似度、商品间的类似度，达到足以使消费者发生混淆的程度，而混淆可能性还综合了其他考量因素，这些因素与相似性因素综合起来，是使消费发生混淆的原因。基于这样的分析思路，我们便可以解释下面这个现象：北京现代汽车和广州本田汽车的车标都是英文字符 H，符号摆放有所不同，两个车标客观上确实存在一定的相似性。但这种标识上的相似置于市场环境中、消费者正常认知中，又不会导致消费者对两种汽车的产源作出错误判断，因此，商标和商品两者的近似并不必然导致混淆可能性的后果。

相似性与混淆可能性的关系还包含着一个问题：相似性的判断是依照客观标准还是主观标准。客观标准是指，判断相似性时只考虑商标标志、商品自身条件，尽可能地排除其他主观因素的影响。具体言之，判断商标是否近似，应当以标志的外观、读音、含义等构成要素及要素组合后的整体效果为对象；判断商品是否类似，主要从商品的功能、用途、生产部门、销售渠道等方面，确定商品的种类、类别。主观标准是指，相似性判断时不仅考虑商品自身的客观属性，还要考虑混淆的可能性，即在客观因素之外还考虑导致混淆可能性的其他因素。主观标准是"相似性要件"的必然产物。以相似性为侵权构成要件，将商标侵权归结为商品类似、商标近似，只有给出相似性上肯定的回答，商标侵权才能成立。我国司法解释倾向于以客观标准为基础、加入主观认识来判断商标近似、商品类似，即"相关公众认为其存在特定联系、容易混淆"的，构成商标近似、商品类似。这种思路下可能出现的问题是，将相似性和混淆可能性置于同一层面，互为因果，循环论证，逻辑混乱。可能导致的极端情况是，以混淆可能性反推商品类似或者商标近似，只要存在混淆的可能性，就把根本不类似的商品认定为类似商品，把不近似的商标认定为近似商标。

笔者认为，由于商标近似与商品类似并非侵权的构成要件，因此，商标近似和商品类似判断不应追求"是"与"否"的结论，而是在相似性达到一定程度的情况下，辅助以其他影响因素的综合考量，来确定是否存在混淆可能性。在运用多因素判断混淆可能性的时候，相似性与其他因素是相互依存、共同作用的。相似程度高，其他因素的作用可能降低，反之，其他因素的加强也会使相似性程度的要求降低。一旦认定存在混淆可能性，商标侵权就可以得到认定，案件即可迎刃而解，也就没有必要再从混淆可能性推论商标和商品的相似性，这种反推是多余的。[1]

3. 商标的显著性和知名度

商标的显著性和知名度与混淆可能性的判定具有密切关系，显著性强、知名度高的商标，被他人使用从而造成混淆的可能性更大。

商标的显著性有强弱之分，所谓"强"和"弱"是指该商标在消费者心目中的印象。设计独特、实际使用的商标更容易被消费者记忆，也更容易激活消费者的联想，看到近似标志时联想到该商标的概率就增大，在强商标先声夺人的影响之下，消费者容易认为后来的商标与在先商标有关联，这就增大了混淆的可能。同时，商标设计独特、没有包含描述性成分，他人与之雷同的可能性就极小，被告在诉讼中善意抗辩的余地就减少，一旦使用了近似商标，几乎可以推定为恶意，由此，商标所有人处于有利地

---

〔1〕　相关案例，参见某连锁超市有限公司与某多管理咨询服务某有限公司商标侵权纠纷上诉案，广东省高级人民法院（2014）粤高法民三终字第 123 号民事判决书；上海某企业管理有限公司与某奶茶店商标权权属、侵权纠纷案，江西省南昌市中级人民法院（2020）赣 01 民终 597 号民事判决书。

位，胜诉可能性更大，自然就意味着保护增大。[1] 相反，显著性弱的商标在消费者心中难以产生深刻印象，即便看到与其十分近似的商标也不会产生联想，混淆可能性自然无从谈起。

商标的知名度也是混淆可能性判断中一个重要的影响因素。知名度是通过商标使用和广告宣传造就的，可以通过使用该商标的商品的销售量和广告支出，以及使用的时间来证明。相比一个鲜为人知的商标，拥有广泛公众认可的商标获得更多的法律保护，例如，驰名商标具有较高的知名度，可以享受更宽的法律保护。

4. 消费者的注意力

消费者是产品或服务的接受者和最终裁判者，凡在市场上实际使用的商标，必然会面对消费者的认识、理解和选择。从根本上讲，消费者是商标法中侵权判断的主体依据，法律需要借助消费者公允而中立的目光去判断和证明是否存在需要救济的损害。

消费者，在传统上是指正在购买商标所标示的商品的消费者或者有购买可能的消费者。随着商标权保护的加强，法律上也开始使用相关公众作为判断的主体依据，商标混淆的主体被概括为"相关公众"。我国《审理商标民事案件适用法律解释》规定的判断主体为相关公众，第9条第2款关于商标近似，以及第11条商品和服务类似的判断主体均规定为相关公众。同时，《审理商标民事案件适用法律解释》第8条规定，商标法所称"相关公众"，是指与商标所标识的某类商品或者服务有关的消费者和与前述商品或者服务的营销有密切关系的其他经营者。总体上看，相关公众的概念大于消费者的概念，不仅指消费者，也包括与商品或者服务经营有关的经营者、经销商。但是，相关公众概念的出现，并未削弱消费者主体依据的地位，相关公众中最主要的依然是消

---

〔1〕 彭学龙：《商标法的符号学分析》，法律出版社2007年版，第182页。

费者，消费者是最终判断主体和终极尺度。

消费者的谨慎程度对混淆可能性的判断具有重要影响，消费者谨慎程度不高，在市场上发生混淆的可能性就会增加，反之，发生混淆的概率就降低。商标法上的消费者被拟定为具有合理谨慎程度或者中等注意力的合理谨慎之人，他们既不是具有丰富经验或鉴赏能力的专业人士，也不是人群中缺乏生活经验、容易上当受骗的人。合理谨慎须结合商品性质、种类、价格等因素来确定。对于价格高的产品，购买者会意识到经济风险从而会谨慎决策。同时，随着消费者认知水平的提高，虽然现在食品、保健品并不都是价钱高的商品，但人们的食品安全和健康饮食意识大幅提高，购买这些商品的谨慎程度会有所提高。

5. 实际混淆与混淆可能性

实际混淆，是指消费者已经造成了混淆。在商标侵权认定中，商标权人需要证明被告的行为极有可能造成消费者混淆，但并不需要证明消费者发生了实际混淆。然而，如果商标权人能够证明相关消费者在市场中发生了实际混淆，则更能说服法官相信，相关消费者存在着混淆可能性。因此，在混淆可能性的判定中，实际混淆是应当考量的因素之一。

美国的判例和学说对"实际混淆"存有一定的分歧，一种观点基于混淆可能性判断标准，认为实际混淆只是多个判定因素之一。另一种观点从证据法的角度看，认为一旦实际混淆的证据被法庭采纳，就会具有更强的证明力，证明存在实际混淆对于认定商标侵权会起到很大的帮助。从逻辑角度来看，"实际混淆"与"多因素测试法"中的其他因素一样，都是个案中参考的因素之一，但不是证明商标侵权的必要条件；从证据角度看，"实际混淆"是证明"混淆可能性"的最重要证据。

在侵权诉讼中，即便有证据证明发生了实际混淆，也并非决定性的。因为需要考量的是相关人群中是否存在混淆可能性，仅仅个别的或者是无关的人发生了实际混淆，对于案件的解决意义不大。同时，由于实际混淆的证据较难取得，要求证明实际混淆实在是勉为其难。因此，不如将侵权判定的标准降低为混淆可能性。当然，实际混淆仍然是混淆可能性的最好证据，只要造成实际混淆的消费者达到一定数量，可以直接作出存在混淆可能性的认定。[1]

---

〔1〕 相关研究，参见姚鹤徽：《论商标侵权判定的混淆标准——对我国〈商标法〉第 57 条第 2 项的解释》，载《法学家》2015 年第 6 期；彭学龙：《商标混淆类型分析与我国商标侵权制度的完善》，载《法学》2008 年第 5 期。

侵犯商标权的行为

一、商标侵权行为的概念及构成

(一) 商标侵权的含义

侵权法中，侵权行为是指违反法律规定侵犯他人合法权益，造成损害结果，需要追究法律责任的行为。

就侵犯商标权而言，具体问题有些复杂。首先，受保护的商标权有两个维度——专用权和禁止权，前者是商标所有人使用注册商标的积极权利，后者为排斥他人使用其注册商标的权利，既是商标所有权的核心，也是确定违法行为的界限。然而，禁止权的边界是不固定的，且难以把握，这会对违法行为的认定产生影响。其次，侵犯商标权的损害事实（后果）也不都是显而易见的，实际中不易准确测度。从违法行为这一性质出发，商标法对违法行为的界定是：未经许可使用他人注册商标，容易导致消费者混淆的，构成侵犯商标权。可见，商标法上的侵权行为是违法"使用商标"，什么行为是违法"使用商标"成为侵权行为中的核心要件。对于损害后果，商标法设定了"容易导致混淆"的要件。在商品和商标相同的情况下，可以推定存在混淆可能性；在商标和商品相似的情况下，需判断是否存在混淆可能性，如果是，则损害后果存在。这样，在侵权诉讼中，首先证明原告享有商标权，在此基础上须证明被告未经许可对原告商标进行了非法使用，且违法使用行为容易导致消费者混淆。也就是说，在侵权判定中，只有被告实施了非法的商标使用行为，才可进一步判定商标侵权的构成。

现行《商标法》第 57 条关于商标侵权行为的规定，与 TRIPs 协议的规定相一致。按照此规定，侵犯注册商标专有权的"使用"是指在商业过程中未经商标注册人同意，并可能使相关公众对商品或者服务来源产生混淆的使用，将相同的商标使用于相同的商品上时，必须推定具有混淆可能性。

为加大对恶意侵权行为的打击力度，以给予权利人更加充分的补偿，2019 年《商标法》在第 63 条第 1 款、第 3 款中，将恶意侵犯商标专用权的侵权赔偿数额计算倍数由一倍以上三倍以下提高到一倍以上五倍以下，并将法定赔偿数额上限从 300 万元提高到 500 万元。对假冒注册商标的商品以及主要用于制造假冒注册商标的商品的材料、工具加大处置力度，在第 63 条中增加两款作为第 4 款、第 5 款，规定人民法院审理商标纠纷案件，应权利人请求，对属于假冒注册商标的商品，除特殊情况外，责令销毁；对主要用于制造假冒注册商标的商品的材料、工具，责令销毁，且不予补偿；或者在特殊情况下，责令禁止前述材料、工具进入商业渠道，且不予补偿。假冒注册商标的商品不得在仅去除假冒注册商标后进入商业渠道。

（二）商标使用是商标侵权的前提条件

涉及商标使用时，在教科书和相关论著中其一般出现在商标权取得和权利维持方面，而鲜有论及商标侵权中的商标使用，相应地，司法上判定商标侵权一般直接认定被告使用的商标是否与原告的商标相近似、是否容易导致混淆，而极少涉及商标使用。这种现象的存在有多种原因。例如，商标使用内化于商标概念之中，贯穿于商标法各主要制度之中，是推动商标法律制度运行的气血。就侵犯商标权而言，非法商标使用行为是构成侵犯商标权的应有之义，自是一个不言自明的问题。又如，商标使用和混淆可能性是两个不同的概念，前者被后者所吸收。在具体案件中商标使用的判定和混淆可能性判定都由多项事实集合，且多处重叠。这样，判定是否存在消费者混淆，就是在查明被告在类似产品上使用与原告商标相同近似的标志可能发生的后果，对混淆可能性的分析就是在评价非法使用商标所造成的后果。

但是，商标使用和混淆可能性是两个问题，混淆可能性要解决是否存在消费者对商品来源或者其他关系的错误认识，商标使用关注于被告是否在商标意义上使用了相同或近似标记。从逻辑顺序来说，只有存在商标使用行为，才有可能发生商标混淆。

二、侵犯商标权行为的类型

商标侵权行为是指未经商标注册人同意，在相同或类似商品上使用与其注册商标相同或近似的标识，或者妨碍商标所有人使用其注册商标，足以引起消费者混淆的行为。我国商标侵权认定方面的规定体现在《商标法》第57条、《商标法实施条例》第76条和《审理商标民事案件适用法律解释》第1条以及《商标侵权判断标准》第19条、第20条、第21条等条款中。下面对这些侵害商标权的行为进行分析。[1]

（一）商标法规定的侵权行为

《商标法》第57条规定了六种侵犯商标权的行为，分述如下：

1. 假冒注册商标

假冒注册商标，指未经商标注册人的许可，在同一种商品或

---

[1]　相关研究，参见童伟华、丛星：《“商标碰瓷”行为的刑法学思考——以互联网恶意投诉为分析对象》，载《法学论坛》2023年第2期。

服务上使用与注册商标相同的商标。这种侵权行为即制假售假行为，是一种严重的商标侵权行为。此种商标侵权行为，行为人违法所得数额较大或者情节严重的，构成假冒注册商标罪。

2. 仿冒注册商标

仿冒注册商标，指在同一种商品上使用与注册商标近似的商标，或者在类似商品上使用与注册商标相同或近似的商标，容易导致混淆的行为。这种情形的商标使用行为是否构成侵犯，须考虑混淆可能性，容易导致消费者混淆的则认定为商标侵权。这种商标侵权行为是现实中最为常见的一种侵权行为。[1]

3. 销售侵犯注册商标专用权的商品

《商标法》第 57 条第 (3) 项规定，销售侵犯注册商标专用权的商品的，属于侵犯商标专用权。此种侵权行为的主体既有商品制造者，也有制造者以外的商品经销商。制止销售侵权商品的行为，目的是在流通环节上设置一道法律屏障，使侵权人的目的难以得逞，亦可减少侵权行为对消费者造成的危害。

依据《商标法》第 60 条第 2 款，"销售不知道是侵犯注册商标专用权的商品，能证明该商品是自己合法取得并说明提供者的，由工商行政管理部门责令停止销售"，行为人销售了侵犯注册商标专用权的商品即构成对商标权的侵害，需要承担停止侵害的责任，即立即停止销售侵权商品。但行为人不知道有关商品是侵权商品，并能够证明该商品是合法取得的并说明提供者，可以不承担赔偿损失的责任。

4. 伪造、擅自制造商标标识

《商标法》第 57 条第 (4) 项规定，伪造、擅自制造他人注

---

〔1〕 相关案例，参见湖南省某锻造厂、郴州市某实业有限责任公司诉湖南省华光机械实业有限责任公司、湖南省某钢锄厂侵犯商标权纠纷案，最高人民法院 (2010) 民提字第 27 号民事判决书；广州某燃具有限公司与广东某有限公司侵害商标权案，广东省高级人民法院 (2019) 粤民终 477 号民事判决书。

册商标标识或者销售伪造、擅自制造的注册商标标识的行为，构成商标侵权。此种侵权行为的实施者是从事商标印制的企业或个体工商户。

5. 更换注册商标

更换注册商标，指未经商标注册人同意，更换其注册商标并将更换商标的商品又投入市场的行为。一般的商标侵权行为表现为假冒仿冒他人注册商标用于自己的产品或服务，将自己的产品与他人的产品相混淆。更换商标的行为与上述行为相反，行为人未经商标所有人同意撤下商品上的原商标换上自己或第三人的商标，即将他人的产品假冒为自己的产品，这种行为又称为"反向假冒""产品替代"。1998年的"枫叶"诉"鳄鱼"案就是一起典型的反向假冒纠纷案。当时的《商标法》没有对于更换商标行为是否构成侵权的规定，审理此案的北京第一中级人民法院依照原《民法通则》以及《反不正当竞争法》认定被告的行为构成不正当竞争，判决被告赔礼道歉、消除影响、赔偿损失。

反向假冒特征有：其一，被告使用的是自己的商标，商品是原告的。一般情况是，被告低价购买他人物美价廉的产品，凭借自己成熟的品牌加价售出。其二，撤换商标发生在商品流通过程之中，而尚未到达消费者。其三，更换商标的行为未经商标所有人许可或无合法根据。在他人商品上使用自己商标的现象普遍存在，例如，销售商从制造商采购商品，再使用自己的商标从事分装零售；又如，定牌加工、特许经营等贸易活动中，经营者提供自己的产品或服务，使用的商标却是许可方的。这些经营上的关系，无论商标许可使用还是"产品替代"，都是在双方自愿基础上建立的互利共赢的合作模式，不同于违背商标所有人意愿而更换商标的行为。

更换商标的行为通过产品替代损害商标权人的商标与商品的联系，因此侵害了商标所有人的商标专用权。在商品或服务上使用商标，是商标权人的积极权利，用以实现商标功能，建立标志和商品质量、企业信誉之间的联系，商标使用权要求在商品的任何流通环节均保持商标和商品的真实联系。商标与商品具有不可分离的属性，反向假冒行为则割断了商标与其商品的联系，因此，商标所有人使用商标的权利受到侵害。对消费者而言，消费者根据商标获取信息，购买期待商品的利益受到侵害，产品替代使得消费者受到欺骗，对本来可以用较低价格购买的商品却付出了高价。反向假冒者，低价购入他人的产品，凭借自己成熟的品牌高价卖出，降低了成本而获得了高额利润。反向假冒者用他人的产品替代自己的产品，是因为替代产品具有良好品质，经得起消费者挑选，这正好从反面说明，更换商标的行为无偿占有了商标权人所创立的商业信誉，侵害了商标所有人使用商标的权利。

6. 为商标侵权行为提供帮助

故意为侵犯他人注册商标专用权行为提供便利条件，帮助他人实施侵犯商标专用权行为的，构成侵犯商标权的行为。此种侵权行为并没有直接实施侵害商标权的行为，而是为他人实施的侵害商标权的行为提供仓储、运输、邮寄、隐匿等帮助，从而与直接侵害商标权的行为构成共同侵权。

共同侵权的构成要件有两个：一是行为人必须具有主观过错，即明知或应知他人在实施商标侵权行为，而协助其完成。直接侵权行为是否具有主观过错并不影响侵权行为的认定，只在部分情况下作为确定赔偿责任的考虑因素。但对于共同侵犯商标权的行为，缺乏主观上的过错意味着侵权行为不成立。《商标法》对该种侵权行为的规定强调了"故意"这个主观要件。二是为直接侵权行为提供了便利条件，帮助侵权行为得以实施。2001年《商标法》列举了仓储、运输、邮寄、隐匿等形式的便利条件，2013年修正案则未予列举，这意味着，提供便利条件的形式应结合案件的实际情况作出认定，不拘泥于法律的列举。现今网络购物平台上出现了"仓储、运输、邮寄、隐匿"之外的一些帮助实施侵犯商标权的行为，网络平台被利用来实施侵权行为也是客观事实，如果直接侵权人利用网络购物平台实施商标侵权行为，而平台商通过技术服务等为侵权行为提供便利条件，使侵犯商标权的行为得以实施，平台商可能构成侵犯商标权的共同侵权责任者。

（二）给注册商标专用权造成其他损害的行为

《商标法》第57条第（7）项概括性规定了"给他人的注册商标专用权造成其他损害的"，属于侵犯注册商标专用权。根据此项规定，《商标法实施条例》第76条规定了一种侵犯商标权的行为，《审理商标民事案件适用法律解释》第1条将"给他人的注册商标专用权造成其他损害的"解释为三种具体的行为。根据以上法律文件的规定，将四种主要的给注册商标专用权造成其他损害的行为说明如下：

第一，将商标作为商品名称、装潢使用。

《商标法实施条例》第76条规定，在同一种商品或类似商品上将与他人注册商标相同或近似的标志作为商品名称或商品装潢使用，误导公众的，属于《商标法》第57条第（2）项规定的侵犯注册商标的行为。与典型的商标侵权行为不同，此种侵权行为是将他人商标作为其他商业标志使用，其目的是利用他人商标的声誉进行不正当竞争。在此需说明的是，在我国商标法语境下，误导和混淆并无实质区别，可以当作同义语使用。

第二，将商标作为企业字号使用。

《审理商标民事案件适用法律解释》第1条第（1）项规定，将与他人注册商标相同或者相近似的文字作为企业的字号在相同或者类似商品上突出使用，容易使相关公众产生误认的，属于给他人注册商标专用权造成其他损害的行为。此种侵权行为的违法性表现在将他人注册商标作为企业字号"突出使用"。突出使用的一般情况是，将字号（他人注册商标）在字体、大小、颜色等方面，孤立地、单独地使用，醒目地进行加以使用，在视觉上具有醒目的效果，使人产生深刻的印象。突出使用，使得突出部分产生了企业名称意义之外的独立的意义，强化了字号对商品来源的标示作用，使得字号在企业名称之外形成了相当于商标的意义。

第三，复制、摹仿、翻译他人注册的驰名商标或其主要部分在不相同或者不相类似商品上作为商标使用，误导公众，致使该驰名商标注册人的利益可能受到损害的。

《审理商标民事案件适用法律解释》的这一规定主要是考虑到驰名商标所需的特别保护，这种保护超出了商标法制止的混淆侵权，带有制止商标淡化的意义。关于驰名商标保护，将在下一专题中详细论述。

第四，将与他人注册商标相同或者相近似的文字注册为域名，并且通过该域名进行相关商品交易的电子商务，容易使相关公众产生误认的。

域名和商标作为识别性符号具有相通之处，但它们所标识或代表的对象不同。域名注册可以将他人商标文字作为域名，并从事相关的商业活动，这就有可能造成消费者的混淆，属于《商标法》第57条规定的对他人注册商标造成其他损害的行为。[1]

（三）网络环境下的商标侵权行为

1. 网络环境下商标侵权行为的内涵及其特征

网络环境下商标侵权行为是指，在网络环境下，行为人无合法依据，即缺乏法律规定或商标权人的授权，以网络或者与网络相关的技术手段为媒介擅自实施他人依法受保护的商标权，损害

---

〔1〕 相关研究，参见曹新明：《商标侵权理论之多维度思辨——以"今日头条"诉"今日油条"案为例》，载《政法论丛》2022 年第 1 期；朱冬：《商标侵权中销售商品行为的定性》，载《法律科学（西北政法大学学报）》2013 年第 4 期。

或者妨碍商标权人合法权益的行为。较之传统意义上的商标侵权行为，网络环境下的商标侵权行为主要有以下不同：

第一，侵权行为发生的环境不同。传统意义上的商标侵权主要发生在线下环境中，而网络环境下的商标侵权发生在数字网络环境下，虽在侵权行为的性质上并没有发生实质性改变，但行为发生的环境明显不同，一个是现实的，另一个则是虚拟的。

第二，侵权行为表现的形式不同。基于互联网技术自身的抽象性和虚拟性，网络环境下的商标侵权行为则具有抽象性和虚拟性的特点。[1]

第三，侵权手段的技术性不同。与传统环境下的商标侵权手段不同，网络环境下的商标侵权行为的手段并非单纯的物理使用行为，一般都是采取技术性较强的网络或网络技术手段以达到实施他人商标权的目的，如通过深度链接、域名使用或关键词推介等手段。

第四，侵权行为的隐蔽程度不同。网络环境下商标侵权行为较之传统环境下的商标侵权行为具有更强的隐蔽性，如搜索引擎商标侵权行为、深度链接商标侵权行为等。

第五，侵权行为管辖归属不同。传统意义上的商标侵权行为管辖地一般根据《审理商标民事案件适用法律解释》第 6 条规定确定。网络环境下的商标侵权行为，由于主体身份的虚拟性和互联网技术的全球性，以及侵权手段的隐蔽性，采用传统商标侵权行为管辖归属往往难以确定。

2. 网络环境下商标侵权行为的主要表现形式

较之传统商标侵权行为，网络环境下的商标侵权行为表现形式更加复杂。无论是侵权主体，还是侵权方式都具有多样性。从侵权主体来看，既有网络内容提供者，又有搜索引擎服务提供

---

[1]　董潇丽：《网络环境下商标权法律保护新思考》，载《人民论坛》2015 年第 21 期。

商、网络交易平台、网络信息平台、APP 商店管理者等。从侵权
具体方式来看，主要表现为以下形式：

第一，关键词推广引发的商标侵权。关键词推广涉及商标侵
权的主要有：一是"隐性使用"他人商标，即仅将他人的商标设
置为关键词，而未将其包含在编写的推广内容中，在用户搜索后
显示的推广内容中并不会展现他人的商标。二是"显性使用"他
人商标，即既将他人的商标设置为关键词，又将其编写在推广内
容中，在用户搜索后显示的推广内容中会展示该关键词。

第二，网络链接引发的商标侵权。无论是普通链接还是深层
链接都能够真实地发生网页跳转，其间可能会引起侵害他人注册
商标行为的发生，如在自己网页中将他人的注册商标或驰名商标
设置为链接标识的行为，盗用他人网页内容的行为或将他人的商
标作为元标记埋置到链接编码中等。

第三，域名抢注引发的商标侵权。域名引发的商标侵权在互
联网领域非常普遍，二者冲突的典型表现即是"域名抢注"行为
与"在先注册商标"的冲突。从抢注的对象来看，域名抢注的内
容可以是他人完整的商标，也可以是商标涵盖的主要内容，还可
以是他人注册商标对应的汉语拼音等。

第四，APP 标志引发的商标侵权。这种商标侵权行为主要涉
及 APP 上传行为是否构成商标性使用。APP 上传行为属于商业活
动中的使用行为，经营者将 APP 上传到移动应用商店中，其目的
是商业运作该 APP。同时，APP 上传行为客观上能够区分不同商
品的来源。APP 的图标+文字或其他元素则共同组成了该 APP 的
标志，这个标志又能够起到使用户感知与其他商品来源不同的效
果。故 APP 标志引发的商标侵权行为一般涉及 APP 应用商店管
理者是否承担侵权责任的问题。

第五，网络游戏名称引发的商标侵权。游戏名称一般由特定
图案、文字、字母或数字构成，这些经过特殊设计的标志一旦用

在游戏产品之上，与其他商品之上的商标并没有本质区别，如我国的"大圣西游""地下城勇士""传奇"等游戏名称。判断游戏名称是否构成侵犯他人商标权，需综合游戏图标的设置、游戏介绍及宣传推广中商标的使用情况、是否对涉案商标进行了突出性使用等要素全面考量。

第六，竞价排名引发的商标侵权。竞价排名涉及是否构成商标侵权和是否构成不正当竞争行为。竞价排名推广用户设置推广链接关键词的行为，并未直接将该词作为商业标识在其推广链接的标题、描述或其网站页面中向公众展示，不属于商标性的使用；也不会对涉案商标的识别功能产生损害。而搜索引擎服务提供者提供关键词竞价排名推广服务以及向推广用户提供关键词推荐工具的行为，系向用户提供一种网络技术服务，本身也不涉及对其推荐的或推广用户设置的关键词进行商标性的使用，故搜索引擎服务提供者仅提供关键词搜索推广服务本身并不侵犯他人商标权。如"金夫人"商标侵权及不正当竞争纠纷案。[1]

（四）网络环境下侵害商标权的法律责任

网络环境下侵害商标权与传统环境下侵害商标权的行为性质及法律后果并无多大差异，主要区别在于对法律责任构成要件的判定有所不同。

1. 侵权行为的违法性

传统环境的商标侵权行为的违法性可以直接依据《商标法》第57条规定的六种典型的违法行为即可认定，但网络环境下商标侵权的形式和手段都发生了变化，认定违法性要件时需要注意：一是侵权形式上，网络环境下商标侵权行为包括作为和不作为两种方式。二是侵权后果上，侵权行为要么误导消费者，要么不正当占有经营者的商誉，或者是两者兼有。网络环境下的商标

---

〔1〕　参见南京市中级人民法院（2016）苏01民终8584号民事判决书。

侵权行为判定不同于传统模式下的判断，应该考虑互联网技术所带来的影响，尤其是服务商标近似性判断问题，如"滴滴打车"纠纷一案。[1] 本案涉及互联网环境下商品服务类似判断的标准问题。对此，应根据最高人民法院《关于充分发挥知识产权审判职能作用推动社会主义文化大发展大繁荣和促进经济自主协调发展若干问题的意见》第19条的规定，认定是否构成近似商标，要根据案件的具体情况，妥善处理最大限度划清商业标识之间的边界与特殊情况下允许构成要素近似商标之间适当共存的关系。相关商标均具有较高知名度，或者相关商标的共存是特殊条件下形成时，认定商标近似还应根据两者的实际使用状况、使用历史、相关公众的认知状态、使用者的主观状态等因素综合判定，注意尊重已经客观形成的市场格局，防止简单地把商标构成要素近似等同于商标近似，实现经营者之间的包容性发展。结合本案，法院并未仅以滴滴打车服务涉及电信、软件、商业等为由抽象认定其与电信、软件、商业等服务类似，而是紧紧抓住不同服务的本质属性和主要特征，综合考虑不同服务的目的、内容、方式、对象、混淆可能性等因素，最终认定滴滴打车服务本质仍然是为客户提供运输信息和运输经纪服务。

2. 损害事实的存在

网络环境下商标侵权行为所造成的损害事实应从广义上理解。如恶意抢注他人合法持有的商标为自己的网络域名，将他人商标的标识作为链接标识在自己的网页设置网络链接，或利用网络搜索引擎技术，故意针对商标权人的网站采用与众不同或歧视性的排名算法规则进行恶意的竞价排名等，这些行为无疑都会给商标权人带来直接或间接的权益损害。

3. 侵权行为与损害结果之间的因果关系

网络环境下商标侵权行为与损害结果之间的因果关系主要表

---

[1] 参见北京市海淀区人民法院（2014）海民（知）初字第21033号民事判决书。

现为两种：一种是直接因果关系，即侵权行为可以直接地、独立地引起损害事实发生的因果关系，如行为人在网络交易平台上销售假冒他人注册商标的商品，直接导致商标权人的商品销量减少，损害其经济利益。另一种则为间接因果关系，即某一侵权行为并不直接引起损害结果的发生，只有在另外的原因或作用介入其他因素的情况下，才可能产生损害事实结果的因果关系，如行为人未经商标权人的许可在自己的网页上使用他人的商标或者包含了他人商标的域名、网上地址作为自己网页的链接标志，导致消费者误认或混淆，从而给商标权人带来某种权益上的损害。

4. 侵权行为人主观上有过错

依据我国《民法典》第 1194 条规定，过错是网络服务提供者构成商标侵权行为的必备要件。但在网络环境下判断行为人主观上是否具有过错一般采取主客观相结合的原则，即主观上要判断行为人的心理状态，客观上则要判断行为人的使用行为是否会损害商标权人的合法权益。

三、侵权的抗辩事由

商标法上的侵权抗辩是指能够对抗商标侵权指控或者侵权赔偿责任的法定理由。《商标法》第 59 条"正当使用""在先使用"，第 64 条"未使用抗辩"的规定，构成我国商标法上的侵权抗辩事由。从商标所有人角度看，侵权抗辩是对商标权利的一种限制。无论是商标侵权的抗辩事由还是商标权的限制，其用意在于防范商标符号圈地，保障商业活动中的言论自由。

（一）正当使用

1. 描述性使用

描述性使用，指使用人对注册商标在其固有含义下进行使用，用来说明使用人的产品的内容和特点。描述性使用是一种经典的正当使用抗辩，得到各国商标法的肯定，我国《商标法》第

59 条第 1 款规定："注册商标中含有的本商品的通用名称、图形、型号，或者直接表示商品的质量、主要原料、功能、用途、重量、数量及其他特点，或者含有的地名，注册商标专用权人无权禁止他人正当使用。"可见，描述性使用是商标权人以外的第三人对商标标志的使用，所使用的商标是显著性较弱的描述性商标，使用的目的是利用商标构成中的术语、词汇来描述商品或服务的特点。

描述性商标可以通过使用产生"第二含义"，获得商标注册，但它的原有含义并未消失。由于该商标标志是处于公有领域的词汇、术语，其不可避免地被第三人在原有意义上使用，以说明商品的质量、主要原料、功能、用途及其他特点。这种描述性使用不是作为商标使用，而是对文字词汇的正当使用，因而，这种使用是侵权的例外，商标权人对于这种正当使用无权干涉。

描述性使用应当符合以下三个条件：①不可避免地使用。非商标权人使用该商标标志的目的是说明本商品的型号、质量、主要原料、功能、用途、数量及其他特点，如不使用则无法真实说明产品或服务。[1] ②善意使用。使用人无意在自己的产品或服务与被使用的商品之间制造混淆，不存在借用他人商标信誉的企图。③合理使用。使用人仅仅使用了为说明产品或服务所必需的文字、词汇，并未涉及商标中其他成分，并同时标有自己的商标。[2]

---

〔1〕 相关案例，参见上海万某餐饮管理有限公司与温江某青花椒鱼火锅店商标侵权纠纷案，四川省高级人民法院（2021）川知民终 2152 号民事判决书。

〔2〕 相关案例，参见某乳业股份有限公司与某股份有限公司、上海某超市有限公司侵害商标权纠纷案，上海知识产权法院（2018）沪 73 民终 289 号民事判决书；浙江某茶叶集团股份有限公司与杭州某茶叶有限公司、杭州某茶叶有限公司某分公司侵害商标权及不正当竞争纠纷案，杭州市中级人民法院（2014）浙杭知终字第 203 号民事判决书。

2. 指示性使用

指示性使用，指为说明产品种类或说明服务范围而使用商标权人的注册商标。与描述性使用不同的是，指示性使用所涉及的商标不限于描述性术语，所使用的对象可能是臆造商标。

20 世纪末期，美国司法创设了一种"提及性使用"为正当使用。"提及性使用"即指示性使用，常见于零配件销售、维修保养行业，如汽车、电子消费品的维修配件服务。通常认为，商标指示性使用规则正式确立于美国的 New Kids 案。[1] 现实当中，诸如"大众汽车维修""联想耗材营销"，这种店铺名称或服务招牌中出现的商标即属于指示性使用。在这里，商标指示了其所有人的商品，但最终是为了表明使用者的经营范围或服务项目。

在判定被告的使用是否构成指示性正当使用时，美国联邦上诉法院提出以下标准：①被告必须使用原告的商品，否则无法表示或不可能将自己的经营信息真实传达给消费者；②被告仅在必要的范围内使用商标；③被告的使用反映了原告与被告的产品或服务间的真实关系，不会使人误认为被告与商标所有人之间存在商业上的任何联系，尤其不得使人误以为被告是商标所有人的特约经销商。

欧盟亦认可指示性正当使用。欧盟法院在 Gillette 案判决中认为："第三方为了说明自己的商品或服务，特别是说明商品的附件或配件，可以基于善意的目的使用商标权人的商品。"

在我国，指示性使用仅是一个学理概念，《商标法》《商标法实施条例》及司法解释并未有指示性使用的规定。在其他规范性文件曾对类似的使用方式加以规范，原国家工商行政管理总局曾于 1995 年发出通知，指出：汽车零部件销售商店、汽车维修站

---

[1]　*See* New Kids on the Block v. News America Pub., Inc. 971 F. 2d 302 (9th Cir. 1992). 另参见冯晓青、陈彦蓉：《商标指示性使用的法律问题研究》，载《大理大学学报》2020 年第 9 期。

点，为了说明本店经营汽车零部件品种及提供服务的范围，应直接使用叙述性的文字，如"本店销售某某汽车零部件""本店维修某某汽车"等字样，字体应当一致，不得突出其中的文字商标的部分，也不得使用他人的图形商标或单独使用他人的文字商标。此外，作为招牌使用、企业名称使用的，应当经过商标注册人允许。这些规范性文件的出发点是在维护商标专用权、避免消费者陷入混淆的前提下，规范商标的指示性使用。我国司法对指示性使用的态度是，认可使用的正当性，使用人不构成侵犯商标权。[1]

笔者认为，指示性使用和描述性使用都属于标志的正当使用，可作为侵权抗辩的事由之一。描述性使用是典型的正当使用、非商标意义的使用，它基于弱商标原本属于公共领域的事实，符合经济活动中商业表达自由的需求。指示性使用是非典型的正当使用，虽带有一定的商标使用的属性，但仍属于经营活动中符合商业惯例的正当使用，是对商标权的合理限制。

3. 功能性三维标志的正当使用

功能性是指，产品或者商品的技术成分或实用功能。功能性三维标志是指，商品的形状、外观是产品的功能所决定的，是某类产品唯一的或通用的形状、外观。功能性主要与三维标志有关，各国商标法多从立体商标的角度对功能性三维标志加以排除，我国《商标法》第 12 条规定，"以三维标志申请注册商标的，仅由商品自身的性质产生的形状、为获得技术效果而需有的商品形状或者使商品具有实质性价值的形状，不得注册。"例外

---

〔1〕 相关案例，参见上海市高级人民法院（2014）沪高民三（知）终字第 104 号民事判决书、杭州市余杭区人民法院（2017）浙 0110 民初 19854 号民事判决书、杭州市中级人民法院（2015）浙杭知终字第 345 号民事判决书、无锡市中级人民法院（2018）苏 02 民初 162 号民事判决书、上海知识产权法院（2015）沪知民终字第 161 号民事判决书等。

情况下，三维标志可以获得商标注册，前提条件是，该三维标志通过使用获得显著性。获得商标注册后三维标志的商标权效力也受到限制，其包含的功能性形状、外观不得禁止他人正当使用。《商标法》第 59 条第 2 款规定："三维标志注册商标中含有的商品自身的性质产生的形状、为获得技术效果而需有的商品形状或者使商品具有实质性价值的形状，注册商标专用权人无权禁止他人正当使用。"这样规定可避免因三维标志的商标保护而妨碍商品的自由竞争。

（二）在先使用抗辩

商标在先使用，是指某个争议商标虽由商标权人取得注册，但在申请注册前该商标已由他人先行使用，则在先使用者可在原有范围内继续使用，不受注册商标专用权的拘束。依《商标法》第 59 条第 3 款规定，商标在先使用抗辩成立的，在先使用人有权在原使用范围内继续使用其商标，故可将此称为"商标在先使用权"。

在先使用不侵权抗辩成立的关键在于"商标在先使用""有一定影响"。首先，商标在先使用，要求被告的使用先于原告的注册申请，该实际使用持续一定时间。其次，该商标注册之前，先使用人的商标已在相关市场上具有一定影响，为相关消费者所知晓。根据 2020 年国家知识产权局公布的《商标侵权判断标准》第 33 条的规定，《商标法》第 59 条第 3 款规定的"有一定影响的商标"是指在国内在先使用并为一定范围内相关公众所知晓的未注册商标。有一定影响的商标的认定，应当考虑该商标的持续使用时间、销售量、经营额、广告宣传等因素进行综合判断。

先使用权抗辩成立的，商标权人无权禁止在先使用人继续使用该商标。但"继续使用"不是商标权，不具有独占和排他的效力，故先用权又受到使用范围、使用方式的限制，以避免混淆可能性的发生。

上述继续使用应当以在先使用的"商标标志"为限。同时，继续使用应限于原使用商品或服务的范围之内，不应扩展到类似商品或服务。

在先商标系服务商标，继续使用限定在原有地域范围内具有可行性，可以要求先使用人不得在原地域之外开设同样招牌的连锁店、分店。在先商标为商品商标的，限制在原有范围继续使用则不易确定，由于商品流通不受地域限制，加之当下网络营销的商品可轻易地在非原有地域内销售，对商品商标继续使用进行地域限制缺乏可操作性，应从附加适当区分标识上加以严格要求。根据《商标侵权判断标准》第33条第3款规定，使用人有下列情形的，不视为在原使用范围内继续使用：①增加该商标使用的具体商品或者服务；②改变该商标的图形、文字、色彩、结构、书写方式等内容，但以与他人注册商标相区别为目的而进行的改变除外；③超出原使用范围的其他情形。

综上所述，先用权的用意在于保护已经享有声誉的未注册商标使用人的利益，也是对"注册原则"和"申请在先原则"的重要补充。2013年修改《商标法》增设商标先使用的规定，使我国建立起完整的商标先使用权制度：在商标确权程序中，先使用人有权对申请注册的商标提出异议、宣告无效的请求，在面对侵权诉讼时，先使用人可以在先使用为由，对抗侵犯商标权的指控，继续使用在先使用的商标。先用权的行使，以不损害注册商标所有人的合法权利为限度，须通过限制使用范围、附加区别标识等措施，避免消费者产生商标间的混淆。[1]

（三）未使用抗辩

在商标侵权纠纷中，原告对涉案注册商标未予实际使用的，

〔1〕　相关案例，参见某克体育运动有限公司商标无效宣告案，北京市高级人民法院（2020）京行终3680号行政判决书；广州某信息技术有限公司、深圳某信息咨询有限公司侵害商标权纠纷案，广东省深圳市中级人民法院（2019）粤03民终31635号民事判决书。

被告以此为由提出抗辩的，在一定的条件下可以不承担赔偿责任。《商标法》2013 年修正新增第 64 条第 1 款规定，目的是从商标权救济的角度促进商标的实际使用。未实际使用的注册商标不存在受保护的商标权益，即使被第三人使用，也不会发生商标利益受到损害的结果，注册商标所有人也就不能得到损害赔偿救济。[1]

---

　　[1]　相关研究，参见王太平：《自己注册商标侵权抗辩研究》，载《现代法学》2020 年第 1 期；李扬：《商标侵权诉讼中的懈怠抗辩——美国法的评析及其启示》，载《清华法学》2015 年第 2 期。

驰名商标保护

一、驰名商标保护概况

（一）驰名商标的含义

驰名商标是指，为相关公众所熟知的商标。任何在商业活动中使用的标记，只要符合为相关公众所熟知并具有保护需求的，都可能被认定为驰名商标。

某个商标一旦被认定为"驰名商标"，就可享有更充分的法律保护，从而与"普通商标"相比，处于一种更加优越的法律地位，这体现在，驰名商标无论是否注册都将得到保护，注册的驰名商标的禁止权效力可以扩张到非类似商品上，这显然超越了普通商标的保护。因此，驰名商标并不是一种特定的商标种类，更不是为了创设一种新的商标权，而是在商标权之外的一种特殊保护措施。这种保护措施不仅是商标法上的保护，同时也是反不正当竞争法中的一项制度。从根本上说，驰名商标保护的基础是制止不正当竞争。

（二）国际公约有关驰名商标的立法

在国际公约层面，驰名商标制度是为了解决未注册商标的跨国保护而诞生的。按照通行的注册原则，商标权的获得基于商标注册，未注册商标不受保护。注册取得商标权在某些情况下可能导致很不公平的结果。1925 年在海牙修订《巴黎公约》外交会议上，公约增订了驰名商标的特殊保护，构成最初的有关驰名商标的法律，即第 6 条之二。1958 年里斯本会议又对该条进行了修订，形成现行《巴黎公约》文本。该公约第 6 条之二关于驰名商标的保护有以下内容：①成员国可依据本国法律确认某商标为驰名商标。②凡系成员国认定为驰名商标的，不论在请求保护的成员国注册与否，他人抢先注册的相同或近似商标，易于产生混淆的，应拒绝注册或取消注册。③凡系被认定为驰名商标的，禁止他人对该商标或近似标识的使用。上述规定反映了保护驰名商标的基本精神：在注册之前已享有知名度的商标应当和注册商标一样，具有禁止他人注册、禁止他人使用的效力；商标注册和使用应当避免和已经驰名的另一商标相混淆，尽管该驰名商标尚未注册。对驰名商标的这种特殊保护之所以是合理的，是因为容易引起混淆的近似商标的注册和使用在大多数情况下是一种不正当竞争行为，而且也可能有损于消费者的利益。

从驰名商标制度的确立可以看出，驰名商标保护的是伴随货物国际贸易而产生的问题，保护的对象是未在请求保护国注册的外国商标，驰名商标制度是对商标注册原则的补充，旨在制止商标使用和注册中的不正当竞争。

世界贸易组织 TRIPs 协议第 16 条对驰名商标作出进一步规定。其从以下四个方面对《巴黎公约》规定的驰名商标保护进行了补充：其一，驰名商标不仅包括商品商标，也包括服务商标；其二，驰名商标的保护不限于类似商品和服务，而是扩大到非类似的商品和服务，即跨类保护；其三，驰名商标的认定应考虑宣传而使商标获得知名度；其四，扩大了驰名商标的保护范围，凡是致使商标所有人利益受到损害的行为，均应当制止。

进一步说，在驰名商标保护方面，TRIPs 协议发展了《巴黎公约》保护驰名商标的理论，《巴黎公约》保护驰名商标的基础是混淆理论，TRIPs 协议则接受淡化理论，为驰名商标提供了更大的空间。

二、驰名商标的法律保护模式

（一）特殊保护模式

驰名商标特殊保护是以《巴黎公约》第 6 条之二为基础、由 TRIPs 协议发展完善而形成的驰名商标保护制度。这种特殊保护成为许多国家驰名商标制度的重要基础，我国亦无例外。根据《巴黎公约》第 6 条之二和 TRIPs 协议第 16 条的规定，驰名商标特殊保护模式的内容如下。

1. 受保护的商标

受保护的商标有两个条件：其一，该商标为本公约受益人所有；其二，该商标已被有关注册或者使用国主管部门视为在该国驰名。这里受保护的商标包括商品商标和服务商标。

2. 保护的范围

当某一商标构成对驰名商标的复制、模仿或者翻译，并足以造成误认时，有关主管部门可以驳回或者撤销某一商标注册，并禁止其使用于相同或者类似商品上。同时，当一商标的主要部分构成对任何此种驰名商标之复制或者模仿，并足以造成误认时，此等规定亦应适用。这意味着，驰名商标不但作为一个整体受到保护，而且其主要部分也同样受到保护。

按照《巴黎公约》的规定，商标注册的驳回或撤销并禁止使用，限于"相同或者类似商品"。后来的 TRIPs 协议将保护的范围扩大至不相似的商品和服务。这样，现在实行的特殊保护是商品和服务的"跨类保护"。

3. 保护的方式

《巴黎公约》通过以下三种方式为驰名商标提供了特别保护：

一是驳回注册申请，二是撤销已核准的注册，三是禁止使用。这些保护方式既可以由主管部门依其职权实施，也可以应当事人的请求而采取。应当事人的请求对驰名商标进行保护是驰名商标保护的基本形态，是一种"被动"的保护方式。在这种方式之下，为驰名商标所有人提供某种方便、可用的程序和机制至关重要。因此，驰名商标的保护既涉及实体问题，也涉及程序问题。

4. 提出保护请求的期限

为了保证注册商标的稳定性，避免使注册商标在很长时期内处于不稳定状态，《巴黎公约》规定了提出撤销注册或禁止使用的期限。撤销注册的期限，是自一商标注册之日起至少5年；禁止使用的期限，由各成员国自行确定。另外，对于恶意注册或使用的商标，提出撤销注册或禁止使用的请求，不应规定时间限制。但是，对于何谓"恶意"，公约未作任何规定。[1]

（二）反淡化保护模式

1. 美国的淡化立法

最早进行商标反淡化立法的是美国。1927年，美国商标法学者斯凯特（Frank Schechter）发表的专论《商标保护的理论基础》谈到了商标淡化的现象，指出在非竞争商品上使用他人的商标会削弱该商标指示商品来源的能力。斯凯特的文章对于商标保护的理论和实践产生了深远的影响。与此同时，美国法院开始在相关的判决中提炼商标淡化的要素，并依据淡化理论作出了相应的判决。[2] 20世纪40年代末开始，一些州陆续颁布了制止商标淡化的法律。1996年，美国国会颁布《联邦商标反淡化法》，至此，美国有了联邦一级的商标反淡化法，美国也成为世界上唯一一个对商标反淡化制定专门法的国家。

---

〔1〕 相关研究，参见吴汉东：《恶意商标注册的概念体系解读与规范适用分析》，载《现代法学》2023年第1期。

〔2〕 李明德：《美国知识产权法》，法律出版社2014年版，第665页。

商标淡化法的目的主要是对驰名商标提供反淡化保护。根据众议院立法报告，国会只打算对于那些强度最大的商标给予反淡化保护，只保护在美国大多数地区已成为驰名商标的注册商标。之所以保护驰名商标，是因为驰名商标具有不可估量的价值，以及对消费者具有强有力的吸引力，因其具有巨大的声誉和消费者忠诚，而成为复制和随意使用的目标。

关于商标的"淡化"，法案定义为："削弱驰名商标对其商品或服务的识别和区分能力，而不论驰名商标所有人与他人之间是否有竞争关系，或者是否会在商品之间引起混淆、误认或欺骗。"商标淡化的构成须满足两个要件：①原告的商标驰名并具有显著性；②被告的行为必须削弱了该商标的显著性。至于商标淡化的救济，法案规定，一般情况下，驰名商标所有人可获得禁令救济，除非能够证明侵权人故意利用其商标声誉谋取利益或者致使驰名商标被淡化，则有权依照《兰哈姆法》获得赔偿损失的救济。

1999 年和 2006 年，美国国会又对《联邦商标反淡化法》进行了两次修改。1999 年修正案明确了在商标注册阶段，商标权人可通过异议程序反对某一商标注册，即使商标权人在异议阶段由于疏忽未能有效阻止他人注册，商标权人还可以通过商标撤销程序撤销相关商标。这样，反淡化保护可以引入商标异议和商标撤销的程序中，对导致淡化损害的商标注册申请不予注册或者撤销注册。

2006 年修正案进一步明晰商标淡化的定义和淡化的救济。关于商标淡化的定义，2006 年修改的《联邦商标反淡化法》第 43 条"弱化的淡化和丑化的淡化"明确了淡化分为弱化和丑化两种情况。弱化被定义为"由于一个商标或商号与驰名商标类似而产生的联系，这种联系将损害驰名商标的显著性"；丑化被定义为"由于一个商标或商号与驰名商标类似而产生的联系，这种联系将损害知名商标的声誉"。这样，至少在联邦法中明确承认了丑化是淡化的一种类型。

关于淡化的损害标准。2006 年修改的《联邦商标反淡化法》第 45 条规定，"淡化"一词是指降低驰名商标识别和区别商品或服务方面的能力，无论是否存在混淆、误认或欺骗的可能性。修正案将淡化的损害标准确定为"淡化的可能性"，使得淡化既包括实际损害也包括淡化的可能。这样，淡化案件如同混淆案件的标准，原告不必证明因被告使用而给自己造成实际损失，在驰名商标价值受到实际损害之前，知名商标所有人就可以获得救济。

关于显著性的要求，2006 年修正案明确规定，在判断一个商标是否显著和驰名时，可以考虑"该商标固有的和经过使用取得显著性的程度"。这样，就驰名商标而言，不局限于固有显著性的商标，也包括取得第二含义的驰名商标。

2. 欧盟的淡化理论与实践

虽然美国是最先进行商标淡化立法的国家，但是淡化理论起源于欧洲，商标史上第一个淡化案件发生在德国。1924 年著名的漱口水 Odol 的商标所有人提出请求，撤销同一商标在钢制品上的注册，法院案判决原告胜诉，禁止被告将 Odol 商标用于非竞争商品上，判决的理论根据是，禁止从驰名商标的促销能力中获取优势以推销自己的产品。换言之，"故意占用他人劳动成果，他人将因此受到损害，这有违良好道德"，是德国法院的 Odol 案判决的理论依据。

驰名商标保护理论的发展采用"搭便车说"或"不当得利说"，认为在后使用者通过使用在先商标所有人的商标而借用其已建立的商誉，从而以较低的成本攫取与在先商标所有相关的利润，这些获利是不正当的。德国最高法院 1959 年对于反淡化保护理论依据的概括已成为经典，被反复引用："之所以要给予这种特别的反淡化保护，其原因就在于，显著商标的所有人有权继续维持其花费大量时间和金钱获得的独特地位，任何可能危及其商标独特性的显著性以及由此产生的广告效应的行为都应当禁止。其根本目的不在于制止任何形式的混淆，而是保护合法获得资产不受侵害。"该理论将商标淡化本质归结为"不当得利""侵占"，也就是"搭便车说"。

法国通过民法典规定的一般侵权责任来解决在非竞争产品上使用近似商标的行为，并称其为"寄生行为"。对一般商标的保护是基于混淆可能性，而超出混淆范围的保护就是民法意义上的保护。

1988 年颁布的《协调成员国商标立法 1988 年 12 月 21 日欧洲共同理事会第一号指令》（以下简称《商标一号指令》）是欧共体商标立法研究二十多年的产物，旨在协调共同体内部国家商标立法。指令赋予商标权的保护包括禁止混淆与声誉商标的特别保护。声誉商标是欧盟商标指令提出来的新概念，欧盟法院将其解释为在一国或共同体主要地区达到驰名的商标。对声誉商标给予特别保护，并不一定要求产生混淆，只要对声誉商标构成损害，如使人产生不好的联想（丑化），或者第三人从搭便车行为中获取利益而并未因此给商标权利人任何经济补偿。

欧盟对声誉商标的保护实际上发挥着制止淡化的作用。尽管欧盟有对声誉商标保护的规定，欧盟内部对驰名商标的反淡化保护亦普遍承认，但欧盟法院一般避免使用"淡化"一词，直到 2003 年，欧盟法院总检察官在阿迪达斯一案中才明确提到"淡化"的概念。

（三）防御商标保护模式

从制度上讲，注册防御商标，该商标必须达到驰名的程度，防御商标注册后可以不使用。其他人若在该防御商标所指定的商品或服务上使用与该商标相同或近似的标志，其行为就会被视为侵害商标权，也会被拒绝注册。简言之，注册防御商标不是为了使用，而是为了排除他人注册、禁止他人使用。一旦防御商标注册成功，就等于扩大了商标权中的禁止权的范围。

预先注册在非类似商品的防御商标，允许注而不用，以阻止他人注册和使用。这种防患于未然的办法对于驰名商标保护有一定作用，但实际操作起来很难尽如人意。研究者指出防御商标制度的缺点：注册花费成本、耗费资源；正商标与防御商标不可分离，一旦正商标被撤销，其防御商标将受到牵连；注册时将驰名性和混淆之虞进行固定，有导致不恰当扩张注册商标禁止权范围之嫌；防御商标注册仅限于同一商标，在适用上有其局限性，侵权人可以避开其设计路线，稍加变化就可以使驰名商标所有人防不胜防。最后，国际上实施这一制度的国家为数极少，英国曾实施过，但后来亦放弃了通过防御商标保护驰名商标的模式。

在 1996 年修订商标法之前，日本对驰名商标保护主要是依据防御商标制度。1993 年日本修改《不正竞争防止法》，其新设的第 2 条第 1 款第（2）项规定，不正当竞争行为包括"将与他人驰名商标相同或近似的标识使用在商品或服务上的行为，或转让、分发、进出口带有该标识的商品的行为"。设立该项规定的目的就在于保护驰名商标，使其免遭淡化和丑化。[1] 依据《不正竞争防止法》，受到保护的驰名商标不仅需要有较高的知名度，还需要特别显著。受到禁止的不正当竞争行为，须使驰名商标的商业利益遭受损害。

综合上述几种保护模式看，《兰哈姆法》虽然是美国联邦商标法，但该法第 43 条"禁止虚假的原产地标示、虚假的描述和淡化"实质上是联邦一级的反不正当竞争法。德国是最早在判例中运用淡化理论的国家，但其很长时间里并未因此制定反淡化法或者试图在商标法中写入类似条款，而是依据民法典、反不正当

---

〔1〕　〔日〕田村善之：《日本知识产权法》，周超等译，张玉敏审校，知识产权出版社 2011 年版，第 88 页。

竞争法处理相关案件，直到 1994 年才在商标法中吸纳了《反不正当竞争法》第 1 条的保护原则，从而承担起制止淡化的职责。日本对商标淡化行为的规制主要依据《不正竞争防止法》，1993 年修改后的《不正竞争防止法》新设的第 2 条第 1 款第（2）项规定对驰名商标给予保护，使其免遭淡化和丑化。

可见，反淡化保护的理论渊源来自反不正当竞争的理念，反淡化立法模式也采用了不正当竞争法观念。反淡化是给予驰名商标的特殊救济、附加保护，超出了商标权利保护的范围，承担着制止不正当竞争的目的。[1]

三、我国驰名商标保护制度

（一）驰名商标保护制度的建立和完善

1985 年，我国加入《巴黎公约》，按照该公约要求保护驰名商标就成为不可回避的问题。在实务中，我国商标主管部门按照《巴黎公约》的要求积极履行国际义务，对某些外国商标给予驰名商标保护。

2001 年《商标法》修改时，新增第 13 条、第 14 条关于驰名商标的保护。2003 年 4 月，原国家工商行政管理总局颁布了《驰名商标认定和保护规定》。2009 年 4 月，最高人民法院公布了《关于审理涉及驰名商标保护的民事纠纷案件应用法律若干问题的解释》（以下简称《审理驰名商标民事案件应用法律解释》）。

2013 年《商标法》第 13 条对驰名商标保护进行了进一步完善。该条第 1 款规定驰名商标的个案认定、被动保护原则，第 2 款使用了"容易导致混淆"，第 3 款使用了"误导公众"。根据相关解释，关于"容易导致混淆"和"误导公众"有何不同、如何实施，该条规定中"容易导致混淆"一词指向的是就相同或者

---

〔1〕 相关研究，参见杜颖：《商标淡化理论及其应用》，载《法学研究》2007 年第 6 期。

类似商品申请注册的商标是复制、摹仿或者翻译他人未在中国注
册的驰名商标的情形，在这种情况下，它会致使消费者误认商品
或者服务的供应者或者提供者。"误导公众"则是指就不相同或
者不相类似商品，在这种情况下，它不致使消费者误认商品的供
应者或者提供者，但它可能使消费者误信特定商品的供应者与驰
名商标所有人存在特定的联系。根据上述解释，"误导公众"的
概念大于"容易导致混淆"的概念。

　　"混淆"和"误导"在措辞上的差别反映了侧重点不同，"混
淆"乃立足于给商标核心功能造成损害，"误导"更多的是对商
标声誉造成损害。"误导"必须与"损害"结合起来，损害是对
驰名商标利益的损害，损害驰名商标显著性、贬损驰名商标的声
誉，都具有反淡化的意义。这样，按照"误导"和"损害"界定
的驰名商标保护范围，和反淡化的目标是一致的，也就是说，给
予驰名商标混淆之外的保护——反淡化保护。

　　《审理驰名商标民事案件应用法律解释》第9条规定，足以
使相关公众对使用驰名商标和被诉商标的商品来源产生误认，或
者足以使相关公众认为使用驰名商标和被诉商标的经营者之间具
有许可使用、关联企业关系等特定联系的，属于《商标法》第13
条第1款规定的"容易导致混淆"。足以使相关公众认为被诉商
标与驰名商标具有相当程度的联系，而减弱驰名商标的显著性、
贬损驰名商标的市场声誉，或者不正当利用驰名商标的市场声誉
的，属于《商标法》第13条第2款规定的"误导公众，致使该
驰名商标注册人的利益可能受到损害"。该司法解释第9条第2
款"足以使相关公众认为被诉商标与驰名商标具有相当程度的联
系，而减弱驰名商标的显著性、贬损驰名商标的市场声誉，或者
不正当利用驰名商标的市场声誉"与前述《商标一号指令》中对
声誉商标扩大保护的措辞基本一致。最高人民法院知识产权庭负
责人就该解释答记者问中提到，"'误导公众，致使该驰名商标注

册人的利益可能受到损害’，不应简单地从一般商标侵权的市场混淆意义上进行理解，通常都涉及因误导相关公众而减弱驰名商标的显著性或者贬损其声誉。"可见，我国通过司法解释规定了驰名商标的反淡化保护。

（二）驰名商标的认定

驰名商标的认定和特殊保护密切相关，认定某个商标驰名是给予特殊保护的事实前提，给予特殊保护是认定商标驰名的目的。

1. 认定机构

按照《巴黎公约》的规定，某个商标在一成员国是否已经驰名，由该国行政主管机关或司法机关确认决定。我国有权对驰名商标进行认定的机构是商标局、商标评审委员会和人民法院。《商标法》第14条对认定机构作出了明确的规定，商标局和商标评审委员会行使商标注册审查、商标争议评审的职能，在商标确权过程中对涉案商标是否达到驰名商标加以认定。人民法院在审理涉及商标权民事纠纷案件中，对涉案商标是否为公众知晓的商标进行认定。

2. 认定原则

驰名商标的认定遵循被动认定、个案认定、因需认定的原则。根据《商标法》第14条，驰名商标应当根据当事人的请求，作为处理涉及商标案件需要认定的事实进行认定。该条规定明确了"被动认定"，不管是行政机关还是法院认定驰名商标，一般不依职权主动认定，只有在当事人提出请求，根据案情需要才进行认定。同时，即使当事人提出请求，还需视案件情况审查是否有必要认定，如果依据商标法其他条款可解决涉案商标的问题和处理商标侵权行为的，就没有必要认定驰名商标。据此，商标行政部门只有在当事人依据《商标法》第13条、第32条提出的商标异议或者请求无效宣告的案件中，才可以认定驰名商标。法院只有在审理涉及未注册商标的保护、注册商标跨类保护、企业名称与驰名商标相冲突的案件中，才可以认定驰名商标。

个案认定，是指只在具体案件中认定，不能离开商标纠纷案件而孤立地认定驰名商标。我国曾经操办过媒体和协会评选驰名商标的活动，这显然违背了个案认定、被动认定的原则，背离了驰名商标保护制度的本意。个案认定的另一层意思是，作出的认定仅对本案件的裁判具有效力。此外，驰名商标的认定是事实认定问题。在个案中为保护已为公众知晓的商标的需要而进行认定，属于事实认定的范畴，不构成单独的诉讼请求。因此，驰名商标的认定应当在裁判理由中予以陈述，而无需在判决主文中宣判。同时，事实认定意味着这是对已经发生事实的固定，而商标是否达到驰名的状态是动态变化的，因此，个案中驰名商标的认定不能直接作为证据使用，对方当事人有争议的，需要重新对商标是否达到驰名状态进行认定。

3. 认定标准

认定驰名商标应当依照一定的标准进行，即由一些具体因素所组成。按照TRIPs协议第16条第2款规定，确定某个商标是否驰名，应考虑该商标为相关公众所知晓的程度，包括在该成员地域范围内宣传该商标而使公众知晓的程度。

《商标法》第14条规定了驰名商标的认定标准，据该规定，认定驰名商标应当考虑以下因素：①相关公众对该商标的知晓程度；②该商标使用的持续时间；③该商标的任何宣传工作的持续时间、程度和地理范围；④该商标作为驰名商标受保护的记录；⑤该商标驰名的其他因素。

上述认定标准中的各项因素是否需要全部满足才构成驰名商标？对此，《驰名商标认定和保护规定》第13条规定，商标局、商标评审委员会在认定驰名商标时，应当综合考虑《商标法》第14条第1款和本规定第9条所列各项因素，但不以满足全部因素

为前提。类似地，《审理驰名商标民事案件应用法律解释》第 4
条也作出同样的规定，人民法院认定商标是否驰名，应当以证明
其驰名的事实为依据，综合考虑《商标法》第 14 条规定的各项
因素，但是根据案件具体情况无需考虑该条规定的全部因素即足
以认定商标驰名的情形除外。据此，认定商标是否驰名，应当综
合考虑各项因素，但不以满足全部因素为前提。

（三）驰名商标的效力

驰名商标的效力，主要包括以下两方面的含义：一方面是关
于驰名商标认定本身的效力，另一方面是关于驰名商标所享受的
保护效力。

关于驰名商标认定本身的效力。原国家工商行政管理总局公
布的《驰名商标认定和保护规定》第 16 条和最高人民法院的
《审理驰名商标民事案件应用法律解释》对商标曾经被认定过驰
名商标的记录的效力作了相关规定。

关于驰名商标认定本身的效力，还有一个重要的问题就是，
驰名商标被认定后能否用于广告宣传？2013 年《商标法》修改
引人关注的一个亮点就是禁止将"驰名商标"用作广告宣传，这
一规定被视为狠刹驰名商标乱象的重要举措。[1] 2013 年《商标
法》第 14 条第 5 款规定："生产、经营者不得将'驰名商标'字
样用于商品、商品包装或者容器上，或者用于广告宣传、展览以
及其他商业活动中。"将"驰名商标"用作广告宣传，其效果实
质上等同于借助公权力为企业做推广促销，而公权力进入市场竞
争是典型的不正当竞争，损害市场的公平竞争环境和社会的公平
正义。如前所述，商标的核心价值是商誉，商誉的建立需要企业
努力保持产品质量的一贯性，保证售后服务的稳定守信，从而赢
得消费者的认可和惠顾，而绝不应该仅仅通过广告宣传标榜"商

----

〔1〕 张今：《商标法第三次修改的几个重大问题解读》，载《中华商标》2013 年
第 11 期。

标驰名"。2013 年《商标法》禁止将"驰名商标"用作广告宣传，对于营造公平有序的市场竞争秩序，推动驰名商标制度的理性回归具有积极的作用。

关于驰名商标所享受的保护效力，根据《商标法》第 13 条，驰名商标被认定后所享受的特殊保护效力主要体现在以下方面：①对未注册的驰名商标在相同或类似商品或服务范围内提供保护。《商标法》第 13 条第 2 款规定，就相同或者类似商品申请注册的商标是复制、摹仿或者翻译他人未在中国注册的驰名商标，容易导致混淆的，不予注册并禁止使用。②注册的驰名商标在商品或服务范围上的效力扩大到不相同或不相类似的商品或服务上。《商标法》第 13 条第 3 款规定，就不相同或者不相类似商品申请注册的商标是复制、摹仿或者翻译他人已经在中国注册的驰名商标，误导公众，致使该驰名商标注册人的利益可能受到损害的，不予注册并禁止使用。对注册商标提供跨类保护是驰名商标保护制度的典型和特殊意义所在，其突破了传统的按类保护原则，为驰名商标提供更大范围的保护，当然，根据司法解释，驰名商标保护范围的扩大也是有条件的，即会"误导公众，致使该驰名商标注册人的利益可能受到损害"。[1][2]

---

〔1〕 相关案例，参见某集团股份有限公司与长沙某蓄电池有限责任公司、某（厦门）新能源有限公司侵害商标权纠纷案，长沙市中级人民法院（2020）湘 01 民初 1772 号民事判决书；福建省某涂料科技有限公司、北京某科技有限公司侵害商标权纠纷案，福建省高级人民法院（2020）闽民终 1354 号民事判决书。

〔2〕 相关研究，参见王太平：《论我国未注册驰名商标的反淡化保护》，载《法学》2021 年第 5 期；冯晓青：《未注册驰名商标保护及其制度完善》，载《法学家》2012 年第 4 期。

地理标志保护

一、地理标志的概念

（一）地理标志的定义

关于地理标志（Geographical Indication）的概念，目前没有统一的定义。TRIPs 协议第 22 条第 1 款对"地理标志"的界定是接受度最为广泛的：地理标志是"标示产品来源于某地区，且该产品的特定质量、声誉或其他特征主要归因于其地理来源的标志"。我国《商标法》第 16 条第 2 款将"地理标志"定义为"标示某商品来源于某地区，该商品的特定质量、信誉或者其他特征，主要由该地区的自然因素或者人文因素所决定的标志"。

从地理标志的概念可知，一方面，此类商业标志表明产品的地理来源，因而地理标志具有识别产品地理来源的功能，可用以区分不同产地的产品；另一方面，该类标志表明产品的特定质量、声誉或者其他特征与原产地具有一定的因果关系（关联性），因而地理标志具有品质保证功能，即地理标志标识的产品具有可归因于原产地的特定质量、声誉或者其他特征。地理标志产品与产地的关联性包括风土关联性和声誉关联性。[1]

（二）地理标志与其他相关标志的关系

在"地理标志"这一术语出现之前，货源标记（Indication of Source）和原产地名称（Appellation of Origin）两个类似的概念已在有关国际条约中出现。地理标志作为一类商业标志，与"商标"亦存在诸多异同点。因此，为进一步明确地理标志的概念，需要将之与相关商业标志做出区分。

1. 货源标记

货源标记，系指示一个国家或其某地区作为商品来源国或来源地的标记。典型的货源标记如"中国制造"（Made in China）。货源标记既可以由直接表明商品地理来源的文字或短语来表示，也可以由图形、符号或其他可以表明商品地理来源的标志来表示，如以埃菲尔铁塔指代法国、以星条旗指代美国等。

货源标记仅表明商品的地理来源，对于商品的质量、声誉、特征等不做要求，更不要求商品与产地之间具有关联性（即具有可归因于原产地的特定质量、声誉或者其他特征）。地理标志不仅具有表明产品地理来源的含义，还具有表明产品具有原产地赋予的特定质量、声誉或其他特征的内涵。因此，货源标记的外延大于地理标志的外延。

2. 原产地名称

原产地名称，系由一个地理区域的地名构成或包含该地名的任何名称，或者众所周知指称该地理区域的另一名称，该名称用于指示一项产品来源于该地理区域，并且赋予该产品以声誉，而该产品的质量或特征完全或主要取决于地理环境，包括自然因素和人文因素。

将原产地名称与地理标志进行比较，二者有以下不同：

---

[1] 有关于地理标志产品与产地关联性的研究，另见本专题第四部分"地理标志的保护条件"中关于实质性要件的介绍。

第一，原产地名称由一个地理区域的地名构成或包含该地名的任何名称，或者众所周知指称该地理区域的另一名称；而地理标志由标示产品来源于某地区的标志构成。因此，从概念上来看，原产地名称只能由"名称"构成，该名称可以是地名或包含地名的名称，也可以是用于指示地理来源的传统名称；地理标志的构成要素更加广泛，包括能够指示地理来源的任何名称、图形、符号等。

第二，原产地名称用于指示的产品的质量或特征完全或主要取决于地理环境，包括自然因素和人文因素；地理标志指示的产品的特定质量、声誉或其他特征主要归因于其地理来源。可见，原产地名称对于其所指示的产品的要求更严格，必须具有完全或主要取决于地理环境的特殊质量或特征，即产品与原产地具有"风土（terroir）关联性"，排除品质中立型产品（quality-neutral products）成为原产地名称产品的可能性。对原产地名称而言，声誉只是其受保护的附加条件，而不能作为一类独立的关联性。对于地理标志而言，其指示的产品与原产地的关系可以建立在风土关联性上，也可以建立在声誉关联性上。即使产品没有可归因于原产地的独特的质量或特征，但享有的高声誉可归因于原产地，该产品亦可成为地理标志产品。例如，源自英国的地理标志"Melton Mowbray Pork Pie"（梅尔顿·莫布雷猪肉馅饼），其所指示的猪肉馅饼并不因其产自英国梅尔顿·莫布雷郡而具有独特于其他猪肉馅饼的特殊品质，但它在市场上享有的不俗声誉与受原产地自然、历史、经济、文化条件影响的集体技能密不可分。

因此，原产地名称相较于货源标记而言，引入了产品与产地之间的关联性要素；相较于地理标志而言，其对于所指示的产品与原产地的关联性的要求更加严格，可以被认知为一类特殊的地理标志。

3. 商标

商标，系指能够将自然人、法人或者非法人组织的商品或服务与他人的商品或服务相区分的标志，可以由文字、图形、字母、数字、三维标志、颜色组合和声音等要素或上述要素的组合构成。[1] 简言之，商标即能够识别商品或服务商业来源的标志。关于地理标志与商标的关系，存在不同认识。有的国家认为地理标志是一类与商标并列的独立的知识产权，TRIPs 协议以及我国《民法典》也将地理标志和商标列为两类不同的知识产权；有的国家则认为地理标志只是一类特殊的商标，并非一类独立的知识产权。基于不同的认识，各国发展出不同的保护地理标志的模式。

地理标志和商标同为商业标志，二者有诸多共同之处，如均具有识别功能、品质保证功能、广告宣传功能和投资功能等，并可承载商誉。但是，地理标志与商标在主要功能、权利性质、对于许可和转让的限制、产品和标志之间的关系、注册时审查的对象、保护期、保护范围、不同标志之间的冲突解决、与通用名称的关系等方面，均有较大的区别。主要区别如下：

（1）在主要功能方面，商标与地理标志作为显著性标记，虽然均具有识别功能，但是商标的主要功能是识别商品或服务的商业来源，从而区分来源于不同主体的商品或服务；而地理标志的主要功能是识别产品的地理来源，从而区分产品的产地以及产品特征。

（2）在权利性质与权利归属方面，商标权是一项归属于商标权人的私权，即使对于集体商标和证明商标而言，其商标权也是归属于某单个实体（如协会、团体等）；而一般认为，地理标志具有集体财产权的属性，权利归属于原产地内所有符合条件的生产者。[2] 因此，商标可以被转让，而地理标志不得被转让。

---

〔1〕《商标法》第 8 条。

〔2〕 从国际范围来看，各国对于地理标志的权利归属亦存在不同规定，如印度等国规定地理标志为国家所有。

（3）在保护条件方面，一个标志能否作为地理标志予以保护，关键在于其指示的产品是否具有原产地赋予的特定质量、声誉或其他特征，只有相关产品满足特定要求，指示该产品的标志才有资格作为地理标志获得保护；一个标志能否作为商标进行保护，则与该标志指示的商品本身的质量、特征等无关。因此，在注册审查时，商标注册审查的重点在于标志本身，而地理标志的注册审查的重点在于产品本身，并具有一定的专业性（一般需要组织相关领域的专家进行技术审查）。

另外，如果将地理标志作为一类独立的知识产权，其相应的保护规则也与适用于商标的保护规则不同。例如，在保护期限方面，地理标志的保护没有时间限制；在保护水平（范围）方面，不得使用地理标志标识并非来自原产地的产品，不考虑该使用行为是否容易造成相关公众的混淆；在标志的冲突解决方面，在先原则并非严格地适用于涉及在后地理标志与在先标志的冲突，而是在一定条件下允许二者共存。但是，若将地理标志视为一类商标，将其纳入商标法律体系进行保护，则适用于商标的相关规则同样适用于地理标志。

二、地理标志的国际保护

产地标记（Indications of Geographical Origin）[1]的概念滥觞于国际公约。自"货源标记"和"原产地名称"在《巴黎公约》中崭露头角后，产地标记的国际保护愈发受到世界各国的关注。在其后的《制止商品产地虚假或欺骗性标记马德里协定》和《保护原产地名称及国际注册里斯本协定》中，"货源标记"和"原产地名称"被分别赋予了不同内涵。20世纪90年代后，随着TRIPs协议的缔结，"地理标志"的概念正式进入国际视野，并

---

[1] 本专题所使用的"产地标记"这一术语，涵盖一切具有表明产品地理来源的含义的标记，包括货源标记、地理标志、原产地名称。

被定位为一类与商标并列的知识产权，成为产地标记国际保护的主要对象。

（一）《巴黎公约》

早在 1883 年《巴黎公约》中，"货源标记"和"原产地名称"就被列为一项工业产权。《巴黎公约》第 1 条第 2 款规定，工业产权的保护对象有专利、实用新型、工业品外观设计、商标、服务标记、厂商名称、货源标记或原产地名称，以及制止不正当竞争。《巴黎公约》第 10 条第 1 款规定，直接或者间接使用虚假货源标记（False Indications of Source）的商品将受到禁止，对于此类商品，缔约国应在进口时予以扣押，或者以进口禁令或国内扣押的方式制止其流通。

《巴黎公约》并未给出货源标记或原产地名称的确切定义，也未对二者的内涵加以区分。由于缺乏针对性的保护措施，《巴黎公约》在地理标志的国际保护上发挥的作用十分有限。[1] 然而，《巴黎公约》首次提出了产地标记的国际保护目标，率先将"货源标记或原产地名称"作为一项独立的工业产权，与商标、外观设计等区分开来，并申明各缔约方在公约基础上订立双边或多边协定的权利。[2] 国外学者将《巴黎公约》誉为"地理标志国际保护的第一步"。[3]

（二）《制止商品产地虚假或欺骗性标记马德里协定》

相较于《巴黎公约》，1891 年的《制止商品产地虚假或欺骗性标记马德里协定》（Madrid Agreement for the Repression of False or Deceptive Indications of Source on Goods，以下简称《马德里协

---

[1] 参见王笑冰：《地理标志法律保护新论——以中欧比较为视角》，中国政法大学出版社 2013 年版，第 3 页。

[2] 《巴黎公约》第 19 条。

[3] Bernard O'Connor, *The Law of Geographical Indications*（London：Cameron May 2004）28.

定》）加强了对"货源标记"的关注，规定更为细致。《马德里协定》未设置针对"货源标记"的定义条款，但从相关条款规定中能够明确这一概念的法律内涵。《马德里协定》第 1 条第 1 款规定："凡带有虚假或欺骗性标记（False or Deceptive Indication）的商品，其标记系将本协定所适用的国家之一或其中一国的某地直接或间接地标作原产国或原产地的，上述各国应在进口时予以扣押。"由此可知，货源标记系指示一个国家或一个国家的某地区作为商品来源国或来源地的标记。

不同于《巴黎公约》只关注"虚假标识"的做法，《马德里协定》对商品标记是否可能对相关公众造成产地来源上的欺骗性效果亦给予了同等注意。另外，《马德里协定》对货源标记的保护并不局限于在商品上使用的标记，而扩大至各种商业活动中使用的货源标记。其第 3 条之二规定："适用本协定的国家也承诺，在销售、展示或推销任何商品时，禁止在招牌、广告、发票、葡萄酒单、商业信函或文件及其他任何商业信息交流中使用具有广告性质并可能导致相关公众在商品来源方面产生误认的任何标记。"

此外，《马德里协定》第 4 条规定："各国法院应确定因具有通用性质而不适用本协定条款的名称，但是，与葡萄制品来源相关的区域名称不属于本条规定的保留范围。"该条赋予了各成员国在提供货源标记保护时对于商品通用名称的司法界定权，并豁免了成员国保护通用名称的义务，但有关于葡萄制品产地来源的地理名称，则要求各缔约方给予绝对的货源标记保护，不得将之认定为通用名称。在"香槟"（Champagne）、"勃艮第"（Burgundy）等世界知名的葡萄酒产地标记已被多国认定为通用名称或者半通用名称的背景下，《马德里协定》作此规定必然无法得到这些国家的支持。这就不难理解为何截至 2023 年 4 月，只有 36 个国家和地区加入该协定，中国、美国等世界主要贸易国仍未加入。[1]

（三）《保护原产地名称及国际注册里斯本协定》和《原产地名称和地理标志里斯本协定日内瓦文本》

1958 年签订的《保护原产地名称及国际注册里斯本协定》（Lisbon Agreement for the Protection of Appellations of Origin and Their International Registration，以下简称《里斯本协定》）[2]是《巴黎公约》体系下由世界知识产权组织管理的一部专门针对原产地名称保护的国际条约，旨在为原产地名称的保护构建国际注册体系。该协定首次界定了"原产地名称"，即"一个国家、地区或地方的地理名称，用于指示一项产品来源于该地，产品的质量或特征完全或主要取决于地理环境，包括自然和人文因素"[3]。例如，"BORDEAUX"（波尔多）作为原产地名称，表示其指示的葡萄酒具备完全或主要由法国波尔多地区的自然和人文条件赋予的特殊的质量或特征。该定义大大限缩了产地标记的保护范围，不仅只有地理名称才可以构成原产地名称，而且该地理名称标识的产品须具备原产地自然和人文因素赋予的特殊的质量或特征，即产品与原产地具有"风土联系"，将标识品质中立型产品（quality-neutral products）的产地标记排除在原产地名称的范围之外。

《里斯本协定》为原产地名称提供高水平保护。其第 3 条规定："保护旨在禁止任何假冒（usurpation）或仿冒（imitation），即使标明了产品的真实产地，或者以译文的形式使用该名称，或

---

[1] See WIPO Lex, "Madrid Agreement (Indications of Source) (Status on June 9, 2022)", https://www.wipo.int/export/sites/www/treaties/en/docs/pdf/madrid_source.pdf.

[2] 《里斯本协定》于 1958 年 10 月 31 日签订，现行有效的协定文本是 1967 年 7 月 14 日在斯德哥尔摩修订并于 1979 年 9 月 28 日修正的斯德哥尔摩文本。

[3] 《里斯本协定》第 2 条第 1 款。

者附加诸如'类''型''样''仿'或类似表述。"此外,《里斯本协定》第 5 条第 6 款规定,根据国际注册通知,一个原产地名称已在一国取得保护,如果该名称在通知前已为第三方在该国使用,该国的主管机关有权给予该第三方不超过两年的期限以结束其使用。该条款表明原产地名称的保护优先于其他在先权利,与原产地名称相同或近似的在先商标会因在后注册的原产地名称而丧失在先商标权。另外,该协定第 6 条规定,只要注册名称在原属国作为原产地名称受到保护,就不得被视为通用名称。可见,相比于《巴黎公约》和《马德里协定》,《里斯本协定》大大提升了原产地名称的保护力度。

《里斯本协定》构建了原产地名称国际注册的基本制度体系。根据其第 5 条规定,原产地名称的注册由世界知识产权组织下属的国际局负责,国际局应在收到原产地名称注册申请后立即通知各成员国,并发布书面公告。各成员国有权在收到注册通知后一年内向国际局作出不予保护的声明,并说明理由,但该声明不得损害该名称在有关国家可以取得的其他形式的保护。申请人及利害关系人得知上述声明后,有权在声明国采取任何司法和行政救济手段。

然而,因《里斯本协定》对产地标记的保护过于严格,目前只有 30 个国家加入了该协定。[1] 该协定并未如缔约国最初预想的那样形成全球规模的影响力。为吸引更多的成员国加入,里斯本联盟成员国在 2015 年的日内瓦会议上形成了新的协定文本,即《原产地名称和地理标志里斯本协定日内瓦文本》(Geneva Act of the Lisbon Agreement on Appellations of Origin and Geographical Indications,以下简称《日内瓦文本》)。《里斯本协定》和《日内瓦文本》共同组成了里斯本体系,为原产地名称和地理标志提供

---

〔1〕 *See* WIPO Lex, "Lisbon Agreement for the Protection of Appellations of Origin and Their International Registration", https://www.wipo.int/treaties/en/registration/lisbon/.

了更全面和有效的国际保护。

《日内瓦文本》在保护对象、申请国际注册的主体和条件等多方面作出修订，相比之前的协定文本更为灵活。《日内瓦文本》对原产地名称的定义进行宽松处理，将地理标志纳入协定保护对象，将有资格申请原产地名称和地理标志国际注册的主体扩大至名称、标志的受益各方或权利主体（包括自然人和法律实体），不再局限于国家主管部门，[1] 并且规定每一缔约方可自由选择原产地名称和地理标志的保护模式。[2] 为了更好地推进《里斯本协定》及《日内瓦文本》的实施，里斯本联盟成员国于2022年7月达成了《里斯本协定和里斯本协定日内瓦文本共同实施细则》，对于原产地名称和地理标志国际注册及申请注册后驳回、变更、放弃保护等程序性事项作出了具体规定。该细则已于2023年1月1日起正式生效。值得一提的是，尽管《日内瓦文本》在制度设计上表现出一定的软化，但它能否实现里斯本联盟成员国重振里斯本体系的目标还有待观察。[3] 目前，包括中国、美国在内的世界主要经济体仍未加入里斯本体系。

（四）TRIPs 协议

TRIPs 协议首次界定了"地理标志"这一概念。如前所述，其第22条第1款对地理标志做出了定义。在对保护对象的界定上，TRIPs 协议采取了一种介于《马德里协定》与《里斯本协定》之间的折中方式：一方面，它严于"货源标记"只需表明产品产地来源的较低要求；另一方面，它又比"原产地名称"要求的"产品质量或特征完全或主要取决于某地的自然和人文因素"

---

〔1〕《日内瓦文本》第5条第2款。

〔2〕《日内瓦文本》第10条。

〔3〕 *See* WIPO Lex, "Lisbon Agreement for the Protection of Appellations of Origin and Their International Registration", https：//www.wipo.int/treaties/en/registration/lisbon/. 目前，只有16个成员（包括国家和国际组织）加入《日内瓦文本》。

宽松。TRIPs 协议为地理标志的国际保护构建了新的概念语境，其广泛的国际参与度以及一定的法律约束力使之成为当前地理标志国际保护体系中最为重要的国际条约，为地理标志保护设定了最低保护标准。[1]

TRIPs 协议第 22 条至第 24 条是有关于地理标志的保护条款。其中，第 22 条明确了地理标志的一般保护水平或基础保护水平，即在他人不当使用与地理标志相同或近似的标记，使公众对产品的地理来源产生误认或者该行为构成不正当竞争时，成员应为地理标志的利害关系人提供法律保护手段；若商标中包含地理标志，而商标标识的产品并非来自标志所指示的地区，且该商标的使用将会使公众对产品的真实产地产生误认，成员应依职权或依申请拒绝该商标的注册或宣告该商标的注册无效。TRIPs 协议第 23 条是针对葡萄酒和烈酒地理标志的特殊保护条款。该条将《里斯本协定》为原产地名称规定的高水平保护赋予葡萄酒和烈酒地理标志，规定成员应为利害关系人提供法律手段，以禁止将地理标志用于标示并非来源于该标志所指地区的葡萄酒或烈酒，即使同时标出了产品的真正来源地，或者使用的是译文，或者伴有去产地化表述（如某某"种"、某某"型"等类似表述）；若商标中包含酒类地理标志，而使用该商标的产品并非生产于标志所指示的原产地，成员应依职权或依申请拒绝该商标的注册或宣告该商标的注册无效；对于同名的酒类地理标志，均应对其提供保护。为了便利葡萄酒地理标志的保护，TRIPs 协议还要求成员进一步谈判以建立葡萄酒地理标志的多边通知和注册机制。TRIPs 协议第 24 条是有关于地理标志国际谈判和保护例外的规定。

TRIPs 协议一改《巴黎公约》《马德里协定》与《里斯本协定》中对各类产品的产地标记提供平等保护的惯例，根据地理标

---

〔1〕 *See* WTO, "Overview: The TRIPS Agreement", https://www.wto.org/english/tratop_e/trips_e/intel2_e.htm.

志所指示产品类别的不同，对其提供差别保护。其第 22 条和第
23 条有关地理标志双重保护水平的规定是以欧盟为代表的旧世界
阵营与以美国为代表的新世界阵营协商妥协的结果。[1] 有关于
地理标志的保护水平问题成为 TRIPs 协议缔结后的多哈回合谈判
的焦点之一。根据 TRIPs 理事会的本意，多哈回合谈判的一项重
要任务是讨论是否要将 TRIPs 协议第 23 条为葡萄酒和烈酒地理标
志提供的强保护扩展适用于所有地理标志。然而，各成员不仅在
此问题上争执不下，就该项问题能否成为多哈回合的谈判事项也
产生了严重分歧。[2] 多哈回合谈判的另一焦点是酒类地理标志
多边注册机制的构建问题，但各成员并未将该议题视为优先讨论
事项，表现出较低的参与意愿。[3] 最终，上述事项的谈判皆陷
入僵局。艾琳·卡尔波利（Irene Calboli）表示，前 TRIPs 时代沿
袭而下的分歧与争议将继续塑造后 TRIPs 时代的谈判与磋商，这
意味着加强地理标志保护的谈判尚未产生预期效果，在此问题上
的外交努力似乎也一直处于停滞状态。[4]

三、地理标志的保护模式

作为保护地理标志最为重要的国际条约，TRIPs 议并没有直
接规定地理标志的保护模式，而是将选择的权利留给各成员。各

---

〔1〕 旧世界阵营是指位于欧洲、亚洲、非洲等历史悠久、拥有众多地理标志资
源的国家，新世界阵营则是指位于美洲、澳洲等主要由移民组成的国家，其本土地理
标志资源并不丰富。

〔2〕 *See* WTO, "Geographical Indications: Background", https://www.wto.org/english/tratop_e/trips_e/gi_background_e.htm#protection.

〔3〕 *See* Report by the Chairman, Ambassador Dacio Castillo (Honduras), Multilateral System of Notification and Registration of Geographical Indications for Wines and Spirits, 3 December 2015 (TN/IP/23) para 8.

〔4〕 Irene Calboli, "Expanding the Protection of Geographical Indications of Origin under TRIPS: Old Debate or New Opportunity", *Marquette Intellectual Property Law Review* 10, 2006, p. 181.

国根据其自身的法律传统、历史、经济等条件确立了地理标志的不同保护模式，主要包括地理标志专门保护模式、商标保护模式和反不正当竞争法保护模式。保护模式的选择直接影响地理标志的具体保护规则，包括保护条件、保护范围等。目前，关于究竟是专门法模式还是商标法模式最适合保护地理标志的争论最为激烈。一些国家和地区认为专门法可以为地理标志提供更好的保护，而有些国家则认为商标法可以成为替代地理标志专门法的保护模式。需要指出的是，包括我国在内的很多国家和地区，并非只采用一种模式保护地理标志，而是多种保护模式并存，为地理标志提供不同维度的保护。

（一）商标保护模式

传统上，商标法只用来保护识别商品或服务商业来源的显著性标记，地名一般被认为是描述性标记，[1] 除非通过使用获得第二含义，否则不能作为商标保护。随着证明商标和集体商标制度的发展，描述地理来源的标记不被商标法保护的情况逐渐改变。

为了加入世界贸易组织（WTO），落实 TRIPs 协议为成员规定的保护地理标志的义务，我国在立法层面做了诸多调整，并在2001 年修正的《商标法》中正式引入地理标志的概念。[2] 这标志着我国在法律层面开地理标志保护之先河。2002 年颁布的《商标法实施条例》明确提出在《商标法》的框架下为地理标志提供法律保护的方案，即地理标志可注册为集体商标、证明商标进而获得商标法的保护。

集体商标，是指以团体、协会或者其他组织名义注册，供该组织成员在商事活动中使用，以表明使用者在该组织中的成员资

---

[1] 一部分地名可以作为任意性标记而具有固有显著性，如将"南极"指定使用在香蕉上。

[2] 《商标法》第 16 条第 2 款。

格的标志。[1] 证明商标，是指由对某种商品或者服务具有监督能力的组织所控制，而由该组织以外的单位或者个人使用于其商品或者服务，用以证明该商品或者服务的原产地、原料、制造方法、质量或者其他特定品质的标志。[2] 值得注意的是，我国商标保护模式并非指将地理标志转化为普通集体商标或普通证明商标进行保护，而是将其注册为地理标志集体商标或地理标志证明商标（以下称"地理标志商标"）进行保护。根据2003年颁布的《集体商标、证明商标注册和管理办法》，以地理标志作为集体商标、证明商标注册的，应当在申请书件中说明该地理标志所标示的商品的特定质量、信誉或者其他特征，该商品的特定质量、信誉或者其他特征与该地理标志所标示的地区的自然因素和人文因素的关系，以及该地理标志所标示的地区的范围。[3] 由此可见，地理标志商标需要满足地理标志的概念，用以指示地理标志产品。

与我国独创的"地理标志商标"制度不同，世界上典型地区和国家的商标保护模式均是将地理标志转化为集体商标或证明商标进行保护，并不要求申请注册的标志满足地理标志的概念，包括标志指示的产品与原产地之间存在关联性。[4] 欧盟虽是专门法模式的倡导者，但是《欧盟商标条例》[5] 仍然赋予地理标志权利人选择以集体商标保护地理标志的权利。根据《欧盟商标条例》第74条第2款规定，用以指示商品地理来源的标记可以作

---

〔1〕《商标法》第3条第2款。

〔2〕《商标法》第3条第3款。

〔3〕《集体商标、证明商标注册和管理办法》第7条。

〔4〕 WIPO, "Document SCT/6/3 Rev on Geographical Indications: Historical Background, Nature of Rights, Existing Systems for Protection and Obtaining Protection in Other Countries", 2 April 2002 (SCT/8/4).

〔5〕 Regulation (EU) 2017/1001 of the European Parliament and of the Council of 14 June 2017 on the European Union Trade Mark.

为欧盟集体商标予以注册保护，但权利人不能禁止他人对地名的正当使用。实践中，一些地理标志在专门体系和商标体系下获得了双重保护，比如"DARJEELING"和"PARMIGIANO REGGIANO"。美国是以证明商标制度保护地理标志的典型国家。《兰哈姆法》规定证明商标可用以证明：①产品或服务的地理来源；②产品或服务在材料、生产方式、质量、准确度或其他特征等方面达到的标准；③产品或服务的工作或劳动是由某一单位或组织的成员完成的。其中，与地理标志最为接近的一类证明商标是"地理证明商标"，用以证明产品源自标记所指示的地域。在美国，地理名称可以在不获得显著性的条件下作为地理证明商标注册，但是该标记需要被消费者认知为产品来源地指示标记。[1]

商标保护模式的本质是将地理标志认知为商标的子集，而非一类独立的知识产权，商标法可以为地理标志提供充分的保护。地理标志与集体商标和证明商标存在一定共性，使得集体商标或证明商标制度可以在一定程度上保护地理标志。但是，三类标志具有不同的内涵、功能和属性，以集体商标或证明商标制度保护地理标志存在一些缺陷和弊端。证明商标虽可用于证明产品特征，但是它的范围远大于地理标志，即使某一证明商标用来证明标记下的产品为地理标志产品，消费者也难以准确接收该商标所传达的信息。集体商标的主要功能仍是区分商品的商业来源，与地理标志的主要功能并不相同，亦会影响地理标志的保护。在大吉岭案中［印度茶业委员会诉欧盟知识产权局（Tea Board of India v. European Union Intellectual Property Office[2]）］，第三人Delta

---

〔1〕《美国商标审查指南》第1306.05（a）节和第1306.05（c）节：地理证明商标是否可注册，在于公众是否将该标记理解为标有该标记的商品只来自标记所指示的区域……审查地理证明商标的申请，必须审查是否有证据表明相关消费者认为该标记用来指示商品或服务源自标记所指示的区域而非其他地方。

〔2〕（Joined Cases C-673/15 P to C-676/15 P）〔2017〕ECLI：EU：C：2017：702（CJEU）；（Case T-624/13）〔2015〕ETMR 52（General Court of the EU）.

Lingerie 申请注册商标"DAEJEELING",用于第 25 类、第 35 类和第 38 类产品(女性内衣、香水、电信产品等)。原告印度茶业委员会作为欧盟集体商标"DARJEELING"的商标权人提出异议,认为争议商标的注册会造成消费者对商品地理来源产生混淆。前欧盟内部市场协调局(现为欧盟知识产权局)的异议审查部门和申诉委员会均支持了第三人的商标申请,认为不存在混淆可能性,欧盟法院也维持了其普通法院(General Court)的一审判决,驳回了印度茶业委员会认为存在地理来源混淆的主张。欧盟法院认为,消费者不会误认为标有"DARJEELING"商标的女性内衣、香水等商品由印度茶业委员会的成员提供,即不存在商业来源混淆;至于消费者是否会误以为该商标下的商品来自印度大吉岭地区,并非判定是否侵犯集体商标权应考量的因素。该案表明,集体商标的主要功能是区分商品的商业来源(识别某组织成员提供的商品),虽然一些集体商标可能具有识别商品地理来源的功能,但这并非集体商标的共同和主要功能,因此该功能不受法律保护。

(二)专门保护模式

专门保护模式,即根据地理标志自身的特征、功能、属性等,为其制定专门的规范加以保护。专门保护模式有如下特点:一是提供积极的注册保护,该体系一般包含一套审查较为严格的申请注册程序;二是为地理标志提供的保护力度(保护水平)高于其他保护模式提供的保护。我国的地理标志专门保护模式主要包括两个体系:一是依据《地理标志产品保护规定》建立的地理标志产品保护体系,二是依据《农产品地理标志管理办法》建立的农产品地理标志保护体系。以上两个专门保护模式与商标保护体系构成了三个相互独立的地理标志保护体系,我国地理标志保护制度因此呈现出"三个体系、两种模式"并存的特征。

1999 年,原国家质量技术监督局发布《原产地域产品保护规定》，标志着我国正式建立地理标志专门保护制度。《原产地域产品保护规定》构建了一套注册体制，绍兴酒成为该体制项下第一个受保护的原产地域产品。2005 年，原国家质量监督检验检疫总局颁布《地理标志产品保护规定》，《原产地域产品保护规定》被废止。为落实《巴黎公约》、TRIPs 协议等国际条约规定的保护国外地理标志的义务，原国家质量监督检验检疫总局于 2016 年发布《国外地理标志产品保护办法》，该办法与《地理标志产品保护规定》相配合，在地理标志产品体系下为在我国销售的国外地理标志产品提供保护，规范国外地理标志产品名称和专用标志的使用。2018 年国务院机构改革后，有关于地理标志产品的注册和管理工作统归重新组建后的国家知识产权局。国家知识产权局于 2019 年修订《国外地理标志产品保护办法》，2020 年发布《地理标志保护规定（征求意见稿）》，意图加大地理标志的保护力度，提升地理标志的保护水平，完善地理标志保护规范。

2007 年，原农业部发布《农产品地理标志管理办法》，为指示来源于农业的初级产品的地理标志提供行政保护，保护对象较为狭窄。2018 年机构改革后，原农业部改组为农业农村部。2019 年，农业农村部对《农产品地理标志管理办法》进行修订。农产品地理标志保护体系下，由农业农村部负责全国农产品地理标志的登记工作，农业农村部农产品质量安全中心负责农产品地理标志登记的审查和专家评审工作；省级人民政府农业行政主管部门负责本行政区域内农产品地理标志登记申请的受理和初审工作；农业农村部设立的农产品地理标志登记专家评审委员会，负责专家评审。[1]

2021 年 9 月中共中央和国务院印发的《知识产权强国建设纲要（2021—2035 年）》已将探索制定地理标志专门法律法规、

---

[1] 《农产品地理标志管理办法》第 4 条。

健全专门保护与商标保护相互协调的统一地理标志保护制度设定为重要工作任务。在统一地理标志保护制度的大背景下，国家知识产权局关于《地理标志保护规定》的修订工作暂时搁置，农业农村部也自 2022 年 3 月停止农产品地理标志登记工作，包括受理、评审、公示和公告，配合国家知识产权局构建地理标志统一认定制度。[1]

　　从世界范围来看，欧盟的地理标志保护制度建立得较为完善。欧盟制定了《第 1151/2012 号条例》[2]《第 1308/2013 号条例》[3]《第 251/2014 号条例》[4]和《第 2019/787 号条例》[5]，分别为指示农产品和食品、葡萄酒、芳香型葡萄酒以及烈酒的地理标志提供高水平保护。这四个条例共同构成了欧盟地理标志专门保护制度。目前，欧盟还未有关于手工艺品和工业产品地理标志的统一立法。

---

　　〔1〕《信访处答网民关于"农产品地理标志认证政策咨询"的留言》，载中华人民共和国农业农村部官网：http://www.moa.gov.cn/bzxxlyhf/xfwy/netizen/replyDetail.html?strMinisterCode=W20220922009，最后访问日期：2023 年 5 月 28 日。

　　〔2〕 Regulation (EU) No 1151/2012 of the European Parliament and of the Council of 21 November 2012 on quality schemes for agricultural products and foodstuffs [2012] OJ L343/1.

　　〔3〕 Regulation (EU) No 1308/2013 of the European Parliament and of the Council of 17 December 2013 establishing a common organisation of the markets in agricultural products and repealing Council Regulations (EEC) No 992/72, (EEC) No 234/79, (EC) No 1037/2001 and (EC) No 1234/2007 [2013] OJ L347/671.

　　〔4〕 Regulation (EU) No 251/2014 of the European Parliament and of the Council of 26 February 2014 on the definition, description, presentation, labelling and the protection of geographical indications of aromatised wine products and repealing Council Regulation (EEC) No 1601/91 [2014] OJ L84/14.

　　〔5〕 Regulation (EU) 2019/787 of the European Parliament and of the Council of 17 April 2019 on the definition, description, presentation and labelling of spirit drinks, the use of the names of spirit drinks in the presentation and labelling of other foodstuffs, the protection of geographical indications for spirit drinks, the use of ethyl alcohol and distillates of agricultural origin in alcoholic beverages, and repealing Regulation (EC) No 110/2008 [2019] OJ L130/1.

（三）反不正当竞争法保护模式

在国际法层面，《巴黎公约》第 10 条之二要求各成员为国民提供制止不正当竞争的有效保护，凡在工商业事务中违反诚实的习惯做法的竞争行为构成不正当竞争行为，包括采用任何手段对竞争者的营业所、商品或工商业活动产生混淆性质的一切行为，在商业经营中，具有损害竞争者的营业所、商品或工商业活动的信用性质的虚假陈述，在经营商业中使用会使公众对商品的性质、制造方法、特点、用途或数量易于产生误解的标识或陈述。《巴黎公约》为制止不正竞争行为设定了基本的国际法规则。

我国《反不正当竞争法》将经营者在生产经营活动中扰乱市场竞争秩序，损害其他经营者或消费者的合法权益的行为认定为不正当竞争行为。[1] 该法第 6 条进一步规定，经营者不得实施下列混淆行为，引人误认为是他人商品或者与他人存在特定联系：①擅自使用与他人有一定影响的商品名称、包装、装潢等相同或者近似的标识；②擅自使用他人有一定影响的企业名称（包括简称、字号等）、社会组织名称（包括简称等）、姓名（包括笔名、艺名、译名等）；③擅自使用他人有一定影响的域名主体部分、网站名称、网页等；④其他足以引人误认为是他人商品或者与他人存在特定联系的混淆行为。

因此，经营者混淆性使用地理标志的行为亦可构成不正当竞争行为。反不正当竞争法作为一种行为规制法，不能为地理标志提供积极的注册保护，只能够提供被动的消极保护以禁止他人不当使用地理标志造成商业混淆的行为。有关于地理标志保护的重要问题，如地理标志的原产地范围、生产标准、有权使用标志的

---

[1] 《反不正当竞争法》第 2 条。

主体等，都由法院在诉讼过程中决定，且保护的效力仅及于个案。[1]

四、地理标志的保护条件

在我国，地理标志可在商标法律体系和专门保护体系下获得注册保护，但是需要满足一定的实质性要件和程序性要件。实质性要件是指该商业标志需要满足地理标志的定义，而程序性要件是指需要完成一定的注册申请程序。另外，一些符合地理标志内涵的商业标志，会因其本身丧失受保护的实质性要件或与在先权利冲突而无法获得注册保护，此为地理标志保护的例外。

（一）地理标志保护的构成要件

1. 实质性要件

（1）标志。"标志"是相关地理标志法律法规直接规制的对象。根据"地理标志"的定义，其构成要素可以是任何能够表明产品地理来源的"标志"，包括名称、图形或其他符号。《集体商标、证明商标注册和管理办法》第8条规定，作为集体商标、证明商标申请注册的地理标志，可以是该地理标志标示地区的名称，也可以是能够标示某商品来源于该地区的其他可视性标志。《地理标志产品保护规定》将地理标志的构成要素限定为"地理名称"，[2]《农产品地理标志管理办法》则明确规定地理标志的称谓由地理区域名称和农产品通用名称构成。[3] 实践中，我国地理标志一般由"地名+产品的通用名称"构成，如"龙口粉丝"。从国外实践来看，地理标志可以由单纯的地名构成，如

---

〔1〕 WIPO, "Document SCT/6/3 Rev on Geographical Indications: Historical Background, Nature of Rights, Existing Systems for Protection and Obtaining Protection in other Countries", 2 April 2002 (SCT/8/4) para 19.

〔2〕《地理标志产品保护规定》第2条。

〔3〕《农产品地理标志管理办法》第7条。

"Champagne"（香槟），也可由传统名称构成，如"Feta"（菲达)[1]。

（2）产品。地理标志产品的范围关系到某个商业标志能否作为"地理标志"受到保护。实践中，绝大多数地理标志产品为农产品，我国也存在大量用于指示工业产品的地理标志，如"景德镇瓷器""浏阳花炮"等。

受限于主管部门的职能，农产品地理标志保护体系下的地理标志产品仅指来源于农业的初级产品，即在农业活动中获得的植物、动物、微生物及其产品。[2] 因此，用于指示工业产品的地理标志不能在该体系下受到保护。地理标志产品体系下，地理标志产品包括种植、养殖产品，以及按照特定工艺生产和加工的产品。[3] 商标法律体系对于地理标志商标（包括地理标志集体商标和地理标志证明商标）指示的商品类型并无特殊规定。

值得注意的是，学界对于地理标志是否可用于指示"服务"存在争论，各国实践亦有不同做法。瑞士、韩国、秘鲁等国保护用于指示服务的地理标志，[4] 而包括我国在内的很多国家不承认地理标志可用于指示服务。

（3）产品与产地的关联性。产品与产地的关联性或因果联系是地理标志的核心要素，也是地理标志区别于其他商业标志最重要的因素。地理标志产品与原产地的关联性包括两种：风土关联性和声誉关联性。建立在风土关联性上的地理标志，其所指示的产品与同类产品相比，具有可归因于原产地的特殊质量或者其他特征；建立在声誉关联性上的地理标志，其所指示的产品与同类

---

〔1〕 "Feta"作为在欧盟注册的"受保护的原产地名称"（PDO）用于指示一种源自希腊、由羊奶制作而成的奶酪，但Feta并非希腊的一个地名。

〔2〕 《农产品地理标志管理办法》第2条。

〔3〕 《地理标志产品保护规定》第2条。

〔4〕 Bernard O'Connor, *The Law of Geographical Indications*（London：Cameron May 2004）78.

产品相比，可能并无特殊质量或其他特征［即属于品质中立型产品（quality-neutral product）］，但其享有的高声誉可归因于原产地。值得一提的是，我国农产品地理标志保护体系只承认建立在风土关联性上的地理标志，而不认可建立于声誉关联性上的地理标志。[1]

TRIPs 协议和《日内瓦文本》均未对解释地理标志产品与产地的关联性的因素作出明确规定，即究竟是原产地的"自然因素和人文因素"抑或是"自然因素或人文因素"赋予了产品特定质量、声誉或其他特征。对此，我国三个保护体系的规定也有所不同。《商标法》规定地理标志产品的特定质量、声誉或其他特征可以由原产地的"自然因素或者人文因素"决定；地理标志产品保护体系将解释产品与产地关联性的因素规定为"自然因素和人文因素"；在农产品地理标志保护体系中，解释关联性的因素则为"自然生态环境和历史人文因素"。已有学者指出，这些规定"逻辑混乱、制度设计扭曲、缺乏配合支持"。[2] 在整合地理标志保护制度，制定地理标志专门法时，我国需要对地理标志产品与产地关联性要件的规定予以统一。

（4）产地。地理标志的基本功能之一是指示产品的地理来源。因此，原产地范围的合理划分亦是地理标志获得保护的实质性要件之一。我国的三个地理标志保护体系均要求申请主体在申请注册地理标志时，提交有关原产地范围的材料。[3]

从地理标志的概念来看，地理标志原产地的范围应由产品与

---

〔1〕《农产品地理标志管理办法》第 2 条：本办法所称农产品地理标志，是指标示农产品来源于特定地域，产品品质和相关特征主要取决于自然生态环境和历史人文因素，并以地域名称冠名的特有农产品标志。

〔2〕王笑冰：《关联性要素与地理标志法的构造》，载《法学研究》2015 年第 3 期。

〔3〕《集体商标、证明商标注册和管理办法》第 7 条；《地理标志产品保护规定》第 10 条；《农产品地理标志管理办法》第 7 条。

产地之间的关联性要素决定，即能够赋予产品特殊质量、声誉或其他特征的相关区域为地理标志产品的原产地。因此，划定原产地范围的考量因素包括自然因素（土壤、气候、海拔等）和人文因素（历史、传统文化、传统技艺等）。《集体商标、证明商标注册和管理办法》规定地理标志产品的原产地无需与该地区的现行行政区划名称、范围完全一致，[1] 但并未对产地范围的划定标准作出明确规定。地理标志产品保护体系只对原产地范围的划定主体进行了规定。《地理标志产品保护办法》第9条规定：申请保护的产品在县域范围内的，由县级人民政府提出产地范围的建议；跨县域范围的，由地市级人民政府提出产地范围的建议；跨地市范围的，由省级人民政府提出产地范围的建议。原农业部于2008年发布的《农产品地理标志登记程序》第3条规定：申请人应当根据申请登记的农产品分布情况和品质特征，科学合理地确定申请登记的农产品地域范围，包括具体的地理位置、涉及村镇和区域边界；报出具资格确认文件的地方人民政府农业行政主管部门审核，出具地域范围确定性文件。

需要明确的是，由于原产地范围的划分关系到有权使用地理标志的主体范围，因而在实践中，并非都严格按照产品与产地的关联性要素划定原产地的范围，亦会有其他政策因素的考量。在我国，许多地理标志以行政区划的边界作为其原产地范围，此种做法值得商榷。

2. 程序性要件

商标法律体系下，地理标志保护的程序性要件与普通商标大致相同，即完成一定的申请注册程序。但以地理标志申请注册集体商标或证明商标的，在主体资格和申请材料等方面存在一些特殊规定，《集体商标、证明商标注册和管理办法》对此作出了明

---

〔1〕《集体商标、证明商标注册和管理办法》第8条第2款。

确规定。因地理标志具有表明产品地理来源（"出处"）和表明产品具有归因于原产地的特定质量、声誉或其他特征（"正宗"）的基本功能，申请主体需要具备相应的监督能力以保证地理标志基本功能的正常发挥；申请以地理标志作为集体商标注册的团体、协会或者其他组织，应当由来自该地理标志标示的地区范围内的成员组成。[1] 同时，申请主体还应当附送管辖该地理标志所标示地区的人民政府或者行业主管部门的批准文件。[2] 在申请材料方面，以地理标志作为集体商标、证明商标注册的，应当在申请书件中说明下列内容：①该地理标志所标示的商品的特定质量、信誉或者其他特征；②该商品的特定质量、信誉或者其他特征与该地理标志所标示的地区的自然因素和人文因素的关系；③该地理标志所标示的地区的范围。[3]

另外，与申请普通集体商标和证明商标一样，申请注册地理标志商标的主体，还需要提交商标使用管理规则，以明确使用该商标的商品的品质、使用该商标的手续、使用该商标的权利和义务、违反使用管理规则应当承担的责任，以及注册人对使用该商标商品的检验监督制度等。[4]

在地理标志产品保护体系下，申请主体为当地县级以上人民政府指定的地理标志产品保护申请机构或人民政府认定的协会和企业。[5] 申请人应提交以下资料：①有关地方政府关于划定地理标志产品产地范围的建议。②有关地方政府成立申请机构或认定协会、企业作为申请人的文件。③地理标志产品的证明材料，包括：地理标志产品保护申请书；产品名称、类别、产地范围及

---

〔1〕《集体商标、证明商标注册和管理办法》第4条、第5条。

〔2〕《集体商标、证明商标注册和管理办法》第6条。

〔3〕《集体商标、证明商标注册和管理办法》第7条。

〔4〕《集体商标、证明商标注册和管理办法》第10条、第11条。

〔5〕《地理标志产品保护规定》第8条。

地理特征的说明；产品的理化、感官等质量特色及其与产地的自然因素和人文因素之间关系的说明；产品生产技术规范（包括产品加工工艺、安全卫生要求、加工设备的技术要求等）；产品的知名度，产品生产、销售情况及历史渊源的说明。④拟申请的地理标志产品的技术标准。[1]

2018年国务院机构改革之后，地理标志产品的保护申请向国家知识产权局提出。国家知识产权局对收到的申请进行形式审查，审查合格的，由国家知识产权局在国家知识产权局公报、政府网站等媒体上向社会发布受理公告；审查不合格的，书面告知申请人。有关单位和个人对申请有异议的，可在公告后的2个月内向国家知识产权局提出。国家知识产权组织专家审查委员会对没有异议或者有异议但被驳回的申请进行技术审查，审查合格的，由国家知识产权局发布批准该产品获得地理标志产品保护的公告。[2]

在构建地理标志统一认定制度的背景下，自2022年3月，农业农村部已停止农产品地理标志登记工作，包括受理、评审、公示和公告。[3] 因此，相应的程序性要件在此不予赘述。

（二）地理标志保护的例外

地理标志保护的例外，即在何种情况下，不对地理标志予以注册或提供法律保护。我国现行有效的有关于地理标志的保护规范，包括商标法律规范和专门保护规范均未对此作出系统规定。2020年国家知识产权局发布了《地理标志保护规定（征求意见稿）》，其中第7条对地理标志的保护例外作出了规定："有下列

---

〔1〕《地理标志产品保护规定》第10条。

〔2〕《地理标志产品保护规定》第13~16条。

〔3〕《信访处答网民关于"农产品地理标志认证政策咨询"的留言》，载中华人民共和国农业农村部官网：http://www.moa.gov.cn/bzxxlyhf/xfwy/netizen/replyDetail.html? strMinisterCode=W20220922009，最后访问日期：2023年5月28日。

情形之一的，不给予地理标志保护：①产品或者产品名称违反法律、社会公德或者妨害公共利益的；②产品名称仅为产品的通用名称的；③产品名称为他人注册商标、未注册的驰名商标，误导公众的；④产品名称与受保护地理标志的产品名称相同，导致公众对产品的地理来源产生误认的；⑤产品名称与植物品种或者动物育种名称相同，导致公众对产品的地理来源产生误认的；⑥产品违反安全、卫生、环保的要求，对环境、生态、资源可能产生危害的；⑦外国地理标志产品在所属国或者地区被撤销保护的。"

下面对地理标志保护例外的几种典型情形进行介绍和分析。

1. 通用名称

通用名称，即用来指示某一类商品或者服务的名称。若一名称是某商品的通用名称，不得作为地理标志进行保护。TRIPs 协议豁免了成员保护通用名称的义务。其第 24 条第 6 款规定："如任何其他成员关于商品或服务的地理标志与一成员以常用语言的习惯用语作为其领土内此类商品或服务的通用名称相同，则本节的任何规定不要求该成员适用本节的规定。"

一个标志是否为通用名称取决于相关公众对该标志的认知。我国目前并未对地理标志语境下通用名称的判定标准或考量因素作出特殊规定。因此，在司法实践中，一般类推适用商标语境下的通用名称的判定规则，即该标志是否为一类商品或服务的名称，或者其是否具有识别商品或服务商业来源的能力，与某商业来源形成一一对应的关系。[1] 但是，地理标志的主要功能并非识别商品或服务的商业来源，而是识别产品的地理来源，直接适用商标语境下的通用名称判断标准的合理性存疑。

另外，已注册的地理标志能否因长期、广泛使用而成为通用名称，各国有不同规定。在我国商标法律体系下，地理标志作为

---

[1] 参见最高人民法院（2013）民申字第 1642 号民事裁定书。

一类商标受到保护，鉴于商标可因使用丧失显著性而成为通用名称，地理标志商标同样如此。在专门保护体系下，现行部门规章并未对此作出明确规定。国家知识产权局于 2020 年颁布的《地理标志保护中的通用名称判定指南（征求意见稿）》第 6 条规定："在我国已获保护的地理标志演变为通用名称的，可依照有关程序撤销。"相对比的，欧盟《第 1151/2012 号条例》第 13 条第 2 款规定："受保护的原产地名称和受保护的地理标志不得成为通用名称"。

2. 动植物品种名称

在一定条件下，在先存在的动植物品种名称可能阻止在后地理标志的注册。欧盟《第 1151/2012 号条例》第 6 条第 2 款规定："若某名称与植物品种名称或动物品种名称冲突，并且可能导致消费者对产品的真实来源产生误认，不得注册为原产地名称或地理标志。"需要注意的是，动植物品种名称并非商品的通用名称，二者不能划等号。在不会造成消费者对产品地理来源产生误认的情况下，与动植物品种名称构成相同或近似的地理标志仍然可以获得注册保护。例如，"ABONDANCE"既是一种牛的品种名称，同时也是在欧盟注册的地理标志，用于标识来源于法国东南部的一种奶酪；我国的"凤凰单丛"既是茶树品种的名称，也是地理标志，用于标识源自广东省潮州市凤凰镇的一种茶叶。

3. 同名名称

同名名称（homonym），系"两个或两个以上的单词，拼写和发音相似，但意思不同"。[1] 在地理标志领域，同名名称即同名地理标志，系两个或以上拼写和发音相似，但含义不同的地理标志，用于指示不同地理来源的产品。在同一市场中，不同来源

---

〔1〕 *See* WIPO, "Possible Solution for Conflicts between Trademarks and Geographical Indications and for Conflicts between Homonymous Geographical Indications", 8 June 2000 (SCT/5/3) 20.

但相同名称（包括同音或同形）的地理标志可能会引起消费者混淆。

TRIPs 协议中有关于同名名称的相关规定。其第 23 条第 3 款规定："用于葡萄酒的同名地理标志，在遵守第 22 条第 4 款规定的前提下，应对每一个标志予以保护。每一成员应确定相互区分所涉同名标志的可行条件，同时考虑保证公平对待有关生产者且使消费者不至产生误解的需要。"该条款承认了用于葡萄酒的同名地理标志可以共存并同时受到保护。我国为遵守 TRIPs 协议的规定，在商标法律体系中特别规定了适用于葡萄酒的同名名称的保护条款。《集体商标、证明商标注册和管理办法》第 9 条规定："多个葡萄酒地理标志构成同音字或者同形字的，在这些地理标志能够彼此区分且不误导公众的情况下，每个地理标志都可以作为集体商标或者证明商标申请注册。"可见，只要确保相关生产者受到公平对待，且消费者不至于产生混淆，同名地理标志均可获得注册保护。

4. 在先商标

在先存在的商标可能成为阻却在后地理标志注册的理由。在商标法律体系下，一般根据在先原则处理商标之间的冲突，也称"时间在先，权利在先"（first in time, first in right）原则，即对于某商标的排他性权利授予给在先注册或在先使用的主体，该主体可在一定条件下（通常是造成相关公众混淆可能的情况下）阻止在后相同或近似商标的注册和使用。在应对商标与地理标志的冲突，尤其是在先商标与在后地理标志的冲突时，是否同样适用在先原则，各国对此有过激烈的争论。[1] 欧盟《第 1151/2012 号条

---

〔1〕　WIPO, "Possible Solution for Conflicts between Trademarks and Geographical Indications and for Conflicts between Homonymous Geographical Indications", 8 June 2000（SCT/5/3）；Stephen Stern, "Geographical Indications and Trade Marks: Conflicts and Possible Resolutions", 13 June 2003（WIPO/GEO/SFO/03/13）.

例》第 6 条第 4 款规定了共存原则处理在先商标与在后地理标志的冲突：即使存在一定的混淆可能，在后注册的地理标志仍可能与在先商标共存。美国和澳大利亚曾向 WTO 控诉欧盟地理标志条例中允许在先商标与在后地理标志共存的规定损害了商标权人享有的排他权，但是 WTO 争端解决专家组认可了共存原则。[1]

在我国，《商标法》禁止县级以上行政区划的地名或公众知晓的外国地名作为普通商标，[2] 一定程度上缓解了地理标志与商标之间产生冲突的可能。但是，二者的冲突仍旧存在。鉴于《商标法》并未对商标与地理标志的冲突解决作出任何例外规定，因此，仍适用在先原则处理二者之间的冲突，即一般在造成相关公众混淆可能的情况下，在先商标即可阻止在后地理标志的注册和使用。然而，我国司法实践表明在后地理标志和在先商标亦有共存的可能性。一个典型的案例是金华火腿案。[3] "金华火腿"商标于 1979 年由浙江省浦江县食品公司注册，于 1983 年转让给浙江省食品公司。2002 年，原国家质量监督检验检疫总局批准了"金华火腿"作为原产地域产品的申请，55 家当地公司被授权使用该标志。2003 年，浙江省食品公司起诉其他经授权使用原产地域产品名称的公司侵犯其基于"金华火腿"的注册商标专用权。上海市第二中级人民法院认为，被告使用"金华火腿"作为产品原产地标志获得国家主管部门的授权和批准，其使用目的是表明原产地域产品，构成合理使用，双方的权利均应得到尊重和保护。另外，北京市高级人民法院曾在案件中明确表示："如果地理标志是作为在先的引证商标出现，则基于其知名度，通常认定

〔1〕 Panel Report, European Communities — Protection of Trademarks and Geographical Indications for Agricultural Products and Foodstuffs, 15 March 2005. WT/DS290/R；WT/DS174/R.

〔2〕《商标法》第 10 条第 2 款。

〔3〕 上海市第二中级人民法院 (2003) 沪二中民五 (知) 初字第 239 号民事判决书。

在后申请注册的普通商品商标与其构成近似商标的可能性较大；而如果地理标志是作为在后申请注册的诉争商标出现，则基于其知名度，通常认定其与在先的引证商标构成近似商标的可能性较小。"[1]

五、地理标志的保护范围

(一) 国际争议

关于地理标志的保护范围（水平）问题，在国际上一直备受争议。早在乌拉圭回合谈判时，以欧盟为主导的旧世界阵营和以美国主导的新世界阵营就在此议题上有严重分歧。旧世界阵营支持高水平保护地理标志，而新世界阵营支持类推适用商标保护规则，对地理标志的保护以他人的不当使用造成相关公众混淆可能为条件。为了调和新旧世界有关于地理标志保护水平的分歧，最终形成了双重保护水平的规定。TRIPs 协议第 22 条为地理标志规定了一般保护水平或基础保护水平。第 22 条第 2 款规定："就地理标志而言，成员应当向利害关系人提供法律手段[2]以禁止：①在产品的标志或说明中以任何方式表明或暗示该产品来源于其真实原产地以外的地理区域，从而在产品的地理来源方面误导公众；②构成《巴黎公约》（1967 年）第 10 条之二意义上的不正当竞争行为的任何使用。"

TRIPs 协议第 23 条为酒类地理标志规定了高水平保护。其第 1 款规定："各成员应当为利害关系人提供法律手段，以禁止将识别葡萄酒的地理标志用于并非来源于该地理标志所指示地区的葡萄酒，或者将识别烈酒的地理标志用于并非来源于该地理标志所指示地区的烈酒，即使标示出了产品的真实原产地，或者以译文

---

〔1〕 北京市高级人民法院（2017）京行终 5225 号行政判决书。
〔2〕 TRIPs 协议并未明确成员应为地理标志提供何种"法律手段"，具体手段可由成员自行决定。

的形式使用该地理标志，或者伴有诸如某某'种''型''式''仿'或类似表述。"可见，TRIPs 协议为酒类地理标志提供了客观的"绝对保护"，该保护不以未经许可使用地理标志的行为造成相关公众对产品地理来源产生混淆或构成不正当竞争为条件。

在多哈回合谈判中，新旧世界阵营对于是否应将第 23 条赋予酒类地理标志的绝对保护扩大适用于所有地理标志仍有激烈争论。[1]可以明确的是，对立双方都认可没有任何法理依据可以支持因地理标志指示产品类别的不同而赋予其不同水平的保护，TRIPs 协议中对地理标志规定的差别保护只是新旧世界协商妥协的结果。鉴于目前在 WTO 框架下，该议题的谈判已陷入僵局，[2]因而支持高水平保护地理标志的欧盟转向通过双边谈判缔结双边条约的方式继续推行其地理标志保护政策。例如，欧盟与我国于 2020 年签订《中欧地理标志保护与合作协定》，为清单中的地理标志提供客观绝对保护。该协定已于 2021 年 3 月 1 日正式生效。

（二）我国对地理标志的保护

商标法律体系将地理标志作为一类商标进行保护，相关利益主体可将地理标志注册为地理标志集体商标或地理标志证明商标，从而享有针对标志的专用权和禁止权。在保护范围方面，商标法律体系对地理标志实行差别保护。一方面，对一般地理标志的保护类推适用商标保护规则，即一般情况下，该标志的保护以

---

〔1〕 对立双方的具体观点，参见 WTO，"Issue Related to the Extension of the Protection of Geographical Indications Provided for in Article 23 of the TRIPS Agreement to Products other than Wines and Spirits"，18 May 2005（WT/GC/W/546，TN/C/W/25）。相关研究，参见王笑冰：《论地理标志的法律保护》，中国人民大学出版社 2006 年版，第 210~218 页；Xiaoyan Wang，"Absolute Protection for Geographical Indications：Protectionism or Justified Rights?"，（2018）8（2）*Queen Mary Journal of Intellectual Property* 73。

〔2〕 *See* WTO，"Geographical Indications：Background"，https：//www.wto.org/english/tratop_e/trips_e/gi_background_e. htm#protection.

造成相关公众的混淆可能为条件。[1]《商标法》第 16 条第 1 款规定：商标中有商品的地理标志，而该商品并非来源于该标志所标示的地区，误导公众的，不予注册并禁止使用；但是，已经善意取得注册的继续有效。《商标法》第 57 条有关于侵犯注册商标专用权的规定同样适用于在商标法律体系下注册的地理标志。此外，对于达到驰名程度的地理标志商标，商标权人亦可禁止他人减弱驰名商标的显著性、贬损驰名商标的市场声誉，以及不正当利用驰名商标的市场声誉的行为。另一方面，酒类地理标志可获得绝对保护。《集体商标、证明商标注册和管理办法》第 12 条规定：作为使用他人作为集体商标、证明商标注册的葡萄酒、烈性酒地理标志标示并非来源于该地理标志所标示地区的葡萄酒、烈性酒，即使同时标示出了商品的真正来源地，或者使用的是翻译文字，或者伴有诸如某某"种"、某某"型"、某某"式"、某某"类"等表述的，适用《商标法》第 16 条的规定。可见，我国商标法律体系移植了 TRIPs 协议第 22 条、第 23 条有关于地理标志双重保护水平的规定。

关于地理标志商标的使用与保护，以地理标志作为证明商标注册的，其商品符合使用该地理标志条件的自然人、法人或者非法人组织可以要求使用该证明商标，控制该证明商标的组织应当允许。以地理标志作为集体商标注册的，其商品符合使用该地理标志条件的自然人、法人或者非法人组织，可以要求参加以该地理标志作为集体商标注册的团体、协会或者非法人组织，该团体、协会或者其他组织应当依据其章程接纳为会员；不要求参加以该地理标志作为集体商标注册的团体、协会或者其他组织的，也可以正当使用该地理标志，该团体、协会或者其他组织无权

---

[1]　未经商标注册人的许可，在同一种商品上使用与其注册商标相同的商标的，并不以容易导致混淆作为侵权构成要件。

禁止。[1]

我国的专门保护体系为地理标志提供行政保护。根据原国家质量监督检验检疫总局于 2005 年制定的《地理标志产品保护规定》，其中第 21 条规定："各地质检机构依法对地理标志保护产品实施保护。对于擅自使用或伪造地理标志名称及专用标志的；不符合地理标志产品标准和管理规范要求而使用该地理标志产品的名称的；或者使用与专用标志相近、易产生误解的名称或标识及可能误导消费者的文字或图案标志，使消费者将该产品误认为地理标志保护产品的行为，质量技术监督部门和出入境检验检疫部门将依法进行查处。社会团体、企业和个人可监督、举报。"地理标志产品保护体系为地理标志提供绝对保护，禁止不符合地理标志产品标准和管理规范要求而使用地理标志产品名称的行为，并且不以造成相关公众对产品地理来源的混淆可能为条件。

农产品地理标志保护体系下，只有来自原产地，并且产品达到相关要求的主体才可以使用农产品地理标志。根据《农产品地理标志管理办法》第 15 条的规定，符合下列条件的单位和个人，可以向登记证书持有人申请使用农产品地理标志：①生产经营的农产品产自登记确定的地域范围；②已取得登记农产品相关的生产经营资质；③能够严格按照规定的质量技术规范组织开展生产经营活动；④具有地理标志农产品市场开发经营能力。使用农产品地理标志，应当按照生产经营年度与登记证书持有人签订农产品地理标志使用协议，在协议中载明使用的数量、范围及相关的责任义务。农产品地理标志登记证书持有人不得向农产品地理标志使用人收取使用费。

农产品地理标志使用人享有在产品及其包装上使用农产品地

---

[1] 《商标法实施条例》第 4 条第 2 款。

理标志，并使用该标志进行宣传和参加展览、展示及展销的权利。[1] 县级以上人民政府农业行政主管部门应当加强农产品地理标志监督管理工作，定期对登记的地理标志农产品的地域范围、标志使用等进行监督检查；农产品地理标志登记证书持有人和标志使用人，对地理标志农产品的质量和信誉负责；任何单位和个人不得伪造、冒用农产品地理标志和登记证书。[2]

综上所述，我国现存的地理标志保护体系为地理标志提供的保护范围并不统一，相关规定或冲突或不明确。一般情况下，在商标法律体系赋予地理标志混淆范围内的保护，只有酒类地理标志可以得到绝对保护；而地理标志产品保护体系以行政保护手段为地理标志提供绝对保护；农产品地理标志保护体系的相关规定较为笼统，只规定不得伪造、冒用农产品地理标志，至于何为"伪造""冒用"，并没有进一步的界定。

---

〔1〕《农产品地理标志管理办法》第 16 条。
〔2〕《农产品地理标志管理办法》第 18~20 条。

第五编　竞争法语境下的
知识产权保护与限制

专题二十六

知识产权与反不正当竞争法、反垄断法之间的关系

从形式上看，知识产权法与竞争法是相冲突的，因为知识产权法直接表现为对竞争的抑制。然而，在实质上，知识产权法也具有促进更高程度竞争的效能，实际上，"今天许多（如果不是大多数的话）法律制度控制知识产权的行使是在竞争政策的框架中进行的"。[1] 从国务院新闻办公室《中国知识产权保护状况》白皮书的观点看，知识产权保护的作用是鼓励发明创造、创作与促进公平竞争。[2] 知识产权法和竞争法之间不存在根本冲突，知识产权法在合理限制竞争和在更高程度促进竞争上实现增进竞争的目的。知识产权法在私权保护和促进竞争效能之间具有利益平衡关系。知识产权虽然立足于私权保护，却同时有重要的公共利益目标和功能。这些目标与功能，有些能够在知识产权法框架本身内部实现，有些则需要在知识产权专项法律之外借助于反垄断法、反不正当竞争法等规制竞争秩序的法律加以解决。[3]

---

〔1〕 OECD Report on Competition Policy and Intellectual Property Rights（Paris, 1989）.

〔2〕 参见国务院新闻办公室：《中国知识产权保护状况》，五洲传播出版社 1994 年版，第 11 页。

〔3〕 相关研究，参见龙俊：《反不正当竞争法"权利"与"利益"双重客体保护新论》，载《中外法学》2022 年第 1 期。

一、知识产权法与竞争法的关系概述

（一）知识产权法在合理限制竞争的基础上促进竞争的机制

1. 知识产权法对竞争"限制"的实质

如前所述，知识产权具有专有性。在专有性使用知识产品、排除他人使用的意义上，可将知识产权看成是对特定竞争的限制。知识产权的专有性使得知识产权人能够在一定的时间和地域内获得对其知识产品生产、销售等的垄断地位。正是基于知识产权的垄断性，保护专利权、商标权、著作权、商业秘密的知识产权法与竞争法律存在着一定的冲突与矛盾。"知识产权在本质上是完全的或者有一定限制的垄断的创造物"；"相反，竞争政策都是关于自由的、是反垄断的。"[1]也正是因为知识产权的专有性，知识产权法被一些反垄断学者看成是确保垄断的制度，将知识产权法对知识产品的专有与竞争法律制度对立起来——他们认为有效竞争应当受到保护，而经济专有地位也应当受到法律保护。知识产权如专利权、商标权和著作权不时被批评为垄断，认为这种保护与竞争的需要不和谐。然而，知识产权的"垄断"并不等于不正当地获得市场地位的"经济垄断"。知识产权独占权本身不能导致得出结论即知识产权人具有市场力。即使是从经济学家的眼光来看，在严格的意义上知识产权不是垄断，因为它在一个特定的商品或者服务市场为知识产权人提供垄断地位的情况是很少的。[2]虽然知识产权具有潜在的反竞争效果，特别是当它被作为实现其他目标的杠杆时，但这不意味着知识产权本身在客观上是可以垄断的，因为个人行使知识产权实现垄断的情况并不是很

---

〔1〕 Tina Hart and Linda Fazzani, *Intellectual Property Law*, Macmillan Prsss Ltd., London, 1997, p. 197.

〔2〕 *See* Norman, "Patent Law Revision: Some Economic Considerations", 12 *AB L. R.* 226 (1984).

多。在知识产权人行使知识产权时，如确实构成垄断行为、不正当竞争行为，则需要借助于知识产权法之外的反垄断法、反不正当竞争法介入。2018年4月20日至21日，习近平同志在出席全国网络安全和信息化工作会议时即指出，要培育公平的市场环境，强化知识产权保护，反对垄断和不正当竞争。

2. 知识产权法在合理限制竞争的基础上增进有效竞争的机制

虽然我们可以将知识产权看成是对竞争的限制，它在一些方面以一定形式限制了竞争，但应进一步认识到：这种限制能够积极地服务于促进现代工业社会中的竞争，因为它在限制竞争的同时会刺激人们在知识产品的创造领域从事有活力的竞争，如著作权法激发对智力作品的创作和传播、专利法激发人们从事发明创造活动、商标法激发厂商改善商品或服务质量。再以知识产权行使方式的一种形式许可使用为例，许可使用便利了知识产权人优化资源配置结构，更充分地实现了知识产权的商业价值。在这种许可中，知识产权人可能会施加一些限制性条件，以利于自己获得最佳效益。只要这些行为不构成下面论及的不正当竞争行为，它就在事实上具有激发竞争的正面作用。这些都体现了知识产权法激励竞争的基本功能。确实，从合法垄断与限制的关系看，知识产权垄断权的正当行使会在一定的范围和程度上限制竞争，但这种对竞争的限制是实施激励竞争的知识产权法律制度的必要代价。

"如果知识产权没有激励竞争的基本功能，保护知识产权的法律制度就没有任何积极的和现实的意义"。[1]知识产权法反映了赋予有限的垄断权刺激革新目的的动态效率，尽管在这种追求动态效率的过程中存在静态的低效率。不过，知识产权法的刺激竞争、刺激知识创造的效用和功能是通过赋予垄断权的形式来实

〔1〕　王晓晔：《欧共体竞争法中的知识产权》，载《环球法律评论》2001年第2期。

现的。法律经济学家也指出：新信息的生产者在一个不受管束的市场中收回它的价值是困难的，只有通过给予一定的垄断权，该生产者才有一种强有力的刺激去发现新思想。[1]在这个意义上，知识产权法律制度产生的经济动因是"财产权的法律保护有其创造有效使用资源的诱因"。[2]授予这种垄断权却不必然意味着对竞争的阻碍。相反，在知识产权法和保障有效、公平竞争的法律之间存在一种互动的关联机制和利益平衡机制。事实上，通过这些机制的运转，在知识产权这种垄断性的无形财产权和竞争制度的保护之间具有逻辑上的联系并且不会存在矛盾——知识产权是一个在较低的经济水平上对消费性行为的具体限制，以便在一个更高水平上组织生产并激发有效竞争。

在现代的竞争经济中，我们可以将知识活动的分类转化到消费（利用）、生产、传播和革新等类别，知识产权的私权控制限制对知识产品的消费，特别地表现在对以营利为目的的消费行为的控制，但这种限制导致了刺激生产更多的知识产品，因而实现了在一个水平上的市场竞争能够在下一个更高的水平上发展。例如，专利导致了在下一个更高水平也就是革新水平上的对竞争的创造。如果技术知识的改进是经济增长的本质因素，以及革新者和发明者之间的竞争是合乎社会需要的，那么保护技术的财产权可以促进技术在生产和经济利用中增进有效竞争。著作权法虽然限制了对作品的自由接近，特别是带有营利性质的利用和传播，但通过在独创性的层面上刺激更多的合乎社会需要的作品的创作，最终促进了文化繁荣和文明进步。也就是说，虽然知识产权法通过人为创造专有权的机制而临时地限制了对知识产品的接

---

〔1〕 参见［美］罗伯特·考特、托马斯·尤伦：《法和经济学》，张军等译，上海三联书店、上海人民出版社1994年版，第185页。

〔2〕 ［美］罗伯特·考特、托马斯·尤伦：《法和经济学》，张军等译，上海三联书店、上海人民出版社1994年版，第185页。

近，但这种临时性限制在更高水平上激发了竞争。知识产权保护的垄断性的财产权，仅仅在经济社会需要这些商品的范围内，将生产这些商品作为激励与奖酬制度存在的结果出现的，也是作为增进竞争效能的目的出现的。

知识产权的财产权理论说明，"知识产权作为一个规则，只是临时或者特定地对竞争做了限制，这种限制从长久来看却服务于竞争社会的福利：它们是为了鼓励竞争和社会特别需要的商品，而人为创造的对竞争的限制"。[1]这种限制竞争与促进竞争的逻辑联系和辩证统一，是以前述知识产权法利益平衡机制为支撑的。由此可见，在形式上，像知识产权这种专有权一样的对竞争的限制与像反不正当竞争法、反垄断法等确保合法竞争的适当功能之间存在直接的对立和矛盾；在实质上，知识产权法在特定的竞争限制与促进竞争秩序之间存在良性关系，而不是对立关系。[2]

（二）知识产权法与竞争法的协调及在促进有效竞争方面的利益平衡

在知识产权法与反不正当竞争法、反垄断法等竞争法之间，也存在一种利益平衡问题，需要实现知识产权的行使与反垄断控制、反竞争控制间的平衡。这种平衡机制总的来说是平衡各种应当保护的利益，主要涉及知识产权的私人利益和促进公平竞争的社会利益。一方面，知识产权人的利益必须得到充分保障，以使创造性劳动得到公平的补偿，从而进一步刺激智力创造活动，增进人类知识宝库；另一方面，也需要切实禁止妨碍技术革新的行为，以实现社会资源的有效配置、确保公平竞争的社会利益。知

〔1〕 Michael Lehmann, "Property Rights as Restrictions on Competition in Furtherance of Competition", 20 *IIC* 7 (1989).

〔2〕 相关研究，参见王先林：《竞争法视野的知识产权问题论纲》，载《中国法学》2009年第4期；卢纯昕：《反不正当竞争法在知识产权保护中适用边界的确定》，载《法学》2019年第9期。

识产权的私人利益与这种社会利益存在一个平衡协调的关系。知识产权法本身涉及确保这种平衡的制度设计。

知识产权法与竞争法具有非常密切的联系。当然，两者的运行机制不同。竞争法通过国家干预排除对竞争的妨碍而营造公平竞争秩序。知识产权法作为对法定垄断权保障的法律机制，在一定范围内排除竞争具有合法性。而且，知识产权法本身具有维护公平竞争秩序的功能。对知识产权侵权的制裁，直接表现为对知识产品流转、利用的市场不公平竞争行为的制止，打击假冒注册商标行为就是一个例子。这一功能在现实中表现为知识产权法直接或者间接地促进了市场的有效竞争。但是，知识产权人在行使自己的权利时也可能具有反竞争性质的行为。知识产权是一种财产权，这种财产权确实可能被知识产权人或者其被许可人滥用而成为竞争法规制的对象。知识产权本身的垄断权的性质决定了知识产权人在追求自己的私利时有可能与竞争法促进有效竞争的目标相冲突，即知识产权人从事了反竞争性的行为。这种反竞争行为来自知识产权的不适当地行使。不当行使意味着权利的行使超过了权利的合法边界，构成了对公平竞争机制的扭曲与损害。

上述冲突根源在于一定情况下知识产权人的个人利益与社会公共利益的冲突。没有竞争法的约束，知识产权人可能从事的反竞争行为无法通过知识产权法本身来加以规制。在对知识产权垄断权的确保与对有效竞争的保障方面，存在一种协调平衡的关系。特别是在我国已经加入世界贸易组织、国外越来越多的跨国公司纷纷利用其在知识产权方面的优势地位在我国抢滩圈地的形势下，如何既有效保护外方的知识产权，又防止外方利用知识产权阻碍我国企业的合法竞争具有十分重要的意义。[1]

---

〔1〕 相关研究，参见冯晓青：《企业知识产权战略》（第4版），知识产权出版社2015年版，第173~178页；杨云霞：《资本主义知识产权垄断的新表现及其实质》，载《马克思主义研究》2019年第3期。

在知识产权法与竞争法的关系中，竞争法处于规范一般经济活动的基本法地位——所谓"自由企业大宪章""经济宪法"。[1] 知识产权的行使应受到竞争法的约束，必须以竞争法允许的方式来追求利益的最大化。因此，平衡与协调知识产权人的利益与增进竞争的整体利益就显得十分重要。通过竞争法规制知识产权领域的反竞争行为是实现这样一种平衡的保障。通过这种规制，知识产权法与竞争法在促进市场竞争、保障经济发展方面将达致殊途同归的效果。在实践中，在衡量知识产权人的某种特定行为是否构成反竞争行为时，需要从保障鼓励知识创造和实现促进有效竞争之间的平衡出发，综合考虑在该环境下知识产权形成的市场力和对竞争的影响来确定。

二、知识产权法与反不正当竞争法之间的关系

（一）知识产权法与反不正当竞争法之间的关系之一般原理

知识产权保护与制止不正当竞争具有密切的联系，相应地，知识产权法和反不正当竞争法之间也紧密相连。知识产权法在保护知识产权人利益的基础之上实现激励创新和促进知识财产传播与使用，反不正当竞争法则通过维护公平竞争的市场秩序来实现增进社会财富的目的。为实现知识产权人的私人利益与公共利益间的平衡，除了知识产权本身的专项法律如著作权法、专利法、商标法对权利义务进行调整外，还需要借助反不正当竞争法的介入。在知识产权法的利益平衡机制上，可以称之为"制度外的平衡"，以区别于知识产权法本身在调整知识产权人与知识产权法中的其他利益主体之间利益平衡的"制度内的平衡"。

从知识产权法的目的来看，知识产权法不仅需要维护权利所有人的利益，而且需要服务于维护公平竞争的目标。禁止知识产

---

〔1〕　相关研究，参见谢晓尧：《论反不正当竞争法的性质》，载《政法论丛》2022年第6期。

权领域的不正当竞争行为本身是《巴黎公约》对成员国国内立法的最低要求，被《建立世界知识产权组织公约》（《WIPO公约》）列为智力劳动者应当享有的一项知识产权。在这个意义上，我国知识产权法学界甚至有人将反不正当竞争法视为知识产权法的组成部分。从全球经济形势看，当今世界经济贸易的重心已转向到知识产权。这一领域的竞争也日趋激烈。不正当竞争在知识产权领域大有泛滥之势，并且在很大程度上表现为侵害知识产权，如形形色色的假冒和仿冒行为。现实生活中不正当竞争行为也以侵害知识产权最为显著。[1]

（二）知识产权法与反不正当竞争法之关系的微观分析

以知识产权领域的专项法律而论，专利法是保障专利权人对其发明创造享有专利权的法律。授予专利权的实质是对专利涉及的技术领域的一种合法垄断，这种合法垄断却为技术领域市场公平竞争创造了条件。专利法本身具有鼓励创新、鼓励公平竞争的作用。专利法对假冒他人专利、以营利为目的仿制他人专利产品等不正当竞争行为予以制裁，有利于维护整个社会的公平竞争秩序。

就商标法而论，从历史上看，商标法与反不正当竞争法都是在侵权行为法基础之上发展起来的，目的都是为了鼓励和保护公平竞争，它们共同构成了保护公平竞争秩序的一环。商标法以保护商标与商品或服务之间的联系、促成公正的工商业竞争秩序为基本职能。商标法所调整的侵犯商标权的行为也是一种违反诚实信用原则和良好商业道德的不正当竞争行为。商标方面的不正当竞争理论强调的即是实际竞争环境中防止欺骗和混淆，以维护商

---

〔1〕 相关研究，参见曾凤辰：《反不正当竞争法与知识产权法关系的司法政策的教义学展开》，载《交大法学》2021年第2期；蒋舸：《知识产权法与反不正当竞争法一般条款的关系——以图式的认知经济性为分析视角》，载《法学研究》2019年第2期；王先林：《竞争法视野的知识产权问题论纲》，载《中国法学》2009年第4期。

品流通的竞争秩序。

就著作权法而论，它是调整作品著作权及与著作权有关权益的知识产权法。著作权法对于维护文化领域的公平竞争秩序，实现各国的文化政策具有重要作用。知识产权领域的不正当竞争固然更多地存在于工业产权中，但著作权领域也并非罕见。例如，制作、出售假冒他人署名的作品，假冒他人署名发表自己作品，仿制他人作品标志使人误以为是原作等就是不正当竞争行为。

再就商业秘密保护法而论，它直接服务于维护商业道德和诚实信用的公平竞争秩序。正是基于此，在很多国家的反不正当竞争法中，商业秘密的保护是一个重要内容。

（三）反不正当竞争法对知识产权法调整竞争关系不足的弥补

知识产权领域形形色色的不正当竞争行为，一般都表现为对知识产权这种私权的侵害。知识产权法通过确立对知识产权侵权制裁的法律机制，在知识产品的市场流转、应用和传播领域确保了公平竞争秩序。然而，知识产权法对知识产权领域的不正当竞争行为，并不是"万能"的。例如，有一定影响的商品的包装、装潢未申请外观设计专利或者专利保护期限届满后，被他人擅自使用引起消费者误购的，专利法无法调整。又如商业秘密中的技术秘密往往是专利技术的核心，如该技术秘密被他人泄露，专利法也无法调整。对那些没有纳入知识产权保护的客体，知识产权专项法律更是无能为力。在这种情况下，反不正当竞争法的干预和调整就显得特别重要。反不正当竞争法从维护公平竞争秩序的角度，对知识产权专项法律难以保护甚至无法保护的地方提供了必要的保护。这在有关反不正当竞争的司法判例中得到了充分体现。[1]

---

〔1〕　相关研究，参见陈耿华：《反不正当竞争法一般条款扩张适用的理论批判及规则改进》，载《法学》2023 年第 1 期；刘蓉：《试论我国〈反不正当竞争〉对知识产权的保护与完善》，载《政治与法律》2006 年第 6 期；杨明：《试论反不正当竞争法对知识产权的兜底保护》，载《法商研究》2003 年第 3 期。

（四）知识产权法与反不正当竞争法的平衡与协调

从现实立法规定看，对有些不正当竞争行为知识产权法已经作了规定的，这就形成了交叉保护或者重叠保护。知识产权法未予规定的则可以视为反不正当竞争法对知识产权保护的拓宽与强化。反不正当竞争法是市场经济的一个基本法律，它调整的内容涉及市场行为方面。反不正当竞争法和知识产权法具有十分密切的联系，这种联系表现为两者有共同的目标和原则：它们共同维护社会经济、科学和文化等方面正常的竞争秩序。另外，知识产权法和反不正当竞争法都是近现代市场经济发展的产物，具有相同的经济基础。在促进革新上，两者也有相同的目标。知识产权法通过赋予专有权直接刺激革新。反不正当竞争法则通过禁止从事阻碍竞争的行为而从另一方面激励了革新。

当然，也需要进一步看到在平衡竞争性利益、确保有效竞争和竞争秩序的实现方面，知识产权法和反不正当竞争法在保护机制、保护方式上不同。前者旨在通过授予知识产权人权利，激励知识创造活动从而促进社会经济、科技和文化的发展。作为国家干预市场竞争行为的产物，反不正当竞争法则是一种规制市场行为法，重视维护商业道德、诚实信用和公序良俗等原则。反不正当竞争法不仅注重对竞争者个人的保护，更关注在确保公平竞争秩序基础之上的公共利益。其保护和促进竞争的功能是通过禁止限制竞争的市场行为实现的。这些行为损害了现实或潜在的竞争。不过，虽然知识产权法主要是一种私权规范，在确保和实现知识资源生产、流转、利用这一社会公共利益方面，知识产权法和反不正当竞争法具有共同的使命。应当说，这在很大程度上植根于知识产权法的公共利益目标。

从知识产权法的利益平衡机制来说，正是由于知识产权法具有重要的公共利益属性，才使其不限于一般私法仅着眼于个人利益之间平衡，而是在实现私法上的个人利益之间平衡的基础上，实现个人利益与公共利益之间平衡这一更加重要的目标。这与知识产品的公共产品属性密切相关。反不正当竞争法通过对知识产品的市场流通、利用行为进行规范与调整形成了对知识产权的"动态保护"。[1]

三、知识产权与反垄断法之间的关系

（一）知识产权与反垄断法之间的关系概述

知识产权是一种垄断权，但这种垄断权不等同于反垄断法限制、禁止的垄断行为。反垄断法规制的"垄断"行为是竞争的对立面，表现为对竞争的非法排除、限制，而在专有意义上的知识产权的"垄断性"是指一种合法的垄断。知识产权作为一种合法的垄断权，往往是作为反垄断法的适用例外而存在的，我国《反垄断法》第 68 条前半部分即规定："经营者依照有关知识产权的法律、行政法规规定行使知识产权的行为，不适用本法"。不但如此，知识产权法和反垄断法具有共同目标。关于这一问题，1995 年由美国司法部和联邦贸易委员会联合发布的《知识产权许可反垄断指南》进行了明确解释，即它们的共同目标是促进创新和保护消费者利益。知识产权法通过确认新产品、方法和作品的财产权，实现了刺激创新、鼓励新技术传播和商业化的作用。反垄断法则通过禁止对竞争产生危害的行为，实现了促进创新、确保消费者利益的目的。其实，知识产权法和反垄断法相关的共同目标除了促进创新和保护消费者利益外，更重要的是促进有效竞争。就反垄断法来说，促进和保护自由竞争，禁止非法限制竞争行为，是其基本的使命，只是这种对创新的促进主要通过激励创新的市场结构、立足于市场来实现的。它是通过刺激企业的市场竞争，进而通过竞争而实现对创新的刺激的——创新是企业取得

---

〔1〕 相关研究，参见肖顺武：《反不正当竞争法中惩罚性赔偿的拓展研究——兼评〈反不正当竞争法（征求意见稿）〉相关规定》，载《当代法学》2023 年第 2 期。

市场竞争优势的基本保障，企业为了获得市场竞争优势，不得不进行创新活动。确实，在促进竞争中，反垄断法又激发了创新，使竞争在更高水平上进行。[1]

可以说，在刺激竞争和鼓励创新方面，知识产权法和反垄断法有共同的目标。这在有关司法实践和评论人士的观点中都得到了体现。例如，在 Atari Games Corp. v. Nintendo of America, Inc. 案中，法院认为：专利权和反垄断的目标看起来是完全不同的。然而，两者实际上是相补的，因为两者的目标都在于鼓励创新、勤勉和竞争。[2]评论人士则认为，强大的知识产权与强有力的反垄断政策在促进创新的共同目标上是同一硬币的两面。[3]至于在促进消费者利益、增进消费者福利上，通过刺激创新提供更多更好的产品，无论是有形产品还是无形的知识产品，以及通过增进有效竞争，确保消费者获得更优良的产品，知识产权法和反垄断法都具有这方面的效用。[4]正是基于对竞争、创新的激励和对消费者福利的确保，知识产权法和反垄断法这两类法律的目标，

---

〔1〕 相关研究，参见王先林：《反垄断法与创新发展——兼论反垄断与保护知识产权的协调发展》，载《法学》2016年第12期；王先林：《我国反垄断法适用于知识产权领域的再思考》，载《南京大学学报（哲学·人文科学·社会科学版）》2013年第1期；王先林：《论我国反垄断法在知识产权领域的实施》，载《上海交通大学学报（哲学社会科学版）》2009年第6期；吕明瑜：《知识产权垄断呼唤反垄断法制度创新——知识经济视角下的分析》，载《中国法学》2009年第4期。

〔2〕 *See* Anne K. Bingman, "The Role of Antirtrust Intellectual Property", Addressed before the Federal Circuit Conference, June 14, 1994; William C. Holmes, *Intellectual Property and Antitrust Law*, Clark Boardman Company, Ltd., 1996, pp. 5-76.

〔3〕 *See* William C. Holmes, *Intellectual Property and Antitrust Law*, Clark Boardman Company, Ltd., 1996, pp. 5-76.

〔4〕 以知识产权保护为核心的知识产权法促进消费者利益、增进消费者福利的功能和作用，实际上可以提升到提高人们幸福生活水平的程度。习近平同志即指出："知识产权保护工作关系人民生活幸福，只有严格保护知识产权，净化消费市场、维护广大消费者权益，才能实现让人民群众买得放心、吃得安心、用得舒心。"参见习近平：《全面加强知识产权保护工作 激发创新活力推动构建新发展格局》，载《求是》2021年第3期。

最终被整合至促进市场整体的有效竞争、保障社会利益方面。正如有学者针对美国反垄断法和知识产权的关系问题所说的一样：反托拉斯部门早期对知识产权保护的敌对似乎是一种基本上不正确认识的结果，即认为在反托拉斯的目标和保护知识产权的法律目标之间存在内在的经济冲突。[1]

（二）知识产权滥用的反垄断法规制

权利不得滥用原则是民法上的重要原则之一，也是行使民事权利、履行民事义务以满足个人利益的民事活动应当遵循的基本原则。权利不得滥用原则要求民事活动主体在行使民事权利和履行民事义务过程中应注意维护个人利益和公共利益间的平衡。

知识产权滥用行为，可以理解为知识产权人行使自己的权利时超越了法律所准许的合法范围，构成了对他人合法利用知识产权的妨碍，从而损害了他人利益和社会公共利益的行为。[2] 知识产权滥用是与知识产权的正当使用相对而言的。在这个意义上，也有学者将知识产权的滥用称为知识产权的不正当使用。它是知识产权人利用知识产权的优势地位牟取合法的知识产权范围以外的利益的体现，其结果是知识产权行使方式不当而对市场竞争带来了不应有的限制，以致不被竞争法所容忍而需要由其加以调整。衡量知识产权是否被滥用的标准在个案上是要看知识产权人行使权利的行为是否越出了合法垄断的范围，在宏观上则是要看知识产权人行使知识产权是否符合知识产权法的公共政策目标。

由于知识产权本身是一种合法垄断权，知识产权的行使本身

---

〔1〕　刘茂林：《知识产权法的经济分析》，法律出版社1996年版，第94页。

〔2〕　相关案例，参见华某公司诉网某公司滥用市场支配地位纠纷案，广东省高级人民法院（2018）粤民终552号民事判决书；惠州市某娱乐有限公司诉某音像著作权集体管理协会垄断纠纷案，北京知识产权法院（2018）京73民初780号民事判决书。

是对竞争和市场的一种合法限制，知识产权的存在和行使本身不构成对知识产权的滥用。在滥用知识产权的行为中，知识产权许可中发生的反竞争行为比较突出，具体体现为在知识产权许可合同中，设立不适当的限制性条款。从国外司法实践来看，用于区分限制性条款的合法与否的标准是：知识产权人只能在按照知识产权法的规定所确立的独占范围内拥有排除竞争者的权利。就知识产权许可实施而言，知识产权人在知识产权独占权的范围内享有排除他人竞争的权利，如规定被许可人实施的地域限制和范围限制等。但是，权利人不得在不受保护的领域利用知识产权许可取得优势地位，如方法专利权人限制用该方法制造的非专利产品的市场价格和产量。当知识产权人利用知识产权许可来扩张知识产权的范围时，知识产权滥用产生了。不过，由于知识产权是一种私权、一种民事权利，知识产权滥用就相应地被认为是对民事权利的滥用。[1]

随着我国经济社会进入高质量发展和新发展格局阶段，需要进一步强化我国包括反垄断、反不正当竞争等维护自由、公平竞争领域立法的工作和作用，修改和完善相关制度。2020 年 11 月 30 日，习近平总书记在中央政治局第 25 次集体学习时，就加强知识产权保护工作发表的重要讲话中，针对"提高知识产权保护工作法治化水平"的措施，指出："要在严格执行民法典相关规定的同时，加快完善相关法律法规，统筹推进专利法、商标法、著作权法、反垄断法、科学技术进步法等修订工作，增强法律之间的一致性"。针对"强化知识产权全链条保护"的措施，指出："要统筹做好知识产权保护、反垄断、公平竞争审查等工作，促进创新要素自主有序流动、高效配置"。针对"维护知识产权领域国家安全"，指出："要完善知识产权反垄断、公平竞争相关法

---

[1] 相关研究，参见冯晓青：《知识产权行使的正当性考量：知识产权滥用及其规制研究》，载《知识产权》2022 年第 10 期。

律法规和政策措施，形成正当有力的制约手段"。[1] 2021 年 9
月，中共中央和国务院发布《知识产权强国建设纲要（2021—
2035 年）》，在其第三部分"建设面向社会主义现代化的知识产
权制度"之四"构建门类齐全、结构严密、内外协调的法律体
系"中，指出要制定修改强化商业秘密保护方面的法律法规，完
善规制知识产权滥用行为的法律制度以及与知识产权相关的反垄
断、反不正当竞争等领域立法。在该部分之六"构建公正合理、
评估科学的政策体系"中，提出要建立健全知识产权政策合法性
和公平竞争审查制度。[2] 上述重要讲话与政策规范，为完善我
国《反垄断法》《反不正当竞争法》等竞争法律制度提供了重要
指导。如前所述，我国《反不正当竞争法》分别在 2017 年和
2019 年完成了第二次和第三次修改。我国《反垄断法》也于
2022 年进行了修改。其强调激励创新的制度定位、加大行政处罚
力度的功能定位，以及增加滥用数据、算法和具有市场支配地位
的经营者利用数据和算法、技术及平台规则等设置障碍，对其他
经营者进行不合理限制的新型垄断行为的规定，以应对大数据、
算法等信息技术发展需要。[3]

---

[1]　习近平同志还提出了知识产权保护工作与维护国家安全的关系的重要观点：
"知识产权保护工作关系国家安全，只有严格保护知识产权，才能有效保护我国自主
研发的关键核心技术、防范化解重大风险。"参见习近平：《全面加强知识产权保护工
作 激发创新活力推动构建新发展格局》，载《求是》2021 年第 3 期。

[2]　相关研究，参见宁立志：《〈纲要〉中的"规制知识产权滥用行为"论要》，
载《暨南学报（哲学社会科学版）》2023 年第 2 期。

[3]　相关研究，参见金俭：《超越市场力量和垄断力量：平台经济时代的反垄断
规制》，载《比较法研究》2023 年第 1 期；刘乃梁：《防止资本无序扩张：平台经济
反垄断规制的体系因应》，载《现代法学》2022 年第 6 期；殷继国：《人工智能时代
算法垄断行为的反垄断法规制》，载《比较法研究》2022 年第 5 期；孙瑜晨：《数字
平台成瘾性技术的滥用与反垄断监管》，载《东方法学》2022 年第 6 期；丁晓东：
《论算法的法律规制》，载《中国社会科学》2020 年第 12 期。

（三）我国《反垄断法》及相关规范对知识产权滥用的反垄断规制

制定和实施《反垄断法》是我国规制垄断行为、维护公共利益的重要立法举措。经过多方努力，我国在 2008 年 8 月 1 日实施了第一部反垄断法。该法涉及规制知识产权滥用行为的条文是其第 55 条，该条后半部分规定："经营者滥用知识产权，排除、限制竞争的行为，适用本法"。[1] 该法实施以来在有效规制垄断行为、维护社会公共利益和市场经济秩序方面发挥了重要作用，近些年来一些非常有影响的反垄断案件就是依据该法及时进行有力查处的。知识产权滥用属于我国《反垄断法》明确规制的行为之一。鉴于这种行为对于知识产权保护的破坏性和对于自由竞争的危害，通过《反垄断法》进行规制具有重要意义。

鉴于知识产权本身是一种合法的垄断权，滥用知识产权行为的反垄断问题较为复杂，2017 年，国务院反垄断委员会起草了《关于滥用知识产权的反垄断指南（征求意见稿）》。在上述征求意见稿基础上，经过多方努力，2019 年 1 月 4 日，国务院反垄断委员会印发了《关于知识产权领域的反垄断指南》（以下简称《知识产权反垄断指南》）。该指南分为总则，可能排除、限制竞争的知识产权协议，涉及知识产权的滥用市场支配地位行为，涉及知识产权的经营者集中以及涉及知识产权的其他情形等五章，对于廓清知识产权的正当行使与滥用知识产权行为的界限，以及如何规制知识产权领域反垄断行为等都作了详细规定，是贯彻实施现行《反垄断法》第 68 条，有力遏制知识产权滥用和知识产

---

[1] 2020 年修改后的现行法为第 68 条。相关研究，参见王先林：《知识产权行使行为的反垄断法规制——〈反垄断法〉第 55 条的理解与适用》，载《法学家》2008 年第 1 期；孟雁北：《规制与规制的限制：透视中国反垄断法视野中的知识产权许可行为——兼论中国〈知识产权领域反垄断执法指南〉的制定》，载《中国社会科学院研究生院学报》2012 年第 1 期。

权领域垄断行为的重要规范，有利于充分发挥知识产权法律制度和反垄断法律制度的激励创新、维护自由竞争的作用，促进我国社会主义市场经济健康发展。以下仅以其规定的部分重要内容作为考察对象，进行介绍和分析。[1]

《知识产权反垄断指南》开宗明义地提出，反垄断与保护知识产权具有共同的目标，即保护竞争和激励创新，提高经济运行效率，维护消费者利益和社会公共利益。经营者滥用知识产权，排除、限制竞争的行为不是一种独立的垄断行为。经营者在行使知识产权或者从事相关行为时，达成或者实施垄断协议，滥用市场支配地位，或者实施具有或者可能具有排除、限制竞争效果的经营者集中，可能构成滥用知识产权排除、限制竞争的行为。[2]

《知识产权反垄断指南》提出，分析经营者是否滥用知识产权排除、限制竞争，遵循以下基本原则：①采用与其他财产性权利相同的规制标准，遵循《反垄断法》相关规定；②考虑知识产权的特点；③不因经营者拥有知识产权而推定其在相关市场具有市场支配地位；④根据个案情况考虑相关行为对效率和创新的积极影响。[3]

《知识产权反垄断指南》还提出，分析经营者是否滥用知识产权排除、限制竞争，通常遵循以下思路：①分析行为的特征和表现形式。经营者滥用知识产权，排除、限制竞争的行为，可能是行使知识产权的行为，也可能是与行使知识产权相关的行为。通常根据经营者行为的特征和表现形式，分析可能构成的垄断行为。②界定相关市场。界定相关市场，通常遵循相关市场界定的基本依据和一般方法，同时考虑知识产权的特殊性。③分析行为

---

〔1〕　相关规范，参见国家市场监督管理总局发布并于2023年8月1日施行的《禁止滥用知识产权排除、限制竞争行为规定》。
〔2〕　《知识产权反垄断指南》第1条。
〔3〕　《知识产权反垄断指南》第2条。

对市场竞争产生的排除、限制影响。分析行为对市场竞争产生的排除、限制影响，通常需要结合市场竞争状况，对具体行为进行分析。④分析行为对创新和效率的积极影响。经营者行为对创新和效率可能产生积极影响，包括促进技术的传播利用、提高资源的利用效率等。分析上述积极影响，需考虑其是否满足本指南第6条规定的条件。[1]

《知识产权反垄断指南》提出，可能排除、限制竞争的知识产权协议有联合研发、交叉许可，排他性回授和独占性回授、不质疑条款、标准制定以及其他限制，如限制知识产权的使用领域；限制利用知识产权提供的商品的销售或传播渠道、范围或者对象；限制经营者利用知识产权提供的商品数量；限制经营者使用具有竞争关系的技术或者提供具有竞争关系的商品。[2]

关于涉及知识产权的滥用市场支配地位行为，《知识产权反垄断指南》提出，经营者拥有知识产权，并不意味着其必然具有市场支配地位。认定拥有知识产权的经营者在相关市场上是否具有支配地位，应依据《反垄断法》第23条、第24条规定的认定或者推定经营者具有市场支配地位的因素和情形进行分析，结合知识产权的特点，还可具体考虑以下因素：①交易相对人转向具有替代关系的技术或者商品等的可能性及转换成本；②下游市场对利用知识产权所提供的商品的依赖程度；③交易相对人对经营者的制衡能力。[3]

---

[1] 《知识产权反垄断指南》第3条。
[2] 《知识产权反垄断指南》第二章。
[3] 《知识产权反垄断指南》第三章。

竞争法视角下商业标识的保护

　　商业标识是指工商业领域中具有标识商品来源、质量、功能等作用的标记。商业标识不仅能帮助消费者便捷地甄选到自己心仪的产品，帮助商家扩大销量，也能帮助企业塑造形象，提高市场竞争力，促进市场良性发展。利用商业标识进行不正当竞争的行为不仅损害多方利益而且会扰乱市场秩序。为维护市场稳定，可以适用我国反不正当竞争法保护商业标识。

　　2017年修订的我国《反不正当竞争法》第2条第1款规定，经营者在生产经营活动中，应当遵循自愿、平等、公平、诚信的原则，遵守法律和商业道德。其第6条规定，经营者不得实施下列混淆行为，引人误认为是他人商品或者与他人存在特定联系：①擅自使用与他人有一定影响的商品名称、包装、装潢等相同或者近似的标识；②擅自使用他人有一定影响的企业名称（包括简称、字号等）、社会组织名称（包括简称等）、姓名（包括笔名、艺名、译名等）；③擅自使用他人有一定影响的域名主体部分、网站名称、网页等；④其他足以引人误认为是他人商品或者与他人存在特定联系的混淆行为。2019年修正的现行《反不正当竞争法》则维持上述规定。

　　与1993年的《反不正当竞争法》相比，该条款成为纯粹的混淆行为条款。判断是否混淆，关键在于是否会引起他人的误认。现行《反不正当竞争法》第6条第（4）项即规定"足以引人误认"。

禁止造成相关公众的混淆与误认，是处理涉及商标、商品装潢等商业标识类商标侵权或不正当竞争纠纷的重要原则之一。适用禁止混淆原则的目的和价值是为了保护商标专用权等知识产权并激励创新，保护消费者不受欺诈和误导，维护诚信公平的竞争秩序，维护公认的商业道德与交易的稳定性、安全感。对于是否会造成混淆与误认，应当以相关公众的一般注意力为标准进行判断，根据标志之间的近似程度、受保护标志的市场声誉、使用商品的相关性、实际混淆的证据、商品销售渠道、相关消费者的识别能力，被告使用标志的主观意图等进行综合考量。

商标无疑是最重要的商业标识，对此前面作了详细分析。以下将围绕商业外观、作品名称、自然人形象和其他商业标识四个方面，结合《反不正当竞争法》第2条和第6条规定，展开论述。

一、商业外观

商业外观，是指商品或服务向外界呈现出的整体形象，来源于英文"trade dress"，在我国基本对应于法条中"包装、装潢"的概念。商业外观的整体性是对商品形状、设计和包装颜色的整体印象或综合外观，包括形状、尺寸、颜色、质地、图案及各种组合等。

经营者基于形成品牌形象、吸引消费者等目的给自己的商品或经营场所采用独特统一的包装装潢，达到辨识来源的效果，防止混淆。但目前越来越多的"搭便车"行为给知名商品经营者造成了重大损失。这里的"搭便车"行为，是指使用与有一定影响的商品相同或相似的外观，使消费者造成混淆或误认，继而降低了原商品的品牌信誉度。

现行《反不正当竞争法》第 6 条第（1）项确定了我国商业外观保护的范围，有一定影响的商品名称、包装、装潢等均是《反不正当竞争法》保护的客体。通过修订法律，丰富和细化了商业外观的保护范围，"等"字将原来封闭性列举规定改为开放式，且受保护的条件由原来的"知名"改为了现在的"有一定影响"。此处"有一定影响"与《商标法》第 32 条"有一定影响的商标"含义相同，还是与《最高人民法院关于适用〈中华人民共和国反不正当竞争法〉若干问题的解释》（以下简称《适用〈反不正当竞争法〉解释》)第 4 条对"有一定影响的"标识的解释标准相同，还需要进一步明确。

我国司法实践中认为被竞争法保护的商业外观必须具有显著性和非功能性。其中，显著性要求被保护的商业外观具有明显的特点，在长期使用过程中通过声誉的积累获得识别性，因此显著性与商业外观的来源识别功能是密不可分的。显著性不仅包括通过长期使用在相关公众中能够起到辨识作用的性质，也包括商品或服务的内在显著性，即商业外观本身具有的、区别于其他商品的明显特点。实务中因为对显著性的判断没有形成确定的标准且判断过程比较复杂，所以对商业外观是否近似的判断具有较大的不确定性。非功能性要求商业外观仅作为一种外观为外界所感知而不具有实际的功能，否则就应该被纳入专利法等其他法律领域的保护范畴。具体而言，仅由商品自身性质产生的形状、为获得技术效果而需有的商品形状以及使商品具有实质性价值的形状，不属于反不正当竞争法所保护的外观、装潢。对商业外观的保护是因为消费者能够受到商业外观吸引或基于商业外观而辨别并选择商品或服务。如果商业外观具有一定的功能性，其起到的作用就不再单纯是视觉上的吸引，而是有别于其他商品或服务的独特功能，与商业外观保护的初衷相偏离。

在对商品装潢图案进行比对时，还应当排除公有因素。比如，通过正式出版物、实物等证据，证明某种图案被广泛使用于服饰图案以及多种知名品牌多款箱包的商品外观装饰属于公知设计。在这种情况下，在比对时应将此图案排除，比对剩下的部分。[1]

二、作品名称

作品名称，又称"作品标题"，是作者对作品内容的高度概括，也是作者主要意图的表达。在作品或作品的复制件流通至工商业领域成为商品时，作品名称作为作品外在表达的载体，作品名称成为商品名称，属于商业标识的一种，起到标识作品的作用。观众或读者能够通过搜索作品名称找到相应的作品，因此，作品的名称具有一定的财产价值。作品名称的财产价值主要通过商业性使用加以实现，如一部优秀的小说作品，可能会改编成同名剧本、电视剧、电影，这一系列衍生作品的诞生构成完整的产业链，在整个过程中都会涉及作品名称的使用。如果不对作品名称予以一定程度的保护，会产生对他人作品名称的"搭便车"行为，降低作品名称所具有的识别和区分作品的效果，不仅会造成权利人的经济损失，还会影响相应作品所对应的文化产品市场的稳定。因此，对作品名称的保护既是对作品权利人应获利益的正当保护，也是规范市场秩序的必然要求。

作品名称因其较为短小，难以有效全面地表达作者的思想，多数情况下无法单独构成受著作权法保护的作品。但因作品名称的商业价值，实践中使用与他人作品名称相同或相似的字样作为作品名称的行为经常出现。能够得到竞争法保护的作品名称需要是具有一定影响的作品名称。也就是说，作品名称经过使用能够

---

〔1〕 相关研究，参见张广良、张吉豫：《论商业外观法律保护要件之重构——基于"红罐王老吉凉茶案"的法理分析》，载《法制与社会发展》2018年第3期。

为相关公众所知悉，该名称与其所指称的作品之间具有特定的关联，在此情况下，作品名称发挥着类似商标的作用。

鉴于作品名称通常较短，不同作者创作相同题材作品的情况较为常见，故应合理界定构成作品名称的保护范围，否则会侵占公共领域的资源。对于行业通用名称，不能给予专用权的保护。判断两个作品名称是否构成近似，应以构成作品名称的文字为主要依据进行判断；同时，结合作品名称在使用者提供的商品或服务上的具体呈现方式，考察被诉使用者主观上是否具有攀附原告方作品名称的故意，客观上是否易使相关公众产生误认，从而不当利用了原告作品的在先商誉。[1]

三、自然人形象

自然人形象之所以能作为商业标识被竞争法保护，主要是因为名人效应背后隐藏着巨大的经济利益，名人在其特定领域的影响力很容易影响消费者对商品的最终选择，因此自然人形象常被商业化，作为商业标识出现在产品包装或者宣传中，很多商家会不吝天价代言费聘请名人代言，从而充分利用名人效应为自己的产品造势，吸引顾客。但也有很多商家选择打"擦边球"，未经权利人许可而使用其形象。一旦自然人形象未经许可被作为商业标识使用，将会对自然人形象所具有的经济利益造成损害，《反不正当竞争法》为擅自将他人形象作为商业标识使用的侵权行为提供了一条救济途径。

---

〔1〕 相关研究，参见陈绍玲：《我国单部作品名称法律保护的困境及突破——兼评麦卡锡作品名称保护理论》，载《政法论坛》2021 年第 6 期；彭学龙：《作品名称的多重功能与多元保护——兼评反不正当竞争法第 6 条第 3 项》，载《法学研究》2018 年第 5 期；孔祥俊：《作品名称与角色名称商品化权益的反思与重构——关于保护正当性和保护路径的实证分析》，载《现代法学》2018 年第 2 期。

《反不正当竞争法》对自然人形象的保护有别于《民法典》下对自然人的肖像权的保护，前者是保护特定的自然人形象所具有的财产性权益，后者是保护自然人的人格性权利。商家未经自然人许可在自己的产品上使用其形象标识，之所以会损害自然人形象所具有的财产性权益，主要有以下三个原因：①使消费者产生混淆和误解。自然人形象作为商业标识能够有效吸引顾客，使商家获得商业利益，未经许可使用自然人形象是典型的"搭便车""傍名人"行为，侵权人的目的就是使消费者产生混淆，认为带有自然人形象标识的商品与自然人存在某种特定的联系，造成对自然人形象的曲解，这种印象的形成无疑是对消费者的欺骗。②损害自然人形象的商业价值。产品品牌形象与自然人形象休戚相关，基于前一原因，消费者产生混淆，误认为自然人与该品牌有一定联系而购买了相应产品，一旦产品的质量或者企业商誉出现问题就会降低普通公众对该自然人的信赖感，进而减损自然人形象的商业价值，甚至引发纠纷。③抢占市场份额。未经许可使用带有自然人形象标识的产品必然会与自然人真正的代言产品在相关产业形成竞争，在有限的市场中争夺利益，势必对权利人的产品销售量造成影响，降低获益。

适用《反不正当竞争法》保护自然人形象，需要注意以下三个方面：

第一，请求保护的自然人形象应当具有一定程度的显著性。该形象是来自个人投资和努力所演绎出的形象，经过个人的授权，该形象在相关商品或服务上被使用并获得一定影响，能够使得相关公众将商业化的产品或服务与该自然人的身份联系起来，成为区别不同市场主体的商业标识。

第二，请求保护的自然人形象应当具有可识别性。一般情况下，社会公众通过特定自然人的面部特征就足以对其进行识别和区分。如果当事人主张保护的标志并不具有足以识别的面部特征，比如是自然人的声音、独特造型、剪影等，则应当提供充分的证据证明该标志包含了其他足以反映其所对应的自然人的个人特征，具有可识别性，使得社会公众能够认识到该标志能够明确指代该自然人。

第三，被告使用了可识别某个自然人身份的元素，获得了商业上的或者其他经济利益。被告的使用行为容易造成公众误认形象利用者的商品是由该形象所对应的自然人提供，或者得到了其许可，或者有其他商业上的联系。

四、其他商业标识

反不正当竞争法所保护的商业标识除商品名称、包装、装潢等标识外，还包括企业名称、社会组织名称、姓名、网络标记等。

企业名称与自然人名称相对，是公司或者企业的名称，社会组织名称指社会团体、民办非企业单位等民间组织的名称。在市场经济中，企业名称和社会组织名称起着区分不同市场主体的作用，是识别、确认市场主体的商业标识。2017 年修订的《反不正当竞争法》第 6 条第（2）项进一步拓宽了市场主体标识的范围，增加了社会组织名称，且立法中采用括号内注释的方式，把企业名称的简称、字号等和社会组织名称的简称等明确包括在内，解决了司法实践中关于企业名称保护范围的分歧。司法实践中适用《反不正当竞争法》保护企业名称、社会组织名称要注意以下两个方面：

第一，企业名称、社会组织名称要具有一定的影响。1993 年《反不正当竞争法》第 5 条第（3）项只规定经营者不得擅自使用他人企业名称，没有规定知名程度要件，《适用〈反不正当竞争法〉解释》第 4 条第 2 款也仅规定企业字号需要具有一定的市场知名度。这造成司法实践中企业名称受保护是否以知名度为要件一直存在分歧。2017 年修订的《反不正当竞争法》明确了"有一定影响的"企业名称和社会组织名称才可以受到保护，从而为相关司法实践统一裁判标准提供了法律依据。

第二，行为人使用企业名称、社会组织名称的行为容易使消费者产生混淆。这就要求被告使用的名称和原告相同或者相似，还要考虑原被告的经营领域、所属行业、是否存在竞争关系等。在个案中，需要考虑原被告双方的经营业务、商品种类、产品生产及销售范围等，是否容易使相关公众产生对于被告的企业和产品与原告具有特定关系的联想或混淆。

擅自使用他人有一定影响的姓名，包括笔名、艺名、译名等，引人误认为是他人商品或者与他人存在特定联系的，构成不正当竞争。《反不正当竞争法》限定了通过该法保护的姓名要"有一定影响"，且采用括号内注释的方式，将笔名、艺名和译名等包括在内。需要注意的是，若使用他人名称有合理理由且没有主观故意，则不构成侵权。例如和知名作者同名的人可以出版带有自己署名的作品，知名作者不得限制该行为。

随着 21 世纪互联网的普及，网络成为商家竞争中没有硝烟的战场，网站域名等仿冒行为逐渐增多，网络商业标识混淆行为亟待规制，《反不正当竞争法》第 6 条第（3）项将网络标记纳入保护范围，禁止经营者擅自使用他人有一定影响的域名主体部分、网站名称、网页等。当网民上网搜索自己所需信息或商品时，常常会有倾向地浏览网站，而不良商家通过使用与有一定影响的网站相近似的名称或标识使网民产生混淆进而点击相应链接，更有甚者网站首页的设置也很大程度上效仿有一定影响的网站，在经营范围类似的情况下网民不会有太多怀疑或有意识地退出该网站，而这无疑会对其模仿的网站造成交易量或访问量的损失，进而影响经济利益甚至声誉。适用《反不正当竞争法》保护网络标识同样要求仿冒行为要达到容易产生混淆的程度，主观方面考虑行为人是否有"借"其他网站的知名度以增加自己网站浏览量的故意，客观方面考虑二者的经营范围、网站最终呈现的整体效果等。

商业秘密的保护

一、商业秘密的概念、范围与构成要件

(一) 商业秘密的概念

商业秘密是一种很古老的保护形式。例如，我国很早以来流传的所谓"祖传秘方"，实际上反映了商业秘密持有人的自我保护意识和采取的保密措施。现代意义上的商业秘密是随着商品经济的产生而发展，并作为法律保护的补充形式出现的。商业秘密目前已成为国际上较为通行的法律术语，但国际上尚缺乏统一的定义。很多国家是在反不正当竞争法中对其作出规定的。我国在立法中较早出现"商业秘密"的术语见于《民事诉讼法》，后来在 1993 年《反不正当竞争法》中得以作出系统规定。根据其第 10 条第 3 款规定，商业秘密是指"不为公众所知悉、能为权利人带来经济利益、具有实用性并经权利人采取保密措施的技术信息和经营信息"。随着我国商业秘密保护的发展，上述概念界定中以"实用性"作为构成要件之一越来越不符合实际情况。于是，在 2017 年修订的《反不正当竞争法》第 9 条第 3 款规定："本法所称的商业秘密，是指不为公众所知悉、具有商业价值并经权利人采取相应保密措施的技术信息和经营信息。"该定义将前述

"实用性"条件改为"商业价值"有其合理性。对此将在下文关于商业秘密构成要件中进一步阐述。

上述两个立法版本均将商业秘密范围限定为技术信息和经营信息。随着社会发展特别是信息网络技术的日新月异，商业秘密可能表现出更多的形式。为了保持立法的开放性和适应现实生活变化，2019年4月23日修正的《反不正当竞争法》第9条第4款规定："本法所称的商业秘密，是指不为公众所知悉、具有商业价值并经权利人采取相应保密措施的技术信息、经营信息等商业信息。"这一修正的原因在于，在商业秘密保护范围中，可能出现技术信息和经营信息以外的其他未公开的具有商业秘密属性的商业信息。为此，本次修正中在"技术信息和经营信息"之后增加了"等商业信息"。这一修改，实际上是扩大了商业秘密的保护范围，有利于加强对商业秘密的保护。

（二）商业秘密的范围

根据现行《反不正当竞争法》第9条第4款关于商业秘密的定义，商业秘密的范围包括以下三类：

1. 技术秘密

技术秘密是指不为公众所知晓的具有商业价值的涉及制造某种产品或者应用某项工艺以及产品设计、工艺流程、配方、质量控制等方面的技术知识与信息。根据2020年8月24日最高人民法院审判委员会第1810次会议通过、2020年9月12日起施行的《最高人民法院关于审理侵犯商业秘密民事案件适用法律若干问题的规定》（法释〔2020〕7号，以下简称《审理侵犯商业秘密民事案件适用法律规定》）第1条第1款规定，与技术有关的结构、原料、组分、配方、材料、样品、样式、植物新品种繁殖材料、工艺、方法或其步骤、算法、数据、计算机程序及其有关文档等信息，人民法院可以认定构成《反不正当竞争法》第9条第4款所称的技术信息。

技术秘密侧重于工业、产业中的技术知识、信息和经验。与技术秘密相对应的一个英文术语是"know-how",我国通常翻译成"技术诀窍"或者"专有技术",指具有一定经济价值的、未公开的、没有申请专利、未被授予专利权或依法不能授予专利权的技术成果和技术秘密。很多技术秘密事实上能够申请为专利,获得专利权的技术在申请专利前也是以技术秘密的形式存在的。如果该技术秘密被公开,在一般情况下即丧失新颖性而不能获得专利权。不过,申请专利的技术方案也并非需要全部公开,只要满足"充分公开"的法定条件,申请人完全可以将部分附加技术特征作为技术秘密予以保密。据悉,当前国际技术贸易中绝大部分是以专利加上技术秘密的形式出现的。

2. 经营秘密

经营秘密是指不为公众所知晓的具有商业价值的涉及用于经营活动的财务、采购、人事、销售、广告宣传、招标投标、投融资、客户名单等信息。根据《审理侵犯商业秘密民事案件适用法律规定》第1条第2款和第3款规定,与经营活动有关的创意、管理、销售、财务、计划、样本、招投标材料、客户信息、数据等信息,人民法院可以认定构成《反不正当竞争法》第9条第4款所称的经营信息。其中,客户信息包括客户的名称、地址、联系方式以及交易习惯、意向、内容等信息。在涉及经营信息的商业秘密司法实践中,是否属于商业秘密意义上客户名单案件并非少见。为对这类纠纷案件提供规范指引,该司法解释第2条还专门规定,当事人仅以与特定客户保持长期稳定交易关系为由,主张该特定客户属于商业秘密的,人民法院不予支持。客户基于对员工个人的信赖而与该员工所在单位进行交易,该员工离职后,能够证明客户自愿选择与该员工或者该员工所在的新单位进行交易的,人民法院应当认定该员工没有采用不正当手段获取权利人的商业秘密。由于企业生产经营活动涵盖面十分广泛,经营信息的范围也十分广泛。凡是在企业经营活动中涉及的具有商业价值的信息，只要处于秘密状况，均可以纳入经营信息范畴。

3. 其他商业信息

商业秘密除了上述技术信息和经营信息外，还包括其他商业信息。例如，企业从事对外公关活动中以及从事管理活动中所产生的具有商业价值的未公开信息，如公关策略、管理策略、管理战略，也可以属于商业秘密范畴。

（三）商业秘密的构成要件

根据上述定义，商业秘密应具备如下构成要件：

1. 秘密性

所谓商业秘密，顾名思义，应当是处于秘密状态的信息。这里的秘密状态，就是法律规定中的"不为公众所知悉"。根据《审理侵犯商业秘密民事案件适用法律规定》第 3 条规定，权利人请求保护的信息在被诉侵权行为发生时不为所属领域的相关人员普遍知悉和容易获得的，人民法院应当认定为《反不正当竞争法》第 9 条第 4 款所称的"不为公众所知悉"。TRIPs 协议规定的未公开信息中"作为一个整体或就其各部分的精确排列和组合而言，该信息尚不为通常处理所涉信息范围内的人所普遍知道，或不易被他们获得"，就属于这一情形。

在商业秘密司法实践中，认定是否具有秘密性也是解决商业秘密纠纷案件最重要的内容之一。为增强司法的可操作性，《审理侵犯商业秘密民事案件适用法律规定》第 4 条第 1 款规定，具有下列情形之一的，人民法院可以认定有关信息为公众所知悉：①该信息在所属领域属于一般常识或者行业惯例的；②该信息仅涉及产品的尺寸、结构、材料、部件的简单组合等内容，所属领域的相关人员通过观察上市产品即可直接获得的；③该信息已经在公开出版物或者其他媒体上公开披露的；④该信息已通过公开的报告会、展览等方式公开的；⑤所属领域的相关人员从其他公开渠道可以获得该信息的。其第 2 款规定，将为公众所知悉的信息进行整理、改进、加工后形成的新信息，符合本规定第 3 条规定的，应当认定该新信息不为公众所知悉。其中，第 2 款系新增的规定，对于保护实践中存在的具有秘密性的整理、改进、加工后形成的新信息具有重要意义。

鉴于秘密性要件的极端重要性，司法实践中，人民法院审理商业秘密侵权纠纷案件通常将认定原告主张的标的符合商业秘密要件尤其是秘密性要件作为前提。换言之，如果不能确认涉案标的是否具有秘密性，就不能认定被告构成侵犯商业秘密。但令人遗憾的是，也有案件在始终未明确涉案标的是否具有秘密性的前提下，直接以原告主张商业秘密成立、以在未作秘密性鉴定的前提下部分同一性司法鉴定视为秘密性成立，从而判决被告侵犯商业秘密行为成立。例如，青岛某铁道技术有限公司诉北京某铁道技术有限公司等商业秘密侵权纠纷案的一审、二审判决和再审裁定就非常典型。该案一审、二审法院均在未对商业秘密权属问题进行全面查实的情况下，仅根据一审司法鉴定中两个技术点与被告涉案专利技术具有同一性而认定被告构成侵犯商业秘密，并且在原告对于损害赔偿额未提供任何证据的情况下直接参照专利法规定的法定最高赔偿额计算。在该案再审中，再审法院依然对涉案标的究竟是否符合商业秘密秘密性要件未予以考虑、查实和认定。其在裁定书中指出："虽然北京某公司等在收到一审司法鉴定报告后提交了对比文件并要求进行公知性鉴定，但司法鉴定耗时较长，往往造成诉讼拖延，鉴定程序不宜轻易重复启动，一审、二审法院对此未予准许亦无不当。"结果是，该案从一审到再审均未明确涉案标的究竟是否具有秘密性，但仍然认定被告侵犯商业秘密成立，成为中国商业秘密司法保护史上从一审到再审均在未明确涉案标的是否具有秘密性前提下仍然认定构成侵犯商业秘密的奇特案例和典型案例。[1]不难想象，一个商业秘密侵权案件如果在未认定涉案标的是否符合非公知性要件的前提下，尤其是被告否认秘密性成立且提出要求鉴定的主张的前提下，审理该案的各级法院仍然直接认可商业秘密成立，并认定被告侵犯商业秘密行为成立乃至构成侵犯商业秘密罪，会对我国商业秘密法治造成怎样的后果。

2. 商业价值性

具备商业价值既是商业秘密符合法定条件的重要因素，也是其受到法律保护的客观基础。在 1993 年《反不正当竞争法》实施后，2007 年 2 月 1 日实施、2020 年 12 月 23 日修正的《最高人民法院关于审理不正当竞争民事案件应用法律若干问题的解释》（已失效，以下简称《审理不正当竞争民事案件应用法律解释》）第 10 条对有关"实用性"的解释即包含了具备商业价值的内容：有关信息具有现实的或者潜在的商业价值，能为权利人带来竞争优势的，应当认定为反不正当竞争法规定的"能为权利人带来经济利益、具有实用性"。根据《审理侵犯商业秘密民事案件适用法律规定》第 7 条第 1 款规定，权利人请求保护的信息因不为公众所知悉而具有现实的或者潜在的商业价值的，人民法院经审查可以认定为《反不正当竞争法》第 9 条第 4 款所称的具有商业价值；第 2 款规定，生产经营活动中形成的阶段性成果符合前款规定的，人民法院经审查可以认定该成果具有商业价值。该规定明确了商业秘密商业价值的内涵，并且对属于阶段性成果的商业秘密商业价值认定进行了规范。

具备商业价值也是 TRIPs 协议明确规定的条件，即"未披露信息因属秘密而具有商业价值"。商业价值指的是能为权利人带来现实的或潜在的经济利益或者竞争优势。由于商业秘密是在商

---

〔1〕　参见北京知识产权法院（2017）京 73 民终 110 民事判决书、北京市高级人民法院（2017）京民申 4798 号再审裁定书。

业活动中使用的未公开信息，商业秘密必须具有商业价值才具有受法律保护的价值。但是，这一价值并不当然地等同于实用性，因为现实中有些具备商业价值的未公开信息仍然具有竞争价值，保守该秘密可以为其带来直接或者间接的竞争优势，典型的例子如失败的研发记录。从这里不难理解，为何我国 2017 年修订后的《反不正当竞争法》将该法以前的关于商业秘密构成要件"能为权利人带来经济利益、具有实用性"修改为"商业价值"。这一修改，使得部分不具有实用性但具有商业价值的未公开商业信息仍然能够获得反不正当竞争法的保护。

3. 保密性

保密性指的是权利人为防止其商业秘密被泄露而采取了合理的保密措施。采取保密措施不仅对于确保商业秘密符合法定构成要件具有重要意义，而且也是司法实践中商业秘密所有人主张权利的基本条件之一。当然，保密措施并非要求保密的程度足以达到防止任何其他人非法窃取。根据《审理侵犯商业秘密民事案件适用法律规定》第 5 条规定，权利人为防止商业秘密泄露，在被诉侵权行为发生以前所采取的合理保密措施，人民法院应当认定为《反不正当竞争法》第 9 条第 4 款所称的相应保密措施。人民法院应当根据商业秘密及其载体的性质、商业秘密的商业价值、保密措施的可识别程度、保密措施与商业秘密的对应程度以及权利人的保密意愿等因素，认定权利人是否采取了相应保密措施。为增强司法适用的可操作性，其第 6 条则详细列举了在正常情况下足以防止商业秘密泄露的相应保密措施的形式：①签订保密协议或者在合同中约定保密义务的；②通过章程、培训、规章制度、书面告知等方式，对能够接触、获取商业秘密的员工、前员工、供应商、客户、来访者等提出保密要求的；③对涉密的厂房、车间等生产经营场所限制来访者或者进行区分管理的；④以标记、分类、隔离、加密、封存、限制能够接触或者获取的人员范围等方式，对商业秘密及其载体进行区分和管理的；⑤对能够接触、获取商业秘密的计算机设备、电子设备、网络设备、存储设备、软件等，采取禁止或者限制使用、访问、存储、复制等措施的；⑥要求离职员工登记、返还、清除、销毁其接触或者获取的商业秘密及其载体，继续承担保密义务的；⑦采取其他合理保密措施的。从这些规定可以看出，认定合理保密措施的形式非常广泛。原则上说，只要采取的措施具有有效性且"在正常情况下足以防止商业秘密泄露"，就应认定符合商业秘密要件中保密性的要求。

在司法实践中，是否采取保密措施也是认定原告主张的商业秘密是否受到保护的重要考量因素。例如，根据最高人民法院在侵犯水泥立窑湿式除尘器商业秘密和财产损害赔偿上诉案中阐明的观点，采取保密措施是相关信息作为商业秘密受到法律保护的必要条件。这种措施应当是技术信息的合法拥有者根据有关情况采取的合理措施，在正常情况下可以使该信息得以保密。即这种措施至少应当能够使交易对方或者第三人知道权利人有对相关信息保密的意图，或者至少是能够使一般经营者以正常的注意力即可得出类似的结论。[1]

总的来说，构成一项受法律保护的商业秘密，上述三个要件缺一不可，尤其是秘密性或者说非公知性是商业秘密受到法律保护的根本性要件，商业价值性是其受法律保护的实质内涵，采取保密措施则是商业秘密受法律保护的现实基础。在司法实践中，人民法院需要在确认原告主张的商业秘密符合上述法定条件下才

---

〔1〕　参见最高人民法院（2000）知终字第3号民事判决书。

能认定被告是否构成侵害原告的商业秘密。[1]

二、商业秘密保护制度之立法宗旨

商业秘密保护的制度理性可以从诚实信用、个人自由、共同道德、公平竞争而不单纯是促进思想和信息的传播等方面加以理解。[2] 商业秘密保护制度的立法宗旨可以归纳为以下四点。

(一) 维护商业秘密所有人合法权益

商业秘密之所以应受到法律保护,特别是作为我国《民法典》第 123 条第 2 款规定的知识产权的客体受到保护,是因为作为人类智力和科学技术活动的成果,凝聚着其拥有人的创造与智慧,是一种非物质形态的劳动产品。这种社会劳动产品具有价值和使用价值,属于一种基于原始取得的不为公众知悉的无形财产,其拥有人利用商业秘密可以为其带来直接或间接的经济利益并取得竞争优势。商业秘密的财产属性事实上得到了越来越多国家的承认与确认。例如,英美法系国家法律、判例和法学理论一般都倾向于承认商业秘密是一种财产权,具有所有权的属性。美国所有权法重述对商业秘密拥有人所享有的财产权利就作了详细规定。日本将商业秘密看成是权利人的资产,实际上是间接地承认了商业秘密的财产地位。基于商业秘密的无形产权属性,其应当与有形财产一样受到法律保护。在 Ruckelshaus v. Monsanto Co. 案[3]中,国外法院即主张"把商业秘密作为财产与财产权的劳动理论相一致"。

---

〔1〕 相关案例,参见济南某测试技术有限公司与济南某机电技术有限公司商业秘密纠纷案,最高人民法院 (2020) 最高法知民终 538 号民事判决书;嘉兴某化工公司等与王某集团公司侵害商业秘密纠纷案,最高人民法院 (2020) 最高法知民终 1667 号民事判决书。

〔2〕 参见冯晓青:《知识产权法哲学》,中国人民公安大学出版社 2003 年版,第 285 页。

〔3〕 467 U. S. 539, 546 (1985).

商业秘密保护制度旨在维护商业秘密所有人合法权益，在制度安排和设计上确认商业秘密所有人对其拥有的商业秘密不受侵害的权利。通过充分、有效地维护商业秘密拥有人对其商业秘密的合法权益，有利于调动商业秘密所有人从事商业秘密开发的积极性，规制侵犯商业秘密行为，维护公平的市场竞争秩序。

在重视商业秘密保护制度、维护商业秘密所有人合法权益的同时，还应当注意如下所述的商业秘密保护的相对性。这是因为，商业秘密尽管被我国《民法典》明确规定为知识产权的一类客体，其并不具备像专利权一样的独占性，不能排除他人拥有同样的商业秘密，也不能排除他人通过合法的形式获取。因此，司法实践中在原告涉案标的符合商业秘密法定要件的情况下，需要根据个案确定被告是否构成侵犯商业秘密行为。

（二）维护商业道德、倡导诚实信用

维护商业道德、倡导诚实信用是构建公平竞争的市场经济秩序所必需的。在这方面，商业秘密保护制度具有独特功能和效果。美国1939年《侵权行为法重述》即认为，商业秘密是基于一般诚信义务而受到保护，凡是违反此义务的应当承担责任。这一观点反映了保守秘密、诚实信用的合同观念在维护商业秘密方面的作用。在商业秘密保护制度下，由于提供的信息可以在诚信范围内被分享并且用不道德的方法获得和损坏他人的商业秘密的行为被禁止，贯彻商业秘密保护制度可以促进合作与安全。商业秘密保护制度对商业道德的维护，涉及确认盗用、非法使用和披露等行为，违反了商业道德和诚信原则。在维护商业道德中，商业秘密保护制度提升了社会的道德品位，增强了对市场公平竞争秩序的维护，从而在更广泛、更高层次上实现了公共利益。这种公共利益也体现在确保诚信的商业道德的基础之上，商业秘密法维护了商业交易的稳定性和安全性，从而促成了商业秘密在市场流转中的社会效用。

通过考察商业秘密立法和司法保护演化的历史，可以比较清楚地了解商业秘密保护制度在维护商业道德、倡导诚实信用方面的作用。据文献考证，古罗马时代即存在对商业秘密的保护。在罗马民法中，发展了针对第三方诱惑商业秘密泄露的诉因。随着经济和贸易的发展，罗马人将商业秘密保护的范围向工业和商业扩展，扩大了商业秘密的保护范围。随着工业革命取代农业社会、技术的增长和雇员的流动，欧洲的其他国家也对维护商业道德感兴趣，尤其是自19世纪中期后，法国和比利时在刑法典中有对擅自泄露秘密的惩罚条款。同样的情况，在后来一些国家的商业秘密立法或者反不正当竞争立法中，大多有对背信、违反协议擅自泄露商业秘密或为了不正当竞争目的窃取或披露他人商业秘密进行制裁的规定，反映了对商业道德的维护和倡导诚实信用的价值取向。在19世纪，维护商业道德成为普通法商业秘密保护制度的一个特点。进入20世纪以来，美国商业秘密法的一个主要的政策仍然是促进和维护商业道德。建立在促进和维护商业道德基础之上的普通法商业秘密保护制度在一系列的审判案例中得到了贯彻。美国联邦最高法院的 Kewanee Oil Co. v. Bicron Corp. 案即有代表性。该法院认为：商业秘密法没有被联邦专利法所替代。商业道德标准的维护和对发明的鼓励是商业秘密法背后的深层政策。善意和诚信是商业世界的生活和精神。[1]

就我国立法来说，在实体法方面，商业秘密保护被纳入《反不正当竞争法》中，侵犯商业秘密行为被视为不正当竞争行为。通过有效保护商业秘密，禁止非法获取、披露和使用他人商业秘密等违法行为，能够更好地维护商业道德和诚信原则，从而更好地维护公平的市场竞争秩序。

（三）鼓励研究和革新

前面的阐述无不表明，鼓励研究与革新是专利法律制度的重

---

〔1〕 416 U. S. 470, 481-82（1973）.

要功能与使命。商业秘密保护制度则与专利制度不同，它不是以公开换垄断，而恰恰是以保密换取受法律保护的地位。在这一保护模式下，商业秘密保护制度如何能实现鼓励研究与革新？甚至有观点认为，商业秘密保护会阻碍信息流动，从而不利于鼓励研究和革新。一方面，尽管商业秘密以保密作为受法律保护的条件，从静态的角度看限制了信息流动，但由于其在保护商业秘密拥有人利益的基础之上，通过其特有的利益平衡机制在有限限制信息流动中最终促进了信息流动、促进了公众对信息的接近、促进了对革新的鼓励。另一方面，商业秘密保护制度对研究和革新的激励还可以通过拥有商业秘密在事实上能够获得某种技术或者经营方面的优势地位，从而能够调动拥有人投入人财物开发商业秘密的积极性方面加以理解。换言之，在商业秘密保护制度中也存在一种激励机制，只是这种激励机制不是以明确地授予实体权利的形式加以保障，而是以构建法律救济机制的形式予以实现。

实际上，考察英美普通法的发展，可以很清楚地看出国外商业秘密保护实践中所体现的商业秘密保护制度中类似于专利法的激励发明与创新的政策考量。从英美普通法的发展开始，商业秘密保护制度背后的公共政策类似于支持专利法的政策。如在前面提到的 Kewanee 案中，法院审视了冲突性的公共政策，认为商业秘密保护制度实现了一个重要的公共政策功能：鼓励发明的专利政策不会对另外一种激励发明的形式的存在有所影响。在这方面，两种政策不是而且从来没有发生冲突。[1] 法院还认为，商业秘密对于研究和开发的协调是重要的。1979 年，美国联邦最高法院审查并确认了 Kewanee 案的判决。当生产一个非专利产品时，法院指出商业秘密法促进了竞争，并且确保了公众"不会被剥夺有价值的发明的使用，如果该发明不能获得专利的话"。[2]

〔1〕 416 U. S. at 484.
〔2〕 Aronson v. Quick Point Pencil Co. , 440 U. S. 257, 266 (1979).

美国第七巡回法院也引用了 Kewanee 案，支持了这样一个主张：对革新和开发的鼓励是商业秘密法"主要的目的"。[1]

商业秘密保护的立法和司法判例表明，商业秘密法通过为传播和有效地使用秘密信息提供法律机制，进一步鼓励了研究和革新，而不是对技术的人为封锁。在商业秘密市场，当事人之间的商业秘密协议有效地防止了秘密信息的非生产性储存，促进了信息在市场中的流动，并能使信息发挥更大的作用，创造了富有效率的经济活动。商业秘密在市场经济中越来越重要的作用，包括在促进技术进步中的作用，使得商业秘密法产生了合乎需要的社会结果，产生了重要的公共利益。

（四）维护市场竞争秩序

维护市场竞争秩序也是商业秘密保护制度的重要立法宗旨。对此，可以从以下两方面加以理解：

第一，商业秘密保护制度以规制侵犯商业秘密行为为主要目标，而侵犯商业秘密行为是一种违背诚信原则和商业道德的不正当竞争行为。因此，通过制定和实施商业秘密保护制度能够实现维护市场竞争秩序的目标。

第二，商业秘密保护制度一般纳入一个国家或地区反不正当竞争法律制度的范畴。这本身也体现了商业秘密保护制度维护市场竞争秩序的本意和内涵，因为反不正当竞争法本身就是维护市场竞争秩序的基本法律制度。[2]

---

〔1〕 Amercian Can Co. v. Mansukhani, 223 U. S. P. Q. 97, 107 (7th, Cir. 1984).

〔2〕 在 2019 年 10 月底召开的党的十九届四中全会所作决定中，即指出：要完善公平竞争制度，健全以公平为原则的产权保护制度，加强企业商业秘密保护。

三、侵犯商业秘密行为及其法律责任

（一）侵犯商业秘密行为

关于侵犯商业秘密行为的表现，我国 1993 年、2017 年《反不正当竞争法》对此都作了明确列举。不过，2019 年修正后的现行《反不正当竞争法》第 9 条对商业秘密侵害行为的表现作出了较为重要的修改。以下将以现行《反不正当竞争法》第 9 条规定为研究对象，对构成侵犯商业秘密的行为分别进行探讨。

第一，以盗窃、贿赂、欺诈、胁迫、电子侵入或者其他不正当手段获取权利人的商业秘密。

这种行为属于非法窃取他人商业秘密的行为。根据《审理侵犯商业秘密民事案件适用法律规定》第 8 条规定，上述以"其他不正当手段获取权利人的商业秘密"，是指"被诉侵权人以违反法律规定或者公认的商业道德的方式获取权利人的商业秘密"。由于该行为的违法性和不正当性，只要实施了非法窃取的行为，即构成侵犯商业秘密，而不必过问是否存在进一步的非法披露或使用。当然，在认定侵害情节和后果上，非法窃取后若存在进一步的非法披露、使用行为，可作为加重的情节予以对待。

在上述行为中，盗窃是以非法占有为目的，在商业秘密所有人不知情的情况下，通过秘密手段监听、偷听、盗走负载商业秘密的有形载体等方式非法获取他人商业秘密的行为。至于增加的"电子侵入"这种形式，显然是为了应对信息网络和电子商务环境下日益严重的商业秘密侵权现象，提高信息网络和数字化时代商业秘密保护水平。2019 年《反不正当竞争法》的修正在一定程度上体现了法律保护适应技术变革以及知识产权法律制度现代化的特点。盗取他人商业秘密是一种十分典型的侵犯商业秘密行为。

第二，披露、使用或者允许他人使用非法获取的权利人的商

业秘密。

非法获取他人商业秘密后，窃取人为了从该商业秘密的利用中牟利，通常会采取披露、使用或者许可他人使用的形式加以利用。这种行为无疑是窃取行为的延续。与非法窃取相比，这类行为对商业秘密所有人的损害更为严重，因为披露行为会导致商业秘密非公知性的丧失，无异于对权利人商业秘密的致命打击，使用或者许可他人使用也会进一步扩散权利人拥有的商业秘密，使之处于失控、随时被公开的危险。对这两类行为如果不予以严格控制和禁止，就会使得权利人拥有的商业秘密保护随时处于被公开的危险，从而严重危及该商业秘密受法律保护地位。基于此，包括我国在内的很多国家和地区反不正当竞争法等相关法律都将这类行为规定为不正当竞争行为。根据《审理侵犯商业秘密民事案件适用法律规定》第9条规定，被诉侵权人在生产经营活动中直接使用商业秘密，或者对商业秘密进行修改、改进后使用，或者根据商业秘密调整、优化、改进有关生产经营活动的，人民法院应当认定属于《反不正当竞争法》第9条所称的使用商业秘密。该规定明确了商业秘密"使用"的内涵，特别规定商业秘密使用不限于直接使用，还包括进行修改、改进以及与相关生产经营活动进行整合等内容，有利于更充分地保护商业秘密所有人的合法权益。

第三，违反保密义务或者违反权利人有关保守商业秘密的要求，披露、使用或者允许他人使用其所掌握的商业秘密。[1]

这种行为和前述行为相比的区别在于，行为人接触、知悉、掌握权利人拥有的商业秘密具有合法性，而不是通过非法窃取的形式予以获得。这里的合法性体现于侵权人基于保密义务或者权利人有关保守商业秘密的要求而在工作中正常接触、知悉、掌握

---

〔1〕 与1993年、2017年《反不正当竞争法》相应规定相比，2019年《反不正当竞争法》上述规定的改进体现于增加了"违反保密义务"的要求。

权利人拥有的商业秘密。例如，公司的主管领导、高级技术人员、经营管理人员、保管人员因为工作职责或工作需要，有必要接触、知悉、掌握公司的商业秘密。但正因为这些拥有特定身份的人存在接触商业秘密的便利，其更应严守岗位职责和保守商业秘密的义务与要求，而不能擅自披露、使用或者允许他人使用其所掌握的商业秘密，否则即构成侵犯商业秘密行为。

根据现行《反不正当竞争法》上述规定，违反保密义务或者违反权利人有关保守商业秘密的要求是这类行为具有违法性的本质特征。在实践中，通常表现为违反明示或者默示的保密义务披露、使用或者允许他人使用其所掌握的商业秘密。其中，明示的保密义务体现为通过合同、协议明确规定行为人具有保守商业秘密的义务和责任。默示的保密义务则体现为虽然没有通过合同之类明确行为人应当履行的保密义务，但根据行为人的特定身份关系、交易习惯、法定职责要求等，能够得出行为人有保守权利人有关商业秘密的义务和责任的结论。不过，应当注意区分单位员工在单位工作期间所获得的知识、技能与经验和单位商业秘密，以避免在单位员工离职、调动工作后将前者也视为本单位商业秘密。这里实际上涉及职工劳动就业权与商业秘密保护的协调和平衡的问题。在涉及"跳槽"的商业秘密侵权纠纷中，正确区分这两者显得尤其重要。[1]

根据《审理侵犯商业秘密民事案件适用法律规定》第 10 条规定，当事人根据法律规定或者合同约定所承担的保密义务，人民法院应当认定属于《反不正当竞争法》第 9 条第 1 款所称的保密义务。当事人未在合同中约定保密义务，但根据诚信原则以及

---

[1]　相关案例，参见上海某制药机械有限公司诉上海某科技股份有限公司等侵害技术秘密纠纷案，上海市高级人民法院（2019）沪民终 129 号民事判决书；杭州某科技有限公司与广州某信息科技有限公司、李某不正当竞争纠纷案，杭州市中级人民法院（2019）浙 01 民初 1152 号民事判决书。

合同的性质、目的、缔约过程、交易习惯等，被诉侵权人知道或者应当知道其获取的信息属于权利人的商业秘密的，人民法院应当认定被诉侵权人对其获取的商业秘密承担保密义务。上述规定为商业秘密保护司法实践中如何认定被诉侵权人的保密义务提供了明确指引。

第四，教唆、引诱、帮助他人违反保密义务或者违反权利人有关保守商业秘密的要求，获取、披露、使用或者允许他人使用权利人的商业秘密。

这一行为是 2019 年《反不正当竞争法》第 9 条专门增加的条款，是第三种行为的延伸。这种行为本身并没有直接实施非法"获取、披露、使用或者允许他人使用权利人的商业秘密"，但由于采取了"教唆、引诱、帮助他人违反保密义务或者违反权利人有关保守商业秘密的要求"行为，其直接结果是导致了他人实施了侵犯商业秘密的行为。因此，其对权利人拥有的商业秘密同样具有危害。从侵权法理论来说，上述行为属于间接侵权范畴。但我国侵权法没有这一概念，较为相关的为共同侵权概念。通过明确上述行为为侵犯商业秘密行为，有利于形成一道规制侵犯商业秘密行为的防护网。

需要指出的是，根据现行《反不正当竞争法》第 9 条第 2 款规定，经营者以外的其他自然人、法人和非法人组织实施前款所列违法行为的，视为侵犯商业秘密。换言之，前面探讨和分析的禁止经营者实施的四种行为，经营者以外的其他自然人、法人和非法人组织也同样被禁止实施。这意味着我国侵害商业秘密的行为主体不限于"经营者"。上述规定也是 2019 年修正《反不正当竞争法》时新增的内容，体现了我国《反不正当竞争法》加大对不正当竞争行为打击力度的立法意旨。这一规定，也是基于对现实情况的回应，因为在实践中很多侵害商业秘密的行为并非经营者，如果不对经营者以外的其他自然人、法人和非法人组织实施前述四种行为予以规制和打击，就不利于充分有效地保护商业秘密所有人的合法权益。

第五，第三人明知或者应知商业秘密权利人的员工、前员工或者其他单位、个人实施《反不正当竞争法》第 9 条第 1 款所列违法行为，仍获取、披露、使用或者允许他人使用该商业秘密。

第三人上述行为之所以也应纳入侵犯商业秘密行为，是因为其在主观上具有可责难性，在客观上实施了侵害行为。其中，主观上的可责难行体现为行为人具有主观过错，因为对他人实施侵犯商业秘密的行为明知或者应知；客观上的侵害行为体现为在明知或者应知的情况下仍然获取、披露、使用或者允许他人使用该商业秘密。值得指出的是，在商业秘密保护司法实践中应注意保护善意第三人的利益。即如果第三人对于侵犯商业秘密违法行为不知情，即不知道也没有合法的理由应当知道，其获悉涉案商业秘密就不能适用上述规定而认定其构成侵犯商业秘密。换言之，在司法实践中也应注意对善意第三人的保护。

需要进一步指出的是，鉴于在司法实践中，很多商业秘密侵权纠纷案件系单位员工或者前员工侵害行为所引发，为了明确《反不正当竞争法》规定的单位员工、前员工的概念，防止引起歧义，《审理侵犯商业秘密民事案件适用法律规定》对于什么是《反不正当竞争法》第 9 条第 3 款规定的员工、前员工以及如何认定其获取权利人商业秘密进行了规范。其第 11 条规定，法人、非法人组织的经营、管理人员以及具有劳动关系的其他人员，人民法院可以认定为《反不正当竞争法》第 9 条第 3 款所称的员工、前员工；其第 12 条规定，人民法院认定员工、前员工是否有渠道或者机会获取权利人的商业秘密，可以考虑与其有关的下列因素：①职务、职责、权限；②承担的本职工作或者单位分配的任务；③参与和商业秘密有关的生产经营活动的具体情形；④是否保管、使用、存储、复制、控制或者以其他方式接触、获取商业秘密及其载体；⑤需要考虑的其他因素。

（二）侵犯商业秘密行为的法律责任

1. 民事责任

侵犯商业秘密的民事责任显然是一种侵权责任。但是，该行为也可能因为违约行为而引发，因为在行为人违反保密义务的情况下引发的侵犯商业秘密纠纷，首先会产生违约责任，只是由于违约行为同时导致了侵害行为的产生，这样就可能出现违约责任和侵权责任竞合的现象。根据我国《民法典》第186条规定，因当事人一方的违约行为，损害对方人身权益、财产权益的，受损害方有权选择请求其承担违约责任或者侵权责任。在当事人选取侵权责任时，就会出现追究行为人侵犯商业秘密责任的情况。就违约责任而言，一般发生于商业秘密所有人与行为人基于合同关系而在行为人违反约定而擅自披露、使用或者允许他人使用其商业秘密时产生。除了行为人违反合同约定这种情况产生的侵犯商业秘密行为外，实践中也大量地体现为行为人直接侵害他人商业秘密行为，典型的如非法窃取、披露、使用他人的商业秘密。

商业秘密持有人对涉嫌侵犯商业秘密的行为人提起侵犯商业秘密之诉，就会发生商业秘密侵权诉讼。以下对商业秘密侵权诉讼及侵权责任相关问题进行探讨。

（1）诉讼主体资格。

在商业秘密侵权诉讼中，作为商业秘密的所有人有权提起诉讼，这是不言自明的。但现实中，很多商业秘密是通过签订许可使用合同的形式加以实现的。对此，《审理侵犯商业秘密民事案件适用法律规定》第26条规定：对于侵犯商业秘密行为，商业秘密独占使用许可合同的被许可人提起诉讼的，人民法院应当依法受理。排他使用许可合同的被许可人和权利人共同提起诉讼，或者在权利人不起诉的情况下自行提起诉讼，人民法院应当依法受理。普通使用许可合同的被许可人和权利人共同提起诉讼，或者经权利人书面授权单独提起诉讼的，人民法院应当依法受理。

（2）诉讼管辖。

在过去，商业秘密侵权纠纷案件一般由中级人民法院作为第一审法院，高级人民法院作为第二审法院。如对二审判决不服，则可再向最高人民法院提起再审申请，由最高人民法院知识产权审判庭负责审理。但是，2019 年 1 月 1 日起实施的《最高人民法院关于知识产权法庭若干问题的规定》针对商业秘密中的技术秘密等的二审管辖问题作了特殊规定，即最高人民法院知识产权法庭审理不服高级人民法院、知识产权法院、中级人民法院作出的技术秘密第一审民事案件判决、裁定而提起上诉的案件；全国范围内重大、复杂的第一审技术秘密民事案件等。

（3）举证责任。

在商业秘密侵权诉讼中，原被告均负有相应的举证责任。就原告的举证责任而言，在司法实践中，应当注意防止法院在举证责任分配上过于减轻原告举证责任的倾向。例如，以原告主张涉案标的商业秘密成立作为当然的事实，而对于该案中涉案标的是否符合商业秘密法定要件持当然肯定的态度。当然，原告主张其商业秘密符合法定构成要件在很多情况下也有一定困难，例如自证涉案标的具有非公知性。但无论如何，不能将原告的主张视为当然。

也正是基于原告举证的难度，为了查明案件事实真相，2019年修正的现行《反不正当竞争法》第 32 条新增了涉嫌侵权人在原告初步举证后负有的证明权利人所主张的商业秘密不属于法定的商业秘密的举证责任。该法第 32 条第 1 款规定，在侵犯商业秘密的民事审判程序中，商业秘密权利人提供初步证据，证明其已经对所主张的商业秘密采取保密措施，且合理表明商业秘密被侵犯，涉嫌侵权人应当证明权利人所主张的商业秘密不属于本法规定的商业秘密。其第 2 款规定，商业秘密权利人提供初步证据合理表明商业秘密被侵犯，且提供以下证据之一的，涉嫌侵权人应当证明其不存在侵犯商业秘密的行为：①有证据表明涉嫌侵权人有渠道或者机会获取商业秘密，且其使用的信息与该商业秘密实质上相同；②有证据表明商业秘密已经被涉嫌侵权人披露、使用或者有被披露、使用的风险；③有其他证据表明商业秘密被涉嫌侵权人侵犯。

根据上述规定，在原告提出了被告构成侵犯商业秘密的初步证据后，被告应当举证证明其行为的合法性。需要指出的是，为增强司法实践中的可操作性，《审理侵犯商业秘密民事案件适用法律规定》对于上述"实质上相同"的内涵与具体认定作了补充规定。其第 13 条第 1 款规定，被诉侵权信息与商业秘密不存在实质性区别的，人民法院可以认定被诉侵权信息与商业秘密构成《反不正当竞争法》第 32 条第 2 款所称的实质上相同。第 2 款规定，人民法院认定是否构成前款所称的实质上相同，可以考虑下列因素：①被诉侵权信息与商业秘密的异同程度；②所属领域的相关人员在被诉侵权行为发生时是否容易想到被诉侵权信息与商业秘密的区别；③被诉侵权信息与商业秘密的用途、使用方式、目的、效果等是否具有实质性差异；④公有领域中与商业秘密相关信息的情况；⑤需要考虑的其他因素。此外，2020 年 11 月 9 日由最高人民法院审判委员会第 1815 次会议通过、自 2020 年 11 月 18 日起施行的《最高人民法院关于知识产权民事诉讼证据的若干规定》（法释〔2020〕12 号，以下简称《知识产权民事诉讼证据规定》）从委托鉴定角度就对于原被告商业秘密异同认定问题进行了规定。根据其第 19 条的规定，人民法院可以对"当事人主张的商业秘密与所属领域已为公众所知悉的信息的异同、被诉侵权的信息与商业秘密的异同"这一待证事实进行专门性问题委托鉴定。为防止在提交证据过程中出现商业秘密被泄露问题，《知识产权民事诉讼证据规定》第 26 条规定，证据涉及商业秘密或者其他需要保密的商业信息的，人民法院应当在相关诉讼参与人接触该证据前，要求其签订保密协议、作出保密承诺，或者以裁定等法律文书责令其不得出于本案诉讼之外的任何目的披露、使用、允许他人使用在诉讼程序中接触到的秘密信息。当事人申请对接触前款所称证据的人员范围作出限制，人民法院经审查认为确有必要的，应当准许。这一规定，有利于在商业秘密侵权案件处理中当事人为履行举证责任提供相关证据时防范相关商业秘密被泄露。

从另一方面说，被告提供证据证明其不存在侵犯商业秘密行为，负责审理的人民法院也应当保障这一举证的机会得到实现。但在司法实践中，也存在法院对于被告提出不构成侵犯商业秘密的证据不进行实质审查，而是直接以原告主张商业秘密成立作为当然的事实的做法。这无疑会剥夺被告合法抗辩的机会和权利。例如，在前述北京某公司被诉侵犯商业秘密案中，被告在二审中一方面继续提出了涉案标的被在先文献公开从而不具有非公知性的事实证据，如期刊发表的文章，另一方面也提交了合法司法鉴定机构作出的关于涉案标的不具有非公知性的司法鉴定意见，但二审判决对于这些相关证据没有进行认定，在判决书中也缺乏对于质证的介绍和说明，二审判决前也未开庭审理。在该案再审中，针对再审申请人即一审被告提出就涉案标的是否具有非公知性进行司法鉴定的请求，再审法院也以"司法鉴定耗时较长，往往造成诉讼拖延，鉴定程序不宜轻易重复启动，一审、二审法院对此未予准许亦无不当"等为由，驳回了再审申请。无疑，本案中再审申请人为查明涉案标的究竟是否具备非公知性，从一审到再审均提出进行司法鉴定的主张，应当具有合理性和正当性。虽然该案再审裁定处于2019年《反不正当竞争法》实施前，但并不妨碍利用该规定进行分析。遗憾的是，本案二审法院判决书在"判决主文"中认定一审被告在二审程序中就非公知性问题提出司法鉴定的主张"缺乏事实和法律依据"。该案再审裁定书的上述认定明白无误地表明：在一审、二审期间，并未就涉案标的是否具有非公知性问题进行鉴定。在本案二审中，一审被告只能无奈地单方面委托司法鉴定机构就非公知性问题进行司法鉴定。但是，不仅二审法院对该司法鉴定意见（结论为不具有非公知性）不予认可，而且再审法院未准许申请人就非公知性问题进行鉴定，对上述二审期间申请人提交的司法鉴定意见同样未予认定。这样，如前所述，本案至少从一审到再审阶段成为中国商业秘密司法保护历史上在未明确认定涉案标的是否具有非公知性的前提之下认定构成侵犯商业秘密的奇特案件和典型案件。从本部分讨论的举证责任的角度看，本案给人们留下的启示是如何公正、合理地保障当事人举证的权利，以及人民法院如何做到防止损害当事人通过举证查明事实真相的权利。

（4）举证妨碍制度。

举证妨碍制度在我国知识产权法领域的适用首先由《商标法》在 2013 年修正时予以确立。此后，在 2020 年《专利法》《著作权法》修正时，分别引进了这一制度。该制度的核心是基于作为权利人的原告举证困难，而相关证据材料由被告掌握时，有必要责令被告提供，如果被告无正当理由不予配合则将承担不利的法律后果。由于知识产权具有无形性，侵害知识产权行为发生后，权利人很难及时发现侵权事实，发现了也不容易固定和提供侵权证据，以致多年来"取证难"一直成为知识产权侵权诉讼中困扰知识产权人的一个难题，而这在侵害商业秘密诉讼案件中体现得尤为明显。有鉴于此，《审理侵犯商业秘密民事案件适用法律规定》第 24 条规定，权利人已经提供侵权人因侵权所获得的利益的初步证据，但与侵犯商业秘密行为相关的账簿、资料由侵权人掌握的，人民法院可以根据权利人的申请，责令侵权人提供该账簿、资料。侵权人无正当理由拒不提供或者不如实提供的，人民法院可以根据权利人的主张和提供的证据认定侵权人因侵权所获得的利益。

（5）停止侵害与损害赔偿责任。

在商业秘密司法实践中，原告通常会向人民法院提出被告停止侵害的诉讼请求，人民法院在认定被告构成侵犯商业秘密的前提下，一般也会判决被告停止侵害。但是，鉴于商业秘密案件的复杂性，以及商业秘密存在随时被他人公开的可能，适用"停止侵害"民事责任对行为人施加的限制不能是无限期的，应基于公平合理原则评判停止使用涉案商业秘密行为的时间和范围。对此，《审理商业秘密民事案件适用法律规定》第17条规定，人民法院对于侵犯商业秘密行为判决停止侵害的民事责任时，停止侵害的时间一般持续到该项商业秘密已为公众知悉时为止。依据前款规定判决停止侵害的时间如果明显不合理的，人民法院可以在依法保护权利人该项商业秘密竞争优势的情况下，判决侵权人在一定期限或者范围内停止使用该项商业秘密。例如，在被告停止使用时期，原告商业秘密因某种原因被他人公开，此时该商业秘密因为失去了非公知性而不能再受法律保护，"停止侵害"就将不具有法律意义。此外，由于商业秘密需要依附于一定的载体，上述商业秘密保护中的"停止侵害"往往还涉及如何处置商业秘密的载体问题。对此，《审理侵犯商业秘密民事案件适用法律规定》第18条规定，权利人请求判决侵权人返还或者销毁商业秘密载体，清除其控制的商业秘密信息的，人民法院一般应予支持。该规定有利于从根本上杜绝侵害商业秘密的物质基础。但是，在特殊情况下，也应考虑侵权人返还或者销毁商业秘密载体，或者清除其控制的商业秘密信息的困难。基于此，上述司法解释只是进行原则性的规定。

关于停止侵害，还需要指出的是，在特定情况下，作为商业秘密所有人的原告还可以依法申请采取行为保全措施。我国知识产权专门法律以及《民事诉讼法》均规定了诉前临时措施。《审理侵犯商业秘密民事案件适用法律规定》第 15 条则规定，被申请人试图或者已经以不正当手段获取、披露、使用或者允许他人使用权利人所主张的商业秘密，不采取行为保全措施会使判决难以执行或者造成当事人其他损害，或者将会使权利人的合法权益受到难以弥补的损害的，人民法院可以依法裁定采取行为保全措施。为了避免给被侵权人造成难以弥补的损害，商业秘密所有人可以适时提出诉前停止侵害行为的行为保全主张。

商业秘密被侵害后，会给商业秘密所有人造成经济损失和其他损害。因此，侵权人应当对其侵犯商业秘密行为造成的经济损失承担损害赔偿责任。在商业秘密司法实践中，原告一般也会提出损害赔偿的诉讼请求。关于经营者实施包括侵害商业秘密在内的不正当竞争行为的损害赔偿责任，2019 年《反不正当竞争法》第 17 条规定，经营者违反本法规定，给他人造成损害的，应当依法承担民事责任。经营者的合法权益受到不正当竞争行为损害的，可以向人民法院提起诉讼。因不正当竞争行为受到损害的经营者的赔偿数额，按照其因被侵权所受到的实际损失确定；实际损失难以计算的，按照侵权人因侵权所获得的利益确定。经营者恶意实施侵犯商业秘密行为，情节严重的，可以在按照上述方法确定数额的 1 倍以上 5 倍以下确定赔偿数额。赔偿数额还应当包括经营者为制止侵权行为所支付的合理开支。经营者违反本法第 6 条、第 9 条规定，权利人因被侵权所受到的实际损失、侵权人因侵权所获得的利益难以确定的，由人民法院根据侵权行为的情节判决给予权利人 500 万元以下的赔偿。

值得注意的是，2019 年《反不正当竞争法》针对 2017 年《反不正当竞争法》关于商业秘密损害赔偿的规定进行了以下改进：一是新增了恶意侵害他人商业秘密行为的惩罚性赔偿规定，而且赔偿的标准可以达到通常计算方法确定数额的 5 倍；二是将法定赔偿的标准由 300 万元提高到 500 万元。从这两处修改可以看出，立法者旨在通过加大对损害赔偿的力度，强化对商业秘密的保护力度。[1]

此外，基于为商业秘密侵权诉讼提供司法指引的目的，《审理侵犯商业秘密民事案件适用法律规定》对于侵犯商业秘密诉讼中应当考虑的相关因素和情况作了规定。其第 19 条第 1 款规定，因侵权行为导致商业秘密为公众所知悉的，人民法院依法确定赔偿数额时，可以考虑商业秘密的商业价值；第 2 款规定，人民法院认定前款所称的商业价值，应当考虑研究开发成本、实施该项商业秘密的收益、可得利益、可保持竞争优势的时间等因素。第 20 条第 1 款规定，权利人请求参照商业秘密许可使用费确定因被侵权所受到的实际损失的，人民法院可以根据许可的性质、内容、实际履行情况以及侵权行为的性质、情节、后果等因素确定；第 2 款规定，人民法院依照《反不正当竞争法》第 17 条第 4 款确定赔偿数额的，可以考虑商业秘密的性质、商业价值、研究开发成本、创新程度、能带来的竞争优势以及侵权人的主观过错、侵权行为的性质、情节、后果等因素。这些规定表明，对于侵犯商业秘密损害赔偿的界定，应当根据案情考虑多方面因素，其中商业秘密的商业价值、市场竞争优势以及自身研发成本等都是值得考虑的因素。

2. 行政责任

侵犯商业秘密行为可能需要承担行政责任的原因在于，侵害行为可能涉及公共利益，从而触犯了国家行政管理法规。从一般意义上的反不正当竞争法的立法宗旨、功能和作用来看，除了依法保护经营者合法权益，其还具有维护市场经济健康发展、维护

---

〔1〕　相关研究，参见林广海等：《系列解读之一〈最高人民法院关于审理侵犯商业秘密民事案件适用法律若干问题的规定〉的理解与适用》，载《法律适用》2021 年第 4 期。

公平竞争秩序的重要职能和使命。因此，我国《反不正当竞争法》除了规定侵犯商业秘密等不正当竞争行为的民事责任外，还规定了行政责任。根据 2019 年《反不正当竞争法》第 21 条规定，经营者以及其他自然人、法人和非法人组织违反本法第 9 条规定的侵犯商业秘密的，由监督检查部门责令停止违法行为，没收违法所得，处 10 万元以上 100 万元以下的罚款；情节严重的，处 50 万元以上 500 万元以下的罚款。

应当看到，行政机关通过追究商业秘密侵权人行政责任，较之于通常的诉讼形式具有其独到的优势和特色，尤其体现于行政处罚的及时性与"立竿见影"的效果。由于商业秘密被侵害后，很容易造成秘密信息被广泛扩散、传播，通过实施行政处罚措施，能够及时制止侵权行为，不但起到及时维权、防止侵权蔓延的效果，而且能够有力地震慑侵权行为人，加大对侵权行为的打击力度。

3. 刑事责任

侵犯商业秘密的刑事责任，是指侵犯商业秘密行为构成犯罪而应依法承担的法律责任。这里的所谓侵犯商业秘密罪，是指违反国家有关商业秘密的保护法律，以盗窃、贿赂、欺诈、胁迫、披露或者擅自使用等不正当竞争手段，侵犯商业秘密，给商业秘密权利人造成重大损失的行为。给商业秘密权利人造成重大损失的侵犯商业秘密的行为被纳入我国刑法规制，见于 1997 年《刑法》修改时规定的侵犯知识产权犯罪中。

（1）侵犯商业秘密罪的犯罪构成。

第一，犯罪主体。犯罪主体是实施犯罪者，其既可以是自然人，也可以是法人或者非法人组织。根据我国《刑法》第 219 条、第 220 条规定，侵犯商业秘密罪的主体为一般主体，包括自然人、法人或者非法人组织。

第二，犯罪客体。犯罪客体是犯罪行为所侵犯的、被刑法所保护的社会关系。在我国，侵犯商业秘密罪与其他类型的知识产权犯罪[1]一起被规定于"破坏社会主义市场经济秩序罪"一章中。这一则说明该类型犯罪的本质是破坏了社会主义市场经济秩序，而不同于一般意义上的财产犯罪；二则说明侵犯商业秘密罪的犯罪客体属于复杂客体，包括商业秘密权利人的合法权益和国家关于商业秘密保护的制度。值得注意的是，侵犯商业秘密罪的犯罪客体和对象不同，其中后者是被侵害的商业秘密本身。从商业秘密保护的本质看，商业秘密权利人对于商业秘密存在值得保护的合法利益，这一利益受到严重损害时，可以借助于国家刑事保护。根据 2020 年 12 月我国《刑法修正案（十一）》修正的现行《刑法》第 219 条第 3 款规定，商业秘密权利人包括商业秘密所有人和经商业秘密所有人许可的商业秘密使用人。

第三，主观方面。犯罪主观方面是行为人对于实施犯罪行为及其结果所持的心理状态。就侵犯商业秘密罪而言，主观方面一般体现为故意，如非法窃取、非法使用和非法披露，但在第三人披露、使用或者允许他人使用的场合，除了"明知"这一主观故意外，还包括"应知"这一重大过失的主观状态。如果能够证明行为人不存在主观过错，例如善意第三人的行为，就不能成立侵犯商业秘密罪，甚至连商业秘密侵害行为是否成立也值得结合案件具体情况加以判断。因此，在涉及第三人是否构成侵犯商业秘密犯罪时，针对主观状况的认定时，应注意刑法的谦抑性，防止不适当地扩大解释。如《刑法》第 219 条第 2 款规定，明知前款所列行为，获取、披露、使用或者允许他人使用其所掌握的商业秘密的，以侵犯商业秘密论。该种行为即限于"明知"这一主观过错情形。

第四，客观方面。犯罪客观方面是指行为人具体实施的为刑

---

〔1〕 相关研究，参见魏昌东：《情节犯主导与知识产权刑法解释体系转型》，载《中国刑事法杂志》2022 年第 1 期。

法所禁止的违法行为。我国《刑法》第219条明确规定了构成犯罪的侵犯商业秘密的行为。其第219条第1款规定，有下列侵犯商业秘密行为之一，情节严重的，处3年以下有期徒刑，并处或者单处罚金；情节特别严重的，处3年以上10年以下有期徒刑，并处罚金：①以盗窃、贿赂、欺诈、胁迫、电子侵入或者其他不正当手段获取权利人的商业秘密的；②披露、使用或者允许他人使用以前项手段获取的权利人的商业秘密的；③违反保密义务或者违反权利人有关保守商业秘密的要求，披露、使用或者允许他人使用其所掌握的商业秘密的。如前所述，其第2款规定，明知前款所列行为，获取、披露、使用或者允许他人使用该商业秘密的，以侵犯商业秘密论。此外，《刑法》第219条之一规定，为境外的机构、组织、人员窃取、刺探、收买、非法提供商业秘密的，处5年以下有期徒刑，并处或者单处罚金；情节严重的，处5年以上有期徒刑，并处罚金。该规定设立了"为境外窃取、刺探、收买、非法提供商业秘密罪"这一新的罪名，是2020年《刑法》修正时新设的罪名。不难看出，新增这一规定是为了有效遏制境外机构、组织和个人与国内机构、组织和个人串通，侵害我国商业秘密的犯罪行为，维护国家利益、公共利益和商业秘密权利人的合法权益。在当代，随着商业秘密作为竞争性资源重要性的增加，商业间谍现象也日益增多，增设上述罪名的意义是不言而喻的。

（2）侵犯商业秘密罪的刑事责任。

按照现行《刑法》第219条规定，侵犯商业秘密行为，情节严重的，处3年以下有期徒刑，并处或者单处罚金；情节特别严重的，处3年以上10年以下有期徒刑，并处罚金。又依《刑法》第219条之一规定，为境外的机构、组织、人员窃取、刺探、收买、非法提供商业秘密的，处5年以下有期徒刑，并处或者单处罚金；情节严重的，处5年以上有期徒刑，并处罚金。由此可见，上述《刑法》第 219 条规定了两个量刑幅度，即情节严重的侵犯商业秘密行为处 3 年以下有期徒刑，以及情节特别严重后果的处 3 年以上 10 年以下有期徒刑。这里的"情节严重"是侵犯商业秘密罪与非罪的界限，"情节特别严重"则是轻罪与重罪之间的界限。《刑法》第 220 条则规定，单位犯罪的，对单位判处罚金，并对其直接负责的主管人员和其他直接责任人员，依照上述规定处罚。根据上述规定，侵犯商业秘密犯罪的刑事责任为短期自由刑及罚金。

为增加商业秘密刑事保护的可操作性，于 2004 年 12 月 22 日起施行的《最高人民法院、最高人民检察院关于办理侵犯知识产权刑事案件具体应用法律若干问题的解释》（法释〔2004〕19 号，以下简称《侵犯知识产权刑事案件应用法律解释》）第 7 条规定了具体的定罪量刑标准。2007 年 4 月 5 日起施行的《侵犯知识产权刑事案件应用法律解释（二）》（法释〔2007〕6 号）对于知识产权犯罪依法适用缓刑条件、定罪量刑、自诉等问题作了补充规定，同样可以适用于商业秘密犯罪案件。2020 年 9 月 14 日起施行的《侵犯知识产权刑事案件应用法律解释（三）》（法释〔2020〕10 号）则对商业秘密犯罪有关行为、定罪量刑标准作了进一步规定。例如，其第 3 条规定，采取非法复制、未经授权或者超越授权使用计算机信息系统等方式窃取商业秘密的，应当认定为《刑法》第 219 条第 1 款第（1）项规定的"盗窃"；以贿赂、欺诈、电子侵入等方式获取权利人的商业秘密的，应当认定为《刑法》第 219 条第 1 款第（1）项规定的"其他不正当手段"。其第 4 条第 1 款规定，实施《刑法》第 219 条规定的行为，具有下列情形之一的，应当认定为"给商业秘密的权利人造成重大损失"：①给商业秘密的权利人造成损失数额或者因侵犯商业秘密违法所得数额在 30 万元以上的；②直接导致商业秘密的权利人因重大经营困难而破产、倒闭的；③造成商业秘密的权利人其他重大损失的。其第 4 条第 2 款规定，给商业秘密的权利人造成损失数额或者因侵犯商业秘密违法所得数额在 250 万元以上的，应当认定为《刑法》第 219 条规定的"造成特别严重后果"。与此前的《侵犯知识产权刑事案件应用法律解释》相应规定相比，可以认为是适当降低了商业秘密定罪标准。其原因在于，加大对商业秘密侵权行为的打击力度。《侵犯知识产权刑事案件应用法律解释（三）》第 5 条对实施《刑法》第 219 条规定的行为造成的损失数额或者违法所得数额的认定方式作了规定，第 6 条对于刑事诉讼过程中相关证据、材料采取保密措施以及违反有关保密措施的要求或者法律法规规定的保密义务的法律责任作了规定。此外，根据《侵犯知识产权刑事案件应用法律解释（三）》第 11 条规定，该司法解释发布施行后，之前发布的司法解释和规范性文件与该解释不一致的，以该司法解释为准。

（3）商业秘密诉讼民刑案件衔接问题。

当前，我国不同类型知识产权案件的衔接，是知识产权法理论研究和司法实践中的一个重要课题。例如，针对知识产权行政案件和刑事案件的衔接，2019 年中共中央办公厅和国务院办公厅发布的《关于强化知识产权保护的意见》提出，"推进行政执法和刑事司法立案标准协调衔接，完善案件移送要求和证据标准，制定证据指引，顺畅行政执法和刑事司法衔接。"[1] 值得注意的是，包括商业秘密案件在内的知识产权民事案件和刑事案件的衔接问题同样重要。这既涉及证据标准问题，也涉及程序衔接问题。为有效解决商业秘密民事案件与刑事案件的衔接，《审理侵犯商业秘密民事案件适用法律规定》针对证据、事实认定和程序衔接等问题都作了规定。具体而言，其第 22 条规定，人民法院审理侵犯商业秘密民事案件时，对在侵犯商业秘密犯罪刑事诉讼

---

[1] 相关研究，参见冯晓青：《知识产权保护论》，中国政法大学出版社 2022 年版，第 230 页。

程序中形成的证据，应当按照法定程序，全面、客观地审查。由公安机关、检察机关或者人民法院保存的与被诉侵权行为具有关联性的证据，侵犯商业秘密民事案件的当事人及其诉讼代理人因客观原因不能自行收集，申请调查收集的，人民法院应当准许，但可能影响正在进行的刑事诉讼程序的除外。其第 23 条规定，当事人主张依据生效刑事裁判认定的实际损失或者违法所得确定涉及同一侵犯商业秘密行为的民事案件赔偿数额的，人民法院应予支持。其第 25 条规定，当事人以涉及同一被诉侵犯商业秘密行为的刑事案件尚未审结为由，请求中止审理侵犯商业秘密民事案件，人民法院在听取当事人意见后认为必须以该刑事案件的审理结果为依据的，应予支持。

上述规定有利于充分利用证据，公正、高效处理商业秘密民事案件和刑事案件，也有利于充分有效地维护商业秘密权利人合法权益。[1]

（4）侵犯商业秘密罪与商业秘密民事侵权的界限。

在商业秘密司法实践中，正确区分侵犯商业秘密罪与商业秘密民事侵权的界限具有十分重要的意义和作用。从前述我国《刑法》规定看，"情节严重"是侵犯商业秘密罪与非罪的界限，也是区分商业秘密民事侵权行为与刑事犯罪的界限。换言之，如果商业秘密侵权行为情节不够严重，没有造成重大损失，则侵犯商业秘密罪不能成立，而只能构成一般意义上的商业秘密侵权行为。

进言之，商业秘密侵权行为表现形式多样，但并非一定给权利人造成重大经济损失。如果行为人能够证明并未造成权利人实际损失，虽然不影响侵权行为成立，但不可能构成侵犯商业秘密罪。追究侵犯商业秘密罪是对行为人最严厉的一种处罚，其必须

---

〔1〕 相关研究，参见冯晓青、涂靖：《商业秘密案件民刑交叉问题研究》，载《河南大学学报（社会科学版）》2020 年第 6 期。

给权利人造成重大损失。因此，从是否给权利人造成重大损失的角度进行分析，可以很清楚地划分商业秘密民事侵权与刑事犯罪的界限。

从前述《侵犯知识产权刑事案件应用法律解释（三）》第 4 条第 1 款规定看，在侵犯商业秘密给权利人造成的损失不足人民币 30 万元的情形下，应当认定为商业秘密民事侵权而不应以侵犯商业秘密罪论处。同时，在造成权利人因重大经营困难而破产、倒闭或者造成其他重大损失时，即使不能证明行为人侵犯商业秘密给权利人造成的损失达到 30 万元，也符合侵犯商业秘密罪的构罪标准。但也应注意，不能仅以民事案件中判决 30 万元赔偿而当然地认定为构成商业秘密犯罪。在商业秘密犯罪案中，必须严格按照刑法定罪量刑标准予以处理，尤其是应注意证据确凿，否则易导致商业秘密犯罪的不适当泛化。

此外，在司法实践中，还有一个十分重要问题需要探讨，即商业秘密侵权纠纷生效民事判决能否当然地作为同一权利人主张刑事保护的依据和理由？一位曾在某中级人民法院知识产权审判庭工作近二十年的专家指出，商业秘密刑事案件中，存在的问题在于：公安机关对于追诉标准把握不严，对于是否构成商业秘密没有进行特别鉴定，也没有对被告是否构成商业秘密罪（符合同一性）进行客观认定或鉴定。仍以前面述及的北京某公司被控侵犯商业秘密案为例，该案民事判决生效后，涉案商业秘密所有人即提出了刑事举报，后来经过公诉程序，一审法院判决被告构成侵犯商业秘密罪。该刑事案件存在的值得探讨的问题，如：①本案民事判决中，并未对涉案标的究竟是否具有非公知性进行司法鉴定，二审中被告提供的由合法司法鉴定机构作出的关于涉案标的不具有非公知性的司法鉴定意见未被法院采纳，被告提供的破坏非公知性的证据也未能被几级法院认定，但几级法院仍均认定被告构成侵犯商业秘密，那么在刑事案件中，是否应当专门就犯罪对象是否成立进行鉴定、审查，还是可以当然地以民事判决直接认定商业秘密成立而推定犯罪对象成立？②本案生效判决认定被告侵犯商业秘密行为造成了原告 100 万元损失，但原告并未提供任何证据证明损失何以存在，法院也未就造成损失的情况进行任何说明，能否当然地认定符合上述定罪量刑的刑事追诉标准？在针对本案举办的一次包括国内权威刑法学者、知识产权法学者、民诉法学者和刑诉法学者的专家研讨会中，专家作出的专家意见书指出：应当明确商业秘密民事侵权与商业秘密犯罪在证据认定、证明标准上的差别，后者比前者有更高的要求。我国民事诉讼采取高度盖然性标准。刑事诉讼的证明标准则是"案件事实清楚，证据确实充分"。《刑事诉讼法》第 50 条第 3 款还规定，证据必须经过查证属实，才能作为定案的根据。根据这一标准，需要排除合理怀疑。民事判决确定的事实只能作为确定侵犯商业秘密罪的线索，不能成为免证事实。在商业秘密犯罪案中，要求据以定案的每一个证据都是已经查证属实的。根据上述观点，显然是不能当然地将民事判决认定的事实作为刑事案件事实和证据采用，而必须根据更严格的刑诉法标准加以查证和认定。[1]

四、商业秘密保护的限制

商业秘密与专利权等知识产权相比，其独占性不强，因而在其保护方面受到的限制较多。这一限制本质上是维系商业秘密权利人的利益与社会公众利益平衡所必需的，也是实现商业秘密保护立法宗旨之所需。具体而言，商业秘密保护受到以下三方面

---

〔1〕　相关研究，参见王文静：《论侵犯商业秘密罪中"重大损失"的认定原则》，载《法学评论》2020 年第 6 期；王俊民：《侵犯商业秘密刑事诉讼证明规则新探》，载《政治与法律》2005 年第 2 期；周光权：《侵犯商业秘密罪疑难问题研究》，载《清华大学学报（哲学社会科学版）》2003 年第 5 期。

限制。[1]

（一） 主体多样性及保护范围相对性

在实践中，不同的单位或个人拥有同一商业秘密的情况并非罕见，尤其是其中的技术秘密很可能被他人同时拥有。这是因为，技术发展具有规律性，同一行业内技术人员遵循相同的技术路线，完全可以开发出相同的技术，只是因为各方都没有公开而互相不知道而已。这种情况的存在说明，商业秘密主体存在多样性。这一特点也使得商业秘密保护范围具有相对性。因此，某一商业秘密权利人主张权利时，并不能阻止合法拥有同样商业秘密的他人对其商业秘密的使用，甚至披露行为。[2]虽然对同一信息的重复开发意味着社会资源一定程度的浪费，但同一商业秘密被先后开发由不同主体实施弥补了在保密状况下仅由一个主体单一实施的缺陷，在一定程度上更好地满足了公众分享信息扩散的利益。相反，如果不承认权利主体的多样性，在实际中就很难甚至不可能判断最初的权利主体，而且会因权利主体的单一性而在实质上损害信息流动的利益。商业秘密主体的多样性特征保障了在利用公有领域技术和信息基础之上独立开发的商业秘密被这些不同的独立开发者所享有，实现了独立开发者之间的利益平衡，也在一定程度上避免了社会资源的浪费。[3]

---

[1]　相关研究，参见刘琳：《算法解释权与商业秘密保护的冲突化解》，载《行政法学研究》2023 年第 2 期。

[2]　他人将商业秘密尤其是其中的技术秘密公开，很可能是出于一种企业战略考虑。当然，在过去也不排除一些研究机构、个人因为缺乏商业秘密保护意识而主动公开。参见冯晓青：《企业知识产权战略》（第 4 版），知识产权出版社 2015 年版，第 71~77 页。

[3]　相关案例，参见上海某实业有限公司与黄某某等侵犯商业秘密纠纷案，最高人民法院（2011）民申字第 122 号民事裁定书；北京某动网络技术有限公司与某广播电视台等侵害计算机软件著作权及不正当竞争纠纷案，湖北省高级人民法院（2015）鄂民三终字第 00618 号民事判决书。

（二）反向工程

在商业秘密保护中，反向工程是一种非常重要的限制。[1] 根据《审理侵犯商业秘密民事案件适用法律规定》第 14 条规定，通过自行开发研制或者反向工程获得被诉侵权信息的，人民法院应当认定不属于《反不正当竞争法》第 9 条规定的侵犯商业秘密行为。这里所称"反向工程"，是指通过技术手段对从公开渠道取得的产品进行拆卸、测绘、分析等而获得该产品的有关技术信息。被诉侵权人以不正当手段获取权利人的商业秘密后，又以反向工程为由主张未侵犯商业秘密的，人民法院不予支持。在当代，成功的反向工程相当普遍。商业秘密被他人"破译"后，原商业秘密权利人在实质上将不存在任何权利。反向工程的存在虽然可能会因为促使了不对称的市场失败而减少对发明的激励，但某人通过反向工程使用另外一个人的商业秘密也可能会因促进了竞争而增加了社会收益。这一有限性，最直接地体现于商业秘密权利人不能排除反向工程。通过确认反向工程的合法性，实现了最初发明与后继发明之间的利益平衡。

（三）排除公知公用技术

从利益平衡的角度看，商业秘密法对受到保护的商业秘密具有严格的要求，除了上述"反向工程"与"独立开发"之外，公知公用的技术、信息也不能被纳入商业秘密保护范围。这也是实现商业秘密法目的所必要的。侵犯"生活垃圾利用技术"技术秘密案即有代表性。[2]该案体现了对受保护的商业秘密的正确界

---

〔1〕 相关案例，参见成都某电气制造有限公司与成都某电子研究所、成都某变频器制造有限公司、胡某、余某、郑某、邓某侵犯商业秘密纠纷上诉案，最高人民法院（2001）民三终字第 11 号民事判决书；饶某等与东莞市某机械有限公司公司侵害商业技术秘密纠纷案，广东省高级人民法院（2007）粤高法民三终字第 322 号民事判决书。

〔2〕 相关案例，参见侵犯"生活垃圾利用技术"技术秘密上诉案，最高人民法院（2000）知终字第 2 号民事判决书。

定,将公知公用技术排除在保护范围之外,这是平衡商业秘密权人利益与公众利益所必需的,也是实现商业秘密法目的所必需的。

除了上述"独立开发""反向工程"与"公知公用的技术"以外,通过情报分析与直接调查获取、因商业秘密权人的疏忽泄露而获取、通过合法受让或许可获取等形式也是合法获得商业秘密的形式。这些获取商业秘密形式的合法性,也体现了对商业秘密保护的限制。从商业秘密司法实践看,被告如果能够证明上述任何一种形式,都可以被人民法院认定为不构成侵犯商业秘密。[1]

---

[1] 相关研究,参见张吉豫:《软件反向工程的合法性及立法建议》,载《中国法学》2013年第4期;胡开忠:《反向工程的合法性及实施条件》,载《法学研究》2010年第2期;顾韬:《论侵犯商业秘密纠纷中有关竞业限制的若干法律问题》,载《法律适用》2013年第5期。

第六编　新技术发展背景下
知识产权法律制度的变革与发展

新技术背景下知识产权授权机制研究

　　知识产权授权是知识产权行使与利用的重要方式。知识产权授权与新技术的结合推动了授权方式的变化。一方面，传统授权模式可以在新技术环境下进行延伸。例如，在海量授权方面，著作权集体管理组织依然可以发挥中介作用。另一方面，新技术促成了新的授权方式的产生。互联网商业模式创新通常伴随着知识产权的快速、海量与多层次授权，因而面临着较大的知识产权侵权风险，同时也带来了新的机遇与模式。在这一背景下，商业实践也在探索破解知识产权授权障碍的模式。但是，无论何种授权方式，只要是在市场环境中，都是以契约为主要形式，与私法的基本原则具有某种程度的关联。以意思自治的实现程度为依据，可将新技术背景下的知识产权授权模式分为三种形态：自治模式、自治辅助模式与自治干预模式。自治模式以契约自由为根本遵循，是不言自明的模式。中介组织、技术手段在实现意思自治方面发挥了工具作用。法定许可或强制许可则是对意思自治的某种程度的限制。

一、知识产权授权的基本逻辑

　　知识产权授权的法律本质是知识产权的使用权从一个主体转

移到另一个主体，其基本内容是使用权转移。基于知识产权的私权属性，市场要素在授权机制中发挥主导作用，即以私法自治为优先。在市场失灵时，需要辅助以技术与管制要素。这三类要素在制度框架内形成互补性授权机制。

私法自治或称为私人自治，是人本主义思潮、自由主义经济理论与古典自然法学说的私法表达。其基本含义是私权主体可以自主创设私法关系与私法效果，强调主体的独立性与自由性。私法通常以效力否定性规范为评价标准规制私人的法律行为，划定私人自治的禁区，反向释放自由空间。

私人自治最大化依赖的事实条件可以通过技术手段予以解决。技术提供了通向新的事实条件的方向与路径。技术具有的意向性对私人自治的扩大或者缩小具有决定性影响。自由的管制既限缩了主体的自由程度，又在另一方面实现了新的自由。例如，限制交易方式能够降低交易成本，为交易的达成提供条件。

二、知识产权授权的自治辅助模式

自治模式的特点在于充分尊重市场在知识产权交易中的作用，进而维护私法自治的基本精神。但是，由于交易的分散性与及时性，通常会出现降低交易成本的两种辅助性手段：一是中介性组织或者类似组织。这些中介组织从知识产权人处获得授权，并作为交易一方参与市场交易。另外，大量使用知识产权的单位也能够集中知识产权内容，在知识产权人与使用者之间的交易网络中占据重要地位。在著作权法上，著作权集体管理组织是法定的中介组织。适用于知识产权交易的中介组织包括技术交易所、专业代理机构等。二是技术手段。数字技术、网络技术带来的是作品的数字化与使用的普遍性与及时性，相对应的技术则包括解决无载体条件下标记作品的标识性技术，促进授权自治化的授权性技术。从技术目的看，这两种技术都是为了解决网络环境下的授权障碍。同时，技术手段也可能改变交易条件，提高交易的效率。技术主导的基本思路是采取技术与制度相结合的手段，在不改变制度的前提下，为知识产权人与使用者构建起便捷、高效的沟通桥梁。这一思路代表了规制知识产权市场的技术进路。

（一）中介型自治辅助模式

最初的也是目前制度化程度最高的中介组织是著作权集体管理组织。著作权集体管理主要依靠契约制。学界对契约的认识有代理说与信托说两种。按照信托制，在合同约定范围内的权利只能由著作权集体管理组织行使。《日本著作权与邻接权管理事务法》第2条规定了两种管理委托契约形式：一种是移转著作权与邻接权的信托契约，另一种是受托人为许可作品利用的中介或者代理的委托契约。在实践中，究竟是采取信托制还是委托制，完全可以由会员与著作权集体管理组织的契约内容来决定。

在有些国家，著作权集中行使的权力来源于法律的授予，比如俄罗斯。我国《著作权法》第三次修改时也曾拟定了这种延伸性集体管理，突破了权利人自治的逻辑。但是，这一规定引起了音乐界的地震，更有以集体退出中国音乐著作权协会相威胁的。《著作权法（修改草案第二稿）》就将延伸性集体管理限制在广播电台、电视台与自助点歌系统使用作品上，并规定了声明保留规则。[1] 先在传播需求大且谈判成本高的领域试行延伸管理，一方面是积累经验，另一方面也是在衡量传播利益与排他性权利的重要性后作出的决断。

另外一种中介组织是专业代理机构。知识产权的使用者、权利人可以通过委托中介进行团购或者集体谈判实现交易。

（二）技术型自治辅助模式

最基本的技术辅助手段是作品标识技术，其主要目的在于提

---

〔1〕《关于〈中华人民共和国著作权法〉（修改草案第二稿）修改和完善的简要说明》（国家版权局2012年7月）。

供关于作品的信息。比较早期的标识技术是统一资源定位符（U-niform Resource Locator，URL），后发展为由国际数字对象识别号基金会（International DOI Foundation，IDF）管理的数字对象唯一标识符（Digital Object Unique Identifier，DOI）。DOI 的优点是为每一个数字化对象提供全球通用、唯一的永久性的识别符，可以保证数字对象在不同知识产权人之间、不同存储地址之间、不同操作系统之间进行变换时唯一对应性。2007 年，中国科技信息研究所获得 IDF 正式授权成立中文 DOI 注册机构，自 2009 年开始为签约全文上网合作的中国学术期刊提供期刊论文 DOI 代注册服务。DOI 作为知识产权的基础识别数据，在知识产权监测、授权等方面具有重大价值。与 DOI 具有相似理念的作品标识技术还有数字著作权唯一标识符体系（Digital Copyright Identifier，DCI）。该体系是中国知识产权保护中心采用技术和法律的综合性手段通过为数字作品提供以知识产权登记、费用结算、监测取证为核心的公共服务解决互联网知识产权的利益分享与快速维权问题的综合性、基础性方案。DCI 体系的基础是为登记的数字作品提供嵌入式类似基因的 DCI 码。基于这个识别码可以准确分发作品授权，全面监测作品的使用情况并基于此进行费用结算，消除知识产权授权后使用信息的不对称。

将技术与契约统一在一起的综合系统是北川善太郎提出并实证研究的知识产权交易市场模型，即以契约法理（系统契约）为基础，由注册的知识产权数据库和作品数据库构成，为知识产权交易提供市场的电子交易系统。其根本宗旨在于将技术与契约法理融合在一起，实现知识产权与数字技术的共生，构建知识产权内置性信息社会。[1]其基本原理是：在作品中预理有著作权人制定的许可条件的、构成信息社会信息流转要素的数字信息，这种

---

〔1〕 〔日〕北川善太郎：《著作权交易市场——信息社会的法律基础》，郭慧琴译，华中科技大学出版社 2011 年版，第 23 页。

信息与最小的知识单元结合，形成可交易的最小交易单元。使用者使用知识单元需要满足使用条件。该模型的特色在于：针对著作权限制的契约免责问题设计了共同技术规则和辅助条款系统（公共秩序条款系统），针对多个权利人的授权问题提出了共同技术规则与辅助分配系统。而且，使用者对知识产权交易的格式条款有争议时，还可进行交涉。相比要么选择要么离开的格式条款，知识产权交易市场模型兼顾了著作权法的利益平衡原则，在交易条件交涉的可行性与交易豁免等方面提供了新思路。而且，这一交易模型在专利权领域也具有适用性。

　　最新的技术型自治辅助模式是基于区块链技术的授权。"区块链技术的核心优势是去中心化，能够通过运用数据加密、时间戳、分布式共识和经济激励等手段，在节点无需互相信任的分布式系统中实现基于去中心化信用的点对点交易、协调与协作，从而为解决中心化机构普遍存在的高成本、低效率和数据存储不安全等问题提供了解决方案。"[1]有研究指出，国内尚缺乏具有公信力或权威的 IP 交易平台、拍卖机构及中介组织，权利人参与度不高，独立的 IP 知识产权经纪人体系匮乏，是我国 IP 改编授权以及后续用权的障碍之一。[2]不仅如此，代理性的网络授权普遍存在交易平台的权威性不足问题。区块链技术恰好可以加以弥补。区块链技术在知识产权交易中的应用包括：一是可以准确记录登录用户的完整创作过程或者技术的交易过程，保障了交易的有效性。二是可以通过智能合约促进知识产权交易与执行的自动化。智能合约的运作机理是：经各方签署后，以程序代码的形式附着在区块链数据上，经 P2P 网络传播和节点验证后记入区块链

---

〔1〕　袁勇、王飞跃：《区块链技术发展现状与展望》，载《自动化学报》2016 年第 4 期。

〔2〕　郝婷：《跨媒介传播作品知识产权授权的流程机制及困境——基于我国媒介 IP 改编市场的考察》，载《中国出版》2017 年第 16 期。

的特定区块中。智能合约封装了预定义的若干状态及转换规则、触发合约执行的情景、特定情景下的应对行动等。区块链可实时监控智能合约的状态，并通过核查外部数据资源、确认满足特定触发条件后激活并执行合约。[1]

三、知识产权授权的自治干预模式

知识产权授权的初始形态是意思自治，这也是传统模式的理论依据。在纯粹自治已然无法解决网络环境知识产权授权的情形下，最优先的改进方案不可避免要对自治产生路径依赖。相应地，这种探索的基本思路是改造交易的构成要素，由权利人与使用者在交易框架内进行分散性交易。实践探索出来的形式通常包括对授权内容的格式化、授权意思的反转两种。前者是对使用者自由意思表示的限制，后者是对知识产权人自由意思表示的限制。同时，这些授权方式可以延伸到网络，形成自治干预的技术形式。

（一）授权内容的格式化

网络环境下授权内容格式化的早期探索是开放式许可协议。该协议最早使用在软件著作权领域，著名的许可证包括通用公共许可证（GNU General Public License，GPL）、宽通用公共许可证（GNU Lesser General Public License，LGPL）和自由文档许可证（GNU Free Documentation License，FDL）。此外还包括 BSD 许可协议、MIT 许可协议、Apache 许可协议等。随着网络协同与分布式创作的出现，这些许可证也可适用于其他类型的作品，并且出现了类似这些许可证的新协议。由知识共享这个非营利性组织提出的知识共享（Creative Commons）协议即是代表。为了增强作品的利用与可及性，该协议将著作权分割为四种核心权利，即署

---

〔1〕 袁勇、王飞跃：《区块链技术发展现状与展望》，载《自动化学报》2016 年第 4 期。关于区块链技术相关知识产权问题，后面还将进行专门探讨。

名、非商业用途、禁止演绎、相同方式共享，由此可产生六种组合。通过这种协议，任何使用者都可以事先明确知识产权人的授权内容，从而可以在不侵犯知识产权的前提下促进作品传播。该协议可以适用于几乎所有作品。

与这一思路相类似的是我国国家数字知识产权研究基地推出的"自助知识产权协议"模式、图书出版的"授权要约"模式。前者是针对数字知识产权授权的格式协议模式，提供了多种可供选择的方案。后者虽然是在传统图书出版领域出现的，但主要针对的是数字出版机构、网络运营机构等新兴业态的作品使用者。

为了促进专利实施，我国第四次修改后的现行《专利法》提出了开放许可制度。一旦提出开放许可声明，权利人就不得拒绝任何人的承诺。使用者书面通知权利人并支付许可费后，即可实施专利。[1]

授权内容的格式化是知识产权合同在多次、重复交易背景下的必然选择，因而也带有所有格式条款都存在的合意形式化特点。由于海量使用者与知识产权人基于格式条款的洽谈的高成本，这种格式条款实际上赋予了知识产权人的单方定价权利。而且，这种模式还要求作者在发表作品时主动做出条款选择，否则无法运作，所以在事实上强制了作者行使权利。

（二）授权意思的反转

反转授权意思的最早形式是默示许可。美国传统默示许可的三个条件建立在作品的创作人与使用人之间的委托关系上，委托关系构成意思表示推定的真正法律基础。在谷歌案中，法院提出了较宽的标准，即"明知使用"与"保持沉默"两个条件。[2]我国《信息网络传播权保护条例》第9条规定了扶助贫困默示许

---

〔1〕　参见现行《专利法》第50条、第51条。
〔2〕　张今、陈倩婷：《论著作权默示许可使用的立法实践》，载《法学杂志》2012年第2期。

可，允许网络服务提供者在提供前公告拟提供的作品及其作者、拟支付报酬的标准，如果自公告之日起满 30 日知识产权人没有异议，或者网络服务提供者提供作品后，知识产权人没有不同意提供的，利用作品即为合法。这意味着知识产权人的授权意思可以通过法律认可的默示推定，而不必再依赖明示的意思表示。我国的默示许可甚至不再依据明知、委托关系等前提性事实，而是由法律基于特定的政策考量直接规定。

随着谷歌图书计划的热议，这一理念被"选择退出"制度概括。"选择退出"制度转换了著作权"先授权再利用"原则延伸出的"选择进入"制度，是知识产权保护的转换规则的一部分，"是指在法律规定的特定情形下，未经事前授权之知识产权材料使用者，只要支付了合理报酬，其行为并不违法；但如果权利人选择退出使用，则使用者未经授权即不能再予利用"。[1]

与此理念相同的是孤儿作品制度。根据《著作权法（修改草案第二稿）》，关于"孤儿作品"的"说明"，建立孤儿作品授权机制旨在解决数字环境下使用作品获取授权难的困境。虽然该草案第二稿将孤儿作品的适用范围限制在"报刊社对已经出版的报刊中的作品进行数字化形式的复制"与其他使用者"以数字化形式复制或者通过信息网络向公众传播作品"两种情形下，但是构成要件并未有实质性改变。对此的解读是在特定情形下，使用者可以在尽到勤勉查找义务的前提下，以向国务院著作权行政管理部门或其指定的机构申请提存使用费后使用作品。

使用作品的合法性基础可以推断为两个：一是对该类作品的作者的著作权进行限制；二是对该类作品的作者许可他人使用的意思进行立法推定。验证这两个推断的关键问题是孤儿作品的作者或者其他著作权人出现或者可以联系到的情况下，作者或者其

---

〔1〕 梁志文：《版权法上的"选择退出"制度及其合法性问题》，载《法学》2010 年第 6 期。

他著作权人是否有权阻止这种使用行为。从立法规定的条件看，当作者或者其他著作权人出现时，使用作品的法定前提已经不存在，再主张孤儿作品显然已经违反立法本意。根据著作权法的基本原理"先授权再利用"可以合理地认为，作者或其他著作权人有权阻止使用者的继续使用行为。因而，孤儿作品的规定类似授权意思的反转，但是这种反转完全基于使用者的主观努力，与其他著作权人的主观、可推知的意思以及使用的特定公益目的已然完全无关。

授权意思的反转或者默示许可的价值最先得到美国学者的认可与论述，[1]我国部分学者也认可其价值。[2]因此，在网络环境下，可以存在基于特定网络空间的默示许可、基于网络营销策略的默示许可以及基于惩戒权利人的默示许可等形式。[3]而且，这种限制只限定在特定领域与特定情形中，并不违反《伯尔尼公约》关于著作权限制的"三步测试法"。但是，授权意思反转在本质上是立法政策问题。我国《著作权法》第三次修改关于孤儿作品的讨论与草案变化（2017 年 12 月的修订草案送审稿已经删除了这一规定）业已反映出立法平衡的困难。而且，在法律规定欠缺的情况下，直接推定授权意思反转存在合法性危机。

（三）自治干预的技术型

在作品标识技术的基础上，授权内容的格式化、授权意思的反转可以通过技术手段实现。该类技术通常需要以作品标识技术为前提，并按照著作权制度、交易制度构建交易规则与条件。数字权利管理系统（Digital Rights Management，DRM）即为例。该

---

〔1〕　Edward A. Cavozos, "Copyright on the WWW: Linking and Liability", Winter, *Richmond Journal of Law and Technology* (1997).

〔2〕　王国柱：《著作权"选择退出"默示许可的制度解析与立法构造》，载《当代法学》2015 年第 3 期。

〔3〕　梅术文：《信息网络传播权默示许可制度的不足与完善》，载《法学》2009 年第 6 期。

系统可以在表示作品信息以及权利信息的同时发放特定格式的数字内容与使用规则，实际上帮助权利人行使许可使用作品的要约与同意。DRM 著作权许可是指借助 DRM 机制，以权利管理信息和格式条款为基础，由著作权人、数字媒体与使用人缔结的作品利用，通常包括弹性化的合约及多样化的授权条款、支付条款与约束条款。[1]

四、三种授权模式的分析维度

(一) 分析的伦理维度

私法的伦理价值在于私法自治。私法自治的基本含义是私法主体有权决定自己的事务，按照自己的意思安排自己的生活。这种理念是对主体自由意志的尊重与彰显，受到启蒙运动以来的人文主义与德国古典哲学的影响。按照伦理绝对主义的理解，人作为伦理存在，只具有目的性，而不能作为手段。维护人的伦理性的原则与行为规范只需注重行为意图，而不论结果。这意味着对人的自由意志的尊重具有优先于其他任何方式的绝对性，不能为了其他利益而有损人之为人的基本原则。

按照私法自治的逻辑，私人交易的自治性应当占据优先地位。也即，虽然自治模式渗入了市场主体的法律组织方式，但权利人依然可以运用自由意志决定自己的知识产权利用，因而具有伦理上的不可突破的正当性。这也是广播组织的法定许可在国际上趋于取消的内在原因。自治干预模式直接针对主体的自由施加限制，因而是最劣的选择。技术型自治辅助模式的本质是为作品的标记与记录、比较复杂的格式条款的签署与执行提供实现手段。基于伦理价值的模式选择应当倾向于采取如非必要，毋增限制的排序规则。

---

〔1〕 梅术文：《DRM 著作权许可中的消费者利益保护》，载《南京理工大学学报（社会科学版）》2015 年第 1 期。

（二）分析的效率维度

效率是一个相对主义概念，旨在依据一定标准对稀缺资源的投入与获得予以评价。"成本—收益"分析法就是一个泛经济学的评价方法。制度经济学也经常使用该方法对制度效率进行评价。侵权法上的汉德公式作为应当由侵权人还是被侵权人预防损害的发生的计算公式就典型地体现了这一思路。

自治模式、自治辅助模式与自治干预模式分别需要不同的资源投入，也会产生不同效率。自治干预模式是对市场交易的干预，无法发挥价格在市场资源配置中的作用，也必然无法形成供求均衡。中介型自治辅助模式需要一定的代理成本与信任成本。我国目前著作权集体管理组织遭受诟病的主要原因之一就是代理成本过高。技术型自治辅助模式由于技术手段的介入，可以很好地降低成本，但是格式条款交易很难形成均衡价格，与自治干预模式面临同样的问题。对这三种模式的选择取决于效率分析。

网络环境下的知识产权授权机制是知识产权制度富有活力的命题。现有的纷繁复杂的实践探索实际上是在"市场—技术—管制"维度内展开的。自治模式、自治辅助模式与自治干预模式可以在这个三维轴内找到对应坐标。三维坐标也提供了各个授权模式所包含的成本、收益指标。知识产权授权模式的选择可以在尊重私法自治的伦理价值与遵守效率原则的功利价值这两个维度内开展。理顺这两个层面的关系，将为知识产权授权机制建设提供有益指导，助力于授权障碍的突破。

专题三十 | # 大数据、云计算背景下
知识产权的保护

一、大数据背景下知识产权的保护

（一）大数据的概念、特征及其意义

大数据的定义随着人们认识的深化而有所发展。2016 年的一个定义认为大数据是具有诸如高容量、快速度、多类型等特征，需要运用特定技术与分析方法才能转化为价值的信息资产。[1] 2018 年的一个定义指出：大数据是需要并行计算工具处理的数据。[2]

大数据的特征也处于不断发展中。最初认为大数据具有 3V 特征，即高容量、快速度与多类型。截至目前，大数据已经有 8V 特征，即还包括高价值、准确性、动态性、可视化与合法化。当前，大数据技术方兴未艾，其对于我国经济社会发展的作用日益明显。2017 年 12 月 8 日，习近平同志在中共中央政治局第二次集体学习时即指出：要推动大数据技术产业创新发展……要瞄准世界科技前沿，集中优势资源突破大数据核心技术，加快构建自

---

[1] Andrea De Mauro et al., "A Formal Definition of Big Data Based on Its Essential Features", 65 *Library Review* 122-135 (2016).

[2] Charles Fox, *Data Science for Transportation*, Springer, 2018.

主可控的大数据产业链、价值链和生态系统。[1]

（二）大数据背景下数据的财产属性及其法律保护的正当性

1. 大数据背景下数据的财产属性

在大数据时代，数据的地位和作用日益提高、增加，成为支撑整个数字经济和信息网络社会构建与运行的基础和保障，数据蕴含的经济社会价值和对市场经济主体的竞争价值也日益提升，数据的财产属性与财产价值及其相关的数据法律保护问题接踵而至。在数据的法律保护问题中，数据产权问题无疑又是关键所在。从当下对数据法律保护问题的讨论来看，数据产权问题主要是围绕数据的财产属性、数据确权等问题进行的。在此，需要进一步认识数据的财产属性。[2]

根据对数据的分类，数据的财产属性主要针对的是商业数据或者称为企业数据。[3] 商业数据的财产属性体现于企业能够基于对于数据的控制，以及通过数据的交易、利用实现一定的经济收益乃至竞争优势。从当前我国关于数据的保护规范来说，尽管没有明确的对于数据财产赋予财产权的规定，但《民法典》第五章"民事权利"部分第127条则规定，"法律对数据、网络虚拟财产的保护有规定的，依照其规定"。从该规定可知，《民法典》为其他法律对于数据和网络虚拟财产保护进行规定提供了专门的

---

〔1〕 习近平同志在关于"强化知识产权全链条保护"的论述中，还提出要强化人工智能、大数据等信息技术在知识产权相关领域的应用。习近平同志指出："要加强知识产权信息化、智能化基础设施建设，强化人工智能、大数据等信息技术在知识产权审查和保护领域的应用，推动知识产权保护线上线下融合发展。"参见习近平：《全面加强知识产权保护工作 激发创新活力推动构建新发展格局》，载《求是》2021年第3期。

〔2〕 相关研究，参见钱子瑜：《论数据财产权的构建》，载《法学家》2021年第6期。

〔3〕 相关研究，参见蒋慧、徐浩宇：《企业数据的架构财产权保护模式：学理证成与路径修正》，载《广西社会科学》2022年第12期；冯晓青：《大数据时代企业数据的财产权保护与制度构建》，载《当代法学》2022年第6期。

法律依据，有利于构建数据财产性保护法律制度。同时，该规定也表明，数据和网络虚拟财产一样可以纳入"民事权利"的范畴。由于民事权利包括人身权利和财产权利，而除个人数据外一般不涉及人身权利，故而可以推理出数据受财产权保护的法律地位。不过，这仍然有待于保护数据的实体性法律的构建与完善。[1]

数据本身能否作为财产，在我国当下民事法律中难以找到直接的答案。除了上述规定的考虑外，从民事法律关于财产的概念和财产权保护制度来说，数据归入物权客体存在障碍。再从比较法的角度看，美国有关数据立法有将数据作为财产保护的趋向，欧洲议会于 2023 年 3 月 14 日通过了《数据法案》。不过，研究数据产权尤其是数据财产权保护的研究者不应因此而沮丧，因为在当前随着大数据技术和产业发展，新兴商业模式的兴起，围绕数据的财产性利益日益扩大，在法律上承认数据的财产属性和确保数据财产性利益没有争议。有学者即以企业数据为例，认为数据的财产性利益表现为："①在表现形式上属于承载于数据上的无形物；②具有经济利益；③可以被控制转移"；同时，还认为"数据民事财产属性是以数据模型作为媒介来实现自我呈现的属于民法规制的财产属性"，以及"民事法律所保护的财产属性体现于民事财产性法益"。[2] 数据的财产性利益反映了数据的财产属性，在当前如火如荼的数据产业和数字经济发展中，数据的财产性利益又体现在产业的数字化以及数据的市场化和产业化进程中。就前者而言，产业数字化显然是当前数字技术发展的结果，随着大数据、云计算和人工智能等新兴技术的引入和发展，产业

---

[1] 相关研究，参见梅夏英：《数据的法律属性及其民法定位》，载《中国社会科学》2016 年第 9 期。

[2] 包晓丽：《数据产权保护的法律路径》，载《中国政法大学学报》2021 年第 3 期。

数字化趋势还将不断增强。这也是为何当前经济发展形态被冠以"数字经济"的重要缘由。就后者而言，数据市场化和产业化是当前数字经济的重要特点和趋势。这首先体现为海量的商业数据本身被当作市场流通的数据产品，如我国贵阳大数据交易所、北京国际大数据交易所等；同时，也体现为数据产业正在随着机器生成数据规模和应用的急剧扩大而急速发展。在当前数据资源日益成为一个国家和地区具有战略性的资源以及企业获取市场竞争优势的重要资产、数据市场日益活跃、数据产业方兴未艾的背景下，在法律上确认数据的财产性利益应当是毫无疑问的。[1]

进言之，在法律上尚未对数据明确赋予财产权，但在理论及司法实践中又承认数据具有值得受保护的财产性利益的情况下，需要通过明确数据的财产性法益而实现对数据财产性利益的保护。当然，在数据及其衍生产品能够满足知识产权保护客体的条件时，这部分数据及其衍生产品则能够以获得实体性权利的形式受到知识产权这一无形财产权的保护。[2]

数据的财产化意味着数据不能任意被任何人所自由利用，而一方面纳入受法律保护的财产性利益的范畴，另一方面需要赋予数据主体对数据一定程度和范围的控制权，离开对数据的控制，数据的财产化将是空中楼阁。如何加强对数据的控制，是规制数据产权，调整数据法律关系，解决数据立法和司法实践问题的重要内容。数据本身具有公共性和分享性，这一特点也是保障大数据环境下数据产业发展的技术基础。针对数据的法律干预，需要在数据控制和数据分享之间实现平衡。法律对于数据的控制，不

---

〔1〕 相关研究，参见张新宝：《论作为新型财产权的数据财产权》，载《中国社会科学》2023年第4期；冯晓青：《数据财产化及其法律规制的理论阐释与构建》，载《政法论丛》2021年第4期。

〔2〕 相关研究，参见冯晓青：《知识产权视野下商业数据保护研究》，载《比较法研究》2022年第5期。

应以牺牲数据的共享性为代价，而应重点针对数据生产、传播、交易、利用等行为的过程中涉及的滥用数据行为和相关的不正当竞争行为加以规制。数据分享和流动是数字经济的基石，也是数据传播和利用的基础。无论是否承认数据的财产属性，也无论为数据设置何种权利，都不能离开对数据分享与流动的保障。

2. 数据财产保护制度的正当性与合理性

财产权观念和财产权制度也是与时俱进的。在传统的财产权观念中，强调基于客体界定的法定权利，财产权被视为对作为客体的物的绝对性支配的权利。[1] 现代财产观则认为财产权体现的是人与人之间的关系，而不限于对某个客体的绝对性支配权。[2] 这一对财产权的认识与数据的财产权或者财产性利益保护的模式相吻合，因为数据本身的公共性和共享性特性决定了数据法律保护的重点不在于数据的绝对的所有和排他的权利，而是基于对数据的有效控制，规范数据使用、流通行为，促进数据的开发和利用。

笔者赞同将数据尤其是商业数据与财产直接挂钩，承认数据的财产属性，并实现对数据的财产保护。数据财产保护侧重于维护数据生产者、控制者、数据用户等特定数据主体的财产化利益，明确数据的控制和收益权。数据财产保护制度的正当性和合理性，可以从以下几方面加以认识：

首先，数据财产保护制度，是基于数据本身具有的财产属性以及数据动态流转和利用中具有的财产性利益。[3] 如前所述，数据具有财产属性，并且在数据的交易和利用中能够实现财产性

---

〔1〕 梅夏英：《民法权利客体制度的体系价值及当代反思》，载《法学家》2016年第6期。

〔2〕 Wesley N. Hohfeld, "Fundamental Legal Conceptions as Applied in Judicial Reasoning", *The Yale Law Journal* 26（1917）.

〔3〕 相关研究，参见申卫星：《论数据用益权》，载《中国社会科学》2020年第11期。

利益。数据的财产属性来自于多方面因素。例如，从数据的产生渠道来看，无论是大数据和人工智能背景下机器生成数据还是传统数据，都基于需要付出劳动而值得被赋予财产权或者财产性利益。对此可以从洛克的财产权劳动学说加以理解。该学说表明，通过添加自己的劳动改造自然物，在满足留给他人足够多、同样好的前提下，赋予财产权保护具有正当性。根据这一理论，数据的产生值得拥有财产权。只是这种财产权的获得不能妨碍其他人同样获得。前述数据本身的非排他性和非消耗性则恰恰能够满足这一条件。同时，数据本身具有无形性、公共性和共享性特征，这些特征使得不能依靠传统的占有制度确认相关数据权利，而应当通过赋予数据相关主体对数据的财产权的形式，明确数据的生产、存储、加工、流转中的权属关系，使得围绕数据产生的利益关系纳入财产权制度调整范畴。由于数据在流转和利用中能够产生财产性价值，如果不赋予数据相关主体以财产权或者财产性利益，则必然会导致数据市场的无序，最终挫伤数据生产者、投资者和开发利用者的积极性。[1]

其次，数据财产保护制度确认数据的产权归属，是实现现实中数据流通和交易的前提。在当前数字经济时代，数据交易和流通是数据实现其经济社会价值的基本形式，也是数据财产制度规范的重要内容。从产权经济学的角度看，产权交易的前提是需要产权归属明确，避免因为产权界定不清晰或者模糊而造成市场失败。现代市场经济社会，要求产品能够在市场中自由流通。从马克思政治经济学原理来看，产品在市场中流通首先需要承认和确

---

〔1〕　相关研究，参见彭辉：《数据权属的逻辑结构与赋权边界——基于"公地悲剧"和"反公地悲剧"的视角》，载《比较法研究》2022年第1期；孔祥俊：《商业数据权：数字时代的新型工业产权——工业产权的归入与权属界定三原则》，载《比较法研究》2022年第1期；杜牧真：《论数字资产的财物属性》，载《东方法学》2022年第6期。

认被交换产品的所有权。数据本身的价值和使用价值性，实际上使其能够成为市场上可以被流通和交易的一种特殊的无形商品。数据作为数字经济的产物，能够被商品化，并且在交易过程中也能产生经济价值，进一步凸显了数据的财产属性。[1] 因此，建立数据财产保护制度，不仅可以为现实中的数据产权交易提供基本的前提条件，而且可以促进数据在交易中实现更大的价值。以当前正在兴起的大数据产权交易市场和服务平台为例，其面临的最重要的问题之一即是数据权属问题，数据确权能够明确交易各方当事人对交易数据的责权利关系。在数据产权制度不甚明晰的情况下，则只能以数据使用权作为交易对象，2021 年 3 月在北京成立的北京国际大数据交易所就是如此。尽管如此，通过该平台实现数据交易，实现数据资源的重新配置，能够产生更好的经济社会效益。

再次，建立数据财产制度，是激励数据生产和投资的重要保障，也是产权约束的制度机制。数据是一种无形资源，也是具有稀缺性的资源。在数据逐步成为主要的社会基础资源的情况下，建立数据财产制度，赋予数据财产权，保护数据财产具有必要性。[2] 当数据成为可以获取财产性利益的资产时，也才能调动数据开发者和投资者从事数据开发与投资的积极性，这既符合经济学上经济理性人的假设，也符合法学尤其是知识产权法学上激励理论的观点。设立数据财产制度的必要性，还可以从产权约束的角度加以理解。数据的产权约束意味着，数据权利人不能仅享有权利和实现财产性利益，而且需要根据产权安排承担相应的责任和义务，并且还需要承担相关的风险。建立数据财产制度，则

---

〔1〕 汤琪：《大数据交易中的产权问题研究》，载《图书与情报》2016 年第 4 期。

〔2〕 齐爱民、盘佳：《数据权、数据主权的确立与大数据保护的基本原则》，载《苏州大学学报（哲学社会科学版）》2015 年第 1 期。

能在产权约束下合理分配数字资源，并分配数据开发和投资风险。因此，从这个意义上说，数据财产制度的建立有利于规范数字经济的正常运行。[1]

复次，建立数据财产制度，是促进数据产业发展的保障。产权制度是市场经济运行的基本前提和保障。在数字经济中，数据作为最重要的生产要素之一，其生产、加工、存储、流通、交易、挖掘和再利用等行为是支撑数据产业发展的基本形式。建立数据财产制度，明晰数据产权，能调动数据开发、利用和流通的积极性，使静态的数据资源在动态流转中跃变为具有经济价值和竞争意义的资产，从而为数据产业发展奠定坚实基础。相反，数据产权模糊，将会造成数据市场无序和数据产业畸形发展。[2]这是因为，数据产业是在数据及其衍生产品的市场化基础之上的规模化和社会化的产物，数据产业的形成和发展以数据主体的数据行为作为动力，并且需要对数据资源进行合理配置，防止数据领域违反法律和道德的数据滥用与数据侵害行为，数据财产制度则能够为市场经济主体数据行为提供指引和预期，从而能够规范数据市场秩序，包括数据市场竞争秩序，为数据产业发展提供良好的制度保障和规范指引。

最后，数据财产制度还是保护个人数据财产性利益以及"界定政府和市场的边界"之所需。[3]从个人数据保护看，有观点不主张个人数据的财产权保护模式。[4]但应看到，个人数据人

〔1〕相关研究，参见徐玖玖：《利益均衡视角下数据产权的分类分层实现》，载《法律科学（西北政法大学学报）》2023年第2期。

〔2〕郭兵、李强等：《个人数据银行——一种基于银行架构的个人大数据资产管理与增值服务的新模式》，载《计算机学报》2017年第1期。

〔3〕杜振华、茶洪旺：《数据产权制度的现实考量》，载《重庆社会科学》2016年第8期。

〔4〕杨宏玲、黄瑞华：《个人数据财产权保护探讨》，载《软科学》2004年第5期。

格利益的实现会伴随着财产性利益，对其财产性利益的维护并不与人格利益相矛盾或冲突。相反，设立数据财产制度，不仅能够对商业数据财产制度给与足够重视，也能够关注个人数据的财产性利益，从而为个人数据提供更全面的法律保护。[1] 从界分政府与市场的角度看，政府在数据产权界定和数据保护中具有独特定位。实际上，个人数据、企业数据和政府数据等不同数据也具有不同特点，其中以企业为重要主体的商业数据和以政府为重要主体的公共数据的分野尤为明显，因为商业数据需要建构数据财产保护制度，公共数据则以开放和共享为基本理念。建立数据财产制度，则能够清晰地划分企业数据和公共数据，并促使政府成为数据交易秩序的制定者和维护者，使企业成为推动数据产业发展的主力军。[2]

（三）大数据背景下数据财产保护的两种进路

大数据将一切数据化，既包括知识产权客体的数据化，又包括无著作权的信息数据化。在大数据技术与应用的世界中，所有客体都具有单一的表现形式，即0与1的组合。从这一特性出发，大数据将知识产权客体推向数据组合形式。由此带来的根本问题就是作为知识产权客体的数据与其他类型的数据包括属人数据与自然数据等在底层架构上是相同的。对于大数据而言，有两条保护进路：一是财产权路径。这条路径又分为数据库著作权与数据财产权两种。当大数据满足独创性时，大数据集就是具有可著作权性的数据库。同时，大数据集本身也是数据财产。当然，数据

---

[1] 相关研究，参见李海平：《个人信息国家保护义务理论的反思与重塑》，载《法学研究》2023年第1期；程啸：《论大数据时代的个人数据权利》，载《中国社会科学》2018年第3期。

[2] 相关研究，参见任丹丽：《政务数据使用的法理基础及其风险防范》，载《法学论坛》2023年第2期；邢会强：《政务数据共享与个人信息保护》，载《行政法学研究》2023年第2期；郑晓军：《反思公共数据归集》，载《华东政法大学学报》2023年第2期。

财产是否属于知识产权范畴，则是一个值得思考的问题。二是不正当竞争行为规制路径。在北京某科技有限公司与上海某信息咨询有限公司其他不正当竞争纠纷二审民事判决书中，上海知识产权法院即认为：**"市场主体在使用他人所获取的信息时，仍然要遵循公认的商业道德，在相对合理的范围内使用。"**〔1〕这意味着当对数据的使用行为违反商业道德，超过了"最少、必要"限度，实质性替代相关服务时就构成了不正当竞争。

　　围绕这两条路径，形成了数据可财产化的争论。支持者认为：数据的权利主体是"数据业者"，权利标的是"数据集合"，而且提供财产权保护比反不正当竞争法一般条款的保护更强，也使得数据权利人可以按照其意愿转让或授权他人使用数据集合。〔2〕反对者的理由主要有两点：一是数据的非客体性，即数据没有特定性、独立性，亦不属于无形物。二是数据的主体不确定、外部性问题和垄断性缺乏。因而，对现实问题的处理是将大数据交易合同认定为数据服务合同，设计责任规则提供侵权救济。〔3〕这两种争论也体现了如何平衡信息自由与权益保护的深层思考。

　　（四）知识产权法对数据财产的保护

　　在数据财产保护中，知识产权法是赋予法定权利的重要法律。2021 年 3 月，国家知识产权局印发《推动知识产权高质量发展年度工作指引（2021）》（国知发运字〔2021〕3 号），也提出要研究制定大数据、人工智能、基因技术等新领域新业态知识产权保护规则。对数据财产的知识产权法保护，无论是从国内外

---

〔1〕　上海知识产权法院（2016）沪 73 民终 242 号民事判决书。

〔2〕　许可：《数据保护的三重进路——评新浪微博诉脉脉不正当竞争案》，载《上海大学学报（社会科学版）》2017 年第 6 期。

〔3〕　梅夏英：《数据的法律属性及其民法定位》，载《中国社会科学》2016 年第 9 期。

学界还是现行知识产权立法规定，都可以得到充分理解。如国外有学者认为，基于信息流动考虑，知识产权制度有助于对信息和隐私的保护。[1] 还有学者从大数据与知识产权出发，认为知识产权制度能够规范和保护大数据。[2] 国内也普遍认同数据财产的知识产权法保护。如有观点指出，数据与知识产权保护存在契合度，能够受到知识产权保护。[3] 从数据与知识产权保护客体的贯通性出发，即可以深入理解知识产权法对数据的保护。

"知识产权不是公权力为刺激创造而给予的赏赐，乃是一种新的财富形态出现之后，法律遵照市场规则设计的分配机制。"[4] 数据纳入知识产权法保护，可以理解为对数据市场规则的分配机制，尤其是数据控制与数据分享、数据保护与数据限制，其合理性源于数据与知识产权客体诸多共性。从知识产权客体的属性看，其具有无形性、非物质性、非排他性、非消耗性等特点。基于此，知识产权制度不能像物权法律一样授予权利人对客体的排他性控制权，而只能在保障客体共享的前提下，以法律"拟制稀缺"的形式人为地规定法定权利，以对客体的商业性使用和市场交易控制为重点，实现对知识产权人利益的保护。客体共享与客体之上的权利专有，是知识产权法的重要特点。

知识产权的客体被认为是信息或者财产性信息，我国知识产权学界已形成较大的共识。例如，郑成思教授主张，知识产权的客体是信息。[5] 郑胜利教授等认为，知识产权客体的本质是财

---

〔1〕 Diana Liebenau, "What Intellectual Property Can Learn from Informational Privacy, and Viceverse", *Harward Journal of Law and Technology* 1 (2016).

〔2〕 Daniel J. Gervais, "Exploring the Interfaces between Big Data and Intellectual Property Law", *Journal of Intellectual Property, Information Technology and E-Commerce Law* 10 (2019).

〔3〕 程建华、王珂珂：《再论数据的法律属性——兼评〈民法典〉第 127 条规定》，载《重庆邮电大学学报（社会科学版）》2020 年第 5 期。

〔4〕 李琛：《知识产权法基本功能之重解》，载《知识产权》2014 年第 7 期。

〔5〕 郑成思：《知识产权法》，法律出版社 2003 年版，第 127 页。

产性信息。[1] 国外则有学者认为，知识产权制度的重要特点是控制信息如何分配，强调针对信息的控制与利用。[2] 从司法实践看，国外相关判例也确认了知识产权客体的信息性质。[3] 还应看到，数据与信息之间具有内在联系，数据是信息的重要表征和外在形式，在大数据环境下数据和信息具有很强的共生性和相互依赖性。数据具有的信息特征为知识产权法律接纳数据提供了重要基础。在将数据纳入知识产权保护范畴时，不能因为数据的公共性和开放共享特征而认定其与知识产权专有性特征相矛盾。

当然，将数据纳入知识产权保护对象、以知识产权法保护数据的原因，并非完全限于数据与知识产权客体即信息的共通性。实际上，数据保护制度与知识产权法律制度存在相似的立法价值取向，这尤其体现于利益平衡、激励创新、促进公平竞争、提高效率等价值目标。以利益平衡原则而论，其已被普遍认为是知识产权立法与司法的重要原则，甚至可以在一般财产制度的发展过程中加以认识，如从所有权之上的财产到追求利益平衡的财产观体现了财产发展的进步。[4] 就激励创新而言，它是知识产权法的重要价值取向。数据财产保护也存在通过产权激励形式促进包括数据衍生产品开发在内的数据开发利用，形成知识增量的价值意蕴。公平竞争价值在知识产权法中体现于构建技术和文化创新领域公平竞争秩序，防止权利滥用和垄断。在数据财产保护中，

---

[1] 郑胜利、袁泳：《从知识产权到信息产权——经济时代财产性信息的保护》，载《知识产权》1999年第4期。

[2] Ronan Deazley, "The Myth of Copyright at Common Law", *The Cambridge Law Journal* 1 (2003).

[3] *See* Price v. Hal Roach Studios, 400 F. Supp. 836 (S. D. N. Y. 1975).

[4] 陆小华：《信息财产权——民法视角中的新财富保护模式》，法律出版社2009年版，第188页。相关研究，参见高莉：《论数字时代知识产权法中的利益平衡》，载《浙江学刊》2022年第4期。

维护数据市场、数据交易公平竞争也是相关制度设计的重要取向。至于效率原则，则既是知识产权法价值追求的经济理性体现，也是数据财产保护制度构建的现实需要，因为数据法律制度构建侧重于盘活数据资产，释放数据活力，推动数据动态流转，满足数据主体和社会公众对数据的合法需求，这些都具有效率上的要求。

关于知识产权法对数据财产的保护，必须指出的是，并非所有的数据适合于知识产权法保护，纳入知识产权法保护的数据应当符合知识产权客体的要件。我国知识产权法律对于受保护的客体条件作了规定，只有符合这些法律的规定，才能受到相应知识产权法的保护。2016年6月《民法总则（草案一审稿）》第108条明确将"数据信息"作为知识产权客体的类型之一。该草案公布后，针对数据信息是否应纳入知识产权客体，存在很大的争议。其中，反对观点居多。最终，在2017年《民法总则》的草案二审稿和三审稿中，数据信息不再被保留于知识产权客体的类型之中。但是，新增了对于个人信息的保护，并规定法律对数据、网络虚拟财产保护有规定的，依照其规定。最终纳入《民法典》的规定中，个人信息保护得到了很大加强，数据与网络虚拟财产的保护则可以依照法律的规定处理。[1]

二、云计算背景下的知识产权保护

（一）云计算的概念与特征

根据美国国家标准与技术研究院的报告，云计算是一种能够对可配置计算资源（例如，网络、服务器、存储、应用程序和服务）共享池随时随地使用任何网络设备进行便捷、按需访问的模

---

[1] 相关研究，参见刘鑫：《企业数据知识产权保护的理论证立与规范构造》，载《中国法律评论》2023年第2期；高郦梅：《网络虚拟财产保护的解释路径》，载《清华法学》2021年第3期。

式，这些可配置计算资源可以以最少的管理工作或与服务提供者的交互快速地配置和释放。云计算的五个基本特征是按需自助服务、随时随地用任何网络设备访问、资源池、快速部署灵活度、可被监测的服务。[1]除此之外，云计算还具有成本低、设备和位置独立、多租户协作、安全性高等特点。

云计算的服务模式通常包括：基础架构即服务，有时也称为"硬件即服务"；平台即服务；软件即服务；移动后端即服务；无服务器计算；功能即服务，也称为"函数即服务"。

（二）云计算背景下的著作权保护

云计算服务模式的变化塑造了新的服务商与用户关系，直接冲击构建传统著作权的社会关系基础，并最终对著作权制度形成挑战。同时，由于计算资源的灵活性，网络环境下的侵权判断标准也面临着失效的危险。因此，在云计算背景下，著作权保护面临的新问题可以归结为如下三个方面，即著作权归属、著作权体系与网络环境下的著作权判断。就著作权归属而言，现有的合作作品著作权归属规则、视听作品著作权归属的制片人主义已经提供了非常充分的解决方案。实质上，重点在于后两者。

云计算背景下著作权体系的变化主要体现为如何处理如下三组关系：第一，复制权与临时复制的关系。信息网络的出现推动了临时复制的出现，云计算尤其是软件即服务模式则使得临时复制成为一种重要的作品使用方式。虽然临时复制与传统复制的关系已经不是云计算背景下的新问题，但是由于临时复制的重要性日益增加，原本可以避而不谈的问题则必须予以回应。《世界知识产权组织版权条约》（WCT）第 1 条第（4）项对数字环境下复制权的解释是：《伯尔尼公约》第 9 条所规定的复制权及其所允

---

[1] Peter Mell & Timothy Grance (September 2011). The NIST Definition of Cloud Computing (Technical report). National Institute of Standards and Technology: U. S. Department of Commerce. doi: 10. 6028/NIST. SP. 800-145. Special publication 800-145.

许的例外，完全适用于数字环境，尤其是以数字形式使用作品的情况。国际著作权界对此有不同的解释：《伯尔尼公约》已经提供了一个广阔的复制概念，固定不必永久，临时复制能够包括在复制中。[1] 从临时复制所要实现的目的看，它完全不是设置新的"使用权"，而是避免临时复制所造成的损害。因此，临时复制的实质在于打击盗版作品在网络上的传播。

第二，出租权与信息网络传播权的关系。通过临时复制提供服务在一定程度上挑战了我国现有的出租权与信息网络传播权的界限。在国际公约层面，《伯尔尼公约》并未规定出租权，TRIPs协议是第一个明确给予特定作品出租权的多边国际条约。其第11条规定虽然没有明确商业性出租为何意，却限定出租与作品原件或复制件相关联。WCT第7条也作出了相应规定，且其议定声明明确指出：原件或复制品专指可作为有形物品投放流通的固定的复制品。[2]《罗马公约》在规定录音制品出租权时也将录音制品的复制品与出租相关联。可以说，国际公约认可的出租实际上是以转移载体为基础的出租。

第三，信息网络传播权与临时传输的关系。按照WCT的"伞形解决方案"，国内立法者为了规定向公众提供权，可以享有相对的自由来选择适用发行权、向公众传播权，以及结合适用这两种权利，或者适用一种新的权利。[3]这意味着向公众提供权是一个适用于数字网络环境下作品传输的概括权利。我国著作权法选定信息网络传播权来适应交互式传输的需要。在云存储服务器

─────────────

〔1〕 朱理：《从著作权法的角度看"临时复制"的性质》，载冯晓青主编：《著作权侵权专题判解与学理研究》（第2分册·网络空间著作权），中国大百科全书出版社2010年版，第12页。

〔2〕 〔匈〕米哈依·菲彻尔：《版权法与因特网》（下），郭寿康等译，中国大百科全书出版社2009年版，第711页。

〔3〕 〔匈〕米哈依·菲彻尔：《版权法与因特网》（下），郭寿康等译，中国大百科全书出版社2009年版，第731页。

与用户的交互式传输自然也适用。因此，云计算对著作权体系的挑战实质上是更加倚重于信息网络传播权来解决著作权侵权问题而已。

网络环境的著作权侵权行为判断标准有"服务器标准""用户感知标准""实质呈现标准""实质替代标准""法律标准"等。云计算将存储资源迁移到云端，通常情况下，云服务的提供商尚且需要较高成本来确定具体服务器，遑论租户。因而，服务器标准显然过于机械。可以说，云计算在某种程度上支持判断标准向"用户感知标准""实质呈现标准"或者"法律标准"转变。

（三）云计算背景下的专利权保护

云计算背景下专利权保护的变化主要有两个方面：第一，再次提出了计算机程序与商业模式的可专利化问题。这一问题在2017年版的《专利审查指南》中已经取得了突破性进展。根据其规定，涉及商业模式的权利要求，如果既包含商业规则和方法的内容，又包含技术特征，则不应当依据《专利法》第25条排除其获得专利权的可能性。[1] 涉及计算机程序的发明专利申请只有构成技术方案才是专利保护的客体。[2] 这意味着具有技术方案特征的商业模式与计算机程序可以获得专利权。

第二，云计算背景下专利侵权的判断。云计算除了带来侵权发现与取证的困难以及管辖问题外，还实在地影响了侵权行为的判定。例如，相关人通过云计算系统对技术方案进行"虚拟实施"是否能构成现有专利法意义上的实施？还是需要专利制度对原有"实施"的含义作适应性的扩大？在多个设备所有者将部分资源控制权让渡给云计算系统后，如果需要承担侵权责任，是由云计算系统及运营商独自承担，还是设备方与云计算系统运营商一起承担？如果该侵权行为由多个云计算系统共同完成的，则又

---

〔1〕　参见《专利审查指南》第2部分第1章。
〔2〕　参见《专利审查指南》第2部分第1章。

应当如何处理？智能化云计算系统实施的"虚拟行为"是否可能构成侵权？[1]这些问题尚未有统一的解决思路。

---

〔1〕 唐春：《基于云计算模式特点的知识产权保护新问题探讨》，载《电子知识产权》2011 年第 12 期。

人工智能技术发展对知识产权保护的挑战

一、人工智能技术及其发展

（一）人工智能技术的概念

人工智能（Artificial Intelligence）在 1956 年 Dartmouth 学会首先提出，简称"AI"，也被称为"机器智能"，是由人制造出来的机器所展现出来的智能，与人类和其他动物所展现出来的自然智能相反。

人工智能的主要应用领域有：成功理解人类语音；在战略游戏系统（如国际象棋和围棋）中的最高级别竞争；自动驾驶汽车；内容交付网络中的智能路由和军事模拟。

（二）人工智能对知识产权制度的主要挑战

人工智能技术的发展与计算机技术、数据技术和传播技术密切相关，可分为弱人工智能和强人工智能等。技术进步改变了信息传播方式、利益分享机制和风险分摊机制，之前法律所构筑的利益平衡机制被打破，需要做出因应，重构利益平衡，进而促进技术的进步。在这个意义上，技术进步与法律变革之间存在辩证互动关系。

人工智能技术带来诸多法律挑战，这些与其应用领域及场景密切相关。人工智能广泛应用于语音识别、自动驾驶、机器人、控制系统等领域，典型的如自动驾驶技术领域的人工智能问题。当然更值得思考的是，技术最终是技术，它并未也无法改变法律规则，是否所有法律规则都需要随技术的进步或变化做出调整、回应，还是运用传统规则调整新场景下的问题？

就人工智能技术领域的知识产权问题而言，主要体现在两个方面：一是人工智能技术的发展，使得其能像自然人一样，创作新作品、作诗吟唱，这个过程中形成的作品可否获得著作权保护，即是否具可著作权性，以及其权属归谁所有的制度安排问题；二是人工智能技术产生的发明创造物（即人工智能生成物）是否具备可专利性，以及应该归属于人工智能本身、人工智能开发者、人工智能使用者等权属安排问题。这些在著作权法与专利法中均未明确提及，需要未雨绸缪，展开深入研究。习近平同志针对"深化知识产权保护工作体制机制改革"，即提出"要健全大数据、人工智能、基因技术等新领域新业态知识产权保护制度"。

二、人工智能生成作品与著作权保护

（一）人工智能生成作品的概念

顾名思义，人工智能生成作品是指由人工智能系统独立创作产生的文字、绘画、音乐等艺术作品。2017 年，由微软公司开发的人工智能小冰发行出版了全球第一部完全由人工智能创作[1]的诗集。小冰的诗是通过对 1920 年后 519 位现代诗人的上千首诗经过 10 000 次的迭代学习达成的。小冰每学习一次的时间大约是 0.6 分钟，10 000 次只需要 100 个小时，至今创作了 70 928 首诗，

---

〔1〕 相关研究，参见焦和平：《人工智能创作中数据获取与利用的著作权风险及化解路径》，载《当代法学》2022 年第 4 期。

从中精心挑选了 139 首结集出版。[1] 音乐类人工智能 Jukedeck 则能通过训练深度神经网络以在粒度级别理解音乐构成，用户只需要指定歌曲的类型、情绪和长度，Jukedeck 的神经网络可以在几秒钟内制作出一段符合要求的音乐。人工智能生成作品具有以下特点：

第一，人工智能的生成作品是人工智能系统基于数据分析和算法计算通过自主深度学习和建模所自动生成的全新内容。[2] 人工智能生成作品不是单纯地对收集的信息进行整理和排序，也不是在某一个作品的基础上进行再创作的衍生作品，人工智能的生成作品是在对基础数据进行深度学习后创作出的全新作品。

第二，人工智能生成物是人工智能系统独立创作的作品，不是人类借助计算机工具创作的作品。人工智能生成行为划分为数据输入与成果输出两个阶段[3]，数据输入是由计算机软件设计者或使用者完成，但是成果输出阶段则是由人工智能系统独立自主完成。

第三，相较于人类创作作品，人工智能生成作品在外部表现上与人类创作作品难以区分，而在产量上又远高于人类。[4]

虽然称人工智能生成物为作品，但是人工智能生成物是否构成著作权法意义上的"作品"，是否具有著作权法意义上的独创性，其作品产生的权利又归属于谁都是颇具争议的热点问题。本

---

〔1〕《微软小冰出了诗集，从诗歌角度来看这是一首好诗吗》，载新浪网：http://tech.sina.com.cn/roll/2017-06-01/doc-ifyfuvpm6955098.shtml，最后访问日期：2023 年 5 月 28 日。

〔2〕 陶乾：《论著作权法对人工智能生成成果的保护——作为邻接权的数据处理者权之证立》，载《法学》2018 年第 4 期。

〔3〕 熊琦：《人工智能生成内容的著作权认定》，载《知识产权》2017 年第 3 期。

〔4〕 刘影：《人工智能生成物的著作权法保护初探》，载《知识产权》2017 年第 9 期。

部分将从人工智能生成作品的可著作权性和权利归属两方面讨论。[1]

（二）人工智能生成作品可著作权性

关于人工智能生成作品是否应受到著作权法保护的问题，存在不同意见。人工智能生成物是否属于著作权法保护范围有两大问题亟待解决：其一，著作权的权利主体是自然人，一般而言，只有人类创作的作品才受著作权的保护，人工智能生成作品如何破解著作权的权利主体要求？其二，人工智能生成物是否达到了著作权法意义上独创性要求，人工智能生成作品是否属于独立创作，作品是否具有独创性？关于人工智能生成物是否属于著作权法保护范围有诸多意见、学说和观点。

1. 肯定说

在持肯定说的国家中，英国是最先对人工智能生成作品可著作权性做出积极回应的国家。《英国著作权、设计和专利法》（The Copyright, Designs and Patents Act, CDPA）第 9（3）条规定："在文学、戏剧、音乐或艺术作品是计算机生成的情况下，该作品的作者是对人所必需的创建工作的安排进行的人。" CDPA 也定义了计算机生成作品则是"在没有人类作者参与下由计算机生成的作品"。除英国外，此类保护还存在于爱尔兰、新西兰、印度等。[2] 有学者对英国相关法律的规定提出了质疑，认为著作权法应注意客体界定和权利归属的法律逻辑上的统一，如果计算机生成物被纳入著作权体系，就应按照作品的创作主体来认定作者，将作者认定为对人所必需的创建工作进行安排的人违反了主

---

〔1〕 相关研究，参见於兴中、郑戈、丁晓东：《生成式人工智能与法律的六大议题：以 ChatGPT 为例》，载《中国法律评论》2023 年第 2 期。

〔2〕 Guadamuz, Andres, "Do Androids Dream of Electric Copyright? Comparative Analysis of Originality in Artificial Intelligence Generated Works", *Open Science Framework*, 17 Feb. (2018).

客观一致的法律逻辑。[1]

学界对于人工智能生成物构成著作权法意义上的作品有以下三种学说，对人工智能生成作品的权利主体要求和原创性问题给出了不同回答：

（1）工具论。第一种学说认为，人工智能系统现在仍处于弱人工智能阶段，只是人类创作的工具，创作的主体依然是自然人，其权利自然归属于人，没有对著作权体系提出挑战。有观点认为，人工智能生成作品如果要归属于著作权体系，必须建立在人作为权利主体的基础之上，独创性的来源也应当是人的行为。如果人工智能发展到具有独立思维的程度，应当从民法开始对其主体地位进行改革，再谈及著作权保护的问题。[2]吴汉东教授等认为，所谓"机器创作的作品"实际上是人机合作的智力成果，认为现有的人工智能生成作品其实是人工智能对设计著作权的演绎作品，应当视为人工智能与创制或投资机器作品生成软件的"人"合作创作的作品。[3]

（2）判断标准客观化。第二种学说主张，改变现有的著作权独创性判断标准，扩张著作权民事主体，改变现有的以自然人为权利主体的主观判断标准，转变为以作品为中心的客观判断标准，主要判断作品是否符合独创性要求而不对权利主体做过多限制，以适应不断发展的社会需求。有观点认为，在人工智能的独创性上，计算机系统的学习和表达都是对人类学习和输出的模仿，并且在作品输出时也带有一定的随机性和偶然性，因此完全满足著作权上的原创性要求。[4]也有的学者提出，人工智能能

〔1〕 熊琦：《人工智能生成内容的著作权认定》，载《知识产权》2017年第3期。
〔2〕 熊琦：《人工智能生成内容的著作权认定》，载《知识产权》2017年第3期。
〔3〕 吴汉东、张平、张晓津：《人工智能对知识产权法律保护的挑战》，载《中国法律评论》2018年第2期。
〔4〕 李宗辉：《人工智能创作物版权保护的正当性及版权归属》，载《编辑之友》2018年第7期。

够通过自主学习解决问题，不依赖人类的预先设计，因此著作权法对人工智能生成作品的著作权保护加以规定时宜将客观差异性作为智能机器人创作物的独创性判断标准，注重于作品的独创性内容而不是主体身份。[1]

（3）孳息论。第三种学说认为，人工智能生成作品可以视为民法中的孳息，以回避作者和作品之间的思维定式。有学者认为，人工智能缺乏独立思想，其创作活动可以视为自然行为，产出具有连续性，满足民法中天然孳息的构成要件。[2] 人工智能生成作品可以视为一种"物生物"的产出模式。

2. 否定说

世界知识产权组织尝试对计算机创作物的可著作权性进行讨论，对人工智能生成作品进行定义，规定权利归属和保护时间，然而后期该讨论又被排除。这说明在人工智能的可著作权性问题上，国际上依然保持观望态度，等待技术的进步和时机的成熟再对其进行定义。

对人工智能生成作品纳入著作权保护范围持反对意见的主要有两种学说：一种认为人工智能生成作品虽然不能由著作权进行保护，但可以尝试用邻接权进行保护，以维护其产生的经济价值；另一种观点认为，人工智能生成作品不属于人类作品，没有必要给予著作权保护。

（1）邻接权保护的观点。有的学者主张使用邻接权对人工智能生成作品进行保护，认为人工智能生成作品无法突破著作权主体要求的桎梏，无法根据传统著作权理论给予保护，但是考虑到其涵盖的巨大经济价值，确有必要对其进行保护，于是提出使用

---

〔1〕 石冠彬：《论智能机器人创作物的著作权保护——以智能机器人的主体资格为视角》，载《东方法学》2018 年第 3 期。

〔2〕 黄玉烨、司马航：《孳息视角下人工智能生成作品的权利归属》，载《河南师范大学学报（哲学社会科学版）》2018 年第 4 期。

原创性要求较低且没有主体要求的邻接权对人工智能生成物进行保护。有观点指出，人工智能生成作品的过程是对数据的分析和利用，因此可以被视为一种数据成果，使用邻接权制度予以保护。该学者提出创设一个与录音录像制作者权、广播组织者权平行的新的邻接权类型"数据处理者权"，数据处理者对其以数据为基础并通过技术获得的数据成果享有财产权。[1] 有观点从立法目的入手，认为狭义的著作权旨在保护真正的创作者，因此对著作权没有设置主体要求，只对自然人的创造物进行保护。邻接权的设置则旨在保护投资者，若将保护投资者视为邻接权权利保护系统的核心宗旨，我们便能消解人工智能创作物的生成与邻接权系统表象上的冲突，为人工智能创作物授予邻接权创造基础的条件。[2]

（2）不构成作品的观点。有的学者认为，人工智能生成作品不具有原创性或者不能满足著作权主体要求，不属于著作权法中的作品，没有纳入著作权体系保护的必要。有观点认为，人工智能生成作品是计算机软件应用算法、规则和模板的结果，其最终的输出内容具有唯一性，创作规律具有确定性，缺乏人类创作的个性特征，不符合独创性要求，即使其生成物与人类创作作品难以区分，也不构成著作权法中的作品。[3]

（三）人工智能生成作品权利归属

1. 归属于使用人的观点

人工智能系统的使用人是指对计算机程序进行实质控制，并利用程序进行创作的人。有观点认为，在没有对人工智能生成物

〔1〕陶乾：《论著作权法对人工智能生成成果的保护——作为邻接权的数据处理者权之证立》，载《法学》2018年第4期。
〔2〕易继明：《人工智能创作物是作品吗?》，载《法律科学》2017年第5期。
〔3〕王迁：《论人工智能生成的内容在著作权法中的定性》，载《法律科学》2017年第5期。

进行约定时权利应归属于合法使用权人。[1] 因为人工智能程序的使用权人是生成作品的促成者，也是生成作品的实际支配者和传播者，理应成为人工智能生成物的权利归属。同时，合法使用权人在拥有人工智能生成物合法权利的同时也应对其生成成果构成侵权时的责任进行承担。[2]

2. 归属于所有者的观点

作品著作权归属人工智能所有者是国内学者较赞同的观点，所有者一般指对人工智能程序的开发或创作进行投资的人，所有者通过对人工智能进行投资期望其通过使用人工智能程序赢取回报。将权利归属与人工智能所有者也意味着在人工智能程序转让后的创作成果可以归属新的所有者，能够有效推动市场的发展。有观点认为，人工智能的权利归属应选择能够最有利于推动人工智能继续创作的人，应摒弃传统著作权创作原则，采用完全投资原则，采用合同机制允许权利的转让，激励对人工智能系统具有实质所有权的所有者。[3] 有观点认为，人工智能生成作品在著作权法上可视为是代表设计者或训练者意志的创作行为。[4] 我国著作权法中也有以法人或者非法人组织为作者的相关制度设计，法人作为作品的投资者，被著作权法拟制为作品作者，享有著作权。人工智能程序的创作过程也代表了其所有者的意志，程序所有者也可以成为人工智能生成作品的权利归属者。

3. 归属于必要安排人的观点

必要安排人是《英国著作权、设计和专利法》中出现的说

---

〔1〕 陶乾：《论著作权法对人工智能生成成果的保护——作为邻接权的数据处理者权之证立》，载《法学》2018年第4期。

〔2〕 杨利华：《人工智能生成物著作权问题研究》，载《现代法学》2021年第4期。

〔3〕 姚志伟、沈燚：《论人工智能创造物的著作权归属》，载《湘潭大学学报（哲学社会科学版）》2018年第3期。

〔4〕 熊琦：《人工智能生成内容的著作权认定》，载《知识产权》2017年第3期。

法，是指对于人工智能生成作品进行了必要的基础元素、规则和逻辑结构安排的人。必要安排人是对人工智能作品的创造做出了实际贡献的人，编写了程序软件或者对人工智能程序的基础资料进行挑选和输入，因此对于作品理应享有著作权，这也能够最大程度激励人工智能程序产出。有观点认为，英国著作权体系中将人工智能著作权赋予必要安排人的做法能够有效解决人工智能生成作品的权利归属问题，并且立法成本较低，值得借鉴。[1]

4. 拟制雇主的观点

该学说认为，可以将人工智能拟制为雇佣关系中的雇员，其生产出的内容的权利可以参照雇佣关系归属于计算机程序的雇主，而将作品权利归属于对程序进行投资和管理的实际自然人，从而解决人工智能生成作品的权利归属问题。安娜玛丽·布里迪（Annemarie Bridy）认为雇佣原则是最为适合人工智能生成作品权利归属的框架，运用这个原则可以将本应归属于人工智能作者的权利归属于自然人，是一种可行的政策。[2]通过接受雇主和雇员作为解释的相对术语（就像美国著作权法中的"作者"一词），该原则可用于将作者身份从原始创作者（AI机器）转移到其雇主（程序员或设备的所有者）。通过重新解释雇佣与雇主关系的雇佣关系，避免了讨论人工智能的人格赋予问题，并且能够在现有著作权体系内解决人工智能生成作品的归属问题，是解决问题的最佳策略。

5. 归属于人工智能的观点

2016年欧盟议会曾经有提案提出要赋予机器人基本的"劳工权利"，让这些为人类服务的"电子人"今后也能享有薪酬、著

〔1〕 梁志文:《论人工智能创造物的法律保护》，载《法律科学》2017年第5期。
〔2〕 Annemarie Bridy, "Coding Creativity: Copyright and the Artificially Intelligent Author", *Stanford Technology Law Review*, March 29, 2012.

作权保护和社会保险。[1] 2017 年，沙特政府在利雅得举行的"未来投资计划"大会上，向中国香港公司的 AI 机器人索菲娅（Sophia）颁授公民身份。这都意味着将对人工智能授予主体资格，人工智能能够单独就其行为承担责任和享受权利，其中自然包括著作财产权甚至人身权。有观点提出，如果科技发展到需要建立人工智能的主体制度，可以参考法人制度赋予拟制人格，在责任承担问题上如若构建独立责任制度，或许可以考虑通过强制责任保险限额来予以实现。[2] 雅安·阿伯特（Ryan Abbott）也支持将发明人和作者身份分配给人工智能是鼓励人工智能增长和发展的一种创新方式。[3]

（四）人工智能生成作品著作权保护之限制[4]

人工智能生成作品，其著作权保护不仅关系到使用者、投资者、设计者等私人主体之间的个人利益，而且涉及更为广泛的公共利益。在对人工智能生成作品进行私权保护的同时，需要强化利益平衡理念，在保障私人利益与维护公共利益之间达成协调与平衡。

1. 权利客体范畴的清晰界定

清晰划分著作权客体范畴是落实利益平衡原则的第一道屏障。在对人工智能生成作品进行保护的同时，也应当准确识别并排除其中那些不构成著作权客体的产物，防止对不具有可著作权性的生成物提供不合理的私权保护。为此，需要针对人工智能生

---

〔1〕《给机器人"人权"？欧盟"电子人"草案引争议》，载中新网：http://www.chinanews.com/gj/2016/06-24/7915591.shtml.，最后访问日期：2023 年 5 月 20 日。

〔2〕石冠彬：《论智能机器人创作物的著作权保护——以智能机器人的主体资格为视角》，载《东方法学》2018 年第 3 期。

〔3〕 See Ryan Abbott, "I Think, Therefore I Invent: Creative Computers and the Future of Patent Law", 57 B. C. L. Rev. 1079 (2016).

〔4〕参见杨利华：《人工智能生成物著作权问题探究》，载《现代法学》2021 年第 4 期。

成作品独创性问题进行合理界定，以此界分具有独创性的受著作权保护的客体与不具有独创性的不受著作权保护的对象。从构成作品的外在表现形式看，人工智能生成作品与自然人创作作品并无本质区别，人们很难通过通常的对作品认知习惯和经验对其加以区分，未经特殊标注也无法区别。对于人工智能生成作品的客体要求仍然应当坚持著作权法领域一直存在的"最低限度的创造性"衡量标准。在这一标准下，只要人工智能生成作品与现有作品相比不构成实质性相似，就可以推定该生成物具备独创性特征。

在排除著作权作品中不受保护的方面，还需要强调著作权只保护思想的表达、而不保护思想本身的二分法原则在人工智能生成作品著作权保护中的运用。因此，必须首先排除上述不满足著作权制度基本原理的机器产物，实现对于人工智能生成作品的清晰界定，以此作为向人工智能生成作品提供著作权保护的前提。

2. 著作权保护期限的合理调整

与传统的自然人创作作品相比，一方面，人工智能这项技术本身更新换代异常迅速，随着人工智能软件创作水准的大幅提升，质量更为优越的全新作品很快就将覆盖已有的作品形式，导致目前诸多的人工智能生成作品相形见绌、无人问津，故没有必要对其提供期限较长的著作权保护。另一方面，人工智能生成作品基于其特定的产生基础而具有很高的替代性，与传统人类作者作品相比，其生产动力更多来自市场利益推动而非人类情感需求，故本身并不具有大量值得著作权制度予以作者终生保护的个人精神价值。将人工智能生成作品尽早地投放公共领域，更有利于促进知识信息的交流与获取，鼓励更多主体以此为基础进行二次创作与传播。因此，基于对社会公众利益的综合考量，建议适当参照现行《著作权法》中关于法人计算机软件作品的保护期规定，将人工智能生成作品的各项著作财产权保护期限适度降低调整为 50 年，以生成物首次发表作为起算点。

3. 附随强制性署名义务

随着人工智能和相关技术的迅猛发展，人工智能生成作品的数量将急剧增长，人工智能生成作品的学术与艺术质量也将不断提升。人工智能生成作品受著作权保护固然具有合理性和正当性，特别是对于激励人工智能产业发展、使人类享受技术进步带来的红利具有不可替代的重要作用。但是，人工智能生成作品毕竟和传统技术条件下自然人创作作品存在一定区别。如果对于人工智能生成作品在市场上的流通不与非人工智能作品做任何区分，就可能使得在事实上人工智能生成作品获得与非人工智能作品完全一样的保护范围和保护力度，这可能不利于实现保护人工智能生成作品著作权的制度初衷。为确保人工智能生成作品的身份识别，建议法律规定人工智能生成作品的强制性署名的义务。从当前国内外涉及人工智能生成作品的情况看，通过署名的方式能够很好地明确人工智能生成作品的法律地位。例如，在 Dreamwriter 著作权侵权纠纷案中，腾讯公司就主动在其计算机软件自动生成文章的末尾标注了"本文由腾讯机器人 Dreamwriter 自动撰写"的声明，用以表明人工智能生成文章的作品属性及其中法人意志的体现。该署名标注后在案件审理中成为认定相关客体构成法人作品的重要依据。[1]

三、人工智能创造物与专利权保护

技术的进步使得人工智能可以独立学习如何完成任务，证明数学定理、从事创作活动，机器生成作品（Computer-Generated Work，CGW）愈发成为发明和创新的重要助力。国内外已有大量

---

〔1〕参见深圳市某计算机系统有限公司与上海某科技有限公司著作权权属、侵权纠纷、商业贿赂不正当竞争纠纷案，广东省深圳市南山区人民法院（2019）粤 0305 民初 14010 号民事判决书。

关于 CGW 可否获得著作权保护的讨论和研究，专利领域探讨的广度和深度也均有空间。人工智能可以被简单地用作辅助人类发明的工具，而不需要对发明做出创造性的贡献，但从长远看，人工智能可以独立于人类进行发明创造活动。因此，讨论人工智能产生的发明创造物（即人工智能生成物）是否具备可专利性成为新技术时代专利法面临的重要命题。

（一）人工智能生成物专利保护的争议

根据人类参与的程度不同，可以将人工智能发明创造方式分为两种：一是人工智能作为辅助工具，在人为设置的参数、指令下进行辅助性工作；二是人工智能自主发明创造，经过一定数据积累、深度学习和算法优化等过程，人工智能可以独立于人类活动与思维之外，自主进行发明创造。这两种发明创造方式均面临伦理学、法学或经济学的挑战，譬如人工智能的非"人"的主体资格问题，人工智能发明创造物的权利归属于谁？是否会打破利益平衡机制？是否会有损专利法的激励机制？等。

1. 人工智能非"人"是否应当受到专利法保护

在世界范围内，赋予人工智能法律人格是一个具有挑战性的尝试，而我国法律体系中基本没有对人工智能的法律人格作任何保护。

我国《专利法》第 1 条明确保护专利权人的利益，从 1984 年《专利法》的"保护发明创造"到 2008 年《专利法》以及 2020 年现行《专利法》的"保护专利权人的合法权益"，这表明专利法本质上为私法，专利权为私权，对专利权人利益的保护是专利法的核心。人工智能作为非"人"主体，其在发明创造中的利益保护则值得斟酌。在第一种发明创造过程中，人工智能与电脑、网络一样仅作为辅助工具，人是做出创造性贡献的主体，生成物的专利权归属人。在第二种发明创造过程中，人类几乎不做实质性的贡献，人工智能是完成发明创造的主体，在以保护专利权人为核心的专利制度中，此时的生成物是否应受专利法保护，这一问题颇具争议。

2. 法学理论对人工智能生成物的质疑

自然权利论和利益平衡理论是专利法的基本理论。根据自然权利论，人拥有独立自主的人格，对自身的劳动享有应然的权利，而劳动所产生的成果自然也应当由人所享有。在专利法中，发明人对其创造发明具有不可剥夺的自然权利，专利权的授予只是认可发明人的这种自然权利。[1] 利益平衡理论强调专利权人和社会公共利益的动态衡平，通过给予专利权人报酬激励发明创造活动，同时对专利权相应加以限制来实现促进技术传播的公共利益。[2]

有学者认为，人工智能生成的技术方案不应受专利法保护，因为专利法所保护的是自然人的智力成果，而人工智能生成的技术方案不能体现人类的智慧；人工智能不能占有财产，也无法享有权利，因此，应将其纳入公有领域。[3] 如果该成果能够受到专利法保护，那么其利益归属谁？在人工智能、自然人和社会公众之间如何形成新的利益平衡？从法经济学角度看，界定专利权的边界和确定专利权的主体并非易事，如界定权利的成本较之赋权的收益更高，是否有必要对人工智能赋权？

3. 保护人工智能生成物是否会冲击专利法的激励机制

诚如上言，专利法蕴含着一种激励机制。与自然人不同，人工智能在自主发明创造的过程中，仅根据其内部算法、数据以及决策机制等进行创造，并且将以远超自然人的速度进行排列组合

---

〔1〕 冯晓青、刘友华:《专利法》（第 2 版），法律出版社 2022 年版，第 48 页。

〔2〕 冯晓青、刘友华:《专利法》（第 2 版），法律出版社 2022 年版，第 50 页。

〔3〕 Amir H. Khoury, "Intellectual Property Rights for Hubots: On the Legal Implications of Human-like Robots as Innovators and Creators", 35 *Cardozo Arts & Entertainment Law Journal* 635-668 (2017).

从而产生大量的创造物。从技术运行过程看，人工智能并不受这种激励机制的影响，相反，其生成的大量发明创造物将会占据大部分自然人的创造空间，即使是小部分的人工智能生成物被授予专利权，其数量相对于自然人能创造的发明创造量也是巨大的。[1] 一旦这些生成物被授予专利权，意味着至少自然人在该领域不能作出同样或者等同的发明创造。换言之，人工智能在某种程度上减少了自然发明人获取利益的机会，但专利法的激励机制对自然人是有效的，这在某种程度上将导致自然人丧失投入研发创造发明的动机，这与专利法保护专利权人利益的宗旨相悖。

（二）人工智能生成物对专利"三性"审查要求与标准的挑战

我国《专利法》明确规定了授予发明、实用新型专利权的条件。人工智能创造发明物对"三性"的构成和判定都带来了较大的挑战。

1. 人工智能生成物在新颖性审查规则和方式上的困境

现有技术是判断人工智能生成物是否具备新颖性的决定性因素。通常，判断新颖性采取单独比对规则：将申请专利的技术方案和现有技术中的各项单独的技术项比较，只能将权利要求的内容与每一项现有技术的技术内容进行单独对比，只有当一项权利要求中记载的所有技术特征都被单独一项现有技术公开，才能得出该权利要求不具备新颖性的结论，同时要注意根据上下位概念的关系来确定保护范围的大小。[2]

一方面，人工智能创造发明对单独比对规则形成巨大冲击。人工智能生成物是否具备新颖性很大程度上受发明过程的影响。人工智能在创造过程中，以大量现有技术为基础（可称之为"原

---

〔1〕　Mizuki Hashiguch, "Artificial Intelligence and the Jurisprudence of Patent Eligibility in The United States, Europe, and Japan", 12 *Intellectual Property & Technology Law Journal* 312–369（2017）.

〔2〕　尹新天：《中国专利法详解》，知识产权出版社 2011 年版，第 256~257 页。

始发明"），通过算法、机器学习、决策机制随机排列组合能够得出大量结果。如果人工智能算法在输出中缺乏可变性，或者依赖于类似的数据集，则可能缺乏新颖性。[1] 没有人为筛选，大部分人工智能生成物仅是将现有技术进行节选组合的产物，在技术上没有实质性意义。如果将此类生成物与现有技术进行单独比对，将很难否认其具备新颖性。

另一方面，如果将大量人工智能生成物申请专利，会导致专利新颖性审查困难。首先，未来人工智能普及应用到发明创造中，专利申请量将呈现井喷式增长，对专利审查工作带来巨大负担；其次，在审查专利申请文件的新颖性时，同一领域的不同人工智能所采用的数据集和排列组合难免相同，势必导致大量相同或者等同的专利申请出现。

2. 人工智能生成物对创造性高度和审查的挑战

判断创造性时，允许审查员将两个以上现有技术文件结合在一起与专利申请文件进行对比。因此，人工智能生成物对创造性的挑战主要集中在创造性高度和创造性审查两个方面。

一方面，大部分人工智能生成物达不到专利法要求的创造性高度。而且，专利创造性的审查采取综合对比的方式，这将排除一部分将多项现有技术节选再排列组合而得到的结果。

另一方面，人工智能生成物的创造性判断对"所属领域技术人员"的要求带来挑战。在审查专利创造性时，最重要的步骤是判断专利申请文件中的技术方案是否为所属领域的技术人员容易想到的。

有学者认为，人工智能最终的控制者是自然人或者发明人，其在某种程度上显著提高了普通发明家的有效技能水平，因为人

---

〔1〕 Erica Fraser, "Computers as Inventors—Legal and Policy Implications of Artificial Intelligence on Patent Law", 13 *A Journal of Law*, *Technology and Society* 305-333 (2016).

工智能可以替代某些人类进行发明活动。[1] 因此，在审查人工智能生成物的创造性时，以往使用的"所属领域的技术人员"的标准是否过低？是否会将诸多不具备实质性特点与进步的发明纳入保护范围？从而导致专利法的创造性高度降低？

3. 部分人工智能生成物难以满足实用性要求

基于人工智能的技术原理，人工智能产生的创造发明物具有不可预期性，因此，部分结果是否具备实用性值得考虑。对人工智能生成物的实用性审查基本能实现，审查员只需要判断专利申请文件中的技术方案是否具备实现的可能性。但需注意人工智能生成物在以下四种情形中不具备实用性：一是缺乏技术实现手段，二是违背自然规律，三是只能利用独特的自然条件完成，四是没有积极效果。

（三）人工智能生成物专利保护的正当性

1. 人工智能及其生成物属于人类智力劳动成果

在讨论人工智能生成物是否应当受到专利法保护的过程中，有观点认为，专利制度应以保护人类发明构思成果为前提，当前自动创造性机器程序的输出不能受到专利法保护。[2] 在人工智能作为辅助工具参与创造发明活动的过程中，包含了发明人工智能的主体的创造劳动以及使用人工智能进行创造的主体的劳动；在人工智能独立自主进行创造时，虽然其使用主体没有做出实质性的贡献，但不能否认发明人工智能的主体在此之前所投入的劳动和资源。抛开人工智能生成物权利归属不谈，专利制度不应当忽略这部分人类劳动的存在而否定人工智能生成物受到专利法保护的正当性。

---

〔1〕 Erica Fraser, "Computers as Inventors—Legal and Policy Implications of Artificial Intelligence on Patent Law", 13 *A Journal of Law*, *Technology and Society* 305-333 (2016).

〔2〕 Ralph D. Clifford, "Intellectual Property in the Era of the Creative Computer Program: Will the True Creator Please Stand Up", 71 *Tulane Law Review* 1675-1704 (1997).

当然，对人工智能生成物予以专利法保护不意味着赋予人工智能法律人格。在以保护人的合法权益为立法宗旨的专利制度中，应当始终以人为本位，人工智能在专利领域都不能脱离权利人或者社会公众而独立享有权利或义务。

2. 保护人工智能生成物能够形成新的利益平衡

保护人工智能生成物能够在专利权人、社会公众以及自然发明人之间形成一种新的利益平衡，既可以有效保护专利权人利益，也能够促进技术创新，增加社会福利。其仅在一定程度上削弱了自然人的创造空间，但这种削弱是由技术发展势态以及市场规律所决定。

专利制度的目的就是提供一个时间有限的法定垄断权，使权利持有人能够保护他们的发明，以此获取利益，作为对时间、努力和金钱投资的合理回报。[1]

毋庸置疑，就技术创新而言，将来人工智能在发明创造领域将会比人类拥有更强大的能力，人工智能可能取代人类独立进行发明创造活动，发明过程贡献的比率将逐步向人工智能倾斜。[2]如果人工智能生成物不能得到专利法保护，将会打击其研发者或使用者继续研发、投入使用的积极性。这可能阻碍技术的创新和传播，减少社会公共福利，也将对人工智能产业带来巨大挑战。

有观点认为，保护人工智能生成物限缩了自然发明人的创造空间，甚至会导致人类创造思维枯萎。[3]如果人工智能生成物具备专利"三性"的要求，其在技术上必然是创新的，这种创新

---

〔1〕 Erica Fraser, "Computers as Inventors—Legal and Policy Implications of Artificial Intelligence on Patent Law", 13 *A Journal of Law*, *Technology and Society* 311（2016）.

〔2〕 Erica Fraser, "Computers as Inventors—Legal and Policy Implications of Artificial Intelligence on Patent Law", 13 *A Journal of Law*, *Technology and Society* 323（2016）.

〔3〕 Ryan Abbott, "Hal the Inventor: Big Data and Its Use by Artificial Intelligence", in Hamid Ekbia, Micheal Mattioli, Cassidy Sugimoto eds., *Big Data is Not a Monolith*, Cambridge, Mass., United States: MIT Press, 2016, pp. 187–198.

成果只不过从一个主体转移到另一个主体享有而已。如前所述,赋予人工智能生成发明以专利权保护,是由技术发展势态、市场规律所决定的。

3. 保护人工智能生成物仍可以发挥专利制度的激励作用

与人类不同,人工智能系统并不需要激励来进行发明创造活动,故激励机制在人工智能领域似乎不存在必要性。不过,并非对人工智能产生作用,而是促进人工智能产业发展和技术创新,同时鼓励主体把控人工智能的风险,并对人工智能生成物承担责任。[1] 在这种情况下,专利权可能是获得这种激励的最有效工具。

对人工智能生成物赋予专利权以扩大专利保护范围,将提供一种刺激,加速创新并更快地产生更多的发明,同时,公布更多新的和改进的技术将使整个社会受益。人工智能有时可能成为实现某些发明的唯一手段,因为在发明过程中,需要处理数据的复杂性和计算量超过了人类的认知限制。如果自主发明技术能够以较低的成本获得,而这种模式被许多人工智能都采用过,就有可能扩大拥有发明所需技能的人的类别,从而使发明民主化,激励技术创新。[2]

从经济学角度看,人工智能开发者或者控制者能否因其劳动而得到合理的回报,取决于其技术所产生的下游发明能否获得回报。如果对人工智能生成物实施专利垄断能带来足够的价值,就可以为开发和改进这种技术提供充分动力,从而将会产生更多的

---

[1] Shlomit Yanisky-Ravid, "Generating Rembrandt: Artificial Intelligence, Copyright, and Accountability in the 3A Era—The Human-like Authors are Already Here—A New Model", *Michigan State Law Review* 675 (2017).

[2] Erica Fraser, "Computers as Inventors—Legal and Policy Implications of Artificial Intelligence on Patent Law", 13 *A Journal of Law, Technology and Society* 328 (2016).

专利，获得更多的利润，这是一个循环往复的过程。[1]

（四）人工智能时代专利法因应：专利"三性"审查要求及标准的调整

人工智能赋予其发明创造几乎无限的可能性。人工智能技术的发展与普及将会产生更多的发明，因此，专利法应当做出适时变革，对新颖性、创造性判定和审查做出特殊调整。

1. 强化申请人的披露义务

专利申请人披露现有技术成为解决上述问题的可能途径。我国《专利法》第 36 条规定了专利申请人的披露义务，但现实中，申请人只需要将其中与发明关系最密切的资料提交即可。显然，这种程度的披露对判断人工智能生成物新颖性、创造性没有太大助益。自然人在进行创造发明时，通常会查阅某一特定技术领域的、数量有限的现有技术，再对其进行智力加工，专利申请人的披露和审查员的技术手段足以保障专利审查顺利进行。但人工智能相较于自然发明人的最大优势在于庞大的基础数据和不可预期的决策机制。这导致人工智能参考的现有技术范围不再局限于某一个或者几个技术领域，其生成的结果可能超出审查员的想象范围和检索范围。因此，基于人工智能创造发明的技术原理考虑，应当强化申请人的披露义务。申请人在申请专利之前，应当全部检索出人工智能生成的技术信息，将其作为现有技术进行参照，[2] 在申请专利时，应当将引证、参照的所有现有技术向审查员披露。

2. 综合比对原则的谨慎引入

专利"三性"的判断在逻辑上有递进关系，只有当专利申请

---

〔1〕 相关研究，参见冯晓青、郝明英：《人工智能生成发明专利保护制度研究》，载《湖南大学学报（社会科学版）》2023 年第 2 期。

〔2〕 季东梅：《人工智能发明成果对专利制度的挑战——以遗传编程为例》，载《知识产权》2017 年第 11 期。

文件中的技术方案具备实用性时，才需要考虑、判断其新颖性；当技术方案具备新颖性时，才需要进一步判断该申请是否具备创造性。新颖性判断是发明创造能否获取专利法保护的第二道重要门槛，能够检验一项专利申请是否具备最低程度的创造性。通过专利申请人的充分披露，审查员能够掌握专利申请文件所参考的所有现有技术文件，但如何根据现有技术文件来判断人工智能生成物的新颖性成为审查员面临的难题：一方面，网络通信技术的发展使得"单项现有技术"概念模糊。智能推送、网络链接的应用使得人们在查询某一特定现有技术的同时，往往能够获知与其相关的技术信息，传统物理意义上的"单个现有技术"的概念就变得含糊。[1] 人工智能数据库几乎能够涵盖某一技术领域的所有技术信息，不仅包括以书面公开、使用公开以及其他方式公开的现有技术，还包含了大量零散的、未采用上述方式公开的技术信息。另一方面，人工智能强大的收集、处理、学习以及决策能力，能够将数据集范围内的技术信息穷尽排列组合。仅通过单一对照来审查专利文件的新颖性的时候，审查员很可能无法将对照专利文件和这类申请文件联系起来，[2] 这将增加无实质性意义生成物获得专利权保护的机会。

"单个现有技术"概念模糊，人工智能却又能够将大量"单个现有技术"进行随机、不可预测地演变，大量人工智能生成物不具备最低程度的创造性。如果采取单独比对规则，那么其能否发挥门槛的作用将值得质疑。如果对"单个现有技术"采取综合比对的方法，将比对标准保持在是否具备最低创造性上，将能够排除大量仅经过简单机械替换的人工智能生成物的新颖性。这将有效解决"单个现有技术"概念模糊以及人工智能生成"问题发

---

〔1〕 尹新天：《中国专利法详解》，知识产权出版社 2011 年版。

〔2〕 D. Vaver, "Patents in an Era of Infinite Monkeys and Artificial Intelligence", 19 *Stanford Technology Law Review* 32-51（2015）.

明"现象。因此，对人工智能生成物的新颖性审查采取综合比对规则能够实现两大作用：一是将不具备新颖性的人工智能生成物排除在专利法保护范围之外，使其成为在后专利申请的现有技术；二是减少不具备新颖性的人工智能生成物对在先现有技术的冲击。

综上，在判断人工智能生成物是否具备新颖性时，可考虑突破单独比对规则的限制，谨慎适用综合比对规则。结合申请人披露的现有技术，采取最低创造性审查标准，否定仅采用同义词、上位概念置换等机械简单操作产生的人工智能生成物的新颖性。

3. 适当提高"所属领域技术人员"标准

人工智能生成物在创造性高度和创造性审查方面面临困境。人工智能在创造发明的过程中，如果仅仅通过替换同义词等机械简单的方式，不可能产生具备创造性的生成物，而通过插入反义词等随机变化的方式，则更有可能产生创造性的成果。因此，人工智能生成物分为两类：不具备或者具备一定程度创造性。对前者而言，通过申请人的充分披露，审查员能够掌握该申请文献引证的所有现有技术，排除机械简单操作形成的结果较为简单，后者则难以判断。

专利法要求审查员以一个普通的"所属领域技术人员"的身份对人工智能生成物进行创造性判断。如上文所述，人工智能在某种程度上显著提高了普通发明家的有效技能水平，"所属领域技术人员"的标准显然相对较低。因此，应当提高"所属领域技术人员"的标准。

值得注意的是，如果由于人工智能的创造发明而提高了授予专利权的门槛，势必导致不使用人工智能的人类发明家处于不利地位。因此，应当仅在审查人工智能生成物创造性时提高"所属领域技术人员"的标准。

如何提高标准，提高到何种程度？应当视人工智能在该技术领域的发展状况而定，机器必须用机器智能来判断智力，而且大多数人工智能生成物对其他人工智能来讲，知识的组合是显而易见的。[1] 通过提高"所属领域技术人员"掌握普遍技术知识、熟知现有技术的能力标准，对人工智能于该技术领域的发展程度范围内进行调整。

在人工智能技术快速发展与突破的时代，人工智能在各国发明创造、技术创新与产业发展中将越发重要。作为保护权利人利益、促进技术创新的重要保障，专利制度要顺应技术发展的潮流，对人工智能带来的挑战做出适时应对。应当遵循人本思想，在保护专利权人合法权益的同时，最大化社会公共福祉，保护人工智能生成物、对专利"三性"审查要求和标准做相应调整，将人工智能所带来的利益赋予各相关主体。这既是专利制度回应技术发展的要求，也是专利法保护权利人、考虑社会公众利益的制度目标之体现。[2]

---

〔1〕 Shammad Basheer, "Artificial Invention: Mind the Machine", 13 *A Journal of Law, Technology and Society* 334-358 (2016).

〔2〕 相关研究，参见杨利华：《人工智能生成技术方案的可专利性及其制度因应》，载《中外法学》2023年第2期。

物联网、区块链技术发展与知识产权保护

物联网就是万物互联，其核心和基础仍然是互联网，是在现有人与人相连的互联网基础上的延伸和扩展，是将用户端延伸和扩展到任何物品与物品之间及人和物品之间，是新一代信息技术的重要组成部分；而区块链是分布式数据存储、点对点传输、共识机制、加密算法等计算机技术的新型应用模式，其本质上是一串代码，必须架构在互联网上才能够运行。因此，物联网和区块链技术都是基于互联网技术基础下发展的新技术，世界知识产权组织把世界上所有能带来经济效益的科学知识都定义为技术，[1]并对其发展提供相应的知识产权保护，因此物联网和区块链技术

---

[1] 世界知识产权组织在 1977 年版《供发展中国家使用的许可证贸易手册》中对技术作了如下定义："技术是制造一种产品的系统知识，所采用的一种工艺或提供的一项服务，不论这种知识是否反映在一项发明、一项外形设计、一项实用新型或者一种植物新品种，或者反映在技术情报或技能中，或者反映在专家为设计、安装、开办或维修一个工厂或为管理一个工商业企业或其活动而提供的服务或协助等方面。"这是国际上给技术所下的最为全面和完整的定义。

的发展与知识产权保护密切关联，有关知识产权问题值得深入
探讨。[1]

一、物联网技术发展与知识产权保护

（一）物联网技术与知识产权概述

1. 物联网技术概述

1991 年，物联网（Internet of Things）的概念由美国麻省理工
学院凯文·艾什顿（Kevin Ashton）教授首次提出。随着 21 世纪
互联网技术的发展，物联网技术的受关注度逐渐提升，成为未来
最具有发展前景的新兴产业之一。2009 年我国提出"感知中国"
发展目标，重点支持物联网技术研发和应用。2010 年国务院《政
府工作报告》中将物联网定义为：通过信息传感设备，按协议的
约定，把任何物品同互联网连接起来，进行信息交换和通信，以
实现智能化识别、定位、跟踪、监控和管理的一种网络。欧盟
《物联网 2020》（The Internet of Things in 2020）报告中指出，物联
网是由具有标示、虚拟的物体或对象所组成的网络，网络中的各
种信息在一定的空间中，利用智慧接口和外界、社会等进行交流
和通信。

物联网通过智能感知、识别技术与普适计算等通信感知技
术，深度促进网络融合，被称为继计算机、互联网之后世界信息

---

〔1〕　此外，"物信链"（CPChain）相关问题也值得探讨。它是将物联网与区块链
技术深度融合，从降低交通数据互联成本，保护数据隐私和提升数据价值三方面切入，
解决行业发展的痛点问题。简单而言，物信链就是连接物理实体世界和网络信息世界；
数据来源于真实的物理世界，数据价值导入实体系统，实现虚拟经济与实体经济的共
生共荣。区块链 3.0 的典型应用 NFT（Non-Fungible Tokens，非同质化通证）是区块
链技术的技术外延创新形态，将数字产品 NFT 化进行加密之后存储在区块链上，能使
该数字产品成为独一无二的、不可替代的、长久存在并且可溯源的、只属于某个人的
数字资产。NFT 建立的数字权证和信用体系对于元宇宙（Metaverse）的构建意义重大。
2021 年是"元宇宙元年"。在物信链之上，主要依据物联网与区块链技术建立起来的
元宇宙新应用及其涉及的知识产权问题也将受到更为广泛的关注。

产业发展的第三次浪潮，与其说它是一个新概念下的网络，不如说是互联网技术的新业务和新应用。物联网把射频识别（RFID）、红外感应器、全球定位系统、激光扫描器等新一代 IT 技术充分运用在各行各业之中，与现有的互联网整合，进而实现人类社会与物理系统的系统对接。[1] 它的使用将会非常广泛，如家居生活、医疗卫生、城市规划、节能环保、交通信息、司法维权、农林牧业、电商物流、文化教育等，涉及我们生活和工作的方方面面。

2. 物联网技术与知识产权的关系

物联网最为典型的行业特征主要体现在以下三个方面：其一，它的发展由国家和政府驱动，并不单纯依靠直接的市场驱动；其二，物联网产业涉及诸多的技术标准，全球依然未能构建本产业链完整而统一的标准体系；其三，物联网产业链分散而复杂，其专业性强、专业门槛高、规模性差，并不存在一个单一责任主体。[2] 因此，正确认识并处理好物联网技术发展与知识产权保护之间的关系显得尤为重要。

第一，知识产权制度是维护物联网技术健康发展的有力法律保障。物联网的健康发展需要一个公平竞争的市场环境，其中就存在一个对物联网核心技术信息的保护问题，而知识产权制度是保护信息的一种法律工具。作为构建物联网的核心技术的信息可以作为"商业秘密"直接得到知识产权法的保护；更多核心技术信息的固化、表达可以文学作品、计算机软件、数据库等形式取得著作权和其他权利的保护；某些核心技术信息可以商品化，构成"信息化商品"进而可通过商标、商誉等权利进行保护；有关电子商务技术、计算机软件、商业方法等在很多国家都能够获得

---

〔1〕焦泉：《从物联网知识产权问题析中国物联网发展出路》，载《学习月刊》2010 年第 15 期。

〔2〕韦乐平：《物联网的特征、发展策略和挑战》，载《电信科学》2011 年第 5 期。

专利权的保护；物联网产业中商业竞争自然也要受到反不正当竞争法的制约和限制。[1]

第二，物联网技术的发展推动知识产权制度的不断完善。物联网涉及半导体、传感器等诸多领域中的前沿技术，具有智能互联的特色，作为互联网的拓展应用和延伸，物联网承接了网络的开放性，而这种开放性使得知识和信息变得越来越公众化、透明化，这种公开和共享使得物联网高端技术的拥有者迫切需要通过知识产权保护来强化控制。然而，现有的知识产权制度在物联网上的应用存在一定的局限性，知识产权的专有性主张私有权利不可侵犯，这种要求有时会与社会公共利益相违背；专利保护期间的僵化在一定程度上不利于技术的更新换代，知识产权严格的地域限制有可能阻碍国家间的技术交流和进步。[2] 因此，物联网技术的深入发展将推动知识产权制度的进一步改革和完善。

（二）物联网技术与专利保护

物联网产业几乎每一个环节都涉及知识产权问题，既在基础网络技术方面涉及专利权，也包括物联网企业的商品商标权、软件著作权等。其中，专利制度能够对技术和信息提供相对更加有效和全面的保护。在物联网技术发展中，专利保护的客体和主体都将存在一些微妙的变化，因此物联网技术之专利保护策略也将不同于一般的计算机技术和互联网技术领域。

1. 物联网技术专利保护的客体

物联网领域一些实体设备和技术都能够通过申请发明、实用新型和外观设计专利进行保护。但是，与物联网技术发展密切相关的软件专利及商业方法专利在中国的授权和保护受到一定制

---

〔1〕 焦泉：《论物联网的知识产权保护与创新》，载《现代经济探讨》2010 年第 6 期。

〔2〕 刘鹏：《我国物联网的知识产权法律保护》，载《光明日报》2015 年 7 月 19 日，第 7 版。

约，这是我国物联网技术发展的一个重大屏障。随着时代的进步，传统专利法保护的客体范围已经不断扩大，例如随着生物技术的发展，各国都将微生物纳入专利法保护客体的范畴，所以，物联网技术的发展必将再次拓展专利法保护的客体范围。

在全球化浪潮冲击、技术变革加快及商业环境变得更加不确定的时代，决定企业尤其是物联网企业成败最重要的因素，更多的在于其商业方法。传统商业活动着重产品的生产和销售，以规模取胜的商业方法一般借助于低成本以及一些简单的操作模式。但物联网产业的迅速发展提升了商业模式在商业活动中的地位，而商业模式极容易被模仿，其无法通过著作权或者商业秘密被充分保护，在中国又较难获得专利授权，这就提升了物联网产业知识产权法律保护的难度。[1] 受到中国对商业方法专利授权的局限，在美国、日本等众多发达国家普遍对商业模式进行专利保护的背景下，中国物联网领域即便不乏大量创新技术，也少有能形成技术标准的基本专利。

物联网在原有的网络基础上结合了诸多新技术，其感知层、网络层、应用层每层都蕴含新的通信协议，与原来的互联网相比，物联网感知层实现了技术的重大突破，利用专利权来进行保护才能够足够稳定和有效。若没有足够基数的标准专利支撑，我国无法在国际标准制定过程中争夺话语权。所以，若要用专利制度更好地促进物联网的发展，势必要对软件和商业方法专利的申请和审查以及授权后的保护建立一套更加科学合理的制度体系。

2. 物联网技术专利保护的主体

物联网技术应用十分广泛，涉及多方主体，法律关系比较复杂。根据不同主体在物联网中提供的不同服务，可以将主体分为物联网应用终端的使用者、物联网应用终端的生产者和物联网基

---

〔1〕 刘鹏：《我国物联网的知识产权法律保护》，载《光明日报》2015 年 7 月 19 日，第 7 版。

础服务的提供者。如物联网领域买卖合同关系的买方是物联网应用终端的使用者，卖方是物联网应用终端的生产者；电信服务合同关系则涉及互联网网民与网络服务提供商（ISP），即物联网终端产品的使用者与物联网基础服务提供者的关系。

在物联网产业全球发展的过程中，不论是物联网终端服务还是设备，电信服务的提供方法和相应设备都可以申请专利。因此，以上任何主体都有可能成为专利申请人，尤其是物联网终端产品的生产者和电信服务提供商很可能在提供技术服务和生产相应设备的过程中做出新的发明创造，包括新的计算机软件程序和商业模式。在认定专利权主体的过程中可能涉及职务发明、合作发明和委托发明问题等，在对他们之间的权利义务进行设计时应该更多地考虑如何激励创新及维护正常的市场竞争秩序。

在产业链复杂、涉及主体众多的物联网产业，专利权的主体确定问题、主体的权利范围和相应的义务以及侵权行为人的认定中都出现了诸多困难。美国的拜-杜法案、联邦技术转移法、发明家保护法令等规定了国家投资产生的物联网技术知识产权的归属与利益分配标准，[1] 因为物联网技术的相互连接和数据共享通常需要多方共同完成一个完整的过程，所以企业在撰写物联网的相关专利申请时，应注意相关的共同侵权标准。[2] 中国将更加注重调整专利法和与激励技术发展有关的法律法规，保障物联网技术领域专门人才的基本权利并支持他们的发展。在以企业作为专利权人的技术领域，企业也应制定内部的规章制度，方便界定企业同设计人、发明人间的权利分配关系。

3. 物联网技术专利保护的策略

制定科学合理的物联网技术专利保护策略将提升我国产业竞

---

〔1〕 李羽西：《物联网知识产权的探究》，载《现代工业经济和信息化》2015 年第 20 期。

〔2〕 参见美国 Akamai Techs., Inc. v. Limelight Networks, Inc. 案判决。

争优势，维护物联网产业的健康发展。合理的专利保护策略可以体现在以下四个方面：

首先，各企业和研发部门应注重储备核心的物联网技术，提升对于商业方法专利和软件专利的认识，积极在本国和物联网技术发展迅速的主要国家申请相关专利，并积极参与制定本国和国际的相关技术标准。其次，国家应提供专项基金，支持物联网技术在本国和国际的专利申请及其转化利用，并提供涉外诉讼的相应援助。再次，物联网企业应在申请专利前与员工签订保密协议，将视野拓展到物联网信息技术、终端产品和服务链条的全方位，注重全链条新技术的保密，尽可能地防止可申请专利的技术外泄。最后，在专利保护方面，企业应厘清不同国家专利法保护的主体和客体范围，对于各国的知识产权制度和法律法规进行充分的了解，熟悉相关部门的职能和与维权有关的诉讼及非讼程序，积极利用法律的武器维护自身权利，同时也使用法律武器防范对方的攻击。

（三）物联网技术著作权保护

对物联网技术领域的核心信息具体化的电子计算机软件、数据库等提供著作权保护是现阶段物联网知识产权保护的一个重要手段。2017 年，我国软件著作权登记量突破 70 万件，同比增85%，其中物联网软件的著作权登记多年持续被列为我国增速较快的软件类别之一。

物联网领域可以通过著作权保护的客体，除了软件以外，还包括固定表达的具体操作规范或流程的作品、被数字化或直接以数字化创作的作品、网页、数据库、链接标志等，也可涵盖作品中附加的技术措施。物联网领域著作权的主体除了进行了必要的著作权登记的以外，有些是匿名的或者是通过开源模式主张权利的。其中，各类网站（包括新型自媒体等）管理者可以视为在网络环境下产生的新型著作权主体：他们对其所经营的网站之网页设计享有著作权；作为内容的编辑者，对其网站内部存储并展示之内容的整体享有著作权，同时也必须承担相应的责任。[1]

互联网领域针对网络服务提供商等设计的"避风港规则"和"红旗规则"在物联网发展领域依然可以适用，但物联网领域更多地需要在传统著作权保护规则之外注重开源软件可能涉及的著作权问题。虽然开源软件及涉及作品的诸多开源协议允许公众相对自由地无偿使用作品，但是著作权人并未完全放弃著作权，一旦违反作品所标示的相关开源协议，使用者也需应对著作权侵权诉讼。物联网市场呈现碎片化、无定形、不断变化的特点，对连接互通性要求高；而在物联网发展初期，需降低技术门槛加速技术产品普及，因此，开源模式对于物联网发展来说非常重要。物联网企业在参与、利用开源过程中，需要提高知识产权保护意识，建立风险防控体系，更好地利用开源模式推动产业发展。[2]

随着物联网在全球呈现快速发展趋势，欧美等国家将物联网作为重要战略新兴产业推进，新的互联网应用和社会形式"元宇宙"应运而生。随着元宇宙技术的不断提升，在元宇宙中进行知识和艺术创作的条件将不断优化，其创作门槛也随之不断降低，因此元宇宙空间涉及的著作权问题将逐渐凸显，尤其是在用户生成内容的可版权性、元宇宙作品的著作权归属，以及相应的应用和许可模式创新等方面都存在较多问题。

（四）物联网技术商标权及其他形式保护

物联网基于原有的互联网、无线网络实现互联互通，大量不同的网络和丰富多样的服务产品，涉及大量不同类的商标，各类商标还表现为不同的形式，如文字、图形、字母、颜色、声音甚至气味等，这为防范物联网领域的商标侵权埋下了隐患，也增加

---

〔1〕 秦成德编著：《物联网法学》，中国铁道出版社2013年版，第132～133页。
〔2〕 付娜等：《物联网开源软件知识产权风险研究》，载《电信网技术》2018年第1期。

了查明商标侵权的难度。[1] 商标管理和司法部门可与相关技术人员密切沟通，提升自身的技术水平，正确理解物联网领域商标侵权的基本构成要件，在物联网技术领域构建更加完善的商标保护体系，维持公平合理的物联网市场竞争秩序。

在物联网企业和技术人员广泛使用的 Apache-2.0 协议开源模式中，有对于商标进行的规定，其第 6 条指出：本许可协议并未授予用户使用许可证颁发者的商号、商标、服务标记或产品名称，除非将这些名称用于合理和惯例性描述作品起源和复制通知文件的内容。Apache-2.0 对商标使用进行限制，只有在描述程序的原作者或者复制声明通知的时候才可以使用许可证颁发者的商标，否则其他情况下的使用需获得许可证颁发者的额外授权。BSD 3-Clause 开源协议也规定：未经允许，不能使用著作权人和贡献者的名字进行市场推广。物联网企业和技术人员在免费使用开源软件时，若需要对该开源作品著作权人所注册的商标等具有价值的商业性标记进行使用，很可能会侵犯对方所主张的商标权。因此，要特别关注开源社区对开源软件商标使用是否有规定，如规定不得擅自使用开源软件的商标，则需要严格按照规定执行。[2]

在物联网领域，虽然我国专利保有量较大，但是核心技术依然掌握在他国手中，暂时未能完全主导该技术领域国际标准的制定，因此，防范标准化中的专利权滥用是物联网企业发展的必要措施。美国通过法院判例发展出较为成熟、合理的"专利权滥用抗辩"原则，在专利法框架内以此作为制衡专利权人个人利益和社会公共利益的手段。另外，应更加注重完善我国的强制许可制

〔1〕 刘鹏：《我国物联网的知识产权法律保护》，载《光明日报》2015 年 7 月 19 日，第 7 版。

〔2〕 付娜等：《物联网开源软件知识产权风险研究》，载《电信网技术》2018 年第 1 期。

度，提升其可操作性，并在物联网发展的关键技术领域，尝试在权利人拒绝许可标准必要专利时，适当地实施。[1] 最后，随着移动互联网和物联网技术及其应用的不断发展，衍生出个人数据保护、互联网生态等新问题，反不正当竞争法及其相关配套性规范亦需要进行针对性的修订与完善以应对层出不穷的新情况。

二、区块链技术发展与知识产权保护

（一）区块链技术与知识产权概述

1. 区块链技术

区块链（Blockchain）是基于云计算、大数据、物联网等新一代信息技术发展而来的，分布式数据存储、点对点传输、共识机制、加密算法等计算机信息技术的新型应用模式。1991 年由斯图尔特·哈伯（Stuart Haber）和斯科特·斯托内塔（W. Scott Stornetta）第一次提出关于区块的加密保护链产品；2000 年，斯特凡·康斯特（Stefan Konst）发表了加密保护链的统一理论，并提出一整套实施方案；2008 年，中本聪（可能是一个研究团体）发表了比特币规范，第一次提出了区块链的概念。此后，区块链技术开始被人们所重视。在中本聪的原始论文中，"区块" 和 "链" 这两个字是分开使用的，该技术最早以 "比特币" 形式应用于数字金融领域（区块链 1.0），而在 2016 年广泛使用时被合称为 "区块-链" 之后才被变成一个词："区块链"。

区块链按照时间顺序将数据以类似链条的方式结合，并且通过密码学方式保证数据的不可篡改和不可伪造性，在运用的过程中具有去中心化、不可篡改、匿名化等特点：区块链数据的储

---

〔1〕　刘鹏：《我国物联网的知识产权法律保护》，载《光明日报》2015 年 7 月 19 日，第 7 版。相关研究，参见宋建立：《我国标准必要专利诉讼中禁诉令制度的构建》，载《中国法律评论》2023 年第 1 期；李宗辉：《标准必要专利跨国诉讼中禁诉令的适用标准研究》，载《法商研究》2022 年第 4 期。

存、验证、运输、更新、维护均是基于分布式系统结构，而各节点通过特殊的纯算法建立信任关系，不需要中间机构或存储设备保存数据，从而形成去中心化的可信任的分布式系统。区块链将一段时间内生成的数据打包成一个区块，盖上时间戳，与上一个区块通过加密算法链接在一起，下一个区块的页首又包含了上一个区块的索引数据，然后再在本页中写入新的信息，从而形成新的区块，首尾相连，具有极强的可验证性和可追溯性。[1] 区块链采取集体维护的形式，新数据的生成需要其他节点的核对，得到多数节点的批准才可以添加到区块链中，同时控制整个系统中超过 50% 的节点，才可以修改数据。区块链使用加密算法，分布式网络中需要的运算能力巨大，篡改成本高，这种不可篡改的特征决定了它安全可信的特征。区块链中的数字货币交易无需有公信力的第三方监管确认，因为整个网络数据的运算是公开透明的，任何参与者都能知晓其他节点的记录结果，当所有参与者都确认某笔交易时，该笔交易就被确认为是真实有效的。[2]

智能合约被广泛认为是区块链 2.0 技术的基本特征。[3] 智能合约被广泛地运用到更多方面：如根据法律、金融、道德等社会准则，编写一段由计算机自动进行判断和执行的程序，可以替代现实中的合约，来执行例如支付款、房屋买卖等合约双方的交易行为，这段程序可以自动运行和维护。除此之外，区块链去中心化、不可篡改、不可逆等特性，使得在身份认证、司法仲裁、权利登记、支付转让、防伪等任何缺乏信任的领域，该技术都有用武之地。区块链 3.0 将构建出一个传递信任和价值的新一代互联

---

〔1〕 刘德生等：《浅议区块链技术在图书著作权保护和交易中的应用》，载《科技与出版》2017 年第 6 期。

〔2〕 华劼：《区块链技术与智能合约在知识产权确权和交易中的运用及其法律规制》，载《知识产权》2018 年第 2 期。

〔3〕 刘德生等：《浅议区块链技术在图书著作权保护和交易中的应用》，载《科技与出版》2017 年第 6 期。

网，建立新的商业模式，颠覆人类的生活。

2. 区块链技术与知识产权的关系

第一，区块链技术的运用能够更好地保障知识产权人的利益，提升知识产权运营效率。区块链技术在智能合同、技术资产数字化、客户识别、供应链管理、支付与转账、网络安全等领域的技术优势使得互联网环境下的知识产权保护和运用呈现出新的状况：权利人更加容易确定，权利人与使用者的联系和沟通更加便捷，信任度大幅提升，授权使用成本降低，费用支付渠道被打通，授权后使用情况得以实时监控，互联网环境下侵权行为的隐蔽性得以克服，这些都能给权利人带来极大的权益保障。因此，区块链技术的运用能够维护知识产权市场的稳定，促进知识产权交易的顺利进行，进而有效地激励文化的繁荣和技术的创新，是知识经济时代建设创新型国家的一个重要的技术基础。

第二，区块链技术的发展为知识产权法律制度体系的健全带来了新的法律问题。在基于区块链技术建立起的互联网共享经济领域，智能合约等技术的运用可能建立起一个完全技术条件下的格式合同体系，这种不可篡改的算法将使得在链中交易的双方主体形成不平等的关系，一旦交易条件被设定，将无法更改，这使得交易双方的谈判空间被压缩，长期适用于知识产权保护领域的"意思自治"这一民事法律原则或将被动摇。另外，区块链的去中心化存储和管理技术使得任一交易行为都被所有用户储存，不再依赖于中心化的管理主体，一旦最初的规则设置存在瑕疵或系统运行中出现技术漏洞、遭到技术攻击，都可能要求对基础算法或协议进行修正，但是在区块链环境下，这种修正需要一半以上的用户同意并完成，这使得修改底层技术的基本算法成本高昂，使用了区块链技术的知识产权交易将存在难以防控的风险，而这类风险的责任主体无法确定，其救济机制在现有的法律体系下也并未建立起来。[1]

(二) 区块链技术与专利保护

1. 区块链技术专利保护的客体

专利法保护发明、实用新型和外观设计，但是区块链技术创新中的大量新技术由于无法具备有型的外观，大多都只能以发明的形式进行专利申请。我国现有的专利申请主要涉及数据层和应用层，对于数据层的技术例如区块头、区块体以及链式关系的改进，大多可归纳为对数据存储结构和搜索效率等的改进，大多专利技术都涉及计算机软件；而应用层则具体涉及电子商务、证券服务、数字货币和资产信用管理等方面，可以看出其大部分涉及商业方法。对应用层改进相对简单，涉及区块链技术的商业方法是现有市场上数量最多的专利客体。

因此，区块链领域新技术成为专利保护的客体是比较困难的。首先，很多基于开源软件的区块链技术相关的新发明很难科学描述以满足新颖性与创造性的要求。其次，由于在性质上多数属于"软件"或"商业方法"，如何在具体的权利要求中能够避免被专利审查员视为构成了对特定逻辑演算或演绎方式本身，很难确定。另外，申请人在全球进行布局比较困难，因为各国不同的专利制度和理念，致使各国软件专利的审查标准存在差异。为了保障和激励区块链技术的发展，我国应充分论证并合理考虑制定适度有效的针对软件专利和商业方法专利的审查标准，以更完整地保护这一新兴专利客体。

2. 区块链技术专利保护的主体

区块链技术的创新很难由个人完成，因此，在确定发明人的时候应注意国家关于职务发明、合作开发及委托发明权利归属的

---

[1] 相关研究，参见余俊、张潇：《区块链技术与知识产权确权登记制度的现代化》，载《知识产权》2020年第8期；黄武双、邱思宇：《论区块链技术在知识产权保护中的作用》，载《南昌大学学报（人文社会科学版）》2020年第2期。

规定。申请区块链相关专利的公司可能的权利主体大致可以分为三类：第一类是老牌的 IT 企业，如微软、思科、国际商业机器公司（IBM）、爱立信公司、戴尔等；第二类是金融类企业，如美国银行、万事达卡国际股份有限公司、The Toron-to-Dominion Bank 等；第三类是专门从事区块链技术研发的新创企业，如 21 Inc.，Coinbase Inc.，Monegraph Inc.，Blockchain Technologies Corporation 等。

对于区块链技术的知识产权进行专利保护是强度最高的一种保护方式。但是，由于区块链技术大多都要依靠一些开源软件进行基础性研究和开发，当新技术的发明人申请专利保护后，只有将源代码开放，使软件的代码可以被人们使用、学习和再创作，才能保证软件的持续发展，于是区块链技术的专利权人或将面对大量相关的纠纷，各权利主体应对自己的技术开发流程及技术基础了解清楚，以应对随时可能面对的相关诉讼。

随着区块链技术运用能力的提升，若能够将其应用于包括区块链技术专利在内的所有专利的审查流程，则能够为确定专利保护的主体即专利权人提供稳定的、可信的技术支持，如申请人在答复审查意见时必须对自己对权利要求作出的修改承担责任，申请人是否、何时获得专利授权及后续的运用、保护及管理等情况都在链中，方便公众实时了解专利权属情况。不过区块链本身不具备查真机制，专利权人和著作权人一样，无法被区块链识别，区块链识别的只是信息的录入者，而不一定是专利权人。因此，对于专利权人的界定仍要基于专利法上的权利主体的确定标准来进行，即储存在区块链上的发明创造真正的专利权人。

3. 区块链技术专利保护的策略

全球区块链相关技术专利的申请多集中在应用层，而网络层、共识层、激励层的专利申请量相对较少。在这几层的改进相对较难，其含金量最高，每一次对共识方式的改进，都可能引发整个区块链行业的升级。中国虽已在海外进行大规模布局，但中国区块链专利的国际竞争力与发达国家存在一定的差距，专利申请授权率、国际专利占比、被引用率等均低于美国。因此，放眼海外进行专利布局，尤其是核心技术的网络层、共识层、激励层和合约层的布局，才能在将来区块链方面的专利战中处于优势地位。[1]

（三）区块链技术与著作权保护

区块链技术的复杂性使得部分人认为新一轮的技术嬗变即将到来，这可能会对著作权法产生持久的影响。20世纪末乔尔·雷登伯格（Joel Reidenberg）和劳伦斯·莱斯格（Lawrence Lessig）就提出计算机"代码"是塑造人类行为的多形式的"法则"（从规范约束的意义上讲）之一，[2]这些技术可以为知识产权管理提供新机制，甚至可以取代目前的模式。数字化时代的发展会使著作权侵权方式多样化，区块链的出现则将开启一个通过计算机代码管理和执行著作权的新时代。在某些情况下，技术措施可以作为一种行为约束力量，因为计算机代码可以更有效的方式提前执行现有的法律和合同规则。区块链技术应用于著作权保护有其无法替代的特殊性：引入区块链技术，可以记录永久有效的数据ID来实现保护特定的知识产权，时间戳技术也可以解决版权登记问题。当前北京、杭州、广州三大互联网法院已推广区块链数据存证。因为区块链技术具有不可篡改、不可抵赖、多方参与等特性，通过应用区块链技术可以实现侵权数据的动态固化过程。当然，区块链技术本身基于软件、算法、计算机程序等也会涉及一系列著作权问题。

1. 区块链技术著作权保护的客体

区块链本质是一种科学技术，因此区块链著作权的客体必然

〔1〕相关研究，参见肖翰：《知识产权保护视角下区块链技术的专利赋权标准研究》，载《科技进步与对策》2021年第5期。

〔2〕［美］劳伦斯·莱斯格：《代码2.0：网络空间中的法律》，李旭、沈伟伟译，清华大学出版社2009年版，第6页。

小于或等于著作权法上的客体。结合区块链技术的特点进行分析，可找到适用于该技术的作品类型，也即所讨论的区块链著作权的客体。区块链储存的是数据，所以区块链著作权的客体首先应当是可以转换为数据的作品；其次应当是储存在区块链中的数据；最后应当在著作权法上的客体范围内。如国内首起 NFT 数字艺术品侵权案，法院判决被告立即删除涉案平台上发布的"胖虎打疫苗" NFT 数字作品，同时赔偿原告经济损失 4000 元。[1]

　　除了不具独创性的纯功能性运作或操作方法等，区块链技术中的开源代码原则上可以获得著作权保护。开源著作权保护与几乎具有完全的排他性的传统著作权不同，开源代码则是"部分保留、其余自便"，但也绝非完全自由、无条件和无偿地许可。当然，少数确实使用了非开源代码编写的区块链技术软件也可以获得传统著作权法的自动保护，或者通过软件著作权登记获得更加明确的保护。

　　由于与区块链技术有关的著作权客体多为各类软件代码，具有很强的隐蔽性，公众无法直接接触和了解，而区块链软件在一些技术方面上也已经超越了一般软件，倘若还未形成一个有效的备案机制，就不易于全面地了解开源软件的特征和推广区块链技术。[2] 为此，国家可以建立区块链软件备案的专门机构，在开源社区平台和民间组织运作的基础上充分发挥共享智慧力量。

　　2. 区块链技术著作权保护的主体

　　因为区块链的源代码在软件著作权制度中的作用并非取决于源代码是否开放，即使是公开的源代码，依旧可以受到软件著作权的保护。然而，区块链软件的著作权保护又表现出不同于传统

----

〔1〕　相关研究，参见陶乾：《论数字作品非同质代币化交易的法律意涵》，载《东方法学》2022 年第 2 期。

〔2〕　徐瑄、张汉华：《计算机开源软件许可证的许可条款性质认定——美国联邦巡回上诉法院第 2008-1001 号裁决评析》，载《知识产权》2014 年第 6 期。

著作权法的特点。从形式上来说，区块链软件是很多软件研发者的合作作品、集体作品，从实质上而言又是汇编作品。[1] 应依据著作权法对于权利主体的确定规则来明确相关软件著作权的权利归属。即便是采取开源保护，软件著作权权利人也并未完全放弃自己的著作权。

3. 区块链技术对著作权保护的影响

区块链技术运用于互联网文化产业，包括数字音乐、数字图书、数字视频、数字游戏等著作权产品的生产、复制、流通和传播各环节，或能彻底解决传统互联网生态下知识产权侵权现象严重、纠纷频发、侵蚀原创精神、行政保护力度较弱、举证困难、维权成本过高等问题。[2]

区块链只能客观记录第一个上传者，但不能查实第一个上传者是否就是真正的作者。如果某篇文章的作者甲的作品被乙窃取并上传到区块链上，则乙会被判定为作者，区块链本身并不具备查真机制。因此，对于区块链上作品的著作权主体，仍应基于著作权法中主体的认定标准来界定，即对储存在区块链上的作品享有著作权的人。

但从另一角度看，除了上文提到的权利及侵权主体难以确定等问题以外，基于区块链技术高度的安全性和不可篡改性，此类技术措施的应用将导致公众开发和使用规避技术的可能性极大降低，现有部分国家（如美国）设置的例外条款可能形同虚设，这将进一步导致著作权人的权利范围扩张。过强的著作权保护将加剧其与合理使用、言论自由权、受教育权之间的冲突，侵蚀公共

〔1〕 张韬略:《开源软件的知识产权问题研究——制度诱因、规则架构及理论反思》，载《网络法律评论》2004 年第 2 期。
〔2〕 相关案例，参见北京某科技有限公司与某网络技术（北京）有限公司、某网讯科技有限公司侵害作品信息网络传播权纠纷案，北京互联网法院（2018）京 0491 民初 1 号民事判决书。

利益，最终可能阻碍文化和技术发展。进言之，技术措施是互联网时代著作权保护的"自力救济"形式，当其严重损害公共利益时，应适时立法对其进行合理限制，这方面立法的犹疑将导致司法和执法部门无法可依，著作权产业可能无法顺利发展，若不能尽快设置合理的新规则，平衡"法律治理"与"技术治理"两者间的关系，将带来严重的社会问题。但著作权法涉及的利益关系异常复杂，各方面利益博弈使得理论界、实践界对该项制度观点不一，基于国情和产业发展状况的差异，各方对是否借鉴、如何借鉴域外现有制度模式亦存在较大争议。因此，区块链技术的进一步发展将导致与著作权有关的立法中很多条款设计存在困难。[1]

（四）区块链技术与其他知识产权保护

1. 区块链技术与商标权保护

借助于区块链技术的时间记录功能，人们能较好地解决证明商标在先使用的问题。如果每笔交易都将商品上的商标信息记录在区块链中，则根据区块链和智能合约中的信息就足以统计出商标第一次在商业活动中使用的时间，以及这些使用是否使商标具有了显著性和影响力。此外，区块链技术对在先使用的证明也能帮助缺乏固有显著性的商标获得注册，因为没有固有显著性的商标在使用中如果获得了显著性，能使该商标在申请注册过程中不会因为缺乏显著性而被商标局驳回。[2] 区块链技术通过其分布式链条的特点，记录商品的销量、市场份额以及销售的区域范围，可以为商标的使用范围、持续时间、影响力等方面提供证明。驰名商标的认定要考虑的相关公众对商标的知晓程度、商标

---

〔1〕 赵丰、周围：《基于区块链技术保护数字版权问题探析》，载《科技与法律》2017 年第 1 期。

〔2〕 华劼：《区块链技术与智能合约在知识产权确权和交易中的运用及其法律规制》，载《知识产权》2018 年第 2 期。

持续使用时间、宣传工作的持续时间、程度和地理范围等因素，可通过区块链中多点数据记录和多节点的数据储存来提供证明，为驰名商标个案认定的繁琐提供更加高效、便捷的举证手段。[1]在基于区块链等技术建立并发展的元宇宙空间的商标问题，也开始逐渐引起热议，如 2023 年 1 月 30 日，法国时装巨头爱马仕起诉美国洛杉矶艺术家 Mason Rothschild 在 2021 年发行的限量版 NFT 艺术作品"MetaBirkin"违反商标法，误导买家认为这些作品源于爱马仕官方，要求其下架和停止销售相关作品。

2. 区块链技术与反不正当竞争

区块链将一段时间内生成的数据打包成一个区块，盖上时间戳，与上一个区块通过加密算法链接在一起，下一个区块的页首又包含了上一个区块的索引数据，然后再在本页中写入新的信息，从而形成新的区块，首尾相连，最终形成了区块链，因此具有极强的时序性、可追溯性。商品可以通过区块链追溯其来源，通过判断其存在性来证明其真伪。区块链可以提供包括从预防入手确认商品归属和侵权取证的重要方式。

区块链具有极强的可溯源性和可信性，可以用于商业秘密侵权取证。同时结合密码学原理储存数据的方式又可以同时做到不泄露商业秘密的信息，从而使商业秘密得到有效的保护。区块链在商业秘密保护上的一个突破在于，既可以对商业秘密进行统一的登记备案，又可以保证商业秘密的不公开。商业秘密的确权模式差不多是在著作权模式下又增加了保密措施的要求，故也仅在司法程序存在确定商业秘密权属的行为，这其中需要通过权利人举证，证明采取了相关的保密措施。由于现实中权利人很难证明，故现在相关单位正在探讨建立商业秘密备案制度，以便在商业秘密确权时权利人可以基于公信力而更好地举证。区块链则可

---

〔1〕 张怀印、凌宗亮：《区块链技术在商标领域的证明作用》，载《知识产权》2018 年第 5 期。

以保证在对商业秘密进行备案时不泄露商业秘密的信息。对商业秘密进行备案，可以将涉及商业秘密的信息通过区块链技术做加密处理，相关的保密措施可以予以公开，即除商业秘密的信息外，备案其他内容及备案行为为大家所公知，这就间接实现了权利人可以通过可靠技术证明采取了相关的保密措施，在商业秘密确权中也就有了更强的举证效力。

（五）区块链技术知识产权保护发展趋势

区块链技术固然凭借去中心化与可靠数据库的特质，理论上实现了对征信体系建设、金融风险防控模式的颠覆和重塑，但其应用还处于初级阶段，在技术瓶颈、安全监管等方面仍面临诸多挑战。[1] 至少在目前的环境下，最适合与区块链和相关技术创新配套的保护机制，就是著作权和与开源代码开发相关的许可合同。全球区块链技术项下涉及隐私计算、智能合约、数据存储以及计算安全等领域的专利布局也在展开激烈角逐。中国在专利申请量方面固然位居世界前列，但是将相关技术专利化后可能涉及开源代码许可协议中间隐含的限制条款，或将引发新的知识产权纠纷。

区块链的每一个节点通过纯数学的方法建立信任，无需公权力救济，技术开始充当着"第二立法者"的角色。在思考区块链技术与知识产权保护的发展趋势时，既要考虑到随着知识产权保护在区块链环境下的变化，应如何保护权利人的权利，同时又要考虑到在将区块链纳入知识产权保护法律规制范畴时，国家公权力应如何介入的问题。区块链技术的去中心化信用、不可篡改和可编程等特点，使其在知识产权保护中有广泛的应用前景，立法也势必将据此做出有效调整。随着公众将更多目光聚焦到区块链技术及其应用上，区块链相关市场潜力无限，很多困扰人们的现实问题也会得到解决。

---

[1] 张秀广、李政道：《"区块链+互联网"在金融领域的前景分析与挑战》，载《管理现代化》2016年第6期。

第七编　创新驱动发展战略和知识产权
强国建设下知识产权法律制度实施

创新驱动发展战略与知识产权法律制度之关系

　　当前，我国正在深入实施创新驱动发展战略和国家知识产权战略，全方位推进知识产权强国建设。党的二十大报告即提出，要"深入实施科教兴国战略、人才强国战略、创新驱动发展战略，开辟发展新领域新赛道，不断塑造发展新动能新优势"，要"完善科技创新体系"，"加强知识产权法治保障，形成支持全面创新的基础制度"，"加快实施创新驱动发展战略"，"保护知识产权就是保护创新"。我国创新型国家建设和创新驱动发展战略的深入实施离不开充分运用知识产权法律制度。这是因为，知识产权法律制度是一种典型的激励创新和保护创新成果转化和利用的激励机制、法律保障机制以及利益平衡机制。本专题即从我国自主创新与知识产权保护之制度需求的关系出发，探讨知识产权法律制度对创新驱动发展战略的保障作用及其实现机制。

一、自主创新与知识产权保护制度需求

　　从制度激励的层面来说，我国长期以来实行的是科技奖励政策。科技奖励政策固然有其历史渊源，但在当前知识产权激励制度之下，其存在的空间受到限制，应更多地向知识产权制度倾斜，以知识产权制度激励企业知识创造和创新成果转化。这是因

为，科技奖励与知识产权制度激励本质上是两种完全不同的制度，前者不是根据市场而是根据国家科技计划从事科研活动，获得科技成果后不具有产业化和商业化导向与激励因素。知识产权制度则隐含着激励创新成果产业化、商业化的导向和机制，而企业技术成果的产业化和商业化正是其进行自主创新的根本目的。从理论上看，科技奖励制度属于政府主导型制度，知识产权制度则属于以确认私权的方式避免使知识产品成为公共物品的制度。随着我国知识产权制度的建立和逐步完善，科技奖励制度需要更多地与知识产权制度嫁接、融合，在科技奖励制度中突出知识产权导向，实现科技奖励制度与知识产权制度的有效融合。事实上，我国目前的科技奖励评价体系中已经体现了在科技成果奖励中对自主知识产权激励的重视。建立以知识产权为导向的促进企业知识创造以及创新成果转化的制度激励机制，本质上是一种以产权激励制度为基础和核心的激励模式和机制。包括知识产权在内的产权激励已被认为是激发市场经济主体从事创造性活动的基础性制度。有效的产权制度能够为各利益主体权利、义务与责任的确立提供明确的预期，避免创造性活动中负外部性的产生，为企业、高校和科研院所等主体从事研究开发等相关活动提供保障。

（一）自主创新

自主创新和自主知识产权、技术创新具有千丝万缕的联系，但也有重要区别。自主创新是企业凭借自身的研究开发能力和技术力量，整合其内外部创新资源，在特定技术领域内进行前沿性研究和开发，直至实现创新成果商业化的过程，是包括原始创新、集成创新和引进消化吸收再创新等创新形式在内的完整的创新体系。自主创新强调通过自身创新活动来获取自主知识产权，提高创新能力，并通过获得自主知识产权的核心技术以此实现新产品、新技术的价值。自主创新强调创新的"自主性"，这种自主性在企业自主创新中表现为"对行业发展有重大影响的核心技术的开发和掌控，拥有对产品和服务自主定价权以及市场价值分配过程中的话语权和主导权"[1]。

应当说，"自主创新"是随着我国建设创新型国家的提出而提出的一个颇有中国本土化特色的概念，在国外难以找到完全对应的概念。国外关于创新研究比较接近的概念应当是"内生创新"。从自主创新的主体分为国家、区域与企事业单位层面可以看出，该概念的外延大于技术创新，因为技术创新的主体一般限定于企业。这里的国家或区域层面的自主创新是指在产业技术战略指引下对产业发展的关键技术、核心技术的内源式供给，对高新技术以我为主的研究开发，对基础科学和应用基础科学领域发展方向的引领，以及对知名企业和国际品牌的培育等。它主要立足于企业独立的研究开发活动，但也不排除与他人合作创新，强调不是对他人现有技术的简单改进和模仿创新。企业自主创新战略是企业发展的根本性战略，对于提升企业核心竞争力具有关键作用。加强自主创新，对于提高我国创新能力，建设创新型国家具有极端重要的意义。自主创新不仅是我国走新型工业化道路的内在要求，更是我国实现强国之梦、推进产业转型升级、实现经济和技术跨越式发展的必由之路。

自主创新能力是一种根本性的创新能力，自主创新战略则是国家创新战略的核心部分，而国家创新战略是一个国家为全面提升其创新能力在科技、经济、文化、教育等方面制定与实施的带有全局性、长远性的总体性谋划和根本指导方针。为了提高国家竞争力，很多国家都提出了自身的创新战略。我国也在2006年提出了自主创新战略，强调自主创新是国家竞争力的核心，确立了"自主创新、重点跨越、支撑发展、引领未来"的十六字方

---

[1]　刘凤朝等:《基于集对分析法的区域自主创新能力评估研究》，载《中国软科学》2005年第11期。

针。当前，我国提出自主创新战略适逢其时，这是因为经过几十年的改革开放和经济社会发展，我国已具备实行自主创新的良好条件。在新的形势下，自主创新战略的核心是大幅度提高我国自主创新能力，而提高自主创新能力本身也是我国国家发展战略的核心，这就要求我国应将其贯穿于经济社会发展方式转变的始终。

自主创新与知识产权之间具有十分密切的联系。自主创新成功主要是能够获得自主知识产权、具有较强的知识产权控制能力，没有知识产权的保护，不掌握自主知识产权和创立自主品牌，自主创新将成为一句空话。自主创新也是企业技术创新所追求的重要形式。同样，自主知识产权一般来说也是自主创新的必然产物。在自主创新环境下，创新者可以获取独立的、不受他人干预和制约的知识产权，人们通常称为"自主知识产权"。自主知识产权是企业自主创新的落脚点，提高自主创新能力则是自主创新战略的重要目标。基于此，企业自主创新应高度重视利用知识产权保护制度保护创新成果，以获取对自主创新成果在法律上的独占和垄断。

（二）自主创新的利益激励机制

利益关系反映了知识产权制度背后的利益平衡，利益激励机制是知识产权制度的重要机制。对于企业自主创新与知识产权战略融合的利益机制的研究，可以从技术、经济和法律方面进行研究。

企业自主创新的利益激励机制既属于创新机制范畴，也属于一般的激励机制范畴。为明确企业自主创新利益机制的内涵，有必要先对激励机制和创新激励机制的基本精神予以把握。激励机制是通过一定的方式方法调动激励活动的各要素在相关活动中充分发挥其积极性、潜力和创造力，以实现特定目的的有机联系的模式。从心理学的角度看，激励是发挥人的潜能和聪明才智，促使人们的行为朝着预定目标前进的根本动力。研究表明，激励措施能够大幅度提高人的潜能。就创新激励机制而言，它是通过一定的激励手段提高创新主体从事新技术、新产品、新工艺、新方法等创新活动的机制。创新激励机制是以利益激励为核心的，通常包括建立科学合理的创新绩效考核评价体系，并采取合理的激励措施和策略。[1]

企业自主创新和实施知识产权战略的重要性决定了有必要建立促进企业自主创新和知识产权战略的激励机制。知识产权制度本身的激励机制则是建立这一激励机制的内在制度安排，因为知识产权制度赋予创新者一定限期专有权利，并可以产品边际成本以上的价格销售产品，以补偿研究开发投资并获得必要的利益，这样就能激励研究开发以及相关的自主创新，从而促进自主创新的开展。事实上，企业自主创新本身存在的内在动力机制是构建企业自主创新和知识产权战略激励机制的内在基础，明确这一点有利于理解促进企业自主创新和知识产权战略实施的激励政策。

企业自主创新之所以可以成为企业的自觉行动，是因为它受到企业内部动力机制牵引和外部环境影响，这两方面因素相互影响、相互作用，构成了企业自主创新的动力机制。换言之，企业自主创新内在推动力来自企业利用创新资源和创新能力对经济利益的追求，创新者的创新动机来源于创新产品对其带来的利润的驱动。其实，熊彼特很早就发现了这一点，他认为企业追求超额利润与企业家精神是企业从事创新的基本动力。

在知识产权制度下企业自主创新的动力机制，主要来自对创新成果的知识产权保护产生的垄断性利益。这种动力驱动，在本质上则来自市场竞争。因为竞争会造成一种压力，使企业产生一种生存危机感和危机意识，迫使企业开发出超过竞争对手的技术

---

〔1〕　相关研究，参见吴超鹏、唐菂：《知识产权保护执法力度、技术创新与企业绩效——来自中国上市公司的证据》，载《经济研究》2016 年第 11 期。

和产品，以赢得竞争优势。例如，美国思科公司并不明确承认专利激励创新的功能，而是认为专利赢得了创新并保护了创新，促使其从事创新的动机则是竞争的存在。不过，正如哲学上的外因通过内因起作用，外部环境影响最终需要转化为企业自主创新的内部动力机制。内部动力机制实则为利益激励机制，亦即创新者的创新投入大小与其获取的利益直接挂钩并且成正相关时，企业从事自主创新的积极性才会较高。当然，企业自主创新尽管属于企业个体的行为，却仍然会产生巨大的社会利益。为了维护自主创新的社会效果，需要实现自主创新的私人收益率与社会收益率的平衡。

以上探讨的企业自主创新内在动力机制和外部环境影响，最终效果被整合为企业自主创新的利益激励机制。这种机制具有两方面含义，一则它是一种激励机制，属于制度安排的范畴；二则它是一种以利益为导向的激励机制，即企业自主创新追求经济效益的最大化，是对创新利润最大化的追求为企业愿意冒着创新失败的风险从事自主创新活动提供了动力源泉。自主创新的利益激励机制运行方面，需要注意奖励的幅度、范围和强度与自主创新成果的重要性及其实现的利益挂钩，避免付出很多、收益却得不到足够回报的现象，同时还应建立保障机制，即保障奖励措施能够得到落实。在现实中，有些企业尽管建立了基于自主创新的激励机制，但没有真正落实，结果反而挫伤了员工从事自主创新的积极性。此外，自主创新利益激励机制发挥作用是在一个开放的创新环境中，受到多方面制度因素、体制因素、创新观念和社会环境制约的，是这些因素综合作用的结果。因此，应注意调动各方面的因素，才能落到实处。不过，总的来看，自主创新利益激励机制的构建包含了科技成果管理模式中的奖励方式以及产权制度中的产权激励机制尤其是知识产权制度的激励机制，并且在产权激励机制发挥作用方面，主要是引入知识产权管理模式。[1]随着自主创新与知识产权战略的融合，应建立产权特别是知识产权激励机制导向，因为只有在产权激励机制和模式下，才会更关注自主创新成果与市场运营的契合，引导企业创新活动与市场紧密结合。

事实上，关于企业自主创新的利益激励机制的建立和运行，可以根据企业行为诱致性变迁和强制性变迁理论加以理解。企业诱致性变迁是指企业受到巨大利益诱导的情况下产生的自发性行为的变化；强制性变迁则是基于政府制定的强制性规范而发生的变化。诱致性变迁对于企业来说有一个学习、接受和适应的过程，自主创新的驱动来自于企业从自主创新中获取的独特利益，这种利益可能是巨大的，成为促使企业投入自主创新的巨大动力。不过，对我国企业来说，自主创新方面的诱致性变迁具有缓慢性，很多企业尚未实现自主创新诱致性变迁行为，这与企业对自主创新的认识和自主创新能力建设等有直接关系。

另外，企业自主创新利益激励机制还可以从以人为本的人本管理原理加以理解。人本管理原则要求以人为本，充分发挥人的潜能和聪明才智。从人本管理的角度理解"管理"的概念，不是简单地通过一定的组织进行的计划、组织、指挥、控制、协调等活动，而是如何通过发挥每个人的优势更好地完成组织的使命和赋予自身的职责。这与《资治通鉴》中所说的"为治之要，莫先于人"有异曲同工之妙。人本管理将激发人的创造性、主动性和积极性，维护员工的利益放在首位，以人力资源有效管理为核心，以建立一定的激励机制为基础和保障。在自主创新方面，人本管理注重发挥员工从事知识创造和创新成果转化的潜能和积极性，通过设计合理的薪酬和业绩考核制度，激励员工为实现企业

---

〔1〕 相关研究，参见饶远、刘海波、张亚峰：《制度理论视角下的新型研发机构知识产权管理》，载《科学学研究》2022 年第 6 期。

自主创新目的而努力奋斗。国外跨国公司对运用人本管理激发员工从事创新工作非常重视。如英国马狮集团、日本松下公司的做法即值得关注。[1]

总体上，企业自主创新激励机制有效运行，需要在落实企业真正成为自主创新主体的前提之下，保障企业能够通过自主创新获得相应的经济利益，包括企业内部对创新者个人的分配激励制度以及外部制度、体制和政策环境的改善。

（三）促进自主创新的知识产权制度

知识产权制度实际上是自主创新的激励与保护制度。在企业自主创新政策体系和系统中，为企业组织创新和调整创新活动的法律规范体系从制度保障和制度激励层面保障了自主创新活动的运转，其中知识产权制度具有独特功效。知识产权制度是促进企业自主创新的法律机制，它既是国家创新体系的法律保障，也是企业自主创新政策体系的重要内容，是国家推进自主创新的核心政策与有效机制。知识产权制度对自主创新的作用，具体体现如下：

第一，激励知识创新和知识创造，为自主创新源头提供源源不断的智力资源和财产，为自主创新提供内在动力机制。

根据制度经济学理论，制度性因素和技术性因素一样都是经济增长的重要因素。其中激励自主创新的制度对于促进经济增长具有关键作用。一项资源实现其价值需要满足边界清晰和产权明确等条件。诺斯认为，制度创新和自主创新在世界经济发展过程中是相互促进的，两者之间有较强的相互依赖性。技术变迁与制度变迁成为社会经济演进的核心，呈现出路线依赖性特征。[2] 如

[1] 参见包晓闻、刘昆山编著：《企业核心竞争力经典案例（日韩篇）》，经济管理出版社2005年版，第20~32页。
[2] [美]道格拉斯·C.诺思：《经济史中的结构与变迁》，陈郁等译，上海三联书店、上海人民出版社1994年版，第38页。

前所述，知识产权制度属于制度创新的范畴，是一种激励创新的法律机制，其主要目的是保护知识创新者对知识利用的专有性控制，并试图建构知识垄断和知识共享之间的平衡机制。通过赋予和确认私权，知识产权制度激励和保护了创新者的创新。运用知识产权制度，可以激励知识创新和知识创造，为自主创新源头提供源源不断的智力资源和财产。知识产权制度为企业自主创新提供了一种内在的激励机制和动力源，有利于加速自主创新的进程，对自主创新的发展和实现具有巨大的推动作用。这种激励机制和动力源主要是通过对自主创新主体的内在作用机制实现的。从心理学的角度研究，创新价值观念、内心激励、工作满意程度和成就欲望等是构成自主创新主体动力源的关键因素。知识产权制度则以垄断性利益获取为激励要素，为激励自主创新主体投入创新活动提供了内在动机。这种动机指引的对象不仅表现于正在进行自主创新活动中的人，也表现于尚未参与自主创新活动的主体，以及对创新活动进行投资的主体。自主创新活动本身具有较高的风险性、不确定性，企业的投入却较高。如果企业不能从自主创新活动中获得必要的回报，企业从事自主创新的积极性就会受到打击。知识产权制度则因其赋予知识产权人对其创新成果以专有使用的权利，能够激励自主创新的投入。

美国法律经济学家波斯纳指出：当厂商预见到不能补偿其成本时，从一开始就不会从事发明；若其不能收获，他就不会播种。而且，在一个没有专利的世界中，发明活动也会严重地偏向于可能被保密的发明，正像完全无财产权可能会使生产偏向预先投资最小化的产品。[1]正是基于知识产权制度激励机制的作用，需要对保护知识产权提出要求。在自主创新体系中，激励机制也同样是其中的关键性内容，因为创新成果的产生离不开创新主体

---

[1] [美] 理查德·A. 波斯纳：《法律的经济分析》（下），蒋兆康译，中国大百科全书出版社 1997 年版，第 47 页。

实施技术发明等创新行为，而创新效率的提高直接与人们从事创新的动力机制有关。如果不能调动人们从事创新的积极性，自主创新的效率就将是十分低下的。在经济学上，自主创新本身的动力机制来源于创新成果商业化带来的利润。企业在自主创新中需要投入生产要素，企业如何从自主创新活动中收回成本并获得必要的利润，需要建立一种长效的保障机制。知识产权制度则正是一种激励创新的法律制度。事实上，关于知识产权制度对创新的激励功能和作用，国内外均进行过大量的实证研究，证明该功能和作用是积极的。

第二，知识产权制度有利于降低交易费用，减少创新活动中的不确定因素，促进自主创新资源的优化配置，提高自主创新效率，加快自主创新进程。

从经济学的角度看，任何交易都存在一定的实在交易成本或者说交易费用，交易成本是影响交易成败的重要因素。自主创新活动涉及企业内外部诸多利益主体的利益关系，也相应地存在大量的交易关系。知识产权制度则可以调整创新活动各参与者的行为合理预期，对创新行为及其结果在法律上予以掌控，从而有效地降低成本，提高交易效率，促成交易成功。知识产权制度还有利于降低创新行为中的不确定性，因为它通过法律规则和原则建立了创新活动领域的社会经济秩序，为提高创新效率奠定了制度基础。正如吴汉东教授指出：完善的知识产权制度为科技创新提供激励机制，能够保障创新工作的良性循环，为创新提供智力资源，并且实现创新资源的有效配置。它是实现创新成果产业化的关键因素，能够有效地保护科技创新成果，从而创造一个公平有序的创新环境。[1]

应当说，知识产权制度在提高自主创新效率方面，很重要的

---

〔1〕 吴汉东：《发扬自主创新精神 加快知识产权建设》，载《光明日报》2005 年 12 月 19 日，第 6 版。

一点在于其特有的促进公开的制度机制。促进公开是知识产权制度的基本功能，特别是其中的专利制度，更是"以垄断换取公开"的法律机制和科学技术管理制度。专利制度要求申请专利的发明创造应达到"充分公开"的程度，充分公开是技术产权化的先决条件。从人类技术史的角度看，在缺乏专利制度的漫长岁月，技术发明者为了维持其发明的垄断优势，只能通过商业秘密保密的办法来保护自己的创新成果。技术保密固然可以在一定程度上保护技术发明人的利益，但也因其造成了技术扩散的障碍而不利于技术流动、技术传播与利用。专利制度作为促进自主创新和技术进步的法律制度与政策工具，其特有的促进发明公开机制则可以保障技术的扩散和传播。尽管专利制度的垄断性特征使得专利技术不能被自由扩散和利用，而且因为提高了模仿成本而在一定程度上抑制了技术扩散，在自主创新主体与知识产权人不一致时这种情况更加明显，但是与缺乏专利制度时的技术保密相比，专利制度的公开功能仍然能更好地促进技术扩散。[1]

第三，知识产权制度通过其独特的利益协调机制，特别是其中的利益平衡机制，能够妥善处理知识创造和创新中的利益关系，尤其是知识产权人的利益与社会公共利益之间的关系，使其各得其所，从而最大限度地发挥知识产权制度的效能，推进创新活动。

知识产权制度本身也是一种利益平衡机制，甚至可以此建立知识产权法的利益平衡理论。知识产权法要同时实现保护私人权利和保护社会公共利益以促进社会进步的目标，需要调整好知识

---

[1]　学习习近平同志关于加强知识产权保护工作的重要性论述，也能够理解本部分探讨的通过知识产权制度实施促进资源有效配置、提高创新能力。习近平同志指出："知识产权保护工作关系国家治理体系和治理能力现代化，只有严格保护知识产权，才能完善现代产权制度、深化要素市场化改革，促进市场在资源配置中起决定性作用、更好发挥政府作用"。参见习近平：《全面加强知识产权保护工作 激发创新活力 推动构建新发展格局》，载《求是》2021年第3期。

产权人和社会公众之间的利益关系，以保障技术、思想和信息的及时广泛传播和利用，促进经济的发展和科学、文化事业的繁荣。知识产权法的目标功能是协调围绕知识产品而产生的利益冲突，均衡各方面的利益关系，使之处于系统优化状态。知识产权法同时承担着保护知识产权人的私人利益和维护在一般的社会公众利益基础之上更广泛的公共利益的双重目标，两者并行不悖。[1]就对自主创新的促进而言，知识产权制度的利益平衡机制能够协调自主创新活动中的利益关系，避免和及时解决在自主创新活动中的矛盾和冲突，保障自主创新的正常进行。同时，这种利益协调机制也是一种利益分配机制，因为知识产权保护的是一种利益关系，知识产权制度界定了创新者和创新成果之间的产权关系。企业自主创新活动中的创新收益分配立足于创新中的产权要素，知识产权制度通过对利益关系的调整，为自主创新收益分配提供了直接依据，如职务技术成果的产权归属就是一例。

第四，知识产权制度使自主创新成果权利化，它通过保护创新成果不被他人擅自使用、打击侵权行为，为自主创新提供了公平竞争的环境和良好的法律保障，也为市场经济主体提供了良好的营商环境，保障新技术产品安全开发，使自主创新能够朝着既定的目标和路线进行，也激发了在更高层面上的技术竞争，促进了技术进步和创新。

知识产权制度通过赋予自主创新企业以合法的垄断权来禁止创新成果被他人随意模仿，这一方面大大降低了创新活动的外部性，为创新活动提供了适当的激励，另一方面则建立了自主创新活动基本的公平竞争秩序，排除和禁止"搭便车"等不正当竞争行为，这就为自主创新提供了公平竞争的环境和良好的法律保障，有利于维护企业进行自主创新活动的公平竞争秩序，使自主

---

〔1〕 参见冯晓青：《知识产权法利益平衡理论》，中国政法大学出版社 2006 年版，第 85 页。

创新能够朝着既定的目标和路线进行。知识产权制度本身包含了鼓励在自主创新基础上公平竞争的内涵，通过专利法、商标法、著作权法等专门法律制度建立了技术、商品流通和文化市场领域的公平竞争秩序，使自主创新能够朝着既定的目标和路线进行。[1] 换言之，知识产权制度使创新者得到法律保护，并且能够独占创新的收益，禁止他人模仿和搭便车行为，减少了创新过程中的外部性，成为激励创新的重要机制。立足于知识产权保护的知识产权制度，也是营造公平竞争的营商环境所不可或缺的。习近平同志在 2017 年 7 月 17 日中央财经领导小组第十六次会议上即指出：知识产权保护是塑造良好营商环境的重要方面。

　　企业自主创新成果也需要知识产权的有效保护，知识产权保护是自主创新成果权利化、商品化和资本化的法律基础，知识产权本身则是自主创新成果权利化和法律化的体现，是保护企业创新成果和创新优势的重要法律机制。从自主创新与知识产权制度的关系看，自主创新成果不仅需要及时进行知识产权确权，而且需要在知识产权保护制度下减少或者避免知识产权侵权造成的损失和市场风险。缺乏知识产权制度支撑的自主创新活动将会造成自主创新主体利益的巨大损失，甚至无法收回创新的成本。这是因为，自主创新存在诸多技术和市场风险，并且自主创新活动本身需要大量人财物投入，缺乏知识产权保护的自主创新使得自主创新获取商业利益具有极大的不确定性。知识产权制度保障了自主创新的可持续发展，自主创新制度则为知识产权制度的发展创造了条件。知识产权制度通过对创新成果的保护，促进了自主知识产权的形成，使企业能够将其拥有的技术优势转化为市场优势和竞争优势，从而提高了自身的竞争能力。这也同时能够激发在更高层面上的技术竞争和创新，从而促进了技术进一步创新。特

---

　　[1] 相关研究，参见孔祥俊：《论"搭便车"的反不正当竞争法定位》，载《比较法研究》2023 年第 2 期。

别是就模仿创新而言，它同样也受到知识产权的保护。在我国企业广泛存在模仿创新的条件下，知识产权制度能够使模仿创新者与自主创新者进行公平竞争，促进创新资源的优化和创新投入，使模仿创新和自主创新都能够在知识产权制度的支撑下发展。

同时，由于自主创新能够给自主创新主体带来市场竞争优势和超额利润，知识产权制度也能够激发自主创新主体在现有竞争态势下开展有效竞争，加剧了企业自主创新的竞争，形成你追我赶的公平竞争形势，最终促进并形成自主创新。2018 年 3 月 7日，习近平同志在参加十三届全国人大一次会议广东代表团的审议中即明确指出：要培育更多具有自主知识产权和核心竞争力的创新型企业。拥有自主知识产权的企业，也才能真正获得核心竞争力和市场竞争优势。

第五，知识产权制度有力地促进了创新成果的商业化和产业化，促进了创新成果的扩散，使自主创新最终得以实现。

创新成果商业化和产业化是自主创新过程的终点，也是新的自主创新的起点。在这一过程中，知识产权制度具有重要的推进作用。这是因为，知识产权制度本身是市场经济的产物，按照市场经济规则运作，保护和鼓励新技术、新产品的市场化、商业化是其重要的出发点和目的。因此，该制度的有效运用，能直接促进自主创新活动，加快自主创新进程。在实践中，知识产权制度的运行效果被视为一个国家和地区自主创新能力的关键指标。知识产权制度立足于市场经济土壤，它不仅隐含了对创新活动的激励机制，而且隐含了对创新成果商业化的激励机制。知识产权制度隐含的促进知识创新成果商业化机制鼓励知识产权人和其他主体依法传播和使用知识成果，从而实现了自主创新的良性循环。易言之，知识产权制度的本质是赋予知识产品以私人性质的产权，它通过市场的方式由私人而非政府提供知识产品这一公共产品，市场方式则强调知识产品适应市场需要，并且在市场中实现其价值。以专利法为例，专利权人获取利益主要建立在技术发明的商业化后，而不是技术发明完成之际，这一机制为鼓励专利权人商业性转化其发明创造提供了激励，也为避免只重视成果的鉴定和评奖等科技成果管理模式创造了条件。早在 1980 年，国外学者费雷德里克·M. 斯盖尔（Frederic M. Scherer）即指出：尽管专利制度的最主要目标是促进发明，但同时也促进了发明的开发及其商业化应用，而且有利于信息扩散。[1]

第六，知识产权制度还通过为企业自主创新人才培养提供良好的法律环境而促进企业自主创新。

创新型人才是企业从事自主创新活动的人力资本和最为重要的创新资源，所谓"科技创新，人才为本"。创新型人才在企业自主创新体系中占据极端重要的地位，它是企业形成技术研究开发能力、科技创新能力的根本。知识产权制度基于其对创新投资者、创新成果所有者和使用者之间利益关系的调整，以鼓励和保护创新及创新成果的传播和利用为宗旨，为企业创新型人才的培养提供了良好的法律环境。换言之，知识产权制度对创新成果的利益调整的意义不仅体现于发挥前述知识产权制度的效能，推进创新活动，还体现于为企业培养创新型人才创造了良好的法律环境，因为通过调整自主创新过程中的利益关系，特别是创新成果的归属和利益分配关系，有利于激发创新型人才投入自主创新活动的积极性和创造性，从而为培养企业创新型人才创造了良好条件。[2]

---

〔1〕 *See* Frederic M. Scherer, *Industrial Market*, *Structure and Economic Performance*, Chicago：Rand Meally, 1980, p. 410.

〔2〕 相关研究，参见周文光、黄瑞华：《企业自主创新中知识创造不同阶段的知识产权风险分析》，载《科学学研究》2009 年第 6 期；宋河发、穆荣平：《知识产权保护强度与我国自主创新能力建设研究》，载《科学学与科学技术管理》2006 年第 3 期；郭春野、庄子银：《知识产权保护与"南方"国家的自主创新激励》，载《经济研究》2012 年第 9 期。

（四）自主创新与知识产权战略

根据新经济增长理论的代表人物保罗·罗默（Paul M. Romer）的观点，企业享有的知识具有递增收益。从知识产权的角度看，它可以表现为获取知识产权的垄断性收益。通过将知识产权获取的垄断收益进一步投入自主创新活动可以实现企业的可持续发展。自主创新与知识产权制度的互动关系的一个重要方面，即表现为自主创新成为知识产权战略的重要目标，缺乏自主创新，知识产权战略将失去方向和基础。

知识产权是自主创新成果产权化的产物，它对自主创新的扩散有重要影响，而自主创新是知识产权的直接来源。在自主创新活动中，首先是企业通过制定研究开发计划，根据市场需要和技术发展动态，在研究开发基础上产生了技术发明等智力成果，借此可以申请专利并获得专利权，也可以获得商业秘密保护，对其形成的作品则可以获得著作权保护。当自主创新成果上市后则可以通过注册商标或申请外观设计专利，对新技术、新产品实施知识产权保护。通过知识产权的保护，企业自主创新成果能够获取必要的利益，反过来用于进一步的自主创新活动，从而在创新活动—知识产权保护—创新收益—进一步的创新活动之间形成良性循环，使自主创新活动朝着更高的方向前进。事实上，自主创新过程本身就是新技术、新产品的产生和相应的商业化过程，在这一过程中伴随着知识产权的创造、运用、保护、管理的内容，也就是知识产权战略的各个环节在自主创新过程中得以体现。没有自主创新，企业知识产权战略很难落到实处。因此，自主创新构成了企业知识产权战略的重要目标。

将自主创新纳入知识产权战略的重要目标，有利于实现企业自主创新与知识产权战略的高度融合，形成以知识产权战略为导向的自主创新活动。具体地说，在自主创新活动中以知识产权的创造、应用、保护、管理以及品牌的塑造为内容，就可以避免使自主创新活动成为纯粹的创新活动本身，而是使其成为知识产权的创造、运用、保护、管理的过程，成为知识产权战略实施的过程；同时，可以使知识产权保护不仅成为保护自主创新成果的重要方式，而且成为促进自主创新的手段。换言之，企业知识产权战略作为一种竞争战略，以提高企业知识产权创造、运用、保护、管理能力为基础，最终目标则是提高企业竞争能力，促进企业自主创新和可持续发展。

企业知识产权战略实施需要以自主创新战略为指引，在自主创新战略下实施知识产权战略。企业自主创新战略的失误将连累企业知识产权战略实施的效果，甚至变得不可行，这是因为企业的自主创新能力是企业可持续发展能力，企业自主创新战略与知识产权战略均服务于企业整体战略，为获取市场竞争地位服务，如果离开自主创新战略的指引，企业知识产权战略将失去方向。因此，企业知识产权战略应当把自主创新作为重要的目标。

从企业价值链的角度看，企业自主创新能力的提高体现于企业从事技术经济活动的各个活动过程中的价值活动中。企业为提高自主创新能力，就需要不断提高其价值链各个环节中的创新能力。企业知识产权价值链本质上是进行自主创新的过程，换言之，企业自主创新也就是企业追求知识产权价值创造、价值增值和变现的过程。在企业自主创新的每一个环节，都存在为知识产权价值链创造价值的功能，而且这些不同的环节相互之间具有内在联系，它们共同组成了企业知识产权价值链的一个有机的整体，在实现企业知识产权价值创造、价值转移、价值实现等方面各自发挥着独特的作用。

知识产权战略实施，是利用知识产权的制度功能和保护手段，激励知识创造，协调知识产权人和社会公众的利益关系，以有效管理为基本手段，充分利用知识产权法律上的独占性特征、经济上的无形资源秉性以及管理上的战略性特质，最大限度地实现知识产权的经济价值和社会价值，提高市场经济主体的市场竞争能力。知识产权战略实施可以从国家层面、区域（地区）层面、行业层面和企业层面等不同角度加以认识。

在知识产权战略体系中，无论处于上述何种层面，知识产权战略实施的关键都是需要提升运用知识产权制度的能力和水平，在有效保护知识产权的基础之上，进行战略性的运作，最大限度地利用知识产权制度的功能和作用。就知识产权战略实施对自主创新战略的推进作用而言，主要是以知识产权战略为导向推进企业自主创新，建立以知识产权战略为导向的自主创新运行机制。换言之，如果自主创新中缺乏知识产权战略的考量，企业自主创新工作将陷入盲目而失去保障，也将失去运用知识产权这一垄断权获取市场垄断利益的手段。发挥知识产权战略对自主创新的重要作用的核心则是充分发挥知识产权制度的功能和特性对自主创新的积极作用。因此，明确知识产权制度对自主创新和自主创新战略的影响和作用具有重要意义。

知识产权战略实施的核心也是要如何最大限度地发挥我国知识产权制度的功能和作用。知识产权战略与知识产权制度之间具有内在的密切联系，知识产权制度显然是知识产权战略的基础，它规定了知识产权战略的实质内容和性质，离开知识产权制度去谈知识产权战略无异于空中楼阁。同时，如上所述，知识产权制度本身具有静态性，它需要有效地运作才能发挥上述独特的功能和作用，知识产权战略就是在知识产权制度规范下对知识产权制度的有效运用和实施。正如知识产权界所认可的，所谓知识产权战略，就是研究充分利用知识产权制度的功能和作用追求有利的市场竞争地位的战略。知识产权战略本身是一个系统工程，它立足于知识产权保护，但又不是为保护而保护，而是从创造源头得到管理、保护和市场运作的一体化模式，正如《国家知识产权战略纲要》所指引的，需要激励创造、有效运用、依法保护、科学管理。为最大程度发挥知识产权制度促进企业自主创新的功能和作用，企业需要根据自身的创新模式和流程构建促进知识产权资源有效配置的知识产权保护机制，建立有利于促进企业自主创新的知识产权战略，以获取知识产权竞争优势。在企业实践中，知识产权战略对其发展的巨大作用关键就在于提高企业的自主创新能力。

知识产权战略与企业培育自主创新能力之间存在内在的联系，揭示其内在作用机理有利于深刻认识在企业实现提高自主创新能力目标中充分运用知识产权战略的重要性。

企业自主创新能力的提高是其实现自主创新战略的基本形式，而这需要利用多方面条件和措施加以培育。在这些条件和措施中，企业知识产权战略具有独特的功能和作用，它是企业培育自主创新能力的重要法律机制和管理手段。为此，企业需要将知识产权纳入自主创新的各个环节，在自主创新的全过程中强化知识产权的创造、运用、保护、管理，并以落实知识产权制度、充分利用知识产权制度激励创新和保护创新成果的内在机制为主线，制定企业自主创新与知识产权战略有效融合的方针和政策，推进企业创新与知识产权战略思维、知识产权战略实施同步。

通过实施知识产权战略，培育企业自主创新能力，主要是通过以下方式实现的：

第一，知识产权战略的本质是对知识产权制度的功能和特性的有效运用，知识产权制度则立足于充分保护知识产权人的专有权利，在市场经济和竞争环境下其实质则是保护权利人享有的市场控制权和对市场份额的独占权。通过实施知识产权战略，有效激励企业从事自主创新的积极性，并以保护为手段获取创新成果的利益。换言之，知识产权战略实施以强有力的知识产权保护为基本手段。

第二，实施知识产权战略可以为企业建立区别于竞争对手的独特优势，即建立差异化优势。建立差异化优势是竞争战略的重要形式。企业以知识产权战略为指引适时开发适销对路的新技术、新产品，可以取得相对于竞争对手的竞争优势。具体而言，企业通过实施知识产权战略，可以实现其资源和能力的有效组合，有效开发和利用知识资源，实现最佳能力组合下的企业利益最大化。[1]

二、知识产权法律制度对创新驱动发展战略的保障

（一）创新驱动发展战略之提出

党的十八大以后，以习近平同志为核心的党中央准确把握经济社会发展的新常态，深化理论和实践认识，提出了实施创新驱动发展战略这一立足全局、面向全球、聚焦关键、带动整体的国家重大发展战略，强调要把创新作为引领发展的第一动力，将科技创新与制度创新、管理创新、商业模式创新、业态创新、文化创新相结合，推动发展方式向依靠持续的知识积累、技术进步和劳动力素质提升转变，促进经济向形态更高级、分工更精细、结构更合理的阶段演进。习近平同志指出，中华民族是富有创新精神的民族，我国科技发展的方向就是创新、创新、再创新，加快创新型国家建设步伐，[2] 要实现中华民族伟大复兴这个目标，就必须坚定不移贯彻科教兴国战略和创新驱动发展战略，坚定不移走科技强国之路。党的十八届五中全会提出了"创新、协调、绿色、开放、共享"五大发展理念，"创新"是摆在第一位的。

---

〔1〕 相关研究，参见冯晓青：《技术创新、知识产权战略模式的互动关系探析》，载《知识产权》2014 年第 4 期；冯晓青：《促进我国企业技术创新与知识产权战略实施的激励机制研究》，载《社会科学战线》2013 年第 2 期；冯晓青：《技术创新与知识产权战略及其法律保障体系研究》，载《知识产权》2012 年第 2 期；华鹰、华劼：《企业技术创新与知识产权战略互动关系研究》，载《中国科技论坛》2011 年第 2 期。

〔2〕 翟小光、吴晶晶：《坚定不移创新创新再创新 加快创新型国家建设步伐》，载《人民日报》2014 年 6 月 10 日，第 1 版。

习近平同志认为，"坚持创新发展，就是要把创新摆在国家发展全局的核心位置，让创新贯穿国家一切工作，让创新在全社会蔚然成风"。2014年，在中央财经领导小组第七次会议上，习近平同志进一步在讲话中指出，"党的十八大提出的实施创新驱动发展战略，就是要推动以科技创新为核心的全面创新，坚持需求导向和产业化方向，坚持企业在创新中的主体地位，发挥市场在资源配置中的决定性作用和社会主义制度优势，增强科技进步对经济增长的贡献度，形成新的增长动力源泉，推动经济持续健康发展"。由此可见，习近平同志系统提出了创新驱动发展战略思想，重视以科技创新为核心，包含制度创新、实践创新、人才创新、文化创新等多领域创新的全面创新，注重发挥政府、市场、企业多方主体作用，以社会主义制度优势为保障，旨在形成新的经济增长动力源，推动经济可持续地健康发展。这一战略思想也成了习近平新时代中国特色社会主义思想的重要组成部分之一，为新时代加强经济社会建设、确保建设保持正确方向、保持高速增长提供了重要指引。2022年10月召开的党的二十大，习近平同志在报告中进一步提出"加快实施创新驱动发展战略"，具体内容包括："坚持面向世界科技前沿、面向经济主战场、面向国家重大需求、面向人民生命健康，加快实现高水平科技自立自强。以国家战略需求为导向，集聚力量进行原创性引领性科技攻关，坚决打赢关键核心技术攻坚战。加快实施一批具有战略性全局性前瞻性的国家重大科技项目，增强自主创新能力。加强基础研究，突出原创，鼓励自由探索。提升科技投入效能，深化财政科技经费分配使用机制改革，激发创新活力。加强企业主导的产学研深度融合，强化目标导向，提高科技成果转化和产业化水平。强化企业科技创新主体地位，发挥科技型骨干企业引领支撑作用，营造有利于科技型中小微企业成长的良好环境，推动创新链产业链资金链人才链深度融合。"这无疑为当前我国深入实施创新驱动发展战略、建设创新型国家提供了重要的指导思想和行动指南。

（二）知识产权制度对创新驱动发展战略的制度保障

从当前各国科学技术和经济社会发展的情况来看，知识产权制度不仅普遍存在于各国、在法律制度体系中占有特殊重要的位置，而且实实在在地激励创新中发挥着积极作用。可以说，知识产权制度已经成为当代社会各国维护技术优势、激励创新发展、维护或实现创新型国家地位的重要武器和保障。世界知识产权组织前总干事卡米尔·伊德里斯（Kamil Idris）曾指出，"知识产权是促进经济增长的有力手段"。在当代中国，党的十九大明确提出了要坚定实施创新驱动发展战略，加快建设创新型国家；习近平总书记指出要把创新驱动发展作为面向未来的一项重大战略。为了实现创新驱动发展这一战略目标，我国配套实施了许多政策措施和制度安排，其中最重要的一项就是知识产权制度。2018 年 9 月 19 日，时任国务院总理李克强在天津梅江会展中心出席夏季达沃斯论坛开幕式上即指出："保护知识产权就是保护和激励创新。中国要实现创新发展，离不开一个尊重知识、保护产权的环境。"近些年来，我国多次修改著作权法、专利法、商标法等法律规定，以适应科学技术和经济社会发展特别是创新的需要。由此可见，通过知识产权制度激励创新已经成为当代国家的必然需求和选择，知识产权已经成为激励创新、促进科学技术进步、推动国家经济社会发展的重要资源，知识产权的拥有数量和对知识产权成果运用、管理、保护能力已经成为衡量一个国家创新实力的核心因素。当前，随着第五次工业革命的到来，国家之间的竞争逐渐成为创新能力的竞争，谁能抢占创新的优势进而获取科学技术的优势，谁就可以在这次工业革命中抢占先机。在创新已经成为时代主旋律的大背景下，如何最有效地保障创新实现就成为最大的关键。实践证明，创新离开一定的制度环境就会逐渐枯萎乃至枯竭，因此知识产权制度对于创新成了不可或缺的制度条件。在"中国制造2025"的蓝图设计中，知识产权制度成为其中重要的一部分，这体现了我国在现实发展中逐渐认识到了知识产权制度对激励创新的重要意义，从因为外部压力建立知识产权制度转变为主动适应科学技术进步和经济社会发展需要建立符合中国国情的知识产权制度。

（三）创新驱动发展战略下我国知识产权制度之变革

创新驱动发展战略作为当前我国的一项重大基础性战略，事关我国能否在新一轮的工业革命中实现超越、取得优势地位，事关"两个一百年"奋斗目标能否顺利实现，事关中华民族伟大复兴中国梦能否如期达成。因此，作为创新驱动发展战略的重要制度保障之一，知识产权制度必须适应新时代的需求加以变革。[1]

第一，知识产权制度要进一步完善立法促进知识共享，构建专有权利保护与公共领域平衡机制。现有的知识产权制度在对知识产权这一专有权给予全面、适当保护的同时，要增加"知识成果公开""合理使用""权利限制"等公共领域范畴的规定，促使知识产权保护的知识成果适时进入公共领域，促进知识共享，达到兼顾权利人权利保护和社会公众利益的目标，确保创新和再创新的可持续性。

知识产权制度要进一步平衡专有权与公共领域的关系以激励创新和再创新。知识产权专从本质上来说是一种法律授予的对知

---

[1] 我国知识产权制度变革也是基于改革现有制度及其实施中存在的各种问题。习近平同志针对我国知识产权保护现状即提出应当清醒看到知识产权保护的保护不足的方面："主要表现为：全社会对知识产权保护的重要性认识需要进一步提高；随着新技术新业态蓬勃发展，知识产权保护法治化仍然跟不上；知识产权整体质量效益还不够高，高质量高价值知识产权偏少；行政执法机关和司法机关的协调有待加强；知识产权领域仍存在侵权易发多发和侵权易、维权难的现象，知识产权侵权违法行为呈现新型化、复杂化、高技术化等特点；有的企业利用制度漏洞，滥用知识产权保护；市场主体应对海外知识产权纠纷能力明显不足，我国企业在海外的知识产权保护不到位，等等。"参见习近平：《全面加强知识产权保护工作 激发创新活力推动构建新发展格局》，载《求是》2021年第3期。

识成果的垄断权，这就使得其在市场竞争中获取了垄断地位从而限制了竞争。虽然这种对竞争的限制是法律考虑知识产权人的投入和对其的激励而特别允许的，但这种限制竞争的结果是客观存在的。不可否认，知识产权的完全垄断性会对社会公众使用知识成果产生极大不利影响，给社会公众的进一步创新和再创新带来障碍和不便。因此，知识产权制度必须从利益平衡的角度出发，对知识产权这一专有权的绝对性予以必要限制。从历史发展和现实实证考察来看，绝对的专有权和绝对的公共领域都不利于创新和再创新的激励，会对创新和再创新产生负面影响。因此，在新时代实施创新驱动发展战略的背景下，知识产权制度必须寻求专有权和公共领域的最佳平衡点，使激励创新和再创新的目标高效率实现，促进科学技术进步和经济社会发展，为我国早日迈入技术强国行列提供保障。[1]

第二，知识产权制度要进一步理顺管理体制促进协同创新。[2] 新一轮的国家机构改革在理顺知识产权管理体制方面做出了积极努力，但作为知识产权制度而言，其制度安排应更多着眼于促进知识成果的运用、推动协同创新。创新者将知识成果创新出来，其主要目的是运用并达到效益最大化。创新者的知识成果要转化为现实生产力也离不开知识成果的充分运用。因此，现在国际上对创新能力的评估，其中一个重要因素就是专利技术的有效应用率及专利技术对经济社会增长的贡献率。知识成果的运

---

〔1〕 相关研究，参见吴汉东：《经济新常态下知识产权的创新、驱动与发展》，载《法学》2016 年第 7 期；孔祥俊：《全球化、创新驱动发展与知识产权法治的升级》，载《法律适用》2014 年第 1 期。

〔2〕 完善知识产权管理体制，是我国知识产权制度有效运行的重要保障和措施。党的十八大以来，习近平同志多次强调，"要建立高效的知识产权综合管理体制，打通知识产权创造、运用、保护、管理、服务全链条，推动形成权界清晰、分工合理、责权一致、运转高效的体制机制"。参见习近平：《全面加强知识产权保护工作 激发创新活力推动构建新发展格局》，载《求是》2021 年第 3 期。

用可能涉及多个创新主体，需要创新主体之间协同合作才能使其运用效率最大化，从而更有效地转化为现实生产力，驱动经济社会的发展。

第三，充分发挥我国知识产权制度本身的功能和作用，全面推进知识产权强国建设。如前所述，2021 年 9 月中共中央、国务院发布了《知识产权强国建设纲要（2021—2035 年）》。该建设纲要从战略背景、总体要求、建设面向社会主义现代化的知识产权制度、建设支撑国际一流营商环境的知识产权保护体系、建设激励创新发展的知识产权市场运行机制、建设便民利民的知识产权公共服务体系[1]、建设促进知识产权高质量发展的人文社会环境、深度参与全球知识产权治理，以及组织保障这九个方面进行了详细规范，是当前我国由知识产权大国到未来实现知识产权强国的总体蓝图和行动指南。在当前我国深入实施创新驱动发展战略、建设知识产权强国背景下，我国知识产权制度变革的重要着力点是如何充分发挥知识产权制度在社会主义现代化建设中的重要作用。这种作用主要是通过知识产权制度极富特色的激励创新的制度机制所体现的。具体而言，尤其体现为以下几方面：

一是法律保障机制，也可称之为"法律保护机制"。知识产权制度的根本特点是知识产权保护，离开对知识产权的充分有效保护，知识产权制度将失去根基。我国知识产权制度以知识产权专门法律的制定和实施为基本形式，这些专门法律的直接目的都是充分有效地保护知识产权，其对于知识产权的主体、客体、权

---

〔1〕　建立和完善知识产权公共服务体系，也是我国知识产权全链条保护体系的重要环节。习近平同志针对"强化知识产权全链条保护"即提出："要打通知识产权创造、运用、保护、管理、服务全链条，健全知识产权综合管理体制，增强系统保护能力"；"要形成便民利民的知识产权公共服务体系，构建国家知识产权大数据中心和公共服务平台，及时传播知识产权信息，让创新成果更好惠及人民"。参见习近平：《全面加强知识产权保护工作 激发创新活力推动构建新发展格局》，载《求是》2021年第 3 期。

利内容、权利利用和权利保护，特别是对于知识产权的侵权行为的法律责任都做了明确、具体的规定。近些年来，我国司法机关和相关行政机关审结了大量知识产权纠纷案件特别是知识产权侵权纠纷案件，这是知识产权保护功能的重要体现。[1]

二是激励机制，也可称之为"激励创新机制"。知识产权制度也被公认为一种典型的激励特别是激励创新的法律机制。激励机制运行的基础在于，通过有效地保护知识产权，鼓励知识产权人从事知识创造，以及对创造的投资，同时鼓励创新成果的商业化。对不同类型的知识产权客体而言，知识产权制度这一激励机制所起的作用有所不同，但总的来说，通过赋予产权的形式激励创新是知识产权制度的重要功能。例如，我国知识产权专门法律都在立法宗旨条款规定了鼓励知识创造和促进创造性成果推广运用的立法宗旨。正是因为知识产权制度是一种激励机制，其与我国科技创新政策体系以及科技创新激励机制的构建具有千丝万缕的内在联系。如何充分利用知识产权制度的激励功能，是知识产权制度变革和发展的重要内容。

三是利益协调机制，也可称之为"利益平衡机制"。在知识产权制度运行中，涉及知识产权保护客体的多方利益关系。为提高知识产权制度运行效率、实现知识产权制度的立法目标，需要充分协调知识产权人利益和社会公众利益之间的关系，构建知识

---

[1] 基于知识产权保护和法律保障机制的极端重要性，习近平同志多次强调加强知识产权保护的重要性，并提出了一系列重要观点和对策。例如，习近平同志指出，"要实行严格的知识产权保护制度，提高知识产权审查质量和审查效率，坚决依法惩处侵犯合法权益特别是侵犯知识产权行为，引入惩罚性赔偿制度，显著提高侵权代价和违法成本，震慑违法侵权行为"；"党的十八大以来，党中央把知识产权保护工作摆在更加突出的位置"；"要深化知识产权审判领域改革创新，健全知识产权诉讼制度，完善技术类知识产权审判，抓紧落实知识产权侵权惩罚性赔偿制度。要健全知识产权评估体系，改进知识产权归属制度，研究制定防止知识产权滥用相关制度"。参见习近平：《全面加强知识产权保护工作 激发创新活力推动构建新发展格局》，载《求是》2021年第3期。

产权这一私权的保护和维护公共利益的利益平衡机制。在笔者看来，这一平衡机制主要体现为知识产权人利益和社会公共利益的平衡、私权保护所形成的专有领域与公共领域的平衡、知识产权保护和知识产权限制的平衡，以及公平与效率、负载知识产权的有形商品流通和无形知识产权之间的协调等丰富的内容。在知识产权法的价值构造中，私权保护是主旋律，利益平衡或者说利益协调是知识产权制度运行的基本原则和范式。实际上，无论是从知识产权立法，还是从知识产权司法实践的情况看，利益平衡都是知识产权制度运行的基本价值目标和操作指引，而不仅是一个简单的抽象原则。对于知识产权制度的变革和发展而言，也需要本着利益平衡的原则加以修改和完善。

四是市场机制，也可称之为"市场导向机制"。知识产权制度本身是商品经济和科学技术发展的产物。知识产权制度在某种意义上也是一种市场机制，因为其赋予知识产权人所享有的具有专有性的知识产权特别是其中的财产权，需要进入市场并在市场交易和流通中加以实现。在知识产权制度的本土化和现代化改造中，需要充分利用知识产权制度中的市场机制，尊重市场规律，促进知识产权这一无形财富的保值增值，将其转化为直接的生产力和物质财富。如何强化知识产权保护和运用的市场功能，建构和完善促进知识产品流通交易和价值实现的市场环境，大幅度提升知识产权的绩效，在当前我国社会主义市场经济条件下是有效推进知识产权制度运行的重要内容。[1]

---

〔1〕　参见冯晓青：《我国知识产权制度实施的战略布局——关于〈知识产权强国建设纲要（2021—2035 年）〉的理论思考》，载《知识产权》2021 年第 10 期。

专题三十四 | 知识产权强国建设背景下我国知识产权法律制度实施的对策

    2016 年 7 月 18 日，国务院发布了《关于新形势下加快知识产权强国建设的若干意见》，体现了知识产权制度在我国实施创新驱动发展战略、建设创新型国家形势下肩负的重任和使命。2021 年 9 月，中共中央和国务院发布《知识产权强国建设纲要（2021—2035 年）》，对我国高质量发展阶段知识产权制度有效实施进行了战略布局。[1] 如何通过知识产权制度的有效实施实现强国梦、中国梦，使我国由知识产权大国变为知识产权强国，并使知识产权制度及其有效运用成为支撑我国科技创新和经济社会发展的重要支撑，值得深入研究。[2] 上述意见明确了相关的对策和措施，主要包括推进知识产权管理体制机制改革、实行严格的知识产权保护、促进知识产权创造运用、加强重点产业知识产权海外布局和风险防控、提升知识产权对外合作水平、加强政

---

    [1] 关于知识产权保护与高质量发展的关系，习近平同志作了重要论述："知识产权保护工作关系高质量发展，只有严格保护知识产权，依法对侵权假冒的市场主体、不法分子予以严厉打击，才能提升供给体系质量、有力推动高质量发展。"参见习近平：《全面加强知识产权保护工作 激发创新活力推动构建新发展格局》，载《求是》2021 年第 3 期。

    [2] 相关研究，参见韩秀成、李牧：《关于建设知识产权强国若干问题的思考》，载《管理世界》2016 年第 5 期。

策保障。这些措施无疑涉及我国经济社会发展中方方面面的改革和发展。不过，其中最重要的对策和措施之一还是要大大强化知识产权开发和成果转化。另外，强化对我国占优势的知识产权的保护，营造全社会尊重和保护知识产权的良好氛围，构建全社会知识产权信用体系也很重要。限于篇幅，本专题主要对上述三方面问题进行研究。

一、知识产权开发与科技成果有效转化

科技成果转化是科学技术转化为生产力的主要渠道。加速科技成果的转化是促进市场经济和科学技术发展的需要。在经济全球化和新科技革命的大背景下，科学技术作为第一生产力，对提升国家的综合竞争力、建设创新型国家起着至关重要的作用。作为技术成果走向产业市场的"最后一公里"，科技成果转化一直广受关注。习近平总书记也指出，要加快创新成果转化应用，彻底打通关卡，破解实现技术突破、产品制造、市场模式、产业发展"一条龙"转化的瓶颈。世界上其他国家虽然没有"科技成果转化"的概念，但为了提高科技成果转化率，纷纷采取各种措施来推动高新技术转化为生产力。[1]

科技成果转化是一个复杂的过程，需要各方面的努力和配合。法律制度作为科技成果转化的基石，直接影响着科技成果转化。目前，我国有关科技成果转化方面的法律主要有 2007 年 12 月 29 日第一次修订、2021 年 12 月 24 日第二次修订（2022 年 1 月 1 日起施行）的《科学技术进步法》和 2015 年 8 月 29 日修正

---

[1] 相关研究，参见方齐、谢洪明：《科技成果转化政策供给与政策协调的组态效应》，载《科学学研究》2022 年第 6 期；李胜云、夏敏：《中国科技成果转化政策变迁：制度驱动抑或市场导向》，载《中国科技论坛》2021 年第 10 期；许可、张亚峰、肖冰：《科学与市场间的边界组织：科技成果转化机构的理论拓展与实践创新》，载《中国软科学》2021 年第 6 期。

（2015 年 10 月 1 日起施行）的《促进科技成果转化法》。此后，我国相继颁布《实施〈中华人民共和国促进科技成果转化法〉若干规定》《促进科技成果转移转化行动方案》等，支持科技成果转化的政策体系基本形成。除此之外，还有一些决定和地方颁布的地方法规。各个层次对科技成果转化固然均有不同的研究群体和研究成果，各地地方政府、科研院所也做了各种促进科技成果转化的努力，转化能力不强则仍是我国科技领域存在的突出问题。[1]

（一）科技成果概述

1. 科技成果的概念辨析

科技成果是我国科技管理领域的一个专有名词，国外并没有相对应的概念，它是科技活动所产生的成果。根据我国《促进科技成果转化法》第 2 条第 1 款规定，科技成果是指通过科学研究与技术开发所产生的具有实用价值的成果。

为加强科技成果管理，国家科技行政部门先后出台了一系列的规范性文件界定科技成果。1984 年国家科委《关于科学技术研究成果管理的规定》（现已失效）第 2 条用列举的方式对科技成果的外延进行了概括，认为科技成果包括应用技术成果、阶段性科技成果、引进技术并消化吸收产生的科技成果、应用推广中的新科技成果及科学理论成果。

学界在科技成果是否包括科学理论成果（学术意义）和应用技术成果（实用价值）两方面成果的认识上观点不一。一种观点认为，科技成果仅指应用技术成果，[2] 即认为软科学研究成果不属于科技成果的范围。另一种观点则认为应从广义上来理解科技成果，即科技成果应包括科学理论成果（学术意义）和应用技

---

〔1〕 喻思南：《最后一公里，如何更通畅》，载《人民日报》2018 年 7 月 25 日，第 12 版。

〔2〕 何悦：《科技法学》，法律出版社 2009 年版，第 27 页。

术成果（实用价值）两方面。

笔者认为，理论层面上，科技成果应包括应用科学技术成果、科学技术理论成果和软科学研究成果。但从狭义上说，科技成果转化概念中的科技成果则仅应指应用科学技术成果，因为只有应用科技成果才能成为科技成果转化的客体。值得指出的是，根据 2015 年修正的《促进科技成果转化法》第 2 条第 1 款新增了关于"科技成果"的定义："本法所称科技成果，是指通过科学研究与技术开发所产生的具有实用价值的成果。"

2. 科技成果与知识产权的关系

科技成果属于人类创造的智力成果，是知识产权最重要的客体之一，是人们在科学技术领域通过创造性脑力劳动创造的成果。

我国 1986 年《民法通则》第 97 条第 2 款规定，公民对自己的发明或者其他科技成果，有权申请领取荣誉证书、奖金或者其他奖励。本条是在《民法通则》第五章第三节"知识产权"项下加以规定的，据此可以认为，其主张科技成果是知识产权的客体之一。科技成果固然属于智力成果而成为知识产权的客体之一，但科技成果权并不是一项单一的权利，而是由若干知识产权构成的复合权利，即依其表现形式不同，其内容也有所不同。科技成果所有权可以是著作权、专利权、技术秘密等一种权利或多种权利的组合。

科技成果与专利的不同之处在于：

（1）管理机构不同。科技成果实行分级管理制，由国家科技部和省、自治区、直辖市科技局以及国务院有关部门管理。专利则由国家知识产权局负责其受理、审查和授予专利权的工作。专利管理工作则是由地方各级专利行政管理部门负责。

（2）保护期限不同。根据我国《专利法》的规定，发明专利权的保护期限为 20 年，实用新型与外观设计专利权的保护期限分别为 10 年和 15 年。科技成果的保护期限则取决于获得的具体的法律保护形式，如除专利之外的技术秘密类成果，其保护期限取决于其采取的保密措施。

（3）公开性不同。专利以公开换取法律保护。科技成果中的技术秘密为了防止其技术被公开成为公有领域的技术，会采取严密的保护措施。这是科技成果管理中的一个难点。

（二）科技成果权的归属

明确科技成果权的归属是科技成果转化的前提。依据我国《民法典》施行前的《民法通则》第五章第三节规定，"知识产权"包括著作权、专利权、商标专用权、发明权、发现权和其他科技成果权。这表明，我国将科技成果权纳入知识产权的范畴，科技成果受知识产权的保护。科技成果权并不仅仅涉及科技成果完成人的精神权利，还包括其他复杂的财产权内容。

依据现行的法律法规，科技成果权的归属可依如下方式确定：一般情况下，科技成果应该归属于科技成果的完成人所有。洛克的"财产权劳动理论"可以为此提供正当性依据。科技成果的完成人是对科技成果直接付出劳动的人，因此享有科技成果权。但是，随着经济的发展，科技成果的价值凸显出来，很多投资人通过投入资本和创造物质条件来共享科技成果完成人的智力成果，因此就出现了职务科技成果和非职务科技成果、合作开发科技成果和委托开发科技成果等概念。关于这些科技成果权的归属，可以依据《民法典》《专利法》《著作权法》《集成电路布图设计保护条例》《植物新品种保护条例》等的规定予以确认。[1]

1. 职务科技成果与非职务科技成果的归属

所谓职务科技成果，根据《促进科技成果转化法》第 2 条规定，是指"执行研究开发机构、高等院校和企业等单位的工作任

---

〔1〕 相关研究，参见肖尤丹、刘鑫：《我国科技成果权属改革的历史逻辑——从所有制、科技成果所有权到知识产权》，载《中国科学院院刊》2021 年第 4 期。

务，或者主要是利用上述单位的物质技术条件所完成的科技成果"。非职务科技成果则是与职务科技成果相对应的，是指非执行本单位任务且并非主要利用本单位的物质条件完成的科技成果。一般情况下，职务科技成果权归属于单位，非职务科技成果权归属于个人。但为了更好执行当事人意思自治的原则，对于职务科技成果的归属，也可在当事人有约定的情况下，依从约定。

我国现行《专利法》第6条规定：执行本单位的任务或者主要是利用本单位的物质技术条件所完成的发明创造为职务发明创造。职务发明创造申请专利的权利属于该单位；申请被批准后，该单位为专利权人。单位可以依法处置其职务发明创造申请专利的权利和专利权，促进相关发明创造的实施和运用。非职务发明创造，申请专利的权利属于发明人或者设计人；申请被批准后，该发明人或者设计人为专利权人。利用本单位的物质技术条件所完成的发明创造，单位与发明人或者设计人订有合同，对申请专利的权利和专利权的归属作出约定的，从其约定。但是，应注意的是，单位对职务科技成果只能享有物质权利，署名权及荣誉权等仍然属于科技成果完成人。

2. 关于合作开发科技成果的归属

这类科技成果的归属也以当事人的约定为先，在有约定的情况下，按照当事人之间的约定确定科技成果的归属，在没有约定的情况下，确定合作开发的当事人对科技成果共有。有关委托开发的科技成果的归属与合作开发的有部分相同，当事人有合同约定的，遵从当事人的意愿；区别在于，当委托方与受托方无书面协议或协议未作明确约定时，科技成果归属于科技成果完成人所有，即归受托方所有。

我国《民法典》施行前的《合同法》第340条规定：合作开发完成的发明创造，除当事人另有约定的以外，申请专利的权利属于合作开发的当事人共有。当事人一方转让其共有的专利申请权的，其他各方享有以同等条件优先受让的权利。合作开发的当事人一方声明放弃其共有的专利申请权的，可以由另一方单独申请或者由其他各方共同申请。申请人取得专利权的，放弃专利申请权的一方可以免费实施该专利。合作开发的当事人一方不同意申请专利的，另一方或者其他各方不得申请专利。《民法典》第860条沿袭了上述规定，但强调了当事人意思自治优先原则。例如，规定"合作开发的当事人一方声明放弃其共有的专利申请权的，除当事人另有约定外，可以由另一方单独申请或者由其他各方共同申请"，与前述规定相比，增加了"除当事人另有约定外"的限制性规定。此外，《民法典》第851条规定了包括合作开发合同和委托开发合同在内的技术开发合同定义及合同形式，第855条规定了合作开发合同的当事人主要义务，第856条规定了合作开发合同的违约责任，第857条规定了技术开发合同解除，第858条规定了技术开发合同风险负担及通知义务。

我国《民法典》施行前的《合同法》第339条规定：委托开发完成的发明创造，除当事人另有约定的以外，申请专利的权利属于研究开发人。研究开发人取得专利权的，委托人可以免费实施该专利。研究开发人转让专利申请权的，委托人享有以同等条件优先受让的权利。《民法典》第859条沿袭了上述规定，但个别规定作了优化。例如，将上述"除当事人另有约定的以外"扩大为"除法律另有规定或者当事人另有约定外"。《民法典》第852条规定了委托开发合同的委托人义务，第853条规定了委托开发合同的研究开发人义务，第854条规定了委托开发合同的违约责任。我国其他相关法律、行政法规也有规定，例如《植物新品种保护条例》第7条第2款规定："委托育种或者合作育种，品种权的归属由当事人在合同中约定；没有合同约定的，品种权属于受委托完成或者共同完成育种的单位或者个人。"《集成电路布图设计保护条例》第11条规定："受委托创作的布图设计，其专有权的归属由委托人和受托人双方约定；未作约定或者约定不明的，其专有权由受托人享有。"由此可以看出，知识产权法律对于委托开发的发明创造、著作权、植物新品种权、集成电路布图设计权等，采用了统一的处理方式：委托方和受托方有规定的，优先按照双方的约定来确定权利的归属；没有约定的，权利归属于受托人或实际完成人。所以，科技成果权作为一种知识产权，也应当按照以上规则来确定合作开发科技成果的权利归属。

（三）科技成果转化法律问题研究

1. 科技成果转化的特点

（1）转化方式具有多样性。根据我国《促进科技成果转化法》第 2 条第 2 款规定，科技成果转化是指"为提高生产力水平而对科技成果所进行的后续试验、开发、应用、推广直至形成新技术、新工艺、新材料、新产品，发展新产业等活动"。科技成果的转化方式是多元的。科技成果所有人可以依据自身的条件选择不同的转化方式。

（2）转化过程具有长期性。科技成果转化是一个周期很长的社会活动，一般需要 3~7 年时间，并要经过研究、开发、中试和投产四个阶段。[1]在每一个阶段都需要投入一定的人力、物力并进行具体的计划，在实施计划的过程中还要依据市场需求及时做出变动，这样就需要较长的时间才能有效地实现科技成果转化。

（3）转化具有高风险性。科技成果转化存在着技术风险、道德风险、法律风险、市场风险等。技术风险包括技术不足风险、技术开发风险、技术保护风险、技术使用风险、技术取得和转让风险，在科技成果转化过程中，不可避免地会出现这些风险。其中，法律风险和市场风险尤其值得注意。所谓法律风险，是指在科技成果转化过程中，因为法律法规变动或者出现违反法律法规

---

〔1〕 徐辉、费忠华：《科技成果转化及其对经济增长效应研究》，中山大学出版社 2009 年版，第 71 页。

的行为时所产生的风险；市场风险，是指科技成果转化过程中，由于市场需求、市场环境的变动所产生的风险。

（4）转化利益的实现性。科技成果研发的目的在于将科技成果投入到市场中，以提高社会生产力并取得一定的利润。科技成果本身不能实现这一目的，因而必须进行科技成果转化。但是，科技成果转化并不能自发实现，需要一定的驱动力，即科技成果行为主体对经济利益的追求。科技成果转化的目的也是为了实现这一利益，对于科技成果研发者和转化者来说，都希望可以通过转化实现科技成果的价值，取得相应的利益。[1]

2. 科技成果转化的主客体及意义

（1）科技成果转化的主体。科技成果转化主要涉及四方面的主体：科技成果供应方、科技成果需求方、科技成果转化的中介方和科技成果转化的管理方。

科技成果供应方是科技成果的创造者，在成果转化过程中为成果需求方提供技术方面的支撑和支持，是科技成果的来源。科技成果供应方主要是企业、高校和科研机构，其是科技成果研发的主力军，是科技成果的主要供给主体。

科技成果需求方主要是指吸收和采用科技成果的组织。企业是科技成果的主要需求方，是科技成果转化过程中的重要主体。企业作为市场活动的直接参加者，为了能在竞争激烈的市场环境下生存，对于科技创新的需求也就格外迫切，尤其对于大量的中小企业而言，由于自身研发能力有限，亟需引进先进的科技成果来促进企业自身的发展。

科技成果转化的中介方是科技成果转化的桥梁和纽带，是为相关各主体提供各种有偿服务的社会性组织。中介机构主要是沟

---

〔1〕 相关研究，参见马锋、潘成利、冯锋：《科技成果转化中的知识产权相关问题研究——基于中国科学院下属科研院所的调研分析》，载《管理评论》2021 年第 3 期。

通供给方与需求方的联系，是科技成果投入市场的重要渠道，对于科技成果转化起着重要的推动作用。

科技成果转化的管理方是科技成果转化的促进者、监督者和协调者，在加强成果供需双方的联系、提供资金和政策支持方面发挥着重要的作用。政府在这方面扮演了这样的角色，在科技成果转化的过程中起着重要的作用。政府的作用主要是管理、指导和协调科技成果转化工作，其通过制定相应的政策和提供资金支持，来引导科技成果的转化，并对科技成果转化过程中的相关行为予以规制。

（2）科技成果转化的客体。科技成果转化的客体是指科技成果转化法律关系中所指向的对象——科技成果本身。更准确地说，涉及科技成果转化的客体应该是狭义概念的科技成果，即应用科学技术成果（或称"应用技术成果"）。

根据科技部有关科技成果登记的规定，应用技术成果主要是指针对某一特定的实际应用目的，为获得新的科学技术知识而进行的独创性研究，应用研究通常是为了确定基础研究成果或知识的可能的用途，或是为达到某一具体的、预定的实际目的确定新的方法（原理）或途径，主要包括为提高生产力水平而进行的科学研究、技术开发、后续试验和应用推广所产生的具有实用价值的新技术、新产品等。其中包括计算机软件成果。

作为转化客体的科技成果具有如下特点：①具有无形性。科技成果是一种技术方案，是特定的技术内容，其本身没有具体的形态，不同于民法中的实体物。科技成果可以被有形的载体所体现，如专利文本、技术方案文本等，但其不同于科技成果本身。②具有易传播性。由于科技成果本身不具有实物形态，其可以同时被多个主体所持有、运用，可以重复出现、重复利用。因此，其具有易传播性。③具有高附加值。科技成果的附加值既有精神上的需求，如奖励、荣誉等，又有经济上的需求，科技成果的转化可以为所有人带来高回报。

（3）科技成果转化的意义。第一，科技成果转化是建设创新型国家、提高国家核心竞争力的重要手段。创新型国家的建设依靠的是科技的发展、科技的创新。科技成果只有通过转化才能变成现实的生产力，体现一个国家的创新水平。科技成果转化能力的高低，是衡量一个国家创新水平和创新能力高低的标志。因此，大力促进科技成果的转化，从而提高创新能力是建设创新型国家的必由之路。

科学技术作为第一生产力，是国家核心竞争力中最重要的因素，对提高国家的核心竞争力起着极其重要的作用。但是要使科学技术真正成为第一生产力，从而促进国家核心竞争力的提高，必须要将科学技术转化为产品、商品，从而实现产业化。只有实现科技成果的转化，才可以真正地发挥科学技术是第一生产力的重要作用。而且国家核心竞争力与科技成果是相互作用的，科技成果的快速转化可以提高国家核心竞争力，而国家核心竞争力的提高反过来也有利于科技的发展和创新，推动科技成果转化。因此，大力促进科技成果的转化是提高国家核心竞争力的重要手段。

在国际上，国家之间的竞争归根结底是科学技术的竞争。科技成果转化的规模和速度体现着一国科技力量和科学水平。科技成果转化是科技工作中的重要环节，科技成果只有通过转化才能成为现实的生产力，进而推动一国经济的发展。

第二，科技成果转化可促进人类社会的进步和发展，提高人类生活水平。人类社会的每一次进步都离不开科技成果的发明和应用，尤其是世界三次工业革命的历程。总体上，科技成果转化在促进人类社会的不断进步和发展、提高人类生活水平方面有重要的作用。

第三，科技成果转化是提高企业核心竞争力的重要手段。在国内，企业的核心竞争力主要表现为企业的品牌、信誉、资本能力和技术的研制与开发等方面。通过科技成果转化，可以将企业自主研发、合作研究或受让获得的技术真正运用到实际产品的生产之中，从而提高产品的附加值、提高企业在市场中的竞争力。目前，以科技成果等为表现形式的无形资产在企业中所起的作用远远大于有形资产，无形资产不具有损耗性，可以源源不断地进行转化、运用。因此，科技成果是企业的重要资产，实现科技成果的转化是企业提高竞争力的重要手段。[1]

3. 促进科技成果转化的基本原则

《促进科技成果转化法》第 3 条对促进科技成果转化的基本原则进行了规定。据此，可以做如下概括：

（1）维护国家和社会公共利益的原则。科技成果转化可以促进经济和社会的发展，但如果权利人滥用其权利，则可能会损害他人利益、公共利益和国家的利益，阻碍经济和社会发展。例如，对于获得专利的具有重大技术进步的科技成果，权利人如果不充分实施其专利，又不许他人使用，则可能会阻碍该技术的发展，甚至会威胁生命健康。因此，科技成果转化必须维护国家的利益，不损害社会公共利益。科技成果转化要有利于国家、社会和人民，从而促进国家经济和社会的发展。

（2）促进经济、社会与环境、资源协调发展的原则。科技成果转化活动根本目的是促进经济的增长和社会的发展，最终为人类服务。环境是人类赖以生存和发展的载体，是人类得以生存的基本条件，也是经济发展的重要条件。经济和社会的发展不能以破坏环境、资源为代价，四者之间应该协调发展。科技成果转化活动作为经济、社会发展的重要活动之一，应以促进经济、社会与环境协调发展为导向，即既要促进经济进步和社会发展，又要

---

[1] 张曼平：《加快科技成果向生产力转化的思路与对策》，载《郑州大学学报（哲学社会科学版）》2004 年第 5 期。

注重环境的保护。任何以破坏环境、资源为代价的科技成果转化活动都与此原则的实质不相符，是不被允许的。

（3）遵循自愿、互利、公平、诚信的原则。科技成果转化活动必须注重对私权利的保护，必须尊重当事人的意愿。各方当事人具有平等的法律地位，有权利对是否参与科技成果转化做出真实的意思表示，而不受他人的非法干扰。只有充分尊重当事人的意愿，才能更好地鼓励人们充分发挥自己的智力，创造出更多的科技成果。通过科技成果转化，各方当事人都应公平地获得相应的利益，任何一方都不能只享有权利和获得利益，而不承担相应的义务和损失。

科技成果转化的各方当事人都必须遵守诚实信用的原则，在追求自己利益的同时不损害他人和社会利益。

（4）有效保护知识产权原则。《促进科技成果转化法》明确规定，科技成果转化中的知识产权受法律保护。科技成果作为知识产权的客体之一，受到知识产权相关法律法规的保护。科技成果转化的各方当事人应该尊重权利人的知识成果，未经权利人许可，不得擅自实施他人的科技成果，侵犯他人知识产权。在科技成果转化活动中，了解到相关技术秘密的人，负有保密义务。在科技成果转化中，一方面要求尊重他人的科技成果、不损害科技成果人的权利；另一方面科技成果所有人作为权利人也应积极地保护自己的知识产权，维护自身利益。只有各方主体充分有效地保护科技成果的知识产权，才能更好地促进科技成果转化。

（5）合法性要求。科技成果转化的目的是国家经济、竞争力的提高，其最终是为国家、社会服务的。科技成果转化活动的合法性要求当事人必须遵守国家的相关法律规定，一切科技成果转化活动必须以法律法规为准绳，不得与法律法规相抵触。科技成果所有人依法对其成果享有使用、收益、处分等权利。

4. 科技成果的转化方式

《促进科技成果转化法》第 16 条规定，科技成果持有者可以采用下列方式进行科技成果转化：①自行投资实施转化；②向他人转让该科技成果；③许可他人使用该科技成果；④以该科技成果作为合作条件，与他人共同实施转化；⑤以该科技成果作价投资，折算股份或者出资比例；⑥其他协商确定的方式。随着金融市场的繁荣以及人们知识产权意识的提高，专利推广、专利证券化和专利质押等也逐渐进入人们的视野，成为人们青睐的有效转化方式。

我国现行《公司法》第27条第1款也规定："股东可以用货币出资，也可以用实物、知识产权、土地使用权等可以用货币估价并可以依法转让的非货币财产作价出资；但是，法律、行政法规规定不得作为出资的财产除外。"科技成果可以通过相关途径进行评估作价并可以依法转让，因此当然可以作为投资条件，也可认定为是科技成果转化的方式之一。

具体来说，科技成果转化可以有如下方式：

（1）企业的转化。科技成果转化的最终要求是使产品商品化、市场化、产业化。我国的市场经济体制决定了最终能够完成这一要求的市场主体只有一个——企业。因此，任何一种模式的科技成果转化最终都离不开企业的参与，企业是科技成果转化过程最为核心的主体。围绕企业的科技成果转化就可以分为企业自主转化和企业与其他主体合作转化两大类。

第一，企业的自主转化。是指在科技成果转化的过程中，企业独立支出，独立管理，成果由企业独享、风险由企业独担的一种转化模式。这种模式又分为两类：一类是企业利用自身的科技实力进行自主投资、自主立项、自主研发和试验所进行的科技成果转化；另一类是企业通过其他渠道引进技术，进而进行后续的开发试验所进行的科技成果转化。无论哪类模式，最终的成果收益都是由企业独享的，并无其他主体参与；当然，风险也是完全由企业承担的。

第二，企业与其他主体的合作转化。是指在整个科技成果转化过程中，有其他主体在相应的阶段与企业建立各种固定的合作机制，为科技成果转化提供资金、技术、人才或者政策上的资源，依照合约分享相应的利益并承担相应的风险的一种模式。根据合作的主体不同，可以分为企业与企业、政府、科研单位、中介机构或者投资机构的合作，以及与多主体同时合作的模式等。这其中也包括了科技成果转化的一种重要的模式——产学研合作模式。

（2）高校的转化。随着国家对高校科研工作的重视程度不断加强，在经费投入方面也实现了大刀阔斧的推进。此外，高校作为科研实力雄厚、科研人才聚集的大规模平台，专利申请量和专利授权量都呈现了良好的增长势头，高校科技成果数量众多。但高校在科技成果转化过程中也存在着如下问题：

第一，高校科研成果侧重理论研究，转化基础相对较弱。在学术导向的理念下专注于理论研究，向来是我国高校的科研传统。我国高等院校的主要任务是培养人才和学术研究，但科研课题的选择主要根据学校的学科优势和研究方向而定，较少考虑实际的市场价值和市场需求。当前我国高校的职称评定又主要以论文和著作为主要依据，这就在更大程度上限制了教学科研人员的科研成果研究方向。从功利的角度而言，他们更倾向于选择自己擅长并熟知的角度去研究理论层面的内容，而不是从实际应用的角度去探究科技成果如何与市场衔接，因为后者显然需要更多的经济、时间投入，这于他们而言是得不偿失的。这就导致高校的许多科研成果脱离实际，无法产业化，从而在一定程度上影响成果的转化率。

第二，高校科研成果转化经费的支持不足。资金支持不足已经成为制约高校科技成果转化的最大瓶颈。目前，一方面，我国高等教育学校从事科研活动，经费主要来自政府资金、企业资金和金融贷款，企业资金和金融贷款主要靠高校凭借自身声誉和科研实力筹集。另一方面，高校课题选择的实践性、应用性较弱，难以与市场衔接，企业不愿做过多投资无可厚非。此外，高校和企业未能建立互动机制，即便高校的部分成果应用性较强，企业也对此科技成果有需求，但双方因缺少沟通和中介服务机构，也必然导致科技成果"无人问津"。同时，风险投资领域存在的技术和市场双重风险也使得高校科技成果难以得到风险投资的支持。

（3）技术许可。科技成果的许可转化主要是指专利的许可实施。一般是指获得专利权人的允许，通过签订合同而实施其专利，并支付相应的报酬的制度。为了更好地规范许可实施行为，国家知识产权局颁布了《专利实施许可合同备案办法》，规定签订专利许可实施合同的当事人，应当在合同生效之日起 3 个月内，到国家知识产权局指定的部门进行备案。

（4）技术转让。《专利法》第 10 条第 3 款规定，转让专利申请权或者专利权的，当事人应当订立书面合同，并向国务院专利行政部门登记，由国务院专利行政部门予以公告。专利申请权或者专利权的转让自登记之日起生效。该种科技成果转化的方式主要包括专利权的转让和专利申请权的转让两类，是指专利申请人或专利权人将其专利的申请权或专利权全部转归受让人所有，受让人支付一定的转让价款，成为新的专利申请人或者专利权人的行为。《专利法》第 10 条第 1 款规定，专利申请权和专利权可以转让。转让是为了追求转让费，因而又称为"贸易性转让"，一般追求的是短期利益，风险比较小。转让后，转让人可一次性获得科技成果的对价。

科技成果转让属于技术成果转让的范畴，是技术商品化的表现形式之一。

（5）投资入股。科技成果投资入股转化是指科技成果所有者将其获得的科技成果作为资本进行投资，与资金投资者共同投资入股的过程，科技成果所有者没有因此获得科技成果转移的现金对价，而是获得了所投资企业的部分股权。该转化方式包括两种：一种是以科技成果的专有权出资，另一种是以科技成果的专有使用权出资。前者是科技成果的整体让与，而后者则是使用权的让与，主体仍保留科技成果的最终处分权。如前所述，《促进科技成果转化法》中明确将技成果作价投资、折算股份或者出资比例作为科技成果转化的形式之一。2013 年 12 月 28 日《公司法》第三次修正时取消了出资比例的限制，这意味着技术或知识产权可以 100％出资，这种改革的目的是将这一出资决定权直接交给企业，由企业自己去决定是投入货币，还是投入土地、设备或技术等，这也是对科技创新、经济转型升级的鼓励。

随着高新技术的不断发展，科技成果的资本化运作越来越成为重要方式。但是，由于科技成果作为无形资产的特殊性，其出资风险就更高。

（6）科技成果质押。早在 1995 年颁布的《担保法》中，专利权就被确定为可以质押的权利。2007 年出台的《物权法》第 227 条规定："以注册商标专用权、专利权、著作权等知识产权中的财产权出质的，当事人应当订立书面合同。质权自有关主管部门办理出质登记时设立。"《民法典》第 444 条则规定："以注册商标专用权、专利权、著作权等知识产权中的财产权出质的，质权自办理出质登记时设立。知识产权中的财产权出质后，出质人不得转让或者许可他人使用，但是出质人与质权人协商同意的除外。出质人转让或者许可他人使用出质的知识产权中的财产权所得的价款，应当向质权人提前清偿债务或者提存。"因此，根据我国法律规定，设定专利权质押应当经过两个程序：一是签订质押合同；二是将质押合同向登记部门登记。《国家知识产权战略纲要》在"战略重点"部分明确提出：促进自主创新成果的知识产权化、商品化、产业化，引导企业采取知识产权转让、许可、质押等方式实现知识产权的市场价值。《知识产权强国建设纲要（2021—2035 年）》则在"建立规范有序、充满活力的市场化运营机制"部分指出，要积极稳妥发展知识产权金融，健全知识产权质押信息平台，鼓励开展各类知识产权混合质押和保险，规范探索知识产权融资模式创新，健全质押融资等服务。

　　尽管根据法律规定，注册商标专用权、专利权、著作权都可以质押融资，但实践中用专利权融资更为普遍。《专利法实施细则》也规定，以专利权出质的，由出质人和质权人共同向国务院专利行政部门办理出质登记。1996 年，为配合专利质押登记制度，出台了《专利权质押合同登记管理暂行办法》。自《专利权质押登记办法》于 2010 年 10 月 1 日起施行后，上述暂行办法被废止。根据《专利权质押登记办法》第 2 条、第 3 条和第 4 条规定，国家知识产权局负责专利权质押登记工作。以专利权出质的，出质人与质权人应当订立书面质押合同。质押合同可以是单独订立的合同，也可以是主合同中的担保条款。以共有的专利权出质的，除全体共有人另有约定的以外，应当取得其他共有人的同意。此外，各地政府也非常重视专利权质押制度的建设，纷纷出台相关政策法规鼓励以专利权质押融资。在实践中，不少地方都积累了一些经验。例如：青岛市知识产权事务中心组织专利评价、保险、担保、银行及经纪服务机构，建立起专利质押保险贷款联盟，在国内首创专利权质押贷款保证保险。首批 23 家企业授信贷款额度 8060 万元，实际发放 7760 万元。

　　值得指出的是，知识产权作为无形资产，其价值难以估量，不仅经济风险较大，且专利权的价值主要表现为潜在的盈利能力，价值评估的困难直接制约了权利人用专利权融资。就质押担保的功能来说，是为了贷款合同或其他主合同利益的实现，专利权价值实现的不确定性势必影响其担保功能。因此，专利权价值评估的困难和专利权价值实现的不确定性直接制约了权利人用专利权融资和影响其担保功能。

（7）科技成果信托。科技成果作为一种无形资产，必然可以成为信托的客体。科技成果信托制度主要是指专利信托制度，该制度是促进科技成果转化的又一重要方式和手段。专利信托可以弥补专利权人在管理、资金和信息方面的不足，更为有效地实现专利转化。专利信托又有着自身的特点，其时效性强。在专利权转换时虽然有巨大的经济和社会价值，但是会面临一定的技术乃至市场风险。这就对专利信托人提出了更高的要求，不仅要有专门的专利信托知识，还要有更高的风险防范意识。

2000年，武汉国际信托投资有限公司最早在国内开启专利信托实践，是中国专利信托制度发展史上最重要的尝试。其后，中国人民银行在2002年颁布了《信托投资公司资金信托管理暂行办法》，第一次在制度层面肯定了知识产权信托制度。2010年，中关村作为中国金融业集聚地，又率先出炉了科技成果转化集合信托计划。该计划作为中关村科技成果转化融资平台的一部分，由中国技术交易所、北京国际信托有限公司、北京中关村科技担保有限公司和北京中小企业信用再担保有限公司四家企业共同发起，将依托技术交易中介服务机构打造科技成果转化的崭新融资模式。尽管在专利信托融资方面有过一些尝试，但专利信托制度并没有得到广泛的推广应用，对科技成果转化的作用还十分有限。

（8）科技成果证券化。任何可预测的收入都可以证券化，科技成果作为无形资产的收益也可以证券化。知识资产证券化首先发端于美国，随后在一些国家和地区发展。近年来美国、日本等国家开始了以知识产权证券化进行融资的尝试，且已取得较好的成果。

科技成果证券化实质是知识资产证券化。其是指将科技成果等知识资产转化成如股票方式进行交易，投资者如同买股票模式，选择买进有潜力的知识资产证券；技术公司则可以利用取得的资金再进行研发，并对外授权。科技成果证券化，改变了实体财产的交易观念，近年来在世界范围得到广泛发展。[1] 科技成果证券化能够使许多还未上市的中小型科技公司直接进入市场筹措资本、获得广阔的发展空间。[2]

5. 科技成果转化的组织形式

（1）产学研合作。随着经济全球化与科技全球化进程的加快，技术创新已经成为企业乃至地区、国家发展和竞争力提高的动力和源泉。依靠单个企业进行研究与开发活动的传统技术创新模式的缺陷日益凸现，创新主体开始寻求新的模式。1980 年美国《拜–杜法案》（也称《大学、小企业专利程序法案》）正式确立了一种产学研合作制度，这种新的创新模式逐渐被借鉴为各国科技创新体系[3] 的重要组成部分和科技成果转化的主要形式。总结我国科技成果转化的实践，加快建立企业为主体、市场为导

---

〔1〕　焦洪涛、林小爱：《知识产权资产证券化——"金融创新与知识产权"专题研究之二》，载《科技与法律》2004 年第 1 期。

〔2〕　相关研究，参见唐露源、谢士尧、胡思洋：《技术需求导向的科技成果转化影响因素研究——以 101 家高新技术企业为例》，载《中国科技论坛》2023 年第 4 期；贺俊：《"归位"重于"连接"：整体观下的科技成果转化政策反思》，载《中国人民大学学报》2023 年第 2 期；陈雅倩、方永恒、贾周萍：《政策组合视角下科技成果转化政策的时间动态性分析》，载《中国科技论坛》2023 年第 3 期。

〔3〕　完善我国科技创新体系，是创新型国家建设的重要措施和目标。党的二十大报告对于完善我国科技创新体系作了明确部署："完善科技创新体系。坚持创新在我国现代化建设全局中的核心地位。完善党中央对科技工作统一领导的体制，健全新型举国体制，强化国家战略科技力量，优化配置创新资源，优化国家科研机构、高水平研究型大学、科技领军企业定位和布局，形成国家实验室体系，统筹推进国际科技创新中心、区域科技创新中心建设，加强科技基础能力建设，强化科技战略咨询，提升国家创新体系整体效能。深化科技体制改革，深化科技评价改革，加大多元化科技投入，加强知识产权法治保障，形成支持全面创新的基础制度。培育创新文化，弘扬科学家精神，涵养优良学风，营造创新氛围。扩大国际科技交流合作，加强国际化科研环境建设，形成具有全球竞争力的开放创新生态。"

向、产学研深度融合的技术创新体系，是走中国特色自主创新之路的必然选择。1986 年，由多个部委成立的"经济科技合作协调小组"就在《百项合作计划》中首次提出了"产学研合作"的概念。2006 年，产学研合作更是被提高到了国家战略的高度。党的二十大报告则提出，要"加强企业主导的产学研深度融合，强化目标导向，提高科技成果转化和产业化水平"。

关于产学研合作的提法很多，主要包括：产学研一体化、产学研结合创新、产学研联盟等。虽然相互之间有些许差别，但概括来看，产学研主要是指企业、高等院校和科研院所在市场主导之下，在政府、中介机构等辅助下，进行知识和技术创新，使创新的产品直接面向市场的一种合作模式。产学研合作模式克服了各创新主体自身的不足，有效地将企业的人力、物资和资金资源与高校、科研机构的智力资源整合起来，以灵活的合作形式激励各创新主体，充分发挥各自的优势，取长补短，实现技术和经济的有机结合，促进科学技术的发展和创新成果的顺利转化。

产学研合作机制是一个复杂的过程，涉及的创新主体复杂，主要包括企业、高校、科研机构等。其中，企业是产学研中最重要的主体。2008 年，《科学技术进步法》修订施行后，企业被确定为科技创新的主体。2021 年 12 月 24 日该法被第二次修订（自2022 年 1 月 1 日起施行），进一步强化了企业的科技创新主体地位。[1]一方面，企业是创新成果的经营主体，是合作创新的经济动力，是创新成果商品化的途径，也是知识创造的重要主体；另一方面，企业直接面对消费者，是技术市场和产品市场沟通的桥梁。没有企业，技术市场就不能很好地掌握经济市场的动向，难以实现科技面向经济的要求，而高校和科研院所则是产学研合作取得成果的关键，没有其提供智力、知识的支持，产学研合作

---

〔1〕 参见现行《科学技术进步法》第四章"企业科技创新"。

无法获得技术上的突破，二者的职能主要是技术的研究与开发。除了这三个主要的合作主体外，产学研合作机制还不能缺少政府的参与。政府作为合作顺利进行的保障者，为产学研合作组织提供法律、政策、财税等方面的指导，资金、项目等的支持以及人力资源、研发场所等方面的服务。只有各方通力合作，各司其职，才能形成一个高效、稳定的合作体系。[1]

（2）企业孵化器。企业孵化器并没有一个统一的定义。1959年，"贝特维亚工业中心"作为全球第一家企业孵化器在美国诞生。在欧洲，孵化器被称为"business innovation center"，即"企业（或商业）创新中心"；在我国台湾地区，孵化器被称为"育成中心"。从服务对象而言，孵化器是为了一些新创的科技型企业而设立和运作的一个体系。一般认为，企业孵化器是一个为企业提供可租用场地、共用支援服务的商业发展服务设施；是一个创造成功的、创新性的新企业的综合系统，旨在成功造就一批充满创新活力的企业；对那些尚处于"卵"状态的企业，有组织地、适时地供给其成长期所需要的"营养"条件，以促进其成长起来。[2]因此，企业孵化器一般具有以下要素：共用的场地、服务等设施，孵化企业，优惠政策和孵化器运营团队。

孵化器在科技型中小企业的创业和发展中起着重要的作用。但是在1959年到1980年期间，根据全美企业孵化器协会的统计，美国只有12个孵化器。1980年后，美国政府为了刺激经济的发展，才开始积极推动孵化器的建设。截至2006年，全美孵化器数量约1200家，为中小型企业的发展做出了重要贡献。我国借

---

〔1〕　相关研究，参见陈怀超、张晶、费玉婷：《制度支持是否促进了产学研协同创新？——企业吸收能力的调节作用和产学研合作紧密度的中介作用》，载《科研管理》2020年第3期；史建锋、张庆普、郑作龙：《产学研知识创新联盟界面管理研究——以HRT产学研知识创新联盟界面管理为例》，载《中国软科学》2017年第2期。

〔2〕　颜振军：《中国企业孵化器论》，中国社会科学出版社2000年版，第3页。

鉴美国、欧洲等国家、地区的成功经验，于 1987 年建立了第一家科技孵化器——武汉东湖创业中心。随后，我国科技孵化器从数量、规模和能力上都不断提高。1997 年，西安国际孵化器作为我国第一家国际孵化器正式投入运行。目前，孵化器已成为推动我国经济发展的重要推动力。[1]

根据孵化的基本目标，可以将孵化器分为综合技术孵化器、专业技术孵化器、国企孵化器、留学人员创业园、大学孵化器和国际企业孵化器。综合技术孵化器是以促进高新技术产业化为目标孵化国家规定的各类高新技术企业。中国绝大多数孵化器属于此类。专业技术孵化器在综合性技术孵化器基础上发展而来，专门以某一类专业技术的产业化为目标。国企孵化器则是利用国有企业在经济转型中出现的闲置设备、设施等资源，目的是盘活国有资产，以帮助国有企业转制、国有企业中人员创办企业和其他企业为孵化目标。留学人员创业园顾名思义是为中国在外留学人员回国创业而设置的。大学孵化器是以高校的资源为依托，利用高新技术开发区的优惠政策和软硬件条件，促进高校科技成果的转化，积极支持青年学子和高校教师创办企业。国际企业孵化器是为帮助国内企业走出去和引进国外企业服务的。[2] 在实践中，我国孵化器往往都是集各种目标于一身。例如，2000 年成立的北京中关村国际孵化器有限公司，既是技术孵化器，也是留学人员创业园。中关村国际孵化园以"政府引导、市场运作"的方式，积极为留学人员归国创业提供全程、全方位的服务。目前已经成

---

〔1〕 参见《前瞻产业研究院回答："国内孵化器"的现状如何?》，载 https://zhidao. baidu. com/question/1308080577116436659. html，最后访问日期：2022 年 5 月 30 日。

〔2〕 李岱松、李学伟：《中国企业孵化器的营运模式》，北京交通大学出版社 2007 年版，第 55~59 页。

为全国留学生企业数量最多、最集中的孵化园之一。[1]

（3）科技评估机构。美国是最早开始科技评估的国家。20世纪20年代，当时的美国国会服务部对各委员和议员提出的问题进行评估。之后日本、德国、法国、加拿大等相继开展科技评估工作。20世纪七八十年代，英国、瑞典、瑞士、澳大利亚等也开展了评估工作。

我国科技评估发展较晚，始于20世纪90年代初期。1997年科技部成立了国家科技评估中心，经过二十多年发展，评估机构建设已经取得较大进展，并开展了一系列标志性评估任务，为深化发展奠定了较好的基础。但是与新形势、新要求相比，我国科技评估发展还面临评估机构规模偏小、稳定经费渠道缺乏、评估工作体系不完善、评估方法工具开发不足、评估队伍专业化水平还有待提高等问题。[2] 2000年，科技部颁发了《科技评估管理暂行办法》，明确了科技评估的类型、范围、组织管理、评估机构和人员、评估程序、法律责任等。这些规章制度的出台对我国科技评估事业的发展起到了很大的促进作用。[3] 随着互联网络的发展，2016年，六十多家科技评估机构共同发出倡议书，提出将在科技评估协作网基础上，加快筹建中国科技评估协会，加强科技评估标准规范制定和制度建设，探索开发新的评估理论和方

---

〔1〕相关研究，参见李梓涵昕、周晶宇：《中国孵化器政策的演进特征、问题和对策——基于政策力度、政策工具、政策客体和孵化器生命周期的四维分析》，载《科学学与科学技术管理》2020年第9期；赵云波、邓婧：《科技企业孵化器与企业孵化器的联系与区别——基于时空背景转换的分析及启示》，载《自然辩证法通讯》2018年第3期。

〔2〕张晔：《我国科技评估组建"大家庭"全国科技评估机构协作网成立》，载《科技日报》2016年4月28日，第1版。

〔3〕张仁开、罗良忠：《我国科技评估的现状、问题及对策研究》，载《科技与经济》2008年第3期。

法，共建科技评估机构行为规范和评估从业人员自律准则。[1]

（4）科技咨询机构。中国的现代咨询业是 20 世纪 80 年代开始的，国务院《关于加快科技服务业发展的若干意见》（国发〔2014〕49 号）提出，鼓励发展科技战略研究、科技评估、科技招投标、管理咨询等科技咨询服务业，积极培育管理服务外包、项目管理外包等新业态。支持科技咨询机构、知识服务机构、生产力促进中心等积极应用大数据、云计算、移动互联网等现代信息技术，创新服务模式，开展网络化、集成化的科技咨询和知识服务。中国科技咨询机构主要从事技术经营、技术信息和技术产品传递，促进技术转移。其规模大小不一，形式多样。根据服务的性质可以将科技咨询机构分为技术中介型、技术扩散型、技术开发型和综合型四类。根据组织形式，可以将科技咨询机构分为常设型和临时型的。此外还可以根据所有制形式和专业性质对科技咨询机构进行分类，在此不赘述。

由于咨询的内容不同，咨询的具体程序有所不同，但是基本流程如下：委托方提出委托申请，咨询机构经审查接受委托签订咨询合同之外，开始进行调查研究，从而开展具体的咨询工作，完成之后向委托方出具咨询报告。

（5）科技中介机构。科技成果转化的主要途径分直接和间接两种。直接转化即是如科技人员自己创办企业，或科技成果拥有者与企业直接交流将成果加以转化的方式。间接转化主要是通过各类中介机构所实现的转化。

在科技成果转化活动中的中介机构，并不仅仅在科技成果的权属转移过程中发挥重要作用。在技术创新过程中，为能使成果最终转化而提供科研条件的；为使科技成果权利化而提供知识产

---

〔1〕 相关研究，参见窦永香等：《面向特定领域的国家科技评估框架研究》，载《情报理论与实践》2022 年第 12 期；王再进、傅晓岚：《循证决策体系下英国科技评估的发展及经验借鉴》，载《中国科技论坛》2020 年第 9 期。

权服务的，均可被称作是中介机构。科技中介机构的内涵与范畴是广义上的，远比传统意义上的中介机构丰富。

科技中介是指为科技创新主体提供社会化、专业化服务以支撑和促进创新活动的机构，包括生产力促进中心、科技企业孵化器、科技咨询和评估机构、技术交易机构、创业投资服务机构等。科技中介机构的职能包括为技术提供交易、经纪、咨询、评估、融资、信息等中介服务职能。这类机构在加强技术创新网络的构建、推动技术转移、改善创新环境、监督调节市场、降低交易成本、整合各创新要素、提高技术创新能力等方面起着不可替代的纽带作用，对政府及各类创新主体与市场之间的知识流动和技术转化发挥着关键性的促进作用。一般认为，科技中介机构是指从科技成果产生到实现产业化的整个过程中，为科技与经济结合提供必要的信息、资源、服务，以中小企业突出科技型中小企业为服务对象的非政府机构。它主要包括科技咨询类、创业孵化类和科技成果转化类三种机构，涉及的行业有技术咨询、技术评估、技术交流、技术经纪、信息服务、人才培训、职业经营者市场等众多行业。其内涵是提供科学技术服务和信息服务以创业孵化与科技成果转化为核心的科技中介机构；其外延是为科技中介服务提供配套需要的机构，包括中小企业金融机构、中小企业信用担保机构、风险投资机构、创业板市场等。[1]

综上，科技中介机构是以专业知识、专门技能为基础，沟通技术供给方与需求方之间的联系，是技术进入市场的重要渠道。科技中介机构是科技成果转化的"催化剂"，为企业自主创新提供支撑服务。其在有效降低创新风险、加速科技成果产业化进程中发挥着不可替代的关键作用。

按照组织形式性质的不同，大体上可将我国现有的科技中介

---

〔1〕 朱桂龙、彭有福：《发达国家构建科技中介服务体系的经验与启示》，载《科学学与科学技术管理》2003 年第 2 期。

机构分为事业单位型的科技中介机构、企业公司型的科技中介机构以及社会组织型的科技中介机构三种。

我国于20世纪80年代开始了科技中介机构的建设，经过三十多年的发展，我国各类科技中介机构已经初具规模。前述《关于加快科技服务业发展的若干意见》对科技中介机构的发展起到了重要的推动作用。[1]

6. 国外科技成果转化经验借鉴

如前所述，世界上其他国家没有"科技成果转化"的概念。但是，世界各国为了提高科技成果转化率，纷纷采取各种措施来推动高新技术转化为生产力。特别是在促进高校科技成果转化方面，美国、英国、日本等国家也积累了较多的经验，可借鉴的方面如下：

（1）成熟的法律环境。美国的科技成果转化立法走在世界前列。早在1790年颁布第一部《美国专利法》之际，美国就在该法中制定了确保科技成果转化的措施。1980年12月美国国会通过了著名的《拜-杜法案》更是促进科技成果转化的典范，世界其他国家争相借鉴。最初的《拜-杜法案》仅适用于大学等非营利性组织小企业，后经多次修订，适用对象得到扩大，实际操作性变得更强。其核心内容是："同意由包括大学在内的非营利机构拥有由联邦政府资助项目所形成的专利权，并鼓励大学将其商业化，且大学和发明者可以从技术转化的收益中受益。"[2] 联邦政府资助的科研成果由研究单位所有、研究者可从成果转化中受益，这些规定极大地激发了科研人员进行科技创新的积极性，使科研人员更加注意研究成果的实际应用价值和市场前景，更加注

---

〔1〕 相关研究，参见郭元源等：《集群中科技中介角色演变与网络结构互动机制》，载《科学学研究》2019年第3期。

〔2〕 吴珍华、雷良海：《中美高校科研成果转化的比较与启示》，载《黑龙江教育》2007年第4期。

重与企业的合作，积极采取措施推动科研成果的开发和转化。

除《拜－杜法案》外，美国还有大量促进科技成果转化的法律，如《1980年技术创新法》《小企业创新开发法》《联邦政府技术转让法》《综合贸易和竞争法》《国家竞争力技术转让法》《国家合作研究法》《联邦技术转移法》《小企业技术转移法》《国家技术转让与促进法》《联邦技术转让商业化法》《技术转让商业化法》等，这些法律的针对性都很强，有效地促进了美国科技成果转化。

日本科技成果转化的法律也非常健全，如《专利法》《科学技术基本法》《大学技术转移促进法》《企业合理化促进法》《中小企业现代化促进法》《产业技术力强化法》《知识产权基本法》《产业技术综合研究所法》《产业振兴法》《产业技术力强化法》等。通过多部法律，日本政府推动了"科技创新兴国"战略的实施，充分发挥了政府在科技成果转化过程中的作用和服务职能。

（2）充足的资金支持。美国、英国、日本等在高校科技成果转化的资金支持方面也显现了强劲的资本实力。

美国政府每年向高校提供巨额的科研经费，但政府投资在科技成果转化资金中仅占很小的比例，科研经费大部分由企业支出，对于无力支出科技成果开发经费的企业，美国建立了完善的风险投资制度。美国政府大力发展风险投资事业，鼓励风险基金用于支持科技研发，对投向科技研发的风险基金制定了一系列的税收减免、证券发行、金融倾斜等优惠政策，吸引银行、基金组织、企业等融资机构进行风险投资。风险投资基金为有市场前景的科技成果的转化提供了源源不断的资金支持。[1]

日本为科技成果转化提供的资金保障有三个方面：一是积极地提供财政补贴，二是消极地减免税费，三是发动日本民间自身

---

〔1〕 李玉清：《美国高校科技成果转化的经验及启示》，载《中国高校科技》2012年第Z1期。

的力量开展风险投资活动。具体如下：

第一，财政补贴。日本设有"发明创造的扩大试验研究费补助金"和"国家新技术化贷款制度"，以促进和鼓励高校和研究机构开放其研究资源；设立"科学实验研究费补助金"和"技术开发补助金"，以鼓励和促进中小企业开展研发活动。为加强重要技术领域的技术研发，先后设立"重要技术研究开发费补助金""技术改善补助金""对有关替代石油能源的技术实用化开发费补助金""对新发电技术实用化开发费补助金"等补贴制度。[1]

第二，税费减免。为了鼓励企业开展科学技术开发，实施技术转移和产业化，防止企业负担过重，日本制定了多重税费减免、扣除措施。对企业高新技术研发投入，实行"增加实验研究费税额扣除制"和"中小企业技术基础强化税制度"。对产学研合作，实行"产学官合作促进税制"，对科技成果由大学向企业的转移，实施减免专利申请费和专利年费的优惠措施。

第三，风险投资。科技成果转化归根结底是市场行为，其资金主体部分也必须来源于市场才符合市场经济的规律。为此，除政府的财政补贴和税费减免之外，日本政府积极推动市场化的风险投资来解决科技成果转化的资金问题：建立一些融资机构为高科技公司提供优惠贷款，协助大学与风险投资企业共同举办技术交流会，鼓励银行开展融资业务，各级政府设立风险投资支援财团，甚至直接参与风险投资等。

（3）多元转化的实现方式。美国、英国、日本等国家高校科技成果转化的本质是实现知识产权的保护和经营，其众多技术转化机构的主要职能也体现在这方面。

（4）良好的组织机构保障。美国、日本等国家在高校科技成果转化机构的设置上，都从国家、地方、高校等层面设立相关的

---

〔1〕 参考任昱仰等：《日本技术转移制度体系概述》，载《科技与法律》2012 年第1 期。

专业机构，整个组织体系协同作用。

（5）公共信息平台的搭建。在构建坚实的"硬件"基础的同时，美、日、英等国家在高校科技成果转化的过程中还十分重视"软件"平台的构建。

（6）对高校转化工作的重视与支持。美国、日本等国家都非常注重高校科技成果转化制度环境的建设，其法律法规制定的角度也相对全面。首先，这些法律法规会对科技成果知识产权的权益主体进行明确，保障各主体在享有权利的同时承担相应的义务。其次，这些法律制定多从推动产学研合作出发，强调高校与企业加强产业联系的重要性，并通过相关内容的规定为其创造实现途径。最后，对于实践工作中出现的问题，国家通过补充性法律法规能够进行协调解决，促进高校科技成果转化稳步开展。

7. 促进我国科技成果转化的相关建议

（1）完善科技成果转化的法律体系。推动促进科技成果转化法律制度的完善，首先，要通过修改《促进科技成果转化法》，并制定相关的实施细则，逐步完善配套的法律法规与地方立法和政策，形成系统化的科技成果转化法律和政策体系，在法律和政策层面对科技成果转化予以全面的保障。其次，要明确界定科技成果转化过程中各主体的法律责任，并将行政责任具体化，以督促科技成果及时、有效地转化为现实生产力，并使科技成果的转化符合经济的发展和市场的需求。最后，基于鼓励创新的需要，需完善对职务发明人的激励机制，以更好地维护职务发明人在科技成果转化过程中的利益，激发发明人创造与转化科技成果的热情。

第一，进一步修改《促进科技成果转化法》。在《专利法》《科学技术进步法》修改以及我国建设创新型国家的背景下，修改《促进科技成果转化法》具有现实必要性。针对《促进科技成果转化法》在实施中遇到的问题以及该法与其他法律之间的冲突，在修改该法之时可以考虑以下因素：明确知识产权权属划分及利益分配的规定，与《专利法》《科学技术进步法》等相关法律的修改规定相协调；细化对"保障措施"的规定，与其他法律政策等形成一个完整的保障体系；强化企业、科研机构、高校等主体在促进科技成果转化中的权利义务关系，突出企业的创新主体地位，促进产学研深度融合；明确政府在促进科技成果转化过程的职责。

第二，制定相关的实施细则。针对一些比较原则化与指导性的法律规定，可以通过制定实施细则，尤其是制定《科学技术进步法》与《促进科技成果转化法》的实施细则，在科技投入、税收优惠、金融支持、政府采购、科技成果保护、发明人的激励制度等方面，进一步细化对科技成果转化的法律支持。

第三，制定配套的法律法规。根据促进科技成果转化的主体、客体、内容等方面的规范需要，可以考虑制定《科研机构法》《技术交易机构法》《职务发明法》《商业秘密保护法》《技术转移法》等，以增加《促进科技成果转化法》的可操作性。

第四，完善地方性立法与政策。各省市应结合当地《科学技术进步法》和《促进科技成果转化法》的实施情况，以及促进科技成果转化的经验，积极开展地方的科技进步条例或创新促进条例的制定、修订，完善有利于本地自主创新的政策环境，为本地科技进步和创新工作提供强有力的法制和政策保障。

（2）完善中介服务体系，培养转化人才。应加快科技信息网络平台的建设，及时更新高校的科技信息和企业的需求信息，开展多种形式的科技咨询、科技展览活动，力求建立起一个全国性的科技、经济信息网。[1]

（3）加强 R&D（研究开发）经费的投入和管理。R&D 经费

---

〔1〕 张健华：《高校科技成果转化中的政府职能研究》，南开大学 2010 年博士学位论文。

是高校和科研院所从事基础研究和技术开发必需的物质技术条件。由于研究经费的有限性，研究经费的投入和管理就具有十分重要的意义。在研究开发经费投入方面，无论是通过课题招标还是其他委托研究项目等形式，立项前进行充分的可行性研究有利于使未来研究开发出的成果面向市场、适应市场的需要，从而为科技成果的转化奠定前提性条件。就研究开发经费的管理而言，需要明确研究开发经费的去向、对研究开发经费进行合理的分配，并提高研究开发经费的使用效率。[1]

（4）立足我国科技创新战略和高质量发展环境，完善财政性资金资助项目的权属规定。我国在 2007 年修订《科学技术进步法》时，适当借鉴了《拜－杜法案》的规定。例如，其第 20 条规定即是体现。2021 年第二次修订的《科学技术进步法》则根据当前我国科技创新战略和高质量发展环境，对于前述第 20 条规定作了适当修订。其第 32 条第 1 款规定：利用财政性资金设立的科学技术计划项目所形成的科技成果，在不损害国家安全、国家利益和重大社会公共利益的前提下，授权项目承担者依法取得相关知识产权，项目承担者可以依法自行投资实施转化、向他人转让、联合他人共同实施转化、许可他人使用或者作价投资等。其第 2 款规定：项目承担者应当依法实施前款规定的知识产权，同时采取保护措施，并就实施和保护情况向项目管理机构提交年度报告；在合理期限内没有实施且无正当理由的，国家可以无偿实施，也可以许可他人有偿实施或者无偿实施。其第 3 款规定：项目承担者依法取得的本条第 1 款规定的知识产权，为了国家安全、国家利益和重大社会公共利益的需要，国家可以无偿实施，也可以许可他人有偿实施或者无偿实施。其第 4 款规定：项目承

---

〔1〕　相关研究，参见屈天佑、李健、李娜：《政府直接 R&D 资助和企业 R&D 投入——基于中国省际面板数据的实证分析》，载《技术经济与管理研究》2021 年第 6 期。

担者因实施本条第 1 款规定的知识产权所产生的利益分配，依照有关法律法规规定执行；法律法规没有规定的，按照约定执行。这些规定，有利于促进科技成果的及时转化。

（5）推动建立合理的科技成果转化收益分配制度。建议《专利法》和《促进科技成果转化法》的进一步修订要建立发明人、设计人获得收益权利的保障机制，同时探索建立职务科技成果知识产权分享制度。

二、强化我国占优势的非物质文化遗产的知识产权保护

（一）非物质文化遗产保护的理论与思考

非物质文化遗产的存在是个客观事实，其形成伴随着人类族群对自然世界的客观认知和逐步适应的各种创造而产生，并逐步形成各个族群的人文认知。

如同知识产权和知识产权法学门类的起源一样，人类对于自身财产和权利的认定也经历了一个类似的变迁。在知识产权的理解上，从最初的分享利益、划分市场，分配已获得的和可期待的利益出发，人们在确认既定的物质财产时相对形成了对无形财产的朦胧认识。因此，人们对于无形财产的存在以及权利状态本身就经历了一个发展过程，并形成了不同国家的人们对社会上层建筑文化形态中权利的认知，这也影响到后续无形财产的体系和知识产权所保护利益的讨论。从非物质文化遗产的视角，非物质文化遗产是先于无形财产的认知而存在的。甚至可以认为，非物质文化遗产始于人类社会、秩序和文明生成的一部分，在法律秩序的发展中，非物质文化遗产以家族、社区和族群的样态渗入到法律的调整之中。非物质文化遗产的内在秩序不以知识产权的认识为转移，只是在知识产权发展达到了对这样一种无形财产认识的状态才进入知识产权的领域。可见，法律的认知是以个人为轴心，从个体范围的财产意识和权利意识升华到社会的财产主张和

权利主张，从物质延伸到文化，从物质形态进而囊括非物质的形态。

非物质文化遗产进入知识产权的机缘是非物质文化遗产的传承人或者是以传承带动个人创作的人们在市场中发现了利益分配的不平，这种抗争最终得到人们的认可，在完善自身文化属性的过程中逐步意识到了物质文化遗产、自然遗产和非物质文化遗产之间的内在依存关系，更发现在经济全球化和社会转型进程中对不同文化群体生存依托的非物质文化遗产进行的损坏和破坏并导致其消失的严重后果。

然而，究竟在市场竞争中给予非物质文化遗产应有的利益分配地位，还是直接以文明发展的理由将这种份额置于公共领域，各国争论不休，不同主张也来自于非物质文化遗产资源稀少而且不期待实现这一类利益的国家。在各国独立运动兴起的后期，非物质文化遗产就像知识产权发展的轨迹一样，成为独立运动后在文化斗争中的发声地，也代表着关于文化独立、文化复兴以及文化收益的抗争。最终，国际社会在争论中达成共识，认为各社区，尤其是原住民、各群体，是人类生存的轨迹，也是人类文明发展与多元化演进的重要组成部分。国际社会从文明多样化的高度认为，不能以利益分配为由否定这样一种无形文化的存在和应有的价值，即使这种价值有时是以个人为主体的生存方式中所必需的组成部分。目前，以联合国为主导的国际组织普遍承认这样一种无形文化的存在，但是对其财产部分以及财产的利益分配仍然是不明确的，对非物质文化遗产的认识也随着时代和研究的发展，留下了思考的余地。[1]

---

〔1〕　相关研究，参见黄涛：《非物质文化遗产保护的理念、法规与实践》，载《中国人民大学学报》2018 年第 1 期；吴汉东：《论传统文化的法律保护——以非物质文化遗产和传统文化表现形式为对象》，载《中国法学》2010 年第 1 期；曹新明：《非物质文化遗产保护模式研究》，载《法商研究》2009 年第 2 期。

（二）非物质文化遗产作为研究对象的固化与思考

在将非物质文化遗产定性为一种研究对象时，首先应当解决的是该研究对象的名称和该研究对象表述的特征。非物质文化遗产的概念随着其保护内容的不断扩大，其名称也经历了多次的演变。有学者称其为"民间创作"，也就是传统知识和民间文学；在与非物质文化遗产相关的公约中，相关概念被称为"口头和非物质文化遗产"。影响较大的称谓是"无形文化遗产"，源于无形文化财产的音译。我国《著作权法》第6条所称的民间文学艺术作品，也有学者称为"民间文学艺术表达"，也反映了非物质文化遗产的部分内容。

上述几种概念经过不同的起源和演变，包含了各自所表达的范围，在内涵和外延互有交叉，有所区别。在"民间创作"的表述中，包含了两个部分：民间和创作。这种表述的核心意思是来自民间的从无到有的生成物。在"口头和非物质文化遗产"和"无形文化遗产"的概念中，虽然二者的源头不同，人们已经对二者进行了不同形式的吸收。两个概念之间涉及的是关于"非物质"和"无形"之间的争论。

"非物质文化遗产"的名称源于2003年10月17日联合国教科文组织颁布的《保护非物质文化遗产公约》，并正式沿用至今，其权威性在于颁布此概念的来源级别和全球的高认可度。同时，公约的颁布也正式代表了该概念在国际上得到多数国家的承认和学科分类的开始。该公约开宗明义地写道："非物质文化遗产"，指被各社区、群体，有时是个人，视为其文化遗产组成部分的各种社会实践、观念表述、表现形式、知识、技能以及相关的工具、实物、手工艺品和文化场所。这种非物质文化遗产世代相传，在各社区和群体适应周围环境以及与自然和历史的互动中，被不断地再创造，为这些社区和群体提供认同感和持续感，从而增强对文化多样性和人类创造力的尊重。在本公约中，只考虑符合现有的国际人权文件，各社区、群体和个人之间相互尊重的需要和顺应可持续发展的非物质文化遗产。

该公约再次证明了国际合作和协调的结果，即不在国际人权文件范围内，即使符合非物质文化遗产特征的，也存在不被认可为非物质文化遗产的可能性。该公约的出台，显然是为了非物质文化遗产更好地发展，同时也体现了人权基本需求的结果。从人权的角度去认可非物质文化遗产，间接地将非物质文化遗产纳入到公共利益的思考层面。该公约的侧重点在于保护，该公约并没有涉及关于保护与发展之间的关系，因为随着文明的深入，某些社区、族群，一旦受到外界文化的渗入，原有的文明进程将被打破。

我国 2011 年 2 月 25 日颁布的《非物质文化遗产法》基本沿用了上述概念：各族人民世代相传并视为其文化遗产组成部分的各种传统文化表现形式，以及与传统文化表现形式相关的实物和场所。从 2003 年非物质文化遗产正式进入讨论的视野到 2011 年，我国非物质文化遗产的概念正式出现。

（三）关于非物质文化遗产特征的延展性理解

在非物质文化遗产进入到知识产权的研究视野之后，通说认为非物质遗产可以成为受到知识产权法保护的特定对象，其法律特征如下：

1. 非物质性

非物质文化遗产的首要特征是非物质表现性。非物质性是指没有物理占有，不可触及形态的非实体物质属性，可以被人们感知、获取和捕捉。既然存在非物质文化遗产，必然存在物质的文化遗产。

物质文化遗产是指以物质表现形态为保护对象，并进入法律视野的那一部分遗产，比如长城、故宫等。非物质文化遗产与以物质文化遗产为代表的文化遗产相区别。

　　非物质文化遗产与知识产权的其他保护对象一样，以作用于载体之上的智力成果为保护要素，同样具有"非物质性"或者"无形性"的特征。非物质文化遗产并不绝对地排斥物质性或者"形"的存在，甚至必须以物质性为生命的一部分，"形"也随之成为非物质文化遗产中的组成部分，即非物质文化遗产的非物质性与物质载体并存。

　　作为理解非物质文化遗产的一个难点，非物质文化遗产的非物质性可以包含物质载体的存在。物质文化遗产与非物质文化遗产本身均属于文化遗产，并带有强烈的文化属性。在文化表现力上，物质文化遗产仅以具有丰富的文化内涵的物质为研究对象。按照知识产权法的惯常理解，非物质文化遗产应当是超脱于物质之上的，不以物质为具体的束缚形态之上的具有丰富文化内涵的表现方式，物质仅仅是其一定的为人们感知的方式，知识产权法并不包含对物的保护。但是，许多非物质文化遗产所强调的恰恰是非物质性与物质载体的融合，即既保护物质，也保护物质之上的非物质形态。因此，以是否延及于非物质性的物质载体来区分，非物质文化遗产可以分为不保护物质载体的非物质文化遗产和非物质性与物质载体均保护的非物质文化遗产。

　　应当正视的是，不保护物质载体的非物质性文化遗产也会借助口腔等物质手段表现出来，并为人们所感知，如之前"口头和非物质文化遗产"中的"口头"一样。明显的例子是口承文学或者口述文学。在以人的语言和口腔系统为物质的表现手段上，仅保护脱离于物质形态的口承文学可以理解为不保护口腔系统。延展性理解甚至可以认为语言虽然是无形的，也是一种载体。口承文学保护的仅仅是以语言为感知方式的具有文化内涵的表达方式，因此，在语言不存在特殊表现力的情况下，语言也是物质载体的一部分。如果语言是该口承文学不可分割的一部分，语言就被视为单纯的载体。

　　另外，虽然许多表述的以语言为载体的非物质文化遗产都被通称为"口承文学"，但是其与传统知识产权表现类别中的文字作品和口述作品不同。换而言之，非物质性所否定的物质并非哲学意义上的物质，而只是实体形态的物质。

　　另一类非物质文化遗产则是非物质性与物质载体并存，如：民间泥塑以用泥土烧制后的造型为表现方式，既有承载于泥塑之上的民间工艺技术，也有作为依托的泥塑本身。这种保护方式与知识产权的保护方式明显不同。如果按照传统的方式来理解，依托于泥塑上的传统技艺不延及泥这种材料本身，就无法呈现技艺的最终成果，不符合民间技艺对生活的实际需求。于是，非物质文化遗产对于技艺的最终成果产生了严格的要求，并延及于最终成果。承载于泥塑之上的泥塑技艺只是非物质文化遗产的一个过程。这里的争论焦点在于，非物质文化遗产是否以最终形成物为保护对象。多数观点认为，应当以最终授予非物质文化遗产的证书所记载的事项为准，但是延及成果形式的非物质文化遗产将非物质性的理解进行了扩展。

　　2. 价值性

　　财产性是知识产权的根本属性，因此，非物质文化遗产进入知识产权的领域，必须解决财产性问题。

　　非物质文化遗产的特征更多地用价值性来体现，而并非财产性。进行这一区分的原因在于非物质文化遗产所承载着特定民族、群体的生存信息，更多地体现为文化价值，或者说是文化影响力，与知识产权的财产性所代表的财产与知识的直接转换存在差别，并且财产性的评估在文化价值中似乎都只能用"不可估量"这样的描述来表现。易言之，非物质文化遗产的价值性既可能体现为外在的现实利益，如非物质文化遗产特定主体的财产利益，也可以表现为潜在价值，如非物质文化遗产特定主体的文化影响力带来的其他利益。

非物质文化遗产是否存在明确的主体存在争议。主体争议即非物质文化遗产的主体是不是必须以群体而存在。这里先存留争议，排除不具有群体性的主体。无论群体性也好，非群体性也好，当存在明确的主体时，由于权利人对于价值转换的诉求更明确和直接，因此价值的转换更加快捷。并且，在存在明确权利人的情况下，权利人对非物质文化遗产的价值部分非常明确，权利人可以准确指明这些价值的成因和这些价值的珍贵。

非物质文化遗产往往与其载体的物质密不可分，因此，应当区分三种情况：第一，非物质文化遗产的自身价值和其表现手段的物质载体的价值之间的区别。非物质文化遗产与物质载体的价值剥离是非物质文化遗产价值性上的难点。既然在非物质文化遗产上存在知识与物质的统一结合，单纯地以知识产权的视角强调非物质文化遗产的价值不延及其载体，或者其价值超过其载体是不科学的。

第二，外在物质介质的维护和价值升值与其内涵含的非物质文化遗产的自身价值的升值并不一定成正比。在很多情况下，外在物质介质的维护在物质上得到了价值升值，却造成了内在的非物质文化遗产的毁坏和灭失。比如对于古村落的过度开发，虽然提升了现代气息和物质价值，却极大地损坏了其文化价值。

第三，所体现的价值必须是正面的、积极的，符合所存在群体的基本审美要求并得到他们的普遍认同。不能绝对地认为，非物质文化遗产的价值一定包含着形式上呈现的美感，但非物质文化遗产的美感是当地群体中对于这种方式、技艺、场所的认同感，类似于叶落归根般的情感认同。

3. 代表性

非物质文化遗产的代表性指该遗产必须具有一定的特色，并具备相应的影响力，从而使该遗产的文化存在形态形成指向性并以此来区别其他主体所传承的非物质文化遗产。

依代表性所属区域的覆盖范围，非物质文化遗产可以区分为地方、省市乃至国家等不同级别。代表性是评定非物质文化遗产级别的重要行政手段，但是并不影响非物质文化遗产同一级别中的内在分支。

代表性与价值性紧密联系，代表性越突出，其价值性中的文化属性越强。代表性的高度在进行非遗评定和非遗报送时进行统一的评判，代表性也不要求非物质文化遗产所属群体中的每一种具体文化形态都达到同样的高度、拥有同样的表现力。群体中的具体文化形态可能高度和表现力参差不齐，但是，只要整体所表达的文化形态形成区域和同类中的公认代表性即可。[1]

（四）我国非物质文化遗产种类与构成要件的反思

非物质文化遗产既可以是一种纯知识信息，也可以是一种与物质载体相结合的知识信息。知识产权对象就是符合知识产权特征的各类信息的集合体，非物质文化遗产也一样，必须满足知识产权法规定的构成要件，同时，也必须与知识产权既有的权利划分相区别。比如，过于简单的符号如果不符合商标的特征，则不能纳入商标法的分类，也不能进入非物质文化遗产的划分门类。如果这些符号以某种形式活态化地延续至今，虽然仍然不能进入商标法的领域，但是可以进入到非物质文化遗产的领域。

另外，非物质文化遗产同样也受到地域性的影响。非物质文化遗产地域性在于各个国家所给予的认可和保护方法不同，如果非物质文化遗产进入到知识产权的领域，也必须满足知识产权关于地域性的规定。

1. 我国关于非物质文化遗产的种类

根据《保护非物质文化遗产公约》，非物质文化遗产的种类可以分为以下五个类别：①口头传统和表现形式，包括作为非物

---

〔1〕　相关研究，参见孙昊亮：《非物质文化遗产的公共属性》，载《法学研究》2010年第5期。

质文化遗产媒介的语言；②表演艺术；③社会实践、仪式、节庆活动；④有关自然界和宇宙的知识和实践；⑤传统手工艺。我国《非物质文化遗产法》根据上述公约的规定，又将其细分为以下六类：①传统口头文学以及作为其载体的语言；②传统美术、书法、音乐、舞蹈、戏剧、曲艺和杂技；③传统技艺、医药和历法；④传统礼仪、节庆等民俗；⑤传统体育和游艺；⑥其他非物质文化遗产。

我国非物质文化遗产分类在公约规定的基础上形成的特点体现在如下三点：①增加了属于我国特有的非物质文化遗产，如传统医药、武术以及书法技艺；②增加了兜底条款，作为避免挂一漏万之对策；③增加了大量的"传统"二字。这里，所增加的第一点是为了表述国际公约在我国本土化的过程中的理解，但是也限定了我国非物质文化遗产的范围，将文化符号限定在有固定表现形式的种类上。

这里，值得推敲的是对"传统"的理解。比如传统医药，我国将其划入非物质文化遗产中，并进行重要举例，然而我国法律在定义这一类时并没有指传统技艺形成的传统医药，或者传统医药原理的成果等。在这种抽象的概念下，凡是我们想象得到的与传统医药有关的智力成果，我们可能都将其划入非物质文化遗产的类别中。但是，仅就传统医药的成品来说，传统医药面临着药效成分的革新和开发。这种开发应当是现代变革，还是仍然是非物质文化遗产，这也涉及非物质文化遗产公有领域和非物质文化遗产传承性的研究。目前，传统医药采用非物质文化遗产的类别划分，保护模式上采用专利法模式和商业秘密的模式。

2. 我国非物质文化遗产类别尝试性的解释

在类别上，非物质文化遗产的许多名称与著作权法上的名称相同。非物质文化遗产并没有明文出现在我国各项部门法中，通说认为，由《著作权法》对非物质文化遗产进行保护最适合。

《著作权法》第 6 条规定了民间文学艺术作品。因此，在单独的名称上，只有非物质文化遗产中的民间文学艺术作品是符合作品形态的可以进入著作权法保护领域的类型。[1]

笔者认为，上述第 6 条规定的民间文学艺术作品是考虑到了保护非物质文化遗产的困难而作出的立法技术上的尝试而不是排除其他。另外，著作权法立法的时间较早，那时并没有非物质文化遗产的称呼和分类。非物质文化遗产内容丰富，种类繁多，最贴切地表现非物质文化遗产群体性和民间性的称谓也是民间文学艺术作品，因此，著作权法的规定为非物质文化遗产这一研究对象敞开了大门。

进言之，我国《著作权法》第 6 条所称的民间文学艺术作品包含了民间文学和民间艺术两大类，这两类的规定标志着部分非物质文化遗产可以进入著作权法的调整范围。但是，我国非物质文化遗产法的分类并没有规定民间文学和民间艺术这样的分类，并且在非物质文化遗产加上了"传统"二字，不仅类别不同，也产生了"传统"与"民间"的技术衔接。以下对两个不同的学科体系在衔接上进行探讨。

（1）传统口头文学以及作为其载体的语言。传统口头文学主要是指流传于中国社会群体中，反映群体不同阶层生活形态和审美情趣的口述作品。语言是非物质文化遗产与口述作品的重要区别之一。语言既是一种载体，也有可能成为传统口头文学表述方式的组成部分和表达形式。

在创作和传承主体上，包括各民族在内的全体族群所创作的口头文学。比如以口头文学延及载体语言的方式上，流传于乡土和民间的笑语、歌谣等。问题在于，这类作品虽然在普通的社会大众中存在，在最终的表现形式上，由于不断的采风和记录、整

---

[1] 相关研究，参见胡开忠：《中国特色民间文学艺术作品著作权保护理论的构建》，载《法学研究》2022 年第 2 期。

理工作的进行，目前的口头文学虽然也大量流传于口头表述，口耳传承中，但是也包括以文本传承的方式或者口头流传、文本记录等。上述方式中，脱离了语言作为载体的表现形式是否还应当认为属于这一类？我们目前理解为应以最终非物质文化遗产的登记为准，而在表现形式上至少应当长期存在这样创作的传统和流传的基本方式。

著作权法上的口述作品与非物质文化遗产中的传统口头文学，二者之间均存在口头创作的完成方式。但是，尽管口述作品与传统口头文学在创作上均存在独创性，后者的独创性往往并不固定，可能并非一次形成，也可能是相当程度的前人口头文学的堆积。通常也认为，口述作品与传统口头文学都是以非物质形式的载体呈现。口述作品的特点重在口述的作品内容，而传统口头文学就像其分类的名称一样，语言是重要的表现，也是传统口头文学的重要组成部分。

除了上述关于独创性和语言在二者之间的分歧点之外，口述作品与传统口头文学的区别还表现在：首先，并非所有的口述作品均可构成非物质文化遗产的口述作品，比如演讲，就排除在非物质文化遗产之外。其次，传承方式不同。口述作品没有传承的概念，口述作品的重点在于为人们所感知的口头创作，而非物质文化遗产的重点在于对口头创作的传承。因此，非物质文化遗产的口头文学是可变的，内容围绕着同一主题情节有所添加或者演化。最后，口述作品可以多种多样，有可能反映个人思想，也可能反映一种思辨的状态。但是，非物质文化遗产的传统口头文学必须带有群体的认同和群体的文化生活印记。这也强烈地反映在不同族群的传统口头文学上。

（2）传统美术、书法、音乐、舞蹈、戏剧、曲艺和杂技。传统美术和书法与著作权法上规定的美术作品发生了名称和内容上的重叠。传统美术和书法流传于汉文化覆盖的国家，不仅包括宫廷技法、学院技法，也包括民间技艺等。传统美术和传统书法作品排除了非我国特有的美术作品，如油画。

传统美术和书法与非物质文化遗产的争议表现在公共利益的属性上，特别是书法部分。传统美术和传统书法作品排除了不带有传承色彩的美术作品，如当代书法作品。同时，传统美术和传统书法作品也排除了非传统技能和表现手法的美术作品，如用手作画等。但是以书法为例，书法可以被认为是我国的一种文化传统，而书法也早就开始了科班培训。因此，书法仅仅是一种文化传统的代表，它和典型的非物质文化遗产意义上的传统并不相同，导致传统产生了歧义。作为文化传统，当代作品的书法可以理解为秉承了文化传统的个人作品。如果以非物质文化遗产进行理解，也很难找到非个人的，并且有别于其他人的传承群体，因此群体性传承应当以中华民族整体进行理解。这里，文化传统与非物质文化遗产的群体性传承发生重合，作为文化传统，不再以知识产权的私权属性进行考虑和衡量。

著作权法上的音乐作品，指的是歌曲、交响乐等能够演唱或者演奏的带词或者不带词的作品。传统音乐作品与著作权法上的音乐作品同为音乐形式，但是保护不尽相同。著作权法将音乐作品中供演唱的脚本与演唱相分离，脚本属于著作权的作品范围，而演唱属于表演者权的范围。但是，非物质文化遗产的传统音乐除去类似前面书法所说过的被称为中华的音乐性文化传统之外，多数代表性非物质文化遗产的音乐可能不存在脚本，或者在脚本可以还原的情况下，也保护表演者。有代表性的非物质文化遗产的传统音乐在表现时，音乐在传承中的独特性是首要的，这里也区分用传统乐器演奏出来的音乐，或者带有传统音乐色彩的当代音乐创作。同时，有些传统音乐不是用乐器，可能是用肢体或者声腔等手法表现出来的，甚至是以说唱、音乐来表现的叙事。这时应当称为传统口头文学与音乐作品的混合。许多非物质文化遗产对于传统音乐必须延及于独特的乐器，音乐与乐器共同成为非物质文化遗产的代表，而这里，音乐并没有类似口头文学那样延及语言。对于传统音乐的改编是音乐创作中获得灵感的重要途径，传统音乐的选取也必须区分音乐的文化传统和有一定群体代表性的传统音乐，在改编中加入不同元素的演绎也不属于传统音乐。

传统的舞蹈、戏剧和曲艺主要是联合国公约中所指的表演艺术，通常在唱、说或者说、唱互相结合并伴有相应的肢体语言的状态下完成。在著作权法上，传统的舞蹈、戏剧和曲艺是典型的作品类型之一，而非物质文化遗产中的传统表演艺术，是指以演带源、以演生花的生活和艺术再现，其特点在于其形体表演和唱腔是再现生活和文化传统的重要方式，这与作品重在独创性的内涵、只是因表现形式不同而呈现不同的作品类型的出发点完全不同。具体来说，著作权法对类似音乐作品，属于对已生成的脚本的表演和再演，表演风格和表演手段因表演人而有所差别，所以著作权法将这类作品统称为"表演艺术作品"，无论表演手段如何迥异，其表演的脚本是一致的。因此，《著作权法》保护的是表演的基础、表演的脚本。

然而，非物质文化遗产中传统的舞蹈、戏剧和曲艺重在最终呈现的表演，由于这种呈现不仅需要表演，可能还需要乐器、服装、化妆等其他的辅助，故非物质文化遗产所保护的是所有形成表演的组成部分，当然也会延及脚本。如果没有表演，仅仅类似著作权法上的作品，是不可能形成以传统表演艺术为门类的非物质文化遗产的。另外，这一类表演艺术明确地区分为以使用目的而不同形成的流传方式，在民间文化的流传上，表演者和传承群体明确。流传于上层社会的传统舞蹈、戏剧和曲艺，则进入到了公有领域的部分，成为我国文化传统和文化艺术的重要代表。公有领域并不因上层文化和民间文化进行区分，一方面，是以传承群体是否具体，可以成为私权的主体为划分的方法之一；另一方面，各类非物质文化遗产本身就带有公有领域的色彩，完全去除非物质文化遗产的公共色彩是不现实的。我国有丰富的传统舞蹈、戏剧和曲艺，只有形成了代表性的艺术符号才能进入非物质文化遗产的行列。代表性既包括文化传统上的代表性，也包括地域、群体的代表性。

杂技作品原来不是著作权法保护的内容，2001 年《著作权法》在修改时将其增加为一种新的著作权保护的作品形式。著作权法保护的作品在于其属于文学、艺术和科学作品的范围，因为杂技中含有很强的艺术成分，以一定的技艺见长，是将杂技归于这一作品类型的原因。作为国际性的表现方式，我国杂技独特的传统性显而易见。但是著作权法所保护的杂技中的艺术成分，即通过后台的编导为杂技的表演所设定的艺术内容，可以让人感受美的展现。著作权法并不保护杂技中的技巧环节和难度要素，所以我们通常称为杂技艺术。但是，非物质文化遗产所保护的传统的再现，即如何通过杂技展现了我国的文化传统，我国的杂技传统以难和技巧见长，因此，难和技巧是传统杂技保护的重点。当然，非物质文化遗产也包括杂技中艺术表演成分，但这只是由难度和技巧引申出来的一部分。

综上所述，这一类别的非物质文化遗产的思考在于文化传统与非物质文化传统中的传统的重合，以及如何认定非物质文化遗产的公共领域等。

（3）传统技艺、医药和历法。传统技艺通常指传统手工艺技能，比如工艺美术品的制作技术。《传统工艺美术保护条例》指出：传统工艺美术，是指百年以上，历史悠久，技艺精湛，世代相传，有完整的工艺流程，采用天然原材料制作，具有鲜明的民族风格和地方特色，在国内外享有声誉的手工艺品种和技艺。非物质文化遗产所指的传统技艺覆盖广泛，代表性的可见于刺绣、雕塑等。

传统技艺与知识产权门类交叉甚广，著作权法将这一类用美术作品的大类进行规定，不妥之处前文已述。非物质文化遗产的传统技艺既指技艺方法，也指以此技艺为展现的最终形成物。由于最终形成物的物质条件不同，比如陶土、布料等，因此，传统技艺受到最终展现物的限制，并以在最终展现物上所呈现的独特形成而受到保护。在不以最终展现物为手段，仅以技艺方法为保护重点的非物质文化遗产上，技艺仍有其最终作用物。传统技艺除了在美术作品这一类别之外，传统技艺也可以理解成传统知识，包括运用于建筑、生产、生活等方面的技艺。

以"生产性"非物质文化遗产为依托的研究方式中，传统技艺也是比较适合的研究对象。对传统技艺进行知识产权保护时，因传统技艺的存在状态而涉及的保护不同。在公之于众的传统技艺中，传统技艺的传承人认为传承是最重要的部分，而不在于垄断，多数传承人认为传统技艺是公共领域的一部分，不再享有私权保护。因此，"生产性"非物质文化遗产的争夺在于对"传承人"资格认定的争夺和对该称号垄断性的争夺，这一点类似于商标。而"生产性"非物质文化遗产关注的要点是技艺，这导致它也很难在著作权领域占据一席之地。

此外，未被公之于众的传统技艺，是否可以申请专利保护，也非常矛盾。非物质文化遗产并不存在抢先申报和获得垄断的可能，通常认为已进入公有领域，不太可能获得专利法的保护。但是，对于传统医药部分采用了专利法的保护，这涉及传统医药的专利部分是否属于非物质文化遗产的思考。并且，某些未公之于众的技艺既然选择了存在的状态，也必然不会选择专利法的保护。

上文提到，传统医药是非物质文化遗产中非常重要的组成部分，也是专利法所涉及的范围。传统医药不仅包括传统的中医，也包括各少数民族长期沿用的医药，如蒙医、壮医等。在知识产权的构架中，疾病的诊断和治疗方法被排除在专利法的保护范围之内，这显然是出于人体千差万别以及人道主义的原因。但是，医药和医疗器械如果符合专利法的要求，仍然可以进入专利法的保护范围。问题是，传统医药在专利法背景下面临的是医药成分的明确和医药药效的革新。以非物质文化遗产的传统来说，一些理论认为，革新不再是真正的非物质文化遗产。同时，许多传统医药的成分也被采取商业秘密的方式进行保护。

（4）传统礼仪、节庆等民俗、传统体育和游艺以及其他非物质文化遗产。《非物质文化遗产法》的后三种类别是典型的生活方式和文化传统，只能因为它们的无形性与知识产权信息的无形性类似，整体上与知识产权的关系并不紧密。传统礼仪通常分为两个部分，一个部分与传统节庆融合于一身，在庆贺节庆的同时生成的礼仪方式。另一个部分则形成于人们的传统生活中，成为生活习俗的重要组成部分，如祭拜祖先等。传统礼仪、节庆、历法不属于知识产权法保护的范围，也是典型的公共领域的知识。

传统的体育和游艺指人们生产生活中积累下来的强身健身和嬉戏的活动，如武术等。体育不在知识产权的保护中，而非物质文化遗产也只吸收了我国特有的或者由我国源起的一些项目。其他非物质文化遗产主要指一些生产生活经验。作为一项兜底性的条款，这条的设置涵盖了种类庞杂的知识和技能。

总之，非物质文化遗产的具体类别与知识产权的体系不能重合，根本矛盾在于非物质文化遗产本身体现的强烈的文化传统所带来的公共领域的色彩。在公约形成的初始，就为非物质文化遗产的法律保护留下了讨论的空间。

（五）我国非物质文化遗产的特性

从知识产权的角度，非物质文化遗产应当满足地域性的要求。从文化传统的角度，非物质文化遗产也必须体现出我国的传承群体的文化符号。因此，各国对于非物质文化遗产都规定了本国的一些特性。这些特性大同小异，我国非物质文化遗产的特性与前述法律特征差别不大，这里补充的是传承性和活态性。

1. 特有性

非物质文化遗产的特有性是指该项非物质文化遗产仅在特定的民族、群体、社区及至个人处显现。特有性既可以理解为作为文化符号的鲜明的特色，也可以理解为在流传群体中的广泛的认可度和知名度。人们通常可以根据这种非物质文化遗产的外部表现从而判断出其源头。特有性不仅是明确该对象能否进入非物质文化遗产的保护范围，而且是明确此非物质文化遗产与彼非物质文化遗产类别的界限。在判断特有性上，首先，民族或者群体的人数不是判断特有性是否存在的标准。其次，地域的变迁也不影响特有性的本质。特有性在流传过程中可能会发生跨越民族乃至跨越国界的流传，只要这种文化形态依然在源头存在就不会导致源头的特有性的丧失，比如我国和蒙古国共同享有的"蒙古长调"。最后，特有性必须以传承性为依托，不能孤立地存在，特有性与非物质文化遗产法律特征中的代表性和价值性紧密相连。

2. 传承性

传承性是非物质文化遗产最重要的属性，传承性没有被放入法律特征中是因为传承性是非物质文化遗产格外强调的特性，而知识产权法并不出现传承性。不同类别的非物质文化遗产表现出不同的传承方式，其中较常见的是口传身授，即口头的讲解和身体力行的传授。近些年来随着数字化运动，传承方式也呈现了新的方式。除此之外，传承性也包括对非物质文化遗产中文化符号的传承，在这方面，传承这一词也频见于各种媒体。

传承性是非物质文化遗产活态性的前提，传承性在传承程度上并没有完整的要求，特别在文化传统的传承上。比如，对于非物质文化遗产的民俗节日，人们是在不自知的状态下记住了该民俗节日浓缩的几个典型符号，从而在行为方式和饮食起居中有所纪念，而完整的传承往往在于从严格的操作方式直至最终的完整过程。非物质文化遗产本身是一种活态化的传承，人们并不是将这种文化遗产交付博物馆进行封存和展览。另外，从非物质文化遗产本身的演进过程中，这种传承是漫长时间内的改变，在节奏快的当下，迅速地改变或者动摇了非物质文化遗产的内核的改变当然是不合适、不允许的。

3. 活态性

活态性也称为"活态化"，与传承性紧密相连。如果说传承性指的是非物质文化的流传方式，而活态化则指的是非物质文化遗产的生命方式。活态性指非物质文化遗产在传承过程中的不间断地存活和演进。活态性是非物质文化遗产的生命力，也是非物质文化遗产有别于其他遗产，比如文物和考古挖掘的最大区别。

活态性应当具有如下的内涵：

首先，传承的不间断。非物质文化遗产要求在漫长时代过程中的传承和生存，这种岁月的记忆必须是不间断的。这种不间断也存在断续再挖或者采取抢救行为的思考。如果断续再挖是人为地恢复其生命，或者是以行政手段保证这种继续再挖可以再续其生命，其非物质文化遗产的内在存活力仍然需要历史和时间的认可。或者，也可以是形成了新的非物质文化遗产。

其次，历史的积累和沉淀。只有具有一定历史过程的产物才是非物质文化遗产，那些当代创作的文化财产不属于此列。可以这样比喻，非物质文化遗产类似文化中的活化石。

最后，活态化的生命。作为生活的结晶，实践的总结和生产生活的变化，人们或多或少都会对自身所传承的非物质文化遗产有着新的认识并得出新的经验。下面三种情况都不能属于非物质文化遗产的活态化：其一，某种非物质文化遗产在历史上曾经出现过，因为没有得到有效的传承，从而失去了传承的核心价值，失去了特有性；这样的形态属于文化遗产，或者是以文化为内核的文物，却不是非物质文化遗产。其二，某种非物质文化遗产在历史上曾经出现过，中间失去了生存的土壤，传承发生断层，后人再挖掘和整理的，从而失去了连续性。其三，创新过大，并非原汁原味的传承。与创新相对的还有保护的极端。非物质文化遗产具备展览性，但是也并非送进博物馆的文物。在非物质文化遗产保护运动的过程中，人们重视的是非物质文化遗产的再现和维护，却没有注意到非物质文化遗产的内在生命力。创新过大和保护过大都会导致非物质文化遗产的消失。

4. 程序性

程序性并不是非物质文化遗产存在的内在要求，也不是非物质文化遗产的特性。程序性是在我国确认各级非物质文化遗产时所采取的行政手段，也决定着最终这种文化呈现是否可以成为非物质文化遗产。在程序中，非物质文化遗产是登记制还是申报制？目前，我国采取申报制，非物质文化遗产的认可需要层层申报，并最终通过审查，以各个级别呈现在非物质文化遗产的名册中。申报中，我国所考虑的要素不仅包括非物质文化遗产的代表作、传承群体等，最重要的是非物质文化遗产所体现出来的特性。作为一种文化存在，非物质文化遗产本来是一种客观事实，不需要经过审批和确认。但是，鉴于我国的国情和非物质文化遗产传承风的状态，同时对我国的非物质文化遗产进行有效的了解和整理，我国采取了申报和审批制度。

（六）非物质文化遗产权利的主体、内容与保护

1. 非物质文化遗产权的主体

对于各类非物质文化遗产，其传承人就是非物质文化遗产的主体。进入文化传统的非物质文化遗产的主体可以视为整个中华民族，而仍然以明显的群体状态传承的主体则应当是该群体。因此，一方面，我国的公民、群体、社区、民族和个人均可以成为

非物质文化遗产的主体。由非物质文化遗产的主体的群体性特点可知，非物质文化遗产的主体表现为多数人。另一方面，由于非物质文化遗产是代表文化传统并成为全民族传承的文化，还是以代表地方特色和典型性现存的明确群体传承性。在这一点上，我国非物质文化遗产的分类和各级申报材料以及非物质文化遗产名录中并没有严格区分，因此产生了非物质文化遗产的公共领域和私权领域的边界混乱。

与主体相关的另一个名词是代表性传承人。有时，以国家为主体身份的行政机构会指定具体的代表性传承人，以群体性存在的非物质文化遗产也会出现代表性传承人。当代表性传承人与非物质文化遗产主体不一致时，国家可以认定非物质文化遗产的代表性传承人，但是没有赋予代表性传承人的权利主体地位。在权利受到侵害时，主体发生分离时的代表性传承人不会享有诉权。

2. 非物质文化遗产权的内容

非物质文化遗产权是非物质文化遗产权利人对其所传承的非物质文化遗产所享有的专有权利。这些权利中的某些权利也并不适用于进入公有领域的非物质文化遗产。

（1）使用权。一般来说，专有权人同时享有使用权和禁用权两种权利。使用权指非物质遗产权利人可以对其进行各种渠道的利用。由于多数非物质文化遗产伴随着人们的生产、生活，因此，这种使用是必然的，也是传承性的一个表现。对于某些由传承人自行掌握的非物质文化遗产，这些传承人享有的使用权排他性更强。对于进入公有领域的非物质文化遗产来说，使用权已经不复存在。但是，非物质文化遗产的证书和称号及至相关的标记，不论非物质文化遗产是否进入公有领域，权利人或者相关机构均有权使用相关标记，并禁止他人使用。

禁用权是一种禁止权，指未经非物质文化遗产权利人许可，他人不得擅自超过正常使用的范围去利用非物质文化遗产及其载体。这里存在三种情况：其一，由于多数非物质文化遗产与特定群体的生产、生活紧密相随，因此禁用权的行使不能影响到本来存在的与非物质文化遗产相依存的生产、生活。其二，非物质文化遗产带有强烈的文化信息和民族印记，禁用权的行使并不是禁止所有与其关联的文化信息和民族印记的利用，这一点类似于正当使用。其三，由于非物质文化遗产的权利人人数众多，所以禁止权往往不能得到有效的发挥。当非物质文化遗产进入公有领域时，禁止权应体现为维护非物质文化遗产的发源、传统和声誉等方面。在存在传承人或者明确的传承群体的情况下，存不存在禁止他人非正当理由的复制的问题上，仍然需要进一步观察。

（2）商业利用权。非物质文化遗产权利人可以对非物质文化遗产进行多种商业利用。各种商业利用的前提是不影响非物质文化遗产主体的生产、生活。商业利用不得改变非物质文化遗产的风貌。商业利用权中也包括许可权，许可权是指非物质文化遗产权利人可以将其所传承的非物质文化遗产授权他人做一定程度的利用。许可权从商业利用权中分化而来，商业利用权本身就代表着自己利用和许可他人利用。在进行许可的时候，非物质文化遗产的权利人应当监督被许可人的行为或者其商业利用结果。在非物质文化遗产权利人众多的情况下，许可权的维护容易流于形式，而在权利人单一的情况下，许可权的利用更加充分。

（3）获得报酬权。获得报酬权是指非物质文化遗产权利人有权通过所传承的非物质文化遗产的成品、传承方式再现等对非物质文化遗产进行利用并获得报酬的权利。获得报酬权是非物质文化遗产权利人利益的实现方式。

3. 非物质文化遗产权的救济

目前，在受到侵害时，非物质文化遗产权的救济方式主要有以下四种渠道：

（1）行政保护方法的救济方式。《非物质文化遗产法》并未明确规定非物质文化遗产的行政保护方法，只是在该法第 38 条以及后续条文规定了文化主管部门和其他有关单位所负有的相应义务。实践上，由于文化主管部门和其他部门负责非物质文化遗产名录和传承代表人的工作，当非物质文化遗产受到侵害时，权利人往往第一时间找到行政部门商量解决办法。行政保护的救济方法并不是最终的救济形式，司法救济方式仍然是最终的救济方式。

（2）知识产权法的救济方式。知识产权法并不能涵盖所有类别的非物质文化遗产保护，当非物质文化遗产的类别与知识产权法的保护对象发生交叉时，知识产权法的救济就产生了。在所有救济方式中，知识产权法的救济是目前普遍采用的救济方式。但是，由于非物质文化遗产主体的众多以及非物质文化遗产在传承中的变化，知识产权法的救济方式仍然受到质疑和争议。

（3）合同法的救济方式。在非物质文化遗产的权利救济中，合同法一直是个辅助的手段。因为，如果合同订立和存在，往往预示着当事人知道自己享有非物质文化遗产权利。合同法的救济通常发生在对非物质文化遗产的非传承人订立以及对非物质文化遗产的商业性履行上，前者在实践中更多地寻求知识产权法的救济。

（4）其他救济方式。有些非物质文化遗产的类别受到单行条例的保护，如传统医药和传统的工艺美术品。这些单行条例的救济与知识产权法的救济侧重点各不相同。

综上所述，在非物质文化遗产保护领域，知识产权法是可以大有作为的。但是，作为民族、地方、群体、家族的特有权利和技艺手段创造，存在很多值得探讨的问题，既要整体思考和顶层设计，也需要具体甄别并选用适当的法律，这样才能达到全面服务于非物质文化遗产保护又有立法和执行的依据和可操作性即法律建设的目的。[1]

三、知识产权信用之构建与完善

党的二十大报告在"构建高水平社会主义市场经济体制"部分指出,要"完善产权保护、市场准入、公平竞争、社会信用等市场经济基础制度,优化营商环境"。包括知识产权信用在内的社会信用制度是构建和完善社会主义市场经济的重要内容,因而也值得深入研究。

(一) 信用的本质及其特征

我国《辞海》(1989 年版) 对"信用"一词列出三种释义:一是"信任使用";二是"遵守诺言,实践成约,从而取得别人对他的信任";三是"以偿还为条件的价值运动的特殊形式,多产生于货币借贷和商品交易的赊销或预付中,其主要形式包括国家信用、银行信用、商业信用和消费信用"。可见,信用的本质应从三个角度理解:从伦理角度理解,信用实际上是指"信守诺言"的一种道德品质。从经济角度理解,信用实际上是指"借"和"贷"的关系。从法律角度理解,信用实际上有两层含义,第一层含义是指当事人之间的一种关系,但凡"契约"规定的双方的权利和义务不是当时交割的,存在时滞,就存在信用;第二层含义是指双方当事人按照"契约"规定享有的权利和应负的义务。

在法律上,信用的特征体现为三个方面:

(1) 信用具有人格性。体现为信用是主体的人格性权利。从一定意义上看,信用有其独特的一面,信用和名誉权、荣誉权一样,都是社会对主体的评价,都是人格性权利,都具有不可剥

<hr>

[1] 相关研究,参见杨明:《非物质文化遗产保护的现实处境与对策研究》,载《法律科学(西北政法大学学报)》2015 年第 5 期;黄玉烨:《论非物质文化遗产的私权保护》,载《中国法学》2008 年第 5 期。

夺、不可让渡的性质。需要研究的是，既然信用作为权利，就应对于权利的共性加以明确：其一，权利的内容；其二，权利的救济。只有明确规定信用权的具体内容，信用主体在他人侵犯其信用权时才可以依法维护自身权益。

（2）信用具有财产性。体现为信用是主体的财产和资本。信用是社会赋予或必将赋予行为主体的一种无形财产。从广义的商誉来说，信用是商誉的组成部分。商誉是客户对于信用主体的肯定性评价和赞美，实质是主体信用的一种外化。没有信用的企业不会树立良好的商誉。信用作为影响企业获得一定交易利益的特殊经济能力，其价值在于通过信用交换的形式获得对等的价值。例如，在商品市场中，临时缺乏现金的人可以买东西，暂时没货的人可以卖东西；在资金市场中，则可采取票据贴现、抵押贷款、信用贷款。信用可使企业在扩大资金规模方面享有利益，亦可致其收益能力增加。[1]

知识产权可以作为投资，作为无形财产的商誉、信用也应当可以作为出资的对象，而且把信用看作是比其他无形财产更珍贵的一种财产，因为知识产权只是提高信用的因素之一。但是，需要注意的是，如果信用可以评估成财富的话，可能带来一种危险，就是随意提高一种技术或一个字号的价值，会导致资本的虚假。所以，必须建立一套完善信用评估机制，同时制定一套科学的办法来确定信用的价值。

（3）信用具有信息性。体现为信用是主体行为能力的信息综合。这主要从两个方面理解：其一，信用是可以被认知的；其二，如何认知和度量信用。信用是一种品格和能力。信用之所以能够为他人所感受并认知，全在于对信用信息的收集、辨别，并用科学的指标体系加以评估。

---

〔1〕　吴汉东、胡开忠：《无形财产权制度研究》，法律出版社 2001 年版，第 550 页。

信用的外部表现可以看成是关于主体行为能力的各种各样信息综合，比如经营项目、注册资金、交易记录、财务报表、合同管理、应收应付账款、纳税申报等。问题是如何收集、辨别、分析、评估、利用信用信息。目前，我国的银行、工商、税务等机构和部门，包括公安司法机关在内，正在形成全国性的信息网络系统。

通过以上分析，对信用法律体系进行研究至少应确立四点：其一，基于信用的人格性特征，应建立权利的信用制度；其二，基于信用的财产性特征，应当建立信用评估法律制度；其三，基于信用的信息性特征，应当建立征信及信息公开法律制度；其四，基于前述三点，相应地均需要建立信用监管的法律制度。[1]唯有如此，才能形成一个完善的信用法律体系。

（二）知识产权信用的概念

近年来，我国一直在推进知识产权信用体系建设工作。2001年3月全国人大九届四次会议批准的《中华人民共和国国民经济和社会发展第十个五年计划纲要》中明确提出要"在全社会强化信用意识，整肃信用秩序，建立严格的信用制度，依法惩处经济欺诈、逃废债务、不履行合同、侵犯知识产权等不法行为"。2011年6月，国家知识产权局在印发的《关于加强专利行政执法工作的决定》中，就提出要建立知识产权保护社会信用评价监督机制，建立知识产权保护社会信用评价标准。在2014年初的全国知识产权局局长会议上，着重强调2014年的重点工作包括研究知识产权保护社会信用评价的基本准则，依法及时公开专利行政处罚案件信息，并纳入社会征信体系。

根据党的十八届三中全会"建立健全社会征信体系，褒扬诚信，惩戒失信"的总体要求，2014年《社会信用体系建设规划

---

[1] 刘瑛：《企业信用法律规制研究》，中国政法大学出版社2011年版，第40页。

纲要 (2014—2020 年)》(以下简称《信用体系建设纲要》) 在"全面推进社会诚信建设"部分明确提出了建设知识产权信用体系的规划和目标。其中，知识产权领域信用体系建设内容包括：建立健全知识产权诚信管理制度，出台知识产权保护信用评价办法。重点打击侵犯知识产权和制售假冒伪劣商品行为，将知识产权侵权行为信息纳入失信记录，强化对盗版侵权等知识产权侵权失信行为的联合惩戒，提升全社会的知识产权保护意识。开展知识产权服务机构信用建设，探索建立各类知识产权服务标准化体系和诚信评价制度。[1]

　　以上规范逐渐明晰了建设知识产权信用体系的规划和目标、内容，但都未对知识产权信用作出定义。信用本质上是指社会单体或群体在社会交往与合作中遵守诺言、实践成约的诚实态度、履约能力和信誉效用。综上，知识产权信用可以表述为：在知识产权的创造、运用、保护、管理、服务等过程中，权利人及其相关行为主体之间形成的相互信任关系和诚信度。其含义也可以从知识产权失信中理解，常见的知识产权失信行为包括知识产权侵权、盗版及抄袭以及知识产权合同违约等。可见，知识产权信用体现一种社会关系，不仅是个体行为，而且是发生在知识产权的创造、运用、保护、管理、服务等过程中权利人（授信人）和相关行为主体（受信人）之间的社会关系。成千上万的授信人和受信人发生知识产权信用关系，行为主体时而是授信人，时而是受信人，身份在不断变换。

　　(三) 建设知识产权信用体系的意义

　　《信用体系建设纲要》针对我国当前的社会信用问题，对如何构建社会信用体系提出了全面系统的战略规划。该规划一方面体现着中央政府对我国当前社会信用问题的重视，另一方面也突

---

〔1〕 相关研究，参见任锦鸾、任庆甜：《企业知识产权信用评价体系研究》，载《新型工业化》2020 年第 2 期。

出了当前中国解决社会信用问题的紧迫性。同时，其是我国首部国家级社会信用体系建设专项规划，对我国信用体系建设具有重要的里程碑意义。

知识产权信用体系建设是我国社会信用体系建设的重要组成部分。习近平同志针对"强化知识产权全链条保护"即指出："要鼓励建立知识产权保护自律机制，推动诚信体系建设。要加强知识产权保护宣传教育，增强全社会尊重和保护知识产权的意识。"建设知识产权信用体系具有重要意义，具体体现如下：

1. 加快知识产权信用体系建设，是全面落实科学发展观、提升国家整体竞争力的重要基础

中国近四十年的实践表明，提升自主创新能力，掌握核心技术，拥有自主知识产权才是国家发展进步的不竭动力。发达国家纷纷推进新的科技创新战略和知识产权政策，抢占新一轮科技革命制高点。通过加强知识产权信用体系建设，建立科研约束机制，加强科研诚信建设，强化科研人员主体地位、责任意识、诚信意识，引导科研人员恪守科学道德准则，遵守科研活动规范，践行科研诚信要求，是全面落实科学发展观、提升国家整体竞争力的重要基础。

2. 加快知识产权信用体系建设，是提升市场监管水平的迫切要求

党的十八届三中全会要求"加强知识产权运用和保护""加强市场监管"，中央经济工作会议强调政府要做好加强知识产权保护工作。国务院《关于促进市场公平竞争维护市场正常秩序的若干意见》中提出，要夯实监管信用基础，要求运用信息公示、信息共享和信用约束等手段，营造诚实、自律、守信、互信的社会信用环境，促进各类市场主体守合同、重信用。《知识产权强国建设纲要（2021—2035年）》在"建设支撑国际一流营商环境的知识产权保护体系"之十"健全统一领导、衔接顺畅、快速

高效的协同保护格局"中，提出要"健全知识产权信用监管体系，加强知识产权信用监管机制和平台建设，依法依规对知识产权领域严重失信行为实施惩戒"。通过加强知识产权信用体系建设，实现监管手段的现代化，可以有效遏制各种违法违规行为，从而提高监管的有效性。

3. 加快知识产权信用体系建设，是培育知识产权文化的现实选择

伴随着时代的进步，诚信已经成为重要的国家精神和价值资源，是社会主义核心价值观的重要内容之一。《国家知识产权战略纲要》明确提出，要在全社会弘扬以创新为荣、剽窃为耻，以诚实守信为荣、假冒欺骗为耻的道德观念，形成尊重知识、崇尚创新、诚信守法的知识产权文化。《知识产权强国建设纲要（2021—2035年）》在"建设促进知识产权高质量发展的人文社会环境"之十七则提出要"塑造尊重知识、崇尚创新、诚信守法、公平竞争的知识产权文化理念"。其中"诚信守法"所倡导的诚实信用、遵纪守法、遵从公益、和谐发展的社会风尚，确立了知识产权文化的普遍道德标准和行为准则。2018年5月，中共中央印发了《社会主义核心价值观融入法治建设立法修法规划》，明确提出探索完善社会信用体系相关法律制度，研究制定信用方面的法律，健全守法诚信褒奖机制和违法失信行为联合惩戒机制。

目前，我国在知识产权文化培育上还缺乏历史文化的积淀，在实践中表现为全社会知识产权意识不强，尊重他人知识产权、维护自身合法权益的意识较为薄弱。在建设创新型国家的今天，特别是在知识产权已经成为国家战略资源和核心竞争力的新形势下，加快知识产权信用体系建设，加强知识产权文化培育，有助于弘扬改革创新精神，有利于在全社会形成尊重知识、崇尚创新、诚信守法的知识产权文化意识，有利于建设知识产权强国和

创新型国家。

（四）知识产权信用体系建设现状

《中国企业信用建设报告（2017—2018）》显示，2017年我国企业信用制度与监管体系建设有条不紊地推进和落实，企业在运营管理、市场交易以及社会往来中的信用状况持续好转。但是，与《信用体系建设纲要》要求和社会需求相比，知识产权领域信用体系建设仍存在较大差距，各种失信现象大量存在。

2016年1月，国家知识产权局印发的《关于开展知识产权系统社会信用体系建设工作若干事项的通知》（国知发管字〔2016〕3号）提出了知识产权系统社会信用体系建设的基本目标，明确了切实做好信息记录基础工作、建立健全工作机制、加强信息系统建设、努力营造良好氛围四项主要任务，对组织保障、责任落实、条件支持、考核激励等做出了安排。国家知识产权局将根据国务院工作部署和社会信用体系建设部际联席会议安排，在完善信用信息记录、健全信息公开共享机制、整合信息系统、推进建立守信激励和失信惩戒机制等方面加大工作力度，推进全系统加快社会信用体系建设工作步伐，强化事中事后监管，更加有效地维护权利人和市场主体合法权益，积极营造尊重知识产权和诚信守法的社会环境。

根据国家知识产权局的相关工作安排，一些地方已开始探索知识产权信用体系的建设工作。如广州市出台了《广州市知识产权局系统社会信用体系建设实施方案》，将企业知识产权信用与专利奖、专利质押融资、银行授信、知识产权优势企业等评审挂钩，同时依法严厉打击重复侵权、假冒等失信企业和个人；深圳市人大常委会通过的《深圳经济特区知识产权保护条例》则明确，将知识产权诚信记录与企业或个人信用征信系统挂钩。

社会信用体系建设事关经济社会发展全局。全国知识产权系统正在根据《信用体系建设纲要》的规划，充分调动和整合社会力量，通过社会参与、社会监督，加快建设知识产权领域社会信用体系，切实提高知识产权保护水平，积极营造促进创新发展的良好环境。

（五）知识产权信用体系的完善

建设知识产权信用体系，需要各级主管部门、司法机构、企业及社会各界的共同参与，根据《信用体系建设纲要》的规划，由点及面，全面推进。根据知识产权信用体系建设及运行的现状，完善知识产权信用体系需要实施以下对策：

1. 推进社会信用立法原则

社会信用立法是一项具有开创意义的创新工程和系统工程，具有复杂性和综合性。信用立法既涉及公权力与私权利之平衡，也涉及法律与道德之交叉；既需要国家的顶层设计，也需要社会主体的通力合作；既要立足本土资源，也要具有国际视野。从我国社会信用发展现状和实际需求出发，推进信用立法应坚持遵循以下基本原则。

（1）凝聚各方力量实现社会信用体系共建共治共享。党的十九大报告提出，打造共建共治共享的社会治理格局。作为社会治理体系的组成部分，社会信用体系的构建也必须以共建共治共享为方向指引。推进社会信用立法应当鼓励各类相关利益主体参与立法过程并表达利益诉求，从而形成基于合意的立法均衡。同时，应充分发挥政府的组织、引导、推动和示范作用，注重发挥市场机制作用，协调并优化资源配置，鼓励和调动社会力量广泛参与，共同推进，形成社会信用体系建设合力。

（2）总结参考地方立法和国外立法的经验。目前，上海、浙江、湖北、河北等地都已出台或正在制定地方信用法规，这为社会信用的国家立法奠定了良好的基础，需要立法部门认真总结地方立法的经验和不足。另外，域外发达国家的社会信用立法已经相对成熟，值得我国立法借鉴参考。

（3）将知识产权保护纳入信用体系建设。目前，我国知识产权保护格局尚待进一步完善，知识产权保护未融入社会权利保护的大格局。主要表现在社会信用体系对知识产权侵权行为反应较为迟钝。虽有知识产权法院通过发布典型案例的方式对侵权单位和个人予以曝光，为信用体系提供"黑名单"，但从整体上讲，知识产权保护仍游离于信用体系之外。2019年，中共中央办公厅、国务院办公厅印发的《关于强化知识产权保护的意见》，在"强化制度约束，确立知识产权严保护政策导向"之"强化案件执行措施"部分明确指出，要"建立完善市场主体诚信档案'黑名单'制度，实施市场主体信用分类监管，建立重复侵权、故意侵权企业名录社会公布制度，健全失信联合惩戒机制"。这充分体现了党和国家对于加强知识产权保护信用体系建设的决心和行动。

（4）依法完善守信激励和失信惩戒联合机制。目前来看，守信激励和失信惩戒联合机制的法理基础和运行保障都缺乏相应的法律规定，相关规定尚停留在指导意见层面。2018年11月，国家发展改革委、人民银行、国家知识产权局等38个部门和单位联合签署了《关于对知识产权（专利）领域严重失信主体开展联合惩戒的合作备忘录》，决定对知识产权（专利）领域严重失信主体开展联合惩戒。

该《备忘录》明确了六类知识产权（专利）领域严重失信行为：重复专利侵权行为、不依法执行行为、专利代理严重违法行为、专利代理人资格证书挂靠行为、非正常申请专利行为以及提供虚假文件行为。

对于知识产权（专利）领域严重失信主体，上述《备忘录》提出了两类惩戒措施：一类由国家知识产权局实施，另一类由其他部门单位联合实施。国家知识产权局将严格实施联合惩戒备忘录，抓紧制定实施细则和操作流程，完善全国信用信息共享平台知识产权局子平台，并推动将商标、地理标志领域的严重失信行为纳入知识产权信用信息目录，进一步扩大知识产权信用监管覆盖面，完善知识产权领域信用体系建设。

2. 科学构建知识产权信用法律系统

知识产权信用体系按其自身包含的内容和运行体制，可以划分为信用征信与信息共享体系、信用评估评级体系、信用监督管理体系、信用标准体系以及知识产权信用文化教育体系五大部分，它们之间相互促进，共同作用，形成有效的知识产权信用法律系统。

（1）知识产权信用征信与信息共享体系。信用数据记录的完整性是建立知识产权信用体系的基础设施。信用记录的完整性决定信用信息的有效性，信用信息的有效性是信用产品质量的核心。征信、政府信息公开是信用服务市场发展的基础。目前大部分政府部门对信用信息严格屏蔽，导致信用信息资源割裂和浪费，开发利用不充分。信用服务机构和企业难以获得涉及企业的信用数据和资料，无法得到消费者个人的信用信息，也就无法进行公正独立的商业化、市场化运作，提供高质量的信用调查、评级、报告等信用产品。所以，在严格区分公共信息和企业、个人的信用信息，妥善处理信息公开与保护国家机密、商业秘密和个人隐私的前提下，要依法公开在行政管理中掌握的信用信息，这是整合信用服务资源，加快建设企业和个人信用服务体系的前提。

知识产权征信必然涉及商业秘密。国外征信立法的最初目的并不是为企业提供信用服务，而是防止征信机构在征信活动中侵犯个人隐私和商业秘密。被征信人作为信息主体，其信息应当公开到什么程度，以及出现信息泄露后的救济等，我国目前在法律上没有明确。《巴塞尔协议》等国际条约明确要求"信用信息共享与保护个人隐私信息要寻求平衡"，这也应是我国知识产权信用征信的原则。

（2）知识产权信用评估评级体系。信用评估是授信者利用各种评估方法，分析受信者在信用关系中的履约趋势、偿债能力、信用状况，并进行公正审查和评估的活动。信用评估是一项复杂的工程，包括选择评估方法、制定评估制度、总结评估结论等多项内容。信用评估的基本方式有两种：一是财务评估法，二是信用评级法。财务评估法是企业传统的评估方式，不能反映企业信用要素的其他特征。

知识产权信用应着重信用评级。信用评级的本质是对信息的识别和加工，这一本质决定了信用评级在社会信用体系中的核心地位。信用评级是信用服务业的高端产品，服务形式和内容与征信、信用管理咨询、信用调查有根本区别，是技术、人才和信息等要素高度集中的知识密集型特殊行业。随着信用评级公信力的树立及影响力的扩大，其必将为中国的知识产权信用体系建设做出重要贡献。

（3）知识产权信用监管体系。与社会信用体系建设关系最为密切的行政执法和司法部门要结合部门特点和管理要求，普遍建立信用等级分类管理制度，提高监管工作效率和质量。这是社会信用体系建设、完善，正常发挥其功能作用的关键性环节。加强征信业的监督管理是征信业健康、有序、规范化快速发展的关键。应当尽快形成以政府有关行政管理部门为主导，征信行业自律，企业和个人积极参与，权利、义务和责任明确的监督管理体制。

2018年3月，国务院常务会议强调，全面加强知识产权保护，推行信用监管，打造充满活力又公平有序的市场。2019年4月，国家知识产权局发出18份惩戒决定书治理专利代理非正常申请行为，也正研究出台加强专利代理监管的专项工作方案，推进从加强主动监测、开展专项整治、强化综合治理、建立评价信息发布机制等方面加大主动监管力度，创新监管方式，健全监管办案、代理援助奖励、举报投诉、督查督办等监管制度，通过强化监管措施，加强监管能力建设，加快构建公正高效的事中、事后监管机制，对我国知识产权信用监管体系的建设在重点领域进行突破。[1]

（4）知识产权信用标准体系。知识产权信用标准，是规定知识产权信用应满足的要求，用以指导和规范信用组织及其从业人员提供的信用行为的标准。如信用惩戒的标准怎么精确划分、信用记录和信用评价的主体如何确定等重大法律问题，都需要深入研究。知识产权信用标准体系是知识产权信用标准的系统集成，是知识产权信用标准按照其内在联系形成的科学的有机整体。知识产权信用标准化是通过对知识产权信用标准的制订和实施，以及对标准化原则和方法的运用，以实现知识产权信用质量目标化、服务方法规范化、服务过程程序化，从而获得优质信用服务的过程。

建设知识产权信用标准体系是推动知识产权信用业健康发展的重要手段，对规范知识产权信用行为、提高信用服务质量和效率、提升信用服务能力和水平、完善市场环境、加强自律具有重要作用。建立知识产权相关信用标准，需要提高查处侵犯知识产权行为的透明度，及时向征信机构公开相关信息。

（5）知识产权信用文化教育体系。信用文化教育是信用体系的内在需要。信用文化教育是建立社会信用体系的一项长期的基础工程。党的十八大首次将诚信纳入社会主义核心价值体系，不仅规定了每个道德主体诚实守信的道德责任，而且确立了全社会道德建设的基本前提。党的十九大报告指出，要倡导创新文化，

---

〔1〕　相关研究，参见刘瑛、周浩：《知识产权信用监管推动商标品牌建设》，载《中国信用》2020 年第 9 期；刘瑛：《加快构建知识产权信用法治体系》，载《中国国情国力》2019 年第 6 期。

强化知识产权创造、保护、运用。2018 年 5 月，中共中央印发的《社会主义核心价值观融入法治建设立法修法规划》明确，发挥先进文化育人化人作用，建立健全文化法律制度。信用文化教育是知识产权信用体系的基础和内在支撑。完备的知识产权信用文化教育体系应包括以下三个层面：一是学校知识产权信用教育体系，从基础教育到大学教育，开设知识产权信用教育课程，将其整合到现有的教育体系之中。例如通过建立个人信用档案，充实诚信教育内容，改进诚信教育方法，加强校园知识产权文化和实践基地建设等措施对大学生进行知识产权信用教育。二是社会信用教育体系，主要是利用各种公共和民营的信用教育机构及组织，进行定期不定期的教育轮训，传授相关的信用知识。三是以电视、广播、纸质传媒、互联网等为主的舆论教育体系，面对全社会进行信用意识的普及。信用文化教育是社会道德信用外化的产物或表现形式。全体社会成员的诚信意识提高了，市场主体的守法意识增强了，知识产权信用知识增加了，自我约束和自我保护能力增强了，知识产权信用体系的建立和完善就有了坚实的基础。

我们期待社会共同重视和参与建设知识产权信用体系，使知识产权信用准则成为全社会共同遵守的信用准则。让失信者寸步难行，让守信者一路畅通，这应当是建设知识产权信用体系的目的和宗旨所在。

主要参考文献

一、著作

1. 季卫东：《法治秩序的建构》，中国政法大学出版社 1999 年版。
2. 张保生：《法律推理的理论与方法》，中国政法大学出版社 2000 年版。
3. 张乃根：《西方法哲学史纲》，中国政法大学出版社 2002 年版。
4. 吕世伦主编：《西方法律思想史论》，商务印书馆 2006 年版。
5. 王利明主编：《中国民法典释评·总则编》，中国人民大学出版社 2020 年版。
6. 张文显：《西方法哲学》，法律出版社 2011 年版。
7. 吴国盛：《技术哲学讲演录》，中国人民大学出版社 2009 年版。
8. 王利明主编：《中国民法典评注合同编》，人民法院出版社 2021 年版。
9. 崔建远：《合同法学》，法律出版社 2015 年版。
10. 杨良宜：《合约的解释：规则与应用》，法律出版社 2015 年版。
11. 王铁崖：《国际法引论》，北京大学出版社 1998 年版。
12. 毕玉谦：《民事证据法判例实务研究》，法律出版社 1999 年版。

13. 孙智英：《信用问题的经济学分析》，中国城市出版社 2002 年版。

14. 刘瑛：《企业信用法律规制研究》，中国政法大学出版社 2011 年版。

15. 高兴佑：《价格歧视理论》，光明日报出版社 2013 年版。

16. 杨临宏：《新行政诉讼法教程》，云南大学出版社 2015 年版。

17. 张卫平主编：《民事诉讼法》，法律出版社 2016 年版。

18. 陈光中主编：《刑事诉讼法》，北京大学出版社、高等教育出版社 2016 年版。

19. 吴汉东、胡开忠：《无形财产权制度研究》，法律出版社 2001 年版。

20. 郑成思：《知识产权论》，法律出版社 2007 年版。

21. 刘春田主编：《知识产权法》（第 6 版），中国人民大学出版社 2022 年版。

22. 吴汉东主编：《知识产权法》，法律出版社 2021 年版。

23. 冯晓青主编：《知识产权法》（第 3 版），中国政法大学出版社 2015 年版。

24. 来小鹏：《知识产权法学》（第 4 版），中国政法大学出版社 2019 年版。

25. 吴汉东：《知识产权多维度解读》，北京大学出版社 2008 年版。

26. 吴汉东：《知识产权总论》，中国人民大学出版社 2020 年版。

27. 吴汉东：《知识产权精要：制度创新与知识创新》，法律出版社 2017 年版。

28. 吴汉东主编：《中国知识产权理论体系研究》，商务印书馆 2018 年版。

29. 吴汉东：《知识产权基础问题研究》，中国人民大学出版社 2019 年版。

30. 冯晓青主编:《知识产权制度中的公共领域问题研究》（第 1 卷），中国政法大学出版社 2022 年版。

31. 冯晓青主编:《知识产权制度中的公共领域问题研究》（第 2 卷），中国政法大学出版社 2023 年版。

32. 冯晓青:《知识产权法哲学》，中国人民公安大学出版社 2003 年版。

33. 冯晓青:《知识产权法利益平衡理论》，中国政法大学出版社 2006 年版。

34. 冯晓青:《知识产权保护论》，中国政法大学出版社 2022 年版。

35. 杨利华:《中国知识产权思想史研究》，中国政法大学出版社 2018 年版。

36. 李明德:《美国知识产权法》，法律出版社 2014 年版。

37. 刘友华:《知识产权纠纷非讼解决机制研究：以调解为考察中心》，中国政法大学出版社 2011 年版。

38. 冯晓青:《知识产权法律制度反思与完善 法理·立法·司法》，知识产权出版社 2021 年版。

39. 冯晓青:《企业知识产权管理》，中国政法大学出版社 2012 年版。

40. 冯晓青:《企业知识产权战略》，知识产权出版社 2015 年版。

41. 冯晓青:《技术创新与企业知识产权战略》，知识产权出版社 2015 年版。

42. 冯晓青:《知识产权制度及其运行研究 法律保护·战略运用》，光明日报出版社 2022 年版。

43. 郑成思:《版权法》（修订版），中国人民大学出版社 1997 年版。

44. 韦之:《著作权法原理》，北京大学出版社 1998 年版。

45. 姚红:《中华人民共和国著作权法释解》，群众出版社 2001

年版。

46. 胡康生：《中华人民共和国著作权法释义》，法律出版社 2002 年版。

47. 王迁：《著作权法》，中国人民大学出版社 2015 年版。

48. 李明德、许超：《著作权法》（第 2 版），法律出版社 2009 年版。

49. 张今：《著作权法》，北京大学出版社 2018 年版。

50. 冯晓青：《著作权法》（第 2 版），法律出版社 2022 年版。

51. 吕炳斌：《网络时代版权制度的变革与创新》，中国民主法制出版社 2012 年版。

52. 吴汉东：《著作权合理使用制度研究》（第 2 版），中国人民大学出版社 2013 年版。

53. 崔国斌：《著作权法：原理与案例》，北京大学出版社 2014 年版。

54. 陈锦川：《著作权审判：原理解读与实务指导》，法律出版社 2014 年版。

55. 李玉香：《科技成果转化法律问题研究》，知识产权出版社 2015 年版。

56. 唐五湘：《科技成果转化的理论与实践》，方志出版社 2006 年版。

57. 徐辉、费忠华：《科技成果转化及其对经济增长效应研究》，中山大学出版社 2009 年版。

58. 尹新天：《专利权的保护》，水利水电出版社 2005 年版。

59. 程永顺、罗李华：《专利的侵权抗辩》，中国政法大学出版社 1999 年版。

60. 冯晓青主编：《专利侵权专题判解与学理研究》，中国大百科全书出版社 2010 年版。

61. 冯晓青、刘友华：《专利法》（第 2 版），法律出版社 2022

年版。

62. 陈丽苹：《专利法律制度研究》，知识产权出版社 2005 年版。

63. 杨利华：《美国专利法史研究》，中国政法大学出版社 2012 年版。

64. 杜颖：《商标法》，北京大学出版社 2016 年版。

65. 黄晖：《商标法》，法律出版社 2016 年版。

66. 王莲峰：《商标法学》，北京大学出版社 2019 年版。

67. 彭学龙：《商标法的符号学分析》，法律出版社 2007 年版。

68. 王太平：《商标法：原理与案例》，北京大学出版社 2015 年版。

69. 姚鹤徽：《商标混淆可能研究》，知识产权出版社 2015 年版。

70. 李扬：《反不正当竞争法基本原理》，知识产权出版社 2022 年版。

71. 孔祥俊：《反不正当竞争新原理（原论）》，法律出版社 2019 年版。

72. 戴永盛：《商业秘密法比较研究》，华东师范大学出版社 2005 年版。

73. 张耕：《商业秘密法》，厦门大学出版社 2006 年版。

74. 张玉瑞：《商业秘密法学》，中国法治出版社 1999 年版。

75. 秦成德编著：《物联网法学》，中国铁道出版社 2013 年版。

76. 杨明：《非物质文化遗产的法律保护》，北京大学出版社 2014 年版。

77. 张邦铺：《文化遗产的法律保护研究——以四川为例》，中国政法大学出版社 2015 年版。

78. 董新中：《非物质文化遗产私权保护理论与实务研究》，知识产权出版社 2016 年版。

79. 刘云升、刘忠平：《非物质文化遗产产业化法律规制研究》，知识产权出版社 2017 年版。

80. 张洁:《非物质文化遗产法律保护研究》,中国法制出版社 2018 年版。

81. 谭东丽:《少数民族非物质文化遗产的法律保护研究》,吉林大学出版社 2018 年版。

82. 郑成思:《世界贸易组织与贸易有关的知识产权》,中国人民大学出版社 1996 年版。

83. 唐青阳:《知识产权国际保护的理论和实践》,西南师范大学出版社 1998 年版。

84. 汤宗舜:《知识产权的国际保护》,最高人民法院出版社 1999 年版。

85. 万鄂湘主编:《国际知识产权法》,湖北人民出版社 2001 年版。

86. 刘文华:《WTO 与中国知识产权制度的冲突与规避》,中国城市出版社 2001 年版。

87. 吴汉东主编:《知识产权国际保护制度研究》,知识产权出版社 2007 年版。

88. 吴汉东、郭寿康主编:《知识产权制度国际化问题研究》,北京大学出版社 2010 年版。

89. 刘筠筠、熊英:《知识产权国际保护基本制度研究》,知识产权出版社 2011 年版。

90. 刘银良:《国际知识产权政治问题研究》,知识产权出版社 2014 年版。

91. [美] 罗斯科·庞德著,沈宗灵译:《通过法律的社会控制》,商务印书馆 1984 年版。

92. [美] 约翰·罗尔斯著,何怀宏等译:《正义论》,中国社会科学出版社 1988 年版。

93. [美] 罗斯科·庞德著,曹玉堂、杨知译:《法律史解释》,华夏出版社 1989 年版。

94. ［美］罗伯特·考特、托马斯·尤伦著，张军等译：《法和经济学》，上海三联书店、上海人民出版社1994年版。

95. ［美］道格拉斯·C.诺斯著，陈郁、罗华平等译：《经济史中的结构与变迁》，上海三联书店1991年版。

96. ［美］保罗·A.萨缪尔森、威廉·D.诺德豪斯著，高鸿业等译：《经济学》（第12版），中国发展出版社1992年版。

97. ［美］R.科斯等著，刘守英等译：《财产权利与制度变迁——产权学派与新制度学派译文集》，上海三联书店、上海人民出版社1994年版。

98. ［美］康芒斯著，于树生译：《制度经济学》，商务印书馆1997年版。

99. ［美］惠顿著，丁韪良译：《万国公法》，上海书店出版社2002年版。

100. ［美］劳伦斯·M.弗里德曼著，李琼英、林欣译：《法律制度——从社会科学角度观察》，中国政法大学出版社2004年版。

101. ［美］E.博登海默著，邓正来译：《法理学：法律哲学与法律方法》，中国政法大学出版社2004年版。

102. ［美］詹姆斯·马奇等著，童根兴译：《规则的动态演变——成文组织规则的变化》，世纪出版集团、上海人民出版社2005年版。

103. ［美］路易斯·亨金著，张乃根等译：《国际法：政治与价值》，中国政法大学出版社2005年版。

104. ［美］埃里克·弗鲁博顿、［德］鲁道夫·芮切特著，姜建强、罗长远译：《新制度经济学：一个交易费用分析范式》，上海三联书店、上海人民出版社2006年版。

105. ［美］罗伯特·S.平狄克、丹尼尔·L.鲁宾费尔德著，高远等译：《微观经济学》，中国人民大学出版社2009年版。

106. ［美］罗伯特·考特、托马斯·尤伦著，史晋川、董雪兵等译：《法和经济学》（第6版），格致出版社、上海三联书店、上海人民出版社2012年版。

107. ［古希腊］柏拉图著，郭斌和、张竹明译：《理想国》，商务印书馆1986年版。

108. ［奥］路德维希·冯·米塞斯著，夏道平译：《人的行为》，上海社会科学院出版社2015年版。

109. ［英］边沁著，沈叔平译：《政府片论》，商务印书馆1995年版。

110. ［英］约翰·洛克著，杨思派译：《政府论》（二），九州出版社2007年版。

111. 欧洲专利局编著，郭民生等译：《未来知识产权制度的愿景》，知识产权出版社2008年版。

112. ［法］卢梭著，何兆武译：《社会契约论》，商务印书馆1980年版。

113. ［法］路易·若斯兰著，王伯琦译：《权利相对论》，中国法制出版社2006年版。

114. ［德］卡尔·雅斯贝尔斯著，魏楚雄、俞新天译：《历史的起源和目标》，华夏出版社1989年版。

115. ［德］黑格尔著，范扬、张企泰译：《法哲学原理》，商务印书馆1961年版。

116. ［德］赫尔穆特·施密特著，柴方国译：《全球化与道德重建》，社会科学文献出版社2001年版。

117. ［德］M.雷炳德著，张恩民译：《著作权法》，法律出版社2005年版。

118. ［德］约格·莱因伯特、西尔克·冯·莱温斯基著，万勇、相靖译：《WIPO因特网条约评注》，中国人民大学出版社2008年版。

119. ［匈］米哈伊·菲彻尔著，郭寿康等译：《版权法与因特网》，中国大百科全书出版社 2009 年版。

120. ［日］北川善太郎著，郭慧琴译：《著作权交易市场——信息社会的法律基础》，华中科技大学出版社 2011 年版。

二、期刊论文

1. 王轶：《民法价值判断问题的实体性论证规则——以中国民法学的学术实践为背景》，载《中国社会科学》2004 年第 6 期。

2. 王宏军：《论作为排他权与支配权的知识产权——从与物权比较的视角》，载《知识产权》2007 年第 5 期。

3. 王利明：《我国侵权责任法的体系构建——以救济法为中心的思考》，载《中国法学》2008 年第 4 期。

4. 崔建远：《物权救济模式的选择及其依据》，载《吉林大学社会科学学报》2005 年第 1 期。

5. 龚赛红：《关于侵权责任形式的解读——兼论绝对权请求权的立法模式》，载《法学杂志》2010 年第 4 期。

6. 李国庆：《绝对权请求权的法理探讨》，载《人民论坛》2013 年第 17 期。

7. 冉克平：《物权私法保护方式的体系纷争与调和》，载《现代法学》2015 年第 5 期。

8. 郑晓剑：《比例原则在民法上的适用及展开》，载《中国法学》2016 年第 2 期。

9. 张平：《大数据时代个人信息保护的立法选择》，载《北京大学学报（哲学社会科学版)》2017 年第 3 期。

10. 李扬：《再评洛克财产权劳动理论——兼与易继明博士商榷》，载《现代法学》2004 年第 1 期。

11. 宁钟：《创新集群与知识溢出集中化问题分析》，载《科研管理》2005 年第 2 期。

12. 朱理：《财产权劳动学说与知识产权——劳动学说能够为知识产权提供正当性吗?》，载《科技与法律》2006年第2期。

13. 曾令良：《现代国际法的人本化发展趋势》，载《中国社会科学》2007年第1期。

14. 郑小勇：《创新集群的形成模式及其政策意义探讨》，载《外国经济与管理》2010年第2期。

15. 文礼朋等：《公共地悲剧理论在知识产权经济学分析中的限制——也谈当前全球科学研究领域的新圈地运动与反公共地悲剧》，载《广西社会科学》2011年第9期。

16. 易军：《"法不禁止皆自由"的私法精义》，载《中国社会科学》2014年第4期。

17. 梅夏英：《数据的法律属性及其民法定位》，载《中国社会科学》2016年第9期。

18. 袁勇、王飞跃：《区块链技术发展现状与展望》，载《自动化学报》2016年第4期。

19. 马民虎：《论我国知识产权侵权纠纷的可仲裁性》，载《西安交通大学学报（社会科学版）》1999年第2期。

20. 张永泉：《论民事鉴定制度》，载《法学研究》2000年第5期。

21. 郑成思：《侵权责任、损害赔偿责任与知识产权保护》，载《环球法律评论》2003年第4期。

22. 冯晓青：《财产权经济学理论与知识产权制度之正当性》，载《法律科学》2003年第2期。

23. 冯晓青：《信息产权理论与知识产权制度之正当性》，载《法律科学》2005年第4期。

24. 于玉：《知识产权及其权利构造——以动产物权与知识产权的区别为视角》，载《法律适用》2006年第12期。

25. 冯晓青：《知识产权法的价值构造——知识产权法利益平衡机

制研究》，载《中国法学》2007 年第 1 期。

26. 冯晓青、刘淑华：《试论知识产权的私权属性及其公权化趋向》，载《中国法学》2004 年第 1 期。

27. 伍春艳：《中国知识产权司法鉴定制度改革的现状与趋势》，载《华中科技大学学报（社会科学版）》2007 年第 5 期。

28. 魏森：《知识产权何以正当——几种主要的知识产权正当性理论评析》，载《自然辩证法研究》2008 年第 5 期。

29. 吴汉东：《中国知识产权法制建设的评价与反思》，载《中国法学》2009 年第 1 期。

30. 杨志敏：《论知识产权法的目的及其实现途径》，载《电子知识产权》2009 年第 7 期。

31. 冯晓青：《知识产权制度的效率之维》，载《现代法学》2022 年第 4 期。

32. 宋刚、张楠：《创新 2.0：知识社会环境下的创新民主化》，载《中国软科学》2009 年第 10 期。

33. 方明：《论知识产权的权利构造——与物权比较的视角》，载《学海》2009 年第 5 期。

34. 葛少帅：《民诉法修改背景下对知识产权诉讼鉴定制度的三个反思》，载《中国司法鉴定》2013 年第 1 期。

35. 吴汉东：《民法法典化运动中的知识产权法》，载《中国法学》2016 年第 4 期。

36. 冯晓青：《〈民法总则〉"知识产权条款"的评析与展望》，载《法学评论》2017 年第 4 期。

37. 刘晓：《论知识产权损害赔偿中侵权获利的分摊方法》，载《法律科学》2018 年第 4 期。

38. 陈凡、王太平：《知识产权的政治学》，载《电子知识产权》2007 年第 6 期。

39. 邓社民：《作品出租权若干问题的思考——兼谈我国著作权法

的完善》，载《中南大学学报（社会科学版）》2004 年第
4 期。

40. 梅术文：《信息网络传播权默示许可制度的不足与完善》，载
《法学》2009 年第 6 期。

41. 张今：《振兴音乐产业的立法应对》，载《新华文摘》2010 年
第 11 期。

42. 梁志文：《版权法上的"选择退出"制度及其合法性问题》，
载《法学》2010 年第 6 期。

43. 冯晓青、付继存：《著作权法中复制权研究》，载《法学家》
2011 年第 3 期。

44. 陈锦川：《关于著作权法"法律责任和执法措施"一章修改的
几点考虑》，载《中国版权》2011 年第 5 期。

45. 唐春：《基于云计算模式特点的知识产权保护新问题探讨》，
载《电子知识产权》2011 年第 12 期。

46. 冯晓青：《网络环境下私人复制著作权问题研究》，载《法律
科学》2012 年第 3 期。

47. 张今、陈倩婷：《论著作权默示许可使用的立法实践》，载
《法学杂志》2012 年第 2 期。

48. 梅术文：《数字媒体著作权许可新模式的法律规制》，载《两
岸商法评论》2012 年第 1 期。

49. 崔国斌：《网络服务商共同侵权制度之重塑》，载《法学研
究》2013 年第 4 期。

50. 李琛：《论我国著作权法修订中"合理使用"的立法技术》，
载《知识产权》2013 年第 1 期。

51. 杨利华：《我国著作权客体制度检讨》，载《法学杂志》2013
年第 8 期。

52. 杨利华：《公共领域视野下著作权法价值构造研究》，载《法
学评论》2021 年第 4 期。

53. 杨利华：《从应然权利到实然权利：文化权利的著作权法保障机制研究》，载《比较法研究》2021 年第 4 期。

54. 王太平：《云计算环境下的著作权制度：挑战、机遇与未来展望》，载《知识产权》2013 年第 12 期。

55. 冯晓青、付继存：《实用艺术作品在著作权法中之独立性》，载《法学研究》2018 年第 2 期。

56. 杨利华：《功能性作品著作权制度研究》，载《知识产权》2013 年第 11 期。

57. 王国柱：《著作权"选择退出"默示许可的制度解析与立法构造》，载《当代法学》2015 年第 3 期。

58. 梅术文：《DRM 著作权许可中的消费者利益保护》，载《南京理工大学学报（社会科学版）》2015 年第 1 期。

59. 王迁：《广播组织权的客体——兼析"以信号为基础的方法"》，载《法学研究》2017 年第 1 期。

60. 王迁：《论人工智能生成的内容在著作权法中的定性》，载《法律科学》2017 年第 5 期。

61. 杨利华：《人工智能生成物著作权问题研究》，载《现代法学》2021 年第 4 期。

62. 熊琦：《人工智能生成内容的著作权认定》，载《知识产权》2017 年第 3 期。

63. 刘影：《人工智能生成物的著作权法保护初探》，载《知识产权》2017 年第 9 期。

64. 易继明：《人工智能创作物是作品吗?》，载《法律科学》2017 年第 5 期。

65. 季东梅：《人工智能发明成果对专利制度的挑战——以遗传编程为例》，载《知识产权》2017 年第 11 期。

66. 冯晓青、郝明英：《人工智能生成发明专利保护制度研究》，载《湖南大学学报（社会科学版）》2023 年第 2 期。

67. 杨利华：《人工智能生成技术方案的可专利性及其制度因应》，载《中外法学》2023 年第 2 期。

68. 梁志文：《论人工智能创造物的法律保护》，载《法律科学》2017 年第 5 期。

69. 陶乾：《论著作权法对人工智能生成成果的保护——作为邻接权的数据处理者权之证立》，载《法学》2018 年第 4 期。

70. 刘友华、李麟：《人工智能生成物专利保护的正当性及专利法因应》，载《福建江夏学院学报》2018 年第 4 期。

71. 刘友华、魏远山：《机器学习中的著作权侵权问题研究》，载《华东政法大学学报》2019 年第 2 期。

72. 冯晓青：《大数据时代企业数据的财产权保护与制度构建》，载《当代法学》2022 年第 6 期。

73. 冯晓青：《数据财产化及其法律规制的理论阐释与构建》，载《政法论丛》2021 年第 4 期。

74. 冯晓青：《知识产权视野下商业数据保护研究》，载《比较法研究》2022 年第 5 期。

75. 张秀广、李政道：《"区块链+互联网"在金融领域的前景分析与挑战》，载《管理现代化》2016 年第 6 期。

76. 储云南、钱秀萍：《物联网环境下知识产权信息化建设研究》，载《电子技术与软件工程》2016 年第 21 期。

77. 刘德生等：《浅议区块链技术在图书著作权保护和交易中的应用》，载《科技与出版》2017 年第 6 期。

78. 赵丰、周围：《基于区块链技术保护数字版权问题探析》，载《科技与法律》2017 年第 1 期。

79. 付娜等：《物联网开源软件知识产权风险研究》，载《电信网技术》2018 年第 1 期。

80. 华劼：《区块链技术与智能合约在知识产权确权和交易中的运用及其法律规制》，载《知识产权》2018 年第 2 期。

81. 苑朋彬等：《基于专利分析的全球区块链技术竞争态势研究》，载《全球科技经济瞭望》2018 年第 3 期。

82. 周适：《全球区块链专利布局研究》，载《信息通信技术与政策》2018 年第 7 期。

83. 朱桂龙、彭有福：《发达国家构建科技中介服务体系的经验与启示》，载《科学学与科学技术管理》2003 年第 2 期。

84. 张曼平：《加快科技成果向生产力转化的思路与对策》，载《郑州大学学报（哲学社会科学版）》2004 年第 5 期。

85. 焦洪涛、林小爱：《知识产权资产证券化——"金融创新与知识产权"专题研究之二》，载《科技与法律》2004 年第 1 期。

86. 鞠志萍：《科技成果权属探讨》，载《特区经济》2006 年第 4 期。

87. 杨利华：《专利激励论的理性思考》，载《知识产权》2009 年第 1 期。

88. 贺德芳：《对科技成果及科技成果转化若干基本概念的辨析与思考》，载《中国软科学》2011 年第 11 期。

89. 任昱仰等：《日本技术转移制度体系概述》，载《科技与法律》2012 年第 1 期。

90. 吴寿仁：《中国科技成果转化 40 年》，载《中国科技论坛》2018 年第 10 期。

91. 吴寿仁：《科技成果转化若干热点问题解析（十四）——科技人员科技成果所有权探析》，载《科技中国》2018 年第 7 期。

92. 董潇丽：《网络环境下商标权法律保护新思考》，载《人民论坛》2015 年第 21 期。

93. 俞彬彬、王正银：《关于我国人才信用体系建设的思考》，载《现代企业教育》2008 年第 2 期。

94. 刘睿博：《商业秘密侵权及其民事法律救济问题探讨》，载《学术交流》2010 年第 9 期。

95. 吴国平:《促进我国征信业发展的几点立法思考》,载《征信》2011 年第 1 期。

96. 马维野:《加快知识产权信用体系建设 更好服务经济社会健康发展》,载《中国知识产权报》2014 年 9 月。

97. 丁丽瑛:《论知识产权国际保护的新体制》,载《厦门大学学报(哲社版)》1998 年第 1 期。

98. 石巍:《TRIPS 效应评估与我国的因应对策》,载《山东大学学报(哲学社会科学版)》1998 年第 3 期。

99. 古祖雪:《论国际知识产权法的社会基础》,载《湘潭大学社会科学学报》2002 年第 6 期。

100. 吴汉东:《知识产权国际保护制度的变革与发展》,载《法学研究》2005 年第 3 期。

101. 田丰:《多重约束下正义的实现——WTO 争端裁决的政治经济学》,载《世界经济与政治》2007 年第 6 期。

102. 张乃根:《中国涉案 WTO 争端解决的条约解释及其比较》,载《世界贸易组织动态与研究》2012 年第 3 期。

103. 刘银良:《美国域外知识产权扩张中的论坛选择政策研究:历史、策略与哲学》,载《环球法律评论》2012 年第 2 期。

104. 刘银良:《美国专利制度演化掠影——1980 年纪略》,载《北大法律评论》2013 年第 2 期。

105. 刘友华、徐敏:《美国多主体专利侵权规则的演变与启示》,载《知识产权》2015 年第 9 期。

106. [英]艾德华·麦克威利著,梁慧星译:《法典法与普通法的比较》,载《环球法律评论》1989 年第 5 期。

107. [美]奥德丽·R. 查普曼:《将知识产权视为人权:与第 15 条第 1 款第 3 项有关的义务》,载《版权公报》2001 年第 3 期。

三、学位论文

1. 王素玉：《版权法的经济分析》，吉林大学 2009 年博士学位论文。

2. 刘瑛：《企业信用法律规制研究》，中国政法大学 2004 年博士学位论文。

3. 董炳和：《地理标志知识产权制度研究》，中南财经政法大学 2004 年博士学位论文。

4. 唐海清：《非物质文化遗产的国际法保护问题研究》，武汉大学 2010 年博士学位论文。

四、外文资料

1. Hirsch W. Z. , *Law and Economics*, Boston：Academic Press，1988.

2. Lawrence Lessig, *The Future of Ideas：The Fate of the Commons in a Connected World*, Lawrence Random House Inc. , 2001.

3. Peter Drahos with John Braithwaite, *Information Feudalism*, London：Earthscan Publications Ltd, 2002.

4. Richard M. Stallman, *Free Software, Free Society：Selected Essays of Richard M. Stallman*, 2d ed, GUN Press, 2010.

5. Ryan Abbott, *Hal the Inventor：Big Data and Its Use by Artificial Intelligence*; Hamid Ekbia, Michael Mattioli, Cassidy Sugimoto, *Big Data is Not a Monolith*, Cambridge, Mass. , United States：MIT Press, 2016.

6. Susan K. Sell. Private Power, *Public Law—The Globalization of Intellectual Property Rights*, Cambridge：Cambridge University Press, 2003.

7. Stephen R. Munzer, "Property as Social Relations, in New Essays", in *The Legal and Political Theory of Property* 36, Stephen

R. Munzer ed. 2001.

8. Guido Calabresi & A. Douglas Melamed, "Property Rules, Liability Rules, and Inalienability: One View of the Cathedral", 85 *Harv. L. Rev.* 1089, 1972.

9. Harold Demsetz, "Toward a Theory of Property Rights", 57 *Am. Econ. Rev.* 347, 1967.

10. Wendy J. Gordon, "Fair Use as Market Failure: A Structural and Economic Analysis of the Betamax Case and Its Predecessors", 82 *Colum. L. Rev.* 1600, 1982.

11. Justin Hughes, "The Philosophy of Intellectual Property", 77 *Geo. L. J.* 287, 1988.

12. Carol M. Rose, "Property as Storytelling: Perspectives from Game Theory, Narrative Theory, Feminist Theory", 2 *Yale J. L. & Human.* 37, 1990.

13. Rachel Clark Hughey, "Implied Licenses by Legal Estoppel", *Albany Law Journal of Science and Technology*, 2003.

14. Pamela Samuelson, "Mapping the Digital Public Domain: Threats and Opportunities", 66 *Law & Contemp. Probs.* 147, 2003.

15. Gideon Parchomovsky & Peter Siegelman, "Selling Mayberry: Communities and Individuals in Law and Economics", 92 *Cal. L. Rev.* 75, 79-80 (2004).

16. Robert P. Merges, "A New Dynamism in the Public Domain", 71 *U. Chi. L. Rev.* 183, 2004.

17. Mark A. Lemley, "Property, Intellectual Property, and Free Riding", *Texas Law Review*, March, 2005.

18. Manuel Castells, "Communication, Power and Counter-power in the Network Society", 1 *Int'l J. Comm*, 238, 2007.

19. Joseph E. Stiglitz, "Economic Foundation of Intellectual Property

Rights", 57 *Duke L. J.* 1693, 1709, 2008.

20. Daniel A. Crane, "Intellectual Liability", *Texas Law Review*, December, 2009.

21. Debora Halbert, "Mass Culture and the Culture of the Masses: A Manifesto for User-generated Rights", 11 *Vand. J. Ent. & Tech. L.* 921, 2009.

22. Thomas F. Cotter, "Transformative Use and Cognizable Harm", *Vanderbilt Journal of Entertainment and Technology Law*, Summer 2010.

23. Lloyd L. Weinreb, "Fair's Fair: A Comment on the Fair Use Doctrine", 103 *Harv. L. Rev.* 1137, 1990.

24. Nicolas P. Terry, "GUI Wars: The Windows Litigation and the Continuing Decline of 'Look and Feel' ", 47 *Ark. L. Rev.* 93, 142, 1994.

25. Neil Weinstock Netanel, "Copyright and a Democratic Civil Society", 106 *Yale L. J.* 283, 1996.

26. Edward A. Cavozos, Coe F. Miles, "Copyright on the WWW: Linking and Liability", *Richmond Journal of Law and Technology*, 1997.

27. Ralph D. Clifford, "Intellectual Property in the Era of the Creative Computer Program: Will the True Creator Please Stand Up", *Tulane Law Review*, 1997.

28. J. H. Reichman, G. B. Dinwoodie and P. Samuelson, "A Reverse Notice and Takedown Regime to Enable Public Interest Uses of Technically Protected Copyrighted Works", *Berkeley Technology Law Journal*, Volume 22, Issue 3, Summer 2007.

29. Orit Fischman Afori, "Implied License: An Emerging New Standard in Copyright Law", *Santa Clara Computer and High Technolo-*

gy Law Journal, January, 2009.

30. Benjamin Moskowitz, "Toward a Fair Use Standard Turns 25: How Salinger and Scientology Affected Transformative Use Today", 25 *Fordham Intell. Prop. , Media & Ent. L. J.* 1057, 2009.

31. Avihay Dorfman, Ssaf Jacob, "Copyright as Tort", *Theoretical Inquiries in Law*, January, 2011.

32. Niva Elkin-Koren, "Tailoring Copyright to Social Production", 12 *Theoretical Inquiries L.* 309, 2011.

33. Peter Mell, Timothy Grance, *The NIST Definition of Cloud Computing (Technical Report)*, National Institute of Standards and Technology (U. S. Department of Commerce), Special publication 800-145, September, 2011.

34. C. Snijders, U. Matzat and U. -D. Reips, "Big Data: Big Gaps of Knowledge in the Field of Internet", *International Journal of Internet Science*, 2012.

35. Melanie Swan, *Blockchain—Blueprint for a New Economy*, O'Reilly, 2015.

36. Andrea De Mauro, Marco Greco and Michele Grimaldi, "A Formal Definition of Big Data Based on Its Essential Features", *Library Review*, 2016.

37. Ryan Abbott, "I Think, Therefore I Invent: Creative Computers and the Future of Patent Law", 57 *B. C. L. Rev.* 1079, 2016.

38. Erica Fraser, "Computers as Inventors—Legal and Policy Implications of Artificial Intelligence on Patent Law", *A Journal of Law, Technology and Society*, 2016.

39. Shammad Basheer, "Artificial Invention: Mind the Machine", *A Journal of Law, Technology and Society*, 2016.

40. Shlomit Yanisky-Ravid, "Generating Rembrandt: Artificial Intelli-

gence, Copyright, and Accountability in the 3A Era—The Human-
like Authors are Already Here—A New Model", *Michigan State
Law Review*, 2017.

41. Amir H. Khoury, "Will Robots Rule the (Artistic) World? A Pro-
posed Model for the Legal Status of Creations by Artificial Intelli-
gence Systems", *Cardozo Arts and Entertainment Law Journal*,
2017.

42. Hristov Kalin, "Artificial Intelligence and the Copyright Dilemma",
*IDEA – The Journal of the Franklin Pierce Center for Intellectual
Property*, 2017.

43. Mizuki Hashiguch, "Artificial Intelligence and the Jurisprudence of
Patent Eligibility in the United States, Europe, and Japan", *In-
tellectual Property & Technology Law Journal*, 2017.

44. Fox, Charles, *Data Science for Transport: A Self-study Guide with
Computer Exercises*, Springer, 2018.

45. Michael J. Swope, "Recent, Developments in Patent Law: Im-
plied License—An Emerging Threat to Contributory Infringement
Protection", *Temple Law Review*, Spring, 1995.

46. Michael A. Heller, Rebecca S. Eisenberg, "Can Patents Deter In-
novation? The Anticommons in Biomedical Research", *Science*
1998.

47. Amber L. Hatfield, "Patent Exhaustion, Implied Licenses, and
Have-made Rights: Gold Mines or Mine Fields", *Computer Law
Review and Technology Journal*, Spring, 2000.

48. Daniel M. Lechleiter, "Dividing: The (Statutory) Baby under Anton/
Bauer: Using the Doctrine of Implied License to Circumvent § 271
(C) Protection For Components of a Patented Combination", *John
Marshall Review of Intellectual Property Law*, Spring, 2004.

49. Amber Hatfield Rovner, "Practical Guide to Application of (or Defense Against) Product – based Infringement Immunities under the Doctrines of Patent Exhaustion and Implied License", *Texas Intellectual Property Law Journal*, Winter, 2004.

50. Adam Mossoff, "Exclusion and Exclusive Use in Patent Law", *Harvard Journal of Law & Technology*, Spring, 2009.

51. Oskar Liivak, "Rethinking the Concept of Exclusion in Patent Law", *Georgetown Law Journal*, August, 2010.

52. Ronald J. Mann, Marian Underweiser, "A New Look at Patent Quality: Relating Patent Prosecution to Validity", *Journal of Empirical Legal Studies*, 2012.

53. Vaver, "Patents in an Era of Infinite Monkeys and Artificial Intelligence", *Stanford Technology Law Review*, 2015.

54. Laurence R. Helfer, "Regime Shifting, the TRIPs Agreement and New Dynamics of International Intellectual Property Lawmaking", 29 *Yale J. Int'l L.* 1, 2004.

55. Peter K. Yu, "International Enclosure, the Regime Complex, and Intellectual Property Schizophrenia", *Mich. St. L. Rev.* 1, 2007.

56. Margot Kaminski, "The Origins and Potential Impact of the Anti – Counterfeiting Trade Agreement (ACTA)", 34 *Yale J. Int'l L.* 247, 2009.

57. Peter K. Yu, "A Tale of Two Development Agenda", 35 *Ohio N. U. L. Rev.* 465, 2009.

58. Jessica D. Litman, "The Politics of Intellectual Property", 27 *Cardozo Arts & Ent. L. J.* 313, 2009.

59. Emily Ayoob, "Recent Development: The Anti – Counterfeiting Trade Agreement", 28 *Cardozo Arts & Ent. L. J.* 175, 2010.

60. Debora Halbert, "The Politics of IP Maximalism", *The WIPO*

Journal, 2011.

61. Sebastian Haunss, "The Politicisation of Intellectual Property: IP Conflicts and Social Change", *The WIPO Journal*, 2011.

62. L. Ray Patterson, "Copyright and 'the Exclusive Right' of Authors", 1 *J. Intell. Prop. L.* 1, 1993.

63. Joseph P. Fishman, "Originality's Other Path", 109 *Cal. L. Rev.* 861, 2021.

64. Justin Hughes, "Restating Copyright Law's Originality Requirement", 44 *Colum. J. L. & Arts* 383, 2021.

65. Jake Linford, "Copyright and Attention Scarcity", 42 *Cardozo L. Rev.* 143, 2020.

66. William M. Landes & Richard A. Posner, "An Economic Analysis of Copyright Law", 18 *J. Legal Stud.* 325, 1989.

67. Wendy J. Gordon, "Fair Use in Oracle: Proximate Cause at the Copyright/Patent Divide", 100 *B. U. L. Rev.* 389, 2020.

68. Cathay Y. N. Smith, "Political Fair Use", 62 *WM. & Mary L. Rev.* 2003, 2021.

69. Oren Bracha & Talha Syed, "The Wrongs of Copyright's Statutory Damages", 98 *Tex. L. Rev.* 1219, 2020.

70. Edmund W. Kitch, "The Nature and Function of the Patent System", 20 *J. L. & Econ.* 265, 1977.

71. Laura G. Pedraza-Farina & Ryan Whalen, "A Network Theory of Patentability", 87 *U. Chi. L. Rev.* 63, 2020.

72. W. Nicholson II Price, "The Cost of Novelty", 120 *Colum. L. Rev.* 769, 2020.

73. Andres Sawicki, "The Central Claiming Renaissance", 103 *Cornell L. Rev.* 645, 2018.

74. Jason Reinecke, "Lost Profits Damages for Multicomponent Prod-

ucts: Clarifying the Debate", 71 *Stan. L. Rev.* 1621, 2019.

75. Mark A. Lemley & Timothy Simcoe, "How Essential are Standard-Essential Patents", 104 *Cornell L. Rev.* 607, 2019.

76. Willajeanne F. McLean, "The Birth, Death, and Renaissance of the Doctrine of Secondary Meaning in the Making", 42 *Am. U. L. Rev.* 737, 1993.

77. Robert C. Denicola, "Trademarks as Speech: Constitutional Implications of the Emerging Rationales for the Protection of Trade Symbols", *Wis. L. Rev.* 158, 1982.

78. A. Samuel Oddi, "Functions of Functionality in Trademark Law", 22 *Hous. L. Rev.* 925, 1985.

79. Frank I. Schechter, "The Rational Basis of Trademark Protection", 40 *Harv. L. Rev.* 813, 825, 1927.

80. Hardin, "The Tragedy of the Commons", 162 *Science* 1243, 1968.

81. Michael A. Heller, "The Tragedy of the Anticommons", Ⅲ *Harv. L. Rev.* 621, 1998.

82. Mark A. Lemley, "IP in a World without Scarcity", 90 *N. Y. U. L. Rev.* 460, 464-71, 2015.

83. Harold Demsetz, "Toward a Theory of Property Rights", 57 *Am Econ Rev.* 347, 348, 1967.

84. Robert P. Merges, "One Hundred Years of Solicitude: Intellectual Property Law, 1900-2000", 88 *Cal. L. Rev.* 2187, 2239-40, 2000.

85. J. H. Reichman & Pamela Samuelson, "Intellectual Property Rights in Data?", 50 *Vand. L. Rev.* 51, 64-76, 1997.

图书在版编目（ＣＩＰ）数据

知识产权法前沿问题研究/冯晓青主编. —北京：中国政法大学出版社，
2023.10

ISBN 978-7-5764-1106-5

Ⅰ.①知… Ⅱ.①冯… Ⅲ.①知识产权法－研究－中国 Ⅳ.①D923.404

中国国家版本馆CIP数据核字(2023)第194068号

出 版 者	中国政法大学出版社
地　　　址	北京市海淀区西土城路 25 号
邮寄地址	北京 100088 信箱 8034 分箱　邮编 100088
网　　　址	http://www.cuplpress.com (网络实名：中国政法大学出版社)
电　　　话	010-58908289(编辑部) 58908334(邮购部)
承　　　印	北京中科印刷有限公司
开　　　本	880mm×1230mm　1/32
印　　　张	33
字　　　数	775 千字
版　　　次	2023 年 10 月第 1 版
印　　　次	2023 年 10 月第 1 次印刷
定　　　价	135.00 元